Hermann-Broch-Handbuch

HERMANN-BROCH-HANDBUCH

Herausgegeben von
Michael Kessler und Paul Michael Lützeler

De Gruyter

ISBN 978-3-11-063416-7
e-ISBN (PDF) 978-3-11-029556-6
e-ISBN (EPUB) 978-3-11-038905-0

Library of Congress Cataloging-in-Publication Data
A CIP catalog record for this book has been applied for at the Library of Congress.

Bibliographische Information der Deutschen Nationalbibliothek
Die Deutsche Nationalbibliothek verzeichnet diese Publikation in der Deutschen Nationalbibliographie; detaillierte bibliographische Informationen sind im Internet über http://dnb.dnb.de abrufbar.

© 2018 Walter de Gruyter GmbH, Berlin/Boston
Dieser Band ist text- und seitenidentisch mit der 2015 erschienenen gebundenen Ausgabe.

Bildnachweis: Hermann Broch 1935, Privatbesitz
Satzbearbeitung: Winfried Werner, Hannah Kessler, Michael Kessler
Druck und Bindung: Hubert & Co. GmbH & Co. KG, Göttingen

♾ Gedruckt auf säurefreiem Papier
Printed in Germany

www.degruyter.com

Vorwort

Insgeheim hatte Hermann Broch mit dem Nobelpreis gerechnet. Der 1886 in Wien geborene Autor war seit den 1930er Jahren international hoch angesehen. Einer durchaus glaubwürdigen Legende zufolge soll der damalige Präsident der Wiener Akademie der Wissenschaften aber dem anfragenden Stockholmer Nobelkomitee geantwortet haben, ein Dichter dieses Namens sei in Wien nicht bekannt. Das war um 1950. 1951 verstarb Hermann Broch im amerikanischen Exil.

Inzwischen sind seine Romane, ebenso wie große Teile seines essayistischen und epistolarischen Werks, sowohl in zahlreichen, z. T. kommentierten Einzelausgaben erhältlich als auch in der großen 13-bändigen *Kommentierten Werkausgabe Hermann Broch* (KW)[1], die 1974–1981 von Paul Michael Lützeler herausgegeben wurde und im Suhrkamp Verlag erschienen ist.[2] Viele der wichtigsten Werke Brochs liegen heute außerdem in Übersetzungen in mehr als zwanzig Sprachen vor und machen ihren Autor damit international präsent. So nimmt es nicht wunder, dass spätestens seit Mitte der 1970er Jahre eine sich kontinuierlich intensivierende Auseinandersetzung mit dem Gesamtwerk Hermann Brochs zu verzeichnen ist: in der Germanistik genauso wie in der Publizistik und zunehmend in anderen kulturellen Kontexten wie im Film, im Theater und in den Bildenden Künsten. Daraus resultiert eine beachtliche Erweiterung des Wahrnehmungshorizonts für Brochs multiperspektivisches und vielschichtiges Werk.

Neben der wachsenden Zahl von Monographien und Aufsätzen, die über den Autor und sein Werk erscheinen, dokumentieren dies die zahlreichen internationalen und interdisziplinären Tagungen mit ihren teilweise umfangreichen Publikationen. Erinnert sei diesbezüglich zunächst an Nizza 1979, dann an New Haven CT 1986 und Stuttgart-Hohenheim 1986, schließlich Szeged 1996 und 2001 erneut Stuttgart-Hohenheim. Die frühen Broch-Tagungen behandelten exemplarisch Hauptaspekte des Gesamtwerks (Literatur, Politik, Philosophie). Nachdem 2001 Paul Michael Lützeler und ich in Stuttgart den *Internationalen Arbeitskreis Hermann Broch* (IAB) gegründet hatten – inzwischen hat er über 200 Mitglieder – erhöhten sich Frequenz und Intensität solcher Symposien gleichermaßen: Zu nennen sind für 2001 nach Stuttgart-Hohenheim New Haven CT und Wien; sodann wiederum Wien 2003; es

---

[1] *Kommentierte Werkausgabe Hermann Broch*. Hg. v. Paul Michael Lützeler. 13 Bde. Frankfurt am Main 1974–1981: 1: Die Schlafwandler, 2: Die Unbekannte Größe, 3: Die Verzauberung, 4: Der Tod des Vergil, 5: Die Schuldlosen, 6: Novellen, Prosa, Fragmente, 7: Dramen, 8: Gedichte, 9/1 und 9/2: Schriften zur Literatur, 10/1 und 10/2: Philosophische Schriften, 11: Politische Schriften, 12: Massenwahntheorie, 13/1, 13/2 und 13/3: Briefe.
[2] Letztere übrigens seit 2011 ebenso wie Lützelers Broch-Biographie von 1985 auch in Form von E-Books mit entsprechenden Suchfunktionen.

folgten Dortmund 2004; Veszprém 2006; Strasbourg 2007; Prag 2008; Lancaster 2009; Weingarten 2011; Wien 2011; München 2012; Frankfurt am Main 2013; Veszprém 2014; Bergamo 2014 und Montréal 2014 – weitere Veranstaltungen für 2015 und 2016 sind bereits in Planung. Die Broch-Tagungen der letzten 15 Jahre wurden mehr und mehr zu Spezialtagungen, in denen man sich auf Aspekte der Menschenrechte, auf die Beziehung Brochs zu den Künsten, seine literarischen Freundschaften, das Verhältnis zu Elias Canetti, das Thema Religion konzentrierte oder auch ein Einzelwerk (*Die Schlafwandler* oder *Der Tod des Vergil*) in den Mittelpunkt stellte. Zudem behandelte man das Thema »Krise« bei Broch, die Beziehung zur Romantik oder auch das der politischen Ökonomie und der Massenpsychologie in seinem Werk. Die wechselnden Fragestellungen hatten mit der Gesamtentwicklung der Germanistik, ihren aktuellen Tendenzen und Wissenschaftsdiskursen zu tun. Die Sekundärliteratur wurde immer spezialisierter, und so tauchten häufig Fragen nach Überblicken und Synthesen der Forschungsergebnisse auf.

In diesem Kontext hat sich auch das Projekt des *Hermann-Broch-Handbuchs* entwickelt. Annähernd zwanzig Broch-Expertinnen und -Experten aus verschiedenen Ländern haben daran mitgearbeitet und machen auf diese Weise auch die Internationalität der Broch-Forschung kenntlich. Ziel dieses Handbuchs ist es, umfassend sowohl über Hermann Brochs dichterisches, essayistisches und epistolarisches Werk als auch über die Entwicklungen der Broch-Forschung zu informieren.

Formal orientiert sich die Struktur des Handbuchs weitgehend an der Gliederung der Bände der *Kommentierten Werkausgabe* (KW). Die dort verzeichneten Werktitel werden hier jeweils als Kolumnentitel auf der linken Seite ihrer Bearbeitung, die Vornamen und Namen der betreffenden Bearbeiterinnen und Bearbeiter auch als Kolumnentitel auf der rechten Buchseite verzeichnet. Die einzelnen Beiträge werden durch Zwischentitel strukturiert, wodurch ein leichtes Auffinden sowohl einzelner Werke Brochs als auch jeweils spezifischer Fragestellungen und Aspekte ermöglicht wird. Ein Abkürzungsverzeichnis mit häufiger verwendeten *Siglen* entschlüsselt oft zitierte Werke.

Sachlich sind im vorliegenden Handbuch die Schwerpunkte *Zeit – Werk – Forschung* gesetzt. Dementsprechend widmet sich das erste Kapitel *Hermann Broch und seine Zeit* zunächst ausführlich der *Biographie* (I) des Autors. Eine differenzierte *Zeittafel zu Leben und Werk* findet sich am Ende des Bandes. In ihrer chronologisch orientierten Abfolge stellt sie zugleich ein Werkverzeichnis zur Verfügung. In einem zweiten Teil des ersten Kapitels unternimmt ein mit jeweils knappen biographischen Angaben versehener Teil den Versuch, einen Überblick über *Freunde und Bekannte Brochs* (II) einschließlich seiner Familienangehörigen zu bieten. Auf diese Weise wird ersichtlich, in welch unterschiedlichen Kontaktfeldern und Netzwerken Broch sich bewegte und profilierte.

Das zweite Kapitel ist überschrieben mit *Das dichterische Werk* und umfasst insgesamt neun Teile. Zuerst werden hier die *Romane* Brochs (I–V), dann seine *Dramen* (VI), schließlich seine *Novellen* (VII) und *Gedichte* (VIII) behandelt. Da es bei Broch eine ›Autobiographie‹ im herkömmlichen Sinn des Wortes nicht gibt, widmet sich ein letzter Teil mit der Bezeichnung *Autobiographische Zeugnisse* (IX)[3] den dafür einschlägigen Werken bzw. Werkteilen. Von besonderem Gewicht sind jeweils die Fragen nach der poetischen Eigenart und der poetologischen Innovationsleistung der betreffenden Werke.

Das dritte Kapitel beschäftigt sich unter der Überschrift *Das essayistische Werk* mit Brochs *Schriften zur Literatur, Kunst und Kultur* (I) sowie mit seinen *Philosophischen* (II) und *Politischen Schriften* (III) und mit der *Massenwahntheorie* (IV). Die Präsenz Brochs als eines Intellektuellen auf der Höhe seiner Zeit wird sichtbar, besonders in den Ausführungen zu Menschenrecht und Menschenwürde, zu Versklavung und zum Phänomen des Konzentrationslagers. In seinen Dichtungen wie in den Essays geht es Broch stets um die Vermittlung neuer Erkenntnis durch neue Formen und neue Fragestellungen, wobei er die Selbstbeschränkungen, die der Positivismus sich auferlegte, nicht akzeptiert. Brochs Schriften erweisen sich in diesem Kapitel als besonders aktuell. Paul Michael Lützeler schreibt:

> Brochs Kerngedanke, dass die Demokratien die Menschenrechte zu regulativen Prinzipien ihrer Politik machen müssten, um als Demokratien gelten zu können, hat nichts an Gültigkeit verloren. Überholt ist man nicht, wenn man streitet gegen kriegerische Willkürakte, Kriegspropaganda, Emigrationszwang, Rassendiskriminierung, Versklavung, Nationalismus, Menschenrechtsverletzung und Aufrüstung. Überholt ist man ferner nicht, wenn man sich einsetzt für die Absolutsetzung menschlicher Würde, Friedenspolitik, Schutz der Menschenrechte, Völkerverständigung, das Recht auf Arbeit und für gesellschaftliche Sicherung von Freiheit und Gerechtigkeit.[4]

Das vierte Kapitel, überschrieben mit *Das Briefwerk*, erschließt *Brochs epistolarisches Werk* (I). Brochs Briefe nehmen nicht selten den Charakter essayistischer Auslassungen an. Vor dem Hintergrund zahlreicher neuer Briefeditionen[5] der letzten Jahre

---

[3] Vgl. dazu *Hermann Broch. Psychische Selbstbiographie.* Hg. v. Paul Michael Lützeler. Frankfurt am Main 1999; ferner das unter Anm. 5 genannte *Teesdorfer Tagebuch* und *Dear Mrs. Strigl – Liebe Frau Strigl. A Memoir of Hermann Broch by His Son H. F. Broch de Rothermann.* Translated by John Hargraves. New Haven 2001.

[4] Paul Michael Lützeler, »Menschenrecht und Demokratie: Hermann Brochs politische Essays«. In: Ders.: *Klio oder Kalliope? Literatur und Geschichte: Sondierung, Analyse, Interpretation.* Berlin 1997, S. 109–118, Zitat 117.

[5] Aufgeführt sind hier nur Buchpublikationen: *Hermann Broch. Briefe über Deutschland 1945–1949. Die Korrespondenz mit Volkmar von Zühlsdorff.* Hg. v. Paul Michael Lützeler. Frankfurt am Main 1986; *Zettelwirtschaft. Briefe an Gertrude von Eckardt-Lederer.* Hg. v. Sander L. Gilman. Berlin 1992; *Das Teesdorfer Tagebuch für Ea von Allesch.* Hg. v. Paul Michael Lützeler. Frankfurt am Main 1995; *Hannah Arendt/Hermann Broch. Briefwechsel 1946–1951.* Hg. v. Paul Michael Lützeler. Frankfurt am Main 1996; *Der Tod im Exil. Hermann Broch/Annemarie Meier-Graefe. Briefwechsel 1950/51.* Hg. v. Paul Michael Lützeler. Frankfurt am Main 2001; *H. G. Adler und Hermann Broch. Zwei Schriftsteller im Exil. Briefwechsel.* Hg. v. Ronald Speirs u. John J. White. Göttingen 2004; *Freundschaft im Exil. Thomas Mann und Hermann Broch.* Hg. v. Paul Michael Lützeler. Frankfurt am Main 2004; *Hermann Broch und Ruth Norden. Transatlantische Korrespondenz. 1934–1938 und 1945–1948.* Hg. v. Paul Michael Lützeler. Frankfurt am Main 2005;

zeigt sich heute deutlicher, als dies vielleicht früher möglich war, dass hier von einem eigenen Werk gesprochen werden muss; einem Werk überdies, das nicht bloßer Kontaktpflege, sondern denkerischer Auseinandersetzung und dialogischer Vergewisserung dient. In diesem und einem zweiten Teil, letzterer unter dem Titel *Kontakte und Konstellationen* (II), wird so die Eigenart des Broch'schen dialogischen Briefwerks herausgearbeitet.

Das fünfte Kapitel schließlich – *Zur Broch-Forschung* – bietet zunächst einen Überblick über *Grundzüge, Schwerpunkte, Desiderate* (I). Dabei handelt es sich nicht um eine totalisierende Rekapitulation und Präsentation der Broch-Forschung seit den 1950er Jahren, sondern um die Herausarbeitung ihrer sich wandelnden Grundzüge und Prioritäten, um die Erfassung von Akzent- und Blickverschiebungen sowie um Andeutung und Markierung noch zu leistender Arbeit. Der zweite Teil, eine *Hermann-Broch-Bibliographie* (1985–2014) (II), bietet einen – so weit und rezent wie möglich – erschöpfenden Überblick zu Editionen von Werken Brochs, zu Übersetzungen, zu (multimedialen) Textbearbeitungen und zu der ständig wachsenden internationalen Sekundärliteratur zu Hermann Brochs Werk von 1985 bis 2014 einschließlich. Da die Website des *Internationalen Arbeitskreises Hermann Broch* (IAB) über Neueditionen, Übersetzungen, Textbearbeitungen und Sekundärliteratur kontinuierlich informiert, erfährt die im Handbuch präsentierte Bibliographie durch sie fortlaufend Aktualisierung.[6]

Ein ausführliches *Namenregister* beschließt den Band.

Den Autorinnen und Autoren sei Dank ausgesprochen. Die herausgeberische Betreuung des Bandes, Redaktion und Erarbeitung der Register werden von mir verantwortet. Für die Einrichtung der Druckvorlagen ist Winfried Werner (Tübingen), für weitere redaktionelle Bearbeitung Hannah Kessler (Köln) zu danken. Für die konzeptionelle Unterstützung des Projekts und seine substantielle Mitwirkung danke ich dem Mitherausgeber Paul Michael Lützeler. Für das Interesse an der Veröffentlichung sind wir dem Verlag De Gruyter und für die kompetente Betreuung Manuela Gerlof und Anja-Simone Michalski verbunden.

Tübingen, im Dezember 2014

Michael Kessler

Hermann Broch. »Frauengeschichten« Die Briefe an Paul Federn 1939–1949. Hg. v. Paul Michael Lützeler, Frankfurt am Main 2007; *Hermann Broch und Eric Voegelin. Ein Briefwechsel im Exil 1939–1949.* Hg. v. Thomas Hollweck. München 2007; *Hermann Broch und Ernst Schönwiese. Eine literarische Korrespondenz.* Hg. v. Sonja Gindele. Saarbrücken 2007; *Hermann Broch. Briefe an Erich von Kahler (1940–1951).* Hg. v. Paul Michael Lützeler. Berlin, New York 2010; *Verlorener Sohn? Hermann Brochs Briefwechsel mit Armand 1925–1928.* Hg. v. Paul Michael Lützeler. Frankfurt am Main 2010; *»Sich an den Tod heranpürschen.« Hermann Broch und Egon Vietta im Briefwechsel 1933–1951.* Hg. v. Silvio Vietta u. Roberto Rizzo. Göttingen 2012.

[6] Vgl. ⟨http://artsci.wustl.edu/~iab⟩ (Stand: 31. Dezember 2014).

Inhalt

Vorwort	V
Siglen	XIV

Hermann Broch und seine Zeit

I. Biographie (Paul Michael Lützeler) 3
    1. Der Weg zur Schriftstellerexistenz in Wien 3
    2. Hermann Broch, ein österreichischer Schriftsteller 12
    3. Exil in den USA 26
    4. Zur öffentlichen Wirkung 43
    5. Literatur 52
II. Freunde und Bekannte Hermann Brochs (Michael Kessler) 55

Das dichterische Werk

I. *Die Schlafwandler* (Stephen D. Dowden) 91
    1. Europäische Kulturkrise 91
    2. Literatur und Kunst als Orte und Medien von Erkenntnis 92
    3. Stilbrüche: Romanform und neue Erkenntnis 93
       3.1 *1888 – Pasenow oder die Romantik* 96
       3.2 *1903 – Esch oder die Anarchie* 97
       3.3 *1918 – Huguenau oder die Sachlichkeit* 99
    4. Akzentverschiebungen in der Forschung 100
    5. Stilprobleme: Eklektizismus, Parodie, Ironie 102
    6. Manierismus der Sprache: Lyrismen und ›Moments musicaux‹ 103
    7. Zum heutigen Stellenwert der Romantrilogie 106
       7.1 Aktualität 107
       7.2 Zum Thema ›Neue Erkenntnis‹ 108
       7.3 ›Realitätsaufdeckung‹ 108
       7.4 Der Dichter als ›Hüter des Wortes‹ 109
    8. Epilog: Clown, Rebell, Anarchist 110
    9. Literatur 112
II. *Die Unbekannte Größe* (Gwyneth Cliver) 115
    1. Einleitende Beobachtungen 115
    2. Inhalt und Thematik 116
    3. Verbindung von Poetik und Philosophie 117
    4. Erkenntnis und Erfahrung des ›Erhabenen‹ 118
       4.1 Edmund Burke (1729–1797) 119
       4.2 Immanuel Kant (1724–1804) 120
       4.3 Georg Cantor (1845–1918) 121
    5. Paradoxien der Unendlichkeit 122

	5.1 Potentiale, Horizonte, Grenzen des Erkennens	122
	5.2 Unendlichkeit des Rationalen – Rationalität des Unendlichen	123
	6. Literatur	124
III.	*Die Verzauberung* (Barbara Mahlmann-Bauer)	127
	1. Brochs Romanfragment *Die Verzauberung* (Bergroman): Inhalt	127
	2. Entstehungsgeschichte	128
	3. Suche nach einer zeitgenössischen Poetik und Wettstreit mit Musil . .	130
	4. Narratologische Profilierung in der zweiten Fassung	138
	5. Mythenkritik und Mythenvermischung	142
	6. Dionysos-Karikatur und Demaskierung	149
	7. Dionysos-Parodien: Wechselrede, Hypnose, Verhexung	155
	8. Literatur	162
IV.	*Der Tod des Vergil* (Jürgen Heizmann)	167
	1. Entstehung und Voraussetzungen	167
	2. Heimkehr und Todesfahrt: Thematik und Grundkonzeption	171
	3. Poetologische Metafiktion	179
	4. Mythos-Konzept und Einfluss von *Finnegans Wake*	187
	5. Spätzeit und Utopie	193
	6. Literatur	195
V.	*Die Schuldlosen* (Doren Wohlleben)	199
	1. Inhalt	199
	2. Entstehungsbedingungen	200
	3. Zum Titel	203
	4. Aufbau	205
	5. Die lyrischen Einlagen	206
	6. Zu den Figuren	208
	6.1 Andreas	208
	6.2 Der Imker	210
	6.3 Der Studienrat Zacharias	211
	6.4 Die Magd Zerline	212
	7. Die Schuldfrage	213
	8. Zur Rezeption	214
	9. Literatur	215
VI.	Dramen (Paul Michael Lützeler)	217
	1. *Die Entsühnung* (1932): Ein Zeitstück als Tragödie der Wert- und Wirtschaftskrise	217
	1.1 Abgrenzung von Piscator und Brecht	217
	1.2 Abgrenzung von der Männerwelt	223
	2. *Aus der Luft gegriffen* (1934): Komödie der Weltwirtschaftskrise	232
	2.1 Das Hotel als Kathedrale der Moderne	232
	2.2 Von Geldesdingen und Heiratssachen	242
	3. Literatur	248
VII.	Novellen (Monika Ritzer)	251
	1. Schreiben in der modernen Welt	251
	1.1 Konstruktion der Ekstase: *Eine methodologische Novelle*	252
	1.2 Musik der Emanzipation: *Ophelia*	254

		1.3 Kulturelle Hermeneutik: *Esperance*	255
	2.	Aporie der Freiheit: *Huguenau*	257
	3.	Platonische Erlebnisse: *Tierkreis-Erzählungen* – Poetik der Unmittelbarkeit	259
		3.1 Im Haus der Seele: *Eine leichte Enttäuschung*	261
		3.2 Begegnung mit dem Schatten: *Vorüberziehende Wolke*	263
		3.3 Pneumatische Vision: *Ein Abend Angst*	264
		3.4 Magische Formationen: *Die Heimkehr*	265
		3.5 Kreise des Irdischen: *Der Meeresspiegel*	267
	4.	Mythische Evidenz: *Barbara*	268
	5.	Heuristik des Todes: *Die Heimkehr des Vergil*	269
	6.	Transparenz der Verführung: *Hitlers Abschiedsrede*	271
	7.	Literatur	273
VIII.	Gedichte (Katharina Ratschko)		275
	1.	Lyrik als Gestaltung des Irrationalen	275
	2.	Das lyrische Werk	278
		2.1 Lyrik im Romanwerk	278
		2.2 Die Gedichte	281
		2.3 Nachdichtungen	286
		2.4 Die Haussprüche	286
		2.5 Die Gelegenheitsgedichte	286
	3.	Literatur	288
IX.	Autobiographische Zeugnisse (Gesa von Essen)		291
	1.	*Das Teesdorfer Tagebuch für Ea von Allesch*	294
	2.	*Autobiographie als Arbeitsprogramm*	302
	3.	*Psychische Selbstbiographie*	305
	4.	Literatur	315

Das essayistische Werk

I.	Schriften zur Literatur, Kunst und Kultur (Alice Stašková)	319
	1. Eine Theorie der Kultur im Angesicht des Todes	319
	2. Die Aufgabe(n) der Dichtung	324
	3. Das Hofmannsthal-Projekt: Eine unabschließbare Summa	328
	4. Stil und Ornament	331
	5. Kitsch	337
	6. Kunst und Künste	343
	7. Ausblick	353
	8. Literatur	354
II.	Philosophische Schriften (Thomas Borgard)	359
	1. Wertzerfall: Anlass für philosophische Kommentare und poetische Darstellungen des Irrationalen	359
	2. Methodologische Leitfunktion des Neukantianismus	363
	3. Veränderte Problemlagen nach 1932 und im Exil	369
	4. Motive für die Kritik der Philosophie des Wiener Kreises	375
	5. Philosophie im Schatten des Nihilismus: Zwischen Wissenschaft, Stoizismus und metaphysischer Erneuerung	385

	6. Literatur	394
III.	Politische Schriften (Barbara Picht)	401
	1. Demokratie und Diktatur	404
	2. Gesetz zum Schutz der Menschenwürde	408
	3. Politische Religion?	410
	4. Menschenrechte	416
	5. Das Irdisch-Absolute und das ›Recht an sich‹	419
	6. Offene und geschlossene Systeme	423
	7. Nachkriegsordnungen	428
	8. Literatur	430
IV.	*Massenwahntheorie* (Monika Ritzer)	433
	1. Der Weg zur Massenpsychologie	433
	2. Massenpsychologische Schriften	436
	3. Systemansatz und Theoreme der *Massenwahntheorie*	439
	3.1 Theorie und Modell	440
	3.1.1 Ich-Modell	441
	3.1.2 Individuum und Gemeinschaft	442
	3.2 Von der Individual- zur Massenpsychologie	444
	3.2.1 Wertsystem und Ideologie	444
	3.2.2 Phasen des Massenwahns	446
	3.2.3 Triebstrukturen: Feindbild und Siegvorstellung	447
	3.2.4 Führer-Prinzip	448
	3.3 Bekämpfung des Massenwahns	449
	3.3.1 Zur Situation der Gegenwart	450
	3.3.2 Bekehrung	450
	3.3.3 Humanität als Zentralwert der Demokratie	451
	3.4 Die Schriften der endvierziger Jahre	452
	3.4.1 Anarchie und Terror	453
	3.4.2 Massen im Alltag	454
	3.4.3 Visionen der Gerechtigkeit	455
	4. Literatur	456

Das Briefwerk

I.	Brochs epistolarisches Werk (Graham Bartram)	461
	1. Literatur	466
	2. Politik	481
	3. Erkenntnistrieb und ›Frauengeschichten‹	486
	4. Epilog: Anfang und Ende	497
	5. Literatur	501
	5.1 Broch: Werk- und Briefausgaben und autobiographische Schriften	501
	5.2 Sonstige Literatur	502
II.	Kontakte und Konstellationen (Gabriella Rácz)	507
	1. Freundschaften aus Österreich(-Ungarn)	508
	2. Freundschaften im Exil	515
	3. Literatur	525

Zur Broch-Forschung

I. Grundzüge, Schwerpunkte, Desiderate (Gunther Martens) 529
   1. Einführung 529
   2. Anfänge der Forschung: Broch und die literarische Moderne 529
   3. Politik und Menschenrechte 533
   4. Wissenschaftsgeschichte 534
   5. Die Enzyklopädie des Polyhistors 538
   6. Neuere Ansätze zwischen Text und Kontext 538
   7. Schlussfolgerung und Ausblick 541
   8. Literatur 544
II. Hermann-Broch-Bibliographie (1985–2014) (Sarah McGaughey) 549
   1. Kommentierte Werkausgabe (KW) 550
   2. Briefeditionen und ergänzende Textausgaben 550
   3. Nachlass-Bestände 551
   4. Bibliographien 552
   5. Bibliographie 1985–2014 552

Zeittafel zu Leben und Werk (Paul Michael Lützeler) 627

Namenregister 641
Autorinnen und Autoren 669

Siglen

AB Broch, Hermann und Hannah Arendt: *Briefwechsel 1946–1951*. Hg. v. Paul Michael Lützeler. Frankfurt am Main 1996.

AGB Amann, Klaus und Helmut Grote: *Die Wiener Bibliothek Hermann Brochs. Kommentiertes Verzeichnis des rekonstruierten Bestandes*. Wien, Köln 1990.

BB Broch, Hermann und Daniel Brody: *Briefwechsel 1930–1951*. Hg. v. Bertold Hack und Marietta Kleiß. Frankfurt am Main 1971.

BK Broch, Hermann: *Briefe an Erich von Kahler (1940–1951)*. Hg. v. Paul Michael Lützeler. Berlin 2010.

BÜD Broch, Hermann und Volkmar von Zühlsdorff: *Briefe über Deutschland 1945–1949. Die Korrespondenz mit Volkmar von Zühlsdorff*. Hg. v. Paul Michael Lützeler. Frankfurt am Main 1986.

FE Broch, Hermann und Thomas Mann: *Freundschaft im Exil. Thomas Mann und Hermann Broch*. Hg. v. Paul Michael Lützeler. Frankfurt am Main 2004 (= Thomas-Mann-Studien, Bd. 31).

FG Broch, Hermann: *Frauengeschichten. Die Briefe an Paul Federn 1939–1949*. Hg. v. Paul Michael Lützeler. Frankfurt am Main 2007.

HBB Lützeler, Paul Michael: *Hermann Broch. Eine Biographie*. Frankfurt am Main 1985.

KW *Kommentierte Werkausgabe Hermann Broch*. Hg. v. Paul Michael Lützeler. 13 Bde. Frankfurt am Main 1974–1981: KW 1: *Die Schlafwandler*, KW 2: *Die Unbekannte Größe*, KW 3: *Die Verzauberung*, KW 4: *Der Tod des Vergil*, KW 5: *Die Schuldlosen*, KW 6: *Novellen, Prosa, Fragmente*, KW 7: *Dramen und Drehbücher*, KW 8. *Gedichte*, KW 9/1 und KW 9/2: *Schriften zur Literatur*, KW 10/1 und KW 10/2: *Philosophische Schriften*, KW 11: *Politische Schriften*, KW 12: *Massenwahntheorie*, KW 13/1, KW 13/2 und KW 13/3: *Briefe*.

MM *Marbacher Magazin 94: Hermann Broch 1886–1951. Eine Chronik*. Hg. v. Paul Michael Lützeler. Marbach am Neckar 2001.

PS Broch, Hermann: *Psychische Selbstbiographie*. Hg. v. Paul Michael Lützeler. Frankfurt am Main 1999.

TE	Broch, Hermann und Annemarie Meier-Graefe: *Der Tod im Exil. Briefwechsel 1950/51*. Hg. v. Paul Michael Lützeler. Frankfurt am Main 2001.
TK	Broch, Hermann und Ruth Norden: *Transatlantische Korrespondenz 1934–1938 und 1945–1948*. Hg. v. Paul Michael Lützeler. Frankfurt am Main 2005.
TT	Broch, Hermann: *Das Teesdorfer Tagebuch für Ea von Allesch*. Hg. v. Paul Michael Lützeler. Unter Mitarbeit von H. F. Broch de Rothermann. Frankfurt am Main 1995. Taschenbuchausgabe Frankfurt am Main 1998.
VS	Broch, Hermann: *Verlorener Sohn? Hermann Brochs Briefwechsel mit Armand 1925–1928*. Hg. v. Paul Michael Lützeler. Frankfurt am Main 2010.
ZB	*Zettelwirtschaft. Briefe an Gertrude von Eckardt-Lederer von Friedrich und Elisabeth Gundolf, Hermann Broch, Joachim Ringelnatz und Berthold Vallentin*. Hg. v. Sander L. Gilman. Berlin 1992.

Hermann Broch und seine Zeit

I. Biographie

1. Der Weg zur Schriftstellerexistenz in Wien

Als Hermann Broch am 1. November 1886 in Wien geboren wurde, hatte sein Vater für ihn bereits einen Lebensplan entworfen: Der Erstgeborene des Tuchgroßhändlers Josef Broch und seiner Frau Johanna sollte das Textilfach erlernen und in die väterlichen Fußstapfen treten. Josef Broch war 1852 im – damals zur österreichisch-ungarischen Monarchie gehörenden – mährischen Prossnitz als jüngster Sohn einer armen jüdischen Familie geboren worden. Noch im Kindesalter setzte er sich von seinen Eltern ab und ging nach Wien, um dort sein Glück zu machen. Er arbeitete sich während der Wiener Gründerjahre vom Laufburschen zum erfolgreichen Flanellspekulanten hoch. 1885 heiratete er Johanna Schnabel, die Tochter eines jüdischen Wiener Leder-Großhändlers. Die Brochs und Schnabels waren auf Akkulturation und Integration in die Wiener Gesellschaft bedacht. Ihre konfessionelle Aktivität erschöpfte sich im Besuch des Tempels der Israelitischen Kultusgemeinde an den hohen religiösen Feiertagen. Drei Jahre nach Brochs Geburt erblickte sein Bruder Friedrich das Licht der Welt. Zwischen den Brüdern gab es von Anfang an Spannungen und unüberbrückbare Gegensätze. Friedrich war ein Praktiker und Pragmatiker wie sein Vater, den guten Seiten des Lebens zugetan, mit nur geringem Verständnis für Kunst und Literatur. In seiner lebensfrohen Art stand er in der Gunst der Eltern, die dem Erstgeborenen mit Unverständnis, ja Kälte und Ablehnung begegneten. Darüber hat Broch später in seiner *Psychischen Selbstbiographie* (PS) berichtet. In der Verwandtschaft freundete sich Hermann Broch während der Kindheit mit Alice Schnabel, einer gleichaltrigen Cousine, an, die ähnliche Interessen wie er vertrat, später feuilletonistisch für die *Neue Freie Presse* schrieb und als Gattin des Radierers Ferdinand Schmutzer einen Salon für Wissenschaftler und Künstler führte, den Broch frequentierte.

Die Brochs bewohnten in den 1880er und 1890er Jahren verschiedene Wohnungen im sogenannten Textilviertel Wiens, also im 1. Bezirk. Eingeschult wurde Broch in die Volksschule Werdertorgasse, doch erhielt er in den ersten Jahren Privatunterricht; erst von der fünften Klasse an besuchte er die Schule regelmäßig. Sein Privatlehrer war David Bach, ein junger Sozialist im Sinne der englischen Fabian Society. Ab Herbst 1897 ging er auf die K. K. Staats-Realschule im 1. Bezirk (Schottenbastei 7–9). Er hätte lieber ein humanistisches Gymnasium besucht, doch war das im väterlichen Erziehungsplan nicht vorgesehen. Der achtzehnjährige Broch bestand das Matura-Examen mit dem Notendurchschnitt »befriedigend«. Nur in »Religion« erhielt er ein »vorzüglich«, in Mathematik dagegen bloß ein »genügend«. Die schlechte Note in

Mathematik fällt auf, weil Broch sich ein Leben lang für den geborenen Mathematiker hielt. Mitschüler in dieser Maturaklasse war Alban Berg, mit dem er in Verbindung blieb. Von Herbst 1904 bis Sommer 1906 besuchte er vier Semester lang die Höhere Lehr- und Versuchsanstalt für Textilindustrie im 5. Bezirk Wiens. In der Erinnerung bezeichnete Broch diese Institution als »Wiener Webschule«. Parallel dazu belegte er im Wintersemester 1904/1905 als Gasthörer Vorlesungen und Seminare an der Universität Wien, und zwar in Philosophie und Mathematik, u. a. bei Ludwig Boltzmann, dem damals bekanntesten Mitglied der Wiener Fakultät. Der Abbruch dieses kurzen Universitätsstudiums hatte wahrscheinlich mit den Anforderungen der Webschule zu tun. Nach deren Abschluss schickte der Vater ihn zusätzlich für zwei Semester im Herbst 1906 zur Oberen Spinn- & Webschule zu Mülhausen im Elsass, wo er im Sommer 1907 die Spinnerei-Lehre erfolgreich absolvierte und ein Ingenieursdiplom erwarb. Seine Abschlussarbeit bestand darin, »Verfahren und Einrichtung zum Mischen von Baumwolle und anderer Textile« zu entwickeln. Die von Broch dazu konstruierte Maschine wurde 1907 beim K. K. Patentamt in Wien angemeldet und dort ein Jahr später patentiert. Während seines Aufenthalts im Elsass muss Matthias Grünewalds Isenheimer Altar im Museum von Colmar auf Broch einen nachhaltigen Eindruck gemacht haben. Noch zwanzig Jahre später riet Broch seinem Sohn, den Isenheimer Altar zu besuchen (VS). Der triumphierende Christus aus dieser Bildgruppe taucht als Motiv mehrmals im 1931 geschriebenen *Huguenau*-Teil der *Schlafwandler* (KW 1) auf, ja in allen drei Teilen finden sich Parallelen zu den Bildgruppen »Geburt Christi« (im *Pasenow*), »Kreuzigung« (im *Esch*) und eben »Auferstehung« (im *Huguenau*). An die Ausbildungszeit im Elsass schloss sich eine Tour in die USA an. Die Geschäftsreise war im Hause Broch an die Stelle der in anderen bürgerlichen Familien üblichen Bildungsreise getreten. Der Aufenthalt dauerte insgesamt sechs Wochen: von Anfang Oktober bis Mitte November 1907. Mit dem Schiff ging es nach New York, von dort mit der Bahn nach Chicago und Atlanta und wieder zurück nach New York. Die Reisegruppe bestand aus Hermann Broch, seinen Eltern, dem mit ihnen befreundeten Ehepaar Ignaz und Ida Wolf und deren Sohn Felix, der wiederum ein Freund Brochs war. Ziel der Fahrt war die International Cotton Growers, Buyers and Spinners Conference in Atlanta/Georgia. New York und die Südstaaten hatten den jungen Broch beeindruckt. Das Thema der Amerika-Auswanderung mit dem Leitmotiv der Freiheitsstatue spielt im *Esch*-Teil der *Schlafwandler* eine wichtige Rolle.

Ende 1906 hatte Josef Broch die Spinnfabrik Teesdorf erworben, um seinen beiden Söhnen eine Existenzgrundlage zu sichern. Allerdings waren auch einige Verwandte als Teilhaber zur Finanzierung der Firmenübernahme gewonnen worden, d. h. die Spinnfabrik Teesdorf war nie ganz im Besitz der Familie Broch. Nach der Rückkehr von der Amerikareise trat der gerade volljährig gewordene, einundzwanzig Jahre alte Hermann Broch als kaufmännischer Assistenzdirektor in das Familienunternehmen ein. Wenige Jahre später wird er Verwaltungsrat der Firma für alle Finanzfragen, während sein Bruder den Posten des Direktors für technische Angelegenheiten übernimmt. Im gleichen Jahr 1906/1907 kaufte der Vater auch eine Etage des Hauses Gonzagagasse 7 im 1. Bezirk Wiens für die Wohnung und das Verwaltungsbüro. Die Adresse Gonzagagasse 7 wird Broch nun drei Jahrzehnte lang führen; mit ihr verband ihn wie mit kaum einem anderen seiner vielen Domizile etwas wie Heimatgefühl. Die Wirtschaft florierte allgemein wie auch die Spinnfabrik Teesdorf im Besonderen, und wenig mehr als ein Jahr nach Brochs Eintritt in die Firma konnte das Grundkapital bereits erhöht werden. Zudem wurde 1910 ein dreigeschossiges zusätzliches Fabrikgebäude aus dem damals neuartigen Stahlbeton errichtet. In ihren besten Zeiten hatte die Spinnfabrik Teesdorf achthundert Beschäftigte.

Ende 1907, kurz nach seiner Rückkehr aus den USA, hatte Broch sich in Franziska von Rothermann verliebt. Sie war dreiundzwanzig Jahre alt, gut zwei Jahre älter als Broch. Franziska wurde am 6. August 1884 im burgenländisch-ungarischen Hirm als Tochter von Rudolf und Marie von Rothermann geboren. Während einer Bahnfahrt nach Wien lernte sie Broch kennen. Der Lebensstil der Rothermanns glich dem des ungarischen Landadels: Man jagte, züchtete Pferde, hielt Festgelage ab und verbrachte den Winter in Italien oder an der französischen Riviera. Der soziale Abstand zwischen den Brochs und den Rothermanns erschwerte das nähere Kennenlernen des jungen Paares. Dann aber obsiegten Brochs diplomatisches Geschick, die Eleganz seiner Erscheinung (er glich damals einem Dandy), sein Einfühlungsvermögen und sein Charme. Zu den Gesellschaftsspielen, die man im Hause der Rothermanns trieb, gehörte auch die Abfassung eines Gemeinschaftsromans mit dem Titel *Sonja oder Über unsere Kraft* (KW 6, 267–277), eine Trivialerzählung, zu der Broch das Schlusskapitel beisteuerte. Broch las damals Hermann Hesse, Thomas Mann und ging regelmäßig in die Vorlesungen von Karl Kraus, dessen *Fackel* er las. In die beiden Jahre seiner Werbung um Franziska von Rothermann fiel auch seine militärische Dienstzeit. Im Mai 1909 wurde Broch in das Ulanenregiment Nr. 3 in Wien einberufen, drei Monate später versetzte man ihn nach Agram (dem heutigen Zagreb), der damaligen Hauptstadt des Königreichs Kroatien-Slowenien, das Bestandteil des österreichischen Vielvölkerstaates war. Die lokale Versetzung bedeutete auch einen Wechsel der Waffengattung: Broch wurde Angehöriger des K. u. K. Feldkanonenregiments Nr. 37. Allerdings wurde er schon im Oktober 1909 wegen Untauglichkeit entlassen. Der Grund war eine Herzaffektion, mit der er damals in das Garnisonsspital eingeliefert werden musste. Das bedeutete den vorzeitigen Abschied vom Heer.

Im Hinblick auf seine bevorstehende Hochzeit mit der katholischen Franziska von Rothermann trat Broch während seiner Ulanen-Ausbildung im Juni 1909 aus der Israelitischen Kultusgemeinde in Wien aus und ließ sich einen Monat später in der römisch-katholischen Kirche Unsere Liebe Frau zu den Schotten (Freyung 6 A, im 1. Bezirk) taufen. Die Ehe wurde am 11. Dezember 1909 geschlossen, und zwar in der Pfarrkirche St. Helena in Baden-Weikersdorf bei Wien, in einer kleinen Barock-Kapelle am Eingang ins Helenental. Am 4. Oktober 1910 wurde Hermanns und Franziskas einziges Kind geboren. Der Sohn erhielt den Namen Hermann Friedrich Maria. Der Junge wurde meistens Armand – später auch Pitz – gerufen. Die Familie wohnte in Teesdorf, besaß aber für die Aufenthalte in der Stadt drei Räume in der Wohnung Gonzagagasse 7 in Wien. Das zweistöckige Teesdorfer Wohnhaus befand sich auf dem Gelände der Fabrik. Die Ehe kriselte, weil Franziska einen großzügigeren Lebensstil gewohnt war und weil sie die geistigen Interessen Brochs nicht teilte. Der wiederum zog sich immer häufiger in sein Studierzimmer zurück, um dem ungeliebten Beruf und den Familienstreitigkeiten zu entfliehen und sich seinen intellektuellen Arbeiten widmen zu können. Nach einigen Jahren brach die Ehe auseinander, und beide Partner knüpften neue Bekanntschaften. Im katholischen Österreich waren Ehescheidungen keine alltägliche Angelegenheit; erst am 13. April 1923 wurde die Scheidung vom Bezirksgericht Innere Stadt Wien ausgesprochen.

Brochs wissenschaftliche und künstlerische Ambitionen wurden anfänglich angeregt durch das hohe Ansehen, das die Intelligenz im Wien der Jahrzehnte vor und nach dem Ersten Weltkrieg genoss: Es war eine der fruchtbarsten, originellsten und kreativsten Epochen in Kunst und Architektur, Musik, Literatur, Psychologie und Philosophie. Zwölftonmusik, moderne Bauweisen, logischer Positivismus, abstrakte Malerei und die Psychoanalyse waren Neuerungen, über die jeder Gebildete in Wien diskutierte. Die Jahre vor 1914 aber wurden zur Krisenzeit: Die Ära des europäischen Friedens und der bürgerlichen Ruhe, wie sie seit 1871 herrschten, ging ihrem Ende entgegen. Wie viele andere spürte der junge Assistenzdirektor Broch, dass die europäische Gesellschaft sich im Umbruch befand. 1908 und 1909 hielt er sein Unbehagen in der Kultur in den privaten Notizen *Kultur 1908/1909* fest (KW 10/1, 11–30). Broch deuteten sich hier die Umrisse nahender Katastrophen an, aber von einer eigenständigen Analyse der Ursachen jener Krise kann noch nicht die Rede sein. In seiner Gesellschaftskritik ist er Karl Kraus, in seinem Kulturpessimismus der damals populär werdenden Lebensphilosophie verpflichtet. Drei Jahre später nahm Broch Kontakt zu einer Zeitschrift auf, um erstmals seine privaten Notizen in Essayform publizieren zu lassen. Damit begann sein aufreibender Doppelberuf als Fabrikant und Schriftsteller. Er wandte sich Anfang 1913 an Ludwig von Ficker, der 1910 in Innsbruck die Kulturzeitschrift *Der Brenner* begründet hatte. Damals setzte Broch das bereits 1908 begonnene Weininger-, Nietzsche- und Schopenhauer-Studium fort. Schopenhauers *Die Welt als Wille und Vorstellung* arbeitete er gründlich durch, wie das erhalten gebliebene Exemplar aus seiner Wiener Bibliothek zeigt (AGB). Nietzsches Dekadenzthesen beeinflussten ihn nachhaltig. Im *Brenner* publizierte er unter anderem seinen ersten Essay überhaupt, eine ins Detail gehende Analyse von Thomas Manns Novelle *Der Tod in Venedig* (KW 9/1, 13–26).

Durch den Ersten Weltkrieg wurde Brochs publizistische Tätigkeit schon bald wieder unterbrochen. Statt ihn zum Militärdienst einzuziehen, übertrug man ihm am 15. September 1914 die Direktion eines Rot-Kreuz-Lazaretts für Leichtverwundete, das auf Brochs Fabrikgelände untergebracht wurde. Mit den Kriegsjahren begann für ihn eine neue Lebensphase. Als Firmenleiter hatte er jetzt häufiger als früher in Wien zu tun, nicht nur, weil sich die Verwaltung der Spinnfabrik dort befand, sondern auch wegen der Verhandlungen mit anderen Unternehmern, mit Betriebsverbänden und Behörden. Aus dem Jahr 1915 ist ein Gedichtzyklus mit dem Titel *Vier Sonette über das metaphysische Problem der Wirklichkeitserkenntnis* (KW 8, 15–17) erhalten. Die in diesen philosophischen Versen behandelten Themen (Erkenntnis, Eros, Ekstase) gehören auch später zu den Konstanten seiner denkerischen und dichterischen Arbeiten. Während der Wien-Aufenthalte verkehrte Broch immer häufiger und immer lieber in den Literaten- bzw. Künstlercafés, besonders im Café Central und im Café Herrenhof, das zum wichtigsten Kaffeehaus der Ersten Republik werden sollte; seltener im Café Museum. Broch war einer der zahllosen jungen Bürgersöhne, die aus der bürokratischen Langeweile des Alltags in die Kaffeehäuser flohen, um teilhaben zu können an jener Spontaneität, Vitalität und Selbstverwirklichung, um die sie die Künstler beneideten. Im Café Herrenhof lernte er Gina und Otto Kaus kennen, Alfred Polgar und Ea von Allesch, Franz Blei und dessen Tochter Sibylla, Paul Schrecker, Albert Paris Gütersloh, Robert Musil, Friedrich Eckstein und Willy Haas. 1916/1917 bildete sich in diesem Café ein Freundeskreis um Franz Blei mit Gina Kaus, Broch, Musil und Paul Schrecker. 1916/1917 gründete Franz Blei die Zeitschrift *Summa*, und Broch wurde als Mitarbeiter gewonnen. Gina Kaus, die Muse des Blei-Kreises, hatte einen Redaktionsraum für die *Summa* in einer Atelierwohnung der Strudlhofgasse besorgt, und das Geld zur Finanzierung der Zeitschrift wurde von ihrem Freund Josef Kranz, einem Wiener Millionär, zur Verfügung gestellt. Broch arbeitete damals an einer Geschichtstheorie auf werttheoretischer Grundlage, an einer Studie, der er den Titel *Zur Erkenntnis dieser Zeit* geben wollte. Zu den Büchern, die er bei der Vorbereitung dazu las, gehörten Wilhelm Windelbands *Geschichtsphilosophie* von 1916 und Heinrich Rickerts zweite Auflage von *Die Grenzen der naturwissenschaftlichen Begriffsbildung* von 1913. Ein kleines Kapitel aus seinem entstehenden Buch veröffentlichte Broch in Bleis *Summa*. Es trägt die Überschrift »Konstruktion der historischen Wirklichkeit« (KW 10/2, 23–40). Hier versuchte Broch als Anhänger des Kant'schen Sittengesetzes, des Kant'schen »guten Willens«, nachzuweisen, dass »nur der ethische Mensch historisch konstituierbar sei«, dass »nur der Mensch von ›gutem Willen‹ [...] in der Geschichte« lebt. Was Broch wollte, war die Herausarbeitung »des Ethos als Prinzip der Geschichtserkenntnis« (KW 10/2, 25–26). Blei publizierte in seiner Zeitschrift aber nicht nur Brochs philosophische Studien, sondern ermunterte ihn auch zu literaturkritischen und literarischen Versuchen. Christian Morgensterns frühe Gedichte (KW 9/1, 41–47) und die gesammelten Dichtungen Heinrich von Steins (KW 9/1, 337–341), eines heute vergessenen Autors, werden hier wegen ihrer Platitüden bzw. wegen ihres Ästhetizismus arg verrissen. Günstiger fiel das Urteil über Émile Zola in Brochs *Summa*-Beitrag »Zolas Vorurteil« aus (KW 9/1, 34–38). Den Anstoß dazu gab Heinrich Manns 1915 in den *Weißen Blättern* erschienener Zola-Aufsatz, der gegen Thomas Mann und andere kriegsbegeisterte Dichter gerichtet war, und in dem Zola als ein Beispiel des integren, politisch verantwortungsbewussten Schriftstellers gelobt wurde. Dieser positiven Wertung schloss sich Broch an, wenn er mit Zolas Naturalismustheorie auch nicht viel anzufangen wusste. Und schließlich publizierte er in der *Summa* 1918 »Eine methodologische Novelle« (KW 6, 11–23), die einige satirische Anspielungen auf zeitgenössische Autoren wie Carl Sternheim und Frank Wedekind enthielt.

Als im November 1918 auch in Wien eine Revolution die monarchische Ordnung beseitigte, veröffentlichte Broch in Franz Bleis neuer Zeitschrift *Die Rettung* den offenen Brief »Die Straße« (KW 13/1, 30–34), in dem Broch seine Skepsis gegenüber der Revolution zum Ausdruck brachte. In seiner wenig später in der Zeitschrift *Der Friede* veröffentlichten Stellungnahme »Konstitutionelle Diktatur als demokratisches Rätesystem« (KW 11, 11–23) spezifizierte er seine Position: Wie die Austromarxisten, auf die er sich berief, war er gegen ein diktatorisches Rätesystem nach dem Vorbild der Sowjets in Russland, sprach sich aber für die inner- wie außerbetriebliche Mitbestimmung der Arbeitnehmer aus. Broch wurde 1919 Vorstandsmitglied im Fachverband der Textilindustrie Österreichs und arbeitete bis 1921 am Gewerbegericht Wiener Neustadt in einer Schlichtungskommission, bei der es um die Beilegung von Konflikten zwischen Arbeitgebern und Arbeitnehmern ging. Gleichzeitig belegte er an der Technischen Universität Wien nochmals ein Semester lang Seminare in Versicherungsmathematik und Handelsrecht. Es war auch die Zeit, in der Broch als Unternehmer die sozialen Einrichtungen für die Arbeiter seiner Firma verbesserte.

Verwaltend, studierend, flanierend und hofierend verbrachte Broch die Kriegsjahre und die Nachkriegszeit, während der er auch eine Reihe von Freundschaften zu Frauen unterhielt: zur ungarischen Lyrikerin Edit Rényi, zur Tschechin Milena Jesenská (der späteren Freundin Franz Kafkas), zur deutschen Schauspielerin Sibylla Blei, der Tochter Franz Bleis, und vor allem zur österreichischen Modejournalistin Ea von Allesch. Das waren Frauenfreundschaften, die auch mit Brochs Interesse an der Literatur zu tun hatten. Edit Rényi war die Gattin eines Ingenieurs, der seit 1915 in einer unweit von Teesdorf gelegenen Munitionsfabrik arbeitete; 1918 ließ sie sich von ihm scheiden, ging bei Kriegsende wieder nach Budapest und emigrierte nach der gescheiterten Revolution von 1919 nach Wien. Ohne ihre Genehmigung einzuholen, veröffentlichte Broch 1918 zwei Gedichte von ihr in der expressionistischen Zeitschrift *Die Aktion*. Er übersetzte sie so frei, dass sie mit ihren Originalen nur mehr wenig zu tun hatten und zog sich damit den Zorn der Autorin zu. Die beiden Gedichte »Bitteres, spätes Gebet« (KW 8, 75–76) und »Schmerzloses Opfer« (KW 8, 78) weisen das für die expressionistische Lyrik so charakteristische Aufruf-, Gebet-, Opfer- und Menscheits-Vokabular auf. Nichtsdestoweniger blieb Broch mit ihr befreundet und der Briefkontakt riss auch später nicht ab. Durch Edit Rényi lernte Broch 1919/1920 in Wien ungarische Emigranten kennen wie Georg Lukács, Karl Mannheim, René Spitz und Béla Balázs. Auch mit Sibylla Blei verband Broch eine intensive Freundschaft, die ebenfalls – wenn auch nur brieflich – bis in die Exilzeit fortdauerte. 1919/1920 versuchte Broch sich an einer Komödie mit dem Titel *Kommentar zu Hamlet* (KW 6, 278–286), die Fragment blieb. Es ist ein mit Verfremdungseffekten ausgestattetes Stück, in dem Ophelia und Hamlet über Sinn und Unsinn von Dichtung und Liebe räsonieren und worin sich Ophelia als Sibylla Blei outet.

Das wichtigste biographische Ereignis in den Kriegs- und Nachkriegsjahren war die Liebe zu Ea von Allesch, die er 1917 im Café Central durch den gemeinsamen Freund Alfred Polgar kennengelernt hatte. Bis 1927 war sie dann seine Lebensgefährtin. Brochs in der zweiten Jahreshälfte von 1920 in Briefen geschriebenes *Teesdorfer Tagebuch für Ea von Allesch* (TT) gibt einen Eindruck von der durch Brochs Eifersucht geprägten Beziehung. Wie zuvor Franz Blei war es jetzt Ea von Allesch, die Broch in seinen dichterischen Ambitionen bestärkte. Sie arbeitete in den Nachkriegsjahren als Redakteurin für den Modeteil der in Wien erscheinenden *Modernen Welt* und vermittelte ihm dort Rezensionen über Neuerscheinungen zeitgenössischer Autoren wie Alfred Polgar, Paul Leppin, Hugo Salus, Karl Otten, Leo Perutz und Ernst Weiss (KW 9/1, 337–379). Broch schrieb 1920 die Novelle *Ophelia* (KW 6, 24–36). Er variierte hier erneut den Hamlet-Ophelia-Stoff, wobei er diesmal eine sich von ihrem Verlobten emanzipierende junge Frau schildert, die ein Verhältnis mit einem Fremden beginnt. Die Novelle ist überraschend modern geschrieben: Im Erzählrahmen wird auf anti-illusionistische Weise das Thema festgelegt, und modernistisch sind auch die Kino-, Musik- und Traummotive. Liest man die Novelle auf der Folie von Brochs Biographie, erinnert Ophelia an Ea, der Verlobte an Johannes von Allesch (ihren geschiedenen Ehemann) und der Fremde an Broch selbst. Ea von Allesch besaß eine Wohnung im 9. Bezirk (Peregringasse). Nach der Scheidung von seiner Frau richtete Broch sich bei ihr ein Zimmer ein. Am 4. November 1920 schrieb Broch einen längeren Brief an Ea von Allesch, der ein Zeugnis seiner Eifersucht auf andere Mitbewerber um die Gunst seiner Freundin ist (TT 127–143). Wenn er ihr in der Nacht darauf mitteilte: »ich muß Dir gehören wollen müssen« (TT 147), wird deutlich, wie kompliziert und wenig spontan seine Liebe zu ihr war. Zum Bekanntenkreis Brochs gehörte die im Tagebuch für Ea von Allesch genannte Fürstin Elisabeth Windisch-Graetz. Sie war – quasi eine Nachbarin der Broch-Familie – etwa so alt wie Broch und besaß im nahe bei Teesdorf gelegenen Schönau ein Schloss. Obgleich sie aus dem Hochadel stammte (Tochter des Kronprinzen Rudolf), lebte sie seit dem Ende des Weltkriegs mit dem sozialdemokratischen Politiker Leopold Petznek zusammen, einem Lehrer in Mödling, der sozialdemokratischer Abgeordneter im Landtag von Niederösterreich war. Im Tagebuch wird auch öfters Brochs Sohn Armand erwähnt, der damals die Bundeserziehungsanstalt in Traiskirchen bei Wien besuchte und den Broch dann von 1925 bis 1927 in das Collège de Normandie in Clères bei Rouen in Frankreich schickte. Brochs Korrespondenz aus diesen Jahren zeigt, wie groß die finanzielle Belastung durch die Gebühren und den Lebensstil an dieser Eliteschule war. Es handelte sich um eine Ausbildungsstätte für die europäische Hocharistokratie und den Geldadel. Brochs Firma aber brachte immer weniger Gewinne ein, was vor allem an der allgemeinen Krise der österreichischen Textilindustrie lag. Im Februar 1926 schrieb Broch an Armand: »Die Sorgen werden immer größer, die Zeit immer krisenhafter, und ich sehe eigentlich bloß Katastrophen im Anzug. Nicht nur was uns in Wien anlangt, sondern eigentlich für ganz Europa« (VS 78). Der Sohn erbrachte die schulischen Leistungen nicht, und obgleich er mehrfach das Baccalauréat zu bestehen versuchte, fiel er immer wieder durch und musste ohne Abschluss das Collège verlassen. Die ohnehin nie guten Beziehungen zum Sohn verschlechterten sich dadurch noch mehr.

Zwischen 1920 und 1925 kam regelmäßig zum Wochenende ein junger Mathematiker aus Wien nach Teesdorf, um mit Broch höhere mathematische Studien zu betreiben, u. a. Mengenlehre. Er hieß Ludwig Willibald Hofmann und arbeitete damals an seiner Habilitation über projektive Geometrie, eine Arbeit, die er 1927 an der Technischen Hochschule Wien verteidigte. Diese Übungen waren gleichsam das Vorspiel zu Brochs erneutem Studium der Mathematik und Philosophie, das er 1925 an der Universität aufnahm und zu Ostern 1930 ohne Abschluss wieder abbrach. Anfänglich hatte er in dem Grenzbereich von Mathemtik und Philosophie promovieren wollen, aber dann kam ihm doch die schriftstellerische Tätigkeit dazwischen. Seine Lehrer in der Philosophie waren Moritz Schlick und Rudolf Carnap, und Mathematik studierte er vor allem bei Wilhelm Wirtinger, Hans Hahn und Karl Menger. Bei Schlick hörte Broch »Logik und Erkenntnistheorie«, »Philosophie der Mathematik«, »System der Philosophie«, »Naturphilosophie«, »Logik« und »Geschichtsphilosophie«. Am Ende des Studiums gehörte Broch zu den Mitgliedern von Schlicks Privatseminar. Nur ein Physikseminar belegte Broch (»Atome« bei Arthur Haas, mit dem er sich anfreundete). Erwähnenswert sind noch eine kunstgeschichtliche Vorlesung (»Gotik – Renaissance«) bei Julius Schlosser und ein Seminar über vergleichende Musikwissenschaft bei Robert Lach. 1926 berief Moritz Schlick Rudolf Carnap nach Wien. Carnap stand unter dem Einfluss von Bertrand Russell, dessen Idee, dass in der neopositivistischen Philosophie die Logik die gleiche Rolle spielen müsse wie die Mathematik in der Physik, er aufnahm. 1928 veröffentlichte Carnap sein Werk *Scheinprobleme in der Philosophie*, in dem er die Sinnlosigkeit aller Metaphysik analysierte. Es war kein Zufall, dass Broch just in jenem Jahr die Wendung zur Literatur vollzog. Den Ethiker und Metaphysiker Broch vermochte im Kreis der Neopositivisten nichts mehr zu halten, hatten sie doch aufgegeben, nach Antworten auf die für Broch zentralen Fragen der Ethik zu suchen. Broch sympathisierte dagegen mit Ludwig Wittgensteins Position. So klar sich Wittgenstein gegen die Vermengung von wissenschaftlicher Philosophie und Metaphysik aussprach, sah er in Kunst und Dichtung jene Bereiche, in denen die Ethik als zentrales Thema der Philosophie behandelt werden sollte. In dem Sinne ist Wittgensteins Ausspruch »Ethik und Aesthetik sind Eins« im *Tractatus logico-philosophicus* (6.421) zu verstehen.

Am Ende des Studiums wurde Broch klar, dass er seinen dichterischen Neigungen nachgeben sollte. Er besuchte häufiger als früher die literarischen Salons: bei seiner Cousine Alice Schmutzer, bei der Reformpädagogin Eugenie (Genia) Schwarzwald (»Frau Doktor« genannt), wo er auch Helmut James Graf von Moltke kennenlernte, bei Bertha Zuckerkandl, ein Salon der stadtweit besonders hohes Ansehen genoss. 1927 war es dann so weit, dass Broch einen Käufer für die ihm verhasste Spinnfabrik Teesdorf fand: seinen Jugendfreund Felix Wolf aus dem tschechischen Tannwald. Damit war der Ausstieg aus der kommerziellen Tätigkeit vollzogen. Da Broch noch immer schwankte, welchen Beruf er nun ergreifen sollte, begab er sich in Psychoanalyse. Schon während des Studiums in den 1920er Jahren hatte er den Kontakt zu Mitgliedern von Freuds Wiener Psychoanalytischer Vereinigung aufgenommen. Dort lernte er neben Paul Federn (seinem Analytiker im Exil) auch August Aichhorn, Hedwig Schaxel und Willie Hoffer kennen. Hedwig Schaxel wurde Brochs Analytikerin bis zum Jahr 1937. Sie bestärkte Broch in seinen Neigungen zum Schriftstellerberuf. Brochs Motive für die Hinwendung zur Dichtung waren komplexer Natur: Hier verbanden sich psychologische, philosophische und ökonomische Gründe. Vielleicht sind *Die Schlafwandler* deshalb das gelungenste dichterische Werk Brochs geworden, weil während der Entstehung der Trilogie seine philosophische Hochschätzung des Mediums Roman noch von keinen Zweifeln unterminiert wurde, weil hinter ihrer Produktion die ganze, ungeteilte Persönlichkeit des Autors stand.

2. Hermann Broch, ein österreichischer Schriftsteller

In das Krisen- und Entscheidungsjahr 1927 fiel auch Brochs neue Bekanntschaft mit Anna (Anja) Herzog und der Abschied von Ea von Allesch, den sie als schmerzlich empfand. Anja Herzog entstammte einer jüdischen Kaufmannsfamilie aus der Tschechoslowakei. Um 1920 kam sie nach Wien, wo sie Büroarbeiten in der Firma eines Verwandten erledigte. Mit ihrem Großvater bewohnte sie eine Villa in Sievering, also im 19. Bezirk Wiens, und zudem hatte sie ein Appartement in der Liechtensteinstraße gemietet. Da Broch nun mit ihr zusammenlebte, entstanden große Teile der *Schlafwandler*-Trilogie an diesen beiden Orten. Die Manuskripte zum Roman wurden von Anja Herzog ins Reine getippt. Brochs Karriere als Schriftsteller begann wohl damit, dass das mit ihm befreundete Ehepaar Isidor und Bertha Kreisberg ihn mit dem erfolgreichen Romancier Frank Thiess bekannt machte. Isidor Kreisberg war Inhaber der Firma Austria-Benzin AG, und seine Frau hatte sich einen Namen als Lieder- und Konzertsängerin gemacht. Der Salon in ihrem Salm-Palais im 3. Bezirk Wiens war ein beliebter Treffpunkt von Künstlern und Intellektuellen, Politikern und Industriellen. Frank Thiess, damals achtunddreißig Jahre alt, galt als ein Autor mit guten Beziehungen zu Verlagen und literarischen Zeitschriften. Von ihm, dem Insider, erhoffte Broch sich Hinweise und Hilfe bei seinen ersten Gehversuchen auf dem Parkett des Literaturbetriebs. Er gab Thiess eine erste Novellenfassung des *Pasenow* (des späteren ersten Teils der *Schlafwandler*) zu lesen, und Thiess ermutigte ihn, daraus einen Roman zu machen. Thiess vermochte Broch zwar keinen Verlag zu vermitteln, doch bewährte er sich als Rezensent, denn er besprach die beiden ersten Romane der Trilogie in Willy Haas' *Literarischer Welt*. In den Werbeprospekten des Rhein-Verlags rangierten die Thiess'schen Lobsprüche an erster Stelle. Broch nannte Thiess den »wahren Schutzengel der Schlafwandler« (KW 13/1, 105). Von der Romanästhetik her gesehen stand Broch den Avantgardisten wie James Joyce, John Dos Passos und André Gide viel näher als dem konventionell-realistisch schreibenden Thiess. Das aber tat der Freundschaft keinen Abbruch. Mit der *Schlafwandler*-Trilogie war Broch ein großer Wurf gelungen: Das Werk reflektiert die Krise der Moderne. Mit den drei Hauptfiguren der Trilogie, mit Pasenow, Esch und Huguenau, zeigt Broch Protagonisten, die auf ganz unterschiedliche Weise auf die Krise der Moderne reagieren: Der romantische Pasenow sehnt sich in religiöse und soziale Verhältnisse der Vormoderne zurück; der anarchische Esch durchlebt orientierungslos das Vielerlei der gegenwärtigen Weltanschauungen und führt vor Augen, wie religiöse Emotionen ohne Verankerung in einer Religion ins Leere laufen; und der sachliche Huguenau hat sich im Nullpunkt des Wertzerfalls eingerichtet, indem er sein kommerzielles Partialsystem mit dem Gesetz der Gewinnmaximierung zum allein verbindlichen erklärt und absolut setzt. Brochs Romantrilogie bleibt deswegen aktuell, weil diese drei Verhaltensweisen typisch sind und paradigmatische Einstellungen bezeichnen, die sich in jeder Generation wiederholen.

Vom Universitätsstudium her kannte Broch Jolande Jacobi, eine Schülerin Karl und Charlotte Bühlers. Sie stammte aus Budapest und war seit ihrer Kindheit mit dem sieben Jahre älteren Daniel Brody (Jahrgang 1883) befreundet. Jolande Jacobi wies ihn auf Brodys Rhein-Verlag in München hin. Diese Empfehlung wurde für Broch in mancher Hinsicht schicksalsentscheidend, denn durch sie begann eine in der Geschichte des Verlagswesens nicht allzu häufig vorkommende enge und herzliche Freundschaft zwischen einem Autor und seinem Verleger. Bevor Broch das Manuskript an den Rhein-Verlag schickte, beriet er sich mit seinem Freund Ernst Polak, der inzwischen Mitarbeiter der *Literarischen Welt* und ein viel konsultierter Autor- und Verlagsberater in Wien geworden war. Über Polak stellte Broch den Kontakt zum Rhein-Verlag her. Ursprünglich war der Rhein-Verlag ein Baseler Unternehmen gewesen. Es war 1920 mit Geldern der beiden schwäbischen Industriellen Robert Bosch aus Stuttgart und Max Wieland aus Ulm begründet worden. Ziel des Verlags sollte es sein, Bücher zu publizieren, die der Versöhnung zwischen Frankreich und Deutschland sowie der Idee eines vereinigten Europas dienen sollten. Dass dieses kulturpolitische Ziel bald aus den Augen verloren wurde, lag nicht zuletzt an Yvan Goll, dem Pariser Vertreter des Verlags. Goll interessierte sich in erster Linie für die Literatur der Avantgarde und vermittelte u. a. die deutschsprachigen Rechte am Werk von James Joyce an den Rhein-Verlag. In jenem Verlag zu erscheinen, wo das Werk von Joyce publiziert wurde, bedeutete für Broch eine Verlockung und trug nicht wenig dazu bei, dem Verlag sein *Schlafwandler*-Manuskript anzubieten. Andere Verlage wie S. Fischer, Gustav Kiepenheuer und die Deutsche Verlagsanstalt konnten sich für den Broch'schen Roman nicht erwärmen. Außer Joyces *Ulysses* erschienen in den 1920er Jahren im Rhein-Verlag Bücher von Yvan und Claire Goll, René Maran, Ilja Ehrenburg, Italo Svevo, C. F. Ramuz, René Schickele und Blaise Cendrars. Der Verlag geriet 1927 in eine finanzielle Krise, und 1929 erwarb Daniel Brody, Besitzer des ungarischen Zeitungsunternehmens *Neues Pester Journal*, den Rhein-Verlag, der nun in Zürich und in München Büros unterhielt. Ende Mai traf Broch sich mit dem Verleger in Wien, und man einigte sich auf den Publikationsvertrag für die Romantrilogie. Sechs Wochen später folgte die Einladung Brodys an Broch, ihn in München zu besuchen. Dabei lernte der Autor auch Daisy Brody, die Frau des Verlegers, kennen, die ihm ein Leben lang gut gesonnen blieb. Brody hatte geglaubt, er könne die ihm vorliegende Fassung des Romans in drei Teilen hintereinander rasch drucken lassen, doch musste er feststellen, dass Broch ständig erweiterte und umarbeitete. Jeden Durchschnittsverleger hätten die unendlichen Einschübe noch in den Fahnen zur Verzweiflung gebracht, doch ertrug Brody die Eigenheiten seines Autors mit einer Engelsgeduld. Anstatt alle drei Bände im Jahr 1929 herausbringen zu können, zog sich die Publikation von Anfang 1930 bis Anfang 1932 hin. Die Trilogieteile lagen jeweils vor, wenn das Weihnachtsgeschäft schon vorbei war. Hinzu kam die allgemeine Wirtschaftskrise, und der Absatz des Buches war so schlecht, dass der Verlag nicht einmal fünfzehn Jahre später die Herstellungskosten durch den Verkauf gedeckt hatte. Nichtsdestoweniger bedeutete die Veröffentlichung der *Schlafwandler* die Begründung von Brochs Ruhm. Nicht nur seine Freunde Franz Blei und Frank Thiess lobten das Buch als Ereignis der Literaturgeschichte, auch Kritiker, die vorher noch nie von dem Autor gehört hatten, ließen sich zu Lobeshymnen hinreißen. So etwa der junge, dreißig Jahre alte Kritiker Hans A. Joachim, der gleich nach Hitlers Machtergreifung nach Frankreich emigrierte, 1943 von den Nationalsozialisten verhaftet wurde und in die Todesmühlen des Regimes geriet. Er schrieb in der ersten Nummer der *Neuen Rundschau* von 1933:

> Ich kenne nur einen Dichter, ich spreche von Hermann Broch. Er ist geeignet, einen alten Glauben wieder aufleben zu lassen. Ich meine den Glauben an das Genie. [...] Wir sind Bücher gewohnt, die einen guten Schriftsteller zum Verfasser haben. Dieser Roman hat einen Schöpfer, sein Autor ist wirklich Urheber. Er hat eine Welt erschaffen. [...] Dieser Dichter scheint dem lieben Gott ähnlich zu sein. (BB 247)

In Wien waren Berthold Viertel, Alban Berg, Ernst Fischer und Ruth von Mayenburg, Friedrich Torberg, Hilde Spiel und Robert Neumann außerordentlich angetan von Brochs Trilogie. Und deutsche Romanciers wie Thomas Mann, Hermann Hesse und Alfred Döblin sparten öffentlich oder privat nicht mit Lob für das Buch. Aber auch international wurde durch dieses Werk Brochs Ruhm begründet. Aldous Huxley hielt den Autor für den größten zeitgenössischen Romancier neben Franz Kafka. Noch ein Jahrzehnt nach Erscheinen von Brochs Erstlingsroman schrieb Huxley:

> *Die Schlafwandler* zeugen von Brochs Talent, das weitaus mehr umfasst als nur eine scharfe psychologische Beobachtungsgabe, und sie beweisen, dass er mehr ist als bloß ein Erzählgenie. Bei ihrer Lektüre lässt uns nie das eigenartige und beunruhigende Gefühl los, dass wir uns an der Grenze des Ausdrückbaren befinden, an jenem äußersten gefährlichen Rand, wo das Eis dessen, was wir üblicherweise Wirklichkeit nennen, so dünn ist, dass wir durch es hindurch in die darunterliegenden mysteriösen Tiefen blicken können. (VP)

Edwin Muir, der das Buch mit seiner Frau Willa ins Englische übersetzte, stellte das Werk Brochs noch über dasjenige Kafkas. In Amerika wies – nachdem die englische Übersetzung 1932 erschienen war – Thornton Wilder die Mitglieder des literarischen Seminars der Princeton University auf die hervorragende Qualität und Bedeutung des Romans hin.

Aus Brochs inzwischen prominenter Stellung innerhalb des Wiener literarischen Lebens ergab es sich, dass er öfters zu Vorträgen eingeladen wurde. Besonders häufig las er in den Volkshochschulen der Stadt, Erwachsenenbildungsstätten, die von linken Intellektuellen, die der Sozialistischen Partei nahestanden, gegründet worden waren und in den Jahren zwischen 1919 und 1934 florierten. Brochs erste öffentliche Dichterlesung fand am 6. Februar 1931 im Volksheim statt, also der Volkshochschule im Arbeiterviertel Ottakring. Er las Teile aus dem noch unveröffentlichten zweiten Teil der *Schlafwandler*-Trilogie vor, dem *Esch*, wobei er mit einer theoretischen Einleitung »Über die Grundlagen des Romans *Die Schlafwandler*« (KW 1, 728–733) begann. Am 2. Februar 1932 wurde James Joyce fünfzig Jahre alt. Broch, der den Joyce'schen *Ulysses* außerordentlich schätzte, verfasste aus dem Anlass die Rede »James Joyce und die Gegenwart« (MM 75–93), die er wiederum (und zwar am 22. April 1932) im Ottakringer Volksheim hielt. Broch überarbeitete den Vortrag später und publizierte den Essay mit dem gleichen Titel im Jahr 1936 als Broschüre im Wiener Herbert Reichner Verlag (KW 9/1, 63–91). Stärker noch als der Essay- merkt man der Rede-Version an, dass sie im Jahr des hundertsten Todestages von Goethe gehalten worden ist. Die Grundthese ist die, dass Joyce mit modernen Mitteln (Technik der Simultaneität) im *Ulysses* erreicht habe, was Goethe auf andere Weise in *Wilhelm Meisters Wanderjahren* bereits gelungen sei: die Totalität der Epoche im Kunstwerk einzufangen.

Eine Woche nach Brochs Rede hielt der junge, erst siebenundzwanzigjährige Schriftsteller Ernst Schönwiese einen Vortrag über Brochs *Schlafwandler*, und zwar ebenfalls in der Volkshochschule Ottakring, diesmal allerdings nicht im Volksheim, sondern in der Zweigstelle Leopoldstadt (Zirkusgasse im 2. Bezirk Wiens). Schönwieses Vortrag war die Einleitung zu einer Lesung, die Broch aus dem *Huguenau*, dem dritten Teil der *Schlafwandler*, hielt. Er trug zwei Gedichte daraus vor und den Abschnitt über die Revolution im November 1918. Mit Schönwiese, zu dessen literarischer Zeitschrift *das silberboot* Broch in den folgenden Jahren einiges beisteuerte, blieb der Autor bis an sein Lebensende in freundschaftlicher Verbindung. Am gleichen Ort las Broch sieben Monate später sowohl aus den *Schlafwandlern* wie aus seinem Drama *Die Entsühnung* vor. Broch trat dann noch zweimal als Vortragender in der »Zirkusgasse« auf (wie man die Zweigstelle der Ottakringer Volkshochschule in der Leopoldstadt verkürzt nannte). Im Januar 1934 las er aus den *Schlafwandlern*, dem Drama *Die Entsühnung* und dem neuen Roman *Die Unbekannte Größe* vor und gab einige neue Gedichte zum Besten. Ziemlich genau ein Jahr früher stellte er am 23. Januar 1933 den jungen Elias Canetti vor, der aus seinem noch nicht publizierten Roman *Die Blendung* vorlas. Broch betonte, dass es ihm »zur besonderen Freude« gereiche, die Zuhörer mit seinem »Freund Canetti bekannt« zu machen. Er umschrieb die Ästhetik des Romans so: »Es ist eine besondere Intensität des Seelischen, die hier angestrebt und erreicht wird [...].

Hart konturiert stehen die Figuren im Raum, oftmals [...] bis ins Karikaturistische gesteigert« (KW 9/1, 60). Nach knapp vier Jahren, am 12. November 1936, revanchierte sich Canetti an gleicher Stelle mit einer Laudatio zu Brochs fünfzigstem Geburtstag. Canetti, dessen *Blendung* inzwischen erschienen war, bekannte, dass man in Broch »einen der ganz wenigen repräsentativen Dichter unserer Zeit zu verehren« (EC 12) habe. Er glaubte, Brochs spezielle Begabung sei sein »Atemgedächtnis«, eine Gabe, die ihm »das Auffassen atmosphärischer Eindrücke, ihr Festhalten und späterhin ihre Verarbeitung erleichtert« habe (EC 19f.). In der Öffentlichkeit erwiesen sich der ältere und der jüngere Autor Reverenz, aber im persönlichen Briefwechsel wurden kritischere Töne angeschlagen. Ein Jahr vor Canettis Geburtstagsrede hatte Broch ihm Anfang Dezember 1935 aus Mösern in Tirol nach der Lektüre der *Blendung* einen längeren, sehr kritischen Brief geschrieben, in dem bemängelt wurde, dass Canetti in diesem Roman lediglich seine »eigene Spaltung« in »eine Trieb- und in eine Verstandeszone« beschrieben habe, dass das Buch von Canettis Angst zeuge, »diese beiden Mächte nicht bewältigen zu können«, dass aber nicht erkennbar sei, was er über diesen subjektiven Bewältigungsversuch seiner psychischen Probleme hinaus habe erreichen wollen. Am Schluss machte Broch dann den Versuch, sein Unverständnis mit dem Generationsunterschied zu erklären und konzedierte:

> Bedenken Sie, daß ich bald fünfzig bin und daß ich wahrscheinlich langsam das Organ für das Neue verliere. Es kann also sein, daß das, was Sie tun, auch im Objektiven durchaus richtig ist, daß Sie jene Sprache reden, die von der neuen Welt gebraucht wird. (BM 25)

Nach diesem Brief war das Verhältnis zwischen Broch und Canetti nicht mehr so herzlich wie zuvor, und wenn der jüngere Autor auch ein Jahr später in der Geburtstagsrede Broch lobte, so blieb doch eine Distanz, die u. a. dazu führte, dass Canetti im Exil keinen Kontakt zu Broch suchte.

Mitte März 1933 setzte Broch seine öffentlichen Lesungen mit dem Vortrag »Das Weltbild des Romans« fort. Er hielt ihn zuerst im Budapester Cobden-Club. Dabei handelte es sich um eine ungarische kulturelle Institution, deren Mitglieder vor allem Geschäftsleute und Industrielle waren. Entsprechend formell war die Etikette: Broch trug im Frack vor. Drei Tage später hielt er den gleichen Vortrag im Ottakringer Volksheim, wobei er den Frack gegen den Straßenanzug tauschte. Es ging hier um das Thema Kitsch, um die Beziehung von Ethik und Literatur. Broch postulierte: »Du sollst andere Kunstwerke weder zum Teil noch zur Gänze nachahmen, sonst erzeugst du Kitsch.« Und: »Du sollst nicht auf den Effekt hinarbeiten, sonst erzeugst du Kitsch« (KW 9/2, 95). Broch ging auch auf das Thema der damals vieldiskutierten Reportageliteratur ein. Allzu viel hielt er nicht von ihr, fand ihre Ästhetik wenig überzeugend. Bloße Faktenaneinanderreihung sei noch keine Dichtung, und ohne subjektive künstlerische Formung komme die Kunst nicht aus (KW 9/2, 106). Ein Jahr später trug Broch »Das Weltbild des Romans« im Zürcher Studio Fluntern vor. Dazu hatte ihn Carl Seelig eingeladen, der Freund und Förderer vieler Autoren wie Robert Walser, Oskar Maria Graf, Robert Musil und Joseph Roth. Der theoretisch anspruchsvolleren Essay-Fassung jenes Vortrags, die ein halbes Jahr später in der *Neuen Rundschau* erschien, gab Broch den Titel »Das Böse im Wertsystem der Kunst« (KW 9/2, 119–156). Mitte 1933 lud ihn die RAVAG (Radio-Verkehrs AG), also der Wiener Rundfunk, erstmals zu einer Dichterlesung ein. Broch las aus den *Schlafwandlern* und rezitierte einige seiner Gedichte. Eigentlich hatte Broch für den Rundfunk den Vortrag »Die Kunst am Ende einer Kultur« (KW 10/1, 53–58) vorgesehen, doch wurde er nicht angenommen. Vielleicht klang den Redakteuren das Ganze zu pessimistisch. Ähnlich wie in seinem Essay *Leben ohne platonische Idee* von 1932 (KW 10/1, 46–52) hieß es hier einleitend: »Noch niemals stand das Kulturelle so tief im Kurs wie heute« (KW 10/1, 53). Auch hier wird die Gegnerschaft zum Totalitarismus deutlich und auch hier ist Broch der Überzeugung, dass »das wahrhaft Sittliche sich immer wieder Gehör erzwingt«, dass es bloß versage, »wenn es sein eigenes Ziel verliert und damit ins Unsittliche umschlägt« (KW 10/1, 58). Neun Monate später, im März 1937 räumte ihm die RAVAG erneut Lesezeit ein, allerdings nur fünfzehn Minuten. Dabei las Broch aus dem Anfang seiner Novelle *Die Heimkehr des Vergil* (KW 6, 248–259) vor, d. h. aus der Urfassung des späteren Romans *Der Tod des Vergil* (KW 4). Brochs letzter Vortrag vor der Emigration fand am 18. April 1934 im Österreichischen Museum im 1. Bezirk (Weiskirchnerstraße) statt. Der Titel lautete »Geist und Zeitgeist«. Eingeladen hatte der Wiener Kulturbund, dessen Geschäftsführerin die bereits erwähnte Jolande Jacobi war. Ihr war es gelungen, viele Schriftsteller von Rang aus den deutschsprachigen Ländern einzuladen, von Thomas Mann bis Jakob Wassermann, von Annette Kolb bis Heinrich Mann, von Arnold Zweig bis Arnold Schönberg. Hier sprach Broch wieder »im Frack« (BB 306), und zwar vor einer relativ großen Zuhörerschar. Broch trug hier wieder seine spezifischen Themen vor: vom Wertzerfall, von der positivistischen Philosophiefeindschaft, von der ethischen Aufgabe des Intellektuellen und von den Mythos-Aspirationen der Dichtung. Nach dem Frühjahr 1934 hat Broch in Wien keine Vorträge mehr gehalten. Während der Zeit des autoritären Ständestaates musste die links orientierte Ottakringer Volkshochschule ihre Tätigkeit einschränken, und unter Dollfuß und Schuschnigg war mit Broch kein Staat zu machen.

Broch konnte 1933 noch einige Essays in Deutschland unterbringen, etwa »Denkerische und dichterische Erkenntnis« (KW 9/2, 43–49) in der *Kölnischen Zeitung* sowie »Neue religiöse Dichtung?« (KW 9/2, 53–57) im *Berliner Börsen-Courier*, aber ab 1934 war dem jüdischen Autor die Publikationsmöglichkeit in Hitlers Machtbereich verschlossen. Alban Berg bat Broch, einen Beitrag für die Festschrift zu Arnold Schönbergs 60. Geburtstag zu schicken. Broch schrieb dafür den Essay »Gedanken zum Problem der Erkenntnis in der Musik« (KW 10/2, 234–245). Seine Briefe aus dieser Zeit an seine Freunde, besonders an den Verleger Daniel Brody und das Übersetzerehepaar Muir in Schottland, sind voller Klagen über die Barbarei in Deutschland, die er bei kurzen Abstechern ins »Reich« beobachtete. Zudem verarmte Broch zusehends, denn das Vermögen, das ihm 1927 aus dem Verkauf der Spinnfabrik Teesdorf zugefallen war, schmolz dahin wie Märzschnee. Um Geld zu sparen, wich er immer mehr auf Bergdörfer aus, wo die Lebenshaltungskosten viel geringer waren als in der Stadt. Sein Drama *Die Entsühnung* entstand 1932 in Gössl am Grundlsee, sein Bergroman *Die Verzauberung* 1935 in Mösern/Tirol und seine *Völkerbund-Resolution* 1937 in Altaussee, wie Gössl im steirischen Salzkammergut gelegen. Bei seinen Aufenthalten in Gössl und Altaussee traf er sich auch mit Schriftstellerkollegen wie Jakob Wassermann, Robert Neumann und Friedrich Torberg.

Während zwei Sommermonaten schrieb Broch 1932 in Gössl sein erstes Drama. Bei der *Entsühnung*, der er zunächst den Titel »Die Totenklage« geben wollte, fließen Biographisches, Gesellschaftlich-Politisches und Literarhistorisches ineinander. Im Zentrum der Handlung steht eine Firma (die Filsmannwerke AG), deren Juniorchef der vierzig Jahre alte Herbert Filsmann ist, der einen Dreifrontenkrieg führen muss, um den Bankrott zu verhindern: Er ist in einen Kampf mit den Arbeitnehmern verwickelt, die Entlassungen und Lohnkürzungen nicht hinnehmen wollen; er muss sich seines Konkurrenten Durig erwehren und schließlich die feindliche Übernahme durch einen Großkonzern vermeiden. Er scheitert an allen Fronten und begeht Selbstmord. Broch mischt hier neusachliches mit expressionistischem Theater, wenn er im Wirtschaftsdrama am Schluss den Chor der Frauen mit ihrer Totenklage auftreten ließ. Broch hatte davon geträumt, das Stück an einer großen Bühne in Deutschland (etwa dem Deutschen Theater in Berlin) unterzubringen und den Kleist-Preis für das Stück zu erhalten. Beides funktionierte nicht. Nur wenige Monate nach Fertigstellung des Stücks kam Hitler an die Macht. Die Theater in Deutschland waren Broch nun verschlossen, und der Kleist-Preis wurde 1933 nicht vergeben. In Österreich war es schwer, für ein Stück, das in Deutschland spielte, eine Bühne zu finden. Der Geschmack des Publikums tendierte schon damals in Wien zum Historischen und Heroischen. Allerdings fand sich das Zürcher Schauspielhaus bereit, das Drama aufzuführen. Der dortige Direktor Ferdinand Riese erkannte die Qualität des Stückes und betraute den Regisseur Gustav Hartung damit, das Stück einzustudieren. Hartung strich alles Expressionistische und machte aus der *Entsühnung* ein rein neusachliches Stück. Damit traf er den Geschmack der Zeit, und die Uraufführung am Donnerstag, dem 15. März 1934, war ein künstlerischer Erfolg. Broch blieb drei Tage in Zürich und schaute sich noch die Aufführung am Samstag, dem 17. März an.

Danach aber blieb das Publikum aus und das Stück wurde bald aus dem Spielplan genommen. Broch nahm auch die Gelegenheit wahr, Thomas Mann in Küsnacht zum Tee zu besuchen. Zu Mann hielt Broch während der nächsten Jahre Kontakt, traf sich auch mehrfach mit ihm, doch blieb die Beziehung locker und distanziert. Erst im Exil lernten sie sich näher kennen (FE). Wenn man im Hinblick auf das Filsmann-Drama auch nicht von einem Publikumserfolg sprechen kann, blieb Broch doch zunächst noch bei dem Thema und wollte den Stoff des Dramas in einem größeren Roman gestalten. Davon nahm er im Lauf des Jahres 1933 Abstand. Das hatte vor allem mit der politischen Entwicklung in Deutschland zu tun. Drei Wochen nach Hitlers Machtergreifung schrieb er an seinen Freund Frank Thiess in Deutschland:

> Das Erschreckendste ist ja die Enge der Bewegung; was halbwegs nach geistiger Produktion ausschaut, wird zweifelsohne als Kulturbolschewismus behandelt werden. [...] Die Deutschen sind wohl das merkwürdigste Volk Europas, diese hysterische Mischung von Gewalttätigkeit und Sentimentalität, die immer wieder durchbricht und *die dabei für das ganze europäische Schicksal bedeutungsvoll wird*, hat mich völlig aus der Fassung gebracht. Man kann doch nicht bloß ästhetischer Zuschauer bleiben! (FTB 257 und unveröffentlicht HLB)

Solche Einsichten bestärkten Broch in seinen Plänen, einen Roman zu schreiben, der die Aspekte zunehmender Barbarei, von Führerkult und Massenwahn enthalten würde. Bevor aber dieses Projekt in seinen Vorstellungen Gestalt annahm, schaltete er im Sommer 1933 noch einen kleineren Roman mit dem Titel *Die Unbekannte Größe* (KW 2) ein, der alles Politische außen vorlässt, der vielmehr seine Erfahrungen an der Universität Wien in den späten 1920er Jahren reflektiert. Held des Romans ist Richard Hieck, ein Assistent am Institut für Mathematik. Broch brachte einiges von den Umbrüchen in der Mathematik und der theoretischen Physik während der 1920er Jahre in diesem kleinen Werk unter, aber vor allem ging es ihm um den Konflikt zwischen Rationalität und Irrationalität, Wissenschaft und Emotion, Beruf und Liebe, lauter Ebenen, die zu einem Ausgleich zu bringen Hieck große Schwierigkeiten hat. Nach Brochs Selbstverständnis ist das Buch der »Roman des intellektuellen Menschen«, der, »von seiner Einzelwissenschaft kommend, zur Lösung des rational unbewältigbaren Erkenntnisrestes (manifestiert in den großen Fragen des Todes, der Liebe, des Nebenmenschen)« zu gelangen versucht (KW 2, 243, 245). Der Roman erschien (zum Kummer des Verlegers Daniel Brody) im S. Fischer Verlag in Berlin. Es ist das einzige Buch, an dem Broch zu seinen Lebzeiten gut verdient hat. Das Honorar war hoch und wurde vorausbezahlt, hinzu kam das Geld, das Broch für den Vorabdruck von der *Vossischen Zeitung* erhielt. Und schließlich gab es Honorare von der englischen und amerikanischen Ausgabe (übersetzt als *The Unknown Quantity* von Willa

Muir). Broch war gegenüber der *Unbekannten Größe* hemmungslos selbstkritisch und wollte nicht einmal, dass sie in einer seiner Gesamtausgaben aufgenommen werde. Daran haben sich die Editoren aber nicht gehalten, und das war gut so. Obwohl Broch hier versuchte, einen eingängig-populären Roman zu schreiben, stellt das Buch hohe Anforderungen an die Leser. Im Anschluss an die Publikation dieses Romans schrieb Broch das Filmskript *Das Unbekannte X* (KW 2) zum gleichen Thema. Er hatte gehofft, es für viel Geld an ein amerikanisches Hollywood Studio verkaufen zu können, doch wurden die dahingehenden vagen Pläne nicht realisiert. Im Filmskript geht es entschieden populärer zu: Da wird wegen des Studiums einer Sonnenfinsternis eine Expedition in die Südsee unternommen, und ein berühmter Physiker, der Züge von Albert Einstein trägt, wird in den USA triumphal begrüßt. Anders als im Roman hat Broch in dem Filmskript antifaschistische Äußerungen untergebracht, die er dem Professor in den Mund legte.

Zu den Arbeiten des Jahres 1933 gehörten auch Brochs fünf Novellen (KW 6), die er damals in Deutschland noch publizieren konnte: »Eine leichte Enttäuschung« und »Die Heimkehr« in der *Neuen Rundschau*, »Vorüberziehende Wolke« in der *Frankfurter Zeitung*, »Ein Abend Angst« im *Berliner Börsen-Courier* und »Der Meeresspiegel« in *Die Welt im Wort*. Hatte er im Fall der *Entsühnung* und der *Unbekannten Größe* mit herkömmlichen literarischen Formen gearbeitet, ging es ihm jetzt wieder ums Experimentieren. Broch legte sich für diese Novellen eine Theorie zurecht. Angeregt durch die Lektüre C. G. Jungs, d. h. beeinflusst durch dessen Vorstellungen von den Archetypen, verdeutlichte er am Beispiel seiner Erzählung »Die Heimkehr«, wie er sogenannte »Ursymbole«, zu denen er das Dreieck rechnete, ästhetisch wirksam werden ließ. Er sprach von einem »Entwicklungsweg« des Symbols, bei dem »einerseits das Symbol als solches immer weiter entnaturalisiert, vereinfacht und schematisiert wird, während der Symbolgehalt als solcher immer mehr wächst und einen immer größeren geistigen Bereich deckt« (KW 5, 293f.). Den Entwicklungsprozess vom einfachen Zeichen zu einem »entnaturalisierten« Symbol kann man in der »Heimkehr« verfolgen: Vom anfänglich konkreten Dreieck des Bahnhofsvorplatzes macht es dadurch, dass es in immer neue Konstellationen gestellt wird, eine seinen Symbolgehalt permanent anreichernde Metamorphose durch, bis es am Schluss auf das Auge Gottes verweist. Dreizehn Jahre später wird Broch auf diese Experimentier-Novellen zurückgreifen, wenn er den Roman *Die Schuldlosen* (KW 5) schreibt.

Etwa ein Drittel aller seiner Gedichte verfasste Broch in den drei Jahren zwischen 1932 und 1934. Liest man ihre Titel, denkt man an eine Lyrik, in der die Natur in ihren Tageszeiten und Jahreszyklen besungen wird: »Landschaft«, »Über die Felswand«, »Helle Sommernacht«, »Nachtgewitter«, »Sommerwiese«, »Nachtwiese im September«, »Im goldnen Licht die Hügel«, »Die Waldlichtung«, »Später Herbst«, »Lago Maggiore«, »Stiller Frühlingsmorgen«. Naturhaftes wird stets verallgemeinert auf Seins- oder Metaphysikkategorien hin, auf das »Sein« selbst, aufs »Göttliche« oder »Unverlierbare«. Broch hat 1943 einmal postuliert:

> Ein Gedicht muß folgenden Bedingungen genügen: (1) es muß ein Stück neuer Realität aufdecken, (2) es muß Realitätspartien verarbeiten, die prosamäßig nicht zu erfassen sind, (3) es muß, tunlichst eindeutig, seine Form von dieser Realität her bedingt erhalten, (4) es ist demnach – fast eine Tautologie – die von dieser Realität getragene ›Welttotalität‹, kurzum ist als Situation stets ein Differential des Totalen. (KW 13/2, 340)

Allerdings gibt er zu, dass dies »vier unerfüllbare Bedingungen« seien, und dass »auf hundert Übungsgedichte [...] höchstens, allerhöchstens ein gelungenes« falle (KW 13/2, 340).

1934 war Broch eng mit Anna Mahler, der Tochter Gustav Mahlers und Alma Mahler-Werfels, befreundet. Anna Mahler war verheiratet mit dem Verleger Paul Zsolnay. Sie war Bildhauerin und hatte in der Zsolnay-Villa, dem Palais Kaunitz in der Maxingstraße (am Schloss Schönbrunn), ihr Atelier. Die damals entstandene Broch-Büste überstand die Zerstörungen während der Kriegsjahre nicht. Ende 1934 trennte sich Anna Mahler von Paul Zsolnay und bezog eine Atelierwohnung in der Operngasse (gegenüber der Staatsoper). Dort fand sich ein Freundeskreis ein, zu dem außer Broch auch Ernst und Karola Bloch, Soma Morgenstern, Elias Canetti, Ernst Krenek und Fritz Wotruba (dessen Schülerin Anna Mahler war) gehörten. In der Zeit hatte Broch noch nicht die Hoffnung aufgegeben, mit populären Theaterstücken Geld zu verdienen. In der Sieveringer Villa von Anja Herzog entstand das außerordentlich spielbare, witzige Stück *Aus der Luft gegriffen oder Die Geschäfte des Baron Laborde*, sicher eine der besten Komödien des 20. Jahrhunderts. Das zeigte sich bei der glänzenden österreichischen Premiere im Akademietheater in Wien, bei der Michael Heltau (Baron Laborde) und Maresa Hörbiger (Stasi) die Hauptrollen übernommen hatten. Aber das war am 25. Juni 1983, also fast ein halbes Jahrhundert nach der Entstehung der Komödie und mehr als dreißig Jahre nach Brochs Tod. Es ist *die* Komödie der Wirtschaftskrise schlechthin. Im Mittelpunkt steht der Hochstapler Baron Laborde, eine Hermes-Figur, der die Tricks aller Bankiers und Kaufleute nicht nur beherrscht, sondern in Theorie und Praxis weit hinter sich lässt. Unter allen Projektemachern ist er der größte, kühnste und schnellste. Niemand kann es ihm gleichtun in seinen Phantasieunternehmungen, die sämtlich aus der Luft gegriffen sind, jedoch in der Realität denkbar viel in Gang setzen. Die Karten dieses Kartenhauses werden von ihm ständig neu gemischt und in die Luft gewirbelt, wo sie sich zu strahlenden Luftschlössern ergänzen. Beginnt die Komödie mit der Verzweiflung über Korruption und Konkurs, Bankenkrise und Bankrott, schließt sie für die Jünger des Hermes mit Lust und Liebe, guter Stimmung und Aufschwung – bis zum nächsten Desaster. Otto Preminger, der damals noch nicht ganz dreißig Jahre alte Direktor des Josefstädter Theaters in Wien, lehnte *Aus der Luft gegriffen* als »zu kalt und zu literarisch ab« (BB 344). Heute sieht man das anders. Enttäuscht von diesem Misserfolg hat Broch nie wieder versucht, eine Komödie zu schreiben, was sicherlich bedauerlich ist. Das lag aber vielleicht auch an den Zeitverhältnissen, die sich in Deutschland immer mehr auf Krieg und Kulturbruch hintreibend entwickelten. Im Oktober 1934 hatte der amerikanische Kritiker Angel Flores Broch nach seinem Engagement als Schriftsteller befragt. Brochs Antwort lautete:

> Ich glaube nicht, daß es einen anständigen Menschen gibt, der eine von Hunger, Mord und Aber-Mord erfüllte Welt als menschlich bejahbar betrachten kann [...]. Ich glaube, daß eine Zeit, welche die Verständigung zwischen Wertgebiet und Wertgebiet so radikal aufgehoben hat wie die heutige, den Künstler doppelt und dreifach dazu verpflichtet, neue Erkenntnisquellen zu erschließen – sowohl rational wie irrational – und nach einem neuen künstlerischen und sprachlichen Ausdruck für sie zu fahnden, nach einem Ausdruck, der Kraft seiner Ehrlichkeit sich das Ziel neuer Allgemeingeltung zu setzen befähigt ist. Gelingt dies, so wird die Kunst in einer Zeit allgemeinen Wertzerfalls die ersten Ansätze zu neuer Wertverbindung und einer neuen Wertbindung liefern. (KW 13/1, 288f.)

Hier wurde jenes Programm formuliert, das Brochs Roman *Die Verzauberung* zugrunde liegt. Brochs Brief an seinen Verleger vom 19. Oktober 1934 markiert den Abschied von seinen wenig erfolgreichen Exkursionen in die Bereiche von Theater und Film sowie den Beginn des neuen Romans *Die Verzauberung* (KW 3). Der Brief signalisiert auch die Abkehr von seinem Über-Ich aus der *Schlafwandler*-Zeit, von James Joyce. Bei seinen Reflexionen über die »Stellung des Erkenntnismäßigen und Dichterischen zu und in der heutigen Welt« kommt Broch zu dem Schluss: »Joyces Lösungsversuch liegt im extrem Platonischen und Subjektiven; er ist darin so radikal, daß er asozial geworden ist und der Gefahr radikaler Asoziabilität, nämlich dem Wahnsinn erliegt.« Broch emanzipiert sich aber auch von einem anderen Vorbild, von Thomas Mann, über den es an gleicher Stelle heißt: »Th. M. ist sozial, das zeigen seine Auflagenziffern, und in dieser Soziabilität sicherlich genial; seine Gefahr ist: sein-eigenes-Ziel-erreicht-haben, also Dogmatik.« Das Problem, dem sich der zeitgenössische Autor zu stellen habe, nennt Broch ein »soziales Bedürfnis«. Es mache sich in der Tatsache bemerkbar, dass eine »Zeit, die [...] schon längst nicht mehr [...] religiös zu denken« vermöge, nach »Glauben-können« verlange und »jedes Surrogat dafür« nehme. Die Aufgabe des Dichters besteht nach Broch darin, dem Leser »die Möglichkeit des Glaubensaktes, die Entwicklung des Supranaturalen aus dem irrationalen Seelengrund beispielhaft [...] vor Augen« zu führen. So müssten die »innern und äußern mythischen Vorgänge des Menschen« erfasst, aber auch jene Kräfte dargestellt werden, welche die

Glaubens-Surrogate vermitteln, nämlich »die politischen Bewegungen dieser Zeit«. Broch plante einen Roman, der gleichzeitig ein »religiöses« und ein »politisches« Buch sein sollte, das individuelles religiöses Erleben wie politisches Massengeschehen veranschaulichen will. Auf ein »historisches Gewand« wollte Broch dabei verzichten (KW 13/1, 299–301).

Mit ihren politischen Aspekten gehört *Die Verzauberung* zu den antifaschistischen Romanen der 1930er und 1940er Jahre, in denen die Diktaturen mit symbolisch-parabelhaften Erzählmitteln gedeutet werden, wie z. B. in Walter Mehrings *Die Nacht des Tyrannen*, Fritz von Unruhs *Der nie verlor*, Thomas Manns *Doktor Faustus* oder Hermann Kestens *Die Zwillinge von Nürnberg*. Und mit ihren religiösen Tendenzen ist Brochs Buch jenen Dichtungen verwandt, wie sie damals Gertrud von Le Fort, Elisabeth Langgässer, Werner Bergengruen, Stefan Andres, Alfred Döblin, Franz Werfel, Reinhold Schneider und Edzard Schaper schrieben, wobei Broch allerdings – im Unterschied zu einigen der genannten Autoren – nicht Konfessionsliteratur verfasste. Die wichtigste Figur in Brochs *Verzauberung* ist der Ich-Erzähler selbst, der Landarzt, denn an ihm wird eine Wandlung vor Augen geführt, wie sie dem Leser des Buches plausibel erscheinen soll. Die beiden Protagonisten des Geschehens (Mutter Gisson und Marius Ratti) sind gleichsam Projektionen des Religiösen (Mutter Gisson) und des politischen Religions-Surrogats (Marius Ratti). Von beiden Figuren fühlt sich der Landarzt zunächst angezogen. Er empfindet eine Nähe zu Mutter Gisson, verfällt aber gleichzeitig dem von Ratti inszenierten Massenwahn. Erst bei der Niederschrift der Erlebnisse klärt sich retrospektiv das Geschehen. In seinem »Nachwort« drückt der Erzähler seine Übereinstimmung mit der Position Mutter Gissons aus und bekundet seinen Abscheu vor Ratti. Brochs Faschismusanalyse wie sie dem Roman zu entnehmen ist, ist Teil seiner umfassenden Zivilisationskritik. *Die Verzauberung* ist eine dichterische Beschreibung jenes »Nullpunktes« der Kultur, über den es in Brochs Brief an Willa Muir vom Oktober 1934 heißt:

> Wir aber hier spüren bereits, daß es für lange Zeit weder Hingabe, noch Unendlichkeit mehr geben wird – mag auch jeder Faschismus sich krampfhaft bemühen, die alten Werte am Leben zu erhalten und Ersatz-Hingabeobjekte zu schaffen –, dass der [...] Durchmarsch durch das Nichts beginnt. (KW 13/1, 304)

Broch hat aus der damaligen Mythologieforschung viele Anregungen bekommen. Sein Verleger Daniel Brody war ein engagierter Freund der 1933 beginnenden Eranos-Tagungen in Ascona, und er publizierte in der Folge im Rhein-Verlag die *Eranos*-Jahrbücher. Bei diesen Tagungen war C. G. Jung regelmäßiger Gast, der auf Broch in den 1930er Jahren keinen geringen Einfluss hatte. Aber Broch griff auch auf ältere Studien wie auf Johann Jakob Bachofens *Mutterrecht* und Ludwig Klages' Kapitel »Die Magna Mater« aus *Der Geist als*

Widersacher der Seele zurück. Zudem las er Albrecht Dieterichs *Mutter Erde. Ein Versuch über Volksreligion* und Friedrich Heilers *Das Gebet. Eine religionsgeschichtliche und religionspsychologische Untersuchung*. Bergromane und Bergfilme waren seit den späten 1920er Jahren populär. Sicher ist, dass Broch den Franzosen Jean Giono und den Frankoschweizer Ferdinand Ramuz las (BK 59). Gionos *Le chant du monde* (1934) und *Le serpent d'étoiles* (1933) sowie Ramuz' *La grande peur dans la montagne* (1926) und *Derborance* (1934) erinnern an die Welt der *Verzauberung*, wenngleich in jenen Romanen die für Broch spezifische Verknüpfung von Religion und Politik fehlt. Diese Verbindung findet sich auch in der wenige Jahre später erschienenen Studie *Die politischen Religionen* (1938) seines Bekannten Erich Voegelin, mit dem Broch in der Emigration über seine politischen und massenwahntheoretischen Forschungen korrespondierte. Eine erste, verschollene Fassung des neuen Buches schrieb Broch als Gast bei dem befreundeten Ehepaar Emmy und Ernst Ferand auf Schloss Laxenburg. Danach zog Broch um nach Mösern/Tirol, wo er im Jahr 1935 jene erste Fassung fertigstellte, die Eingang in die Kommentierte Werkausgabe gefunden hat. Zu den wenigen Besuchern in Mösern gehörte Hans Reisiger, ein Freund Thomas Manns. Erbstreitigkeiten mit seinem Bruder trieben Broch 1936 zurück nach Wien. Dort unterbrach er die Arbeit an der *Verzauberung*, die an sich fertig war, von der er aber – trotz des Protests seines Verlegers – noch eine weitere Fassung schreiben wollte. Der Abbruch hatte auch mit Brochs »Völkerbund-Resolution« (KW 11, 195–231) zu tun. Dabei handelte es sich um den (vergeblichen) Versuch, europäische Intellektuelle und Friedensorganisationen für eine Kampagne zu mobilisieren, die es dem Völkerbund ermöglicht hätte, gegen die Terrormaßnahmen in den totalitaristischen Ländern, vor allem in Hitler-Deutschland, einzuschreiten. Thomas Mann überlegte vorübergehend, ob er die Resolution in seiner neuen Zeitschrift *Maß und Wert* publizieren sollte, doch sah er davon ab, weil Brochs Text als Resolution misslungen war. Im Grunde war es eine theoretische Studie über das Geltendmachen der Menschenrechte in Zeiten zunehmender Rechtlosigkeit, und Broch hat später bei seinen Arbeiten über die »international Human Rights« im Exil daran angeknüpft.

Anfang Januar 1937 folgte Broch der Einladung zu einem Empfang bei dem Verleger Paul Zsolnay in dessen Kaunitz-Palais in Wien, und hier traf er Annemarie Meier-Graefe, eine zwanzig Jahre jüngere Graphikerin und Malerin, Witwe des Kunsthistorikers und Schriftstellers Julius Meier-Graefe. Sie stammte aus einer großbürgerlich-jüdischen, zum Protestantismus konvertierten Berliner Familie. Ihr Vater war der Architekt Walter Leo Epstein, und ihre Mutter Elsbeth (Else) Luise kam aus einer Nürnberger Lederfabrikantenfamilie. Seit ihrer Heirat mit Meier-Graefe, der 1935 starb, wohnte sie in Saint-Cyr-sur-Mer, ein Ort, der wie Bandol, Sanary-sur-Mer und Nizza eine jener Städte an der Côte d'Azur war, wo sich damals prominente Vertreter der literarischen Emigration aufhielten. Zu ihnen zählten Bruno Frank, René Schickele, die Mann-Familie (Heinrich, Thomas, Klaus, Erika), Lion Feuchtwanger und Hermann Kesten. Annemarie Meier-Graefe war mit ihnen gut bekannt, zum Teil auch (wie mit den Schickeles) befreundet. Im Bekanntenkreis nannte man sie Busch oder Bouchi. In Wien war sie öfters zu Besuch, besonders bei ihrer mütterlichen Freundin Alma Mahler-Werfel. Eine Woche nach der ersten Begegnung bei den Zsolnays traf Broch sie wieder bei Anna Mahler, wo er die Radiofassung seiner *Vergil*-Erzählung (»Die Heimkehr des Vergil«) vorlas. An diesem Abend war auch Brochs Freund Abraham Sonne anwesend, Rektor am Jüdischen Pädagogischen Institut in Wien. Broch traf Annemarie Meier-Graefe öfters, so auch im November 1937 in Gmunden am Traunsee. Broch schenkte ihr ein Buch über Gmunden mit der Widmung »Beschenkt und verblutend / Unheimlich anmutend / In ganz wenig Tagen / Ein Leben zu ertragen« (KW 8, 124). Es begann eine Beziehung, die ihre Stärke über die Krisen der Zeit hinweg bis zu Brochs Tod nicht verlor (TE).

Im Herbst 1937 wohnte Broch in einem Haus in Altaussee, das dem befreundeten Ehepaar Trude und Ernst Geiringer gehörte. Inzwischen schrieb er bereits an der dritten Fassung seines *Vergil*-Romans. An diesem neuen Romanprojekt arbeitete der Autor, als er am 13. März in Altaussee unmittelbar nach der Annexion Österreichs durch die deutsche Wehrmacht verhaftet wurde. Die Festnahme erfolgte durch junge Dorfnazis aus Altaussee, die Broch für einen Kommunisten hielten, weil er aus Moskau die Exilzeitschrift *Das Wort* bezog. Er wurde ins Bezirksgefängnis Bad Aussee eingesperrt. Dort glaubte Broch, dass er bald hingerichtet werde, und die im Gefängnis geschriebenen Schicksals-Elegien aus dem entstehenden *Vergil*-Roman zeugen von seiner Todesangst. Doch nach drei Wochen wurde er wieder entlassen, weil der Kommunismusverdacht sich nicht bestätigte. In den folgenden drei Monaten versteckte sich der Autor in Wien bei Bekannten und Freunden, betrieb seine Emigration und sorgte dafür, dass Ea von Allesch seine Mutter aufnahm, die mit ihren fünfundsiebzig Jahren nicht dazu zu bewegen war, ins Exil zu gehen. Das alles lief für die Beteiligten dramatisch und nervenaufreibend ab. Brochs Freundinnen und Freunde baten Schriftsteller wie James Joyce in Paris, Stephen Hudson in London und Thomas Mann in New York, dem Autor beim Erwerb der Visen nach Frankreich, England und in die USA behilflich zu sein. Alle taten ihr Bestes, und am 20. Juli traf als erstes das englische Visum ein. Auf dem Wiener Flughafen Aspern wurde bei einer niederländischen KLM-Maschine am 24. Juli 1938 ein Platz nach London frei, den Broch sofort buchte. Er verließ Österreich als mittelloser Emigrant »mit bloß RM 20,– in der Tasche« (KW 13/2, 13). Während des Flugs notierte er das Gedicht »Nun da ich schweb im Ätherboot ...«, in dem er die Ängste der Fluchtzeit festhielt: »Ich spürte bloß den Schlingenstrick / Den um den Hals ich trug« (KW 8, 43). Nach einigen Stunden traf er auf dem Flughafen Croydon ein.

3. Exil in den USA

In London erwarteten ihn gute Geister wie Anna Mahler, Stefan Zweig und Robert Neumann, die ihm behilflich waren, sich in London zurechtzufinden und ihn auch finanziell unterstützten. Am 3. August fuhr er mit dem Zug bereits ins schottische St. Andrews, wo seine Übersetzer, das Ehepaar Edwin und Willa Muir, wohnten. Sie hatten ihn in ihr Haus eingeladen. Dort verbrachte er zwei Monate, versuchte während der Zeit Freunden zu helfen, die in Wien zurückgeblieben waren und stellte die dritte Fassung des *Vergil*-Buches (»Erzählung vom Tode«) fertig. Mit den Muirs und ihren Freunden wurden Gespräche über die Entwicklung Europas geführt. Zu den neuen Korrespondenzpartnern gehörte Albert Einstein, der sich wie Thomas Mann für Brochs amerikanisches Visum eingesetzt hatte. Dieses Visum erhielt Broch am 21. September 1938. Zunächst wollte er noch eine Weile in St. Andrews bleiben, doch dann überkam ihn angesichts der Sudentenkrise Panik. Es sah nach Krieg aus, denn die Tschechoslowakei sowie ihre Verbündeten Frankreich und England mobilisierten bereits ihre Truppen, und das war in Italien und Deutschland nicht anders. Dass das Münchner Abkommen keine Friedenssicherung sondern den ersten Schritt in Richtung eines europäischen Krieges bedeutete, erkannte Broch sofort. Er blieb bei seinem Entschluss und verabschiedete sich von den Freunden in St. Andrews und in London, u. a. auch von Stephen Hudson, der ihm zum englischen Visum verholfen hatte, und der ihm ein Reisegeld von sechshundert Dollar mit auf den Weg gab. Am 1. Oktober 1938 fuhr Broch mit dem Zug nach Southampton, wo er sich einschiffte. Er hatte eine Karte für eine Kabine dritter Klasse auf dem holländischen Dampfer »Statendam« erstanden. Reisebegleiterin war seine neue Freundin Jadwiga Judd, die er durch Anja Herzog noch in Wien kennengelernt hatte, und die als amerikanische Staatsbürgerin ihm bei seinen Emigrationsbemühungen ebenfalls behilflich gewesen war. Ein weiterer Mitreisender war Gustav Bergmann, den Broch vom Studium an der Universität Wien her kannte, und der bald eine Philosophieprofessur an der University of Iowa erhalten sollte. Die drei Emigranten waren guter Dinge, als sie am 9. Oktober 1938 die Skyline von New York City ausmachten und ihnen die Freiheitsstatue ihre Fackel verheißungsvoll entgegenstreckte.

Am 10. Oktober 1938, dem Tag nach seiner Ankunft in New York, hatte Broch bereits mehrere Termine. Er ging zur American Guild for German Cultural Freedom, der er sein kleines Stipendium verdankte. Hier wurde er von Richard A. Bermann zu einem Lunch eingeladen. Bei diesem Essen war auch Erich von Kahler anwesend. »Der Kontakt«, berichtete Kahler später, »hat blitzartig eingeschlagen und wurde sehr bald zu einer Lebensfreundschaft« (BB 392A). Kahler und Broch stammten aus Wien, waren sich aber dort nicht begegnet. Nachmittags traf Broch im Büro der Viking Press Benno

W. Huebsch, um sich für das Affidavit zu bedanken und um mit ihm über die englischsprachige Publikation seiner beiden Bücher (*Verzauberung* und *Vergil-Roman*) zu sprechen. Wegen des schlechten Verkaufs der englischsprachigen Ausgabe der *Unbekannten Größe* zeigte Huebsch sich aber in der Folge nicht interessiert. Am Abend war Broch zu Besuch bei Albert Einstein in Princeton, um auch ihm seinen Dank abzustatten für das Visum-Gutachten.

Während des ersten halben Jahres wohnte Broch mit Jadwiga Judd und Gustav Bergmann in einem größeren New Yorker Mietshaus in der Nähe der Columbia University. Da arbeitete er vor allem an der vierten Fassung des *Vergil*-Romans. Sehr schnell ergab sich ein Kontakt zu Henry Seidel Canby, Anglistikprofessor an der Yale University und Herausgeber der *Saturday Review of Literature*. Ihm verdankte Broch während des Exils viele Kontakte zu Zeitschriften und Stiftungen. Wie Thornton Wilder und Christian Gauss, Dekan an der Princeton University, war er ein Verehrer von Brochs *Schlafwandler*-Trilogie und schätzte Broch als eminent wichtigen Romancier seiner Zeit. Jetzt intensivierte sich auch der Kontakt zu Thomas Mann, den er zwischen 1938 und 1940, als der Nobelpreisträger in Princeton residierte, öfters besuchte, zum Teil gemeinsam mit Erich von Kahler (FE). Während der ersten vier Jahre pendelte Broch häufig zwischen Princeton und New York; erst Mitte 1942 zog er ganz nach Princeton um, wo er bis 1949 blieb. Die engsten Kontakte hatte er mit Schicksalsgenossen im Exil, nicht mit Amerikanern. Die problematische Beziehung von Exil und Heimat wird auch bei Broch reflektiert, der zu Anfang der New Yorker Zeit notierte: »Ich kann nicht sagen, daß mir die lärmende Rauheit, mit der [...] hier alles vonstatten geht, sympathisch wäre. Ich glaube nicht, daß ich in Amerika jemals jenes Heimatgefühl haben werde, wie ich es in England hatte« (KW 13/2, 53). Zu seinen Freunden zählten auch Hubertus Prinz zu Löwenstein und sein Assistent Volkmar von Zühlsdorff, die gemeinsam die Hilfsorganisation American Guild for German Cultural Freedom mit Sitz in New York für geflohene Intellektuelle aus Deutschland gegründet hatten. Broch half hier mit so gut er konnte. Die Anstrengungen der Flucht und die neue Existenzangst waren nichts, das Broch einfach wegzustecken vermochte. In den letzten Märztagen von 1939 brach er physisch zusammen. Hier bewährte sich Henry Seidel Canby als Freund, der ihm sein Landhaus in Connecticut zur Verfügung stellte, so dass der Autor sich dort drei Wochen lang erholen konnte. Mit Canbys Frau Marion, einer amerikanischen Lyrikerin, die sich aber auch in der Hilfe für die Verbannten aus Europa engagierte, war Broch seitdem ebenfalls befreundet. Canby vermittelte Broch auch einen sechswöchigen Aufenthalt in der Künstlerkolonie Yaddo in Saratoga Springs im Staat New York von Ende Juni bis Anfang August 1939. Dort konnte Broch weiter an seinem *Vergil*-Roman arbeiten. Er lernte in Yaddo die amerikanische Lyrikerin Jean Starr Untermeyer kennen, die sich für Brochs entstehenden Roman so intensiv wie für den Autor selbst interessierte. So wurde die Autorin eine der engsten Freundinnen Brochs und gleichzeitig während der nächsten fünf Jahre die Übersetzerin von *Der Tod des Vergil* ins Englische. Auch Richard Bermann war Stipendiat zur gleichen Zeit wie Broch; ebenfalls der österreichische Maler Rudolf von Ripper, der eine Porträtzeichnung von Broch anfertigte.

Bei den Besuchen Thomas Manns in Princeton lernte Broch auch Giuseppe Antonio Borgese kennen, einen Gegner Mussolinis. Borgese heiratete bald danach Manns jüngste Tochter, Elisabeth Mann, und bei dieser Zeremonie gab Broch den Trauzeugen ab. Sowohl Borgese wie Broch hatten Pläne entwickelt, wie man auf politisch-publizistischer Ebene Amerika stärker auf die Gefahr hinweisen könnte, die Hitler nicht nur für den Frieden in Europa, sondern auch für Amerika und die Welt darstellte. Thomas Mann führte die beiden zusammen und regte die Bildung einer Gruppe an, die aus exilierten wie amerikanischen Intellektuellen bestehen sollte, um in Amerika über die Vorgänge in Europa zu berichten. 1939 nannte sich die Gruppe »Committee on Europe«, doch dann formte sich das Projekt der »City of Man« heraus, das ihr den Namen gab. Wie bewusst politisch Broch damals dachte, zeigte seine ideologiekritische Studie zum Erfolgsfilm *Gone with the Wind* mit Clark Gable und Vivien Leigh in den Hauptrollen. Broch deckte in dem Film (und nicht weniger in der Vorlage, dem gleichnamigen Roman von Margaret Mitchell) eine irritierende Blut- und Bodenideologie auf (KW 9/2, 237–246). Was Broch nicht wissen konnte: Der Streifen gehörte zu Hitlers Lieblingsfilmen, den er sich mehrfach vorführen ließ. Borgese schaffte es mit Hilfe Thomas Manns eine Gruppe von siebzehn Intellektuellen zusammenzubringen, die sich 1939 und 1940 mehrfach trafen, um eine »Declaration on World Democracy« zu formulieren. Zu diesen Persönlichkeiten gehörten u. a. Frank Aydelotte, Dorothy Canfield Fisher, Christian Gauss, Alvin Johnson, Lewis Mumford, Van Wyck Brooks, Hermann Broch, Hans Kohn, Thomas Mann, Reinhold Niebuhr, Giuseppe Antonio Borgese und Gaetano Salvemini. 1940 erschien die Publikation in der Viking Press in New York unter dem Titel *The City of Man*. Es war ein politisches Buch, das nicht nur bereits voraussetzte, dass Amerika in den Krieg gegen Hitler eintreten werde, sondern das der Verbreitung der Demokratie eine globale Dimension gab. Broch arbeitete besonders an den ökonomischen Aspekten des Buches, wobei er sich für eine Kombination von geplant-staatlicher und freier Wirtschaft einsetzte. Das Buch war alles andere als eine amerikanische Propagandaschrift zur weltweiten Feier des American Dream, denn die negativen Seiten der amerikanischen Gesellschaft wurden durchaus benannt, besonders im Hinblick auf die Benachteiligung der minoritären und armen Bevölkerungsgruppen. Was waren die Aussagen und Forderungen der *City of Man*? Die Erklärung (Declaration) beginnt mit einer Beschreibung der katastrophalen Weltlage: Die Appeasement-Politik Englands und Frankreichs habe Europa an den Rand des Verderbens gebracht, und einzig auf Amerika richte sich die Hoffnung der noch nicht unterworfenen Staaten. Diese Hoffnung dürfe nicht enttäuscht werden: Amerika müsse mit seiner demokratischen Staatsform eine humane Alternative zu dem Terror der Faschisten bieten. Wie jene Europas befinde sich aber auch die Demokratie Amerikas in einer tiefgreifenden Krise, und nur eine erneuerte Demokratie sei in der Lage, dem Faschismus entgegengesetzt zu werden. Die USA als der mächtigste Staat mit demokratischer Tradition müssten sich um die internationale Wertschätzung der Demokratie bemühen und sich für die Verwirklichung folgender politischer Ziele einsetzen: Im Gegensatz zur Kriegsverherrlichung der Faschisten sei das Postulat des universalen Friedens aufzustellen. Dieser Friede könne nur garantiert werden, wenn er durch einen universalen Staat – den Staat der Staaten – geschützt werde. Daher müsse ein demokratischer Weltstaat konzipiert werden. Die Zeit der Nationalstaaten sei vorbei: So, wie die Nationen nach dem Zerfall des Römischen Weltreichs entstanden, müssten sie in einem neuen Weltstaat wieder aufgehen, wo sie dann eine untergeordnete Funktion beibehalten würden – eine utopische Vision also.

Ansonsten widmete Broch sich weiterhin der Arbeit an seinem Roman *Der Tod des Vergil*. In der damals entstehenden vierten Fassung, die den Titel »Die Heimfahrt des Vergil« trug, baute er im Zug der nun stärkeren und differenzierteren Gestaltung des historischen Hintergrunds wesentlich mehr Zitate aus Vergils Werken ein. Aus der vierten Fassung las Broch den Schluß noch vor Thomas Manns Abreise nach Kalifornien im Kreis der Mann-Familie vor. Thomas Manns Tagebucheintragung vom 22. Mai 1940 berichtet davon:

> Zum Abendessen *Broch* und *Kahler*. Vorlesung Brochs aus seinem Vergil-Roman. Innere Bildhaftigkeit. Rückschöpfung bis zum logos. Merkwürdige Musik. Anschließendes Gespräch über die Anfälle von Angst vor dem Universellwerden des Bösen, ohne Ausweg und Refugium für den Geist. (FE 110)

Acht Monate später, nach einer Lektüre des Romanmanuskripts, fiel sein Urteil ambivalenter aus. »Beschäftigung mit Manuskripten« liest man unter der Eintragung vom 5. Februar 1941 im Tagebuch: »Brochs Vergil, pausen- und atemloser Strom von noble ennui, ungegliedert, man lechzt nach einem römisch II. Aber Schönheiten und Sinn für das beklemmend u. gefährlich Menschliche« (FE 118).

Wichtig waren Broch gleichzeitig seine massenpsychologischen Forschungen. 1942 wurde er Hadley Cantril, dem Leiter des Office of Public Opinion Research an der Princeton University, als möglicher Mitarbeiter empfohlen. Cantril verdankte seine Karriere den grünen Männlein vom Mars. 1940 war er als junger Sozialpsychologe bekannt geworden mit seinem Buch *The Invasion from Mars*, in dem er die Massenpanik untersuchte, die als Folge von Orson Welles' berühmter Radiosendung nach H. G. Wells' Roman *War of the Worlds* aufgetreten war. 1941 folgte seine Studie *The Psychology of Social Movements*. Vor allem Christian Gauss setzte sich im Dezember 1941 erfolgreich dafür ein, dass Broch die Stelle eines Gastwissenschaftlers an Cantrils Institut erhielt, die durch ein Stipendium der Rockefeller Foundation in New York finanziert wurde. Für die Bewerbung um das Stipendium verfasste Broch den »Entwurf für eine Theorie massenwahnartiger Erscheinungen« (KW 12, 43–66). Nach der Lektüre des »Entwurfs« schrieb Cantril am 14. Februar 1942 an die Rockefeller Foundation: »Ich bin überzeugt, daß Broch hier eine sehr tiefschürfende, sehr eindringende Theorie für die Sozialwissenschaften vorträgt, die sich an Bedeutung mit dem Beitrag irgend eines Philosophen auf dem Gebiet der Sozialwissenschaften messen kann« (HBB 273). Ende 1944 hörten die Zuwendungen durch die Rockefeller Foundation für Brochs entstehendes Buch *Massenwahntheorie* (KW 12) auf, doch bemühte er sich erfolgreich um eine Unterstützung durch die Bollingen Foundation (vormals Old Dominion Foundation), deren Präsidentin die Millionärin Mary Mellon war. Zunächst bekam Broch das Stipendium in Höhe von zweihundert Dollar pro Monat für anderthalb Jahre (vom 1.1.1945 bis zum 30.6.1947) in Form von Honorarvorschüssen. Als Broch 1942 sein Forschungsstipendium durch die Rockefeller-Stiftung bezog, hoffte er, nach Abschluss seiner Studie eine Professur an Cantrils Office bzw. am Institute für Advanced Study in Princeton oder an der New School for Social Research in New York zu erhalten. Diese Erwartungen waren nicht unbegründet. Broch stellte das massenpsychologische Buch aber nicht fertig, und so schwanden 1947 mit dem Auslaufen des Bollingen-Stipendiums seine Chancen für eine Professur dahin. Broch war damals bereits sechzig Jahre alt, und auch mit einer wissenschaftlichen Buchpublikation wäre eine akademische Anstellung nicht leicht zu erreichen gewesen. Am ehesten hätten noch Aussichten auf einen Lehrstuhl an der New School for Social Research bestanden. Sie hatte seit 1933 den emigrierten europäischen Wissenschaftlern eine Heimstatt geboten. Von den damals diskutierten Massenpsychologien Gustave Le Bons, José Ortega y Gassets, Sigmund Freuds, Wilhelm Reichs, Emil Lederers und Hadley Cantrils unterscheidet sich Brochs *Massenwahntheorie* grundsätzlich dadurch, dass er die »Bekehrung« der Massen zur Demokratie ins Zentrum seines Buches rückt. Das wird besonders im dritten Teil deutlich, der die Überschrift trägt »Der Kampf gegen den Massenwahn (Eine Psychologie der Politik)« (KW 12, 331–563). Brochs *Massenwahntheorie* war ein Dokument des Antifaschismus der 1940er Jahre und blieb den Intentionen nach mit dem »City-of-Man«-Projekt verbunden.

Viel Zeit widmete Broch auch der Rettung von Freunden und Verwandten aus Europa, wo nach der Niederlage Frankreichs immer mehr Gegner des Nationalsozialismus nach Amerika zu fliehen versuchten. Der Autor arbeitete dabei eng mit dem Emergency Rescue Committee zusammen. Bei seinem alten Freund Franz Blei war er erfolgreich, doch starb Blei sehr bald nach seiner

Ankunft. Auch mit Musil korrespondierte Broch angelegentlich und setzte sich für ihn ein, doch Musil verstarb in der Schweiz während Brochs Bemühungen um ein Visum für ihn. Besonders engagiert war Broch um die Rettung seiner Angehörigen bemüht. So gelang es ihm, seinem Sohn Armand und dessen Freundin Eva Wassermann die nötigen Papiere zur Einreise in die USA zu beschaffen. Einen ähnlichen Erfolg hätte er sich im Fall seiner Mutter gewünscht. Im April 1940 war es so weit, dass er ihr alle erforderlichen Unterlagen nach Wien schickte. Christian Gauss hatte sich als Bürge zur Verfügung gestellt. Johanna Broch konnte sich aber nicht zur Emigration entschließen und so verfiel das US-Visum. Brochs Mutter wollte nicht emigrieren, obgleich sie bereits zwei Jahre nach dem »Anschluss« Drangsalierungen ausgesetzt war. So wurde im September 1940 ihr Vermögen unter dem Vorwand gepfändet, sie schulde dem Deutschen Reich eine Reichsfluchtsteuer. Das war die damals übliche Unrechtsformel, um jüdische Bürger zu enteignen. Ende 1941 verschaffte Broch ihr ein Visum nach Kuba, für das er viel Geld aufbringen musste, doch konnte diese Einreiseerlaubnis nach Hitlers Kriegserklärung an die USA vom 11. Dezember 1941 nicht mehr benutzt werden. Am 27. Dezember 1941 schrieb Thomas Mann an Broch: »Die Sache mit Ihrer Mutter geht mir herzlich nahe. Ich hoffe die Drohung der Deportation ist noch nicht akut, aber Ihre Sorge und Angst kann ich mir einbilden und versichere Sie meines Mitgefühls. Daß nun das glücklich errungene Cuba-Visum nicht mehr benutzbar ist, gehört zu der Kehrseite der Ereignisse, die wir vorausgesehen und sogar erwünscht haben« (FE 126). Wenige Monate später – im Mai 1942 – wurde Johanna Broch von Wien in das Konzentrationslager Theresienstadt deportiert, wo sie am 28. Oktober desselben Jahres starb – angeblich an »Altersschwäche«. Im September 1943 erfuhr Broch durch das Internationale Rote Kreuz von der Verschleppung seiner Mutter (BB 432). Erst im Mai 1944 hörte er, dass sie Theresienstadt nicht überlebt hatte (KW 13/2, 386).

Aber Broch sorgte sich auch um die Mitemigranten in den USA selbst. Er schlug Mitte 1940 vor, dass sich die den USA gegenüber loyalen Exilierten zu einer Vereinigung zusammenschließen sollten, um sich im Kriegsfall als europäische Ausländer ohne amerikanische Staatsbürgerschaft gegen Benachteiligungen und Verdächtigungen schützen zu können. In einer Denkschrift (KW 13/2, 213–217) führte er aus, worum es bei dieser Liga gehen sollte. Unterstützung fand der Autor nicht, doch war der Grundgedanke des Unternehmens richtig, wie sich zwei Jahre später zeigte. Im Frühjahr 1942 sah es so aus, als ob alle Emigranten deutscher, italienischer und japanischer Nationalität interniert werden sollten. Zu entscheiden darüber hatte das in Los Angeles tagende Committee for the Investigation of Defense Migration, das nach dem Abgeordneten John H. Tolan, der den Vorsitz führte, kurz das Tolan Committee genannt wurde. Nur durch die Interventionen und Petitionen von international berühmten europäischen Emigranten wie Albert Einstein, Thomas Mann, Bruno Walter und Arturo Toscanini, die sich direkt an Präsident Roosevelt wandten, und durch die Reden vor dem Tolan Committee von Thomas Mann, Bruno Frank und Felix Guggenheim konnte die Entrechtung der deutschen und italienischen Exilierten verhindert werden. Die Japaner in den USA verfügten nicht über eine solche Lobby und mussten das Schicksal der ungerechten Internierung auf sich nehmen.

Im April 1942 erhielt Broch die einzige literarische Auszeichnung seines Lebens: den Preis der American Academy of Arts and Letters. Sein Freund Henry Seidel Canby hatte die vierte Fassung des *Vergil*-Romans bei der Jury eingereicht, und er war erfolgreich damit gewesen. Broch war der erste, der diesen damals mit tausend Dollar verbundenen Preis als Ausländer zugesprochen bekam. Mit ihm gemeinsam erhielten drei amerikanische Schriftsteller die begehrte, in New York verliehene Auszeichnung. Das war auch die Zeit, in der Broch die Einladung seines Freundes Erich von Kahler annahm, ein Zimmer in seinem Haus in Princeton (One Evelyn Place) zu beziehen, wobei der Mietpreis monatlich fünfzig Dollar betrug. Im Hause Kahlers fühlte Broch sich wohl. Kahler war Kulturphilosoph und schrieb damals sein erstes Exilwerk auf Englisch: *Man the Measure*. Zum Haushalt gehörten ferner Kahlers Mutter Antoinette, eine gebildete alte Dame, die den Homer im Original las; ferner Alice Loewy, die Freundin und Haushälterin Kahlers seit der Trennung von seiner Frau Josefine Kahler, geb. Sobotka, die der Freund im George-Kreis vor dem Ersten Weltkrieg kennengelernt hatte. Bei den Kahlers verkehrten viele Emigranten wie Golo Mann und Christiane Zimmer (die Tochter Hugo von Hofmannsthals), aber auch amerikanische Autoren wie John Berryman und seine Frau Eileen Simpson. Kahler bezeichnete später Broch als den »Prototypen des brüderlichen Menschen« (EK 243). Erhalten haben sich die Briefe Brochs an Kahler, die er an ihn schrieb, wenn der Freund in New York an der New School for Social Research oder an der Cornell University Philosophie oder Literatur unterrichtete (BK). Ebenfalls in das Jahr 1942 fiel der neue Beginn der Freundschaft mit Annemarie Meier-Graefe, die damals von Kalifornien nach New York übersiedelte, wo sie als Designerin für verschiedene große Modegeschäfte arbeitete. Durch sie lernte Broch 1946 Hannah Arendt kennen, mit der er ebenfalls korrespondierte (AB). Ferner ist es die Zeit, in der Broch seine *Psychische Selbstbiographie* schrieb, mit der er versuchte, die Grundmechanismen seines Seelenhaushalts zu erläutern: Er führte seine Eifersuchtsneurosen, seine Schwierigkeit, sich an einen einzelnen Menschen zu binden, sowie sein übersteigertes Leistungsethos auf die mangelnde Elternliebe zurück (PS). Sein Psychiater wurde damals Paul Federn, einer der engsten Gefolgsleute Sigmund Freuds. Die Briefe an seinen Psychiater haben sich ebenfalls erhalten (FG). Mit dem Jahr 1942 begann auch die Arbeit an der letzten Fassung seines *Vergil*-Romans, dem er damals den endgültigen Titel

Der Tod des Vergil (KW 4) gab. Da sein Verleger Daniel Brody im Exil in Mexico City lebte, schaute Broch sich nach einem Verleger in New York um. Er fand ihn in Kurt Wolff, der damals Pantheon Books als neuen Verlag in der amerikanischen Metropole gegründet hatte. Das Buch erschien dann im Juni 1945 auf Deutsch und gleichzeitig auf Englisch (in der Übersetzung von Jean Starr Untermeyer).

Was hat Brochs Roman mit dem historischen Vergil bzw. dessen Werk zu tun? Broch verknüpfte zwei Vergiliana, die der Phantasie der Nachwelt schon immer Nahrung gegeben haben: die vermeintliche Christus-Ankündigung in der vierten Ekloge sowie den Befehl des sterbenden Dichters, die noch nicht vollendete *Aeneis* zu verbrennen. Hauptfigur der Eklogen ist jener Knabe, dessen Geburt als unmittelbar bevorstehendes Heilsereignis vorausgesagt wird. Diese Geburt markiert den Augenblick einer Weltwende: Ein von Not, Angst und Zwietracht erfülltes Heute schlägt um in sein Gegenteil, in eine Segenszeit, die alle Zeichen der goldenen Urzeit aufweist, in der Überfluss, Glückseligkeit und vor allem Frieden herrschen. Der Anbruch des neuen Heils ist verbürgt durch das Lächeln, mit dem der Knabe nach der Geburt die Mutter begrüßt. Broch erkannte richtig, dass Vergils Werk getragen ist von der Idee der Grenzsituation zwischen den Zeiten, der Wende vom Schlechten zum Guten, und in einer vergleichbaren epochalen Umbruchsituation glaubte auch Broch zu leben, wie seine Essays und die anderen Romane des Autors ebenfalls zeigen. Im Dialog mit Augustus entwickelte Vergil sehr Broch'sche, von den Erschütterungen des Krieges geprägte Gedanken, die auf Widerruf, Zurücknahme und auf ein unerbittliches Selbstgericht, auf ein Gericht des Dichters über die Dichtung, über Ästhetizismus, ja über die Kunst überhaupt hinauslaufen. Was bei Broch hier erkennbar wird, ist die Nachwirkung des Hegel'schen Gedankens vom »Ende der Kunst«, von dessen Theorie, dass Kunst zwar auch in der Moderne möglich sei, nicht aber mehr – wie in der Antike – dem höchsten Bedürfnis des menschlichen Geistes entspreche. Bei Hegel hat die Kunst diesen Vorzug an die Philosophie abgetreten, bei Broch, so hat man jedenfalls den Eindruck, an die Theorie der Menschenrechte. Ferner zeigte Broch sich in der Nachfolge Kierkegaards, dessen Kritik am ästhetischen Dasein er übernahm und dessen Überzeugung er teilte, dass eine Erneuerung der Ethik nur von einer »religiösen« – im Falle Brochs »irdisch-absoluten« – Humanität erhofft werden könne.

Der Tod des Vergil erschien unter ähnlich ungünstigen äußeren Verhältnissen wie *Die Schlafwandler*. Wurde die Breitenwirkung der Trilogie 1933 durch Hitlers Machtübernahme verhindert, so standen der Aufnahme des *Vergil*-Romans die Not und das Chaos der ersten Nachkriegsjahre in Deutschland entgegen. Hatte Broch als europäischer Autor mit den *Schlafwandlern* sofort international – auch in den USA – Anerkennung gefunden, so blieb der Amerikaner Broch mit dem *Tod des Vergil* in Europa zunächst erfolglos. Das lag zum Teil daran, dass das Buch in England ein Jahr und in der Schweiz erst zwei Jahre später erschien; die französische Übersetzung ließ bis 1952 auf sich warten. Aufgrund der Handelsrestriktionen, die die Besatzung in Deutschland und Österreich mit sich brachte, konnte der Roman erst ab 1949 von der Schweiz aus in diese Länder exportiert werden. Der Rhein-Verlag in Zürich vergab keine Lizenzen nach Deutschland (wofür sich in Berlin der Suhrkamp- und in München der Weismann-Verlag interessierten), weil man lieber die Aufhebung der wirtschaftlichen Beschränkungen abwarten wollte, um dann allein das Geschäft mit dem Buch machen zu können. Inzwischen aber hatte 1947 Thomas Manns *Doktor Faustus* als Exilwerk, das sich mit der deutschen Katastrophe auseinandersetzte, die ungeteilte Aufmerksamkeit auf sich gelenkt. Zudem war Manns Werk als Zeitroman zugänglicher als Brochs *Tod des Vergil*, der mit seinen historischen Anspielungen, seiner mystischen Tendenz und seiner sperrigen Syntax alles andere als Unterhaltungsansprüche befriedigen konnte. Nur wenige Zeitungen und Zeitschriften brachten in der unmittelbaren Nachkriegszeit Rezensionen. Und davon waren durchaus nicht alle zustimmend. Günter Anders verriss das Buch in der *Austro-American Tribune*, wo er Thesenlosigkeit und Wagner-Einfluss bemängelte; Hannah Arendt dagegen (die geschiedene Frau von Günter Anders) hielt dagegen und pries es in der *Nation*, wobei sie Broch eine avantgardistische Position zwischen Proust und Kafka zuwies. In Deutschland warb Werner Vordtriede für den Roman in der *Neuen Rundschau*, während Paul Wenger ihn in Alfred Döblins neuer Zeitschrift *Das goldene Tor* heruntermachte. Was die amerikanische Rezeption betrifft, hatte Broch ausgesprochenes Pech. In der *New York Times Book Review* wurde das Buch – Traum aller amerikanischen Autoren – gut besprochen (von Marguerite Young), doch erreichte diese Ausgabe der Zeitung ihre Leserschaft nicht wegen eines Streiks in der Auslieferung. Charakteristisch für die Reaktion vieler Freunde Brochs war jene des jungen österreichischen Schriftstellers Herbert Zand, der im März 1948 an Broch schrieb:

> Für heute möchte ich nur die unmittelbarsten persönlichen Eindrücke vorausnehmen. Sie waren von schwer vergleichbarer Plastizität, die Abendstunden im alten Brundisium habe ich mit allen Sinnen aufgenommen, was besagen will, daß die Stadt eine Dimension der Töne, eine Dimension des Geschmackes und vor allem auch eine Dimension der Gerüche bekommen hat. Ich will Ihnen aber auch nicht verschweigen, daß mancher Teil der sprachlichen Gestaltung mich erschreckt und beunruhigt hat wie etwas unsagbar Fremdes – ich war bestürzt und doch zugleich fasziniert – und wahrscheinlich war es dieses vorerst Fremde, das mich für die Unmittelbarkeit des Erlebens in einer seelischen Tiefenschicht, die vermutlich noch nie angesprochen worden war, erst öffnete. (HBB 305)

Die erste germanistische Arbeit über den Roman erschien in den USA, und zwar von Hermann J. Weigand, der an der Yale University unterrichtete. Er veröffentlichte seine Studie 1947 unter dem Titel »Broch's Death of Virgil: Program Notes« in der literaturwissenschaftlichen Fachzeitschrift *Publications of the Modern Language Association of America*. Unter anderem vermutete Weigand, dass Dante, der in der *Göttlichen Komödie* sich durch Vergil führen ließ, bei dem Buch Pate gestanden habe. Broch wollte neben den Bezügen auf die römische Antike auch die Modernität des Buches beachtet finden. Das wurde deutlich als er für den Schutzumschlag zum einen etwas Antikisierendes empfahl, zum anderen die surrealistischen Elemente herauskehrte. Broch schlug vor, man solle jenes Bild des Vergil dazu wählen, das die alte Vaticana-Ausgabe aus den ersten christlichen Jahrhunderten schmückte. Sie zeigt Vergil am Schreibpult, neben ihm stehend der Manuskriptkoffer (BB 474). Als Alternative empfahl er wegen der »Modernität des Buch-Inhalts« (BB 475A) Motive »in der Art Chiricos« (BB 470).

Am 1. April 1947 stürzte Broch, als er in New York zur Bahn nach Princeton eilte. Er brach sich den linken Oberarm gleich dreifach, und das zwang ihn zu einem vierwöchigen Aufenthalt im Princeton Hospital, wo er mit dem Arm im Streckverband das Bett hüten musste. Da Broch die Schreibmaschine nicht benutzen konnte, diktierte er die meiste Korrespondenz während des Krankenhausaufenthalts. Hier verfasste er auch erstmals einen Essay gleich auf Englisch: die Einleitung zur amerikanischen Ausgabe von Rachel Bespaloffs Buch über Homers *Ilias*, das 1947 in der Bollingen Series (Pantheon Books) in New York erschien. Seiner Einleitung gab er den Titel »Mythos und Altersstil«. Den Altersstil definierte Broch als den »Stil des Wesentlichen und der unbedingten Abstraktheit« (KW 9/2, 228). Er sei in unserem Jahrhundert von Picasso und Kafka erreicht worden. In deren Arbeiten künde sich zwar kein »neuer Mythos« an, wohl aber ein »Vorentwurf« (KW 9/2, 231). Seit dem 1. Juni 1947 war Broch ohne Einkommen, weil die Stipendienzahlungen der Bollingen Foundation aufgehört hatten. Und da seine *Massenwahntheorie* nicht fertig war, bestand keine Aussicht auf Einkünfte. In dieser Situation akzeptierte er das Angebot der Bollingen Series, für eine amerikanische Auswahl-Ausgabe von Hugo von Hofmannsthals Prosaschriften eine Einleitung gegen Honorar zu schreiben. Broch hätte lieber eine Karl-Kraus-Ausgabe mit einem Vorwort versehen, aber für eine solche Edition fand sich kein Verleger. Statt der gewünschten Einleitung schrieb Broch gleich ein ganzes Buch, für das er keinen Vertrag hatte.

Über seine psychoanalytische Behandlung in der Nachkriegszeit durch Paul Federn berichtete Broch am 26. März 1946 seinem Freund Ernst Polak in London:

> Ich habe zum ersten Mal in meiner analytischen Praxis das Gefühl einer möglichen Gesundung, denn früher war diese Möglichkeit für mich bloß

ein theoretisches Wissen. Allerdings bin ich – zum ersten Mal – bei einem ganz erstklassigen Analytiker. (HBB 312)

Doch änderte sich Brochs Einstellung zu Federn, den er kritisierte, weil er bei der Analyse zu uneigenständig verfahre und nur der gängigen Freud'schen Praxis folgte (FG 125–137). Broch erklärte seine komplizierte psychische Konstitution in einem Brief an Jadwiga Judd vom 3. Juli 1946:

> Grob gesprochen, sind es zwei Dinge, die mir das Leben gestohlen haben: Verantwortung und das Erotische, das eine vom Über-Ich, das andere vom Es bestimmt, und doch beide miteinander sonderbar neurotisch ineinander verhakt. Beides wirkte mit einer schier dämonischen Stärke in mir, nicht weniger stark wie das Produktive, das in seinem Trieb und Befehl ja auch etwas Dämonisches an sich hat. (HBB 312)

In den Verantwortungsbereich fiel in den Nachkriegsjahren vor allem die Hilfe für Bekannte, die in Europa geblieben waren. Das wurde im Kreis seiner Freunde im Exil keineswegs immer gutgeheißen. So kam es wegen der Hilfe für Claire Bauroff zur Trennung von Brochs ältestem Freund überhaupt, von Paul Schrecker nämlich, der inzwischen eine Professur an der University of Pennsylvania erhalten hatte. Claire Bauroff – früher eine berühmte Tänzerin – war mit Paul Schrecker verheiratet gewesen und lebte inzwischen in Süddeutschland. Sie hatte sich geweigert, ins Exil zu gehen. Das war Schrecker Indiz genug, sie für eine Nationalsozialistin halten zu können. Als er erfuhr, dass Broch ihr ein Carepaket geschickt hatte, kündigte er ihm die Jahrzehnte alte Freundschaft auf. Broch reagiert im Januar 1947 ungewöhnlich heftig auf die Vorwürfe Schreckers: »Summum ius, summum iniuria. Und ich bin nicht würdig, mit Dir im gleichen, ›moralischen Raum‹ zu leben: Du Trottel. Hoffentlich siehst Du die Groteskheit, die darin liegt, doch einmal ein« (HBB 315). Seine ethische Position erläuterte Broch Anfang 1948 in einem Brief an Victor von Kahler:

> Und lassen Sie sich hiezu eine Geschichte aus dem *Buch der Väter* (aus dem Jahre 100 n. Chr.) erzählen [...]. Zum Rabbi X kommt ein Fremder und fragt: »Rabbi, was steht höher, das Erkennen oder die Güte?« Antwortet Rabbi X: »Selbstverständlich das Erkennen, denn es ist die Mitte des Lebens. Freilich, wenn einer bloß das Erkennen hat und nicht auch die Güte, so ist's als ob er den Schlüssel zur innersten Kammer besäße, aber den zum Vorraum verloren hätte«. (HBB 316)

Da viele seiner Freunde im Exil inzwischen nach Deutschland oder Österreich zurückkehrten, stellte sich auch Broch die Frage, ob er im Gastland bleiben wollte. Mitte 1947 schrieb er an eine Schicksalsgenossin im Exil:

> Merkwürdig, daß Dich [...] noch immer die sogenannte Heimatlosigkeit stört. Da bin ich viel israelitischer, denn ich habe mich tatsächlich, bei

aller Liebe zu manchen Landschaften, mein ganzes Leben lang ausschließlich diasporesk gefühlt [...]. Ich hätte zu viel innere Widerstände, um nach Österreich zurückzukehren, wenn ich auch weiß, daß Schweinerei international ist. (KW 13/3, 143)

Zwei Jahre später dachte er für die Zukunft an einen Kompromiss: dass er zwar in Amerika zu bleiben gedachte, die Sommermonate aber bei seiner Freundin (und späteren zweiten Frau) Annemarie Meier-Graefe in Südfrankreich verbringen wollte.

Broch nahm Anteil an dem Schicksal der Kriegsverlierer, und als der 1933 von Hitler vertriebene Physik-Nobelpreisträger James Franck, der inzwischen an der University of Chicago unterrichtete, Ende 1945 mit einem Hilfsappell Geld für die notleidende Bevölkerung in Deutschland sammelte, fand er Brochs Unterstützung. Albert Einstein hingegen mochte nichts von der »Tränenkampagne«, wie er sie nannte, wissen. Brochs ausführliche Stellungnahme vom Januar 1946 »Bemerkungen zu einem ›Appeal‹ zugunsten des deutschen Volkes« (KW 11, 428–448) stellte einen Kompromissvorschlag für die Befürworter und Gegner von Francks Appell dar. Die »Bemerkungen« waren eine prinzipielle Erörterung des Verhältnisses der Flüchtlinge zum Nachkriegsdeutschland. Broch trat nicht für eine pauschale, sondern für eine differenzierte Unterstützung der deutschen Bevölkerung ein. In erster Linie müssten die Widerstandskämpfer und alle jene Personen gefördert werden, die während der NS-Herrschaft in Deutschland aus ideologischen und rassischen Gründen verfolgt worden seien. Auf jeden Fall solle vermieden werden, dass die Hilfe zur Erstarkung nationalsozialistischer Gruppen führe. Ferner machte Broch detaillierte juristische und pädagogische Vorschläge für die Demokratisierung Deutschlands. Gleichzeitig schrieb Broch die »Bemerkungen zur Utopie einer ›International Bill of Rights and of Responsibilities‹« (KW 11, 243–276), in der er erneut ein internationales Gesetz zum Schutz der Menschenwürde forderte, das Vergehen gegen die Menschenrechte unter Strafe stellen soll. Für diese Initiative fand Broch viel Unterstützung im Freundeskreis. Broch war gerade auf dem Weg zu einer Sitzung, um mit Gleichgesinnten über die UN-Kommission für Menschenrechte zu diskutieren, als er in der New Yorker Wohnung von Jean Starr Untermeyer stürzte und sich den rechten Schenkelhals brach. Das war Mitte Juni 1948, und darauf folgte ein zehnmonatiger Aufenthalt im Princeton Hospital.

Während der Zeit im Krankenhaus schrieb Broch die Studie *Hofmannsthal und seine Zeit* (KW 9/1, 111–275). Dieses Buch wollte kein vollständiges Bild der Situation in Kunst und Gesellschaft zur Zeit des Dichters von Rodaun geben. Bei der Skizzierung des europäischen Panoramas hat Broch vornehmlich jene soziale Klasse im Auge, die er seiner Herkunft nach am besten kannte, nämlich das Bürgertum. Von den Kunstrichtungen werden ausführlicher nur die Oper in der Musik (Wagner), der Symbolismus in der Dichtung

(Baudelaire) und der Impressionismus in der Malerei (Cézanne) analysiert. Diese Auswahl ist sinnvoll, da sie wesentliche Aspekte beiträgt und man von ihnen zu zentralen Problemen jener Ära vordringen kann. Bereits die ersten Sätze der Studie machen Brochs Abneigung und kritische Distanz dem Bürgertum und seiner Kultur gegenüber deutlich:

> Die Periode, in die Hofmannsthals Geburt fällt, [war] wohl eine der erbärmlichsten der Weltgeschichte; es war die Periode des Eklektizismus, die des falschen Barocks, der falschen Renaissance, der falschen Gotik. Wo immer damals der abendländische Mensch den Lebensstil bestimmte, da wurde dieser zu bürgerlicher Einengung und zugleich zum bürgerlichen Pomp, zu einer Solidität, die ebensowohl Stickigkeit wie Sicherheit bedeutete. Wenn je Armut durch Reichtum überdeckt wurde, hier geschah es. (KW 9/1, 111)

Die Kunst dieses bürgerlichen Zeitalters, so konstatierte Broch, reagiere auf die eklektizistischen, romantischen und dekorativen Bedürfnisse des Bürgertums zum einen affirmativ, zum anderen ablehnend. In Wagner habe sich der deutsche Künstlertyp gefunden, der es verstand, mit seiner Oper das ganze Syndrom offener und geheimer bürgerlicher Wünsche zu bündeln und zu artikulieren. Anders als im Deutschland der Oper Wagners habe sich in Frankreich die Kunst zum Gegner des Bürgertums entwickelt. Bei der Analyse der politischen Situation in Österreich gilt Brochs Augenmerk wiederum der Rolle des Bürgertums. Kaiserhaus und Adel geraten lediglich mit ihren Beziehungen zu dieser sozialen Schicht in den Blickwinkel. Die Krone sei vom Bürgertum als unerlässliche Einrichtung empfunden worden, um den Autonomiebestrebungen im Habsburgerreich zu steuern. Der Bevölkerungsteil, bei dem die Bindung an die Krone ihren deutlichsten Ausdruck gefunden habe, bei dem das Interesse an der Aufrechterhaltung der imperialen Staatsstruktur fest verankert gewesen sei, sei das Wiener Bürgertum gewesen. Aufgrund seiner materiellen Interessenlage habe es als Kaiser eine »solche Mediokrität« (KW 9/1, 172) wie Franz Joseph I. akzeptiert und zudem nach 1848 auf eine weitere Demokratisierung verzichtet. In diesem überdimensionierten Museum Wien sei Hofmannsthal aufgewachsen. Beim jungen Hofmannsthal habe sich eine kritische Haltung gegenüber dem Bürgertum geradezu zwangsläufig ergeben, doch habe der Autor sich im Lauf der Zeit den Erwartungen seiner Schicht nicht mehr entgegengestellt. So sei der Opponent bürgerlicher Kulturvorstellungen nicht Hofmannsthal, sondern Kraus geworden. Wie in Frankreich gegen die Sozialgleichgültigkeit des Bürgers die sozial-engagierte Dichtung des Naturalismus entstanden sei, habe Karl Kraus mit seiner Satire gegen das unpolitische österreichische Bürgertum opponiert, und diese Opposition habe zwangsläufig auch eine Gegnerschaft zur verbürgerlicht-ästhetisierenden Dichtung Hofmannsthals nach sich gezogen. Als Altersgenosse Hofmannsthals sei Kraus zwar mit ihm in der österreichischen Metropole aufgewachsen, aber während Hofmannstal sich »in Wien« entwickelt habe, habe Kraus »gegen Wien« mit »rastloser Angriffslust sein satirisches Werk vollbracht« (KW 9/1, 271). Von Kraus seien die österreichischen Fehlentwicklungen als »Symptome der Epoche« durchschaut worden, in der »das kommende Unheil, das kommende Menschenleid bereits [ge]lauert« habe (KW 9/1, 272). Brochs Hofmannsthal-Studie endet mit einer Parteinahme für den ethischen Satiriker Kraus und gegen den dem Ästhetizismus seiner Zeit verhafteten Hofmannsthal. Indirekt ist Brochs Hofmannsthal-Buch so auch zu einer Studie über Karl Kraus und seine Zeit geworden.

Broch lebte damals von der Hand in den Mund, da es ein regelmäßiges Einkommen für ihn nicht mehr gab. Hermann J. Weigand, Chairman am German Department der Yale University in New Haven, Connecticut, verschaffte ihm für fünf Monate (Mai bis September 1949) die Stelle eines Fellow am Saybrook College der Yale University. Damit war keine Lehrverpflichtung verbunden, aber auch kein Einkommen, doch wohnte man da kostenlos, und ab und zu stand man für Gespräche mit Studenten zur Verfügung. Zu den jungen Leuten, die den Kontakt zu ihm suchten, gehörten die beiden Literaturstudenten Thomas und Sidonie Cassirer. Letztere nahm dem Autor auch kleinere Schreibarbeiten ab und schloss 1957 bei Hermann J. Weigand die erste Doktorarbeit, die über Broch geschrieben wurde, zu den *Schuldlosen* ab, also zu jenem Roman, dessen Entstehung sie während Brochs Zeit in New Haven miterlebt hatte. Broch hoffte damals, eine Daueranstellung an der Deutschen Abteilung der Yale University zu erhalten, und machte sich auch Hoffnung auf einen Ehrendoktor dieser Universität. In beiden Fällen wurde er enttäuscht. Im September 1949 bezog er das Zimmer in einem bescheidenen Hotel in New Haven, knapp drei Monate später eine kleine Wohnung in einem Haus in Campusnähe. Mitte 1950 bekam Broch den Titel eines Lecturer on Modern German Literature von der Yale University verliehen, aber damit war kein Einkommen verbunden, auch keine Lehrverpflichtung. Er durfte das offizielle Briefpapier der deutschen Abteilung benutzen und konnte ab und zu einen Vortrag im Germanic Club halten. Das tat er mit einem Vortrag über Hofmannsthal und mit einem anderen über den Kitsch. Broch, der sich in seinen Schriften immer wieder für den Schutz der menschlichen Würde einsetzte, bekannte nun öfters, dass sein Lebensstil aufgrund der Verarmung »unwürdig« (BB 531) geworden sei. Am 5. Dezember 1949 heiratete Broch in New York Annemarie Meier-Graefe. Zu den Bekannten, mit denen Broch während seiner letzten beiden Lebensjahre in New Haven Umgang pflegte, gehörten der Historiker Hajo Holborn (TE 343), der Romanist Erich Auerbach (BK 168) und der Bibliothekar Curt von Faber du Faur. In seiner Erinnerung an Broch hielt Faber du Faur fest:

> Jedes Gespräch mit ihm, wenn er kam, was er nicht selten tat, [...] enthielt eine erregende Enthüllung, gab neue Ausblicke [...]. Subtilität überhaupt

war sein Merkzeichen; keine Spitzfindigkeit, sondern ein feines Werten, das ihm völlig natürlich war. (CFF 100)

Den letzten Abstecher zu seinen Freunden nach Princeton machte er im Januar 1951, als er nach dem Tod Antoinette von Kahlers die Grabrede hielt (KW 13/3, 523f.). In dieser Abschiedsrede bezeichnete er sich als »Wahl-Sohn« der Verstorbenen, und es wird deutlich, dass er bei ihr jene Mütterlichkeit fand, die er als Kind bei Johanna Broch vermisst hatte.

Was die Anerkennung seines Lebenswerkes betraf, so bemühten sich einige seiner alten Freunde in Wien, ihm Preise und Ehrungen zukommen zu lassen, doch immer vergeblich. Rudolf Brunngraber wollte ihm 1949 den Preis der Stadt Wien für Literatur vermitteln, doch wurde er an die damals wie heute unbekannte Tiroler Schriftstellerin Alma Holgersen vergeben. Der Österreichische P.E.N.-Club schlug Broch für den Nobelpreis sowohl 1950 wie 1951 vor, doch ebenfalls vergebens. Frank Thiess war damals Vize-Präsident der 1949 neu gegründeten Deutschen Akademie für Sprache und Dichtung in Darmstadt. Er nominierte Broch als Mitglied, was der Autor mit gemischten Gefühlen aufnahm. Bei einem Blick in die Mitgliederliste der Akademie war sein Kommentar in einem Brief an Erich von Kahler: »Genau so gut hätte sich das Café Central oder Herrenhof als Akademie konstituieren können« (BK 161). Broch wusste von dem Streit zwischen Thomas Mann und Frank Thiess in Sachen Exil und innere Emigration. So schlug er vor, die Akademie solle zunächst Thomas Mann die Mitgliedschaft anbieten und danach ihm. Wegen Manns Desinteresse war das aber nicht zu machen. So verschob Broch die Entscheidung bis auf die geplante Europareise im Sommer 1951, bei der er mit dem Vorstand der Akademie sprechen wollte. Dazu kam es nicht.

Von Brochs politischen und menschenrechtlichen Studien hatte man inzwischen auch in Deutschland gehört, und so bat ihn die *Neue Rundschau* um einen Beitrag, der Anfang 1951 unter dem Titel »Trotzdem: Humane Politik. Verwirklichung einer Utopie« (KW 11, 364–396) erschien. In dieser Studie nehmen Brochs Reflexionen über eine mögliche theoretische »Neubegründung der Menschenrechte« (KW 11, 373) eine zentrale Stelle ein. Broch fragte, ob das Naturrecht heute noch zur Fundierung der Menschenrechte ausreiche. Nach der Säkularisierung des göttlichen Rechtes sei das Naturrecht als eine Art Hilfskonstruktion eingeführt worden, die sich nicht auf ein Absolutum stützen könne. An die Stelle des Naturrechts habe das »Menschen«-Recht im eigentlichen Sinne zu treten. Das »irdisch Absolute« (KW 11, 376) könne man allerdings nicht positiv definieren; es ließe sich nur negativ bestimmen. Als negativer Pol des irdisch Absoluten sei die im Konzentrationslager unserer Zeit erfahrene Vollversklavung zu betrachten. Entsprechend habe der Satz von der unbedingten Verwerflichkeit der menschlichen Versklavung als »irdisch absolut« an die Spitze des Menschenrechtes gestellt zu werden. Demokratische Politik hat sich nach Broch an den Menschenrechten auszurichten. Entsprechend könne ein an ihnen orientiertes »Theoriensystem der Demokratie [...] bloß eines des *Pazifismus* und des *Evolutionismus* sein«. Da nicht mit einem definitiven Heilszustand gerechnet werden könne, würden von der Demokratie bescheidenere Ziele als die des Marxismus angesteuert. Die Demokratie wünsche, dass sofort, »nicht erst in legendärer Zukunft, [...] ein Maximum von pursuit of happiness ›für alle‹ sich verwirkliche oder – vorsichtiger ausgedrückt –, daß in jedem Weltaugenblick das Menschenleid auf ein Minimum reduziert« werde. Gewiss habe auch ein Theoretiker der Demokratie »die Geschichte zu analysieren, um aus ihr die politischen (oder metapolitischen) Anweisungen zu ihrer Lenkung zu gewinnen«, aber im Gegensatz zum Marxisten gehe es ihm »vor allem ums Präventive, das heißt um die *Verhütung* des Abnormalen«, um die »Prävention der ›Fehl-Situationen‹ im sozialen Leben« (KW 11, 378). Durch diesen Aufsatz war auch Melvin J. Lasky, der Begründer und Herausgeber der Zeitschrift *Der Monat*, auf Broch aufmerksam geworden. Lasky lud ihn ein, eines der politischen Referate auf dem von ihm und Edouard Roditi organisierten Kongress für kulturelle Freiheit zu halten, der vom 26. bis zum 30. Juni 1950 in Berlin (West) stattfand. Der Briefkopf der Kongresskorrespondenz enthielt Brochs Namen als offiziellen Delegierten. *Monat*, *Encounter*, *Preuves* und andere Zeitschriften waren die Sprachrohre des neuen westeuropäischen Aufbruchs nach 1945, die ein geistiges Vakuum zu füllen suchten. Der Kongress für kulturelle Freiheit versammelte für die Demokratie engagierte Intellektuelle. Zwar konnte Broch – vor allem aus gesundheitlichen Gründen – nicht nach Berlin fahren, aber er schickte ein Referat dorthin. Es trägt den Titel »Die Intellektuellen und der Kampf um die Menschenrechte« (KW 11, 453–458). Darin vertrat Broch den Standpunkt, dass der Intellektuelle sich vor allem für die Verteidigung der Menschenrechte zu engagieren habe. Über eine politische Wirkungsmöglichkeit heißt es:

> Alle Revolutionen sind von der utopischen Menschlichkeit des Intellektuellen entfacht worden, haben sich unter seiner Führung gegen die Unmenschlichkeit erstarrter Institutionen gewandt, und jede siegreich gewordene Revolution hat ihn und die Menschlichkeit letztlich wieder verraten, hat in neuen Institutionalismen versanden müssen. [...] Darum wird der Intellektuelle immer wieder zu seinem endlosen Kampf aufgerufen werden. (KW 11, 453)

Der Intellektuelle ist für Broch der eigentliche Realpolitiker:

> Der geistige Arbeiter, der utopischste aller Menschen, erweist sich am Ende doch als Realpolitiker par excellence. Die initialen Immediaterfolge seiner politischen und geistigen Revolutionen sind, ungeachtet fürchterlichster Rückschläge, als Menschlichkeits-Fortschritt, als Verwirklichung von Menschenrecht in der Geschichte geblieben. (KW 11, 453f.)

Über die Widerstände, die jede Menschenrechtskampagne zu gewärtigen habe, machte Broch sich keine Illusionen. Dazu liest man:

> Wenn wir heute Verwirklichung von Menschlichkeit suchen, so dürfen wir vor den Machtfaktoren der heutigen Weltpolitik nicht die Augen schließen. Und wir müssen uns klar sein, daß jede unserer noch so bescheidenen Humanitätsforderungen eine Bresche in das gegenwärtige unmenschliche Machtsystem legt, also im Grunde höchst unbescheiden ist, dies nicht zu verbergen vermag und daher mit schärfsten Widerständen zu rechnen haben wird. (KW 11, 454)

Broch forderte, dass sich der Kongress erstens gegen die Atom-Rüstung bzw. gegen Rüstung überhaupt ausspreche, und dass er zweitens eine Resolution an die UNO schicke, in der die Gründung eines internationalen Gerichtshofes gefordert wird.

Die meiste Zeit verbrachte Broch von Mitte 1949 bis Mitte 1950 mit der Arbeit an dem Roman *Die Schuldlosen* (KW 5). Der Münchner Verleger Willi Weismann bat Broch Anfang 1949, ihm seine alten Novellen für einen Band zu überlassen. Da der Autor einwilligte, schickte Weismann ihm bald die Druckfahnen von »Eine methodologische Novelle«, »Eine leichte Enttäuschung«, »Vorüberziehende Wolke«, »Ein Abend Angst« und »Die Heimkehr«. (Es fehlte also die Erzählung »Der Meeresspiegel«, die der Verleger nicht gefunden hatte, und an die Broch sich nicht mehr erinnerte.) Als der Autor in den folgenden Wochen die Fahnenabzüge las, konnte er sich doch nicht entschließen, die Erzählungen in alter Form erscheinen zu lassen. Mitte Juni 1949 teilte er dem Verleger mit, dass er die Novellen überarbeiten, neue hinzufügen und das Ganze »zu einem romanartigen Gebilde« (KW 13/3, 343) ausbauen wolle. Schon Ende desselben Monats hatte Broch, der damals im Saybrook College wohnte, die ersten Fassungen der sechs neuen Erzählungen geschrieben: »Ballade vom Imker«, »Die Erzählung der Magd Zerline«, »Die vier Reden des Studienrats Zacharias«, »Ballade von der Kupplerin«, »Erkaufte Mutter« und »Steinerner Gast«. Anfang Juli war auch die erste Version der drei »Stimmen«-Gedichte (1913, 1923, 1933) fertig, die damals noch »Cantos« hießen. Erst Ende Oktober 1949 – nachdem die erste Fassung des Buches überarbeitet worden war – legte Broch den Titel »Die Schuldlosen« fest. Er ist ironisch gemeint. Enttäuscht von der Entwicklung im Nachkriegsdeutschland, in dem er Besinnung, Wandlung und Sühne vermisste, wollte er den Deutschen einen Spiegel vorhalten, in dem sie ihre »Schuld durch Gleichgültigkeit« (KW 13/2, 473) erkennen würden. Für den Schutzumschlag wünschte sich Broch ein Bild in der Art der Malerei von George Grosz oder Max Beckmann. Im August 1950 schrieb er die einleitende »Parabel von der Stimme«, die das Pendant zum »Prophetengedicht« (KW 5, 242f.) in den »Stimmen 1933« darstellt. Schließt dieses Gedicht mit der Aufforderung, eine neue, irdisch-absolute Ethik der

Zukunft anzustreben, endet die Parabel mit dem Hinweis auf die »Stimme der Zeiten« (KW 5, 11f.), die nur durch die Reflexion über die Vergangenheit vernommen werden könne.

Um seinem Freund in der prekären finanziellen Situation beizustehen, hatte Robert Pick, Lektor im New Yorker Alfred A. Knopf Verlag, sich dafür eingesetzt, dass der Verlag mit Broch im Juni 1949 einen Vertrag über die Publikation seines 1935/1936 geschriebenen Romans *Die Verzauberung* abschloss. Wie im Fall der alten Novellen, wollte Broch das Buch neu überarbeiten. Davon wurde er zunächst durch die Fertigstellung der *Schuldlosen* abgehalten. Die Revisionsarbeit fiel in die ersten Monate des Jahres 1951, und als Broch am 30. Mai 1951 einem Herzschlag erlag, steckte in der Schreibmaschine ein Blatt aus dem fünften Kapitel des Buches, das er nun »Demeter« nennen wollte. Die Überarbeitung war also noch nicht bis zur Hälfte gediehen. Broch war damals mit der Vorbereitung seiner Schiffsreise nach Europa beschäftigt. Als der Tod ihn ereilte, hielt sich seine Frau Annemarie Meier-Graefe in Frankreich auf, und der Sohn Armand hatte sich kurz vorher in Europa nach New York eingeschifft. Die Trauerfeier – seine Frau war inzwischen eingetroffen – fand in einer Kapelle der Yale University am 2. Juni 1951 statt, und zwei Tage später wurde Brochs Urne auf einem kleinen Friedhof in Killingworth/Connecticut beigesetzt, also in der Nähe des von Broch so geliebten Landhauses seiner Freunde Henry und Marion Seidel Canby. Den Nachlass erhielt die Yale University Library von den beiden Broch-Erben (Frau und Sohn) als Schenkung. Die Universität richtete ein Broch-Archiv ein, das sich seit Jahrzehnten in der Beinecke Rare Book Library befindet, die ein Teil der Universitätsbibliothek ist. Das Archiv wurde am 1. November 1952 zu Brochs 66. Geburtstag in New Haven bei Anwesenheit der meisten Freunde des verstorbenen Autors eingeweiht. Ein solches Archiv an der Yale University hatte sich Broch gewünscht, und zwar, wie er seinem Verleger zwei Jahre vor seinem Tod schrieb »als Marterkammer für künftige Studentengenerationen« (BB 514).

4. Zur öffentlichen Wirkung

Bei Broch ist die verstärkte Rezeption in den deutschsprachigen Ländern nicht denkbar ohne das Echo, das seine Bücher vorher in England und Amerika hatten. Während in den Jahren nach 1933 und 1945 sich für Brochs Bücher in Deutschland aufgrund politischer bzw. wirtschaftlicher Verhältnisse kein Markt bilden konnte, fanden sie in den angelsächsischen Ländern starke Beachtung. In England setzte sich Aldous Huxley für Broch ein (er bezeichnete ihn 1932 als den einzigen ernstzunehmenden Autor deutscher Sprache), und in Amerika war es zur gleichen Zeit der junge Thornton Wilder, der nicht müde wurde, seine amerikanischen Freunde von der Qualität der *Schlafwandler*-Trilogie zu überzeugen. Wurde Broch in Österreich 1938 verhaftet und zur Emigration gezwungen, halfen ihm hingegen in Schottland seine Übersetzer Edwin und Willa Muir, und in den USA unterstützten ihn renommierte kulturelle Stiftungen. Es waren auch amerikanische bzw. nach Amerika emigrierte europäische Intellektuelle, die in Zusammenarbeit mit dem Verleger Daniel Brody die erste Broch-Ausgabe in den 1950er Jahren edierten: Hannah Arendt veröffentlichte die Essays, Erich von Kahler den Gedichtband, Robert Pick die Briefe und Hermann J. Weigand *Die Schuldlosen*. Diese erste zehnbändige Ausgabe begann Mitte der 1950er Jahre Brochs Ruhm auch in Deutschland zu begründen. Wenngleich noch sehr lückenhaft, handelte es sich bei dieser Edition um ein verdienstvolles Unternehmen, denn es bewahrte Broch vor jenem Schicksal, das die Nationalsozialisten seinem Werk speziell und der Exilliteratur im Allgemeinen bescheren wollten: zerstört und vergessen zu werden.

Es waren vor allem die Romane *Die Schlafwandler* und *Der Tod des Vergil*, die in den 1950er Jahren viel gelesen und auch von der Literaturwissenschaft beachtet wurden. Mit diesen anspruchsvollen, experimentierfreudig-unkonventionellen Dichtungen gehörte Broch der modernen Avantgarde an, und die wollte man nach der Zeit diktatorisch verordneter Provinzialität kennenlernen. Damals erkannte die Literaturwissenschaft die zentrale Rolle, die Broch für den modernen Roman gespielt hatte; im Rückblick vermochte die Germanistik den Standort des Romanciers Broch in einer Gruppe von Dichtern zu lokalisieren, die dem avantgardistischen Roman durch neue Erzählmittel weitere Gebiete psychischer, philosophischer und gesellschaftskritischer Art erschlossen hatten. Man sah Broch jetzt als Verwandten von James Joyce, André Gide, Robert Musil, Aldous Huxley und Alfred Döblin. Diese neue Kategorisierung bedeutete sicherlich einen Fortschritt in der Broch-Rezeption, aber gleichzeitig schränkte sie die Wirkung ein. Denn nun hatte man ein handliches Etikett, das ihn hinreichend zu erfassen schien: das Etikett des avantgardistischen Romanciers. Alles, was in Brochs Werk durch diese Bezeichnung nicht erfasst wurde, blieb so gut wie unbeachtet.

Seit Mitte der 1970er Jahre wurden die Menschenrechte erneut diskutiert und propagiert. In diese Diskussion wurden auch Brochs Beiträge zur Menschenrechtstheorie einbezogen, die bisher unbeachtet geblieben waren. Es meldeten sich Politologen wie Anton Pelinka oder Publizisten wie Harry Pross zu Wort, die auf die Bedeutung dieser Aufsätze hinwiesen. In Dänemark lösten sie eine öffentliche Diskussion aus, regten dort führende Intellektuelle wie Villy Sörensen an zu dem (auch ins Deutsche übersetzten) politischen Buch *Aufruhr der Mitte*. In Norwegen veröffentlichte der dortige Vorsitzende von Amnesty International, Sverre Dahl, einen Aufsatz, in welchem er daran erinnerte, dass die Überzeugungen, zu denen sich die Mitglieder von Amnesty bekennen, bei Broch schon in den 1940er Jahren vorgedacht, begründet und formuliert worden waren. Im Suhrkamp-Band *Menschenrecht und Demokratie* (MD) wurden 1978 erstmals die einschlägigen Schriften des Autors zu diesem Themenbereich zusammengestellt.

Auch die Friedensforschung der 1980er Jahre fand bis zu einem gewissen Grad in Broch einen Vorläufer. Ähnlich wie Günther Anders sah er schon 1945 voraus, zu welch einer menschheitsbedrohenden Waffe die Atombombe werden würde und warnte in Aufsätzen und Briefen vor der atomaren Rüstung. Jahrzehnte bevor Friedensforschung eine anerkannte wissenschaftliche Disziplin wurde, verfasste Broch – im Anschluss an seine Beiträge zur Menschenrechtsdebatte – zwischen 1945 und 1950 Studien zur Konfliktforschung. Schon ein Jahr vor Churchills berühmter Rede über den eisernen Vorhang sagte er den Ost-West-Gegensatz voraus und skizzierte die Krisen-Szenarien, die sich aus den konkurrierenden Konzepten einer Pax Americana und einer Pax Moscovita ergeben würden, wie seine Studien »Die Zweiteilung der Welt« (KW 11, 278–337) und »Strategischer Imperialismus« (KW 11, 339–362) belegen.

Es ist nicht so, als habe die Broch-Rezeption der letzten Jahrzehnte eine Wendung weg vom Schriftsteller hin zum politischen Theoretiker vollzogen. Der Dichter Hermann Broch wurde nicht vergessen, wie die zunehmende germanistische Forschung und die neuen Übersetzungen seiner Romane in viele Sprachen zeigen. Nur ist es so, dass auch solche Teile seiner Dichtung jetzt ein Publikum fanden, die bisher ignoriert worden waren, zum Beispiel seine beiden Dramen. Broch hätte sicher das Zeug zu einem erfolgreichen Stückeschreiber gehabt, wenn nicht die Machtergreifung Hitlers 1933 und Brochs durch den Anschluss Österreichs erzwungene Emigration 1938 seine Entwicklung als Dramatiker verhindert hätten. 1932 schrieb Broch sein erstes Stück, dem er den Titel *Die Entsühnung* gab. Es ist ein sozialkritisches Drama, in dem geschildert wird, wie ein deutscher Großunternehmer während der Wirtschaftskrise von 1930 mit kommerziellen Tricks mittelgroße Betriebe sich durch Konkurrenz gegenseitig aufreiben lässt, um sie dann mit Gewinn seinem Konzern einfügen zu können. Dabei werden sowohl die Konflikte der Kapitaleigner untereinander, die Verquickung von Finanz und Politik wie auch der Kampf der Gewerkschaften dargestellt. Brochs *Entsühnung* steht in der Tradition der Wirtschafts- und Industriedramen der sogenannten Neuen Sachlichkeit. Der Autor vermittelt einen Querschnitt durch die gesellschaftlichen Schichten der Jahre kurz vor Hitlers Machtergreifung. Bei den Unternehmern gibt es die Monopolisten bzw. Konzernherren, die alten Gründerzeitler mit ihrer kaufmännischen Ethik des 19. Jahrhunderts, dann die sachlichen, nur aufs Funktionieren des Betriebes versessenen Technokraten und Manager, ferner die kleineren Unternehmer, die ihr Heil in der Fusion mit einem Konzern sehen, und schließlich solche Wirtschaftsführer, die auf den starken Mann der Nationalisten warten, welcher dem Staat die Rahmenbedingungen zum Geschäftemachen sichern soll. Ähnlich differenziert wird auch die andere Seite, die Arbeiterschaft, gezeichnet. Hier konkurrieren im Deutschland des Jahres 1930 Kommunisten, Sozialdemokraten und Gewerkschaftler um Einfluss. Zwischen diesen Fronten bewegen sich politische (links- wie rechtsextreme) und unpolitische Intellektuelle. Das Krisenjahr 1930 ist das Jahr der Brüning'schen Notverordnungen, der Konkurse und der vier Millionen Arbeitslosen. Dieses Krisenjahr wird hier – soweit das in einem Drama überhaupt möglich ist – in seinem chaotischen sozioökonomischen Zustand porträtiert und analysiert. 1930 schlug die wenige Monate zuvor in den USA beginnende Wirtschaftskrise auch in Deutschland voll durch. Grassierende Arbeitslosigkeit und Pleitewellen sind aber auch heute besorgniserregende Krisensymptome. So war es kein Zufall, dass 1994 – sechzig Jahre nach der Zürcher Uraufführung von 1934 – dieses Stück erneut in Zürich aufgeführt wurde. In beiden Fällen fanden die Aufführungen Beifall. Interessant ist, wie Broch hier Männer- und Frauenwelt miteinander konfrontiert: Während die Männer Schimären von Ideologien verfallen und dabei zu keiner Synthese von Vernunft, Verstand und Gefühl gelangen können, finden sich solche Synthesen bei den Frauen des Stückes. Das macht besonders der »Epilog« deutlich, mit dem das Drama die naturalistische Ebene verlässt.

Kurze Zeit nach der Aufführung der *Entsühnung* von 1934 schrieb Broch eine Komödie, in der er den gleichen Stoff wie in der Tragödie behandelt: fragwürdige Wirtschaftsmanipulationen und Börsenmanöver. Der Titel der Komödie lautet *Aus der Luft gegriffen oder Die Geschäfte des Baron Laborde*. Dem Baron, einem genialen Hochstapler, gelingt es, die Gründung einer Ölgesellschaft vorzutäuschen und mit nie gefördertem Petroleum die windigsten Geschäfte zu machen. Diese Komödie liest sich streckenweise wie eine Satire auf die seltsamen Praktiken bestimmter Ölgesellschaften unserer Tage, deren Riesengewinne man nicht von ungefähr »windfall profits« nennt. Auch dieses Stück, welches die an Komödien arme deutschsprachige Literatur bereichert, zeugt von Brochs ausgesprochenem Theatertalent. Zu Brochs Lebzeiten ist das Stück nicht gespielt worden; in den 1980er und 1990er Jahren aber ist *Aus der Luft gegriffen* mit Erfolg u. a. in Wien, Berlin und Paris aufgeführt worden. Der Tragödienverlauf der Entsühnung wird hier umgekehrt: Während nämlich das Trauerspiel mit Tatkraft beginnt und im Freitod verschiedener Protagonisten endet, steht im Lustspiel der missglückte Selbstmord am Anfang, und am Schluss löst sich alles in Harmonie auf. Die Sinnlosigkeit einer sich verselbständigenden Wirtschaftsmechanik wird gleichwohl in beiden Stücken aufgedeckt. Letztlich kann man beide Dramen Brochs von seiner eigenen Philosophie, seiner Theorie des Wertezerfalls, her erklären. In ihr konstatiert er das Auseinanderdriften der verschiedenen Wertgebiete, den Verlust eines verbindlichen Zentralwertes. Im Gegensatz zu konservativen Denkern sehnt Broch sich allerdings nicht nach der mittelalterlich-christlichen Werteeinheit zurück. Über die Aufführungen von Brochs Komödie berichtete ein Großteil der

Presse, und von der *Süddeutschen Zeitung* über *Theater heute* bis zu *Le Monde* war man sich einig, dass Broch hier ein exzellentes Stück geschrieben hatte, das noch manche Aufführung erleben dürfte.

Ein internationaler Theatererfolg war in den 1980er Jahren auch die zum Einakter umgeschriebene »Erzählung der Magd Zerline« aus dem Novellenroman *Die Schuldlosen*. Vor allem Jeanne Moreau brillierte in der Rolle der Zerline. Sie hatte ein Vierteljahrhundert zuvor die weibliche Hauptrolle in Michelangelo Antonionis Film *La Notte* (*Die Nacht*) von 1961 gespielt. Das Mittelstück dieses Streifens zeigt die Party bei der Millionärsfamilie Gherardini in Mailand. Darin fungiert Brochs Roman *I Sonnambuli* (*Die Schlafwandler*) als vierfach wiederholtes Leitmotiv. Das sich entfremdende Ehepaar Pontano (Marcello Mastroianni als Giovanni und Jeanne Moreau als Lidia) finden bei ihrem Eintritt in die Millionärsvilla Brochs Trilogie in einer Nische der Eingangshalle liegen. Giovanni, der Intellektuelle und bekannte Schriftsteller, fragt sich, wer in dieser neureichen Familie, die nicht im Ruf geistiger Regsamkeit steht, wohl auf die Idee komme, ein solches Buch zu lesen. In der Eingangshalle am Treppenende sitzend, wird Valentina von Lidia bei der Lektüre des Broch-Buches beobachtet. Sie berichtet Giovanni davon, und der wird neugierig auf die gut aussehende junge Frau. Er glaubt, sich in sie zu verlieben und macht ihr Avancen. Mit den *Schlafwandlern* in der Hand fragt Valentina den Schriftsteller im Scherz, ob sie sich vielleicht bei gemeinsamer Lektüre näherkommen könnten. Aber der Flirt bleibt ohne Folgen: Lidia bekennt, dass sie sich nicht verlieben kann. Der Verlust menschlicher Beziehungen, das Gefühl der Entfremdung, die Leerheit des städtischen Alltags, die Isoliertheit des Intellektuellen: all das sind Themen, die Brochs Romantrilogie und Antonionis Film gemeinsam haben. Eine vergleichbar direkte, wenn auch anders gemeinte und ironisch gebrochene Anspielung auf Brochs *Schlafwandler* findet sich in einem der bekannteren amerikanischen Romane der Gegenwart, in William Gaddis' umfangreichem Buch *JR* (1975). Eine Randfigur dort ist der Bildhauer und Maler Schepperman, ein psychisch labiler Künstler, vor dessen unvorhersehbaren Aggressionen er wie seine Umgebung geschützt werden müssen. Während Schepperman einen Tobsuchtsanfall gehabt habe, so berichtet ein Freund, habe er ihm aus Hermann Brochs *Die Schlafwandler* vorgelesen: das einzige Mittel, mit dem der schwierige Künstler habe zur Ruhe gebracht werden können. Um eine eindeutiger als Kompliment gedachte intertextuelle Anspielung auf diesen Roman handelt es sich bei Thomas Bernhards *Auslöschung*, wo der zweite Teil der Trilogie (*Esch oder die Anarchie*) zu jenen Büchern gezählt wird, auf die der Erzähler nicht verzichten zu können glaubt. Die Schriftstellergeneration der Gruppe 47 kannte und schätzte besonders den *Esch*-Teil aus Brochs Trilogie, wie mir in Gesprächen Günter Grass, Martin Walser, Wolfgang Koeppen und Paul Nizon bestätigt haben. Aber auch ein jüngerer Autor wie Peter Handke hat mit der Figur des Esch in seiner Erzählung *Langsame Heimkehr* eine intertextuelle Verbindung zum Broch'schen Roman hergestellt. Hier wie dort spielt das Thema der »Erlösung« eine zentrale Rolle.

Albert Einstein und C. G. Jung haben sich in Briefen darüber geäußert, wie existentiell sie vom Roman *Der Tod des Vergil* berührt worden sind; und in den 1950er Jahren entdeckte der damals einflussreiche Pariser Kritiker Maurice Blanchot den *Tod des Vergil* für die Avantgarde der französischen intellektuellen Jugend. Erinnert sei vor allem an sein Buch *Der Gesang der Sirenen*. Das wichtigste Geschenk – so James Miller in *The Passion of Michel Foucault* (1993) –, das Blanchot damals den Freunden Michel Foucault und Jean Barraqué gemacht habe, sei die Hochschätzung gewesen, die er für den *Tod des Vergil* gehabt habe. Bei dem avantgardistischen Komponisten Barraqué wurde Brochs Roman zu einer lebenslangen Obsession. Sein fragmentarisches Werk *Le temps restitué* (seit 1966 zugänglich) wurde durch Brochs Roman inspiriert und gilt als seine wichtigste Arbeit. Auch bei Foucault war das Interesse am *Tod des Vergil* groß. Wenn es im »Fall Ellen West« um einen Menschen geht, der dem Sterben und dem Tod verfallen ist, so sind die Reflexe der Lektüre des Broch'schen Romans unverkennbar.

Bei Brochs Romanen liegen Versuche permanenter dichterischer Grenzerweiterungen vor: Sie sind zwar noch Teil der modernen Literatur, aber gleichzeitig weisen sie bereits Merkmale auf, die in der Postmoderne zur vollen Entfaltung gelangten. Das wird deutlich, wenn man z. B. Christoph Ransmayrs postmodernen Roman *Die letzte Welt* mit dem Broch'schen Werk vergleicht. Eine interessante intertextuelle Anspielung auf Brochs *Tod des Vergil* findet sich in dem »Roman in fünf Kapiteln« *Das Rätsel der Ankunft* (*The Enigma of Arrival*, 1987) von V. S. Naipaul. Dieser postkoloniale Autor, Sohn einer indischen Familie auf Trinidad, lebt seit 1950 in England und ist mit dem modernen europäischen Roman aufs Beste vertraut. Im zweiten Kapitel (»Die Reise«) schildert er, wie er einmal vorhatte, eine traumhafte Geschichte zu schreiben, die angeregt war durch ein frühes surrealistisches Gemälde von Giorgio de Chirico: »Das Rätsel der Ankunft«. Auf ihm sind in halb antiken, halb modernen Umgebungen klassisch-römische, mediterrane Motive zu finden. Angeregt durch de Chirico sollte Naipauls Geschichte zur Zeit der Antike im Mittelmeerraum angesiedelt sein, sollte die Ankunft einer Person auf einem Schiff in einem Hafen voller Trostlosigkeit schildern. Der Reisende würde zunächst vom Leben und Lärm der Stadt verschlungen werden; ihn sollte aber bald ein Gefühl von Panik und Sinnlosigkeit, von Qual und Tod überkommen. Anregungen zu den Themen von Reise und Meer würde er, schreibt Naipaul, sicher bei Vergil finden. Ist Naipauls Idee ohne Brochs *Tod des Vergil*, dessen erstes Kapitel »Wasser – Die Ankunft« lautet, denkbar? Eine überraschende Koinzidenz: Auch Broch schätzte de Chirico, kannte wahrscheinlich dessen »Rätsel der Ankunft« und wünschte sich 1946 ein Bild dieser Art für den Umschlag der europäischen Ausgabe seines *Vergil*-Romans.

Ein besonderer Fall von mittelbarer Wirkung Brochs liegt bei einem Film vor. In mehreren Interviews hat Christian Petzold im März 2012 berichtet, dass die Inspiration zu seinem Film *Barbara* sich der Lektüre von Hermann Brochs gleichnamiger Novelle aus dem Jahr 1936 verdankt. Diese Erzählung hatte Broch in die zweite (Fragment gebliebene) Fassung seines Romans *Die Verzauberung* eingebaut, sie ist aber auch als eigenständige Publikation erschienen, zuletzt 1998 im Insel Verlag. Petzolds Hinweis auf Broch ist in den zahlreichen Kritiken zum Film nicht beachtet worden. Ort und Zeit der Handlung bei Broch: Österreich in einem der Jahre nach dem Ersten Weltkrieg. Petzold war von Brochs Barbara-Figur fasziniert: Sie ist eine junge, eigenwillige Ärztin, die ihren Beruf mit Kompetenz und Empathie ausübt und gleichzeitig als radikale Linke am Umsturz einer Gesellschaft arbeitet, deren soziale Ungerechtigkeiten sie nicht erträgt. In Konflkt mit ihren revolutionären Zielsetzungen gerät sie, als sich eine Liebesbeziehung zwischen ihr und dem Arzt entwickelt, der im Krankenhaus ihr Vorgesetzter ist. Der Regisseur versetzte das Geschehen der Novelle mit seinen psychischen und sozialen Konstellationen in die DDR der frühen 1980er Jahre. Nina Hoss ist die ideale Besetzung für die Rolle der Barbara, auch von der Broch'schen Erzählung her gesehen.

In beiden Fällen beginnt die Handlung im Frühling, reicht über den Sommer hin und endet im Herbst. Der in Barbara verliebte Arzt ist in Brochs Novelle der Erzähler selbst. Sein Name wird nicht genannt; er ist fünfzehn Jahre älter als die junge Medizinerin, die im Krankenhaus neu eingestellt wird. Bei Petzold heißt der Arzt Andre und gehört zur gleichen Generation wie Barbara. In beiden Fällen hat der Arzt kein Interesse an Politik. In Novelle und Film beherrscht Barbara wegen ihrer Kompetenz von Anfang an ihren Arbeitsbereich, die Kinderabteilung bzw. Kinderchirurgie. Bei Broch ist sie in einem österreichischen Landeskrankenhaus tätig, bei Petzold in einem kleinen Hospital irgendwo an der Ostseeküste der DDR. Schon der erste Blick des Arztes auf Barbara, wie sie das Spital betritt, lässt (bei Broch wie bei Petzold) erkennen, dass er sich in die junge Frau verlieben wird. Brochs Erzähler gesteht der Kollegin seine Zuneigung offen ein; Andre deutet sie durch Vertrauen und Hinwendung an. In der Novelle wie im Film hat der Arzt sich ein eigenes Labor für seine Abteilung aufgebaut, das er der Kollegin Barbara zur Mitbenutzung anbietet. In beiden Fällen betont Barbara zunächst die rein berufliche Kooperation, um schließlich selbstbewusst den aktiven Part in der Liebesbeziehung zu übernehmen. Die Ärztin ist auch im Film in einen Widerstandskampf gegen die staatlichen Behörden verwickelt. Im DDR-Kontext ist sie keine Kommunistin, sondern will – so ihre Vorgeschichte – nach Westdeutschland übersiedeln, weswegen sie einen Ausreiseantrag gestellt hat. Sie liebt einen jungen Mann aus der Bundesrepublik, der zuweilen geschäftlich in der DDR zu tun hat. Wegen des Ausreiseantrags wird sie vorübergehend inhaftiert und dann von der Berliner Charité in die Ostsee-Provinz strafversetzt. Bei Broch und Petzold spielt die Diskussion um die Behandlung eines jungen Patienten (bei Broch einer Patientin) eine zentrale Rolle. Soll bei der Gehirnerschütterung operiert werden oder nicht? In der Novelle wird die falsche Diagnose gegen Barbaras Intuition gestellt und das Kind stirbt; im Film jedoch wird der Fehler durch Barbara noch rechtzeitig erkannt, und der Junge kann gerettet werden. Bei Broch endet die Geschichte tragisch: Barbara geht nach diesem Vorfall durch eine berufliche Krise, und sie reagiert darauf mit verstärkter politischer Aktivität im terroristischen Untergrund. Auch ihre Schwangerschaft und die Zukunftspläne mit dem geliebten Kollegen halten sie nicht davon ab. Beruf, Eros, Mutterschaft und revolutionäre Verschwörung werden von der Protagonistin als unüberbrückbare Gegensätze erlebt, und sie begeht Selbstmord. Auch bei Petzold lebt Barbara gefährlich, doch wird ein tragisches Ende vermieden. Die Ärztin gibt zwar ihren eigenen Plan der »Republikflucht« auf, doch verhilft sie der jungen Patientin Stella dazu, aus Strafanstalt und DDR (im Bewusstsein Stellas gibt es da keinen Unterschied) in den Westen zu entkommen. Würde die Fluchthilfe entdeckt, bedeutete das für Barbara nicht nur das Ende ihrer Berufslaufbahn und den Abbruch der neuen Liebe zu Andre, sondern auch Inhaftierung auf unabsehbare Zeit. Dass ihre Tat nicht verraten wird, verdankt sie indirekt der Liebe Andres. Als Experten für komplexe Gefühlslagen erzählen Broch und Petzold in ihren Meisterwerken von der Liebe in widrigen Zeiten: von ihrem Tod in der Novelle, von ihrem Überleben im Film.

Der Tod der Moderne am Ende des bürgerlichen Zeitalters, der Zusammenbruch einer totalisierenden Vernunft, welche das gesellschaftliche Leben organisierte, der Prozess des zunehmenden Sinnverlusts, all diese Zerstörungs- und Auflösungssymptome, wie sie in der französischen Theorie der Gegenwart von Jean Baudrillard, Jacques Derrida oder Jean-François Lyotard diagnostiziert und analysiert worden sind, deuten sich im Werk Hermann Brochs bereits an. Brochs Œuvre, dessen gewichtigster Teil in den beiden Dekaden zwischen 1930 und 1950 geschrieben wurde, dokumentiert wie kaum ein anderes aus der ersten Hälfte unseres Jahrhunderts die Krise der Moderne. Mit seinem Erstlingsroman *Die Schlafwandler* hatte der Autor sich, was seine poetologische Konzeption betrifft, noch orientiert an einer der grundlegenden Studien zur modernen Ästhetik, an Georg Lukács' *Theorie des Romans*. Brochs in diesen Roman integrierter Essay »Zerfall der Werte« ist eine von Max Weber inspirierte (und heute von Niklas Luhmann und Pierre Bourdieu fortgeführte) Theorie von der Ausdifferenzierung und Autonomisierung sowie der Selbstreferentialität der partialen gesellschaftlichen Systeme. Im »Epilog« der *Schlafwandler* inaugurierte Broch – damit über die Diagnose des Zerfalls hinausstrebend – das, was Lukács als Aufgabe des modernen Romans postuliert hatte: im Zeitalter der »transzendentalen Obdachlosigkeit« die Konturen einer neuen Kosmologie auszumachen. Aber dieses ästhetische Ziel wird in den

Erzählteilen des Romans bereits unterlaufen. Es zeigt sich nämlich, dass die drei Teile des Buches mit ihren Helden Pasenow, Esch und Huguenau als Satire auf jene Romantypologie angelegt sind, wie Lukács sie in der *Theorie des Romans* beschreibt. Der in den *Schlafwandlern* dichterisch gestalteten und philosophisch reflektierten gesellschaftlichen und geistigen Desintegration, Dekonstruktion, Diskontinuität, Dekomposition, Demystifikation, Detotalisation und Delegitimation steht am Ende der Trilogie Brochs Versuch entgegen, Möglichkeiten des Neuen im Sinne von Integration, Konstruktion, Einheit, Kontinuität, Zusammenschluss, neuem Mythos, Totalität und Legitimation zu erkunden. Mit einem Bein (dem Standbein) steht Broch zur Zeit der Niederschrift dieses Romans noch in der Moderne, d. h. er nimmt die Aufgabe des individuellen Künstlers ernst, nach dem Verlust übergreifender Sinnmuster mittels Dichtung subjektiv Sinnbildung zu ermöglichen. Aber mit dem anderen Bein (dem Spielbein) hat er bereits den Bereich postmoderner Dekonstruktion betreten.

Sozialwissenschaftler bzw. Historiker wie Eric H. Voegelin und Gordon A. Craig haben auf die Relevanz der *Schlafwandler* zum Verständnis der modernen europäischen Geschichte hingewiesen. Das Interesse an Brochs Romanen ist unvermindert groß. Eine Reihe bekannter Autoren wie der Mexikaner Carlos Fuentes, die Amerikanerin Susan Sontag, der Inder Khushwant Singh, der in Frankreich lebende Exil-Tscheche Milan Kundera, der Schweizer Paul Nizon, der Deutsche Günter Herburger und die Österreicherin Barbara Frischmuth haben betont, dass sie durch Brochs Romane Impulse für ihr eigenes dichterisches Schaffen erhalten haben. Frischmuth ist zu ihrer *Demeter*-Trilogie (*Herrin der Tiere, Über die Verhältnisse, Einander Kind*) durch Brochs Roman *Die Verzauberung* angeregt worden. Milan Kundera hat wiederholt in seinen essayistischen Arbeiten, seinen Reden und Interviews – sei es in Frankreich, Amerika oder Israel – auf Broch als für ihn wichtigen Autor hingewiesen. In Ernst-Wilhelm Händlers Roman *Fall* von 1997 wird Broch öfters genannt, wird seine Beziehung zu Musil und Canetti erörtert.

Literatur war Broch nie ein Selbstzweck. Kulturkritik, Dichtung, Briefe, politische Essayistik und Massenpsychologie wechseln einander ab oder werden gleichzeitig unter dem Aspekt ethischer Wirkung eingesetzt. Mit einer Sofortwirkung seiner Schriften hat Broch nicht gerechnet. Er vertraute auf eine Art homöopathische Dosierung mit Langzeitwirkung; »immediate Erfolge« waren ihm geradezu suspekt. Brochs spezifische Zwischenstellung tritt am klarsten wohl in seiner politischen Theorie zutage. In den 1940er Jahren propagierte er – herkommend von New-Deal-Vorstellungen und sich gegen den Kalten Krieg wendend – eine Art historischen Kompromiss zwischen Kapitalismus und Sozialismus: die Demokratie des »dritten Weges«. Aber auch die Idee des dritten Weges wurde von ihm nicht als Dogma verstanden. Was ihm wichtig war, waren soziale Gerechtigkeit, Etablierung und Schutz der

Menschenrechte, friedliche Konfliktlösungen und die Verhinderung von dem, was er »historische Fehlsituationen« nannte. Solche Fehlsituationen par excellence hatten sich seiner Meinung nach durch Nationalsozialismus und Stalinismus ergeben. Wegen ihrer Weitsicht, Klarheit und ethischen Ausrichtung sind auch die politischen Schriften und Briefe Brochs nach wie vor aktuell. Das zeigte sich erneut nach dem Ende des Kosovo-Krieges, als die junge serbische Dramatikerin Ana Miljanovic ein Stück schrieb und in Belgrad aufführte, das auf dem Broch-Band *Briefe über Deutschland 1945–1949*, also der Korrespondenz des Autors mit Volkmar von Zühlsdorff (BÜD), basiert. Miljanovic erkennt eine Parallele zwischen der Schuldverstrickung und der Isolierung Deutschlands nach dem Zweiten Weltkrieg und der Situation in Serbien nach der Serie von kriegerischen Aktionen auf dem Balkan.

Paul Michael Lützeler

5. Literatur

Amann, Klaus und Helmut Grote: *Die Wiener Bibliothek Hermann Brochs. Kommentiertes Verzeichnis des rekonstruierten Bestandes*. Wien, Köln 1990 (= AGB).

Arendt, Hannah und Hermann Broch: *Briefwechsel 1946 bis 1951*. Hg. v. Paul Michael Lützeler. Frankfurt am Main 1996 (= AB).

Broch, Hermann: *Briefe an Erich von Kahler (1940–1951)*. Hg. v. Paul Michael Lützeler. Berlin 2010 (= BK).

Broch, Hermann: *Briefe über Deutschland 1945–1949. Die Korrespondenz mit Volkmar von Zühlsdorff*. Hg. v. Paul Michael Lützeler. Frankfurt am Main 1986 (= BÜD).

Broch, Hermann: *Das Teesdorfer Tagebuch für Ea von Allesch*. Hg. v. Paul Michael Lützeler. Unter Mitarbeit v. H. F. Broch de Rothermann. Frankfurt am Main 1995. Taschenbuchausgabe Frankfurt am Main 1998 (= TT).

Broch, Hermann: *Frauengeschichten. Die Briefe an Paul Federn 1939–1949*. Hg. v. Paul Michael Lützeler. Frankfurt am Main 2007 (= FG).

Broch, Hermann: *Menschenrecht und Demokratie*. Hg. v. Paul Michael Lützeler. Frankfurt am Main 1978 (= MD).

Broch, Hermann: *Psychische Selbstbiographie*. Hg. v. Paul Michael Lützeler. Frankfurt am Main 1999 (= PS).

Broch, Hermann: *Zettelwirtschaft. Briefe an Gertrude von Eckardt-Lederer von Friedrich und Elisabeth Gundolf, Hermann Broch, Joachim Ringelnatz und Berthold Vallentin*. Hg. v. Sander L. Gilman. Berlin 1992, S. 193–251 (= ZB).

Broch, Hermann und Annemarie Meier-Graefe: *Der Tod im Exil. Briefwechsel 1950/51*. Hg. v. Paul Michael Lützeler. Frankfurt am Main 2001 (= TE).

Broch, Hermann und Armand: *Verlorener Sohn? Hermann Brochs Briefwechsel mit Armand 1925–1928*. Hg. v. Paul Michael Lützeler. Frankfurt am Main 2010 (= VS).

Broch, Hermann und Daniel Brody: *Briefwechsel 1930–1951*. Hg. v. Bertold Hack und Marietta Kleiß. Frankfurt am Main 1971 (= BB).

Broch, Hermann und Ruth Norden: *Transatlantische Korrespondenz 1934–1938 und 1945–1948*. Hg. v. Paul Michael Lützeler. Frankfurt am Main 2005 (= TK).

Broch, Hermann und Thomas Mann: *Freundschaft im Exil*. Hg. v. Paul Michael Lützeler. Frankfurt am Main 2004 (= FE).

Canetti, Elias: »Hermann Broch. Rede zum 50. Geburtstag«. In: *Hermann Broch. Perspektiven der Forschung*. Hg. v. Manfred Durzak. München 1972, S. 11–23 (= EC).

Durzak, Manfred: »Hermann Broch und Frank Thiess. Aus unveröffentlichten Briefen«. In: *Literatur und Kritik* 54/55 (1971), S. 253–261 (= FTB).

Faber du Faur, Curt von: »Hermann Broch«. In: *Monatshefte* 45 (1952) H. 2, S. 99–101 (= CFF).

Hessische Landes- und Hochschulbibliothek, Darmstadt (= HLB).

Kahler, Erich: »Rede über Hermann Broch«. In: *Neue Rundschau* 63 (1952) H. 2, S. 232–243 (= EK).

Kommentierte Werkausgabe Hermann Broch. Hg. v. Paul Michael Lützeler. 13 Bde. Frankfurt am Main 1974–1981 (= KW): KW 1: *Die Schlafwandler*, KW 2: *Die Unbekannte Größe*, KW 3: *Die Verzauberung*, KW 4: *Der Tod des Vergil*, KW 5: *Die Schuldlosen*, KW 6: *Novellen, Prosa, Fragmente*, KW 7: *Dramen und Drehbücher*, KW 8: *Gedichte*, KW 9/1 und KW 9/2: *Schriften zur Literatur*, KW 10/1 und KW 10/2: *Philosophische Schriften*, KW 11: *Politische Schriften*, KW 12: *Massenwahntheorie*, KW 13/1, KW 13/2 und KW 13/3: *Briefe*.

Lützeler, Paul Michael: *Hermann Broch. Eine Biographie*. Frankfurt am Main 1985 (= HBB).

Lützeler, Paul Michael: *Hermann Broch 1886–1951. Eine Chronik*. Marbach am Neckar 2001 (= MM).

Lützeler, Paul Michael: *Hermann Broch und die Moderne*. München 2011 (= BM).

Prospekt des Pantheon Books Verlags in New York von 1943 zu Brochs Roman *Der Tod des Vergil* (= VP).

II. Freunde und Bekannte Hermann Brochs

Adler, Alfred (1870–1937), Wiener Nervenarzt und Psychologe, der Brochs Sohn behandelt hatte; Begründer der Individualpsychologie und, nach Trennung von Freud, einer eigenen tiefenpsychologischen Schule; seit 1912 Dozent an der Wiener Volkshochschule; 1927 Gastprofessor an der Columbia University und seit 1929 bis zum Tod Professor für Medizin. Psychologie am New Yorker Long Island College of Medicine; gehörte zu den Gästen und Freunden Brochs bereits seit den Teesdorfer Jahren.

Adler, Max (1873–1937), mit Broch bekannter, führender österr. austromarxistischer Soziologe und Sozialphilosoph.

Agar, Herbert Sebastian (1897–1980), amerikan. Journalist und Publizist; Pulitzer Prize 1934; Mitglied einer Intellektuellengruppe zur Propagierung demokratischer Staatsformen, Signatar/Autor des Buches *The City of Man. A Declaration on World Democracy*, für das auch Broch tätig war.

Allesch, Ea v. (vollst. Emma Elisabeth Allesch v. Allfest, geb. Täubele, 1875–1953), Verkäuferin, Telegraphistin, Modell, bedeutende Modejournalistin; Broch lernte sie im Café Herrenhof kennen, wo er außer mit ihr auch mit G. und O. Kaus, A. Polgar, F. Blei, S. Blei, P. Schrecker, A. P. Gütersloh, R. Musil, F. Eckstein, W. Haas bekannt wurde; Ea galt als »Königin des Café Central« in Wien, wo zu ihrer Zeit Prominente wie P. Altenberg, E. Friedell, K. Kraus, die Maler E. Schiele und A. Faistauer, aber auch F. Bleis Herrenhof-Kreis verkehrten; Ea war Freundin und Geliebte Brochs von 1917 bis 1927; Briefkontakte bestanden weiter bis 1938, auch wegen Brochs Mutter, und später bis zu seinem Tod (vgl. TT).

Amann, Paul (1894–1958), vormaliger promovierter Wiener Gymnasialprofessor, Lyriker und Übersetzer; Mitarbeiter der *NZZ*; hatte 1934 zusammen mit M. Beaufils Brochs Novelle *Eine leichte Enttäuschung* ins Französische übersetzt; er emigrierte 1939 nach Frankreich; mit Brochs Hilfe 1941 in die USA.

Anders, Günther (eigentl. Günther **Stern**, 1902–1992), geb. in Breslau; deutscher Schriftsteller und Sozialphilosoph; studierte u. a. bei E. Cassirer, M. Heidegger, E. Husserl und P. Tillich, promovierte 1923 bei Husserl; philosophische, journalistische, belletristische und herausgeberische Arbeit in Berlin und Paris; 1928 in Berlin Heirat mit Hannah Arendt; befreundet u. a. mit B. Brecht; 1932–1938 Arbeit an antifaschistisch-utopischem Roman; 1933 Flucht nach Frankreich, 1936 in die USA emigriert; trotz scharfer Kritik des *Vergil* in freundschaftlicher Verbindung zu Broch; Dozent für Ästhetik an der New Yorker New School of Social Research; nach 1945 Mitinitiator der internationalen Anti-Atom-Bewegung, engagierter Kämpfer gegen den Vietnamkrieg; profiliertester Kritiker der Technisierung der Welt; lebte seit 1950 in Wien; 1958 Besuch von Hiroshima; 1959 Briefwechsel mit dem Hiroshima-Piloten Eatherly. Zahlreiche internat. Preise und Auszeichnungen. Sein Gesamtwerk in Einzelausgaben ist publiziert im Münchener Verlag C. H. Beck.

Angell Jr., Joseph W. (»Joe«, 1908–1989), 1948–1963 Kurator der Thomas-Mann-Sammlung der Yale University; 1939–1951 Associate Professor für Anglistik am kalifornischen Pomona College in Claremont. Broch befreundet sich mit ihm bei Gelegenheit der Ausstellung zu Thomas Manns 75. Geburtstag am 6. Juni 1950 in New Haven; Angell bemühte sich um Gastdozenturen für Broch an einem der Colleges der Yale University und an seinem Pomona College.

Appelbaum, Kurt (1904–1990), aus Berlin stammender, seit den 1930er Jahren in New York lebender Pianist; verheiratet mit Anna, einer Tochter des Philosophen E. Cassirer; u. a. bekannt mit Th. Mann, B. Brecht und Broch.

Arendt, Hannah (1906–1975), aus Hannover gebürtige Philosophin, Soziologin und Politologin; Schülerin und Geliebte von Martin Heidegger und Karl Jaspers; in erster Ehe verheiratet mit Günther Anders; in zweiter Ehe seit 1940 mit Heinrich Blücher; emigrierte 1933 nach Frankreich, 1940/1941 in die USA; in New York befreundet mit Annemarie Meier-Graefe, Brochs späterer Frau, durch die er und sie sich 1946 kennenlernten, bis 1951 einen regen Briefwechsel führten, sich aber auch häufig trafen; Arendt war tief beeindruckt von Brochs literarischen Werken, über die sie auch schrieb; in der 10-bändigen Ausgabe seiner Gesammelten Werke im Rhein-Verlag gab sie 1954/1955 die Bände 6 und 7 *Dichten und Erkennen. Essays I* und *Erkennen und Handeln. Essays II* heraus; aus ihrer Einleitung stammt die Formel von H. Broch als einem »Dichter wider Willen«; seit 1967 lehrte sie an der New Yorker New School of Social Research (vgl. AB).

Auerbach, Erich (1892–1957), aus Berlin stammender Romanist, Ordinarius in Marburg; 1936 entfernt, folgte seinem Marburger Vorgänger Leo Spitzer nach Istanbul; durfte mit Erlaubnis des päpstlichen Nuntius Angelo Roncalli, des späteren Papstes Johannes XXIII., die Bibliothek des Klosters in Galata benutzen; im türkischen Exil entstand sein Hauptwerk *Mimesis*, verlegt 1946 in Bern bei Francke; Weiteremigration 1947 in die USA; 1948 Gastprofessur an der Pennsylvania State University, 1949 Stipendiat in Princeton und von 1950–1957 Romanistikprofessor in Yale.

Auernheimer, Raoul Othmar (1876–1948), österr. Journalist und Schriftsteller; in den 1920er Jahren Präsident des österr. P.E.N.; 1938 ins KZ Dachau verschleppt; Flucht in die USA.

Augustin, Elisabeth (1903–2001), 1933 nach Holland emigrierte Literaturkritikerin; schrieb in den 1950er Jahren über Broch und wollte seinen Joyce-Essay ins Niederländische übersetzen.

Aydelotte, Frank (1880–1956), 1921–1940 Präsident des Swarthmore College; danach Direktor des Princetoner Institute for Advanced Study; Mitglied einer Intellektuellengruppe zur Propagierung demokratischer Staatsformen, Signatar/Autor des Buches *The City of Man. A Declaration on World Democracy*, für das auch Broch tätig war.

Bach, David (1874–1947), Wiener Hauslehrer Brochs bis ca. 1900.

Balázs, Béla (eigentl. Herbert **Bauer**, 1884–1949), ungar. Roman- und Filmautor, wichtiger Filmtheoretiker; mit Broch in Wien bekannt, wo er in den 1920er Jahren lebte; verfasste das Drehbuch für die Verfilmung der Brecht'schen *Dreigroschenoper* 1931; sein Mysterienspiel *Herzog Blaubarts Burg* wurde von Béla Bartók vertont.

Benedikt, Ernst Martin Maria (Pseud. Erich Major, 1882–1973), österr. Lyriker, Dramatiker, Essayist, Sohn des Verlegers der *Wiener Neuen Freien Presse* Moriz Benedikt (1849–1920); beide gehörten zu Brochs Wiener Salonbekanntschaften.

Benton, William (1900–1973), Senator des Staates Connecticut; korrespondierte 1950 mit Broch u. a. über die *Massenwahntheorie*.

Berg, Alban (1885–1936), bedeutender, zur klassischen Moderne zählender österr. Komponist, Schüler von Arnold Schönberg; Schulfreund Brochs aus der Zeit der K. K. Staats-Realschule Wien; schenkte Broch, von dem er *Die Schlafwandler* erhielt, einen Druck der letzten Szene seiner 1926 uraufgeführten Oper *Wozzek*.

Bergmann, Gustav (1906–1987), österr. Philosoph, Angehöriger des Wiener Kreises; Emigration in die USA 1938; 1939–1974 Philosophieprofessor an der University of Iowa. Broch hatte ihn auf der Statendam während der Überfahrt von London nach New York kennengelernt, bewohnte mit ihm kurzzeitig dort eine Wohnung; sie trafen sich häufig und Bergmann las Broch die jeweils neu entstandenen Passagen aus dem *Vergil* laut vor.

Bermann(-Fischer), Gottfried (1897–1995), Dr. med.; Verleger; Schwiegersohn des Verlegers Samuel Fischer.

Bermann, Richard (Pseud. Arnold Höllriegel, 1883–1939), ein mit Broch seit dem gemeinsamen Sommeraufenthalt in der Künstlerkolonie Yaddo in Saratoga Springs befreundeter österrr. Schriftsteller; Mitarbeiter und Mitbegründer der American Guild for German Cultural Freedom.

Bernstein, Leonard (1918–1990), amerikan. Musiker, Dirigent, Komponist und Pianist; hatte 1949 telefonisch mit Broch Kontakt aufgenommen wegen dessen *Vergil*-Roman als Grundlage für eine Symphonie.

Berryman, John (geb. John Allyn Smith, 1914–1972), amerikan. Lyriker, Pulitzer-Preisträger (1964), gehörte zum Bekanntenkreis Kahlers und Brochs.

Bespaloff, Rachel (geb. Pasmanik, 1895–1949), Philosophin ukrainischer Herkunft; studierte im schweizerischen Exil Musik und Tanz in Genf; seit 1922 in Paris zeitgenössische Philosophie, insbesondere Heidegger; über D. Halévi Kontakte zu christlich-existentialistischen Zirkeln um G. Marcel und J. Wahl; nach der Emigration in die USA 1942–1949 Lektorin für Französisch am Mount Holyoke College; befreundet mit J. Schiffrin, M. McCarthy und H. Arendt, durch die Broch mit ihr in Kontakt kam; sein auf Englisch verfasster Essay »Mythos und Altersstil« (vgl. KW 9/2, 212–233) erschien zuerst als Einleitung zu ihrem 1947 bei Pantheon publizierten Homer-Buch *On the Iliad*.

Birchman, Willis (1911–1951), mit Broch befreundeter amerikan. Karikaturist und Illustrator; arbeitete für prominente Magazine und Zeitungen (*Life*, *Cosmopolitan*, *The New York Herald Tribune*); 1948 zeichnete er, evtl. für die New Havener Lokalzeitung Inquirer, eine Karikatur von Broch (vgl. MM, 65).

Blatt, Edward A. (1903–1991), amerikan. Filmproduzent, befreundet mit Ruth Norden, bürgte aufgrund ihrer Vermittlung u. a. mit für Brochs USA-Visum.

Blei, Franz (Pseud. Dr. Peregrin Steinhövel, 1871–1942), österr. Schriftsteller; Hg. v. für Brochs frühe Essayistik so bedeutsamen Organen wie *Die Rettung* und *Summa*; emigrierte in die USA; wurde von seinem Freund Broch in einem Krankenhaus auf Long Island untergebracht, wo der schwer kranke, alte Mann schließlich im Juli 1942 starb.

Blei-Lieben, Sibylla (Billy, 1897–1962), österr. Schauspielerin, Tochter von F. Blei, die Broch während des Ersten Weltkriegs in Wien kennenlernte; 1921–1932 lebte sie in Wien, frequentierte die angesagten Kaffeehäuser, war mit einem Bankier verheiratet und begegnete Broch häufig; in seinem Hamlet-Fragment (KW 6, 278–286) tritt sie in der Rolle der Ophelia in Erscheinung.

Bloch, Ernst (1885–1977), deutscher Philosoph (erste Hauptwerke: *Geist der Utopie*, 1918, ²1923; *Thomas Münzer*, 1921; *Spuren*, 1930; *Erbschaft dieser Zeit*, 1935; *Das Prinzip Hoffnung*, zuerst 1949, dann 1954f.); befreundet mit G. Lukács, B. Brecht, K. Weill, W. Benjamin, Th. W. Adorno; ab 1929 in Wien, wo er und seine spätere dritte Frau Karola (geb. Piotrkowska), Architektin von Beruf, sich mit Broch befreunden; dann Emigration in die Schweiz; von dort, nach Ausweisung, über Italien, erneut Wien, dann Paris, von dort nach Prag, schließlich von 1938–1949 im amerikan. Exil, wo die Kontakte wieder aufleben; 1949 Berufung auf eine Philosophieprofessur in Leipzig; 1957 Zwangsemeritierung und Publikationsverbot; danach seit 1961, zunächst als Gastprofessor, dann als Ordinarius an der Universität Tübingen; sein Gesamtwerk erschien seit 1959 als GA in 16 Bänden bei Suhrkamp (vgl. Inge Jens [Hg.]: »Briefe an Hermann Broch 1944–1949«. In: *Ernst Bloch. Briefe*

1903–1975, Bd. 2. Hg. v. Karola Bloch u. a. Frankfurt am Main 1985, S. 831–846).

Bloch, Karola (1905–1994), Tochter des polnischen Textilfabrikanten Maurycy und seiner Frau Helena Piotrowski aus Lodz; sie erhielt Zeichenunterricht von Ludwig Meidner; war Architektin und aktive Kommunistin; später, nach der Rückkehr aus dem Exil und der DDR in die BRD in der Friedensbewegung aktiv; Ehefrau von Ernst Bloch; im amerikan. Exil u. a. auch befreundet mit Adolf Lowe und seiner Frau Bea; verschwägert mit den Mössinger Textilfabrikanten Artur und Felix Löwenstein.

Blücher, Heinrich (»Monsieur«, 1899–1970), KPD-naher deutscher Journalist, emigrierte 1933/1934 über Prag nach Paris; heiratete dort 1940 Hannah Arendt und emigrierte mit ihr 1941 nach New York; am 5. Dezember 1949 Trauzeuge Brochs; seit 1950 zuerst Lektor an der New Yorker New School for Social Research; später Philosophieprofessor am Bard College.

Boltzmann, Ludwig Eduard (1844–1906), österr. Physiker, Arbeiten auf dem Gebiet der kinetischen Gastheorie, Entwicklung der Boltzmann-Statistik, Entdecker der Wechselwirkung zwischen Entropie und Wahrscheinlichkeit.

Borgese, Giuseppe Antonio (1882–1952), italien. Schriftsteller, Historiker und Literaturwissenschaftler, 1910–1931 Professor für deutsche Literatur in Rom und Mailand; 1931 in die USA emigriert; verschiedene Professuren, u. a. in Berkeley; 1936–1947 Ordinarius für italienische Literatur an der University of Chicago; seit 1946 Leiter einer Intellektuellengruppe zur Propagierung demokratischer Staatsformen und des Buchprojekts *The City of Man. A Declaration on World Democracy*, für das auch Broch tätig war; Schwiegersohn Th. Manns, verh. m. Elisabeth M.; Broch firmierte als Trauzeuge; G. A. Borgese lebte nach 1950 wieder in Mailand.

Braun-Vogelstein, Julie (1883–1971), Königsberger Kunsthistorikerin; ging 1935/1936 über Frankreich in die USA ins Exil; unterstützte Hannah Arendt und Heinrich Blücher nach deren Ankunft in New York und war mit ihnen befreundet; auf Arendts Bitten begutachtete Broch ihr 1952 erschienenes Buch *Art. The Image of the West* (1957 dt. *Geist und Gestalt der abendländischen Kunst*) für die Bollingen Series ausführlich (vgl. KW 10/1 285ff.).

Broch de Rothermann, Hermann Friedrich Maria (Armand, »Pitz«, 1910–1994), Sohn Brochs aus der Ehe mit seiner ersten Frau Franziska. Später als Simultandolmetscher, u. a. für UNO und UNESCO, sowie als Übersetzer (H. Broch, E. Canetti, G. v. Rezzori) und, nach dem Tod von Brochs zweiter Ehefrau Bouchi, auch als Nachlassverwalter Brochs tätig; die Wahrnehmung der publizistischen Rechte aus den Werken H. Brochs ging nach Armands Tod an dessen Frau Sachiko Broch de Rothermann in New York über (vgl. zum komplizierten Vater-Sohn-Verhältnis VS; zu Armands späterer Sicht der Dinge: *Dear Mrs. Strigl – Liebe Frau Strigl. A Memoir of Hermann Broch by His Son H. F. Broch de Rothermann*. Transl. by John Hargraves. New Haven 2001).

Broch, Franziska (geb. v. Rothermann, 1884–1974), Tochter eines burgenländischen Zuckerfabrikanten; Heirat mit H. Broch am 11.12.1909; Mutter von Armand, geb. am 4.10.1910; Scheidung am 13.4.1923.

Broch, Friedrich Josef (1889–1967), Bruder H. Brochs.

Broch, Johanna (geb. Schnabel, 1863–1942), Mutter H. Brochs; Tod am 28.10. im KZ Theresienstadt.

Broch, Joseph (1852–1933), Wiener Textilhändler, Teesdorfer Spinnereibesitzer; Vater H. Brochs.

Brody, Daisy (geb. 1889), Tochter des Industriellen und Verlegers Árpád Spitz; Schwester von René Árpád Spitz; seit 1909 Ehefrau von Brochs Verleger Daniel Brody; war auch als Übersetzerin, u. a. von Werken Sinclair Lewis', tätig.

Brody, Daniel (1883–1969), Dr. iur., ungar. Zeitungsverleger aus Budapest; über seinen Schwiegervater Árpád Spitz seit 1920 kaufmännischer Direktor des Leipziger Kurt Wolff-Verlags; seit 1929 Eigentümer und Direktor des Baseler Rhein-Verlags. Bei ihm erscheint 1930 eine Subskriptionsausgabe des *Ulysses* von James Yoyce; Broch wird dann sein erster und einziger neuer Autor; 1930–1932 erscheinen die drei Bände seiner Romantrilogie *Die Schlafwandler*. Danach orientiert sich der Verlag an geistes-, religions-, auch naturwissenschaftlichen Themen und Autoren wie E. Buonaiuti, E. Harding, C. G. Jung, K. Kerényi, E. Neumann, A. Portmann, P. Radin, H. Rahner, G. Scholem, H. Wilhelm, H. Zimmer und verlegt die berühmten *Eranos-Jahrbücher*, aber 1953–1961 auch die zehnbändige Broch-Ausgabe der *Gesammelten Werke* (vgl. Daniel Brody, »Mein Freund und Autor Hermann Broch«. In: *Forum 8/89* [1961], 179–181; BB).

Brody, Peter (geb. 1917 in Budapest), Sohn von Daniel und Daisy Brody; Broch und er begegneten sich 1937 in Altaussee, 1938 in London und 1946 erneut in Princeton und standen in enger Beziehung zueinander.

Brooks, Van Wyck (1886–1963), amerikan. Literaturhistoriker; Mitglied einer Intellektuellengruppe zur Propagierung demokratischer Staatsformen; Signatar/Autor des Buches *The City of Man. A Declaration on World Democracy*, für das auch Broch tätig war.

Brüggemann, Heinrich (Daten nicht ermittelt), Kollege Brochs in der Textilbranche, mitbeteiligt an der Erfindung/Patentierung einer Baumwollmischmaschine. Eine Firma für Textilmaschinen im bayerischen Hof trägt bis heute seinen Namen: *Brüggemann Heinrich Prof. Söhne Nachf.*

Brunngraber, Rudolf (1901–1960), österr. Schriftsteller, mit Broch befreundet seit seiner Wiener Zeit; bemühte sich 1949 vergeblich, Broch den Literaturpreis der Stadt Wien zu vermitteln; desgleichen bemühte er sich als Mitglied des österr. P.E.N. um Nominierung Brochs für den Nobelpreis.

Bühler, Karl (1879–1963), deutscher Psychologe; verheiratet mit der Psychologin Charlotte **Bühler**; 1922–1938 Professor in Wien; Broch hatte in den 1920/1930er Jahren zwar nicht bei ihm studiert, war aber mit ihm und seiner Frau, die beide im Salon seiner Cousine Alice Schmutzer verkehrten, befreundet; 1938 Emigration in die USA; arbeitete auf den Gebieten der Kinder- und Wahrnehmungspsychologie sowie der psychologischen Sprachtheorie.

Bunzel, Joseph (1907–1975), österr. Schriftsteller und Soziologe; 1937 erste Begegnung mit Broch in Altaussee; 1938/1939 Emigration über Frankreich in die USA; Soziologieprofessor am New York State University College in Buffalo. Broch schenkte ihm die Manuskripte der ersten drei Fassungen des *Vergil*-Romans.

Burgmüller, Herbert (1913–1970), deutscher Schriftsteller; publizierte Rezensionen zu Brochs Romanen; nach der Machtergreifung Emigration, zunächst nach Österreich; dort 1935 mit Schönwiese Begründer der Literaturzeitschrift *das silberboot*; ab 1946 Hg. der Münchener *Literarischen Revue*; brachte nach dem Krieg den Münchener Verleger Willi Weismann, der dann *Die Schuldlosen* publizierte, in Kontakt mit Broch.

Butler, Charles E. (1909–1981), amerikanischer Schriftsteller und Bibliothekar, bemühte sich vergeblich um den Verkauf der Bibliothek Bouchis an die Bibliothek der West Virginia University; er übersetzte Brochs Gutachten zu seinem Roman *Follow me Ever* (vgl. KW 9/1 412–418) und schickte es an Pantheon Books, wo dieser 1950 erschien.

Bychowski, Gustav (1885–1972), polnischer Mediziner, Freudschüler, nach der Emigration in New York als Professor an der Medical School der Columbia University und 1939/1940 auch als Brochs Psychiater tätig.

Canby, Henry Seidel (1878–1961), 1900–1947 Anglist an der Yale University, einflussreicher Literaturkritiker und Hg. der *Saturday Review of Literature*; seine Frau Marion (1885–1967) war Lyrikerin und engagierte sich in Emigrantenkomitees; wichtige Freunde und Kontaktpersonen zur Publizistik- und Stiftungsszene; Broch verbrachte mehrfach Zeit in ihrem Landhaus in Killingworth, Connecticut; 1951 wurde seine Asche auf einem aufgelassenen Friedhof in der Nachbarschaft beigesetzt.

Canetti, Elias (1905–1994) und seine erste Frau Veza **Calderon-Canetti** (1897–1963), österr. Schriftsteller, von Broch früh gefördert und seit den 1930er Jahren mit ihm befreundet (zur Beziehung Canetti-Broch vgl. E. Canetti: *Das Augenspiel*. München 1985, 25–49).

Cantril, Headly (1906–1969), amerikan. Sozialpsychologe in Princeton, der Broch zu einem Stipendium der Rockefeller Foundation für die *Massenwahntheorie* verhalf.

Carnap, Rudolf (1891–1970), deutscher Philosoph, bedeutender Logiker, Hauptvertreter des sog. Neopositivismus des Wiener Kreises (= Logischer Empirismus; dazu gehörten bzw. standen in Verbindung: M. Schlick, O. Neurath, H. Feigl, V. Kraft, E. Mach, K. Gödel, H. Hahn, L. Wittgenstein) und der analytischen Philosophie; Broch hatte in den 1920er Jahren in Wien bei ihm studiert; 1931 Professor in Prag, seit 1936 in Chicago und seit 1954 in Los Angeles.

Casals, Pablo (1876–1973), bedeutender spanischer Cellist, mit Broch bekannt aus den Wiener 1930er Jahren.

Cassirer, Sidonie (geb. Lederer, 1920–2001), emigrierte 1938 in die USA. Sie und ihr Mann Thomas (geb. 1923) lernten sich als Studenten in Yale kennen; sie arbeitete für Broch als Forschungsassistentin; gegen Ende seiner Zeit am Saybrook College schenkt Broch ihr ein Widmungsexemplar des *Vergil*; ab 1949 hatten die Cassirers und Broch, die inzwischen Nachbarn geworden waren, regelmäßigen Kontakt; Thomas half Broch bei seiner Korrespondenz; Sidonie schrieb bei Weigand über die Kurzgeschichten in den *Schuldlosen* die erste Broch-Dissertation überhaupt (1957) und 1960 einen Essay zu Brochs frühen Schriften für die *Publications of the Modern Language Association of America*.

Chagall, Ida (1916–1998), Tochter von Marc Chagall, selbst Malerin, zunächst in Berlin und Paris; 1941 Emigration nach New York; 1944 nach dem Tod ihrer Mutter Bella (geb. Rosenfeld) erledigt sie die Geschäftsbeziehungen für ihren ebenfalls emigrierten Vater und nach dessen Rückkehr nach Frankreich ab 1948 auch dort. Sie gehörte zum Freundeskreis von Bouchi.

Chagall, Marc (1887–1985), franz. Maler und Graphiker; von 1940–1948 im amerikan. Exil; gehörte auch noch nach ihrer Rückkehr nach Frankreich zu Bouchis engerem Freundeskreis.

Claassen, Eugen (1895–1955), deutscher Verleger; war daran interessiert, Brochs *Massenwahntheorie* zu publizieren, was sich aber zerschlug.

Cohn, Robert G. (geb. 1921), amerikan. Romanist; 1949 in Yale promoviert und fortan als Instructor tätig; begründete 1947/1948 das Organ *Yale French Studies*; später Professor an der kaliforn. Stanford University.

Comstock, Ada L. (1876–1973), Professorin an der University of Minnesota; Präsidentin der American Association of University Women; Präsidentin von Ratcliffe College; Mitglied einer Intellektuellengruppe zur Propagierung demokratischer Staatsformen, Autorin des Buches *The City of Man. A Declaration on World Democracy*, für das auch Broch tätig war.

Csokor, Franz Theodor (1885–1969), österr., mit Broch befreundeter Schriftsteller, insbes. Dramatiker; Emigration 1938–1941 nach Polen, Rumänien, Jugoslawien; interniert; in Italien in britischer Gefangenschaft; 1946 Rückkehr nach Österreich; seit 1947 Präsident des österr. P.E.N.-Clubs.

Eckardt-Lederer, Gertrude (geb. Dannheißer, 1895–1987), zuerst von 1917–1927 verheiratet mit dem Soziologen Hans Felix von Eckardt, dann geschieden; 1935 Emigration in die USA; heiratet in New York den Wirtschaftswissenschaftler Emil **Lederer** (1882–1939), erster Dekan der von Alvin Johnson der New School for Social Research als Graduate School eingegliederten University in Exile. Broch lernte Getrude Lederer im Hause Kahler in Princeton kennen; in den 1940er Jahren gehörte sie zu seinen Freundinnen (vgl. ZB).

Eckstein, Percy (1899–1962), zus. mit Willy Oerley und dem Graphiker Otto Max Vancza Miteigentümer einer von Broch mit einem Darlehen unterstützten Wiener Internationalen Literatur-Agentur.

Egger, Mitzi (geb. Schnabel, 1886–1954), Cousine Brochs; ihr Mann war Präsident und Aufsichtsratsvorsitzender der Austro-Fiat-AG.

Eibl, Hans (1882–1958), Wiener Philosoph, bei dem Broch Mitte bis Ende der 1920er Jahre studierte.

Einstein, Albert (1879–1955), deutscher, in die USA emigrierter Physiker; Nobelpreisträger; mit Broch seit der durch R. Norden vermittelten Unterstützung für ein Einreisevisum vor allem während dessen Princetoner Jahren in Gedankenaustausch und befreundet; 1939 wohnte Broch kurze Zeit in Einsteins Princetoner Haus.

Elliott, William Yandell (1896–1979), amerikan. Politologe und Ökonom in Harvard; in den 1930er Jahren Mitglied von Roosevelts Brain Trust; Mitglied einer Intellektuellengruppe zur Propagierung demokratischer Staatsformen, Signatar/Mitautor des Buches *The City of Man. A Declaration on World Democracy*, für das auch Broch tätig war.

Erikson, Erik Homburger (1902–1994), deutscher Psychoanalytiker; später im amerikan. Exil Professor für Entwicklungspsychologie in Berkeley und Harvard.

Estienne, Charles (1908–1966), franz. Historiker, Ausstellungskurator und Kunstkritiker; seine Chagall-Monographie erschien 1951 in Paris; über dessen Tochter hatte Bouchi ihn kennengelernt und war mit ihm befreundet.

Ewald, Oskar (eigentl. Oskar **Friedländer**, 1881–1940), ungar. Philosoph, gestorben im engl. Exil in Oxford.

Faber du Faur, Baron Curt v. (1890–1966), deutsch-amerikan., mit Broch befreundeter, aus Stuttgart stammender Bibliophiler, Literaturwissenschaftler und Bibliothekar in Yale.

Federn, Paul (1871–1950), Schüler und Freund Sigmund Freuds; bedeutender Wiener Lehranalytiker; emigrierte nach dem Anschluss über Schweden in die USA; ließ sich in New York nieder, wurde Ehrenmitglied der dortigen Psychoanalytic Society und trat ab 1939 bis kurz vor seinem Tod in ein enges Korrespondenz- und Freundschaftsverhältnis mit Broch (vgl. FG).

Feldmann, Theo († 1957), Antiquar und Leiter der literarischen Abteilung der Wiener Volkshochschule; später Buchhändler in New York, wo er 1951 Brochs Bibliothek erwarb.

Ferand, Emmy (geb. Szlics, 1894–1984), Tänzerin, Graphikerin und Bildhauerin; Ehefrau von Ernst Th.; schuf 1934 eine Broch-Büste; übersetzte eine Novelle Brochs ins Ungarische; außerdem erstellte sie während des gemeinsamen Exils maschinenschriftliche Kopien der *Völkerbund-Resolution* zur Verteilung u. a. an die Duchess of Atholl, E. Beneš, A. Einstein, L. v. Ficker, A. Huxley, J. Klatzkin, Th. Mann, J. Maritain, E. Voegelin, St. Zweig sowie an diverse europäische und amerikan. Friedensorganisationen.

Ferand, Ernst Thomas (1887–1972), Musikwissenschaftler und -pädagoge; unterhielt mit seiner Frau Emmy auf Schloß Laxenburg die »Schule Hellerau«, eine Schule für Tanz, Rhythmus, Musik und Körperbildung; Jugendfreund Brodys; beide mit Broch seit Anfang der 1930er Jahre befreundet; Ferand lehrte nach Emigration über Paris nach New York seit 1939 an der dortigen New School for Social Research als Musikprofessor.

Feuchtwanger, Lion (1884–1958), vor allem mit seinen historischen Romanen sehr erfolgreicher deutscher Schriftsteller; begründete in Berlin eine Zeitschrift, die später mit Jacobsohns Schaubühne fusionierte; 1933 Emigration nach Südfrankreich, später nach Kalifornien.

Ficker, Ludwig v. (1880–1967), aus München gebürtiger Publizist; Begründer und Hg. der Kulturzeitschrift *Der Brenner*, in der Broch publizierte und mit dem er seit 1913 intensiv korrespondierte.

Fischer, Hildegard (Hilde, Hilla, geb. 1916), Tochter des Verlegers Samuel **Fischer** (1859–1934); sie emigrierte 1941 aus dem Stockholmer Exil über die UdSSR und Japan in die USA.

Fisher, Dorothy Canfield (1879–1958), amerikan. Pädagogin und Schriftstellerin, nach der ein berühmter amerikan. Kinderbuchpreis benannt wurde; Mitglied einer Intellektuellengruppe zur Propagierung demokratischer Staatsformen, Signatarin/Autorin des Buches *The City of Man. A Declaration on World Democracy*, für das auch Broch tätig war.

Fontana, Oskar Maurus (1889–1969), Wiener Theaterkritiker, Journalist, Schriftsteller; Feuilletonredakteur am *Wiener Tag*; schrieb den Nachruf auf Broch in der *Wiener Presse*.

Franck, James (1882–1964), deutscher Physiker, Nobelpreisträger; vor 1933 Professor in Berlin und Göttingen; 1933 Emigration in die USA; lehrte seit 1938 an der University of Chicago; 1945 Mitinitiator des sog. »Appeal« zugunsten einer behutsamen Politik gegenüber der deutschen Bevölkerung und des Erfordernisses internationaler Hilfsmaßnahmen, wie später mittels des Marshallplans realisiert; als Mitunterzeichner firmierten u. a. L. Bachhofer, E. v. Kahler, H. Gaffron, M. Jolles, F. Kessler, Th. Mann, G. Meyer, U. Middeldorf, W. Pauck, O. v. Simson, F. Wassermann – A. Einstein kritisierte und unterzeichnete nicht; Broch reagierte 1946 mit einem 15-seitigen Memorandum (vgl. KW 11, 428–448).

Frank, Waldo (eigentl. Waldemar **Rosenbaum**, 1889–1967), amerikan. Schriftsteller, Historiker und Übersetzer; schrieb in *New Republic* über den *Vergil*.

Frey, Alexander Moritz (1881–1957), Münchener Schriftsteller; emigrierte 1933 über Salzburg nach Basel; besprach *Pasenow* und *Esch* für die *Neue Badische Landeszeitung Mannheim*.

Fried, Hans Ernst (später John H. E., 1905–1990), österr. Jurist, seit 1938 in den USA; er und seine Frau Edrita waren häufig zu Gast bei den Kahlers; Fried lehrte als Politologe an der New Yorker New School for Scial Research und war Berater bei den Nürnberger Prozessen.

Friedländer, Adolf Albrecht (1870–1949), mit Broch befreundeter Psychiater und Arzt; seit 1904 Eigentümer einer von ihm begründeten Klinik Hohe Mark bei Frankfurt am Main; später Leiter eines Instituts f. Heilgymnastik in Freiburg i. Br.

Fronius, Hans (1903–1988), österr. Maler; Gymnasialzeit in Graz, ab 1922 Studium an der Wiener Kunstakademie und der Meisterschule für Malerei; seit 1930 Gymnasiallehrer im oststeirischen Fürstenfeld; seit 1961 in Perchtoldsdorf b. Wien und Mödling. Bekannt geworden vor allem als Illustrator von Werken Franz Kafkas, aber u. a. auch Joseph Roths; durch Verbindung zu Max Brod organisierte der Prager Kunstverein noch vor dem »Anschluss« eine erste große Ausstellung mit seinen 1925–1931 entstandenen Kafka-Blättern (Tuschpinselzeichnungen und Holzschnitte; später, in den Nachkriegsjahren entstanden weitere große Serien mit Monotypien, Kreide- und Federzeichnungen zu Kafka); 1936/1937 fertigte Fronius bei Gelegenheit eines Besuchs eine farbige Pastell-Portraitskizze Brochs an, sie fand u. a. Verwendung für das Cover der von Ernst Schönwiese besorgten Ausgabe: *Hermann Broch. Nur das Herz ist das Wirkliche*, die 1959 als Bd. 42 der Reihe »Das Österreichische Wort« der Stiasny-Bücherei im Stiasny-Verlag (Graz und Wien) erschien.

Fuchs, Rudolf (1890–1942), Schriftsteller, Übersetzer und Publizist; gehörte zu Brochs Freundeskreis der frühen Wiener Jahre; emigrierte 1939 nach England.

Fülöpp-Miller, René (1891–1963), von Broch geschätzter, aus Rumänien gebürtiger österr. Schriftsteller und Journalist; 1935 über Frankreich, Italien, England, Norwegen in die USA emigriert.

Furtwängler, Philipp (1869–1940), Wiener Mathematiker, bei dem Broch Mitte bis Ende der 1920er Jahre studierte; war u. a. der Lehrer von Kurt Gödel.

Gallimard, Gaston (1881–1975), französ. Verleger, in dessen Pariser Verlag zwischen Anfang und Mitte der 1950er Jahre Brochs *Schlafwandler* und *Vergil* in französischer Übersetzung (durch Pierre Flachat und Albert Kohn) erschienen.

Gaupp, Fritz (Pseud. Peter Hoeflin, geb. 1897), Schriftsteller, Redakteur im Ullstein-Verlag; Rezensent des ersten Bandes der *Schlafwandler*.

Gauss, Christian (1878–1951), mit Broch befreundeter, von 1913–1925 als Leiter der Literaturabteilung, 1925–1943 als Dekan am College der Princeton University tätiger Literaturwissenschaftler.

Geiringer, Ernst (1888–1964) und Trude (geb. Fleischmann, 1895–1980), Wiener Fabrikant er, sie bedeutende Wiener Photographin, die auch diverse Aufnahmen von Broch machte, mit dem sie beide befreundet waren; Besitzer eines Sommerhauses Alt Aussee Nr. 31, des sog. Grieshofer Hauses, wo Broch seit 1936 bis zu seiner Verhaftung am 13.3.1938 des Öfteren wohnte; mit ihm diskutierte Broch 1936/1937 auch die *Völkerbund-Resolution* (vgl. KW 11, 195–231); sie emigrierten 1938 in die USA.

Gödel, Kurt (1906–1978), in Verbindung zum Wiener Kreis stehender österr. Mathematiker, der später im Exil in Princeton lebte.

Goll, Yvan (1891–1951), deutsch-französ. Schriftsteller, experimenteller und surrealistischer Dichter; seit den 1920er Jahren Lektor des Rhein-Verlags und dessen Agent in Paris; bemühte sich für diesen in den 1930er Jahren vergeblich um Gewinnung eines französischen Verlags für die Übersetzung der *Schlafwandler*.

Gomperz, Heinrich (1873–1942), Wiener Philosophiehistoriker, bei dem Broch Mitte bis Ende der 1920er Jahre studierte.

Granowski, Alexis (1890–1937), bedeutender deutscher und französischer Filmregisseur aus der Schule Max Reinhardts; war mit Broch wegen Verfilmung der *Schlafwandler* in Kontakt.

Greenberg, Clement (1909–1994), einer der einflussreichsten amerikan. Kunsthistoriker und -kritiker, vehementer Propagator des sog. abstrakten Expressionismus, der seit den 1940er Jahren zum New Yorker Freundeskreis von Hannah Arendt und Bouchi gehörte.

Gütersloh, Albert Paris (eigentl. Albert Conrad **Kiehtreiber**, 1887–1973), österr. Maler und Schriftsteller; Professor an der Wiener Kunstakademie.

Gumpert, Martin (1897–1955), im Exil mit Th. Mann befreundeter Berliner Arzt und Schriftsteller; Broch lernte ihn 1939 in der Künstlerkolonie Yaddo kennen.

Gurian, Waldemar (1902–1954), Politologe, Professor für politische Wissenschaften an der University of Notre Dame (Indiana); katholischer Publizist jüdischer Herkunft; mit Broch über Hannah Arendt bekannt und befreundet.

Haas, Arthur Erich (1884–1941), Wiener Physiker, u. a. Experte für Quantenphysik, bei dem Broch bis Ende der 1920er Jahre hörte und mit dem er sich anfreundete.

Haas, Willy (1891–1973), Theater- und Literaturkritiker; begründete mit Ernst Rowohlt in Berlin die Wochenzeitung *Die Literarische Welt*; Briefpartner Brochs.

Hahn, Hans (1878–1934), Wiener Professor für Mathematik, bei dem Broch bis Ende der 1920er Jahre studierte; er gehörte zum Wiener Kreis.

Hammer, Victor (1882–1957), österr. Maler und Graphiker; bis zur Emigration in die USA 1938 Professor an der Wiener Kunstakademie; seit 1939 lehrte er am Wells College; es gibt von ihm eine frühe Porträtzeichnung Brochs von 1917 (vgl. *Spiegelungen. Denkbilder zur Biographie Brochs*. Hg. v. Karin Mack [Bild] und Wolfgang Hofer [Text]. Wien 1984, S. 57), außerdem lieferte er auf Bitten Brochs eine Zeichnung für den Schutzumschlag des *Vergil*.

Hammerschlag, Ernst (1894–1973), österr. Internist, Hausarzt der Familie Broch in Wien; 1938 emigriert nach New York, wo er auch praktizierte.

Hartung, Gustav (1887–1946), Regisseur, Dramaturg, Intendant an verschiedenen Bühnen; leitete 1934 die Uraufführung von Brochs *Denn sie wissen nicht was sie tun* in Zürich.

Hatvani, Paul (eigentl. Paul **Hirsch**, 1892–1975), österr. Schriftsteller und Journalist; schrieb für die *Moderne Welt* über die ersten beiden Bände der *Schlafwandler*-Trilogie; emigrierte 1939 nach Amsterdam.

Hempel, Carl Gustav (1905–1997), aus Brandenburg stammender Philosoph; 1948–1955 Professor in Yale; Hauptgebiete: Logik, Mathematik, Grundlagen der Philosophie.

Herzfelde, Wieland (eigentl. **Herzfed**, 1896–1988), deutscher Schriftsteller und Literaturwissenschaftler; 1917 Gründer des Malik-Verlags; emigrierte 1933 in die Tschechoslowakei, 1938/1939 über Frankreich und England in die USA, wo er u. a. den Aurora-Verlag gründete, in dem, eingeführt von Heinrich Mann, 1947 eine Anthologie erschien, die auch einen Text Brochs enthielt; 1947 Rückkehr nach Europa.

Herzog, Anja (Anna, 1900–1980), aus Rumänien stammende, 1927–1932 zeitweilige Lebensgefährtin Brochs; während der Entstehung der *Schlafwandler* half sie ihm bei der Erstellung der Typoskripte; emigrierte nach Paris und von dort 1939 mit ihrer Mutter nach Mexiko; sie machte Broch u. a. mit dem Romanwerk des span. Schriftstellers Ramón José Sender (1901–1982) bekannt, der ebenfalls nach Mexiko emigriert war und später in den USA an verschiedenen Universitäten spanische Literatur unterrichtete.

Hindemith, Paul (1895–1963), bedeutender deutscher Komponist und Dirigent in Frankfurt und Berlin; ab 1939 in Yale Woodward Lecturer, Gastprofessur, dann Musikprofessur; seit 1947 Battel Professor und 1950/1951 Trumbull Lecturer.

Hofmann, Ludwig Wilhelm (»Onkel Willy«, 1890–1979), 1927 an der TH Wien habilitierter Wiener Mathematiker, der 1920–1925 mit Broch in Teesdorf regelmäßig mathematische Studien betrieb.

Holborn, Annemarie (geb. Bettmann, 1902–1988), aus Heidelberg stammende, in klassischer Philologie promovierte Übersetzerin und Editorin; wohnte mit ihrem Mann Hajo (1902–1969), einem deutsch-amerikan. Historiker, der in Yale lehrte, unweit New Haven in Hamden; mit Broch und seiner Frau eng befreundet und in regem Kontakt.

Horch, Franz (1901–1951), österr. Dramaturg und Literaturagent, der in den 1930er Jahren die Theaterabteilung des Wiener Zsolnay-Verlags leitete und 1933 für diesen Brochs *Entsühnung* annahm; 1938 über die Schweiz in die USA emigriert und in New York als Literaturagent tätig.

Horváth, Auguste v. (Daten nicht ermittelt), Schwägerin Ödon v. Horvaths aus München und enge Freundin Brochs, die mit ihm bis Anfang 1936 in Mösern zusammenlebte.

Howland, Jonathan (1918–1972), Arzt, seit 1949 am Princeton Hospital, wo er Broch behandelte.

Hudson, Stephen (eigentl. Sidney **Schiff**, 1869–1944), mit M. Proust, J. Joyce und den Muirs befreundeter engl. Schriftsteller; verhalf Broch zum englischen Visum, holte ihn bei seiner Emigration nach England am Flughafen ab, nahm ihn in London bei sich auf und unterstützte ihn finanziell; aus Dank widmete ihm Broch 1945 den *Vergil*-Roman: »In Memoriam Stephen Hudson«.

Huebsch, Benno W. (1876–1964), Direktor des 1925 von ihm gegründeten New Yorker Verlags Viking Press; Verleger von Brochs *The Unknown Quantity* (1935).

Huxley, Aldous (1894–1963), engl. Schriftsteller; seit den 1930er Jahren mit Bouchi bekannt; begeisterter Leser der Muir'schen *Schlafwandler*-Übersetzung; hielt den Roman für die wichtigste deutsche Neuerscheinung; schrieb 1945 eine Rezension sowie ein Verlagsgutachten zum *Vergil*-Roman; Pantheon Books bewarb diesen dann mit seinem Namen und Zitaten daraus. Huxley war auch Adressat im Zusammenhang mit dem Völkerbundsprojekt Brochs.

Isaacs, Jacob (1896–1973), Anglist; verfasste 1950 eine sechsteilige, später auch als Buch publizierte Sendereihe zur Literatur des 20. Jhs. für die BBC, in deren viertem Teil mit dem Titel »Culture, Chaos and Order« Joyces *Ulysses* und Brochs *Vergil* als paradigmatische Texte der Moderne behandelt wurden.

Jacobi, Jolande (1890–1973), Psychotherapeutin; 1938 nach Zürich emigrierte enge Mitarbeiterin von C. G. Jung; von 1918–1938 Vizepräsidentin des Österreichischen Kulturbundes; als solche lud sie Broch 1934 zum Vortrag »Geist und Zeitgeist« ein und vermittelte ihm Kontakt zum Verleger Daniel Brody.

Jaszi, Oscar (1875–1957), Sozialwissenschaftler und Historiker ungarischer Herkunft; Mitglied einer Intellektuellengruppe zur Propagierung demokratischer Staatsformen, Signatar/Autor des Buches *The City of Man. A Declaration on World Democracy*, für das auch Broch tätig war.

Jesenská, Milena (1886–1944), erste Frau Ernst Polaks; während des Ersten Weltkriegs eng mit Broch befreundet; seit den 1920er Jahren Beziehung zu Franz Kafka. Ab 1927 Redakteurin in Prag; in den 1930er Jahren Mitglied der Tschechischen KP; 1939 Verhaftung und Deportation ins KZ Ravensbrück, wo sie 1944 starb.

Johnson, Alvin (1874–1971), Erziehungswissenschaftler; Begründer (1919) der New School for Social Research in New York, deren Direktor er bis 1945 blieb. 1934 wurde ihr eine Graduate Faculty angegliedert, die mit der 1933 von europäischen Emigranten begründeten University in Exile identisch war. Johnson war auch Mitglied einer Intellektuellengruppe zur Propagierung demokratischer Staatsformen und Signatar/Autor des Buches *The City of Man. A Declaration on World Democracy*, für das auch Broch tätig war.

Jolas, Maria (geb. McDonald, 1893–1987) und Eugène **Jolas** (1894–1952); sie amerikan. Übersetzerin von Werken Kafkas und Döblins; er Zeitschriftenherausgeber in Paris und USA (*Transition*); sie übersetzten gemeinsam Brochs *Joyce*-Essay ins Französische, der 1949 in Paris erschien.

Joyce, James (1882–1941), bedeutender irischer Schriftsteller; von Broch hoch geschätzt wegen seiner stilistischen Innovationen; Brochs Verleger Brody hielt die Rechte an seinem Werk und publizierte es in seinem Verlag; 1936 begegnete ihm Broch in Wien; 1938 unterstützte er Broch bei der Emigration nach England.

Judd, Jadwiga (1897–1979), Wiener Industriellentochter, Freundin und Reisegefährtin Brochs während der Überfahrt von Southampton nach New York 1938; Heiratspläne 1940 zerschlugen sich; sie war ihm bei der Integration in den New Yorker Anfangsjahren behilflich.

Jung, Carl Gustav (1875–1961), bedeutender Psychologe; Broch studierte in den 1930er Jahren seine Werke, stand mit ihm in lockerer Verbindung und lernte ihn 1936 in Wien auch persönlich kennen.

Kahler, Erich v. (1885–1970), tschechischer Kulturphilosoph, seit 1900 zunächst in Wien lebend, dann in Heidelberg und bis 1933 bei München, emigrierte über die Schweiz in die USA nach Princeton; dort gehörte er zum Freundeskreis Thomas Manns und war Nachbar A. Einsteins; 1947–1955 Professor für deutsche Literatur an der Cornell University, 1949 Fellow und von 1960–1963 Professor an der Princeton University; Broch war über Bermann mit ihm bekannt geworden und wohnte 1942–1948 bei den Kahlers zur Untermiete; der Mutter von E., Antoinette v. Kahler (1862–1951) war er sehr verbunden (vgl. BK).

Kahler; Victor v. (Vicki, 1889–1963), 1938 über Frankreich und Portugal in die USA emigrierter Prager Industrieller, Vetter von Erich und über diesen gut mit Broch bekannt.

Kann, Robert A. (geb. 1906), Historiker und Jurist; praktizierte in Wien von 1931–1938; 1938 Emigration in die USA; 1942–1945 Mitglied des Institute for Advanced Study; seit 1947 Professor für Geschichte an der Rutgers University; er und seine Frau Maria (»Mariedl«, Daten nicht ermittelt) waren mit Broch befreundet; später publizierte er einen Aufsatz über Brochs Geschichtsphilosophie.

Kaus, Gina (geb. 1894), österr. Schriftstellerin; sie und ihr Mann Otto gehörten zum Freundeskreis F. Bleis und waren mit Broch befreundet seit der Zeit des Ersten Weltkriegs; 1938 Emigration nach Frankreich, 1940 in die USA.

Kaus, Otto (1891–1945), österr. Psychologe und Essayist, Schüler von Alfred Adler, Ehemann von Gina.

Kayser, Rudolf (1889–1964), Schriftsteller und Kritiker; Verlagslektor in Berlin und Hg. der *Neuen Rundschau*; emigrierte über Holland in die USA; Schwiegersohn von Albert Einstein; lehrte als Professor für Literatur an der Brandeis University.

Kerényi, Karl (1897–1973), ungar. Altphilologe und Religionswissenschaftler; seit 1943 in der Schweiz, ab 1948 Forschungsleiter des Züricher C. G. Jung-Instituts; unterhielt seit ca. 1947 mit Broch einen etwa eineinhalb Jahre andauernden Briefwechsel zum Thema »Mythos«.

Kesten, Hermann (1900–1979), deutscher Schriftsteller; emigrierte 1933 nach Paris, wo er als literarischer Leiter der deutschen Abteilung des Exil-Verlags Allert de Lange in Amsterdam tätig war; 1940–1949 lebte er in New York und war dort u. a. Mitarbeiter des Emergency Rescue Committee.

Kirsta, Georg (1880–1938), aus Russland stammender Porträt- und Bühnenmaler, von dem Broch sich 1926 im Stil der Neuen Sachlichkeit porträtieren ließ; das Gemälde sowie eine Rötelzeichnung als Vorstudie dazu befinden sich im Teesdorfer Broch-Museum; erstmals publiziert unter der Bezeichnung

»Herr A.B. Oel, 1926« in einem Aufsatz von Franz Blei: »Aphorismen vor den Bildern Georg Kirstas«, in: *Die Dame* 54.16 (1927), S. 13f. und 33f., Abb. auf S. 14 (vgl. auch die Abb. beider Werke in: *Spiegelungen. Denkbilder zur Biographie Brochs*. Hg. v. Karin Mack [Bild] u. Wolfgang Hofer [Text]. Wien 1984, S. 66f.).

Knopf, Alfred A. (1892–1966), amerikan. Verleger; R. Norden war in seinem Verlag Lektorin und machte ihn schon in den 1930er Jahren auf Broch aufmerksam; 1949 kam es zum Verlagsvertrag über die englischsprachige Ausgabe des Romans *Demeter*, die dritte Fassung der *Verzauberung*.

Kohn, Albert (1905–1989), französischer Übersetzer; übersetzte den *Tod des Vergil* ins Französische, der 1952 in der von Raymond Quenau lektorierten Buchreihe der *Nouvelle Revue Française* bei Gallimard erschien; des Weiteren übertrug er sechs Bände der alten Züricher Rhein-Verlags-Ausgabe von Brochs Gesammelten Schriften ins Französische.

Kohn, Hans (1891–1971), Prager Historiker; emigrierte 1931 in die USA. Er lehrte Geschichte, zunächst am Smith College in Northampton, dann als Lektor an der New School for Social Research, schließlich ab 1949 als Professor am New Yorker City College. Mitglied einer Intellektuellengruppe zur Propagierung demokratischer Staatsformen; Signatar/Mitautor des Buches *The City of Man. A Declaration on World Democracy*, für das auch Broch tätig war.

Kolb, Annette (1870–1967), deutsche Schriftstellerin, emigrierte über Paris nach New York, lernte Broch bei einem Bankett zu Ehren Th. Manns kennen.

Koller, Broncia (geb. Bronizlawa Pineles, 1863–1934), aus Gallizien stammend, studierte Malerei an den Kunstakademien in München und Wien; gilt als eine der bedeutendsten, viele Kunstströmungen mitmachende und prägende österr. Malerinnen um die Jahrhundertwende und stellte erfolgreich in Wien, München und Leipzig aus; seit 1896 verheiratet mit dem Arzt Hugo Koller; beide unterhielten in Oberwaltersdorf einen renommierten, von Broch frequentierten Salon und verkehrten u. a. mit Künstlern wie Gustav Klimt, Egon Schiele, Albert Paris Gütersloh und dem Komponisten Hugo Wolf, aber auch mit Gelehrten bzw. Autoren wie Georg Lukács, Karl Mannheim und Béla Balázs.

Krafft-Kennedy, Ludwig (1887–1964), Wiener Rechtsanwalt der Familie Broch, Testamentsvollstrecker von Brochs Vater Joseph Broch und im New Yorker Exil nach H. Brochs Tod sein Nachlassverwalter.

Kraft, Viktor (1880–1975), Wiener Philosophieprofessor, bei dem Broch Mitte bis Ende der 1920er Jahre studierte; gehörte zum Wiener Kreis.

Kraft, Werner (1896–1991), Lyriker und Literaturwissenschaftler; bis 1933 als Bibliothekar in Hannover; 1934 Emigration über Frankreich nach Palästina; mit Broch seit den 1940er Jahren in intensivem Briefkontakt; Broch nennt ihn verschiedentlich »Freund«.

Kraus, Karl (1874–1936), äußerst einflussreicher österr. Schriftsteller und Publizist; Autor/Herausgeber der Fackel 1899–1936 und Verfasser des Antikriegsstücks *Die letzten Tage der Menschheit* 1918/1919; Broch gehörte zu seinen Hörern und Brochs früheste Texte sind stark von der Auseinandersetzung mit ihm geprägt.

Krell, Max (1887–1962), Schriftsteller, Theaterkritiker, Lektor im Berliner Ullstein-Verlag und Briefpartner Brochs.

Krenek, Ernst (1900–1991), aus Wien gebürtiger, österr.-amerikan. Komponist und Musikschriftsteller, der sämtliche Stilelemente der musikalischen Moderne in seinem Werk zur Anwendung brachte.

Kuttner, Erich (1887–1942), Schriftsteller und Essayist; besprach Brochs *Schlafwandler* im *Vorwärts*; starb im Konzentrationslager Mauthausen.

Lach, Robert (1874–1958), Wiener Musikwissenschaftler, bei dem Broch während seiner Wiener Studienzeit ein Seminar besuchte.

Lange, Victor (1908–1996), deutsch-amerikan. Germanist, erst in Toronto, dann an der Cornell University, schließlich in Princeton, gehörte dort zum Kahler-Broch'schen Bekanntenkreis und hat Brochs Nobelpreisnominierung unterstützt.

Langgässer, Elisabeth (1899–1950), deutsche Schriftstellerin; Korrespondenzpartnerin Brochs, der Werke von ihr rezensierte, sich nachhaltig für sie einsetzte und sie beriet; ihr Mann, Wilhelm **Hoffmann** (1901–1986), Philosoph und Bibliothekar, publizierte 1964 den Broch-Langgässer-Briefwechsel (in: *Literaturwissenschaftliches Jahrbuch*, NF 5 [1964], S. 297–326).

Lazar-Strindberg, Maria (Pseud. Gusti Stridsberg, Esther Grene, Robert Braun, 1895–1948), Schriftstellerin und Publizistin; gehörte zum Zirkel von Eugenie Schwarzwald und zu Brochs Wiener Freundeskreis.

Lechner, August (Daten nicht ermittelt), Wiener Hauslehrer Brochs.

Lehner, Fritz (»Frederick«, 1893–1961), Kritiker und Übersetzer; emigrierte 1938 in die USA, wo er als Professor für Vergleichende Literaturwissenschaft am West Virginia State College lehrte. 1936 hatte er in *Life and Letters Today* über Broch geschrieben.

Levy, Edith Jonas (1908–1990), Mitarbeiterin von Alvin Johnson; leitete dessen kleines Komitee, das sich um Nominierung Brochs für den Nobelpreis bemühte.

Lipman-Wulf, Peter (1905–1993), mit Broch befreundeter Bildhauer; er nahm Broch die Totenmaske ab (vgl. BB 352ff.).

Löwenstein, Rudolph Maurice (1898–1976), polnischer Psychoanalytiker; seit 1926 in Paris, Lehranalytiker von Jacques Lacan; 1940 Flucht in die USA; lehrte als einer der Hauptvertreter der amerikan. Ich-Psychologie in New York und Yale.

Löwenstein(-Wertheim-Freudenberg), Helga Maria Prinzessin zu (geb. Schuylenburg, 1910–2004), Ehefrau Prinz Löwensteins.

Löwenstein(-Wertheim-Freudenberg), Hubertus Friedrich Prinz zu (1906–1984), Journalist, Politiker und Schriftsteller; 1935/1936 Emigration über England in die USA. Begründete dort die American Guild for German Cultural Freedom; aus ihr ging 1936–1941 die Deutsche Akademie der Wissenschaften und Künste im Exil hervor, zu deren Mitgliedern u. a. Thomas Mann (Präsident der literar. Klasse), S. Freud (Präsident der wiss. Klasse), H. Arendt, B. Brecht, H. Broch, E. Cassirer, A. Einstein, A. Döblin, L. Feuchtwanger, H. Mann, E. Panofsky, A. Seghers, P. Tillich, F. Werfel, A. und St. Zweig gehörten; Prinz Löwenstein wirkte bis zu seiner Rückkehr nach Deutschland 1946 an verschiedenen amerikanischen und kanadischen Universitäten als Gastprofessor.

Loewy, Alice (geb. Pick, 1900–1991), Kunsthistorikerin; aus Wien stammende Tochter eines Kunsthändlers; emigrierte 1939 in die USA; Pflegerin für Antoinette v. Kahler und wurde dort E. v. Kahlers Lebensgefährtin; die beiden heirateten 1969; nach Kahlers Tod wurde sie seine Nachlassverwalterin.

Loewy, Hanna M., (geb. 1925), Tochter von Alice; Broch verehrte ihr ein »Gedichtchen«, das er als »Meisterwerk« titulierte (vgl. AB 112); sie arbeitete zuerst für die Filmabteilung der UNO; später als Sozialarbeiterin, Psychotherapeutin und Analytikerin.

Lowe, Adolph (1893–1995), ursprünglich aus Stuttgart stammender Wirtschaftswissenschaftler; seit 1940 als Professor an der New Yorker New School for Social Research tätig.

Ludwig, Emil (1881–1948), deutscher Schriftsteller; emigrierte 1940–1945 in die USA; lebte danach in der Schweiz; Korrespondenzpartner Brochs.

Lukács, Georg (1885–1971), ungar. Philosoph und Literaturtheoretiker; eng befreundet mit Ernst Bloch; Broch, der ihm persönlich in Wien begegnete, hat sich intensiv und kritisch mit seiner *Theorie des Romans* beschäftigt.

MacDonald, Dwight (1906–1982), amerikan. Schriftsteller, Filmkritiker und Zeitschriftenherausgeber (*politics*); gehörte zum Freundeskreis Arendt/Blücher, die bei ihm Brochs Universitäts-Essay zu publizieren versuchten.

Mach, Ernst (1838–1916), österr. Mathematiker und Physiker in Graz und Prag; seit 1895 Philosophieprofessor in Wien; er war Positivist und beeinflusste durch seine Erkenntnistheorie das naturwissenschaftliche Denken der Folgezeit und den Neopositivismus des Wiener Kreises (vgl. zu Letzterem die Gründungsschrift: *Wissenschaftliche Weltauffassung. Der Wiener Kreis.* Hg. v. Verein Ernst Mach. Wien 1929).

Mahler, Anna (1904–1988), Bildhauerin, Schülerin von F. Wotruba; Tochter des Komponisten Gustav Mahler und der Alma Mahler-Werfel; durch sie kam

Broch in freundschaftliche Verbindung mit Wotruba, Veza und Elias Canetti, Ernst und Karola Bloch, Soma Morgenstern und Ernst Krenek; Mitte der 1930er Jahre, als sie mit Broch eng befreundet war, schuf sie u. a. eine leider verloren gegangene Büste des Schriftstellers (vgl. BB 224ff.); später lebte sie ebenfalls im amerikan. Exil.

Mahler-Werfel, Alma (geb. Schindler, 1879–1964), Tochter des Wiener Landschaftsmalers Emil Jakob Schindler; in erster Ehe verheiratet mit dem Komponisten Gustav Mahler; befreundet mit Oskar Kokoschka; 1915 Heirat mit Walter Gropius; 1929 mit dem Schriftsteller Franz Werfel, mit dem sie 1940 über Frankreich in die USA floh; Freundin von Annemarie Meier-Graefe.

McCarthy, Mary (1912–1989), amerikan. Schriftstellerin, befreundet mit Hannah Arendt.

Maier, Anna (»Nani«, geb. 1925), promovierte österr. Germanistin und Historikerin im Schuldienst; zwischen 1948 und 1950 Briefwechsel mit Broch.

Manheim, Ralph (1907–1992), nach 1933 in die USA emigrierter deutschstämmiger amerikan. Übersetzer von Brochs Roman *Die Schuldlosen*.

Mann Borgese, Elisabeth (1918–2002), jüngste Tochter Th. Manns; deutsch-kanadische Meeresökologin und Politologin; Gründerin des International Ocean Institute in Malta und Gründungsmitglied des Club of Rome; Broch war in den USA ihr Trauzeuge.

Mann, Erika (1905–1969), erstes der sechs Kinder Th. Manns; Schauspielerin, Schriftstellerin, Journalistin und Publizistin. In erster Ehe verheiratet mit Gustav Gründgens, dann mit Wystan H. Auden.

Mann, Golo (1909–1994), Sohn Th. Manns, Historiker und Publizist; lehrte seit 1942 an verschiedenen amerikan. Colleges, 1950 am Pomona College in Claremont; Broch vermutete ihn als Unterstützer von Angells Bemühungen, ihm dort eine Gastdozentur zu besorgen.

Mann, Katja (1883–1980), Ehefrau v. Th. Mann; siehe dort. Vgl. Inge und Walter Jens: *Frau Thomas Mann. Das Leben der Katharina Pringsheim*. Reinbek bei Hamburg 2003.

Mann, Thomas (1875–1955), deutscher Schriftsteller, Nobelpreisträger; ihre Bekanntschaft reicht zurück in die 1930er Jahre; bereits 1932 begegnet ihm Broch in Wien; 1936 war er bei ihm in Küsnacht zu Gast; ebenfalls 1936, zu Brochs 50. Geburtstag, veröffentlichte Th. Mann eine positive Stellungnahme zu den *Schlafwandlern*; nach der Flucht aus Österreich verhalfen er und A. Einstein 1938 Broch zum überlebenswichtigen Ausreisevisum für die USA; beide wohnten seit 1938 in Princeton; Mann unterstütze Broch weiterhin durch Gutachten für Stipendien; Broch war dort im Mitford House, der Villa der Manns, ein gern gesehener Gast und firmierte als Trauzeuge bei der Heirat der jüngsten Mann-Tochter Elisabeth mit G. A. Borgese; nach der Übersiedelung der Manns nach Kalifornien gehörte Broch zum Personenkreis, dem Th. Mann bei seinen Ostküstenbesuchen begegnete; er nahm regen Anteil an Brochs Studien zur Demokratietheorie, zu den Menschenrechten und zum Massenwahn und bezog ihn 1939/1940 in die politisch-publizistische Arbeit der Borgese-Gruppe am *City of Man*-Projekt ein; desgleichen unterstützte er die Publikation von Brochs *Vergil*-Buch durch ein positives Statement sowie die Nominierung Brochs, den er als seinen Freund bezeichnete, für den Nobelpreis (vgl. FE).

Mannheim, Karl (1893–1947), bedeutender Frankfurter Soziologe; einer der Begründer der Wissenssoziologie sowie der soziologischen Ideologie- und Utopieforschung; Amtsenthebung 1933 und Emigration nach England.

Marck, Siegfried (1889–1957), Philosoph; emigrierte 1933 nach Frankreich, 1939 nach Chicago; seither stand Broch mit ihm in Verbindung und diskutierte mit ihm das Projekt eines Demokratie-Buches (dritter Teil der *Massenwahntheorie*).

Maril, Konrad (1889–1956), Musiker, Musikkritiker und Jurist, seit 1920 Verlagskaufmann, Buchhändler in Wien. 1938 Emigration nach New York, Professor für Deutsch und Musik am Goddard College in Plainfield, Vermont; redaktionelle Betreuung der österreichischen Sektion der *Voice of America*, Zusammenarbeit mit Ruth Norden, nach dem Krieg Kooperation mit Schönwiese in Wien. Er und seine Frau Lee waren mit Broch seit 1939 befreundet.

Maritain, Jacques (1882–1973), französischer Kultur- und Sozialphilosoph neothomistischer Prägung, mit dem Broch Ende der 1930er Jahre korrespondierte, u. a. im Zusammenhang seiner Völkerbund-Resolution.

Meese, Harald M. (1922–1994), aus Kalifornien stammender Bohemien und Privatgelehrter, Maler und Bildhauer, eine in den Intellektuellenkreisen der amerikan. Ost- und Westküste bekannte Figur. In den 1950er Jahren reiste er durch Europa und wurde vorübergehend Sekretär und Lebensgefährte von Bouchi in St. Cyr-sur-Mer.

Meier-Graefe, Annemarie (Bouchi, 1905–1994), Malerin, Graphikerin; 1925 Heirat mit dem Kunsthistoriker Julius M.-G.; seit 1937 mit Broch bekannt; 1941 Emigration in die USA, Freundschaft mit Hannah Arendt; deren Mann H. Blücher (»Monsieur«) war 1949 bei der Heirat Bouchis mit Broch Trauzeuge; Bouchi lebte von 1950 bis zu ihrem Tod in St. Cyr-sur-Mer (vgl. TE).

Meinl, Julius (1869–1944) und seine japan. Frau Mitsuko waren mit Broch befreundete Wiener Großindustrielle.

Meisel, Hans (geb. 1900 in Berlin); Schriftsteller, in Princeton 1938–1940 Sekretär Thomas Manns; später Professor für Politologie, zunächst am Wilson College, dann an der University of Michigan.

Menger, Karl (1902–1985), Wiener Professor für Mathematik, bei dem Broch bis Ende der 1920er Jahre studierte; Menger lehrte später in Harvard, Notre Dame und am Illinois Institute of Technology in Chicago.

Merkel, Georg (1881–1976), seit 1917 in Wien lebender, aus Lemberg in Galizien gebürtiger, mit Broch befreundeter Maler, der 1938 nach Frankreich emigrierte. Auf der Flucht vor den Nazis versteckte sich Broch verschiedentlich bei ihm; der Kontakt hielt auch während des Exils und nach 1945 an.

Meyer, Georg Heinrich (1868–1931), Verleger, Lektor im Rhein-Verlag und Brochs wichtigster Partner und Berater dort.

Michaelis, Karin (1872–1950), dänische Schriftstellerin; lebte während des Krieges in den USA. Broch hatte bereits 1920 eines ihrer Bücher rezensiert (vgl. KW 9/1, 369).

Moe, Henry Allan (1894–1975), amerikan. Mitarbeiter diverser Stiftungen; hatte die John Simon Guggenheim Foundation mit aufgebaut, für die er in unterschiedlicher Funktion, zuletzt als Präsident tätig war; seit seinem Guggenheim-Stipendium (1940/1941) für die Arbeit am *Vergil* stand Broch mit ihm in Kontakt.

Mohrenwitz, Lothar (1886–1960), Mitarbeiter des Kurt Wolff-Verlags; vermittelte *Die Schlafwandler* an die Verlage Martin Secker (London) und Little, Brown & Co. (Boston).

Moltke, Helmuth James Graf v. (1907–1945), deutscher Jurist und Offizier; 1939–1944 Sachverständiger für Kriegs- und Völkerrecht im OKW; Gründer des sog. Kreisauer Kreises; Angehöriger der Widerstandsbewegung; 1945 in Plötzensee hingerichtet; Broch hatte ihn in den 1930er Jahren in Gina Schwarzwalds Wiener Salon kennengelernt.

Muir, Edwin (1887–1959), schottischer Schriftsteller und Übersetzer, insbesondere F. Kafkas; verheiratet mit Willa, siehe dort.

Muir, Willa (1890–1970), schottische Schriftstellerin und, zus. mit ihrem Mann Edwin, Übersetzer/in von Brochs *Schlafwandler*-Trilogie (ersch. 1932) und *Die Unbekannte Größe* (ersch. 1935); Broch lebte von Juli bis Oktober 1938 in ihrem Haushalt in St. Andrews bis zu seiner Emigration in die USA.

Mumford, Lewis (geb. 1895), amerikan. kulturphilosophischer Schriftsteller; lehrte 1942–1944 an der Stanford University; Mitglied einer Intellektuellengruppe zur Propagierung demokratischer Staatsformen, Signatar/Mitautor des Buches *The City of Man. A Declaration on World Democracy*, für das auch Broch tätig war.

Musil, Robert (1880–1942, 1917–1919 »Edler von«), österr. Schriftsteller; Broch und er lernten sich zum Ende des Ersten Weltkriegs im Café Herrenhof kennen, wo F. Blei, G. Kaus und P. Schrecker zu ihrem Freundeskreis gehörten; sie hatten aber zunächst eher wenig Kontakt; in den 1930er Jahren bemühte sich Broch um einen neuen Verlag für ihn; sein wichtigstes Werk *Der Mann ohne Eigenschaften* erschien erst 1953; 1933 korrespondierten sie miteinander, wobei Broch versucht, an ihn gerichtete Plagiatsvorwürfe zurückzuweisen; Broch wurde 1934 Mitglied der Musil-Gesellschaft; 1939/1940 bot er Musil, allerdings erfolglos, Hilfe bei der Emigration in die USA und zur Beschaffung von Stipendien an.

Neilson, William Allan (1869–1946), amerikan. Erziehungswissenschaftler und Anglist; lehrte von 1906–1917 an der Harvard University und war von 1917–1939 Präsident des Smith College in Northampton, Mass. Mitglied einer Intellektuellengruppe zur Propagierung demokratischer Staatsformen; Signatar/Mitautor des Buches *The City of Man. A Declaration on World Democracy*, für das auch Broch tätig war.

Nettel, Margarete (geb. 1888) und Rudolf, österr. Textilindustriellenpaar; emigrierten in die USA.

Neumann, Robert (1897–1975), mit Broch befreundeter, nach England emigrierter österr. Schriftsteller; parodierte u. a. Brochs *Schlafwandler*; später Direktor der zur Hutchinson Verlagsgruppe gehörenden International Authors Ltd.

Niebuhr, Reinhold (1892–1971), amerikan. protestantischer Theologe; lehrte von 1928–1960 am Union Theological Seminary in New York; Mitglied einer Intellektuellengruppe zur Propagierung demokratischer Staatsformen; Signatar/Mitautor des Buches *The City of Man. A Declaration on World Democracy*, für das auch Broch tätig war.

Norden, Ruth (1906–1977), geb. in London, deutsche Dramaturgin, Übersetzerin, Rundfunkjournalistin; seit 1932 Lektorin beim S. Fischer Verlag in Berlin, Mitarbeiterin von Peter Suhrkamp und bei der *Neuen Rundschau*; 1934 Emigration in die USA; dort Lektorin bei diversen Zeitschriften und im Verlag Alfred A. Knopf; 1945 erst Kontrolloffizierin, dann Chief of Station beim RIAS Berlin; nach 1948 wieder Lektorin bei Knopf; führte 1934–1938 sowie 1945–1948 einen Briefwechsel mit Broch, mit dem sie, nach dessen Emigration, seit 1939 eine Liebesbeziehung hatte (vgl. TK).

Olden, Rudolf (1885–1940), deutscher Jurist und Journalist; Mithg. und Redakteur des Berliner Tageblatts; Verteidiger Carl v. Ossietzkis im Hochverratsprozess; schon seit Mitte der 1920er Jahre, als er in Wien als Rechtsanwalt tätig war, waren er und seine Frau mit Broch bekannt; Olden floh 1933 über Prag, Paris, Oxford; er kam auf der Überfahrt in die USA ums Leben.

Oppenheim-Errera, Gabrielle (1892–1997), aus Brüssel gebürtig, Ehefrau von Paul. Arbeitete nach der Emigration in die USA u. a. als Sprachtherapeutin; war eine bedeutende Kunstsammlerin und unterhielt in Princeton einen renommierten Salon, in dem neben Albert Einstein auch Enrico Fermi, Niels Bohr, Betrand Russell, John von Neumann, Carl Hempel und Paul Tillich verkehrten.

Oppenheim-Errera, Paul (1885–1977), aus Frankfurt gebürtiger Chemiker, Physiker, Industrieller, Philosoph; später in Princeton Privatgelehrter; emigrierte mit seiner Frau Gabrielle über Brüssel 1939 in die USA; publizierte Abhandlungen zur Wissenschaftstheorie, zum Typus- und Gestaltbegriff; war befreundet mit Broch und Albert Einstein.

Panofsky, Erwin (1892–1968), aus Hannover gebürtiger deutscher Kunsthistoriker, Hauptvertreter der ikonologischen Schule; studierte in München, Berlin und Freiburg und habilitierte sich 1920 in Hamburg; 1926–1933 Professur in Hamburg; seit 1935 am Princetoner Institute for Advanced Study.

Petersen, Julius (1878–1941), Professor für Deutsche Philologie in New Haven.

Pick, Robert (1898–1967), österreichischer Schriftsteller, Verlagslektor und Essayist; emigrierte 1938/1940 über England in die USA; 1948–1963 Lektor beim Alfred A. Knopf-Verlag; mit Broch eng befreundet. Vermittelte den Vertrag über die dritte Fassung des Bergromans (*Demeter*) und besorgte die englische Erstveröffentlichung der »Erzählung der Magd Zerline« aus dem Roman *Die Schuldlosen*. 1946–1964 als Mitglied des österr. P.E.N Clubs setzte er sich für Brochs Nobelpreis-Nominierung ein; Hg. der ersten Broch-Gesamtausgabe im Rhein-Verlag.

Plungian, Gina (1910–1962), Bildhauerin, die in Montreal und am Dayton Art Institute ausgebildet wurde; Nachbarin Kahlers und Brochs in Princeton; sie schuf Büsten von Broch und Albert Einstein.

Polak(-Schwenk), Ernst (1886–1947), Publizist; Kommilitone Brochs an der Wiener Universität bei Moritz Schlick; Mitarbeiter der *Literarischen Welt*; seit 1918 in Wien Autoren- und Verlagsberater; vermittelte Broch den Kontakt zum Rhein-Verlag Daniel Brodys.

Polgar, Alfred (1873–1955), österr. Schriftsteller, Übersetzer und Kritiker; mit Broch seit der Zeit des Ersten Weltkriegs befreundet; durch ihn lernte er 1917 Ea v. Allesch kennen; 1938 Emigration in die Schweiz; seit 1940 in den USA.

Polzer, Viktor (1898–1965), Schriftsteller, Journalist und Publizist; ehemaliger Lektor des Wiener Paul Zsolnay-Verlags; er war Broch seit 1941/1942 bei seinen Bemühungen um Beschaffung von Visen und Affidavits, u. a. z. B. für seinen Sohn, E. Wassermann, F. Blei, P. Schrecker, W. Richter, H. Sahl, G. Ichheiser, F. Werfel, A. Polgar, E. Ferand, P. Amann und – erfolglos – R. Musil behilflich.

Praag-Sanders, Hilda van (Daten nicht ermittelt), verheiratet mit Siegfried van Praag (1889–2002); Mitinitiatoren für den deutschsprachigen Sektor im

Amsterdamer Exilverlag Allert de Lange; niederländische, mit Broch seit 1933 bekannte Übersetzerin.

Preetorius, Emil (1883–1973), deutscher Zeichner, Buchillustrator und Bühnenbildner; Mitbegründer der Münchener Schule für Illustration und Buchgewerbe; seit 1927 Professor an der Bayerischen Akademie der Schönen Künste in München. Entwarf für den Rhein-Verlag die Schutzumschläge für *Ulysses* und *Die Schlafwandler*.

Pulver, Max (1889–1952); Schweizer Schriftsteller und Graphologe; seit den 1930er Jahren waren er und seine Frau Berta Pulver-Feldmann mit Broch befreundet.

Ramuz, Charles Ferdinand (1878–1947), Schweizer Schriftsteller; Briefpartner Brochs.

Read, Herbert (1893–1968), engl. Schriftsteller, Kunstkritiker, Essayist; unterstützte 1938 die Muirs und J. Joyce im Bemühen, für Broch ein Visum nach England zu bekommen.

Reichardt, Konstantin (1904–1976), aus St. Petersburg stammender, deutscher Germanist und Slavist; lehrte 1938–1947 Germanische und Slavische Philologie an der University of Minnesota; ab 1947 als Professor im German Department der Yale University und seit 1948 Fellow am Davenport College.

Reisiger, Hans (1884–1968), deutscher Schriftsteller und Übersetzer (u. a. 1937 G. Flauberts *Madame Bovary*); lebte in München, Florenz und Rom, kam 1933 nach Seefeld, wo Broch ihn kennenlernte; 1938 von den Nazis verhaftet, lebte er fortan bis 1945 in Berlin, danach in Stuttgart und Garmisch; publizierte zu Brochs 60. Geburtstag im *silberboot* und in *Die Fähre*.

Reiwald, Paul (1895–1951), deutsch-schweizerischer Kriminalpsychologe; emigrierte 1933 über Belgien in die Schweiz; Hochschullehrer in Brüssel, dann 1939–1949 Dozentur für Massenpsychologie in Genf; Broch rezensierte sein einschlägiges Werk und korrespondierte ausführlicher mit ihm.

Rényi-Gyömrői, Edit (geb. 1896), ungar. Psychologin, Dichterin und Schriftstellerin; brachte Broch in Kontakt mit anderen ungar. Emigranten wie G. Lukács, K. Mannheim, B. Balázs, R. Spitz; lebte, nach ihrer Emigration nach Ceylon, später in England, wo sie als Psychoanalytikerin tätig war.

Reuter, Gabriele (1859–1941), amerikan. Schriftstellerin und Frauenrechtlerin; schrieb in *The New York Times Book Review* über die ersten beiden Bände der *Schlafwandler*-Trilogie.

Richter, Werner (1888–1969), deutscher Schriftsteller, Historiker und Journalist; besprach 1931/1932 die drei Bände der *Schlafwandler* für das Berliner *Tageblatt*; emigrierte 1936/1938 über Italien zunächst in die Schweiz, dann mit Hilfe eines von Broch besorgten Visums 1941 in die USA; Broch rezensierte sein Frankreich-Buch.

Ripper, Rudolf Carl v. (1905–1960), österr. Maler und Zeichner; Broch lernte ihn 1939 in der Künstlerkolonie Yaddo kennen; dort entstand auch ein Portrait Brochs (vgl. BB 240ff.).

Rogers, Frances Colby (1904–1981), amerikan. Schriftstellerin, Verfasserin zweier Romane (1940 und 1944), mit Broch seit 1939 jahrelang in enger Beziehung.

Roosevelt, Anna Eleanor (1884–1962), amerikan. Politikerin; Witwe des amerikan. Präsidenten Franklin D. Roosevelt; 1946–1952 Vorsitzende der UN-Menschenrechtskommission, Adressatin einer englischsprachigen Fassung von Brochs Menschenrechtsschrift (vgl. KW 11, 243–276, 503).

Roth, Oscar (1910–1981), aus Wien stammender, 1938 in die USA emigrierter, im Staat Connecticut niedergelassener Arzt, der Broch während seines Spitalaufenthalts in St. Raphaels kardiologisch betreute.

Roth, Wilhelm (William, Rothi, Daten nicht ermittelt), 1938 in die USA emigrierter Wiener Industrieller jüdischer Herkunft; ehemaliger IG-Farben-Geschäftsführer für Osteuropa; war in New York als Versicherungskaufmann und Makler tätig und unterstützte mehrere Hitler-Flüchtlinge, darunter Broch und Kahler, finanziell; Broch etwa erhielt von Juli 1947 bis zu seinem Tod monatlich 50 Dollar; Roth bemühte sich ferner um Rekonversion des 1909 zum Katholizismus konvertierten Juden Broch.

Rothstein, Irma (1896–1971), russisch-österr. Bildhauerin; emigrierte in den 1930er Jahren nach New York, wo sie mit Broch befreundet war und 1945 von ihm eine Büste schuf, die sich jetzt im dortigen Leo Baeck Institute befindet (vgl. BB 240ff.).

Rychner, Max (1897–1965), Schweizer Kritiker, Essayist und Übersetzer; Redakteur der *Neuen Schweizer Rundschau*.

Sachs, Hanns (1881–1947), Psychiater, Freud-Schüler; mit Broch befreundet; dieser publizierte über ihn (vgl. KW 10/1, 273f.).

Sahl, Hans (eigentl. Hans **Salomon**, 1902–1993), aus Dresden gebürtiger Schriftsteller, Kritiker und Kunsthistoriker – Promotion 1924 in Breslau über altdeutsche Malerei; emigrierte 1933/1934 über Prag in die Schweiz und nach Paris; war 1939/1940 in Frankreich interniert; seit 1941 lebte er in New York, wo auch die meisten seiner schriftstellerischen Werke entstanden und er als Korrespondent u. a. der *NZZ*, der *SZ*, der *Welt* und als Übersetzer u. a. der wichtigsten amerikan. Dramatiker tätig war; lebte seit 1989 bis zu seinem Tod in Tübingen.

Saiko, George (1892–1962), österr., mit Broch seit der gemeinsamen Wiener Studienzeit befreundeter Kunsthistoriker, Archäologe, Psychologe und Schriftsteller; nahm nach dem Krieg brieflich wieder Kontakt mit ihm auf; 1945 und 1950 Leiter der Wiener Albertina.

Salvemini, Gaetano (1873–1957), italien. Politiker, Historiker und Publizist; lehrte seit 1934 in Harvard; Mitglied einer Intellektuellengruppe zur Propagierung demokratischer Staatsformen, Signatar/Mitautor des Buches *The City of Man. A Declaration on World Democracy*, für das auch Broch tätig war.

Sándor, Árpád (1896–1972), bedeutender ungarisch-amerikanischer Pianist und Musikkritiker, zuerst in Budapest und Berlin, seit 1933 in den USA.

Sapper, Theodor (1905–1982), österr. Schriftsteller; in den 1920/1930er Jahren Begegnungen mit H. Broch, E. Canetti, Th. Däubler, H. v. Doderer, A. Ehrenstein u. a.; nach dem Krieg Lehrbeauftragter an der Wiener Akademie der Bildenden Künste.

Schächter, Josef (1901–1994), zum Wiener Kreis gehörender Sprachphilosoph und Logiker; Wiener Studienfreund Brochs.

Schaxel-Hoffer, Hedwig (1888–1961), Freud-Schülerin, Psychoanalytikerin, bei der Broch in Wien in den späten 1920er und frühen 1930er Jahren acht Jahre lang in Behandlung war; 1938 Emigration nach London; auch aus dem amerikan. Exil hielt Broch noch zu ihr Verbindung.

Schiffer, Walter (1906–1949), mit Broch befreundeter deutscher Völkerrechtler; nach Emigration über die Schweiz in die USA lehrte er ab 1943 als Fellow in Princeton, später an der New Yorker Syracuse University; Broch setzte sich für die Förderung seiner wissenschaftlichen Arbeit ein und unterstütze dessen Witwe Helene.

Schiffrin, Jacques (1886–1950), mit André Gide befreundeter und zusammenarbeitender franz. Übersetzer, Hg. der *Pléiade*; 1940 in die USA emigriert war er 1950 Broch bei den Korrekturen für die franz. Ausgabe des *Vergil*, für deren Veröffentlichung er sich sehr eingesetzt hatte, behilflich.

Schlick, Moritz (1882–1936, ermordet), in Berlin geborener Physiker und Philosoph; 1922 erhielt er in Wien den für Ernst Mach geschaffenen Lehrstuhl für Philosophie der induktiven Wissenschaften; Begründer des Wiener Kreises und Wegbereiter des Neopositivismus; 1925–1930 Lehrer Brochs an der Wiener Universität, der auch Mitglied seines Privatseminars war.

Schlesinger, Marianne (geb. Geiringer, 1883–1975), Schwägerin von Trude Geiringer; ihr Mann starb in Buchenwald; später in zweiter Ehe verheiratet mit R. Duschnitz.

Schlosser, Julius v. (1866–1938), Kunsthistoriker an der Wiener Universität, dessen Vorlesung »Gotik-Renaissance« Broch in den späten 1920er Jahren besuchte; durch ihn wird Broch mit dem Semper'schen Stilbegriff, seiner Vertiefung in der Rezeption durch A. Riegl und mit dem zeitgenössischen Stil-Diskurs bekannt.

Schmidl, Trude (= Trude **Schmidl-Waehner**, 1900–1979), Wiener Malerin; seit 1925 verheiratet mit dem Rechtsanwalt Fritz **Schmidl**; in ihrem Atelier trafen sich sowohl Künstler, Kunsthistoriker und Schriftsteller, als auch Gelehrte des Wiener Kreises; 1938 Emigration über Zürich, dann mit Unterstützung von Th. und E. Mann nach New York, wo sie zu Brochs Freundeskreis gehörte, nach dem Krieg lebte sie in Italien.

Schmutzer, Alice (geb. Schnabel, 1884–1949), Cousine Brochs mütterlicherseits; verheiratet mit dem Wiener Zeichner und Radierer Ferdinand Schmutzer (1870–1928); sie schrieb Feuilletons für Ernst Maria Benedikts *Neue Freie Presse*, war befreundet u. a. mit A. und H. Schnitzler, ihren Nachbarn, sowie mit St. Zweig und unterhielt in den 1920er und 1930er Jahren in Wien einen Künstlersalon, in dem weitere Prominente wie P. Casals, R. Strauss, S. Freud, A. Einstein, G. Hauptmann, R. Musil, F. Werfel verkehrten.

Schnabel, August (Gustl, 1874–1949), Brochs in die USA emigrierter Onkel, Vater von Harry; besuchte Broch verschiedentlich in New Haven und kehrte 1948 nach Wien zurück.

Schnabel, Harry (eigentl. Erwin, geb. 1902), Vetter Brochs; erfolgreicher Unternehmer in Haiti.

Schnabel, Marianne (»Mitzi«, 1886–1954), Wiener Cousine Brochs; ihre Schwägerin war »Fanny« (Franziska) Schnabel (geb. Strasser, geb. 1896).

Schnitzler, Arthur (1862–1931), Dr. med.; bedeutender österr. Dramatiker, Erzähler und Romancier; als Nachbar in Wien befreundet mit Brochs Cousine Alice Schmutzer und Gast in ihrem Salon.

Schönberg, Arnold (1874–1951), bedeutender, zur klassischen Moderne zählender Komponist und Musiktheoretiker (Zwölftonmusik); u. a. Lehrer Alban Bergs; Broch widmete ihm in einer Festschrift zu seinem 60. Geburtstag seinen Musik-Aufsatz (vgl. KW 10/2, 234–245).

Schönwiese, Ernst (1905–1991), österr. Schriftsteller, Publizist und Rundfunkredakteur; Hg. der Literaturzeitschrift *das silberboot*, in der Broch vor 1938 und nach 1945 publizierte, u. a. auch Übersetzungen von Joyce und T. S. Eliot. 1938 Emigration nach Ungarn; ab 1945 Literaturredakteur beim Salzburger Rundfunk, 1954–1971 Programmdirektor für Literatur beim Österreichischen Rundfunk in Wien (vgl. Sonja Gindele: *Hermann Broch und Ernst Schönwiese. Eine literarische Korrespondenz*. Saarbrücken 2007).

Schrecker, Paul (1889–1963), Philosophiehistoriker; 1929–1933 Mitarbeiter an der Berliner Leibniz-Ausgabe; emigrierte 1938 über Frankreich in die USA und lehrte dort an der University of Pennsylvania; einer der ältesten Freunde Brochs.

Schreiber, Carl Frederick (1886–1960), amerikan. Germanist, seit 1944 Chairman des German Department in Yale.

Schwarzschild, Leopold (1891–1950), deutscher Publizist und Soziologe; von Broch erfolgreich unterstützt bei der Auswanderung.

Schwarzwald, Eugenie (Genia, 1872–1940), österr. Reformpädagogin, begründete 1901 in Wien die nach ihr benannten Schulanstalten; in ihrem Wiener Haus verkehrten zahlreiche Künstler und Schriftsteller, darunter Broch, Döblin, Th. Mann, R. Musil, J. Wassermann.

Seelig, Carl (1894–1962), Schweizer Schriftsteller und Herausgeber, u. a. von Werken Büchners, R. Walsers, G. Heyms; rezensierte 1938 in Th. Manns *Maß und Wert* Brochs Joyce-Essay.

Sessions, Roger (1896–1985), amerikan. Komponist, Musikprofessor in Princeton; zusammen mit Broch Trauzeuge bei der Heirat von Th. Manns jüngster Tochter Elisabeth mit G. A. Borgese.

Sonne, Abraham (Ben Yitzhak, 1883–1950), studierte in Berlin und Wien jüdische Theologie und Geschichte; 1913 Dozent am Lehrerbildungsseminar in Jerusalem; nach 1918 Mitarbeit im Council of the World Zionist Organisation in London; in den 1920er Jahren wieder in Wien am Jüdischen Pädagogischen Institut als Dozent, später als Rektor; Emigration nach Jerusalem 1938; mit Broch seit Anfang der 1930er Jahre befreundet.

Spender, Stephen (1909–1995), englischer Schriftsteller, Zeitschriftenherausgeber und Publizist; mit Broch seit 1935 über Brody und später auch die Muirs bekannt; 1946 gehörte er zu den Teilnehmern der »Rencontres Internationales de Genève« (zus. m. G. Bernanos, M. Merleau-Ponty, K. Jaspers, I. Silone, D. de Rougemont, G. Lukács, J. Benda).

Spitz, René Arpád (1887–1974), österr. Mediziner, Psychiater und Analytiker; Schwager von Brochs Verleger Brody, 1933–1938 am Pariser Psychoanalytischen Institut tätig, emigrierte 1938 in die USA, erhielt Lehraufträge an der New York University und leitete 1947–1961 ein eigenes Institut für Kinderpsychologie.

Spitzer, Else (Daten nicht ermittelt), und ihr Mann (vielleicht der Komponist, Kapellmeister und Texter) Fritz **Spitzer** (Daten nicht ermittelt, vielleicht 1905–1963), alte Wiener Freunde, die nach England emigrierten; Broch korrespondierte mehrfach mit ihnen noch aus dem amerikan. Exil.

Staudinger, Else (1890–1966), Wirtschaftswissenschaftlerin; 1934 in die USA emegriert, wo sie 1946 mit ihrem Mann Hans und Alvin Johnson das American Committee for Emigré Scholars, Writers and Artists gründete und bis 1966 leitete.

Staudinger, Hans (1889–1980), Wirtschaftswissenschaftler; ehem. SPD-Mitglied und Mitglied des Deutschen Reichstags; 1933 verhaftet; Flucht über Belgien, Frankreich, England in die USA; 1934–1960 Professor für Volkswirtschaftslehre an der New Yorker New School for Social Research und mit A. Lowe dort Leiter eines Institute for World Affairs.

Steiner, Herbert (1892–1966), österr. Literaturwissenschaftler, Hg. der Werkausgabe Hofmannsthals (1945–1949), Berater Brochs bei seinen Hofmannsthal-Arbeiten.

Stern, James (»Jimmy«, 1904–1993), englischer Schriftsteller und Übersetzer; übersetzte mit seiner Frau Tania Brochs Einleitung »Hugo von Hofmannsthals Prosaschriften« (vgl. KW 9/1, 300–332).

Sternberger, Dolf (1907–1989), deutscher Politikwissenschaftler und Publizist; 1934–1943 Redakteur der *Frankfurter Zeitung*; in der Nachkriegszeit Hg. wichtiger Zeitschriften (*Wandlung, Gegenwart*), befreundet mit H. Arendt; besuchte Broch, mit dem er korrespondierte, in New Haven. Seine Gesammelten Schriften erschienen ab 1977 im Insel Verlag.

Thiess, Frank (1890–1977), deutscher Schriftsteller, Essayist und Romancier; mit Broch seit 1928/1929 befreundet; verschaffte ihm u. a. Zugang bzw. Kontakte zu diversen Zeitschriften und Verlagen.

Tillich, Paul Johannes (1886–1965), protestantischer Theologe und Religionsphilosoph; 1919 Privatdozent in Berlin, wo er sich als maßgeblicher Theoretiker des sog. religiösen Sozialismus profilierte; ab 1924 Professuren in Marburg, Dresden, Leipzig, Frankfurt am Main; 1933 Emigration in die USA; Dozent am Union Theological Seminary in New York; seit 1955 Professur in Harvard, später in Chicago, wo er auch starb; bedeutende Beiträge zur Theologie der Kultur.

Tolnay, Charles de (1899–1981), aus Ungarn gebürtiger deutsch-amerikan. Kunsthistoriker; promovierte Mitte der 1920er Jahre bei Schlosser in Wien; Emigration 1933 nach Paris, dann mit Unterstützung Panofskys in die USA; seit 1939 am Princetoner Institute for Advanced Study; Fellow der Guggenheim und Bollingen Stiftungen; ab 1953 Professur an der New Yorker Columbia University.

Torberg, Friedrich (1908–1979), österr. Schriftsteller; seit den 1930er Jahren mit Broch befreundet; emigrierte 1938/1939 über die Schweiz nach Frankreich, 1941 in die USA, wo er bis zu seiner Rückkehr nach Österreich 1951 in Kalifornien und New York lebte.

Untermeyer, Jean Starr (1886–1970), seit 1939, als er sie auf der Feier zum 64. Geburtstag Thomas Manns kennenlernte, eng mit Broch befreundete und zu ihm in einer Liebesbeziehung stehende amerikan. Lyrikerin und Übersetzerin, die zunächst die »Vier Elegien an das Schicksal« aus Brochs vierter Romanfassung des *Vergil*, schließlich den ganzen im Entstehen begriffenen Roman übersetzte.

Urban, Wilbur Marshall (1873–1952), amerikan. Sprachphilosoph, Vertreter eines axiologischen Idealismus; ihm wird die Einführung der Phänomenologie in der englischsprachigen Fachwelt zugeschrieben; in den 1920er Jahren Professor am Dartmouth College; verfasste neben sprachphilos. auch wertphilos., ethische und religionsphilos. Werke; war lange Präsident der American Philosophical Association; seit Anfang der 1930er Jahre Professor in Yale; wurde 1941 Nachfolger von Ernst Cassirer.

Viertel, Berthold (1885–1953), mit Broch noch aus der Wiener Zeit befreundeter österr. Schriftsteller, Dramaturg und Film-Regisseur; die Freundschaft wurde im amerikan. Exil fortgesetzt.

Vietta, Egon (Egon Fritz, 1903–1959), Jurist, Publizist, Kritiker, später Schriftsteller und Dramaturg in Darmstadt. Mit Broch, über den er in den 1930er Jahren einen Essay in der *Neuen Rundschau* publizierte, seitdem in Briefkontakt; 1950 besuchte er ihn in New Haven, wobei verschiedene Interviews (KW 11, 460–492) entstanden; 1951 publizierte er einen Nachruf auf Broch in der *FAZ* (vgl. Silvio Vietta, »Der Briefwechsel zwischen Hermann Broch und Egon Vietta«. In: *Hermann Broch. Neue Studien*. Hg. v. Michael Kessler. Tübingen 2003, 347–362).

Vlasics, Hans (1897–1962), österr. Lyriker und Dramatiker, Lehrer in Bad Aussee, mit dem Broch die sog. »Hausinschriften« (Haussprüche, vgl. KW 8, 97–112) verfasste; Brochs Zellengenosse im Altausseer Gefängnis war Josef Khälss, der später dort Bürgermeister wurde.

Voegelin, Eric H. (1901–1985), aus Köln gebürtiger Philosoph und Politologe; Schüler von Hans Kelsen; 1935 in Wien Professor für politische Wissenschaft und Soziologie; 1938 Emigration in die USA; 1942 Professor an der Louisiana State University; 1958 Professor für Politikwissenschaft Universität München; 1969 Senior Research Fellow an der Hoover Institution in Stanford; in einer 1938 noch in Wien erschienenen Studie prägte er den Begriff und untersuchte das Phänomen der *Poltischen Religionen*; mit Broch seit Mitte der 1930er Jahre bekannt; dieser diskutierte mit ihm die *Völkerbund-Resolution* und stand auch später, im amerikanischen Exil, brieflich mit ihm in Verbindung (vgl. Hermann Broch und Eric Voegelin: *Ein Briefwechsel im Exil. 1939–1949*. Hg. v. Thomas Hollweck. München 2007).

Waldinger, Ernst (1896–1970), mit Broch befreundeter, 1938 in die USA emigrierter österr. Lyriker; verfasste nach dessen Tod ein Gedicht »Dem Andenken Hermann Brochs«; 1947–1965 Professor für Deutsche Literatur am Skidmore College in Saratoga Springs.

Wassermann, Eva (1916–1979), Tochter des Dichters J. Wassermann; führte im New Yorker Exil ein Tanzstudio und war von 1941–1949 mit Brochs Sohn Armand verheiratet.

Wassermann, Jakob (1873–1934), deutscher Journalist und Schriftsteller; mit Broch aus seinen Kaffeehaus- und Salonbesuchen bekannt; Redakteur beim Münchener *Simplicissimus*; Wassermann war verheiratet mit Julie Else (1876–1959).

Weidlé, Wladimir (1895–1979), französ. Kunst- und Literaturhistoriker; verfasste einen von Broch geschätzten zweiteiligen Essay »Les Somnambules: trente ans de la vie de l'Allemagne« für die Kulturzeitschrift *Le Mois* von 1931/1932 (Nr. 3 bzw. Nr. 18) und widmete in seinem Buch von 1936 *Les Abeilles d'Aristée: essai sur le destin actuel des lettres et des arts* (Wiederaufl. 1954 bei Gallimard, 300–393) Broch eine umfangreiche Behandlung; beide Texte waren von hoher Wichtigkeit für die französ. Broch-Rezeption.

Weigand, Hermann J. (1892–1985), amerikan. Skandinavist und Germanist; lehrte deutsche Literatur an der Yale University, war dort ein wichtiger Förderer Brochs und begründete 1947 mit dem ersten germanistischen Essay zum *Tod des Vergil* die amerikanische Broch-Forschung.

Weismann, Willi (1909–1983), deutscher Verleger; Leiter des 1946 von ihm gegründeten gleichnamigen Verlags, in dem 1950 *Die Schuldlosen* publiziert wurden; in seiner Zeitschrift *Die Fähre*, seit 1948/1949 in *Literarische Revue* umbenannt, erschien 1946 ein Heft zum 60. Geburtstag Brochs mit Vorabdruck aus dem Drama *Die Entsühnung*; weitere Hefte desselben Jahrgangs enthielten auszugsweise Nachdrucke aus Werken Brochs.

Wellesz, Egon (1885–1974), mit Broch befreundeter österr. Komponist und Musikforscher; Schüler von A. Schönberg; 1929–1938 Professor an der Wiener Universität, 1938 nach England emigriert.

Werfel, Franz (1890–1945), aus Prag gebürtiger, im kalifornischen Exil verstorbener österr. Schriftsteller; war u. a. mit Kafka, M. Brod und eben Broch befreundet; verheiratet mit der Witwe G. Mahlers; floh 1938–1940 über Frankreich in die USA.

Weyl, Hermann Klaus Hugo (1885–1955), deutschstämmiger Mathematiker und Physiker; gilt als einer der bedeutendsten Mathematiker des 20. Jhs.; arbeitete am Princetoner Institute for Advanced Study.

Wilder, Thornton (1897–1975), amerikan. Schriftsteller, der in Hamden, Connecticut lebte und geschäftlich wie gesellschaftlich von seiner Schwester Isabel (1900–1995), einer erfolgreichen Romanautorin, gemanagt wurde; Freund und Förderer Brochs, wurde berühmt durch seine Romane und Dramen, die auch in Deutschland in der Nachkriegszeit sehr erfolgreich waren.

Wirtinger, Wilhelm (1865–1945), Wiener Professor für Mathematik, bei dem Broch bis Ende der 1920er Jahre studierte.

Wittels, Fritz (1880–1950), Wiener Psychoanalytiker, 1938 emigriert; praktizierte in New York, wo er auch Broch behandelte.

Wolf, Felix († 1932), Freund und Geschäftspartner Brochs, Companion der Firma Lederer & Wolf; hatte Broch bereits 1907 auf der Amerikareise begleitet; kaufte dann 1927 Brochs Firmen; 1932, nach dem Bankrott seiner Unternehmen beging er Selbstmord.

Wolff, Kurt (1887–1963) und Helene (geb. Mosel, 1906–1994), Verlegerehepaar; Teilhaber des Rowohlt Verlags; er gründete 1913 in Leipzig den nach ihm benannten Verlag, später auch einen Kunstverlag in Florenz; 1939/1940 in Frankreich interniert, 1941 Flucht über Spanien in die USA; seit 1942 leiteten beide gemeinsam mit Curt von Faber du Faur, Kyrill Schabert und Jacques Schiffrin in New York den Exil-Verlag Pantheon Books, bei dem 1945 Brochs *Vergil* zugleich auf Deutsch und Englisch erschien.

Wolff, Kurt Heinrich (1912–2003), in die USA ausgewanderter, deutschamerikan. Soziologe und Schriftsteller, befreundet mit E. v. Kahler, bei dem ihn Broch 1947 kennenlernte und 1949/1950 dann in New Haven wiedertraf; 1948 hatte er ihm zu einem poetischen Manuskript ein Verlagsgutachten (vgl. KW 9/1, 398–401) geschrieben.

Wotruba, Fritz (1907–1975), bedeutender, mit Broch befreundeter Wiener Bildhauer; lebte 1939–1945 im schweizerischen Exil; erhielt nach dem Krieg eine Professur an der Wiener Kunstakademie.

Wyatt, Gerty (Getrud, 1903–1993), Ehefrau des amerikan., in Harvard lehrenden Psychiaters und Psychologen Frederick Wyatt (1911–1993), beide besuchten Broch häufig in Princeton.

Zand, Herbert (1923–1970), österreichischer Schriftsteller, Essayist und Übersetzer; schwer kriegsversehrter, wichtiger Korrespondenzpartner Brochs.

Zuckerkandl, Viktor (1896–1945) Musikwissenschaftler; emigrierte 1938 über die Schweiz in die USA und lehrte am St. John's College in Annapolis.

Zuckerkandl-Szeps, Berta (»Hofrätin«, »Tante Bertha«, 1864–1945), österr. Schriftstellerin, Journalistin und Kritikerin; Tochter des Wiener Zeitungsverlegers Moritz Szeps (*Neues Wiener Tagblatt*); unterhielt in den 1920er und 1930er Jahren in Wien einen auch von Broch frequentierten Salon, in dem u. a. F. Th. Csokor, G. Klimt, J. Strauss d. J., M. Reinhardt, A. Schnitzler, A. Mahler-Werfel, G. Mahler, A. Kolig und S. Isepp verkehrten.

Zuckmayer, Carl (1896–1977), deutscher Schriftsteller; seit 1926 in Österreich lebend, 1938/1939 Emigration zuerst in die Schweiz, dann in die USA; Mitte der 1940er Jahre Kulturbeauftragter der amerikanischen Regierung und Berichterstatter über die kulturelle Situation im Nachkriegsdeutschland; ab 1954 bis zu seinem Tod lebte er im schweizerischen Saas-Fee.

Zühlsdorff, Volkmar v. (1912–2006), Dr. iur.; Sekretär, Freund, Exil- und Lebensgefährte von Hubertus Prinz zu Löwenstein und dessen Frau Helga Maria; Mitarbeiter in der von Löwenstein 1935 gegründeten American Guild for German Cultural Freedom und Geschäftsführer der ebenfalls von Löwenstein gegründeten Deutschen Akademie im Exil. Mit Broch bekannt seit 1938, später befreundet und vorher in sporadischem, seit 1945 in regem Briefkontakt (vgl. BÜD).

Zweig, Stefan (1881–1942), bedeutender, mit Broch befreundeter österr. Romancier, Dramatiker und Essayist; war Broch vielfach behilflich und diskutierte mit ihm seine Dramenprojekte und über die im Entstehen begriffene *Verzauberung*; die umfangreiche und intensive Korrespondenz beider reichte noch in die Emigrationszeit; 1938 emigrierte Zweig nach England; 1941 nach Braslien, wo er sich nach Pearl Harbour mit seiner zweiten Frau in Petropolis das Leben nahm.

Michael Kessler

Das dichterische Werk

I. Die Schlafwandler

>»Don't panic, ›Confession is nothing, knowledge is everything.‹
>That's a quote but I'm not going to tell who said it.
>Hints: – a writer
>– somebody wise
>– an Austrian (i. e., a Viennese Jew)
>– a refugee
>– he died in America in 1951«
>
>Susan Sontag, »Project for Trip to China«

1. Europäische Kulturkrise

Hermann Brochs Roman-Trilogie *Die Schlafwandler* (1928–1931) ist in einer Grundkonstellation künstlerischer und philosophischer Werke eingebettet, die sich mit der geistigen Krise in den Jahren nach dem Ersten Weltkrieg intensiv auseinandersetzen. Der Krieg war nicht die Ursache dieser Krise, sondern Symptom der tieferliegenden Malaise, deren Anfänge mindestens zur Romantik zurückreichen. Sie war naturgemäß nicht spezifisch deutsch, sondern gesamteuropäisch und ist demzufolge in diesem übernationalen Kontext zu verstehen. Außer an Broch selbst denkt man in erster Linie an Kafka, *Das Schloss* (1922); Joyce, *Ulysses* (1922); Jaspers, *Die geistige Situation der Zeit* (1922); Eliot, *The Waste Land* (1922); Th. Mann, *Der Zauberberg* (1924); Dos Passos, *Manhattan Transfer* (1925); Gide, *Les Faux-monnayeurs* (1925); Woolf, *Mrs Dalloway* (1925); Heidegger, *Sein und Zeit* (1927); Scheler, *Die Stellung des Menschen im Kosmos* (1928); Witkiewicz, *Nienasycenie* (1930); Freud, *Das Unbehagen in der Kultur* (1930); Céline, *Voyage au bout de la nuit* (1932), Musil, *Der Mann ohne Eigenschaften* (1930–1933); und Sartre, *La nausée* (1938).[1] Diese Kunstwerke und

---

[1] Selbstverständlich neigt die Forschung dazu, Broch und sein Werk in der engeren Tradition des deutschen Romans zu verorten (Theodore Ziolkowski: *Dimensions of the modern novel. German texts and European contexts.* Princeton 1969; Karl Robert Mandelkow: *Hermann Brochs Romantrilogie ›Die Schlafwandler‹. Gestaltung und Reflexion im modernen deutschen Roman.* Heidelberg 1962; Stephen D. Dowden: *Sympathy for the Abyss. A Study in the Novel of German Modernism. Kafka, Broch, Musil, and Thomas Mann.* Tübingen 1986; Helmut Koopmann: *Der klassisch-moderne Roman in Deutschland. Thomas Mann, Alfred Döblin, Hermann Broch.* Stuttgart 1983). Nach dem Zweiten Weltkrieg war es für die deutsche Literaturwissenschaft – die zwischen 1933 und 1945 stark kompromittiert war – notwendig, jene im Dritten Reich ausgegrenzten Figuren wiederzuentdecken und für die Geschichte der deutschen Literatur neu zu gewinnen und einzugliedern: Kafka, Broch, Lasker-Schüler, Musil, Seghers, die Expressionisten und viele mehr. Genauso selbstverständlich müsste es inzwischen geworden sein, Brochs *Schlafwandler* nicht lediglich als vergessenen Roman der Weimarer Zeit zu betrachten (obwohl er *auch* das ist), sondern als kosmopolitisches Literaturereignis, das sich weit über die Grenzen des deutschen Sprachraums und die Zeit der Weimarer Republik hinaus durchgesetzt hat. Die Trilogie ist bis jetzt in mindestens 21 Sprachen übersetzt worden und erreicht nun eine globale Leserschaft. Sie gehört also nicht nur der deutschen Literatur an, sondern der Weltliteratur. Allmählich entwickelt sich ein Broch-Bild in der Forschung, das ihn in den übergreifenden internationalen

theoretischen Werke haben gemeinsam den Anspruch, die Zeitkrankheit der Moderne zu untersuchen. Eine Besonderheit Brochs liegt u. a. in der Vordergründigkeit der Spannung zwischen Kunst und Theorie als Formen der Erkenntnis, eine Bewandtnis, die in seinem Gesamtwerk deutlich hervortritt, die aber besonders stark in seiner Roman-Trilogie *Die Schlafwandler* zur Geltung kommt.

2. Literatur und Kunst als Orte und Medien von Erkenntnis

Aber inwiefern ist das Verhältnis zwischen Kunst und Theorie ein Problem? Wie verhält sich ein Kunstwerk zu Theorie? Für Albert Camus war die Beziehung deutlich. Er schrieb 1938, dass ein Roman nie etwas anderes sei als eine in Bilder gefasste Theorie: »Un roman n'est jamais qu'une philosophie mise en images«[2]. Alle Denker und Schriftsteller unter den oben angeführten Autoren – mit der wichtigen Ausnahme von Franz Kafka – hatten theoretische Ansprüche. Als theoretischer Denker befasste sich Broch in der Zeit seiner ersten Romane vor allem mit seiner Theorie vom »Zerfall der Werte« und dementsprechend mit der Stellung des Menschen in der geschichtlichen Zeit, d. h. mit der ethischen Stellung des Menschen in einer Welt, deren absolutes, wertstiftendes Zentrum verschwunden ist. Der Tod Gottes, den Nietzsches »toller Mensch« in der *Fröhlichen Wissenschaft* vermeldete, war nicht das erste Wort in dieser Hinsicht. Bereits Schiller sprach von der Entgötterung der Welt; Weber von deren Entzauberung; Broch vom Wertzerfall. Diesen verlorenen Ursprung universal bindender Werte nennt er »platonische Idee« oder auch Mythos.

Broch war aber ein Theoretiker, der die Grenzen der Theorie scharf absteckt. Kunst und Literatur sind der Ort einer Erkenntnis, die das begriffliche Denken der Theorie nicht ermitteln, eruieren oder erfassen kann. Das erinnert an den späteren Heidegger, der sich nach seiner »Kehre« während der 1930er Jahre der Dichtung zuwendet. Dichtung, schreibt er in *Hölderlin und das Wesen der Dichtung* (1936), »ist der tragende Grund der Geschichte«[3]. Brochs Vorstellung vom literarischen Kunstwerk als wertstiftendes Ereignis ist ähnlich – im *Tod des Vergil* wird die *Äneis* als europäischer Gründungsmythos dargestellt –, auch wenn Broch zugleich an der Literatur ethisch zweifelt: In seinem *Vergil*-Roman will der Protagonist das Epos einerseits verbrennen, weil es eine Diktatur verherrlicht und beschönigt, aber zugleich wird das Gedicht am Ende als ein Freundschaftsgeschenk des Dichters an den Tyrannen Augustus dargestellt, weil Oktavian auch ein alter Freund ist. Brochs frühe Wendung zur

---

Kontext integriert. Die globalen Ansprüche von Brochs politischer Tätigkeit gelten auch für seinen Rang als Romanschriftsteller.
2   Albert Camus: *Œuvres complètes. I. 1931–1944*. Paris 2006, S. 794.
3   Martin Heidegger: *Erläuterungen zu Hölderlins Dichtung*. Frankfurt am Main ⁵1981, S. 42.

Romanform – in starkem Gegensatz etwa zur Vorstellung von Camus – war dadurch bedingt, dass das rationale wissenschaftliche Denken das Wesen der menschlichen Erfahrung nicht erfassen könne, beispielsweise die Beziehung zu elementaren Erlebnissen wie Eros oder Tod, menschlicher Freundschaft und Liebe oder humaner Gemeinschaft. Und zum Wesen der menschlichen Erfahrung gehört laut Broch die grundlegende Frage nach dem Ethischen[4].

3. Stilbrüche: Romanform und neue Erkenntnis

Der Roman als Erkenntnisform antwortet auf diese Frage nach dem Ethischen. 1931 schreibt Broch an seinen Verleger Daniel Brody:

> Sie kennen meine Theorie, daß der Roman und die neue Romanform die Aufgabe übernommen haben, jene Teile der Philosophie zu schlucken, die zwar metaphysischen Bedürfnissen entsprechen, dem derzeitigen Stande der Forschung aber gemäß heute als »unwissenschaftlich« oder, wie Wittgenstein sagt, als »mystisch« zu gelten haben. [...] Der Roman ist Dichtung, hat also mit den Ur-Moventien der Seele zu tun, und eine ›gebildete‹ Gesellschaftsschicht zum Romanträger zu erheben, ist eine absolute Verkitschung. (KW 13/1, 150f.)

Einerseits muss der Roman als Form die tiefsten Schichten unseres Lebens direkt ansprechen, und zwar auf eine einfache Weise. Erzähltechnisch geht es Broch also nicht um begrifflich anspruchsvolle Gespräche zwischen Romanfiguren, wie etwa die philosophischen Unterhaltungen in Manns *Zauberberg*: »Bei den meisten dieser Autoren,« (außer Mann kritisiert Broch Gide, Musil und Huxley), »steht die Wissenschaft, steht die Bildung wie ein kristallener Block neben ihrem eigentlichen Geschäft, und sie brechen einmal dieses Stückchen, ein andermal jenes Stückchen davon ab, um ihre Erzählung damit aufzuputzen« (KW 13/1, 151). Was wäre denn dann »das eigentliche Geschäft« eines Romans?

Die Frage beantwortet Broch nicht immer eindeutig, aber sein Grundgedanke bleibt in den Umrissen unverkennbar. Der Roman hat die Aufgabe, zeitgemäße Wirklichkeiten und Wahrheiten zu entdecken, als Erzählung auszusprechen und als Form sinnfällig zu machen, die erst noch undifferenziert in der Luft liegen. Normalerweise nennt Broch in seinen Briefen und Aufsätzen als gelungenen Romancier der Moderne das Beispiel James Joyce. In den späteren Jahren seines Lebens dient ihm Franz Kafka als Paradigma des modernen Erzählers. Den »kristallenen Block« Gelehrsamkeit und Theorie findet man bei Joyce stark vertreten. Joyce hat sogar versucht, die Interpretation

---

[4] Paul Michael Lützeler: *Hermann Broch – Ethik und Politik. Studien zum Frühwerk und zur Romantrilogie »Die Schlafwandler«*. München 1973.

seines *Ulysses* selbst in die Hand zu nehmen, indem er wissenschaftliche Arbeiten veranlasste und steuerte: vor allem (aber nicht nur) Gilbert Stuarts *James Joyce's Ulysses: A Study*.[5] Das sind Gebrauchsanweisungen für seinen schwierigen Roman. Bei Kafka ist diese Sorge um Gelehrsamkeit, hermeneutische Kontrolle und erzähltechnische Schwierigkeit undenkbar – und hier müssen einem auch Anton Tschechow und Samuel Beckett einfallen, bei denen es ebenfalls um das Primat des Erzählens geht. Broch nennt das »reine Lyrik«: »Ich bin der Letzte, der Popularkunst vertritt«, schreibt er an Ivan Goll, »aber ich weiß, daß derjenige, der kommen wird, weil er kommen muß, sich in sehr einfachen Worten äußern wird, in Worten, die nichts mit Kunst zu schaffen haben, oder höchstens so weit, als sie reine Lyrik sein können« (KW 13/3, 16; vgl. KW 13/3, 144f.).

Selten drückt sich Broch in einfachen Worten aus. Die Erzähltechnik seiner Romankunst stellt eher hohe Anforderungen.[6] Wie Thomas Mann neigt Broch dazu, den Romanstil des 19. Jahrhunderts ironisch für seine eigenen Zwecke zu brechen. So ist der *Pasenow*-Roman zu verstehen, wie auch der *Esch*-Roman. Beide Trilogieteile tendieren zur Parodie, wie viele Leser bemerkt haben. Der *Pasenow*-Roman parodiert den Stil und die Handlung des Liebesromans des späten 19. Jahrhunderts. Die Geschichte von August Eschs unbeholfener Suche nach Gerechtigkeit verläuft ungefähr nach dem Muster des Naturalismus oder der Neuen Sachlichkeit, aber mit mehr als einer Prise Ironie, die einen satirischen Abstand schafft. Brochs Anliegen ist ethisch, da für ihn – dessen literarische Vorstellungen stark von Karl Kraus beeinflusst worden sind – die Satire ethisch bestimmt ist (KW 9/1, 270f.). Im dritten *Schlafwandler*-Roman, *1918 – Huguenau oder die Sachlichkeit*, fällt die einheitliche Erzählstruktur der zwei vorhergehenden Romane auseinander. Dieses stilistische Zerbröckeln ist programmatisch: »Hat dieses verzerrte Leben noch Wirklichkeit?« fragt der

---

5   Jennifer Levine: »Ulysses«. In: *The Cambridge Companion to James Joyce*. Hg. v. Derek Attridge. Cambridge, New York 1990, S. 131–160, hier 132f.
6   Theodore Ziolkowski: »Hermann Broch and Relativity in Fiction«. In: *Wisconsin Studies in Contemporary Literature* 8 (1967) H. 3, S. 365–376; Friedrich Vollhardt, *Hermann Brochs geschichtliche Stellung. Studien zum philosophischen Frühwerk und zur Romantrilogie »Die Schlafwandler« (1914–1932)*. Tübingen 1986, S. 237–296. – Die ambitionierte Erzähltechnik der *Schlafwandler*-Trilogie hängt mit Brochs erkenntnistheoretischen Ansprüchen eng zusammen: »Dichten heißt, Erkenntnis durch die Form gewinnen wollen, und neue Erkenntnis kann nur durch neue Form geschöpft werden« (KW 13/1, 223). Dieser Einstellung gegenüber wurde Broch ambivalent, vor allem in späteren Jahren. Das sieht man an seiner Joyce-Kritik. Am 3.12.1948 schreibt er an Elisabeth Langgässer einen Brief über die moderne Kunst und Literatur und über die literarische »Sackgasse«, in die James Joyce geraten ist: »Nun ist aber die Revolution der Malerei – eben weil sie von der Hand besorgt wurde – rein vom Technischen ausgegangen, und das ist für den Kopf verboten; gerade das Überwiegen des Technischen ist Joyce vorzuwerfen«. An Waldo Frank schreibt er, dass Joyces Methode »bestenfalls eine Sache der Literaturgeschichte geworden ist«; »Kafkas Genie freilich reicht unendlich über das Joyce'sche hinaus, weil es im Gegensatz zu diesem sich einen Pfifferling um das Ästhetisch-Technische kümmert« (KW 13/3, 281, 412). In diesen Bemerkungen klingt wohl mehr als ein bisschen Selbstkritik mit.

Erzähler-Essayist Bertrand Müller im ersten »Zerfall der Werte«-Kapitel, »hat diese hypertrophische Wirklichkeit noch Leben?« (KW 1, 418). Die uneinheitliche Erzählform des *Huguenau* spiegelt den allgemeinen Zerfall der Welt im Ersten Weltkrieg und besteht aus einer Reihe von kleinen Kapiteln ohne klares Zentrum. Auch eine Vielzahl von Gattungen sind vorhanden: Lyrik, Prosa, dramatischer Dialog, philosophische Essays. Jedoch bietet Broch keinen neuen Epochenstil an. Stattdessen reproduziert er das Zerfallen der tradierten Romanform als Teil einer allgemeinen Auflösung des Lebens. Die Einheitlichkeit der Romanform geht daran in die Brüche. Die Menschen im dritten Roman fallen auch selbst auseinander. Viele sind Kriegsversehrte – keine integralen Menschen mehr, wie Gödicke und Leutnant Jaretzki. Das stimmt nicht nur für die, die im Krieg um Arme und Beine oder andere Körperteile gekommen sind, sondern auch für Figuren wie Hanna Wendling, deren behagliches Leben langweilig und zwecklos ist. Als wohlhabende, schöne und verwöhnte Hausfrau genießt sie eine konkrete Freiheit, über die sonst niemand im Roman verfügt. Aber diese Freiheit erlebt sie als Fluch, weil ihr Leben keinen tragenden Grund hat. Alles in der alltäglichen Welt, in der sie sich bewegt, auch Mann und Kind, scheint ihr gleichgültig, lustlos und unwirklich. In ihrer Flucht vor der Abgründigkeit sind Haus und Garten, Möbel und Mode ihre Hauptinteressen geworden. Aber auch sie scheitern jetzt und Hanna verliert den letzten Rest von ihrem Bezug zur Welt:

> und wußte Hanna auch recht gut, daß es Wichtigeres und Schwereres gibt, so war vielleicht nichts so sehr beängstigend wie die Vorstellung, daß sogar ihre Modejournale ihre Anziehung einbüßen würden und daß man eines Tages selbst die »Vogue«, die während dieser vier Kriegsjahre so sehr entbehrte englische »Vogue«, ohne Entzücken, ohne Interesse, ohne Verständnis betrachten könnte. (KW 1, 447)

Ohne eine Antwort auf die ungestellte, aber doch dringende Frage nach einem letzten Sinn menschlicher Anstrengung, hat sich eine geistige Lähmung bei Hanna durchgesetzt und sie entkräftet. Ihre radikale Bindungslosigkeit und Gleichgültigkeit machen sie zu einer Schwester von Figuren wie Emma Bovary und Clarissa Dalloway, aber auch von Sartres Roquentin.[7] Sie wehrt sich gegen

---

7   Emma versucht sich aus dem Ennui zu retten, indem sie eine Verbindung zur Welt durch erotische Liebe herstellt. Clarissa versucht in Geselligkeit einen Weltbezug zu begründen (vgl. Sara Crangle: »The Time Being: Woolf and Boredom«. In: *Modern Fiction Studies* 54 [2008] H. 2, S. 209–232). Wie Hanna Wendling erleben sie die Welt als gleichgültig und zufällig. Es gibt keinen zwingenden Grund, warum die Sachen so und nicht anders sind. In dieser Hinsicht ist Sartres »nausée« wesensverwandt mit Brochs Schlafwandlern: »je comprenais la Nausée, je la possédais. A vrai dire je ne me formulais pas mes découvertes. Mais je crois qu'à présent, il me serait facile de les mettre en mots. L'essentiel c'est la contingence. Je veux dire que, par définition, l'existence n'est pas la nécessité. Exister, c'est *être là*, simplement; les existants apparaissent, se laissent *rencontrer*, mais on ne peut jamais les *déduire*. Il y a des gens, je crois, qui ont compris ça. Seulement ils ont essayé de surmonter cette contingence en inventant un être

Kontingenz, indem sie versucht, elegant zu leben, sucht also verzweifelt, den Grund ihres Daseins in Schönheit zu finden; sie ist eine Ästhetin. Das dem Menschen Nächstliegende ist ihr abhanden gekommen: Liebe zu ihrem Sohn, erotische Liebe zu ihrem Mann. Die Grundstimmung von Langeweile und Depression umgibt fast alle Figuren des dritten Romans. Nur bei Huguenau ist das anders. Er ist ein Mensch, der zweckmäßig handelt (KW 1, 461, 463f.): Unbekümmert und zielbewusst geht er seinen Geschäften nach, ohne zu ahnen, dass die Logik seines Lebens mit dem Tod verbunden ist. Hinter der Selbstverständlichkeit seiner Rationalität verbirgt sich »das Monstrum eines Sterbens, in dem die Zeit zerfallen ist« (KW 1, 464). So sieht es der philosophische Erzähler, Bertrand Müller, der selbst dermaßen deprimiert ist, dass er es kaum schafft, aus seiner Berliner Wohnung herauszugehen. Eduard von Bertrand folgt der entgegengesetzten Strategie, die in Selbstmord mündet: »der flüchtete vor seiner Einsamkeit bis nach Indien und Amerika. Er wollte das Problem der Einsamkeit mit irdischen Mitteln lösen, – er war ein Ästhet und deshalb mußte er sich umbringen« (KW 1, 596). Das Heilsarmeemädchen versucht das Gleiche, aber nicht mit irdischen Mitteln. Sie klammert sich an Fragmente einer absterbenden Religionstradition. Einsamkeit, Mangel an Vitalität und orientierungsloses Dahindämmern – »Schlafwandeln« ist Brochs übergreifendes Bild dafür – sind charakteristisch für das Gefühl der Leere und Gleichgültigkeit, die die Menschen in allen drei Romanen erleben.

3.1 1888 – *Pasenow oder die Romantik*

In diesem ersten Teil der Trilogie versucht die Titelfigur, Joachim von Pasenow, einerseits das preußische Offiziersleben und andererseits die Ehe zu seinem bestimmenden Lebenszentrum zu erheben: Er kann das Gefühl der Sinnlosigkeit nur abwehren, indem er Preußen als standhafter Soldat dient (er ist steif, keuschgesinnt und leblos wie Hans Christian Andersens Zinnsoldat oder Thomas Manns Joachim Ziemssen), oder er kann auch Elisabeth Baddensens treuer Ehemann werden. Er kann sich so einer größeren Pflicht unterordnen. Sein Bruder Helmuth, der absurder Weise »für die Ehre« in einem Duell fällt, schreibt in einem posthumen Brief an Joachim: »Ich begrüße das Faktum, daß es so etwas wie einen Ehrenkodex gibt, der in diesem so gleichgültigen Leben eine Spur höherer Idee darstellt, der man sich unterordnen darf« (KW 1, 46). Das Pathos eines Duells ist grotesk. Pathos ist Romantik, eine Kitschsorte, die dann eintritt, wenn das bloß Irdische als etwas

---

nécessaire et cause de soi. Or aucun être nécessaire ne peut expliquer l'existence: la contingence n'est pas un faux-semblant, une apparence qu'on peut dissiper; c'est l'absolu, par conséquent la gratuité parfaite. Tout est gratuit, ce jardin, cette ville et moi-même. Quand il arrive qu'on s'en rende compte, ça vous tourne le coeur et tout se met à flotter [...]« (Jean-Paul Sartre: *La nausée*. Paris 1938, S. 186f.).

Transzendentes gelten muss, weil es kein wahres Absolutes mehr gibt: Pathos der Ehre, des Patriotismus, der ehrbaren (aber auch lieblosen) Ehe zu Elisabeth Baddensen, die er immer wieder mit einer unberührbaren Raffael-Madonna auf silbernen Wolken assoziiert. Elisabeth ist gewissermaßen schon tot, »wie Schneewittchen im Glassarg« (KW 1, 159), von Joachim ins Transzendente aufgehoben. Die unmittelbare Authentizität von Joachims irdischer, gesunder, erotischer Liebe zu der unberechenbaren Ruzena Hruska wühlt seine sonst trägen Gefühle auf. Sie ist ihm zu spontan, zu wirklich, zu zeitlich und dadurch zu gefährlich, weil er nur fähig ist, unter Konventionalismen zu leben. Wenn er mit Ruzena zusammen ist, gerät ihm die Welt ins Verfließen (KW 1, 42–45). Sie verkörpert die angsterregende Zeitlichkeit des Menschen; Joachim will eine feste Ewigkeit, weil sie vor Unsicherheit schütze, auch wenn diese Ewigkeit eine falsche ist, ein Festklammern an überlebten Formen. Ruzena verkörpert auch das Unkalkulierbare im Leben.[8] Wer nicht das unmittelbare Leben in seiner Singularität und Unberechenbarkeit fassen kann, ist der Romantik des Schlafwandelns anheim gegeben, »weil es immer Romantik ist, wenn Irdisches zu Absolutem erhoben wird« (KW 1, 23). Joachim bewegt sich im Traum vom falschen Absoluten: Land und Ehre, Familie und Ehe. Der Traum des Romantikers entspricht der menschlichen Welt nicht.

3.2 *1903 – Esch oder die Anarchie*

Auch die Hauptfigur dieses Romans möchte sich etwas Höherem unterordnen, aber der Kleinbürger August Esch kann seine Zuflucht nicht mehr in den überkommenen Formen finden. Noch mehr als der Aristokrat und Offizier Pasenow ist der Angestellte Esch den Labilitäten der Welt ausgesetzt. Eben von seiner Stelle als Buchhalter fristlos gekündigt, erfährt August Esch die Welt als anarchisch, ungerecht und unberechenbar. Er besucht ein Varietétheater, um sich mit Bekannten zu amüsieren. Das Theater mit seinen derben Vergnügungen ist zwar ein unwahrscheinliches Szenarium für ein authentisch religiöses Erlebnis. Aber trotzdem erlebt Esch dort eine profunde Epiphanie (Brochs verschmitzte Komik und Satire werden häufig übersehen – Tiefe und Heiterkeit schließen sich nicht aus). Ein Jongleur fesselt seine hübsche Gehilfin an ein großes schwarzes Brett und bewirft sie mit Dolchen. Das schwarze Brett versinnbildlicht den Tod, den Abgrund, vor dem fast alle Figuren Brochs

---

[8] Vgl. Sabine Kyora, die Brochs *Notizen zu einer systematischen Ästhetik* (1912) kommentiert und das Erotische bei Broch ähnlich sieht: »Das Unberechenbare, das sich konventionellen literarischen Formen entzieht, in ›primitiver Kunst‹ aber noch gegenwärtig ist, erscheint in Brochs Überlegungen als sexuelle Ekstase, als Verbindung von Mystik und Erotik« (Sabine Kyora: *Eine Poetik der Moderne: Zu den Strukturen modernen Erzählens*. Würzburg 2007, S. 52). Wo konventionellen literarischen Formen nicht gefolgt wird, – in den *Schlafwandlern* in Fällen von Erotik und Tod – gleitet Broch ins Rhythmisch-Lyrische, wie zum Beispiel in den erotischen Szenen zwischen Pasenow und Ruzena.

dumpfe Angst empfinden (der sachliche Huguenau jedoch gerade nicht; er ist intelligent und listig, verfügt aber nicht über die Einbildungskraft, die notwendig wäre, auf Bilder und Metaphern zu reagieren). Esch ist kein Denker, aber Symbole und Metaphern ergreifen ihn. Er spürt dunkel, dass die Darbietung im Theater von tieferer Bedeutung ist, »denn hinter dem scheinbar so Handgreiflichen, ja Ordinären, steht immer die Sehnsucht, die Sehnsucht der gefangenen Seele nach Erlösung aus ihrer Einsamkeit« (KW 1, 222). Die Gehilfin ist in seinen Augen eine Gekreuzigte. Sie gilt hier als Erlöserin, wie schon Elisabeth Baddensen für Joachim von Pasenow »Rettung aus Pfuhl und Sumpf« bedeutete und dem sie Verheißung der Gläubigkeit war auf dem Wege zu Gott (KW 1, 171). Aber Esch möchte die Gehilfin retten und sie auch noch ersetzen, um selbst Opfer und Erlöser zu werden – ein Wunsch, der im dritten Roman teilweise in Erfüllung geht, als ihn Huguenau ermordet. Esch empfindet stark die Dürftigkeit seiner Epoche – »das fremdartige Gefühl verwaister Einsamkeit« (KW 1, 217) –, weiß aber nicht, was dieses Gefühl bedeuten soll, nur dass man davon erlöst werden müsse. Das Messianische ist in Brochs Denken ein wichtiger Impuls, wie man aus dem Brief an Goll ersieht und wie auch deutlich aus dem Paulus-Zitat am Ende der Trilogie hervorgeht, einem zuversichtlichen Wort, das übrigens Brochs Vertraute Hannah Arendt als Schlusswort ihrer Studie zum Totalitarismus benutzt.[9] Im Jahre 49 besucht Paulus zusammen mit Silas, Timotheus und Lukas die makedonische Stadt Philippi. Paulus predigt dort und wird mit seinen Freunden zusammen verhaftet. Ein Erdbeben zerstört die Gefängnismauern und der Fluchtweg stünde ihnen offen. Weil der Wärter glaubt, seine Häftlinge wären geflohen, will er sich umbringen. Paulus hindert ihn daran, indem er den Wächter aus den Trümmern des Gefängnisses heraus ermahnt: »Tu dir kein Leid! denn wir sind alle noch hier!« (Apostelgeschichte 16, 28; KW 1, 585f., 716). »Nichts nützt es«, sagt Esch in seiner Bibelstunde, »der Finsternis des Kerkers zu entfliehen, denn wir entfliehen bloß zu neuer Finsternis... wir müssen das Haus neu bauen, wenn die Zeit gekommen sein wird« (KW 1, 586). Der Gefängniswärter hört das Wort des Paulus und wird Christ. In den Trümmern unserer zerfallenen Wirklichkeit, so Broch, warten wir auf den, der kommen wird, um das erlösende Wort zu sprechen.[10]

---

9   Hannah Arendt: *The Origins of Totalitarianism*. New York 2004, S. 632.
10 Das Paulus-Zitat spielt nicht auf Theologisch-Dogmatisches, schreibt Paul Michael Lützeler, »oder auf eine Jenseits-Gläubigkeit an, sondern auf eine ethische Praxis. Hier wird nämlich die ›Stimme des Menschen‹, der ›unmittelbaren Güte‹ und der ›Hoffnung‹ (KW 1, 716) beschworen. Vielleicht handelt es sich bei der Werttheorie des getauften Juden Broch letztlich um den säkularisierten Ausdruck jüdischer Messiashoffnung [...]« (Paul Michael Lützeler: »Hermann Broch und Spenglers *Untergang des Abendlandes*. Die *Schlafwandler* zwischen Moderne und Postmoderne«. In: *Hermann Broch. Modernismus, Kulturkrise und Hitlerzeit. Londoner Symposion 1991*. Hg. v. Adrian Stevens, Fred Wagner und Sigurd Paul Scheichl. Innsbruck 1994, S. 19–43, hier 32). Später im Roman wird das Messianische konkreter, wenn Bertrand Müller deutlich die Sehnsucht der Zeit nach einem Heilsbringer ausspricht, nach einem »Führer« (KW 1, 421,

3.3 *1918 – Huguenau oder die Sachlichkeit*

Wilhelm Huguenau hört kein Wort der Verheißung, wartet auf nichts, und bestimmt nicht auf Erlösung. Er entflieht dem Krieg und lebt in der Gegenwart für sich allein – ohne an Vergangenheit oder seine Mitmenschen zu denken – in einem seelischen Zustand, der an Autismus grenzt. Aber es liegt Broch fern, Huguenau als psychopathologischen Fall zu präsentieren: »Krankheit ist überall die billigste Entschuldigung« (KW 13/3, 278). Huguenau handelt zwar irrational (Broch spricht immer wieder vom Durchbruch des Irrationalen, z. B. KW 1, 689f.), aber seine gefühllosen Grausamkeiten sind ihm immer auch logisch innerhalb seines kommerziellen Bezugsrahmens und den Voraussetzungen seines Lebens. Er verkörpert den Ungeist seines historischen Augenblicks, und über Huguenau dürfte man reden wie Musil über einen anderen Mörder, der sich nicht auf einen nur krankhaften Einzelfall reduzieren lässt: »wenn die Menschheit als Ganzes träumen könnte, müßte Moosbrugger entstehen«.[11] Huguenau ist ein solcher kollektiver Albtraum. Er bewohnt eine gedankenlose Traumwelt, eine nur partielle Wirklichkeit, deren weitester Horizont aus lauter empirischen Problemen und deren praktischen Lösungen besteht, und die nach einer autonomen Logik ohne metaphysische Fragen oder Werte funktioniert. Er ist radikal auf seine nachtwandlerische Subjektivität reduziert. »Der Mensch als Mensch existiert durch die Frage«, schreibt Broch an Hannah Arendt (AB 121). Huguenau ist ein Mensch, der ohne Fragen auskommt, und so ist er der Mensch als Unmensch. Deshalb identifiziert er sich mit Eschs Druckmaschine einerseits – wie er selbst funktioniert sie zweckmäßig und ohne Fragen der Ethik – und, »einem irren Kinde gleich« (KW 1, 419), andererseits mit dem Waisenkind Marguerite (KW 1, 490–493). Er ist gleichsam ein unfertiges Wesen, unmündig in ethischer Hinsicht und daher auf eine unangenehm seltsame Weise schuldlos.[12] In Brochs Werttheorie vergegenwärtigt Huguenau den absoluten Nullpunkt der Geschichte. Ohne Gewissen oder Reue vergewaltigt er Frau Esch und ermordet August Esch, gleichsam

---

714–716). Das bedenkliche Wort rückte Broch in politisch verrufene Nachbarschaft. In *Sein und Zeit* (1927), zum Beispiel, spricht Heidegger von der Notwendigkeit, »dass das Dasein sich einen Helden wählt« (Martin Heidegger: *Sein und Zeit*. Tübingen [11]1967, S. 385). Heidegger selbst hat seinen Helden falsch gewählt, als er sich für Hitler und den Nationalsozialismus entschieden hat. Broch hat das Problematische am Wählen eines Führers bzw. Verführers oder Versuchers deutlich in der Figur von Marius Ratti dargestellt, wie er in den verschiedenen Entwürfen zu seinem Roman *Die Verzauberung* vorkommt. Aber das Gefühl, dass man einen Führer oder einen Helden braucht, ist nicht unbedingt illiberal. Gandhi und Lincoln, Nelson Mandela und Václav Havel sind ebenfalls Führer.

11 Robert Musil: *Gesammelte Werke*, Bd. 1, S. 76.
12 In Bezug auf die Figuren in seinem letzten Roman spricht Broch von einer »schuldhaften Schuldlosigkeit« (KW 11, 435). Vgl. Theodore Ziolkowski: »Between Guilt and Fall. Broch's *Die Schuldlosen*«. In: *Hermann Broch. Visionary in Exile. The 2001 Yale Symposium*. Hg. v. Paul Michael Lützeler u. a. Rochester 2003, S. 231–244, hier 235f.

eine Erfüllung von Eschs Erlöserphantasie im zweiten Roman.[13] Die von Esch ersehnte Erlösung geht aber natürlich nicht in Erfüllung. Nachdem Huguenau Frau Esch missbraucht, beschwindelt er sie auch noch durch gerissene Manipulationen nach Kriegsende. Und er fühlt sich berechtigt und sogar schuldlos dabei: Geschäft ist Geschäft. In seinem Bezugsrahmen tut er nur das, was seinem Ethos nach das Treffende wäre:

> Das war eine erpresserische und häßliche Handlung, aber sie wurde von Huguenau nicht als solche empfunden; sie verstieß weder gegen seine Privattheologie noch gegen die des kommerziellen Wertsystems, ja sie wäre auch von Huguenaus Mitbürgern nicht als häßlich empfunden worden, denn es war ein kommerziell und juristisch einwandfreier Brief, und selbst Frau Esch empfand solche Legalität als ein Fatum, dem sie sich williger beugte, als etwa einer Beschlagnahmung von seiten der Kommunisten. (KW 1, 696)

Allmählich vergisst er seine Missetaten und wird ein geachteter Geschäftsmann, biederer Bürger und Familienvater, sehr zufrieden mit seinem Leben. Huguenau ist ein fröhlicher Nihilist, in seiner Banalität ein Vetter von Nietzsches »letztem Menschen«.[14]

4. Akzentverschiebungen in der Forschung

Es ist üblich in der Forschung zu den *Schlafwandlern* – und auch wissenschaftlich berechtigt –, Brochs drei Romane auf seine Theorie vom Wertzerfall zu beziehen.[15] Broch selbst autorisiert dieses interpretative Verfahren in seinen Briefen und anderen Bemerkungen zu den *Schlafwandlern* (KW 1, 728–735). Es ist aber auch möglich, dass die Literaturwissenschaft sich dabei zu sehr auf Brochs Absichten stützt. Seine programmatischen Aussagen und Selbstinterpretationen haben als ein Baedecker zur Romanexegese gedient, und in Folge zur Überbelichtung seiner philosophischen Überlegungen zu Wert, Mythos und Geschichte geführt. Was könnte es bedeuten, Brochs *Schlafwandler* in erster Linie als Kunstwerk zu lesen, anstatt als ein fiktionalisiertes Inszenieren seiner Theorie des Wertzerfalls? Ein Roman ist ja nicht nur eine in Bilder gefasste

---

[13] Stephen D. Dowden: *Sympathy for the Abyss*, S. 27–56.
[14] Duncan Large: »*Zerfall der Werte*: Broch, Nietzsche, Nihilism«. In: *Ecce Opus: Nietzsche-Revisionen im 20. Jahrhundert*. Hg. v. Rüdiger Görner und Duncan Large. Göttingen 2003, S. 65–82; Paul Michael Lützeler: »Hermann Brochs Kulturkritik. Nietzsche als Anstoß«. In: *Friedrich Nietzsche und die Literatur der klassischen Moderne*. Hg. v. Thorsten Valk. Berlin 2009, S. 183–197. 2009).
[15] Richard Brinkmann: »Romanform und Werttheorie bei Hermann Broch. Strukturprobleme moderner Dichtung«. In: *DVjs* 31 (1957) H. 2, S. 169–197; Vollhardt: *Hermann Brochs geschichtliche Stellung*.

Theorie, und er ist auch nicht nur auf einen dokumentarischen Schnappschuss seines geschichtlichen Augenblicks zu reduzieren.[16] Ein Roman ist ein Kunstwerk, und als solches eine Erfahrung mit eigenem Wahrheitsanspruch und keine bloße Aufnahme von etwas Objektivem.[17] Ein Roman ist etwas für sich, wie Samuel Beckett sich zu James Joyces *Work in Progress* äußert: »Here form *is* content, content *is* form. [...] His writing is not *about* something, *it is that something itself*«.[18] Brochs Ausführungen zum Thema Ornament – in den *Schlafwandlern* und anderswo (vgl. den Beitrag von A. Stašková in diesem Band) – beanspruchen Ähnliches, aber noch Radikaleres: Stil und Ornament verkörpern die Ganzheit und Einheit einer Epoche und nicht etwa nur die autonome Subjektivität oder Bewusstseinsinhalte eines jeweiligen Künstlers oder einer künstlerischen Bewegung. »Bekenntnis ist nichts,« schreibt Broch, »Erkenntnis ist alles« (KW 9/1, 302; vgl. KW 13/3, 15). Wo das Ganze kein Ganzes mehr ist, können Ornament und Stil nicht kristallisieren, wo die Ganzheit in Teile zerfällt und die Teile wieder in Teile, kann die Kunst nichts erfassen – oder: Vielleicht kann die Kunst auch dieses Nichts selbst sichtbar machen. »Stil ist etwas, das alle Lebensäußerungen in gleicher Weise durchzieht« (KW 1, 444). So empfindet man etwa die Werke und das Denken des Zeitalters der Gotik als stilistisch einheitlich und universal, wenig geprägt von den jeweiligen Bewusstseinsinhalten eines einzelnen Künstlers. Kunst und Leben durchdringen einander, um eine integrierte Totalität zu bilden. Wie Betrand Müller erkennt, lebt er im Zeitalter des historisierenden Eklektizismus, in einer Epoche ohne eigenen Stil, also in der Zeit des Unstils. Wo kein zeitgerechter Stil erstehen kann, muss der Künstler auf Stilformen vergangener Zeitalter zurückgreifen. Das ist notwendigerweise Parodie. Am augenfälligsten gilt das für die Architektur – Brochs paradigmatisches Beispiel ist die Baukunst – aber es gilt auch für den Roman als Kunstwerk.[19] Auch Brochs *Schlafwandler*-Romane müssen in diesem Sinne eines charakteristischen Epochenstils ironisch historisierend und am Ende auch »stillos« bleiben.

---

16 Robert Halsall: »The Individual and the Epoch: Hermann Broch's *Die Schlafwandler* as a Historical Novel.« In: *Travellers in Time and Space. The German Historical Novel/ Reisende durch Zeit und Raum. Der deutschsprachige historische Roman*. Hg. v. Osman Durrani und Juilian Preece. Amsterdam 2001, S. 227–241; David Horrocks: »The Novel as History. Hermann Broch's Trilogy *Die Schlafwandler*«. In: *Weimar Germany. Writers and Politics*. Hg. v. Alan Bance. Edinburgh 1982, S. 38–52.
17 Hans-Georg Gadamer: *Gesammelte Werke 8: Ästhetik und Poetik I*. Tübingen 1993, S. 373–399, hier 387.
18 Samuel Beckett: *The Grove Centenary Edition*, Bd. 4. *Poems, Short Fiction, Criticism*. Hg. v. Paul Auster. New York 2006, S. 503.
19 Karsten Harries: »Decoration, Death and Devil«. In: *Hermann Broch: Literature, Philosophy, Politics. The Yale Broch Symposium 1986*. Hg. v. Stephen D. Dowden. Columbia, South Carolina 1988, S. 279–297; Claudia Brodsky: »Writing and Building: Ornament in *The Sleepwalkers*«. In: *Hermann Broch: Literature, Philosophy, Politics. The Yale Broch Symposium 1986*. Hg. v. Stephen D. Dowden. Columbia, South Carolina, 1988, S. 257–272.

5. Stilprobleme: Eklektizismus, Parodie, Ironie

Broch ist der Schriftsteller, der dieses weit verbreitete Problemgebilde des 20. Jahrhunderts – Stil, Eklektizismus, Parodie und Ironie – am direktesten konfrontiert, aber das Problem ist überall im Roman der klassichen Moderne zu finden. Joyces *Ulysses* parodiert Homers *Odyssee*. Zudem benutzt er eine eklektische Reihe von verschieden Stilen, die nicht seine eigenen sind, sondern eine Menge von erkennbaren Stilen, die er ironisch nachahmt.[20] In seinem berühmten Aufsatz über den Roman, »*Ulysses*, Order and Myth« (1923), erinnert T. S. Eliot in seinem Gedankengang, in seiner Sprache und Rhetorik stark an Broch:

> In using the myth, in manipulating a continuous parallel between contemporaneity and antiquity, Mr. Joyce is pursuing a method which others must pursue after him. They will not be imitators, any more than the scientist who uses the discoveries of an Einstein in pursuing his own, independent, further investigations. It is simply a way of controlling, of ordering, of giving a shape and a significance to the immense panorama of futility and anarchy which is contemporary history.[21]

Diese »Methode« ist aber doch nur Parodie. Joyce hat zwar eine Methode und beherrscht eine Mehrzahl von Stilen, entwickelt aber keinen Epochenstil in Brochs Sinne. Trotz aller hoch anspruchsvollen Kunst ist das am Ende nur eklektischer Historismus. Broch hegt auch diese Hoffnung Eliots auf eine Wiederkehr des Mythos, sieht aber klarer als Eliot, dass die Gegenwart einen eigenen braucht, nicht einen bereits versunkenen.

Auch Thomas Mann setzt sich mit dem Problem der Parodie und Ironie auseinander, d. h. mit dem Problem eines authentisch zeitgerechten Stils. In *Doktor Faustus* (1948) leidet der Komponist Adrian Leverkühn darunter, dass er in jedem historischen Stil adrett komponieren kann, nur nicht im zeitgerechten Stil seiner eigenen Welt und Epoche, eben weil es keinen solchen Stil gibt. »Warum müssen fast alle Dinge mir als ihre eigene Parodie erscheinen?«, fragt sich Leverkühn, »Warum muß es mir vorkommen, als ob fast alle, nein, alle Mittel und Konvenienzen der Kunst *heute nur noch zu Parodie taugten*?«.[22] Der Komponist spricht immer wieder vom »Durchbruch« zu einem neuen Stil, wobei kein Individualstil gemeint ist, sondern ein Epochenstil im Sinne Brochs. Der Ironiker Thomas Mann denkt bestimmt über die Grenzen seiner eigenen Gabe für ernsthafte Parodie nach. Er beherrscht einen geistreich eleganten Stil, der – im Zeitalter Kafkas, im Zeitalter Becketts, im Zeitalter

---

[20] Karen Lawrence: *The Odyssey of Style in »Ulysses«*. Princeton 1981, S. 9.
[21] Thomas S. Eliot: »*Ulysses*, Order and Myth«. In: *Selected Prose of T. S. Eliot*. Hg. v. Frank Kermode. New York 1975, S. 177.
[22] Thomas Mann: *Doktor Faustus*. Frankfurt am Main 1948, S. 180; Hervorhebung im Text.

Leverkühns – nicht mehr zeitgerecht ist, muss also als intellektuelle Ironisierung verstanden werden. Die Relevanz in Bezug auf Broch liegt auch in Leverkühns Vorstellung von einer Zukunft, in der Ironie, Satire, und Parodie nicht mehr notwendig sein werden:

> Die ganze Lebensstimmung der Kunst, glauben Sie mir, wird sich ändern, und zwar ins Heiter-Bescheidenere, – es ist unvermeidlich und es ist ein Glück. Viel melancholische Ambition wird von ihr abfallen und eine neue Unschuld, ja Harmlosigkeit ihr Teil sein. Die Zukunft wird in ihr, sie selbst wird wieder in sich die Dienerin sehen an einer Gemeinschaft, die weit mehr als »Bildung« umfassen und Kultur nicht haben, vielleicht aber eine sein wird. Wir stellen es uns nur mit Mühe vor, und doch wird es das geben und wird das Natürliche sein: eine Kunst ohne Leiden, seelisch gesund, unfeierlich, untraurig-zutraulich, eine Kunst mit der Menschheit auf du und du ...[23]

Leverkühns Haltung, die nachweislich auch Thomas Manns eigene war, entspricht Hermann Brochs Vorstellung einer Kunst, die gesund und menschlich ist, kein auf Abstand bedingtes interesseloses Wohlgefallen, kein mumifizierter Kulturbesitz oder kristallener Block Bildung.[24] »Im letzten«, schreibt er an Waldo Frank, »kommt es auf die Wiedergewinnung von ›Schlichtheit‹ an; doch es wird eine neue Schlichtheit sein müssen, also eine, in welche die neue Realität einverarbeitet sein wird. Man kann Schlichtheit nicht einfach dekretieren; sie wird sonst unweigerlich Romantizismus und Kitsch« (KW 13/3, 144f.). Eine solche Kunst wird auch auf die Meta-Ebene einer eingebauten Wertphilosophie verzichten dürfen.

6. Manierismus der Sprache: Lyrismen und ›Moments musicaux‹

Wenn man sich nicht eng an Brochs Rezeptionsplan für seine Trilogie hält, kommen andere Aspekte ans Licht. Liest man Brochs Romane als Romane und nicht als literaturwissenschaftliche Sonderfälle, für deren richtige Aufnahme man Gebrauchsanweisungen haben muss, dann kommt eine ganz andere Art von Buch in den Blick. Denken wir kurz an die zwiespältige Leseerfahrung, die W. G. Sebald bei den *Schlafwandlern* gemacht hat:

> Deutlich erinnere ich noch das Gefühl der Bewunderung, das die kühle Sachlichkeit des *Pasenow* in mir auslöste, als ich ihn vor Jahren zum erstenmal las, aber auch die Enttäuschung und Irritation, die in dem

---

[23] Mann: *Doktor Faustus*, S. 429.
[24] Stephen D. Dowden: »The Amphibilogical Cunning of Thomas Mann's *Doctor Faustus*«. In: *Amphibolie, Ambiguität, Ambivalenz*. Hg. v. Frauke Berndt und Stephan Kammer. Würzburg 2009, S. 77–88.

Maße zunahmen, in dem der analytische Erzählduktus des Texts von überspannten theoretischen Konstruktionen aufgehalten wird, vermittels derer Broch die auseinanderlaufenden Kräfte seines Werks zu einer Synthese zu bringen versucht. Sind die einzelnen Einsichten, die sich aus der Geschichte des total funktionalisierten Individuums Huguenau ergeben, von einer Exaktheit, wie sie sonst nur Musil erreichte, so tendiert die aus der Erzählung extrapolierte Theorie des Wertzerfalls zuletzt eher ins Diffuse und wird bestimmt von einem mit der Ironie des Romantextes nicht mehr vereinbaren Pathos.[25]

Sebalds Erfahrung mit dem Text ist wohl nicht ungewöhnlich. Theorie und Kunst streben hier auseinander. Und wenn der Roman mehr oder anderes ist als eine in Bilder gefasste Theorie, was ist dann sein eigentliches Geschäft?

Das ist zugleich eine allgemeinere Frage nach der Kunst. Im *Pasenow* gibt es eine wichtige Szene, die diese Frage erschließt. Joachims Bruder Helmuth liegt schon eine ganze Weile tot aufgebahrt, und die Baronin Baddensen und ihre Tochter Elisabeth sind zu Besuch bei den Pasenows, um ihr Beileid auszusprechen. Der alte Pasenow ist, wie gewöhnlich, nervös, barsch und ungehalten. Das freundliche Beisammensein droht in ein heilloses Durcheinander abzugleiten, als plötzlich der Kanarienvogel in seinem Käfig zu singen anfängt:

> und es wäre jetzt sicherlich zu einer kleinen Auseinandersetzung gekommen, wenn nicht der Harzer Kanarienvogel in seinem Käfig die dünne gelbe Garbe seiner Stimme hätte emporschießen lassen. Da aber saßen sie um ihn herum wie um einen Springbrunnen und vergaßen für ein paar Augenblicke alles andere: es war, als ob dieser schmale gelbe Stimmstreifen auf- und niedergleitend sich um sie schlänge und sie zu jener Gemeinsamkeit vereinte, in der die Behaglichkeit ihres Lebens und Sterbens begründet lag; es war, als ob dieser Streifen, der emporschnellte und sie erfüllte, und dennoch zum Ursprung sich wieder zurückbog und rundete, sie des Redens enthöbe, vielleicht weil er ein dünnes gelbes Ornament im Raum war, vielleicht weil er ihnen für ein paar Augenblicke zum Bewußtsein brachte, daß sie zusammengehörten und sie heraushob aus der fürchterlichen Stille, deren Getöse und deren Stummheit undurchdringlicher Schall zwischen Mensch und Mensch steht, eine Wand, durch die des Menschen Stimme nicht hinüber, nicht herüber mehr dringt, so daß er erbeben muß. Doch jetzt, da der Kanarienvogel sang, hörte selbst Herr v. Pasenow nicht mehr die entsetzliche Stummheit und alle hatten sie ein herzliches Gefühl, als Frau v. Pasenow sagte, »Nun, wollen wir uns zum Kaffee begeben?« (KW 1, 87)

---

[25] Winfried G. Sebald: *Unheimliche Heimat. Essays zur österreichischen Literatur*. Frankfurt am Main 1995, S. 118f.

Diese Szene sagt viel über Brochs Einstellung zur Erzählkunst. Erstens ist seine manierierte Sprache zu bemerken. Hier spricht Broch in einem lyrischen Modus. Obwohl er behauptet, modern zu sein, vor allem in seiner Erzähltechnik, spürt man deutlich, dass diese Sprache dem 19. Jahrhundert angehört und dass sie in diesem Fall ohne satirische Ironie angeboten wird. Lautgestalt, Rhythmus, und fließende Satzgliederung leisten zusammen einen musikalischen (d. h. einen lyrischen) Effekt, dessen Aussagekraft und Sinn nicht primär mit rational-begrifflichem Verstehen zu tun hat. Das führt, wie Broch weiß, zu Manierismus: »und wenn der Dichter, wie es sein Beruf ist, neue Irrational-Realitäten [in der Sprache] und durch sie machen will, so kann das zumeist nur durch das Ungesagte geschehen, durch die dynamische Spannung zwischen den Worten, zwischen den Zeilen, während der Konservatismus des Sprachsystems als solchem nur sehr sparsame Erneuerungen erlaubt und alles, was über nuancenhafte Zusätze und Abänderungen hinausgeht, als Manierismus ausschilt« (KW 9/1, 240). *Der Tod des Vergil* wird diese Kunst musikalischer Sinnlichkeit viel tiefer entwickeln.[26]

Aber da die Sprache doch ihrem Wesen nach konservativ sein muss und selten ganz ohne Thematisches auskommt, nimmt Broch als Thema die Musik als Kunst: das ist »Ornament im Raum«. Es ist nicht wichtig, dass diese Musik der Natur unmittelbar entspringt. »Das Kunstwerk, das wahre Kunstwerk, ist kein künstliches sondern ein natürliches Gebilde«, schreibt Broch (KW 10/2, 246). Dr. Kessels Cellosonate später im *Huguenau*-Roman funktioniert nicht anders als der Vogelgesang im *Pasenow*-Roman. Die Kunst gestaltet unsere ästhetische Wahrnehmung von Natur, und nicht umgekehrt. Der Vogelgesang hier, so klein und bescheiden er auch sein mag, ist die wahre Sache: schlicht und unhintergehbar. Auch in dieser Musik drückt sich der Menschengeist stilvoll aus und übermittelt dadurch ein Stück Erkenntnis. Musik bringt die Zeit zum Stehen. Das ist auch die Aufgabe des Ornaments. Durch Sprache, durch Musik, durch ein Gemälde kann das Irrationale des bloßen Erlebens zu fassbarem Ausdruck und Mitteilen gebracht werden und am reinsten geschieht das im Ornament.[27] Hier ist es der Gesang, der plötzlich eine kleine Gemeinschaft, eine momentane Erlösung stiftet. Selbst der Tod ist, zumindest symbolisch, überwunden. Im *Huguenau*-Roman gibt es einen ähnlichen Moment, als Dr. Kessel, in Erinnerung an seine verstorbene Frau, für Major Pasenow und den Oberstabsarzt Kuhlenbeck die Brahms'sche Cellosonate e-moll op. 38 spielt:

---

26 Jürgen Heizmann: »A Farewell to Art: Poetic Reflection in Broch's *Der Tod des Vergil*«. In: *Hermann Broch. Visionary in Exile. The 2001 Yale Symposium*. Hg. v. Paul Michael Lützeler u. a. Rochester 2003, S. 187–200.
27 Stephen D. Dowden: »Ornament, Totality, Kitsch and *The Sleepwalkers*«. In: *Hermann Broch: Literature, Philosophy, Politics. The Yale Broch Symposium 1986*. Hg. v. Stephen D. Dowden. Columbia, South Carolina, 1988, S. 273–278.

> Er spielte. Wahrscheinlich war er bloß ein Dilletant, aber das dürfte für ihn, das dürfte für den Major und wohl auch für Kuhlenbeck gleichgültig gewesen sein: denn die lärmende Stummheit dieser Zeit, ihres Getöses stummer und undurchdringlicher Schall, aufgerichtet zwischen Mensch und Mensch, eine Wand, durch die des Menschen Stimme nicht hinüber, nicht herüber mehr dringt, so daß er erbeben muß, – aufgehoben war die entsetzliche Stummheit der Zeit, es war die Zeit selbst aufgehoben und sie hatte sich zum Raum geformt, der sie alle umschloß, da nun Kessels Cello erklang, aufsteigend der Ton, den Raum aufbauend, den Raum erfüllend, sie selbst erfüllend. (KW 1, 632)

Diese zwei kleinen »musikalischen Momente« erscheinen harmlos, aber sie deuten auf die der Kunst überhaupt innewohnende Kraft. Laut Broch ist ein solcher Moment der Erkenntnis bei jeder Kunstform möglich – Sprache, Bild, Skulptur, Bauwerk, Tanz –, wird aber

> am schärfsten am Phänomen der Musik ersichtlich, die eben deswegen ihrerseits in der Struktur eines jeden Kunstwerks mitschwingt. Alle Kunst »entwickelt« sich, alle Kunst wird von ihrer immanenten Logik, die eben zugleich die des Menschengeistes ist, zu neuen Formungen vorwärtsgetrieben, alle Kunst deckt damit die Unerschöpflichkeit des Menschengeistes und dazu seine Wandlungen Schritt für Schritt auf, und gerade an der Musik wird solche Unaufhaltsamkeit sichtbar, da sie nicht einmal bei der Endgültigkeit eines Bach stehen bleiben durfte. (KW 9/1, 256f.)

In gleicher Weise macht der Roman als Form auch nicht Halt bei der Endgültigkeit eines Tolstoi oder Kafka, auch wenn Brochs *Schlafwandler*-Trilogie mehr oder weniger die Auflösung dieser Kunstform verkörpert. Er deutet so selbst zugleich vorwärts zur unaufhaltsamen Erneuerung aller Kunstformen, also auch der Gattung des Romans.

7. Zum heutigen Stellenwert der Romantrilogie

Was aber ist der gegenwärtige Stellenwert der *Schlafwandler*? Bleibt der Roman ein lebendes Kunstwerk oder ist er lediglich von historischem Interesse? Broch spricht oft in seinen Aufsätzen und Briefen von der Kunst als »Ungeduld der Erkenntnis«.[28] Das ist eine Vorstellung, die eher zum herkömmlichen Denken über die Kunst gehört. Es ist selbstverständlich, dass etwa Kleist oder Hölderlin ihrer Zeit voraus waren. Aber was heißt es, der eigenen Zeit voraus zu sein? Einerseits stellt man sich vor, dass dieser oder jener Künstler manches

---

[28] Eric W. Herd: »›Ungeduld der Erkenntnis‹ in Hermann Brochs Romanwerk«. In: *Hermann Broch. Das dichterische Werk. Neue Interpretationen*. Hg. v. Michael Kessler und Paul Michael Lützeler. Tübingen 1987, S. 131–138.

Kommende vorausgesehen und in Schrift oder als Bild fixiert hat. Manchmal behaupten Kommentatoren, dass ein Dichter oder ein Werk »prophetisch« sei. Hier aber gelangt man schon an den Rand des Kitsches. Kafka zum Beispiel wird gelegentlich als »Prophet« der Shoah gesehen. Kafka war zwar ein genauer Beobachter des Antisemitismus zu seinen Lebzeiten, aber er war kein Prophet, sondern ein Schriftsteller. Auch Broch war bestimmt kein Prophet, aber das heißt wiederum nicht, dass seine Werke – in diesem Fall *Die Schlafwandler* – keinen Gegenwartsbezug haben.

7.1 Aktualität

Es gehört zum »eigentlichen Geschäft des Romans«, aktuell zu sein, aber auch weiterhin aktuell zu bleiben. Aktuell heißt aber nicht engagiert in Sartres Sinne (obwohl auch das möglich ist), sondern unauslotbar. Wenn man z. B. Jane Austens einfaches aber unerschöpfliches Buch *Pride and Prejudice* liest, kann man ihren Roman zwar als Dokument ihrer Zeit literaturwissenschaftlich abgrenzen und auswerten, aber in dem Fall versäumt man die Kunst des Romans, den gegenwärtigen Leser immer noch direkt anzusprechen. »Die Wirklichkeit des Kunstwerks und seine Aussagekraft«, schreibt Hans-Georg Gadamer in seinem Aufsatz »Ästhetik und Hermeneutik« von 1964,

> läßt sich nicht auf den ursprünglichen historischen Horizont eingrenzen, in dem der Betrachter mit dem Schöpfer des Werkes wirklich gleichzeitig war. Es scheint vielmehr zu der Erfahrung der Kunst zu gehören, daß das Kunstwerk immer seine eigene Gegenwart hat, daß es seinen historischen Ursprung nur sehr bedingt in sich festhält und insbesondere Ausdruck einer Wahrheit ist, die keineswegs mit dem zusammenfällt, was sich der geistige Urheber eines Werkes eigentlich dabei dachte.[29]

Wenn der Kommentator der offensichtlichen Wahrheit von Gadamers Bemerkung nachgeht, gerät er schnell auf Glatteis. Was könnte es bedeuten, die »eigene Gegenwart« von Brochs *Schlafwandlern* kritisch und nicht nur subjektiv oder assoziativ zu entfalten? Ist die Trilogie lediglich ein literaturhistorisches Exempel eines modernistischen Romans, also eines versunkenen Kulturguts – oder ist sie ein lebendes Kunstwerk, das aus unserer eigenen Gegenwart zu uns spricht und nicht bloß aus der Brochs? Das ist nicht in erster Linie eine Frage nach dem Einfluss von Brochs Romanen, obwohl er auf Autoren wie Elias Canetti, Milan Kundera, Jorge Semprun, Susan Sontag und Carlos Fuentes eine deutliche Wirkung ausgeübt hat. Es ist viel eher eine Frage von unserer Begegnung mit dem Werk.

---

[29] Gadamer: *Gesammelte Werke 8*, S. 1.

7.2 Zum Thema ›Neue Erkenntnis‹

Wie Broch immer wieder behauptet hat, geht es in der Kunst nicht um Subjektives, sondern sie muss zu neuer Erkenntnis führen. Seine Formel »Bekenntnis ist nichts, Erkenntnis ist alles« bezieht sich nicht nur auf den Künstler, sondern auch auf den Leser eines Romans oder auf eine ganze Leserschaft. Man lese nicht weltabgewandt, um sich selbst in seinen schon festsitzenden Bekenntnissen und Vorurteilen amüsant bestätigt zu finden – der Roman ist nicht im Prinzip ein Spiegel –, sondern man habe einen Roman weltzugewandt zu lesen, um die Welt imaginativ, kritisch (und allenfalls auch amüsant) zu erforschen und neu zu erkennen. Das ist nicht anders in der Malerei. Auch schon vor van Gogh wusste man, wie Südfrankreich aussieht. Da war nicht viel Neues zu leisten. Aber durch seine Gemälde hat er die Landschaft auf eine solche Weise gestaltet, gedeutet und erschlossen, dass man sie *nach* van Gogh doch viel genauer wahrnimmt und kennt. Durch seine Werke lernte man, den dieser Welt innewohnenden Geist auf eine neue und überzeugende Weise erkennen.[30] Ähnliches möchte Broch mit seinen Romanen erreichen.

7.3 ›Realitätsaufdeckung‹

Huguenau selbst ist ein gutes Beispiel für Brochs Vorstellung vom Roman als Ort einer »Realitätsaufdeckung« (KW 3, 537). In Huguenau hat Broch etwas Neues ans Licht gebracht, eine Art Figur, die inzwischen leicht erkennbar geworden ist. Unter anderem ist er Deserteur, Kriegsgewinnler und skrupelloser Geschäftsmann – dieser Typus hat allerdings in der Literaturgeschichte eine lange Tradition. Das Novum bei Huguenau aber ist seine radikale und perverse Schuldlosigkeit – »schuldlos«, weil er unfähig ist, die eigene Verantwortung wahrzunehmen. Bei allen Übeltaten behält Huguenau ein reines Gewissen, denn alles, was er tut, dient einer Sachlichkeit, einer instrumentellen Rationalität, die ihm selbstverständlich ist. Es ist vielleicht kein Zufall das Hannah Arendt, die Broch und dessen *Schlafwandler*-Romane gut kannte, eine solche Figur in *Eichmann in Jerusalem: A Report on the Banality of Evil* (1963) beschreibt. Als sie 1961 dem Eichmann-Prozess beiwohnte, hatte sie erwartet,

---

[30] Hegel beobachtet in seinen *Vorlesungen über die Ästhetik*, das Kunstschöne stehe höher als das Naturschöne. Denn man erkenne das Schöne in der Natur erst durch die Kunst. Gadamer wendet diese Einsicht so, dass sie mit Brochs Vorstellung von der Erkenntnisfunktion des Romans eine Verwandtschaft zeigt: »Wir sahen im 18. Jahrhundert mit den Augen einer durch rationale Ordnung geschulten Einbildungskraft. Die Gärten des 18. Jahrhunderts, bevor der englische Gartenstil eine Art neue Naturähnlichkeit oder Naturhaftigkeit vorspiegelte, waren immer geometrisch konstruiert wie eine Fortsetzung der Konstruktion des wohnlichen Hauses in die Natur hinaus. So sehen wir also in Wahrheit Natur, wie das Beispiel lehrt, mit durch die Kunst erzogenen Augen. Hegel hat richtig begriffen, daß das Naturschöne ein Reflex des Kunstschönen ist, so daß wir das Schöne in der Natur, geleitet durch das Auge und das Schaffen des Künstlers, gewahren lernen« (Gadamer: *Gesammelte Werke 8*, S. 121f.).

ein dämonisch-böses Ungeheuer zu Gesicht zu bekommen. Er war persönlich dafür verantwortlich, dass unzählige Menschen in die Vernichtung geschickt worden waren. Stattdessen musste sie nun aber in Eichmann einen banalen, alltäglichen, spießigen Bürokraten erkennen. Wie Huguenau fehlte Eichmann die Einbildungskraft, die Welt von der Stelle eines anderen Menschen zu sehen. Das Böse ist nicht minder ungeheuerlich, weil es »banal« ist, sondern umso monströser und schwieriger auszumerzen. Eichmann, wie Brochs Huguenau, verstand sich als respektabel, pflichtbewusst, zweckmäßig und erfolgsorientiert handelnd:

> What he fervently believed in up to the end was success, the chief standard of »good society« as he knew it. [...] He did not need to close his ears to »the voice of conscience« as the judgment has it, not because he had none, but because his conscience spoke with a respectable voice, with the voice of ›respectable society‹ around him.[31]

Broch nennt dieses Phänomen das Rationale des Irrationalen: »ein anscheinend absolut rationaler Mensch wie Huguenau vermag Gut und Böse nicht zu unterscheiden« (KW 1, 597). Die Stimme des Gewissens von einem Huguenau oder Eichmann spricht auf alle Fälle eine verkommene, selbstdienerische Sprache, die nur dazu dient, sich von der Wirklichkeit abzuschotten. Der Sprachbegriff im Roman ist ein theologischer, »denn, Spiegel seiner Selbst, in jedem Begriff und in jeder Einheit, die er setzt, leuchtet dem Menschen der Logos, leuchtet ihm das Wort Gottes als Maß aller Dinge entgegen« (KW 1, 624). Verständigung zwischen Mensch und Mensch, Verständigung eines Menschen mit sich selbst setzt die anständige Beherrschung der Sprache voraus, ist nur in und durch diese Sprache möglich.

7.4 Der Dichter als ›Hüter des Wortes‹

In diesem Licht betrachtet, wird der Dichter zum Hüter des Wortes, und Brochs Roman nimmt diese Aufgabe wahr, daher auch seine immer noch triftigen Ausführungen zum Thema Kitsch.[32] Der Zerfall der Sprache, »die entsetzliche Stummheit der Zeit«, und die »Verachtung des Wortes« haben politische und ethische Bedeutung und Wirkung (vgl. KW 1, 706f.; KW 9/2, 167f.; 177–182, hier 177). Laut Arendt hat Eichmann nur über formelhafte Redensarten, Wendungen und Klischees verfügt, die für ihn eine gedankenlose Normalität erzeugten – gleichsam einen gesunden Menschenverstand, der keiner ist – welche das Ungeheuerliche unkenntlich machte. Arendt betont

---

31 Arendt: *Totalitarianism*, S. 126.
32 Ruth Klüger: »Kitsch and Art: Broch's Essay ›Das Böse im Wertsystem der Kunst‹«. In: *Hermann Broch. Visionary in Exile. The 2001 Yale Symposium*. Hg. v. Paul Michael Lützeler u. a. Rochester 2003, S. 13–20.

Eichmanns gestörte Beziehung zur Sprache und deren Missverhältnis zur ethischen Wirklichkeit.[33] Wort, Sprechen, und Sprache sind ein wichtiges Thema in den *Schlafwandler*-Romanen und auch sonst in Brochs Schriften. Wenn Huguenau unerwarteterweise von einem ästhetischen Gefühl erfasst wird, erkennt er es nicht, weil er es nicht benennen kann und so, ohne Sprache, weder festhalten noch verstehen kann (KW 1, 392). In einer zerfallenden Wirklichkeit verliert die Sprache ihren Bezug zum Geistigen – Liebe, Ethik, Schönheit, Freiheit – einen Bezug, der dessen Stil innewohnt: »die Kosmogonie ist radikal wissenschaftlich geworden und ihre Sprache und ihre Syntax haben ihren ›Stil‹ abgestreift, haben sich zum mathematischen Ausdruck gewandelt« (KW 1, 475). Eichmanns Sprache ist zwar nicht wissenschaftlich, aber sie ist abstrakt, ohne Stil im Sinne Brochs. Stillosigkeit blockiert den Zugang zu menschlichen Werten und Wahrheiten. Eine Sprache, die auf Klischees, amtliche Formeln und Euphemismen reduziert worden ist, ist keine menschliche Sprache mehr, sondern nur ein nach außen abgeschlossener Denkmechanismus. In Brochs *Schlafwandlern* denke man etwa an die Formel, die im *Pasenow*-Roman immer wieder vorkommt, wo es heißt, Helmuth v. Pasenow sei »für die Ehre« gefallen. Diese abstrakte Wendung ist lediglich Flucht vor der Wirklichkeit, eine Lüge. Ohne wahres Sprechen und offenes Gespräch, ohne das Wort, gibt es keine Antwort und keine Verantwortung. Wort und Ding, Sprache und Erlebnis fallen auseinander, und es gibt keine gottgegebene Ordnung, keine Notwendigkeit mehr: »eine schmerzliche Freiheit meldet sich, daß es auch anders sein könnte. Unvermerkt sind die Worte, mit denen die Dinge belegt werden, ins Unsichere geglitten; es ist als seien die Worte verwaist« (KW 1, 330).[34]

8. Epilog: Clown, Rebell, Anarchist

Diese letzten Sätze gelten dem »Wirrkopf« August Esch, als er unterwegs ist, um ein Attentat auf Eduard von Bertrand zu verüben. Dem Text nach ist Esch als »Rebell« zu verstehen, der sich nach »Freiheit« sehnt. Aber genau worin diese ersehnte Freiheit besteht, vermag er nicht zu sagen. Er denkt eher symbolisch. Er hat den Impuls auszuwandern, tut es aber nicht. Er fixiert seine Wünsche in Briefbeschwerern, die er Frau Hentjen zum Geschenk macht:

---

33 Arendt: *Totalitarianism*, S. 48–55 und 252.
34 Auch August Esch hat seinen Kampf mit der deutschen Sprache. Es gehört zur Erzählproblematik des Romans, dass die sprachlich beschränkten Ausdrucksmöglichkeiten mancher Figuren mit dem Erzählduktus des Schriftstellers nicht übereinstimmen, egal ob man in erster Linie an Bertrand Müller oder Hermann Broch als Erzähler denkt. Dorrit Cohn analysiert diese Problematik in ihrer Studie zu Bewusstsein und Erzähltechnik (Dorrit Cohn: *Transparent Minds. Narrative Modes for Presenting Consciousness in Ficition*. Princeton 1978, S. 52–56).

kleine Abgüsse vom Eiffelturm, vom Mannheimer Denkmal des »Freiheitssängers« Schiller und von der amerikanischen Freiheitsstatue (KW 1, 301). Esch empfindet dumpf eine Sehnsucht nach Freiheit und Erlösung, sie drückt sich aber aus als ein Groll gegen die Mächte, die ihn unterdrücken – zuerst denkt er an Nentwig, der ihm gekündigt hat – jedoch fasst er keine klarere Vorstellung von diesen anonymen Mächten. Allmählich personifiziert der Unternehmer Eduard von Bertrand diese Mächte in Eschs Augen. Der idealistische Esch ist nämlich ein Rebell, und hier hat Broch wieder eine Entdeckung gemacht, die, von der Gegenwart aus gesehen, nicht nur die Welt von 1903 betrifft.

Der Text vergleicht Esch mit Martin Luther, aber diese Gegenüberstellung ist offensichtlich satirisch zu verstehen (KW 1, 464). Luther protestierte gegen den Papst mit einer klaren Vorstellung, worum es geht, was zu gewinnen, was zu verlieren ist. Der Clown Esch – schon sein Vorname deutet darauf hin, dass er ein Clown ist[35] – protestiert gegen Eduard von Bertrand, möchte ihn ermorden, weil er Finanzier ist und weil der junge Homosexuelle Harry aus verzweifelter Liebe zu Bertrand Selbstmord begangen hat. Die »Anarchie« im Romantitel charakterisiert die Welt, aber auch die verworrene Innenwelt August Eschs. Broch nimmt ein Stück moderner Wirklichkeit wahr, die inzwischen sehr bekannt geworden ist: der Terrorist als Narr und einzelgängerischer Versager. Eschs ideologisches, persönliches Durcheinander findet man auch in der Welt von Lee Harvey Oswald, der 1963 den US-Präsidenten John F. Kennedy in Dallas, Texas, ermordet hat. Oswald war eine Nullität, ein Versager in allem, was er unternommen hat – aber wie August Esch war er immer bereit, etwas Neues zu unternehmen. Er las Marx und Lenin, versuchte sich in der Sowjetunion eine neue Existenz aufzubauen, war aber auch dort mit seinem Versuch, ein guter Kommunist zu werden, nicht erfolgreich. Sein Groll war, wie der Groll von August Esch, gleichzeitig ideologisch und nebulös. Oswalds Ort in der Literatur, etwa im Roman *Libra* (1988) von Don DeLillo, macht ihn erkennbar als Esch-Typ. Oswalds politische und soziale Vorstellungen sind wirr und durcheinander, wie auch seine verkommene Sprache, die nicht hinreicht, die Welt wahrhaft zu erfassen. Er gilt nicht als tatkräftiges Individuum, sondern als Instrument anderer anonymer Mächte im Roman. Wichtig ist das Missverhältnis zwischen Wirklichkeit und Vorstellung, und nicht nur im Denken Oswalds. Dass eine Figur wie Esch oder Oswald geschichtstragend sein kann, steht im Zeichen der Anarchie der Welt, die Broch feststellt: »Hat dieses verzerrte Leben noch Wirklichkeit? hat diese hypertrophische Wirklichkeit noch Leben?« (KW 1, 418). In dieser Hinsicht bleibt Brochs *Schlafwandler-*

---

35 Eichmann gilt bei Hannah Arendt ebenfalls als Clown: »Despite the efforts of the prosecution, everybody could see that this man was not a ›monster‹, but it was difficult indeed not to suspect that he was not a clown« (Arendt: *Totalitarianism*, S. 54).

Roman aktuell. In seiner Oswald-Erzählung *Oswald's Tale* (1995) fasst Norman Mailer die Anarchie zusammen:

> It is virtually not assimilable to our reason that a small lonely man felled a giant in the midst of his limousines, his legions, his throng, and his security. If such a non-entity destroyed the leader of the most powerful nation on earth, then a world of disproportion engulfs us, and we live in a universe that is absurd.[36]

Brochs Aufgabe, wie auch die Mailers, ist es, die Wirklichkeit darzustellen, auch wenn es absurd geworden ist – besonders wenn es absurd geworden ist und dadurch schwer zu begreifen. Die »world of disproportion«, die uns bei Mailer überflutet, ist wesensverwandt mit der Unwirklichkeit, die die Figuren in den *Schlafwandlern* überflutet und die in Brochs Roman zur Sprache kommt. Das Missverhältnis existiert mindestens seit 1914, und es besteht in veränderter Form immer noch fort und bleibt das Geschäft des Romans, ob es sich um ein Buch von Hermann Broch, von Milan Kundera oder Don DeLillo, von V. S. Naipaul oder Gabriel García Márquez handelt. Für Broch war es das Geschäft des Romans, die stumme Wirklichkeit zum Sprechen zu bringen und deutlich erkennbar zu machen. In seinem Essay *Was ist Kunst?* (1896) schrieb Tolstoi: »the business of art lies just in this – to make that understandable and felt which, in the form of an argument, might be incomprehensible and inaccessible. Usually it seems to the recipient of a truly artistic impression that he knew the thing before but had been unable to express it«.[37]

Stephen D. Dowden

9. Literatur

Arendt, Hannah: *The Origins of Totalitarianism*. New York 2004.
Arendt, Hannah und Hermann Broch: *Briefwechsel 1946 bis 1951*. Hg. v. Paul Michael Lützeler. Frankfurt am Main 1996 (= AB).
Beckett, Samuel: *The Grove Centenary Edition*, Bd. 4. *Poems, Short Fiction, Criticism*. Hg. v. Paul Auster. New York 2006.
Brinkmann, Richard: »Romanform und Werttheorie bei Hermann Broch. Strukturprobleme moderner Dichtung«. In: *DVjs* 31 (1957) H. 2, S. 169–197.
Brodsky, Claudia: »Writing and Building: Ornament in *The Sleepwalkers*«. In: *Hermann Broch: Literature, Philosophy, Politics. The Yale Broch Symposium 1986*. Hg. v. Stephen D. Dowden. Columbia, South Carolina, 1988, S. 257–272.

---

[36] Norman Mailer: *Oswald's Tale. An American Mystery*. New York 1995, S. 158.
[37] Leo Tolstoy: *What is Art?* Trans. Almyer Maude. Indianapolis 1977, S. 97.

Camus, Albert: *Œuvres complètes. I. 1931–1944*. Paris 2006.
Cohn, Dorrit: *Transparent Minds. Narrative Modes for Presenting Consciousness in Ficition*. Princeton 1978, S. 52–56.
Crangle, Sara: »The Time Being: Woolf and Boredom«. In: *Modern Fiction Studies* 54 (2008) H. 2, S. 209–232.
DeLillo, Don: *Libra*. New York 1988.
Dowden, Stephen D.: *Sympathy for the Abyss. A Study in the Novel of German Modernism. Kafka, Broch, Musil, and Thomas Mann*. Tübingen 1986.
Dowden, Stephen D.: »Ornament, Totality, Kitsch and *The Sleepwalkers*«. In: *Hermann Broch: Literature, Philosophy, Politics. The Yale Broch Symposium 1986*. Hg. v. Stephen D. Dowden. Columbia, South Carolina, 1988, S. 273–278.
Dowden, Stephen D.: »The Amphibilogical Cunning of Thomas Mann's *Doctor Faustus*«. In: *Amphibolie, Ambiguität, Ambivalenz*. Hg. v. Frauke Berndt und Stephan Kammer. Würzburg 2009, S. 77–88.
Eliot, Thomas S.: »*Ulysses*, Order and Myth«. In: *Selected Prose of T. S. Eliot*. Hg. v. Frank Kermode. New York 1975.
Gadamer, Hans-Georg: *Gesammelte Werke 8: Ästhetik und Poetik I*. Tübingen 1993.
Halsall, Robert: »The Individual and the Epoch: Hermann Broch's *Die Schlafwandler* as a Historical Novel.« In: *Travellers in Time and Space. The German Historical Novel/ Reisende durch Zeit und Raum. Der deutschsprachige historische Roman*. Hg. v. Osman Durrani und Juilian Preece. Amsterdam 2001, S. 227–241.
Harries, Karsten: »Decoration, Death and Devil«. In: *Hermann Broch: Literature, Philosophy, Politics. The Yale Broch Symposium 1986*. Hg. v. Stephen D. Dowden. Columbia, South Carolina 1988, S. 279–297.
Heidegger, Martin: *Sein und Zeit*. Tübingen [11]1967.
Heidegger, Martin: *Erläuterungen zu Hölderlins Dichtung*. Frankfurt am Main [5]1981.
Heizmann, Jürgen: »A Farewell to Art: Poetic Reflection in Broch's *Der Tod des Vergil*«. In: *Hermann Broch. Visionary in Exile. The 2001 Yale Symposium*. Hg. v. Paul Michael Lützeler u. a. Rochester 2003, S. 187–200.
Herd, Eric W.: »›Ungeduld der Erkenntnis‹ in Hermann Brochs Romanwerk«. In: *Hermann Broch. Das dichterische Werk. Neue Interpretationen*. Hg. v. Michael Kessler und Paul Michael Lützeler. Tübingen 1987, S. 131–138.
Horrocks, David: »The Novel as History. Hermann Broch's Trilogy *Die Schlafwandler*«. In: *Weimar Germany. Writers and Politics*. Hg. v. Alan Bance. Edinburgh 1982, S. 38–52.
Klüger, Ruth: »Kitsch and Art: Broch's Essay ›Das Böse im Wertsystem der Kunst‹«. In: *Hermann Broch. Visionary in Exile. The 2001 Yale Symposium*. Hg. v. Paul Michael Lützeler u. a. Rochester 2003, S. 13–20.
Koopmann, Helmut: *Der klassisch-moderne Roman in Deutschland. Thomas Mann, Alfred Döblin, Hermann Broch*. Stuttgart 1983.
Kyora, Sabine: *Eine Poetik der Moderne: Zu den Strukturen modernen Erzählens*. Würzburg 2007.
Large, Duncan: »*Zerfall der Werte*: Broch, Nietzsche, Nihilism«. In: *Ecce Opus: Nietzsche-Revisionen im 20. Jahrhundert*. Hg. v. Rüdiger Görner und Duncan Large. Göttingen 2003, S. 65–82.
Lawrence, Karen: *The Odyssey of Style in »Ulysses«*. Princeton 1981.

Levine, Jennifer: »Ulysses«. In: *The Cambridge Companion to James Joyce*. Hg. v. Derek Attridge. Cambridge, New York 1990, S. 131–160.

Lützeler, Paul Michael: *Hermann Broch – Ethik und Politik. Studien zum Frühwerk und zur Romantrilogie »Die Schlafwandler«*. München 1973.

Lützeler, Paul Michael: »Hermann Broch und Spenglers *Untergang des Abendlandes. Die Schlafwandler* zwischen Moderne und Postmoderne«. In: *Hermann Broch. Modernismus, Kulturkrise und Hitlerzeit. Londoner Symposion 1991*. Hg. v. Adrian Stevens, Fred Wagner und Sigurd Paul Scheichl. Innsbruck 1994, S. 19–43.

Lützeler, Paul Michael: »Hermann Brochs Kulturkritik. Nietzsche als Anstoß«. In: *Friedrich Nietzsche und die Literatur der klassischen Moderne*. Hg. v. Thorsten Valk. Berlin 2009, S. 183–197.

Lützeler, Paul Michael: *Hermann Broch und die Moderne. Roman, Menschenrecht, Biografie*. München 2011.

Mailer, Norman: *Oswald's Tale. An American Mystery*. New York 1995.

Mandelkow, Karl Robert: *Hermann Brochs Romantrilogie ›Die Schlafwandler‹. Gestaltung und Reflexion im modernen deutschen Roman*. Heidelberg 1962.

Musil, Robert: *Gesammelte Werke in 9 Bänden*. Hg. v. Adolf Frisé. Reinbek 1978.

Sebald, Winfried G.: *Unheimliche Heimat. Essays zur österreichischen Literatur*. Frankfurt am Main 1995.

Stašková, Alice: *Nächte der Aufklärung. Studien Zur Ästhetik, Ethik und Erkenntnistheorie in »Voyage Au Bout De La Nuit« von Louis-Ferdinand Céline und »Die Schlafwandler« von Hermann Broch*. Tübingen 2008.

Tolstoy, Leo: *What is Art?* Trans. Almyer Maude. Indianapolis 1977.

Vollhardt, Friedrich: *Hermann Brochs geschichtliche Stellung. Studien zum philosophischen Frühwerk und zur Romantrilogie »Die Schlafwandler« (1914–1932)*. Tübingen 1986.

White, John J.: »Zur Struktur von Hermann Brochs *Huguenau oder die Sachlichkeit*«. *German Life and Letters*. 40 (1987) H. 3, S. 186–199.

Ziolkowski, Theodore: »Hermann Broch and Relativity in Fiction«. In: *Wisconsin Studies in Contemporary Literature* 8 (1967) H. 3, S. 365–376.

Ziolkowski, Theodore: *Dimensions of the modern novel. German texts and European contexts*. Princeton 1969.

Ziolkowski, Theodore: »Between Guilt and Fall. Broch's *Die Schuldlosen*«. In: *Hermann Broch. Visionary in Exile. The 2001 Yale Symposium*. Hg. v. Paul Michael Lützeler u. a. Rochester 2003, S. 231–244.

II. *Die Unbekannte Größe*[1]

1. Einleitende Bemerkungen

Zwischen Juli und November 1933 schrieb Hermann Broch aus finanzieller Not einen bis heute fast unbekannt gebliebenen Roman, *Die Unbekannte Größe*. Er erschien zuerst zwischen dem 17. September und dem 6. Oktober 1933 in der *Vossischen Zeitung* und wurde dann im Dezember 1933 vom Fischer-Verlag veröffentlicht (HBB 169). Obwohl *Die Unbekannte Größe* sich als unmittelbar erfolgreicher als alle anderen Broch'schen Romane erwies und Broch besser daran verdiente, wurde der Roman Broch bald ein Dorn im Auge. Er selbst nannte das Buch einen »Dreckroman«[2], »ein mieses Buch, das verscharrt und vergessen bleiben soll«[3], »Einschubarbeit«[4] und einen »worst seller.«[5] Fünfzehn Jahre nach der Veröffentlichung brachte Broch seine völlige Abneigung gegen die eigene Schöpfung zum Ausdruck, als er verlangte, dass sie nie in seinen Gesammelten Werken erscheinen dürfe: »Ich will es auch nicht in der Gesamt-ausgabe haben, komme sie 1950 oder 1999 heraus« (HBB 171). Die Kritiker sind, wenn sie das Buch überhaupt zur Kenntnis genommen haben, ihm gegenüber kaum gnädiger gewesen. Theodore Ziolkowski hält es für »Broch's least impressive work«[6] und »unquestionably inferior to the four major novels«[7], und Hartmut Steinecke behauptet auf ähnliche Weise, dass *Die Unbekannte Größe* »bei weitem nicht die literarische Bedeutung der Trilogie [er-reicht]«[8]. Manfred Durzak wertet es als »Nebenwerk« pauschal ab.[9] Nur die Rezension im *New York Times Book Review* vom 12. Mai 1935 hält Brochs am wenigsten bekannten Roman für ein weiteres Beispiel für seine einzigartigen literarischen Fähigkeiten; seine Prosa sei »impregnated with all the suggestiveness of true poetry«[10]. Anders als die Literaturkritik vermeidet die neuere Forschung das ästhetische Urteil und gesteht dem Roman einen besonderen

---

1 Für unschätzbaren linguistischen Rat bedankt sich die Autorin bei Sylvia Brockstieger.
2 Roderick H. Watt: »Hermann Broch's *Die Unbekannte Größe*: The Central Symbol of ›Sterne im Wasser‹«. In: *MLN* 89.5 (1974), S. 840–848, hier 840.
3 Manfred Durzak: *Hermann Broch. Der Dichter und seine Zeit*. Stuttgart u. a. 1968, S. 199f.
4 Thomas Koebner: *Hermann Broch. Leben und Werk*. Bern und München 1965, S. 59.
5 Paul Michael Lützeler und John Carson Pettey: »Hermann Broch«. In: *Austrian Fiction Writers after 1914*. Hg. v. James Hardin and Donald G. Daviau. Detroit, MI, 1989, S. 82–102, hier 92.
6 Theodore Ziolkowski: »Hermann Broch and Relativity in Fiction«. In: *Wisconsin Studies in Contemporary Literature* 8.3 (1967), S. 365–376, hier 365.
7 Theodore Ziolkowski: *Hermann Broch*. New York and London 1964, S. 23.
8 Hartmut Steinecke: *Von Lenau bis Broch. Studien zur österreichischen Literatur – von außen betrachtet*. Tübingen und Basel 2002, S. 147.
9 Durzak: *Hermann Broch*, S. 77.
10 Harold Strauss: »A Sensitive Reflection of Man's Destiny«. In: *The New York Times Book Review*, 12. Mai 1935.

intellektuellen Wert zu: Für sie erhellt er bestimmte thematische bzw. philosophische Ideen des Autors.[11]

2. Inhalt und Thematik

Über das Hauptthema der *Unbekannten Größe* ist sich die Forschung einig: Wahre Erkenntnis entsteht nur durch das (An-)Erkennen sowohl der rationalen als auch der irrationalen Aspekte des menschlichen Lebens. Der Protagonist, der Mathematiker und Physiker Richard Hieck, der im Laufe der Handlung seine Dissertation erfolgreich abschließt, glaubt anfangs ausschließlich an die allein erkenntniserzeugende Kraft der Mathematik und Naturwissenschaften. Als eine Art Rebellion gegen die mysteriöse und distanzierte Art seines früh verstorbenen Vaters wendet sich der junge Richard der Mathematik zu, um sein Leben und seine Umgebung in einem nicht hinterfragbaren System zu organisieren. Die weltliche Gesinnung seiner Mutter und des jüngeren Bruders Otto abwertend, entwickelt Richard eine starke Affinität zur fremden, aber noch logisch strukturierten Religiosität seiner jüngeren Schwester Susanne. Auch schreckt er vor Liebe und Sexualität zurück, weil er sie als unberechenbar und deshalb als bedrohlich empfindet. Der immer mehr verfallende Körper seines Doktorvaters, des Physikprofessors Weitprecht, weckt in ihm besonderes Unbehagen, während er seinen Vorgesetzten, den Mathematiker Doktor Kapperbrunn, wegen einer Vorliebe für Skifahren und Frauen innerlich verspottet. Nur seine mathematischen Aufgaben und die Arbeit in der Sternwarte empfindet er als angenehm, da er mit ihnen rechnen, nach klaren Lösungen suchen und sich vor dem Unerklärlichen hüten kann. Zwei Vorkommnisse erschüttern diese geordnete Struktur. Zuerst erwacht seine Geschlechtlichkeit, als er die Mathematikstudentin Erna Magnus im knappen Badeanzug im Stadtschwimmbad bemerkt. Obwohl er noch nichts mit ihrer offen zur Schau getragenen Sexualität anzufangen weiß, weist ihn diese Erfahrung auf die Weiblichkeit der Studentinnen hin, mit denen er täglich an der Universität zu tun hat, und er verliebt sich in seine Assistentin Ilse Nydhalm. Zweitens wird Richard abrupt aus der abstrakten Welt der Mathematik zurück in die Realität seiner Umgebung geworfen, als sich sein Bruder Otto im Stadtweiher ertränkt. Die Erfahrung der irrationalen Universalia Liebe und

---

[11] Vgl. Carsten Könneker: »Hermann Brochs *Unbekannte Größe*«. In: *Orbis litterarum* 54.6 (1999), S. 439–463; Christer Petersen: »Vereinigung der Gegensätze: Das Ideal einer männlichen Individuation in Hermann Brochs *Die Unbekannte Größe*«. In: *seminar* 44.1 (2008), S. 103–117; Gisela Roethke: *Zur Symbolik in Hermann Brochs Werken. Platons Höhlengleichnis als Subtext.* Tübingen 1992; Paul Michael Lützeler: *Die Entropie des Menschen. Studien zum Werk Hermann Brochs.* Würzburg 2000, und Gwyneth E. Cliver: *Musil, Broch, and the Mathematics of Modernism.* St. Louis 2008.

Tod bringt Richard schließlich zu der Überzeugung, dass rationale Erkenntnis in den irrationalen »Resten« des Lebens ruhen muss (KW 1, 534).

3. Verbindung von Poetik und Philosophie

Dass diese thematische Zuspitzung durchaus im Sinne des Autors ist, beweist ein Brief Brochs an Dr. Daniel Brody, seinen Freund und Verleger im Rhein-Verlag. Er schreibt:

> die U.G. [*Unbekannte Größe*] wollte die irrationalen Untergründe für ein rein auf hochrationale Erkenntnis eingestelltes Leben aufdecken und zeigen, wie ein irrationaler Nachschub ... das sozusagen selbständig gewordene Bewußtsein wieder einfängt, wieder an seine seelischen Ursprünge zurückbindet, so daß daraus jene Erkenntniseinheit entsteht, welche als Basis aller Religiosität anzusehen ist.[12]

Auch herrscht in der Forschung Konsens darüber, dass dieser Versuch, *ratio* und *irratio* wieder in Einklang zu bringen, die besondere Bedeutung der *Unbekannten Größe* ausmacht.[13] Mehr als in allen anderen Romanen versucht Broch mit der *Unbekannten Größe*, seine philosophischen Theorien direkt und deutlich mit fiktionalen Mitteln auszudrücken. Obwohl die »Zerfall der Werte«-Episoden in der *Schlafwandler*-Trilogie eine Paraphrase seiner philosophischen Texte in eine fiktionale Erzählung einfügen, bleibt *Die Unbekannte Größe* der einzige Roman, der diese philosophischen Überlegungen unmittelbar in die Narration selbst einschreibt. Sie erreichen den Leser nicht durch einen essayistischen Exkurs, sondern gehören zum Dialog oder zur Erzählung selbst. Roderick Watt erklärt: »In *Die unbekannte Größe* [sic] we see Broch trying to develop a synthetic form for the novel in which literary expression and philosophical content are harmoniously united and not deliberately isolated and used contrapunctally for mutual emphasis and illumination«.[14] Auch Christer Petersen konstatiert, dass Broch in »keinem anderen Text [...] dermaßen lakonisch seine Poetik und Philosophie« verbindet.[15] Könneker führt diesen Ansatz fort, indem er ein systematisches Bestreben Brochs erkennt, die eigene Philosophie zu fiktionalisieren: »Die *Unbekannte Größe* ist Brochs Versuch,

---

[12] Thilo Koch: *Dichter wider Willen. Einführung in das Werk von Hermann Broch*. Zürich u. a. 1958, S. 69.
[13] Vgl. Roethke, *Symbolik*; Erich Kahler: *Die Philosophie von Hermann Broch*. Tübingen 1962; Malcolm R. Simpson: *The Novels of Hermann Broch*. Bern u. a. 1977; Thomas Koebner: *Hermann Broch. Leben und Werk*. Bern und München 1965, und Carsten Könneker: »Moderne Wissenschaft und moderne Dichtung: Hermann Brochs Beitrag zur Beilegung der ›Grundlagenkrise‹ der Mathematik«. In: *DVjs* 73.2 (1999), S. 319–351.
[14] Watt: »*Die Unbekannte Größe*«, S. 841.
[15] Petersen: »Vereinigung der Gegensätze«, S. 103.

seine epistemologischen und philosophiehistorischen Theorien in die Fiktion einer Erzählung zu transferieren«.[16] Petersen fasst zusammen: »Letzt-, Welt- und Gesamterkenntnis sind [im Broch'schen Œuvre] stets Synthesen scheinbar unvereinbarer Bereiche und gehen über das bloß Rationale ebenso wie über das rein Emotionale und sogar über das Leben selbst hinaus«.[17] Für Broch benötigt wahre Erkenntnis die Synthese von Rationalem und Irrationalem; diese Überzeugung manifestiert sich in allen seinen Werken, aber am unmittelbarsten in der *Unbekannten Größe*. Die Erkenntnis entsteht aus einem Fundament nicht beweisbarer Axiome, aus puren Denkprozessen der menschlichen Intuition.[18] Auf dieser Basis baut der Mensch durch rationale Mittel eine Struktur rationaler Denkverbindungen. Am Ende muss allerdings noch einmal ein logischer Sprung erfolgen, um zur eigentlichen Erkenntnis zu gelangen; Irrationales erlaubt ein durch keine Mathematik oder Physik zu erzielendes Verstehen. Was die meisten Studien über diesen Roman bis jetzt jedoch übersehen haben, ist, dass die Beschäftigung des Protagonisten Hieck mit Mathematik und Physik genauso wichtig für die Erkenntnis ist wie Liebe und Tod. Es handelt sich nicht um ein Entweder-Oder, sondern um ein Sowohl-als-Auch.

4. Erkenntnis und Erfahrung des ›Erhabenen‹

Die Broch'sche Philosophie ist in der *Unbekannten Größe* gerade im Kontakt Hiecks mit der Wissenschaft implementiert, und zwar in einer erhabenen Erfahrung der Unendlichkeit. Relativ zu Beginn des Romans sitzt Hieck im Schlafzimmer und wartet darauf, dass sein Bruder einschläft. In der Einsamkeit sieht er einen

> Nebel, [...] eine kristallische Landschaft vor sich – anders hätte er das nicht benennen können – eine erleuchtet sternenhafte Landschaft, in der die Zahlengruppen zwar nicht als solche zu sehen, wohl aber so leicht einzuordnen waren, daß man die den Zahlen geöffnete, mit Zahlen sich erfüllende Landschaft in eine beglückend logische und gleichzeitig ein wenig karussellhafte Bewegung versetzen konnte. Und wenn es auch noch nicht die Lösung der Weitprecht'schen Aufgabe war, die aus den derart bewegten Abwandlungen der Zahlenkonstellationen sichtbar wurde, so vollzog sich damit [...] doch etwas, das als Vorstoß in mathematisches Neuland zu gelten hatte, es vollzog sich ein Stück schöpferischer Auf-

---

16 Könneker: »*Unbekannte Größe*«, S. 456.
17 Petersen: »Vereinigung der Gegensätze«, S. 103.
18 Für eine umfassende Erklärung von Brochs Intuitionismus vgl. Carsten Könneker: »Wissenschaft im medialen Zeitalter. Relativitätstheorie und Öffentlichkeit in Brochs Filmskript *Das Unbekannte X*«. In: *Hermann Broch. Neue Studien*. Hg. v. Michael Kessler. Tübingen 2003, S. 453–464.

hellung, und es wurde ein Stück der komplizierten unendlichen und niemals ausschreitbaren Gleichgewichtskonstruktion bloßgelegt, die an sich aus leeren Beziehungen besteht und trotzdem das Wunderwerk der Mathematik ist. (KW 2, 22f.)

Keine Konstellationen wirklicher Sterne erhellen den Nebel, sondern die Zahlen und die »Gleichgewichtskonstruktion« der Mathematik. Der wirbelnde Blick, der Hiecks Sinne überwältigt und ihm das Vergnügen des Unbekannten schenkt, ist nicht die Bewegung des Firmaments, sondern die Wahrnehmung der symbolischen Sprache auf dem Blatt vor ihm. Und die Wörter, die der Erzähler verwendet, – zum Beispiel »Nebel«, »kristallisch«, »sternenhaft« und »unendlich und niemals ausschreitbar« – malen ein Bild, das als dunkel, gewaltig, unverständlich und trotzdem noch bezaubernd und reizend (Edmund Burkes »delightful«[19]) erscheint. Der Beobachter dieses Bildes kann es sich wie ein Karussell drehen lassen; dies ist nicht die sanfte Bewegung von Blättern in einer Brise, sondern die verwirrende Bewegung des Karnevals. Und obwohl dieses Bild nicht unbedingt Furcht verursacht, muss Hieck nichtsdestoweniger mit Angst vor dem Unbekannten, vor dem »Neuland«, fertig werden. Was Hieck in dieser Passage erfährt, ist das Erhabene: eine Ehrfurcht vor dem Unendlichen, vor dem Größer-als-Er-Selbst.

4.1 Edmund Burke (1729–1797)

Mit der Geschichte ihrer Theoretisierung, die zwei Jahrtausende umspannt, hat sich die Vorstellung vom Erhabenen mehrmals und wesentlich gewandelt. In *A Philosophical Enquiry into the Origin of our Ideas of the Sublime and Beautiful* (1757) nennt Burke das Erhabene »whatever [...] is terrible, with regard to sight«. Die Konfrontation mit einem erhabenen Objekt erzeugt die Leidenschaften »astonishment«, »admiration, reverence and respect«[20]. Um diese Reaktion hervorzurufen, muss das Objekt unklar (»obscure«[21]) bleiben, sonst würde sich ein großer Teil der Verunsicherung legen. Ein Objekt mit definierten Grenzen hat eine geringere Chance, die Erfahrung des Erhabenen zu erzeugen als ein Objekt, dessen Form nicht klar definiert ist. Das Burke'sche erhabene Objekt wird als unendlich wahrgenommen; der Beobachter schreckt vor ihm zurück, weil er es als Ganzes nicht verstehen kann. Am Ende muss das Objekt dem Beobachter eine Perspektive gewähren, die ihn seine physikalischen Grenzen in eine empfundene Unendlichkeit ausdehnen lässt: ungefesselte Macht, unbegrenzten Raum, die Ewigkeit. Das Erhabene bei Burke ist eine Erfahrung, die

---

[19] Vgl. Edmund Burke: *A Philosophical Enquiry into the Origin of our Ideas of the Sublime and Beautiful*. Hg. v. James T. Boulton. Notre Dame, London 1958, S. 40.
[20] Burke: *Enquiry*, S. 57.
[21] Burke: *Enquiry*, S. 58f.

vom Beobachter eine Resignation gegenüber seinen materiellen Begrenzungen verlangt. Der von dem erhabenen Objekt inspirierte Reiz – Respekt, Bewunderung, Furcht – entsteht nicht nur aus Staunen und Ehrfurcht vor seiner Größe, sondern auch aus einer aus der Anerkennung der menschlichen Bedeutungslosigkeit geborenen Bescheidenheit.

4.2 Immanuel Kant (1724–1804)

Wie Burke hält Kant eine Erfahrung des Erhabenen für eine Art »negative[r] Lust«, eine Erfahrung von »Bewunderung oder Achtung«[22]. Das Gefühl stellt sich ein, wenn der Beobachter »nicht bloß angezogen, sondern wechselweise auch immer wieder abgestoßen wird«[23]. Das Erhabene unterscheidet sich vom Schönen nicht nur durch die Reaktion, die es hervorruft, sondern auch durch seine Verbindung zur Unendlichkeit: »Das Schöne der Natur betrifft die Form des Gegenstandes, die in der Begrenzung besteht; das Erhabene ist dagegen auch an einem formlosen Gegenstande zu finden, sofern Unbegrenztheit an ihm oder durch dessen Veranlassung vorgestellt und doch Totalität derselben hinzugedacht wird«[24]. Ähnlich wie Burkes »obscurity« versucht Kants Begriff der Formlosigkeit die Beziehung zwischen dem Erhabenen und der Unendlichkeit auszudrücken: Das erhabene Objekt hat keine klar erkennbaren Grenzen. Wie bei Burke muss das Objekt nicht unendlich groß sein; stattdessen muss seine Gegenwart für den Beobachter die Grenzenlosigkeit lediglich repräsentieren.

Zugleich ist seine Totalität »hinzugedacht«: Das Objekt, das nach Kant das Erhabene hervorruft, hat keine Grenzen, aber der Beobachter kann es sich doch als Ganzes vorstellen. Das Erhabene leitet sich also von der Spannung zwischen der Fähigkeit der Vorstellungskraft, Unendlichkeit zu denken, und der Unfähigkeit der Sinne, sie empirisch wahrzunehmen, ab. Einerseits besitzt man die kognitive Fähigkeit, sich die Unendlichkeit durch die Vernunft mathematisch vorzustellen, zu verstehen, dass jede Zahl, egal wie groß, sich als winzig im Vergleich zur Unendlichkeit erweist. Andererseits mangelt es einem an Mitteln, sie sich ästhetisch vorzustellen. Wenn man einen großen zerklüfteten Gipfel sieht, weckt er im Betrachter eine Sehnsucht, die Unendlichkeit zu begreifen. Dabei werden die Grenzen der ästhetischen Urteilskraft einer Prüfung unterzogen. Wie weit auch immer man die Größe des Berges mit den Sinnen verlängert – die Unendlichkeit bleibt unerfahrbar. Die mathematischen Fähigkeiten erlauben es jedoch, diese Grenzen in die Unendlichkeit hinein zu

---

[22] Immanuel Kant: *Kritik der Ästhetischen Urteilskraft*. In: *Kritik der reinen Vernunft. Kritik der praktischen Vernunft. Kritik der Urteilskraft. Ungekürzte Sonderausgabe zum Kantjahr 2004.* Hg. v. J. R. Pegot. Wiesbaden 2003, S. 641–914, hier 708.
[23] Kant: *Kritik der Ästhetischen Urteilskraft*, S. 707f.
[24] Kant: *Kritik der Ästhetischen Urteilskraft*, S. 707.

erweitern. Die Unendlichkeit ist empirisch nicht fassbar, aber theoretisch denkbar.

Diese Spannung, die das Kant'sche Erhabene ausmacht, ergibt sich aus den dem Konzept der Unendlichkeit inhärenten Paradoxien. Seit Jahrtausenden haben Philosophen wie Mathematiker versucht, diese Paradoxien zu lösen, aber ohne Erfolg. Sie zwingen einen zur Einsicht, dass man sich die Unendlichkeit trotz seiner Fähigkeit, sie mathematisch zu verstehen, nie in ihrer Totalität wird vorstellen können. Aristoteles unterscheidet zwischen der absoluten und der potenziellen Unendlichkeit, die erste hält er für unmöglich.[25] Sowohl die natürlichen Zahlen als auch die Zeit sind absolut unmöglich, weil sie seiner Meinung nach nie auf einmal per se als einheitliche Zahlen- oder Zeit-Entität existieren können. Obwohl Mathematiker und Philosophen sich seit Jahrtausenden nicht einigen können, ob Aristoteles mit seinem Verwerfen der absoluten Unendlichkeit Recht hat, sind bis heute seine Kategorien wegen ihrer erfolgreichen Darstellung der fundamentalen Spannung der Unendlichkeit erhalten geblieben.

4.3 Georg Cantor (1845–1918)

Im 20. Jahrhundert zeigte Georg Cantor mit einem viel gelobten Beweis, dass es mehrere Größen der Unendlichkeit geben kann. Mathematisch ist zum Beispiel die Menge der realen Zahlen größer als die der natürlichen. Zudem kann es unendliche Größen der Unendlichkeit geben. Jetzt vereinen sich die absolute und potenzielle Unendlichkeit, da die potenzielle plötzlich für eine Menge gehalten und mit ihr gerechnet werden konnte. Aber leider zeigten sich wieder die alten Paradoxien, sobald diese Methode in ihr logisches Extrem getrieben wurde. Wenn die natürlichen Zahlen sich als eine absolute Einheit berechnen lassen, dann lassen sich auch alle transfiniten Zahlen in einer Menge sammeln. Natürlich lassen sich diese neuen transfiniten Zahlen wiederum in einer Menge sammeln, und so weiter ad infinitum. Das Inventar absoluter Unendlichkeiten fängt so an, wieder als eine potenzielle Unendlichkeit zu wirken: Die absolute Unendlichkeit entgleitet dem Beobachter, und er bleibt mit einer neuen – wenn auch weniger intuitiven – mathematischen Unendlichkeit zurück. Indem wir die absolute Unendlichkeit als mathematisches Objekt zulassen, ist aber weder unsere intuitive Unsicherheit noch das Paradoxon endgültig gelöst. Auf den zweiten Blick wird auch die Endlichkeit unserer Einbildungskraft wiederentdeckt; das Kant'sche Erhabene bleibt erhaben, da sich die Spannung zwischen der menschlichen Einbildungskraft und der möglichen ästhetischen Erfahrung immer wieder aufs Neue zeigt.

---

25 Vgl. Aristotle: *A New Aristotle Reader*. Hg. v. J. L. Ackrill. Princeton 1987, S. 327f.

5. Paradoxien der Unendlichkeit

In der *Unbekannten Größe* muss sich Richard Hieck mit der absoluten Unendlichkeit und ihren Paradoxien auseinandersetzen. Er begegnet ihren »Resten« durch seine Schwester Susanne, die Nonne werden will. Während er sie am Altar in ihrem Schlafzimmer aufsucht, wird Hieck mit dem konfrontiert, was er sonst als irrational bezeichnen würde. Er muss die ihrer Frömmigkeit und seiner Vernunft gemeinsame Logik anerkennen. Er sieht, dass beide Wege, die Welt zu erfahren, unendliche Prozesse von konkreten, finiten Ereignissen abstrahieren; beide sind auf die Überzeugung angewiesen, dass eine Wirklichkeit – vielleicht auch eine Über-Wirklichkeit – jenseits der sinnlichen Erfahrbarkeit existiert. Richard versteht die Mathematik als nicht nur in der physikalischen Welt eingebettet, sondern als etwas, das jenseits der physikalischen Welt viel Größeres vertritt:

> die mathematische Welt [...] war bloß in sehr roher Weise im Konkreten wiederzufinden, und selbst die physikalischen Feingebilde [...] all dies war bloß ein kleines und unzureichendes Abbild der gedanklichen Vielfalt, die die Mathematik ist [...] etwas Überkonkretes [...], die Welt überspannend und doch in ihrer Wirklichkeit als eigene Wirklichkeit ruhend. (KW 2, 28f.)

Richard wie Susanne glauben daran, dass die Welt, die sie im Alltag erleben, eine platonische Idee widerspiegelt: für Richard ein kompliziertes System von Wahrheiten, die logisch und mathematisch auf der Basis einer kleinen Menge universal akzeptierter Axiome aufgebaut ist; für Susanne eine ideale Beziehung zu Gott. Richard und Susanne erkennen die Unerreichbarkeit der Unendlichkeit, streben aber immer noch nach ihrem Verständnis.

5.1 Potentiale, Horizonte, Grenzen der Erkenntnis

Richard wird, wie oben deutlich wurde, plötzlich gedemütigt von seiner Unfähigkeit, die Kraft dieser mathematischen Landschaft einzuhegen, und ermutigt von seiner prinzipiellen Kompetenz in einem von vielen unbeherrschbaren Fach. Die Mathematik erzeugt in Richard immer wieder diese erhabene Spannung: »[Es gab] hier von irgendwoher das erregende Bewußtsein übergroßer Dimensionen, jener übermächtigen Dimensionen, die sonderbarerweise in die Seele eines Menschen die Spur göttlicher Ewigkeit einprägen« (KW 2, 43). Wie alle Analytiker der Unendlichkeit vor ihm wird Richard mit der Unmöglichkeit einer wahren Erfahrung von Totalität konfrontiert:

> Nacht für Nacht zur Erde zurückkehren, ihren Glockenklang vernehmen, den Klang, der anschwillt zur Ganzheit, zum Ahnen der Ganzheit und doch nichts zurückläßt als eine kleine Erkenntnis: dies war alles, was man

verlangen durfte. Eine Million Lichtjahre, tausend Millionen Lichtjahre, das ist eine Zahl wie jede andere. (KW 2, 69)

Richard muss zugeben, dass seine Erfolge im Vergleich zum Potenzial der Erkenntnis nur unwesentliche sein können:

> das Erreichte, es bliebe immer nur ein geringer und geringfügiger Teil des unbezwinglichen Erkenntnisgebirges, es bliebe immer nur ein geringer Teil des ahnenden Erlebens und der unendlichen und kosmischen Fernsicht, ein kleiner beschreibbarer Teil des ewig Unbeschreibbaren« (KW 2, 63f.)

Richard erweist sich also angesichts seiner kleinen mathematischen Fortschritte als weniger streng mit sich und seinem Stolz. Seine Beschäftigungen zeigen ihm, dass er sich mit einem bloß tangentialen Kontakt mit dem absolut Unendlichen begnügen muss. Mehr kann er von sich und seiner Arbeit nicht erwarten.

5.2 Unendlichkeit des Rationalen – Rationalität des Unendlichen

Er lernt allerdings, dass dieser Kontakt zur Unendlichkeit in Form von Begegnungen sowohl mit Mathematik als auch mit Liebe und Tod entstehen kann. Dieser Kontakt stellt sich jedoch nur ein – und dies ist das Zentrale an dem Broch'schen Theorem –, wenn der Verstand zuerst engagiert und dann überwältigt wird. Es kommt nicht nur darauf an, dass Richard die irrationalen »Reste« seines Lebens entdeckt, sondern dass er am Ende die nötige Verbindung zwischen der Vernunft und diesen »Resten« herstellen kann. Um die Demütigung und das Erhabene zu erfahren, muss man zuerst die Größe des menschlichen Verstands begreifen, bevor man auch seine Grenzen erkennt. In seinem gesamten Œuvre äußert Broch immer wieder diese Überzeugung, dass das Rationale und das Irrationale untrennbar miteinander verwoben sind, und fordert dabei auch bestimmte Positionen des zeitgenössischen Positivismus heraus: dass das bloß rationale Denken wissenschaftliches Denken sei, dass die Metaphysik auf irrationalem Boden aufgebaut worden sei, dass die Wissenschaft und die Metaphysik unversöhnlich getrennt seien und dass das Rationale dem Irrationalen überlegen sei. Broch widerspricht nicht der positivistischen Betonung von empirischen Methoden. Er selbst ist ein wissenschaftlich orientierter Autor, der seine mathematische Bildung Ende der 1920er den Positivisten des Wiener Kreises verdankte.[26] Dennoch wendet er sich gegen eine umfassende Suspension jeglichen Vertrauens auf die menschliche Intuition, die Metaphysik und andere unempirische Erkenntnismittel, und er besteht darauf,

---

26 Für eine umfassende Erklärung von Brochs mathematischer Bildung vgl. Ernestine Schlant: »Hermann Broch and Modern Physics«. In: *Germanic Review*. 53.2 (1978), S. 69–75, und Könneker: »Moderne Wissenschaft und moderne Dichtung«.

dass keine Methoden – auch nicht wissenschaftliche – den Anspruch erheben dürfen, völlig rational zu sein.

Hiecks Erfahrung des Erhabenen in Bezug auf die Mathematik muss sich einstellen, wenn der Roman der Broch'schen Philosophie entsprechen sollte. Hieck setzt die Mathematik als ein Mittel zur Welterkenntnis ein. Am Ende muss er den engen Konnex sowohl von Logischem und Erklärlichem als auch von Irrationalem und Unerklärlichem zugeben, um zu dieser Erkenntnis zu gelangen. Wie bei der Wittgenstein'schen Leiter, die man benötigt, um den wichtigsten Punkt zu erreichen, die man aber am Ziel angekommen als unnützen Gegenstand wegwerfen muss, kann Hieck nur nach einer Auseinandersetzung mit der Mathematik, der Physik und dem strukturierten Denken die im Zentrum des Romans liegende Erkenntnis erlangen, dass die exakten Wissenschaften letztlich doch im großen Ganzen bedeutungslos sind.[27]

Gwyneth Cliver

6. Literatur

Aristotle: *A New Aristotle Reader*. Hg. v. J. L. Ackrill. Princeton 1987.
Benedikt, Michael: »Brochs Wertvoraussetzung zwischen Positivismus und dem Unvordenklichen«. In: *Hermann Broch: Perspektiven interdisziplinärer Forschung*. Hg. v. Árpád Bernáth, Michael Kessler und Endre Kiss. Tübingen 1998, S. 17–27.
Broch, Hermann: *Briefe von 1929 bis 1951*. Hg. v. Robert Pick, Zürich 1957.
Broch, Hermann: »Grundzüge des Romans *Die Unbekannte Größe*«. In: *Die Unbekannte Größe und frühe Schriften mit den Briefen an Willa Muir*. Hg. v. Eric W. Herd. Zürich 1961, S. 168–171.
Broch, Hermann: *Die Unbekannte Größe*. Hg. v. Paul Michael Lützeler. Frankfurt am Main 1977 (= KW 2).
Broch, Hermann: *Die Schlafwandler*. Hg. v. Paul Michael Lützeler. Frankfurt am Main 1978 (= KW 1).
Broch, Hermann und Ruth Norden: *Transatlantische Korrespondenz: 1934–1938 und 1945–1948*. Hg. v. Paul Michael Lützeler. Frankfurt am Main 2005 (= TK).
Burke, Edmund: *A Philosophical Enquiry into the Origin of our Ideas of the Sublime and Beautiful*. Hg. v. James T. Boulton. Notre Dame and London 1958.
Cliver, Gwyneth E.: *Musil, Broch, and the Mathematics of Modernism*. St. Louis 2008.
Durusoy, Gertrude: »Der Freitod als Weg zur Erkenntnis in Hermann Brochs Roman *Die Unbekannte Größe*«. In: *Hermann Broch. Das dichterische Werk. Neue Interpretationen*. Hg. v. Michael Kessler und Paul Michael Lützeler. Tübingen 1987, S. 29–34.

---

[27] Ludwig Wittgenstein: *Tractatus logico-philosophicus*. Frankfurt am Main 2003, S. 111.

Durzak, Manfred: *Hermann Broch.* Stuttgart 1967.
Durzak, Manfred: *Hermann Broch. Der Dichter und seine Zeit.* Stuttgart u. a. 1968.
Durzak, Manfred: *Hermann Broch in Selbstzeugnissen und Bilddokumenten.* Reinbek bei Hamburg 1966.
Edelmann, Thomas: »Vernunft des Irrationalen oder Irrationale Vernunft?: Arthur Lieberts Philosophie als Subtext der Wertzerfallessays Hermann Brochs«. In: *Zeitschrift für deutsche Philologie.* 118 (1999), S. 186–204.
Pérez Gay, José María: *The Unfortunate Passion of Hermann Broch.* Mountain View, CA, 2007.
Halsall, Robert: *The Problem of Autonomy in the Works of Hermann Broch.* Oxford u. a. 2000.
Hardin, James N., Jr.: »Der Versucher and Hermann Broch's Attitude Toward Positivism«. In: *The German Quarterly* 39.1 (1966), S. 29–41.
Kahler, Erich: *Dichter wider Willen. Einführung in das Werk von Hermann Broch.* Zürich 1958, S. 7–39.
Kahler, Erich: *Die Philosophie von Hermann Broch.* Tübingen 1962.
Kant, Immanuel: *Kritik der Ästhetischen Urteilskraft.* In: *Kritik der reinen Vernunft. Kritik der praktischen Vernunft. Kritik der Urteilskraft. Ungekürzte Sonderausgabe zum Kantjahr 2004.* Hg. v. J. R. Pegot. Wiesbaden 2003, S. 641–914.
Koch, Thilo: *Dichter wider Willen. Einführung in das Werk von Hermann Broch.* Zürich 1958, S. 57–78.
Koebner, Thomas: *Hermann Broch. Leben und Werk.* Bern und München 1965.
Koester, Rudolf: *Hermann Broch.* Berlin 1987.
Könneker, Carsten: »Hermann Brochs Rezeption der modernen Physik. Quantenmechanik und *Unbekannte Größe*«. In: *Zeitschrift für deutsche Philologie.* 118 (1999), S. 205–238.
Könneker, Carsten: »Hermann Brochs *Unbekannte Größe*«. In: *Orbis litterarum* 54.6 (1999), S. 439–463.
Könneker, Carsten: »Moderne Wissenschaft und moderne Dichtung: Hermann Brochs Beitrag zur Beilegung der ›Grundlagenkrise‹ der Mathematik«. In: *DVjs* 73.2 (1999), S. 319–351.
Könneker, Carsten: »Wissenschaft im medialen Zeitalter. Relativitätstheorie und Öffentlichkeit in Brochs Filmskript *Das Unbekannte X*«. In: *Hermann Broch. Neue Studien.* Hg. v. Michael Kessler. Tübingen 2003, S. 453–464.
Lützeler, Paul Michael: *Die Entropie des Menschen. Studien zum Werk Hermann Brochs.* Würzburg 2000.
Lützeler, Paul Michael: *Hermann Broch, 1886–1951. Eine Chronik.* Marbach am Neckar 2001 (= MM).
Lützeler, Paul Michael: *Hermann Broch. Eine Biographie.* Frankfurt am Main 1985 (= HBB).
Lützeler, Paul Michael und John Carson Pettey: »Hermann Broch«. In: *Austrian Fiction Writers after 1914.* Hg. v. James Hardin and Donald G. Daviau. Detroit, MI, 1989, S. 82–102.
Moore, Adrian W.: *The Infinite.* London and New York 1990.
Olsen, Morten Aronsson: »Zur Idee der Unendlichkeit bei Hermann Broch mit besonderer Berücksichtigung des Ethischen«. In: *Hermann Broch. Neue Studien.* Hg. v. Michael Kessler. Tübingen 2003, S. 470–491.

Petersen, Christer: »Vereinigung der Gegensätze: Das Ideal einer männlichen Individuation in Hermann Brochs *Die Unbekannte Größe*«. In: *seminar* 44.1 (2008), S. 103–117.
Reichmann, Eva: »Weiblichkeitsdarstellung in Brochs Werk. Ein Vergleich mit der literarischen Tradition«. In: *Hermann Broch: Perspektiven interdisziplinärer Forschung*. Hg. v. Árpád Bernáth, Michael Kessler und Endre Kiss. Tübingen 1998, S. 181–192.
Ritzer, Monika: *Hermann Broch und die Kulturkrise des frühen 20. Jahrhunderts*. Stuttgart 1988.
Roethke, Gisela: *Zur Symbolik in Hermann Brochs Werken. Platons Höhlengleichnis als Subtext*. Tübingen 1992.
Sauerland, Karol: »Hermann Broch oder vom Nutzen und Nachteil mystischen Denkens«. In: *German Life and Letters*. 40.3 (1987), S. 245–253.
Schlant, Ernestine: *Hermann Broch*. Boston 1978.
Schlant, Ernestine: »Hermann Brochs Platon- und Kantrezeption am Beispiel des Filmskripts *Das Unbekannte X*«. In: *Hermann Broch. Das dichterische Werk. Neue Interpretationen*. Hg. v. Michael Kessler und Paul Michael Lützeler. Tübingen 1987, S. 19–28.
Schlant, Ernestine: »Hermann Broch and Modern Physics«. In: *Germanic Review*. 53.2 (1978), S. 69–75.
Simpson, Malcolm R.: *The Novels of Hermann Broch*. Bern u. a. 1977.
Somm, Walter: *Hermann Broch. Geist, Prophetie und Mystik*. Freiburg (Schweiz) 1965.
Steinecke, Hartmut: *Von Lenau bis Broch. Studien zur österreichischen Literatur – von außen betrachtet*. Tübingen und Basel 2002.
Strauss, Harold: »A Sensitive Reflection of Man's Destiny«. In: *The New York Times Book Review*. 12. Mai 1935.
Walter-Echols, Elizabeth: *Relativity and Totality: Science as Structure and Imagery in Selected Texts from Hermann Broch*. Bloomington, IN, 1976.
Walter-Echols, Elizabeth: »Science as Metaphor in Hermann Broch's *Die Schuldlosen*«. In: *KPA Bulletin* (1979), S. 27–36.
Watt, Roderick H.: »Hermann Broch's *Die Unbekannte Größe*: The Central Symbol of ›Sterne im Wasser‹«. In: *MLN* 89.5 (1974), S. 840–848.
Weiss, Walter: »*Mathematisches Mysterium*: Mysticism and Metaphor in the Writing of Hermann Broch«. In: *Hermann Broch: Literature, Philosophy, Politics: The Yale Broch Symposium 1986*. Hg. v. Stephen D. Dowden. Columbia, SC, 1988, S. 215–221.
Wittgenstein, Ludwig: *Tractatus logico-philosophicus*. Frankfurt am Main 2003.
Ziolkowski, Theodore: *Hermann Broch*. New York and London 1964.
Ziolkowski, Theodore: »Hermann Broch and Relativity in Fiction«. In: *Wisconsin Studies in Contemporary Literature* 8.3 (1967), S. 365–376.

III. Die Verzauberung

1. Brochs Romanfragment *Die Verzauberung* (Bergroman): Inhalt

Über die »Verzauberung« der Bewohner eines Bergdorfs Kuppron in den 1920er Jahren durch einen fremden Phantasten namens Marius Ratti berichtet ein Landarzt in Form eines Tagebuchs. Sein Verhältnis zu Ratti ist ambivalent: Dessen Äußeres und sein Auftreten werden mit Geringschätzung beschrieben. Welche Gefahren von seinen Heilsversprechen ausgehen, wird dem Arzt allerdings bei seinen Wirtshausbesuchen sogleich klar. Er durchschaut den Fremden und warnt die Dorfbewohner vor der Suggestivkraft seiner Reden. Allerdings erweist er sich drei Monate später als Teilnehmer eines Volksfests mit vorchristlichen Wurzeln, der Bergkirchweih, selbst als anfällig für sie.

Gegenspielerin des Verführers ist Mutter Gisson, die Großmutter Irmgards mütterlicherseits. Der Arzt hat Respekt vor ihrer natürlichen Autorität, und Ratti wirbt vergeblich darum, ihr Schüler zu werden. Kuppron besteht aus einem Unterdorf, in dem reiche Bauern wohnen, und dem Oberdorf, das als Knappensiedlung gegründet wurde. Hier wohnen Mutter Gisson und ihr Sohn, der Jäger Berg-Mathias. Rivalität zwischen den Bauern des Unterdorfs, die den Gemeinderat beherrschen, und den ärmeren Bewohnern des Oberdorfs entzweit die Gemeinschaft. Marius Ratti hat mit vagen Versprechen einer alle Lebensbereiche umfassenden Reform und der Aussicht, das verfallene Bergwerk wieder zu eröffnen, angesichts der ökonomischen Krise im Dorf leichtes Spiel. Er weckt mit anti-modernistischen Parolen Hoffnungen auf Erlösung. Sein Helfer Wenzel gewinnt mit paramilitärischem Drill die Sympathien der Dorfjugend und lockt mit dem Versprechen, das Bergwerk wieder in Betrieb zu setzen und Gold zu fördern. Höhepunkt des Erinnerungsberichts ist die Schilderung einer Bergkirchweih am mythischen Ort, die in ein Opferritual ausartet. Marius beschwört die Enkelin Mutter Gissons, Irmgard, die ihn liebt und seiner Hypnose verfallen ist, sich zu opfern. Der Dorfmetzger Sabest vollzieht den Mord. Unmittelbar danach erwacht der Landarzt aus dem Massenwahn, in den er hineingerissen wurde, und hindert die betrunkene Volksmenge daran, den unbeliebten Händler Wetchy (als einziger ausländischer Reformierter ein Außenseiter im Dorf), den Ratti und Wenzel zum Sündenbock erkoren haben, hinzurichten.

Die Entstehung eines Massenwahns, den Broch im zwölften Kapitel der *Verzauberung* poetisch imaginiert hat, analysierte er in den Exiljahren mit Hilfe psychologischer, ethnologischer und soziologischer Theorien. Brochs theoretische Begriffe können zur Entlarvung der Ideologie und Strategie des Verführers Ratti verwendet werden: Statt zur Irrationalbereicherung, die dem

Wunsch nach religiöser Entgrenzung entgegenkommt, und Ich-Erweiterung der Gottsuchenden verführt Ratti nur mit hypnotischen Techniken zu Rauschzuständen, die Rationalverarmung und Ich- und Kontrollverlust im Gefolge haben.[1] Der Bericht des Landarztes endet mit dem Tod Mutter Gissons im Gebirge. Zeugen sind der Erzähler und die vom Sohn des Irmgard-Mörders geschwängerte Agathe, der die Sterbende ihr Heilkundewissen vererbt hat.

Die Ereignisse, über die der Arzt sich Rechenschaft ablegt, erstrecken sich über sechs Monate, von März bis November. Der Landarzt benötigt für die Niederschrift drei bis vier Monate (KW 3, 268). Zum Zeitpunkt ihrer Vollendung liegt Rattis Ankunft in Kuppron genau ein Jahr zurück. An dem Punkt der Erzählung, als der Arzt Zeuge des hypnotischen Liebesdialogs auf der Tenne zwischen Irmgard und Marius wird, flicht der Erzähler die viele Jahre zurückliegende Geschichte seiner unglücklichen Liebe zu der kommunistischen Ärztin Barbara ein. Sie macht seine Entscheidung zur Stadtflucht, seine Sehnsucht nach Integration in die Dorfgemeinschaft und seine Neigung, Ratti gelegentlich recht zu geben, nachträglich verständlicher.

Nach Hitlers Machtergreifung erhielten Hermann Brochs Pläne für einen neuen Roman eine neue Dynamik, ebenso auch seine poetologischen Betrachtungen über Kitsch als das Böse in der Kunst. Der Zusammenbruch der Weimarer Republik und die politischen Reaktionen, die er in Österreich auslöste, motivierten Broch zu einer Anpassung seiner Theorie des Wertezerfalls aus dem *Huguenau*-Teil der *Schlafwandler* an die auf einen neuen Tiefpunkt zusteuernde Wertekrise.[2] Die Suche nach einem Ordnungssystem mit einem Zentralwert und die Sehnsucht nach »letzten Werten« (im Sinne von Max Weber)[3] schienen ihm 1934 und 1935 um so dringlicher, je mehr sich totalitäre Systeme in Europa ausbreiteten. 1937 ließ Broch sein Manuskript liegen, weil er die Hoffnung aufgegeben hatte, mit einem Roman die Kriegsgefahr zu stoppen.

2. Entstehungsgeschichte

Die einzige vollständige Fassung seines Bergromans mit dem Titel *Verzauberung* entstand zwischen dem 12. Juli 1935 und 16. Januar 1936, in München und

---

[1] Hermann Broch: *Massenwahntheorie*, KW 12, vgl. die frühen Entwürfe von 1939 und 1941 S. 11–42 und 43–66.
[2] Paul Michael Lützeler: »Hermann Brochs Roman ›Die Verzauberung‹ – Darstellung der Forschung, Kritik, Ergänzendes«. In: Ders. (Hg.): *Brochs Verzauberung. Materialien.* Frankfurt am Main 1983, S. 239–244; ders.: *Die Entropie des Menschen. Studien zum Werk Hermann Brochs.* Würzburg 2001, S. 45–51, hier 45 und 51.
[3] Max Weber: *Die protestantische Ethik und der Geist der Kapitalismus.* Hg. v. Dirk Kaesler. München 2004, hier Kaeslers Einleitung S. 33; zu Webers Modernekritik und ihrer Affinität zu Brochs Wertezerfallstheorie vgl. den Aufsatz von Thomas Borgard in diesem Handbuch.

Mösern/Tirol, begleitet von Briefen, in denen Broch seine Beunruhigung über die politischen Verhältnisse mitteilt.[4] Am 16. Oktober 1934 kündigte er Daisy Brody einen neuen religiösen Roman an, in dem er dem »Prinzip des Bösen« auf den Grund gehen wollte. Er betrieb religionsgeschichtliche und patristische Studien, um die bei allen vorhandene religiöse »Erlebnissphäre« zu mobilisieren (KW 13/1, 294–296). Mit dem religiösen Roman wollte Broch denen entgegenkommen, die sich mit der Glaubenskrise und dem Autoritätsverlust der Kirchen nicht zufrieden geben mochten, sondern den Nihilismus zu überwinden suchten und bereit seien, »jedem zu folgen, der ... Hingabe an irgend etwas fordert, selbst wenn dieses etwas allgemein als Surrogat durchschaut wird« (KW 13/1, 307). Aus dem Bedürfnis zu glauben erwachse auch die Kraft, glauben zu können, ebenso laure aber auch die Gefahr, sich verführen zu lassen. Dies habe der Dichter aus der Perspektive einfacher Menschen zu schildern. Mit den verletzten Gefühlen von Esch, Gödecke, Hanna Wendling, Marguerite, dem Heilsarmeemädchen und dem Juden Nuchem hatte der Erzähler im *Huguenau*-Teil der *Schlafwandler* experimentiert. Ziel sei neuerdings, »das *gefühlte Wissen anklingen zu lassen*«, den irrationalen Seelengrund rational auszudrücken, aber dafür eine Form zu finden, in der nicht über ein Dogma räsonniert werde, sondern die Glaubenssuche, in der sich Sehnsucht nach dem Ewigen, Unendlichen ausdrücke, selbst im Zentrum stehe (KW 13/1, 301 und 304). Die einfachen Menschen – das sind in *Die Verzauberung* die Kupproner, allesamt Bauern und Handwerker, aber allesamt komplizierte Persönlichkeiten, die ihre psychischen Obsessionen (Einsamkeit, Todessehnsucht, Sinn- und Ordnungsverlust) eloquent zum Ausdruck bringen und in entfremdeten, zerrütteten Beziehungen leben.

Ruth Norden gegenüber bezeichnete Broch am 16. Januar 1936 seinen vollendeten Roman als »anständige Leistung«, aber der Autor war skeptisch, ob er sich vermarkten lasse. Auch stünden ihm noch »scheußliche Nach- und Umarbeitungen« bevor (KW 13/1, 384; ähnlich 425f.). Seinem Verleger Daniel Brody erklärte er, im Bergroman stelle er die Glaubenssuche aus der Perspektive eines Zweifelnden dar (KW 13/1, 385f.). Die *Verzauberung* sei der erste Teil einer Trilogie, die er mit *Demeter* betiteln wollte (KW 13/1, 384–386). Die Überarbeitung geriet in den nachfolgenden sechs Monaten nur bis zum zehnten von ursprünglich vierzehn Kapiteln.[5] In der zweiten Jahreshälfte wandte sich Broch dem Studium der Genese totalitärer Herrschaftssysteme zu und erwog zu ihrer Bekämpfung die Gründung eines transatlantischen Völkerbunds. Unterdessen verlor das ehrgeizige Ringen um eine dem Zeitgeschehen angemessene, komplexe Romanform an Reiz. Skepsis und Verzweiflung erfüll-

---

4 Lützeler in: *Brochs Verzauberung*, S. 45–53; Paul Michael Lützeler: *Die Entropie des Menschen. Studien zum Werk Hermann Brochs*. Würzburg 2001, S. 45–51, und Broch: KW 13/1, Nr. 171 und Nr. 196–211; sowie KW 13/1, 370.
5 Über die Gründe für den Abbruch vgl. KW 13/1, 410–412 und 419.

ten ihn angesichts der ethischen und stilistischen Anforderungen an ein Werk, das wahrscheinlich doch nicht vor dem nächsten Weltkrieg fertig würde (KW 13/1, 431 und 432–434). Ihm fehle die dichterische Gelöstheit; es enthalte ein Zuviel an rationaler Ausdeutung (KW 13/1, 435). Im November 1937 gestand er Ruth Norden, mit seinem Roman sei er zehn Monate lang nicht vom Fleck gekommen und habe daher »aus Verzweiflung« mit einer neuen großen Erzählung begonnen, der »Heimkehr des Vergil«. Die gefährliche politische Weltlage sei schuld daran, dass er sein »Dichtergewerbe kaum mehr ausüben konnte« (KW 13/1, 469 und 471). Als Künstler fühlte sich Broch wie ein Seiltänzer, dessen Seil immer kürzer werde (KW 13/1, 499f.). Es sei dringender, mit einer gemeinsam verfassten Völkerbund-Resolution als Gegenpropaganda zur herrschenden Kriegspropaganda die Menschen aus dem »Massenwahn« zu befreien (KW 13/1, 494), anstatt die Parabel einer Massen-Verzauberung zu gestalten.

Nach seiner Haft im Bezirksgefängnis von Bad Aussee (13.–31. März 1938) vertraute er die beiden Fassungen der *Verzauberung* Freunden an, während er Fluchtpläne schmiedete. Erst 1948 kam Broch auf das alte Projekt seines mythologischen Romans zurück. Wenige Monate vor seinem Tod beabsichtigte er, die zweite Romanfassung auf das Wesentliche zu straffen. Die Überarbeitung kam jedoch nicht mehr über die ersten drei Kapitel hinaus. Nach dem Kriegsende erschien die Erzählperspektive des Arztes überholt, ebenso auch das Schwanken zwischen Zukunftsangst und Erlösungshoffnung. Mittlerweile war auch die Idee nicht mehr aktuell, den vom Demagogen ausgelösten Massenwahn durch einen humanitären Gegenmythos unschädlich zu machen. Vielmehr hatte sich die Fabel vom Verführer als Unheilprognose ex eventu bewahrheitet. Der Holocaust an den europäischen Juden hat Brochs unheimliche Diagnose von 1935 millionenfach bestätigt, wie eine zunächst als weltfern und närrisch bespöttelte Ideologie von skrupellosen Machern zur Anwendung von Gewalt gegen Minoritäten missbraucht werden kann. Der ursprünglich geplante Ausgang der Parabel – der Einzug Rattis in den Gemeinderat und die Weitergabe von Mutter Gissons heilkundlichem Wissen, mit der Hoffnung auf dessen Sieg über Rattis Ideologie – war von der Weltgeschichte falsifiziert worden.

3. Suche nach einer zeitgemäßen Poetik und Wettstreit mit Musil

Nach der Publikation der *Schlafwandler*-Trilogie arbeitete Broch an seiner Poetik des polyperspektivischen Romans. Er sollte ein Spiegel widersprüchlicher Tendenzen der Gegenwart sein, zugleich auch Medium philosophischer Erkenntnis und Ideologiekritik. Wie dabei antike und biblische Mythen zu Vehikeln der Moderne-Reflexion werden konnten, veranschaulichten ihm Joyces

Ulysses und die 1934 und 1935 erschienenen ersten zwei Bände von Thomas Manns *Josephs*-Roman.⁶ Gleichwohl: Einen neuen Mythos schufen sie nach Brochs Überzeugung nicht. Mann habe zwar eine »Ahnung von der neuen Aufgabe« eines religiösen Romans, bleibe aber »an die traditionellen Formen gebunden«, während Joyces radikal subjektiver Lösungsversuch unverständlich zu werden drohe (KW 13/1, 299). Mann habe die Form »des psychologischen Romans bis an die Grenze des Mythos« gesteigert, während Joyce den Wanderer Ulysses als Kontrastfigur nurmehr für Facetten der Wirklichkeit einsetze, anstatt mit dem Mythos weltbildend zu wirken (KW 9/2, 116 und 192).⁷ Auf der Suche nach einer dem neuen Mythos adäquaten Form können die naturmystischen Passagen der *Verzauberung*, in denen Broch mit begrifflichen Oppositionspaaren experimentiert, um das Ungenügen begrifflicher Erfassung des Wunschs nach Entgrenzung anzuzeigen, als Durchgangsstadium auf dem Weg zur Prosalyrik im *Tod des Vergil* angesehen werden.⁸ Robert Musils Opus magnum *Der Mann ohne Eigenschaften* (MoE) kam gänzlich ohne *Mythos* aus. Musil brachte das Wertevakuum einer Monarchie im Agoniezustand in der Fülle von Gesprächen und Aktivitäten um den Grafen von Leinsdorf und Ulrich zum Ausdruck und sezierte Pseudomythen wie den Nationalismus als kriegstreibend.⁹ Während Broch noch seine Essays über den Zerfall der Werte – als Frucht philosophischen Nachdenkens über die Konjunktur von Zentralwerten im Lauf der Geschichte – in den *Huguenau*-Teil der *Schlafwandler* einarbeitete, konnte er bereits Musils Technik essayistischer Reflexion im ersten Band von *Der Mann ohne Eigenschaften* studieren.¹⁰ Das Erscheinen des zweiten Bandes des MoE 1933 dürfte Brochs Überlegungen angespornt haben, auf welche Weise das *Schlafwandler*-Projekt weiterzuführen wäre. Während Musils Handlung bis an die Schwelle des Kriegsjahrs 1914

---

6   Zum Vergleich Thomas Manns mit James Joyce aus Brochs Perspektive vgl. Paul Michael Lützeler: *Hermann Broch und die Moderne. Roman, Menschenrecht, Biographie*. München 2011, S. 215–225.
7   Vgl. Monika Ritzer: »Mythisches Erzählen im Faschismus – die Romanexperimente der 30er Jahre (Broch, C. G. Jung, Th. Mann)«. In: *In the Embrace of the Swan*. Hg. v. Rüdiger Görner und Angus Nicholls. Berlin, New York 2010, S. 147–167, hier 155.
8   Alice Staškova hat das Stil-Wollen Brochs mit der Formel charakterisiert, »es gibt bei Broch keine *adversio* ohne *concessio*«. Alice Staškova: »Der Stil auf der Suche nach der Religion im frühen Schaffen Hermann Brochs«. In: *Hermann Broch. Religion, Mythos, Utopie. Zur ethischen Perspektive seines Werks*. Hg. v. Paul Michael Lützeler und Christine Maillard. *Recherches germaniques. Revue annuelle*. Hors série 5 (2008), S. 21–36, hier 29.
9   Alexander Honold: *Die Stadt und der Krieg. Raum- und Zeitkonstruktion in Robert Musils Roman »Der Mann ohne Eigenschaften«*. München 1995; Friedrich Bringazi: *Robert Musil und die Mythen der Nation. Nationalismus als Ausdruck subjektiver Identitätsaffekte*. Frankfurt am Main 1998.
10 Beider Opus magnum begann 1930/1931 zu erscheinen. *Pasenow* kam im Dezember 1930 und *Esch* im April 1931 heraus, ebenso das erste Buch (erster und zweiter Teil) des MoE; 1932 wurde der *Huguenau*-Teil publiziert. 1933 folgte der zweite Band von Musils *Österreich*-Roman. Vgl. die Anmerkungen Adolf Frisés in Robert Musil: *Der Mann ohne Eigenschaften. Roman aus dem Nachlaß*. Hg. v. Adolf Frisé. Reinbek 1986, S. 2041; HBB 388f.

führt, setzt Broch den Schlusspunkt des *Huguenau* im Revolutionsjahr 1918. Beide Romane stellten Verfallsgeschichten dar und lieferten den Lesern geschichtsphilosophische und ethische Deutungsansätze, gingen aber narratologisch verschieden vor.

Broch betrachtete es in seinem zweiten Roman als besondere Herausforderung, die jüngsten politischen Ereignisse in das poetische Tableau der Zerfallsdramaturgie einzubringen. Die Frage stellte sich ihm, wie die nationalsozialistische Machtübernahme mit den im *Huguenau*-Teil erarbeiteten Kategorien zu deuten wäre und wo diese an ihre Grenzen stießen. Es musste Broch berühren, dass er und Musil von der zeitgenössischen Literaturkritik einmütig als dichterische Seismographen einer Krisenstimmung gewürdigt wurden, die sich in der Suche ihrer Protagonisten nach Werten und Ideen, die eine Gesellschaft zusammenhalten könnten, äußerte. Beide stellten fest, dass sie bei ihrem Lesepublikum dasselbe Feld besetzten.[11] Während Musil dies irritierte, stimulierte die Tatsache, dass beider Romane von Wiener Literaturkritikern miteinander verglichen wurden, Broch dazu, sich im nächsten Roman deutlich von Musil abzusetzen. Das bedeutete, von wertetheoretischen Exkursen Abstand zu nehmen und narratologisch neue Lösungen zu suchen.[12] Alice Schmutzer, Brochs Cousine, würdigte in einer Rezension am 29. Dezember 1930 Musils *Mann ohne Eigenschaften* und Brochs *Schlafwandler* als »Romandichtungen reifer Männer« und wies auf ihre Gemeinsamkeiten hin, betonte aber auch die Komplementarität ihres Erkenntnisstrebens:

> Robert Musils *Der Mann ohne Eigenschaften* (Rowohlt-Verlag) und Hermann Brochs *Die Schlafwandler* sind [...] neu und jung wie nur irgendein Werk der jüngsten Generation. Was sie gemeinsam haben, ist ihr heisses Bemühen um ehrliche, unverlogen reine Geistigkeit. [...] Musil sucht das Irrationale durch das streng Rationale, sucht hinter die Oberfläche der Dinge zu dringen, den Schutt der Klischees fortzuräumen [...]. Der Dichter flüchtet über das Rationale hinweg in dem Traum, um, von dort zurückkehrend, den Sinn des Lebens zu erkennen. [...] Anders geht Broch zu Werke. Er will auf dem Umweg über das Irrationale auf den Kern der Dinge kommen.[13]

---

[11] Vgl. Norbert Christian Wolf: *Kakanien als Gesellschaftskonstruktion. Robert Musils Sozioanalyse des 20. Jahrhunderts.* Wien, Köln, Weimar 2012, S. 1099 und 1144f.

[12] Gemeinsamkeiten betont Katharina Ratschko: »Robert Musil und Hermann Broch: Kunstverständnis und Zeitdiagnose«. In: *Hermann Brochs literarische Freundschaften.* Hg. v. Endre Kiss, Paul Michael Lützeler und Gabriella Rácz. Tübingen 2008, S. 121–138. Das Konkurrenzverhältnis arbeiten dagegen Wolfgang Freese und Karl Corino heraus. Karl Corino: »Geistesverwandtschaft und Rivalität«. In: *Literatur und Kritik* 51 (1971), S. 218–241; Wolfgang Freese: »Vergleichungen«. In: *Literatur und Kritik* 51 (1971), S. 242–261.

[13] In: Robert Musil: *Kommentierte Edition sämtlicher Werke, Briefe und nachgelassener Schriften ... Klagenfurter Ausgabe, elektronische Daten.* Hg. v. Walter Fanta u. a. Klagenfurt 2009 (KA/Kommentare&Apparate/Kontexte/Zeitgenössische Rezensionen/1930).

Echt romanhaft sei das Geschehen in den *Schlafwandlern*. Der Autor setze Menschenschicksale in Bewegung und wecke Anteilnahme: »Brochs Menschen seien mit Augen gesehen, die das Erlebnis der letzten zwanzig Jahre in sich aufgenommen haben.«[14] Die Dialoge offenbarten das Wesen der Figuren durch ihre Worte, »besser noch durch das, was sie eigentlich sagen möchten und das hinter den Worten immer deutlich wird.« Franz Blei rechnete *Die Schlafwandler* und *Der Mann ohne Eigenschaften* in der Prager Presse vom 1. September 1931 zu den fünf bedeutendsten Neuerscheinungen. Er rückte in einem Brief an Broch vom 18. Mai 1932 abermals »die zwei Österreicher, Du [Broch] und Musil,« zusammen, »die dem neueren Roman seine größte Form gegeben haben« (HBB 130). Blei hatte Musil bereits im Januar 1930 ein Exposé der *Schlafwandler* geschickt. Dieser reagierte reserviert. Er vertraute Blei an, er sei skeptisch, ob Broch in der Lage sei, seinen philosophischen Ansprüchen Genüge zu tun. Während Musil von der Nähe der »Absichten Brochs und den meinen« beunruhigt war, würdigte dieser das Werk des fünf Jahre Älteren als modernen *Österreich*-Roman, der eine große Tradition fortsetze, betonte aber auch, wie verschieden ihre jeweiligen »philosophischen Anschauungen« seien (HBB 131; KW 9/1, 95; KW 9/2, 117). Musil und Broch waren beide von der Nietzsche-Begeisterung der Jahrhundertwende angesteckt. In Ulrichs Möglichkeitssinn und seiner Suche nach einer zeitgemäßen Ethik kommt der in die Zukunft weisende, Kreativität stimulierende, befreiende Ertrag von Nietzsches Philosophie zum Ausdruck; im Erzählkomplex um Clarisse distanziert sich Musil dagegen von einer krankhaft-schwärmerischen Nietzsche-Verehrung. Brochs *Verzauberung* ist dagegen, wie zu zeigen sein wird, ein Manifest gegen den Missbrauch von Nietzsches Philosophie, auch wenn weder der Name Nietzsches noch der des Dionysos wörtlich vorkommen.[15]

Die Arbeit an der *Verzauberung* erscheint wie ein Experiment mit Ideen, die Broch seit 1932 in seinen kulturtheoretischen Essays verhandelt hat (*James Joyce und die Gegenwart, Das Weltbild des Romans, Das Böse im Wertesystem der Kunst; Geist und Zeitgeist*). In den Abhandlungen von 1932 und 1934 nahm Broch

---

14 Zur Verwandtschaft Brochs mit Alice Schmutzer siehe Paul Michael Lützeler (Hg.): *Hermann Broch*. Frankfurt am Main 1986, S. 156.
15 Zu Brochs Nietzsche-Kritik vgl. Lützeler: *Broch und die Moderne*, S. 103–109; Thomas Borgards Beitrag in diesem Band; Charlotte Dressler-Brumme: *Nietzsches Philosophie in Musils Roman »Der Mann ohne Eigenschaften«. Eine vergleichende Betrachtung als Beitrag zum Verständnis*. Frankfurt am Main 1987 und in *Nietzsche-Handbuch. Leben – Werk – Wirkung*. Hg. v. Hans-Martin Gerlach und H. Henning Ottmann. Stuttgart, Weimar 2000, S. 460–463. Zur poetologischen Rezeption von Nietzsches *Also sprach Zarathustra* und des Dionysischen seit der Jahrhundertwende vgl. Uwe Spörl: *Gottlose Mystik in der deutschen Literatur um die Jahrhundertwende*. Paderborn, München, Wien, Zürich 1997, S. 174–254. In der Forschung zum Verhältnis zwischen Broch und Musil spielt ihre unterschiedliche Haltung zur Philosophie Nietzsches keine Rolle. Dazu näher Barbara Mahlmann-Bauer: »Auseinandersetzungen mit Nietzsches ›Dionysos‹ in der Literatur von 1900 bis nach 1933«. In: *Mythographie der Neuzeit*. Akten der Tagung vom 8. bis 11. Mai 2013. Hg. v. Ralph Häfner. Drucklegung geplant.

nicht nur Maß an Thomas Mann und James Joyce in Fragen des Mythos, in *Das Weltbild des Romans* (1933) distanziert er sich überdies von der als zu rational beurteilten Darstellungsweise Robert Musils.

Ein Werk fehlt merkwürdigerweise in Brochs kritischer Bestandsaufnahme, Thomas Manns 1930 erschienene Novelle *Mario und der Zauberer*, obwohl der Zauberkünstler Gemeinsamkeiten mit Marius Ratti hat.[16] Literaturkritiker machten sogleich auf die Ähnlichkeit Cipollas mit Mussolini aufmerksam, der »ein Volk [...] zum menschenunwürdigen, willenlosen Massenwahn hypnotisiert«. Dieser »Zauberer im Willenzerbrechen« sei ein »Übermussolini«; er karikiere Mussolini, der ein ganzes Volk [...] in Suggestion hält«.[17] Der bucklige Zauberkünstler wird als »stärkste[r] Hypnotiseur« bezeichnet, denn er versetzt sein Auditorium in Begeisterung, bricht den Widerstand Einzelner und bringt sie zum Tanzen.[18] Cipolla wird, ähnlich wie Ratti, vom Erzähler wegen seines unvorteilhaften Äußeren unterschätzt. Seinen Sadismus lässt der Verwachsene bevorzugt an widerstandslosen schönen Frauen und an Frauenhelden aus, mit denen er am wenigsten konkurrieren kann. Vergleichbar damit ist Rattis Annäherung an die Bergbraut Irmgard und sein rhetorischer Versuch, seine Impotenz zu kompensieren. Der Erzähler berichtet von Cipollas Zauberabend ebenfalls wie Brochs Arzt aus dem Rückblick und gesteht Schuldgefühle, nicht vorzeitig die fragwürdige Zaubervorstellung verlassen zu haben. Er bekennt seinen Lesern außerdem, auf unverantwortliche Weise in den Bann des unheimlichen Hypnotiseurs geraten zu sein. Schon der Titel und der Name des Gegenspielers Cipollas, Mario, machen den Kenner von Brochs *Verzauberung* hellhörig; indes wird Manns Novelle weder in Brochs Briefen noch in seinen Schriften zur Literatur erwähnt. Nach 1933 kam für Broch allerdings ein Schluss nach der Art Manns nicht mehr in Frage. Während Mario seinen Peiniger heroisch niederstreckt, können weder Mutter Gisson noch der Arzt Rattis Verbrechen stoppen, geschweige denn seinen politischen Aufstieg aufhalten.

Die ethische Aufgabe des Schriftstellers sah Broch darin, den Orientierungsverlust vereinsamter Individuen und ihre Irreführung seit der politischen Wende 1933 im Roman darzustellen. Nicht nur das: er wollte die Verführungsstrategie betrügerischer Heilsbringer in einer Parabel abbilden und aufgrund der ›ewigen‹ »Themen der Dichtung« (Inhaltsangabe von 1939, KW 3, 383) einem ›Lackmustest‹ unterwerfen. Ein »massenpsychologisches Geschehen«

---

[16] Thomas Mann: *Späte Erzählungen*. Frankfurt am Main 1981, S. 186–240; zu den mit Broch vergleichbaren massenwahntheoretischen Voraussetzungen vgl. Regine Zeller: *Cipolla und die Masse. Zu Thomas Manns Novelle »Mario und der Zauberer«*. St. Ingbert 2006. Ich danke den Studierenden meines Seminars »Literatur in der Krise um 1930«, die zum Vergleich mit Manns Novelle inspirierende Ideen geliefert haben.
[17] Die Zitate aus der Literaturkritik von 1930 bei Gerhard Sautermeister: *Thomas Mann: »Mario und der Zauberer«*. München 1981, S. 123–130, hier 124f.
[18] Mann: *Mario und der Zauberer*, S. 225; vgl. 223–240.

sollte nicht objektiv dargestellt, sondern am Beispiel der existentiellen Not und Erlösungssehnsucht einer »Einzelseele« »lebendig« gemacht werden (KW 3, 383).

Seine poetologischen Ziele brachte er 1932 in *James Joyce und die Gegenwart* auf den Begriff.[19] Wie muß das literarische Kunstwerk beschaffen sein, um »eine Welt ständig zunehmender Wertzersplitterung« abbilden zu können? (KW 9/2, 66) »Die fluktuierende Erfahrung einer fluktuierenden Realität« war, nach Joyces Vorbild, einzufangen durch eine »fortgesetzte Verkreuzung der verschiedensten Symbolreihen untereinander« und die »fortgesetzte Einschmelzung dieser Reihen im Medium der Sprache« (KW 9/2, 72). Auf die *Verzauberung* bezogen, hatte Broch den Anspruch, den überzeitlichen Realitätsgehalt des Geschehens in Subsystemen sich überschneidender Mythen und in der das Naturganze erfassenden Bildsprache des erweiterten Naturalismus zu bannen.

Auf die erzählerische Darbietung der *Verzauberung* als kritischer und zugleich betroffener Rückblick eines teilweise Mitverzauberten sollte zutreffen, was der Modernetheoretiker vom polyhistorischen Roman forderte. Ein »Spiegel aller übrigen Weltbilder« sollte er sein, geschlossen und einheitlich als Kunstwerk, und den »unendlichen Fluß des Geschehens« in einem Weltsymbol zusammenfassen. Das Bemühen um Angstbewältigung sollte er darstellen und symbolisch einen Weg aus der emotionalen Verunsicherung aufzeigen (KW 9/2, 116f.).

Dies könne der »rationale« Roman allerdings weniger gut als der religiöse Roman. Von der »Bemühung, das Irrationale harmlos zu machen, indem man es im rationalen Netz einzufangen trachtet«, hielt Broch wenig. Bagatellisierung durch Rationalisierung betrachtete Broch als eine Gefahr, Kitsch zu produzieren (KW 9/2, 109 und 112). Wie die akute Werteanarchie überwunden werden könnte, sei auch anhand von Irrwegen zu studieren (KW 9/2, 124). Der Dichter müsse sich am »Akt der Wertsetzung und Wertbildung« beteiligen, um der existentiellen Angst vor dem Nichts und dem Tod entgegenzutreten. Es sei ein »Akt der Humanität« schlechthin, dem Tod »den Wert des Lebens selbst gegenüberzustellen« (KW 9/2, 124). Dabei spiele die Form eine besondere Rolle. Damit meint Broch die symbolische Durchdringung der Gegenwartskrise, zu der antike Mythen wiederbelebt und umfunktioniert werden könnten (KW 9/2, 129). Ethisches Wollen komme in einer avancierten Ästhetik zum Ausdruck; formal »>gut« zu arbeiten«, sei eine ethische Forderung (KW 9/2, 132 und 137). Die Wahl einer subjektiv beschränkten Erzählperspektive sei dem Anspruch, Auswege und Lösungen aus auktorialer Perspektive oder der skeptischen Distanz eines Protagonisten zu problematisieren, überlegen. Die

---

19 Vgl. zur Quintessenz der Broch'schen Literaturtheorie Friedrich Vollhardt: »Hermann Brochs Literaturtheorie«. In: *Hermann Broch*. Hg. v. Paul Michael Lützeler, S. 272–287.

Flucht ins Rationale, das Bemühen, die an sich unbegreifliche Realität mit Versatzstücken zu einem tröstlichen Weltbild zusammenzufügen, anstatt das Irrationale erhellen zu wollen, bringe Kitsch hervor (KW 9/2, 152). Durch rationale Erörterung in Exkursen und Essays würde die Komplexität und Widersprüchlichkeit der Wirklichkeit reduziert (KW 9/2, 112). Es war provozierend, wie Broch den *Mann ohne Eigenschaften* als »Heldenroman«, der Leser zur Identifikation mit Ulrich einlade, Werken der Unterhaltungs- und Trivialliteratur an die Seite stellte, die sich dem Bedürfnis der Leser nach Identifikation bequemten (KW 9/2, 112).[20]

Diese poetologische Standortbestimmung durch Abgrenzung von zu einfachen Lösungen aus der Entstehungszeit der *Verzauberung* kam bei Musil bekanntlich schlecht an. Musil irritierte die Nähe von Brochs Romanpoetik in *Das Weltbild des Romans* zu seinen eigenen Reflexionen über die Aufgaben des Schriftstellers. Er verdächtigte Broch, Gedanken aus einem eigenen Aufsatz *Literat und Literatur* plagiiert zu haben.[21] Broch wies diesen Verdacht in seiner Antwort an Musil vom September 1933 energisch zurück.[22] Die Behauptung, ihre philosophischen Anschauungen seien entgegengesetzt, wirkt übertrieben. Im Bemühen, die Krise des okzidentalen Rationalismus durch Entgrenzung rationalen Sprechens und Experimente mit der Sprache der Mystik darzustellen und zu überwinden, ähneln sich Broch und Musil. Dieser hätte aber Brochs Credo am Ende von *Das Weltbild des Romans* nicht zugestimmt, wonach der Romancier die ersehnte »Einheit des Weltbilds«, das »metaphysische [...] Bedürfnis« nach einer neuen »Religionsstiftung« ästhetisch zu antizipieren habe (KW 9/2, 117). Brochs Glaube, dies könne durch Bearbeitung, Umwandlung und Verschwisterung von Mythen geschehen, unterscheidet seine Poetik von derjenigen Musils.

Während Broch in seinen poetologischen Abhandlungen Musils Werk im Blick hatte, schielte er auf das, was sein zweiter Roman leisten sollte, um den *Mann ohne Eigenschaften* zu überbieten. Urteile, die auf Musil gemünzt waren, implizierten die Maßstäbe, an die sich Broch selbst hielt. 1936 fragte Broch beispielsweise, ob Musil ein Repräsentant spezifisch österreichischer Provinzliteratur sei oder mit seiner kosmopolitischen Haltung eher in die Tradition großer, überzeitlich gültiger europäischer Dichtung gehöre (KW 9/1, 95). Musste sich Broch aber dieselbe Frage nicht selber stellen, nachdem er vom großflächigen Panorama der *Schlafwandler* zugunsten eines Bergdorfs Abschied genommen hatte? Der Anspruch, die mythische Qualität des Geschehens in Kuppron herauszuarbeiten und an diesem Beispiel die Ablösung mütterlicher

---

[20] Manfred Durzak: *Hermann Broch*. Reinbek 2001, S. 97.
[21] Robert Musil: »Literat und Literatur. Randbemerkungen dazu« (1931). In: Ders.: *Gesammelte Werke in Einzelausgaben. Tagebücher, Aphorismen, Essays und Reden*. Hamburg 1955, S. 698–718.
[22] KW 13/1, 252–254, Brief an Robert Musil, 2. September 1933; Musils Brief, auf den Broch antwortet, ist nicht überliefert.

Weisheit durch aggressive patriarchale Herrschaft zu demonstrieren, erhob den Bergroman allerdings über das provinzielle Niveau. Indem Broch den Demeter-Mythos mit dem Dionysos-Mythos überblendete, rückte er die Gefahr ideologischer Verführung allgemein ins Licht. 1939 griff Broch das Oppositionspaar Provinzialität und Kosmopolitismus am Beispiel Musils erneut auf (KW 9/1, 96). Er bescheinigte Musil den Rang eines »absoluten Epikers von Weltformat«, der »Welttotalität« abspiegele. Seine »Exaktheit« stehe in der Tradition der europäischen Romankultur. Die Lektüre des zweiten Bandes des *Mann ohne Eigenschaften* hatte Broch wohl mittlerweile davon überzeugt, dass Musil nach Ähnlichem strebte wie er: »er läßt das Irrationale nur in Gestalt des Unendlichen zu, nämlich in der unendlichen Vervielfältigung der Ratio, denn er weiß um deren göttliche Aufgabe«, und daher sei sein Werk »radikal endlos« und sprenge »jede Grenze des Artistischen«. Erneut maß Broch das, was er in der *Verzauberung* und neuerdings im *Tod des Vergil* vorhatte, am Anspruch Musils. Musil sei kein autochthoner Österreicher; er selbst, der Autor des religiösen Bergromans, zweifellos genauso wenig. Seine Parabel, wie ein Fremder sich mit trügerischen Heilsversprechen die Seelen eroberte, sei etwas anderes als rückwärtsgewandte sentimentalische Heimatdichtung. Broch bündelt zeittypische Ängste infolge des Wertezerfalls und sozialer Vereinsamung in seinem Soziotop, in dem archaische Kultformen und Arbeitstechniken Platz greifen, nachdem Christentum und Kirche keine Ausstrahlung mehr haben. Den Anspruch, den er Musil zubilligte, »das Irrationale nur in Gestalt des Unendlichen« zuzulassen, »in der unendlichen Vervielfältigung der Ratio« (KW 9/1, 96), verfolgte Broch selbst. Die Herrschaft der Vernunft und mütterlicher Weisheit wurde, wie Miland und der Arzt konstatieren (KW 3, 228 und 342), durch den Irrsinn eines Fanatikers abgelöst, der mit Forderungen nach Rückkehr zum Ursprünglichen, Gesunden, Erdverbundenen und einem Erlösungsopfer einen Massenwahn entfesselt. Der Bergroman spiegelt die Krise der Gegenwart – Vereinzelung und Ordnungszerfall – aus der Perspektive eines Erzählers, der selbst auf der Suche nach sozialer Verankerung in einer überschaubaren Dorfgemeinschaft ist und sich daher für den Massenwahn empfänglich erweist. Statt durch rationale Reflexion das Irrationale menschlicher Existenz angesichts des Todes zu meistern, wollte Broch die Sehnsucht der psychisch Heimatlosen und sich selbst entfremdeten Menschen nach Vereinigung mit den unermesslichen Schöpfungskräften darstellen und zeigen, wie anfällig diese für falsche Propheten und Demagogen seien (KW 3, Inhaltsangabe [1939], 383 und 387).

Im Unterschied zu Thomas Mann, der in *Die Geschichten Jaakobs* (1933) und *Der junge Joseph* (1934) dem drohenden Ordnungsverlust, Chaos und Anarchie durch »Rückverwandlung ... in ein mythisches Organon« abhelfen wollte (KW 9/1, [1935], 31), reichte Broch aber ein einziger Mythos oder nur eine Mythenquelle nicht mehr. Die Schwierigkeit, zwischen echter und betrügerischer

Heilslehre, wahrer und falscher Religion, dem uralten und dem neuen Mythos zu unterscheiden, sollte in den Reden und Verhaltensweisen der Kupproner und des erzählenden Arztes offenbar werden. Daher setzte er zwei mythische Modelle miteinander in Beziehung.

4. Narratologische Profilierung in der zweiten Fassung

Brochs Ringen um die narratologische Konzeption und sein kritisches Verhältnis zur Modegattung des Heimatromans verdienen im Vergleich mit Musils *Österreich*-Roman ebenfalls besondere Aufmerksamkeit. Die ambivalenten Werturteile des Arztes und seine Unzuverlässigkeit als »Reporter« einer Machtergreifung durch Verzauberung sind kunstvolle poetische Verfahren, nicht etwa poetische Schwächen, welche eine gewisse Affinität des Autors zur Blut- und-Boden-Ideologie suggerieren.[23] Broch bedient das Muster des populären Heimat- und Dorfromans, der bäuerliches Leben im ewigen Einerlei des Jahresrhythmus verklärt, gerade nicht: Die antimodernen, nostalgischen Phantasien legt er unterschiedlichen Figuren in den Mund, ohne sie auktorial zu bewerten. Die Sehnsucht nach einfachen Produktionsformen, Technikfeindschaft und Erdverbundenheit desavouieren sich in Rattis Tiraden selbst. Der Erzähler erweist sich als unzuverlässig, da er ihnen manchmal zustimmt, sie aber öfter auch ablehnt.[24] Der Landarzt, der über Marius Rattis Infiltration der Kupproner bis zum Tod Mutter Gissons Rechenschaft gibt, erzählt zwar überwiegend aus der Perspektive des intellektuellen Außenseiters, aber gesteht bisweilen auch Sympathie mit Vorstellungen Rattis und gibt zu, während der Bergkirchweih vom Massenwahn mit erfasst worden zu sein (KW 3, 274 und 342).

In der frühesten Inhaltsangabe seines Romanprojekts von 1936 betont Broch den Lernprozess, über den sich der »Doctor« im Rückblick auf seine »Verhexung« während der Bergkirchweih und der »Enthexung« dank Mutter Gissons Eingreifen Rechenschaft ablegt (KW 3, 373–382). Die Art, wie der Landarzt in den drei Fassungen berichtet, macht den Lesern seine Befangenheit deutlich. Die Erzählerfigur erhält in ihrer epistemischen Beschränktheit

---

[23] Gegen Norbert Mecklenburgs Analyse haben Gisela Brude-Firnau und Carole Duebbert die Struktur der *Verzauberung* als Anti-Heimatroman analysiert, weil der regressive Erd- und Fruchtbarkeitskult, den die Blubo-Ideologie instrumentalisiert hat, in Marius' Tiraden als Karikatur erscheint. Carole Duebbert: »Hermann Brochs *Verzauberung* als ›Anti-Heimatroman‹«. In: *Brochs Verzauberung*. Hg. v. Lützeler, S. 226–238; Gisela Brude-Firnau: »Hermann Brochs *Demeter-Fragment*. Provinzroman oder zeitkritisches Dokument?« In: *Hermann Broch. Das dichterische Werk. Neue Interpretationen*. Hg. v. Michael Kessler und Paul Michael Lützeler. Tübingen 1987, S. 35–43.

[24] Michael Mack: »The Politics of Sacrifice. Hermann Broch's Critique of Fascism in *Die Verzauberung*«. In: *Orbis Litterarum* 55 (2000), S. 15–36, hier 19.

während der zweiten Überarbeitungsstufe durch lange innere Monologe ein noch schärferes Profil. Sie geben seiner Sehnsucht nach Verschmelzung seines Biorhythmus mit dem Wechsel der Jahreszeiten Ausdruck. Dank dem »Vorwort« und durch die Einschiebung der Barbara-Novelle ermöglicht es Broch dem Leser, diese Sehnsucht als Verblendung zu diagnostizieren, die den aus der Stadt Zugereisten für anti-modernistische Heilsversprechungen empfänglich macht. In seinem Kommentar vom Frühjahr 1940 begründet Broch den Mehrwert, den seine romanhafte Schilderung eines Massenwahns, wie er von einer »Einzelseele« als »Beute« dieses von außen unbegreiflichen Geschehens miterlebt wurde, gegenüber einer »objektive[n] Darstellungsweise« in Form einer Reportage oder eines wissenschaftlichen Beobachterberichts habe. Keine Darstellungsform würde den Grad von »Überwältigung«, Verrückung oder Verhexung eines Individuums als Teil eines Massenwahns schärfer sichtbar machen als das Tagebuch eines Intellektuellen, der – allerdings begrenzt – zur »Kritik und Selbstkritik« fähig sei (KW 3, 384). Es kam Broch auf die Differenz an, die der Leser zwischen der Selbstdeutung des Ich-Erzählers und dem, was sein Tagebuch sprachlich offenbart, entdecken kann. Indem er »in dem Tagebuch des Arztes unausgesetzt auf die Übereinstimmung der innern und äußern Landschaft achthatte, auf das Ineinanderspiel, welches die Landschaft der Seele mit dem des äußern Schauplatzes fortwährend verbindet« (KW 3, 385), wird deutlich, wie der »Religionsverfall durch eine beinahe frenetisch werdende Naturanbetung ersetzt« wurde (KW 3, 385), welche Ratti für seinen Betrug missbraucht. Gerade der poetische Widerhall der Sehnsucht des Stadtmenschen nach Verschmelzung mit dem Naturganzen illustriere die »ständige [...] Natur- und Mythosbereitschaft« und mache daher die Anfälligkeit »für massenpsychische Bewegungen« besser plausibel als eine soziologische Analyse (KW 3, 385). So zu erzählen, habe Vorzüge gegenüber der von Musil kultivierten essayistischen Darstellungsweise.[25] Denn »um einen Essay zu schreiben, braucht man keine Dichtung« (KW 3, 383).

Tatsächlich legt sich der aufmerksame Leser aufgrund der Auskünfte des Erzählers über sein früheres Wirken als städtischer Klinikarzt und den Grund für seine Niederlassung in Kuppron (besonders im Vorwort, im ersten Kapitel und in der *Barbara*-Novelle) ein Psychogramm dieser verführbaren Einzelseele eines Intellektuellen zurecht, und dies noch stärker bei der Lektüre der zweiten Fassung der Kapitel I-X. Die vermehrte psychische Introspektion des Landarztes in der Zweitfassung scheint ebenfalls dem Ehrgeiz geschuldet, ein Erzählmodell für das Thema der ideologischen Verzauberung zu erarbeiten, das

---

25 Birgit Nübel: *Robert Musil – Essayismus als Selbstreflexion der Moderne*. Berlin 2006; Barbara Neumayr: *Utopie und Experiment*. Heidelberg 2009; Friedrich Vollhardt: »›Welt=an=Schauung‹. Problemkonstellationen in Robert Musils Roman *Der Mann ohne Eigenschaften*«. In: *Poetogenesis. Heuristiken der Literaturwissenschaft. Disziplinexterne Perspektiven auf Literatur*. Hg. v. Uta Klein u. a. Paderborn 2006, S. 505–526, hier 510f.

Musils essayistische Form übertreffen würde und sich vielleicht eher an den erzählerischen Selbstrechtfertigungen und Befragungen in Manns *Zauberer*-Novelle von 1930 orientierte.

In der zweiten überlieferten Überarbeitung von 1936 fügte Broch einige Dialoge hinzu, welche das soziale Beziehungsnetz des Landarztes differenzieren. Zugleich erweiterte Broch die Vorgeschichte des Landarztes, damit der Grund seiner Niederlassung in Kuppron und die Sehnsucht nach Identifikation und sozialer Verbundenheit mit den besonders naturverbundenen, von der Wirtschaftskrise verschont gebliebenen Dorfbewohnern noch klarer in Erscheinung träte. Drei Zusätze im ersten und zweiten Kapitel dieser Fassung belegen Brochs poetisch-narratologisches Bemühen ganz besonders, die Empfänglichkeit des vom städtischen Klinikalltag frustrierten Intellektuellen für Rattis Erlösungsphantasien psychologisch plausibel zu machen.

(1) Der erste Besuch bei Mutter Gisson wird nur in der zweiten Fassung ausdrücklich mit dem Wunsch des Arztes motiviert, sich wegen der Furunkulose eines neugeborenen Mädchens der Suck-Familie bei der Naturheilpraktikerin Rat zu holen. Die Krankheit des Säuglings veranlasst ihn, über den Wunsch der Menschen nach Fortleben in eigenen Kindern nachzudenken. Im Kinderwunsch artikuliere sich die Angst, einsam zu sterben. Die Krankheit des Neugeborenen habe dem Arzt nicht nur Sorgen gemacht, sondern es habe ihn geärgert, dass der Suck-Bauer, der schon drei gut geratene Buben hatte, außerdem dieses schwächliche Mädchen (ein »Sorgenkind«) in die Welt gesetzt habe, dem mit ärztlicher Kunst nur schwer zu helfen sei.[26] Dem voraus geht die Reminiszenz an die Bauchfellentzündung des ansonsten robusten Berg-Mathias, welche seine Mutter im Kuhstall mit Naturheilverfahren behandelt habe. Sie habe eine medizinische Behandlung abgewehrt. Diese Rückerinnerung fällt in der zweiten Fassung breiter aus und wird dem Eingeständnis, dass eine ärztliche Therapie beim Säugling vielleicht nicht anschlage, nachgestellt. Der Arzt stimmt der mütterlichen Kur des Berg-Mathias im Brodem der Tiere nachträglich zu, eingestehend, dass Matthias, »wäre es nach der Regel [lege artis medicae] gegangen, nicht hätte überleben dürfen«, er also seine Wiederherstellung der Naturheilkunde Mutter Gissons zu verdanken habe.[27] Dass der Arzt die Grenzen seiner Kunst zugab, habe ihm den Respekt und die Freundschaft der Greisin verschafft. Darauf war der Arzt stolz und wachte eifersüchtig darauf, dass sie dem Ratti nicht dasselbe Vertrauen schenkte.[28] Auch im Gespräch mit Mutter Gisson über das Sterben äußerte er Verständnis für ihre Ansicht, dass der Tod zum Menschenleben gehöre (Broch: *Bergroman*, Bd. 2,

---

26 Herman Broch: *Bergroman*. Die drei Originalfassungen textkritisch hg. v. Frank Kress und Hans Albert Maier. 4 Bde. Frankfurt am Main 1969, hier Bd. 2, S. 48 und 56.
27 Broch: *Bergroman*, Bd. 2, S. 46f.
28 Broch: *Bergroman*, Bd. 2, S. 47 und 58.

S. 56) – eine Ansicht, die von Marius' Erdideologie nicht weit entfernt ist: »der Mensch soll sterben wollen« (KW 3, 345).[29]

(2) Das Gespräch am Ostermorgen mit Wetchy und seiner Tochter Rosa, die Reflexion über den Brauch, selbstgebackene Osterbrote zu verschenken, und die abschätzige, teilweise herablassende Art, wie der Arzt den religiösen Außenseiter (er ist Calvinist und glaubt an die Prädestination) und seine hässliche Tochter schildert, fehlten noch in der ersten vollständigen Fassung.[30] Sie zeigen, dass der Arzt eben von den Vorurteilen der Dorfbewohner, die Ratti evozieren wird, nicht frei ist, und machen auch klar, wieso: Weil er »dem städtischen Leben und einer Abstraktheit entflohen« war und weil er selbst sich nach der Verbundenheit mit der Landschaft sehnte und gern zur Dorfgemeinschaft gehören wollte.[31]

(3) Die Schilderung des österlichen Spaziergangs zur Kirche im Unterdorf offenbart die Zivilisationsmüdigkeit des Arztes. Er sehnt sich nach Entgrenzung; er will eins werden mit der wiedererwachenden Natur, im Einklang mit einer allumfassenden Natur und dem Kosmos. Der Osterspaziergang eröffnet ihm den Weg zu tiefem Wissen über Leben und Tod und des Sinns von Werden und Vergehen. Er sehnt sich nach Allversöhnung, einem höheren Zustand, den er als Klinikarzt entbehrt hatte und als Mitglied der Dorfgemeinschaft zu finden hoffte. Der Arzt gibt sich Rechenschaft vom »Gefühl der Verbundenheit«, von der »Sehnsucht sich ihr [der Landschaft] einfach hinzugeben«. Die Frühlingsimpressionen animieren den Erzähler zum Nachdenken, wie sich Welt und Seele einander zu durchdringen suchen: Die Seele, insoweit sie unausdrückbar ist, wolle sich am Ausdrückbaren der Welt messen. Erst nach ihrer gegenseitigen Durchdringung gewönnen Welt und Seele als wahrhaftes Sein und Wirken Gestalt. Seele und Welt wollten »zur gestaltlichen Einheit verschmelzen«.[32] Das Erleben der Naturgewalten, des frühlingshaften Brausens, sei ihm Vorgeschmack und »Abbild[33] der ersehnten Ganzheit«. Der Arzt erlebt die erwachende Natur als pars pro toto, Gleichnis für ein in der Seele verankertes Urbild von Wahrheit, Ganzheit und zeitenthobener Weisheit.[34] Der Tagebuchschreiber spricht, eingedenk seiner Verschmelzungsgefühle während des Spaziergangs, vom »Spiel der Erde und des Himmels«. Damit meint er das

---

[29] Diese Maxime ergibt sich aus einem Aphorismus, der in der von Elisabeth Förster-Nietzsche und Peter Gast zusammengestellten Nachlass-Sammlung »Der Wille zur Macht« zu finden ist: »Das Leben selbst, seine ewige Fruchtbarkeit und Wiederkehr bedingt die Qual, die Zerstörung, den Willen zur Vernichtung« (*Nietzsche's Werke*, Bd. 16. Leipzig 1911, S. 391). Die beiden Bände der Nietzsche-Ausgabe »Der Wille zur Macht« besaß Broch. Vgl. AGB 185f.
[30] Broch: *Bergroman*, Bd. 2, S. 67–73.
[31] Broch: *Bergroman*, Bd. 2, S. 75.
[32] Broch: *Bergroman*, Bd. 2, S. 77.
[33] Zur Tradition dieser Urbild-Abbild-Korrespondenz und der von Broch in dieser Passage häufig gebrauchten Verben des Schwebens und Fließens vgl. Anja Grabowsky-Hotamanidis: *Zur Bedeutung mystischer Denktraditionen im Werk von Hermann Broch*. Tübingen 1995, S. 362f.
[34] Broch: *Bergroman*, Bd. 2: Zweite Fassung. S. 78.

in seiner Seele widerhallende »Wechselspiel zwischen den Unendlichkeiten des Innen und des Außen«, oder bildlich die Polyphonie von Seele und Welt,[35] obwohl er sich doch erinnern müsste, wie Ratti während der Opferung Irmgards am Kalten Stein dieses mythische Vereinigungsspiel von Erde und Himmel zur Legitimation des Mordes verhunzt hat. Dies aber vergisst der Arzt während des Schreibens, so sehr betäubt ihn die Sehnsucht nach religiöser Transzendenz und Entgrenzung. Der Kummer über den Ganzheitsverlust äußert sich in Klagen, wie sehr der große Kreislauf des naturhaft Seienden gestört, die Ordnung in der Welt zerbrochen und die Gemeinschaft zersplittert sei.[36] Ähnliche Klagen stimmen, weniger eloquent, auch die ansässigen Kupproner an, mit denen sich der Erzähler noch zum Zeitpunkt des Aufschreibens in der Sehnsucht nach Erlösung und Heil einig weiß. Nur in Form einer rhetorischen Frage vergegenwärtigt sich der Arzt, warum wohl Mutter Gisson »die Goldmystik des Marius ablehnte«: weil der Wunsch »nach der Wiedererschließung des Berges« nur Ersatz für die ersehnte Erlösung sei, fehlgeleiteter Aberglaube, dämonisch erzeugter Irrsinn.[37] Dieser Argwohn der heilkundigen Greisin gerät beim Erzähler jedoch mitunter in Vergessenheit.

5. Mythenkritik und Mythenvermischung

Die *Verzauberung* sollte der erste Teil einer mit »Demeter« überschriebenen Trilogie sein und wird erstmals am 16. Januar 1936 als Titel für das soeben vollendete Romanmanuskript genannt.[38] Friedrich Nietzsche bezeichnete die »dionysische Erregung« einer tanzenden Masse als »Verzauberung« und diese, die von der Kunst als »Zauberin« hervorgerufen werde, als »Voraussetzung aller dramatischen Kunst«.[39] Dionysos sei so mächtig, dass selbst »der verständigste Gegner – wie Pentheus in den ›Bacchen‹ – [...] unvermutet von ihm bezaubert« wird; mit dieser »Verzauberung« laufe er »in sein Verhängnis«.[40] Erwin Rohde suchte nach einer psychologischen Erklärung für den Ausnahmezustand, in dem sich die Feiernden beim Dionysos-Fest befanden. An der Verzauberung der berauschten tanzenden Menge, die Dionysos huldigte, hät-

---

35 Broch: *Bergroman*, Bd. 2, S. 79.
36 Broch: *Bergroman*, Bd. 2, S. 80.
37 Broch: *Bergroman*, Bd. 2, S. 81.
38 *Brochs Verzauberung*. Hg. v. Lützeler, S. 252.
39 Friedrich Nietzsche: *Die Geburt der Tragödie*. In: Ders.: *Kritische Studienausgabe* (im Folgenden KSA). Hg. v. Giorgio Colli und Mazzino Montinari. Bd. 1, München 1988, S. 57 und 61. In der Vorlesung über »die dionysische Weltanschauung« sieht Nietzsche »im dionysischen Rausche, im ungestümen Durchrasen aller Seelen-Tonleitern bei narkotischer Erregung« eine Entfesselung der Natur und Entmachtung des Willens der Individuen. KSA 1, 557f.
40 Nietzsche: *Die Geburt der Tragödie*. KSA 1, 82; vgl. auch Glenn Robert Sandberg: *The Genealogy of the Massenführer. Hermann Broch's »Die Verzauberung« as a Religious Novel*. Heidelberg 1997, S. 36.

ten nächtliche Tänze und Flötenmusik ihren Anteil. Allerdings habe sich an den Dionysos-Kultstätten des alten Griechenlands kein Gott offenbart. Vielmehr versetzten sich Feiernde gewaltsam in einen Rausch, um sich im Zustand der Überspanntheit in Verbindung mit einem höheren Wesen zu fühlen: »sie sprengen die enge Leibeshaft ihrer Seele; Verzauberung packt sie, und sie selbst fühlen sich, ihrem alltäglichen Dasein enthoben, als Geister aus dem Schwarm, der den Gott umtost.«[41] Zum Gottesdienst gehörte die Ekstase, denn erst im Rauschzustand wähnten die Feiernden, dass der herbeigesehnte Gott tatsächlich anwesend sei. In der Verzauberung beschworen »die verrückten Diener des Gottes« ihren Dionysos. Die in der Begeisterung mit ihm eins geworden waren, hiessen »Sabos, Sabazios« (Göttergeschenk«). Aus dem Sabazios des »thrakischen Entartungscultes« sei im Lauf der hellenischen Aneignung erst der Gott des Weines geworden. Echte Religiosität sei das nicht, sondern in diesem »Aufregungscult« offenbare sich das Bedürfnis eines rohen Naturvolks nach Triebabfuhr.[42] Der Dionysos-Kult war nach Rohde nur eine »Spielart« der bei vielen Naturvölkern bekannten Art, sich im religiösen Enthusiasmus der Gottheit zu nähern. Noch im Streben nach der christlichen unio mystica sieht Rohde einen Abglanz dieser frühen Religionsstufe. Broch ließ sich wahrscheinlich von Rohdes völkerpsychologischer Deutung leiten, als er die Bergkirchweih als Vorform der christlichen Kirchweihe bezeichnete. Dieses archaische Bergfest wird mit »Buschenschenken«, »Tanz im Freien« und »Mummenschanz« gefeiert (KW 3, 250). Der Name Theodor Sabests, des Dorfmetzgers, erinnert an die griechische Bezeichnung »Sabzios«. An Bachofens Geschichtskonstruktion anknüpfend, setzten Rohde, Kern und Nilsson den Dionysos-Kult, der im alten Griechenland ursprünglich fremd gewesen sei, in Beziehung zum vermeintlich älteren Demeter-Mythos.[43]

Broch verknüpfte den Demeter- mit dem Dionysos-Mythos, indem er sich von Altertumsforschern anregen ließ, die ihrerseits aus Nietzsches *Die Geburt der Tragödie aus dem Geist der Musik* ihr Forschungsprogramm entwickelten. Der Demeter-Mythos diente ihm zum Beispiel für Irrationalbereicherung, Ich-Erweiterung, der Dionysos-Kult war ihm das Sinnbild für Rationalverarmung und Rationalverlust. Demeter und Dionysos verhalten sich in der *Verzauberung* zueinander wie Plus und Minus, Weisheit und Narrentum oder das gute Alte

---

41 Erwin Rohde: *Psyche. Seelencult und Unsterblichkeitsglaube der Griechen.* 2 Bde., Bd. 1. Tübingen 1925, S. 14. Die subjektive Induzierung hebt auch Nietzsche hervor (KSA 1, 61).
42 Rohde: *Psyche,* Bd. 1, S. 14–16; Sandberg, *The Genealogy of the Massenführer,* S. 37; Barbara Mahlmann-Bauer: »Euripides' Bakchen, ein Prätext für Brochs Bergroman *Die Verzauberung*«. In: *Hermann Broch. Religion, Mythos, Utopie.* Hg. v. Lützeler und Maillard, S. 75–118, hier 86f.
43 Rohde: *Psyche,* Bd. 1, S. 81–84. Diese Genealogie ist von der modernen Mythenforschung durch archäologische Funde überholt worden. Vgl. Renate Schlesier: »Dionysos als Ekstasegott«. In: *Dionysos.* Hg. v. Schlesier und Schwarzmaier, 2008, S. 28–41, hier 34–37; zu Otto vgl. Oliver Leege: »Dionysos in der modernen Religionsgeschichte«. In: Schlesier: *Dionysos.* S. 132–141, hier 137–140.

und böse Neue. Altertumsforscher, Mythographen und Religionswissenschaftler haben auf Gemeinsamkeiten und Unterschiede in der kultischen Verehrung Demeters und des Dionysos hingewiesen. Sie haben Alter und Herkunft der Mysterien zu bestimmen versucht. Johann Jakob Bachofen sah im Bakchenkult des Dionysos die Schwelle zur Umkehrung der Geschlechterverhältnisse, einen Krisenzustand, in dem das Höchste und Niedrigste der weiblichen Seele sich mische. Erst im Hellenismus und während des Prinzipats sei der in Griechenland heimische Demeter-Kult durch die Dionysos-Verehrung abgelöst, das Matriarchat durch das Patriarchat überwunden worden. Dionysos gründe seine Herrschaft auf die Unterwerfung der Frauen, die sich ihm zuliebe aus einer alten Ordnung lösen und ihm huldigen. Niemand habe dies schöner dargestellt als Euripides.[44] Rohde erklärte die Verehrung einer chthonischen Gottheit bei den Griechen mit dem natürlichen Bedürfnis der Menschen, die Früchte der Erde einer übernatürlichen Macht zuzuschreiben. Erst nach Homer habe sich der ältere Demeter-Kult in Athen mit dem jüngeren des Iakchos oder Bakchos vereinigt.[45] Der »fanatische Dionysosdienst« mit Tanz, bakchischer Ekstase, Rausch und Wahn habe auf dem Weg von Böotien zur Peloponnes erst Widerstände überwinden müssen.[46] Nilsson erklärte, Rohde folgend, Dionysos, den Gott der Fruchtbarkeit und des Weins, zum jüngeren Bruder der älteren Kornmutter Demeter.[47] Otto Kern betonte, dass der alte eleusinische Demeter-Kult ursprünglich frei von der Dionysos-Religion gewesen sei, die nach kaiserzeitlichen Quellen eher in Italien und Kleinasien heimisch gewesen sei. Der Demeter-Kult passe zu den maßvollen Griechen, die eleusinischen Mysterien hingegen nicht: »Die ekstatische dionysische Religion lag dem stillen Glauben an die Mutter von Eleusis ganz fern. [...] Ein neues religiöses Element hat Iakchos nicht nach Eleusis gebracht.«[48] Albrecht Dieterich wertete die Durchsetzung der Vatergottheit gegenüber der natürliche Verehrung fordernden Muttergottheit in der Kulturgeschichte unter dem Vorzeichen der Dekadenz. »Die stille Mütterlichkeit der Demeter« sei »übertönt« worden von »rauschenden Orgien des zerrissenen und auferstandenen Gottes, der aus nordischen Bergen wie ein religiöser Wahnsinn über Griechenland gefahren war«.[49] Die aus dem Orient kommenden männlichen Gottheiten hätten den Sieg über die älteste Volksreligion, den Glauben an die gebärende Erde, davongetragen, und das Ergebnis seien rauschhaft gesteigerte Mysterien und die penetrante sexuelle Dominanz des Mannes. Ulrich Wilamowitz-Moellendorff betont ebenfalls den Gegensatz zwischen den entrückten »Olympiern« und dem fremden Gott

---

[44] Johann Jakob Bachofen: *Das Mutterrecht*. Basel ²1897, S. 211, 375, 576, 581 und 586.
[45] Rohde: *Psyche*, Bd. 1, S. 204–210, 284 und 288.
[46] Rohde: *Psyche*, Bd. 2, S. 38–42.
[47] Martin P. Nilsson: *Griechische Feste von religiöser Bedeutung, mit Ausschluß der attischen* [1906]. Darmstadt 1957, S. 258–263.
[48] Otto Kern: *Die Religion der Griechen* [1935], Bd. 2. Berlin 1963, S. 198f.
[49] Albrecht Dieterich: *Mutter Erde*. Leipzig 1913, S. 89, vgl. auch 90f.

barbarischer Herkunft, der in Menschengestalt in Theben auftauchte und von den Bacchantinnen sich die Anerkennung als Gott erzwungen habe.⁵⁰ Walter F. Otto versuchte, auf Nietzsches Spuren wandelnd, gegen Rohde und Nilsson nachzuweisen, dass Dionysos ein urgriechischer Gott sei, also keineswegs ein fremder Usurpator. Er bekämpfte außerdem den psychologischen Zugang zu antiken Kulten und Mythen, indem er in den ältesten religiösen Kulten Manifestationen »von dem Anhauch des sich offenbarenden Gottheit« sah und im Mythos die Begegnung Gläubiger mit dem göttlich Erhabenen zu entdecken glaubte.⁵¹ Die Offenbarung des Göttlichen begründete nach Otto den religiösen Glauben der Griechen und weckte die menschliche Schöpferkraft; die Mythen bezeugten die wunderbare Begegnung mit den Göttern. Im dionysischen Rausch offenbare sich die ursprüngliche Schöpfungsmacht und stimuliere zu künstlerischer Höchstleistung.

In Brochs Roman stellt der Landarzt den von Marius Ratti hervorgerufenen Rausch durchweg negativ als Verzauberung und als Voraussetzung gefährlicher Grenzüberschreitungen zu kriminellen Handlungen dar. Neu und zeitgemäß an Brochs Mythenaneignung ist, dass Rattis reaktionäre Ideologie vor allem in Verbindung mit seinem Helfer, einem skrupellosen, opportunistischen Macher, gesteigerte kriminelle Energie erhält.

Brochs *Verzauberung* spielt dabei mit den triadischen Figurenkonstellationen der beiden Mythen. In der Trias Gisson-Irmgard-Ratti scheint der Demeter-Mythos durch, in der Trias Ratti-Irmgard-Arzt hinwieder der Dionysos-Mythos. Der mit dem Namen Homers verbundene Demeter-Hymnus erzählt vom Raub der Demeter-Tochter Persephone durch Hades und liefert eine Ätiologie für die periodische Wiedergeburt der Natur aus dem Reich des Todes. In bildhafter Ausschmückung wird die Begegnung Demeters mit den Menschen geschildert, deren Dank für die Früchte der Erde in den eleusinischen Mysterien rituell wiederholt wird.⁵²

Die triadische Beziehung Demeter-Hades-Persephone liegt, mit signifikanten Abweichungen und Verschiebungen, der Beziehung zwischen Mutter Gisson, der heilkundigen, naturverbundenen Anwältin des Humanen und Weisheitsquelle, Marius Ratti, dessen Bitte um Belehrung sie abweist, und der Enkelin Irmgard als opferbereiter Kore-Persephone zugrunde. Sterbend be-

---

50 Ulrich Wilamowitz-Moellendorff: *Griechische Tragödien*, Bd. 4. Berlin 1923, S. 124f. und 129; ders.: *Der Glaube der Hellenen*. 2 Bde. [1931/1932]. Hg. v. Günther Klaffenbach. Bd. 2, Darmstadt 1955, S. 59 und 66; dazu Mahlmann-Bauer: »Euripides' Bakchen«, S. 84.
51 Walter Friedrich Otto: *Dionysos. Mythos und Kultus* [1933]. Frankfurt am Main ⁵1989, vgl. Vorwort. Ottos Überzeugung, dass der Dionysos-Kult im antiken Griechenland heimisch gewesen sei, wird von der modernen kultur- und religionswissenschaftlichen Forschung bestätigt. Heraklit erwähnt einen Dionysos-Kult, ebenso Herodot (Hist. 4, 78).
52 Homer: Demeter-Hymnos. In: *Homeric Hymns. Homeric Apocrypha. Lives of Homer*. Hg. v. Martin L. West. Cambridge, Mass. 2003; Beate Loos: *Mythos, Zeit und Tod*. Frankfurt am Main 1971, S. 111.

schwört Mutter Gisson die ermordete Enkelin, bevor sie ihre Nachfolgerin Agathe initiiert. Der Antagonismus zwischen Mutter Gisson und Marius Ratti, der aufgrund seines Alters ihr Sohn sein könnte, veranschaulicht einen epochalen Umbruch mit Anklängen an Bachofens Geschichtsphilosophie. Das im Nachwort geschilderte Nachspiel der außerordentlichen Begebenheit, Rattis Einzug in den Gemeinderat und die Geburt von Agathes Sohn, erweist sich jedoch gerade nicht als Erfüllung der mythischen Verheißung jährlich wiederkehrender Fruchtbarkeit und Ernten. Nicht Persephone kehrt zur Erde zurück, denn Irmgard ist tot und ihre Großmutter ebenfalls, sondern umgekehrt richtet sich Hades auf Erden ein, so wie Dionysos am Ende von Euripides' *Bakchen* in Theben! Das mütterliche Wissen lebt zwar in Agathe fort, aber Rattis soziale Integration in Kuppron ist, anders als der Jahreszeiten- und Fruchtwechsel, ein menschliches Desaster: die katastrophale Wirkung seiner Rhetorik und Hypnosetechnik in Verbindung mit ökonomischem Kalkül. Ritualmord und Pogrom finden in Kuppron weder Kläger noch Richter. Das nächste Opfer droht wahrscheinlich der schwächliche Dorfpfarrer zu werden, vielleicht auch Agathe, die schon im Umgang mit dem Sabest-Sohn keine Widerstandskraft bewiesen hat. Für ein Pogrom an Kirchgängern bräuchte Ratti nur die im Brauchtum verankerte Krönung der Bergbraut umzufunktionieren und dazu Agathe einzuspannen, nachdem er schon die Bergkirchweih mit Hypnose und Rauschmitteln vom brutalen Willen zur Macht usurpiert hat.

Aus der Sicht der in Krieg und Völkermord gipfelnden weltpolitischen Ereignisse, die von Hitler und dem deutschen »Hexenkessel« (KW 13/1, 198) ausgingen, erscheint Brochs Lösung der Romanhandlung von 1935 unbefriedigend, wonach »der äußere Sieg der patriarchalischen Weltanschauung vorgeführt, gleichzeitig aber hervorgehoben [wird], dass der Ethik der untergehenden matriarchalischen Religiosität die Zukunft gehört.«[53] Das instabile Verhältnis zwischen dem neuen Machthaber Ratti-Hades und der mütterlich-natürlichen Kraft und Weisheit, mit dem die erste Fassung des Romans ausklingt, hat Broch daher in seiner Zusammenfassung 1939 verworfen. Stattdessen sollte während der Bergkirchweih die Demeter-Verkörperung selbst geopfert werden. Demnach hätte Ratti, den Mutter Gisson nicht als Sohn in die Lehre nehmen wollte, »die Güte der Humanität« endgültig besiegt. Mutter Gissons Kräfte hätten dieser Konzeption zufolge von Anfang an nicht ausgereicht, um dem Verführergott ihrer Enkelin standzuhalten, ganz entgegen ihrer Machtdemonstration im griechischen Demeter-Hymnos, wo Demeter durch die Androhung dauerhafter Unfruchtbarkeit ihre Autorität erwies.

Brochs Abänderung des Demeter-Mythos zugunsten von Hades' irdischem Sieg suggeriert eine düstere politische Prognose. Der Titel *Verzauberung* signalisiert einen Rationalverlust der Individuen im Zustand kollektiver Ver-

---

53 Lützeler: *Die Entropie des Menschen*, S. 59.

hexung. »Laß dich nicht verzaubern«, ermahnt Mutter Gisson den Arzt während des mitternächtlichen Mummenschanzes, worauf dieser seine Ohnmacht eingesteht: »Wissen wir denn, wann die Verzauberung über uns kommt?« (KW 3, 252) Am Kalten Stein, um Mitternacht, als Hypnotiseur und Anstifter zum Ritualmord zeigt Ratti sein wahres Gesicht. Wie gefährlich diese Epiphanie des Hades als Dionysos ist, spürt der Erzähler am eigenen Leib, da er der Verzauberung erliegt.

In der Entartung des Dorffestes scheint ein zweites mythisches Muster auf, das von Euripides in den *Bakchen* dramatisiert worden ist. Der Verführer, der mit Hypnose den Massenwahn entfacht und eine betrunkene Menge verzaubert, funktioniert den Demeter-Mythos um. Er gewinnt die Herrschaft über die berauschten Tanzenden und stiftet sie dazu an, das Menschenopfer zu fordern, das von Sabest vollzogen wird. Ratti verwandelt durch extemporierte Sprüche ein altes, gedankenlos repetiertes Ritual in ein Erlösungsopfer. Aus dem Spiel der Weihe der Bergbraut Irmgard, die an den Mythos von Demeter und Persephone erinnert, wird durch Rattis Intervention Ernst. Während Dionysos in Euripides' *Bakchen* erst rebellisch wird, wenn ein Herrscher ihm die gebührende Verehrung verweigert, folglich aus Ressentiment gegen Pentheus die Herrschermutter Agaue, eine der Bakchen, zur Ermordung ihres Sohns ermuntert und am Ende siegreich die königliche Familie aus Theben vertreibt, versagt der neue Dionysos der Bergbraut Irmgard, die ihn liebt, die Befriedigung, was er mit seiner Keuschheitsideologie begründet, und löscht durch ihre Ermordung das Geschlecht starker, unabhängiger Frauen aus, die ihm hätten Widerstand leisten können.

In der Symbiose des Dionysos mit Hades gewinnen die bedrohlichen Eigenschaften die Oberhand. Zwar mochte Ratti mit seiner Erderweckungsideologie dem Erzähler als Narr erscheinen. Mutter Gisson nahm aber schon bei der ersten Begegnung seine tyrannischen Allüren wahr. Erst in Verbindung mit Wenzels Aufwiegelung der Dorfjugend wächst Rattis Einfluss auf die Politik. Der verwandelten Mythoserzählung am Kalten Stein folgt im Pogrom an Wetchy ein Satyrspiel, das Wenzel, der Mann fürs Grobe, dirigiert. Der hilft mit, aus der dionysischen Ideologie politisches Kapital zu schlagen und sie in der Misshandlung eines Sündenbocks in die Tat umzusetzen. In Ekstase tötet Agaue, die Anführerin der Bakchen, ihren Sohn Pentheus, den Herrscher Thebens. Diese dramatische Szene aus Euripides' Tragödie ruft der Erzähler in der triadischen Beziehung zwischen Ratti, dem neuen Dionysos, Mutter Gisson-Irmgard und dem im Massenwahn gefangenen Arzt auf.[54] In der Mythen-Vermischung oder, wie Broch sagt, in einer »Symbolkettenkreuzung«, rückt auf dem Höhepunkt der Fabel Hades in die Position des Dionysos, der,

---

[54] Sandberg, *The Genealogy of the Massenführer*, S. 31–34.

ebenfalls wieder in modernistischer Verquerung, das Blutopfer als angebliche Bedingung der Erlösung und Wiedergeburt fordert.

Noch ein dritter Mythos wird beschworen, der von Kybele und Attis, ihrem Gemahl oder Sohn, der von einem Eber getötet und in eine Kiefer verwandelt wurde. In diesem Verhältnis steht der Ehemann Gisson zu seiner Frau, der in jungen Jahren ermordet wurde und der Sterbenden in Gestalt einer Föhre wiedererscheint.[55]

Die politischen Ereignisse in Deutschland und österreichische Reaktionen, die ein Jahr nach Abbruch der Arbeit an der *Verzauberung* in den »Anschluss« mündeten, zwangen dem religiösen Roman eine brisante Thematik auf. Sie drohten die Aufgabe des Dichters als mythischer Unheilprophet letztlich überflüssig zu machen. Ratti verkörpert den neuen Dionysos und Hades, der Persephone als Opfer fordert. Dionysos war unter den Vorzeichen der Hitler-Diktatur der falsche Gott, ein Verführer, der die allgemein verbreitete Angst und Unsicherheit nutzt, um zur Herrschaft zu gelangen und die blass und kraftlos gewordenen Ideale mütterlicher und familiärer Liebe und christlicher Humanität zu überwinden. Der Rausch, zu dem der Betrügergott ermächtigt, ist ein Massenwahn. Zwar hat er Mord, Pogrom und Vertreibung im Gefolge, aber seine Ideologie und Rhetorik, unterstützt von der Tatkraft Wenzels, verhelfen ihm zur Macht.

Die politische Parabel experimentiert mit der Wiederkehr des Gottes, der in den *Bakchen* die politische Ordnung Thebens außer Kraft setzte, und des von Nietzsche beschworenen Masken- und Versuchergottes, um die Macht politischer Verführung zu veranschaulichen und vor den brutalen Folgen seiner Ideologie zu warnen. Damit bezog Broch Position, nicht nur gegen totalitäre Praktiken, sondern auch gegen Nietzsches Philosophie und ihre ideologische Vereinnahmung.[56] Die »Irrationalbereicherung« und »Ich-Erweiterung«, mit der das Dionysische Nietzsches lockte, wird durch die »Rationalverarmung« aufgewogen, die den Tod Irmgards und die Vertreibung des Außenseiters als Preise fordert. »Die sadistische Triebauslebung« zeugt von »Rationalverlust« und gewährt nur eine »Pseudoekstase«.[57]

---

[55] Lützeler: *Die Entropie des Menschen*, S. 58.
[56] In Brochs Bibliothek stand die von Peter Gast und Elisabeth Förster-Nietzsche zusammengestellte, philologisch unzuverlässige Anthologie »Der Wille zur Macht. Versuch einer Umwerthung aller Werthe«, die zusammen mit *Ecce Homo* als Band 15 und 16 von Nietzsches Werken bei Kröner in Leipzig 1901 bzw. 1911 erschien. Unter der Überschrift »Zucht und Züchtung« findet sich im 4. Buch dieser Nietzsche-Anthologie ein Kapitel »Dionysos« (Bd. 16, S. 361–392). Vgl. AGB 186; Katrin Meyer: »Geschichte der Nietzsche-Editionen«. In: *Nietzsche-Handbuch*. Hg. v. Gerlach und Ottmann. Stuttgart, Weimar 2000, S. 438f.
[57] Die Opposition von Dionysos und Demeter in der Verzauberung wird in der *Massenwahntheorie* durch die idealtypische Gegenüberstellung des Religionsstifters und echten Heilsbringers mit dem Scharlatan sowie der Irrationalitätsbereicherung mit Rationalverarmung auf den Begriff gebracht (KW 12, 14f., 17, 25, 46 und 57).

6. Dionysos-Karikatur und Demaskierung

Übersetzungen und Inszenierungen von Euripides' Spätwerk, den *Bakchen*, welche Broch kennen konnte – allen voran die Bühnenbearbeitung der Übersetzung Hans von Arnims, die Brochs Freund Berthold Viertel für die Düsseldorfer Aufführung 1925 anfertigte,[58] – unterschieden sich in ihrer Beurteilung, was der Verfasser mit der Fabel der Epiphanie des Dionysos und der Vernichtung des Pentheus habe sagen wollen: Wer Dionysos im Sinne der Tragödienschrift Nietzsches als Befreier zu rauschhafter Kreativität feierte, verstand die Epiphanie des Dionysos in Gestalt eines schönen Jünglings als den eines göttlichen Befreiers. Wem dagegen das Dionysische als Exzess, Maßlosigkeit, Grenzüberschreitung klassischen Maßes und Verlust der Selbstbeherrschung suspekt war, der las die Tragödie als Warnung eines Aufklärers vor dem Betrügergott. Broch greift auf die ambivalente Figuration des Dionysos in den *Bakchen* zurück, um vor dem von Nietzsche beschworenen Verkünder der Überwindung der Moral, der Umwertung aller Werte und des Willens zur Macht zu warnen. Broch demaskiert Nietzsches Dionysos vermittels des Tagebuchschreibers.

Das Menschenopfer, das Pogrom sowie das Eingeständnis des Arztes, dass er dem Geschehen passiv zugeschaut habe, ohne einzugreifen, machen dem Leser deutlich, welche Gefahr von Ratti und seinem Helfer ausgeht. Der Anti-Modernismus ist Rattis stärkster Köder, mit dem er die unbestimmte Sehnsucht der an ihrer Leere und Entfremdung verzweifelnden Kupproner nach einer neuen Ordnung befriedigt. Das Steinmesser und der Handdrusch sind in den Augen des Erzählers bloß fixe Ideen eines Schwärmers, aber sein Lob bäuerlicher Arbeit und Hass auf die Städter findet auch er vernünftig (KW 3, 342). Ratti lehrt wie ein Naturapostel, schafft technische Geräte ab und empfiehlt ein Leben in Enthaltsamkeit. Der Antimodernismus verbrüdert sich mit der Gier nach Gold und Abenteuerlust, welche Wenzel zu schüren versteht. Indem er im Vakuum, in dem frühere Werte verblasst und geltungslos sind, die enttäuschten Einzelnen durch Rausch zur Masse zusammenschweißt, gewinnt der Verführer Macht und setzt neues Recht. Dazu hilft ihm Wenzel. Das Selbst- und Sendungsbewusstsein der beiden ist umwerfend. In Euripides' *Bakchen* hatte sich Theben unter der siegreichen Herrschaft des Dionysos verändert. Die Gegenmächte – staatliche Ordnung und Vernunft wurden ausgelöscht. Offen blieb am Ende der Tragödie nur, ob Dionysos höhere Götter neben sich dulden würde. Am Ende der *Verzauberung* legt Ratti seine Maske als Dionysos ab. Dass ein Krimineller im Gemeinderat den Ton angibt und Wetchy der Lynchjustiz knapp entronnen ist, ist Symptom dafür, dass die von Nietzsche angekündigte Befreiung ins Gegenteil umgeschlagen ist.

---

58 Mahlmann-Bauer: »Euripides' Bakchen«, S. 89–96.

Der Zusammenhang zwischen der mythologischen Einkleidung und politischen Bedeutung der Machtergreifungsfabel ist offenkundig. Glenn Robert Sandberg hat demonstriert, dass der Stammbaum des Massenführers in Brochs *Verzauberung* mit Dionysos beginnt und bei Adolf Hitler endet. Merkmale beider sind in der Figur Rattis vereint.[59] Eine Zwischenstufe, die Sandberg ebenfalls registriert, stellt Nietzsches Dionysos dar, der seit 1886 als Versucher-Gott, Henker-Gott und Masken-Gott apostrophiert wird. Nietzsche hat Dionysos in *Die Geburt der Tragödie* als Gott der kollektiven Ekstase begrüßt und dem Gott des klassischen Maßes gegenübergestellt. Das Dionysische war ihm Mittel künstlerischer Befreiung und explosiver Kreativität. Der Name des Gottes kommt nach der *Geburt der Tragödie* erst wieder am Schluß von *Jenseits von Gut und Böse* vor. Seit 1886 offenbart sich Dionysos als »das geheime [...] Zentrum von Nietzsches reifer Philosophie« nach Überwindung der Moral. Er entkräftet das begriffliche Denken und überführt die Philosophie in neue Mythologie.[60] Dionysos ist »das Genie des Herzens, wie es jener grosse Verborgene hat, der Versucher-Gott und der geborne Rattenfänger der Gewissen, dessen Stimme bis in die Unterwelt jeder Seele hinabzusteigen weiss, [...] zu dessen Meisterschaft es gehört, dass er zu scheinen versteht«.[61] Dieser Gott wurde seitdem zu Nietzsches Identifikationsfigur im Kampf gegen Christentum, Moral und alles nicht zum Überleben taugliche Schwache. Dionysos wurde zum Patron einer Religions- und Moralkritik erkoren, der die Umwertung aller Werte einleiten sollte. Im Versuch einer Selbstkritik sah Nietzsche 1886 auf seine Erstlingsschrift *Die Geburt der Tragödie aus dem Geist der Musik* von 1872 zurück und setzte die Akzente neu.[62] Im Keim sei damals alles schon dagewesen: die Absage an die Moral zugunsten der Freiheit der Kunst, die Erkenntnis, dass eine Moral und »das Christentum als die ausschweifendste Durchfigurierung des moralischen Themas« Symptome der Dekadenz seien und in ihnen sich »das Lebensfeindliche«, der »Widerwillen gegen das Leben selbst« in der Geschichte des Abendlandes durchgesetzt habe, und der Instinkt, sich gegen die Moral zu kehren, weil sie »ein Wille zur Verneinung des Lebens«, »ein Verfalls-, Verkleinerungs-, Verleumdungsprinzip, ein Anfang vom Ende« sei. Damals habe er »eine grundsätzliche Gegenlehre und Gegenwertung des Lebens« erfunden, »eine antichristliche«, die er, als letzter Jünger und

---

[59] Sandberg, *The Genealogy of the Massenführer*, zweites und fünftes Kapitel.
[60] Günter Figal: »Nietzsches Dionysos«. In: *Nietzsche-Studien. Int. Jahrbuch für die Nietzsche-Forschung* 37 (2008), S. 51–61, hier 52.
[61] Friedrich Nietzsche: *Jenseits von Gut und Böse. Neuntes Hauptstück.* § 295, KSA 5, 237–239; ders.: *Ecce homo. Warum ich so gute Bücher schreibe.* § 6, KSA 6, 307.
[62] Karl Heinz Bohrer: »Die Stile des Dionysos«. In: Ders.: *Großer Stil. Form und Formlosigkeit in der Moderne.* München 2007, S. 217–235; ders.: »Heißer und kalter Dionysos. Das Schillern einer Metapher Nietzsches«. In: *Trunkenheit. Kulturen des Rausches.* Hg. v. Thomas Strässle und Simon Zumsteg. Amsterdam, New York 2008, S. 21–33; Günter Figal: »Nietzsches Dionysos«. In: *Nietzsche-Studien* 37 (2008), S. 51–61.

Eingeweihter des Dionysos, »die dionysische« getauft habe.[63] Dionysos sei für ihn der Platzhalter für den Anti-Christ. In *Also sprach Zarathustra* war »das unendlich Schwere, sich aus einer zwei Jahrtausende lang eingeübten in den Leib eingeschriebenen Tradition zu lösen und so von der den Menschen zerteilenden Moral loszukommen, [...] noch als ›Selbst-Ueberwindung‹ [...] vorgestellt worden.«[64] Zu diesem Schritt ermächtigte den Philosophen Dionysos, ein neuer, leichtfüßiger Gott, ein schwer fassbarer Maskengott, der sich im Erscheinen verberge und, ähnlich wie Eros, eine Entrückung jenseits des begrifflichen Denkens und vernunftmäßigen Urteilens bewirke: »Mit dem Namen des Dionysos geht Nietzsche über seinen erfundenen Lehrer Zarathustra und seine – Zarathustras wie Nietzsches eigene – Lehre vom Übermenschen und vom Willen zur Macht hinaus.«[65] Dionysos nobilitierte nicht nur ästhetische Entgrenzung, sondern auch moralische Enthemmung und den Willen zur Macht.

Die Zitate aus Nietzsches später *Selbstkritik* und *Also sprach Zarathustra* beleuchten, was auf zwei Generationen von Schriftstellern, Künstlern und Philosophen verführerisch wie ein Evangelium der Befreiung und Erneuerung gewirkt hat.[66] Nietzsches *Geburt der Tragödie* und seine Identifikation mit dem Maskengott Dionysos in den poetischen Schriften seit 1886, besonders die neun Dionysos-Dithyramben, das letzte Werk, das Nietzsche 1888 nach Vollendung von *Ecce Homo* zum Druck bestimmt hatte, sind Grundtexte der Moderne. Künstler und Schriftsteller, die um 1900 zur ästhetischen Grenzüberschreitung drängten und sich auch auf ethischem und politischem Gebiet als Missionare, Propheten und Befreier gerierten, beriefen sich auf Nietzsches Dionysos. Was sie zu außerordentlicher Produktivität ermächtigte, war ein instinktgeleiteter Elan, das dionysische Prinzip. Nietzsches Bejahung des Rausches als exaltierter Schaffenszustand, seine Geringschätzung der Vernunft im Vergleich mit dem Instinkt, Verachtung des Intellekts zugunsten von Körperkraft und Gesundheit und die Bejahung der von Vernunft, Selbstdisziplin und gesellschaftlicher Ordnung gefesselten, nach Ausbruch und Ausleben drängenden Triebkräfte des Körpers wirkten auf die Generation derer, die um 1900 junge Erwachsene waren, befreiend. Positiv stand Dionysos für die Überwindung des Schulmäßigen, Philiströsen, die Lossagung von Autoritäten, Außerkraftsetzung von Normen, Emanzipation und Schaffensfreude. Gefährliche

---

63 Nietzsche: KSA 1: Der »Versuch einer Selbstkritik« ist der Abhandlung *Die Geburt der Tragödie* (1874) vorangestellt, S. 11–23, hier 18f. Vgl. auch Nietzsche: *Also sprach Zarathustra*. Teil 4. In: KSA 4.
64 Günter Figal: »Nietzsches Dionysos«. In: *Nietzsche-Studien* 37 (2008), S. 56; Nietzsche: *Also sprach Zarathustra*. In: KSA 4, 146–149.
65 Figal: »Nietzsches Dionysos«, S. 60.
66 Wolfdietrich Rasch: »Aspekte der deutschen Literatur um 1900«. In: *Deutsche Literatur der Jahrhundertwende*. Hg. v. Viktor Žmegač. Neuwied 1981, S. 18–48, hier 38; Uwe Spörl: *Gottlose Mystik*. Paderborn 1997; Schlesier, *Dionysos*. Einleitung, S. 14.

Potentiale, welche seine Verehrung freisetzte, waren hingegen Machtrausch und Größenwahn, Kontrollverlust und Skrupellosigkeit.

Broch teilte nicht mehr den Enthusiasmus der älteren Generation für das Dionysische, für Nietzsches Dionysos als Anti-Christ und seine philosophische und poetische Bejahung des Lebens, Instinkts und der irrationalen, natürlichen Schaffenskräfte. Er stellt mit der Abwandlung und Verschmelzung des Demeter- und Dionysos-Mythos die Verführungsstrategie der Nationalsozialisten bloß und legt deren politische Gefahren frei. In der *Verzauberung* warnt er vor der Verehrung Nietzsches in dem Moment, als dessen Philosophie von den nationalsozialistischen Machthabern, ihrem akademischen Philosophen Martin Heidegger (in seiner Freiburger Rektoratsrede vom März 1933)[67] und ihrem politischen Pädagogen Alfred Bäumler (in seiner Berliner Antrittsvorlesung vom Mai 1933)[68] zur Glorifizierung von Rassismus, Größenwahn und Krieg missbraucht wurde. In der *Verzauberung* wird freilich nicht Nietzsches Philosophie verurteilt, sondern ihr Missbrauch und ihre einseitige Zuspitzung als Rechtfertigungsgrundlage von Rassismus und kriegerischen Eroberungsplänen. Broch erkannte angesichts der totalitären Gleichschaltung im nationalsozialistischen Deutschland die Aufgabe seiner Zeit, mit allen intellektuellen und künstlerischen Mitteln dem von Nietzsche und seinen opportunistischen Nachbetern verkündeten moralfreien Zeitalter Einhalt zu gebieten. Dies sollte der religiöse Roman mit seiner Umdeutung und Kombination antiker Mythen

---

[67] Broch nahm in seinen philosophischen Abhandlungen mehrmals Bezug auf Heidegger. Eine Reaktion Brochs auf die in der Presse und Literaturkritik viel beachtete Rektoratsrede Heideggers bei Antritt seiner Freiburger Professur im März 1933 ist mir aber nicht bekannt. Zu Brochs Urteil über Heideggers Verhalten seit 1933, mit dessen Philosophie er während des Wiener Studiums bekannt wurde, vgl. AB 53f. – Vgl. Steven E. Aschheim: *The Nietzsche Legacy in Germany 1890–1990*. Berkeley, Los Angeles, Oxford 1992, bes. 232–271; Emanuel Faye: *Heidegger. Die Einführung des Nationalsozialismus in die Philosophie. Im Umkreis der unveröffentlichten Seminare zwischen 1933 und 1935*. Berlin 2009, S. 289; *Heidegger und der Nationalsozialismus I. Dokumente. Heidegger-Jahrbuch* 3. Hg. v. Alfred Denker und Holger Zaborowski. Freiburg, München 2009, S. 140–213. Heideggers Nietzsche-Vorlesungen gehen auf die Jahre 1936–1940 zurück. In ihnen setzt sich Heidegger inzwischen schon kritisch mit der nazistischen Vereinnahmung von Nietzsches Philosophie auseinander und erarbeitet sich einen neuen Zugang zu Nietzsches radikaler Metaphysikkritik, um ihn vor der Vereinnahmung durch die nationalsozialistische Politik zu retten. Die Affirmation des Übermenschen und des Willens zu Macht wird aus der Sphäre der Politik und Eugenik entrückt und zum metaphysischen Bekenntnis umgedeutet. Martin Heidegger: *Nietzsche*. Pfullingen 1961, Bd. 1, S. 12, und Bd. 2, S. 291–314. Vgl. Rita Casale: *Heideggers Nietzsche. Geschichte einer Obsession*. Aus dem Italienischen von Catrin Dingeler. Bielefeld 2010; Michael E. Zimmermann: Die Entwicklung von Heideggers Nietzsche-Interpretation. In: *Heidegger und Nietzsche. Heidegger-Jahrbuch* 2. Hg. v. Alfred Denker u. a. Freiburg, München 2005, S. 97–116, hier 98.

[68] Alfred Bäumler: *Männerbund und Wissenschaft*. Berlin 1934, S. 123–138. Bäumler hat das Nietzsche-Bild durch seine Ausgaben von dessen Werken im Kröner-Verlag in der deutschen Nachkriegszeit mitbestimmt. Zuletzt wurde dort 1980 die wirkungsmächtige, philologisch fragwürdige Nietzsche-Anthologie von Peter Gast und Elisabeth Förster-Nietzsche *Der Wille zur Macht* mit Bäumlers Nachwort herausgegeben. Zu Thomas Manns Urteil über Bäumler vgl. Hermann Kurzke: *Thomas Mann. Epoche – Werk – Wirkung*. München 1991, S. 249; Rüdiger Safranski: *Nietzsche. Biographie seines Denkens*. München, Wien 2000, S. 349–352.

leisten. Die Dramaturgie des Aufstiegs eines anfangs harmlosen, lächerlichen Verführers macht anschaulich, wohin Nietzsches pathetische Absage an Sokratismus, jüdische Religion und christliche Moral führen müsse, wenn mit ihr Herrschaft begründet und Erlösungshoffnungen bedient würden. Was Nietzsche 1886 als »verfänglich-rattenfängerisch« am Wesen und Wirken des Dionysos bezeichnet hat, wird in Ratti Gestalt.[69]

Wer aufmerksam die Tagespresse las, philosophische Neuerscheinungen und Nietzsche-Werkausgaben seit 1933 verfolgte und wahrnahm, wie die akademische Philosophie, Rechtswissenschaft und Medizin willfährig ihre Lehrmeinungen an den Führerkult und die nationalsozialistische Ideologie anpassten,[70] konnte den Eindruck gewinnen, dass in den Händen der Führerclique und ihrer Chefideologen aus Ideen Nietzsches ein Gebräu zur Verherrlichung des gewaltbereiten Tatmenschen vor dem theoretischen Menschen, des zur Weltherrschaft berechtigten, biologisch hochwertigen Übermenschen, angerichtet werde. Bemerkenswert war die Konjunktur von Nietzsche-Werkausgaben, Teileditionen und Nietzsche-Ratgebern für bestimmte Berufsgruppen, z. B. für Soldaten und Lehrer. Dieser »nazifizierte Nietzscheanismus« war eine Ideologie, die zur Agitation ermächtigen sollte.[71] Besonders die Wiedergeburt zur Weltherrschaft und die visionär beschworene Erneuerung, die Überwindung des Christentums, die Aufdeckung der jüdischen Ursprünge der christlichen Sklavenreligion, die Herabsetzung der Vernunft gegenüber Instinkt und Physis, die Bewunderung von männlicher Härte, Bejahung des Todes und Verachtung der lebensunwerten Schwachen und ihrer Reproduktion waren Ideologeme, die im nationalsozialistischen Schrifttum auf Nietzsches Philosophie zurückgeführt wurden, wobei Ludwig Klages und andere als Vermittler dienten.[72] Eben diese Ideen propagierte Marius Ratti in einer Form, die dem Arzt närrisch, weltfremd und läppisch erschien. Es müsse anders werden, Änderungen seien an der Zeit, orakelten Ratti und Wenzel (KW 3, 139), »die Zeit ist reif« (KW 3, 147), und sogar Mutter Gisson gab ihm recht (KW 3, 38); auch der Arzt hatte seinen Entschluß, von der Stadt fortzuziehen, mit dieser Sehnsucht begründet. Wenzel urteilt, die Wetchys seien es nicht wert, »sich fortzupflanzen« (KW 3, 134). Damit spricht er aus, was der Arzt aus beruflichem Ethos nicht zu denken wagt, obwohl auch ihm ähnliches durch den Kopf

---

[69] Nietzsche: *Geburt der Tragödie, Versuch einer Selbstkritik*, KSA 1, 19; ders.: *Jenseits von Gut und Böse*, KSA 5, § 295, S. 237.
[70] Aschheim: *The Nietzsche Legacy*, S. 241–262; ders.: *Culture and Catastrophe. German and Jewish Confrontations with National Socialism and Other Crises*. New York 1996, S. 69–84. Zur Nietzsche-Rezeption im Nationalsozialismus vgl. Hans-Martin Gerlach in: *Nietzsche-Handbuch*. Hg. v. Gerlach und Ottmann. Stuttgart, Weimar 2000, S. 502–504, und Bruno Hillebrand: *Nietzsche. Wie ihn die Dichter sahen*. Göttingen 2000, S. 103–111.
[71] Aschheim: *The Nietzsche Legacy*, S. 245.
[72] Nachweise bei Aschheim: *The Nietzsche Legacy*, S. 238–240; Ludwig Klages: »Mensch und Erde« [1913]. In: Ders.: *Mensch und Erde. Zehn Abhandlungen*. Stuttgart 1956, S. 1–25, hier bes. 14–16.

geht (KW 3, 139). Ratti fordert die Überwindung der städtischen Verweichlichung und das Ende der Weiberherrschaft. Der Arzt stimmt sogar seiner primitiven Diagnose zu, dass die Entfremdung von den Städten ausgehe und eine Erneuerung von der Rückkehr zu bäuerlichen Wirtschaftsformen zu erhoffen sei (KW 3, 341–343). Die »Religion der Feigheit«, eine »Städtereligion«, welche für die Pflege der Schwachen und Kranken hohe Kosten verlange, sei abzulösen durch die Bejahung des Todes, denn »was gebrochen ist, soll zugrunde gehen« (KW 3, 345). Der Agent und Familienvater Wetchy, der Ratti im Namen christlicher Humanität und Tugenden widerspricht, muss weichen, während die Gemeinde aufgrund von Rattis Weisung das Haus des Agenten beschlagnahmt. Am Ende des Romans wirken die Hasstiraden aus dem Munde des Wanderers zwar reichlich exaltiert, aber sie vermochten ihre politische Sprengkraft und kriminelle Energie zu entfalten. Das Paar Ratti-Wenzel steht für die Vereinigung von Theorie und Tat, Ideologie und politischer Praxis. Rattis Reden und Wenzels Aktivismus sind auch Sinnbilder für die »Nazifizierung« Nietzsches.[73]

Thomas Mann vertraute Überlegungen, welch fatale Wirkung Nietzsche im Nationalsozialismus entfaltet habe, 1933 und 1934 seinem Tagebuch an:[74] Hitler, »Narr« und »elende Null von Mensch«, habe »die glaubensbegierige Not und Wirrsal der Zeit [...] zu nutzen« gewusst.[75] In »welthistorischer Betrunkenheit« berausche sich das deutsche Volk und lasse sich in physische und seelische Katastrophen hineinziehen. Nietzsche und seine Anhänger hätten sich »die Übertragung ihrer geistigen Revolution ins Wirkliche« nicht vorstellen können, aber klar sei ein »Keim des Schlimmen in dieser Revolution« zu erkennen, welche die »Illusion der Erhebung, Befreiung, Reinigung« nähre.[76] Mann gibt vor allen Alfred »Bäumler, dem Nietzsche-Verhunzer«, die Schuld am Missbrauch der Ideen von Nietzsche, Wagner und George.[77] In Hitler war für Alfred Bäumler 1934 die Synthese des Apollinischen mit dem Dionysischen »wirklich« geworden.[78] Was Mann damals insgeheim fürchtete, sprach er 1947

---

[73] Der Begriff stammt von Aschheim. Seine ideengeschichtliche Rekonstruktion zielt auf eine Erklärung, wie eine solche Aneignung möglich wurde, wer dabei Meinungsführer war und welche Medien und Institutionen sie förderten. Aschheim verfolge ein anderes Anliegen als solche Philosophiehistoriker, die Nietzsche entweder vor perfiden Usurpationen, von denen er sich als theoretischer Mensch keine Vorstellung machen konnte, in Schutz zu nehmen versuchten (Prominent tat dies Thomas Mann in seinem Essay *Nietzsches Philosophie im Lichte unserer Erfahrung* [1947]. In: Ders.: *Gesammelte Werke*, Bd. 9. *Reden und Aufsätze*. Frankfurt am Main 1986, S. 675–712, bes. 699–701) oder die (wie Georg Lukács) schon in Nietzsches Werken die Keime des Irrationalismus, Rassenwahns und Antisemitismus der Nationalsozialisten zu entdecken glaubten. Vgl. Aschheim: *The Nietzsche Legacy*, S. 25 und 276–280.

[74] Thomas Mann: »Leiden an Deutschland. Tagebuchblätter aus den Jahren 1933 und 1934«. In: Ders.: *Gesammelte Werke*, Bd. 12. *Reden und Aufsätze*, Teil 4. Frankfurt am Main 1960, S. 684–765.

[75] Mann: »Leiden an Deutschland«, S. 691.

[76] Mann: »Leiden an Deutschland«, S. 697.

[77] Mann: »Leiden an Deutschland«, S. 699.

in *Nietzsches Philosophie im Lichte unserer Erfahrung* aus: »Alles, was er (Nietzsche) in letzter Überreiztheit gegen Moral, Humanität, Mitleid, Christentum und für die schöne Ruchlosigkeit, den Krieg, das Böse gesagt hat, war leider geeignet, in der Schund-Ideologie des Faschismus seinen Platz zu finden«.[79] Was Mann als »das plumpste aller Mißverständnisse« tadelte,[80] die brutale Instrumentalisierung von Nietzsche-Ideen zur Nobilitierung von Krieg und Völkermord, das erkannte Broch ebenfalls als das totalitäre Potential von Nietzsches Dionysos-Figur. Dies gestaltete Broch 1935 als politische Parabel, griff dabei, vielleicht von Manns Novelle *Mario und der Zauberer* inspiriert, die Hypnosetechnik als Herrschaftsinstrument zur Entmachtung und Willensbrechung auf und karikierte Nietzsches Identifikationsfigur Dionysos.

Broch führte die Auseinandersetzung mit der politischen Nietzsche-Aneignung gleichzeitig in seinem Bergroman und den ihn begleitenden Essays. Brochs Programm eines mythologischen Romans war vermutlich unter dem Eindruck von Hitlers Machtusurpation von vorneherein als Abwehr nationalsozialistischer Versuche konzipiert, mit Nietzsches anti-christlicher Machtphilosophie totalitäre Politik zu begründen. In *Geist und Zeitgeist* erörtert Broch die »ethische Frage« menschlicher Einflussnahme in der Welt. Er registriert den Hang zur »Überkompensation des Sprachlichen« bei Nietzsche, Kraus und Heidegger, die in Sprachmystik umzuschlagen drohe (KW 9/1, 193). Nietzsche habe angesichts seiner Skepsis gegenüber der Möglichkeit philosophischer Erkenntnis im post-theologischen Zeitalter die »Grenze der Dichtung« überschritten. Als Dichterprophet sage er aber in *Also sprach Zarathustra* dem, was Dichter von Beginn an wollten, nämlich Mythen gestalten und Religiosität begründen, den Kampf an (KW 9/1, 194). Der moderne Dichter, der Mythen bearbeiten wolle, um seiner Zeit den Spiegel vorzuhalten, hat nach Broch die Aufgabe, die Abirrungen Nietzsches, seine poetische Verkündigung des Übermenschen und die Überwindung der Moral, zu korrigieren. Auch dazu eigne er sich Mythen an.

7. Dionysos-Parodien: Wechselrede, Hypnose, Verhexung

Das hitzige Pathos, mit dem Ratti seine antimodernistischen Parolen und Beschwörungen vorbringt, kontrastiert mit dem ruhigen Ernst der Prophezeiungen Mutter Gissons. Der Arzt kommentiert Rattis Tiraden meist mit Geringschätzung, nur einmal erkennt er sie als »vernünftig« an (KW 3, 342).

---

[78] Bäumler: *Männerbund und Wissenschaft*, S. 123–138, hier 127 und 137f. Vgl. Hermann Kurzke: *Thomas Mann. Epoche – Werk – Wirkung*. München 1991, S. 249.
[79] Thomas Mann: »Nietzsches Philosophie«, *Gesammelte Werke*, Bd. 9, S. 675–712, hier 702; vgl. auch Broch: *Hofmannsthal und seine Zeit*, KW 9/1, 141.
[80] Mann: *Nietzsches Philosophie*, S. 703.

Die Reden des Verführers sind aus älteren Mythen zusammengestoppelt. Der Erzähler durchschaut ihn als falschen Heilsbringer, macht sich über seine Impotenz lustig, unterschätzt aber seine Macht über Irmgard und andere Dorfbewohner völlig, nicht zuletzt über ihn selbst. Ratti behauptet, Naturgewalten als gewichtige Zeichen des Zeitenwandels zu verstehen (KW 3, 42, 147f.). Gerechtigkeit komme aus der Erde (KW 3, 142f.). Angekündigt wird das Ende der Weiberherrschaft; den Frauen müsse der Mann das Wissen wegnehmen (KW 3, 144, 147f.). Ratti verlangt von Irmgard, sie möge sich opfern, damit die Erde versöhnt werde, und stellt die Wiedergeburt vage in Aussicht (KW 3, 209–213). Der Arzt wird Zeuge, wie Ratti Irmgard auf der Dreschtenne hypnotisiert und ihre Bereitschaft für ihn zu sterben einfordert (KW 3, 210f.).

Rattis Zwiegespräch mit Irmgard, das in Verbindung mit der Hypnose seine Suggestivkraft beweist, klingt an Nietzsches Dionysos-Dithyramben an, deren Veröffentlichung Nietzsche im vierten Teil von *Also sprach Zarathustra* vorsah. Sie gehören zu den letzten Zeugnissen von Nietzsches Schaffen. Er schrieb sie Anfang Januar 1889 ins Reine, um sie im Zusammenhang mit der autobiographischen Schrift *Ecce homo* zu veröffentlichen. In den postumen Werkausgaben werden sie als Anhang zu *Ecce Homo* abgedruckt.[81] Dionysos liebt den Menschen nur, wenn er ihn sich als »Henker-Gott« unterwerfen kann; er setzt den Menschen als ein »Thier« herab, »das auf Erden nicht seines Gleichen hat«. Er wolle ihn »vorwärts« bringen, »ihn stärker, böser und tiefer« machen.[82] Wenn der Arzt als Zeuge der Hypnoseszene Ratti als Narren charakterisiert, nimmt er die Selbstcharakterisierung des Dichters im ersten Dithyrambus Nietzsches »Nur Narr! Nur Dichter!« auf. Die Thematik des Opfers klingt an die Beute des adlergleichen Dionysos an, der Freude daran hat, auf Lämmer zu stoßen, die »tugendhaft, schafmässig, ... dumm« blicken.[83] In der Prosa »Unter Töchtern der Wüste«, die dem zweiten Dithyrambus vorhergeht, bittet der Wanderer, »der sich den Schatten Zarathustras nannte«, diesen, bei ihm zu bleiben und lobt ihn dafür, ihn »mit starker Mannskost und kräftigen Sprüchen« genährt zu haben. Dieses Lob, verbunden mit der Bitte an Zarathustra, ihn davor zu bewahren, dass »die weichlichen weiblichen Geister [ihn] wieder anfallen«,[84] führt eine Geschlechteropposition und -abfolge ein, mit der auch Brochs Verführer operiert. Einmal stellt sich Ratti als Löwe vor (KW 3, 212), womit der dritte Dionysos-Dithyrambus aufgerufen wird. Hier bezeichnet sich

---

[81] Nietzsche: KSA 6, S. 377–410 und 456; vgl. auch den Kommentar zu den Dionysos-Dithyramben in KSA 14, 513–516. Broch las die Dionysos-Dithyramben in Verbindung mit anderen Aussagen Nietzsches über Dionysos, die auf Initiative Peter Gasts und Elisabeth Förster-Nietzsches unter dem Titel »Der Wille zur Macht« in Bd. 15 und 16 der Werkausgabe gesammelt wurden.
[82] Nietzsche: »Dionysos-Dithyramben«, »Klage der Ariadne«, KSA 6, 401.
[83] Nietzsche: »Ecce homo«. KSA 6, 377–380, bes. 379.
[84] Nietzsche: »Ecce homo«, KSA 6, 381.

Dionysos »als moralischer Löwe«, der »vor den Töchtern der Wüste brüllen« wolle.[85] Im neunten Dithyrambus stellt sich das lyrische Ich als Künder der Wahrheit vor und spricht von sich als einem Opfer.[86]

Rattis Hypnosegespräch mit Irmgard kreist um das Opfer, das, von den Wechselreden zwischen Ratti und der berauschten Masse angefeuert, am Kalten Stein vollzogen wird. Die betörende Redeweise Rattis parodiert stellenweise den siebten Dionysos-Dithyrambus, die »Klage der Ariadne«. Sieht man in Dionysos den Führer, der seine Anhänger zur Überwindung der Moral ermuntert und ihre Hingabe ausnutzt, und sieht man Hitler als Schlusslicht in der »Genealogie des Massenführers« (Sandberg), liest sich Nietzsches siebter Dithyrambus »Klage der Ariadne« im Zerrspiegel von Rattis Hypnosereden wie ein Präludium zur Auslöschung alles Schwachen und zur Durchsetzung patriarchaler Herrschaft mit den Mitteln psychischer Tortur und physischer Gewalt.

Ariadne wird in Nietzsches Werk sonst nur an zwei Stellen zusammen mit Dionysos genannt. Der siebte Aphorismus von *Jenseits von Gut und Böse* (1886) erwähnt Ariadne im gleichen Atemzug mit Dionysos.[87] Ebenfalls erscheint das Gesprächspaar Ariadne und Dionysos auf Naxos in einem Apophthegma der *Götzendämmerung*, auf welches das Ende des siebten Dionysos-Dithyrambus anspielt.[88] Der siebte Dithyrambus weicht von den übrigen Rollenreden des Dionysos ab, insofern hier die Klage Ariadnes und die Beschwörung ihres Geliebten mit der operettenhaften Epiphanie des Gottes mit Blitzen und in smaragdener Schönheit verknüpft werden.[89] Der siebte Dithyrambus ist der einzige, der als Zwiegespräch zwischen dem Gott und einer Liebenden szenisch aufgebaut ist. Die Pointe ist, dass der von Ariadne beschworene Gott zwar erscheint, aber sich der Liebenden verweigert.[90]

---

85 Nietzsche: »Ecce homo«, KSA 6, 386.
86 Nietzsche: »Ecce homo«, KSA 6, 408f.
87 Karl Heinz Bohrer: »Heißer und kalter Dionysos. Das Schillern einer Metapher Nietzsches«. In: *Trunkenheit. Kulturen des Rausches*. Hg. v. Thomas Strässle und Simon Zumsteg. Amsterdam, New York 2008, S. 19–33, hier 19.
88 Wolfram Groddeck: *Friedrich Nietzsche »Dionysos-Dithyramben«*, Bd. 2. Berlin, New York 1991, S. 176f.
89 Nietzsche: KSA 6, 398–401; vgl. die Interpretation von Groddeck, *Dionysos-Dithyramben*, Bd. 2, S. 178–213.
90 Nietzsche: KSA 6, 398–401. Jüngere Interpretationen der Dionysos-Dithyramben arbeiten ihren Ideengehalt im Kontext von Nietzsches Spätphilosophie heraus. Sie bleiben aber dem, was Broch meiner Ansicht nach mit seiner romanhaften Kritik an der »Nazifizierung« von Nietzsches Philosophie (Aschheim) anstrebte, gewissermaßen außen vor. Vgl. Michael Skowron: »Dionysische Perspektiven. Eine philosophische Interpretation der Dionysos-Dithyramben«. In: *Nietzsche-Studien* 36 (2007), S. 296–315; Günter Figal: »Nietzsches Dionysos«. In: *Nietzsche-Studien* 37 (2008), S. 51–61. Groddeck interpretiert die Dionysos-Dithyramben als radikalen poetischen Ausdruck von Nietzsches später Philosophie (Groddeck, *Dionysos-Dithyramben*, Bd. 2). Hödl liest die Dionysos-Dithyramben zugleich als autobiographische Selbstinszenierungen und pointierte Zusammenfassungen von Nietzsches Philosophie. Hans Gerd Hödl: *Der letzte Jünger des Philosophen Dionysos*. Berlin, New York 2009, S. 579–593. Von den

Nietzsches szenischer Dialog enthält rhetorische Charakteristika, die in dem Hypnosegespräch zwischen Ratti und Irmgard wiederkehren. Ariadne hat sich von Theseus abgekehrt und verlangt nach Wärme und Dionysos' Liebe, aus Schmerz darüber, dass sie »von unbekannten Fiebern« geschüttelt, einsam und ungeliebt sei.[91] In Ariadnes Klage mischen sich Vorwürfe mit Bitten an den Peiniger. Am Ende steht ihr Liebesbekenntnis. Ihre Affekte schwanken zwischen Abwehr, Abscheu, Schmerz und Liebe. Sie adressiert Dionysos als »Entsetzlicher«, »Jäger«, »grausamster Jäger«, »höhnisch Auge«, »Henker-Gott«, »Dieb«, »Folterer«, »Blitz-Verhüllter« und »Räuber«. Sich selbst charakterisiert sie als »Halbtotem gleich« und krank dem grausamen, schadenfrohen Gott hingegeben, »Darniedergeblitzt«, aber auch als seine »stolzeste Gefangne«. Sie wirft ihm rücksichtslose, schamlose Aggression vor. Ihre Rufe »Weg! Weg!« und »Davon!« kontrastieren mit den Bitten, sie zu verletzen, ihr Herz zu zerbrechen, sie zu martern, weiter zu stechen und zu quälen. Erst in den letzten vier Strophen, die mit »Haha!« beginnen, offenbart sie ihm ihr Begehren: Von ihm wünscht sie sich »Liebe«, Berührung, Wärme und Eis als liebender, »grausamster Feind«, denn er sei ihr »letztes Glück!« Sie argwöhnt, er wolle in ihr Herz und in ihre Gedanken einsteigen, ihre Liebe rauben. Ihre Klagen sind voller Selbstqualen. In ihren Beschimpfungen und Lockrufen, den gegensätzlichen Gefühlsäußerungen und dem Bekenntnis, sie liebe den, der sie vernichten wolle, offenbart sich Ariadne als dionysisch Berauschte und Behexte.[92] Sie fleht den Geliebten an, sie lieber gleich zu töten, anstatt sie unerträglich zu quälen. Die Klagen offenbaren die stolze, aber verzweifelt opferbereite Liebende. Sie verzehrt sich nach dem Geliebten, stößt ihn wegen seiner Grausamkeit vor den Kopf, demütigt sich vor ihm und verzweifelt an ihrer Abhängigkeit von seiner Zuwendung. Als der Angeredete erscheint, diagnostiziert er ihre Gefühlsverwirrung genau, ebenso die Funktion, die er für sie habe: »Ich bin dein Labyrinth«. Er sei ihr ein Rätsel, ein »Labyrinth«, das sich Ariadne in ihren Worten selbst zurechtlegt – nicht aber der Ausweg, mithin das Gegenteil eines Heilsbringers und Erlösers. Dionysos' läppische, beschwichtigende Worte sind der Theatralik seiner Erscheinung nicht angemessen. Sein Auftritt wirkt komisch; dass ein solcher Gott Adressat von Ariadnes selbstquälerischen Klagen ist, scheint grotesk. Seinen Rat formuliert er als rhetorische Frage: »Muss man sich nicht erst hassen, wenn man sich lieben soll?« Damit fordert er von der Geliebten die Selbsterniedrigung als Zeichen größter Hingabe. Erst Selbsthass sei Indiz für die Liebe zum anderen.

Mythographen hat einzig Walter F. Otto die Beziehung des Ariadne-Mythos zum Dionysos-Komplex untersucht. Sie, die Frau des Meeres, sei allein würdig, an die Seite des Dionysos zu treten, denn die Unberührbare sei dem Göttlichen besonders nahe. Otto macht auf die Verwandtschaft Ariadnes, deren Bereiche die Erde, das feuchte Elements und der Tod sind, auf Kore und Demeter aufmerksam (Otto: *Dionysos*, S. 165f.).

[91] Skowron: »Dionysische Perspektiven«, S. 296–315, hier 310–312.
[92] Hödl: *Der letzte Jünger*, S. 579.

Das im Dithyrambus geschilderte Verhältnis Ariadnes zu Dionysos als Folterer und Henkergott – ihr paradoxes Verhalten zwischen Abwehr und Begehren, Hass und Liebe und seine hochmütige Verweigerung und Selbstcharakterisierung als ihr Labyrinth – offenbart eine paradoxe Gefühlslage. In der Beziehung ist Ariadne die Liebende und Unterlegene.

Diese Asymmetrie und das gefühlsmäßige Schwanken, der Kontrast zwischen Stolz und Hingabe fallen auch im Hypnosegespräch zwischen Irmgard und Ratti auf. Ihre Klage offenbart Irmgard allerdings dem Arzt, der scherzhaft seine Rolle mit derjenigen des verschmähten Theseus vergleicht (KW 3, 207). Ihn bittet sie, er möge dafür sorgen, dass Ratti verschwinde. Sie liebe ihn zwar, aber statt ihren Wunsch nach einem Kind zu erfüllen, wolle er sie »umbringen«, obwohl auch er sie liebe. Sie ahnt, dass ihre Abhängigkeit von Ratti etwas mit ihrem Wunsch zu tun hat, die Entfremdung zwischen der harten Mutter und dem Ratti zugewandten Vater aufzulösen. Als der Arzt die Dreschtenne betritt, beginnt der Dialog zwischen den Liebenden mit der Ankündigung Rattis: »Dein Opfer wird gross sein« und einer Liebeserklärung. Seine Impotenz, die Irmgard ihm zum Vorwurf macht, kompensiert Ratti mit der Versicherung, sie werde von ihm mehr empfangen als nur ein Kind. Ihr Opfer werde mit Opfern, die ihr gebracht würden, belohnt. Marius hypnotisiert Irmgard mit Reden, die eine Versöhnung zwischen Himmel und Erde, ihre Vereinigung, Wiedergeburt und Erntesegen ankündigen. Er macht sie zum Opfer bereit, indem er sich ihr nach der Tötung als Gatte darbietet, wodurch auch Vater und Mutter sich »wieder gatten« werden. Die Logik von Tod und Wiedergeburt, Opfer und Erlösung verwirrt sich in der Folge in einem Haufen von Wortspielen und Lautassoziationen. Der Arzt kommentiert Rattis Äußerungen aus medizinischer Sicht: Ratti sei ein »Irrer«, der »seine männliche Unfähigkeit« eloquent mit Kompensationsangeboten zu bemänteln suche. In dem Gestammel offenbaren sich dem Arzt »die närrischen Urgründe des Denkens und der Sprache«, die »uns hinunterziehen zu den dunklen Wurzeln aller Ernten« (KW 3, 212). Dazu passe der Größenwahn, in dem er sich als »Löwe« vorstellt. Ratti reagiert auf Irmgards Unterwerfungsgeste, als sie von ihm den Vollzug des Opfers fordert, ähnlich wie Dionysos auf Ariadnes Wunsch, der Gott möge zurückkehren, mit Abweisung und Aufschub. Der Epiphanie des Dionysos entspricht Rattis Hypnose. Dessen Rede verwandelt sich von pathetischen Erlösungsvisionen zur Logorrhoe. Symptome des Wahnsinns zeigen sich im Übergang der Rede in einen »sonderbaren Singsang«, welcher sich zu »einem klagenden Jubeln« steigert (KW 3, 213). Visionen kippen um in Faseleien; zurück bleiben Worthülsen und unkontrollierte Gefühlsäußerungen. Die Verwirrung des Sinns ist offenkundig, der Rhapsode lässt sich von Wortspielen und Klangassoziationen zu Bildern verlocken, die dem Mythos der Versöhnung von Himmel und Erde nur mehr entfernt nahestehen: »schuldiges Blut wird ihr vergossen, das sie nicht mag, schlechter

Dünger. Dünger für neue Laster, für neue Lüste, für neue Lästerungen [...]« (KW 3, 213). Stabreime und Assonanzen wechseln sich ab: »Bitternis und Bosheit«, »reich wird das Reine herabrinnen von den Triften«. Rattis Wörter fügen sich am Ende zu metrischer Rede: »Samen der Sonne, Frucht des Vaters auf den Brüsten der Erde« (KW 3, 213). Mit dem Ruf nach der Mutter wird Ratti ohnmächtig. Der Arzt kommentiert dies, als würde er eine Krankheit diagnostizieren: »Kein Zweifel, er litt an Wortassoziationen« (KW 3, 213). Als Philosophie sei das nicht ernst zu nehmen. An ähnlichen Klangphänomenen und Wortspielen, zu denen Stabreime gehören, sind Nietzsches Dithyramben ebenfalls reich; hier ein Beispiel aus dem Dithyrambus »Nur Narr! Nur Dichter!«: »ein Thier, [...] das wissentlich, willentlich lügen muss, / nach Beute lüstern, / bunt verlarvt, / sich selbst zur Larve [...] dass du [...] sündlich gesund und schön und bunt liefst, / mit lüsternen Lefzen, / selig-höhnisch, selig-höllisch«.[93]

Was der Arzt bei Ratti spöttisch diagnostiziert, die Entleerung des Sinns und Offenbarung des Wahnsinns, nahm Paul Julius Möbius auch in Nietzsches späten Schriften wahr. Man fühlt sich an Möbius' Bezeichnung des Dionysos als »Gott der Hysterie« erinnert.[94] Nietzsches Identifikation mit Dionysos und Zarathustra sei Symptom für seine fortschreitende Paralyse. In Aphorismen, wo sich Gedankensplitter verschlingen, in welche hineingepackt wird, was das Raubtier finde, offenbare sich Nietzsches »desultorische(s) Wesen«.[95] Die Lektüre unverdauter Brocken und Splitter verursache eine »Seekrankheit«.[96] Nietzsches Aphorismen seien überreizt und verzerrt, vereinten »Krasses und Grelles, ein Lautes und Schreiendes«.[97] Die späten Aphorismen enthalten zahllose Beispiele brutaler, krasser Gefühlsäußerungen, »Sinnlosigkeiten in beträchtlicher Zahl«, Symptome von »Größenwahn« und bizarre Häufungen immergleicher katastrophischer Bilder.[98]

Dass aus Nietzsches siebtem Dithyrambus ein Hypnosegespräch wird, ist so abwegig nicht, hat doch Wolfram Groddeck herausgearbeitet, dass Ariadnes Klage die zeitgenössische Diagnose zulässt, sie sei Hysterikerin.[99] Die Bindung

---

[93] Nietzsche: Dionysos-Dithyramben, »Nur Narr! Nur Dichter!« KSA 6, 377.
[94] Der Kommentar des Arztes erinnert an die Kritik von Paul Julius Möbius an Nietzsches exaltiertem Stil im Spätwerk, der Symptom seines zerrütteten Geisteszustands sei. Paul Julius Möbius: *Nietzsche*. Leipzig 1904, S. 89, zu den Dionysos-Dithyramben S. 162–164. Max Nordau hat in seinem Buch *Entartung* ebenfalls Nietzsche und sein Werk als geisteskrank, eben »entartet«, attackiert. Darin stützt er sich auf Richard von Krafft-Ebings *Lehrbuch der Psychiatrie* (Stuttgart ⁴1890). Vgl. Max Nordau: *Entartung*. 2 Bde. Berlin 1893; dazu Christoph Schulte: »Nietzsches Entartung 1892. Max Nordau als früher Nietzsche-Kritiker«. In: *Jüdischer Nietzscheanismus*. Hg. v. Werner Stegmaier und Daniel Krochmalnik. Berlin, New York 1997 (= Monographien und Texte zur Nietzsche-Forschung, 36), S. 151–167.
[95] Möbius: *Nietzsche*, S. 93.
[96] Möbius: *Nietzsche*, S. 94.
[97] Möbius: *Nietzsche*, S. 97.
[98] Möbius: *Nietzsche*, S. 123.
[99] Groddeck, *Dionysos-Dithyramben*, Bd. 2, S. 210–213.

Ariadnes an Dionysos erweist sich als ähnlich krankhaft wie diejenige Irmgards an den schönen Gallier-Fremdling: sie liebe ihn in der Gewissheit, dass er sie »umbringen« wolle (KW 3, 207f.). Die Erd- und Wiedergeburtsideologie des Galliers wird von Irmgard, die sich von Vater und Mutter verlassen fühlt, begierig als Religionsersatz aufgenommen. In der Parodie des siebten Dithyrambus wird Rattis Anspruch, wie Dionysos als »Versucher Gott« und »Henker-Gott« aufzutreten, lächerlich gemacht. Nietzsches Gedankengut wirkt in Rattis Radomontaden wie ein Gift, das Irmgard anstelle einer Liebeserklärung aufnimmt. »Die Sühne« liefert Ratti später das Stichwort, um sich in die Gesänge vom Helden und der Jungfrau einzuschalten und plötzlich vor der geschmückten Bergbraut am Kalten Stein zu erscheinen. Er dringt in sie und fordert von ihr in aller Öffentlichkeit die Bereitschaft zum Opfer als Bedingung der Versöhnung mit dem Vater (KW 3, 268–271). Irmgards »Versucher-Gott« ist mehr als der impotente Radomonteur, dem der Arzt die Diagnose stellt, dass er ein körperliches Manko mit Mordgelüsten kompensiere. Später inszeniert sich Ratti als Berggott, der das Opfer der Bergbraut als Tribut fordert. Irmgards Appell auf der Tenne, »Tu's«, wird von der berauschten Menge vielfach repetiert, in der auch der Arzt mitschreien wird (KW 3, 274).

Dem Arzt, der die Hypnose miterlebt, entgeht die politische Gefährlichkeit, die durch die soziale Beziehung Rattis als Meinungsführer und die Rekrutierung von Helfern für die Verwirklichung seiner Erlösungsphantasien entsteht. Sein einseitiges Interesse an Symptomen des Wahnsinns macht den Arzt blind für die akute Gefahr, in der Irmgard sich befindet, denn was Ratti ankündigt, vollzieht sich im zwölften Kapitel. In der Pathographik genoss Nietzsche als kühner Denker und künstlerisches Genie durchaus Respekt.[100] Sie verhinderte freilich nicht die Aneignung dieses ›krankhaften‹ Denkens, ebenso wenig wie die ärztliche Diagnose des Wahnsinns die von Ratti ausgelöste Bewegung stoppte. Nietzsche-Bewunderer wiesen allerdings Versuche zurück, die Macht seiner Gedanken durch die medizinische Diagnose des Wahnsinns in Frage zu stellen.[101]

Barbara Mahlmann-Bauer

---

[100] Zu Möbius und der Kritik an der Pathographik vgl. Christian von Zimmermann: *Biographische Anthropologie. Menschenbilder in lebensgeschichtlicher Darstellung (1830–1940)*. Berlin, New York 2006, S. 227–243.

[101] André Gide: *Gesammelte Werke in 12 Bänden*. Hg. v. Hans Hinterhäuser, Peter Schnyder und Raimund Theis. Bd. 2. Stuttgart 1990, S. 39 und 744. Zur Bewunderung Nietzsches siehe Vorwort, S. 23. In den Blättern weist Gide 1918 Versuche zurück, die moralische Reform, die von Nietzsches Maxime der Umwertung aller Werte ausgehe, auf eine physiologische Gleichgewichtsstörung zurückzuführen und dadurch in Frage zu stellen. Anlass dazu gab ihm das 1910 erschienene Buch von V. de Pallarès: *Le crépuscule d'une idole. Nietzsche, Nietzschéisme, Nietzschéens* (S. 640).

8. Literatur

Arendt, Hannah und Hermann Broch. *Briefwechsel 1946 bis 1951.* Hg. v. Paul Michael Lützeler. Frankfurt am Main 1996 (= AB).
Broch, Herman: *Bergroman.* Die drei Originalfassungen textkritisch hg. v. Frank Kress und Hans Albert Maier. 4 Bde. Frankfurt am Main 1969.
Amann, Klaus, Helmut Grote: *Die Wiener Bibliothek Hermann Brochs. Kommentiertes Verzeichnis des rekonstruierten Bestandes.* Wien, Köln 1990 (= AGB).
Aschheim, Steven E.: *The Nietzsche Legacy in Germany 1890–1990.* Berkeley, Los Angeles, Oxford 1992.
Aschheim, Steven E.: *Culture and Catastrophe. German and Jewish Confrontations with National Socialism and Other Crises.* New York 1996.
Bachofen, Johann Jakob: *Das Mutterrecht.* Basel ²1897.
Bäumler, Alfred: *Männerbund und Wissenschaft.* Berlin 1934.
Bohrer, Karl Heinz: »Die Stile des Dionysos«. In: Ders.: *Großer Stil. Form und Formlosigkeit in der Moderne.* München 2007, S. 217–235.
Bohrer, Karl Heinz: »Heißer und kalter Dionysos. Das Schillern einer Metapher Nietzsches«. In: *Trunkenheit. Kulturen des Rausches.* Hg. v. Thomas Strässle und Simon Zumsteg. Amsterdam, New York 2008, S. 19–33.
Bringazi, Friedrich: *Robert Musil und die Mythen der Nation. Nationalismus als Ausdruck subjektiver Identitätsaffekte.* Frankfurt am Main 1998.
Brude-Firnau, Gisela: »Hermann Brochs *Demeter-Fragment.* Provinzroman oder zeitkritisches Dokument?« In: *Hermann Broch. Das dichterische Werk. Neue Interpretationen.* Hg. v. Michael Kessler und Paul Michael Lützeler. Tübingen 1987, S. 35–43.
Casale, Rita: *Heideggers Nietzsche. Geschichte einer Obsession.* Aus dem Italienischen von Catrin Dingeler. Bielefeld 2010.
Corino, Karl: »Geistesverwandtschaft und Rivalität«. In: *Literatur und Kritik* 51 (1971), S. 218–241.
Denker, Alfred, Holger Zaborowski (Hg.): »Heidegger und der Nationalsozialismus I. Dokumente«. In: *Heidegger-Jahrbuch* 3 Freiburg, München 2009, S. 140–213.
Dieterich, Albrecht: *Mutter Erde.* Leipzig 1913.
Dressler-Brumme, Charlotte: *Nietzsches Philosophie in Musils Roman »Der Mann ohne Eigenschaften«. Eine vergleichende Betrachtung als Beitrag zum Verständnis.* Frankfurt am Main 1987.
Duebbert, Carole: »Hermann Brochs Verzauberung als ›Anti-Heimatroman‹«. In: *Brochs Verzauberung. Materialien.* Hg. v. Lützeler. Frankfurt am Main 1983, S. 226–238.
Durzak, Manfred: *Hermann Broch.* Reinbek 2001.
Faye, Emanuel: *Heidegger. Die Einführung des Nationalsozialismus in die Philosophie. Im Umkreis der unveröffentlichten Seminare zwischen 1933 und 1935.* Aus dem Französischen von Tim Trzaskalik. Berlin 2009.
Figal, Günter: »Nietzsches Dionysos«. In: *Nietzsche-Studien. Int. Jahrbuch für die Nietzsche-Forschung* 37 (2008), S. 51–61.
Freese, Wolfgang: »Vergleichungen«. In: *Literatur und Kritik* 51 (1971), S. 242–261.
Gerlach, Hans-Martin und H. Henning Ottmann (Hg.): *Nietzsche-Handbuch. Leben – Werk – Wirkung.* Stuttgart, Weimar 2000.
Gide, André: *Gesammelte Werke in 12 Bänden.* Hg. v. Hans Hinterhäuser, Peter Schnyder und Raimund Theis. Bd. 2. Stuttgart 1990.

Grabowsky-Hotamanidis, Anja: *Zur Bedeutung mystischer Denktraditionen im Werk von Hermann Broch.* Tübingen 1995.
Groddeck, Wolfram: *Friedrich Nietzsche »Dionysos-Dithyramben«*, Bd. 2. Berlin, New York 1991.
Heidegger, Martin: *Nietzsche.* 2 Bde. Pfullingen 1961.
Hillebrand, Bruno: *Nietzsche. Wie ihn die Dichter sahen.* Göttingen 2000.
Hödl, Hans Gerd: *Der letzte Jünger des Philosophen Dionysos.* Berlin, New York 2009.
Homer: »Demeter-Hymnos«. In: *Homeric Hymns. Homeric Apocrypha. Lives of Homer.* Hg. v. Martin L. West. Cambridge, Mass. 2003.
Honold, Alexander: *Die Stadt und der Krieg. Raum- und Zeitkonstruktion in Robert Musils Roman »Der Mann ohne Eigenschaften«.* München 1995;
Kern, Otto: *Die Religion der Griechen* [1935], Bd. 2. Berlin 1963.
Klages, Ludwig: »Mensch und Erde« [1913]. In: Ders.: *Mensch und Erde. Zehn Abhandlungen.* Stuttgart 1956, S. 1–25.
Krafft-Ebing, Richard von: *Lehrbuch der Psychiatrie.* Stuttgart ^{4}1890.
Kurzke, Hermann: *Thomas Mann. Epoche – Werk – Wirkung.* München 1991.
Leege, Oliver: »Dionysos in der modernen Religionsgeschichte«. In: *Dionysos – Verwandlung und Ekstase.* Hg. v. Renate Schlesier und Agnes Schwarzmaier. Regensburg 2008, S. 132–141.
Loos, Beate: *Mythos, Zeit und Tod.* Frankfurt am Main 1971.
Lützeler, Paul Michael: »Hermann Brochs Roman ›Die Verzauberung‹ – Darstellung der Forschung, Kritik, Ergänzendes«. In: Ders. (Hg.): *Brochs Verzauberung. Materialien.* Frankfurt am Main 1983, S. 239–244.
Lützeler, Paul Michael (Hg.): *Hermann Broch.* Frankfurt am Main 1986.
Lützeler, Paul Michael: *Die Entropie des Menschen. Studien zum Werk Hermann Brochs.* Würzburg 2001.
Lützeler, Paul Michael: *Hermann Broch und die Moderne. Roman, Menschenrecht, Biographie.* München 2011.
Lützeler, Paul Michael und Christine Maillard (Hg.): *Hermann Broch. Religion, Mythos, Utopie. Zur ethischen Perspektive seines Werks. Recherches germaniques. Revue annuelle. Hors série* 5 (2008).
Mack, Michael: »The Politics of Sacrifice. Hermann Broch's Critique of Fascism in *Die Verzauberung*«. In: *Orbis Litterarum* 55 (2000), S. 15–36.
Mahlmann-Bauer, Barbara: »Euripides' Bakchen, ein Prätext für Brochs Bergroman *Die Verzauberung*«. In: *Hermann Broch. Religion, Mythos, Utopie. Zur ethischen Perspektive seines Werks.* Hg. v. Paul Michael Lützeler und Christine Maillard. *Recherches germaniques. Revue annuelle. Hors série* 5 (2008), S. 75–118.
Mahlmann-Bauer, Barbara: »Auseinandersetzungen mit Nietzsches ›Dionysos‹ in der Literatur von 1900 bis nach 1933«. In: *Mythographie der Neuzeit.* Akten der Tagung vom 8. bis 11. Mai 2013. Hg. v. Ralph Häfner (Drucklegung geplant).
Mann, Thomas: *Späte Erzählungen.* Frankfurt am Main 1981.
Mann, Thomas: »Leiden an Deutschland. Tagebuchblätter aus den Jahren 1933 und 1934«. In: Ders.: *Gesammelte Werke*, Bd. 12. *Reden und Aufsätze* Teil 4. Frankfurt am Main 1960, S. 684–765.
Mann, Thomas: »Nietzsches Philosophie im Lichte unserer Erfahrung« [1947]. In: Ders.: *Gesammelte Werke* Bd. 9. *Reden und Aufsätze.* Frankfurt am Main 1986, S. 675–712.

Meyer, Katrin: »Geschichte der Nietzsche-Editionen«. In: *Nietzsche-Handbuch*. Hg. v. Gerlach und Ottmann. Stuttgart, Weimar 2000, S. 438f.

Möbius, Paul Julius: *Nietzsche*. Leipzig 1904.

Musil, Robert: »Literat und Literatur. Randbemerkungen dazu« (1931). In: Ders.: *Gesammelte Werke in Einzelausgaben. Tagebücher, Aphorismen, Essays und Reden*. Hamburg 1955, S. 698–718.

Musil, Robert: *Der Mann ohne Eigenschaften. Roman aus dem Nachlaß*. Hg. v. Adolf Frisé. Reinbek 1986.

Musil, Robert: *Kommentierte Edition sämtlicher Werke, Briefe und nachgelassener Schriften ...* Klagenfurter Ausgabe, elektronische Daten. Hg. v. Walter Fanta u. a. Klagenfurt 2009 (KA/Kommentare& Apparate/Kontexte/Zeitgenössische Rezensionen/1930).

Neumayr, Barbara: *Utopie und Experiment*. Heidelberg 2009.

Nietzsche, Friedrich: *Werke*. Hg. v. Peter Gast und Elisabeth Förster-Nietzsche. Bd. 15. *Der Wille zur Macht. Versuch einer Umwerthung aller Werthe*. Leipzig 1901.

Nietzsche, Friedrich: *Werke*. Hg. v. Peter Gast und Elisabeth Förster-Nietzsche. Bd. 16. *Ecce Homo*. Leipzig 1911.

Nietzsche, Friedrich: *Sämtliche Werke. Kritische Studienausgabe in 15 Bänden*. Hg. v. Giorgio Colli und Mazzino Montinari. München ^{2}1988 (= KSA).

Nilsson, Martin P.: *Griechische Feste von religiöser Bedeutung, mit Ausschluß der attischen* [1906]. Darmstadt 1957.

Nordau, Max: *Entartung*. 2 Bde. Berlin 1893.

Nübel, Birgit: *Robert Musil – Essayismus als Selbstreflexion der Moderne*. Berlin 2006.

Otto, Walter Friedrich: *Dionysos. Mythos und Kultus* [1933]. Frankfurt am Main ^{5}1989.

Pallarès, V. de: *Le crépuscule d'une idole. Nietzsche, Nietzschéisme, Nietzschéens*. Paris 1910.

Rasch, Wolfdietrich: »Aspekte der deutschen Literatur um 1900«. In: *Deutsche Literatur der Jahrhundertwende*. Hg. v. Viktor Žmegač. Neuwied 1981, S. 18–48.

Ratschko, Katharina: »Robert Musil und Hermann Broch: Kunstverständnis und Zeitdiagnose«. In: *Hermann Brochs literarische Freundschaften*. Hg. v. Endre Kiss, Paul Michael Lützeler und Gabriella Rácz. Tübingen 2008, S. 121–138.

Ritzer, Monika: »Mythisches Erzählen im Faschismus – die Romanexperimente der 30er Jahre (Broch, C. G. Jung, Th. Mann)«. In: *In the Embrace oft he Swan*. Hg. v. Rüdiger Görner und Angus Nicholls. Berlin, New York 2010, S. 147–167.

Rohde, Erwin: *Psyche. Seelencult und Unsterblichkeitsglaube der Griechen*. 2 Bde. Tübingen 1925.

Safranski, Rüdiger: *Nietzsche. Biographie seines Denkens*. München, Wien 2000.

Sandberg, Glenn Robert: *The Genealogy of the Massenführer. Hermann Broch's »Die Verzauberung« as a Religious Novel*. Heidelberg 1997.

Sautermeister, Gerhard: *Thomas Mann: »Mario und der Zauberer«*. München 1981.

Schlesier, Renate: »Dionysos als Ekstasegott«. In: *Dionysos – Verwandlung und Ekstase*. Hg. v. Renate Schlesier und Agnes Schwarzmaier. Regensburg 2008, S. 28–41.

Schulte, Christoph: »Nietzsches Entartung 1892. Max Nordau als früher Nietzsche-Kritiker«. In: *Jüdischer Nietzscheanismus*. Hg. v. Werner Stegmaier und Daniel Krochmalnik. Berlin, New York 1997 (Monographien und Texte zur Nietzsche-Forschung, 36), S. 151–167.

Skowron, Michael: »Dionysische Perspektiven. Eine philosophische Interpretation der Dionysos-Dithyramben«. In: *Nietzsche-Studien* 36 (2007), S. 296–315.

Spörl, Uwe: *Gottlose Mystik in der deutschen Literatur um die Jahrhundertwende.* Paderborn, München, Wien, Zürich 1997.

Stašková, Alice: »Der Stil auf der Suche nach der Religion im frühen Schaffen Hermann Brochs«. In: *Hermann Broch. Religion, Mythos, Utopie. Zur ethischen Perspektive seines Werks.* Hg. v. Paul Michael Lützeler und Christine Maillard. *Recherches germaniques. Revue annuelle. Hors série* 5 (2008), S. 21–36.

Vollhardt, Friedrich: »Hermann Brochs Literaturtheorie«. In: *Hermann Broch.* Hg. v. Paul Michael Lützeler. Frankfurt am Main 1986, S. 272–287.

Vollhardt, Friedrich: »›Welt=an=Schauung‹. Problemkonstellationen in Robert Musils Roman ›Der Mann ohne Eigenschaften‹«. In: *Poetogenesis. Heuristiken der Literaturwissenschaft. Disziplinexterne Perspektiven auf Literatur.* Hg. v. Uta Klein u. a. Paderborn 2006, S. 505–526.

Weber, Max: *Die protestantische Ethik und der Geist des Kapitalismus.* Hg. v. Dirk Kaesler. München 2004.

Wilamowitz-Moellendorff, Ulrich: *Griechische Tragödien*, Bd. 4. Berlin 1923.

Wilamowitz-Moellendorff, Ulrich: *Der Glaube der Hellenen.* 2 Bde. (1931/1932). Hg. v. Günther Klaffenbach. Darmstadt 1955.

Wolf, Norbert Christian: *Kakanien als Gesellschaftskonstruktion. Robert Musils Sozioanalyse des 20. Jahrhunderts.* Wien, Köln, Weimar 2012.

Zeller, Regine: *Cipolla und die Masse. Zu Thomas Manns Novelle »Mario und der Zauberer«.* St. Ingbert 2006.

Zimmermann, Christian von: *Biographische Anthropologie. Menschenbilder in lebensgeschichtlicher Darstellung (1830–1940).* Berlin, New York 2006.

Zimmermann, Michael E.: »Die Entwicklung von Heideggers Nietzsche-Interpretation«. In: *Heidegger und Nietzsche. Heidegger-Jahrbuch* 2. Hg. v. Alfred Denker u. a. Freiburg, München 2005, S. 97–116.

IV. Der Tod des Vergil

1. Entstehung und Voraussetzungen

Von einem der bedeutendsten Romane deutscher Sprache, Thomas Manns *Der Zauberberg*, ist bekannt, dass er zunächst lediglich als Novelle geplant war. Das Gleiche gilt für Hermann Brochs zwar weniger bekannten, aber kaum minder erstaunlichen *Tod des Vergil*. Als Broch zu Beginn des Jahres 1937 in der winterlichen Abgeschiedenheit eines steirischen Landhauses die bereits 1936 konzipierte Erzählung *Die Heimkehr des Vergil* niederschrieb, ahnte er nicht, dass ihn dieser zunächst nur neun Manuskriptseiten umfassende Text acht Jahre lang beschäftigen würde, ihn 1938 begleiten sollte auf seinem Weg ins mittlerweile von den Nazis verwaltete Bezirksgefängnis in Bad Aussee, dann ins englische und schließlich ins amerikanische Exil, um 1945 in New York zugleich auf Deutsch und Englisch als Roman zu erscheinen[1] – ein Roman, der heute neben und vielleicht sogar vor den *Schlafwandlern* als das opus magnum Brochs und als eines der herausragenden Beispiele spätmoderner Großepik gilt.

Was veranlasste Broch, dessen sonstige literarische Werke allesamt in der eigenen Zeit spielen, dessen gesamtes Schaffen eine Auseinandersetzung mit den Problemen seiner Epoche war, sich der Antike zuzuwenden? Die Anregung kam durch das Buch *Vergil – Vater des Abendlandes*, das 1931 im Anschluss an die 2000-Jahr-Feiern des römischen Dichters erschien.[2] Der Verfasser war Theodor Haecker, Schriftsteller, Übersetzer und einer der radikalsten Kritiker der Weimarer Republik. Haecker gehörte in das Umfeld der konservativen Revolution und verstand seine Abhandlung über Vergil als einen Versuch, die »babylonische Verwirrung partikularer Gesichtspunkte«[3] zu überwinden durch Vergegenwärtigung eines der großen Repräsentanten abendländischer Tradition. Zweifellos sah Broch hier eine Verwandtschaft zu seiner idealistischen Geschichtsphilosophie vom Zerfall der Werte, die das Fundament seines philosophischen und literarischen Œuvres bildet. Den europäischen Kulturverfall und den Werterelativismus begriff er vor allem als religiöse Krise: Der Verlust eines integrativen Zentralwerts, so in nuce seine These, habe eine ethische und metaphysische Orientierungslosigkeit zur Folge, führe zum Verschwinden aller bindenden Kräfte einer Gesellschaft und dadurch zu

---

1 Die Erstausgabe im Pantheon Verlag hatte keine Gattungsbezeichnung.
2 Zur Entstehung des Romans siehe: Paul Michael Lützeler: Einleitung. In: *Brochs ›Tod des Vergil‹*. Hg. v. Paul Michael Lützeler. Frankfurt am Main 1988, S. 9–18; HBB, bes. das Kapitel »Von der ›Verzauberung‹ bis zum ›Tod des Vergil‹: 1934–1938«.
3 Theodor Haecker: *Vergil – Vater des Abendlandes*. München ⁷1952, S. 13.

einem extremen Individualismus. Mit dem Kriegsprofiteur und Mörder Huguenau im dritten Teil der *Schlafwandler* hatte Broch in die Weltliteratur eine Romanfigur eingeführt, die am Ende dieser Entwicklung steht. Huguenau hat sich aus jeder menschlichen Wertegemeinschaft entfernt, er mordet aus sachlichem Kalkül, ohne Gewissensbisse, und ohne Gewissensbisse vergisst er diese Tat.[4] Brochs politische und literarische Anstrengungen der 1930er und 1940er Jahre sind darauf ausgerichtet, diesen modernen Zustand der Anomie zu überwinden und zu erringen, was im etwas blassen soziologischen Jargon von heute *Wertegemeinschaft* genannt wird.

Haeckers christliche Auslegung Vergils, die einer langen, bis zu Kaiser Konstantin zurückführenden Tradition folgt, musste darum Brochs Interesse wecken. Allerdings wandte sich Broch, dem es im Gegensatz zur konservativen Revolution nicht um eine *restitutio in integrum* ging, rasch von der rückwärts gewandten katholischen Sicht Haeckers ab. »Vergil als Leitfigur«[5] – das galt für Broch nie in dem Sinn, mit dem Dichter der *Aeneis* eine alle Krisen der Moderne überstrahlendes Identifikationsangebot bereitstellen zu wollen. Die Faszination Vergils lag für Broch zunächst vor allem darin, dass auch der römische Dichter in der Zeit eines großen Kulturumbruchs, nämlich im Übergang vom Heidentum zum Christentum, gelebt hatte. In dieser Spätzeitproblematik sah Broch eine Parallele zur eigenen Epoche. Intention der ersten *Vergil*-Erzählung war darum

> die dichterische Verdeutlichung eines seit Spenglers *Untergang des Abendlandes* beliebten geschichtsphilosophischen Vergleichs zwischen der Umbruchphase Roms zu Zeiten von Cäsar und Augustus und der Kulturkrise in unserem Jahrhundert. (HBB 215)

Der konkrete Anlass, 1936/1937 über Vergil zu schreiben, bot sich Broch mit der Bitte des seit 1928 für den Wiener Rundfunk (RAVAG) als Redakteur tätigen Autors Werner Riemerschmid, für eine literarische Sendung eine kurze Geschichte beizusteuern. Am 17. März 1937 trug Broch selbst in einer viertelstündigen Lesung die erste Hälfte seiner Erzählung *Die Heimkehr des Vergil* im Radio vor.

Broch – und diese biographischen und werkgeschichtlichen Informationen sind zum Verständnis des *Tod des Vergil* nicht unerheblich – durchlebte Mitte der 1930er Jahre eine Schaffenskrise. Das *Filsmann*-Romanprojekt war ge-

---

[4] Statt zahlreicher Literaturhinweise seien hier nur zwei grundlegende Untersuchungen zum Thema genannt: Paul Michael Lützeler: *Hermann Broch – Ethik und Politik. Studien zum Frühwerk und zur Romantrilogie »Die Schlafwandler«*. München 1973; Alice Stašková: *Nächte der Aufklärung. Studien zur Ästhetik, Ethik und Erkenntnistheorie in »Voyage au bout de la nuit« von Louis-Ferdinand Céline und »Die Schlafwandler« von Hermann Broch*. Tübingen 2008.

[5] Vgl. Thomas Koebner: »Vergil als Leitfigur? Zu Hermann Brochs ›Der Tod des Vergil‹«. In: *Vergil-Jahrbuch* 1982 (= Würzburger Jahrbücher für die Altertumswissenschaft. Neue Folge, Bd. 8), S. 161–170.

scheitert, mit dem *Bergroman* (dem Broch später den Titel *Die Verzauberung* gab und der für immer Fragment bleiben sollte) kam Broch zu keinem befriedigenden Abschluss. Die Theaterstücke *Es bleibt alles beim Alten* und *Aus der Luft gegriffen* waren, ebenso wie der schmale Roman *Die Unbekannte Größe*, eher leichtgewichtige und konventionelle literarische Unternehmen, die keinesfalls an den großen Wurf der *Schlafwandler* anknüpfen konnten und von Broch selbst als »Schmarrn« (KW 13/1, 296) bezeichnet wurden. All diese Projekte verraten eine gewisse Unsicherheit Brochs, wie es mit seiner eben erst begonnenen literarischen Karriere weitergehen sollte. Die ethische Aufgabe der Literatur, die von Anfang an im Zentrum seiner Kunstreflexionen gestanden hatte, brachte ihn in den 1930er Jahren dazu, den avantgardistischen, experimentellen Roman à la Joyce zusehends in Frage zu stellen und für eine allgemeinverständliche, publikumsfreundliche Literatur mit sozialem Auftrag zu plädieren. So schrieb er 1934 an seinen Verleger Brody:

> Was ist unter sozialer Form zu verstehen? Es steht außer jedem Zweifel, dass der Amüsierroman sozialer ist als Joyce. [...] Es hieße die didaktisch-pädagogische Aufgabe des Dichterischen völlig verkennen, wenn man den Menschen unter Bruch mit den bisherigen Ausdrucksformen esoterisch vor den Kopf stoßen wollte. (KW 13/1, 300f.)

Der *Filsmann*-Roman und *Die Verzauberung* hatten dieses Programm umsetzen sollen. Bei Brochs Überlegungen spielte der Gedanke ans materielle Überleben wohl auch eine Rolle. Die Einkünfte aus dem Verkauf der Teesdorfer Fabrik waren aufgezehrt, und trotz positiver Besprechungen waren *Die Schlafwandler* mitnichten ein Bestseller. Als jüdischer Autor hatte Broch mit der Machtergreifung Hitlers das Lesepublikum in Deutschland verloren, konnte nur noch in Österreich und der Schweiz veröffentlichen. Wie der zum großen Teil unveröffentlichte Briefwechsel mit Benno W. Huebsch von Viking Press in New York zeigt, erwog Broch 1935 sogar eine Karriere als Drehbuchautor von Wissenschaftsfilmen.[6] Ob wissenschaftliches Arbeiten nicht überhaupt eine verantwortungsvollere Tätigkeit sei als das Erzählen von Geschichten, ist eine Frage, die ab den 1930er Jahren in Brochs Korrespondenz immer wieder gestellt wird. Die politischen Ereignisse in Deutschland erforderten andererseits politisches Handeln. Auch diese Forderung nahm Broch an, er konzipierte 1936/1937 die Völkerbund-Resolution und organisierte eine (erfolglose) Unterschriftenkampagne, in den folgenden Jahren schrieb er an seiner *Massenwahntheorie*, die den Erfolg der faschistischen Staaten psychologisch, philosophisch und politologisch zu erklären versuchte.

In dem spannungsvollen Dreieck: Wissenschaftliche Erkenntnis – politisches Handeln – Literatur bewegte sich fortan Brochs Wirken, und in diesem

---

6 Vgl. Jürgen Heizmann: »Massenmedium. Hermann Broch und der Film«. In: *Hermann Broch und die Künste*. Hg. v. Alice Stašková und Paul Michael Lützeler. Berlin 2009, S. 75–91.

Spannungsfeld entstand die *Vergil*-Erzählung. Anfangs glaubte Broch, sie sei nur eine Art Lockerungsübung, die ihn wieder näher an die geplanten großen Romane bringen würde. Doch dann nahm der Text im Laufe der Umarbeitungen immer größeren Umfang an. Die politischen Einsichten aus dem abgebrochenen *Bergroman* und der ebenso Fragment gebliebenen *Massenwahntheorie* gingen ebenso in den Roman ein wie die Zweifel an der Legitimation der Literatur, die die Produktion begleiteten.

Man darf behaupten, dass *Der Tod des Vergil* im Laufe seiner achtjährigen Entstehungszeit für Broch die Bedeutung einer *summa* gewann,[7] er wurde zur Bilanz der eigenen Existenz, des eigenen Denkens und literarischen Schaffens. Die erste Buchausgabe im Pantheon Verlag enthielt keine Gattungsbezeichnung, und in der Tat ist *Der Tod des Vergil* schwer zu klassifizieren, er entzieht sich jeder eindeutigen Genrebestimmung. Er ist kein Roman im landläufigen Sinn, kein Gedicht, kein philosophischer Essay, kein Drama. Aber er integriert alle diese Formen auf die eine oder andere Weise, zeigt sich als Roman, in dem Vergils *quête* und sein Wunsch, die *Aeneis* zu verbrennen, im Zentrum stehen, zeigt sich als langes Gedicht, getragen von der lyrischen Stimme Vergils, zeigt sich als philosophische Meditation über den Tod und schließlich, in den von Platon inspirierten Dialogszenen, als stark theatralisierter Text. Broch selbst sah den *Vergil* als ein hybrides Werk, keinesfalls als Roman, eher als »lyrisches Werk« (KW 4, 473) oder als etwas, wie er am 10. Mai 1945 in einem Brief an Aldous Huxley schrieb, »das in der Notwendigkeit aus seiner Problemkonstellation entstanden« (KW 13/2, 452), aber gattungsspezifisch nicht näher zu bestimmen ist.

Der Polyphonie auf der formalen entspricht die Vielschichtigkeit auf der inhaltlichen Ebene. Das existenzielle Drama Vergils, sein Blick auf das eigene Leben im Angesicht des Todes, hat eine autobiographische Komponente. Broch betonte in zahlreichen Briefen, wie die Bedrohung durch die Nazis ihn zu »sozusagen privater Todesvorbereitung nötigte«, ihn zur Konzentration auf das »Sterbenserlebnis« zwang und so beim Schreiben das Sterben Vergils zur »Imagination des eigenen Sterbens« (KW 13/1, 65) wurde. Die Reflexion über den Tod als Anti-Wert schlechthin macht den philosophischen Aspekt des Romans aus. Eine historische, soziale und politische Dimension findet sich in der Darstellung der Masse, der Sklaverei und des ideologischen Diskurses Octavians.[8] Damit in Zusammenhang steht die mythische oder religiöse Dimension des Werks. Als Mensch *in extremis* erkennt Vergil die Notwendigkeit

---

[7] Vgl. Jürgen Heizmann: »A Farewell to Art: Poetic Reflection in Broch's ›Tod des Vergil‹«. In: *Hermann Broch. Visionary in Exile. The 2001 Yale Symposium.* Hg. v. Paul Michael Lützeler u. a. Rochester 2003, S. 187–200, hier 187.

[8] Vgl. das Kapitel »Der ideologische Diskurs« in: Jürgen Heizmann: *Antike und Moderne in Hermann Brochs ›Tod des Vergil‹. Über Dichtung und Wissenschaft, Utopie und Ideologie.* Tübingen 1997.

eines transzendenten, ideellen Sinnhorizonts: Nur eine neue Welt-Synthese vermag den Einzelmenschen vor Angst und Vereinsamung zu retten und das Ganze der Gesellschaft zusammenzuhalten.[9] Und in allen diesen Perspektiven des Romans (wie ich der Einfachheit halber nun doch sagen will) erscheint immer wieder die Frage nach dem Ziel der Kunst.

2. Heimkehr und Todesfahrt: Thematik und Grundkonzeption

Die kurze Erzählung *Die Heimkehr des Vergil* enthält bereits wesentliche Elemente des Monumentalwerks, das daraus hervorgehen sollte.[10] Der Titel der Erzählung ist erhellend: Er verweist auf das Motiv der Rückkehr. Im Literalsinn ist damit die Rückkehr Vergils von Athen nach Brundisium gemeint. Im metaphorischen Sinn wird hier aber bereits der Tod evoziert. Vergils Reiseziel, erfahren wir bereits am Ende des dritten Abschnitts, liegt ferner als das seiner Begleiter an Bord.[11] Der Tod ist hier konnotiert als Rückkehr zum Ursprung, wo Anfang und Ende der Lebensreise aufeinandertreffen.

Der Protagonist dieser Reise in ein höheres Bewusstsein ist auf dem Höhepunkt seines Ruhms, er gilt als der Dichter Roms, der Dichter der Schönheit, der Dichter der Götter.[12] Als solcher steht er in der Gunst des Augustus. Doch Vergil erkennt: Der Cäsar hat zwar Frieden gebracht, aber keineswegs Unordnung und Leid beseitigen können. Das Imperium ist zwar gesichert und wohlhabend wie nie, aber es ist dekadent und seine Macht beruht auf der Kontrolle der Massen, die sich für nichts als blutige Zirkusspiele interessieren. Schon hier sind die Allusionen zum Nationalsozialismus deutlich:

> Betrunkene Horden im Palast und auf der Gasse; noch trinken sie Wein, doch bald werden sie Blut saufen, noch leuchten sie mit Fackeln, doch bald werden ihre Dächer brennen und flammen, brennen, brennen, brennen. Und desgleichen werden die Bücher mit in dem Rauch aufgehen.[13]

Im Fieber des nahenden Todes wird Vergil von Untergangsvisionen heimgesucht. Er sieht verwüstete Städte und ein Rom, durch dessen Gassen die Wölfe

---

[9] Vgl. Jürgen Heizmann: »Dichtung versus Imperium in Brochs ›Tod des Vergil‹«. In: *Hermann Broch: Politik, Menschenrechte – und Literatur?* Hg. v. Thomas Eicher, Paul Michael Lützeler und Hartmut Steinecke. Oberhausen 2005, S. 255–270.
[10] Vgl. Paul Michael Lützeler: »1937 Hermann Broch Writes a Narrative Entitled ›The Return of Virgil‹, thus Beginning an Eight-Year Project that Culminates in the Novel ›The Death of Virgil‹.« In: *Yale Companion to Jewish Writing and Thought in German Culture, 1096–1996*. Hg. v. Sander L. Gilman and Jack Zipes. New Haven, C.T. 1997, S. 537–543, hier 540. Vgl. ebenso Monika Ritzers Beitrag in diesem Band.
[11] Vgl. Hermann Broch: »Die Heimkehr des Vergil.« In: Lützeler (Hg.): *Brochs ›Tod des Vergil‹*, S. 21–32, hier 22.
[12] Broch: »Heimkehr des Vergil«, S. 27f.
[13] Broch: »Heimkehr des Vergil«, S. 25f.

schleichen. Und er blickt auf sein eigenes Leben zurück. Was hat er geleistet, was war sein Lebenswerk?

> Er war geflohen! Er war vor dem Opfer und vor dem eigenen Einsatz geflohen, er war geflohen von Landschaft zu Landschaft, bis er brüchig und müde geworden war, und er hatte Verse geschrieben, die gleichfalls nur Flucht waren, Flucht in die Schönheit.[14]

Vergils erste Flucht war die Flucht vom Heimatboden, von Andes, dem Geburtsort, und die Weigerung, ein Bauer zu sein, wie es ihm bestimmt war. Stattdessen hat er sich in die eitle und dubiose Tätigkeit des Dichtens gestürzt, die einem vergänglichen Wert dient: der Schönheit. Im Moment fieberhafter Luzidität klagt Vergil aber nicht nur sich selbst an, sondern die Kunst allgemein. Die ästhetische Existenz erscheint ihm als eine Flucht vor der Verantwortung gegenüber der Geschichte.

> Was aber war all dem Blute, all den vielen Opfern, all den Qualen entgegenzuwerfen? Verse? waren Verse nicht zu wenig und doch zu viel? vermochten Verse eine solche Welt zu ändern? vermag der Mann, der die Folterungen begafft und sich ihrer freut, überhaupt noch Verse zu hören? bedarf es da nicht eines größeren Einsatzes, um sich Gehör zu verschaffen?![15]

Die Kunstpraxis, so die Forderung, muss zugunsten eines direkten Engagements aufgegeben werden. Der Aufbau einer neuen Gesellschaft verlangt dieses Opfer. Dem Dichter selbst bleibt freilich keine Zeit mehr, aber durch seine Einsicht und Opfer*bereitschaft* gewinnt er im Moment des Sterbens Seelenfrieden. Die Worte eines Engels am Ende der Erzählung: »Wachse, kleiner Knabe, wachse, klinge und führe«[16] deuten einen Neubeginn an.

Die Erzählung enthält nicht nur im Kern die Motive, die der Roman dann ausbauen und vertiefen wird, sie gibt auch das strukturelle Schema vor: Die erzählte Zeit beschränkt sich auf der Handlungsebene auf die letzten Stunden im Leben Vergils, durch seine Reflexionen und Erinnerungen umfasst sie aber sein ganzes Leben. Fast der gesamte Text wird durch eine interne Fokalisierung bestimmt, wobei die Wahrnehmungsposition an Vergil gebunden ist.

Diese Erzählhaltung erscheint acht Jahre später im *Tod des Vergil* radikalisiert und verfeinert. Fast der gesamte Roman ist ein Bewusstseinsstrom, dargeboten durch erlebte Rede. Der Kunstgriff der erlebten Rede, die ja ohne Kontext von objektivem Erzählerbericht nicht zu unterscheiden ist, erlaubt ein sanftes, manchmal unmerkliches Hin- und Hergleiten von Innenwelt zu Außenwelt. Die erlebte Rede vermeidet die technischen und sprachlichen Beschränkungen, die durch den in der ersten Person verfassten inneren Monolog

---

[14] Broch: »Heimkehr des Vergil«, S. 31.
[15] Broch: »Heimkehr des Vergil«, S. 30f.
[16] Broch: »Heimkehr des Vergil«, S. 32.

auferlegt werden, sie ermöglicht, selbst wenn der Protagonist sich in einer Art Halbdelirium befindet, größte Intensität und Unmittelbarkeit bei ungemindertem rhetorischen Vermögen.

Wirklichkeit und Traum verschmelzen im Roman zu einer surrealistischen Landschaft, die an Bilder von Max Ernst oder Henri Rousseau denken lässt. Zu den realen Figuren, denen Vergil begegnet: Augustus, der Arzt, die Freunde Plotius und Lucius gesellen sich imaginäre Figuren: Plotia, die ehemalige Geliebte; Lysanias, ein Abbild der Kindheit Vergils und sein Seelenführer; und der Sklave, Sprecher für die Elenden dieser Erde und Künder einer neuen Ordnung.[17] Alle diese Figuren sind Stimmen im Roman, sind Aspekte sowohl des irdischen als auch seelischen Lebens Vergils. Auch in der Raumdarstellung gehen Darstellungen des Empirischen und Gegenständlichen ins Visionäre über. Vergils traumhaft-wache Wahrnehmung lädt jeden Gegenstand, jeden Satz mit Bedeutung auf, so dass das gesamte Werk wie eine einzige Epiphanie wirkt. Nirgends kommt Erzählprosa der Intensität lyrischen Sprechens so nahe wie in Epiphanien. Dem lyrischen Gestus entspricht auch die Reduktion der Fabel auf ein Minimum und die Konzentration auf ein Ich, das sich ausspricht. Lyrik ist in der Regel solipsistisch, und auch die erlebte Rede gilt als Ausdruck des Solipsismus.[18] Diese Erzählhaltung entspricht der »Verinnerlichung der Geschichte«,[19] die Broch in seinem Werk unternimmt, denn Geschichte, Verlust der Metaphysik, Ahnung der Zukunft wird im *Tod des Vergil* ganz aus der Perspektive eines erlebenden und erleidenden Ich geschildert.

Wenn *Der Tod des Vergil* als emphatisches (und damit genuin modernes) Kunstwerk erscheint, liegt das an der beschriebenen Erzählhaltung und an der Behandlung der Zeit. Die Zeit wird im Roman beinahe zum Stillstand gebracht, der einzelne Moment dehnt sich zur Ewigkeit, in dem Vergangenheit und Zukunft sich treffen. Paul Ricoeurs von Augustinus abgeleitete Dialektik der drei Gegenwarten geht von einem erweiterten und dialektischen Jetzt aus, das die Erinnerung, also die Gegenwart der Vergangenheit, »le présent du passé«, und die Erwartung, also die Gegenwart der Zukunft, »le présent du futur«,[20] einschließt. Diese Ausweitung des Augenblicks zur Ewigkeit wird in einer poetologischen Überlegung Vergils zur Bedingung des wahren Kunstwerks gemacht:

> nur das Einmalige, das aus dem Fluß der Dinge herausgegriffen, nein, herausgerettet ist, öffnet sich zur Unendlichkeit, [...] nur das wahrhaft

---

[17] Vgl. Walter Hinderer: »Die Personen in ›Der Tod des Vergil‹«. In: *Materialien zu Hermann Brochs »Der Tod des Vergil«*. Hg. v. Paul Michael Lützeler. Frankfurt am Main 1976, S. 280–294.
[18] Vgl. David Lodge: *The Art of Fiction*. London 1992, S. 42.
[19] Vgl. Fritz Wefelmeyer: »Geschichte als Verinnerlichung. Hermann Brochs ›Der Tod des Vergil‹«. In: *Reisende durch Zeit und Raum. Der deutschsprachige historische Roman*. Hg. v. Osman Durrani und Julian Preece. Amsterdam, New York 2001, S. 243–261.
[20] Paul Ricoeur: *Temps et récit*, Bd. 1. Paris 1975, S. 25–27.

> Festgehaltene, und sei es nur ein einziger Augenblick aus dem Meere der Jahrmillionen, wird zur zeitlosen Dauer [...]; oh, ein einziger Lebensaugenblick, geweitet zur Ganzheit, geweitet zum Kreise des Ganzheiterkennens, unendlichkeitsgeöffnet. (KW 4, 20)

Hier sind in Brochs Roman in einer Art Selbstreflexion die eigenen Voraussetzungen mitgedacht. Das leitmotivisch im *Vergil* immer wieder erscheinende »Nicht mehr und noch nicht«, mit dem die zunächst als leidvoll empfundene Passage zwischen den Epochen, die Zwischenzeit, beschrieben wird, hat wesentlich mit der Dialektik der drei Gegenwarten zu tun. Die Einheit der Zeit symbolisiert im *Tod des Vergil* die Einheit des Bewusstseins oder der Seele, Zeit ist Seelenzeit. Die sich daraus ergebende Simultanität und Vielschichtigkeit trägt zum lyrischen Charakter und damit wohl ebenso zur Kompliziertheit und Faszination des Werks bei.

Broch wies in seinen Selbstkommentaren darauf hin, dass *Der Tod des Vergil* nach den Prinzipien einer Symphonie aufgebaut sei (vgl. KW 4, 475). Tatsächlich ist der Roman in vier Kapitel oder Sätze untergliedert, und wie in einer Symphonie werden bestimmte Motive immer wieder aufgegriffen, variiert, in neuem Kontext präsentiert. Die vier Sätze lassen sich in zwei große Bewegungsabläufe unterteilen: Sturz und Abstieg in der ersten Hälfte, Rückkehr und Aufstieg in der zweiten.

Katabasis und Anabasis also. Das erste Kapitel »Wasser – Die Ankunft« beschreibt das Eintreffen des todkranken Dichters im Hafen von Brundisium. Hier wird die soziale Welt gezeigt, zu der Vergil gehört. Die Galeere – der Hafen – das Elendsviertel – der kaiserliche Palast: dies sind die räumlichen Koordinaten des Romans. Diese Orte werden in einem realistischen Modus, sehr detailreich und anschaulich beschrieben. Dabei zeichnet sich eine Opposition ab zwischen einer »Unterwelt«, die sich aus den Rudersklaven, der lärmenden Menge am Hafen und dem in den Slums der alten Stadt lebenden Subproletariat zusammensetzt, und einer »Oberwelt«, bestehend aus den Eliten des Reichs, die sich um das Machtzentrum Cäsar Augustus scharen. Diese beiden gegensätzlichen Welten sind zugleich komplementär, denn auf ihrer Allianz beruht die absolute Herrschaft Roms in der bekannten Welt. Diese Stellung Roms ist nur möglich durch brutale Ausbeutung von Menschenmassen, die als Sklaven ohne Rechte und Freiheiten sind, sie werden wie Objekte behandelt, als gehörten sie nicht zur menschlichen Rasse. Diese »dritte Welt« hat Vergil bisher ignoriert, erst jetzt, in diesem entscheidenden Lebensmoment, den der Roman darstellt, nimmt er sie wahr. Der neu gewonnene Blick für das Leid der Unterprivilegierten bestimmt fortan die Perspektive, aus der er seine eigene Existenz, seine Umwelt und das gesamte Universum betrachtet. Dies beginnt bereits auf der Galeere:

> er gedachte der angeketteten stummen Knechtsleiber im stickig-zugigen, stinkenden, donnernden Schiffsrumpf. Der nämliche, dumpfdonnernde,

silberumsprühte Rucktakt tönte von den beiden Nachbarschiffen herüber, von dem nächsten und dem übernächsten, einem Echo gleichend, das sich über alle Meere hin fortsetzte und von allen Meeren her beantwortet wurde, denn überall fuhren sie so, beladen mit Menschen, beladen mit Waffen, beladen mit Korn und Weizen, beladen mit Marmor, mit Öl, mit Wein, mit Spezereien, mit Seide, beladen mit Sklaven, allüberall die Schiffahrt, die tauscht und handelt, unter den vielen Verderbtheiten der Welt eine der ärgsten. Hier freilich wurden nicht Waren, sondern Freßbäuche befördert, die Leute des Hofstaates: das gesamte Hinterschiff bis zum Heck hin war für ihre Ernährung in Anspruch genommen, seit dem frühen Morgen erscholl es dort von Eßgeräuschen. (KW 4, 13f.)

Vergil erkennt, dass ihn nichts mit dieser verwöhnten, zum Teil dekadenten Oberklasse verbindet, auch wenn er offiziell zu ihrem Kreis gehört und seine Werke in diesem Kreis geschätzt und verehrt, seine Freundschaft zu und Bedeutung für Augustus geachtet werden. Die schuftenden Ruder im Bauch des Schiffes wiederum verstehen ihn nicht und kümmern sich nicht um ihn. So wie Vergil sich bisher nicht um sie kümmerte. Zu dem »Abstand vom eigentlichen Leben« (KW 4, 13), den er an sich diagnostiziert, gehört nämlich auch, die Augen vor der Misere seiner Zeit geschlossen zu haben.

Vergil wird jedoch gewaltsam in die Zeit zurückgeholt. Als der kranke Dichter in einer Sänfte durch eine der ärmsten und verkommensten Gassen der Stadt getragen wird, beschimpfen ihn keifende Weiber als »Sänftenlümmel«, »Geldsack auf dem Thron« (KW 4, 41), als »Windelnässer«, »Kacker« (KW 4, 42) und als »Hängeschwanz« (KW 4, 43). Der gefeierte Dichter des Imperiums wird hier quasi vom Thron in den Schmutz gestürzt. Für die im Elend lebenden Menschen dieser Gasse ist er nichts weiter als ein Repräsentant der Oberklasse. So irr und sinnlos Vergil die Beschimpfungen erscheinen, erkennt er in ihnen doch eine Berechtigung, eine Wahrheit. Denn er hat mit seiner Poesie vor den Aufgaben der Zeit zu fliehen versucht, nun spricht die Zeit in diesen höhnenden Stimmen ihn direkt an:

Doch waren es überhaupt noch die Stimmen der Weiber, die da mit gerechtem Hohn ihn beschimpften und seinen fruchtlosen Wahn aufdeckten? War das, was hier gellte, nicht stärker als die Stimmen irdischer Weiber, als die Stimmen irdischer Menschen, als die Stimmen irdischer Irrsinnsgeschöpfe? oh, es war die Zeit selber, welche ihn höhnend rief, die unabänderlich dahinflutende Zeit mit der ganzen Mannifaltigkeit ihrer Stimmen und mit der ganzen saugenden Kraft, die ihr und nur ihr innewohnt. (KW 4, 43)

Hier erscheint auch zum ersten Mal das Motiv des Schicksals, das jedem Menschen auferlegt ist, das er nicht fliehen kann, sondern annehmen muss.

Im zweiten Kapitel »Feuer – Der Abstieg« geht es nicht länger um die Vermessung der sozialen Welt, sondern um die Erforschung des inneren Universums Vergils. Vorherrschendes Sinnesorgan ist nun der Hörsinn, Vergil, nachts allein in seiner Kammer im kaiserlichen Palast, lauscht in sich hinein. Dies führt zu einer radikalen Kritik seiner Lebensentscheidungen. Seine wahre Bestimmung suchend, hat er jede Laufbahn vorzeitig abgebrochen und sein Leben verträumt. Weder als Bauer noch als Arzt, weder als Astronom noch als Philosoph hat er Befriedigung gefunden. Auch in der Liebe hat Vergil versagt, war unfähig zu einer echten Partnerschaft mit der Geliebten Plotia, zu echter Teilnahme an ihrem Leben.

Seine Suche und Unrast werden in einer der Elegien zwar als quasi faustisches Streben gedeutet:

> denn nur im Irrtum, nur durch den Irrtum,
> in den er unentrinnbar hineingehalten ist,
> wird der Mensch zum Suchenden
> der er ist,
> der suchende Mensch (KW 4, 97)

– doch die Beruhigung, die Vergil aus der Einsicht in das notwendige menschliche Scheitern gewinnt, ist nur vorläufig. Vor dem Hintergrund der doppelten Niederlage in Liebe und Lebenswahl hinterfragt Vergil sein Engagement für die Dichtung, wo er es doch immerhin zu Ruhm und höchstem Ansehen gebracht hat. In diesem literarischen Triumph sieht er nun nur noch Eitelkeit, denn als Dichter hat er sich den Gesetzen der Schönheit unterworfen, und Schönheit ist »Selbsttäuschung«, »Fluchtspiel« und »wachstumslose Vollkommenheit« (KW 4, 116), sie ist »hart gegen menschliches Leid« und in ihrem unverbindlichen Spiel verbirgt sich »Grausamkeit« (KW 4, 117). Mit anderen Worten: Literatur weicht den Realitäten der *conditio humana* aus. Sie hat Vergil in eine asoziale Existenz geführt, hat sein mitfühlendes Interesse am Nebenmenschen verkümmern lassen. Diese Einsicht bringt Vergil zu dem Entschluss, die *Aeneis* nicht zu beenden, ja radikaler noch, sie zu verbrennen.

Dieses zweite Kapitel ist ganz Introspektion, eine Art psychologische Selbstanalyse, welche die im ersten Kapitel dargestellte Außenwelt in den Hintergrund drängt. Außenwelt erscheint hier nur in der Gestalt der drei Torkelnden, die unter Vergils Fenster auftauchen. Im unflätigen Keifen und Fluchen der drei Betrunkenen ertönt noch einmal die Stimme des Mobs. Der Cäsar und die gesamte römische Ordnung, ja das Menschliche werden hier verhöhnt, erniedrigt. Das schreckliche, vulgäre, außermenschliche Lachen dieser drei ist zu Recht als Symbol des Nihilismus gedeutet worden,[21] jede Verständigung zwischen den Menschen ist hier abgerissen. Vergil bezieht auch

---

[21] Vgl. Hermann J. Weigand: »Broch's ›Death of Virgil‹. Program Notes.« In: *PMLA* 62 (1947), S. 525–554, hier 533.

diese Episode auf sich, sieht die Torkelnden als »Zeugen und Ankläger« (KW 4, 125), die ihn der Komplizenschaft überführen. Denn auch Vergil hat versagt, auch er hat seine Pflicht gegen die Mitmenschen verraten, war unfähig »zur tätigen Hilfe, unfähig [...] zur liebenden Tat« (KW 4, 145). Nach außen hin ruhmvoller und verherrlichter Dichter, ist er doch nicht mehr wert als diese drei, auch er ist Teil einer gestürzten, verlorenen Menschheit.

Der lange und qualvolle Abstieg in die inneren Abgründe erreicht hier seinen Tiefpunkt. Nach dem Ausruf »Die Äneis verbrennen!« (KW 4, 170) gewinnt Vergil zumindest teilweise seine Seelenruhe wieder, und es beginnt sein allmählicher Aufstieg. Das Geschehen wird zunehmend traumhaft, Erinnerung, Gegenwart und Vision der Zukunft verschmelzen ebenso miteinander wie Vergils Kammer im Kaiserpalast und der gesamte Kosmos. »Noch nicht und doch schon« (KW 4, 188 u. ö.): In diesen Worten des Knaben oder der schweigsamen Nacht selbst kündigt sich Vergils Hoffnung auf eine Zeitenwende und einen neuen »Heilbringer« (KW 4, 206) an. Dieses neue Weltvertrauen wird Vergil zur Heimkehr. Veranschaulicht wird es am Ende des Kapitels durch das Erscheinen eines Engels, »fast kein Engel, eher ein Knabe« (KW 4, 218), der zu Vergil die Worte spricht: »Tritt ein zur Schöpfung, die einstmals war und wieder ist« (KW 4, 218). Hier deutet sich bereits die Intention zur Totalität und inneren Geschlossenheit an, die im vierten Teil des Romans, veranschaulicht durch das Symbol des sich schließenden Rings der Zeit, ihre Erfüllung findet. Es gibt im *Tod des Vergil* ein Moment der Erlösung, in der Kontingenz und Zerrissenheit des Heute überwunden werden und in ein Morgen des Glücks und der Harmonie umschlagen.[22] Durch diese *promesse de bonheur* unterscheidet sich Brochs Werk deutlich vom typischen Roman der Moderne, in dem eine heillose Welt aus den Fugen beschrieben wird und der suchende Held der »transzendentalen Obdachlosigkeit«, um das berühmte Wort von Lukács aufzugreifen, nicht entkommt, sondern heimatlos bleibt. Denkt man an das bekannte Diktum Kafkas »unendlich viel Hoffnung –, nur nicht für uns«[23], kann man sagen, dass Broch in seinem literarischen Schaffen der Logik dieses Diktums doch einen Ausweg abzutrotzen sucht. Der höchste ethische Auftrag der Literatur liegt für ihn im »Ringen um die neue Religiosität« (KW 13/1, 238) und somit gerade darin, die »Stimme des Trostes und der Hoffnung« (KW 1, 716), wie es am Ende der *Schlafwandler* heißt, im Chaos der modernen babylonischen Welt hörbar zu machen. Mit Vergil führt Broch ein Individuum vor, das aus eigener Kraft in sich eine Erlebnissphäre wachruft, in der Entfremdung und Werteverlust bewältigt werden und der Traum von einer neuen Weltordnung wieder möglich ist. Hinter den langen, mäan-

---

[22] Vgl. Achim Geisenhanslüke: »Jenseits der Sprache. Das Motiv der Heimkehr in Hermann Brochs ›Der Tod des Vergil‹ und Marcel Prousts ›Le temps retrouvé‹«. In: *Hermann Broch. Neue Studien*. Hg. v. Michael Kessler. Tübingen 2003, S. 193–202. Ebenso HBB 297.
[23] Kafka zitiert nach: Max Brod: *Über Franz Kafka*. Frankfurt am Main 1976, S. 71.

dernden, dem Leser höchste Konzentration abfordernden Sätzen gerade dieses zweiten Kapitels steht die Intention, den Leser so weit in Vergils Bewusstsein hineinzuziehen, »daß er in einem mitschöpferischen Verfahren jene Kraft zur Erkenntnis gewinnt, die es ihm erlaubt, selbst Freiheit, Ordnung und Gemeinsinn zustiften [sic!]«.[24]

Das dritte Kapitel »Erde – Die Erwartung« stellt einen neuralgischen Punkt auf der Handlungsebene dar, denn private und soziale Sphäre kommen hier zusammen, und die Einsichten, die Vergil in seinen Traumvisionen gewonnen hat, muss er nun im hellen Licht des Tages verteidigen. Was im Kapitel zuvor im Modus der Introspektion evoziert wurde, wird nun in den Szenen, in denen Vergil mit seinen Freunden, mit dem Arzt und schließlich mit Augustus disputiert, in dramatischer Wechselrede dargestellt. Allerdings wird auch in diesem Kapitel mit interner Fokalisierung erzählt, das heißt alles ist weiterhin von Vergil aus gesehen und empfunden.

Die Dialoge greifen noch einmal die zentrale Problematik des Romans auf, nämlich die Frage nach der Kunst. Anlass zu den Gesprächen ist Vergils Absicht, die *Äneis* zu verbrennen, was seine Freunde und der Herrscher zu verhindern suchen. Das lange Gespräch Vergils mit Augustus stellt sicher einen der Höhepunkte des Romans dar. Broch selbst hat diese Begegnung als »die unüberbrückbare Antinomie zwischen der religiösen und der politischen Persönlichkeit« (KW 4, 469) interpretiert. Diese unterschiedlichen Positionen lassen sich im Gespräch des Herrschers und des Dichters tatsächlich ausmachen, und sie sind für das häufige Aneinandervorbeireden der beiden Figuren verantwortlich. Dennoch lässt sich diese Passage nicht, wie es in der Forschung zuweilen geschehen ist, darauf reduzieren, hier werde die für die deutsche Exilliteratur typische Problematik von Geist und Macht verhandelt.[25] Dazu ist der philosophische Abstraktionsgrad von Brochs Roman zu groß. Ginge es darum, mit der Figur des Augustus lediglich den Machtpolitiker darzustellen, müsste man sich fragen, warum der Imperator sich das für ihn so wichtige Manuskript, das der Dichter ihm vorenthalten will, nicht mit Gewalt aneignet. Der Cäsar ist aber auch Freund, Zeitgenosse und Mitmensch, vom Schicksal in die gleiche schwierige Epoche verschlagen wie Vergil.

Der Streit um das Werk endet mit einem überraschenden, von Ambiguität nicht freien Einlenken Vergils, der dem Augustus die *Äneis* zum Geschenk macht. Dies geschieht zum einen aus Freundschaft zu Octavian, der sich in seinem Trotz und verletztem Stolz von einer ganz menschlichen Seite zeigt und so Vergils Empathie gewinnt, zum anderen erwirkt Vergil mit diesem Ge-

---

[24] Wefelmeyer: »Geschichte als Verinnerlichung«, S. 261.
[25] Vgl. Manfred Durzak: »Zeitgeschichte im historischen Modell. Hermann Brochs Exilroman ›Der Tod des Vergil‹«. In: Ders. (Hg.): *Die deutsche Exilliteratur 1933–1945*. Stuttgart 1973, S. 430–442; Kathleen L. Komar: »The Politics of Subject Matter. History as Subject in Hermann Broch's ›Der Tod des Vergil‹«. In: *Modern Austrian Literature* 18 (1985) H. 1, S. 261–289.

schenk die Freilassung seiner Sklaven, das heißt er kann kurz vor seinem Tod jene ethische Tat vollbringen, die er von sich forderte. In der Forschung wurde der Verzicht auf das Verbrennen des Manuskripts auch als ein noch größeres Opfer gedeutet: Vergil nehme die Verantwortung seines Handelns, seine Fehler, seine Schuld, mit der *Aeneis* lediglich das römische Imperium verherrlicht zu haben, auf sich und wolle sich »vor dem Tod nicht als unschuldig und rein präsentieren«.[26]

Die in den Gesprächen diskutierten Aporien der Kunst sind mit dieser Lösung jedoch nicht vollständig aufgehoben. Vergils Werk nämlich, das wird hier deutlich, ist trotz seiner künstlerischen Vollendung, auf einer Ebene außerhalb der Ästhetik nichts wert. Der Knabe Lysanias, der in Vergils träumerischer Vision dem Herrscher das Werk aushändigt, ist ein »Herold des Einst« (KW 4, 371) und der Manuskriptkoffer selbst ein »Sarg«, dem sich eine Trauergemeinde anschließt (vgl. KW 4, 376).

Der Abschied Vergils von der Poesie zeigt sich auch im vierten Kapitel, das seine Todesfahrt beschreibt. Auf dieser Fahrt sieht er, wie Pegasos tief im Westen »verblassend versank« (KW 4, 429). In diesem vierten Kapitel »Äther – Die Heimkehr« ist der Dichter ganz allein auf seiner Todesbarke. Auf seiner traumhaft-mythischen Todesfahrt findet er wieder die Harmonie mit sich selbst und der Welt. Die Reise, die ihn rückwärts durch die Genesis führt, verknüpft ihn wieder mit seinen Nächsten, den Eltern und der Geliebten Plotia, aber auch mit dem gesamten Universum. Vergil wird selbst zum Tier, zur Pflanze, zu einem Mineral, zu einem Stern und einem Fisch im Meer und bleibt dabei doch ein Mensch, der zuletzt das Wort der Schöpfung vernimmt. Auf diesem christlich anmutenden und Zukunft verheißenden Ton endet der Roman.

3. Poetologische Metafiktion

Der Tod des Vergil stellt in der Weltliteratur wohl insofern einen einzigartigen Fall dar, als hier in einem emphatischen Kunstwerk die Legitimation der Kunst und die soziale Rolle des Schriftstellers unter Verdacht geraten. Paul Michael Lützeler spricht darum mit Recht von einer »Dichtung gegen die Dichtung« und einem erstaunlichen Paradox: Denn innerhalb des Mediums Literatur würden die »Ohnmacht, Grenzen und ethischen Schwächen« des Mediums Literatur selbst zum Thema.[27] Fast der gesamte Roman wird auf der Ebene des Erzählten von einer Selbstreflexivität Vergils über das Schreiben begleitet, bei

---

[26] Diese Deutung geht auf Renato Saviane zurück. Hier zitiert nach: Claudio Magris: »Jenseits der Sprache. Das Werk von Hermann Broch.« In: Claudio Magris: *Utopie und Entzauberung. Geschichten, Hoffnungen und Illusionen der Moderne.* München 2002, S. 266–274, hier 273.

[27] Vgl. Paul Michael Lützeler: »Literatur und Politik.« In: *Brochs theoretisches Werk.* Hg. v. Paul Michael Lützeler und Michael Kessler. Franfurt am Main 1988, S. 195–209, hier 204.

der zwar nie die Illusion des Dargestellten durchbrochen oder auf den Konstruktcharakter des Textes hingewiesen wird, die durch Umfang und Frequenz aber beinahe die Funktion eines metafiktionalen Kommentars gewinnt, in der die Voraussetzungen des eigenen Werks und der Großraum Literatur allgemein in Frage gestellt werden. Die ethischen Forderungen, die Vergil an Literatur stellt (und die er verfehlt zu haben glaubt) müssen der Logik des Arguments nach auch für das Werk Brochs gelten. Vergils Einsicht, der Prunk seiner Sprache sei letztlich nur ein Spiel mit Worten ohne echte Erkenntnis, wird in einem Diskurs präsentiert, der selbst durch erheblichen rhetorischen Aufwand gekennzeichnet ist bis hin zur Überstrapaziertheit des sprachlichen Mediums, so dass der Verdacht des Ästhetizismus auf den *Tod des Vergil* selbst fällt.

Dass Broch in seinem Schwanengesang auf die Literatur Fiktion und Theorie integriert (wenn auch nicht durch einen philosophischen Essay wie im dritten Teil der *Schlafwandler*) ist insofern nicht überraschend als bei ihm das literarisch-kreative Schaffen aus der Kunstkritik erst hervorging, wie Gunther Martens am Beispiel der *Methodologischen Novelle* überzeugend gezeigt hat.[28] Motiviert ist die Kunstreflexion im *Tod des Vergil* dadurch, dass von einem Schriftsteller erzählt wird, der in der Stunde des Todes über sein Leben und damit auch über sein literarisches Schaffen nachdenkt.

Es ist bekannt, dass im Künstlerroman die Trennungslinie zwischen dem Protagonisten und dem Autor oft fließend ist.[29] So ist man sich in der Forschung einig, dass Broch in dem Roman, der ihn acht Jahre seines Lebens beschäftigte, eine eigene Problematik verhandelt und die Zweifel am Sinn und an der Berechtigung der Literatur, die das Entstehen dieses Werks begleiteten, in das Werk selbst aufnahm. Zahlreiche Briefe in den 1930er und 1940er Jahren belegen diese Zweifel. Selbst seinem Verleger Daniel Brody gesteht er in einem Brief vom 6. November 1935, in dem er von den Fortschritten am Manuskript der *Verzauberung* berichtet, seine Geringschätzung der Buchproduktion »an sich und überhaupt« (KW 13/1, 372). An seine Cousine Alice Schmutzer schreibt er am 7. Dezember 1935: »Jeder Schritt in die Welt zeigt, wie überflüssig diese Tätigkeit [des literarischen Schaffens] ist, wie absolut weltfremd, wenn auch nicht lebensfremd« (KW 13/1, 373). Und am 9. Dezember 1938 berichtet er dem englischen Autor Stephen Hudson (der Broch zu einem englischen Visum verholfen hatte), dass er sein künftiges Leben ganz in den Dienst der Politik stellen möchte und nur um für diese Aufgabe frei zu sein, arbeite er intensiv an den beiden begonnenen Romanen (*Die Verzauberung* und *Der Tod des Vergil*), »gewiß nicht freudvoll, da sie mir angesichts der Weltsituation und meiner persönlichen Sorgen so vollkommen überflüssig erscheinen« (KW 13/2, 52).

---

[28] Vgl. Gunther Martens: »Hermann Brochs enzyklopädisches Gespräch mit den Künsten.« In: *Hermann Broch und die Künste*. Hg. v. Stašková und Lützeler. Berlin 2009, S. 199–218.

[29] Vgl. Robert Seret: *Voyage into Creativity. The Modern Künstlerroman*. Frankfurt am Main, New York 1992, S. 5.

Paul Michael Lützeler bringt es auf den Punkt, wenn er schreibt, Broch sei nur in den Jahren von 1928 bis 1932 Schrifsteller im engeren Sinn gewesen, weder davor noch danach sei Broch mit »solcher Intensität, Leidenschaft, Produktivität und Lust an der Literatur«[30] Autor gewesen.

Die Gründe für den Rückzug aus der Literatur sind zunächst in der politischen Entwicklung Deutschlands und Europas zu suchen, die nach Brochs Ansicht eher nach sozialem und politischem Handeln verlangt als nach Literatur. Dieses Argument ist natürlich nicht neu. Schon Henry James legte mit dem Ausbruch des Ersten Weltkriegs die Arbeit an seinem Roman *The Ivory Tower* nieder, da der Krieg nach seiner Ansicht jedes fiktionale Werk zur Trivialität machte. Unter den exilierten deutschsprachigen Schriftstellern der 1930er und 1940er Jahre wurde intensiv die Frage diskutiert, ob im antifaschistischen Kampf die Literatur nicht zu schweigen habe und an ihre Stelle andere Mittel zu treten hätten. Broch machte damit ernst, indem er die kreative literarische Tätigkeit immer wieder für längere Zeit unterbrach, um sich der politischen Publizistik zu widmen. Doch die Arbeit am *Tod des Vergil* bot ihm die Gelegenheit, sich mit dem gesellschaftlichen Standort, den Möglichkeiten und Grenzen von Literatur und Kunst auf grundsätzliche Weise auseinanderzusetzen. Die Skepsis wurde dabei sogar zu einem Movens für den Roman, wie folgende Passage in einem im Mai 1945 abgeschickten Brief an Aldous Huxley erhellt:

> Diese – im Grunde ablehnende – Einstellung zur Kunst hat sich mir bereits vor vielen Jahren aufgedrängt. Sie war mir – wie konnte es anders sein? – zum Problem geworden, und so wurde ich zu Vergil geführt, in dessen Vernichtungswillen hinsichtlich der *Aeneis* ich eine ähnliche Ablehnung vermutete. (KW 13/2, 454)

Die Vernichtung des Kunstwerks als zentrales Motiv: Dies steht in krassem Gegensatz zum modernen Künstlerroman, in dem der Plot auf den kreativen Akt, das Erschaffen und Retten des Kunstwerks gegen widrige Umstände ausgerichtet ist. Tatsächlich kann man beim *Tod des Vergil* von einem Anti-Künstlerroman sprechen, denn zahlreiche wesentliche Elemente des Genres werden ins genaue Gegenteil verkehrt. Robert Seret skizziert das Schema des modernen Künstlerromans folgendermaßen:

> Born into a world of callousness and apathy, nourished in a society of division and strife, he [der Künstler] thus finds himself in a state of perpetual frustration. The only way to soothe his gnawing anxiety, to synthesize the dichotomies of his soul, is to create. And it is in this way that art becomes the creator's homeland.[31]

---

30 Lützeler: »Literatur und Politik«, S. 195.
31 Seret: *Voyage into Creativity*, S. 1.

Für Vergil hingegen kann die Kunst gerade nicht zur Heimat werden, denn sie hat ihn von sich selbst entfernt und seinen inneren Zwiespalt vertieft. Seelenfrieden kann er nur finden, wenn er sich von der Kunst lossagt. Der psychologische Entwicklungsprozess führt nicht zur Kunst, sondern den bereits etablierten und hochgeschätzten Künstler weg von der Kunst. Ist der Protagonist im Künstlerroman darum bemüht, alle externen und internen Konflikte, die ihn am Schaffen hindern, zu beseitigen, so erkennt Vergil, dass die künstlerische Tätigkeit ihn daran hinderte, diese Konflikte wahrzunehmen bzw. eine Flucht vor diesen Konflikten war. Die Kunst half ihm mitnichten, die Wirklichkeit wahrzunehmen und ein tieferes Verständnis von sich und der Welt zu gewinnen, sie stand ihm vielmehr im Weg, war eine Maske, die ihm seinen wahren Zustand verdeckte. Die Suche durch und in der Imagination begreift Vergil als fruchtlos, da sie vom praktischen Leben und der Wirklichkeit der Welt getrennt ist. Sie isoliert den Dichter von den anderen Menschen, macht aus ihm einen Solitär am Rande der Gesellschaft. Im modernen Künstlerroman geht es für den Helden gerade darum, sich aus der gewöhnlichen Existenz des Alltagslebens zu befreien und sich aus der Masse zu lösen – »standing amongst men, but not of them«[32] –, um frei zu sein und seinen eigenen Weg zu gehen, sollte dieser Weg auch in die Isolation und die Verzweiflung führen.

Diese Betonung des Individuellen vor dem Gesellschaftlichen hat in der Romantik, wo die Ursprünge des modernen Künstlerromans zu suchen sind, ihren Ausgangspunkt. Die Frühromantiker, allen voran Novalis, kritisierten an Goethes Bildungsroman *Wilhelm Meister*, dass der Protagonist dort seine dichterischen Versuche und seine Arbeit am Theater als Irrweg erkennt und die Kunst aufgibt zugunsten eines tätigen Dienstes für die Gemeinschaft. Novalis erblickte darin einen Verrat an Wilhelm Meisters Individualität und künstlerischer Bestimmung.[33] Vergil sieht seine Entwicklung zum Künstler nun aber gerade als den großen Irrtum und die schreckliche Verfehlung in seinem Leben; da er mit der Entscheidung für den Dichterberuf »das Spiel an die Stelle der Gemeinschaft« gesetzt hat, wurde sein Leben zu einem Unheilsweg,

> der ihn von der Heimaterde zur Großstadt geführt hatte, vom werktätigen Schaffen bis hinab zur selbstbetrügerischen Schönrednerei, von der Verantwortungspflicht der Menschlichkeit bis hinab zu einem verlogenen Scheinmitleid, das die Dinge von oben betrachtet und zu keiner wirklichen Hilfe sich aufrafft, [...] ein Weg von der gesetzesbedingten Gemeinschaft hinab in die zufallsüberantwortete Vereinzelung, der Weg, nein der Absturz in die Pöbelhaftigkeit und dorthin, wo sie am ärgsten ist, ins Literatentum! (KW 4, 135)

---

32 Seret: *Voyage into Creativity*, S. 3.
33 Vgl. Peter V. Zima: *Der europäische Künstlerroman. Von der romantischen Utopie zur postmodernen Parodie*. Tübingen, Basel 2008, S. 58.

Es ist erhellend, in diesem Zusammenhang die Kritik des jungen Georg Lukács an der Romantik heranzuziehen. In dessen für Brochs gesamtes literarisches Schaffen eminent wichtiger *Theorie des Romans* findet sich zum romantischen Erlösungs- und Wiederverzauberungsprogramm in einer entgötterten Welt die Bemerkung:

> der Sieg der Poesie, ihre verklärende und erlösende Herrschaft über das gesamte Universum, besitzt nicht die konstitutive Kraft, alles sonst Irdische und Prosaische in dieses Paradies nach sich zu ziehen; das Romantisieren der Wirklichkeit überzieht diese nur mit einem lyrischen Schein der Poesie.[34]

Das liest sich fast wie Vergils Selbstkritik. Auch er hat ja gehofft, er könne mit »des Liedes Zauberkraft« (KW 4, 128) die Dissoziation der Gesellschaft aufheben und ein neues Band unter den Menschen knüpfen, auch er wollte »den goldenen Zweig der Führung, den Zweig der Erkenntnis« (KW 4, 131) finden. Das erscheint ihm nun nur mehr wie ein Rausch, wie bloße Wortemacherei, seine Hilfe enttarnt er als »Scheinhilfe«, seine Erkenntnisse als »Scheinerkenntnisse« (KW 4, 137). Wir werden uns weiter unten mit der Frage beschäftigen, ob dieser Abschied vom orphischen Poetentraum nicht auch als kritische Auseinandersetzung mit Brochs eigenem mythischen Dichtungsverständnis zu deuten ist.

Zur Typologie des Künstlerromans gehört auch das Kunstwerk im Kunstwerk. An ihm wird das Kunstwollen des Künstlers exemplifiziert und es ist oft der Pol, auf den die Handlung zusteuert. Auch dieses Element wird im *Tod des Vergil* in das genaue Gegenteil verkehrt, indem die *Aeneis* zum Negativpol wird, zum Werk, das vernichtet werden muss, da es Vergils Scheitern als Dichter veranschaulicht. Die *Aeneis*, von seinen Zeitgenossen als der Höhepunkt seines Schaffens betrachtet, ist für Vergil selbst nur

> ein mäßig geglückter Abklatsch des homerischen Vorbildes [...], ein leeres Nichts, angefüllt mit Göttern und Helden homerischen Gehabens [...]; ohne Wahrheit war das Gedicht, wirklichkeitsfern sein Held Äneas, wirklichkeitsfern der Äneas-Enkel darin, ein Gedicht ohne Erkenntnistiefe, das nichts wahrhaft festgehalten hat, unfähig hiezu, weil nur in der Erkenntnis sich Licht und Schatten formbauend sondern: das Gedicht war schattenlos fahl geblieben. (KW 4, 303)

Die Dichtung erweist sich als armseliges Instrument der Erkenntnissuche, da sie einem anderen Zweck unterworfen ist: dem der Schönheit. Die Schönheit erscheint im *Tod des Vergil* als grundsätzliches Hindernis auf dem Weg zu einem Verständnis des Seins. Sie wird in einer der versifizierten Passagen des Romans als »Gesetz ohne Erkenntnis« bezeichnet und kurz darauf als »genießerisch,

---

[34] Georg Lukács: *Die Theorie des Romans. Ein geschichtsphilosophischer Versuch über die Formen der großen Epik*. Darmstadt 1971 (zuerst Berlin 1920), S. 125.

wollüstig, unkeusch, unveränderbar« (KW 4, 117). Da sie nur ein »Spiel«, eine »schöne Selbsttäuschung« ist, kann sie die »Einsamkeitsangst« (KW 4, 116) des Menschen nur scheinbar aufheben, sowie ihr Rausch verklungen ist, findet sich der Mensch ernüchtert und »verloren in Erkenntnislosigkeit« (KW 4, 118). Literatur ist in dieser Perspektive mit einem profunden ontologischen Mangel behaftet: Zugang zur Erkenntnis ist ihr nur möglich durch Symbole, die Annäherungen an die Wirklichkeit sein mögen und den Menschen zuweilen rühren können, die aber keine wahren Einsichten in die Gesetze des Seins vermitteln können, schon weil es dem »ahnenden Spiel« (KW 4, 180) der Dichtung an Ernsthaftigkeit und dem unbedingten Willen zur Wahrheit fehle.

In diesen Tiraden Vergils gegen das eigene Metier lässt sich unschwer das Echo der platonischen Kritik an der Sprache und der Dichtung erkennen, die Platon als inadäquate und armselige Übersetzungen des Wahren erscheinen. In der *Politeia* heißt es über die Kunsttätigkeit: »Gar weit also von der Wahrheit ist die Nachbildnerei, und deshalb, wie es scheint, macht sie auch alles, weil sie von jeglichem nur ein Weniges trifft und das im Schattenbild.«[35]

Nicht zufällig endet *Der Tod des Vergil* mit den Worten »jenseits der Sprache« (KW 4, 454). Erst hinter jener Grenze, im Unaussprechlichen oder Irrationalen, hinter allen Wirklichkeiten und Seinsbereichen, die zum Leben des Menschen gehören, erst dort liegt

> unerkennbar die wirkliche Wirklichkeit, die Wirklichkeit des niemals gehörten, trotzdem seit jeher vergessenen, trotzdem seit jeher verheißenen Wortes, die Wirklichkeit der wiedererstehenden Schöpfung. (KW 4, 402)

Literatur vermag das Chaos der Welt nicht zu ordnen, sie kann nicht Bote einer neuen gültigen metaphysischen Orientierung, einer neuen Kosmogonie, einer neuen kulturellen Synthese sein, die dem heimatlos gewordenen Menschen wieder Schutz, Orientierung und ein ganzheitliches Lebensgefühl gibt. Die Absage an ein solch kunstreligiöses Konzept lässt sich besonders deutlich daran ablesen, dass Vergil selbst die Wirkungsmöglichkeiten des Archipoeten Orpheus einschränkt. Im Mythos wird dem Gesang des Orpheus heilende, ordnende und verwandelnde Kraft zugeschrieben, eine Vorstellung, die ihn in der romantisch geprägten Kunstreligion zum Retter und Sinnstifter in einer verkehrten und heillosen Welt werden ließ.[36] Für Vergil verkörpert die Idee vom Dichter als »Erkenntnisbringer in der wiederhergestellten Menschengemeinschaft«, eine Idee, der er, wie gesagt, selbst anhing, aber gerade die »sträfliche Überschätzung des Dichtertums« (KW 4, 128). Dichtung kann nicht in die Welt eingreifen und sie verändern, und ebenso wenig kann sie

---

35 Platon: *Politeia* 598a 4–7. In: Platon: *Sämtliche Werke*. In der Übersetzung von Friedrich Schleiermacher mit der Stephanus-Numerierung. Hg. v. Walter F. Otto, Ernesto Grassi und Gert Plamböck. Hamburg 1958.
36 Vgl. Walter Rehm: *Orpheus. Der Dichter und die Toten*. Darmstadt 1972.

einen neuen Mythos schaffen oder eine Weltsicht, die das in viele Perspektiven zerfallene Sein zu neuer Einheit bündelt, sie kann nur auf die Notwendigkeit einer solchen einheitlichen Weltsicht verweisen und im Menschen die Sehnsucht danach wecken. Alle Kunst, erkennt Vergil, muss sich darauf beschränken, »den Menschen zu den innersten und äußersten Grenzen seines Daseins hinlauschen zu lassen« (KW 4, 128), d. h. ihn daran zu gemahnen, die eigene Gegenwart und die eigene Wirklichkeit nicht für das Ganze zu nehmen. Hinter der Grenze, die der Dichtung gesetzt ist, schreibt Claudio Magris,

> liegt das Absolute, und die Poesie kann dort nicht hingelangen, doch sie kann die Menschen bis an diese Schwelle führen, ihnen zeigen, dass das, was wirklich zählt, jenseits von ihr liegt, und sie gleichwohl daran erinnern, dass Vernunft und Moral es verbieten, anmaßend das Unsagbare zu benennen, wie es die falschen Propheten tun.[37]

Erst nach seiner qualvollen Selbstanalyse kann sich Vergil mit der Unzulänglichkeit seiner Dichtung abfinden, und diese Einsicht trägt dazu bei, dass er auf die Vernichtung seines Kunstwerks schließlich zu verzichten bereit ist. Es ist gerade die Verzweiflung über die Grenzen der Kunst, die für ihn den echten Künstler ausmacht (vgl. KW 4, 130).

Was hier über das Erzählte gesagt wurde, gilt aber ebenso für das Erzählen selbst. Brochs ungeheurer Aufwand an Rhetorik, Symbolen und Motivketten im *Tod des Vergil* wirkt wie ein Anrennen gegen die Grenzen von Sprache und Dichtung. In keinem anderen Roman Brochs ist die Sprache so sehr Ausdrucksträger in einem künstlerischen Sinn. Sie erfindet kaum Handlung, sie erzählt nicht, die Sprache handelt selbst, ist über weite Strecken nichts als Ausdruck von Bewusstsein. Die rhytmisierten, auf- und abschwingenden endlosen Satzperioden mit ihren ständigen Wortwiederholungen, Wortvariationen, Wortneuschöpfungen, immer neuen Anläufen des Ausdrucks leisten eine manchmal geradezu qualvolle Vermessungsarbeit von Ich und Welt. Der narrative Akt wird auch hier von einer Reflexion auf der Ebene des Erzählten begleitet, denn Vergil sieht die innere Gefahr jeden Künstlertums, zur bloßen Akrobatik und Artistik, zu Flitter und Rausch werden zu können. Seine eigene Dichtung, befindet er, könne man nicht mehr Kunst nennen,

> da sie, bar jeglicher Erneuerung und Erweiterung, nichts als unkeusche Schönheitserzeugung ohne Wirklichkeitsschöpfung gewesen war, da sie vom Anfang bis zum Ende, vom Ätnagesang bis zur Äneis lediglich der Schönheit gefrönt hatte, selbstgenügsam auf die Verschönerung von längst Vorgedachtem, längst Vorerkanntem, längst Vorgeformtem beschränkt, ohne richtigen innern Fortschritt, es sei denn der einer zunehmenden Pracht und Überladung. (KW 4, 135)

---

37 Magris: »Jenseits der Sprache«, S. 271.

Das Pathos und zuweilen Deklamatorische im *Tod des Vergil* fällt umso mehr auf, als die Sprache des wahren »Heilsbringer der Menschen« (KW 4, 130), so Vergil, ohne Prunk auskommt:

> der heilsbringende Führer nämlich hat die Sprache der Schönheit abgestreift, er ist unter ihre kalte Oberfläche, unter die Oberfläche der Dichtung gelangt, er ist zu den schlichten Worten vorgedrungen, die kraft ihrer Todesnähe und Todeserkenntnis die Fähigkeit gewonnen haben, an die Versperrtheit des Nebenmenschen zu pochen, seine Angst und seine Grausamkeit zu beruhigen und ihn der echten Hilfe zugänglich zu machen, er ist vorgedrungen zu der schlichten Sprache unmittelbarer Güte, zur Sprache der unmittelbaren menschlichen Tugend, zur Sprache der Erweckung. (KW 4, 130)

Sind Vergils prunkvolle Tiraden gegen den Prunk der Sprache nicht auch zu lesen als kritische Selbstbefragung Brochs? Schon der Roman *Die Verzauberung* weist lange, lyrisch-hymnische Satzketten auf, die auf großartige Weise Natur und seelisches Erleben verschmelzen, die aber bereits in den 1950er Jahren Karlheinz Deschner, bei aller Bewunderung für Broch, zur Kritik herausforderten. Man habe, so Deschner, an einigen Stellen des Romans »den Eindruck des Forcierten, einer gewissen emphatisch geschwellten, hymnisch allzu aufgebauschten Sprache«, die auch »nicht ganz frei von einer gewissen deklamierenden Leere«[38] sei.

Deschner steht mit seiner Kritik an Brochs Sprache nicht alleine da. Hermann Peter Piwitt spricht in Bezug auf den *Tod des Vergil* von »Wortschaum«,[39] Karin Priester von einem sprachlichen »overload«.[40] Das Pastorale der Sprache Brochs leitet sich von einer wohl zu weit gespannten Romanpoetik her, bei der der ethische Aspekt weit vor dem ästhetischen rangiert. In diesem im Grunde anti-modernen Programm hat Kunst nur dann Berechtigung, wenn sie den Verlust übergreifender Sinnmuster überwinden hilft und zum Wegbereiter »einer beinahe religiösen Totalität« (KW 13/1, 299) wird. Das Rationale und Intellektuelle soll dabei aus dem Roman verbannt werden, an ihre Stelle treten Mythos, Lyrik, Musik, mit deren Hilfe dem Leser »die Entwicklung des Supranaturalen aus dem irrationalen Seelengrund beispielhaft« (KW 13/1, 300) vor Augen geführt werden soll.

---

[38] Karlheinz Deschner: *Kitsch, Konvention und Kunst. Eine literarische Streitschrift.* München 1965 (zuerst 1957), S. 86.
[39] Hermann Peter Piwitt: *Das Bein des Bergmanns Wu.* Frankfurt am Main 1971, S. 71.
[40] Karin Priester: *Mythos Tod. Tod und Todeserleben in der modernen Literatur.* Berlin 2001, S. 48.

4. Mythos-Konzept und Einfluss von *Finnegans Wake*

Wie ist Mythos in Brochs Poetik aufzufassen? Die erste längere Beschäftigung mit dem Thema findet man in dem 1934 entstandenen Aufsatz »Geist und Zeitgeist«. Dort bezieht Broch sich auf Thomas Manns *Josephs*-Tetralogie (von der zu diesem Zeitpunkt die ersten beiden Bände vorlagen) und auf James Joyce, grenzt sein eigenes Mythenverständnis jedoch von jenem der beiden Autoren ab:

> Weder ist – um die sichtbarsten Beispiele herauszugreifen – die Neugestaltung des mythischen Wanderers Jaakob durch Thomas Mann, noch die des mythischen Wanderers Ulysses durch James Joyce als Mythos anzusprechen, sie sind es beide nicht, so groß auch die Leistung Manns ist, mit der er die überkommene Form des psychologischen Romans bis an die Grenze hinaus gesteigert [hat], sie sind es beide nicht, so gewaltig auch die Symbolkraft Joyces ist, mit der er die Form des alten Romans sprengt, um zu einer neuen zu gelangen. Aber nicht etwa, weil diese Sprengung noch nicht restlos geglückt ist und weil Joyce, innerhalb der ästhetischen Kategorie immer noch, und zwar als Virtuose an der alten Form hängt, ist Mr. Bloom keine mythische Gestalt und wird nie zu einer solchen werden, sondern weil der ganze religiöse Nihilismus und Relativismus der Zeit in ihm steckt (und sogar bewusst vertreten wird): die mythische Gestalt aber ist immer eine des Trostes und der Religion. (KW 9/2, 197f.)

Broch macht mit diesen Bemerkungen deutlich, dass es ihm nicht um bestimmte Geschichten und Mythologeme geht, nicht um tradierte Stoffe, die der moderne Autor sich anverwandeln könnte, wie Thomas Mann dies mit den biblischen Geschichten tat, die er neu erzählte und psychologisierte und als geschichtlichen Humanisierungsprozess darstellte.[41] Für James Joyce wiederum dienen die Analogien, die er zwischen dem einen Tag lang durch Dublin wandernden Leopold Bloom und den Irrfahrten des Odysseus herstellt, keinem ethischen Zweck. Sie sind ein raffiniertes und zur damaligen Zeit bahnbrechendes poetisches Mittel, dem vielstimmigen, diffusen und banalen Panorama der Gegenwart Ordnung und Struktur zu geben und es erzählbar zu machen.[42] Die zahlreichen Anspielungen auf den griechischen Mythenkreis und den Bildungsschatz der abendländischen Überlieferung im *Ulysses* legen aber keinen verborgenen Sinn frei, sie neigen vielmehr zu Parodie und Travestie, sie imitieren die Form einer Zusammenschau, eines *ordo*, leugnen jedoch die Substanz.[43]

---

[41] Vgl. Roberto Rizzo: »Mythengestaltung bei Broch und Mann«. In: *Moderne und Mythos*. Hg. v. Silvio Vietta und Herbert Uerlings. München 2006, S. 169–191, hier 186.

[42] Vgl. Jürgen Heizmann: »Neuer Mythos oder Spiel der Zeichen? Hermann Brochs literarästhetische Auseinandersetzung mit James Joyce«. In: *DVjs* 72.3 (1998), S. 512–530, hier 519.

Broch verbindet mit dem Mythos jedoch eine seelische Gestimmtheit, die man als Öffnung zur Transzendenz, als Erwartung und Vorahnung der Utopie einer neuen »Weltkosmogonie« (KW 9/2, 199) und damit einer neuen ethischen Werthaltung bezeichnen kann. Im Grunde ist damit nichts anderes gemeint als das ozeanische Gefühl, das Romain Rolland gegenüber Freud (als Reaktion auf dessen religionskritische Schrift »Die Zukunft einer Illusion«) als Empfindung der »Ewigkeit« und als »die Quelle der religiösen Energie« bezeichnete und das Freud (der dieses Gefühl in sich selbst nicht entdecken konnte) definierte als ein »Gefühl der unauflösbaren Verbundenheit, der Zusammengehörigkeit mit dem Ganzen der Außenwelt«.[44] In der Forschung wurde gezeigt, dass Broch sich mehrfach auf das Prinzip des Ozeanischen bezog und besonders im *Tod des Vergil* Wasser-Metaphern und fluidale Entgrenzungsphantasien zur Anwendung brachte.[45] Es spricht vieles dafür, dass Broch sich in diesem Gedanken- und Empfindungsstrom, der zugleich ein traumhafter Nacht- und Sterbensmonolog ist, formal von Joyce anregen ließ; jedoch nicht vom immer wieder in der Forschung zum Vergleich herangezogenen *Ulysses* (ein Vergleich, gegen den sich Broch in den »Bemerkungen zum Tod des Vergil« selbst verwahrt), sondern von *Finnegans Wake*. In dem 1945 entstandenen Essay »Die mythische Erbschaft der Dichtung«, wo Broch seine in »Geist und Zeitgeist« umrissene Auffassung des Mythos weiter entwickelt, bescheinigt er diesem außergewöhnlichen, sich jedem linearen Verständnis entziehenden Werk des irischen Autors, es habe jede Äußerlichkeit des Mythischen (also das Aufgreifen und Verwandeln überlieferter Stoffe) abgestreift und sei »in den Traum, in die eigentliche Geburtsstätte des Mythos eingedrungen« (KW 9/2, 210). In Briefen der 1930er und 1940er Jahre an Friedrich Torberg, Ruth Norden, Ernst Polak, Benno W. Huebsch, Thornton Wilder und Aldous Huxley (um hier nur einige Namen zu nennen) bringt er die Gestaltungsweise des *Vergil* in einen engen Zusammenhang mit *Finnegans Wake*. Auch wenn der Titel selten explizit genannt wird, sind die Hinweise deutlich genug, etwa wenn Broch von dem Werk spricht, an dem Joyce siebzehn Jahre lang feilte. Am 19. März 1932 berichtet Broch seiner englischen Übersetzerin Willa Muir von seiner Lektüre des *Work in Progress*, wie das in einzelnen Kapiteln veröffentlichte Werk von Joyce bis zur Buchpublikation 1939 betitelt war (vgl. KW 13/1, 182). Auch mit der Lite-

---

43 Vgl. Umberto Eco: *Das offene Kunstwerk.* Aus dem Italienischen übers. v. Günter Memmert. Frankfurt am Main 1977, S. 367 f.
44 Sigmund Freud: »Das Unbehagen in der Kultur«. In: Sigmund Freud: *Abriß der Psychoanalyse. Das Unbehagen in der Kultur.* Frankfurt am Main 1965 (zuerst 1930), S. 63–129, hier 65 f.
45 Vgl. Claudia Benthien: »Poetik der Auflösung. Ozeanische Entgrenzung und regressive Kosmogonie in Hermann Brochs ›Tod des Vergil‹«. In: *Über Grenzen. Limitation und Transgression in Literatur und Ästhetik.* Hg. v. Claudia Benthien und Irmela Marei Krüger-Fürhoff. Stuttgart, Weimar 1999, S. 135–160. Ebenso: Judith Sidler: »Die ›fließende Gleichzeitigkeit, in der das Ewige ruht‹. Das Element des (Ver-)Fließens bei Hermann Broch«. In: *Die Welle. Das Symposium.* Hg. v. Hans-Günther Schwarz, Geraldine Gutiérrez de Wienken und Frieder Hepp. München 2010, S. 96–109.

raturzeitschrift *Transition*, wo Joyces Arbeiten erschienen und ständig über ihn berichtet wurde, war Broch vertraut (vgl. KW 13/1, 209). Da Broch durch das Ehepaar Muir mit Faber & Faber in Kontakt war und dort seinen Essay »James Joyce und die Gegenwart« veröffentlichen wollte, schickte ihm der englische Verlag im Oktober 1934 ein neues Kapitel aus dem entstehenden Werk des Iren. Broch kannte *Finnegans Wake* also schon während des Entstehungsprozesses, und aus den Bemerkungen an seine Briefpartner geht hervor, dass dieses Werk für ihn zu einer Herausforderung und zu einer Bezugsgröße wurde. Broch war in seiner Kunstauffassung modernistisch genug, um im *Wake* einen künstlerischen Punkt erreicht zu sehen, hinter den man nicht zurückfallen konnte. Joyce hatte in seinem sprachschöpferischen Werk eine Methode ausgebildet, die, anders als die letztlich immer noch dem Traditionellen und dem Unterhaltungsbedürfnis des Publikums verhafteten Romane Thomas Manns, Brochs eigenen Bestrebungen entgegenkam. Allerdings nur formal. Die Esoterik eines solchen Werks, das war Broch sofort bewusst, hatte den ethischen Mangel, nur wenige Menschen zu erreichen. Dieser Vorwurf ließ ihn auch später von Joyce abrücken, obwohl selbst in der Kritik noch die Bewunderung für Joyce als einem der bedeutendsten Autoren des 20. Jahrhunderts durchscheint.

Broch versuchte Esoterik und Exoterik zu verbinden. Im Juli 1935 erklärte er seinem Verleger Daniel Brody, sein Programm als Schriftsteller sei »eine künstlerische und denkerische Vielfalt, wie sie bei Joyce vorliegt, in eine mitteilbare und wirkungsmögliche Form zu bringen« (KW 13/1, 357), ein janusköpfiges Unterfangen, das wohl zur Unabschließbarkeit der *Verzauberung*, an der Broch seinerzeit schrieb, beitrug.

Im *Tod des Vergil*, der sprachlich und formal sicher Brochs kühnstes Experiment mit dem Roman darstellt, kann man in der Tat einige Parallelen zu *Finnegans Wake* entdecken. Schon der Titel *Finnegans Wake* erinnert an eine Totenwache oder an das Aufwachen aus einem Traum, und der gesamte Roman lässt sich als musikalisches Nachtstück beschreiben, das Plot, Charaktere und Setting ersetzt durch Assoziationen, Symbole und Traumlogik und so jenes allgemeine, abstrakte Niveau erreicht, das Broch selbst anstrebt. Da *Finnegans Wake* die gesamte Weltgeschichte erzählt (Finnegan ist kein Individuum, sondern Irland von der Prähistorie bis heute und zugleich die ganze Menschheit), spielt Wasser darin eine bedeutende Rolle: Der Roman beginnt mit dem Rieseln des Liffey und klingt aus, als sich der Fluss in das salzige Wasser der irischen See ergießt. *Der Tod des Vergil* setzt ein mit den Wellen des adriatischen Meeres und endet mit einer »Unendlichkeitsflutung, die [...] flutend die Erddunkelheit ins Flüssige zurückverwandelt –, Himmelsspiegel und Meeresspiegel [verschmolzen] zu einem einzigen Sein« (KW 4, 449). Auch Vergil durchläuft im letzten Kapitel, in dem die Koordinaten von Raum und Zeit wie im *Wake* völlig aufgelöst werden, die Weltgeschichte und erlebt Wandlungen und Verwandlungen:

> Er aber, entkleidet des Tierischen, entkleidet des Pflanzlichen, war aus Lehm und Erde und Stein gebaut, berghoch, ein ungestalt-ungestalteter Turm, ein Lehmfelsen, bar aller Gliedmaßen, ein unförmig gewaltiger, urförmig ragender Steinriese. (KW 4, 448)

Solche traumhaften Metamorphosen sind in *Finnegans Wake* vorgebildet, etwa in dem von Broch besonders geschätzten Kapitel »Anna Livia Plurabelle«, wo sich zwei Waschweiber (die zugleich die in vielen Gestalten auftauchenden Protagonisten Shem und Shaun sind) über den Liffey hinweg unterhalten und sich dann in einen Baum und einen Felsen verwandeln.[46] Anna Livia Plurabelle selbst ist ein Fluss (und alle Flüsse der Erde), sie ist aber auch ein Vogel, ein Wirbel aus Blättern, ein Regen und Eva. Wie der *Vergil* weist *Finnegans Wake* ein zyklisches Geschichtsbild auf und ist in vier Kapitel (bzw. vier Bücher) unterteilt. Im *Wake* sind das die verschiedenen Etappen des nach Giambattista Vico in seiner *Scienza Nuova* modellierten Kulturablaufs: Das Buch der Eltern, das Buch der Kinder, das Buch des Volkes und das Schlusskapitel *Ricorso*, das simultan Ende, Neubeginn und Weiterentwicklung darstellt. Im *Tod des Vergil* sind die vier Kapitel nach den Elementen benannt, aus denen nach Ansicht der Alten die Welt aufgebaut war. Das zyklische Geschichtsbild Vicos bei Joyce kann als Parallele zum schicksalsbestimmten und schicksalsbestimmenden zweitausendjährigen Umlauf der Zeit im *Vergil* (vgl. KW 4, 93) gesehen werden. Beide Romane verbinden Kreis der Geschichte und Quaternität der Totalitätsdarstellung miteinander. Auch wenn Broch nicht die Polyglossie von *Finnegans Wake* übernimmt, erklärt er in einem im März 1943 an Thornton Wilder abgesandten Brief, dass sein *Tod des Vergil*, wenn auch in bescheidenem Maß, in Bezug auf die Bearbeitung der Sprache die selben Ziele verfolge (vgl. KW 13/2, 310).

Entsprechend seinem ethischen Verständnis von Dichtung hatten die von Joyce entwickelten lyrisch-musikalischen Mittel für Broch aber nur dann Funktion und Berechtigung, wenn sie es verstanden, die – im weitesten Sinn gemeinten – religiösen Seelenkräfte wachzurufen, den Blick des Menschen zur Utopie neuer Totalität hin zu öffnen. In dem erwähnten Essay »Die mythische Erbschaft der Dichtung« schreibt er:

> Denn im Lyrischen ist das Erwachen der Seele verborgen, der mystische Weckruf, von dem die Seele den Befehl empfängt, die Augen zu öffnen, um kraft eines solchen Augen-Blicks und in ihm den Zusammenhang des Seins zu schauen, zeitlos. (KW 9/2, 205)

Broch setzte sein mythopoetisches Programm zunächst in dem Roman *Die Verzauberung* um und strebte mit diesem Roman zugleich politische Wirkung, also Überführung der Kunst in Lebenspraxis, an. Es ist nicht verwunderlich,

---

[46] Vgl. James Joyce: *Finnegans Wake*. New York 1974, S. 213.

dass er dieses Buch niemals fertig stellte, denn er versuchte damit zu vieles auf einmal zu erreichen:

> wie kriegt man das zustande: ein Buch zu schreiben, das gleichzeitig ein politischer, ein mythischer und ein Heimat- bzw. Berg-Roman ist, und nicht nur das – ein Buch, in dem sich Politisches und Antipolitisches, Religiöses und Antireligiöses, Mythisches und Geschichtliches, Provinzielles und Antiheimatliches so kompliziert miteinander vermischen?[47]

Eine Schwierigkeit dieses Romans ist zudem, dass Broch nach dem »Schema von Christ und Antichrist«[48] den falschen Heilslehren des politischen Verführers Marius Ratti die gute Mystik der Mutter Gisson entgegensetzte, also selbst eine Art Heilslehre suggerierte, wobei sich die beiden irrationalen Welten bis zur Verwechslung nahe kommen.

Man muss *Die Verzauberung* und den *Tod des Vergil* als Diptychon sehen. Aus mehreren Gründen. Zunächst behandeln beide Romane (der eine in einem Bergdorf um 1930, der andere im römischen Reich zur Zeit des Augustus angesiedelt) ähnliche Themen: Krise der Zivilisation, Werteverlust, Blindheit der Massen, die für politische Ideologien oder falsche Prophetien anfällig macht. Der zum Teil in einem konventionellen Duktus verfasste Heimat- und Anti-Heimatroman *Die Verzauberung* weist in den langen Passagen, die das Seelenleben in Naturbildern darstellt, jenen oben beschriebenen, das »ozeanische Gefühl« evozierenden hohen lyrischen Ton auf, der im *Tod des Vergil* dann ganz zum Durchbruch kommt. Während der Arbeit an den beiden Romanen, das belegen viele Briefe aus dieser Zeit, kamen Broch jedoch immer drängendere Zweifel, ob ein solch artistischer Aufwand überhaupt gerechtfertigt ist, ob mit ihm wirklich etwas erreicht werden kann und ob er nicht immer tiefer in die Esoterik und Unverständlichkeit führt. *Finnegans Wake* avancierte nun zum Paradebeispiel des kunstvollen avantgardistischen Traumkunstwerks, das kein Publikum mehr erreicht, also sozialfeindlich ist. Broch brachte das Kunststück fertig, diese Zweifel als kritischen Begleitkommentar in den *Tod des Vergil* einzubauen. So ist dieser Roman zugleich exzessiver Rausch und der Cafard, der auf den Rausch folgt. Die orphische Vermessenheit, die Vergil sich vorwirft, ist auch eine kritische Auseinandersetzung mit der eigenen, äußerst anspruchsvollen mythopoetischen Programmatik, die ja letztlich nichts Geringeres anstrebt als eine Art Erlösung – ein Begriff, der bereits in den *Schlafwandlern* eine Rolle spielt.[49] Auch Hannah Arendt bemerkte, dass Dichten für Broch eine Form der Ekstase gewesen sei, die immer wieder in der Ernüchterung endete.[50]

---

47 Lützeler: »Literatur und Politik«, S. 200.
48 Bernhard Fetz: »»Nichts als das Unvollendete«. Der Fall Hermann Broch«. In: *Die Teile und das Ganze. Bausteine der literarischen Moderne in Österreich*. Hg. v. Bernhard Fetz und Klaus Kastberger. Wien 2003, S. 90–112, hier 106.
49 Vgl. Heizmann: »Dichtung versus Imperium«, S. 265–268.

Ausgehend von der *Psychischen Selbstbiographie* Brochs hat Bernhard Fetz gezeigt, dass Broch »an einem unheilbaren weil selbstauferlegten universalen Pflichtgefühl und Verantwortungsdruck« und an »Selbstausbeutung im Dienste einer Humanisierung der Welt«[51] litt. Darum wechseln in seinem Œuvre dichterischer und wissenschaftlicher Diskurs immer wieder einander ab. Sowie ihm das Fiktionsspiel des Schreibens aus ethischen und erkenntnistheoretischen Gründen verdächtig wird, wendet er sich der Wissenschaft zu. An die Seite seiner emphatischen Dichtungen stellt er eine Reihe rationaler, zuweilen nahezu technischer Kommentare, die die Dichtungen nicht nur erklären, sondern auch legitimieren sollen.

> Der Dichter Broch bietet dem Philosophen und Kunstkommentator die Bühne und umgekehrt. Mit jeder Schreibhaltung, mit jedem Genre, das Broch bis an die Grenzen ausdehnt, erzeugt er einen Mangel, ein Bedürfnis auf der anderen Seite. Broch ist Kunstproduzent und Kunstphilosoph in Personalunion wie nur wenige andere Autoren der Moderne.[52]

Dass Broch manche seiner Projekte wie den Filsmann-Roman, *Die Verzauberung* oder die *Massenwahntheorie* nie zu Ende brachte und in diesem Prozess auf ein abgebrochenes Projekt mit einem neuen antwortete, hat auch mit der Größe der Aufgaben zu tun, die Broch sich vornahm. Die Ansprüche, die er an die Literatur stellte, waren im Grunde nicht einlösbar. Dieses Wagnis war Broch durchaus bewusst. Im Gegensatz zum etablierten Vielschreiber Thomas Mann, der sein Publikum immer sicher im Auge behielt, ging Broch mit jedem Roman ein neues und kühnes Experiment ein, auch auf die Gefahr hin, die eigenen künstlerischen Mittel zu überschätzen.[53]

Der Tod des Vergil nimmt dabei zweifelsohne die avancierteste Position ein. Beim Vermessen der eigenen Poetik innerhalb der Fiktion werden die Gefahren der Dichtung aufgezeigt: Sie kann in reine Artistik abstürzen, sie kann zum Religionsersatz werden, und sie treibt den Künstler in eine asoziale Existenz. Es wird der Dichtung aber auch die Verzweiflung darüber, immer nur vorläufig, immer nur Ahnung zu bleiben, als notwendiges Element eingeschrieben. Vergil erscheint so zuletzt mit sich selbst versöhnt und gerettet. Parallel zur Ankunft des Beginns, die den Protagonisten mit sich selbst zerrissen zeigt, erfolgt am Schluss die Ausfahrt, die Tod- und Heimfahrt ist. Das rhetorische Crescendo des dreißig Zeilen langen Schlusssatzes führt Vergil an jene Todeserkenntnis heran, die durch Sprache nicht mehr ausgedrückt werden kann. Durch die Geschlossenheit der Handlung auf *story*- und *discourse*-Ebene wird

---

50 Vgl. Hannah Arendt: »Hermann Broch 1886–1951«. In: Hannah Arendt: *Menschen in finsteren Zeiten*. Hg. v. Ursula Ludz. München, Zürich 2001, S. 125–165, hier 134.
51 Bernhard Fetz: »Zum Gutsein verurteilt. Hermann Broch oder die Moral der Literatur«. In: Kessler (Hg.): *Hermann Broch. Neue Studien*, S. 395–413, hier 395 und 407.
52 Fetz: »Zum Gutsein verurteilt«, S. 404.
53 Vgl. Paul Michael Lützeler: »Einleitung«, in: FE 9–30, hier 14f.

zuletzt auch *Der Tod des Vergil* gerettet. Im narrativen Akt gelingt, was das Erzählte in Frage stellt.[54] Die im Roman thematisierte Geschichtsphilosophie spricht jedoch von einer End- und Umbruchzeit, in der die Kunst zu schweigen hat.

5. Spätzeit und Utopie

Die literarischen Debatten, die Vergil mit Lucius, Plotius und Augustus führt, verdeutlichen in dramatischer Rede seine (und Brochs) Kunstauffassung. Kunst hat ebenso wenig ästhetischen Idealen zu dienen wie irgend einer Ideologie. Ihre Aufgabe ist auch nicht, das Leben zu beschreiben, denn dieses Terrain hat die Kunst an die Wissenschaften abgetreten. Einzige Aufgabe der Kunst ist die »Todeserkenntnis«, d. h. einen transzendenten Fluchtpunkt hinter der Kontingenz der gegenwärtigen Welt auszumachen. Nicht nur hat Vergil dieses Ziel nicht erreicht, dieses Ziel, so erklärt er Augustus (KW 4, 299), ist für niemand erreichbar.

Was also bleibt der Kunst?

Die Sklaven bringen neue Gesichtspunkte in die kunstphilosophischen Reflexionen des Romans. Ihre Wirklichkeit, stellvertretend für das Leid der Menschheit, fordert neue Aufgaben und Pflichten.

Diese Wirklichkeit kommt bereits zu Beginn des Romans durch die Galeerensklaven in Vergils Blick. Die römische Oberklasse an Deck des Schiffes ist sich der Existenz der im Bauch des Schiffes sich quälenden Ruderer nicht einmal bewusst, obgleich ihr Fahrzeug ohne sie nicht vorwärts käme. Diese Wirklichkeit rückt näher an Vergil heran durch den Sklaven, der ihm, in Brundisium gelandet, auf Befehl des Augustus zur Seite gestellt wird. Als Vergil nach seiner nächtlichen Introspektion erwacht, ist bezeichnenderweise der Sklave an seiner Seite. Dieser Sklave gehört einer anderen Welt an, die Vergil unbekannt ist: »allzugenau spürte er die Fremdheit, die da neben ihm stand« (KW 4, 219). Der Sklave besitzt nichts, er ist Waise und hat nicht einmal einen Namen, der ihm Individualität verleihen könnte. Er bleibt anonym, doch sein Schicksal geht Vergil zu Herzen.

> Graue Qual war es, aufsteigend in Tränen: oh, Tränen waren es, die den Blick trübten, die schmerzend die Brust ihm zusammenpressten, Tränen des unermesslichen Sees, aus dem das Menschliche immer wieder aufsteht. (KW 4, 248)

---

54 Vgl. Scarpettas Bemerkung: »l'écriture absorbe négativement le thème qui la nie, *la Mort de Virgile* (le roman) réussit là où Virgile (le personnage) échoue.« Guy Scarpetta: *L'impureté*. Paris 1985, S. 244.

Im Bewusstsein Vergils gewinnt der Sklave zusehends an Bedeutung, er wird nach und nach zur Personifikation einer utopischen Hoffnung. Während Lysanias, ein Abbild des jugendlichen Vergil, an die verlorenen und verratenen Versprechen und Träume der Jugend erinnert – und zu diesen Träumen gehörte auch, den Menschen ein Führer zu sein –, erinnert der Sklave an das Leid, das sich die Menschen in der Geschichte immer wieder zufügten: »Waffe erschlug einst den Ur-Ahn, und immer aufs neue, den Mord wiederholend, mit klirrender Waffengewalt rottet der Mensch sich aus« (KW 4, 252). Doch der Sklave verkörpert zugleich die Möglichkeit einer neuen Humanität, in der der Mensch sich wieder in seinem Nächsten erkennt: »den Bruder im Bruder zu wissen« (KW 4, 252).

Die Sache des Sklaven macht Vergil zu der seinen und argumentiert entsprechend im Gespräch mit dem Augustus. Für sein Manuskript tauscht Vergil schließlich die Freilassung seiner Sklaven ein.

Die Argumente zwischen Herrscher und Dichter zeigen manche Parallele zur *Massenwahntheorie*, mit der Broch während der Arbeit am *Vergil* beschäftigt war. Um die führungslosen Massen zu lenken, ist Augustus jedes Mittel recht, auch blutige Zirkusspiele. Seine Konzeption des Staates setzt Zucht und Ordnung und die Liquidierung des autonomen Menschen voraus. Unschwer ist hier Brochs Auseinandersetzung mit den politischen Ideologien seiner Zeit zu erkennen, die, ob faschistisch oder kommunistisch geprägt, den Einzelmenschen durch das Kollektiv und Freiheit durch Disziplin ersetzten.[55] Vergil hingegen plädiert für ein »Reich der Menschengemeinschaft, [...] getragen von der menschlichen Einzelseele, von ihrer Würde und von ihrer Freiheit« (KW 4, 345).[56]

Es kommt in der Debatte zwischen Vergil und Octavian zu keiner Einigung. Die Freilassung seiner Sklaven, die Vergil mit der Übergabe seines Manuskripts erwirkt, bedeutet keine Lösung auf intellektueller Ebene, sie steht vielmehr für die konkrete politische Aktion. Das Werk überlebt also, es entgeht der geplanten Vernichtung, doch nur weil es nun einem höheren Ziel als ästhetischer Perfektion dient. Eine andere Legitimation gibt es für das Kunstwerk nicht mehr.

Broch gestaltet die Zeit Vergils als eine Spätzeit, in der »es keine dichterische Aufgabe mehr gibt« (KW 4, 315). Dies beschreibt nach seiner Auffassung aber auch die Situation seiner Zeit. Nicht nur fordert die Weltlage ein direktes Engagement, auch sind die modernen Künste durch ihre ständige Weiterentwicklung in ein Ödland geraten, zu dem kaum noch ein Publikum hinfindet. Insofern stellt *Der Tod des Vergil* einen Schwanengesang dar, der mit gran-

---

[55] Vgl. Heizmann: *Antike und Moderne*, S. 136.
[56] Patrick Eiden-Offe liest den *Tod des Vergil* darum als ein Plädoyer für die Demokratie. Siehe: Patrick Eiden-Offe: *Das Reich der Demokratie. Hermann Brochs »Tod des Vergil«*. München 2011.

diosem Aufwand an dichterischen Mitteln die Nutzlosigkeit der Dichtung vor Augen führt.

Doch *Der Tod des Vergil* ist auch ein Buch der Sehnsucht. Es zeigt den Menschen als hilfs- und erlösungsbedürftiges Wesen, ein Wesen, das erbarmungswürdig ist und erlöst werden kann. *Der Tod des Vergil* ist darum trotz des gesellschaftlichen Chaos, das darin geschildert wird, und trotz aller Skepsis in Bezug auf die Möglichkeiten der Kunst ein utopisches Buch. Denn er zeigt, dass die Außenseite der Realität nicht die ganze Realität ausmacht, dass Gegenwart nicht absolut gesetzt werden kann. Wer dies, wie Octavian, tut, verschließt die Augen vor der Möglichkeit eines Wechsels. Vergil jedoch begreift, dass hinter seiner momentanen Wirklichkeit andere Möglichkeiten stehen. Kunst vermag jedoch nicht, diese andere Wirklichkeit ans Licht zu bringen. Sie vermag nur, die Sehnsucht danach wachzuhalten.

Jürgen Heizmann

6. Literatur

Arendt, Hannah: »Hermann Broch 1886–1951«. In: Hannah Arendt: *Menschen in finsteren Zeiten*. Hg. v. Ursula Ludz. München, Zürich 2001, S. 125–165.

Benthien, Claudia: »Poetik der Auflösung. Ozeanische Entgrenzung und regressive Kosmogonie in Hermann Brochs ›Tod des Vergil‹«. In: *Über Grenzen. Limitation und Transgression in Literatur und Ästhetik*. Hg. v. Claudia Benthien und Irmela Marei Krüger-Fürhoff. Stuttgart, Weimar 1999.

Brod, Max: *Über Franz Kafka*. Frankfurt am Main 1976.

Deschner, Karlheinz: *Kitsch, Konvention und Kunst. Eine literarische Streitschrift*. München 1965.

Durzak, Manfred: »Zeitgeschichte im historischen Modell. Hermann Brochs Exilroman ›Der Tod des Vergil‹«. In: Ders. (Hg.): *Die deutsche Exilliteratur 1933–1945*. Stuttgart 1973, S. 430–442.

Eco, Umberto: *Das offene Kunstwerk*. Aus dem Italienischen übers. v. Günter Memmert. Frankfurt am Main 1977.

Eiden-Offe, Patrick: *Das Reich der Demokratie. Hermann Brochs »Tod des Vergil«*. München 2011.

Fetz, Bernhard: »›Nichts als das Unvollendete‹. Der Fall Hermann Broch«. In: *Die Teile und das Ganze. Bausteine der literarischen Moderne in Österreich*. Hg. v. Bernhard Fetz und Klaus Kastberger. Wien 2003, S. 90–112.

Fetz, Bernhard: »Zum Gutsein verurteilt. Hermann Broch oder die Moral der Literatur«. In: *Hermann Broch. Neue Studien*. Hg. v. Michael Kessler. Tübingen 2003, S. 395–413.

Freud, Sigmund: »Das Unbehagen in der Kultur«. In: Sigmund Freud: *Abriß der Psychoanalyse. Das Unbehagen in der Kultur.* Frankfurt am Main 1965 (zuerst 1930), S. 63–129.

Geisenhanslüke, Achim: »Jenseits der Sprache. Das Motiv der Heimkehr in Hermann Brochs ›Der Tod des Vergil‹ und Marcel Prousts ›Le temps retrouvé‹«. In: *Hermann Broch. Neue Studien.* Hg. v. Michael Kessler. Tübingen 2003, S. 193–202.

Haecker, Theodor: *Vergil – Vater des Abendlandes.* 7. Auflage. München 1952.

Heizmann, Jürgen: »Massenmedium. Hermann Broch und der Film«. In: *Hermann Broch und die Künste.* Hg. v. Alice Stašková und Paul Michael Lützeler. Berlin 2009, S. 75–91.

Heizmann, Jürgen: »Dichtung versus Imperium in Brochs ›Tod des Vergil‹«. In: *Hermann Broch: Politik, Menschenrechte – und Literatur?* Hg. v. Thomas Eicher, Paul Michael Lützeler und Hartmut Steinecke. Oberhausen 2005, S. 255–270.

Heizmann, Jürgen: »A Farewell to Art. Poetic Reflection in Broch's ›Tod des Vergil‹«. In: *Hermann Broch. Visionary in Exile. The 2001 Yale Symposium.* Hg. v. Paul Michael Lützeler u. a. Rochester 2003, S. 187–200.

Heizmann, Jürgen: »Neuer Mythos oder Spiel der Zeichen? Hermann Brochs literarästhetische Auseinandersetzung mit James Joyce«. In: *DVjs* 72.3 (1998), S. 512–530.

Heizmann, Jürgen: *Antike und Moderne in Hermann Brochs »Der Tod des Vergil«. Über Dichtung und Wissenschaft, Utopie und Ideologie.* Tübingen 1997.

Hinderer, Walter: »Die Personen in ›Der Tod des Vergil‹«. In: *Materialien zu Hermann Brochs »Der Tod des Vergil«.* Hg. v. Paul Michael Lützeler. Frankfurt am Main 1976, S. 280–294.

James Joyce: *Finnegans Wake.* New York 1974.

Kessler, Michael (Hg.): *Hermann Broch. Neue Studien. Festschrift für Paul Michael Lützeler zum 60. Geburtstag.* Tübingen 2003.

Koebner, Thomas: »Vergil als Leitfigur? Zu Hermann Brochs ›Der Tod des Vergil‹«. In: *Vergil-Jahrbuch* 1982 (= Würzburger Jahrbücher für die Altertumswissenschaft. Neue Folge, Bd. 8), S. 161–170.

Komar, Kathleen L.: »The Politics of Subject Matter. History as Subject in Hermann Broch's ›Der Tod des Vergil‹«. In: *Modern Austrian Literature* 18 (1985) H. 1, S. 261–289.

Lodge, David: *The Art of Fiction.* London 1992.

Lukács, Georg: *Die Theorie des Romans. Ein geschichtsphilosophischer Versuch über die Formen der großen Epik.* Darmstadt 1972 (zuerst Berlin 1920).

Lützeler, Paul Michael: »Einleitung. ›Optimistische Verzweiflung‹: Thomas Mann und Hermann Broch im Exil«. In: Ders. (Hg.): *Freundschaft im Exil. Thomas Mann und Hermann Broch* (= Thomas-Mann-Studien, Bd. 31). Frankfurt am Main 2004 (= FE), S. 9–30.

Lützeler, Paul Michael: »1937 Hermann Broch Writes a Narrative Entitled ›The Return of Virgil‹, thus Beginning an Eight-Year Project that Culminates in the Novel ›The Death of Virgil‹«. In: *Yale Companion to Jewish Writing and Thought in German Culture, 1096–1996.* Hg. v. Sander L. Gilman und Jack Zipes. New Haven, C.T. 1997, S. 537–543.

Lützeler, Paul Michael: »Einleitung«. In: *Brochs »Tod des Vergil«.* Hg. v. Paul Michael Lützeler. Frankfurt am Main 1988, S. 9–18.

Lützeler, Paul Michael: »Literatur und Politik«. In: *Brochs theoretisches Werk*. Hg. v. Paul Michael Lützeler und Michael Kessler. Frankfurt am Main 1988, S. 195–209.

Lützeler, Paul Michael: *Hermann Broch. Eine Biographie*. Frankfurt am Main 1988 (= HBB).

Lützeler, Paul Michael: *Hermann Broch – Ethik und Politik. Studien zum Frühwerk und zur Romantrilogie »Die Schlafwandler«*. München 1973.

Magris, Claudio: »Jenseits der Sprache. Das Werk von Hermann Broch«. In: Claudio Magris: *Utopie und Entzauberung. Geschichten, Hoffnungen und Illusionen der Moderne*. München 2002, S. 266–274.

Martens, Gunther: »Hermann Brochs enzyklopädisches Gespräch mit den Künsten«. In: *Hermann Broch und die Künste*. Hg. v. Alice Stašková und Paul Michael Lützeler. Berlin 2009, S. 199–218.

Piwitt, Hermann Peter: *Das Bein des Bergmanns Wu*. Frankfurt am Main 1971.

Platon: »Politeia«. In: *Platon Sämtliche Werke*. In der Übersetzung von Friedrich Schleiermacher mit der Stephanus-Numerierung. Hg. v. Walter F. Otto, Ernesto Grassi und Gert Plamböck. Band 3. Hamburg 1958.

Priester, Karin: *Mythos Tod. Tod und Todeserleben in der modernen Literatur*. Berlin 2001.

Rehm, Walter: *Orpheus. Der Dichter und die Toten*. Darmstadt 1972.

Ricoeur, Paul: *Temps et récit*, Bd. 1. Paris 1975.

Rizzo, Roberto: »Mythengestaltung bei Broch und Mann«. In: *Moderne und Mythos*. Hg. v. Silvio Vietta und Herbert Uerlings. München 2006.

Scarpetta, Guy: *L'impureté*. Paris 1985.

Seret, Robert: *Voyage into Creativity. The Modern Künstlerroman*. Frankfurt am Main, New York 1992.

Sidler, Judith: »Die ›fließende Gleichzeitigkeit, in der das Ewige ruht‹. Das Element des (Ver-)Fließens bei Hermann Broch«. In: *Die Welle. Das Symposium*. Hg. v. Hans-Günther Schwarz, Geraldine Gutiérrez de Wienken und Frieder Hepp. München 2010, S. 96–109.

Stašková, Alice: *Nächte der Aufklärung. Studien zur Ästhetik, Ethik und Erkenntnistheorie in »Voyage au bout de la nuit« von Louis-Ferdinand Céline und »Die Schlafwandler« von Hermann Broch*. Tübingen 2008.

Weigand, Hermann J.: »Broch's *Death of Virgil*. Program Notes«. In: *PMLA* 62 (1947), S. 525–533.

Wefelmeyer, Fritz: »Geschichte als Verinnerlichung. Hermann Brochs ›Der Tod des Vergil‹«. In: *Reisende durch Zeit und Raum. Der deutschsprachige historische Roman*. Hg. v. Osman Durrani und Julian Preece. Amsterdam, New York 2001, S. 243–261.

Zima, Peter V.: *Der europäische Künstlerroman. Von der romantischen Utopie zur postmodernen Parodie*. Tübingen, Basel 2008.

V. Die Schuldlosen

Die Schuldlosen. Roman in elf Erzählungen (1950) ist Hermann Brochs letztes vollendetes literarisches Werk, dessen Entstehung in den verschiedenen Werkschichten einen Zeitraum von 1913 bis 1950 und somit beinahe die gesamte Schöpfungsperiode des Dichters umfasst. Die systematische Entdeckung dieses Alterswerkes steht immer noch aus (vgl. Lützeler, KW 5, 349), auch wenn in den letzten Jahren vermehrt Einzelpublikationen zu den *Schuldlosen* erschienen sind. Von Anfang an war es wegen seiner thematisch und strukturell heterogenen Machart, welche zum Teil den komplizierten Entstehungsbedingungen zuzuschreiben ist, heftiger Kritik ausgesetzt. Kaum ein anderer Roman Brochs lässt sich, nicht zuletzt wegen des von ihm selbst verfassten *Entstehungsberichts* (KW 5, 323–328), der eher eine Romanästhetik darstellt, so exakt in seinen jeweiligen Werk- und Gattungsschichten methodisch rekonstruieren. Zwar ist es bis heute umstritten, ob jener wirklich, wie Hermann Broch behauptet, »ein niet- und nahtloses Kunstwerk« (KW 5, 312f.) bildet. Aber die Rede von der »dichterische[n], philosophische[n] und zeitkritische[n] Summe des Autors« (Lützeler, KW 5, 349) ist insofern berechtigt, als hier noch einmal alle, mitunter dissonanten Stimmen des literarischen und philosophisch-ethischen Autors (meta-)politisch kontextualisiert und in einem für den Altersstil charakteristischen »Abstraktionismus« (KW 9/2, 213) konzentriert werden.

1. Inhalt

Hermann Broch zeichnet in seinem Roman, dessen erzählte Zeit die Jahre 1913, 1923 und 1933 fokussiert, deutsche Zustände und Typen der Vor-Hitlerperiode. Deren politische Gleichgültigkeit parallelisiert er mit ethischer Gleichgültigkeit und lässt sie so alle »schuldlos schuldig« (KW 5, 257) werden. Der Faschismus wird fast ausschließlich als geistesgeschichtliches Problem von innen her beschrieben, indem Einblicke in die Gedanken- und Seelenwelt der Figuren gewährt werden, deren Lebensgeschichten verwoben sind und deren Charaktere sich in ihrer oft satirischen Überspitzung ähneln und ineinander übergehen. In einer vorangestellten Parabel sowie in drei lyrischen Einlagen sind Stimmen und Stimmungen der jeweiligen Zäsuren widergegeben, die erstens einen »Epochenzusammenhang« (KW 5, 312) erkennen lassen und die Broch zweitens ins überzeitlich »Metapolitische« (KW 13/3, 371) transzendiert. Dramatische, epische, lyrische sowie philosophisch-reflexive Elemente überlagern sich vielschichtig und sind durch komplexe Symbolkonstruktionen (z. B. das Dreieck, das Andreaskreuz) aufeinander bezogen, denn: »Verstehen ist Verflechten« (KW 5, 26).

2. Entstehungsbedingungen

Wie auch immer über die Qualität des endgültigen Werkes geurteilt werden mag, der in Briefen sowie Selbstkommentaren vielfach und facettenreich bezeugte Weg zu diesem Werk zählt zu einem der verschlungensten und spannendsten der Nachkriegszeit, den es als ein Dokument transatlantischer und deutsch-deutscher Beziehungen erst noch zu entdecken gilt. Denn die bislang größtenteils unpublizierten Verlegerkorrespondenzen[1] über die Entstehung des Romans gewähren nicht nur einen Einblick in interkontinentale Schaffens- und Rezeptionsbedingungen der ersten Nachkriegsjahre, sondern auch in die komplizierten Arrangements während der Besatzungszeit, in die Ausmaße der Verunsicherung des sich gerade regenerierenden Büchermarkts durch die deutsche Ost-, Westzonenbildung sowie in die Anfänge der am amerikanischen Vorbild geschulten public relations und marktorientierten Werbestrategien. Darüber hinaus fördert die in der Verlagsgeschichte einmalige, nicht immer einfache Dreieckskonstellation der beiden Verleger Daniel Brody sowie Willi Weismann mit dem sich im Princetoner Exil befindenden Hermann Broch Zeitanalysen sowie Zukunftsängste, aber auch -hoffnungen zutage, die, obgleich nie für die Öffentlichkeit bestimmt, weit mehr als nur persönliche Dokumente sind.

Erschienen ist der Roman im Dezember 1950 im noch recht neuen Münchener Willi-Weismann-Verlag, der sich dem »literarische[n] Experiment«[2] verschrieb und mit Autoren wie Elias Canetti oder Hans Henny Jahnn warb. Hermann Brochs langjähriger Freund und Verleger Daniel Brody, der den

---

[1] Die insgesamt 79 Briefe des Münchner Verlegers Willi Weismann an Hermann Broch aus den Jahren 1946–1951 befinden sich im Original in YUL, als Durchschlag im DLA. Sie sind offiziell noch nicht ediert worden, 60 von ihnen wurden aber 2008 als Anhang in der Wiener Diplomarbeit von Kathrin Kuna *Der Briefwechsel zwischen Hermann Broch und Willi Weismann (1946–1951)* abgedruckt, http://othes.univie.ac.at/2752/ (Stand: 01.11.2010). Die 69 Briefe Hermann Brochs dieser Korrespondenz befinden sich im Original im DLA, als Durchschlag in YUL. Sie sind bisher nur auszugsweise von Jochen Meyer im *Marbacher Magazin* 33 (1985) [»Hermann Broch. ›... das ganze Buch ist ein Seiltänzerkunststück‹. Aus der Entstehungs- und Verlagsgeschichte der ›Schuldlosen‹«, S. 3–25] sowie von Christina Bylow wiedergegeben worden [»Hermann Broch und der Verleger Willi Weismann. Ein Beitrag zur Entstehungsgeschichte des Romans ›Die Schuldlosen‹ (1946–1951)«. In: *Archiv für Geschichte des Buchwesens*, 38 (1992), S. 191–255]. Einzelne wenige, aber wichtige Briefe nahm Paul Michael Lützeler in die Kommentierte Werkausgabe auf (KW 13/3, 149f., 195f., 223–227, 249–253, 327f., 343f., 360–364, 369–373, 379–381, 425–428, 502f.). Eine Komplettausgabe dieser Verlegerkorrespondenzen fehlt jedoch. Auch der an sich ausführlich dokumentierte Briefwechsel zwischen dem Züricher Verleger des Rhein-Verlags Daniel Brody und seinem Freund Hermann Broch weist, was die Entstehungsgeschichte der *Schuldlosen* anbelangt, klaffende Lücken auf (vgl. BB). Diese bisher unveröffentlichten Briefe befinden sich ebenfalls im DLA. Wünschenswert und als transatlantisches Zeitdokument höchst aufschlussreich wäre eine kommentierte Edition, welche die komplizierte Dreieckskonstellation zu rekonstruieren versucht.

[2] Willi Weismann Verlag: Literarische Avantgarden. Im Besitz von Ruth Jansen, zit. n. Christina Bylow: »Hermann Broch und der Verleger Willi Weismann«, S. 205.

mühsamen Arbeitsprozess des Romans in Briefen eng begleitete und sich immer wieder vermittelnd für die oft schwierige Beziehung zwischen Broch und Weismann einsetzte, übernahm eine Bindequote von 1000 Exemplaren, die im selben Monat im Rhein-Verlag Zürich herauskamen. Die Niederschrift eines Großteils der Erzählungen sowie der von Hermann Broch gefasste Entschluss, ältere, bereits während des Ersten Weltkriegs sowie zu Beginn der 1930er Jahre erschienene Erzählungen zu einem neuen Ganzen zu komponieren, fallen in das Jahr 1949 im amerikanischen Exil. Anlass war die im März 1948 geäußerte Bitte Willi Weismanns, mit dem Broch seit 1946 korrespondierte, den er aber nie persönlich kennenlernte, ältere Novellen Brochs in einem Sammelband verlegen zu dürfen. Der skeptische Broch machte zunächst den Gegenvorschlag, lieber einen kombinierten Band mit Gedichten, philosophischen Essays und Erzählungen herauszubringen, was Weismann jedoch ablehnte. Schließlich stimmte Broch den Plänen Weismanns zu, der schon in seinem ersten Brief vom 16. November 1946 verlauten ließ, dass er sich in seiner Literatur-Zeitschrift *Die Fähre*, eine »Schwesterzeitschrift« zum *Silberboot*, für den Emigranten Broch einsetze und hoffe, dessen Bücher dem deutschen Publikum näher zu bringen.

Broch erhielt im Mai 1949 die Korrekturfahnen seiner von ihm bereits vergessenen Novellen *Eine methodologische Novelle*, *Eine leichte Enttäuschung*, *Vorüberziehende Wolke* und *Die Heimkehr* [später: *Verlorener Sohn*]. Es handelte sich hierbei, mit Ausnahme der *Methodologischen Novelle*[3], um vier von ursprünglich fünf – die Erzählung *Der Meeresspiegel* entging dem Verleger Weismann – zu Beginn der 1930er Jahre für das *Tierkreis-Projekt* vorgesehene Erzählungen. Weismann hatte diese vier Stücke Ende April 1949 in Satz gegeben und plädierte im Mai noch für die Aufnahme der von Daniel Brody wieder aufgefundenen, 1933 entstandenen Erzählung *Mit schwacher Brise segeln*. Doch Broch, der bereits in seinem Brief vom 1. Dezember 1948 mit einer Erweiterung der Erzählungen um eine neue »Kurzgeschichte« geliebäugelt hatte, war mit der Qualität dieser frühen Werke höchst unzufrieden. Am 11. Juni 1949 schrieb Broch von New Haven aus an Weismann, dem er am 15. Mai verkündet hatte, dass diese Novellen lediglich »experimentelle Romananfänge und -bruchstücke« gewesen seien, die »nach allem, was in der Welt geschehen« ist, »kein Gewicht« mehr hätten (KW 13/3, 327):

> Ich war erst sehr verzweifelt als ich die Fahnen zu Gesicht bekam, denn im ersten Augenblick dachte ich, daß sich damit überhaupt nichts anfangen lassen würde. Doch hinterher hatte ich den Einfall der vier [am 15. Mai waren es erst ›drei‹] Zusatznovellen, und jetzt bin ich überzeugt, daß hierdurch das Ganze zu einer ungemein repräsentablen Publikation werden wird, zwar nicht vom gleichen Gewicht wie die *Schlafwandler* oder

---

3 Diese ist nicht identisch mit der, die 1918 in der *Summa* erschienen ist.

der *Vergil*, dennoch von genügendem Gewicht, um mich in Deutschland wieder einzuführen.[4]

Noch im selben Monat erweiterte Broch den Plan um zwei weitere Stücke auf sechs (*Ballade vom Imker, Die Erzählung der Magd Zerline, Die vier Reden des Studienrats Zacharias, Ballade von der Kupplerin, Erkaufte Mutter, Steinerner Gast*), so dass er auf insgesamt elf Erzählungen kam. Was Broch Weismann gegenüber als plötzliche geniale Eingabe präsentierte, war – woran Broch selbst sich vermutlich gar nicht mehr erinnerte – eine Idee, die sich als romanästhetisches Modell bereits auf die Pläne der *Tierkreis*-Erzählungen von 1933 zurückführen lässt.[5] Letztere disqualifizierte Broch im Rückblick selbstkritisch und aus heutiger Perspektive kaum nachvollziehbar als »idiotische [...] Geheimnistuerei« (BB 977) sowie als »längst vergessenen Unsinn«[6]. Er wollte ihnen nun durch eine politische Kontextualisierung und strukturelle Umgestaltung einen neuen Sinn verleihen. Dieses »Seiltänzerkunststück«, wie Hermann Broch sein kompilatorisches Vorhaben selbst bezeichnete (Brief an Weismann, 29.6.1949), sollte ihn, der gerade an seiner *Massenwahntheorie* arbeitete, die in der Wertigkeit des älteren Broch sehr viel höher rangierte als jegliche literarische Tätigkeit, noch sehr viel Kraft und Nerven kosten. Sie stürzte ihn zudem in schwere finanzielle Bedrängnis: Das Stipendium, das Broch für die letztlich nicht glückende Fertigstellung seiner *Massenwahntheorie* erhielt, musste eingestellt, die Rufe an Universitäten konnten mangels eines abgeschlossenen wissenschaftlichen Werkes nicht angenommen werden. Der bereits abgeschlossene Drucksatz war die größte Kreativitätsblockade für Broch und bestimmte seine Änderungs- und Ergänzungswünsche bis hin zur Anzahl der Lettern bei der Namenswahl. So ist es nur verständlich, dass Broch auf die viel zu spät geäußerte prinzipielle Bereitschaft Weismanns in einem Brief vom 20. Juli 1949, nun doch einen neuen Drucksatz zu erstellen (zu dem es letztlich nicht kam), erbost reagierte. Das »Menschenunmögliche« (Brief vom 12.7.1949 an Weismann) versuchte Broch, ambitioniert wie er war, durch eine Idee zu meistern, die zunächst als kluger Schachzug konzipiert war, ihm letztlich aber wieder ein zusätzliches Jahr harter Arbeit bescherte: durch einen lyrischen Rahmen, der die teils disparaten Erzählungen zu einem homogenen Ganzen verschmelzen und zugleich Stimmen und Stimmungen der jeweiligen Epochen performativ zur Darstellung bringen sollte. Vermutlich im selben Monat unterbreitete Broch seinen Verlegern mit seinem neuen Untertitelvorschlag *Elf Novellen und drei Gedichte, beinahe ein Roman* seinen Plan, dem Erzählband Gedichte beizufügen, was Brody und Weismann beharrlich, aber letztlich vergeblich zu verhindern versuchten. Weismann schätzte die politische Brisanz des im Entstehen

---

[4] Zit. n. Meyer: »Hermann Broch«, S. 7.
[5] Judith Sidler: *Literarisierter Tagtraum. Einheitskonstruktionen in Hermann Brochs ›Tierkreis-Erzählungen‹*. Würzburg 2003, S. 372–376.
[6] Unv. Brief an Frank Thiess vom 17.1.1950, YUL, zit. n. Sidler: *Literarisierter Tagtraum*, S. 83.

begriffenen Romans hoch ein und prophezeite Broch immer wieder ermunternd, dass er sich mit diesem Werk für Deutschland ein »Erwachen aus d[ies]er geistigen Stagnation« erhoffte (Weismann an Broch, 2.11.1949). Dennoch oder gerade deshalb äußerte er grundsätzliche Vorbehalte gegenüber den Gedichten, deren Wichtigkeit für das »Atmosphärische« des Buches er Broch zwar immerhin ab Dezember 1949 zubilligte – zuvor hätte er sie gerne durch einen »philosophischen Exkurs« nach dem Vorbild der *Schlafwandler* ersetzt gewusst (Brief vom 8.11.1949) –, deren Ausführung ihm aber missfiel: »Nur scheint mir das Lyrische zu sehr überdeckt von Ihrer philosophischen Aussage« (Brief vom 6.12.1949). Auch diese lyrischen Zusatztexte sind nicht in einem Guss entstanden, sondern greifen teilweise auf Vorarbeiten Brochs zurück, die bis in das Jahr 1913 zurückreichen, im Herbst 1949 aber stark überarbeitet und gekürzt wurden (vgl. KW 5, 331–343). Ihre Bezeichnung war ebenfalls Gegenstand längerer Diskussionen mit den Verlegern: Die ursprünglichen Titel *Cantos* und *Imkergesänge* wurden von Brody wie Weismann verworfen und von Broch schließlich durch *Stimmen* ersetzt, ein Vorschlag, den Weismann in seinem Brief vom 24. April 1950 begeistert billigte.

3. Zum Titel

Der politisch stark gefärbte Titel *Die Schuldlosen* war ein recht später Entschluss Brochs. Weismann verwarf ihn zunächst wegen der »Publikumswirkung«, hieß ihn aber nach der Lektüre der letzten, von ihm sehr geschätzten Erzählung *Vorüberziehende Wolke*, einer erweiterten und stark veränderten Fassung der gleichnamigen Erzählung aus dem Jahre 1933, gut: »so kann mir jetzt kaum noch ein besserer einfallen« (Brief an Broch vom 19.12.1949). Diese letzte Erzählung hätte ursprünglich titelgebend werden sollen, machte Weismann doch in einem Brief an Broch vom 17. Februar 1949 den Vorschlag, den Sammelband *Vorüberziehende Wolke* zu überschreiben, »da sich das Thema des Flüchtigen in jeder Novelle stellt«. An der von Broch ins Spiel gebrachten Gattungszuschreibung ›Roman‹ wollte Weismann zunächst lediglich aus verkaufsstrategischen Gründen festhalten (Brief an Broch vom 18.7.1949), Brody lehnte diese Zuweisung strikt ab (Brody an Broch, 20.5.1949, unveröffentlicht DLA). Doch später fand Weismann dieses Gattungsmuster voll erfüllt und lobte anerkennend, es sei nun »tatsächlich ein Roman« (Brief an Broch vom 8.11.1949). Broch fügte auf einen Vorschlag Brodys hin den »ganz ausgezeichneten, originellen [Unter-]Titel, der durchaus geeignet ist, Kauflust zu wecken« hinzu: *Neun* [noch im selben Monat wurden es elf] *Erzählungen, beinahe ein Roman* (Brief an Weismann, 11.6.1949). Schon einen Monat später war Broch mit dem Haupttitel nicht mehr ganz glücklich (»so ist es für das neue Gewicht des Buches etwas zu leicht«, Brief an Weismann vom 12.7.1949), wollte aus werbetechnischen Gründen aber an ihm festhalten, da eine Ankündigung des Buches unter dem Titel *Vorüberziehende Wolke* bereits erfolgt war. Den Untertitel modifizierte er im selben Brief in die sehr viel sperrigere, von Brody sofort verworfene Unterschrift *Elf Novellen und drei Gedichte, beinahe ein Roman*. In Anspielung auf Bert Brecht plädierte Broch später dafür, die *Erzählungen* durch *Lesestücke* zu ersetzen, da diese auch die Gedichte einbezögen (Brief an Weismann vom 27.7.1949), was Brody jedoch heftig, Weismann dezent ablehnte. Auch Brochs Kompromisslösung, dem Titel in einer Reduktion auf *Die Wolke* etwas mehr Schwere zu verleihen und das »Biedermeierische« abzustreifen, ohne die Verbindung zu der Voranzeige zu vernichten, fand bei Weismann keine Resonanz. Gegen Ende des Jahres 1949, als absehbar war, dass die Vorankündigung sowieso verfrüht gewesen war, einigten sich Broch und Weismann dann auf den Titel *Die Schuldlosen*, der in Analogie zu Brochs 1930–1932 publizierter, damals begeistert rezipierter Trilogie *Die Schlafwandler* gewählt worden war und eine Kontinuität suggerieren sollte. Schon am 12. Juli desselben Jahres hatte Broch gegenüber Weismann diese Parallele gezogen, als er *Die Schuldlosen* als den vierten Band der *Schlafwandler* darstellte, der sich nun dem Deutschland der 1920er Jahre widmete. Weismann warnte jedoch davor, sich bei den Werbemaßnahmen allzu stark auf diese (Inter-)Dependenz zu berufen, um beim potentiellen Lesepublikum die Voraussetzungslosigkeit der *Schuldlosen* zu wahren.[7]

Konzeptionelle und strukturelle Verbindungslinien zwischen dem ersten und letzten Roman Brochs gibt es viele: Die »an Wahnsinn grenzende Gleichgültigkeit gegen fremdes Leid« (KW 1, 712), wie es am Ende der *Schlafwandler* heißt, gilt im Rückblick als die Vorbedingung für die nationalsozialistische Barbarei und wird zum Grundmotiv der *Schuldlosen*. Beide setzen sich mit einem traumartig-irrationalen Zwischenzustand auseinander, der das Dritte Reich erst ermöglichte, wobei bei den *Schuldlosen* das Irrationale vom eigentlichen Darstellungsziel zum politischen und ethischen Schuldfaktor wird. Sie entstehen beide vor dem Hintergrund von Brochs geschichtsphilosophischer Theorie des Zerfalls der Werte. Die in den *Schlafwandlern* allenfalls angedeuteten Lösungsansätze werden in den *Schuldlosen* aufgegriffen, vertieft und in mystischen Entgrenzungsmomenten zur Darstellung gebracht. Auch in der Figurenzeichnung gibt es auffällige Parallelen (z. B. Mutter Hentjen/Magd Zerline; Hugenau/Zacharias): Bei den *Schuldlosen* ist in der Person des Imkers allerdings die Hoffnung auf den Anbruch einer neuen Zeit[8] personifiziert, für die in den *Schlafwandlern* allenfalls die Voraussetzungen geschaffen werden.

---

[7] Bylow: »Hermann Broch und der Verleger Willi Weismann«, S. 191–255.
[8] Zu den (biblischen) Bildern einer neuen Ordnung und zur positiven Zukunftsperspektive vgl. Sigrid Schmid: *Hermann Broch, éthique et esthétique*. Paris 2001, S. 177–191, hier 187–191.

4. Aufbau

Der *Roman in elf Erzählungen* ist in drei je durch ein Jahrzehnt getrennte Gruppen mit den sprechenden Jahreszahlen 1913, 1923 und 1933 gegliedert und folgt hierin der Architektonik der *Schlafwandler*-Trilogie, die sich drei Schnittpunkten der Zeitgeschichte in fünfzehnjährigen Abständen widmete (1888–1918). Die drei Teile sind mit *Die Vor-Geschichten*, *Die Geschichten* und *Die Nach-Geschichten* überschrieben. Vorangestellt ist, gleich einem musikalischen Vorspiel, jeweils eine lyrische Einlage mit dem Titel *Stimmen* in Kombination mit einer der drei obigen Jahreszahlen. Sie übernimmt eine ähnliche Funktion wie die essayistischen Einschübe in den *Schlafwandlern*, eine poetisch-reflexive Kristallisierung dessen, was in der Romanhandlung narrativ ausgestaltet wird. Die *Vor- und Nachgeschichten* bestehen aus je zwei, die *Geschichten* aus sieben Erzählungen. Als Reaktion auf die Befürchtung Willi Weismanns, ein Roman, der mit Lyrik beginnt, könne abschreckend wirken, fügte Hermann Broch 1950 einleitend die in chassidischer Tradition stehende *Parabel von der Stimme* hinzu. Ein von Broch selbst, ebenfalls erst 1950 verfasster *Entstehungsbericht*, der zunächst für den Anfang bestimmt war, beschloss das einerseits sowohl in inhaltlicher als auch in formaler Hinsicht heterogene, andererseits in seinem axialen Bauprinzip streng symmetrische Werk. Bei der Erstausgabe des Weismann-Verlags (nicht bei den übernommenen Exemplaren des Rhein-Verlags) war zudem ein von Broch autorisierter und größtenteils von ihm geschriebener, mehrseitiger Umschlagstext *Probleme und Personen der ›Schuldlosen‹* beigefügt, der die Funktionen Werbetext, Inhaltswiedergabe und kritische Reflexion vereinen sollte (KW 5, 312–318).

Die spiegelbildliche Architektonik des Romans, »halb Kompromiß, halb Experiment«[9], wird durch einen äußeren, poetologischen Rahmen untermauert: zu Beginn in Form selbstreflexiver Poesie (in didaktischer Parabolik), am Ende in Form poetischer Selbstreflexion (in erörternder Poetik). Am Anfang steht *Die Parabel von der Stimme* (KW 5, 9–12), die in einem mäeutischen Dialog des Rabbis Levi bar Chemjo mit seinen Schülern das Problem des Anfangs und des Schweigens selbst zum Thema macht und eines der philosophischen Grundthemen des Romans anspricht, das Phänomen der Zeit: »Was aber wohl ist Schweigen und Stimme zugleich? Wahrlich von allen Dingen, die ich kenne, ist es die Zeit, der solche Doppeleigenschaft zukommt« (KW 5, 11). Schon in ihrem Titel weist die Parabel auf die lyrischen Zwischentexte voraus und schlägt zugleich deren poetischen, oft paradoxalen Ton an, führt also in das Reich der Dichtung hinein, deren »Schweigen« »Sprache«, deren »Blindheit«

---

[9] Gerda Utermöhlen: *Hermann Brochs Novellenzyklus ›Die Schuldlosen‹*. Dissertation Heidelberg 1963, S. 22.

»Sehen«, deren »Nicht-Tun« »Tun« ist (KW 5, 9).[10] Am Ende wird im *Entstehungsbericht* (KW 5, 323–328), einer Art poetologischem Epilog, noch einmal diskursiv erörtert und gerechtfertigt, was zuvor performativ zur Darstellung gebracht worden ist: Die »Totalitätsforderung an die Kunst« wird gestellt, die nicht ohne »eine viel schärfere Abstraktion und Organisierung« sowie einem Appell an das Lyrische zu bewältigen sei (KW 5, 324). Zugleich wird aber auch das Reich der Dichtung verlassen und deren Grenzen markiert, wenn Broch auf deren schon im *Tod des Vergil* von Vergil beklagte politische Wirkungslosigkeit zu sprechen kommt, da sie mit ihrer »Erschütterung« letztlich doch dem rein »ästhetischen Bereich« verhaftet bleibe: »bloß der bereits Überzeugte wird überzeugt« (KW 5, 327). Und doch endet der *Entstehungsbericht* mit einem indirekten Plädoyer für die »Anfachungskraft« (KW 5, 328) der Dichtung, das, zumal in seiner poetischen Darstellung, an den vom Rabbi geschilderten Schöpfungsodem des Herrn aus der *Parabel von der Stimme* erinnert (KW 5, 9). Auch die erste, *Mit schwacher Brise segeln*, und letzte Erzählung, *Vorüberziehende Wolke*, korrespondieren in ihrem impressionistischen Titel sowie ihrer atmosphärischen Schilderungen miteinander.[11] Die doppelte Zentralstellung der surrealistischen und äußerst poetischen Erzählung *Eine leichte Enttäuschung* (in der Mitte der *Geschichten* sowie des Romans) stellt mit Blick auf die Handlungsdynamik sicherlich keinen Höhe-, sondern eher einen Ruhepunkt des Romans dar: »Sie haben«, so der Lederwarenverkäufer zum Protagonisten Andreas, »in diesem dunklen Gewölbe das Gefühl für Zeit verloren« (KW 5, 139). Hier finden ein Innehalten und Innerlichwerden des Romans statt, der dann mit den Liebesgeschichten der Hauptfigur Andreas in der zweiten Hälfte eine neue Dynamik erhält.

5. Die lyrischen Einlagen

Die von den Verlegern zunächst heftig kritisierten lyrischen Stimmen jeweils zu Beginn der drei Geschichten-Komplexe (vgl. 2. Entstehungsbedingungen) verleihen dem anfänglich als Novellenbändchen konzipierten Roman eine experimentelle, moderne Form, als deren genuiner Bestandteil Broch das Lyrische gilt, in dem »das Erwachen der Seele verborgen« sei (KW 9/2, 205). Erst durch die Lyrik vermag der Roman Broch zufolge, »die Tür zum ethischen Kunstwerk hin« aufzustoßen (KW 9/1, 135). Sie erfüllen demnach eine

---

[10] Zu deren geschichtsmetaphysischer Bedeutung vgl. Heidi Knipe: *Die Doppelfunktion des Irrationalen in Hermann Brochs Roman ›Die Schuldlosen‹*. Frankfurt am Main 1978, sowie Joseph P. Strelka: »Hermann Brochs ›Parabel von der Stimme‹«. In: *Hermann Broch und seine Zeit*. Hg. v. Richard Thieberger. Bern 1980, S. 122–132.

[11] Vgl. zum weiteren Aufbau auch Utermöhlen: *Brochs Novellenzyklus ›Die Schuldlosen‹*, S. 22–27.

ähnliche Funktion wie die essayistischen Einschübe im dritten Teil der *Schlafwandler*-Trilogie. Und in ihnen scheint für Broch der für den Altersstil charakteristische Abstraktionsprozess am vollendetsten zur Geltung zu kommen: So stellen die *Stimmen* den »geistige[n] Mittelpunkt« des Novellenromans dar (KW 13/3, 371) und dienen der »Zusammenfassung der Gesamtatmosphäre« (KW 13/3, 360), bleiben jedoch auf die Kontextualisierung im Roman angewiesen und sind als eigenständige Gedichte immer wieder des Kitsches beschuldigt worden.[12] Broch selbst wertete sie als gelungene »Vorübung« für einen Gedichtzyklus, der ihm als dichterisches Endziel seines Lebens vorschwebte (KW 13/3, 377). Die *Stimmen* versuchen, was der Plural im Titel schon andeutet, das zu leisten, was in der »grenzenlos[en]« Figurenkonzeption nur angelegt ist: Einzelpositionen und Einzelstimmen hin zum »Metapolitische[n]« (KW 13/3, 371) zu transzendieren, das nach den grundsätzlichen Lebensbedingungen und -möglichkeiten, dem Menschlichen schlechthin fragt. Eine literarische Strategie, dieses »Metapolitische« zur Darstellung zu bringen, ist die »Absolut-Satire« (KW 9/1, 273) als eine Kunst des radikalen Angriffs, die Hermann Broch von Karl Kraus übernimmt: Dies kann sowohl auf formaler Ebene (in *Stimmen 1913* wird z. B. Goethes Ballade *Der Erlkönig* parodiert) als auch auf inhaltlicher Ebene geschehen (so die Spießer-Karikatur in *Stimmen 1933*, die auch bei Autoren wie Ernst Bloch, Karl Kraus, Heinrich Mann und Ödön von Horváth geläufig ist[13]). Frei von zeitkritischer Satire und ins Poetisch-Psalmenhafte überhöht ist allein das Prophetengedicht, mit dem die *Stimmen 1933* ausklingen und das in seinem Duktus und seiner Metaphorik (»Nebel der Verwandlung«, »Barke«, »Hafen«) stark an den *Tod des Vergil* gemahnt (KW 5, 241–244): Die »Erkenntnis«, die mit »Anstand« einhergehen muss, also zugleich eine ethische Lebenshaltung meint, wird, wie schon in der *Parabel von der Stimme*, mit dem »Geschenk der Gleichzeitigkeit« (KW 5, 244) assoziiert. Es gelingt hier ein utopisches, allerdings jenseitsorientiertes Hoffnungsszenario, das bei den *Schlafwandlern* noch ausblieb: »Und so mag es uns auch beschieden sein / (während die drunten im wilden Gezänk / des Aufbruchs ihre Koffer packen) hier / oben zu warten glückhaft hoffnungsbereit / im großen Abschied des Schauens [...]« (KW 5, 244). Von diesem in der Wir-Form sprechenden begnadeten Geschlecht sind die Figuren des Romans jedoch noch weit entfernt.

---

12 Vgl. hierzu: Alfred Doppler: »Die lyrischen Stimmen in Hermann Brochs ›Die Schuldlosen‹«. In: *Hermann Broch. Das dichterische Werk*. Hg. v. Michael Kessler und Paul Michael Lützeler. Tübingen 1987, S. 45–53, hier 46.
13 Vgl. auch: Doppler: »Die lyrischen Stimmen«, S. 52.

6. Zu den Figuren

Alle Romanfiguren haben gemeinsam, dass sie als »Typus-Charakter[e]« in »opernhaften Situationen« agieren (KW 5, 309), die von einer distanzierten, oft ironischen Erzählerinstanz immer wieder ins Karikaturhaft-Satirische (Zacharias, Zerline, Hildegard), ins Philosophisch-Reflexive (Andreas)[14] oder ins Surreal-Utopische (Imker, Melitta) übersteigert werden. Gerade in dieser in der Forschungsliteratur oft kritisierten, experimentellen Überzeichnung Brochs[15] lässt sich möglicherweise eine literarische Ethik ausmachen,[16] deren systematische Erfassung noch aussteht. Mit Ausnahme des Imkers und dessen Ziehtochter Melitta sowie – zumindest bedingt – des am Ende Rechenschaft ablegenden Andreas leiden sie allesamt unter dem Don-Giovanni-Syndrom des »Herz[ens] aus Stein« oder, in den Worten Brochs, an der »verantwortungslosen Gleichgültigkeit« und der »Vereinsamung« (KW 5, 305). Das Figurenkonzept zeichnet sich gerade nicht durch ein großes Repertoire eigenwilliger Charaktere aus. Deren Merkmale gehen vielmehr fließend ineinander über, als handle es sich, wie sich Broch gegenüber Hermann J. Weigand äußerte, um »ein und denselben Traum«[17]: »Wir sind ein Wir«, so Andreas in seinem Lebensepilog, »doch nicht, weil wir eine Gemeinschaft halten, sondern weil unsere Grenzen ineinander verfließen« (KW 5, 266).

6.1 Andreas

Acht der elf Erzählungen befassen sich mit Andreas, dessen zumeist mit A. abgekürzter Name zum einen an die Protagonisten Franz Kafkas erinnert, zum anderen auf den Titelhelden des gleichnamigen Fragments Hugo von Hofmannsthals anspielt. In diesen Erzählungen steht Andreas entweder im Mittelpunkt des Geschehens (»floß nicht alles Geschehen gleich Straßenzügen im Punkte seines Ichs zusammen«, KW 5, 67) oder das Geschehen ist auf ihn hin orientiert. Dennoch ist er, der sich selbst als »Opernmarionette« sieht (KW 5, 229), kein Handlungsträger: Er wahrt stets, wie Hermann Broch am 8. Februar 1950 in einer ausführlichen Selbstinterpretation an Rudolf Hartung, den Lektor des Weismanns-Verlags schrieb, seinen »›passiven‹ Charakter«, wobei Broch

---

14 Zu den Figuren Andreas, Zacharias, Hildegard und Zerline vgl. auch: Jacques Pelletier: *Que faire de la littérature? L'exemple de Hermann Broch*. Québec 2005, S. 117–157, hier 128–150.
15 Vgl. hierzu z. B.: Manfred Durzak: »Zwischen Satire und Pathos. Die Möglichkeiten des Erzählers Hermann Broch in den ›Schuldlosen‹«. In: *Broch heute*. Hg. v. Joseph P. Strelka. Bern, München 1978, S. 133–154, besonders 140f.
16 Zum Begriff der literarischen Ethik im Broch'schen Werk vgl. auch Mathias Mayer: *Der erste Weltkrieg und die literarische Ethik. Historische und systematische Perspektiven*. München 2010, besonders S. 219–236.
17 Zit. n.: Hermann J. Weigand: »Zur Einführung«. In: Hermann Broch: *Die Schuldlosen. Roman in elf Erzählungen*. Zürich 1950, S. 5–26, hier 8.

Passivität hier mit einer »›ästhetisierenden‹ Grundhaltung«, mit einem »leere[n] ästhetische[n] Genuß als solche[n]« gleichsetzt.¹⁸

Der holländische Staatsbürger Andreas, ein Edelstein- und Immobilienhändler, ist, obgleich »entscheidungs-schüchtern« (KW 5, 218), ein gewinnorientierter Spekulant, der weit in der Welt herumgekommen ist. Letztere erlebt er überwiegend innerlich: Jede Wahrnehmung löst bei ihm eine Flut von Erinnerungsbildern wach, die wiederum mit philosophischen Reflexionen verwoben sind. Sein Charakter wird in drei Lebensabschnitten facettenartig skizziert: Das erste Mal, im Jahr 1913, ist Andreas einsamer, halb betrunkener Gast in einem Pariser Nachtcafé, der seiner Identität fast verlustig geht: »Hieß ich nicht einst schon einmal Andreas? mag sein, aber ich weiß es nicht mehr. Jedenfalls fängt Andreas mit einem A. an, und er bat: ›Fortab sollt Ihr mich A nennen‹« (KW 5, 30). Seine Umgebung nimmt er nur noch als ein »Verflechten« von »Stimmschicksalen«, von »Schicksalstimmen« (KW 5, 26) wahr. In der zweiten Episode zehn Jahre später ist der verwaiste A. auf der Suche nach neuem sozialen Halt, was sich in seinem Wunsch nach einer »Mutterhand [äußert], in der die Kinderhand geborgen liegt« (KW 5, 63), empfindet aber zugleich jeglichen zwischenmenschlichen Kontakt als Freiheitsverlust: »Denn ein jeder hält den anderen gefangen, und jeder glaubt der einzige Gefangene zu sein« (KW 5, 64). Mit Reminiszenzen an den Ödipus-Mythos macht ihn Broch zum erhofften Sohn der Baronin, der er wieder neuen Lebenssinn verleiht. Die Kupplerin Zerline verstrickt ihn in zwei Liebesabenteuer, in eines mit der Imker Tochter Melitta von traumhafter Vollkommenheit und in eines mit der hinterhältigen Haustochter Hildegard, das schließlich den Selbstmord seiner Geliebten veranlasst. In der dritten Lebensphase, im Schicksalsjahr 1933, hat Andreas sich mit der inzwischen gebrechlichen Baronin und der Magd Zerline in das Alte Jagdhaus zurückgezogen, wo er, abgeschieden von der Welt, unter Zerlines »Mastdiät« (KW 5, 245) steht. Dort sucht ihn der alte Imker heim und bringt den »schuldlos schuldig[en]« (KW 5, 257) Andreas, Angeklagter und Richter in einer Person, zur Erkenntnis seiner Urschuld: A. spricht sein eigenes Urteil, das zugleich eine vehemente Zeitkritik beinhaltet (»Grenzenlos geworden, ist der Mensch sich selber ein verschwimmendes Gebilde, und er sieht den Nebenmenschen nicht mehr«, KW 5, 265), erlebt den Freispruch und nimmt sich daraufhin mit einem Kopfschuss das Leben.

Hermann Broch macht Andreas in seiner Selbstinterpretation (Brief an Hartung, 8.2.1950) wegen seiner »Gleichgültigkeit gegen menschliches Leid« »zum schuldlos Mitschuldigen an der Hitlerei«¹⁹ und reduziert ihn auf den sachlichen Typus des gefühllosen Ästheten. Seine Schuld besteht nicht in der Tat selbst, sondern in der Verkennung ihrer Folgen. In dieser einseitig nega-

---

18   Zit. n. Meyer: »Hermann Broch«, S. 13.
19   Zit. n. Meyer: »Hermann Broch«, S. 14.

tiven Charakterzeichnung ignoriert Broch (bewusst?), dass diese Figur als einzige für den Zeitgeist sensibilisiert ist und diesen kritisch zu reflektieren, ja sogar, in einer Art Epilog auf sein Leben, nachträgliche »Rechenschaft« (KW 5, 270) über sich und seine Zeitgenossen abzugeben vermag. Allerdings gelingt ihm dies nicht in Eigeninitiative, sondern erst nach dem sokratischen Dialog mit dem Imker, der ihm zunächst seinen Namen und sodann seine Erinnerung und mit ihr sein (schlechtes) Gewissen zurückbringt.

6.2 Der Imker

Die Rolle des »Gnadenbringers«[20], der eine »neue Religiosität« erahnen lässt, auch wenn diese erst einmal mit einem »Rückfall ins Magische und Heidnische«[21] einhergeht, wird nach Broch (Brief an Hartung vom 8.2.1950) allein der Figur des alten Imkers zuteil. Ihn hat Broch »tunlichst aufs Alltägliche reduziert«.[22] Eingeführt wird er zunächst als Großvater und Ziehvater der Märchenfigur Melitta und ist wie diese von der schuldhaften Schuldlosigkeit ausgenommen. Der Wirklichkeitscharakter, der ihm zu Beginn noch anhaftet, wird, wie bei der Figur des Lysanias im *Tod des Vergil* oder bei der Figur des Bertrand in den *Schlafwandlern*, zunehmend ins Surreal-Imaginäre verkehrt. Anders als Andreas, der die Vieldeutigkeit und oft dissonante Vielstimmigkeit des Daseins repräsentiert, verkörpert der Großvater das Prinzip der polyphonen Einheit-Allheit,[23] die auf eine (noch) utopische »Seins-Totalität« (KW 5, 327) vorausverweist und jenseits der Zeit liegt. Auf diese positiv utopische Dimension begründet Broch die ethisch-religiöse Funktion der Figur: »kraft dieses mythischen, dieses zeitlosen Alters wird er zum Träger des Neuen, zum geisterhaften Träger einer neuen Welteinsicht, welche berufen sein mag, die terroristische Menschheitsepoche zu überwinden und an ihre Stelle wieder die der ewigen Absolutheit des moralischen Gebotes zu setzen, denn er ist Prophet des unbekannten Gottes [...]« (KW 5, 315f.). Dieser »Vorstoß ins Moralische« (KW 8, 418), so Broch rückblickend, sei ihm erstmals 1941 gelungen, als er dem ›Imker‹ in einem Gedicht, gemeint ist *Der Urgefährte*, begegnete: Auch dem Ur-Imker eignet bereits eine »Todesvertrautheit« (KW 5, 91) und Zeitaufhebung: »eisumkleidet, er, der Hirte, / alterslos der Ahn-Gefährte« (KW 8, 66). Zwar »lehrt [...]« er schon »Entwissen« (KW 8, 66), auf welche Weise er dies tut, wird aber nicht weiter spezifiziert. Erst in den *Schuldlosen* tritt der Imker dann als Geschichtenerzähler (KW 5, 90f.), Sänger und mäeutischer Philosoph in Erscheinung, der mit seiner Stimme nicht nur das Altbekannte hinterfragt, sondern auch Hoffnung auf eine (moralische)

---

20 Zit. n. Meyer: »Hermann Broch«, S. 15.
21 Zit. n. Meyer: »Hermann Broch«, S. 14.
22 Zit. n. Meyer: »Hermann Broch«, S. 15.
23 Vgl. hierzu auch Weigand: »Zur Einführung«, S. 16.

Neuordnung weckt (»Ahnung jener fernsten und fast schwerelosen Wirklichkeit, welche die Ordnung ist«, KW 5, 252). Aufgrund ihrer Naturmetaphorik, ihrer Prophezeiung einer neuen Zeit sowie ihrer poetologischen Dimension – die Bienen sind in der Antike seit Plato Symbol für den inspirierten Dichter sowie für den rhapsodischen Gesang (*Ion*, 534a–b) – erinnern die Imker-Passagen an die Hirtengedichte Vergils. Diese bukolische Tradition, die für Interpretationen von Brochs *Tod des Vergil* immer wieder fruchtbar gemacht wurde, gilt es für die *Schuldlosen* erst noch herauszuarbeiten. Vor dieser Folie erscheint der Imker nicht, wie in der Sekundärliteratur oft beklagt, als kitschverdächtig oder bloßer »Spruchbandträger«[24], sondern als poetologisch-philosophische Allegorie für den performativen Dichter, der ethische Reflexion und lyrische Rezitation zu vereinen versteht.

6.3 Der Studienrat Zacharias

Als Repräsentant des unkritischen Spießbürgertums, der im »Nebel von Opportunismus und Moralschlagworten lebt« (KW 5, 315) stellt der Studienrat Zacharias die Gegenfigur zum Imker dar. Er ist der »Durchschnittsmensch« (KW 5, 44), dem Broch keine Individualität zuerkennt und den er in seiner Selbstinterpretation als »Prä-Nazi« (KW 5, 314) tituliert. Bezeichnenderweise wird Zacharias in der zweiten Novelle *Methodisch konstruiert* eingeführt, was sich sowohl auf seinen Berufsstand – er ist Mathematik- und Physiklehrer – als auch auf seinen Seelenzustand beziehen lässt, wird er doch von Broch von Anfang an als karikierte literarische Versuchsanordnung vorgestellt:

> Denn ein aus Mittelmäßigkeiten konstruierter Charakter macht sich über die Fiktivität der Dinge und Erkenntnisse wenig Gedanken, ja, sie erscheinen ihm bloß schrullenhaft, er kennt bloß Operationsprobleme, Probleme der Einteilung und der Kombination, niemals solche der Existenz [...]. (KW 5, 33)

Zu keiner anderen Romanfigur weist der Erzähler eine dermaßen große ironische Distanz auf. Allenfalls in der Sexualität glaubt sich Zacharias für kurze Zeit dem »Absolute[n]« (KW 5, 43) nähern zu können, empfindet sie aber als »unnatürlich«, weshalb er sie »vorzeitig oder, wie man da zu sagen pflegt, ›rechtzeitig‹« abbricht (KW 5, 44). In einem derartigen »verdrängten Sexualkomplex« sieht Willi Weismann einen der Gründe für den Nationalsozialismus (Brief an Broch vom 28.12.1949). Die Selbstgeiselung des Studienrats findet in einer Szene ihren symbolischen Ausdruck, in der er sich nach einer durchzechten Nacht lustvoll von seiner Frau Philippine verprügeln lässt (»treib mir den Ekel aus dem Leib«, KW 5, 169). Dieser masochistischen Szene wohnt An-

---

[24] Manfred Durzak: *Hermann Broch. Dichtung und Erkenntnis: Studien zum dichterischen Werk*. Stuttgart 1978, S. 200.

dreas bei, die neue Kneipenbekanntschaft jener Nacht. Ihm legt Zacharias im Anschluss an den gemeinsam gehörten Vortrag über die Relativitätstheorie Einsteins in »vier Reden«, einer Art »testamentarischen Zusammenfassung« (KW 5, 164), sein politisches Bekenntnis ab und stößt mit ihm auf die »Brüderschaft« (KW 5, 154) an. Das ethische Korrektiv stellt in dieser siebten Novelle, *Die vier Reden des Studienrats Zacharias*, nicht der distanziert-kritische Erzähler, sondern der Redepartner Andreas dar. Kaum ist er von Philippine der Wohnung verwiesen worden, reflektiert er: »Dort droben war die Hölle, ja der Höllenkern, zwar nicht der einzige, dennoch einer der vielen, die über die Welt hin verteilt sind, in Deutschland vielleicht ein wenig dichter als anderswo, überall jedoch eingebettet ins Harmlose, eingekapselt und versteckt die Höllenbedrohlichkeit« (KW 5, 170). Was als Ehestreit banalisiert und in das Jahr 1923 projiziert erscheint, weist bereits auf die Gräueltaten der NS-Zeit voraus. Wieder einmal ist es Andreas, der die Gefahren des Zeitgeistes richtig erkennt, ein aktives Einschreiten aber meidet und sich so mitschuldig macht.

6.4 Die Magd Zerline

Die einzige Romanfigur, die willentlich die dramatische Handlung vorantreibt und diese sogar mittels Intrigen in Szene setzt, ist die Magd Zerline, deren Erzählung Hannah Arendt überschwänglich als »eine der größten Liebesgeschichten« (AB 137) rühmt. In ihrer Plastizität und lebenskräftigen Anschaulichkeit unterscheidet sich diese Protagonistin von allen anderen. Trotz der Urwüchsigkeit einer Magna Mater bleibt sie jedoch eine gebrochene, entfremdete Figur voller »Ressentiment«[25]: Broch selbst, der sie mit der Mutter Hentjen aus den *Schlafwandlern* analogisiert, gilt sie als »Ur-Weib, triebstark, ohne sich ihre Triebe zu verheimlichen, eifersüchtig, machthungrig, willenskräftig [...] und geschlechtsstolz, eben darum aber auch an ihrer untergeordneten sozialen Stellung leidend« (KW 5, 301). Sie, die von ihrer Wunsch-Beziehung zum Baron immer nur träumen durfte, ist verantwortlich für die zahlreichen Dreieckskonstellationen, die feste Bindungen verunmöglichen und immer wieder Opfer fordern: Die Kupplerin schreckt weder vor dem indirekt inszenierten Selbstmord zurück (Melitta nimmt sich das Leben, nachdem Zerline Hildegard und A. zusammengeführt hat) noch vor dem direkt verübten Mord (der Baronin verabreicht sie eine Überdosis Schlaftabletten, um schließlich selbst Herrin des Jagdhauses zu werden). Unter dem Aspekt des geschichtsphilosophischen Konzepts des Wertvakuums tritt sie sowohl in Beziehung zum Studienrat Zacharias als auch zum Titelhelden des letzten Trilogiebandes der *Schlafwandler*, zu Hugenau. Versuchte Broch in der Figur des Imkers mittels

---

[25] Vgl. hierzu auch: Bernd Wolter: *Hermann Brochs ›Die Schuldlosen‹. Anspruch und Wirklichkeit eines politischen Romans*. Dissertation Paderborn 1979, S. 275–281.

»Abstraktionismus« (KW 9/2, 213) selbst einen neuen Mythos zu schaffen, so greift er in seiner naturalistischen Schilderung der Kupplerin Zerline und deren Affäre mit dem Herrn von Juna mittels einer persiflierenden Satire auf den Don Juan-Mythos zurück: Wie die Zerlina der Oper[26] ist die Romanfigur Zerline niedrig gestellt und pflegt ihren kalkulierenden, nüchternen, intriganten Umgang mit Männern. Ihr Lebensziel ist es, mit dem Herrn von Juna in das Jagdhaus – ihr ›casinetto‹ – zu gehen, worin sie dem Leporello in der Introduktion der Oper ähnelt, der ebenfalls davon träumt, den Herren zu machen, anstatt Diener zu sein. Infolge ihres oft naiven Glaubens, Liebesbeziehungen (re-)produzieren zu können, erzeugt sie opernhaften »Seelenlärm« (KW 5, 112). Nicht von ungefähr assoziiert Andreas sie mit der Schlussszene einer tragischen Oper (KW 5, 228), die in den *Schuldlosen* immer mit spießbürgerlichem Kitsch einhergeht.[27] Kitsch aber meint bei Broch das Böse im Wertsystem der Kunst (vgl. auch KW 9/2, 119–157).

7. Die Schuldfrage

Hermann Broch verortet sich ungern geschichtshistorisch und präferiert die Betonung seiner (angeblichen) Einzelstellung, so auch in der deutschen »Schuldfrage«, von der er sich explizit distanziert (KW 5, 306), deren Begrifflichkeiten er jedoch implizit aufgreift. Köhn (1987) und Ziolkowski (2003)[28] haben inzwischen überzeugend aufgezeigt, dass es durchaus gewinnbringend sein kann, Broch in ein intertextuelles Netz mit juristischen, philosophischen, politischen und literarischen Denkern seiner Zeit zu stellen (Eugen Kogon, Gustav Radbruch, Karl Jaspers, Hannah Arendt, Albert Camus), auch wenn in den wenigsten Fällen eine direkte Einflussnahme feststellbar ist. Am ergiebigsten erscheint ein Vergleich mit dem Schuldkonzept Karl Jaspers, auf den Hermann Broch über Hannah Arendt, eine gute Bekannte Brochs und ehemalige Doktorandin Jaspers, aufmerksam gemacht worden ist. Jaspers differenziert in seinen Vorlesungen über *Die Schuldfrage* (1945) zwischen einem kriminellen, einem politischen, einem moralischen sowie einem metaphysischen Schuldbegriff. Der erste Schuldtyp, der kriminelle, bezieht sich auf die

---

[26] Zur Problematik einer Gleichsetzung vgl.: Martin A. Hainz: »Handlungsmelodik? (An-)Ästhetiken in Brochs ›Schuldlosen‹«. In: *Hermann Broch und die Künste*. Hg. v. Alice Stašková und Paul Michael Lützeler. Berlin 2009, S. 137–152, hier 138f.

[27] Vgl. hierzu auch: Gabriella Rácz: »Musik in Hermann Brochs Roman ›Die Schuldlosen‹«. In: *Hermann Broch und die Künste*. Hg. v. Alice Stašková und Paul Michael Lützeler. Berlin 2009, S. 119–136, hier 131.

[28] Lothar Köhn: »›Leises Murmeln‹. Zum Begriff der Schuld in Hermann Brochs ›Die Schuldlosen‹«. In: *Hermann Broch. Das dichterische Werk*. Hg. v. Michael Kessler und Paul Michael Lützeler. Tübingen 1987, S. 55–65, sowie Theodore Ziolkowski: »Between Guilt and Fall: Broch's ›Die Schuldlosen‹«. In: *Hermann Broch. Visionary in Exile. The 2001 Yale Symposium*. Hg. v. Paul Michael Lützeler u. a. Rochester 2003, S. 231–244.

Rechtsverletzung, seine Instanz ist das Gericht. Der zweite, der politische, besteht in den Handlungen der Staatsmänner und in der Staatsbürgerschaft eines Staates, wobei jeder Mensch für seine Regierung Mitverantwortung trägt, seine Instanz ist die Gewalt und der Wille des Siegers. Der dritte Typ, der moralische, fokussiert Handlungen, die ein Individuum begeht, Instanz kann nur das eigene Gewissen sein. Und der vierte Schuldtyp, der metaphysische, meint eine Solidarität zwischen Menschen als Menschen, welche einen jeden mitverantwortlich macht für Ungerechtigkeiten der Welt: Instanz ist Jaspers zufolge Gott allein.[29] Auch Hermann Broch nimmt eine vergleichbare Trennziehung vor; in der Terminologie Karl Jaspers könnte man sagen, dass er die kriminelle und die politische Schuld zur »juristischen« sowie die moralische und metaphysische Schuld zur »ethischen« summiert:

> Verbrechen unterliegen der Strafe, doch Schuld ist keine juristische, sondern eine ethische Kategorie, und ihr Gegengewicht, ihre Auslöschungsmöglichkeit, ist die Sühne, nie und nimmer die Strafe. M. a. W. Sühne ist nicht wie die Strafe an den Begriff der Abbüßung, sondern an den der Läuterung gebunden und erfordert daher den Übertritt aus dem juristischen in den menschlichen Bereich, also in jenen, der Dichtung zugänglich ist und ihre Aufgabe darstellt. (KW 5, 306f.)

Bereits Jaspers betonte, dass eine metaphysische Schuld nicht durch »persönliche Mitteilung«, also diskursiv kommunizierbar sei, sondern allenfalls »im Werk der Dichtung und der Philosophie«.[30] Denn nur eine literarische Ethik vermag eine derartige Schuld zu sühnen, indem sie für *Stimmen* sensibilisiert, die in der moralischen Alltagswelt überhört oder unterdrückt werden.

8. Zur Rezeption

Der Roman *Die Schuldlosen* steht nach wie vor im Schatten seiner Vorgänger *Die Schlafwandler* sowie *Der Tod des Vergil*, auch wenn ihm in den letzten Jahren zumindest in Einzelaufsätzen vermehrte Aufmerksamkeit zuteil wird. Gleich nach dem Erscheinen blieb der von Weismann und Broch erhoffte Erfolg aus, was äußerlich an den politischen und wirtschaftlichen Umständen sowie dem Beginn des Kalten Krieges, innerlich wohl auch an einer Scheu vor der Auseinandersetzung mit der Schuldfrage, zumal in einer ästhetisch derartig komplexen Form, gelegen haben mag. In Rezensionen direkt nach dem Erscheinen wurde einerseits die Darstellungsart des Romans thematisiert (Paul Nettl schreibt in der *American Review* von August 1951 von einer »demonstration of

---

[29] Vgl. hierzu: Karl Jaspers: *Die Schuldfrage. Für Völkermord gibt es keine Verjährung*. München 1979, S. 21–24.
[30] Jaspers: *Die Schuldfrage*, S. 22.

the dissolution of all formalistic requirements in our century«), andererseits der Schuldbegriff problematisiert (so z. B. Helmut Uhlig im *Berliner Tagesspiegel* vom 4.3.1951 oder Hartwig Obst in der *ZEIT* vom 7.6.1951).[31] Die erste Übersetzung ins Französische gab es erst 1961, die ins Englische sogar erst Mitte der 1970er (vgl. KW 5, 350). Eine Ausnahme stellte die Übertragung ins Japanische dar, die – als erste überhaupt – schon 1954 herauskam. In Japan fand eine Auseinandersetzung mit der Schuldfrage und den *Schuldlosen* nämlich schon in der Mitte der 1950er Jahre statt, wo der Name Broch spätestens in den 1960ern nicht mehr nur unter den Philologen zu den großen Namen zählte.[32] Anders absurderweise in Europa: Eine literaturwissenschaftliche Rezeption des Romans, die ihn zunächst überwiegend politisch kontextualisierte, setzte zögerlich erst in den 1960er Jahren ein. Direkte literarische Nachahmer, die explizit Bezug auf die *Schuldlosen* nehmen, gab es, anders als bei den beiden anderen großen Romane Brochs, nicht. Dennoch lässt sich der von Hermann Broch in der kritischen Auseinandersetzung mit (der eigenen) Geschichte elaborierte satirische Ton, der immer wieder ins Surrealistische umschlägt, auch bei späteren Autoren finden: Friedrich Dürrenmatt und Peter Handke wären hierfür markante Beispiele,[33] in jüngerer Zeit wohl auch Bernhard Schlink sowie Doron Rabinovici.

Doren Wohlleben

9. Literatur

Arendt, Hannah und Hermann Broch: *Briefwechsel 1946 bis 1951*. Hg. v. Paul Michael Lützeler. Frankfurt am Main 1996 (= AB).

Broch, Hermann und Daniel Brody: *Briefwechsel 1930–1951*. Hg. v. Bertold Hack und Marietta Kleiß. Frankfurt am Main 1971 (= BB).

Bylow, Christina: »Hermann Broch und der Verleger Willi Weismann. Ein Beitrag zur Entstehungsgeschichte des Romans ›Die Schuldlosen‹ (1946–1951)«. In: *Archiv für Geschichte des Buchwesens* 38 (1992), S. 191–255.

Doppler, Alfred: »Die lyrischen Stimmen in Hermann Brochs ›Die Schuldlosen‹«. In: *Hermann Broch. Das dichterische Werk*. Hg. v. Michael Kessler und Paul Michael Lützeler. Tübingen 1987, S. 45–53.

---

31 Vgl. hierzu auch Kuna: *Der Briefwechsel*, S. 19f.
32 Vgl. hierzu: Koichi Yamaguchi: »Broch Reception in Japan: Shin'ichirō Nakamura and ›Die Schuldlosen‹«. In: Lützeler (Hg.): *Visionary in Exile*, S. 245–251.
33 Vgl. hierzu auch: Köhn: »›Leises Murmeln‹«, S. 63.

Durzak, Manfred: »Zwischen Satire und Pathos. Die Möglichkeiten des Erzählers Hermann Broch in den ›Schuldlosen‹«. In: *Broch heute*. Hg. v. Joseph P. Strelka. Bern, München 1978, S. 133–154.

Durzak, Manfred: *Hermann Broch. Dichtung und Erkenntnis. Studien zum dichterischen Werk*. Stuttgart 1978.

Hainz, Martin A.: »Handlungsmelodik? (An-)Ästhetiken in Brochs ›Schuldlosen‹«. In: *Hermann Broch und die Künste*. Hg. v. Alice Stašková und Paul Michael Lützeler. Berlin 2009, S. 137–152.

Jaspers, Karl: *Die Schuldfrage. Für Völkermord gibt es keine Verjährung*. München 1979.

Knipe, Heidi: *Die Doppelfunktion des Irrationalen in Hermann Brochs Roman ›Die Schuldlosen‹*. Frankfurt am Main 1978.

Köhn, Lothar: »›Leises Murmeln‹. Zum Begriff der Schuld in Hermann Brochs ›Die Schuldlosen‹«. In: *Hermann Broch. Das dichterische Werk. Neue Interpretationen*. Hg. v. Michael Kessler und Paul Michael Lützeler. Tübingen 1987, S. 55–65.

Kuna, Kathrin: *Der Briefwechsel zwischen Hermann Broch und Willi Weismann (1946–1951)*. Diplomarbeit Wien 2008, http://othes.univie.ac.at/2752/ (Stand: 01.11.2010).

Mayer, Mathias: *Der erste Weltkrieg und die literarische Ethik. Historische und systematische Perspektiven*. München 2010, besonders S. 219–236.

Meyer, Jochen: »Hermann Broch. ›... das ganze Buch ist ein Seiltänzerkunststück‹. Aus der Entstehungs- und Verlagsgeschichte der ›Schuldlosen‹«. In: *Marbacher Magazin* 33 (1985), S. 3–25.

Pelletier, Jacques: *Que faire de la littérature? L'exemple de Hermann Broch*. Québec 2005, besonders S. 117–157.

Rácz, Gabriella: »Musik in Hermann Brochs Roman ›Die Schuldlosen‹«. In: *Hermann Broch und die Künste*. Hg. v. Alice Stašková und Paul Michael Lützeler. Berlin 2009, S. 119–136.

Schmid, Sigrid: *Hermann Broch, éthique et esthétique*. Paris 2001, besonders S. 177–191.

Sidler, Judith: *Literarisierter Tagtraum. Einheitskonstruktionen in Hermann Brochs ›Tierkreis-Erzählungen‹*. Würzburg 2003.

Strelka, Joseph P.: »Hermann Brochs ›Parabel von der Stimme‹«. In: *Hermann Broch und seine Zeit*. Hg. v. Richard Thieberger. Bern 1980, S. 122–132.

Utermöhlen, Gerda: *Hermann Brochs Novellenzyklus ›Die Schuldlosen‹*. Dissertation Heidelberg 1963.

Weigand, Hermann J.: »Zur Einführung«. In: Hermann Broch, *Die Schuldlosen. Roman in elf Erzählungen*. Zürich 1950, S. 5–26.

Wolter, Bernd: *Hermann Brochs ›Die Schuldlosen‹. Anspruch und Wirklichkeit eines politischen Romans*. Dissertation Paderborn 1979.

Yamaguchi, Koichi: »Broch Reception in Japan: Shin'ichirō Nakamura and ›Die Schuldlosen‹«. In: *Hermann Broch. Visionary in Exile. The 2001 Yale Symposium*. Hg. v. Paul Michael Lützeler u. a. Rochester 2003, S. 245–251.

Ziolkowski, Theodore: »Between Guilt and Fall: Broch's ›Die Schuldlosen‹«. In: *Hermann Broch. Visionary in Exile. The 2001 Yale Symposium*. Hg. v. Paul Michael Lützeler u. a. Rochester 2003, S. 231–244.

VI. Dramen

1. *Die Entsühnung* (1932): Ein Zeitstück als Tragödie der Wert- und Wirtschaftskrise

1.1 Abgrenzung von Piscator und Brecht

Dass Hermann Broch nach Veröffentlichung des letzten Bandes seiner *Schlafwandler*-Trilogie im Jahr 1932 mit der Arbeit an einem Zeitstück als Industrie- bzw. Wirtschaftsdrama begann, konnte eigentlich niemanden überraschen.[1] In der Trilogie kommen mit Eduard von Bertrand, Wilhelm Huguenau und August Esch Protagonisten vor, die dem Bereich des modernen Handels, der Börse und der kaufmännischen Verwaltung entstammen. Das wiederum hatte nicht nur mit der Tatsache zu tun, dass im Zeitroman vom Realismus über den Naturalismus bis zur Neuen Sachlichkeit die Welt des Kommerzes mit Bestsellern wie Gustav Freytags *Soll und Haben*, Emile Zolas *Das Geld*, Thomas Manns *Buddenbrooks* oder F. Scott Fitzgeralds *Der große Gatsby* und Erik Regers *Union der festen Hand* seit Jahrzehnten literarisch fest etabliert war. Vor allem war Brochs Alltagswelt die von Industrie und Handel gewesen, war derart bestimmt von Baumwolle, Bank und Börse, von wirtschaftlicher Expansion und Depression, vom Denken in Prozent und Profit, von Kredit und Konkurs, von Teilhaberschaften und Konzernbildungen, dass es jeden, der ihn kannte, überrascht hätte, wenn er nicht Themen und Probleme der unmittelbaren Berufsumgebung in seinen Dichtungen behandelt hätte. Die Abschnitte über die Buchhalterideologie des August Esch, die Beziehung Eduard von Bertrands zum globalen Baumwollhandel und zur Börse, die dubiosen unternehmerischen Aktionen des Wilhelm Huguenau: all das sind Schilderungen, die ohne ökonomische Erfahrungen, die Broch im Lauf von zwei Jahrzehnten in einem Unternehmen mittlerer Größe gesammelt hatte, undenkbar gewesen wären. Bevor er 1927 die bei Wien gelegene väterliche ›Spinnfabrik Teesdorf‹ verkaufte, um Schriftsteller zu werden, hatte er in diesem Betrieb die Funktion des kaufmännischen Direktors inne gehabt. Wie jeder Industrielle musste er im Lauf seiner Karriere einige Niederlagen einstecken, aber er sorgte auch dafür, dass sein Familienunternehmen Krisen überstehen konnte.[2] Vor allem verkaufte er die Firma 1927 rechtzeitig, denn ein Jahr später setzte mit der

---

[1] Zur Entstehung des Dramas vgl. die »Anmerkungen des Herausgebers« in KW 7, 415–429. Vgl. ferner: HBB 154–164.
[2] Über Brochs berufliche Arbeit und die wirtschaftliche Krisenzeit der 1920er Jahre findet man einiges in: TT. Vgl. ferner: VS. Man hätte eigentlich erwarten können, dass die »Filsmannwerke« in Brochs *Entsühnung* zur Textilbranche gehören, aber Broch gibt nirgendwo einen Hinweis darauf, was in der Firma hergestellt wird.

Weltwirtschaftskrise das große Bankrottieren auch in der österreichischen Textilindustrie ein.

Zunächst hatte Broch daran gedacht, nach Abschluss der *Schlafwandler*-Trilogie ein weiteres Erzählwerk zu schreiben, den *Filsmann*-Roman (KW 6, 287–325), doch wechselte er schon bald (im Sommer 1932) die Gattung und brachte den Stoff in einem Drama unter, für den er den Titel *Die Entsühnung* wählte.[3] Es schildert Lohnkämpfe zwischen Unternehmern und Arbeitern und Übernahmeaktionen zwischen einem Konzern und Einzelfirmen im Jahr 1930 in einer südwestdeutschen Industriestadt. Das waren mit der voll durchschlagenden Wirtschaftskrise damals symptomatische Konflikte. Broch selbst hat öfters durchblicken lassen, dass er sich einen größeren finanziellen Erfolg von einem Drama versprach, nachdem die Verkaufszahlen seiner Romantrilogie enttäuschend geblieben waren. Das mag als Motivation mitgespielt haben, aber entscheidend war es wohl nicht. Broch schrieb die Tragödie im Hinblick auf Platzierungen an deutschen Theatern und dachte dabei vor allem an Berlin. Aber schon im Frühjahr 1932 kürzte der preußische Staat im Zuge der Sparmaßnahmen einschneidend die Mittel zur Förderung der Theater, womit in der deutschen Hauptstadt wie anderswo das Theater- und Opernsterben einsetzte. Das waren Vorgänge, die Broch nicht verborgen blieben, die er vielmehr im Briefwechsel mit seinem schottischen Übersetzerehepaar Anfang 1933 selbst benannte (KW 13/1, 232). Was ihn reizte war jedoch, seine eigene Variation des zwischen 1927 und 1932 aktuellen Zeitstücks zu schaffen.

Broch besuchte in den späten 1920er Jahren bei seinen Reisen nach Berlin auch die Piscator-Bühne im Theater am Nollendorfplatz. Dort sah er, wie er seinem Sohn am 22. Februar 1928 mitteilte, die bearbeitete Fassung von Jaroslav Hašeks Roman *Die Abenteuer des braven Soldaten Schwejk* mit Max Pallenberg in der Titelrolle. Broch sprach von einer »originellen Inszenierung«, meinte aber, dass sich »das Buch nicht zur Dramatisierung« eigne (VS 151). Die »originelle Inszenierung« muss Broch nachhaltig beeinflusst haben. Pallenberg, der dem Autor aus seiner Wiener Zeit als Schauspieler und Sänger ein Begriff war, spielte hier eine seiner Glanzrollen. Die dramatische Fassung des Romans stammte von Max Brod, doch wurde sie für diese Aufführung durch Piscator selbst in Zusammenarbeit mit Bertolt Brecht und Leo Lania verändert. Die Bühnenillustrationen – und hier zeigten sich Piscators Neuerungen am stärksten – wurden durch zwei Laufbänder permanent in Bewegung gesetzt, wobei dreihundert satirische Bilder von George Grosz an die Wände projiziert und Zeichentrickfilme sowie Photos (u. a. von Prag) eingefügt wurden.[4] Broch lernte hier Piscators Einsatz neuer audiovisueller Medien bei den

---

3   Hier wird die »Bühnenfassung« des Stückes vorgestellt (KW 7, 133–234).
4   Vgl. Klaus Völker: »Hašeks ›Schwejk‹-Roman auf der Bühne – Die Piscator-Inszenierung von 1928: Von Brod zu Brecht und die Folgen«. In: *Berlin und der Prager Kreis*. Hg. v. Margarita Pazi und Hans Dieter Zimmermann. Würzburg 1991, S. 225–241.

Aufführungen kennen, und es ist offensichtlich, dass er durch Piscator zu den Film- und Ton-Introduktionen angeregt wurde, die fast jedem »Bild« in der *Entsühnung* vorangehen.[5] Es war Piscator als Regisseur, der in den 1920er Jahren »entscheidende Anstöße für den Aufstieg des Zeitstücks« gegeben hatte, und man war sich im Umkreis seiner Bühne bewusst, dass »er für sein politisches Theater« auf »ein neues großes Drama«[6] hoffte. Diese Erwartung muss man sich in Erinnerung rufen, wenn Broch von dem »großen Theater« spricht, zu dem er mit der *Entsühnung* einen Beitrag liefern wollte (KW 9/2, 59). Wie es Broch sowohl im Roman wie im Drama darum zu tun war, »Totalität« zu gestalten und mit ihr auch den »Zeitgeist« der Epoche (KW 9/1, 65) zu erschließen, so war es auch Piscator um »die Perspektive der Totalen« zu tun, wobei der Blick »vom Einzelschicksal« auf »das Ganze« gelenkt werden sollte. Auffallend ist bei Piscator (und auch bei Broch) die Profilierung der Endszene: »Piscator spannte die Einzelszenen und -bilder auf die Endszene als den ideellen Höhepunkt der Aufführung hin.«[7]

Damit kommt man aber auch schon zur entscheidenden Differenz zwischen Piscator und Broch. Denn während für den Berliner Regisseur die Endszene »aktives Handeln und Verändern« herausfordert und dadurch auf die »Überwindung derjenigen gesellschaftlichen Zustände« drängt, die »Tragödien« hervorbringen,[8] ist es Broch um eine Erkenntnis zu tun, die nicht einfach in Praxis überführbar ist, sondern die religiöse Kulturaspekte in der Krise bezeichnet. Piscator bewegt sich (darin Brecht vergleichbar), was seine Weltanschauung betrifft, im Umkreis marxistischer Theorie, die auf Veränderung gesellschaftlicher Praxis abzielt. So wurden denn auch bei Piscator Zeitstücke (heute nennen wir sie neusachliche Dramen) eingereicht, die konkrete gesellschaftliche Fehlentwicklungen benannten: Jugendkriminalität, Abtreibungsgesetzgebung, schwarze Pädagogik, Scheidungsprobleme, Kriegssituationen, Justizskandale, Rassismus. Die damals viel diskutierten Dramatiker, die bei Piscator ihre Stücke aufführen konnten, waren (neben Brecht) unter anderem Ernst Toller (*Hoppla, wir leben*, 1927), Alfred Döblin (*Die Ehe*, 1929), Ferdinand Bruckner (*Die Verbrecher*, 1928, *Krankheit der Jugend*, 1929) Peter Martin Lampel (*Revolte im Erziehungshaus*, 1928) und Erich Mühsam (*Staatsräson*, 1927). Mit Leo Lanias (*Konjunktur*, 1928) und Walter Mehrings (*Der Kaufmann von Berlin*,

---

5 Vgl. Bernhard Doppler: »›Die Entsühnung‹ als Zeitoper. Zur Aktualität von Brochs Trauerspiel 1996«. In: *Hermann Broch: Perspektiven interdisziplinärer Forschung*. Hg. v. Árpád Bernáth, Michael Kessler und Endre Kiss. Tübingen 1998, S. 243–256, besonders 249ff., wo die Bild- und Tonintroduktionen auch auf Walter Ruttmanns Film »Berlin, Sinfonie einer Großstadt« von 1927 zurückgeführt werden.
6 Jost Hermand und Frank Trommler: *Die Kultur der Weimarer Republik*. München 1978, S. 248. Vgl. ferner: Erwin Piscator: *Das politische Theater*. Berlin 1968 (Faksimile-Ausgabe von 1929).
7 Hermand und Trommler: *Weimarer Republik*, S. 249. Vgl. ferner: Christopher Innes: *Erwin Piscator's Political Theatre. The Development of Modern German Drama*. Cambridge 1972.
8 Hermand und Trommler: *Weimarer Republik*, S. 249.

1929) wurden auch Stücke aus der kommerziellen Welt angenommen,[9] aus jener Sphäre also, um die es in Brochs Dramenhandlung geht.

Ernst Schürer wies als erster auf die Verbindung Brochs zum Theater der Neuen Sachlichkeit hin.[10] Er hält die *Entsühnung* (sieht man von der »Totenklage« der Frauen am Schluss ab) für ein paradigmatisch neusachliches Stück aus der Zeit um 1930. Die Frage drängt sich auf, ob Piscator *Die Entsühnung* für seine Bühne akzeptiert hätte, wäre die »Totenklage« der Frauen gestrichen worden. Wohl kaum. Das ist nur ein Gedankenspiel, denn Piscator war bereits 1931 (ein Jahr bevor Broch sein Stück schrieb) in die Sowjetunion gegangen. Broch passte nicht in das Konzept der Piscator-Bühne. Aber er hätte sein Stück an einem anderen Theater platzieren können, wenn sich das politischgesellschaftliche Klima inzwischen nicht radikal verändert hätte. Keine der Theateragenturen, auf die Broch gesetzt hatte, konnte Ende 1932 *Die Entsühnung* an eine Bühne in Berlin oder in Deutschland allgemein vermitteln. Ende Juli 1932 nämlich hatten die Nationalsozialisten bei den Reichstagswahlen ihren entscheidenden Sieg errungen. Sie waren jetzt die größte Fraktion im deutschen Parlament und konnten mit Hermann Göring den Präsidenten des Reichstags stellen. In den Wochen und Monaten nach dieser Wahl nahm der Rechtsradikalismus in Deutschland zu. Diese Entwicklung gipfelte in den Neuwahlen von Ende Januar 1933 mit der Wahl Hitlers zum Reichskanzler und dem Ermächtigungsgesetz vom 23. März 1933, womit der »Führer« der NSDAP die geplante Etablierung der Diktatur erreicht hatte. Unter diesen Umständen konnte das Drama eines jüdischen Schriftstellers nicht damit rechnen, in Deutschland aufgeführt zu werden. Aber setzen wir das Gedankenspiel mit Brochs Stück an der Piscator-Bühne fort. Für die ins Metaphysische reichenden Aspekte der »Totenklage« der Frauen hätte Piscator kein Verständnis gehabt, und er hätte sicher darauf bestanden, dass der erste Teil des »Epilogs« (die Vorstandssitzung der Männer) anders auszufallen habe. Mit ihr wurde der Sieg des Konzernmagnaten Albert Menck im Wirtschaftskampf um die Vorherrschaft offenbar: keine hoffnungsvolle Perspektive im Sinne Piscators.

---

[9] Hermand und Trommler: *Weimarer Republik*, S. 250f.

[10] Ernst Schürer: »›Die Entsühnung‹ und das Drama der Neuen Sachlichkeit«. In: *Modern Austrian Literature* 13 (1980) H. 4, S. 77–98. Seitdem wird Brochs Stück in den Kategorien dieses Dramatyps diskutiert. Vgl. Thomas Koebner: »Brochs Trauerspiel ›Die Entsühnung‹ (1932)«. In: *Hermann Broch*. Hg. v. Paul Michael Lützeler. Frankfurt am Main 1986, S. 78–93; Ernst Schürer: »Erneuerung des Theaters?: Broch's Ideas on Drama in Context«. In: *Hermann Broch. Visionary in Exile. The 2001 Yale Symposium*. Hg. v. Paul Michael Lützeler u. a. Rochester 2003, S. 21–36; Elizabeth Guilhamon: »Der Konkurs der Diskurse in Hermann Brochs ›Entsühnung‹ und Bertolt Brechts ›Heilige Johanna der Schlachthöfe‹«. In: *Die streitbare Klio. Zur Repräsentation von Macht und Geschichte in der Literatur*. Hg. v. Elizabeth Guilhamon und Daniel Meyer. Frankfurt am Main 2010, S. 221–235; Roberto Rizzo: »›Great Theater‹ and ›Soap Bubbles‹. Broch the Dramatist«. In: Lützeler (Hg.): *Visionary in Exile*, S. 159–186.

Um 1930 hatte Brecht sich auf seine Art um eine Erneuerung des Theaters bemüht. Mit den damals geschriebenen »Lehrstücken« wie z. B. *Der Jasager/ Der Neinsager*, *Die Maßnahme* und *Die Ausnahme und die Regel* wollte er sich vom konventionellen bürgerlichen Theater distanzieren.[11] Broch kann sich aber mit dieser Form des, wie er es nennt »abstrakte[n] Problemtheaters« nicht befreunden, weil hier die behandelte Thematik »auf die Dürftigkeit von Schlagwortthesen reduziert« werde. In seiner eigenen intendierten »Erneuerung des Theaters« sei das Drama auf einer »naturalistische[n] Basis« errichtet. Die sei in der *Entsühnung* ein »sozialer Querschnitt durch ein industrielles Deutschland von 1930«. »Das Problem des heutigen Menschen ist Not«, erklärt Broch, und »das Humane« seines »Daseins« bedränge ihn »in Gestalt des Wirtschaftlichen und Sozialen«. Im Sinne eines »architekturierten Naturalismus« aber müsse die »naturalistische[ ] Basis« den Blick auf die »sophokleische Schicht« freigeben. »Großes Theater« spiele sich auf dieser »Schicht« ab (KW 7, 404f.). Broch formuliert hier im Hinblick auf das Theater eine Ästhetik, die er vergleichbar ein Jahr später im Vortrag »Das Weltbild des Romans« am Beispiel der erzählenden Literatur erläutert. Dort setzt er sich – wobei er unausgesprochen an die *Schlafwandler*-Trilogie denkt – für einen »erweiterten Naturalismus« ein, der »in einem tieferen Sinne die Welt so gibt, wie sie ist«, weil er die »Sphäre der traumhaft erhöhten Realität« vergegenwärtige (KW 9/2, 105). Und wenig später erklärt er an anderer Stelle, dass diese »Erweiterung« angemessen in der »Irrationalität des Lyrischen und Hymnischen« (KW 10/1, 234) ausgedrückt werden könne.[12]

Mit der »sophokleischen Schicht« ist also eine »traumhaft erhöhte Realität« gemeint. »Das griechische Theater«, so hielt Broch fest, sei »ein Theater des Kultes« und greife »ins Irdische hinein«, indem es das »Problem des Politischen zu sich emporzieh[e]« (KW 7, 404). Das Drama der Gegenwart dürfe ebenfalls nicht »im Naturalistischen stecken bleiben« (KW 9/2, 60), sondern müsse »an den Glauben« rühren (KW 9/2, 59). Allerdings sei der »Weg vom Göttlichen zum Irdischen [...] ungangbar geworden«, da »die Renaissance« jene »Umwertung« vollzogen habe, die heute nur noch den »Weg« vom »Irdischen zum Göttlichen, vom Naturalistischen zum Gedanken« ermögliche. Wo die »sophokleische Schicht erreicht« sei, werde »der Naturalismus ins Abstrakt-Stilistische umschlagen« (KW 7, 405). Die Ästhetik des »erweiterten« oder »architekturierten« Naturalismus ist zum Verständnis aller Dichtungen Brochs unerlässlich. So wenig man sich die Verwandlungen menschlicher Gesichter in Landschaften im *Pasenow*-Teil der *Schlafwandler* (KW 1, 119f.)

---

11 Vgl. Reiner Steinweg: *Lehrstück und episches Theater: Brechts Theorie und die theaterpädagogische Praxis*. Frankfurt am Main 2005.
12 Vgl. Hartmut Reinhardt: *Erweiterter Naturalismus. Untersuchungen zum Konstruktionsverfahren in Hermann Brochs Romantrilogie ›Die Schlafwandler‹*. Köln 1972.

wegwünschen kann, damit man eine Art von Fontane-Roman vor sich hat; so wenig man die tagtraumartigen »Kolonisten«-Abschnitte (KW 1, 341f.) im *Esch* ausklammern sollte, damit man einen realistischen Angestellten-Roman goutieren kann; so wenig man im *Huguenau* das »Symposium oder Gespräch über die Erlösung« (KW 1, 551ff.) oder die theologischen Reflexionen im »Epilog« des *Zerfalls der Werte* (KW 1, 699ff.) ignorieren darf, nur damit ein neusachlicher Roman herausschaut; so wenig man in Brochs *Die Verzauberung* die mystischen Meditationen des Erzählers (KW 3, 86f.) wegwünschen sollte, damit man einen Anti-Heimatroman vor sich hat; so wenig wie man sich bei der Lektüre des *Tod des Vergil*, den Broch ein »lyrisches Werk« (KW 4, 473) nannte, auf die traditionell erzählten Gespräche zwischen Vergil und Cäsar Augustus beschränken kann, um das Buch als historischen Roman lesen zu können: so wenig darf man auch die »Totenklage« eskamotieren. »Lyrisches« setzt Broch gerne ein, wenn er dem »Zeitgeist« eine »Stimme« geben will (KW 7, 334): so etwa in »Des Schiffes breiter Kiel...« in den *Schlafwandlern* (KW 1, 688f.), so in der Todesszene der Mutter Gisson (KW 3, 361ff.), so im »Prophetengedicht« der *Schuldlosen* (KW 5, 242f.) und so auch in der »Totenklage« der *Entsühnung*. Meistens steigert sich dann das »Lyrische« zum »Hymnischen«.

Was meint Broch mit der »sophokleischen Schicht«? Zum »Abstrakt-Stilistischen« des Stückes gehört die Einführung des Chors. Der Altphilologe Bernhard Zimmermann hat zusammenfassend über den Chor in Antike und Moderne geschrieben.[13] Er weist darauf hin, dass die Theorie über den Chor, wie sie von Aristoteles im 18. Kapitel der *Poetik* entfaltet worden ist, wirkungsmächtiger war als die Theaterpraxis bei den griechischen Aufführungen. Aristoteles beharrte darauf, dass der Chor Teil des Handlungsganzen sein müsse, dass sein Sinn nicht darin bestehe, Lieder zu singen, die nichts mit der Handlung zu tun hätten. Aristoteles habe sich vor allem an den Stücken des Sophokles orientiert, die er als traditionsbildend betrachtete. Bei Sophokles ist der Chor eine Gruppe mit konturiertem Charakter: Er greift nicht in das Geschehen ein, kommentiert und reflektiert es aber im Verlauf des tragischen Geschehens. Als reflektierende kollektive Persona (der Chor kann bei Sophokles 18 Mitglieder haben) ist er einerseits Teil der Handlung, transzendiert sie aber andererseits auch qua Kommentar. Abgehoben erscheint der Chor vom übrigen Personal der Tragödie durch seinen liedhaften Vortrag und die stilisierte Sprache (er benutzt bei Sophokles den dorischen Kunstdialekt statt

---

[13] Bernhard Zimmermann: *Europa und die griechische Tragödie. Vom kultischen Spiel zum Theater der Gegenwart*. Frankfurt am Main 2000. Vgl. darin das Kapitel »Theorie und Praxis des Chores von der Antike bis in die Moderne«, S. 144–160. Zimmermann geht auch auf den Gebrauch des Chores von Schiller bis Brecht und Dürrenmatt ein. Broch im Kontext der Weiterentwicklung des Chors in der Moderne zu lokalisieren, wäre eine eigene Untersuchung wert.

des Attisch der Umgangssprache). Auch der Chor, wie er in den Tragödien des Aischylos auftaucht, gilt Aristoteles als vorbildlich. Bei ihm enden – öfter als bei Sophokles – die Reflexionen in theologischen Aussagen.

Broch entspricht mit seinem Frauen-Chor den Erwartungen des Aristoteles insofern, als er eine Gruppe einführt, die zum einen aufs Engste mit der Dramenhandlung verbunden ist, die aber andererseits sich erst formiert, als sie Distanz zur Handlung gewonnen hat. Brochs Frauen beginnen als Chor zu agieren als die Tragödie bereits beendet ist: Sie erheben ihre Klage in einem »Epilog«. Hier entwickelt sich allmählich aus den einzelnen Frauenfiguren, die wir aus dem Drama kennen, der Chor. Seine Mitglieder verlieren immer mehr an Individualität und werden schließlich zu einer Gruppe, die an den griechischen Chor mit seinen kollektiven Aussagen erinnert. In der »Totenklage« werden zu Anfang noch alle Vor- oder Familiennamen der Frauen genannt, dann aber durch Abstrakta wie »die erste Mutter« oder »die Sieben« ersetzt. Die chorhaften Aussagen der Frauen sind Klagen, die als Kommentare zum voraufgegangenen Geschehen gedacht sind. Sie enthalten Reflexionen oder Betrachtungen und schwingen sich schließlich zur religiösen Ebene auf. Wie es bei Sophokles einen Chorführer gibt, so bei Broch eine Chorführerin. Diese Funktion übernimmt die alte Frau Filsmann als »alte Mutter«. Im Zusammenhang mit dem *Tod des Vergil* hat Broch später von der Technik des »lyrischen Kommentars« (KW 4, 475) gesprochen. Einen »lyrischen Kommentar« gibt es schon in der »Totenklage«. Die Klagehaltung wird aufgegeben, wenn der Chor der Frauen das Göttliche beschwört. Das erinnert an das fünfte Standlied in Sophokles' *Antigone*, wenn der Chor den Schutzgott von Theben, Dionysos, anruft und ihn bittet, in der schwer geprüften Stadt zu erscheinen. Am Schluss der *Antigone* trägt der Chorführer eine moralische Lehre vor, wenn er über die Bezirke der Götter spricht, die nicht entweiht werden dürfen und die Besonnenheit als höchstes Glück preist. Die »alte Mutter« in Brochs Tragödie bringt Hoffnungsvokabeln in ihre zusammenfassende Interpretation der Frauenklage, wenn sie Bilder von »Morgenlicht«, von »Zukunft« und der Geburt einer neuen »Welt« beschwört. Im »Epilog« wird eine metaphysische Ebene angesprochen, die im Piscator-Drama der Neuen Sachlichkeit schwer vorstellbar ist.

1.2 Abgrenzung von der Männerwelt

Brochs Tragödie übernimmt zwar partiell Formen des neusachlichen Theaters, ist aber kein neusachliches Stück. Es ist ein Irrtum anzunehmen, dass die »Totenklage« ein Anhängsel sei, das eigentlich nicht zu dem Stück als Ganzem passe. Wie wichtig Broch die »Totenklage« ist, erhellt aus der Tatsache, dass er dem Drama ursprünglich den Titel »Die Totenklage« geben wollte (KW 7,

418).¹⁴ Broch selbst wies in den »Vorbemerkungen zur Aufführung der ›Entsühnung‹ (Bühnenfassung)« auf die organische Verbindung des Textganzen mit der »Totenklage« hin. Da heißt es:

> Das Drama beginnt als naturalistisches Stück und endigt mit dem Epilog als strenges Stildrama. Inhaltlich und formal ist dieser Übergang zum abstrakten Theater in der Architektonik des Stückes mit fortschreitender Handlung vorbereitet (z. B. durch Monologe etc.). Die Regie muß auf diesen zunehmenden Abstraktismus, der zum ersten Mal in der Caféhausszene des 1. Aktes in Erscheinung tritt, entsprechend Bedacht nehmen. Es ist auch vorteilhaft, die Dekorationen etwas zu »entnaturalisieren«. (KW 7, 409f.)

Nicht nur das Stück als Ganzes, auch die Totenklage der Frauen speziell folgt der Entwicklungskurve vom Naturalistischen hin zu abstrakter Strenge. Die erste Stimme, die wir vernehmen, ist die der Mutter Woritzkis. Ihre Nachricht über die Verhaftung des Sohnes könnte genauso gut an einer Stelle des vorangehenden Dramentextes stehen: In ungebundener Rede, ohne lyrischen Rhythmus und ohne Reimschema heißt es da:

> Die Männer haben ihn hinausgeführt
> am frühen Morgen,
> Männer waren um ihn,
> und seine Mutter war nicht bei ihm.
> Zu Hause saß ich und zählte die Sekunden,
> ich saß und schrie [...] (KW 7, 229)

Diese Art des Prosaberichts dominiert auch in den folgenden Klagen von Frau Hügli und Gladys Filsmann. Erst als diese drei Frauen sich chorhaft äußern, wird erstmals ein Versmaß gewählt: der Daktylus mit vorhergehender Senkung und trochäischem Abschluss, ein Versfuß, den Broch speziell für den Ausdruck der Trauerstimmung wählte:

> Es rauben die Toten / das einstige Leben,
> es rauben die Toten / was je uns gewesen. (KW 7, 230)

Die Sonderstellung der Mutter Filsmann als »alte Mutter«, gleichsam als Chorführerin, wird auch in dem von ihr benutzten Versmaß, dem Jambus, deutlich. Die zwei-, drei- und vierhebigen Jamben wechseln einander ab, aber für die zentralen Aussagen ist der Blankvers mit seinen fünf jambischen Hebungen reserviert:

> Die Augen, welche viel gesehen haben,
> sie sehen auch in schwerer Nacht, [...]

---

14 Auf die Bedeutung der Totenklage der Frauen weist auch Françoise Derré hin: »Quelques réflexions sur ›Die Entsühnung‹«. In: *Broch. Actes des colloques de Paris et de Lyon.* Hg. v. Jean-Charles Margotton. Aix-en-Provence 1989, S. 115–128, hier besonders 123.

VI. Dramen

> Von einem Ziel sind wir einhergekommen
> und gehen langsam auf das nächste zu [...]

Nicht zufällig taucht ein reguläres Reimschema (a,b, a,b) erstmals in ihrer Trauerrede auf:

> Die Klagen stummen, wenn das Ziel erscheint
> und wenn das Tote in den Staub zerfällt,
> und wer von euch das Kind, das ewige Kind beweint,
> zur Klage werdend, wird sie selbst zur Welt. (KW 7, 233)

Von nun an herrscht auch in den daktylischen Versen der »sechs jungen Frauen« und der »beiden Mütter« ein Reimschema vor. Broch schloss den erzählenden Teil der *Schlafwandler*-Trilogie mit dem ursprünglich »Koda« (KW 1, 747) genannten Gedicht »Des Schiffes breiter Kiel...« (KW 1, 688f.) ab. Nach ihm folgt nur noch der essayistische »Epilog« als »Zerfall der Werte (10)«. Für dieses Gedicht hatte Broch die Form des englischen Sonetts (drei Quartette plus Zweizeiler) gewählt. Für das englische Sonett sind die fünfhebigen Jamben kennzeichnend. Die kommen in Brochs Sonett auch vor, dominieren aber nicht. Was beim Formalen auffällt, ist, dass Broch keinen Gebrauch von Distichen, also von Hexameter/Pentameter-Paaren, macht, die ansonsten bezeichnend sind für die Elegie und das Klagegedicht seit der Antike. Die »Totenklage« endet ebenfalls mit einem Sonett, das allerdings auf den ersten Blick fragmentarisch wirkt. Broch schrieb gerne Sonette, und es fällt auf, dass die abschließenden Verse, was ihre Form betrifft, zunächst ein Rätsel aufgeben. Die »sechs jungen Stimmen« scheinen zunächst das letzte Wort zu haben. Im Sinne der zunehmenden Stilisierung würde man wie in den *Schlafwandlern* als »Koda« ein Sonett erwarten. Es scheint ein Sonett in der englischen Tradition vorzuliegen, bei dem das dritte Quartett fehlt. Broch gibt aber mit Hilfe von Auslassungszeichen den Hinweis, dass man die Verse von den »beiden Müttern« über die »alte Mutter« bis zu den »sechs jungen Stimmen« als Ganzes, als ein Gedicht lesen kann, das von unterschiedlichen Chormitgliedern vorgetragen wird. Dann ergibt sich folgendes Sonett, das übrigens nicht, wie bei seiner konventionellen Form den Jambus als Versfuß verwendet, sondern – mit einigen Ausnahmen – erneut den feierlicher klingenden vierhebigen Daktylus mit einer zusätzlichen unbetonten Silbe am Anfang und einer fehlenden unbetonten Silbe am Schluss. Das Reimschema ergibt: a,a,b,b/ c,c,d,d/e,e,f,f/g,g:

> Wir hören das Rauschen, wir hören das Tönen,
> wir Mütter der Einheit, entschwunden den Söhnen,
> wir selig Erblindeten, selig Ertaubten,
> zur Einheit verschmolzen, der Vielfalt Beraubten,
>
> im Schmerze verlöscht... vom Schmerze geführt
> vom Schmerz überleuchtet... der Zukunft erkürt.

> Wir leiden das Leid der nutzlos Gestorbenen,
> wir klagen das Leid der niemals Gewordenen,
>
> wir tragen die Last aller künftigen Zeiten,
> in die uns die Stimmen der Mütter geleiten,
> wir Stimmen der Zukunft, wir tragen die Sterne,
> wir rufen die aberunendlichste Ferne,
>
> wir rufen die Einheit, die wir empfahn...
> oh sehet des Göttlichen liebreiche Bahn... (KW 7, 234)

Die Zeilen bis zur Mitte des zweiten Quartetts werden im Wechselgesang von den »beiden Müttern« und der »alten Mutter« vorgetragen, die zweite Hälfte des zweiten Quartetts, das dritte Quartett und das Couplet am Schluss jedoch von den »sechs jungen Stimmen«. Somit sind alle Frauen an der Formulierung des abschließenden Sonetts beteiligt. Es enthält in komprimierter Form die Aussage, auf die das ganze Drama abzielt. Broch war unverständlich, wie der Regisseur Gustav Hartung ihm bei der Uraufführung des Dramas am 15. März 1934 im Zürcher Schauspielhaus die »Totenklage« mit dem abschließenden Sonett streichen konnte.[15]

Broch war davon überzeugt, dass die hypertrophierten Ideale einer »heroischen«, »kämpferischen« und »fanatischen« Männlichkeit, wie sie von rechtsradikalen Parteien vertreten und durchgesetzt wurden, zum Untergang der europäischen Kultur führen würden. Der Autor war in Gender-Sachen kein Essentialist, der von einer simplen Differenz zwischen männlichem und weiblichem Verhalten an sich überzeugt gewesen wäre. Er lässt die Klage von den Frauen formulieren, weil hier eine Position gegen die Dominanz des Männlichen im Sinne des Nationalsozialismus vertreten werden soll. Wie auch der 1935 geschriebene Roman *Die Verzauberung* (KW 3) und die 1936 verfasste »Völkerbund-Resolution« (KW 11, 195–231) zeigen, setzte Broch auf ethische Einstellungen, die den faschistischen Präferenzen und Zielen entgegengesetzt waren: auf Diplomatie und Ausgleich statt auf Krieg und Dominanz, auf Naturverehrung statt Naturausbeutung, auf Menschenwürde statt Rassismus, auf Religion statt Atheismus. Dabei geht es ihm nicht darum, sich an eine gesellschaftlich-konkrete feministische Richtung anzuschließen. Sein Frauenchor ist stilisiert und hat mehr mit antiker Dramenästhetik als mit feministi-

---

[15] Hartung hatte auch den Titel geändert in »... denn sie wissen nicht, was sie tun« (KW 7, 421). Es gab knapp drei Jahrzehnte nach der Niederschrift des Dramas eine stark veränderte Hörspielfassung der *Entsühnung*, die Ernst Schönwiese 1961 in Wien im Bergland-Verlag und gleichzeitig im Zürcher Rhein-Verlag veröffentlichte, und von der auch eine Schallplattenaufnahme existierte. Anlass war der zehnte Todestag Brochs, und so wurde die Sendung vom Österreichischen Rundfunk in Wien und der Schweizerischen Rundfunkgesellschaft in Zürich ausgestrahlt (KW 7, 421ff.). Weitere Aufführungen folgten 1982 an den Städischen Bühnen Osnabrück und erneut 1994 am Schauspielhaus Zürich, wo auch diesmal die »Totenklage« gestrichen wurde.

scher Emanzipation zu tun. Der Chor der Fragen erinnert mit seinen Aussagen eher an das »Ewig-Weibliche« in den Schlusszeilen von Goethes *Faust II* als an Feministinnen in der Endphase der Weimarer Republik, die gegen Fehlentwicklungen in den Geschlechterbeziehungen demonstrieren wollten. Letzteres tat damals Marieluise Fleißer, deren *Pioniere in Ingolstadt* Brecht 1929 im Theater am Schiffbauerdamm aufführen ließ und das als neu-realistisches Stück auf die Piscator-Bühne gepasst hätte.

Eine Analyse der *Entsühnung* zeigt, dass die »Totenklage« der Frauen mit dem neusachlichen Text aufs innigste verbunden ist, denn immer wieder kommen in den »Bildern« des Dramas Szenen vor, in denen auf die religiöse Ebene des Schlusses verwiesen wird. Broch selbst gab den Hinweis auf die Caféhaus-Szene im ersten Akt und auf einen Monolog. Während alle Gesprächspartner in der Caféhaus-Szene ihren Abscheu vor der Herrschaft des Geldes ausdrücken, sind es nur die Schriftstellerin Thea von Woltau und der Journalist Viktor Hassel, die eine Alternative im Bereich des Geistigen, Ethischen und Religiösen in Erinnerung rufen. Der völkisch-nationale Freiherr von Rosshaupt glaubt an die Erneuerung menschlicher Gemeinschaft in einem Deutschland ohne »Profitjäger« (KW 7, 158), und der radikal-sozialistische Gewerkschaftssekretär Karl Lauck sieht eine perfekte Gesellschaft entstehen, wenn »der arbeitende Mensch nicht mehr dem Besitzenden wird fronen müssen« (KW 7, 158). Thea von Woltau greift aber schon auf Aspekte der »Totenklage« der Frauen voraus. Sie sieht sich als »einsam«, weil sie »die Liebe suchen« müsse (KW 7, 158). Am deutlichsten spricht ausgerechnet der »volkswirtschaftliche Redakteur« (KW 7, 135) Hassel, der an den Gesetzen der Ökonomie wenig Interesse zeigt, die religiöse Thematik der »Totenklage« an, wenn er meint: »Wir wenden uns ab und warten, warten, bis das Geistige und Göttliche, an das wir glauben, wieder emporgetragen wird von der Woge des erkennenden Gefühls, in dem das Leben ruht« (KW 7, 159). Von Rosshaupt würde man am wenigsten Äußerungen erwarten, die auf die Ebene des Transzendenten verweisen. Er ist ein Freicorpskämpfer aus dem Baltikum, und sein Name erinnert an eine der berühmtesten Freicorpsfiguren der Jahre unmittelbar nach dem Ersten Weltkrieg, an Gerhard Roßbach. Der war mit der Führungsriege des entstehenden Nationalsozialismus aufs Engste verbunden.[16] Rosshaupt ist zwar kein Alter Ego von Roßbach, teilt aber mit ihm eine aggressive völkische Ideologie, die sich gleichermaßen gegen das Großkapital wie gegen den Kommunismus wendet. Rosshaupt schlägt verbal blindwütig um sich, wenn er in der Caféhaus-Szene loslegt: »Wir müssen über sie herfallen, mit Feuer und Schwert müssen wir über sie herfallen, mit Mord und Brand,

---

16 Bernhard Sauer: »Gerhard Roßbach – Hitlers Vertreter für Berlin. Zur Frühgeschichte des Rechtsradikalismus in der Weimarer Republik«. In: *Zeitschrift für Geschichtswissenschaft* 50.1 (2002), S. 5–21.

damit sie wieder ein Volk werden und eine Gemeinschaft halten« (KW 7, 157). Allerdings fühlt er sich von Politikern der nationalistischen Bewegung in seinem Aktionismus verraten. Zu ihnen zählt Graf Sagdorff, Präsident der Filsmannwerke, der ihm zunächst Unterstützung zusichert, dann jedoch aus taktischen Gründen von einem geplanten terroristischen Unternehmen abrät. Rosshaupt empfindet eine zunehmende Isolation, wozu auch die gescheiterte Beziehung zu Gladys Filsmann beiträgt. Er gerät in eine existentielle Krise, die im Freitod endet. Vor dem Suizid artikuliert er in jenem von Broch angesprochenen »Monolog« Gedanken und Gefühle, denen der Autor eine lyrische Form gegeben hat, und die ebenfalls ein religiöses Motiv ansprechen. Der Monolog endet mit den Worten: »und durch die erstarrten Wände / schreitest du. / Denn noch einmal bist du hinausgeschleudert, / hinausgeschleudert ins All, / und was du berührst, / ist der Himmel« (KW 7, 200). Auch die hermetischen Äußerungen der alten Frau Filsmann nehmen bereits Zeilen vorweg, die vergleichbar in der »Totenklage« zu finden sind. Nachdem sie vom Selbstmord ihres Sohnes erfährt, sagt sie zu Thea von Woltau: »Wir tragen das Schicksal der Frauen, für uns Frauen gibt es keine Vergangenheit und keine Zukunft, für uns gibt es bloß ein Jetzt und das ist Vergangenheit und Zukunft zugleich. [...] Im Jetzt ist die Liebe« (KW 7, 224).

In diesem Zusammenhang ist auch die Figur des Anton Sebald zu erwähnen. Er ist ein junger Arbeitsloser von 25 Jahren (KW 7, 136), den die eigene Misere wenig affiziert. Damit ist er das Gegenbeispiel zu Anton Woritzki, der ebenfalls ein Opfer des Lohnabbaus in den Filsmannwerken wurde, der aber auf Rache sinnt und – auf einen bloßen Verdacht hin – Georg Rychner, den Vorsitzenden des Betriebsrats, ermordet. Ein Gegenbild ist er aber auch zu Richard Jeckel, dem Handlungsreisenden, der die Produkte einer Schuhfabrik an Einzelhändler in der südwestdeutschen Region verkauft. Jeckel wird im Personenverzeichnis vorgestellt als »40 Jahre, agil, redegewandt, in seinem Automatismus fast irrsinnig« (KW 7, 136). Er geht völlig im kommerziellen Partialwertsystem auf und kennt – wie vor ihm Wilhelm Huguenau im dritten Band der *Schlafwandler* – keine ethischen Prinzipien, die sein Profitstreben, das auch vor kriminellen Aktionen nicht zurückschreckt, bremsen könnte. Sebald dagegen lebt ganz außerhalb des wirtschaftlichen Werte- und Denksystems, ist eine Aussteigerfigur mit der Unbekümmertheit Eichendorff'scher Gesellen. Er bezieht seine Arbeitslosenunterstützung und hilft der Witwe Rychner bei ihrer Haushaltsführung. Sie hat zwei Kinder und verdient den Lebensunterhalt als Näherin. Sebald will hier »Lebensmut« (KW 7, 190) verbreiten. Bei den Reparaturarbeiten im Haus der Witwe singt er die alte schlesische Weise »Auf dem Berge da wehet der Wind / Da wiegt die Maria ihr Kind.« Aber es bleibt nicht bei diesen frommen Versen, er stimmt – im Hinblick auf die eigene humanitäre Wachsamkeit ironisch gebrochen – die beiden ersten Zeilen der »Wacht am Rhein« an: »Lieb Vaterland magst ruhig sein / Fest steht und treu, die Wacht, die Wacht...« (KW 7, 189). Das Wort »Rhein« lässt er lieber aus, weil es ihm ja nicht um den Ausdruck nationalistischer Gefühle geht. Zum Scherz fragt er Eva Gröner, die arbeitslose Chefsekretärin, ob sie sich ein Lied wie »Siegreich wollen wir Frankreich schlagen« wünsche, aber die will eines der »schöneren Lieder« aus seinem Repertoire hören. Und so stimmt er einen damals populären Schlager, ein Ohrwurm des Jahres 1929, an, dessen Titel Sebald wohl bewusst, weil auf sich selbst bezogen, nicht korrekt mit »Ich kenn ein Häuschen / Am Mittschigansee« (KW 7, 190) zitiert. Das Lied ging so:

> Kennst Du das kleine Haus am Michigansee?
> Dahin fuhren wir zwei einst im Mai.
> Und lag auch noch der Schnee
> Auf dem kleinen Haus am Michigansee,
> schuf die Liebe uns zwei ewigen Mai.
> Mein armes Herz lag in deinen lieben Händen,
> und wir dachten, das Glück wird niemals enden
> dort in dem kleinen Haus am Michigansee
> einst im Mai – vorbei.

Der Schlager war damals so bekannt, dass nur auf den Titel angespielt werden musste, und schon hätten die zeitgenössischen Zuschauer die Strophen mitsingen können. Die Musik stammte von Werner Richard Heymann und der Text von Marcellus Schiffer und Tibor von Halmay.[17] Mit einem tiefsinnigeren Gedicht verabschiedet sich Sebald aus dem Drama. Broch beschließt den dritten Akt mit dem siebten Bild. Es zeigt Anton Sebald auf Wanderschaft, gleichsam auf der Walz. Er bleibt in »freier Gegend« vor einem »Bildstock« stehen und entziffert die beiden Zeilen, die auf der »Tafel« eingraviert sind: »Wir reisen und wir wissen nicht wohin, / Ich wundere mich, daß ich so fröhlich bin« (KW 7, 225). Es sind anonyme Zeilen, die aber vom 16. bis zum 19. Jahrhundert in allen Bevölkerungsschichten populär waren, auch wenn Luther sie als »unchristlich« verwarf und durch weniger poetische aber protestantisch korrekte Zeilen ersetzen wollte: »Ich lebe, so lang Gott will, / ich sterbe, wann und wie Gott will, / ich fahr und weiß gewiß, wohin, / mich wundert, daß ich traurig bin.« Broch legt Sebald ein Gedicht in den Mund, das – inspiriert durch den alten Spruch – mit den Zeilen beginnt: »Ich wundere mich ob meiner Fröhlichkeit / Ich hab doch nur geringe Zeit«, und das mit folgenden jambischen Versen endet:

> Zum Tode eilend, fragen wir wohin
> Ich wundere mich, daß ich so fröhlich bin,
> Ich ziehe hin, ein munterer Wandersmann
> Und doch hebt stets aufs neu die Totenklage an... (KW 7, 225)

---

17 Vgl. http://www.youtube.com/watch?v=6pZHz-_4XKM (Stand: 15.08.2015).

Hier wird eine Verbindung zwischen Sebald und der »Totenklage« der Frauen hergestellt. Die Qualifikation als »munterer Wandersmann« verweist auf das Gedicht bzw. Lied Eichendorffs »Der frohe Wandersmann«, und man würde sich nicht wundern, wenn Broch Sebald dessen Anfangszeilen in den Mund gelegt hätte: »Wem Gott will rechte Gunst erweisen, / Den schickt er in die weite Welt«. Sebald ist von der Männerwelt, die in Arbeitskämpfe verwickelt ist, denkbar weit entfernt. Mit den Frauen des Stückes teilt er diese Distanz. Er lebt mit seiner Hilfsbereitschaft und seinem Gottvertrauen faktisch bereits eine Alternative zur Welt des Kommerzes vor, zu der die Frauen durch die »Totenklage« finden wollen.

Broch hat an den Schluss den »Epilog« gesetzt, der im Untertitel »Die Totenklage« heißt. Allerdings besteht diese »Totenklage« aus zwei Teilen: Im ersten agieren die Männer in einer Aufsichtsratssitzung, im zweiten die Frauen als griechisch inspirierter aber modern umgestalteter Chor. Es gibt auch eine »Totenklage« der Männer, ein Faktum, das bisher übersehen wurde. Ja, man ist sogar geneigt, von einem »Chor« der Männer zu sprechen, der allerdings geisterhaft pantomimisch-stumm ist und sich nur in seinen gleichen körperlichen Bewegungen des Aufstehens und Setzens und seiner Handzeichen beim Abstimmen als Kollektiv zu erkennen gibt. Albert Menck bemerkt im Stück einmal, dass er einen Beruf ausübe, dessen Angehörige »Marionetten« ähneln, »die etwas agieren, was man Wirtschaft nennt« (KW 7, 165). Ob aber Menck von einem solchen Geschichtsdeterminismus überzeugt ist wie die Titelfigur in Georg Büchners *Dantons Tod*, ist die Frage. Danton meint: »Puppen sind wir, von unbekannten Gewalten am Draht gezogen« (II, 5). Menck scheint mit seiner Machtlosigkeit eher zu kokettieren, denn er behält im Verlauf der *Entsühnung* immer die Fäden des Puppenspielers in der Hand. Der tagende Aufsichtsrat ist in seinem Verhalten gleichsam die tatsächliche Marionette der angeblichen Marionette Menck. Über die Form der Sitzung der Unternehmer und Arbeitervertreter heißt es in der Regieanweisung: »Diese ganze erste Szene muß automatisch mit starren Bewegungen und hölzernen tonlosen Stimmen gespielt werden« (KW 7, 226). Gleich nach Eröffnung der Aufsichtsratssitzung artikuliert Graf Sagdorff als »Vorsitzender« des Vorstands die »Totenklage« der anwesenden Herren:

> Im Besonderen beklagt die Gesellschaft das Hinscheiden
> *die Aufsichtsratsmitglieder erheben sich wie ein Mann*
> ihres Aufsichtsratsmitglieds, Herr Dr. Herbert Filsmann, der ihr durch einen jähen Tod entrissen wurde. Der Verblichene, der durch sein vorbildliches Wirken und seine unermüdliche Arbeitskraft, die er in den Dienst unserer Gesellschaft gestellt hat, unschätzbare Verdienste um dieselbe erworben hat, hat durch sein Hinscheiden eine unersetzliche Lücke hinterlassen. Menschlich ein treuer

Freund all seiner Mitarbeiter und Untergebenen,
geschäftlich ein Muster strengster Pflichterfüllung,
werden die Gesellschaft und alle Werksangehörigen dem
Entschlafenen stets ein treues und ehrendes Andenken
bewahren.
Die Versammlung setzt sich. (KW 7, 226f.)

Nichts an diesem »Beklagen« entspricht den Tatsachen: lauter Phrasen. Alle anwesenden Unternehmer wissen, dass Filsmann junior der eigene Machterhalt wichtiger war als das Wohl der Firma. Wäre ihm nicht Einhalt durch Albert Menck geboten worden, hätte er seine Gesellschaft durch forcierte Kämpfe gegen den Konkurrenten Martin Durig in den Ruin getrieben. Menck ist es gelungen, die Filsmann- wie die Durigwerke in seinen Konzern zu integrieren. Damit ist vorläufig das Überleben beider Gesellschaften gesichert. Aber auch die anwesenden Vertreter der Arbeiterschaft – Rudolf Kraitzsak und Heinrich Berend – sind sich der Tatsache bewusst, dass der junge Filsmann maximal viele Arbeitnehmer entlassen wollte und als Lohndrücker zur verhasstesten Figur der Unternehmensleitung geworden war. Von »vorbildlichem Wirken«, »unschätzbaren Verdiensten« und »strengster Pflichterfüllung« kann keine Rede sein, und ein »treues und ehrendes Andenken« wird ihm niemand bewahren. Damit steht das rein rhetorisch-konventionelle und gefühlskalte »Beklagen« eines Verstorbenen in der Männerrunde des Aufsichtsrats im Gegensatz zur emotionalen Totenklage der Frauen.

Die Äußerungen der Frauen im Text und in der »Totenklage« lassen sich theologisch nicht auf den Nenner einer bestimmten religiösen Moral bringen. Mit Bildern und Umschreibungen von Hoffnung und Liebe tangiert Broch Aspekte christlicher Ethik. Aber gleichzeitig wird durch die Wahl des Dramentitels *Die Entsühnung* deutlich, dass der Autor auch jüdische Vorstellungen in sein Drama hat einfließen lassen. »Entsühnung« und »Sühne« sind von zentraler Bedeutung am jüdischen »Versöhnungstag«, Jom Kippur, was wörtlich übersetzt »Tag der Sühne« bedeutet. An diesem wohl wichtigsten Tag im jüdisch-liturgischen Jahr zeigt die Gemeinde durch Sündenbekenntnis und Fasten Reue und Umkehr. Erst danach kann man sich vor Gott als von den Vergehen gereinigt empfinden. Am Versöhnungstag wird zudem in der Synagoge in den Klagegesängen auch der Verstorbenen gedacht, denn ihre Seelen können an Jom Kippur ebenfalls Vergebung erlangen. In der Haftara des Morgengottesdienstes wird der Prophet Jesaja zitiert, der die Bedeutung der Umkehr hervorhebt und als Lohn dafür »Heilung« verspricht: »die Herrlichkeit des Ewigen wird dich aufnehmen« (Jesaja 58, 8).[18] Broch dürfte darauf mit

---

[18] Moshe David Herr and S. David Sperling: »Day of Atonement«. In: *Encyclopaedia Judaica*. Hg. v. Fred Skolnik and Michael Berenbaum; 2nd ed., vol. 5. Detroit 2007, S. 488–493. Bezeichnenderweise wurde Brochs Drama mit dem Titel »The Atonement« übersetzt. Vgl. Hermann Broch: »The Atonement«. Translated by George E. Wellwarth and H. F. Broch de Rother-

der Schlusszeile von der »liebreichen Bahn« des »Göttlichen« anspielen. Poetisch gebrochen erscheinen Aspekte der Klage, der Reue und der Umkehr bei Broch in der »Totenklage«. Man denke etwa an folgende daktylischen Verse des Chors der »sieben Frauen«:

> Wir stehen am Ufer / und harren der Fähre,
> wir stehen in Nächten / und suchen den Pfad,
> wir beweinen die Toten / und suchen das Leben,
> wir lesen die Steine / mit blutenden Händen,
> wir jäten Verdorrtes / und harren der Saat. (KW 7, 231)

2. *Aus der Luft gegriffen* (1934): Komödie der Weltwirtschaftskrise

Knapp zwei Jahre später schrieb Broch die Komödie *Aus der Luft gegriffen oder Die Geschäfte des Baron Laborde* (KW 7, 235–309). 1934 konnte Broch nicht mehr mit einer Aufführung seiner Stücke in Deutschland rechnen, und so schrieb er es für ein österreichisches Publikum. Brochs Sohn, H. F. (Armand) Broch de Rothermann erinnerte sich später, dass sein Vater sich für die Hauptrolle den Schauspieler Oskar Karlweis vorgestellt hatte, der damals ein Engagement am Theater in der Josefstadt in Wien hatte.[19] Karlweis war seit der Filmrolle in »Die Drei von der Tankstelle« (1930) einer der beliebtesten Schauspieler in den deutschsprachigen Ländern, doch musste er wegen des Antisemitismus der nationalsozialistischen Regierung Deutschland verlassen. Nach dem »Anschluss« emigrierte er 1938 über die Schweiz nach Frankreich und von dort 1940 in die USA. Auch diese Komödie ist ein Wirtschaftsdrama, doch wird hier die Poetik des »erweiterten Natualismus« nicht wirksam.

2.1 Das Hotel als Kathedrale der Moderne

Die Exposition ist meisterhaft. Das »Vorspiel« enthält – in aller nur wünschenswerten Dichtheit und Präzision – die Ausgangsproblematik des Stücks: die wirtschaftlich wie emotional verzweifelte Situation der Protagonisten. Ort der Handlung ist ein österreichisches Kurhotel am See.[20] Seit Kracauer gilt das Hotel als Kathedrale der Moderne, die Hotelhalle als »negative Kirche« und »Kehrbild des Gotteshauses« in einer Welt ohne Transzendenz. An die Stelle

---

mann«. In: *German Drama Between the Wars. An Anthology of Plays.* Hg. v. George E. Wellwarth. New York 1972, S. 19–106.

[19] Zitiert bei Rizzo: »'Great Theater' and ›Soap Bubbles'«, S. 173.
[20] Zum Thema des Hotels in Brochs Komödie vgl. auch: Claus Caesar: »Geldspiele, Liebesspiele – Elias Canettis ›Die Hochzeit‹ und Hermann Brochs ›Aus der Luft gegriffen‹«. In: *Elias Canetti und Hermann Broch.* Hg. v. Penka Angelova, Marianne Gruber und Paul Michael Lützeler. St. Ingbert 2009, S. 29–41, besonders 36–41.

der ehemaligen religiösen Gemeinschaft ist das Ensemble der Hotelgäste, der
»schlechthin Beziehungslosen« getreten.[21] Kracauers Entfremdungsthesen
noch radikalisierend, führt Broch am Anfang der Komödie ein Konzentrat an
Hoffnungslosigkeit, Endspielstimmung und Depression vor Augen, mit dem
man einige Jahrzehnte später aus den Dramen des absurden Theaters entlassen
wird. Womit sonst Tragödien nach langen Verwicklungen enden (auch Brochs
Trauerspiel *Die Entsühnung* hatte diese Verlaufskurve), das steht hier am Anfang
einer Komödie. Agnes Seidler ertränkt ihren Kummer darüber, dass sie sich
mit dem ungeliebten Walther Ruthart verloben musste, im Alkohol, ja sie
beschließt sogar, deswegen aus dem Leben zu scheiden. »Das Lebendige und
die große Welt« sind ihr nun, wie sie meint, verschlossen, alles erscheint ihr
»hoffnungslos und versperrt« (KW 7, 237). Ihr Vater, Präsident eines Banken-
konzerns, beklagt die Stagnation der Wirtschaft; von »prosperity« keine Spur
mehr. Als er erfährt, dass sein künftiger Schwiegersohn, Direktor in der
Seidlerschen Bank, nicht nur Aktien des falliten Teheran Oil Syndicats erworben hat, sondern der bankrotten Firma auch noch einen Millionenkredit ge-
währte, ist ihm klar, dass das der »Todesstoß für die Bank« (KW 7, 238) ist. Da
er sich mit seiner Firma identifiziert, bleiben ihm nichts als Selbstmordpläne.
Auch Ruthart erkennt keinen anderen Ausweg als den Freitod. Das scheint
also das Ende der Familie Seidler und ihres Konzerns zu sein. Aber damit noch
nicht genug. Zwei weitere Hotelgäste sind in einer ähnlichen Lage: der Hochstapler Baron Laborde und seine Gefährtin Stasi. Laborde sieht ein, dass es für
Betrüger »kein Material« mehr gibt, da er im Hotel nur von »Hungerleidern«
(KW 7, 239) umgeben ist.[22] Seine Freundin Stasi kann den Absturz ins wirtschaftliche Nichts und die Einsicht, dass ihre Liebe zu Laborde unerwidert
bleibt, nicht verkraften. Die ökonomischen Motive von Seidler und Ruthart
und die Liebeskummergründe von Agnes verbinden sich bei Stasi: Auch sie
will Hand an sich legen. Aber die Komödie als Gattung hat ihre eigenen
Gesetze und wären alle Helden schon nach zehn Minuten tot, ginge es im Text
und auf der Bühne nicht mit rechten Dingen zu. Stasi schwebt eine Art
gemeinsamer romantischer Liebestod à la Romeo und Julia vor, doch liegen
Laborde die tragischen Rollen nicht. Stasi stellt sich bei ihren Freitodbemü-
hungen qua Elektroschock so ungeschickt an, dass sie einen Kurzschluss
verursacht: Im Hotel gehen alle Lichter aus. Dadurch veranlasst erwachen
paradoxerweise die Lebensgeister der Selbstmordkandidaten wieder. Der Elek-
trizitäts-Kurzschluss macht den Protagonisten den psychischen Kurzschluss
ihrer Handlungsweise klar: Agnes drückt ihre Pistole nicht ab, Seidler nimmt

---

21 Siegfried Kracauer: *Der Detektiv-Roman*. Frankfurt am Main 1979.
22 Ein anderer krimineller Hochstapler in Brochs Werk ist Wilhelm Huguenau in der Romantrilogie *Die Schlafwandler*. Allerdings fehlt Huguenau die Eleganz und die Helle der Hermes-
figur. Allgemein zum Thema Hochstapler in der Literatur vgl. John G. Blair: *The Confidence
Man in Modern Fiction: A Rouge's Gallery with Six Portraits*. New York 1979.

den Hals aus der Schlinge und Ruthart verliert im Dunkel das Pulver, mit dem er sich vergiften wollte. Mit der Unterbrechung der nicht allzu ernst zu nehmenden Selbstmordaktionen hat die Komödie dann auch schon begonnen. Der Einzige, der in der großen Krisensituation von Kommerz und Herz die Nerven nicht verliert, ist Laborde. Er, der souveräne Spieler, der virtuose Spekulant, der Herzensbrecher und Räuber, der Flexible und stets zu neuen Listen aufgelegte, ausgerechnet er, der professionelle Hochstapler muss die Welt im Hotel wieder ins Lot bringen. Aber das geschieht nicht unter irgendwelchen christlichen Vorzeichen von Caritas und Opfer. »Auf alle Fälle zu Geld kommen« (KW 7, 244) und »die Welt so nehmen, wie sie ist« (KW 7, 254), sind seine beiden Grundprinzipien. Monetärer Egoismus und radikaler Realismus, d. h. das Gegenteil von Altruismus und Idealismus sind die ganz unchristlichen und auch unkantianischen Maximen seines Wollens. Nur indem er sich selbst hilft, indem er seinen Reichtum und seinen Bewegungsspielraum mehrt, kann er auch das Wohlergehen anderer steigern, meint er.

Was hier durchscheint, ist eine Wirtschaftsmaxime, wie sie seit Adam Smith zu den Vorurteilen des Liberalismus zählt. Damit ist aber nicht gesagt, dass Broch hier eine Satire auf den Liberalismus gestaltet hat. Adam Smith hatte bei den Agenten der Wirtschaft keine Hochstapler und Schwindler vor Augen, sondern einen Kaufmannsstand, der sich etwas auf seine berufliche Ehre zugutehielt. Überhaupt scheint Broch hier keine neue Wirtschaftstheorie zu stützen oder anzugreifen. Irgendeine Theorielastigkeit ist seiner Komödie nicht anzukreiden. Anzumerken ist ihr aber eine Intimkenntnis kaufmännischer Praxis.[23] Broch hatte immerhin zwanzig Jahre lang in der familieneigenen Spinnfabrik in Teesdorf bei Wien als Direktor gearbeitet. »Diese ganze Geschäftemacherei«, so stöhnte er 1920, sei »eine Geisteskrankheit« (TT 60; vgl. HBB 55–95). Er glaubte damals, dass er »Geschäfte machen« müsse, um seine »Unabhängigkeit« zu sichern (TT 62). Als Broch *Aus der Luft gegriffen* schrieb, war es schon sieben Jahre her, dass er dem Kommerz den Rücken gekehrt hatte. Aus seiner Wirtschaftskorrespondenz als Fabrikdirektor hat sich nur ein Geschäftsbrief erhalten. Broch schrieb ihn am 8. Oktober 1924, gut zehn Jahre vor der Niederschrift der Komödie. Schon wenige Zeilen dieses Briefes vermitteln einen Einblick in den Alltag seiner kaufmännischen Existenz. Man sieht Broch buchstäblich als Hermesjünger bzw. als Hermes-Hermann durch Europa eilen:

> Von Rouen bin ich nach *Lille*, wo ich mir ein paar französische Spinnereien angeschaut habe. Es war ganz interessant. Von dort nach *Elberfeld*.

---

[23] Vgl. dazu auch: Claus Caesar: *Poetik der Wiederholung. Ethische Dichtung und ökonomisches ›Spiel‹ in Hermann Brochs Romanen ›Der Tod des Vergil‹ und ›Die Schuldlosen‹*. Würzburg 2001; ferner: Bernd Blaschke: »Markt zwischen Tragödie und Komödie. Hermann Brochs Marketing seiner ›Schlafwandler‹ und Dramen«. In: *Markt: literarisch*. Hg. v. Thomas Wegmann. Frankfurt am Main 2005, S. 115–131.

Unser Vertreter ist dort erstklassig; die Kundschaft besteht aus lieben Leuten, teilweise patrizierhaft, klagt aber über elendes Geschäft. Die deutschen Spinner verkaufen zirka 5–8cts. unter unseren Preisen, merkwürdigerweise aber auch z. Bsp. L. Mahler, Prag, von dem ich mit eigenen Augen einen Kontrakt vom 3. Oktober gesehen habe, in welchem er 5000 kg 12/2 franko unverzollt Elberfeld mit 79 1/2 cts. verkauft hat. Für prompte Ware kann man etwas bessere Preise bekommen, wenn man 3-Monatsakzepte nimmt (höchstens 10% Diskont), da die Leute sehr geldknapp sind. – Heute traf ich in *Cassel* [ein]. Verlor viel Zeit, weil Feigenspan eine Panne hatte [...]. Feigenspan [...] will sodann mit mir Hannover, Hildesheim u. ganz Thüringen machen; ein Programm von 3 Tagen. Ich bin bis Sonntag jedenfalls [in] *Berlin, Hotel Adlon* (KW 13/1, 56).

Von der wirtschaftlichen Krisenstimmung, die die Komödie vermittelt, gibt auch ein Brief Brochs an seinen Sohn von Ende 1930 Zeugnis. Da heißt es:

An dem Beispiel L.&W. kannst Du sehen, wie die jetzige Zeit Vermögen von *Pfund*-Millionen einfach wegrasiert. Es gibt überhaupt keine sichere Vermögensanlage mehr. Bis vor kurzem glaubte man, daß Grund und Boden unangreifbar wären: innerhalb dreier Monate sind die Bodenpreise in Mitteleuropa auf ein Drittel gefallen. Die Hälfte des aristokratischen Großgrundbesitzes ist in der letzten Zeit verarmt, eigentlich an den Bettelstab gebracht (KW 13/1, 117).

In der säkularisierten Kathedrale der Moderne, in der kirchlichen Hotelhalle der Gegenwart, wo sich die wirtschaftlichen Abenteurer ein Stelldichein geben, kann kein christlicher Heiliger angerufen werden. Da hilft nur Hermes, der alles irdische Durcheinander bejahende antike Gott der Händler und Hirten, der Diebe und Dichter, der Reisenden und Redner, der Eloquenten und der Erfinder, der Schläfer und der Beischlafenden, der Boten und der Toten. Hermes bzw. Merkur ist der auch im christlichen Abendland nie vergessene und immer kommende griechisch-römische Gott. Ohne ihn war kein Auslangen zu finden. Die christliche Kirche hat sich nie dazu durchringen können, einen Heiligen der Kaufleute und Räuber zur Ehre der Altäre zu erheben. Wie sollte man auch jemanden, der das Gegenteil der Imitatio Christi verkörpert, heiligsprechen können? So behalf man sich in den Epochen des christlichen Europas damit, auf Märkten und Messen, an Börsen und Banken, vor Handelskammern und Hotels, vor Versicherungspalästen und Tourismus-Büros dem Gott mit dem beflügelten Hut, dem Heroldsstab und den schnellen Schuhen Statuen zu errichten. Damit deutete sich an, dass es keine »christliche« Wirtschaft gibt, dass Hermes für etwas steht, das in die christliche Moral nicht integrierbar ist.[24] Brochs Laborde ist ein Verehrer des Hermes, ist eine Her-

---

24 Hier geht es um den Hermes bzw. Merkur der griechischen und römischen Antike. Vgl. dazu: David Sacks: *Encyclopedia of the Ancient World*. London, o.J.

mesfigur, vielleicht die prototypischste der Weltliteratur; Thomas Manns *Felix Krull* ist – verglichen mit ihm – nur ein mattes Abbild des kommerziellen Räubers, Schwindlers, Hochstaplers und bindungslos-erotischen Abenteurers.[25]

Schon seit zwölf Tagen lungert Laborde mit seiner Stasi im Kurhotel am See herum und noch immer will kein Fisch anbeißen, nicht einmal ist die Falle zugeschnappt, nicht eine einzige Fliege ist auf den Leim gegangen. Stasi hat schon resigniert, aber nach dem Kurzschluss scheint alles anders zu werden. Die Selbstmordkandidaten erleben eine Wiedergeburt; Auferstehungs- und Osterstimmung, wohin man schaut. Die Revolveröffnung an der Stirn, der Strick am Hals, das Gift im Wasserglas, der elektrische Schock: Der Blick in den Abgrund wirkt sich positiv aus, das Leben hat sie wieder, obwohl sich faktisch gar nichts geändert hat. Stasi legt beim Frühstück einen riesigen Appetit an den Tag, für Agnes beginnt »ein neues Leben« (KW 7, 242), Seidler vergisst seine wirtschaftliche Misere, weiß nicht mehr, dass ihm das Wasser bis zum Hals steht und fühlt sich wie im »Urlaub« (KW 7, 250). Sogar Ruthart, der Verursacher der Katastrophe, löst sich aus seiner Starre und stürzt sich in ein erotisches Abenteuer mit Stasi. Ja, auch Laborde, der am Tag zuvor noch resignierte, schöpft am dreizehnten Tag seines Hotelaufenthalts wieder Hoffnung. »Seidler scheint Geld zu haben« (KW 7, 245), vermutet er und entwirft einen Plan, wie der Bankier zu schröpfen sei. Alles, was er nun äußert, ist »aus der Luft gegriffen«, nichts basiert auf Fakten. Er gibt sich als Architekt eines Kartenhauses, das einen im doppelten Wortsinne schwindeln macht. Nicht nur, dass alles, was er entwickelt, geschwindelt ist, auch die Etagen auf seinem Bauplan reichen in schwindelnde Höhen. Laborde ist der Globalisierer avant la lettre. Broch schrieb die Komödie im Frühjahr und Sommer 1934. Die Zeit der Handlung ist die »Gegenwart« von 1934. Die politischen Anspielungen beziehen sich auf jenes Jahr. Die Weltwirtschaftskrise ist noch keineswegs überwunden, wie man den Klagen des Bankiers im »Vorspiel« entnehmen kann. Laborde lässt bei seinen Plänen alles Lokale, Regionale, Nationale, ja sogar Europäische aus dem Spiel. Wirtschaftsdaten über Firmen und Transaktionen in der Nähe wären leicht überprüfbar. Damit sein Feuerwerk der ökonomischen Phantasieprojekte bei seinen Zuhörern zünden kann, muss alles möglichst exotisch klingen. Er breitet seine umfassenden Transaktionspläne vor dem Bankier Seidler aus, den er übers Ohr hauen will. Zur Komik der Situation trägt bei, dass Laborde jemandem Geld abschwindeln möchte, der selbst

---

25 Vgl. Hans Wysling: *Narzissmus und illusionäre Existenzform: Zu den Bekenntnissen des Hochstaplers Felix Krull*. Bern, München 1982. Zur Hermesfigur in der Literatur des 20. Jahrhunderts allgemein vgl. William Willeford: »Hermes: Poetic Truth, Lying, and Thievery«. In: *The Waters of Hermes*. Hg. v. Massimo A. Maggiari. Chapel Hill, N.C., 2000, S. 196–201; Wendelin Schmidt-Dengler: »Brüderlich durch Hermes vereint: Zur Rezeption antiker Mythologie bei Thomas Mann und Max Frisch: drei Fallbeispiele«. In: *Mythos und Utopie: Andeutungen eines literarischen und kulturellen Phänomens im 20. Jahrhundert*. Linz 1997, S. 24–36.

keinen Heller mehr in der Tasche hat. Seidler wiederum hört sich die abenteuerlichen Pläne, die er von Anfang an durchschaut, gelassen an, denn zu verlieren hat er nichts.

Laborde ist nie in Argentinien gewesen, aber er weiß, dass dieses zweitgrößte Land Südamerikas in den 1920er Jahren von einer großen Industrialisierungswelle erfasst wurde, dass die Weltwirtschaftskrise auch in diesem Staat einen ökonomischen Zusammenbruch nach sich gezogen hat, dass sich aber die Fleisch- und Getreideproduktion dort in den frühen 1930er Jahren wieder auf dem Weltmarkt behaupten konnte. Also erfindet er eine Geschichte von einer argentinischen »Traktorenfabrik«, die er »im Begriff« sei »zu errichten« (KW 7, 255). Bei der landwirtschaftlichen Expansion würden selbstverständlich Traktoren gebraucht. Erst vor zwei Monaten sei er deswegen in Buenos Aires gewesen und habe Argentinien, dieses Land der »ungeheuren Möglichkeiten«, mit dem »Flugzeug« (KW 7, 254) durchquert. Von der Traktorenfabrik behauptet er, dass sie eine Aktiengesellschaft sei, die er zusammen mit »einigen« seiner »Freunde« gegründet habe. Das Grundkapital belaufe sich auf »600 000 Dollar« und die Aktien seien »in New York deponiert«. Nun aber erwäge er, die Aktienpakete aus New York nach Europa zu transferieren; er möchte sie bei Seidler & Co. deponieren. Ganz sicher sei das noch nicht; es hinge von der »politischen Unterhaltung zwischen Buenos Aires und Washington« (KW 7, 255) ab. Laborde spielt hier auf die Abhängigkeit der argentinischen von der US-amerikanischen Wirtschaft an. Laborde will von Seidlers Bank ein Darlehen auf die gefälschten und in keinem New Yorker Depot befindlichen Aktien der nicht vorhandenen argentinischen Traktorenfabrik bekommen. Seidler geht auf die Spekulationen ein und tut so, als ob er all das ernst nähme, was ihm da vorgegaukelt wird. Er fragt sogar, ob Laborde durch die Wegnahme der Aktien aus New York auf einen Wechselkursgewinn spekuliere. Laborde dreht die Phantasieschraube in andere Richtung weiter. Das Darlehen, die »flüssigen Gelder«, benötige seine Fabrik, »um die Traktorenanschaffungen der Farmer zu finanzieren«. Diese Finanzierung sei wiederum dadurch abgesichert, dass »die Ländereien« der Farmer als »Sicherstellungen« zu betrachten seien. Mit anderen Worten: Als Garantie für das Seidlersche Darlehen müssen letztlich die Ländereien argentinischer Farmer herhalten. Als der bankrotte Seidler repliziert, dass diese Aktion den »Rahmen eines normalen Bankgeschäfts« sprenge, hat Laborde wieder eine Lösung parat: Erstens nämlich sei es »nicht notwendig, diese Transaktikonen in einer Hand zu vereinigen«, vielmehr sei es ratsam, »sie auf verschiedene Plätze zu verteilen«; zum zweiten müssten die »Papiere« ja nicht »mit Bargeld belehnt« (KW 7, 256) werden. Vielleicht könne sich einer der »Klienten« Seidlers »mit seinen Aktiendepots an einer solchen Kombination« beteiligen. Das ergäbe dann »so eine Art gegenseitiger Versicherung, eine Assekuranz zur Verkleinerung der Risiken«. Hier kann sich Seidler eine ironische Bemerkung nicht verkneifen und fragt den Gesprächspartner, ob ihn denn seine »Risiken so sehr [...] drücken«. Laborde weiß sich durchschaut, aber das bedeutet noch lange nicht, dass er seinen Plan aufgegeben hat, Geld von Seidler zu bekommen. Er »lacht« und verkündet die Devise aller Globalisierungsideologen: »Es sind ihrer so viele [Risiken], daß sie überhaupt nicht mehr drücken können, aber je größer, je weltumspannender ein Apparat ist, desto sicherer ist das Gleichgewicht seiner Dynamik.« Seidler pariert den Schwindel mit Schwindel. Er selbst will kein Darlehen geben, weil er keines geben kann, aber er vertröstet Laborde damit, dass er »mit einem« seiner »persischen Klienten über die Sache sprechen« (KW 7, 257) werde. Gemeint ist jenes Teheran Oil Syndicat, selbst ein global agierendes Schwindelunternehmen, das die Seidlersche Bank bereits zwei Millionen gekostet hat. Laborde weiß noch nichts von dieser Katastrophe, aber ihm ist klar, dass Seidler ihm im Gegenzug zu seinen windigen argentinischen Aktien wertlose persische Papiere anbietet. Als Seidler Laborde fragt, ob die Aktien aus Argentinien denn »auch echt« seien, repliziert der prompt: so echt »wie die persischen, die Sie mir in Austausch angeboten haben« (KW 7, 275).

Bisher war all das, worüber Laborde und Seidler sprachen und verhandelten nichts als heiße Luft, lauter Dinge ohne realen Hintergrund, alles Märchen aus der großen Welt des globalen Aktienmarktes. Plötzlich aber erhält das Gespräch eine Wende, die sich in Richtung Realität bewegt. Laborde erfährt, dass Seidlers »persische« Papiere auf das Teheran Oil Syndicat lauten, und da er ein eifriger Leser der internationalen Kurs-Tabellen ist (eine davon hängt im Hotel aus), weiß er, dass diese Aktien »wirklich nichts mehr wert« sind. Jetzt muss Seidler Farbe bekennen und er erzählt die Geschichte von Ruthart, dem »Esel«. Laborde realisiert, dass Seidlers Bank dadurch dem »Zusammenbruch« nahe ist. »Wir müssen das in Ordnung bringen«, entscheidet er, »man muß Sie und die Bank wieder hochbringen«. Das ist keine Geste altruistischen Entgegenkommens, sondern schlicht die Konsequenz der Einsicht, dass er »mit einem falliten Ausbeutungsobjekt« (KW 7, 276) nichts anfangen kann. Von nun an wird zwischen den beiden Kaufleuten Tacheles geredet. Jeder Schachzug, jeder Schwindel wird als solcher offen einbekannt. Zwischen dem geldlosen Hochstapler Laborde und dem ruinierten Bankier Seidler gibt es keine Geheimnisse und keine moralischen Unterschiede mehr: Laborde argumentiert wie ein Bankier, Seidler wie ein Schwindler. Beide sind darauf versessen, ihre Misere zu überwinden: Seidler will seine Haut und sein Gewerbe, Laborde seine Existenz als einkommensträchtiger Betrüger retten. »Wollen Sie nicht bei mir in die Bank eintreten?« (KW 7, 280) fragt Seidler Laborde in einer Anwandlung von Einverständnis, denn den »Ruthart werfe« er »ohnehin hinaus« (KW 7, 280). Laborde könnte genau so gut fragen: Wollen Sie nicht mein Hochstapler-Partner werden, denn Stasi entlasse ich sowieso. Trotzdem gibt es in den Unterhaltungen der beiden ein Autoritätsgefälle: Laborde ist der Hexenmeister und Seidler der Zauberlehrling. »Mit Euch, Herr Doktor zu spazieren« (KW 7,

256) zitiert Seidler den Famulus Wagner aus Goethes »Faust« – und der Leser/Zuhörer ergänzt »Ist ehrenvoll und ist Gewinn«. Seidler begibt sich mit Laborde auf eine Art Osterspaziergang, hängt sich bei ihm ein, um von dem Gespräch mit dem erfahrenen Globalisierer zu profitieren. Andere literarische Intertexte sind nicht minder aufschlussreich. Laborde präsentiert sich als »Münchausen« und klärt Seidler, den Lehrling in Sachen Hochstapelei, darüber auf, dass »die Lage« seiner »Bank« diejenige Münchhausens sei, der »sich am eigenen Zopf aus dem Sumpf ziehen« (KW 7, 279) musste. Seidler wiederum weiß, dass die Kartenhäuser, die Laborde aufbaut, jederzeit in sich zusammenfallen können. Wenn Laborde sich immer neue Titel zulegt, sich vom Nobody zum Baron, vom Baron zum Prinzen und vom Prinzen zum Fürsten befördert, wartet Seidler nur darauf, dass er sich bald »als der Papst legitimieren« (KW 7, 275) werde. Damit spielt er auf das durch Philipp Otto Runge überlieferte Märchen »Vom Fischer und siner Fru« an, das die volle Kreisdrehung des Fortunarades bei den Hoch- und Übermütigen vom Pisspott zum Heiligen Stuhl und zurück zum Pisspott beschreibt. Aber diese gelinde Mahnung wird von Laborde nur mit einem Lachen quittiert.

Das windige Projekt mit der Belehnung der argentinischen Aktien, der ganze Traktorenunsinn ist nun vergessen. Laborde entwickelt einen neuen, einen anderen Plan. Ziel ist, die Aktien von Teheran Oil Syndicat, die ins Bodenlose gestürzt sind, wieder hochzubringen. Die Aktien sind gefallen, weil bei den Bohrungen der Firma kein Öl gefunden wurde. Teheran Oil Syndicat dürfte nur auf dem Papier, d. h. in der Phantasie einiger Spekulanten und Hochstapler existieren. Das ist Labordes Terrain, hier kennt er sich aus, hier weiß er, wie er zu agieren hat. Als erstes legt er fest: »Das Öl muß verkauft werden«. Wiederum lässt er internationale Beziehungen spielen, ob wirkliche oder nur vorgetäuschte bleibt offen. 1931 ist Japan in die Mandschurei eingefallen. Gegen sie und gegen die Kommunisten mobilisiert der nationalchinesische Regierungschef Chiang Kai-shek seine Militärkraft. China braucht Panzer und Panzer brauchen Treibstoff, so viel ist klar. Die »Tanks in China« fahren nicht »mit Luft« (KW 7, 278), wie Laborde weiß, sondern mit Benzin. Also benötigt China Erdöl. Was liegt näher als »sofort nach Shanghai an einen« seiner »dortigen Freunde [zu] kabeln« (KW 7, 279). Noch bevor irgendein Verkaufsgeschäft mit China getätigt ist, »lanciert« Laborde »die Nachricht«, dass »die Teheran Oil wahrscheinlich große chinesische Aufträge erhalten werde« (KW 7, 298). Schon dieses Gerücht hat zur Folge, »daß die Kurse« der »persischen Aktien« (KW 7, 297) anziehen. Bald ist das Geschäft perfekt: Sein Freund in Shanghai ordert für die chinesische Regierung »zweihundert Waggons« Erdöl und die Aktien klettern weiter in die Höhe. Laborde spielt Seidler gegenüber mit offenen Karten. Er weiß, dass die Sache in nicht allzu ferner Zukunft auffliegen wird. Aber das wird dauern, denn er will versuchen, der chinesischen Regierung nicht nur das Öl, sondern die Ölgesellschaft selbst zu verkaufen, damit sie jederzeit Zugriff auf den Rohstoff haben kann. Bis »der wahre Sachverhalt ruchbar wird«, so versichert Laborde dem Bankier, »werden Sie bereits mit Gewinn aus der Angelegenheit herausgestiegen sein«. Letzten Endes, so sieht Laborde voraus, werde die chinesische Regierung »die Kosten zu bezahlen haben«, aber »dazu sind Regierungen doch da« (KW 7, 298), sinniert er. (Diese Argumentation versteht man heute nach den Erfahrungen mit den globalisierten Finanzmärkten im neuen Jahrhundert noch besser als 1934, als Broch die Komödie schrieb: Mit sogenannten Stimuluspaketen muss der Staat, letztlich der Steuerzahler, die Zeche der Zechpreller an der Börse, der betrügerischen Finanzjongleure bezahlen.)

Nun bleibt noch die konkrete Frage zu lösen, wie die Bank ihre »Million«, die Ruthart in Teheran Oil »als Privatbeteiligter« – jedoch mit dem Geld der Seidlerschen Bank – investiert hat, wieder zurückbekommt, und wie verhindert wird, dass Seidlers Finanzinstitut für den durch Ruthart gewährten Kredit von »einer zweiten Million« (KW 7, 299) an Teheran Oil geradestehen muss. Auch dafür hat der findige Laborde eine Lösung: Er weiß, dass der Teheran Oil viel mehr an dem Kredit der Seidlerschen Bank liegt als an den Aktien, die Ruthart dummerweise erworben hat. »Eine Gesellschaft, welche vom Bankhaus Seidler einen Kredit von einer Million erhält, ist von vornherein vertrauenswürdig« (KW 7, 298), stellt Laborde fest. Um diesen Schein der Bonität und Solidität muss es dieser Firma gehen. Logischerweise schlägt Laborde vor: »Die Perser erhalten die Million unter der Bedingung, daß sie damit Herrn Ruthart auszahlen und Herr Ruthart wird mit dem gleichen Scheck sein überzogenes Konto bei Ihnen abdecken.« Seidler bekommt also die Fehlinvestition Rutharts wieder zurück, doch bleibt es bei dem Kredit an Teheran Oil, von dem nicht zu hoffen ist, dass er jemals zurückgezahlt werden wird. Von den »Persern als Schuldnern« hält der Bankier nicht viel. Soll Seidler diese Million abschreiben? Dann bewegte er sich noch immer am Rand des geschäftlichen Ruins. Um auch dieses Problem lösen zu können, springt Laborde mit eigenem Kapital ein, wobei es sich selbstverständlich ebenfalls um Labord'sches Spielgeld, das aus der Luft gegriffen ist, handelt. Er will zur Finanzierung des Kredits Seidler »einwandfreie Wechsel« geben, ausgestellt auf seinen ›eigentlichen‹ Namen »Fürst Saint Valmois-Gruizman« (KW 7, 299). Diese Wechsel sind so echt wie sein Name. In aller Offenheit gibt er Seidler gegenüber zu, dass seine »einwandfreien« Wechsel »selbstverständlich gefälscht« seien. »Das nehme ich auf mich« (KW 7, 301) beruhigt er den Bankier. Zusammengefasst ist der Sachverhalt der: Laborde gibt Seidler falsche Wechsel über eine Million, der gibt sie für echt als Kredit weiter an die Teheran Oil, diese machen Reklame damit, dass Seidler sie für kreditwürdig erachtet, Ruthart bzw. die Bank retourniert den Aktienbesitz an Teheran Oil und erhält dafür die Million zurück, Teheran Oil verkauft 200 Waggon Öl an Chiang Kai-shek (und vielleicht sogar die ganze fallite Firma). Damit wäre Seidler & Co saniert und Laborde erhält als

»Artistenhonorar« (KW 7, 301) eine »Gewinnbeteiligung« (KW 7, 300), über deren Höhe diskret geschwiegen wird. Wie aber wird die chinesische Regierung das Öl bezahlen, das weder gefördert noch geliefert werden kann? Dieses Detailproblem zu lösen, überlässt Laborde sinnigerweise dem Direktor Walther Ruthart, der die ganze Malaise des drohenden Bankrotts der Seidlerschen Firma verschuldet hat. »Meine Mission erscheint mir beendet«, stellt Laborde fest. Sein Ziel ist erreicht: Er hat durch seine Manöver die Bank vor dem Zusammenbruch gerettet und vor allem eine Provision für seine Dienste eingestrichen. »Einer meiner chinesischen Freunde«, so eröffnet er Seidler und Ruthart, werde »in den nächsten Tagen die Rückreise nach Shanghai antreten«. Dann solle Ruthart doch gleich mit diesem »absolut vertrauenswürdigen« Herrn nach Shanghai reisen, um dort mit dessen Hilfe »alle in Betracht kommenden Probleme« zu lösen. Was die Vertreter der chinesischen Regierung mit Ruthart anstellen werden, wenn der ganze Schwindel auffliegt, kann man sich vorstellen. Labordes Verachtung für den »Esel« Ruthart ist grenzenlos. Bei Seidler ist das ähnlich. Statt die trickreichen Regeln des internationalen Finanzmarktes zu durchschauen und souverän zu beherrschen, wie das bei Laborde der Fall ist, ist Ruthart bei der ersten Konfrontation mit dem globalisierten Finanzwesen dessen naives Opfer geworden. Vom Standpunkt des kommerziellen Wertsystems aus betrachtet ist er ein Versager. Auch Seidler will Ruthart aus seinem Geschäftsbereich und aus seiner Familie verbannt wissen. So fragt er Laborde, ob er nicht »einen chinesischen Banditen« (KW 7, 300) heuern könne, um Ruthart in Shanghai »auf irgendeine nette chinesische Art zu erledigen«, mit »Gift zum Beispiel«. »Bitte«, meint Laborde beflissen, »in China ist alles möglich« (KW 7, 301). Dass Ruthart in Shanghai nichts Gutes erwartet, weiß Laborde ohnehin. Shanghai, schon damals eines der heißesten Pflaster des internationalen Big Business, ist kein Ort, wo sich der provinzielle Ruthart wird behaupten können.

Wieso ist das noch Komödie? So fragt man sich. Was gibt es hier zu lachen? Nichts als Betrügereien, die Grundsätze von Recht und Ehre gelten nicht mehr und schließlich werden auch noch Mordpläne geschmiedet. Der »königliche Kaufmann« scheint ein Begriff aus der Mottenkiste der Ideologiegeschichte zu sein. Nirgendwo ein Lichtblick, nirgends eine Figur, die dem ganzen Irrsinn Einhalt gebieten würde oder zumindest eine Alternative offerierte. Broch hat eine neue Dramen-Kategorie kreiert: die zynische Komödie. Die ist von der europäischen Konvention dieser Gattung denkbar weit entfernt. Auch in den Komödien Molières, Lessings, Scribes oder Nestroys kommen Schwindler, Hochstapler, Blender, Projektemacher und Betrüger vor, aber doch nicht als zentrale Helden ohne positive Gegenfiguren. Die Identifikationsfigur bei Broch ist Laborde, Hermes redivivus. Dessen Verhalten schönzureden[26] oder

---

[26] Jürgen H. Petersen kritisiert zwar das unethische Verhalten Labordes, deutet es aber im Sinne

seine ökonomischen Thesen gar als vorbildlich zu preisen,[27] wie es in der Sekundärliteratur geschieht, wird dem Zynismus der Figur nicht gerecht. Er ist ein global agierender Schwindler, dessen fauler Zauber kurzfristige Scheinlösungen produziert. Hermes ist auch ein phallischer Gott und vielleicht gewinnt Laborde beim Publikum, wenn man sich sein zweites Betätigungsfeld, das erotische, ansieht?

2.2 Von Geldesdingen und Heiratssachen

Kein Eros, nirgends, ist der Eindruck, den man beim Lesen der Komödie erhält. Lauter kaputte Beziehungen. Das scheint Brochs Spezialität zu sein. Wirklich Verliebte kommen in seinem Werk nicht vor. Das erste Paar, von dem wir im »Vorspiel« hören, ist Agnes Seidler und Walther Ruthart. Agnes und Walter sind das Unpaar schlechthin. Wie immer bei Broch sind die Namen Programm. Agnes (von lat. agnus) bedeutet das Lamm und sie ist lammfromm, jedenfalls ist sie ihrem Vater hörig und Laborde gegenüber – Hermes ist auch der Gott der Hirten – ist sie das folgsame Schaf. Seidler hat aus kommerziellen und persönlichen Gründen zunächst Walther Ruthart, seinen designierten Nachfolger, für sie als künftigen Gatten ausersehen. Für Seidler wäre diese Verbindung »finanziell eine einfache und klare Sache« (KW 7, 243) gewesen. Hätte Agnes jemanden genommen, der nicht zur Firma gehört, wären erhebliche zusätzliche Kosten entstanden. So aber bleibt das Kapital unzerteilt bei Seidler & Co. Zudem will der Bankier seine Tochter, die er liebt, unbedingt in seiner Nähe behalten. Gegen ihre Neigung ist sie seinem Wunsch gefolgt und hat sich mit Ruthart verlobt. Die Konsequenz war Agnes' geplanter Selbstmord. Seidler merkt zu spät, dass Ruthart als Bankier eine Niete ist, dass von der erhofften »Solidität« (KW 7, 293) keine Rede sein kann, dass er vielmehr dabei ist, seine Firma zu ruinieren. Nun drängt er die Tochter, die Verlobung zu lösen. Auch diesmal ist sie bereit, ihm »entgegenzukommen« (KW 7, 252). Agnes ist aber nicht nur ein Lamm, das sich dem Interesse des Vaters opfert, sondern auch ein Schaf, das Schwierigkeiten hat, die Realitäten um sich herum zu begreifen. Sie ist nicht auf dem Laufenden und bezeichnet sich noch als »reiches Mädchen« (KW 7, 243), als die Seidlersche Bank durch Rutharts dilettantische Spekulationen bereits hoffnungslos verschuldet ist. Vom Geschäft ihres Vaters weiß sie wenig und will davon nichts verstehen.

---

einer Kritik an der bürgerlichen Gesellschaft. Vgl. Jürgen H. Petersen: »Hermann Brochs Komödie *Aus der Luft gegriffen oder Die Geschäfte des Baron Laborde*«. In: *Hermann Broch*. Hg. v. Paul Michael Lützeler. Frankfurt am Main 1986, S. 135–147.

[27] Ernst Schürer meint, dass solche Initiativen wie die von Laborde ergriffenen tatsächlich eine Wirtschaft in der Flaute wieder in Gang bringen würden. Vgl. Ernst Schürer: »Die Liebe und die Börse. Zu Hermann Brochs Hochstaplerkomödie *Aus der Luft gegriffen*«. In: *Hermann Broch. Das dichterische Werk. Neue Interpretationen*. Hg. v. Michael Kessler und Paul Michael Lützeler. Tübingen 1987, S. 67–78.

Das zweite Paar, von dem in der Komödie die Rede ist, ist nicht minder auf Trennung abonniert. André Laborde und Stasi bzw. Anastasia Wnuk führen nur noch eine Scheinbeziehung. Verlobt oder verheiratet waren sie nie. Stasi ist eine Art Compagnon in Labordes Hochstaplerunternehmen. Sie hat einen doppelten Grund, sich von Laborde zu lösen. Sie weiß, dass er erstens »kein Geld hat« und dass er sie zweitens »nicht liebt« (KW 7, 240). Gleich zu Beginn der Komödie »beginnt« sie »hysterisch zu weinen« und klagt »es ist aus ... alles ist aus« (KW 7, 240). Auch Stasis Namen bezeichnen ein Programm, haben intertextuelle Relevanz. Mit ihrem Vornamen Anastasia erinnert sie an jene russische Hochstaplerin, die sich als Tochter Nikolaus II. ausgab, also an jene Frau, die vorgab, bei der Ermordung der Zarenfamilie 1917 mit dem Leben davongekommen zu sein. Stasis Familienname ist »Wnuk« (KW 7, 269). Das ist Tschechisch und bedeutet »Enkel«. Stasi ist gleichsam die Enkelin von Ruzena, jener tschechischen Freundin Joachim von Pasenows aus Brochs Romantrilogie *Die Schlafwandler*. Zwischen 1888, dem Jahr der Affäre zwischen Joachim und Ruzena und 1934, der Gegenwart der Komödienhandlung, liegen zwei Generationen. Wie Ruzena weiß auch Stasi vom Ende ihrer Beziehung zum Geliebten, wie sie erleidet sie hysterische Anfälle und wie sie benutzt sie pessimistische Wendungen wie »ist aus« (KW 7, 240) bzw. »is aus« (KW 1, 141). Aber während Ruzena fatalistisch ihren Abstieg hinnimmt, ist ihre neusachliche Enkelin robuster, verabschiedet sich von romantischen Liebesvorstellungen und landet in einer bürgerlichen Ehe. Das Herumvagabundieren ist sie leid, und ständig als Lockvogel auf reiche Männer angesetzt zu werden, ist auf die Dauer nicht nach ihrem Geschmack. Auch diesmal soll sie nach Labordes Anweisungen mit einem Mann »flirten« (KW 7, 246), um ihn als Ausbeutungsobjekt zu präparieren. Diesmal ist Walter Ruthart als Opfer ausersehen worden; ihn soll sie um den Finger wickeln und ihm das argentinische Traktoren-Märchen glaubhaft machen. Labordes Beziehung zu Stasi ist funktional-zynisch. Stasis lebensmüde Verzweiflung kommentiert er lakonisch-ironisch mit »Wirklich, es geht nicht mehr recht vorwärts« (KW 7, 240) und Dritten gegenüber gibt er auf Stasi gemünzte Sottisen von sich wie »Man soll den Tag nicht vor der Gattin loben« (KW 7, 265). Agnes bemerkt einmal richtig, dass »jeder«, der mit Laborde »in Berührung« komme, »glücklich und unglücklich zugleich« (KW 7, 260) werde. Bei Stasi wirkt sich der Kontakt zu Laborde nicht zu ihrem Glück aus. Als Laborde von ihr bei seinem Stelldichein mit Agnes überrascht wird, erleidet sie einen Nervenzusammenbruch. Nachdem sie aus der Ohnmacht aufgewacht ist, fragt sie, wo sie sei. Laborde spottet: »im Himmel, mein Kind« (KW 7, 284) und dass sie jetzt »mit allen andern Engelchen zusammen singen« (KW 7, 285) müsse. Stasi stürzt sich nach dem verunglückten Selbstmordversuch in eine kurze Beziehung zu Walther Ruthart, lässt sich aber schließlich von dem bürgerlichen Hoteldirektor erobern. Der findet sie körperlich attraktiv und Stasi, die nach den Enttäuschungen mit Laborde und Ruthart an keine romantische Beziehung mehr glaubt, geht aus pragmatischen Gründen und aus Überlebenswillen die Ehe mit dem Hoteldirektor ein.

Bleibt noch die in der Sekundärliteratur so viel gelobte Beziehung zwischen Laborde und Agnes. Hier zitiert Broch sich wiederum selbst, denn die romantische Liebe ex negativo, die Dauer-Sehnsucht ohne konkrete Erfüllung, hat er ebenfalls bereits im ersten Band der *Schlafwandler* gestaltet. Zentrale Stellen mit Sätzen wie »Ich sehne mich nach dir« (KW 7, 286; KW 1, 154) werden wörtlich wiederholt. Die bewusst unerfüllte Liebe wird im Roman von Eduard v. Bertrand im Gespräch mit Elisabeth v. Baddensen als eigentliche und echte Liebe definiert. »Liebe ist etwas Absolutes« (KW 1, 109), hatte Bertrand doziert, aber weil das Absolute im Irdischen bloß negativ erfahrbar sei, könne Liebe nur im Abschied, also negativ, realisiert werden.[28] Dass jedoch die Nichterfüllung der Liebe, nämlich die Trennung, ihre eigentliche Erfüllung bedeute und ihre Dauer garantiere, war Elisabeth als »unnatürlich und abseitig« (KW 1, 110) erschienen. Dieser Art von abstrakter Überhöhung der Liebe hatte sie zurecht den Charakter schlechter Unendlichkeit attestiert. Statt Bertrands negatives Liebesangebot zu akzeptieren, war sie die konventionelle Ehe mit Joachim von Pasenow eingegangen. Bertrand war immerhin, sieht man von einem Kuss ab, so konsequent gewesen, auf die physische Liebesvereinigung zu verzichten. Laborde aber genießt ein Schäferstündchen mit Agnes und versteht die Kopulation als »das Selbstverständliche«, dem sie sich nicht »widersetzen« (KW 7, 282) solle. Agnes, folgsam und lammfromm, stimmt ihm zu. Nichtsdestoweniger überzeugt der bindungsscheue Laborde sie davon, dass ihre Liebe sich nur in der Trennung vollende und dass »Versprechen« und Bindung mit Unfreiheit und »Käfig« (KW 7, 302) zu tun haben. Die Liebesbekundungen bei Laborde und Agnes sind nicht von der gleichen Intensität. Agnes bekennt in ihrem Liebesmonolog: »Ich liebe ihn«. Sie glaubt, dass er für sie »das Leben« ist, dass er sie »aus dieser Enge« der kommerziellen Welt »hinausführen« werde. Sie übersieht dabei, dass Laborde außerhalb der Finanzwelt so rasch verenden würde wie ein Fisch auf dem Festland. Agnes' romantische Phantasie geht mit ihr durch. Sie monologisiert: »Wenn er mich umarmen wird, da wird er glücklich sein«, wenn auch nur für »einen Augenblick« in »Asien oder in Afrika oder in der Unendlichkeit« (KW 7, 260). Laborde dagegen fragt sich lediglich »Liebe ich sie?« und fügt gleich abwiegelnd hinzu »beinahe fürchte ich, daß es so ist« (KW 7, 244). Kaum sind seine Seelenflügel durch Eros ins Schwingen geraten, denkt er schon wieder nüchtern über seine nicht vorhandene »Barschaft« nach und darüber, wie er »zu Geld kommen« (KW 7, 244) kann. Auch in Sachen der Erotik ist Laborde ein Blender; ihm

---

28 Ein erster Hinweis auf die Beziehung Labordes zu Bertrand findet sich bei Manfred Durzak: »Epitaph auf einen Industriellen. Zu einer Komödie Hermann Brochs«. In: *Literatur und Kritik* 1.7 (1966), S. 21–28, hier 26.

fehlt der Ernst, der Betrands Reflexionen auszeichnete. Er erteilt Agnes eine lange Lektion darüber, dass »das Geld« eben nicht »die einzige Wirklichkeit« sei, sondern dass Liebe mit ganz Persönlichem, Konkretem und Physischem wie dem »Duft« der »Haut« der geliebten Frau zu tun habe, in deren »Atem« der Mann »leben will« (KW 7, 243f.). Aber nach dem Lob von so viel Sinnlichkeit und konkreter Erotik macht er eine Kehrtwendung und besteht darauf, dass die Erfüllung der Liebe auch schon ihr Tod sei, dass nur die »Sehnsucht« nach Liebe die eigentliche »Wirklichkeit« ist, vor der alles andere als »unwirklich« verblasse. Denn die Sehnsucht sei gleichsam der Vorschein der »Unendlichkeit« (KW 7, 244). Agnes, Lamm und Schaf zugleich, durchschaut den Selbstwiderspruch dieses Liebeskonzepts nicht, akzeptiert (anders als Elisabeth in den *Schlafwandlern*) den Grundsatz von der »Wirklichkeit der Sehnsucht«, die »bleibt« (KW 7, 303), und glaubt auf diese Weise, Laborde ihre Liebe erhalten zu können. Aber was für eine Liebe sollte das sein, bei der man weiß, dass der Partner nicht wiederkommt? Auch Agnes ist sicher, dass man auf die Rückkehr von Laborde »ein bißchen lange warten müßte« (KW 7, 308). Im letzten Gespräch mit ihm meint sie, dass »Abschiednehmen« immer schon »ein Stückchen Tod« (KW 7, 302) sei. Ihre Beziehung zu Laborde ist jedoch nicht tief genug, als dass die Trennung etwas mit Unglück oder Tragik zu tun hätte. Halt und Bindung findet sie nämlich nicht bei einem Geliebten. Genau besehen besteht eine tiefere emotionale Bindung zwischen Agnes und ihrem Vater als zwischen ihr und Laborde. Seidler sieht nicht ein, dass seine Tochter »überhaupt heiraten müßte«; er hält ihre Heirat für »überflüssig« (KW 7, 252). Laborde, so hat man den Eindruck, wird von Agnes bewundert, weil ihr »Vater an seiner Seite« so »glücklich« (KW 7, 260) ausschaue. Als am Schluss des Stücks Agnes ihrem Vater gesteht, dass sie weder Laborde noch Ruthart heiraten werde, wird sie von ihm »beinahe jubelnd« in »die Arme« (KW 7, 308) geschlossen. Er ist froh darüber, dass er seine Tochter wieder ganz für sich haben kann. Schon ihre Verlobung mit Ruthart hatte ihn (noch bevor er etwas von dessen katastrophalem Lapsus weiß) »angeekelt« und »äußerst unfröhlich« (KW 7, 238) gestimmt. Laborde wäre ihm als Schwiegersohn recht gewesen, aber am liebsten behält er die Tochter in seinem Haus, wobei nach wie vor ökonomische Gründe eine Rolle spielen mögen. Agnes ist am Ende das geblieben, was sie immer war. Von einem »neuen Leben«, von einem Heraus aus der »Enge« kann keine Rede sein. Sie bleibt das dem Vater hörige Töchterchen, eine junge Frau, die es nicht geschafft hat und nie schaffen wird, sich vom Vater zu emanzipieren.

Laborde ist des Hermes liebster Sohn. Der Gott der Händler und der Räuber kann zwar zugleich als Bote und Hermeneut anderer fungieren, aber sein eigentliches Element bleibt das des Kommerziellen, welches mit Diebstahl und Hochstapelei verbunden ist. Labordes letzte Aktionen im Stück unterstreichen nochmals sein Selbstverständnis: Als Dieb raubt er die Hotelkasse aus und als bindungsscheuer Herzensbrecher hinterlässt er der verflossenen und der neuen Liebe bloß ein Souvenir, allerdings ein fürstliches, wie es einem Kavalier aus dem Hause »Saint Valmoi-Gruizman« (KW 7, 299) ansteht: je ein Korb mit weißen bzw. roten Rosen (KW 7, 309).

Bei keinen der geschilderten persönlichen Verhältnisse handelt es sich um Liebesbeziehungen. Nach Robert Sternberg sollten drei zentrale Dimensionen in einer Beziehung gegeben sein, bevor man sie als Liebe bezeichnen kann: Leidenschaft, Intimität und Bindung.[29] Bei André Laborde und Stasi sowie bei Walther Ruthart und Stasi können nur Schwundstufen solcher Voraussetzungen ausgemacht werden; bei Laborde und Agnes Seidler sowie bei Walther Ruthart und Stasi fehlt die Bindung und bei Stasi und dem Hoteldirektor mangelt es Stasi an Leidenschaft und dem Direktor an Intimität. Auch hier ist es Zynismus, der die Entfaltung menschlicher Beziehungen hemmt oder unterminiert. So wundert es nicht, wenn schon 1934 der junge Otto Preminger, damals Direktor am Josefstädter Theater in Wien, Brochs Komödie als »zu kalt« ablehnte (BB, Nr. 344). Mit ihrer zynischen Unterkühlung hat sie aber zunehmend Zuspruch gefunden, ist doch in den zwischenmenschlichen Beziehungen ein Global cooling eingetreten. Mag sein, dass Brochs Komödie verstärkt Beachtung finden wird in Zeiten eines neuen Globalisierungsschubes, eines zunehmend zynischen Geschäftsgebarens und einer Wirtschaftskriminalität von vorher unbekannten Ausmaßen. Broch gebärdet sich mit *Aus der Luft gegriffen* als Ikonoklast im Bildersaal der Komödiengattung. Es gibt in den 1930er Jahren wohl keine zynischere Komödie über den globalisierten Kommerz und über das Nichtfunktionieren von Liebesbeziehungen. Der Tendenz nach ist sie mit Brechts *Dreigroschenoper* und mit Canettis *Hochzeit* vergleichbar. Der Zynismus ist die dunkle, die andere Seite der Moral. Der Ethiker, Kantianer und Werttheoretiker Broch lässt hier innerhalb der Gattung der Komödie ein Geschehen abrollen und kommentarlos sich entfalten, das er in seiner Tragödie *Die Entsühnung* und in seinen Romanen aufs Schärfste gegeißelt hat. Broch war sich darüber im Klaren, dass er mit seinem Stück »ein ›literarisches Wagnis‹ für das Theater« (KW 13/1, 296) geschrieben hatte. Wie bei seinen Experimenten im Gebiet des Romans strapaziert er auch die Form der Komödie und geht dabei bis zum Äußersten dessen, was dieser Gattung zugemutet werden kann. 1934 fand sich in Wien keine Bühne, die das Stück aufführen wollte. Heute hat man sich nach Thomas Bernhard und Elfriede Jelinek, nach Peter Turrini und Marlene Streeruwitz ans Zynische und gefühlsmäßig Tiefgefrorene auf dem Theater gewöhnt. Broch ist mit seiner Komödie

---

[29] Vgl. Robert J. Sternberg: »A Triangular Theory of Love«. In: *Psychological Review* 93 (1986), S. 119–135, hier 119. Vgl. dazu auch die Arbeit von John Allan Lee: *Colours of Love*. Toronto 1973. Darin werden sechs verschiedene Liebesstile unterschieden: Eros, Sorge, Agape, Mania, Ludus und Pragma. Auch wenn man diese Arbeit berücksichtigt, wird man bei den Akteuren von Brochs Komödie wenig genuine Liebesstile entdecken können.

als ihr Großvater zu entdecken und so wird *Aus der Luft gegriffen* wohl kaum der Vergessenheit anheimfallen.[30]

Im Anschluss an die Komödie verfasste Broch im Sommer 1934 auch einen »Schwank mit Musik«, dem er den Titel *Es bleibt alles beim Alten* (KW 7, 311–400) gab, und an dem sein Sohn Armand mitarbeitete. Auch hier wird für ein österreichisches bzw. Wiener Theaterpublikum geschrieben, denn die Inspiration durch die Nestroy'schen Possen ist dem Text anzumerken, und zudem reden einige Personen im Wiener Dialekt. Nicht ganz einsichtig ist, warum »mit Musik« im Untertitel steht, denn von durchgehenden Liedpartien ist nichts zu merken. Es ist eine Verwechslungskomödie der leichten Unterhaltung, in der vor allem das Spiel im Spiel – eine beliebte Lustspieltechnik seit Aristophanes' *Vögeln*, Shakespeares *Sommernachtstraum* und Tiecks *Gestiefeltem Kater* – für komische Effekte sorgt. Wieder ist das Milieu ein kaufmännisches, und wieder geht es um einen Betrieb in der Krise: Vater-Sohn-Probleme sind in einer Familie angesagt, der eine Armaturenfabrik gehört. Der Sohn ist in den Augen des Vaters ein Tagedieb, der sich zu regulärer Arbeit im Leitungsbüro der Firma nicht aufraffen kann. Der Sohn besitzt literarisches Talent und schreibt ein Stück, in dem er Vorstellungen von seiner eigenen Rolle in der Firma ausdrückt: Er sieht sich als technisches Genie, das neue Ventile entwickelt, die das Unternehmen aus seiner Stagnation herausreißen und neuen Profiten entgegentreibt. Das Stück wird so arrangiert, dass es von der Familie im Theater besucht wird. Dabei sind Fiktion und Realität von einigen Zuschauern nicht mehr auseinanderzuhalten. Am Ende werden die bloß imaginierten neuen Ventile zu echten und helfen der Firma, über ihre Krise hinwegzukommen. Wie im »Baron Laborde« gehen auch hier Faktizität und Illusion erstaunliche Symbiosen ein. Die Situation des Juniorchefs zwischen zwei Frauen klärt sich nach einer Reihe von Unsicherheiten und Selbsttäuschungen, so dass auch hier am Ende die Welt wieder im Lot ist. Das Stück ist noch an keinem Theater aufgeführt worden.

Paul Michael Lützeler

---

[30] Seit 1981 wurde Brochs Komödie *Aus der Luft gegriffen* mehrfach im deutschsprachigen Bereich aufgeführt: zunächst an den Städtischen Bühnen Osnabrück (Spielzeit 1981/1982), dann am Wiener Akademie-Theater (Spielzeit 1982/1983), danach am Schauspielhaus Bonn (Spielzeit 1984/1985), ferner am Schillertheater in Berlin (Spielzeit 1986/1987), am Stadttheater Bern (Spielzeit 1989/1990) und im Hamburger Sprechwerk (Spielzeit 2012/2013).

3. Literatur

Blaschke, Bernd: »Markt zwischen Tragödie und Komödie. Hermann Brochs Marketing seiner ›Schlafwandler‹ und Dramen«. In: *Markt: literarisch*. Hg. v. Thomas Wegmann. Frankfurt am Main 2005, S. 115–131.
Broch, Hermann: *Das Teesdorfer Tagebuch für Ea von Allesch*. Hg. v. Paul Michael Lützeler unter Mitwirkung von H. F. Broch de Rothermann. Frankfurt am Main 1995 (= TT).
Broch, Hermann: »The Atonement«. Translated by George E. Wellwarth and H. F. Broch de Rothermann. In: *German Drama Between the Wars. An Anthology of Plays*. Hg. v. George E. Wellwarth. New York 1972, S. 19–106.
Broch, Hermann: *Verlorener Sohn? Hermann Brochs Briefwechsel mit Armand 1925–1928*. Hg. v. Paul Michael Lützeler. Frankfurt am Main, 2010 (= VS).
Broch, Hermann und Daniel Brody: *Briefwechsel 1930–1951*. Hg. v. Bertold Hack und Marietta Kleiß. Frankfurt am Main 1971 (= BB).
Caesar, Claus: »Geldspiele, Liebesspiele – Elias Canettis ›Die Hochzeit‹ und Hermann Brochs ›Aus der Luft gegriffen‹«. In: *Elias Canetti und Hermann Broch*. Hg. v. Penka Angelova, Marianne Gruber und Paul Michael Lützeler. St. Ingbert 2009, S. 29–41.
Caesar, Claus: *Poetik der Wiederholung. Ethische Dichtung und ökonomisches ›Spiel‹ in Hermann Brochs Romanen ›Der Tod des Vergil‹ und ›Die Schuldlosen‹*. Würzburg 2001.
Derré, Françoise: »Quelques réflexions sur ›Die Entsühnung‹«. In: *Broch. Actes des colloques de Paris et de Lyon*. Hg. v. Jean-Charles Margotton. Aix-en-Provence 1989, S. 115–128.
Doppler, Bernhard: »›Die Entsühnung‹ als Zeitoper. Zur Aktualität von Brochs Trauerspiel 1996«. In: *Hermann Broch: Perspektiven interdisziplinärer Forschung*. Hg. v. Árpád Bernáth, Michael Kessler und Endre Kiss. Tübingen 1998, S. 243–256.
Durzak, Manfred: »Epitaph auf einen Industriellen. Zu einer Komödie Hermann Brochs«. In: *Literatur und Kritik* 1.7 (1966), S. 21–28.
Guilhamon, Elizabeth: »Der Konkurs der Diskurse in Hermann Brochs ›Entsühnung‹ und Bertolt Brechts ›Heilige Johanna der Schlachthöfe‹«. In: *Die streitbare Klio. Zur Repräsentation von Macht und Geschichte in der Literatur*. Hg. v. Elizabeth Guilhamon und Daniel Meyer. Frankfurt am Main 2010, S. 221–235.
Hermand, Jost und Frank Trommler: *Die Kultur der Weimarer Republik*. München 1978.
Herr, Moshe David und S. David Sperling: »Day of Atonement«. In: *Encyclopaedia Judaica*. Hg. v. Fred Skolnik and Michael Berenbaum; 2nd ed., vol. 5. Detroit 2007, S. 488–493.
Innes, Christopher: *Erwin Piscator's Political Theatre. The Development of Modern German Drama*. Cambridge 1972.
Koebner, Thomas: »Brochs Trauerspiel ›Die Entsühnung‹ (1932)«. In: *Hermann Broch*. Hg. v. Paul Michael Lützeler. Frankfurt am Main 1986, S. 78–93.
Kracauer, Siegfried: *Der Detektiv-Roman*. Frankfurt am Main 1979.
Lee, John Allan: *Colours of Love*. Toronto 1973.
Lützeler, Paul Michael: »Anmerkungen des Herausgebers« in: KW 7, 415–429.
Lützeler, Paul Michael: *Hermann Broch. Eine Biographie*. Frankfurt am Main 1985 (= HBB).
Petersen, Jürgen H.: »Hermann Brochs Komödie *Aus der Luft gegriffen oder Die Geschäfte des Baron Laborde*«. In: *Hermann Broch*. Hg. v. Paul Michael Lützeler. Frankfurt am Main 1986, S. 135–147.

Piscator, Erwin: *Das politische Theater.* Berlin 1968 (Faksimile-Ausgabe von 1929).

Reinhardt, Hartmut: *Erweiterter Naturalismus. Untersuchungen zum Konstruktionsverfahren in Hermann Brochs Romantrilogie ›Die Schlafwandler‹.* Köln 1972.

Rizzo, Roberto: »›Great Theater‹ and ›Soap Bubbles‹. Broch the Dramatist«. In: *Hermann Broch. Visionary in Exile. The 2001 Yale Symposium.* Hg. v. Paul Michael Lützeler u. a. Rochester 2003, S. 159–186.

Sacks, David: *Encyclopedia of the Ancient World.* London, o. J.

Sauer, Bernhard: »Gerhard Roßbach – Hitlers Vertreter für Berlin. Zur Frühgeschichte des Rechtsradikalismus in der Weimarer Republik«. In: *Zeitschrift für Geschichtswissenschaft* 50.1 (2002), S. 5–21.

Schmidt-Dengler, Wendelin: »Brüderlich durch Hermes vereint: Zur Rezeption antiker Mythologie bei Thomas Mann und Max Frisch: drei Fallbeispiele«. In: *Mythos und Utopie: Andeutungen eines literarischen und kulturellen Phänomens im 20. Jahrhundert.* Linz 1997, S. 24–36.

Schürer, Ernst: »›Die Entsühnung‹ und das Drama der Neuen Sachlichkeit«. In: *Modern Austrian Literature* 13 (1980) H. 4, S. 77–98.

Schürer, Ernst: »Erneuerung des Theaters?: Broch's Ideas on Drama in Context«. In: *Hermann Broch. Visionary in Exile. The 2001 Yale Symposium.* Hg. v. Paul Michael Lützeler u. a. Rochester 2003, S. 21–36.

Schürer, Ernst: »Die Liebe und die Börse. Zu Hermann Brochs Hochstaplerkomödie *Aus der Luft gegriffen*«. In: *Hermann Broch. Das dichterische Werk. Neue Interpretationen.* Hg. v. Michael Kessler und Paul Michael Lützeler. Tübingen 1987, S. 67–78.

Steinweg, Reiner: *Lehrstück und episches Theater: Brechts Theorie und die theaterpädagogische Praxis.* Frankfurt am Main 2005.

Sternberg, Robert J.: »A Triangular Theory of Love«. In: *Psychological Review* 93 (1986), S. 119–135.

Völker, Klaus: »Hašeks ›Schwejk‹-Roman auf der Bühne – Die Piscator-Inszenierung von 1928: Von Brod zu Brecht und die Folgen«. In: *Berlin und der Prager Kreis.* Hg. v. Margarita Pazi und Hans Dieter Zimmermann. Würzburg 1991, S. 225–241.

Willeford, William: »Hermes: Poetic Truth, Lying, and Thievery«. In: *The Waters of Hermes.* Hg. v. Massimo A. Maggiari. Chapel Hill, N.C., 2000, S. 196–201.

Wysling, Hans: *Narzissmus und illusionäre Existenzform: Zu den Bekenntnissen des Hochstaplers Felix Krull.* Bern, München 1982.

Zimmermann, Bernhard: *Europa und die griechische Tragödie. Vom kultischen Spiel zum Theater der Gegenwart.* Frankfurt am Main 2000.

VII. Novellen

›Poetisches Experimentierbuch‹

Auch wenn sie bislang im Selbstverständnis des Autors wie in der Gunst von Publikum und Forschung hinter den drei großen Romanen noch zurücksteht: Brochs Novellistik bietet, prägnant formuliert, den Schlüssel zu seinem Werk. Fokussiert auf Brochs zentrales Thema der Persönlichkeitskonstitution – das in der Kurzprosa die ›novellistische‹ Prägnanz eines krisenhaften ›Ich-Ereignisses‹ oder auch die episch-›erzählerische‹ Ausgestaltung einer Individuation annehmen kann[1] –, dokumentiert sie im Wandel der Problemstellung wie den immer neuen Entwürfen künstlerischer Kommunikation die Grundmotive wie die Spannweite seines Denkens und Schreibens. Ob sie leichthändig philosophische Argumentationen in der Praxis ausprobieren oder, zunehmend zweifelnd, Argumentationsmöglichkeiten jenseits der Philosophie zu erschließen suchen, ob sie ungekannte Wirkungsarten des Dichtens austesten oder veränderte Gestaltungsformen prüfen und damit als ›Fingerübungen‹ die Romanprojekte präludieren – in jedem Fall bezeugen Brochs Erzähltexte die kulturhistorische Intensität, die sein Werk so bedeutend macht. Der Titel ›Poetisches Experimentierbuch‹, für einen ersten Novellenband geplant, bezeichnet daher treffend alle Texte der werkbiographisch durchgängig vertretenen Kurzprosa. Die folgende Darstellung will diesen experimentellen Charakter der Novellistik offenlegen und damit einen Zugang zu Brochs Werk eröffnen.

1. Schreiben in der modernen Welt

Brochs Dichtungen entspringen bekanntlich stets der ›Ungeduld‹ über eine philosophisch nur indirekt zu vermittelnde Erkenntnis. In der Frühphase seines Werks dominiert zwar noch das Vertrauen in die Philosophie. Doch zeichnet sich in der Kulturkritik, in der sich Brochs Bild der Moderne konturiert, ein erster Impuls zum Schreiben ab. Denn gerade diese zu Beginn des 20. Jahr-

---

1   Broch verwendet ›Novelle‹ und ›Erzählung‹ teils synonym, teils zur Differenzierung der dargestellten Individuationsprozesse. Prinzipiell finden Spontaneität und Episodik der Ich-Erfahrung ihr Korrelat in der Novelle; mit der individualethischen Expansion geht die Novelle in die Erzählung über. In diesem Sinn grenzt Broch die final strukturierte *Heimkehr* als ›Erzählung‹ gegen die punktuellen ›Novellen‹ des Tierkreis-Projekts ab. Bei den anderen Texten handelt es sich um Mischformen: *Huguenau* übergreift den novellistischen Kern durch die Ausweitung des Ensembles; bei *Barbara* entfällt die Genrebezeichnung im Kontext der *Verzauberung*; *Die Heimkehr des Vergil* fokussiert die Bedeutung der Selbsterfahrung. – Zur bisherigen Gattungsdikussion vgl. Judith Sidler: *Literarisierter Tagtraum. Einheitskonstruktionen in Hermann Brochs ›Tierkreis-Erzählungen‹*. Würzburg 2003, S. 71.

hunderts gefeierte ›Kultur‹ bildet das Problem: Historistisch erstarrt oder emphatischer Gegenentwurf zur Materialität der Zivilisation, fehlt ihr das Potential zur Begründung einer modernen, den Menschen reflektierenden ›Wirklichkeit‹. Literatur kann zur Erhellung dieser Krise beitragen. Wie aber wäre zu schreiben in einer Moderne, die übersättigt ist mit Literatur und doch unfähig, sie als das zu lesen, was sie ist – nämlich ein Akt der Kultur, in dem der Mensch sich und seine Wirklichkeit bildet?[2]

Die Welt, in der wir leben, wird für uns dann zur ›Wirklichkeit‹ – heisst es in der ›Wertphilosophie‹, die Broch zwischen 1910 und 1920 ausarbeitet –, wenn wir sie bewusst wahrnehmen und formen. ›Wertend‹ anerkennen wir den Weltbezug, den wir vorgängig erleben, und wir restituieren damit das Bewusstsein unserer Subjektivität, das die Moderne im Religionsverfall verlor. Broch spricht vom ›platonischen‹ Kern des Ich, um die ideelle Qualität deutlich zu machen, die dem (selbst-bewussten) Individuum ›Allgemeinheit‹ oder ›Humanität‹ verleiht. Bereits im Kontext der frühen Schriften zeichnen sich zwei methodische Ansätze ab, die in Variationen das Werk durchziehen. Der ›rationale‹ Weg zielt auf die Erkenntnis weltbezüglicher Subjektivität (›Ich bin das All‹); der Weg psychologischer, ontologischer oder kulturhermeneutischer Erkenntnis zielt auf die Erschließung eines welthaltigen Seins (›Ich gehe im All auf‹, KW 10/2, 89). Beide Ansätze führen zu unterschiedlichen philosophischen wie poetologischen Argumentationsweisen, und bezeichnenderweise sind es bereits die ersten Erzählungen, in denen Broch mit verschiedenen ›Wegen‹ experimentiert.

1.1 Konstruktion der Ekstase: *Eine methodologische Novelle*

Werttheoretisch betrachtet, ist Kunst stets eine Performance von Kultur. Eigentlich bedarf es daher nur der Transparenz des Gestaltungsaktes, um den ›Wertaspekt‹ erkenntnistheoretisch zu nutzen. Weil solche Selbstreflexivität zur Dichtung des frühen 20. Jahrhunderts gehört, treffen wertphilosophische Intention und literarische Moderne zusammen. *Eine methodologische Novelle*, 1917 entstanden und 1918 in Franz Bleis *Summa* publiziert, ist radikal modernes Erzählen, vergleichbar Kafka oder Musil: in der Explizitheit der Gestaltungsmittel wie in der Wendung von der Weltdarstellung zur Darstellung des menschlichen Weltverhältnisses. Gleichwohl darf die Modernität der Novelle nicht zu einer rein poetologischen Lesart verführen; denn die Selbstreflexivität gilt im Wortsinn der Reflexion des ›Selbst‹. Bei Broch hat jeder Text vorrangig ›ethische‹ Relevanz, was den Spielraum nicht der Lektüre, aber der Interpretation limitiert.

---

[2] Monika Ritzer: *Hermann Broch und die Kulturkrise im frühen 20. Jahrhundert.* Stuttgart 1988, S. 19–54.

»Jedes Kunstwerk muß exemplifizierenden Gehalt haben«, also in seiner ›Einmaligkeit‹ auch ›Universalität‹ aufweisen (KW 6, 11). Der erste Satz zitiert das Prinzip ästhetischer Repräsentativität, zielt aber bereits auf das Thema der Erzählung: die Individualität. Ihrer ›Universalisierung‹ gilt die paradigmatisch selbstreflexive ›Konstruktion‹ der Geschichte, um derentwillen der Erzähler Zeitungsfund wie ›Phantasie‹ von sich weist. Dass er dabei ironisch mit seiner Auktorialität spielt, ist ebenso Teil der narrativen Selbstbehauptung wie Pose des Autors, der Dichten in der Frühphase seines Werks noch eher als sportliche Herausforderung sieht. Adressat der Verfahrenshinweise ist jedenfalls der – im ›Wir‹ des Erzählgestus bereits einbegriffene – Leser, der das Vertrauen in die ›Realität‹ des Erzählraums verlieren soll. Diskussionen über die Manipulierbarkeit von Held und Handlung sabotieren seine Identifikation und provozieren so das Bewusstsein der Medialität. Brochs frühe Verfremdungseffekte – noch *Huguenau* stellt klar, dass Szenen zur »Erfreuung« des Lesers verfasst wurden (KW 6, 112) – dienen daher stets dieser im Kern philosophischen Intention. »Ihr wollt jetzt Kunst?« rufen die Schauspieler des Hamlet-Dramoletts von 1919 in einer Art Publikumsbeschimpfung den Zuschauern zu: »'st Illusion, und Ihr müßt sie empfangen« (KW 6, 279). Erst wenn diese unreflektierte Teilhabe der Einsicht in den Kunstcharakter weicht, begreift der Rezipient die Relation zwischen Darstellung und darstellender Subjektivität.

Inwiefern damit zugleich die Figuren eigene Kontur gewinnen, zeigen Brochs satirische Seitenhiebe auf Künstlerkollegen, denen er pauschal ›Positivismus‹ attestiert.[3] Unkritisch verfahren nämlich, so die Supposition des Autors, Sternheim mit seinen Kleinbürgern, Wedekind und Kokoschka mit ihren Weibern oder Heinrich Mann und Edschmid mit ihren Abenteurern. Alle verdinglichen Rollenklischees, indem sie ihr narratives Interesse an der Stilisierung kaschieren. »Der Dichter brachte uns [...] auf die Bretter,/Um uns als Beispiel zu mißbrauchen« (KW 6, 281), klagen die Figuren in jenem Dramolett. Individualethisch betrachtet, bleibt den so ›determinierten‹ Figuren nur »ein Minimum von Ich-Möglichkeit« – wogegen das ›ethische Kunstwerk‹ nun diese Relation umkehrt und die Wirklichkeit zur »Determinante des lebendigen Menschen« macht (KW 9/1, 37).

Die ›Subjektivierung‹ bildet zugleich das Thema der Novelle. Denn wie der Rezipient die Formen der Kunst nimmt der ›imaginierte‹ Held (Antigonus) die des Lebens als ›Realität‹ hin. Um dieses ›Non-Ich‹ zu individualisieren, bekennt sich der Erzähler zu seinem »novellistischen Interesse« an dessen ›Heldenhaftigkeit‹ und konstruiert eine erotische Begebenheit, die es im ›Dilemma seiner Determinanten‹ zur »Entscheidungsfähigkeit eines verantwortlichen Ichs« provoziert (KW 6, 12f.). Wie vermutet, setzt die Beziehung zu Philaminthe – die

---

[3] En detail Ruth Bendels: *Erzählen zwischen Hilbert und Einstein. Naturwissenschaft und Literatur in Hermann Brochs ›Eine methodologische Novelle‹ und Robert Musils ›Drei Frauen‹*. Würzburg 2008, S. 96–125.

Dumpfheit wie Erwachen in weiblicher Form repräsentiert – den Prozess der Individualisierung in Gang. Als Liebender ›einzig und einmalig‹, sucht Antigonus ihre Liebe von jeder Heteronomie zu reinigen und wird, im Verlangen nach »Freiheit an sich«, zum »Über-sich-ausholenden«: Mit dem Entschluss zum gemeinsamen Tod steht das Ich in »neuer und wesentlicher Spannung« einem Du gegenüber, an dem es seine Menschlichkeit erfährt (vgl. KW 6, 20f.). Weil freie Individuen sich allerdings jeder Manipulierbarkeit entziehen, nimmt der Text den ekstatischen Schluss durch den Konjunktiv in die Möglichkeit zurück.

Das Versprechen des Erzählers, die Geschichte um ihres Exempelcharakters willen gemeinsam ›methodologisch‹ zu ›konstruieren‹, ist damit eingelöst. Indem nämlich die Konstruktion – die die Freiheitsbewegung initiiert und in ihrem Verlauf prognostiziert – am Ende zwischen dem logischen Schlusspunkt und der tatsächlichen Realisierung differenziert, scheiden sich (allgemeine) ›Methode‹ und (individueller) Gegenstand. Dieser mag in seine Mittelmäßigkeit zurückfallen; jene aber wurde in ihrer ›Logik‹ experimentell verifiziert. ›Methodologisches‹ trägt, wie Broch im Kontext der zeitgleichen Werttheorie expliziert, eine »Apriorität in empirische Relationen«, die sonst jeder Zufälligkeit preisgegeben wären (KW 10/2, 36). Folgt man also dem Autor, dann bestätigt das Ergebnis des novellistischen Experiments die »Allgemeingültigkeit des Logos« (KW 10/2, 32). Die Rekonstruktion der narrativen ›Erkenntnisvermittlung‹ bietet damit zugleich ein erstes Beispiel für Brochs permanentes kognitives Interesse.[4] *Methodisch konstruiert*, der Titel der *Schuldlosen*-Fassung, streicht den ›logischen‹ Aspekt, weil Broch dann bereits an der Möglichkeit rationaler ›Geltungsverleihung‹ zweifelt und nach anderen Verfahrensweisen sucht, wie etwa der Musik (KW 5, 33).

1.2 Musik der Emanzipation: *Ophelia*

Wie entschlossen Broch schon im Frühwerk mit verschiedenen Formen der Beweisführung experimentiert, zeigt die 1920 während der Beziehung zu Ea von Allesch entstandene Novelle mit dem Herausgeber-Titel *Ophelia*. Sie geriert sich ›musikalisch‹, wobei Musik den Text allerdings nicht formal strukturiert, sondern nur als berichtetes auditives Phänomen und Gegenstand theoretischer Erörterung durchzieht. Implikation des musikalischen Verfahrens, das Broch mit einer ›Hebung‹ des Allgemeinen verbindet, ist die Tendenz zu Ontologie und Psychologie. Die Einleitung, in der sich wieder ein Erzähler mit dem Leser über die Funktion von Literatur wie den Handlungsaufbau verständigt, kündigt ein hermeneutisches Verfahren an: Da sich aus jeder

---

[4] Dieses weder ›thesenhafte‹ noch ›didaktische‹ Interesse stößt in der Forschung noch immer auf Missverständnis. So Gunther Martens: »Spielräume des auktorialen Diskurses bei Hermann Broch: *Eine methodologische Novelle*«. In: *Orbis Litterarum* 59/4 (2004), S. 239–269.

Dichtung »sämtliche möglichen Probleme deduzieren ließen«, wäre zu überlegen, »warum sich Ophelia dem Hamlet versagt hat« (KW 6, 24). Derart individualethisch ausgewertet, könnte Shakespeare nämlich das Ich-Ereignis der Protagonistin präludieren – und damit der Fallstudie weiblicher Emanzipation allgemeine Geltung verleihen.

Im Resonanzraum eines ›nordisch zwiespältigen‹ Naturbilds ereignet sich der Aufbruch der Heldin, die ihrer Umwelt bislang in Genuss wie Spiel verhaftet war. Die Wechselwirkung mit einer Landschaft, deren räumliche Dimensionen ›Spannung‹ assoziieren, motiviert sie zu weiterer Distanzierung, bis sie sich schließlich, ›ihrem eigenen Wollen entrückt‹, zum Abschied vom Gewohnten bewogen fühlt. Dem submentalen Impetus dieser (weiblichen) Emanzipation entspricht die Form ›träumerischer‹ Selbstvergewisserung: In phylogenetischer ›Erinnerung‹ erfasst die Heldin literarische Präfigurationen (Hamlet, Parzival, Don Juan), und träumend mit Ophelia verschmelzend, erkennt sie die ›allgemeine‹ Bedeutung ihrer existentiellen Situation. Nach dem Erwachen verspürt sie »beseligende Sicherheit« und sieht einen »Weg großer Folgerichtigkeit« (KW 6, 28).

Diese Präsenz des Allgemeinen im Besonderen versinnbildlicht die Erzählung in der Musik, die auf verschiedenen Ebenen als Metapher fungiert. Wie die Musik ›frei‹ Harmonie und Variation verbindet, ja in der ›Logik‹ ihres Wachstums Strukturen des Lebens symbolisiert, so entwickelt sich der »reine Mensch« frei in der Bindung an das ›Gesetz‹ seiner Individualität (KW 6, 32). Bestätigend wird Ophelias Emanzipationsprozess daher von einer ›Musik der Sicherheit‹ umspielt. Die Funktion der exzessiven Metaphorik liegt in dieser Verifizierung: Broch experimentiert mit einem um die Jahrhundertwende nicht unüblichen Individualmodell – das seine anspruchsvollste Formulierung in Georg Simmels ›Individuellem Gesetz‹ findet –, um Rahmenbedingungen für eine nicht-rationale, aber auch nicht irrational verlaufende Individuation zu gewinnen. Da sich diese Konstellation im Spätwerk wiederholt, greift Broch dann in modifizierter Form auf musikalische Strukturen zurück. Bezeichnend für die Skizzenhaftigkeit des Reflexion und Handlung nur lose verbindenden frühen Textes verstand man die musikalischen Korrespondenzen so wenig, dass *Ophelia* im Nachlass als ein Filmskript mit musikalischer Szenenuntermalung geführt wurde.

1.3 Kulturelle Hermeneutik: *Esperance*

Das aus dem Nachlass publizierte Manuskript mit dem Herausgebertitel *Esperance* ist auf der Grundlage der kürzlich erschlossenen Briefe an Franz Blei noch im Umkreis der frühen Novellen zu verorten, die Broch 1928 im Vorfeld der *Schlafwandler* unter dem Titel ›Poetisches Experimentierbuch‹ zusammenstellen wollte.[5] Im Gestus wiederum innovativ, zeigt die Erzählung in der teils parabolischen, teils massiv allegorischen Reifizierung sinnbildlicher Motive eine neue Variante narrativer Erschließung von Sinndimensionen. Wie Broch zeitgleich ›geschichtsphilosophisch‹ in der Hermeneutik von Kultur ›subjektives Wissen‹ reaktivierbar machen möchte, bilden die Sinnfiguren der Bibel, die der Text inszeniert, einen allgemeinmenschlichen Verstehensraum, den es anthropologisch auszuwerten gilt. Die Bibel bildet daher nicht den Deutungsrahmen, sondern wäre als kulturhistorische Artikulationsform individuallogischer Erlebnismuster zu verstehen, wie sie ähnlich die in *Ophelia* zitierte Mythologie präfigurieren. Gegenstand der Erkenntnis ist also die Spiegelung menschlicher Daseinsspannungen im Medium der Kultur.

Thema und Konstellation rekurrieren auf Brochs zu dieser Zeit noch dominant ›rationales‹ und tendenziell dualistisches Weltbild: *Esperance* wäre zu lesen als Parabel für die ›Kreuzfahrt‹ des Menschen, der der Sinnlichkeit des Lebens zum Opfer fällt. ›Fernweh‹ empfindet der Ich-Erzähler (und Bruder der Titelfigur) in der Erinnerung an die Tropenstadt ›Sodom‹, in der die Gemeinschaft ›nackter‹ Körperlichkeit lebbar schien; doch offenbart das ›Furchtbare‹, das er dort erfuhr, die Bedrohlichkeit dieses Lebensraumes. Träger dieser Erfahrung sind ›Seeleute‹, die in der Abstraktheit des Meeres (»Verschwisterung von Leben und Tod im Unendlichen«) sensibel sind für den »Überschwang des Gefühls« (KW 6, 211).

Die Mannschaft des ›Kreuzers‹ Loth war abkommandiert, ein (triebhaft) ›Revolutionäres‹, »Rebellen oder Affenstämme« (KW 6, 207) zu befrieden. Frauen sind – im Blick auf ihre topische Sinnlichkeit – bei solch existentieller Reise nicht vorgesehen. Doch bringt der Erzähler seine Schwester Esperance an Bord, weil ihre Erscheinung die Hoffnung auf eine Versöhnung im Leben birgt. In der Tiermetaphorik des Textes, die Sinnlichkeit und Sinnbildlichkeit vereint, figuriert sie als anmutiges ›Gazellenreh‹, das den Eros der Männer im Gestus hoher Minne zu sublimieren vermag. »Esperance wurde, wie man zu sagen pflegt, der Abgott des Schiffes«, resümiert der Ich-Erzähler – während der apersonale Kommentar bereits auf die Verwechslung von metaphysischen Sehnsüchten und sexuellen Scheinlösungen (»billige Ekstase«) vorausweist (KW 6, 206f.).

Aus sehnsuchtsvoller Ferne eine »Insel der Seligen«, zeigt sich die Stadt in der Nähe chaotisch, ›verrottet‹ in ihrer Üppigkeit, ›starr‹ in Geräuschen und Farben, Mensch und Tier im Getriebe des ›Vormenschlichen‹ vermengend: ein Zerrbild des Sinnlichen. Angst befällt daher den Trupp um den Erzähler und seinen Freund ›Enos‹, den sein hebräischer Name (›Mensch‹) zum Paradigma erhebt. Zwar können sich die Männer in der Besinnung auf ›Esperance‹ auf das Schiff zurückziehen. Doch zeigt sich ihr Idol dort, mit einem Gorilla spielend,

---

5 Paul Michael Lützeler: *Hermann Broch und die Moderne. Roman, Menschenrecht, Biographie.* München 2011, S. 28.

affiziert durch die Animalität der Stadt; in der Nacht verschwindet sie von Bord.
Der Suchtrupp des folgenden Tages findet, die Stadt in transrealer Orientierung durcheilend, das Idol zerschlagen. Im Zwiegespräch mit der Sterbenden erinnert Enos an die gemeinsame Sehnsucht der Geschlechter nach einer Liebe fern den Fallstricken des ›Begehrens‹. Esperances Sterben fungiert so als Tilgung des Kreatürlichen – »ich mußte mich vernichten, um in dir zu leben« (KW 6, 217) –, während Enos' Körper, im Kampf mit den Bestien getötet, zum Objekt satanischer Opferriten absinkt. Dieser physischen ›Hölle‹ kann sich der Kreuzer nur durch Bombardierung erwehren. Dass sie zerstäubt wie verbranntes Papier, zeigt die Literarizität eines Weltbilds, das gleichwohl ›Menschliches‹ kartographiert.

2. Aporie der Freiheit: *Huguenau*

Huguenau – um 1928 als ›Erzählung‹ geschrieben (KW 6, 41), Keimzelle der bald darauf begonnenen Trilogie und als Einzeltext erstmals veröffentlicht in Band 6 *Novellen* der *Kommentierten Werkausgabe* – bezeichnet in Form wie Problemgestaltung den Punkt des Übergangs von der Novelle zum Roman.
Im Zentrum des Textes steht erneut ein Ich-Ereignis, das der Erzähler mit geübt ironischer Distanz präsentiert: Ungeachtet der Fülle schlechter Geschichtsliteratur bestehe hier Grund zur Annahme, »der Krieg habe dem Lebenslauf Huguenaus eine entscheidende Wendung gegeben, hätte ihn aus seiner Bahn vorgeschriebener Bürgerlichkeit geführt« (KW 6, 38). Erprobt ist auch der Ansatz, dieser Wendung zum Ich durch eine literarische Parallele allgemeine Bedeutung zu verleihen, hier ironisch präsentiert in rudimentärer Rahmenkonstruktion: »Odysseus in vorgerückten Jahren« hält Rückschau auf die »homerischen Ereignisse« seines Lebens, die im Folgenden die Gestalt von Huguenaus »Kriegsodyssee« annehmen (KW 6, 37, 121). Gemeinsam ist beiden Figuren die Relation von Lebenskontinuität und einem Abenteuer, das in seinem ›freiheitlichen‹ Potential wahrzunehmen wäre. ›Homerisch‹ aber gestaltet sich nicht nur die Extension dieser Eskapade, sondern vor allem das bereits in der Erzählung angelegte Gesellschaftsbild, das den veränderten Habitus der Freiheit erklärt.
Huguenau betritt den Pfad der Freiheit in den Wirren des Ersten Weltkriegs und damit in einer Zeit des Kulturverfalls – medial reflektiert durch die Aufspaltung in Abschnitte und Stilformen –, die das Individuum partikularisiert und empirisiert. Durch den Krieg von seinem gewohnten Umfeld abgeschnitten, taucht er ein in die Determiniertheit des Soldaten, die wiederum den spontanen Akt der Befreiung initiiert. In die Leere einer kulturell ›toten‹ Welt

stellt das Ich dann aber die »Sorge um die eigene Person« (KW 6, 48). Damit beginnt die Dynamik negativer Individuation: Freiheit realisiert sich fortan in der ›Freiheit von‹ allem, was das Ich als feindlich erlebt. Das betrifft, im kulturhistorisch skizzierten Ensemble, Leiblichkeit (Pasenow) oder Unordnung (Esch), im Fall Huguenaus ›Nebenmenschliches‹ an sich. So zeigt die Erzählung erstmals den Umschlag der Individualisierung in den Kampf um das Eigene und gegen das Andere. In dem Maß, wie Huguenau Angst vor ›Unterlegenheit‹ empfindet, zielt sein Handeln auf ›Überlegenheit‹ durch gesellschaftliche Geltung oder finanziellen Erfolg, im Grenzfall durch Mord. Kulturell ungebunden, kann sich das ›Ego‹ dabei der Sachlogik jener Bereiche bedienen, die Georg Simmel in der *Philosophie des Geldes* als Paradigmen der Zivilisation beschreibt – Recht, Intellektualität, Geld –, weil deren Disponibilität mit dem Privatinteresse korrespondiert: Vom »Gesetz der kaufmännischen Zivilisation« gezwungen, muss Huguenau die Schwäche des Andern für sich ausnutzen (KW 6, 48).

Im Fokus der Erzählung steht diese Dialektik der Freiheit, die das Subjekt zum Objekt einer ›irrationalen‹ Dynamik degradiert. Als »Mann raschen Entschlusses« (KW 6, 44) agiert Huguenau »wie unter Kurzschluß, eigentlich ohne Überlegungszeit« (KW 6, 56), wobei er »luziden Eingebungen« (KW 6, 94) folgt oder sich »wie von einer unbekannten Macht auf Schienen gesetzt« fühlt (KW 6, 47). Bereits der ›inneren Gesetzen adäquate‹ Akt der Befreiung wird als Aktion vitaler Teleologie geschildert, deren Mechanik sich in Huguenaus Affinität zu Maschinen spiegelt. Weil diese Triebhaftigkeit eine endogene Freiheitstendenz realisiert, sieht Broch bereits den Protagonisten der Erzählung von der Sicherheit seines »schlafwandlerischen Zustandes« begünstigt (KW 6, 41). Die kollektive Bedeutung dieser Existentialmetaphorik kommt jedoch erst im Polyhistorismus der *Schlafwandler* zum Tragen.

Wenn »für die Träumer nichts vorhanden ist, was sie eint« (KW 6, 79): Wenn das Verlangen nach Humanität in der Irrationalität partikularisierter Individuen verläuft, dann pervertiert die Sehnsucht nach Kommunikation zu gegenseitiger Aggression. Zeichen dessen ist die Dialektik von Liebe und Gewalt, die nur Reflex und Wirkung des Versuchs bildet, »zwei fremde Realitätssphären zu überbrücken« (KW 6, 75). Die Erzählung versinnbildlicht diese gegenseitige Verfehlung in der lyrischen »Engführung der Gesamtkonstruktion«: Auf dem ›Meer des Schlafs‹ treiben Schiffe, die beladen sind mit der ›blinden Fracht‹ des Traums – Metaphern für die bewusstlos und daher kommunikationsunfähig koexistierenden Individuen –, und die nun, getrieben vom unerkannten ›Gesetz‹ gegenseitiger Exklusion, abdriften von dem »Du, nach dem die Seele fahndet« (KW 6, 121).

Die Kurzprosa demonstriert so schonungslos das Faktum sozialer Aporie. In dieser Krisis der Freiheit versagen die Formen der bisher praktizierten ›Geltungsverleihung‹: Der ironische Touch des Erzählens bricht sich am lyrischen Ernst, und die Odysseus-Reminiszenz vermag die Brisanz der Ich-Erfahrung nicht zu thematisieren. Mit *Huguenau* endet daher Brochs Tendenz zu literarischen Versuchsanordnungen. Anstelle der Anspielung, die nach der Lektüre von James Joyces *Ulysses* entfällt, baut Broch das ›Schlafwandeln‹ im Roman zu einem internen Strukturprinzip aus. Die im Kern noch novellistische Erzählung dokumentiert damit erstmals nicht nur das neue Gewicht der Literatur, der im Versagen der Philosophie eine schwierige ›Erkenntnisfunktion‹ zufällt, sondern auch die ›tödliche‹ Gefahr, die im Fall des Scheiterns droht.

3. Platonische Erlebnisse: *Tierkreis-Erzählungen* – Poetik der Unmittelbarkeit

»Die Tierkreis-Erzählungen sind ein Experiment« (KW 5, 293): In der Kurzprosa Brochs bieten die unter diesem Arbeitstitel summierten Texte das poetologisch innovativste, aber auch riskanteste Konzept. Werkbiographisch sind sie das Resultat einer kurz nach Abschluss der *Schlafwandler* im April 1932 beginnenden Distanz zu den hierin praktizierten Stilmitteln, die der Essay *Das Unmittelbare in Philosophie und Dichtung* noch einmal resümiert. Demnach wird in einer ›positivistischen‹ Zeit zwar nur der Roman seiner metaphysischen Aufgabe durch »das polyhistorische System«, die reflexive Strukturierung des Partikularen gerecht (KW 10/1, 181). Desiderat aber wäre ein autogen ›dichterisches‹ Werk, das solch ›additiver‹ Mittelbarkeit nicht bedarf (KW 13/1, 186). Brochs vorsichtiges Umkreisen neuer Möglichkeiten zeigen die Fragmente des Mitte 1932 begonnenen *Filsmann*-Romans, dessen Initialbild die suggestive Konstellation der *Heimkehr* (1933) präludiert, ohne sie wirkungsästhetisch ausarbeiten zu können (KW 5, 287). Voraussetzung wäre nämlich ein neues Verständnis des ›Irrationalen‹, das in den *Schlafwandlern* als Nullpunkt des Wertzerfalls galt.

Die Voraussetzung dafür findet Broch wenige Monate später in der Tiefenpsychologie Carl Gustav Jungs.[6] Broch bleibt zwar skeptisch gegenüber den Irrationalismen im Jung-Kreis; doch sind die Berührungspunkte in der Zivilisationskritik, den ›humanen‹ Zielsetzungen und den individualethischen Grundfiguren derart eklatant, dass er sich Jungs gerade in der Symbolforschung offensichtlicher Verwissenschaftlichung der Psyche nicht entziehen kann. Kurz nach einem Vortrag Jungs im November 1932, der die Übereinstimmungen bis in die Existentialmetaphorik hinein deutlich macht, beginnt Broch daher mit einem Erzählexperiment, das, zentriert um eine neue ›Symboltheorie‹, Anthropologie wie Poetik grundlegend verändert.

---

[6] Monika Ritzer: »Das Experiment mit der Psyche: Hermann Broch und Carl Gustav Jung«. In: *Hermann Broch. Neue Studien*. Hg. v. Michael Kessler. Tübingen 2003, S. 524–553.

Geht es für den Dichter nun darum, seelische ›Urerfahrungen‹ zu initiieren – und zwar in den Figuren wie den Lesern –, so bildet deren Ort eine per se ganzheitliche, Natur und Geist umfassende Seele. Damit folgt dem anthropologischen Dualismus der ersten Werkphase ein dynamisches, kompensatorisch strukturiertes und interaktiv realisiertes Persönlichkeitsmodell. Jungs Begriff der Psyche umfasst das Ich-Bewusstsein ebenso wie unbewusste Funktionen, die konstruktiv agieren, wenn das Gleichgewicht bedroht ist (wie bei der Abspaltung der Ratio in der Moderne). Phantasie, Traum oder Vision bezeichnen im Kontext Jungs daher produktive Energien, die eigentümliche Inhalte der Seele einspielen – in Bildmotiven, die als ›mnemischer Niederschlag‹ psychischer ›Weltanschauung‹ zu verstehen wären – und das Bewusstsein dadurch korrigieren oder ergänzen. Gelingt es daher, die im Wechselspiel von Aussen und Innen aktivierten Bilder in ihrem Sinn zu erfassen und aufzunehmen, dann kann dies zur mentalen ›Erweiterung‹ des Ich, ja zur Selbstfindung führen. Brochs *Tierkreis*-Novellen entwickeln den Individuationsprozess daher nun in der Wechselwirkung mit Symbolen, wobei die Attitüde der Figuren über den Erfolg entscheidet.

Anfang 1933 schreibt Broch die ersten seiner ›neuartigen‹ Novellen (*Eine leichte Enttäuschung*, *Vorüberziehende Wolke*), beide im April in Zeitschriften publiziert. Handelt es sich zunächst um ›Fingerübungen‹, so wächst das Projekt bald zu einem auf 13 Novellen veranschlagten ›Tierkreis‹-Zyklus. Der Titel dürfte auf Jungs Verständnis der Tierkreiszeichen als Typologisierungen rekurrieren, die in paradigmatischer Weise das Vermögen zu geistigen Ordnungen mittels bildhafter Formen dokumentieren. Broch hofft, »Neuland der Dichtung« zu betreten und sieht besonders in der nach dem Zentralsymbol benannten »Dreiecksnovelle« *Die Heimkehr* eine »Symbol-Verlebendigung« praktiziert, die, jenseits von Joyce, »neue Ausdrucksmöglichkeit für das Unbewußte, Unterbewußte« entwickelt (KW 13/1, 245, 251; vgl. BB 403, 540).

Broch expliziert diese Symboltheorie in den *Bemerkungen zu den ›Tierkreis-Erzählungen‹*, die er zur Erläuterung der *Heimkehr* im November 1933 an Peter Suhrkamp, den Verleger der *Neuen Rundschau* schickt. Wirkungsästhetisches Ziel wäre demnach die innerseelische Reaktivierung von ›Ur-Symbolen‹ der Menschheit, die zugleich die anthropologische Grundfunktion der Symbolisierung zu Bewusstsein brächte. »Ursymbole der menschlichen Seele«, wie den Löwen oder das Dreieck, literarisch ›erlebbar‹ zu machen, bedeutet daher, »eine Gefühlslage herzustellen, aus der heraus es verständlich wird, daß diese Gebilde jenen metaphysischen Symbolcharakter erhielten« (KW 5, 293). In Anlehnung an Jungs Symboltheorie geht Broch von einem ›Naturkern‹ des Bildmotivs aus, der sich über Stufen semantischer Abstraktion zur ›Idee‹ entwickelt – das Beispiel bildet die Semiotik des Dreiecks (Sonne, Geist, Gott) –, so dass das Symbol »die einzige Realisierung der platonischen Idee in der Welt des Empirischen« bildet (KW 5, 294). Zu erschließen wäre diese Qualität in einem Akt des Symbolerlebens, der in der Wechselwirkung von Naturwahrnehmung und geistiger Adaption zugleich die ›transzendente Funktion‹ der Psyche (Jung) manifestiert.

Prädestiniert zu symbolischer Erfahrung sind Konstellationen, die eine Analogie zum Persönlichkeitsspektrum aufweisen: Wege oder Weisungen, die in ihrer Gerichtetheit die Zielspannung des Lebens versinnbildlichen; Gebilde, wie Häuser oder Dreiecke, die Ganzheitlichkeit assoziieren, oder Strukturen des Wechsels und Übergangs, wie Licht und Schatten, die Gegensätzlichkeit und Bezug artikulieren. Im Fall ideeller Potenzierung, wenn die äussere Konstellation ein mit ›Hauptmotiven des Seins‹ angereichertes Einheitssymbol offeriert – wie das plurimediale Dreieck in der *Heimkehr* –, kann Dichtung durchaus die ›Totalität‹ des Mensch-Seins evozieren. Darstellungstechnisch zu kommunizieren wäre das Symbolerlebnis, wie Broch abschließend erläutert, durch eine dreifache Stufung: die ›unbewußten‹ Wahrnehmungsformen der Figuren, ihre ›bewußten‹ Reflexionen und schließlich die Kommentierung des Autors, der die ›erkenntnistheoretische‹ Verifizierung liefert (KW 5, 298).

3.1 Im Haus der Seele: *Eine leichte Enttäuschung*

»Plötzlich fiel es ihm auf« (KW 6, 127): Wie in den *Schlafwandlern* signalisiert der erste Satz das initiale Moment des Aufmerkens, mit dem die Individualisierung beginnt. Während dort jedoch eine lineare Zielbewegung folgt, geht es im Experiment mit Jungs Tiefenpsychologie nun um eine seelisch kompensatorische und daher zirkuläre Selbsterfahrung. Brochs erste *Tierkreis*-Novelle hat insofern programmatischen Charakter: Das verschachtelte alte Haus, das einen modernen jungen Mann namens Andreas attrahiert, das er mit antizivilisatorischen Erwartungen erkundet und in einer Kreisbewegung durchläuft, die ihn zuerst aufwärts zu einem Mädchen namens Melitta, dann abwärts durch eine Lagerung von Tierhäuten führt – dieses Haus symbolisiert die Struktur der Seele.

Den ersten individualethischen Impuls liefert das Erscheinungsbild, die »selbständige Äußerung« des Hauses (KW 6, 127). Dann gewinnen die architektonischen Details eine anthropologische Gleichnisfunktion und lösen von daher Grundreize aus: die ›hautgleich‹ auf verborgene Körperlichkeit verweisende Mauer, das komplexe Gefüge von offenen und verschlossenen, hellen und dunklen Räumen unterschiedlicher Funktion, die auf- wie abwärts führenden Treppen, das lichte Dachgeschoss. Faszinierend wirkt das Ganzheitliche des altertümlichen Gebäudes, von dem sich der modern ›rationale‹ Repräsentant der Zivilisation eine bewusstseinserweiternde Wirkung erhofft, »wie man aufatmet, wenn man die [...] Stadt verläßt und in eine Dorfstraße gerät« (KW 6, 128). Verstünde er seine »tieferen Wünsche«, so hätte er »in seinem Innern eine Art Sehnsucht feststellen können« (KW 6, 128), die sich konkret auf Spuren ländlicher Lebensformen, unterschwellig aber auf das Wiederfinden der Natur im Menschen richtet. Von daher birgt das Haus Ursprüngliches, das auf dem Weg der Zivilisierung ›überholt‹ wurde und nun ›einzuholen‹ wäre in ein existentiell begriffenes Leben – Archaisches, das attraktiert und zugleich Angst auslöst: »Angst des Menschen, der etwas zurückgelassen hat, das er nicht kennt«, geworfen »in die Zeit, die ihn nicht zurücklässt« (KW 6, 127).

In der Hoffnung auf größtmögliche ›Entfernung‹ von der ›starren Ordnung‹ der Zivilisation durcheilt der Protagonist Flure, Stiegen und Höfe, stets gewillt, sich ›nicht täuschen zu lassen‹ durch die Gegebenheiten, die ihm dieses Ziel zu verstellen scheinen. Da sich die Erkundung nahezu ausschließlich in seiner von Vorurteilen, Vermutungen und logischen Schlüssen geprägten Erlebnisform spiegelt, zeichnet sich die Objektivität des Hauses kaum ab. Dies entspricht der bereits für die *Schlafwandler* charakteristischen Psychologisierung der Wahrnehmung, doch fehlt nun die Systematik jener Existentialmetaphorik. Andreas' Empfindung und Reaktion zeigen sich nur allgemein vorgeformt durch das – an Kafkas K.s erinnernde – Spektrum rationaler Bedürfnisse: Klarheit, Verständlichkeit, Überschaubarkeit. So deutet sich die Dimension seiner Erfahrung nur an, wenn er aller Tiefensymbolik (Dunkelheit, ›Brunnen‹) ausweicht, das ›Labyrinth‹ horizontal gelagerter Höfe in einer Höhenbewegung ›links liegen‹ lässt oder einen Privatgarten mit ›Lusthaus‹ zu erspähen meint. Diese Abbreviatur dürfte daraus resultieren, dass Broch sich hier noch teilweise auf unbekanntem Terrain bewegt und daher nur einzelne Motive eines Individuationsmodells anspielt, das er sukzessive mit seiner Existentialmetaphorik synchronisiert.

Kernpunkt der Novelle und ›Gipfel‹ der Seelenerkundung ist die Begegnung mit dem Mädchen Melitta, dem der Held oben, wo das Haus, alles Zivilisatorische überragend, mit dem Elementaren (Erde, Wasser, Luft) korrespondiert und den Fernblick über die Natur eröffnet, ›in die Arme läuft‹. Im Kontext C. G. Jungs handelt es sich um eine Inkarnation des ›Seelenbilds‹, den Archetypus der Seele – im Mann die weiblich figurierte ›Anima‹ –, der die innere Einstellung konzentriert. Dem entspricht der Name ›Melitta‹, besitzt die ›Biene‹ in den Mythologien der Völker doch auch diese Konnotation. Andreas' rationale Attitüde spiegelnd und zugleich kompensierend, zeigt sich Melitta – deren Profession als Wäscherin auf die kathartische Funktion der seelischen Erfahrung verweisen könnte – ›hellhäutig‹ und im Spektrum einer durch Naivität wie Sinnlichkeit faszinierenden Natürlichkeit.

Irritiert durch dieses unerschlossene Seelenbild und noch immer suchend, tritt Andreas den Rückweg durch die atavistischen, ›Tierhäute‹ stapelnden Tiefengänge des Seelenhauses an, deren zeitlos ›nächtliches‹ Dunkel er nur mit einem Psychagogen (›Führer‹) zu durchqueren vermag. Im Gegensatz zur lichten Anima ist es der ›untere‹, Naturgrund und die Erbmasse des kollektiven Unbewussten umfassende Bereich; zeitgleich spricht Broch vom »Doppelursprung der menschlichen Seele« (KW 9/2, 186). Solche Ganzheitlichkeit vermag der in seinen Vorstellungen befangene und daher ›enttäuschte‹ Protagonist freilich nur zu erahnen – findet Erwartetes doch »niemals in der erwarteten Form, sondern immer nur verwandelt und fremd seine Erfüllung« (KW 6, 143).

3.2 Begegnung mit dem Schatten: *Vorüberziehende Wolke*

Angeregt durch die zufällige Begegnung mit einem Passanten, durchlebt ein prüdes ältliches Fräulein auf seinem Weg zur Schlosskirche in Gedanken die von Faszination bis zur Flucht reichenden Aspekte einer möglichen Beziehung zum Mann. Es scheint problemlos, die situativ dichte Erzählung als Beispiel für die bourgeoise Borniertheit einer historischen Klasse zu lesen; die *Schuldlosen*-Fassung hat daher leichtes Spiel, dies als präfaschistische Verhaltensweise zu deklassieren. Doch verdeckt diese Version das ursprüngliche Konzept: *Vorüberziehende Wolke* zeigt, als weitere Stufe auf dem Weg zur Selbstfindung, die Begegnung der Person – genauer der ›Persona‹ (Jung) als dem sozial bedingten Funktionskomplex des Ich – mit ihrem ›Schatten‹, den ausgeschlossenen Aspekten der Person, deren Integration zur Persönlichkeit führen würde.

Als Naturgleichnis und Symbol fungiert der Wechsel von Sonnenlicht und Wolkendunkel, speziell der sich formierende Schatten. So werfen die Bäume im hellen Frühlingsmorgen »gleichmäßige Schatten, die in der Nähe unruhig« werden (KW 6, 145) und damit den Impuls für die beginnende Verschattung liefern: »Sonderbar, sagt ein Teil der Seele des Fräuleins zu einem andern Teil, [...] wie lange der Mann braucht, um mir entgegen zu kommen« (KW 6, 144). Im Vergleich zu den uneigentlichen Handlungsformen der *Schlafwandler* ist die seelische Regung konstruktiv, die in der Fixierung auf die konkrete Gestalt das exkludierte ›Männliche‹ erfasst. Jung definiert die ›Teilseele‹ als den gegenteiligen Persönlichkeitsteil – die ›andere Seite‹, der ›Schatten‹ in uns –, den die Individuation einholen müsste. So böte die Begegnung mit dem Mann, dem das Fräulein, von »Angst oder Erwartung« bewegt, auf sinnbildlich ›zum Gipfel emporsteigender‹ Straße entgegengeht (KW 6, 145), die Chance menschlicher Vervollkommnung, wenn es gelänge, die ›männlichen‹ Attribute in das Selbstbild aufzunehmen.

Es sind die ›ausgeblendeten‹ Attribute, die das Männliche in den Vorstellungen des Fräuleins formieren: Der Entgegenkommende scheint »in seinem ganzen Wesen das Gegenteil« zur eigenen Lebensauffassung (KW 6, 147). Irritiert empfindet das zeitlebens auf das quasi übermenschlich über der Stadt thronende ›Schloß‹ ausgerichtete Fräulein sein ›unhöfisches‹ Aussehen, worin für sie allerhand ›Untergeordnetes‹, Proletarisches wie Sexuelles zusammenfließen. Das aber reaktiviert ihre bewusst eingeübte Abwehrhaltung. Nur für einen Moment ruht ihr Blick auf dem menschlich »zur Antwort bereiten Gesicht«, ehe ihr Blick ins Unpersönliche flüchtet (KW 6, 148). Die existentielle Bedeutung dieser Verfehlung reflektiert eine Straße, die nun wie das ganze Leben in »hoffnungsloser Leerheit« vor ihr liegt (KW 6, 148). Psychologisch aber mutiert der Schatten damit zum autonomen Komplex: Der Mann wird zum ›Verfolger‹, der all das nicht adaptierbare ›Dunkle‹ inkorporiert.

Mit Brochs bekannten Bildmotiven skizziert die Novelle die weltanschaulichen Rahmenbedingungen, die das seelische Erlebnis verorten. ›Spiegelnd‹ wären Erde und Himmel aufeinander zu beziehen; diese Spiegelung aber ›muß man wissen‹, und das ›Herz‹ der Protagonistin ist ihrer, trotz Gebetbuchs, nicht gewiss (KW 6, 152). Damit aber bleibt für sie, alternativ, nur der Verfall ans Irdische oder dessen Exklusion: Der affektiven Dämonisierung folgt daher die Sedierung in der sterilen ›Reinheit‹ von Schlossplatz und Kirche. Mit dieser Restitution der Persona verstummt die Stimme des Innern – aber die Chance zur Entwicklung der Persönlichkeit ist für immer vertan: »Kein Teil der Seele des Fräuleins brauchte mehr mit einem andern zu sprechen« (KW 6, 154).

3.3 Pneumatische Vision: *Ein Abend Angst*

Ein abendlicher Windhauch – Zeichen der Spiritualisierung und ›Ur-Symbol‹ der Pneuma-Metaphorik – begleitet den Café-Besuch des jungen Mannes und initiiert ein inneres Geschehen, das in vagem akustischen Bezug zu einem teils faktischen, teils illusionären Gespräch am Nebentisch Grundspannungen des Lebens tangiert. *Mit schwacher Brise segeln*, der Titel der *Schuldlosen*-Fassung, verbildlicht die gedämpfte seelische Bewegung, in die das Individuum durch die zugespielten Vorstellungsbilder gerät.

Dem ›leisen Nachtwind‹ entsprechend, repräsentieren das Menschliche ›Stimmen‹, in denen sich der ›fließende Atem‹ des körperlich-geistigen Lebewesens zum kommunikativen Wort des Gemeinschaftswesens formt. Repräsentanten des Gesprächs sind ein Mann und eine Frau, die sich in der seelischen Resonanz des Protagonisten zu Grundtypen menschlichen Seins figurieren. So ist die Frau ›Mädchen‹ und zugleich ›mütterlich‹, ihr Partner zugleich ›Knabe‹; beide Stimmen bilden im Zusammenklang ein ›Liebesduett‹.

Abrupte moralische Überlegungen des Lauschenden führen, inmitten triadischer Strukturen, zu einer Öffnung der Beziehung in Richtung auf eine Gemeinschaft, der seine ganz persönliche Sehnsucht gilt: erwartend, »daß seine Stimme sich mit den Stimmen jener beiden verflechten werde« (KW 6, 157). Wesentliches Moment der Gemeinschaftsbildung aber ist der Dritte, die sinnbildlich richtende Instanz, die der Lauschende nun zu imaginieren beginnt. Mit dieser Ausrichtung gewänne das Dasein der Individuen eine ethische Dimension, die es ›bestimmen‹, zum menschlichen ›Schicksal‹ formen, humanisieren würde. Noch bleibt ja im »Knäuel der Stimmen, die sich ineinander verflechten, die einander verstehen«, »jede allein« (KW 6, 158). Ausgehend von vagen Befürchtungen des Paars, visioniert der Protagonist daher nun eine finale Instanz, die mit zunehmender Verdichtung seines illusionären Seelenbildes die Gestalt eines Café-Besuchers annimmt; der psychischen Dynamik entspricht die Auffrischung des Windes. Mit der Figurierung des Richters wäre die ›Bestimmung‹ erreichbar, der »Schrei des Erkennens«, in dem die einzelnen Stimmen »zusammenklingen« würden (KW 6, 160). Doch bleibt dieses Ziel angstbesetzt: In der Mordvision des Protagonisten artikuliert sich seine unbewältigte Todesfurcht.

Damit ist das Potential der imaginativ initiierten Selbsterfahrung erschöpft. Die Novelle löst den ›Traum‹ auf, indem der Protagonist, aufblickend, die Irrealität seiner Vorstellungsbilder wahrnimmt. Leichte Klang- und Spiegelphänomene signalisieren die Perpetuität der ethischen Herausforderung. Die Episode ihrer seelischen Realisierung aber ist vorüber: »der Wind draussen war abgeflaut« (KW 6, 162).

3.4 Magische Formationen: *Die Heimkehr*

Die bereits im Titel Konsolidierung verheissende, seitens des Autors geschätzte ›Erzählung‹ war als Mittelstück des Novellenromans geplant. In der Tat zeichnet sich hier, im Vergleich zu den episodischen Selbsterfahrungen der vorausgehenden ›Novellen‹, Endgültiges ab. Auf Schicksalskurs bewegt sich der Reisende, der unter dem Eindruck einer dem Bahnhof vorgelagerten dreieckigen Parkanlage spontan den Wunsch nach Sesshaftigkeit verspürt und auf der Suche nach Vermietung in der familiären Konstellation dreier Frauen Aufnahme findet.

Der Protagonist, ein junger holländischer Edelsteinhändler mit dem Namenskürzel A., verzichtet nach seiner Ankunft in der Stadt auf die gewohnte Bequemlichkeit, mit der ihm sonst »die Sorge um das eigene Schicksal abgenommen wird« (KW 6, 164), und beschreitet damit den Weg der Individuation. Noch benommen von der Reise und daher empfänglich für eine plötzliche ›Gelöstheit‹ der Luft, wird er sensibel für die metaphysischen Aspekte der Parkanlage – die Synthese von Natur (Teich) und Kultur (Häuserreihe), von Geometrie (Ordnung) und Uhrturm (Zeitlichkeit) –, die den Ort zu einem Symbol von ›Ganzheit‹ machen. Dies unterschwellig wahrnehmend, versteht A. die ›Einkehr‹ als Bestimmung seines Lebens. Das Erreichen dieses Ziels aber verlangt die innerseelische Realisierung solcher Ganzheit. A. trifft im Aussen daher nun auf ›Grenzscheiden‹, Formen der Dualisierung, die auf jene existentiellen Grundspannungen verweisen, die es zu verarbeiten gilt. So holt die ›Überschwemmung‹ des Platzes mit Menschen A.s ›entrückte‹ Seele in ihre kollektive ›Leiblichkeit‹ zurück, und hinter der ›Fassade‹ weiß er von ›dunklen Gelassen‹ (KW 6, 166). Kontinuierlich aber führen Austauschphänomene (Luft) oder Brückensymbole (Regenbogen) Form und Möglichkeit der Integration von Gegensätzlichem vor.

Auch die ›Störungen‹, die A.s Aufnahme im Haus der alten Baronin behindern und daher zur ›verborgenen Gesetzlichkeit‹ des Weltgeschehens nicht passen, markieren existentielle Herausforderungen. Das wäre etwa der Doppelaspekt einer ›Heimkehr‹, die für Broch stets Regression wie Progression implizieren kann. A. sieht sich entsprechend ›verstrickt‹ in die »Übereinstimmungen« beider Ziele (KW 6, 170): Zwar öffnet sich ihm das Domizil wie ein ›Elternhaus‹, in das er als ›Sohn‹ zur ›Mutter‹ zurückkehrt. Doch bietet man ihm ein Hinterzimmer an, das nicht auf die Ganzheitlichkeit des Platzes blickt, sondern auf einen naive ›Geborgenheit‹ assoziierenden Garten. Individualethisch nicht weniger verfänglich, lockt ihn die kupplerische alte Magd als ›Bräutigam‹ in eine sexuelle Konnotation. A. fühlt sich »von seinem ursprünglichen Vorhaben abgezogen« (KW 6, 173), gewinnt jedoch Distanz zu den Versuchungen und vermag damit die substantiellen Momente der Hausgemeinschaft aufzunehmen: Die »Geborgenheit des Hauses im Rücken« und zugleich ›wissend‹ um seine unendliche Aufgabe versteht A. das Mütterliche als Prinzip einer ›natürlichen‹ Daseinsgewissheit – »geboren werden und dann über die Welt [...] hin spazieren, unverlierbar die Hand der Mutter« (KW 6, 176) –, die die Öffnung zur ›Unendlichkeit‹ nicht verstellt.

Der zweite »Bruch im Naturgeschehen« (KW 6, 180), ausgelöst dadurch, dass sich Hildegard, die rigide Tochter der Baronin, A.s Einmietung widersetzt, führt zum Verständnis der familiären Konstellation, in der Broch fundamentale Relationen menschlichen Lebens zur Darstellung bringt. Das Trio der Frauen symbolisiert nämlich »Grundtypen« des weiblichen Prinzips (KW 6, 182) – das Erotisch-Generative und zugleich naturhaft ›Willenlose‹ in der Weiblichkeit der alten Baronin, die Frau als individueller Charakter in Hildegard und das untergeordnet Geschlechtliche in der Magd –, das zur Stabilisierung des (männlichen) Gegenprinzips bedarf. Diese ›beherrschende‹ Position wahrt noch immer der verstorbene Ehemann, Vater, Herr: Als ›Gerichtspräsident‹ Ordnung, Gesetz, Gewissen repräsentierend, kompensiert er die labil-sinnliche Vitalität der Frauen.

Die Dominanz des toten Hausherrn als Erstarrung empfindend, zweifelt A. am Sinn seines Hierbleibens. Doch fällt die ›Entscheidung‹ ohne Überlegung unter dem Eindruck des Platzes, dessen Suggestivität der Text in lyrisch schwingenden Paraphrasen versinnlicht: Mussten sich nicht »alle Gegensätze« in seinem Ich »klären und auflösen« (KW 6, 180)? Angewidert von der (›höllischen‹) Banalität des Bahnhofsalltags, kehrt A. über die existentialsymbolisch ›aufwärts‹ führende Straße in das Haus zurück, in dem ihm Hildegard schließlich die Erklärung liefert: Um die väterliche Ordnungsfunktion aufrecht zu erhalten, sah sie sich zum Lebensverzicht gezwungen. Damit zeichnet sich in der Hausgemeinschaft die Vakanz ab, die die »Schicksalsfügung« (KW 6, 192) der Einkehr legitimiert. ›Kind‹ und ›Vater‹ zugleich, findet der Reisende seine individuelle Bestimmung mit der repräsentativen Zentrierung des Lebens im Geist. Wenn sich diese ethische Funktion nun abschließend im Äusseren spiegelt – »im Mittelpunkt des Dreiecks« steht die Uhr wie ein »wachsames Auge« (KW 6, 196) –, dann zeigt sich das Paradigma bewusster Lebensführung zugleich symbolisch fundiert.

3.5 Kreise des Irdischen: *Der Meeresspiegel*

Im Blick auf die geplante Mittelstellung der *Heimkehr* im ›Tierkreis‹-Projekt wäre zu vermuten, dass die ersten sechs Texte Krisen der Selbstfindung, die zweite Hälfte Prüfungen exemplifizieren sollten. Diesem Konzept entspräche jedenfalls die als letzte entstandene und Ende 1933 publizierte Novelle *Der Meeresspiegel*.

Fern den symbolisch suggestiven Örtlichkeiten der Zivilisation, bewegt sich der aus dem städtischen Norden kommende Protagonist in einer mythisierten Mittelmeerlandschaft, die in ihren ontologischen Konstellationen – Spannung von Berggipfel und Meeresgrund, Dreiteilung des von weissem Stein über Graugrün zu dunklem Gebüsch führenden Abhangs – bereits die anthropologisch relevanten Stufungen aufweist, deren er sich zu vergewissern lernt. Und mythisiert zeigt sich auch der aus Mann, Frau und Kind bestehende Familienkreis, den er im Rahmen dieser Gewisswerdung zu durchschreiten hat.

Der ontologischen Eckdaten ist sich der ›Fremde‹ auf seinem Abstieg ins Tal bereits bewusst. Denn erfüllt ist seine »Sehnsucht nach dem Bilde der glänzenden Fläche« (KW 6, 196), die ihn im kühlen Morgen auf den Bergkamm führte: Der von ideellen Signalen umstellte Überblick erschloss ihm die Spiegelbildlichkeit des Irdischen, das im Meer gründet und den Himmel in sich reflektiert. Diese metaphysische Relation ist Teil seiner Erkenntnis und zugleich Teil der Natur; denn wie der »Strahl seiner Augen« führt auch der »Teppich des Seins« zum fernen Horizont (KW 6, 197). Noch aber fehlt die Positionierung des Menschen im Irdischen: All das »nützte nichts. Was hatte ihn hergeführt? Wer war er?« (KW 6, 197).

Diese Positionsbestimmung erfolgt in einem Akt individualethischer Entscheidung, wobei jene Spannung des Irdischen nun im Raum des menschlichen Daseins zu bestehen wäre. Schon der Anblick des Hauses evoziert im Fremden nämlich das Verlangen nach der Einbindung in die Sphäre »irdischer Gemeinschaft« (KW 6, 198), die sich im Spektrum von Brochs Existentialmetaphorik stets umstellt zeigt von den Gefahren eines Rückfalls in präexistentielle Lebensmuster. Während die Frau, Inbegriff einer generativen Sexualität, in der Häuslichkeit verharrt, zeigt der jugendliche Ehemann als ehemaliger ›Seefahrer‹ Spuren einer erloschenen, im Dialog der Männer aufflackernden Spiritualität, die allerdings in ihrer Affinität zum Nächtlichen ihre sinnliche Korrumpierung offenbart. So ist es eine »doppelte Verführung«, der sich der Fremde erst mit seinem Ausscheiden aus der ›magischen‹ Geschlossenheit des Lebenskreises zu entziehen vermag (KW 6, 201). Erneut der Offenheit seiner Sehnsucht hingegeben, weiß er nun um die Richtigkeit seines Ziels. Die »Zone des Lebendigen und Irdischen« in der Sinnbildlichkeit einer »zum Ewigen« hinstrebenden Landschaft durchschreitend, taucht er Gesicht und Hände in die »mütterliche Flut« des fundamentalen Meeres (KW 6, 204f.). Damit schließt sich der Kreis, den die Figur in Aufstieg und Abstieg durchlief. Wie *Die Heimkehr* führt auch *Der Meeresspiegel* zu einer ganzheitlichen Erfahrung, deren Modell Broch vor mythischem Hintergrund in der Prägnanz der Novelle gelingt.

4. Mythische Evidenz: *Barbara*

Der Übergang vom ›symbolischen‹ zum ›mythischen‹ Erzählen ist fließend. Beides basiert auf einer Korrelation von Innen und Aussen, die Broch 1934 als »Gleichsetzung von Weltsubjekt und Weltobjekt« bezeichnet (KW 10/2, 241). Im Vergleich zur Semantik der Symbole, die die Figuren der *Tierkreis*-Erzählungen zu Individuationsprozessen anregte, besitzen mythische Bilder allerdings eine ontologische Dimension. Die Einheit von Subjekt und Objekt ist, wie Broch erklärt, als ›Wissensrest‹ in den mythischen Bildern gespeichert: Indem sie die ›Struktur des Humanen‹ im Aussen spiegeln, realisieren sie zugleich die vorgängige ›Spiegelbildlichkeit‹ von Natur und Geist. Daher kann nur der »Mythos der Natur und ihrer menschlich-göttlichen Phänomenalität« der zunehmenden Verlorenheit des modernen Menschen entgegenwirken (KW 9/2, 197).

Narratologischer Schwachpunkt ist allerdings die Stilisierung der Natur zur Archaik und eine massive metaphorische Aufladung der Szenerie. Die Binnenerzählung der *Verzauberung* mit dem Herausgebertitel *Barbara* – die hier Berücksichtigung findet, weil sie durch die Edierung als Einzeltext[7] besondere Bedeutung erhielt, zeigt in der novellistischen Konzentration auf die Begegnung zweier Individuen nicht nur die Grenzen einer seelisch konformen Naturdarstellung. Sie dokumentiert vor allem auch, dass und wie die Mythologisierung der Naturerfahrung zwischenmenschliche Belange überlagert. So präludiert die Novelle die Problematik des mythischen Romans, den Broch auch nach drei Arbeitsphasen nicht zu einem ihn befriedigenden Abschluss bringen konnte.

---

[7] *Hermann Broch. Barbara und andere Novellen. Eine Auswahl aus dem erzählerischen Werk.* Hg. v. Paul Michael Lützeler. Frankfurt am Main 1973.

Der Text, erzählt im Lebensrückblick eines Arztes, stellt das zentrale Liebeserlebnis vor den Hintergrund mythischen Erlebens. Nichts an der jungen Kollegin, die, obgleich begnadete Ärztin, in ihrem ›unweiblichen‹ Erscheinungsbild wenig beeindruckt, erklärt die plötzliche Faszination durch die ›Weiblichkeit‹ ihrer ›Frauenhände‹. Seiner Motive noch kaum bewusst, verspürt der Mann nur das Gleichnishafte seiner Wahrnehmung, die Äusseres an Inneres anschließt: Die Hand der Mutter in diesen Händen vergegenwärtigend, erfüllt ihn augenblicks eine Sehnsucht, die »mein ganzes Leben aufrollte« (KW 6, 224). Gespiegelt in der Metaphorik der Nacht, die sich wie eine »unendlich weibliche Hand [...] auf den Scheitel der Welt legt« (KW 6, 225), gewinnt das Bild dann allerdings eine weitere Dimension (›Wirklichkeit‹), die den Erzähler aus seiner personbezogenen ›Wirklichkeit‹ zu verdrängen beginnt – gerade damit aber den Prozess seelischer Erweiterung in Gang setzt. Verängstigt erwägt das Ich eine Flucht in die Abstraktheit der Gletscher, öffnet sich schließlich aber der Erfahrung einer Natur, die in Lichtspiel und Farbenvielfalt das Spektrum des Humanen reflektiert und in diesem Bezug eine »zweite Wirklichkeit der Welt« bildet (KW 6, 226). Über diese gestaffelt mythische Erfahrung von Ganzheit gerät die Frau etwas aus dem Blick. In erneut mythischer Überhöhung weitet sich auch das Liebeserlebnis in eine Urlandschaft der Seele (»Schacht der Ozeane, der Berge und der versunkenen Inseln«, KW 6, 242), die die menschliche Vereinigung zum Schöpfungsgleichnis sublimiert.

Das mythische Erlebnis gibt dem Erzähler eine existentielle ›Sicherheit‹, die sich von der Liebesbeziehung ablöst. In kolportagehaftem Bericht bereitet die Erzählung daher das Ende der Verbindung vor, wenn sie die psychische Unstimmigkeit der Ärztin, die zur Katastrophe des medizinischen Fehlurteils führt, aus ihrer biographisch durch ein Kindheitstrauma initiierten Ideologisierung erklärt. Im Kontext des Romans fungiert die Geschichte einer Liebe folgerichtig als Paradigma einer mythischen Seinserfahrung, in der sich nicht nur die Struktur der ›Totalität‹ darstellt, sondern die im Erlebnis dieser Sinnbildlichkeit zu letzter Gewissheit führt: »so daß ich heimkehren konnte in das Gleichnis der Einheit« (KW 6, 243).

5. Heuristik des Todes: *Die Heimkehr des Vergil*

Bereits in der Zweitfassung der *Verzauberung* äussert sich Brochs neuerliche ›Ungeduld der Erkenntnis‹, wenn der Erzähler, ›sehnsüchtig nach dem Unendlichen der eigenen Seele‹, nach einem Wissen aus ultimativer Selbsterfahrung verlangt: dem ›Sterbewissen‹. Und wieder ist es die Kurzprosa, in der Broch Anthropologie wie Poetik erprobt. Im Frühjahr 1937 entsteht *Die Heimkehr des Vergil*, die er in seinen Briefen mehrfach als ›große Erzählung‹ erwähnt. Wenig später beginnt er mit einer Ausarbeitung einzelner Szenen, aus der langfristig das Romanprojekt *Der Tod des Vergil* hervorgeht. Von der Erzählung wird nur ein Teil 1937 im österreichischen Hörfunk ausgestrahlt; die Erstveröffentlichung erfolgt 1953 in der *Neuen Rundschau*.

Die ›Heimkehr‹ führt den sterbenden Dichter im Schiffskonvoi des Augustus von Athen nach Italien zurück. In der Stadt Platons harrte der Todkranke einer seinem Werk, vor allem aber seiner Persönlichkeit geltenden ›Erfüllung und Vollendung‹, die er nur ›geistig‹ begreifen konnte. Denn der lebenslang sinnsuchende Dichter war, obgleich ländlicher Herkunft und aus jenen Tagen ein Bild irdischen Glücks in sich tragend, zu einem ›Ruhelosen‹ geworden, der am ›Rand‹ des Irdischen lebte. Die gleiche Verfehlung charakterisiert sein lebenslanges Verhältnis zum Tod – »Hatte er jemals anders als im Angesicht des Todes gelebt?« (KW 6, 248) –, den er als Vergeistigung sah. Mit dem Altern wartete er daher begierig auf das Fortschreiten seiner ›Brüchigkeit‹, damit ihm die ›Auflösung‹ zur ›Erlösung‹ werde. Reflex dieser geistigen Perspektive ist noch die »sonnige und doch so todesahnende Einsamkeit« der See, die nun mit der Einfahrt in den Hafen Brundisium endet (KW 6, 248). Denn die Erzählung verdichtet das Sterben zu einer neuen Lebenserfahrung. Dem Tode nahe, bemerkt Vergil überrascht »das nämliche Schauen, das nämliche Hören, das nämliche Denken« (KW 6, 257), ja seine Aufmerksamkeit scheint verschärft. In der ›schwebenden Wachheit‹ des Sterbens verbindet sich gesteigerte Innerlichkeit mit einer Sensitivität für die Bedeutung der Dinge, die ihm das Aussen im Wortsinn innewerden lässt.

Die Funktion dieser seelischen Reflexion zeigt sich mit dem Einlaufen in den Hafen menschlichen ›Seins und Hausens‹. Aus der Ferne ein Bild friedvoller Tätigkeit gewahrend und eingestimmt auf einen gleitenden Übergang von Natur in Kultur, erwartet Vergil eine reibungslose Annäherung an das Irdische. Doch pervertiert die Stadt unter dem Ansturm einer ›vertiert‹ tobenden, im Cäsar bewusstlos das Ego anbetenden Masse zu einem Bild des ›Unterirdischen‹. Damit sieht sich der Sterbende mit einer Gegensatzspannung konfrontiert, die der Roman in allen Facetten des Seins thematisieren wird.

Das Erzählexperiment konzentriert sich – im Fokus des Dichters, der angesichts der humanen Katastrophe an der Kunst zweifelt – auf die Relation von Kulturverlust und Selbsterfahrung. Sie vermag so zu demonstrieren, wie das Paradigma einer kompensatorisch die Antagonismen menschlichen Daseins durchlaufenden Selbsterfahrung zum einzig denkbaren Remedium gerät. Psyche und Dichtung konvergieren daher im Verlauten jener »schwachen Seelenstimme«, die durch das Chaos des Irrationalen trägt und, »das Unheil ahnend, das Heil verkündet« (KW 6, 251). Im Blick auf die »Ohnmacht der Götter«, die die Gestaltung des Lebens dem Menschen überantwortet, verlangt die Innenfigur des Engels vom Dichter nichts als die Verwirklichung dieses Selbst (»Wachse nun, kleiner Knabe«) (KW 6, 253f.).

Die existentiellen Eckdaten des seelischen Wachstums sind ›Rückschau‹ und ›Erwartung‹. Hervorgehend aus bäuerlich-natürlichen Lebensformen zielt es auf die ›Ahnung‹ einer Essentialität, die Worte wie ›Wahrheit‹ oder ›Reinheit‹ des Herzens vorerst nur umschreiben – ist es doch etwas, wie Broch nicht ohne Anteilnahme von seinem Protagonisten sagt, »das man freilich erst ergründen mußte, wie er ja selber erst heute diesem Sachverhalt auf die Spur gekommen war« (KW 6, 259). So skizziert *Die Heimkehr des Vergil* erst die Grundlinien einer Entwicklung, deren Kernphase mit dem Verebben der Lebensgeräusche beginnt. Dieser Progress steht in der Kurzprosa aus. Offen bleibt auch die finale Korrespondenz von Individuellem und Allgemeinem, die in der Vorstellung des ›Ur-Vergil‹ noch zwischen externer und interner Lösung schwankt, während der Roman dann Bilder der Gleichgewichtung erstellt. Deutlich aber wird bereits die Intention des Autors, durch die Darstellung des Sterbeprozesses – der das Dasein als Schicksal der Seele gestaltet und in Abstraktionsstufen zur Gestaltungsfunktion der Seele vordringt – ein welthaltiges Selbst-Sein zu evozieren, dem in der Moderne metaphysische Funktion zukommt. Mit der Selbsterfahrung verbindet der Engel daher die Qualifizierung des Dichters als »Führer durch die Zeiten« (KW 6, 259).

Der Modus seelischer Reflexion führt zu einer ›Lyrisierung‹ des Stils, deren psychologisches Kompositionsprinzip sich in der Erzählung bereits ausprägt. Bedingt durch die Kontraststruktur der Daseinserfahrung avanciert die ›Kontrapunktik‹ zur Bauform der lyrisierten Prosa. Indem sie die Gegenstandsbereiche durch Komposita oder Iterationen dualistisch konstelliert – »der den Tod flieht und den Tod sucht« (KW 6, 248f.) – und diesen Dualismus zugleich in der parataktisch gestalteten Dynamik des seelischen Erlebens zum Ausgleich bringt, wird die Sprache zum Sinnbild für den Prozess der Selbstwerdung.

6. Transparenz der Verführung: *Hitlers Abschiedsrede*

Die Objektivierung der Psyche birgt das Risiko, dass sich kollektive Bedürfnisse mit Elementargewalt äussern, wenn vitale Interessen betroffen sind. Dies gilt vor allem für die Sehnsucht nach Persönlichkeit, die sich, in der eigenen Person unerschlossen, auf die Gestalt eines ›Führers‹ richtet. Da Broch im Blick auf die Selbstvergessenheit der Zeit durchaus mit dem Gedanken einer individualethisch inspirierenden Führerpersönlichkeit spielt – wie das *Vergil*-Projekt zeigt –, sieht er die eigentliche Gefahr in der Manipulierbarkeit der Motive. Ein erstes Beispiel bildet Marius in der *Verzauberung*, der die Dorfbewohner mit wert-imitierenden Tiraden an sich bindet und durch die Konkretisierung metaphysischer Sehnsüchte eine Massenpsychose auslöst. In der *Massenwahntheorie* rekurriert Broch auf die seelische Virulenz einer Führungsinstanz, deren Funktion vom »Religionsstifter« ebenso übernommen werden kann wie vom »Demagogen und modernen Diktator« (KW 12, 57). Das Kriterium liegt im Ethos: Während der »echte religiöse Heilsbringer« auch im Kollektiv stets das Individuum anspricht, zielt der Demagoge auf Vermassung, indem er die Emotionen des Einzelnen ideologisch funktionalisiert (KW 12, 301).

Mit der Rollenprosa *Letzter Ausbruch des Größenwahns. Hitlers Abschiedsrede*, Sommer 1944 abgeschlossen und im Oktober in einer amerikanischen Zeitschrift publiziert, versucht Broch, das Verfängliche in der Propaganda Hitlers unmittelbar erlebbar zu machen. Die Präsentationsform der Rede verfolgt entsprechend eine zweifache Intention: Zum einen wird die ideelle Matrix der Ideologie deutlich, wenn die neuralgischen Begriffe – Perhorreszierung (»internationales Judenpack«) wie Auratisierung (»deutsche Kultur«) – mit Wertvorstellungen wie ›Reinheit‹ und ›Wahrheit‹ unterfüttert werden; die Wirksamkeit der Rhetorik resultiert damit aus der Attraktivität der ideellen Motive (KW 6, 333, 335). Zum andern demonstrieren Diktion und Taktik der Redeführung, wie sich der Redner zum gottgleichen ›Erlöser‹ der Menschheit stilisiert und damit religiöse Motive usurpiert. Beides erhellt die »metaphysischen Hintergründe« der Verführung (KW 13/2, 418).

Die Rede beginne, wie Broch kommentiert, »im richtigen Hitler-Stil«, gerate dann aber durch rhetorische Konzentrierung »immer weiter in die Selbstenthüllung« (KW 13/2, 418). Wenn der Redner in wachsendem Fanatismus seinen Hass auf die Menschheit, die rücksichtslose Bestialisierung des Volkes und die Gier nach Weltvernichtung offenlegt, so erkennt der massenpsychologisch versierte Wissenschaftler in diesem Umschlag vom Pathos in die Psychose ein metapsychisches Verlangen nach Totalität, das der ›Irrsinnige‹ jederzeit auch im ›Durchschnittsindividuum‹ mobilisieren kann. Er habe daher als Autor der Hitler-Rede, so Broch, eine Darstellungsform gewählt, »in der das Subjektive und Objektive unbemerkt ineinanderfließen«, um »die Menschen vor ihrer eigenen Beeinflußbarkeit erschrecken zu machen« (KW 13/2, 413). Zustimmende Zuschriften bestätigen Broch in dieser politischen Version seiner lebenslangen dichterischen Arbeit an der Selbstbewusstwerdung des Menschen.

Monika Ritzer

7. Literatur

Achberger, Friedrich: »Hermann Brochs Novelle ›Eine leichte Enttäuschung‹«. In: *Fluchtpunkt 1938. Essays zur österreichischen Literatur zwischen 1918 und 1938*. Hg. v. Friedrich Achberger und Gerhard Scheit. Wien 1994, S. 143–150.
Bekes, Peter: »Erzählen als Konstruktionsverfahren. Hermann Brochs *Eine methodologische Novelle*«. In: *Klassik-Rezeption. Auseinandersetzung mit einer Tradition*. Hg. v. Peter Ensberg und Jürgen Kost. Würzburg 2003, S. 119–133.
Bendels, Ruth: *Erzählen zwischen Hilbert und Einstein. Naturwissenschaft und Literatur in Hermann Brochs ›Eine methodologische Novelle‹ und Robert Musils ›Drei Frauen‹*. Würzburg 2008.
Broch, Hermann und Daniel Brody: *Briefwechsel 1930–1951*. Hg. v. Bertold Hack und Marietta Kleiß. Frankfurt am Main 1971 (= BB).
Kaszynski, Stefan H.: »Zur Poetik der Novelle bei Hermann Broch«. In: *Hermann Broch. Modernismus, Kulturkrise und Hitlerzeit*. Hg. v. Adrian Stevens, Fred Wagner und Sigurd Paul Scheichl. Innsbruck 1994, S. 141–148.
Klein, Uta: »›Fiktive Wirklichkeit‹: Strategien uneigentlicher Rede am Beispiel von Kafkas *Verwandlung* und Hermann Brochs *Methodisch konstruiert*«. In: *Heuristiken der Literaturwissenschaft. Disziplinexterne Perspektiven auf Literatur*. Hg. v. Uta Klein, Katja Mellmann und Steffanie Metzger. Paderborn 2006, S. 489–504.
Lützeler, Paul Michael: *Hermann Broch und die Moderne. Roman, Menschenrecht, Biografie*. München 2011.
Lützeler, Paul Michael: »Die Novellen – Text und Intertext«. In: Ders.: *Die Entropie des Menschen. Studien zum Werk Hermann Brochs*. Würzburg 2000, S. 72–88.
Martens, Gunther: »Spielräume des auktorialen Diskurses bei Hermann Broch: *Eine methodologische Novelle*«. In: *Orbis Litterarum* 59/4 (2004), S. 239–269.
Ritzer Monika: *Hermann Broch und die Kulturkrise im frühen 20. Jahrhundert*. Stuttgart 1988.
Ritzer, Monika: »Das Experiment mit der Psyche: Hermann Broch und Carl Gustav Jung«. In: *Hermann Broch. Neue Studien. Festschrift für Paul Michael Lützeler zum 60. Geburtstag*. Hg. v. Michael Kessler. Tübingen 2003, S. 524–553.
Ritzer, Monika: »Mythisches Erzählen im Faschismus – die Romanexperimente der 30er Jahre«. In: *In the Embrace of the Swan. Anglo-German Mythologies in Literature, the Visual Arts and Cultural Theory*. Hg. v. Rüdiger Görner und Angus Nicholls. Berlin, New York 2010, S. 147–168.
Ritzer, Monika: »Spiegelungen. Zur Relativierung von ›Realität‹ in der Kurzprosa Kafkas, Musil und Brochs«. In: *Kafka und die kleine Prosa der Moderne/Kafka and Short Modernist Prose*. Hg. v. Manfred Engel und Ritchie Robertson. Würzburg 2010, S. 267–292.
Sidler, Judith: *Literarisierter Tagtraum. Einheitskonstruktionen in Hermann Brochs ›Tierkreis-Erzählungen‹*. Würzburg 2003.
Sokel, Walter H.: »Hermann Brochs ›Tierkreis-Erzählungen‹ (1933)«. In: *Hermann Broch*. Hg. v. Paul Michael Lützeler. Frankfurt am Main 1986, S. 94–109.

VIII. Gedichte

Die Lyrik Hermann Brochs steht im Schatten der großen Romane; nur wenige der von Broch verfassten Gedichte sind zu seinen Lebzeiten veröffentlicht worden. Zudem machen die zunächst an einen einzelnen Adressaten gebundenen und von einem äußeren Anlass ausgehenden ›Gelegenheitsgedichte‹[1] einen Großteil der lyrischen Texte Brochs aus. Entsprechend selten hat die Forschung die Gedichte selbst in den Mittelpunkt gestellt. Dennoch spielt die Lyrik für das Schreiben Brochs selbst eine wichtige Rolle, die nicht zuletzt damit zusammenhängt, dass er in seinen theoretischen Texten eine Auffassung der Dichtung entwickelt, in der dem Lyrischen eine zentrale Funktion zugewiesen wird.[2] Und so sind denn auch nicht wenige Schlüsselstellen der Romane in Gedichtform gefasst. Der folgende Überblick über Hermann Brochs Lyrik beginnt deshalb mit einer kurzen Zusammenfassung seiner theoretischen Auffassung des Lyrischen und wendet sich seiner Bedeutung für Broch in seiner schriftstellerischen Arbeit zu, bevor das lyrische Werk selbst und der heutige Forschungsstand vorgestellt werden. Der Schwerpunkt liegt dabei auf den in der *Kommentierten Werkausgabe* im Band »Gedichte« (= KW 8) abgedruckten Texten, während auf die von der Forschung bislang kaum beachteten Nachdichtungen, Haussprüche und Gelegenheitsgedichte sowie die in die Romane eingearbeiteten Gedichte nur kurz eingegangen wird.

1. Lyrik als Gestaltung des Irrationalen

Mit Wesen und Funktion des Lyrischen hat sich Broch insbesondere in seinen Essays »Geist und Zeitgeist«, »Gedanken zum Problem der Erkenntnis in der Musik und Theologie, Positivismus und Dichtung« auseinandergesetzt. Wie Brochs literaturtheoretische Überlegungen insgesamt, ist auch seine Auffassung des Lyrischen stark von seiner Werttheorie geprägt: Er begreift Lyrik als Gestaltung des Irrationalen, sie erscheint dadurch als Kern des Dichterischen und wird so zu einem Synonym für Dichtung insgesamt. So bestimmt etwa »Geist und Zeitgeist« das Lyrische als »Wissen um die menschliche Seele«, als das »platonische Ur-Erlebnis« (auch) der Kunst (KW 9/2, 194f.).[3] In ihm fallen

---

[1] So die Formulierung Erich von Kahlers. Erich von Kahler: »Einleitung«. In: *Hermann Broch: Gedichte*. Zürich 1953, S. 7–60, hier 46.
[2] Zum Unterschied zwischen Brochs Auffassung des Gedichts und des Lyrischen vgl. Manfred Durzak: »Hermann Brochs Auffassung des Lyrischen«. In: *PMLA* 82/2 (1967), S. 206–216; sowie in: *Hermann Broch. Perspektiven der Forschung*. Hg. v. Manfred Durzak. München 1972, S. 293–313, und in: *Hermann Broch. Dichtung und Erkenntnis*. Hg. v. Manfred Durzak. Stuttgart 1978, S. 16–32.

Ganzheits- und Zeitlosigkeitserlebnis zusammen mit der Entstehung der Sprache:

> im Lyrischen ist das Erwachen der Seele verborgen, der mystische Weckruf, von dem die Seele den Befehl empfängt, die Augen zu öffnen, um kraft solch eines Augen-Blicks und in ihm den Zusammenhang des Seins zu schauen, zeitlos.
>
> Sprache, aus dem Aufschrei geboren, aus dem Augenblick des Aufschreis, wäre nicht Sprache, sie wäre nicht die Vereinigung von Logos und Mythos, als welche sie ist und wächst, wenn jener sprachwerdende Aufschrei des Beginns nicht lyrischen Ausdrucks und damit menschlich gewesen wäre, mystisch das ganze System des Mythischen und Logischen bereits potentiell in sich enthaltend. (KW 9/2, 205)

Deutlich zeigen sich in dieser Lyrik-Auffassung die Spuren mystischen Denkens, die auch Brochs Auseinandersetzung mit Kunst und Mythos färben.[4] Zwar gelingt diese »Transformation einer urtümlichen Innerlichkeit zu mythischer Anschaulichkeit«[5] unter den Bedingungen der Moderne nicht mehr, doch bleibt Lyrik »Vorahnung und artikulierte Sehnsucht eines neuen Mythos«[6]. Als subjektiver Ausdruck eines mystischen Ganzheitserlebnisses ist sie eng mit Brochs werttheoretischer Auffassung des Ich verknüpft:

> die gemeinsame Wurzel aller Philosophie, alles ethischen Wollens, alles Erkennens, aber auch die alles Dichtens ist das Wissen um die menschliche Seele. Es ist der lyrische Gehalt, der aller Dichtung innewohnt und sie zu dem macht, was sie ist, Dichtung. Aber es ist vielleicht auch der lyrische Gehalt aller Philosophie, die erst im einsamen Ich zu dem wird, was sie ist. Und sicherlich ist es der lyrische Gehalt aller Kunst. Es ist ihr platonisches Ur-Erlebnis, ihre eigentliche Ur-Göttlichkeit. (KW 9/2, 194f.)

Zentral an der Erfahrung, die sich in der Lyrik ihren Ausdruck sucht, ist also das Erlebnis des Eingebundenseins in einen allumfassenden Zusammenhang. Das betonen auch noch die Kommentare zum *Tod des Vergil*. Broch hebt in diesem Zusammenhang als wichtige Leistung der Lyrik hervor, eine Einheit der Gegensätze dar- bzw. herzustellen. Gerade auf diesem Wege könne das

---

[3] Da dieses rational nicht ausdrückbar ist, ist Lyrik damit als Ausdruck des Irrationalen bestimmt. Vgl. Durzak: Brochs Auffassung des Lyrischen, S. 294f.

[4] So bereits Walter Hinderer: »Reflexionen über den Mythos«. In: *Brochs theoretisches Werk*. Hg. v. Paul Michael Lützeler und Michael Kessler. Frankfurt am Main 1988, S. 49–68, hier 58. Vgl. dazu ausführlich Anja Grabowsky-Hotamanidis: *Zur Bedeutung mystischer Denktraditionen im Werk von Hermann Broch*. Tübingen 1995, S. 39–134, zu Lyrik und Mythos insbesondere 67–76.

[5] Alfred Doppler: »Die Funktion des Lyrischen in Hermann Brochs *Der Tod des Vergil*«. In: *Hermann Broch und seine Zeit. Akten des Internationalen Broch Symposiums Nice 1979*. Hg. v. Richard Thieberger. Bern, Frankfurt am Main u. a. 1980, S. 153–160, hier 153.

[6] Doppler: »Funktion des Lyrischen«, S. 153.

Irrationale, das sich als solches dem sprachlichen Ausdruck verschließe, zur
Darstellung gebracht werden:

> Nun: die Logizität im alogischen Erleben ist für das Kunstwerk keineswegs etwas Neues, im Gegenteil, sie gehört zur Grundlage des künstlerischen Schaffens, und sie hat in ihm durch alle Zeiten hindurch ihren Niederschlag gefunden, nämlich im lyrischen Gedicht. Es gehört zum Wunder der Lyrik, daß sie das Alogische zwischen den Worten und Zeilen ungesagt schweben lassen und damit ins Logische und Verständliche einspannen kann. (KW 4, 462)

Es ist diese Auffassung des Lyrischen, auf deren Grundlage Broch sein Schreibverfahren im *Vergil* als Lyrisches (KW 4, 462) und die lyrische Ahnung als Movens seines Schaffens bezeichnet (KW 13/3, 536). Zugleich lässt sich vor diesem Hintergrund auch Brochs zwiespältige Haltung gegenüber den eigenen Gedichten besser verstehen. Denn das soeben skizzierte Verständnis des Lyrischen stellt sehr hohe Anforderungen an die lyrischen Texte selbst: Wie jeder literarische Text entstehen sie unter dem Imperativ, das Irrationale in der Sprache zum Ausdruck zu bringen und so zu gestalten. Denn dies ist die Aufgabe des Dichters, sein Beitrag zur Rationalisierung des Irrationalen. Dabei gewinnen die kurzen, in hohem Maße auf die sprachliche Form angewiesenen Texte der Lyrik bei Broch deshalb einen so hohen Stellenwert, weil sie den Erkenntnisimpuls, der am Beginn jeder Rationalisierung steht, einfangen. Das Irrationale wird darin zwar zum Ausdruck gebracht, aber nicht gänzlich in rationale Sprache gefasst.[7] Dies ist die Spannung, die die Lyrik im engeren Sinne auszeichnet. Wie jedes Kunstwerk, im Grunde alles Menschenwerk, steht sie dabei unter der Forderung, mit jedem Text neue und für ihre Zeit angemessene Formen für den Ausdruck des Irrationalen zu finden und dabei einen Realitätsausschnitt zu einer Totalität zu gestalten. In einem Brief an Hans Sahl fasst Broch die sich aus dieser Auffassung ergebenden konkreten Anforderungen an ein Gedicht wie folgt zusammen:

> (1) es muß ein Stück neuer Realität aufdecken, (2) es muß Realitätspartien verarbeiten, die prosamäßig nicht zu erfassen sind, (3) es muß, tunlichst eindeutig, seine Form von dieser Realität her bedingt erhalten, (4) es ist demnach – fast eine Tautologie – die von dieser Realität getragene »Welttotalität«, kurzum ist als Situation stets ein Differential des Totalen. (KW 13/2, 340)

Dass es kaum möglich ist, diesen Forderungen zu genügen, fügt Broch direkt an: »M.a.W.: vier unerfüllbare Bedingungen, die man nur mit einem ›Geh dir

---

[7] »Und auf welchem Gebiet immer, die erste Ahnung ist geradezu lyrisch vor Irrationalität, und die Ausarbeitung, auch in der Kunst, sucht ein Maximum an Rationalität zu erreichen. [...] Je undogmatischer ein Denken ist, desto größer ist der verbleibende lyrische Rest« (KW 13/3, 535f.). Vgl. dazu auch KW 10/2, 293, sowie Durzak: Brochs Auffassung des Lyrischen, S. 302.

hin und dicht!« beantworten kann; auf hundert Übungsgedichte fällt höchstens, allerhöchstens ein gelungenes.« In ähnlicher Weise beurteilt Broch die eigenen Gedichte immer wieder als ungenügend.[8] Ein wichtiges Manko ist aus seiner Sicht etwa, dass sie anders als die Romane formal kaum neue Wege gehen. So ist ein Großteil der Gedichte dem traditionellen Reim verpflichtet, wie Broch – nicht ganz ohne Koketterie – selbst bemängelt (vgl. KW 13/1, 93), und er verwendet mit besonderer Vorliebe – allerdings nicht ohne Abweichungen[9] – gerade die strenge Form des Sonetts, die auch im dritten Band der *Schlafwandler* eine wichtige Funktion gewinnt.[10] Die Skepsis demgegenüber, dass die eigenen Gedichte zu einer der Zeit angemessenen Form finden, ist ein wichtiger Grund, weshalb Broch zu Lebzeiten – einmal abgesehen von den in die Romane eingebundenen Gedichten – weitestgehend auf ihre Veröffentlichung verzichtet hat. Auf der anderen Seite begleitet ihn das lyrische Schreiben doch sein gesamtes literarisches Schaffen hindurch. Denn Brochs Auffassung nach lässt sich eben mit lyrischen Mitteln ein Realitätsbereich gestalten, der mit denjenigen der Prosa nicht erreichbar ist.[11] Er empfand die Lyrik deshalb als einen unverzichtbaren Bestandteil seiner dichterischen Arbeit. Zum einen sind, brieflichen Äußerungen zufolge, häufig Gedichte die Keimzelle der Prosaschriften. Zum anderen bemüht sich Broch, lyrische Formen direkt in die Romane zu integrieren, um so zur angestrebten Totalitätsdarstellung zu gelangen, die in ihrer Verbindung von Prosa und Lyrik eine das Rationale und Irrationale verbindende Gesamterkenntnis der Realität ermöglichen soll.[12] Seine Versuche reichen dabei von der losen Verknüpfung beider Textformen durch Einflechten einzelner Gedichte in den *Schlafwandlern* und den *Schuldlosen* bis hin zum *Vergil* als »ausgewalztes lyrisches Gedicht« (KW 13/3, 536). Brochs theoretische Wertschätzung der Lyrik hat also ihr Pendant in der zentralen Funktion des Lyrischen für sein Schreiben, den Schreibprozess selbst.

2. Das lyrische Werk

2.1 Lyrik im Romanwerk

Da das Lyrische, wie eben ausgeführt, auch im Romanwerk Brochs eine wichtige Rolle spielt, soll hier vor der Darstellung des lyrischen Werks im engeren Sinne kurz auf die Lyrik in den Romanen eingegangen werden. Eine detaillierte Untersuchung der Funktion des Lyrischen insbesondere für die großen

---

[8] So etwa KW 13/3, 536: »Meine eigenen, ziemlich zahlreichen Versversuche sind versteckt und sollen (wahrscheinlich mit Recht) der Hauptsache nach versteckt bleiben.«
[9] Hartmut Kircher: »Brochs Sonett-Gedichte«. In: *Hermann Broch*. Hg. v. Paul Michael Lützeler. Frankfurt am Main 1986, S. 199–224.
[10] Kircher: Brochs Sonett-Gedichte, hier 206 sowie 213ff.
[11] Durzak: Brochs Auffassung des Lyrischen, S. 301.
[12] Vgl. Durzak: Brochs Auffassung des Lyrischen, S. 305ff.

Romanwerke ist im Rahmen dieses Beitrags nicht möglich; stattdessen wird in aller Kürze auf die wichtigsten lyrischen Passagen und ihre Rolle in den drei meistbeachteten Romanen Brochs – *Die Schlafwandler*, *Der Tod des Vergil*, *Die Schuldlosen* – hingewiesen.

Lyrisches Sprechen findet sich in allen Romanen Brochs an zentraler Stelle, auch in den von der Forschung weniger beachteten Werken *Die Unbekannte Größe* und *Der Versucher*.[13] Das lässt sich unmittelbar aus Brochs theoretischer Auffassung des Lyrischen herleiten: Angesichts des Anspruchs, im Roman zu einer Gesamterkenntnis der Wirklichkeit zu gelangen, erscheint das lyrische Sprechen als Ausdruck des Irrationalen als unabdingbar auch für die epische Textform. Entsprechend fasst Broch selbst die weitgehend in Sonettform abgefasste Geschichte des Heilsarmeemädchens in den *Schlafwandlern* als Repräsentantin des Irrationalen und, als solche, als Gegenstück des essayistischen »Zerfall der Werte« auf (KW 13/1, 152) – mit dem Ziel der gegenseitigen Ergänzung zum Vorschein der erhofften Totalität:

> Um den ›Zerfall der Werte‹ rankt sich das Geschehen des Romans, eigentlich mehrerer Romane auf verschiedenen Bewußtseins- und Darstellungsebenen, die, aufsteigend vom rein Lyrischen bis zum rein Kognitiven in genauer Kontrapunktik sowohl die Motive der beiden vorhergegangenen Teile aufnehmen, als auch, ineinander verwoben, das Thema des im Wertzerfall vereinsamten und von der Weltangst erfaßten Menschen abwandeln, um schließlich in gewaltiger Zusammenfassung die Ahnung des kommenden Ethos aufleuchten zu lassen. (KW 1, 734)

Ihren ›Gipfelpunkt‹ findet diese Verknüpfung des Rationalen und Irrationalen, formal des Lyrischen und des Essayistischen, im abschließenden Sonett der »Geschichte des Heilsarmeemädchens« (KW 1, 688) und dem anschließenden Epilog des »Zerfall der Werte«. Die bereits zuvor eingeführte Metapher der Schifffahrt aufgreifend, schildert das Sonett die existentielle Einsamkeit des Menschen und findet abschließend im Atem des Menschen ein Bild der Hoffnung auf Gnade. Während Broch – mit Ausnahme des Ahasver-Gedichts[14] – die Sonettform in der »Geschichte des Heilsarmeemädchens« ins »Bänkelsängerisch-Narrative« abwandelt, gelangt er hier, Hartmut Kircher zufolge, zu seiner »höchsten lyrischen Aussagekraft«.[15]

---

[13] Darauf weist bereits Manfred Durzak hin: Brochs Auffassung des Lyrischen, S. 295f.
[14] Das Ahasver-Gedicht gehört zu den wichtigsten lyrischen Passagen im Romanwerk Hermann Brochs. Zur Interpretation vgl. insbesondere Dorrit Cohn: »The Ahasverus Poem«. In: Dies.: *The Sleepwalkers. Elucidations of Hermann Broch's Trilogy*. The Hague, Paris 1966, S. 103–136; dt.: »Das Ahasver-Gedicht«. In: *Materialien zu Hermann Brochs »Die Schlafwandler«*. Hg. v. Gisela Brude-Firnau. Frankfurt am Main 1972, S. 163–179; sowie Gisela Brude-Firnau: »Die 9. Episode der ›Geschichte des Heilsarmeemädchens‹«. In: *Materialien zu Hermann Brochs »Die Schlafwandler«*. Hg. v. Gisela Brude-Firnau, S. 180–196.
[15] Kircher: Brochs Sonett-Gedichte, S. 221.

In der *Verzauberung*, vor allem aber im *Tod des Vergil*, geht Broch einen stilistisch anderen Weg als in den *Schlafwandlern* und später in den *Schuldlosen*: Er versucht, die verschiedenen Ausdrucksformen bereits auf Satzebene zu einer Einheit zu verschmelzen. Das Lyrische ist also nicht mehr an die Gedichtform gebunden, obwohl diese in den Elegien des *Vergil* noch auftaucht. Diese sind jedoch, wie bereits Durzak anmerkt, »sprachlich kaum von den Prosapartien des inneren Monologs zu unterscheiden«.[16] Dennoch lassen sich die Elegien als Kristallisationspunkte des Lyrischen beschreiben, deren Funktion allerdings unterschiedlich beurteilt wird. So lassen sie sich als Ausdruck überpersönlicher Einsichten verstehen, die den Charakter einer Offenbarung haben.[17] In der lyrischen Form findet demnach ein Überstieg des im inneren Monolog zum Ausdruck gelangenden Subjektiven ins Objektive[18] statt – eine Lesart, die sich mit derjenigen Brochs deckt. Hier zeigt sich erneut der Zusammenhang zwischen Lyrik und Totalitätsdarstellung, der Alfred Doppler zufolge auch über die Elegien hinaus auf den *Vergil* zutrifft: Das Lyrische diene der Darstellung der Totalität der Welt aus der Ganzheit des Ich.[19] Dem steht die dekonstruktivistische Deutung Judith Ryans gegenüber, die die lyrischen Momente nicht als Steigerung, sondern als Unterminierung der relativen Stabilität der Erzählung versteht, von denen aus sich die Möglichkeit biete, die Erzählung selbst in Frage zu stellen.[20]

In den *Schuldlosen* kehrt Broch wie erwähnt zum stilistischen Verfahren der *Schlafwandler* zurück. Die drei Gedichtgruppen der »Stimmen«[21] heben sich deutlich von den Erzählungen des Romans ab und gliedern diese ihrerseits in die drei Gruppen der »Vor-Geschichten«, »Geschichten« und »Haupt-Geschichten«. So bilden sie den lyrischen Rahmen des Romans, wobei sie mit ihrer Datierung auf die Jahre 1913, 1923 und 1933 der dem Text vorangestellten »Parabel von der Stimme« gegenüberstehen. Broch selbst hat den »Stimmen« die Funktion der »Situations- und Zeitschilderung« (KW 5, 309) zugeschrieben, für die es anderweitig keinen Raum gegeben habe: »Denn immer läßt sich der ›Zeitgeist‹ und seine äußerste Abbreviatur im lyrischen Gedicht

---

16 Durzak: Brochs Auffassung des Lyrischen, S. 305.
17 Michael Roesler-Graichen: *Poetik und Erkenntnistheorie. Hermann Brochs »Tod des Vergil« zwischen logischem Kalkül und phänomenologischem Experiment.* Würzburg 1994, S. 104.
18 Vgl. dazu auch Manfred Durzak: »Brochs Vergil-Roman und seine Vorstufen«. In: Ders.: *Dichtung und Erkenntnis*, S. 80–110, hier 98. Ferner Doppler: Funktion des Lyrischen, S. 158.
19 Doppler: Funktion des Lyrischen, S. 154.
20 Judith Ryan: »The Self-destructing Message. A response to Paul Michael Lützeler«. In: *Hermann Broch. Literature, Philosophy, Politics. The Yale Broch Symposium 1986.* Hg. v. Stephen D. Dowden. Columbia, SC 1988, S. 32–41, hier 40.
21 Entstehungsgeschichtlich bedeutsam für die »Stimmen« sind die »Cantos 1913«, die vermutlich 1913/1914 entstanden sind; vgl. Paul Michael Lützelers Datierung in KW 5, 331. Vgl. ebenfalls Manfred Durzak: »Hermann Broch: Cantos 1913«. In: *Neue Deutsche Hefte* 13,2 (1966), S. 3–18, hier 11. Anders datiert Gisela Brude-Firnau: »Prophetische oder Politische Dichtung? Zur Entstehung und Konzeption von Hermann Brochs ›Stimmen‹«. In: *Etudes Germaniques* 21/4 (1976), S. 417–432, hier 418ff.

erkennen« (KW 5, 310). Broch versteht die »Stimmen« deshalb als »geistigen Mittelpunkt des Romans« (KW 13/3, 371); wie Alfred Doppler anmerkt, bekommen sie in ihrer Verknüpfung mit der Parabel von der Stimme eine doppelte Funktion, indem sie den Text einerseits über die Jahreszahlen an die Historie zurückbinden und andererseits auf einen Moment der Zeitlosigkeit verweisen, »in dem eine Ahnung von der ursprünglichen Bestimmung des Menschen sich regt«.[22]

2.2 Die Gedichte

Lediglich 20 der 134 Gedichte, die in der *Kommentierten Werkausgabe* enthalten sind, wurden zu Lebzeiten Brochs veröffentlicht. Etwas mehr als die Hälfte dieser 134 Gedichte, nämlich 70, werden von Paul Michael Lützeler zu den ›Gelegenheitsgedichten‹ gezählt,[23] wobei die insgesamt 16 »Vergil-Widmungen« ebenso wie die 39 gemeinsam mit Hans Vlasics verfassten »Haussprüche« als ein Text gezählt werden. Bei neun der Gedichte handelt es sich um Übersetzungen. Berücksichtigt man diese Übersetzungen, bei denen Broch die Form des Originals übernimmt, nicht, und zählt die doch sehr heterogenen »*Vergil*-Widmungen« einzeln, ergibt sich zusammen mit einem von Sigurd Paul Scheichl später entdeckten Widmungsgedicht[24] die Zahl von insgesamt 142 Gedichten außerhalb der epischen und dramatischen Werke.[25] Formal decken diese Gedichte ein breites Spektrum vom ungereimten, keiner traditionellen Form verpflichteten Mehrzeiler bis hin zum Sonett ab. Auch inhaltlich könnte das Spektrum kaum breiter sein, doch lassen sich Schwerpunkte bilden: Eine Gruppe von Gedichten kreist explizit um das Problem der Erkenntnis und der Sinnsuche, eine weitere Gruppe bilden die Natur- bzw. Landschaftsgedichte, eine dritte nimmt ihren Ausgang beim Alltag, insbesondere um 1940 herum sind einige Gedichte entstanden, die unmittelbar auf die zeitgeschichtliche Situation reagieren und sich insofern als »politische« bezeichnen lassen. Außerdem gibt es eine Reihe poetologischer Gedichte, einige Texte, die sich

---

[22] Alfred Doppler: »Die lyrischen Stimmen in Hermann Brochs Roman *Die Schuldlosen*«. In: *Hermann Broch. Das dichterische Werk. Neue Interpretationen.* Hg. v. Michael Kessler und Paul Michael Lützeler. Tübingen 1987, S. 45–53, hier 48. Zur Kritik vgl. Claus Caesar: *Poetik der Wiederholung. Ethische Dichtung und ökonomisches »Spiel« in Hermann Brochs Romanen »Der Tod des Vergil« und »Die Schuldlosen«.* Würzburg 2001, S. 113, Anm. 617.
[23] Die Grenze zwischen »Gedicht« und »Gelegenheitsgedicht« lässt sich so scharf, wie es die Aufteilung in der *Kommentierten Werkausgabe* suggeriert, allerdings kaum ziehen; vgl. Sigurd Paul Scheichl: »›Verzeihen Sie, daß es gereimt ist.‹ Hermann Broch und der Reim. Mit einem unbekannten Gedicht«. In: *Studien zur Literatur des 19. und 20. Jahrhunderts in Österreich. Festschrift für Alfred Doppler zum 60. Geburtstag.* Hg. v. Johann Holzner, Michael Klein und Wolfgang Wiesmüller. Innsbruck 1981, S. 179–195, hier 179f.
[24] Scheichl: Verzeihen Sie, daß es gereimt ist, S. 181.
[25] Wobei die KW unter der Nummer 4 vier zusammengehörige Sonette umfasst, so dass sich auch von 145 Gedichten sprechen ließe.

mit Alter und Vergänglichkeit beschäftigen, und einige Liebesgedichte. Wie das epische erweist sich das lyrische Werk dabei – und das gilt auch für die ›Gelegenheitsgedichte‹ – als durchzogen von der Sehnsucht und Suche nach Transzendenz. Ihnen geben insbesondere die Naturgedichte Brochs Ausdruck. Die dabei eingesetzte Motivik findet sich vielfach auch im epischen Werk, das sich in dieser Hinsicht als äußerst konsistent erweist. Diese engen Bezüge zum übrigen Werk lassen sich überdies, da einzelne Motive sich oft schon Jahre vor ihrer Verwendung im epischen Werk in den Gedichten finden, als Beleg für Brochs Rede vom Gedicht als Ausgangspunkt und »Kern« der epischen Werke verstehen. Im Folgenden werden einzelne dieser Gedichtgruppen bzw. Gedichte mit dem vorliegenden Forschungsstand kurz vorgestellt.

Das 1913 im *Brenner* gedruckte Sonett »Mathematisches Mysterium« (KW 8, 13) artikuliert früh das Ringen um Erkenntnis, das Brochs gesamtes Werk durchzieht. Dabei wird in aller Kürze bereits die für Brochs Werk so wichtige Unterscheidung zwischen rationaler und irrationaler Erkenntnis getroffen. Mathematische Erkenntnis erscheint als unendliche Annäherung an die Wahrheit bzw. das Göttliche, die allerdings auf den Aspekt der Form beschränkt bleibt. Das abschließende Terzett setzt dem die Gewissheit entgegen, dass auch auf diesem Wege die Einheit der Welt erfahrbar ist. Unterstrichen wird diese durch die Metaphorik, die bereits im ersten Vers (mathematische) Genauigkeit und Unbewusstes scheinbar spannungslos verbindet.[26] Walter Weiss hat darauf aufmerksam gemacht, dass dieses früh entwickelte metaphorische Prinzip, das »Mathematik« und »Mystik« zu einer harmonischen Einheit verknüpft, sich ebenfalls im etwa zeitgleich entstandenen Aufsatz »Philistrosität, Realismus, Idealismus der Kunst« findet und auch für die Romane Brochs – insbesondere die *Schlafwandler* und den *Vergil* – typisch ist.[27] Es handele sich um »deduktive Metaphern«, die von der Einheit des Absoluten im platonischen Sinne abgeleitet seien.[28] »Mathematisches Mysterium« belegt also die engen konzeptuellen Bezüge zwischen den theoretischen und literarischen Texten Brochs: Hier zeigt sich, wie er Sprach- und Gedankenfiguren parallel in unterschiedlichen Textformen bearbeitet. Darüber hinaus hat das Gedicht, wie Hartmut Kircher zeigt, eine poetologische Ebene: Gerade die strenge Form, die das Sonett kennzeichnet, ermöglicht die Darstellung der Welt als harmonisch geordnete Totalität. Die beiden Terzette bilden dabei die Synthese der Quartette, indem sie auf einer abstrakteren Ebene das dort aufgeworfene Problem, inwiefern sich mittels Formenstrenge die Vielfalt der Welt als Einheit wiedergeben lässt, bearbeiten und beantworten.[29]

---

[26] Walter Weiss: »»Mathematisches Mysterium«. Mysticism and Metaphor in the Writing of Hermann Broch«. In: *Hermann Broch. Literature, Philosophy, Politics. The Yale Broch Symposium 1986.* Hg. v. Stephen D. Dowden. Columbia, SC, 1988, S. 215–221, hier 217.
[27] Weiss: Mathematisches Mysterium, S. 218f.
[28] Weiss: Mathematisches Mysterium, S. 220.
[29] Kircher: Brochs Sonett-Gedichte, S. 200f.

Während »Mathematisches Mysterium« die mit Brochs Auffassung rationaler Erkenntnis verknüpfte Erfahrung zum Ausdruck bringt, kreisen die Sonette II. bis IV. der zwei Jahre später entstandenen »Vier Sonette über das metaphysische Problem der Wirklichkeitserkenntnis« (KW 8, 15ff.) um die irrationale Erkenntnis im ekstatischen Liebeserlebnis. Sich auf vier unterschiedlichen Wegen dem Thema nähernd, erreichen sie aber weder die sprachliche Qualität noch die Klarheit und Geschlossenheit von »Mathematisches Mysterium«.

Etwa ein Drittel seiner Gedichte schrieb Broch in der ersten Hälfte der 1930er Jahre; es handelt sich überwiegend um die meist in freien Versen verfassten »Naturgedichte«. Der meditative Blick auf eine Landschaft oder auch eine bestimmte Tageszeit wird darin zum Ausgangspunkt einer Transzendenzerfahrung bzw. der Suche nach ihr. Dabei wird diese Erfahrung selbst zumeist einem Du zugesprochen, das jedoch vom lyrischen Ich nicht scharf getrennt ist,[30] sondern eher als dessen Selbstansprache aufzufassen ist. So bekommen die Gedichte einen reflexiven Charakter, als versichere sich das lyrische Ich im Sprechen seiner Erfahrung. Die Texte geben, so Walter Baumann, einer Gelegenheit in Zeit und Raum Ausdruck, in denen sich die Seele plötzlich gespiegelt sieht. Das gemeinsame Dritte, das diese Spiegelung ermöglicht, bleibt dabei als »das Ungeborene« (»Helle Sommernacht«, KW 8, 25), das »Unverlierbare« (»Die Waldlichtung«, KW 8, 35) oder »das Göttliche« (»Lago Maggiore«, KW 8, 40) abstrakt.[31] Vor dem Hintergrund von Brochs eigenem Verständnis des Lyrischen ist dieser Versuch, Transzendenz direkt zu benennen, allerdings kritisch zu beurteilen, weil dabei eben doch das Irrationale in Sprache gefasst wird, diese also nicht nur als Mittel dient, auf dieses hinzudeuten.[32] Andererseits kommen die Naturgedichte durch den Aspekt der Spiegelung des lyrischen Ich bzw. Du in der Landschaft dem Anspruch recht nahe, eine Totalität des Entgegengesetzten zu erzeugen. Dieses Verfahren findet sich auch in der Prosa Brochs; ein gutes Beispiel bieten die *Schlafwandler* mit Pasenows Spaziergang mit Ruzena im Regen, bei dem Liebespaar und Landschaft zu einer Einheit verschmelzen (KW 1, 42f.).

Interessant in Bezug auf Brochs theoretische Auffassung des Lyrischen und dessen Bedeutung für sein Schreiben ist m. E. das Gedicht »Die Waldlichtung«, das sich auch autobiographisch lesen lässt. Es evoziert die längst vergangene Begegnung des lyrischen Ich mit dem »Unverlierbaren« auf einer sommerlichen Waldlichtung – eine Begegnung, die als ihrerseits »unverlierbare«, als zeitloser Augen-Blick noch andauert: »Noch immer im leisen Grün /

---

[30] Walter Baumann: »Hermann Brochs Lyrik«. In: Durzak (Hg.): *Perspektiven der Forschung*, S. 277–291, hier 281.
[31] Baumann: Hermann Brochs Lyrik, S. 281.
[32] Vgl. hierzu, die Bezüge dieser Auffassung zur Mystik betonend, Grabowsky-Hotamanidis: Zur Bedeutung mystischer Denktraditionen, S. 374ff.

steht das Unverlierbare / um die Lichtung, noch immer ruhst du dort / wo du einstens erwachtest« (KW 8, 35). Das kann auf Brochs idealistisches Ich-Erlebnis im Kindesalter bezogen werden, über das er verschiedentlich berichtet hat (HBB 29) – die Transzendenz-Erfahrung des lyrischen Ich ließe sich hier also an den Autor zurückbinden. Dabei entwickelt das Gedicht eine Bildlichkeit – der Knabe auf dem Mustang – die später im *Vergil* in der Figur des Lysanias (KW 4, 371) wieder aufgegriffen, erweitert und konkretisiert wird. Tritt Lysanias an dieser Stelle als »Herold des Einst« auf, steht diese Figur im *Vergil* darüber hinaus unter anderem im engen Zusammenhang mit der Auseinandersetzung des sterbenden Dichters mit dem eigenen Werk und dem Erkenntnisauftrag der Dichtung. Diese Themen sind im Gedicht bereits angelegt – der »Knabe« überwindet die »ewig unerreichbaren Hügel«, und sein Kuss erweckt das lyrische Ich »zum Tode«. Die Transzendenz-Erfahrung wird damit einerseits mit der Pflicht zur Erkenntnis verknüpft, andererseits mit der Erfahrung der eigenen Sterblichkeit. – Im Aufzeigen solcher Bezüge zwischen lyrischem und epischem Werk, theoretischen Überzeugungen Brochs und autobiographischen Verweisen und den sich daraus ergebenden Rückschlüssen zum Beispiel für Brochs Schreibverfahren liegt meines Erachtens der besondere Beitrag, den eine weitergehende Auseinandersetzung mit seinem lyrischen Werk leisten kann.

Um 1940 herum entstanden unter dem Eindruck der eigenen Verhaftung und Emigration drei Gedichte, die unmittelbar auf das Zeitgeschehen reagieren: »Auf der Flucht zu denken« (KW 8, 46), »Während wir uns umarmten« (KW 8, 47f.) und »Diejenigen, die im kalten Schweiß« (KW 8, 49). Ihnen ist der biographische Bezug, Brochs Verhaftung und Emigration, deutlich anzumerken. Sie alle thematisieren die Beziehung zwischen dem Davongekommenen und den Opfern des Holocaust. »Auf der Flucht zu denken«, vor allem aber »Diejenigen, die im kalten Schweiß« stellen dabei die Frage nach der Möglichkeit des Sprechens über den Holocaust. Dabei steht weniger die dann von Adorno verneinte Frage im Mittelpunkt, ob Dichtung eine angemessene Sprache dafür finden kann,[33] sondern die Unmöglichkeit einer Verständigung zwischen den Opfern und denjenigen, die verschont geblieben sind, die als Verlust an Menschlichkeit bzw. des Menschlichen empfunden wird. Seine Eindringlichkeit gewinnt das vierstrophige, ungereimte Gedicht durch die beiden abschließenden Strophen: Die dritte Strophe findet für die unheimliche Verbindung von Beziehungslosigkeit und Schuldverstrickung, die das Gegenüber von Opfern und Verschonten kennzeichnet, das Bild des gegenseitigen Anstarrens, ohne dass eine der beiden Seiten in der anderen noch den Menschen

---

[33] Anders Gisela Brude-Firnau: »Zum Problem des politischen Gedichts bei Hermann Broch«. In: *Modern Austrian Literature* 11 (1978) H. 1, S. 75–93, hier 77, der zufolge der grundsätzliche Zweifel an der Aussagefähigkeit aller Sprache gegenüber der Realität in diesem Gedicht im Vordergrund steht.

erkennen könnte. Beschlossen wird das Gedicht dann von der einzeiligen Strophe »Wehe, wenn einer spricht.« Es ist dieser offene Schluss, in dem sich der Text gleichsam selbst zurücknimmt, der ihm seine beunruhigende Wirkung gibt.[34] Anders die beiden anderen erwähnten Gedichte, die – wie es für Brochs Texte durchaus typisch ist – Antworten zu geben versuchen und so weitaus stärker in sich geschlossen sind. So steht in der zentralen dritten Strophe von »Auf der Flucht zu denken« zwar die Feststellung, dass den Davongekommenen sich selbst die Klage über die Opfer des Holocaust wie auch über die eigene Heimatlosigkeit verbietet, weil sie auf die Sprache der Täter angewiesen bliebe. Doch die beiden letzten Strophen setzen dem die ruhige Gewissheit entgegen, dass geduldiges Warten auf Sinnhaftigkeit und Menschlichkeit demgegenüber die angemessene Reaktion sind. Und die letzten beiden Strophen von »Während wir uns umarmten« betonen noch einmal den im Grunde unerträglichen Kontrast zwischen dem sich umarmenden Liebespaar und dem gleichzeitig stattfindenden Grauen des Holocaust, bekommen dabei aber einen Zug der Selbstrechtfertigung: Da das lyrische Ich selbst im Angesicht des nahen Todes die Erfahrung der Sinnlosigkeit gemacht hat, war es berechtigt, Zuflucht in der Liebe zu suchen.[35] Gisela Brude-Firnau zufolge gelangt hier der Rückzug auf eine mystisch nuancierte Innerlichkeit, der Brochs Lyrik-Auffassung kennzeichnet, an sein Ende,[36] was Broch in seiner letzten Schaffensperiode erkannt, aber nicht konsequent umgesetzt habe: In den »Stimmen« der *Schuldlosen* fänden sich »alle Schattierungen einer ichbezogenen und einer objektorientierten Grundhaltung.«[37]

Das Ringen um Erkenntnis als Ringen um eine neue, sinnerfüllte Sprache ist ein wichtiges Thema der poetologischen Gedichte Brochs. »Mitte des Lebens« (KW 8, 36ff.) nimmt in langen, freien Versen u. a. in den Bildern des Mittags, der Lebensmitte, des Regenbogens den Moment vorweg, an dem diese gefunden ist (KW 8, 38). Ähnlich im Stil, beschwört auch »Echosinn« die zum »Unbeschreibbaren« drängende Sprache, die ihren Sinn von diesem her erst erhält. Und, deutlich kürzer, findet sich dieses Motiv auch in »Zum Beispiel: Walt Whitman«, das die Dichtung in der »Mitte des Seins« verortet und mit der Seele und dem »Leben des Menschen« gleichsetzt (KW 8, 57), sowie in »Vom Schöpferischen« (KW 8, 62). Das 12-versige Gedicht »Vom Wort aus« setzt dem eine Sprachskepsis entgegen (»wendest du die Worte / sind sie gleichen Sinns«, KW 8, 56), die sich auch in »Wohin gehen wir« schon andeutet (KW 8, 44).

---

34 Vgl. dazu ausführlich Brude-Firnau: Problem des politischen Gedichts, S. 80.
35 Vgl. ausführlich Brude-Firnau: Problem des politischen Gedichts, S. 82.
36 Brude-Firnau: Problem des politischen Gedichts, S. 83.
37 Brude-Firnau: Problem des politischen Gedichts, S. 85.

2.3 Nachdichtungen

Neben zwei Übersetzungen von Gedichten Edit Renyis aus dem Ungarischen hat Broch sieben Gedichte aus dem Englischen ins Deutsche übertragen, wobei es sich um Texte so unterschiedlicher Autoren wie James Joyce, T. S. Eliot, Walt Whitman, Edwin Muir und Jean Starr Untermeyer handelt. Eine nähere Untersuchung dieser Übersetzungen könnte interessant sein, weil sie Aufschluss über Broch als Leser anderer Autoren geben könnte. Dass sich auf diesem Wege Vorlieben und Eigenarten des Lyrikers Broch zeigen lassen, zeigt Gaskills kurze Untersuchung von Brochs Nachdichtung von Edwin Muirs »The Threefold Place«.[38] Keineswegs eine bloße Übersetzung, zeugt Brochs Text auf sprachlicher Ebene von seiner Vorliebe beispielsweise für Anaphern und Wiederholungen, während er auf der inhaltlichen Ebene die Bildlichkeit im Vergleich zum englischen Original anreichert und mystifiziert.

2.4 Die Haussprüche

Die bislang von der Forschung so gut wie nicht beachteten, in Zusammenarbeit mit Hans Vlasics 1937 entstandenen Haussprüche haben, wie Erich von Kahler bemerkt, obwohl sie von »Heimatdichtung« weit entfernt sind, doch einen »unverkennbar österreichischen Charakter.« Die gereimten, wenige Verse bis zu drei Strophen umfassenden Texte verbinden eine kurze Beschreibung des jeweiligen Haustyps mit einem Segenswunsch für dessen Bewohner.

2.5 Die Gelegenheitsgedichte

Von der gereimten Widmung über das kurze Rätselgedicht bis hin zum Sonett, umfassen auch Brochs Gelegenheitsgedichte inhaltlich und formal eine enorme Bandbreite. Ihren Anlass bei einer bestimmten Situation und einem einzelnen Adressaten nehmend, bleiben sie nicht immer so eng an diese gebunden wie etwa die Widmung »Wie die Worte sich fanden« (KW 8, 147) von 1947 für Erich von Kahler, sondern reichen doch oft weit darüber hinaus, befassen sich zum Beispiel mit poetologischen (»Das Denken in dem Wort erscheint«, KW 8, 149) oder philosophischen Fragen (»Oh Zeit, oh gerader Strich«, KW 8, 125), wobei häufig ein scherzhafter oder selbstironischer Ton angeschlagen wird (»L'être et le néant«, KW 8, 145). Wie Scheichl an dem von ihm aufgefundenen Widmungsgedicht gezeigt hat, sind in diesen »Gelegenheitsgedichten« dabei die Mittel des traditionellen Gedichts teilweise mit größter Kunstfertigkeit genutzt – bis hin zum Missverhältnis zwischen Komplexität der Form und

---

[38] P. H. Gaskill: »Hermann Broch as a Translator of Edwin Muir«. In: *New German Studies* 6 (1978), S. 101–115.

Einfachheit des Gedankens.[39] Besonders interessant gerade an den Widmungsgedichten ist die Verknüpfung zwischen persönlicher Ansprache des Adressaten und der sich darin artikulierenden Beziehung des Autors zu einem Freund oder nahen Bekannten und dem dichterischen Werk, auf das sie bezogen sind. Paul Michael Lützeler ist dieser Verknüpfung am Beispiel der vier Akrosticha unter den Widmungsgedichten für den *Tod des Vergil* (KW 8, 131ff.) nachgegangen, die sich jeweils an enge Freunde wenden, und hebt dabei besonders dasjenige an Gabrielle und Paul Oppenheim hervor (KW 8, 132f.).[40] Wie bei den anderen drei Akrosticha wird auch hier die Gedanken- und Bilderwelt des *Vergil* aufgegriffen und fortgesponnen; Thema ist die Stellung des Menschen im Kosmos zwischen Göttlichem und Animalischem. Die Bildlichkeit des Prometheus-Mythos aufgreifend, stellt das Gedicht eine Parallele her zwischen Zeus, dessen Werk – der Mensch – sich seiner Herrschaft entzieht, und dem Menschen selbst, der erst im Werk den »Grund seines Seins« findet und »unendlich« wird (KW 8, 132) – also seinerseits darin über sich hinauswächst. Das lässt sich – über alle im *Vergil* formulierten Zweifel an der Macht der Dichtung hinaus – als starkes Plädoyer für die Dichtung als (modernen) Ort metaphysischer Erkenntnis lesen – und verweist, wie Lützeler zeigt, auf die Beziehung zu Oppenheim zurück, den Wissenschaftstheoretiker und »Positivisten«, den Broch mit seiner Widmung von dieser Position zu überzeugen versuche. Dass dieser Versuch auf fruchtbaren Boden fallen würde, war relativ sicher, da die Widmung ihrerseits eine Reaktion auf die begeisterten Briefe des Ehepaars Oppenheim über ihre erste *Vergil*-Lektüre war.[41]

Im Rahmen einer eingehenden Untersuchung von Brochs lyrischem Werk wäre es sicherlich lohnend, gerade die Gelegenheitsdichtungen Brochs in ihrer engen persönlichen Bindung an die Adressaten einerseits und ihren Bezügen auf das dichterische Werk andererseits eingehend zu untersuchen. Von hier aus ließe sich m. E. gerade auch in Anbetracht ihrer formalen Kunstfertigkeit eine neue, sehr differenzierte Perspektive auf Brochs Schreibverfahren und von dort aus auf sein Gesamtwerk gewinnen.

Katharina Ratschko

---

[39] Scheichl, Verzeihen Sie, daß es gereimt ist, S. 184.
[40] Paul Michael Lützeler: »Im Taumel von Jamben, Trochäen, Daktylen und Anapästen. Hermann Brochs Widmung ›für Gabrielle und Paul Oppenheim-Errera‹ (1945) als Weiterdichtung des epischen Werks«. In: *»Aus meiner Hand dies Buch ...« Zum Phänomen der Widmung.* Hg. v. Volker Kaukoreit u. a., Wien 2007, S. 218–224, vgl. insbesondere 220ff.
[41] Lützeler: Im Taumel, S. 223.

3. Literatur

Baumann, Walter: »Hermann Brochs Lyrik«. In: *Colloquia Germanica* I/1 (1967), S. 174–205; sowie in: *Hermann Broch. Perspektiven der Forschung.* Hg. v. Manfred Durzak. München 1972, S. 277–291.

Brude-Firnau, Gisela: »Das 9. Kapitel der ›Geschichte des Heilsarmeemädchens‹«. In: *Materialien zu Hermann Brochs »Die Schlafwandler«.* Hg. v. Gisela Brude-Firnau. Frankfurt am Main 1972, S. 180–196.

Brude-Firnau, Gisela: »Prophetische oder Politische Dichtung? Zur Entstehung und Konzeption von Hermann Brochs ›Stimmen‹«. In: *Etudes Germaniques* 21/4 (1976), S. 417–432.

Brude-Firnau, Gisela: »Zum Problem des politischen Gedichts bei Hermann Broch«. In: *Modern Austrian Literature* 11 (1978) H. 1, S. 75–93.

Cohn, Dorrit: »The Ahasverus Poem«. In: Dies.: *The Sleepwalkers. Elucidations of Hermann Broch's Trilogy.* The Hague, Paris 1966, S. 103–136; dt.: »Das Ahasver-Gedicht«. In: *Materialien zu Hermann Brochs »Die Schlafwandler«.* Hg. v. Gisela Brude-Firnau. Frankfurt am Main 1972, S. 163–179.

Doppler, Alfred: »Die Funktion des Lyrischen in Hermann Brochs Roman ›Der Tod des Vergil‹«. In: *Hermann Broch und seine Zeit. Akten des Internationalen Broch Symposiums Nice 1979.* Hg. v. Richard Thieberger. Bern, Frankfurt am Main 1980.

Doppler, Alfred: »Die lyrischen Stimmen in Hermann Brochs Roman ›Die Schuldlosen‹«. In: *Hermann Broch. Das dichterische Werk. Neue Interpretationen.* Hg. v. Michael Kessler und Paul Michael Lützeler. Tübingen 1987, S. 45–53.

Durzak, Manfred: »Ein Frühwerk Hermann Brochs: ›Cantos 1913‹«. In: *Neue Deutsche Hefte* 13/119 (1966), S. 10–18.

Durzak, Manfred: »Brochs Auffassung des Lyrischen«. In: *PMLA* 82/2, 1967, S. 206–216, sowie in: *Hermann Broch. Perspektiven der Forschung.* Hg. v. Manfred Durzak. München 1972, S. 293–313, und in: *Hermann Broch. Dichtung und Erkenntnis.* Hg. v. Manfred Durzak. Stuttgart 1978, S. 16–32.

Gaskill, P. H.: »Hermann Broch as a Translator of Edwin Muir«. In: *New German Studies* 6 (1978), S. 101–115.

Kahler, Erich: »Einleitung«. In: *Hermann Broch, Gedichte.* Hg. v. Erich Kahler. Zürich 1953, S. 46–60.

Kircher, Hartmut: »Hermann Brochs Sonett-Gedichte«. In: *Hermann Broch.* Hg. v. Paul Michael Lützeler. Frankfurt am Main 1986, S. 199–224.

Lützeler, Paul Michael: »Cantos 1913«. In: Ders: *Hermann Broch. Ethik und Politik.* München 1973, S. 20–33.

Lützeler, Paul Michael: »Im Taumel von Jamben, Trochäen, Daktylen und Anapästen. Hermann Brochs Widmung ›für Gabrielle und Paul Oppenheim-Errera‹ (1945) als Weiterdichtung des epischen Werks«. In: *»Aus meiner Hand dies Buch ...« Zum Phänomen der Widmung.* Hg. v. Volker Kaukoreit u. a., Wien 2007, S. 218–224, vgl. insbesondere 220ff.

Mouchard, Claude: »Hermann Broch logique lyrique«. In: *Critique* 31 (Nr. 339/340) 1975, S. 874–883.

Polzer, Victor: »Hermann Brochs Gedichte«. In: *Aufbau* 20/9 (1954), S. 15.

Scheichl, Sigurd Paul: »›Verzeihen Sie, daß es gereimt ist.‹ Hermann Broch und der Reim. Mit einem unbekannten Gedicht. In: *Studien zur Literatur des 19. und 20. Jahr-*

hunderts in Österreich. Festschrift für Alfred Doppler zum 60. Geburtstag. Hg. v. Johann Holzner, Michael Klein und Wolfgang Wiesmüller. Innsbruck 1981, S. 179–195.

Weiss, Walter: »›Mathematisches Mysterium‹: Mysticism and Metaphor in the Writing of Hermann Broch«. In: *Hermann Broch. Literature, Philosophy, Politics. The Yale Broch Symposium 1986.* Hg. v. Stephen D. Dowden. Columbia, SC, 1988, S. 215–221.

IX. Autobiographische Zeugnisse

Das »Problem einer Autobiographie« hat Hermann Broch immer wieder beschäftigt, bis er Ende der 1940er Jahre zu dem Schluss kam: »ich fürchte, daß ich sie einfach nicht zustande brächte« – und noch hinzufügte: »Leider bin ich [...] ein sozusagen unbiographischer Mensch«.[1] Tatsächlich hat Broch zeit seines Lebens keine Autobiographie im herkömmlichen Sinn verfasst, wohl aber Texte ganz unterschiedlicher Gattungszugehörigkeit, die mehr oder minder deutlich autobiographische Züge tragen. Man denke etwa an den Roman *Die Unbekannte Größe* oder an bestimmte Figuren und Szenarien der *Schlafwandler*-Trilogie, deren autobiographische Verweisungszusammenhänge die Forschung verschiedentlich herausgearbeitet hat.[2] Ähnliches gilt für Teile des umfangreichen Briefwerks, die nicht nur die konkrete Broch'sche Lebenswirklichkeit plastisch widerspiegeln, sondern oftmals in besonderer Intensität der reflexiven Selbstverständigung dienen.[3] Doch davon soll hier nicht die Rede sein. Stattdessen gilt das Augenmerk verschiedenen diaristisch-essayistischen Formen des Schreibens über sich selbst, wie sie Hermann Broch im *Teesdorfer Tagebuch für Ea von Allesch* (1920/1921), in der Schrift *Autobiographie als Arbeitsprogramm* (1941) und der *Psychischen Selbstbiographie* (1942) bzw. dem *Nachtrag zu meiner psychischen Selbstbiographie* (1943) erprobt hat. Alle diese Texte signalisieren bereits im Titel ausdrücklich eine autobiographische Schreibhaltung, scheinen sich allerdings bei genauerem Hinsehen nur bedingt in den Erwartungshorizont des traditionellen Gattungsverständnisses einzufügen. Geht man jedoch von der in jüngerer Zeit in der Literaturwissenschaft pos-

---

1 Hermann Broch, Brief vom 21.5.1948 an Elisabeth Augustin (unveröffentlicht, z. n. HBB 13).
2 Zu möglichen autobiographischen Bezügen der *Schlafwandler*-Trilogie vgl. u. a. Marianne Wünsch: »Hermann Broch. ›Psychische Selbstbiographie‹ (1942). Selbstreflexion einer Epoche«. In: *Abweichende Lebensläufe, poetische Ordnungen*. Hg. v. Thomas Betz und Franziska Mayer. München 2005, S. 549–572, hier 567–569; Sarah McGaughey: »Hermann Broch und Ea von Allesch: Möbel und Mode«. In: *Hermann Brochs literarische Freundschaften*. Hg. v. Endre Kiss, Paul Michael Lützeler und Gabriella Rácz. Tübingen 2008, S. 51–63, hier 60–62; sowie Paul Michael Lützeler: »Liebe und Kulturkritik: Ea von Allesch«. In: Ders.: *Die Entropie des Menschen. Studien zum Werk Hermann Brochs*. Würzburg 2000, S. 133–166, hier 162f. Zu verweisen ist darüber hinaus auf den autobiographisch angelegten skizzenhaften Romanentwurf *Victorious Defeat*, der als Anregung zur weiteren Ausarbeitung für Fanny Rogers gedacht war (KW 13/3, 171–75), vgl. dazu Paul Michael Lützeler: »Hermann Brochs siegreiche Niederlagen«. In: *Siegreiche Niederlagen. Scheitern: die Signatur der Moderne*. Hg. v. Martin Lüdke und Delf Schmidt. Hamburg 1992, S. 72–84, hier 73.
3 Lützeler hat ganz allgemein darauf hingewiesen, dass Brochs bevorzugte Form autobiographischen Schreibens der Brief gewesen sei, und hat diese These exemplarisch für die späten Briefe Brochs an seine Frau Annemarie Meier-Graefe näher ausgeführt. Vgl. Paul Michael Lützeler: »Hermann Brochs autobiographische Schriften«. In: *Autobiographien als Zeitzeugen*. Hg. v. Manfred Misch. Tübingen 2011, S. 103–115, hier 105f., 112–115. – Zu Brochs Briefwerk vgl. auch den Beitrag von Graham Bartram in diesem Band.

tulierten Erweiterung des Gattungskonzepts aus, die unter dem Begriff des ›autobiographischen Schrifttums‹ bzw. der ›Autobiographik‹[4] die ganze Vielfalt fiktionaler und nichtfiktionaler Darstellungsmöglichkeiten des eigenen Lebens subsumiert, dann erscheinen die Broch'schen Texte keineswegs als defizitäre Ausformungen eines vermeintlichen Idealtypus; vielmehr werden sie als eigenständige Varianten des Schreibens über sich selbst erkennbar, die auf je besondere Weise die Tradition der Gattung sowohl bestätigen wie auch modifizieren[5] und sich dabei charakteristischer autobiographischer Strukturelemente und Diskursstrategien bedienen. Dazu gehören auch bei Broch solche Aspekte wie die Entsprechung von erlebendem und erzählendem Ich, der retrospektive Zugriff, der eine Auswahl, Ordnung und Sinngebung der Ereignisse erlaubt, sowie ganz grundsätzlich das Prinzip der Selbstvergewisserung und Identitätssuche; besondere Bedeutung kommt überdies – trotz prinzipieller Offenheit zum Ende hin – der Tendenz zu einer gewissen Geschlossenheit zu, die mit Effekten der ästhetischen Gestaltung und Formgebung korrespondiert; und schließlich spielen der jeweilige Grad der Fiktionalisierung der Darstellung sowie die poetologisch-selbstreferentiellen Reflexionen über Gattungskonventionen und den Akt des eigenen Schreibens eine zentrale Rolle.[6]

Wie aber ist es in diesem Zusammenhang zu verstehen, wenn Hermann Broch sich selbst als einen gänzlich ›unbiographischen Menschen‹ bezeichnet? Geradezu leitmotivisch begegnet diese Denkfigur in verschiedenen brieflichen Äußerungen, mit denen Broch auf Fragen nach seinem Lebenslauf reagiert: »Sie wollen biographische Daten, aber es will mir scheinen, als hätte ich keine Biographie« (KW 13/3, 179). Er beschränkt sich in seinen Antworten denn auch auf das knappe Kerngerüst eines Curriculum Vitae mit den Stationen Schule, Ausbildung, ›Wanderjahre‹ im Ausland, berufliche Tätigkeit,[7] teils ergänzt um Hinweise auf Interessen für Philosophie, Mathematik und Dichtung. Doch all dies scheint ihm nicht wirklich berichtens- oder gar erzählenswert, im

---

[4] Michaela Holdenried: *Autobiographie*. Stuttgart 2000, S. 19–24. Als ähnlich umfassende Synonyme werden auch ›autobiographisches Schreiben‹ bzw. ›autobiographisches Erzählen‹ verwendet. Insgesamt zeugen diese Synonyme von dem Versuch, ein erweitertes Konzept der Autobiographie zu etablieren, das neben der klassischen Autobiographie als einer (eher geschlossenen) umfassenden Erzählung auch Kleinformen wie Brief und Tagebuch sowie die Übergänge zwischen den einzelnen Formen integriert. Vgl. dazu Esther Kraus: »Autobiografie«. In: *Handbuch der literarischen Gattungen*. Hg. v. Dieter Lamping. Stuttgart 2009, S. 22–30, hier 23, 25f.

[5] Wagner-Egelhaaf hat ganz allgemein auf diesen Doppelcharakter jedes autobiographischen Aktes hingewiesen, der immer in mehr oder minder expliziter Form auf die Gattungstradition antworte (Martina Wagner-Egelhaaf: *Autobiographie*. Stuttgart ^{2}2005, S. 7).

[6] Zu diesen und anderen typischen Strukturmerkmalen autobiographischen Schreibens vgl. zusammenfassend Holdenried: *Autobiographie*, S. 30f., 45–50, sowie Wagner-Egelhaaf: *Autobiographie*, S. 5–17.

[7] Vgl. KW 13/1, 166–168, KW 13/3, 180f., KW 13/3, 287f. und KW 13/3, 357f.

Gegenteil: Broch konstatiert einen eklatanten »Materialmangel«,[8] der ihm das Schreiben einer Autobiographie unmöglich mache. Diese vermeintliche ›Lücke‹ füllt er gelegentlich in spielerisch-ironischem Ton mit frei erfundenen, beinahe lustvoll ausphantasierten Biographica, die in ihrer grotesken Über-steigerung eine skeptische Distanz gegenüber der Textgattung verraten, ja ihre Konventionen gewissermaßen ad absurdum führen: so etwa ein exotisch angereicherter Bericht über die angeblich jahrhundertealte jüdisch-spanische Herkunft seiner Vorfahren oder eine mit allen Mitteln der Einbildungskraft ausgemalte, psychoanalytisch unterlegte Etymologie seines Familiennamens.[9] Wenn Broch schließlich in einer 1947 verfassten Lebensskizze die Darstellung ab dem Jahr 1930, also dem Erscheinen des ersten Teilromans der *Schlafwandler*-Trilogie, in eine eher nüchterne Aufzählung seiner Publikationen übergehen lässt, da sich seither »die Biographie in Veröffentlichungen ab[gespielt]« (KW 13/3, 180) habe, dann erscheint dieses Vorgehen in doppelter Hinsicht konsequent: Zum einen, weil der Publikation des *Pasenow*-Romans auf diese Weise eine zäsurbildende biographische Funktion als regelrechtem künstlerischem Initiationsereignis zugeschrieben wird; und zum anderen, weil darin ein zentraler Grundgedanke des Broch'schen Selbstverständnisses zutage tritt, dem zufolge nicht der (Auto-)Biographie eines Autors, sondern allein dem geschaffenen Werk Bedeutung zukommt. Der für Künstlerfigurationen typische Dualismus von Kunst und Leben wird von Broch damit zugunsten des schriftstellerischen Œuvres entschieden, das Leben hat hinter das Werk zurückzutreten, die Biographie verdichtet sich zu einer Publikationsliste. Programmatisch wird dieses Selbstverständnis in einem Brief vom Dezember 1948 deutlich, als Broch eine über ihn veröffentlichte biographische Notiz mit den Worten kommentiert: »Etwas teile ich jedenfalls mit Kafka und Musil: wir haben alle drei keine eigentliche Biographie; wir haben gelebt und geschrieben, und das ist alles« (KW 13/3, 287). In der betont schlicht gehaltenen Formel

---

[8] »Hätte ich eine Autobiographie zu schreiben, ich hätte wegen Materialmangel allerlei Schwierigkeiten« (KW 13/3, 357f.).

[9] Seinen Verleger Daniel Brody fordert Broch auf: »Dichten Sie einmal auch, und dichten Sie mir die tollsten hobbies an, weiters, daß meine Ahnen anläßlich der großen Judenvertreibung im 13. Jahrh. von Spanien nach Holland auswanderten, und daß ich jetzt Dank der spanischen Revolution in mein ursprüngliches spanisches Vaterland zurückkehren werde können. Das sind bloß Anregungen, und Ihrer Phantasie ist keine Grenze gesetzt« (KW 13/1, 135). Ein Jahr später schlägt er Brody vor, folgende biographische Informationen über ihn zu notieren: »Broch, abstammend aus ältestem norwegischen Adel (Broch = Menhir, nordschottische Bezeichnung der aufrechten Göttersteine, die wahrscheinlich als Phallussymbol errichtet worden sind). Späterhin trat der mährische Teil der Familie, wahrscheinlich anläßlich einer Christenverfolgung, zum Judentum und zum Textilfach über. Der ursprüngliche Sinn des Namens wurde anständigkeitshalber umgedeutet, indem man ihn mit Broche = Segen in Verbindung brachte, doch ist die Verbindung für jeden Psychoanalytiker durchsichtig. (Vgl. frz. broche = Spieß, Spindel.)« (KW 13/1, 202). – Man denke in diesem Zusammenhang auch an den 1947 formulierten humoristischen Zukunftsausblick inklusive Nobelpreis, Gedenktafeln und prächtigen Feiern zum hundertsten Geburtstag (KW 13/3, 180f.).

›gelebt und geschrieben, und das ist alles‹, mit der hier gleich drei Schriftstellerbiographien lakonisch zusammengefasst werden, ist gleichwohl ein emphatisches Zutrauen in die eigene künstlerische Berufung spürbar: Man lebt, *um* zu schreiben, und dieses Geschriebene wird die ›eigentliche‹ Biographie, die konkreten Ereignisse, Erfahrungen und Ausprägungen eines individuellen Lebenslaufs überdauernd. Dass Hermann Broch sich dabei mit Franz Kafka und Robert Musil in einem Atemzug nennt, lässt diese kurze Briefnotiz überdies in nuce als Akt autobiographischer Setzung erscheinen, der über den Impuls der Selbstbeobachtung hinaus auch Momente der Selbstschöpfung umfasst,[10] in denen Broch sich ›auf Augenhöhe‹ an die Seite zweier der bedeutendsten deutschsprachigen Autoren des modernen Romans stellt.

1. *Das Teesdorfer Tagebuch für Ea von Allesch*

In einem Brief an Günther Anders, den Meister der diaristischen Form,[11] bemerkte Hermann Broch im März 1950, dass das »Rezept des Tagebuchs« bei ihm nicht anwendbar, ja dass er für diese Textgattung völlig ›unfähig‹ sei – niemals habe er sich daher »auch nur eine einzige Tagebuch-Zeile abringen« können (KW 13/3, 444). Diese Aussage trifft jedoch nicht so ohne Weiteres zu, da Broch sich 1920/1921 durchaus an einer Art Tagebuch, dem sog. *Teesdorfer Tagebuch für Ea von Allesch*,[12] versucht hat. Dass er sich gleichwohl an dieses Tagebuch dreißig Jahre später nicht mehr erinnerte, mag auch damit zusammenhängen, dass es sich im Kern um eine ungewöhnliche Mischform, nämlich die der Tagebuchbriefe, handelt: Nahezu täglich[13] schrieb Broch zwischen dem 3. Juli 1920 und dem 10. Januar 1921 Briefe mit tagebuchförmigen Eintragungen an seine Geliebte Ea von Allesch nach Wien, in denen er von seinem Leben und seiner Arbeit in Teesdorf, dem Sitz der Textilfabrik der Familie Broch, berichtete. Diese Briefe, die von Allesch in einer eigens dafür angeschafften Schachtel sammelte (TT 10)[14] und von denen insgesamt 188 Blätter

---

[10] Diese doppelte Motivation der Selbstbewußtseinsbildung und der Selbstschöpfung ist in der Autobiographie-Forschung immer wieder hervorgehoben worden, wobei die Selbsterschaffung des autobiographischen Ichs oft eng an die künstlerische Gestaltung des entsprechenden Textes gebunden wurde (Wagner-Egelhaaf: *Autobiographie*, S. 46). Auch Holdenried akzentuiert für den Akt des autobiographischen Schreibens den Aspekt der Neuschöpfung, der oft mit Tendenzen zur Fiktionalisierung korrespondiere (Holdenried: *Autobiographie*, S. 41).

[11] Vgl. u. a. Günther Anders: *Die Schrift an der Wand. Tagebücher 1941–1966*. München 1967; es handelt sich dabei um eine von Anders selbst umgearbeitete Auswahl aus seinen über Jahrzehnte geführten Tagebuchaufzeichnungen.

[12] Vgl. TT; einige der Tagebuchbriefe Brochs waren zuvor bereits in KW 13/1, 43–54, publiziert worden.

[13] Oft enthalten die Briefe auch zusammenfassende Berichte über mehrere Tage.

[14] Broch sah seine Teesdorfer Briefe dabei nicht nur als unmittelbar tagesbezogene Dokumente, sondern durchaus als etwas, das die Zeit überdauern würde, »das auf viele Jahre später hinzielt« (TT 10; vgl. ähnlich TT 15).

erhalten sind, stellen sowohl aufgrund ihres expliziten Tagebuchcharakters als auch ihrer spezifischen Situationsgebundenheit eine in sich geschlossene Einheit dar, die sie von den vorangegangenen und nachfolgenden Broch-Briefen an Ea von Allesch merklich unterscheiden.[15]

Ea von Allesch,[16] die Broch 1917 im Kreis der Wiener Bohème im Café Central kennengelernt hatte, galt lange Zeit vor allem als umschwärmte Muse berühmter Künstler wie Alfred Polgar oder Peter Altenberg, erschien in der Überlieferung also kaum als eigenständige Persönlichkeit, sondern vielmehr als Projektionsfläche männlicher Weiblichkeitsimaginationen.[17] Erst in den letzten Jahren ist ihr individuelles Profil als gesellschaftspolitisch engagierte Journalistin herausgearbeitet worden, die mit Broch das Interesse für Fragen des Stils und der Mode teilte[18] und ihm überdies eine ganze Reihe von Rezensionsaufträgen[19] bei größeren Zeitschriften verschaffte. Für Broch, der sich zur Zeit der Abfassung der Tagebuchbriefe privat (in der Beziehung zu seiner Frau) und beruflich (im Spagat zwischen Textilindustrie, Kulturphilosophie und Literatur) in einer tiefen Krise befand, war von Allesch offenbar eine wichtige Gesprächspartnerin und Ratgeberin, die ihn u. a. darin bestärkte, sich vermehrt der Literatur zuzuwenden – in einer Express-Nachricht Brochs heißt es beispielsweise: »Wenn Du willst, werde ich nur mehr freudig dichten« (TT 82).[20] Doch zugleich zeugen die Teesdorfer Briefe von einer erheblichen

---

[15] Aufgrund ihrer formalen Eigenart und der thematischen Geschlossenheit hat Lützeler Brochs Tagebuchbriefe an Ea von Allesch daher als eigenständige Publikation behandelt und ediert; vgl. seine editorische Notiz (TT 223).

[16] Zur Biographie Ea von Alleschs vgl. Frauke Severit: *Ea von Allesch: Wenn auch Frauen Menschen werden. Eine Biographie*. Wiesbaden 1999, sowie Lützeler: »Liebe und Kulturkritik«, S. 145–166. Bei diesem Aufsatz handelt es sich um eine leicht veränderte und erweiterte Fassung des Nachworts von Lützeler zur Tagebuch-Ausgabe (TT 171–222). Zu nennen auch Ester Saletta: »Hermann Broch und Ea von Allesch. Eine Beziehung zwischen Imagination und Realität«. In: *Hermann Broch – ein Engagierter zwischen Literatur und Politik*. Hg. v. d. Österreichischen Liga für Menschenrechte. Innsbruck 2004, S. 121–128.

[17] Frauke Severit: »Ea von Allesch (1875–1953). Ein Spiegelbild der Welt kannst Du nicht sein!«. In: *Das alles war ich. Politikerinnen, Künstlerinnen, Exzentrikerinnen der Wiener Moderne*. Hg. v. Frauke Severit. Wien, Köln, Weimar 1998, S. 249–285, hier 249f. Eine solche einseitige Perspektive herrscht auch im Beitrag von Albertsen vor, die von Allesch auf die Rolle als Muse berühmter Männer reduziert (Elisabeth Albertsen: »Ea oder die Freundin bedeutender Männer. Porträt einer Wiener Kaffeehaus-Muse«. In: *Musil-Forum* 5.1 [1979], S. 21–37, und 5.2 [1979], S. 135–153).

[18] Ea von Allesch stand vom Herbst 1918 bis zum März 1921 dem Mode-Ressort in der *Modernen Welt* vor, bevor sie dann zur *Prager Presse* wechselte, wo sie ebenfalls im Mode-Ressort arbeitete. In vielen ihrer Artikel erscheint die Mode-Thematik dabei als ›Aufhänger‹ für die Veröffentlichung eigener gesellschaftskritischer und feministischer Positionen, etwa zu konventionellen Geschlechterrollen oder Moralvorstellungen (Severit: *Ea von Allesch*, S. 140, 144). Die Gemeinsamkeiten Brochs und von Alleschs in der Kritik am ›Unstil‹ ihrer Zeit untersucht McGaughey: »Hermann Broch und Ea von Allesch«, S. 51–63.

[19] Auf Vermittlung von Alleschs verfasste Broch zwischen 1919 und 1921 mehr als 30 Kurzbesprechungen literarischer Neuerscheinungen für die *Moderne Welt* und veröffentlichte 1921/1922 auch einige Rezensionen in der *Prager Presse*.

[20] Man kann auch vermuten, dass bereits die Bitte von Alleschs um ein Tagebuch nicht zuletzt die

Befangenheit in traditionellen Geschlechtervorstellungen, etwa wenn Broch seine Adressatin durchweg mit Diminutiva (z. B. ›Kindi‹ [TT 46, 111 u. ö.]) anredet[21] oder sich als überlegener männlicher Analytiker ihrer labilen psychischen Verfassung geriert (TT 136–144). Hinzu kommt, dass Ea von Allesch selbst in dieser Tagebuchkorrespondenz ›stumm‹ bleibt, da ihre Antwortbriefe nicht erhalten und nur gelegentlich indirekt aus Brochs Eintragungen rekonstruierbar sind, so dass sie uns auch hier nur als Imago aus männlicher Wahrnehmungsperspektive entgegentritt. Insgesamt ist für das *Teesdorfer Tagebuch* eine eigentümliche Gleichzeitigkeit von monologischer und dialogischer Struktur charakteristisch, die sich unmittelbar aus der Gattungsmischung der Tagebuchbriefe ergibt: »*Tagebuch*, es ist eigentlich lächerlich, das Tagebuch – es sind doch nur Briefe an Dich, aber die Briefe an Dich sind eben Tagebuch« (TT 39). Auf der einen Seite handelt es sich also um ein Tagebuch, das der oft bekenntnishaften Selbstreflexion eines Individuums dient, auf der anderen Seite um Briefe, die auf den wechselseitigen Austausch mit einem konkreten Gegenüber ausgerichtet sind. Dieser doppelte Grundzug von Brochs autobiographischem Schreiben im *Teesdorfer Tagebuch* ist, wie Lützeler gezeigt hat, im Kontext der aus dem Chassidismus hervorgegangenen Ich-Du-Philosophie Martin Bubers zu sehen, zu der bis in die Wortwahl hinein Parallelen erkennbar sind.[22] So wird gleich im zweiten Tagebuchbrief die Begegnung mit Ea von Allesch als »Durchbrechung der Einsamkeit« (TT 14) stilisiert und damit das Leitmotiv des sympathetischen Aufeinander-Bezogenseins, ja Ineinander-Übergehens von Ich und Du intoniert, das in den nachfolgenden Briefen kontinuierlich wiederkehrt: von der Feststellung, »daß Du ein ›Ich‹ u. trotzdem Du bist« (TT 30), über das Staunen, »*daß Du mit mir in einem tieferen Sinne gleich bist*« (TT 120), bis hin zur Gewissheit: »Du bist irgendwie ›ich‹« (TT 121). Das Erleben einer Liebe, die von vornherein als ewig-absolute konzipiert[23] und dem Briefschreiber ›unsagbar‹, »einfach nicht zum Ausdrücken« (TT 104) ist,[24] findet hier in einer geradezu rituellen Formelhaftigkeit

---

Bewegung weg von den Abstrakta der Theorie hin zur bildhaft-literarischen Sprache intendiert haben dürfte (Lützeler: »Liebe und Kulturkritik«, S. 155).

[21] Vgl. dazu auch Dietmar Grieser: »Briefe von Kindi. Hermann Broch und Ea von Allesch«. In: Ders.: *Eine Liebe in Wien*. St. Pölten, Wien 1989 ([7]1993), S. 111–118.

[22] Broch hat sich während seiner Arbeit am *Teesdorfer Tagebuch* intensiv mit dem durch Buber vermittelten Chassidismus beschäftigt. Zur Verbindung von Selbst- und Zwiegespräch in den Tagebuchbriefen sowie zu ihrer philosophischen Kontextualisierung mit Martin Bubers *Ich und Du* (1923) vgl. Lützeler: »Liebe und Kulturkritik«, S. 134f., 140.

[23] Die Stilisierung der Beziehung zum ›absoluten‹ Liebeserlebnis durchzieht das gesamt Tagebuch (u. a. TT 24, 50, 154), ja Ea wird sogar zur »Heimat« (TT 91) erhoben, die Begegnung mit ihr als Lebenswende inszeniert (»Dann kamst Du«, TT 130). Zugleich ist Brochs Liebesauffassung dadurch gekennzeichnet, dass er Liebe als ›Fiktion‹ versteht, denn irgendwie sei, wie er von Allesch schreibt, »das Liebhaben, trotzdem es ein Naturprodukt ist, künstlich, d. h. es bedarf des Willens, jenes Willens zur Fiktion, die das Um und Auf aller Kulturprozesse ist« (TT 84; vgl. auch TT 62, 118, 139).

[24] Broch ist sich hier der Grenzen sprachlicher Ausdrucksmöglichkeiten schmerzlich bewusst,

doch zu einem sprachlichen Ausdruck; gelegentlich will es sogar scheinen, als werde das Erleben durch die beschwörende Intensität der Wortformeln zuallererst mit hervorgebracht.

Bereits zu Beginn des *Tagebuchs für Ea von Allesch* exponiert Broch einige zentrale thematische und strukturelle Aspekte seines autobiographischen Schreibens, die in der Teesdorfer Korrespondenz vor allem in kritischer Auseinandersetzung mit den überkommenen Gattungskonventionen entwickelt werden. Die Anfangssätze des Eröffnungsbriefs lauten:

> Samstag, 3. Juli 1 h Nacht. Liebling, also das Tagebuch. Da ein Tagebuch etwas ganz Aufrichtiges sein muß, es sonst sinnlos wäre, ist es mir recht, daß Du es bekommst – es ist ein Teil des Dir-Gehörens. [...] es wird ein Tagebuch um Dich herum, aber auch das ist mir Recht. Als zweiter Brennpunkt die Arbeit; augenscheinlich bin ich eine Ellipse oder sonst ein Kegelschnitt. (TT 9)

Diese Eingangspassage ist in mehrfacher Hinsicht charakteristisch für den Gesamttext: zunächst durch den klaren Adressatenbezug in Anrede (»Liebling«) und regelrechter Dedikation des Textes (»daß du es bekommst«); dann durch das Bemühen um Aufrichtigkeit und Wahrhaftigkeit in der autobiographischen Darstellung; und schließlich durch den prononcierten Selbstentwurf des schreibenden Ichs, den der Mathematiker Broch in der geometrischen Figur einer Ellipse mit zwei Brennpunkten – der Liebe zu Ea von Allesch und der eigenen kulturtheoretisch-philosophischen Arbeit – ins Bild setzt. Die Orientierung an den Gattungsnormen des Tagebuchs, die hier noch scheinbar selbstverständlich in modaler Setzung (»ein Tagebuch [...] muß«) deklariert wird, wird im weiteren Verlauf der Korrespondenz allerdings zunehmend als problematischer Bedingungsrahmen empfunden, auf den Broch sich durch mehrfache ›Ordnungsrufe‹ zu »tagebücherlicher Gewissenhaftigkeit« (TT 62, 108) ausdrücklich besinnen muss. Gelegentlich empfindet er das Tagebuchschreiben sogar als Zwang, etwa wenn er notiert: »Ich schreibe nur Tagebuch jetzt, weil ich eine abergläubische Furcht habe, die Kontinuität, die immer u. immer weiter laufen soll, abreißen zu lassen. In Wirklichkeit geht mich der Tagebuchinhalt augenblicklich gar nichts an« (TT 91). Die grundlegende Frage, an der Broch sich in diesem Zusammenhang immer wieder abarbeitet, ist die nach dem eigentlichen Gegenstand des Tagebuchs, also danach, was in einem solchen Tagebuch überhaupt notiert werden soll. Als Ea von Allesch ihn beispielsweise bittet, ihr doch mehr »›Erlebtes‹« (TT 24) zu berichten und ein

---

etwa wenn er das Abgleiten in bloßen »Formalismus« (TT 53) befürchtet oder meint, seinem Gefühl für Ea auch in lauter Superlativen nicht wirklich angemessen Ausdruck verleihen zu können (TT 117). Sowohl die Tendenz zur Formelhaftigkeit wie auch überhaupt die Konzeptualisierung von Liebe als ›Fiktion‹ lassen sich dabei durchaus als Ausweis der Unmöglichkeit deuten, die Idee der absoluten, ewigen Liebe in der Realität tatsächlich umzusetzen (Severit: »Ea von Allesch (1875–1953)«, S. 276).

»Tagebuch mit vielen ›Eindrücken‹« (TT 113) zu schreiben, entschuldigt er sich damit, dass er leider kaum etwas ›erlebe‹ (TT 24) und auch keinerlei ›Eindrücke‹ habe (TT 33). Bereits die gehäufte Verwendung der Anführungszeichen scheint einen deutlichen Vorbehalt gegenüber dem herkömmlichen Verständnis der Begriffe zu signalisieren, deren Bedeutungsgehalt in der Folge denn auch ausschließlich auf die beiden ›Brennpunkte‹ Ea von Allesch und die theoretisch-philosophische Arbeit fokussiert wird, wenn Broch schreibt: »Du bist mein erstes ›Erleben‹« (TT 24), »mein ›Eindruck‹ schlechthin« (TT 113), es gibt

> keine anderen Eindrücke als ›Du‹ u. die Arbeit. Letzteres wird ohnehin niedergeschrieben u. so würde sich das Tagebuch in Briefe an Dich, über Dich, richtiger über mein Lieb-haben, kurzum in Liebesbriefe auflösen. Da es aber dennoch programmgemäß ein Tagebuch zu sein hat, so kann dies nur durch Beifügung der Nichtigkeiten geschehen. (TT 33)[25]

Während Broch also eigentlich nur solche Dinge für notierenswert hält, die seine Beziehung zu von Allesch betreffen, sieht er sich gleichwohl durch die Vorgaben der Gattungsnorm dazu gezwungen, auch die aus seiner Sicht ›nichtigen‹ Alltäglichkeiten, eben »all die Nebensächlichkeiten« (TT 33), die seinen Teesdorfer Tagesablauf bestimmen, festzuhalten. Dazu gehören die Tätigkeiten in der Fabrik, Geschäftstermine und Gremiensitzungen, gesellschaftliche und familiäre Verpflichtungen und vieles andere mehr (z. B. TT 19, 24, 32, 50, 53), doch gerade dies »Tagebücherliche: daß ich nachmittags in der Fabrik war, daß mein Bruder um 5 h weg ist, daß ich huste u. zum Teil deswegen nicht mit bin, daß ich schließlich Betriebsrat bis 9 h gehabt habe, ist ein absolutes Null an Beschäftigung« (TT 65), so dass das Notieren als lästige Pflichtübung empfunden wird und eher spröde-unanschaulich ausfällt; der Adressatin wird sogar empfohlen, derartige Abschnitte des Tagebuchs besser ungelesen zur Seite zu legen.[26] Diese Form des Tagebuchschreibens jedenfalls ist für Broch vor allem eines: langweilig – ein Stoßseufzer, der das *Teesdorfer Tagebuch* von Anfang bis Ende durchzieht.[27]

Was aber gehört stattdessen, also jenseits solcher ›Nichtigkeiten‹ – an die Broch sich im Übrigen allzu oft nicht mehr meint erinnern zu können (TT 54, 80, 84, 93 u. ö.) –, in ein Tagebuch? Nach welchem Maßstab soll der Tagebuchautor diejenigen Dinge auswählen, die er der autobiographischen Darstellung für wert hält? Broch rekurriert in diesem Zusammenhang auf das

---

[25] Im Übrigen glaubt Broch seine »Tagebuch-Methode« bereits im Briefwechsel zwischen Rahel Varnhagen und ihrem Mann »antizipiert« (TT 20).

[26] So schließt Broch beispielsweise einen Tagebuchbrief, der überwiegend von alltäglichen Nebensächlichkeiten berichtet, mit dem Satz: »*Dieses Tagebuch mußt Du nicht lesen, sondern in die Schachtel stecken!*« (TT 55).

[27] Gleich den zweiten Tagebuchbrief eröffnet Broch mit der Bemerkung: »Tagebuch ist was schrecklich Langweiliges« (TT 14; vgl. ähnlich TT 87, 110).

Modell des Geschichtsschreibers, als dessen Hauptaufgabe er es ansieht, das zu notieren, »was dem zu beschreibenden Organismus (Staat, Kultur, Einzelperson) selber wertvoll war« (TT 14). Die Auswahl, Bearbeitung und Präsentation des Materials sei daher so vorzunehmen, »als ob der betreffende historische Organismus diese Geschichte selber schriebe; d. h. es ist seine ›Erinnerung‹ an *seine* ›Eindrücke‹« (TT 33). Nun wird man durchaus Zweifel anmelden können, ob das derart beschriebene Verfahren tatsächlich dem des Geschichtsschreibers entspricht, der seine Darstellung doch weit weniger einseitig aus der subjektiven Perspektive des jeweiligen Gegenstands anzulegen, sondern diesen Gegenstand vielmehr in der ganzen Vielfalt seiner Weltbezüge, im wechselseitigen Bedingungszusammenhang mit den objektiven Gegebenheiten zu zeigen sucht. Und überdies stellt sich oftmals gerade das subjektiv Belanglose auf lange Sicht als das wahrhaft Bedeutsame heraus, während das, was dem Individuum wertvoll erscheint, an Wichtigkeit verliert. Vor allem aber bietet auch das Modell des Geschichtsschreibers letztlich keine hinreichende Orientierung dafür, wie das, was »zwischen den Dingen geschieht, d. h. was man so denkt« (TT 73), im Tagebuch adäquat zu Papier gebracht werden kann. Auf dieses zentrale Anliegen kommt Broch in seinen Teesdorfer Briefen an Ea von Allesch immer wieder zurück, etwa wenn er betont:

> ich *möchte* mehr geben, denn hinter allen Nebensächlichkeiten steht ja doch ein Erlebensrest, den ich eben gerne heben möchte. Ich möchte Dir wirklich dieses eigentliche Leben von mir irgendwie zur Verfügung stellen [...]. Möchte gerne niederschreiben, was ich denke – das gehört zu dem, was ich gestern über Hebung des Irrationalen gesagt habe. (TT 33, 35)

Zweifellos spiegeln diese Sätze mit ihren teils anaphorisch akzentuierten Beteuerungsformeln das aufrichtige Bemühen Brochs um eine Form autobiographischen Schreibens, die auch die (irrationale) Tiefen-Dimension individuellen Erlebens sprachlich zu fassen erlaubt; zugleich aber zeugen sie von spürbarer Ratlosigkeit angesichts der Tatsache, dass gerade diese Form des Schreibens offenbar nicht gelingen will – was nicht zuletzt mit der Frage zusammenhängen dürfte, ob und inwieweit die Gattung der Tagebuchbriefe dafür überhaupt das rechte Medium ist.

Geradezu gattungssprengend wirkt denn auch die umfangreiche, fast essayhafte Selbstanalyse, die Broch in einem Brief vom 4./5. November 1920 (TT 127–143) verfasst und die sich über weite Strecken als writing cure lesen lässt, von der insbesondere psychoanalytische Interpretationen autobiographischen Schreibens[28] gesprochen haben. Die therapeutische Funktion stellt Broch gleich zu Beginn des Briefes heraus:

---

[28] Analog zur psychoanalytischen *talking cure* ist das autobiographische Schreiben als *writing cure* betrachtet worden (vgl. dazu zusammenfassend Wagner-Egelhaaf: *Autobiographie*, S. 37f.).

> 4.XI.20. meine sogenannte Seele ist so zerfetzt, Kindi, daß ich in diesen Fetzenpinkel nur dann Ordnung bekomme, wenn ich ihn rational auseinanderlege – mit dem ›Durchdenken‹ geht es nicht, also muß ich es niederschreiben. Ich schreibe an Dich, weil mir der Monolog zu blöde vorkommt. (TT 127)

Die Anfang des 20. Jahrhunderts epochentypische Verunsicherung und Desintegration des Ichs, die hier in das Bild eines aus zerrissenen Stoff-Fetzen lose zusammengebundenen Balls gekleidet wird, kann also erst dann ›geheilt‹ und zu neuer Einheit geordnet werden, wenn die Seele zuvor vollständig zerlegt und in ihren (Un-)Tiefen durchleuchtet wurde. Broch geht es dabei in erster Linie um das, was er seinen »Komplex« (TT 39, 46, 58, 60 u. ö.) nennt: ein beklemmendes, grundstürzendes Gefühl der Angst vor dem Verlust menschlicher Beziehungen,[29] das sich zu beinahe hysterischen Eifersuchtszuständen auswächst. In der systematischen und generischen Analyse (TT 127) dieses Komplexes kommt u. a. auch das – in der *Psychischen Selbstbiographie* zwanzig Jahre später ausführlich beschriebene – »idealistische Erleben« (TT 127) im Alter von acht Jahren zur Sprache, das in der autobiographischen Retrospektive als sinngebende Zäsur der Entdeckung des Ich zum initialen Augenblick für das eigene Philosophieren erhoben wird und den komplementären Bezugspunkt für die in der Begegnung mit von Allesch emphatisch erfahrene Entdeckung des Du (TT 130ff.) als zweiter biographischer Zäsur darstellt. Vor »lauter Selbsterkenntnis, die, wenn man schon einmal Tagebuch schreibt, sich automatisch einstellt« (TT 113), ist Broch zwar oft nicht wohl zu Mute, doch insgesamt scheint sich nach Beendigung der zwanzigseitigen Selbstanalyse der erhoffte therapeutische Effekt zumindest teilweise eingestellt zu haben, wenn er resümierend notiert:

> Gestern habe ich den Komplex schriftlich auseinandergelegt begründet, abgeschlossen u. versiegelt. [...] Immerhin war es notwendig – die getane Arbeit ›erledigt‹ sich damit immer zum Teil. Vollständig wird die Erledigung wohl erst abgeführt sein, wenn Du diese 20 Seiten gelesen haben wirst. Sie sind auch für Dich bestimmt – denn als Monolog sind sie schließlich doch lächerlich – aber, das wurde mir beim Schreiben klar, ich kann sie Dir vorderhand nicht geben. (TT 151)

Offenbar ist es also gelungen, das psychische Problem des Komplexes im oder besser: *durch* den Akt des autobiographischen Schreibens zu großen Teilen aufzuarbeiten und zu ›erledigen‹, doch endgültig kann es – so die eigenwillige Fortführung des Gedankens – nur dann kathartisch ›abgeführt‹ werden, wenn der Tagebuch-Text des Ich auch von einem sympathetischen Du gelesen wird. Die primär monologisch angelegte Selbstanalyse ist somit zugleich dialogisch

---

[29] Lützeler: »Liebe und Kulturkritik«, S. 142. Zum zentralen Thema wird dieser ›Komplex‹ dann in der *Psychischen Selbstbiographie*.

auf ein Gegenüber hin geschrieben, in dessen Rezeptionsakt der autobiographische Selbstheilungsprozess des Ich erst vollendet wird. Paradoxerweise hielt Broch jedoch gerade diesen Tagebuchbrief längere Zeit vor Ea von Allesch zurück, da sie ihm für die Lektüre noch nicht ›reif‹ genug schien (TT 151)[30] und er bei ihr zudem mit Unverständnis, wenn nicht gar Missfallen rechnen musste, da sie im zweiten Teil des Briefes ihrerseits zum Gegenstand der Analyse wird (TT 136ff.).

In seinem groß angelegten ›Bekenntnisbrief‹ kommt Broch schließlich auch auf das Verhältnis von Liebe und Arbeit als den für ihn »einzig mögliche[n] Wert-Realität[en]« (TT 139) zu sprechen und rückt damit die Frage nach den Bedingungen geistiger Produktivität in den Vordergrund, die im *Teesdorfer Tagebuch* immer wieder erörtert wird. Mit ›Arbeit‹ ist dabei weder seine Tätigkeit als Fabrikdirektor in Teesdorf noch die erst später erfolgende Hinwendung zur Literatur gemeint, sondern es geht um seine kultur- und wertphilosophischen Studien, nämlich die *Theorie der Geschichtsschreibung und der Geschichtsphilosophie*, an der er damals arbeitete, die jedoch Fragment blieb (KW 10/2, 94–155). Teile dieser philosophisch-theoretischen Überlegungen finden sich verschiedentlich in die Briefe an Ea von Allesch eingestreut (TT 50, 119, 127f. u. ö.), wo sie oft von Berichten über eigene Lektüreerfahrungen – etwa der Texte Spenglers, Cohens, Natorps oder Bleis (TT 14, 41, 65, 97, 119), aber auch Kants (TT 49, 128) – ihren Ausgang nehmen, innerhalb der jeweiligen Briefeinheit aber wie abstrakte Text-›Inseln‹ eher für sich stehen. Die Relation zwischen dieser Arbeit und der Liebe zu von Allesch stellt sich für Broch keineswegs als selbstverständlich gegeben dar, sondern bedarf einer bewusst reflektierten Durchdringung, die gelegentlich zu so eigenartigen Formulierungen führt wie: »ich muß Dir gehören wollen müssen. Genau so eben, wie ich meine Arbeit wollen muß u. auch müssen will« (TT 147). In der Gewundenheit des sprachlichen Ausdrucks spiegelt sich die unaufgelöste Ambivalenz in der Relationierung beider Wert-Realitäten: Einerseits empfindet Broch die tiefe emotionale Abhängigkeit von Ea von Allesch als ›Störung‹ seiner Arbeit, die es auf ein Minimum zu reduzieren gilt (TT 40); andererseits fungiert die Geliebte als inspirierende Muse, die er für seine Arbeit braucht und die ihm zu größerer Klarheit verholfen hat (TT 41f., 46, 97). Diese Ambivalenz wird im konkreten Fall des eigenen Buchs zur Geschichtstheorie noch verstärkt durch das quälende Gefühl des Nicht-fertig-Werdens, des Zuspät-Kommens (TT 14, 19, 54, 65, 93 u. ö.), das sich leitmotivisch durch das *Teesdorfer Tagebuch* zieht und den Topos des unvollendet bleibenden (Kunst-)Werks anklingen lässt. Solche Überlegungen zu geistiger Kreativität und

---

30 Da Broch immer wieder geradezu ostentativ darauf verweist, dass er Ea von Allesch den Tagebuchbrief (noch) nicht geben könne (TT 120, 123, 142, 152), vermutet Lützeler darin eine gezielte Strategie, um die Freundin auf diese Weise besonders neugierig zu machen (TT 153, Anm. 3).

schöpferischer Potenz, die im *Tagebuch für Ea von Allesch* noch eher skizzenhaft entworfen sind, werden Broch auch in den folgenden Jahren weiter beschäftigen und beispielsweise in der *Psychischen Selbstbiographie* von 1942 als zentrale Leitlinien des intellektuellen und künstlerischen Selbstverständnisses fortgeschrieben werden.

2. *Autobiographie als Arbeitsprogramm*

Hermann Brochs 1941 entstandene *Autobiographie als Arbeitsprogramm*, die unvollendet blieb und zu Lebzeiten nicht publiziert wurde,[31] gehört im breiten Formspektrum autobiographischen Schrifttums zweifellos zu den ungewöhnlichen Sondererscheinungen.[32] Zwar wird der Erwartungshorizont der Gattungstradition ausdrücklich aufgerufen, zugleich aber auf fast programmatische Weise gerade nicht eingelöst. Bereits die prominent in den Titel gesetzte Gattungsbezeichnung fungiert als paratextuelles Signal der Lesersteuerung, das noch verstärkt wird durch die Zwischenüberschriften der einzelnen Teilkapitel, die auf genau datierte biographische Zeiträume verweisen – »Erste Erfahrungen (1905–1910)«, »Praktische Arbeit und Kriegsdienstleistung (1910–1919)« usw. – und dem gesamten Text damit die herkömmliche Struktur des Lebenslaufschemas unterlegen. Der auf diese Weise geweckten Lesererwartung entspricht Brochs *Autobiographie als Arbeitsprogramm* jedoch kaum, da sie durch eine regelrechte Aussparung des Ich, seiner konkreten persönlichen Lebensumstände, privaten Verhältnisse und seelischen Befindlichkeiten gekennzeichnet ist. Zu all dem schweigt der Text sich aus und geht stattdessen zunehmend in essayhafte theoretisch-philosophische und politische Erörterungen über, die schließlich in die damals entstehende *Massenwahntheorie* münden. Die Intention, die Broch mit der autobiographischen Perspektivierung seiner Darstellung verfolgt, ist also offenkundig eine andere, als man sie üblicherweise von Texten dieser Gattungszugehörigkeit gewohnt ist. Broch scheint denn auch durchaus mit Irritationen auf Seiten des Rezipienten zu rechnen, wenn er dem Text eine Art poetologischen Prolog voranstellt, in dem er die eigene Form des autobiographischen Schreibens zwar an das kanonische Gattungsverständnis anknüpft, zugleich aber den Modus der Abweichung offen markiert:

---

[31] Die einzelnen Kapitel der *Autobiographie als Arbeitsprogramm* wurden zunächst getrennt voneinander in verschiedenen Bänden der KW publiziert, in deren thematischen Kontext sie jeweils gehören: Der Kerntext *Autobiographie als Arbeitsprogramm* findet sich in KW 10/2, 195–203, die Drucknachweise für die fortsetzenden Kapitel sind in KW 10/2, 203, Anm. 1, genannt. – Als Gesamttext (mit Ausnahme der *Massenwahntheorie*) ist die *Autobiographie als Arbeitsprogramm* erstmals erschienen in: PS 83–143.
[32] Zu freieren Formen und autobiographischen Sondererscheinungen der Gattungsgeschichte insbesondere in jüngerer Zeit vgl. Holdenried: *Autobiographie*, S. 35f.

> Dies ist nur insoweit eine Autobiographie, als damit die Geschichte eines
> Problems erzählt wird, das zufällig mit mir gleichaltrig ist, so daß ich es
> – wie übrigens ein jeder aus meiner Generation, der es zu sehen gewillt
> gewesen war – stets vor Augen gehabt habe: es ist, ohne Umschweife
> herausgesagt, das Problem des Absolutheitsverlustes, das Problem des
> Relativismus, für den es keine absolute Wahrheit, keinen absoluten Wert
> und sohin auch keine absolute Ethik gibt. (PS 83)

In diesem Anfangssatz der *Autobiographie als Arbeitsprogramm* werden zentrale Darstellungsprinzipien des Textes postuliert. Hauptgegenstand ist demnach nicht die Geschichte einer individuellen Person, sondern die Geschichte einer allgemeinen Geisteshaltung, nicht also die (Lebens-)Geschichte des erzählenden Ich, sondern die (Problem-)Geschichte des modernen Relativismus, der sich seit Ende des 19. Jahrhunderts allenthalben Bahn gebrochen habe. Die Rolle, die das erzählende Ich in der autobiographischen Retrospektive dabei sich selbst als erlebendem Ich zuweist, ist die eines Seismographen, der die Veränderungen im kollektiven Denk- und Wertsystem mit besonderer Sensibilität registriert. Von dieser Rollenzuschreibung her definiert sich das modifizierte Gattungsverständnis, das dem Text seine eigentümliche Prägung gibt: Die Autobiographie des Individuums ist nicht an und für sich erzählenswert, sondern nur insoweit, als sie für eine spezifische generationelle Problemlage repräsentativ ist, in ihr also ein bestimmtes mentalitätsgeschichtliches Phänomen, nämlich das des Wertrelativismus, zum Ausdruck kommt. Vor diesem Hintergrund wird auch die gewisse Doppeldeutigkeit des Titels der *Autobiographie als Arbeitsprogramm* plausibel, der, wie Wünsch gezeigt hat,[33] einerseits autobiographisches Schreiben zur Arbeitsaufgabe macht, andererseits aber autobiographisches Geschehen als Anlass für ein Arbeitsprogramm nimmt, das selbst nicht mehr autobiographisch ist.

Die unaufgelöste Spannung von Lebensgeschichte und Problemgeschichte, die für Brochs Gattungsverständnis der Autobiographie konstitutiv ist, hat darstellerisch zur Folge, dass das erlebende Ich hinter seinen verschiedenen Arbeitsprojekten fast gänzlich aus dem Blick gerät, die in immer neuer Variation das Kernproblem des Relativismus zum Thema haben – von den werttheoretischen Konzeptualisierungen (PS 87–95) über die großen Romanentwürfe etwa der *Verzauberung* oder des *Vergil* (PS 95–97, 104) bis hin zu den politischen, demokratietheoretischen und nationalökonomischen Arbeiten (PS 97–104, 105–115, 116–141) sowie schließlich dem weit ausholenden Entwurf einer Massenpsychologie (PS 141ff.), dem zu Beginn der 1940er Jahre aktuellen Schreibvorhaben Brochs. Insgesamt ist dabei für die *Autobiographie als Arbeitsprogramm* eine zunehmende Verselbständigung der analytisch-essayistischen Partien zu beobachten, die sich immer weiter von ihrer unmittelbaren

---

33 Wünsch: »Hermann Broch. ›Psychische Selbstbiographie‹«, S. 553.

autobiographischen Einbettung entfernen, ja sich von dieser geradezu emanzipieren,[34] was sich bereits auf stilistischer Ebene darin spiegelt, dass in der 1. Person Singular gehaltene Formulierungen zugunsten verallgemeinernd-unpersönlicher Satzkonstruktionen in den Hintergrund treten. Diese werkbezogenen Textabschnitte entfalten die Broch'sche Gedankenwelt in streng rational durchgliederter, in sich geschlossener Argumentation und hätten durchaus als separate Publikationen[35] für sich stehen können – wie ja ohnehin schon allein quantitativ die letzten drei Teilkapitel (und hier besonders der fast buchförmige Teil zur Massenwahntheorie) den Rahmen des Gesamttextes zu sprengen drohen.

Nimmt man jedoch die *Autobiographie als Arbeitsprogramm* in ihrer kompositorischen Einheit ernst, dann ließe sich wohl am ehesten von einer Art ›geistigen Autobiographie‹ sprechen, die Lebens- und Problemgeschichte in der Denk-Entwicklung des Ich zu korrelieren sucht. Insofern erscheint es nur konsequent, wenn Broch seine autobiographische Retrospektive nicht, wie von der Textgattung her eigentlich zu erwarten, mit einer Schilderung von Elternhaus und Kindheit beginnt,[36] sondern erst mit dem Eintritt in die Universität als prägendem Moment eigenständiger intellektueller Reflexion[37] (PS 83). Auch für die Darstellung der folgenden, chronologisch angeordneten[38] Lebensabschnitte gilt, dass sie in erster Linie auf die Erkenntnisfähigkeit und geistige Produktivität des Individuums hin durchsichtig gemacht werden – an die Stelle konkreter biographischer Erlebnisse und Ereignisse treten daher ausführliche Inhaltsreferate eigener Werke, die einer dezidiert ethischen, wirkungsorientierten Haltung[39] verpflichtet sind, wie Broch sie als Antwort auf das Problem des Wertrelativismus entwickelt hat. Dieses spezifische geistige Profil des Ich bildet sich maßgeblich im Wechselverhältnis zur Welt und ihren

---

[34] Wünsch spricht von einer zunehmenden Ablösung der Darstellung vom autobiographischen Bezug (Wünsch: »Hermann Broch. ›Psychische Selbstbiographie‹«, S. 555).

[35] Zur Absicht Brochs, den umfangreichen massenpsychologischen Teil des Textes separat zu veröffentlichen, vgl. »Nachwort des Herausgebers«, PS 145–169, hier 147.

[36] Obwohl Broch sich der Bedeutung der Kindheit für die schriftstellerische Arbeit, für das Irrational-Dichterische durchaus bewusst war (KW 13/3, 497f.), hat er sich zeit seines Lebens gescheut, offen über die eigene Kindheit zu berichten, da er nicht an die traumatisch-schmerzlichen Erlebnisse dieser frühen Jahre rühren und an die schweren Familienneurosen erinnert werden wollte (HBB 19; Manfred Durzak: *Hermann Broch in Selbstzeugnissen und Bilddokumenten*. Reinbek bei Hamburg 1966, S. 12). Aus psychoanalytischer Perspektive lassen sich solche Aussparungen als Widerstand gegen nicht zugelassene Teile einer Lebensgeschichte deuten.

[37] Retrospektiv hat Broch dieses einsemestrige Studium zur Legende von der frühen metaphysischen Enttäuschung stilisiert (HBB 37).

[38] Zwar handelt es sich in der Tat um keine chronologisch geordnete Kette von Ereignissen des Lebens und deren psychischer Verarbeitung (Wünsch: »Hermann Broch. ›Psychische Selbstbiographie‹«, S. 552), doch folgt der Gesamtaufbau der *Autobiographie als Arbeitsprogramm* gleichwohl einem chronologischen Grundprinzip.

[39] Lützeler hat betont, dass in der *Autobiographie als Arbeitsprogramm* in besonderer Weise die innere Logik des Broch'schen Gesamtwerks, eben der ethische, wirkungsbetonte rote Faden deutlich werde (PS 147).

politischen Konstellationen heraus (z. B. PS 87f., 96–98, 103–105), die aus der Perspektive der Schreibgegenwart des erzählenden Ich besonders akzentuiert werden. Dabei steht der Erzählzeitpunkt des ›Heute‹, also des Jahres 1941, für den Exilanten Broch ganz im Zeichen von Nationalsozialismus und Zweitem Weltkrieg und wird gleich zu Beginn der *Autobiographie als Arbeitsprogramm* als komplementäre Zeitebene in den Text mit eingefügt, wenn es im Prolog über das Problem des Relativismus heißt: »es ist das Problem und das Phänomen jenes gigantischen Machiavellismus, der geistig sich seit etwa fünfzig Jahren vorbereitet hat und dessen apokalyptische Folgen wir heute in der Realität erleben« (PS 83). Mit seiner Situierung im ›Heute‹, auf die das erzählende Ich im Verlauf der Darstellung immer wieder verweist (z. B. PS 94, 99, 103, 113, 116, 140), verbindet sich ein Wissensvorsprung gegenüber dem erlebenden Ich, der in zweierlei Hinsicht zum Ausdruck kommt: einerseits als Selbstkorrektur, die frühere Denk- und Verhaltensweisen rückblickend anders bewertet (PS 86, 94), sowie andererseits als Rückprojektion, die in der Vergangenheit deutliche Vorzeichen der Gegenwart zu erkennen glaubt (PS 83, 86f., 99, 103). Den geschichtsphilosophischen Bezugsrahmen dafür bildet die Broch'sche Werttheorie, die mit ihrem universalen Deutungsanspruch nicht nur retrospektiv, sondern auch prospektiv den Entwurf sinnstiftender Entwicklungslinien ermöglicht, etwa wenn am Ende der *Autobiographie als Arbeitsprogramm* für die Zeit *nach* den Totalitarismen das offene System[40] einer erneuerten Demokratie und Wirtschaftsordnung propagiert wird (PS 113, 140–143), zu dessen wissenschaftlicher Konzeptualisierung das Ich bereits einige »Vorarbeit« geleistet habe (PS 141) – autobiographische und universalgeschichtliche Sinngebung haben hier ihren gemeinsamen Fluchtpunkt.

3. *Psychische Selbstbiographie*

Mit seiner *Psychischen Selbstbiographie*, die kurz nach der *Autobiographie als Arbeitsprogramm* 1942 entstand und ein Jahr später noch um einen *Nachtrag*[41] ergänzt wurde, wählt Hermann Broch erneut eine Form des autobiographischen Schreibens, die bereits im Titel mit der Bezeichnung ›Selbstbiographie‹ auf die Gattungstradition anspielt, zugleich aber innerhalb dieses Erwartungshorizonts mit dem attributiven Zusatz ›psychisch‹ die spezifische Ausrichtung des Textes hervorhebt: Im Vordergrund stehen keine konkreten biographi-

---

[40] Broch unterscheidet in seiner Werttheorie zwischen offenen und geschlossenen Systemen, wobei die Wertgültigkeit mit der Offenheit des Systems zunimmt (PS 91, 113). Die Begrifflichkeit erinnert an Karl Raimund Poppers 1945 veröffentlichtes Werk *The Open Society and Its Enemies*. In diesen Zusammenhang gehört auch Brochs Sympathie für den *New Deal* Roosevelts als einem ›dritten‹ Weg.
[41] Hermann Broch: »Nachtrag zu meiner psychischen Selbstbiographie« (1943), PS 65–81.

schen Erlebnisse oder Ereignisse, ebenso wenig laufende eigene Arbeitsprojekte (wie noch in der *Autobiographie als Arbeitsprogramm*); stattdessen geht es um die prekäre seelische Verfasstheit des erzählenden Ich, die in einer regelrechten »Introspektion«[42] analytisch zergliedert und gedeutet wird. *Autobiographie als Arbeitsprogramm* und *Psychische Selbstbiographie* sind dabei durchaus komplementär aufeinander bezogen, da der ›geistigen Autobiographie‹, die eine Problemgeschichte veranschaulichen wollte, nun eine ›psychische Autobiographie‹, die eine Seelengeschichte entfalten möchte, zur Seite gestellt wird. Doch auch zusammengenommen ergeben beide Texte keine Autobiographie im herkömmlichen Sinn.[43]

Während die *Autobiographie als Arbeitsprogramm* wohl für eine breitere Veröffentlichung vorgesehen gewesen sein dürfte, ist der Adressatenkreis der *Psychischen Selbstbiographie* auf ein enges privates Umfeld beschränkt und namentlich leicht zu identifizieren: Broch schickte den Text u. a. an Ruth Norden und Annemarie Meier-Graefe, mit denen er damals Verhältnisse hatte,[44] sowie an den Psychoanalytiker Paul Federn, bei dem er sich in Behandlung begeben wollte – manchen gilt Federn daher auch als der eigentliche Adressat der *Selbstbiographie*, die ihn über die komplexe psychische Struktur seines künftigen Patienten habe ins Bild setzen sollen.[45] In gewisser Weise scheint der Text sogar die therapeutische Arbeit Federns vorwegzunehmen, da Broch eine an der Freud'schen Theorie orientierte Selbstanalyse vorlegt,[46] in der er gleichsam in

---

[42] So Brochs Charakterisierung des Textes in einem Brief an Paul Federn (FG 70).

[43] Dagegen ist Lützeler der Ansicht, dass das, was ›klassische‹ Autobiographien zu vermitteln suchten, bei Broch in zwei Texte auseinandergerissen werde: Während die *Autobiographie als Arbeitsprogramm* lediglich die Geschichte eines Problems erzählen wolle, liefere die *Psychische Selbstbiographie* gleichsam die psychologische »Meta-Erzählung« zu Brochs privatem Leben (PS 146).

[44] Gleichzeitig sandte Broch den Text auch an zwei weitere damalige Freundinnen, nämlich an Jean Starr Untermeyer und Jadwiga Judd (FG 62). Lützeler vermutet, dass Broch mit diesem Text wahrscheinlich den Abbruch der Verhältnisse provozieren wollte (PS 157f.). Ähnlich Rizzo, der von einem »Anti-Liebesbrief« spricht (Roberto Rizzo: »Psychoanalyse eines pädagogischen Eros. Zu Hermann Brochs ›Psychische Selbstbiographie‹«. In: *Hermann Broch. Neue Studien*. Hg. v. Michael Kessler. Tübingen 2003, S. 553–583, hier 562). Der Edition der *Psychischen Selbstbiographie* liegen die in den Broch-Korrespondenzen mit Norden und Meier-Graefe erhaltenen (identischen) Ausfertigungen des Typoskripts zugrunde.

[45] Prameshuber betrachtet den Text als eine Art Selbstdarstellung eines klinischen Falls, den Broch seinem zukünftigen Analytiker vorlegt, damit dieser einen Eindruck davon bekomme, was für eine Persönlichkeit er vor sich habe (Ursula Prameshuber: »Hermann Brochs ›Psychische Autobiographie‹: Einige psychologische Überlegungen«. In: *Studi germanici* 40 [2002] H. 3, S. 560–571, hier 562). Für den *Nachtrag zu meiner psychischen Selbstbiographie* nennt Broch selbst ausdrücklich Federn als Hauptadressaten (FG 65). Auch Gustav Bychowski, der 1939/1940 sein Analytiker gewesen war, hat Broch die *Psychische Selbstbiographie* offenbar zukommen lassen (FG 7–33, hier 13).

[46] Dass Broch meinte, sich in dieser Weise selbst analysieren zu können, dürfte die ab 1943 einsetzenden Konsultationen bei Paul Federn zweifellos erschwert haben, die denn auch nur unregelmäßig stattfanden. Während die *Selbstbiographie* also durch eine klare Ausrichtung an der Freud'schen Theorie geprägt ist, tritt im Briefwechsel mit Federn eine durchaus ambivalente Einstellung zur Psychoanalyse zutage, an der Broch eine Tendenz zum Dogmatismus

Außenperspektive den Untiefen der eigenen Seele nachspürt und sie psychoanalytisch auf den Begriff zu bringen sucht. Diese Grundkonzeption wird gleich zu Beginn der *Psychischen Selbstbiographie* deutlich, wenn es in bilanzierendem Duktus heißt: »Mein Leben ist von ständigen moralischen Konflikten begleitet und belastet. Ein schlichtes, menschliches Glücksgefühl ist mir beinahe unbekannt« (PS 7). Die genretypische Anfangsformel ›Mein Leben‹, die als Signal für den von Lejeune so genannten ›autobiographischen Pakt‹[47] verstanden werden kann, leitet hier keine ereignisgesättigte Lebensdarstellung ein, sondern fasst die schwierige Seelen- und Gefühlslage des Ich zusammen, die im weiteren Verlauf des Textes mit schonungsloser Offenheit näher beschrieben wird: vom frühkindlichen Gefühl der Inferiorität und Impotenz, das als traumatische Erfahrung fortwirkt, über Triebzwänge und Liebeshemmnisse, die sich zu völliger Beziehungsunfähigkeit auswachsen, bis hin zu Formen der (Über-)Kompensation und Sublimierung, die als Rationalisierung neurotischer Zustände erscheinen. Es ist offenkundig, dass der in dieser Weise erzählten Lebensgeschichte – ganz im Sinn der Psychoanalyse – nur eine begrenzte materielle Realität zukommt; vielmehr handelt es sich in erster Linie um psychische Realitäten,[48] die es therapeutisch aufzuschließen gilt, für die der passende »goldene Schlüssel« (PS 36) aber im Weg des autoanalytischen Schreibens der *Psychischen Selbstbiographie* erst noch gefunden werden muss. Dass es in allen bisherigen Analysen, wie Broch einräumt, nicht gelungen sei, das eigent-

---

kritisiert. In seinem als »Freud-Satire« charakterisierten Schach-Traum, den er Federn 1946 mitsamt eigener Analyse vorlegt, wird beispielsweise der Einwand formuliert, dass die Psychoanalyse dazu neige, »alles in eindimensionale Kausalabfolgen aufzulösen«, während das Leben selbst aber doch »n-dimensional« sei, sich also nicht auf derartige Einlinigkeiten reduzieren lasse (FG 130). – Allgemein zum Verhältnis Brochs zur Psychoanalyse bzw. zu seiner Freud-Rezeption vgl. Christine Mondon: »Hermann Broch und die Psychoanalyse«. In: Kessler (Hg.): *Hermann Broch. Neue Studien*, S. 510–523. Zu den Korrespondenzen zwischen Broch und C. G. Jung wiederum vgl. Monika Ritzer: »Experimente mit der Psyche: Hermann Broch und C. G. Jung«. In: Kessler (Hg.): *Hermann Broch. Neue Studien*, S. 524–552. Ritzer vertritt hier die These, dass Broch als Person – eben etwa in seiner *Psychischen Selbstbiographie* – mit Freuds Psychologemen gearbeitet, als Dichter aber mehr auf der Analytischen Psychologie Jung'scher Prägung aufgebaut habe (S. 536). Vgl. überdies Brochs Essay *Werttheoretische Bemerkungen zur Psychoanalyse* (KW 10/2, 173–194) sowie seine späteren Arbeiten zur Massenpsychologie (= KW 12).

47 Philippe Lejeune: *Der autobiographische Pakt*. Aus dem Französischen v. Wolfram Bayer und Dieter Hornig. Frankfurt am Main 1994. Zentrales (textuelles) Kriterium der Autobiographie ist nach Lejeune die Namensidentität zwischen Autor, Erzähler und Protagonist – den autobiographischen Pakt versteht er als »die Behauptung dieser Identität im Text, die letztlich auf den Namen des Autors auf dem Umschlag verweist« (Lejeune: *Der autobiographische Pakt*, S. 27). Damit wird also die Mitarbeit des Rezipienten zu einem konstitutiven Element des Gattungsverständnisses. Es ist klar, dass in diesem Zusammenhang nicht zuletzt – wie auch das Beispiel der Broch'schen *Selbstbiographie* zeigt – den Anfängen von Autobiographien eine zentrale Bedeutung zukommt, da bereits hier festgelegt wird, welche Rolle der Erzähler zu spielen gedenkt und welche Rolle er dem Leser zugedacht hat (Wagner-Egelhaaf: *Autobiographie*, S. 67–71).

48 Zur psychoanalytischen Deutung erzählter Lebensgeschichten vgl. Wagner-Egelhaaf: *Autobiographie*, S. 34–37.

liche »Initialtrauma« seiner seelischen Struktur zutage zu fördern (PS 45) und »dieses ganze neurotische Gebäude, das eine auf die Spitze gestellte Pyramide ist, zum Zusammenbruch zu bringen« (PS 51),[49] stellt sein prinzipielles Zutrauen in die psychoanalytische Methode, von dem die *Selbstbiographie* wie auch der langjährige Austausch mit Paul Federn getragen ist, keineswegs in Frage.

Die bekenntnishafte,[50] mit fast inquisitorischer Strenge betriebene Wendung nach innen speist sich dabei wesentlich aus einer ethisch begründeten, wirkungsorientierten Wendung nach außen, die ähnlich wie in der *Autobiographie als Arbeitsprogramm* auch in der *Selbstbiographie* unter dem Eindruck der Erzählgegenwart des Ich profiliert wird. Inmitten der »apokalyptische[n] Zeit« (PS 62) von Nationalsozialismus und Weltkrieg nämlich müsse es darauf ankommen, wieder eine »Wahrheitssprache« (PS 42) zu schaffen und die eigene Arbeit auf die »praktische und politische Bekehrungswirkung« (PS 44) hin auszurichten.[51] Innere Seelengeschichte und äußere Weltgeschichte sind insofern unmittelbar aufeinander bezogen, als »gerade in einer Zeit schärfster Anspannung und schärfster Forderungen an die persönliche Arbeitskraft ein seelisches Ordnungmachen notwendiger denn je geworden« sei (PS 62), um unbeeinträchtigt von psychischen Störungen einen »Beitrag zur Abwehr des beinahe schon unabwendbaren Unheils« im Kampf gegen Hitler leisten zu können (PS 63). Die Rede vom ›seelischen Ordnungmachen‹ erinnert nicht zufällig an das Bild vom disparaten ›Fetzenpinkel‹ der Seele, in den Broch bereits zwanzig Jahre zuvor im *Teesdorfer Tagebuch* ›Ordnung‹ hatte bringen wollen – die große Selbstanalyse vom 4./5. November 1920, die den Rahmen eines Tagebuchbriefs fast zu sprengen drohte, wird nun in der *Psychischen Selbstbiographie* fortgeschrieben und ist hier nicht mehr nur ein Erzählgegenstand unter anderen wie noch im *Teesdorfer Tagebuch*, sondern das zentrale, ja einzige Thema des Textes. Wie schon der Novemberbrief des Tagebuchs ist

---

49 Das entsprechende Zwischenresümee lautet: »Es ist verwunderlich, daß bei einer so weitgehend geklärten seelischen Struktur die Analyse nicht imstande sein soll, die eigentlichen Traumen aufzudecken und dieses ganze neurotische Gebäude, das eine auf die Spitze gestellte Pyramide ist, zum Zusammenbruch zu bringen. Aber offenbar ist die Spitze so verschwindend nadeldünn, daß sie überhaupt nicht mehr erhaschbar ist« (PS 51).

50 Im Anschluss an Lehmann ließe sich für Brochs *Selbstbiographie* die autobiographische Sprechhandlung des ›Bekennens‹ in Anschlag bringen (weitere für die Autobiographie typische Sprechhandlungsformen sind nach Lehmann das ›Erzählen‹ und das ›Berichten‹). Vgl. Jürgen Lehmann: *Bekennen – Erzählen – Berichten. Studien zu Theorie und Geschichte der Autobiographie*. Tübingen 1988.

51 Als weitere Dimension der Erzählgegenwart in der *Selbstbiographie* sei auf die Situation des Exilanten verwiesen: Mehrfach erwähnt Broch seinen Status als jüdischer Refugee (PS 33, 53) und betont auf eindrucksvolle Weise seinen Willen zur »intensive[n] Selbstamerikanisierung« (PS 57), denn trotz aller Schwierigkeiten habe er seine Emigration »von allem Anfang an als eine ungeheure Lebensbereicherung empfunden, sozusagen als Geschenk, das mir für meinen letzten Lebensabschnitt vom Schicksal verliehen worden ist, und fast gierig ist mein Wunsch geworden, ein möglichst großes Quantum an Lebensmaterial, an Wissen um neue menschliche Konstellationen, Milieus, Qualitäten, Strukturen noch einzuheimsen« (PS 53).

auch die *Selbstbiographie* im Kern als writing cure angelegt, die von der psychoanalytischen Aufdeckung traumatischer seelischer Strukturen »Heilung« (PS 32, 36, 52) erhofft, diese therapeutische Wirkung aber gerade nicht im Weg des Gesprächs zwischen Patient und Analytiker, sondern im Akt des autobiographischen Schreibens zu erreichen sucht. An die Stelle des prinzipiell dialogischen Charakters eines analytischen Gesprächs tritt somit die monologische Verengung zu einer Art Selbstgespräch, das ohne das vertrauensvolle Hören und die unmittelbare Gegenrede des Therapeuten auskommt.[52] Mit dieser Grundstruktur gehen fast zwangsläufig subjektive Befangenheiten und ›blinde Flecken‹ einher, die u. a. darin erkennbar werden, dass das erzählende Ich immer wieder als wertende Instanz in eigener Sache hervortritt und zugleich im Gestus der Allwissenheit mitteilt, auf die Beschreibung bestimmter Sachverhalte verzichten zu wollen, da sie ihm nicht relevant erscheinen (z. B. PS 8, 13, 16). Derartige selbstreferentielle Passagen, in denen sich eine verstärkte Aufmerksamkeit des Schreibenden auf den autobiographischen Prozess als solchen spiegelt,[53] begegnen in Brochs *Selbstbiographie* insbesondere in Form von verschiedenen Zwischenresümees: Einerseits fassen sie den jeweils erreichten Stand der Selbstanalyse zusammen, eingeleitet z. B. durch Formulierungen wie »Kurzum, ...«, »M. a. W., ...« oder »In dem bisher gezeichneten Bild ...« (PS 23, 25, 31; ähnlich 45); andererseits legen sie das eigene methodische Vorgehen offen, etwa wenn es heißt:

> Ich habe mich in der bisherigen Darstellung tunlichst jeder analytischen Terminologie und analytischer Kommentare enthalten, nicht zuletzt weil mit analytischer Theoretisiererei bekanntlich überhaupt nichts getan ist. Ich habe bloß dargestellt, doch ich habe dies auch zu einem bestimmten analytischen Zweck vorgenommen: ich wollte die Frage der analytischen Zugänglichkeit aufwerfen. (PS 35)

Zu dieser methodischen Selbstverständigung gehört ebenso der ausdrückliche Hinweis, dass das erzählende Ich den Versuch unternehme, nur »ein einziges psychisches Motiv, nämlich das der imaginierten Impotenz, in den Mittelpunkt« der Analyse zu rücken, um von diesem Motiv aus vielleicht eine »Gesamtgruppierung« der komplexen seelischen Struktur, ihrer mannigfaltigen traumatischen Erlebnisse und neurotischen Symptome zu ermöglichen

---

[52] Auch im Briefwechsel mit Paul Federn erscheint Broch als überaus skeptischer, widerstrebender Analysant, der nicht bereit war, sich der Autorität seines Analytikers Federn unterzuordnen; an die Stelle tatsächlicher Konsultationen, die Broch bald wieder abbrach, traten daher ausführliche Konfessionsbriefe, die der Gegenrede des Analytikers nicht mehr bedurften (vgl. FG 12, sowie Peter Demetz: »Halb zog es ihn, halb glitt er hin. Hermann Brochs Briefe an den Psychoanalytiker Paul Federn [Rezension]«. In: *Frankfurter Allgemeine Zeitung* vom 10.7.2007).
[53] Wagner-Egelhaaf sieht in einer solchen Aufmerksamkeit des Schreibenden auf den autobiographischen Prozess selbst ein typisches Merkmal moderner autobiographischer Selbstdarstellung seit Ende des 19. Jahrhunderts (Wagner-Egelhaaf: *Autobiographie*, S. 187).

(PS 35f.).⁵⁴ Sowohl diese Beschränkung auf ein einzelnes psychisches Grundmotiv wie auch überhaupt die klare Orientierung am psychoanalytischen Theoriegebäude, in das die Darstellung eingepasst, ja auf das sie regelrecht ausgerichtet wird, leisten einer Tendenz zur Geschlossenheit der *Selbstbiographie* Vorschub und erweisen sich damit als Strategien der (äußeren und inneren) Einheitsstiftung, wie sie für autobiographisches Schreiben nicht erst angesichts moderner Desintegrationserfahrungen charakteristisch ist.⁵⁵

In Brochs *Psychischer Selbstbiographie* ist also – im Gegensatz zu seiner *Autobiographie als Arbeitsprogramm* – permanent und fast ausschließlich vom eigenen Ich die Rede, dies jedoch stets in systematisch-analytischer Durchdringung mit teils bis zu vierstufiger Untergliederung sowie mit dem Versuch abstrahierender Begriffs- und Typenbildung. In besonders exponierter Weise kommt diese Tendenz in der Prägung des Begriffs des ›Amphitryonismus‹ zum Ausdruck, mit dem Broch – in Erweiterung der Freud'schen Theorie⁵⁶ – sein emphatisch verfolgtes »Bekehrungswerk« (PS 19) im Verhältnis der Geschlechter terminologisch zu fassen sucht, nämlich sein Streben danach, die jeweilige Geliebte zu einem »Idealbild« (PS 17) umzuformen, ja sie »so tief umzugestalten, dass sie zum ›neuen Menschen‹ wiedergeboren wird« (PS 18). Das Pathos der fast expressionistisch anmutenden Rhetorik des Neuen Menschen kann dabei nicht darüber hinwegtäuschen, dass es sich hier um ein, wie Broch durchaus selbst bemerkt, zutiefst egozentrisches Unternehmen handelt, da die Partnerin dasselbe Wertsystem, dieselben Maßstäbe und Zielsetzungen wie das eigene Ich verkörpern soll – das angestrebte Idealbild ist »als Spiegel meiner selbst gedacht, als Spiegel meiner eigenen Leistungen, meiner eigenen Wünsche, meiner eigenen Weltansicht und ihrer Ziele« (PS 16f.).⁵⁷ Dass Broch zugleich die Undurchführbarkeit eines solchen mystischen Umwandlungsprozesses eingesteht, der von vornherein zum Scheitern verurteilt sei (PS 19), tut dabei der argumentativen Funktion von Begriff und Konzept des ›Amphitryonismus‹ innerhalb des autobiographischen Selbstentwurfs keinen Abbruch. Ein ähnlich prominentes Beispiel für die abstrahierend-klassifikatori-

---

54 Es geht Broch also letztlich darum, den Schlüssel zu seiner psychischen »Gesamtstruktur« (PS 36) zu finden; bei der Übersendung der *Selbstbiographie* an Federn spricht er von der »Verlockung zur Aufstellung eines Generalschemas, in das sich tunlichst alle Neurosensymptome einordnen ließen« (FG 70).
55 Zum Versuch der Herstellung von Einheit in autobiographischen Texten vgl. Wagner-Egelhaaf: *Autobiographie*, S. 54–57.
56 So hofft Broch durchaus, dass man den Begriff des Amphitryonismus eines Tages »in das psychologische Arsenal einreihen wollte« (PS 17). – Zur Deutung von Begriff und Konzept des Amphitryonismus, u. a. im Rekurs auf den Amphitryon-Mythos und seine verschiedenen Ausprägungen in der Weltliteratur, vgl. PS 160–162, sowie Wünsch: »Hermann Broch. ›Psychische Selbstbiographie‹«, S. 562f. Rizzo setzt das Konzept des Amphitryonismus in Relation zum Pygmalionismus (Rizzo: »Psychoanalyse«, S. 570–572).
57 Rizzo spricht in diesem Zusammenhang davon, dass Broch sich in seinem missionarischen Enthusiasmus von einer Art ›pädagogischem Eros‹ überwältigt gefühlt habe (Rizzo: »Psychoanalyse«, S. 568).

sche Tendenz der *Selbstbiographie* ist die Unterscheidung von zwei kontrastiv aufeinander bezogenen Frauentypen (PS 54–57), die als frühes »Kindheitsschema«[58] bis in die überaus schwierigen Liebesbeziehungen des Erwachsenen hinein fortwirkt. Dem ersten Typus, der idealisierend nach dem Bild der Mutter geformt ist, werden gebildete Frauen in gehobener sozialer Stellung, mit dominanter Autorität und stark neurotischen Zügen zugeordnet, die, da sie im Kern die mütterliche Position weiterführen, für die Befriedigung körperlich-sexueller Bedürfnisse Tabu sind. Dagegen können die eigenen erotischen Wünsche und Triebe mit Frauen des zweiten Typus, der am Bild des Dienstmädchens orientiert ist, zwanglos ausgelebt werden, dies allerdings meist verbunden mit moralischen Skrupeln und aufgrund gesellschaftlicher Rücksichten nur im Verborgenen.[59] Wenn Broch die beiden derart charakterisierten Frauentypen schließlich mit der Funktion des Über-Ich bzw. des Es verknüpft (PS 55), dann fügt er damit auch seine Weiblichkeitsimaginationen terminologisch explizit in den Rahmen der Freud'schen Systematik als der zentralen theoretischen Folie seiner *Selbstbiographie* ein. Im *Nachtrag zu meiner psychischen Selbstbiographie* wird die (dualistische) Typenbildung dann als dominantes Strukturprinzip fortgeschrieben, nun sogar von einer zweistelligen zu einer dreistelligen Typologie der Weiblichkeitsbilder erweitert (PS 73). Hinzu tritt hier überdies eine Analogisierung zwischen Frauentypen und Arbeitstypen, wenn Broch zunächst die erlaubte, von ihm gesellschaftlich erwartete unternehmerische Tätigkeit seinen ›illegitimen‹ geistig-wissenschaftlichen Bestrebungen gegenüberstellt, um schließlich (nach der Befreiung aus den kommerziellen Verpflichtungen durch den Verkauf der Textilfabrik) das Verhältnis von wissenschaftlich-philosophischer und dichterischer Arbeit in dieses Schema einzufügen – »Die beiden Arbeitsbetätigungen spiegeln also die beiden Frauentypen« (PS 75).

Insgesamt folgt die Darstellung in Brochs *Psychischer Selbstbiographie* dabei keiner chronologisch angelegten (Ereignis-)Struktur, sondern einer innerpsychischen Zeitordnung,[60] die sich wesentlich durch zwei Kindheitserlebnisse[61] konstituiert, denen in der autobiographischen Rückschau eine zäsurbildende Funktion zukommt und von denen her oder besser: auf die hin das eigene Leben erzählt wird. Am Anfang der Seelengeschichte steht demnach die frühkindliche Erfahrung der Niederlage gegenüber Vater und Bruder im Kampf

---

58 So die Charakterisierung im *Nachtrag zu meiner psychischen Selbstbiographie*, PS 65.
59 Insgesamt ist in Brochs Konzeptualisierungen von Weiblichkeit die Auseinandersetzung mit Otto Weiningers *Geschlecht und Charakter. Eine prinzipielle Untersuchung* (1903) deutlich zu erkennen.
60 Als innovatives Strukturmerkmal autobiographischen Schreibens hat Holdenried eine dissoziierte Chronologie herausgearbeitet, die nicht mit der objektiven Zeit übereinstimme, sondern einer innerpsychischen Zeitordnung verpflichtet sei (Holdenried: *Autobiographie*, S. 46).
61 Die Nachwirkungen dieser Kindheitserlebnisse werden oft betont, etwa mit Formulierungen wie ›seit meiner Kindheit‹, ›von Jugend an‹, ›schon als Kind‹ u. ä. (PS 14, 27, 39).

um die mütterliche Liebe (PS 8); diese »Liebeszurückweisung« (PS 27) durch die Mutter führt beim Erwachsenen zu einem dauerhaften Gefühl der Inferiorität, der – allerdings bloß »imaginierte[n]« (PS 31, 35f.) – Impotenz,[62] das auf unterschiedlichen Ebenen (sexuell, moralisch, beruflich, geistig etc.) Überkompensationen und hypertrophe Sublimierungen zur Folge hat (PS 11). Neben diese frühe traumatisierende Erfahrung der Zurückweisung tritt einige Jahre später das zweite prägende Kindheitserlebnis, nämlich die bereits im *Teesdorfer Tagebuch* erwähnte Entdeckung des Ich im Alter von acht Jahren,[63] die Broch nun in der *Selbstbiographie* als ein regelrechtes ›Erweckungserlebnis‹ inszeniert, wenn er beschreibt, wie er als kleiner Junge einmal immer tiefer in einen Wald hineingeraten und sich dort schlagartig seiner »seelischen Einsamkeit« bewusst geworden sei:

> d. h. ich wußte plötzlich, daß bloß mein denkendes Ich für mich echte Realität sei, während alles andere, Nebenmensch und Baum und Gesträuch und Getier, unweigerlich im Traumhaften verbleibt und nur von meinen Gnaden Realität empfängt. Kurzum ich hatte, schreckhaft genug, das ›platonische Erlebnis‹, aus dem sich meine ganze künftige Lebenshaltung entwickeln sollte. (PS 42f.)

Das Erlebnis des Kindes erscheint hier im Zuge autobiographischer Sinngebung als zentraler Wendepunkt im Verhältnis zur Welt, der zum initialen Moment intellektueller bzw. künstlerischer Kreativität stilisiert wird: Seither nämlich habe das Ich es als seine ureigenste Aufgabe empfunden, »eine neue Realwelt aus dem Traumhaften heraus zu schaffen« (PS 43), ja in einer Art schöpferischer Allmachtsphantasie die Welt neu zu denken und zu entwerfen: »Der Einzelgänger, der Un-Mann voller Minderwertigkeitsgefühle wurde damit plötzlich zum gedanklichen ›Weltenschöpfer‹, nämlich zum platonischen Philosophen, dem es zur Aufgabe geworden ist, die Welt gedanklich neuzuschöpfen« (PS 43). In der Retrospektive des Erwachsenen wird das Erlebnis des Jungen in der Waldeinsamkeit zum zentralen »Sublimierungs-Erlebnis [...]« (PS 42) erhoben, das den Kern einer für Brochs autobiographischen Selbstentwurf charakteristischen Denkfigur bildet, mit der die bereits im *Teesdorfer Tagebuch* angeschnittene Frage nach den Bedingungen geistiger Produktivität wieder aufgenommen wird. Hatten die Tagebuchbriefe in diesem Zusammenhang vor allem das komplexe Verhältnis von Liebe und Arbeit thematisiert, so rückt in der *Selbstbiographie* nun die erkenntnis- und imaginationsfördernde

---

[62] Immer wieder ist in der *Selbstbiographie* die Rede von der kindlichen Erfahrung der Liebeszurückweisung, die den Jungen »zum impotenten Un-Mann neben den beiden Männern, Vater und Bruder, gestempelt« habe (PS 17; ähnlich PS 27).
[63] Im *Teesdorfer Tagebuch* heißt es dazu: »wenn ich aus irgend einem Grunde glaube, philosophieren zu können, so darf ich dies sicherlich auf das ›idealistische Erleben‹ stützen, das ich schon mit 8 Jahren gehabt habe« (TT 127).

Kraft der neurotischen psychischen Struktur in den Vordergrund, wenn Broch notiert,

> daß mir von der Neurose oder zumindest mit ihrer Hilfe das beste Material zur dichterischen, ja, zur geistigen Produktion geliefert wird. Doch nicht nur die Vielfalt des Materials scheint dieser Quelle zu entstammen, auch etwas, was ich die ›Materialtiefe‹ nennen möchte, tut dies: das ›Durchschauen‹ [...] wird hier zu einer Prüfung des gesamten Erlebensmaterials im Hinblick auf seine Realität, u. z. geht diese Prüfung keineswegs bloß verstandesgemäß vonstatten, vielmehr ist sie ein konstantes Vorwärtstasten und Vorwärtsfühlen zu tieferen Realitätsschichten. (PS 39f.)

Die Neurose steigert also die Fähigkeit des Ich zur Wahrnehmung und Durchdringung der Welt (alles ist dadurch »nur noch intensiver, noch vielfältiger, noch farbensatter geworden« [PS 40]), sie sensibilisiert in besonderer Weise für die (irrationalen) Tiefendimensionen des Erlebens, um das derart gewonnene Wissen schließlich produktiv werden zu lassen, ihm Form und Ausdruck zu geben (PS 39).[64] Zugespitzt formuliert: Erst aus der neurotischen Belastung geht im Weg der Sublimierung das große philosophische oder dichterische Werk hervor, sie wird in Brochs sinnstiftender Deutung – darin ein für Künstlerfigurationen typisches Interpretament fortschreibend – zur notwendigen Voraussetzung, ja zum regelrechten ›Nährboden‹ schöpferischer Potenz.[65] Als paradoxe Folge dieser autobiographischen Sinnzuschreibung ließe sich sogar von einem ausgeklügelten »Selbstverhinderungssystem«[66] sprechen, mit dem Broch über viele Jahre sowohl eine erfüllende Liebesbeziehung wie auch eine erfolgreiche Therapie geradezu bewusst zu vermeiden suchte, um seine Kreativität und damit die eigene geistige Arbeit, die als oberste Legitimationsinstanz fungiert, nicht zu gefährden – fast kategorisch notiert er: »ich darf zu keiner befriedigenden menschlichen Relation gelangen, weil ich u. a. fürchte, in einer jeden solchen Relation meine Produktivität zu verlieren« (PS 38;

---

[64] Mehrfach betont Broch das Streben nach »produktive[r] Verwertung« (PS 39), den »Drang zur Formung und zum Ausdruck« (PS 41).

[65] Bereits Brochs Sohn Armand hat 1953 in seinem ausführlichen Brief an Frau Strigl, einer für Brochs Biographie interessanten Quelle, auf die Überzeugung seines Vaters hingewiesen, »daß nur eine durch neurotische Belastungen geschärfte Empfindsamkeit, daß nur ein Mensch, der durch sein leidendes und erleidendes Selbst sehend und hellhörig geworden ist, die Unendlichkeit der Welt in solcher Vielfalt und in solcher Tiefe, in allen ihren unzähligen Nüancen und Verschattungen zu sehen vermag, wie dies im Werk Hermanns zu Tage tritt. Nur der selber gefährdete, prekär auf der Schneide seines Bewußtseins suchende und balancierende Mensch ist fähig eine ebenso auf der Schneide ihre[s] Wertgehaltes zitternde Zeit, ist fähig die Wende der Zeit so einmalig und so wirklichkeitsnahe zu erfassen« (H. F. Broch de Rothermann: *Dear Mrs. Strigl/Liebe Frau Strigl. A Memoir of Hermann Broch by His Son*. Translated by John Hargraves. New Haven 2001, S. 137f.).

[66] Wünsch: »Hermann Broch. ›Psychische Selbstbiographie‹«, S. 570.

ähnlich PS 62).[67] Insgesamt machen solche Überlegungen zur »produktiven Sublimierung« (PS 13) der Neurose abermals deutlich, dass der autobiographische Impuls der *Psychischen Selbstbiographie* offenbar nicht allein in Motiven der Selbstanalyse und Selbsterkenntnis aufgeht, sondern darüber hinaus durch Momente einer emphatischen Selbstschöpfung geprägt ist, in der zentrale Grundzüge der intellektuellen bzw. künstlerischen Identität Brochs profiliert werden.

Nimmt man das *Teesdorfer Tagebuch für Ea von Allesch*, die *Autobiographie als Arbeitsprogramm* und die *Psychische Selbstbiographie* zusammenfassend in den Blick, so wird deutlich, dass alle drei Texte zwar keineswegs den Erwartungen des herkömmlichen Gattungsverständnisses entsprechen, sich aber gleichwohl typisch autobiographischer Strukturelemente und Darstellungsformen bedienen. Brochs Texte sind insofern durchaus repräsentativ für die im 20. Jahrhundert zu beobachtenden Tendenzen der Auffächerung und Zersplitterung des Autobiographischen,[68] in denen sich die Erfahrung moderner Desintegration und Ich-Verunsicherung spiegelt – im Bild vom disparaten ›Fetzenpinkel‹ der Seele (TT 127) bringt Broch diese Erfahrung anschaulich zum Ausdruck, die er gleichzeitig in seiner Theorie des Wert- bzw. Ich-Zerfalls kulturphilosophisch zu fassen sucht. Während das klassische Konzept der Autobiographie die äußere Einheit und Geschlossenheit der Form gern als Ausweis der postulierten inneren Einheit des autobiographischen Ich verstanden wissen wollte, lässt autobiographisches Schreiben im Zeichen der Moderne umgekehrt geradezu programmatisch die Brüche und Fragmentarisierungen bis hin zum Nicht-Gelingen individueller Identitätsbildungsprozesse zu.[69] Vor diesem Hintergrund scheint Brochs Bestreben, im Weg des autobiographischen Schreibens in seiner prekären Gefühls- und Seelenlage ›Ordnung‹ zu machen (PS 62), eine durchschaubare psychische »Gesamtstruktur« (PS 36) seines Ich freizulegen, nurmehr unter bestimmten Prämissen möglich: zum einen im Rekurs auf den geschichtsphilosophischen Rahmen seiner eigenen Werttheorie (wie in der *Autobiographie als Arbeitsprogramm*), zum anderen in der Ausrichtung auf die Freud'sche Psychoanalyse (wie in der großen Selbstanalyse im *Teesdorfer Tagebuch* und in der *Psychischen Selbstbiographie*) – beide theoretischen Bezugsrahmen wirken einheitsstiftend. Über den Impuls der Selbstbeobach-

---

[67] Broch schreibt sogar, dass er seiner Neurose »recht dankbar« sein müsse, da sie ihn auf den Weg der Triebsublimierung geführt habe (PS 42) und »in manchem Belange zu den Produktionsquellen [s]einer Arbeit« (PS 61) gehöre. »Paradox und grotesk ausgedrückt: meine Neurose scheint jede Analyse zu verhindern« (PS 81) – so lautet der Schlusssatz des *Nachtrags zu meiner psychischen Selbstbiographie*. In seinem Briefwechsel mit Federn führt Broch denn auch immer wieder diverse Gründe an, die ihn davon abhalten, die analytische Behandlung regelmäßig fortzuführen (FG 65f., 85, 94, 104 u. ö.).
[68] Holdenried: *Autobiographie*, S. 206.
[69] Zu diesen spezifisch modernen Transformationen der Gattung vgl. Holdenried: *Autobiographie*, S. 37, 53, sowie Wagner-Egelhaaf: *Autobiographie*, S. 56f., 187.

tung und der Selbsterkenntnis hinaus erweisen sich Brochs autobiographische Schriften dabei vor allem als Dokumente kreativer Selbstschöpfung, in denen Leitlinien des eigenen intellektuellen und künstlerischen Selbstverständnisses als Kulturphilosoph und Dichter entworfen und erprobt werden.

Gesa von Essen

4. Literatur

Broch, Hermann: *Das Teesdorfer Tagebuch für Ea von Allesch*. Hg. v. Paul Michael Lützeler unter Mitarbeit von H. F. Broch de Rothermann. Frankfurt am Main 1998 (= TT).

Broch, Hermann: *Psychische Selbstbiographie*. Hg. v. Paul Michael Lützeler. Frankfurt am Main 1999 (= PS).

Broch, Hermann: ›*Frauengeschichten*‹. *Die Briefe an Paul Federn 1939–1949*. Hg. v. Paul Michael Lützeler. Frankfurt am Main 2007 (= FG).

Albertsen, Elisabeth: »Ea oder die Freundin bedeutender Männer. Porträt einer Wiener Kaffeehaus-Muse«. In: *Musil-Forum* 5.1 (1979), S. 21–37 und 5.2 (1979), S. 135–153.

Anders, Günther: *Die Schrift an der Wand. Tagebücher 1941–1966*. München 1967.

Broch de Rothermann, H. F.: *Dear Mrs. Strigl/Liebe Frau Strigl. A Memoir of Hermann Broch by His Son*. Translated by John Hargraves. New Haven 2001.

Demetz, Peter: »Halb zog es ihn, halb glitt er hin. Hermann Brochs Briefe an den Psychoanalytiker Paul Federn [Rezension]«. In: *Frankfurter Allgemeine Zeitung* vom 10.7.2007.

Durzak, Manfred: *Hermann Broch in Selbstzeugnissen und Bilddokumenten*. Reinbek bei Hamburg 1966.

Grieser, Dietmar: »Briefe von Kindi. Hermann Broch und Ea von Allesch«. In: Ders.: *Eine Liebe in Wien*. St. Pölten, Wien 1989 (⁷1993), S. 111–118.

Holdenried, Michaela: *Autobiographie*. Stuttgart 2000.

Kraus, Esther: »Autobiografie«. In: *Handbuch der literarischen Gattungen*. Hg. v. Dieter Lamping. Stuttgart 2009, S. 22–30.

Lehmann, Jürgen: *Bekennen – Erzählen – Berichten. Studien zu Theorie und Geschichte der Autobiographie*. Tübingen 1988.

Lejeune, Philippe: *Der autobiographische Pakt*. Aus dem Französischen v. Wolfram Bayer und Dieter Hornig. Frankfurt am Main 1994.

Lützeler, Paul Michael: *Hermann Broch. Eine Biographie*. Frankfurt am Main 1988 (= HBB).

Lützeler, Paul Michael: »Hermann Brochs siegreiche Niederlagen«. In: *Siegreiche Niederlagen. Scheitern: die Signatur der Moderne*. Hg. v. Martin Lüdke und Delf Schmidt. Hamburg 1992, S. 72–84.

Lützeler, Paul Michael: »Liebe und Kulturkritik: Ea von Allesch«. In: Ders.: *Die Entropie des Menschen. Studien zum Werk Hermann Brochs.* Würzburg 2000, S. 133–166.

Lützeler, Paul Michael: »Hermann Brochs autobiographische Schriften«. In: *Autobiographien als Zeitzeugen.* Hg. v. Manfred Misch. Tübingen 2011, S. 103–115.

McGaughey, Sarah: »Hermann Broch und Ea von Allesch: Möbel und Mode«. In: *Hermann Brochs literarische Freundschaften.* Hg. v. Endre Kiss, Paul Michael Lützeler und Gabriella Rácz. Tübingen 2008, S. 51–63.

Mondon, Christine: »Hermann Broch und die Psychoanalyse«. In: *Hermann Broch. Neue Studien. Festschrift für Paul Michael Lützeler zum 60. Geburtstag.* Hg. v. Michael Kessler. Tübingen 2003, S. 510–523.

Prameshuber, Ursula: »Hermann Brochs ›Psychische Autobiographie‹: Einige psychologische Überlegungen«. In: *Studi germanici* 40 (2002) H. 3, S. 560–571.

Ritzer, Monika: »Experimente mit der Psyche: Hermann Broch und C. G. Jung«. In: *Hermann Broch. Neue Studien. Festschrift für Paul Michael Lützeler zum 60. Geburtstag.* Hg. v. Michael Kessler. Tübingen 2003, S. 524–552.

Rizzo, Roberto: »Psychoanalyse eines pädagogischen Eros. Zu Hermann Brochs ›Psychische Selbstbiographie‹«. In: *Hermann Broch. Neue Studien. Festschrift für Paul Michael Lützeler zum 60. Geburtstag.* Hg. v. Michael Kessler. Tübingen 2003, S. 553–583.

Saletta, Ester: »Hermann Broch und Ea von Allesch. Eine Beziehung zwischen Imagination und Realität«. In: *Hermann Broch – ein Engagierter zwischen Literatur und Politik.* Hg. v. d. Österreichischen Liga für Menschenrechte. Innsbruck 2004, S. 121–128.

Severit, Frauke: »Ea von Allesch (1875–1953). Ein Spiegelbild der Welt kannst Du nicht sein!«. In: *Das alles war ich. Politikerinnen, Künstlerinnen, Exzentrikerinnen der Wiener Moderne.* Hg. v. Frauke Severit. Wien, Köln, Weimar 1998, S. 249–285.

Severit, Frauke: *Ea von Allesch: Wenn auch Frauen Menschen werden. Eine Biographie.* Wiesbaden 1999.

Wagner-Egelhaaf, Martina: *Autobiographie.* Stuttgart ²2005.

Wünsch, Marianne: »Hermann Broch. ›Psychische Selbstbiographie‹ (1942). Selbstreflexion einer Epoche«. In: *Abweichende Lebensläufe, poetische Ordnungen.* Hg. v. Thomas Betz und Franziska Mayer. München 2005, S. 549–572.

Das essayistische Werk

I. Schriften zur Literatur, Kunst und Kultur

Mit der Kultur und der Kunst setzte sich Hermann Broch zeit seines schöpferischen Lebens in mehreren Essays und Studien, zahlreichen Briefen und zum Teil auch im Rahmen seiner dichterischen Werke bemerkenswert konsequent auseinander. Wie auch viele andere Autoren seiner Zeit schrieb er mit dem Blick auf das Schicksal der abendländischen Kultur insgesamt; wie kaum ein anderer jedoch hat er zugleich denkbar komplexe theoretische Überlegungen zur Entwicklung der Künste in seine dichterischen, philosophischen und kulturkritischen Texte einbezogen. Das literarische Schaffen war für Broch eine Suche nach Erkenntnis und als solche besaß es für ihn eine hohe ethische Relevanz. Den besonderen Anspruch gegenüber dem eigenen Schreiben übertrug der Autor auch auf die anderen Künste.

In einem Brief an Hannah Arendt aus dem Jahre 1946 brachte er seine sämtlichen dichterischen wie philosophischen Bemühungen um die Analyse seiner Zeit und um Lösungen von deren Problemen lakonisch auf eine Formel: »[A]lles, was ich treibe [liegt] in einer einzigen Linie: Kann man diese Welt zur Aus- und Einkehr bringen? Denn beides ist ihr notwendig« (AB 23). Ähnlich wie viele seiner Vorgänger und Zeitgenossen empfand er den Zustand der abendländischen Kultur als krisenhaft. Seine Kultur-, Kunst- und Literaturtheorie entfalten sich dabei einerseits im Dialog mit diversen Strömungen seiner Zeit, andererseits warten sie mit eigenen Begriffsbestimmungen sowie Systementwürfen auf und setzen dabei spezifische Akzente.

1. Eine Theorie der Kultur im Angesicht des Todes

Problemen der Kultur widmete sich Broch explizit in regelmäßigen Abständen von etwa zehn Jahren: In den vor 1910 entstandenen Notizen *Kultur 1908/1909*, in der Studie *Zur Erkenntnis dieser Zeit* von 1917–1919, in mehreren Schriften um 1930, darunter dem zehnteiligen Exkurs »Zerfall der Werte« der *Schlafwandler*-Trilogie, in Stellungnahmen zu Robert Musil zehn Jahre später, schließlich in den Studien zu Hugo von Hofmannsthal von 1947–1950.[1] Einflüsse aktueller Diskussionen hatten jeweils systematische Akzentverschiebungen zur Folge. Mehrere Momente seines Denkens von Kultur und Kunst erweisen sich dabei jedoch als konstant. Es gründet in der Überzeugung von der Notwendigkeit einer Einheit und Ganzheit der Wirklichkeitserkenntnis.

---

1 Vgl. Paul Michael Lützeler: »Broch als Kulturkritiker: Seine Sicht des Fin de Siècle«. In: *Hermann Broch*. Hg. v. Paul Michael Lützeler. Frankfurt am Main 1986, S. 308–319, hier 311.

Das impliziert die meist deduktive Art Brochs, Kultur- und Kunstphänomene zu betrachten und zu beurteilen.² Die Deduktion tritt allerdings etwas zurück, wenn Broch konkrete Werke beschreibt, wie im Falle des James Joyce gewidmeten Essays, in Ausführungen zu einigen Texten Hugo von Hofmannsthals oder in verstreuten, im Wortlaut oft ähnlichen Bemerkungen über die Malerei. Die gegenwärtige Situation der abendländischen Kultur beschreibt Broch als eine Krise, die Entwicklung auf den kritischen Zustand der Kultur hin fasst er als ein agonales und zyklisches Geschehen auf. Diese Krise deutet er als Krise der Religiosität, seine Überlegungen zum Ausgang aus ihr sind demgemäß teleologisch orientiert. Während seine Auffassungen in der Zwischenkriegszeit primär vom Entwurf einer Werttheorie getragen werden, bettet er sie später mit zunehmender Bewusstheit in ein umfassendes erkenntnistheoretisches System ein.

Das Krisenbewusstsein teilte Broch, wie in der Forschung mannigfaltig dargelegt wurde, mit vielen seiner Zeitgenossen, seien es Soziologen, Philosophen, Kunsthistoriker und -theoretiker oder Künstler. In der frühen Phase vollzog sich sein Denken im Kontakt mit vitalistischen Tendenzen der Philosophie.³ Überdies weist es Parallelen zu Diagnosen der Rationalität im Bereich der Soziologie etwa Max Webers oder Georg Simmels[4] auf. Hinzu kommen Einflüsse der Phänomenologie und des Neukantianismus, seit dem Studium an der Wiener Universität in den Jahren 1925–1930 war Broch auch mit der Philosophie des Neopositivismus konfrontiert.⁵ In vielen konkreten Fragen und Begriffsbestimmungen werden weitere Parallelen oder auch Bezugnahmen sichtbar – so etwa, um nur zwei bekannte Beispiele zu nennen, zum Ganzheitsbegriff des frühen Georg Lukács[6] oder zum Werk und zur Persönlichkeit von Karl Kraus[7]. Auch setzte sich Broch kritisch mit dem Denken

---

2   Vgl. hierzu stellvertretend Lützeler: »Broch als Kulturkritiker«, S. 311 (im kontrastiven Vergleich mit Karl Kraus).
3   Vgl. insbes. Monika Ritzer: *Hermann Broch und die Kulturkrise im frühen 20. Jahrhundert*. Stuttgart 1988.
4   Vgl. Friedrich Vollhardt: »Philosophische Moderne«. In: *Brochs theoretisches Werk*. Hg. v. Paul Michael Lützeler und Michael Kessler. Frankfurt am Main 1988, S. 85–97, und ders.: *Hermann Brochs geschichtliche Stellung. Studien zum philosophischen Frühwerk und zur Romantrilogie »Die Schlafwandler« (1914–1932)*. Tübingen 1986 bzw. Ders.: »Hermann Brochs Literaturtheorie«. In: *Hermann Broch*. Hg. v. Lützeler, S. 272–288, hier 274 u. ö.
5   Vgl. Vollhardt: »Philosophische Moderne«, S. 89f. und Vollhardt: »Hermann Brochs Literaturtheorie«, S. 281f., sowie Vollhardt: *Hermann Brochs geschichtliche Stellung*. Für einen exemplarischen Nachvollzug des Geflechts von Diskursen nach 1932 sowie zur »sozialgeschichtlichen Dimension« von Brochs Denken vgl. Thomas Borgard: »Hermann Brochs intellektuelle Entwicklung nach 1932. Religiöses Suchbild, Literatur und Gesellschaftslehre kultureller Ambivalenz«. In: *Hermann Broch. Religion, Mythos, Utopie. Zur ethischen Perspektive seines Werks*. Hg. v. Paul Michael Lützeler und Christine Maillard. *Recherches germaniques. Revue annuelle. Hors série* 5 (2008), S. 135–164, hier 153.
6   Vgl. u. a. Vollhardt: »Hermann Brochs Literaturtheorie« und Paul Michael Lützeler: »Zur Avantgarde-Diskussion der dreißiger Jahre: Lukács, Broch und Joyce«. In: Paul Michael Lützeler: *Zeitgeschichte in Geschichten der Zeit*. Bonn 1986, S. 109–140.

Wilhelm Diltheys[8] oder, kritisch und parodistisch zugleich, mit Oswald Spenglers *Untergang des Abendlandes* auseinander.[9] Im Bereich der Kunsttheorie reagierte er mit differenzierten Reflexionen auf Entwürfe von Wassily Kandinsky oder Adolf Loos. Charakteristisch ist dabei für Broch, dass er die jeweiligen Auffassungen und Tendenzen, soweit er sie explizit in seine Überlegungen mit einbezieht, nicht nur als Analysen und Interpretationen der von ihm beschriebenen und intendierten Kulturentwicklung betrachtet, sondern oft auch als deren Symptome. Beeinflusst war er ferner durch Kunsthistoriker oder -kritiker wie Wilhelm Worringer, Julius von Schlosser (dessen Vorlesungen er an der Universität Wien zwischen 1925 und 1930 besuchte), Julius Meier-Graefe oder, im amerikanischen Exil, Clement Greenberg.

Wenn Broch ein Lob von James Joyce zu dessen 50. Geburtstag anstimmt (KW 9/1, 63–94), wenn er über die Gattung des Romans (insbes. KW 9/2, 89–118) oder die Problematik der Übersetzung nachdenkt (KW 9/2, 158–173), wenn er das Phänomen des Kitsches analysiert oder über das Verhältnis von Mythos und Literatur reflektiert, so tut er dies alles stets vor dem Hintergrund seiner Thesen zur Entwicklung der europäischen Geschichte, zugleich aber mit Blick auf die Endlichkeit des menschlichen Daseins in der Welt. Beides verbindet er in seinem System einer »Werttheorie«.[10] In einer geschichtsphilosophischen Perspektive kombiniert er dabei die zyklische Auffassung – Entfaltung der Werte, Zerfall und Wiedergeburt – mit der Vorstellung, dass die Geschichte der Menschheit auf ein diesseitig unerreichbares, sie transzendierendes Telos aus ist. Dieses nennt Broch auch – metaphorisch und etwas missverständlich[11] – »platonische Idee«.

Der Prozess des Wertezerfalls vollzieht sich nach Broch in drei Phasen und zeigt sich dabei als zunehmende Rationalisierung und Abstraktion, mit einer progressiven Säkularisierung als Folge: Nach einer Epoche des Polytheismus folgt die hohe Zeit einer absoluten Vermittlung der Werte im christlichen Monotheismus, historisch im Mittelalter konkretisiert. Mit der Renaissance und der Reformation setzt die allmähliche Ausdifferenzierung der jeweiligen Tätigkeitsbereiche des menschlichen Geistes im Zeichen der Rationalität ein. Die jeweiligen Gebiete (»Wertsysteme«), etwa das kaufmännische, das milità-

---

7   Vgl. Paul Michael Lützeler: »Kritik des Fin de Siècle: Hofmannsthal und Kraus«. In: Paul Michael Lützeler: *Die Entropie des Menschen. Studien zum Werk Hermann Brochs*. Würzburg 2000, S. 102–119.
8   Vgl. Vollhardt: *Hermann Brochs geschichtliche Stellung*, insbes., mit Blick auf den Stilbegriff, S. 152ff.
9   Vgl. Paul Michael Lützeler: »Hermann Broch und Spenglers *Untergang des Abendlandes*: Die *Schlafwandler* zwischen Moderne und Postmoderne«. In: *Hermann Broch: Modernismus, Kulturkrise und Hitlerzeit. Londoner Symposion 1991*. Hg. v. Adrian Stevens. Innsbruck 1994, S. 19–43.
10 Vgl. insbes. (und zum Einfluss von Heinrich Rickert) Vollhardt: *Hermann Brochs geschichtliche Stellung*, S. 125 u. ö.
11 Vgl. Vollhardt: »Hermann Brochs Literaturtheorie«, S. 276, sowie Vollhardt: *Hermann Brochs geschichtliche Stellung*, S. 138f.

rische oder das wissenschaftliche, isolieren sich zunehmend, der »Zentralwert«, der für eine strukturelle Einheit der Erkenntnis bürgt,[12] rückt ins Unabsehbare und entzieht sich in seiner absoluten Abstraktheit der menschlichen Erkenntnis, soweit diese weiterhin nur auf Rationalität setzt. Die jeweiligen voneinander sich abgrenzenden Wertsysteme, mithin die in ihren Bereichen handelnden Individuen, streben rücksichtslos nach dem nächstliegenden erreichbaren Zweck – der Bereicherung, der Absicherung, einer Teilerkenntnis usw. –, anstatt sich auf jenen höheren, gemeinsamen und nie restlos erreichbaren Wert zu beziehen. Am Ende des Prozesses kann die Einheit und Ganzheit der menschlichen Wirklichkeitserkenntnis nicht mehr gewährleistet werden. Diese Krise ist zwar für Broch eine Krise der Spiritualität, genauer: der Religion. Es geht ihm allerdings nicht um ein Bekenntnis zu einer konkreten religiösen Praxis oder Konfession; vielmehr deutet Broch Religio als »Vermittlung«. Daher zeigt sich die Krise der abendländischen Kultur als Krise der Vermittlung: Die jeweiligen Wertsysteme hören auf, untereinander zu kommunizieren.

Sowohl in der *Schlafwandler*-Trilogie als auch in den Essays über Literatur und Kunst analysiert Broch die Zeit nach dem Ersten Weltkrieg als das letzte Stadium des Wertezerfalls, der in der Zeit der Renaissance und Reformation beginnt und nun in eine Katastrophe mündet. Anders als etwa Max Weber behauptet Broch über diese Diagnose hinaus die Notwendigkeit eines neuen »Zusammenschlusses« der Werte und ihrer erneuten Vermittlung zum »Zentralwert« hin.

In der Krise der Kultur kann nun die Kunst, und alleine sie, die Broch in den frühen Aufzeichnungen von 1908/1909 als »Sexualität der Kultur« (KW 10/1, 13) bezeichnet, kraft ihres zugleich rationalen und irrationalen Charakters eine ganzheitliche Erkenntnis vollziehen und somit eine künftige Einheit erahnen lassen.[13] Seine Auffassung der Kulturkrise als einer Krise der Vermittlung und folglich der Kommunikation lenkt dabei verstärkt die Aufmerksamkeit auf die Sprache. Daher kommt implizit zwei Künsten eine privilegierte Stellung bei der Erprobung der Möglichkeiten eines künftigen »Zusammenschlusses« der Werte zu: der auf das Medium der Sprache angewiesenen Dichtung und der im Sinne Brochs auf sprachanalogen Strukturen gründenden Musik. Sie erlangen eine doppelte Wertigkeit. An formalen Eigenschaften der literarischen und musikalischen Kunstwerke scheint die gegenwärtige Krise der Vermittlung auf, und zwar am Risiko der Unverständlichkeit,

---

12 Zum »Wert« Brochs, den, als »einheitliche ›Struktur‹ von Erkenntnis«, die Erkenntnistheorie aufzuzeigen hat, vgl. Kuno Lorenz: »Brochs erkenntnistheoretisches Programm«. In: Lützeler (Hg.): *Hermann Broch*, S. 246–259, hier 246.
13 Zu verschiedenen, theologischen wie kunsttheoretischen Traditionen des abendländischen Denkens über die Kunst als einer Vermittlungsinstanz zwischen Rationalität und Irrationalität in Zeiten des Zerfalls oder der Entfremdung mit Bezug auf Broch vgl. René Wellek: »The Literary Criticism of Hermann Broch«. In: *Hermann Broch. Literature, Philosophy, Politics. The Yale Broch Symposium 1986*. Hg. v. Stephen D. Dowden. Columbia 1986, S. 61–70, hier 62.

dem sich eine radikal gegenwärtige, mithin formal innovative Dichtung aussetzt, sowie an der Abstraktion der Musik. Zugleich prädestiniert beide Künste ihre sprachliche oder sprachähnliche Bedingtheit bzw. Beschaffenheit dazu, jene »Stummheit« zu überwinden, die auf der Welt lastet, wie Broch besonders eindrucksvoll im Vortrag *Geist und Zeitgeist* von 1934 ausführt (vgl. KW 9/2, 178f.). In der religiösen Deutung dieser Aufgabe besteht dann die genuin Broch'sche Auffassung der Beziehung von Kunst und Gesellschaft. So schreibt er, unter Be- zugnahme auf Goethe, im Essay *Neue religiöse Dichtung?* (KW 9/2, 53–57), der am 3. Oktober 1933 im *Berliner Börsen-Courrier* (vgl. KW 9/2, 287) veröffentlicht wurde: Das »Streben« in die »religiöse Richtung« sei »die sittliche und hu- mane Aufgabe des Dichterischen, [...] seine Mithilfe am religiösen Willen der Zeit und damit seine sittliche Wirkungsmöglichkeit in der Zeit« (KW 9/2, 57).

Broch teilt jedoch mit den Intellektuellen seiner Zeit nicht nur das Wissen um die Krise, sondern er schreibt auch, wie viele seiner Schriftstellerkollegen, zum Beispiel Thomas Mann, unentwegt im Bewusstsein der Endlichkeit des menschlichen Lebens. Seine Wert- und Erkenntnistheorie stellt dabei freilich ein einzigartiges Bestreben dar, die eigene schriftstellerische Position zu reflektieren und zu begründen. So formuliert er noch ein Jahr vor seinem Tod: »Mein ganzes Bemühen um die Erkenntnistheorie ist Selbstbestätigung der Grundeinstellungen: Wissen um die Realität, in die man hineingestellt ist, und mit der man fertig werden muß, wenn man das Sterben erlernen will.«[14] Der Zerfall der Werte ist Folge des Einbruchs des »Unwerts« – des Todes – in die jeweiligen Wertsysteme, eines Einbruchs, mit dem der Einzelne in Augenblicken absoluter Einsamkeit konfrontiert wird. Die Beharrlichkeit, mit der Broch das gesamte menschliche Streben auf die Angst vor dem Tod zurückführte, wurde nach dem Zweiten Weltkrieg sogar zu einem Streitpunkt zwischen ihm und Hannah Arendt (AB 95ff.). Arendt bezweifelte in der Korrespondenz die Richtigkeit von Brochs Konzentration auf den Tod als das einzige Movens des sinnvollen menschlichen Tuns; später in der Einleitung zur Ausgabe von Brochs Essays hat sie diesen Aspekt als charakteristisch für Brochs Generation hervorgehoben.[15]

Broch bestand allerdings auf seinem Ausgangspunkt; die Kunst erlangte in dieser Perspektive eine herausragende Position. Die existentielle Grundierung seines Denkens hatte jene Unbedingtheit zur Folge, mit der Broch in seiner Geschichts-, Wert- und Erkenntnistheorie den beobachteten und systematisch begründeten Wandlungen ein Überzeitliches entgegenstellte: jenen formal be-

---

14 Brief an Annemarie Meier-Graefe vom 23.7.1950. In: Hermann Broch und Annemarie Meier-Graefe: *Der Tod im Exil. Briefwechsel 1950/1951*. Hg. v. Paul Michael Lützeler. Frankfurt am Main 2001, S. 42.
15 Vgl. Hannah Arendt: [Einleitung zu den Essay-Bänden von Hermann Broch, 1955] (AB 185–223, hier 199f.).

stimmten »Zentralwert« der »platonischen Idee«. Überdies aber hängt mit dieser existentiellen Bedingtheit seiner Überlegungen die emphatische Bestimmung der Aufgabe der Kunst und der Dichtung zusammen. Dem Auseinanderfallen der Gemeinschaft, das zum verheerenden Kampf aller gegen alle führt, sowie der Verzweiflung des Einzelnen im Angesicht des Todes kann nur eine solche Leistung entgegengesetzt werden, die sich der Aggression des Unwerts auf eine angemessene Art und Weise stellt. Es geht darum, dass sie die gegenwärtige Situation in ihrer Disparatheit erkennt, ihr eine angemessene Form gibt (sie ›abbildet‹) und dadurch eine Einheit und ein Ganzes hervorbringt. Das einzige Gebiet unter den Bereichen der Tätigkeit des menschlichen Geistes, auf dem dies in der bestehenden Krise vollzogen werden kann und das auf diese Aufgabe also verpflichtet werden muss, stellt für Broch die Kunst dar. Die Kunst erkennt neuartige Realitäten, bildet sie ab und erschafft zugleich ein Neues; sie strebt nach einer »Aufhebung des Todes« (KW 9/2, 153).

Zusammenfassend kann festgestellt werden, dass Brochs Auffassung der Aufgabe der Kunst eine Engführung jener drei Funktionen vollzieht, die der Kunst in der Überlieferung mit unterschiedlicher Gewichtung zugedacht waren: der kognitiven, der ethischen und der ästhetischen Funktion. Spezifisch ist dabei Brochs Systematisierung dieser Funktionen und ihrer Beziehungen zueinander: Die ethische Aufgabe der Kunst besteht in einem Vollzug der Erkenntnis und deren Vermittlung auf dem Wege der ästhetischen Erfahrung.

2. Die Aufgabe(n) der Dichtung

Die genannten Charakteristika und Motive von Brochs Denken können an seiner Rede zu James Joyces 50. Geburtstag von 1936 (KW 9/1, 63–94) exemplifiziert werden. Diese Rede wird getragen von der Forderung nach der »Zeitgerechtheit« (KW 9/1, 65 u. ö.) des Kunstwerks, die ein Imperativ sowohl für den Schöpfer als auch für den Rezipienten ist. Diese Forderung bündelt verschiedene Aspekte von Brochs Kultur- und Kunstreflexion: Im Hintergrund steht die Wert- und Geschichtstheorie, im Vordergrund das Bestreben, an Joyces epochalem Werk (insbesondere dem Roman *Ulysses*) die Notwendigkeit und Plausibilität der eigenen Theorie zu exemplifizieren und zu bestätigen. Dabei verschränken sich eine phänomenologische und eine teleologische Perspektive; dass ein Schriftsteller, der über seine Kollegen schreibt, auch die Intention seines eigenen Schaffens mehr oder weniger bewusst mit formuliert, versteht sich.

Die Art und Weise, in der Broch, um die Aufgabe der Kunst systematisch zu verorten, verschiedenste Erscheinungen der Kunst, der Wissenschaft und der Philosophie zusammenführt und in seiner Darstellung Reihung und zyklische Gedankenführung kombiniert, erschwert den Nachvollzug seiner Argumentation. Dies ist auch kritisiert worden; nach Walter Benjamin etwa mangelte es Broch an einer »methodische[n] Schulung«, die eine angemessene »Behandlung seines schwierigen Gegenstandes« erlauben würde.[16] Brochs »Gespräch mit den Künsten« vollzieht, wie Gunther Martens dargelegt hat, »eine Gratwanderung zwischen polemisch wertender Kunstkritik und formal-methodischer Konstruktion«. Zugleich jedoch kann seine Reihungsmethode »als ein enzyklopädischer Anspruch oder Zuschnitt eines polyhistorischen Œuvres gedeutet werden«.[17]

Brochs Forderung nach der »Zeitgerechtheit« verlangt, dass ein Kunstwerk zur Erkenntnis der gegenwärtigen Situation beiträgt. Dies kann es nur durch eine angemessene Darstellung der erkannten Realität. Die kognitive und die ästhetische Dimension bedingen einander somit wechselseitig. Für die Situation seit der Jahrhundertwende konstatiert Broch aber den akuten Zerfall der Werte, der einerseits eine ganzheitliche Erkenntnis der Wirklichkeit, andererseits den Nachvollzug einer solchen Erkenntnis am Werk durch die Zeitgenossen erschwert. Damit gewinnt Broch eine Erklärung für das Phänomen einer verspäteten Anerkennung von ›wertvoller‹ Kunst. Ein Werk, das sich dieser kognitiven und darstellerischen Aufgabe stellt, riskiert, für seine Zeitgenossen unverständlich zu sein (vgl. KW 9/1, 65). Darin scheint ein wesentlicher Aspekt der Verbindung von Kulturkritik und Kunstreflexion bei Broch auf: Während ihn sein Bestehen auf der Notwendigkeit einer Einheit und Ganzheit der Erkenntnis – und demzufolge des Kunstwerks – von Fragmentarisierungsansätzen der radikalen Avantgarde abkoppelt, setzt er formalästhetisch auf unbedingte, weil erkenntnistheoretisch begründete Innovation der Form. Als er sich während der Arbeit an der *Schlafwandler*-Trilogie mit den formalen Lösungen von Joyce konfrontiert sah, formulierte er in einem Brief:

> Dichten heißt, Erkenntnis durch die Form gewinnen wollen, und neue Erkenntnis kann nur durch neue Form geschöpft werden. [...] Dichtung, die nicht neue Erkenntnis ist, hat ihren eigenen Sinn verloren, wird also notwendig zum Qualitätsabfall [...]. Neue Form dagegen aber heißt zunehmende Publikumsfremdheit, Unverkäuflichkeit, es heißt aber überdies ein Einbiegen in einen Weg, der bereits von Joyce verrammelt worden ist. (KW 13/1, 223; Brief an Daisy Brody vom 25.11.1932)

Im Joyce-Essay kommen die meisten Motive der Kultur- und Kunstreflexion Brochs zum Ausdruck: An Joyces *Ulysses* identifiziert er Verfahren, die jene »Totalerfassung durch das Kunstwerk« (KW 9/2, 66) ermöglichen, und kon-

---

[16] Walter Benjamin: *Gesammelte Schriften*, Bd. 3. *Kritiken und Rezensionen*. Hg. v. Rolf Tiedemann und Hermann Schweppenhäuser. Frankfurt am Main 1972, S. 517; vgl. den Hinweis in: Gunther Martens: »Hermann Brochs enzyklopädisches Gespräch mit den Künsten«. In: *Hermann Broch und die Künste*. Hg. v. Alice Stašková und Paul Michael Lützeler. Berlin 2009, S. 199–218, hier 214.
[17] Martens: »Brochs enzyklopädisches Gespräch mit den Künsten«, S. 216.

frontiert sie mit zeitgenössischen Wissenschaftstheorien (Relativitätstheorie, Psychoanalyse). Ferner setzt Broch das Kunstwerk dem Kitsch entgegen, greift auf die Begriffe »Stil« und »Mythos« zurück, entwirft Parallelen zwischen den Künsten und ihren Entwicklungen und beschwört emphatisch die Tendenz der Dichtung zur Erschaffung einer neuen Kosmogonie (vgl. KW 9/1, 90f.). Bemerkenswert ist dabei, dass Brochs Reflexion über das Verhältnis zwischen der darzustellenden Welt und der Darstellung sich jeder Inhaltsästhetik enthält. Ähnlich wie in seiner formalen Werttheorie geht Broch in der Kunst- und Literaturtheorie formalästhetisch vor; eine Abbildung der Wirklichkeit einer zerfallenden Epoche muss von diesem Zerfall ihre Poetik beziehen – auch hier gilt es, nach einer »Einheit von Darstellungsgegenstand und Darstellungsmittel[n] im weitesten Sinne« (KW 9/1, 78) zu streben. Die formale Herangehensweise erlaubt Broch, konkrete und individuelle Phänomene (Romantechniken, künstlerische Darstellungen des Individuums, Entwicklungen im Rahmen der Philosophie, der Kunst oder Wissenschaft, die Begriffe und Phänomene des Stils, den Kitsch) jeweils in positiver Weise als Vermittlung eines Allgemeinen und Allgemeingültigen oder ex negativo als ein Abrücken hiervon zu bestimmen.

Zu den Verfahren bei Joyce, die nach Auffassung Brochs eine ganzheitliche Realitätserfassung ermöglichen, zählt die gleichsam »naturalistische« Figuren-, Raum- und Zeitdarstellung in *Ulysses*, verstanden als eine Individualisierung des Allgemeinen. Dabei versucht Broch, im Werk von Joyce konkrete Techniken einer »Entnaturalisierung des Naturalismus« (KW 9/1, 70) zu identifizieren. In der Figurenkonstellation wird das Verfahren der »Abspaltungen« (KW 9/1, 74) beobachtet; die Komplexität des Menschen wird in einer Figur (Bloom) eng geführt, während die jeweiligen Komponenten, von den irrationalen bis hin zu intellektuellen, auf andere Personen (Molly, Dädalus) aufgeteilt werden. Die Disparatheit der Stile – Broch spricht von einer »Stilagglomeration« (KW 9/1, 71) – wertet er auf, indem er zeigt, wie diese durch ein »esoterisch-allegorisches« (KW 9/1, 73) Verfahren sowie im Rückgriff auf den Mythos in einer Einheit aufgehoben wird. Eine komplexe Verkettung von Motiven bringt ferner den Eindruck einer Simultaneität hervor, die eine ästhetische Wahrnehmung der gesamten Struktur als einer räumlichen ermöglicht. Die wechselseitige »Spiegelung und Symbolisierung« wird somit zu einem Ermöglichungsgrund des Sinnhaften (KW 9/1, 71). Im Raum eines »Totalitätskunstwerk[s] wahrer Zeitgerechtheit« (KW 9/1, 66) vollzieht sich somit eine Überwindung der Zeit, in der die »kognitive Aufgabe der Dichtung« ihre ethische Dignität erlangt.

Im Joyce-Essay und anderen Texten der 1930er Jahre ist es immer wieder Johann Wolfgang Goethe, den Broch als eine schöpferische Persönlichkeit würdigt, die hellseherisch die Aufgabe der Kunst in der Verpflichtung auf eine komplexe Erfassung der Wirklichkeit erblickte. Im Werk Goethes (mehrfach erwähnt werden die *Faust*-Dichtung und *Wilhelm Meisters Wanderjahre*) und in dessen Rezeption findet Broch die eigene Auffassung der Geschichtsentwicklung bestätigt. Zudem aber deute Goethes Distanz gegenüber Kant sowie gegenüber einer partiell wissenschaftlichen Herangehensweise das künftige Auseinanderdriften der Rationalität und des Strebens nach ganzheitlicher Erkenntnis an. Die von Broch im Werk Goethes diagnostizierte universelle Verantwortung der Kunst für die Geschicke der menschlichen Kultur werde nun angesichts der Haltung der Gegenwartsphilosophie aktuell. Dass ein jedes Kunstwerk in jeder Zeit von einer »geistigen Erkenntnis« (KW 9/1, 83) getragen wird, sei selbstverständlich. Der aktuelle Zustand von Philosophie und Wissenschaft, die beide auf eine ganzheitliche Erkenntnis verzichten (erwähnt werden die empirische Wissenschaft, die Mathematik, der Positivismus sowie die Entwicklung der deutschen idealistischen Philosophie und Wittgenstein, vgl. KW 9/1, 84) habe zur Folge, dass diese Aufgabe – die »Mission einer totalitätserfassenden Erkenntnis« (KW 9/1, 85) – auf die Kunst übertragen werde. Aufgrund des mit der Philosophie geteilten Materials und Mediums der Sprache als Logos, komme der Dichtung die »Pflicht« »zur Absolutheit der Erkenntnis« (KW 9/1, 85) zu.

Die von Broch bis in seine späten Äußerungen hinein immer wieder aufgegriffene Formulierung »Ungeduld der Erkenntnis« (KW 9/1, 86)[18] bildet somit die Formel für eine anthropologisch fundierte und historisch in unterschiedlicher Intensität wirksame Motivation des reflektierten und verantwortungsbewussten künstlerischen Schaffens. Die »Ungeduld der Erkenntnis« bezeichnet ein ursprüngliches und allgemein geltendes religiöses Bedürfnis des Menschen, das auf dem Wissen um die eigene Endlichkeit gründet und nach dem Sinn für das Leben strebt:

> Denn alles Religiöse greift nach der Totalität der Erkenntnis, alles Religiöse weiß von der Kürze der menschlichen Existenz und sucht diese kurze Existenz mit der Totalität der Erkenntnis zu erfüllen. Neben dem wahrhaft religiösen Menschen und neben dem Dichter steht immer der Tod, ein Mahner, das Leben mit letzterreichbarem Sinn zu erfüllen, auf dass es nicht umsonst gelebt sei. (KW 9/1, 86)

Die ethische Relevanz, die aus dieser religiös fundierten Erkenntnisaufgabe folgt, bestimmt Brochs Auffassung der sozialen Funktion von Kunst sowie seinen Mythosbegriff.

In dem Maße, in dem die sich auflösende »Wertwirklichkeit« ihre Abbildbarkeit erschwert, wird zunehmend deutlich, dass die Erkenntnisfunktion der Kunst eine »sozialfreie« ist, mithin »ins Reich des übersozial Allgemeinver-

---

[18] Vgl. ferner z. B. KW 9/2, 49 (*Denkerische und dichterische Erkenntnis*, 1933), 116 (*Das Weltbild des Romans*, 1933), 247 (*Literarische Tätigkeit [1928–1936]*, 1941), 209 (*Die mythische Erbschaft der Dichtung*, 1945).

bindlichen« gehört (KW 9/1, 83). Das ist der Broch'sche Ausdruck für die Notwendigkeit der Kunstautonomie. Er ermöglicht ihm zugleich, die ethische Dimension der Kunst als Erkenntnis im Rahmen einer Art »negativen Ästhetik«[19] auch an Phänomenen wahrzunehmen, die sich der Verpflichtung auf eine »soziale« Abbildung schlechthin verweigern, sei es das (historisch wie überzeitlich aufgefasste) l'art pour l'art, sei es die »Entnaturalisierung des Naturalismus« (KW 9/1, 70) bei Joyce und in der Malerei oder sei es die Satire von Karl Kraus.

Der Mythos ist bei Broch der Ausdruck für die religiöse Dimension der menschlichen Erkenntnis.[20] Der »neue Mythos, der aus einer neu sich ordnenden Welt erwächst« (KW 9/1, 91) werde gerade durch ›totalitätsabbildende‹ Werke wie dasjenige von Joyce vorbereitet. Denn die »neue philosophische Kosmogonie«, wie sie »Joyce mit allen Mitteln der Stilbeherrschung und der Architektonik, mit aller Wesenschau und aller Ironie anstrebt«, müsse

> letztlich ein platonisches System [abgeben], einen Durchschnitt durch die Welt, der dennoch nichts anderes ist als ein Durchschnitt durch das Ich, durch ein Ich, das zugleich das Sum und das Cogito ist, der Logos und das Leben zugleich, wieder zu Eins geworden, zu einer Simultaneität, in deren Einheit das Religiöse an sich aufschimmert. (KW 9/1, 90)

3. Das Hofmannsthal-Projekt: Eine unabschließbare Summa

Von 1947 an, veranlasst durch den Auftrag, eine Vorrede zur amerikanischen Ausgabe der Prosaschriften von Hugo von Hofmannsthal zu schreiben, kehrt Broch zur Arbeit am Begriff der Kultur und zur Reflexion über die Aufgabe der Kunst in einer denkbar umfassenden Art und Weise zurück. Die Verpflichtung der Kunst auf ihre ethische Aufgabe gewinnt allerdings durch die vorangegangenen Ereignisse an neuer Dringlichkeit. Verstärkt kündigt sich nach dem Zweiten Weltkrieg die Sehnsucht nach einem Neuanfang an, intensiver wird nach dem Mythos als einer sinnstiftenden Darstellung einer »Totalität des Universums« (KW 9/1, 128) gefordert:

> Im Mythos hat überall menschliche Geschichte angehoben, im Mythos, d. h. in der Dichtersprache seiner Epen haben jene Ur-Assoziationen, Ur-Vokabeln, Ur-Symbole ihre erste Gestaltwerdung erfahren, und jede neue Geschichtsepoche hat sie, wenn auch in verschiedenen Formen für sich neuentdeckt [...]. (KW 9/1, 128)

---

[19] Paul Michael Lützeler: »The Avant-Garde in Crisis: Hermann Broch's Negative Aesthetics in Exile«. In: Dowden (Hg.): *Hermann Broch. Literature, Philosophy, Politics*, S. 14–31.

[20] Broch verwendet sowohl einen »funktionalistischen« als auch einen »literarischen« Mythosbegriff; vgl. Paul Michael Lützeler: »Einleitung: Brochs Theogonie der Ethik«. In: Lützeler und Maillard (Hg.): *Hermann Broch. Religion, Mythos, Utopie*, S. 9–20, hier 17f.

Ein neues Thema stellt die Broch'sche Auseinandersetzung mit der Problematik der jüdischen Assimilation dar. Nach der Erfahrung des Holocaust wird sie in den Hofmannsthal-Studien präsent, die, wie es Barbara Mahlmann-Bauer formulierte, als »Brochs kritischer Kommentar zum aufklärerischen Projekt jüdischer Emanzipation durch kulturelle Assimilation«[21] charakterisiert werden können, und auch als Brochs Befragung des eigenen Schicksals.[22]

Mit Blick auf Brochs Kultur- und Kunstauffassung sind vor allem zwei neue Dimensionen seines Denkens, die in den Aufsätzen zu Hofmannsthal erscheinen, von Gewicht: die Anwendung seiner Systematik auf das Phänomen Österreich und Wien sowie die kulturgeschichtliche Intention der Studien. Mehreren brieflichen Äußerungen zufolge fand Broch die Arbeit am Hofmannsthal-Projekt unerfreulich, auch hatte er zunächst Schwierigkeiten mit dem Werk seines Landsmanns. Dennoch ist in den Studien eine zunehmende Achtung gegenüber Hofmannsthal sichtbar und die Texte des Hofmannsthal-Konvoluts zeugen insgesamt davon, dass Broch in der unwillkommenen Aufgabe eine Gelegenheit fand, seine früheren Beobachtungen zu aktualisieren und eine Summa seines kulturgeschichtlichen Denkens vorzulegen.

Die als *Hofmannsthal und seine Zeit. Eine Studie* erst im Jahre 1955 und zudem nur teilweise veröffentlichte Arbeit[23] geht, gemessen an der Formulierung des Titels, unerwartet vor. Das erste Kapitel ist eine Gesamtschau der europäischen Kunst- und Stilentwicklung seit dem 19. Jahrhundert. Akzentuiert wird dabei die dialektische Beziehung zwischen der Kunst und dem Künstler auf der einen und der bürgerlichen Gesellschaft bzw. dem Bürger auf der anderen Seite. Die in früheren Essays verstreuten Anmerkungen zu modernen Darstellungstechniken verdichten sich im Hofmannsthal-Essay in der Feststellung einer »Grausamkeit« (KW 9/1, 124), die in den Verfahren der Künste ein Korrelat zur Grausamkeit der bürgerlichen Gesellschaft angesichts der gesellschaftlichen Not bildet.[24] Diese Grausamkeit sowie die »Revolution des geistigen Ausdrucks« in der Nachfolge Baudelaires und Cézannes deutet Broch als »Vor-Symptom einer Welterschütterung« und Vorwegnahme des 20. Jahrhunderts, des Jahrhunderts der »dunkelsten Anarchie, des dunkelsten Atavismus, der dunkelsten Grausamkeit«. (KW 9/1, 128)

---

21 Barbara Mahlmann-Bauer: »Hermann Brochs Hofmannsthal«. In: *Hermann Broch. Neue Studien.*. Hg. v. Michael Kessler. Tübingen 2003, S. 263–321, hier 263.

22 Vgl. hierzu auch Dietmar Goltschnigg: »Epochenanalyse und ›Wiedervergeltung einer Schuld‹: Brochs Studie *Hofmannsthal und seine Zeit*«. In: Kessler (Hg.): *Hermann Broch. Neue Studien*, S. 322–338.

23 Zur Entstehungs- und Publikationsgeschichte der Hofmannsthal-Studien vgl. nebst dem Kommentar in der KW insbes. den Überblick in Mahlmann-Bauer: »Hermann Brochs Hofmannsthal«, S. 264ff.

24 Zu den besonderen Akzenten von Brochs Komparatistik der Künste in *Hofmannsthal und seine Zeit* im Kontext des amerikanischen Exils vgl. Ingeborg Hoesterey: »Brochs Theorie der Künste und die dialogische Dimension des Exils. Zu *Hofmannsthal und seine Zeit* (1947/48)«. In: *Exil: Literatur und die Künste nach 1933*. Hg. v. Alexander Stephan. Bonn 1990, S. 60–70, insbes. 65f.

Im »Wert-Vakuum der deutschen Kunst« (KW 9/1, 135f.) Ende des 19. Jahrhunderts ist ein letztes Stadium des geschichtlichen Wertezerfalls vorgezeichnet; die geistige Atmosphäre Wiens, dieser »Metropole des Kitsches« (KW 9/1, 175) stelle eine besondere Ausformung als Reaktion auf den geschichtlichen Prozess dar. Die Entwicklung der Persönlichkeit Hofmannsthals erscheint im zweiten Teil der Studie als ein Exponent dieses Prozesses und sein Schaffen im dritten Teil als Engführung der gestalterischen Möglichkeiten und Anforderungen, die dieser Prozess an ein verantwortliches schöpferisches Subjekt stellt. Das Österreich der Zeit vor dem Ersten Weltkrieg vertritt dabei die Stelle einer Ganzheitsepoche[25]; einer Ganzheit jedoch, die Broch im Rekurs auf die Darstellung in Hofmannsthals *Andreas*-Roman als Schein erkennt.

Wie im Joyce-Essay identifiziert Broch bei Hofmannsthal mehrere Verfahren, die der erkenntnisvermittelnden Abbildung der Epoche Rechnung tragen, z. B. die Methode der Personen-»Aufspaltungen« (KW 9/1, 251)[26] oder jene »gegenseitigen Symbol-Spiegelungen« (KW 9/1, 251).[27] Die Thematik und Motivik des Schaffens Hofmannsthals erlauben es Broch allerdings, die Aufgabe der Dichtung als Aufhebung und Überwindung des Todes in den Vordergrund zu rücken und mit einem Abschnitt zur »Ethischen Kunst« zu schließen. In Abgrenzung von den Phänomenen des l'art pour l'art und des Kitsches formuliert hier Broch erneut seine Auffassung der Aufgabe der Kunst, die darin besteht, kraft künstlerischer, auf das Darzustellende abgestimmter Verfahren eine Erkenntnis der Wirklichkeit zu vermitteln, dabei eine neue Wirklichkeit zu erschaffen und somit auf die Möglichkeit einer sinnvollen Zukunft hinzudeuten:

> In jedem Kunstwerk muß, bei allen traditionellen Konvenüs, die ganze Kunst neu anheben, nicht nur, weil (im Gegensatz zum wissenschaftlichen Vorgang) der künstlerische Akt, sonst wäre er keiner, stets aufs neu das Sein, als wäre es noch niemals gesehen worden, in seiner Ganzheit zu erfassen hat, sondern auch, weil es überhaupt keine verschiedenen Kunstwerke gäbe, wenn nicht jedes in der Totalität, das es ist, ein Stück neuer Seinsrealität aufdeckte. (KW 9/1, 257)

Die Ausführungen über Karl Kraus zum Schluss der Studie – ob diese nun als kontrastive Entgegensetzung von Hofmannsthal und Kraus oder als Analogiebildung zwischen beiden[28] interpretiert wird – deuten, ebenso wie Anmer-

---

[25] Vgl. auch die Formulierung im Artikel *Robert Musil und das Exil* von 1939: »jenes Österreich [Vorkriegsösterreich] ist eine Kulturganzheit gewesen« (KW 9/1, 96).
[26] Vgl. ferner Brochs psychologische Interpretation des Chandos-Briefes mit Hilfe des Begriffs der »Spaltung« KW 9/1, 306f.
[27] Zu Brochs Symbolbegriff u. a. mit Blick auf die Hofmannsthal-Studien vgl. Richard Brinkmann: »Zu Brochs Symbolbegriff«. In: Lützeler und Kessler (Hg.): *Brochs theoretisches Werk*, S. 35–48.
[28] Vgl. Lützeler: »Kritik des Fin de Siècle«, S. 102–119, hier 108ff., bzw. Mahlmann-Bauer: »Hermann Brochs Hofmannsthal«, S. 271 und 297ff.

kungen zur bildenden Kunst auf Brochs hohe Sensibilität für epochenbildende Phänomene der Kultur. Die »Absolut-Satire« wird von Broch als »Zentralkunst des 20. Jahrhunderts« (KW 9/1, 271) bezeichnet, da in ihr nach seiner Einschätzung die überzeitliche ethische Aufgabe der Dichtung ihren adäquaten Ausdruck findet. »Das geistige Äquivalent des Richtbeils ist der Hohn« (KW 9/1, 269), lautet Brochs Begründung hierfür.

Broch hat seine Studie zur Geistesgeschichte Österreichs nicht abgeschlossen. Sie blieb ein Work in progress und damit trägt sie auch der Spannung Rechnung, die für das Verhältnis zwischen seinem eigenen Streben nach ganzheitlicher Erkenntnis mit Hilfe eines Systems und seinen Erfahrungen sowie Beobachtungen charakteristisch ist. Unter den Essays Brochs gehören die Hofmannsthal-Studien zu den bevorzugten Gegenständen der Forschung. Mit Blick auf den gesamten Charakter dieser Texte bleibt dabei die Frage offen, inwieweit sie als ein *kulturgeschichtlicher* Entwurf charakterisiert werden können. Hartmut Steinecke untersuchte Analogien zu historiographischen Ansätzen etwa der École des Annales und überprüfte die Möglichkeit, im Falle Brochs statt von einer Kulturgeschichte von einer Mentalitätengeschichte zu sprechen. Brochs Herangehensweise mutet in ihrer interdisziplinären und kulturwissenschaftlichen Orientierung aktuell an. Allerdings, so konzediert Steinecke, galt Brochs Reflexion in seiner Darstellung einer ganzen Epoche der »Geschichtssicht« und »nicht der Methode«.[29] Die Analyse von Brochs »Denkstil« dürfte ein interessanter Ansatz der künftigen Forschung werden, und zwar sowohl im Vergleich der Verwendung des Begriffs durch Broch selbst mit jener seiner Zeitgenossen (z. B. Ludwik Fleck[30]) als auch im Sinne einer Denk- und Schreibweise im Kontext seiner Zeit.

4. Stil und Ornament

Die Verwendung des Begriffs »Stil« war zur Zeit Brochs geradezu inflationär. Broch selbst war sich dessen wohl bewusst, wie seine Rechtfertigung des eigenen Wortgebrauchs in der Studie *Zur Erkenntnis dieser Zeit* (KW 10/2, vgl. 72f.) bezeugt. Sein eigener Stilbegriff ist emphatisch und trägt jener Suche nach Einheit und Ganzheit Rechnung, die sein Denken über die soziale und die kognitive Funktion der Kunst auszeichnet. In konkreter und epochaler Wortverwendung ist bei Broch »Stil« der Ausdruck der Denk- und Seinsweise einer Epoche. Formal ist er das sinnlich wahrnehmbare Korrelat der einen absoluten Idee, von der – als »Zentralwert« oder als »platonische Idee« bezeichnet – Brochs Wert- und Erkenntnistheorie getragen wird.

---

29 Hartmut Steinecke: »Brochs Hofmannsthal-Essay: Ein kulturwissenschaftliches Epochenbild?« In: Stašková und Lützeler (Hg.): *Hermann Broch und die Künste*, S. 219–232, hier 230.
30 Vgl. Steinecke: »Brochs Hofmannsthal-Essay«.

Broch arbeitet offensichtlich mit mehreren überlieferten Ausprägungen des Stilbegriffs zugleich oder in unterschiedlicher Akzentuierung je nach Anlass und systematischem Bedarf. Bereits in den *Notizen zu einer systematischen Ästhetik* von 1912 (KW 9/2, 11–35) steht Stil für Einheit:

> aus der flukturierenden Unendlichkeit der Ausdrucksmöglichkeiten hebt sich klar, konzis die Formel des Stils, Symbols der Epoche, ihrer Schönheit, ihrer Wahrheit, ihres Gleichgewichtes: – ihrer Kultur. [...] Kultur und Stil sind durchaus einheitlich [...]. (KW 9/2, 24)

In der Essay-Folge »Zerfall der Werte« der *Schlafwandler*-Trilogie spielt der Stilbegriff eine zentrale Rolle, indem er ermöglicht, zwischen einer auf Rationalität und Abstraktion hin sich entwickelnden Geschichte einerseits und der Phänomenalität des aktuellen »Welt-Alltags« andererseits eine Brücke zu schlagen.[31] In späten Arbeiten, etwa in *Mythos und Altersstil* (KW 9/2, 212–233) geht es um den Individualstil eines reifen dichterischen Schaffens oder um den Spätstil einer Gattung. Dieser Altersstil teilt mit dem Mythos strukturell einen »überreligiösen« »Abstraktionismus« (KW 9/2, 223 und 229). Dadurch steht er für die Möglichkeit einer »neuen völlig abstrakten Theogonie« (KW 9/2, 224) eines neuen Mythos, jener vermittelnden Offenbarung des Religiösen. In systematischer Hinsicht schließt, wie Broch ausführt, sein Stilbegriff den »Lebensstil« als die »Kategorie des Erlebens« und den »Wertstil« als die »Kategorie der Wertsetzung« (KW 10/2, 73) ein. Diese Erweiterung des Stilbegriffs, der nun alle »Segmente des Lebens (Fühlen, Denken und Handeln) der Menschen einer Epoche prägt«[32] ist, wie Paul Michael Lützeler darlegte, der genuine Beitrag von Broch selbst.

Insgesamt erfüllt der Begriff »Stil« in seinen unterschiedlichen Verwendungen im Rahmen der jeweiligen Schriften eine wichtige Funktion. Als jene Dimension am Kunstwerk sowie an den Ergebnissen der menschlichen Tätigkeit überhaupt, die verschiedenartige Aspekte zu einem einheitlichen Gepräge vermittelt und somit eine ganzheitliche Auffassung ihres Erscheinungsbildes ermöglicht, verweist der Stil auf die Leistungskraft der ästhetischen Erfahrung und ist somit grundsätzlich positiv konnotiert. Er ist aber auch das Ergebnis einer Abstraktion. Somit ermöglicht der Stilbegriff, der Entwicklung der Moderne und ihres Denkens als eines Prozesses der zunehmenden Abstraktion einen positiven Aspekt abzugewinnen. Die Abstraktion, die zunächst einen Verlust an Vermittlung bedeutet, wie Broch in seinen Erläuterungen zur Geschichte der Religion und der Religiosität darlegt, erscheint zugleich, etwa im

---

[31] Zur poetologischen Bedeutung der Begriffe »Stil« und »Ornament« vgl. unten Ziff. 6. Zum Zusammenhang der Begriffe »Stil« und »Ornament« mit dem Thema der Zeit und Zeitlichkeit in *Die Schlafwandler* bei Stephen D. Dowden: *Sympathy for the Abyss. A Study in the Novel of German Modernism. Kafka, Broch, Musil, and Thomas Mann*. Tübingen 1986, S. 43ff.

[32] Paul Michael Lützeler: »*Die Schlafwandler*: Architektur und Ornament«. In: Lützeler: *Die Entropie des Menschen*, S. 33–44, hier 34f.

»Altersstil«, als Befreiung von der historischen Konditionierung des Daseins. In der formal vermittelten Einheit des Stilkonzepts verweist die Abstraktion auf die zwar aus dem Blick geratene, dennoch »waltende« einheitliche Idee.

Wie andere Schriftsteller vor ihm, so etwa Goethe, wurde Broch zunächst durch Kunstgeschichte zu seinem Stilbegriff inspiriert. Wie die meisten seiner kunsttheoretischen Begriffe ist für ihn auch Stil eine historische und eine typologische Kategorie zugleich. Der historischen Kategorie strukturell verwandt ist Brochs Gebrauch des Begriffs im Sinne des ›Individualstils‹ – eines Autors oder eines Werkes. Auch ein stilistischer Eklektizismus, wie derjenige des 19. Jahrhunderts, oder ein »Stilagglomerat«, wie etwa dasjenige von Joyces *Ulysses*, machen für ihn, auf einer höheren Ebene betrachtet, einen »Stil« aus, da sie eine Individualisierung des Allgemeinen und eine sinnlich wahrnehmbare Konkretisierung eines »Zeitgeistes« seien. Als typologischer Begriff verweist nun »Stil« strukturell auf die Bereitschaft und Fähigkeit eines Autors oder auf das systematisch bedingte Vermögen einer Epoche, Vielheit zur Einheit zu vermitteln und somit ein Überzeitliches als ein Analogon des Göttlichen hervorzubringen. Der Gegenbegriff zum »Stil« ist dann »Un-Stil«; im Anwendungsbereich der Kunst der Kitsch (vgl. Ziff. 5). Bereits in seinen frühen Werken greift Broch zum Begriff des Stils, um das zu Schaffende oder das Wahrzunehmende zu bezeichnen. Während er ihn, unter anderem unter dem Einfluss von Wilhelm Worringer, in den Notizen von 1912 kunstpsychologisch auffasst, leitet er ihn einige Jahre später formal her (*Zur Erkenntnis dieser Zeit*, KW 10/2, 72f.) und arbeitet dann typologisch.

Die Verbindung des Stils mit der Abstraktion fand Broch in der Stilpsychologie Worringers vorgeprägt. Worringer, der sich auf den Begriff »Kunstwollen« von Alois Riegl bezog, formulierte in seinem folgenreichen Buch *Abstraktion und Einfühlung* von 1908 die These, dass die Ästhetik früherer Zeiten nur dann angemessen nachvollziehbar ist, wenn die beiden »Pole des Kunstwollens«, bedingt durch Einfühlungs- bzw. durch Abstraktionsdrang, berücksichtigt werden. Auf der Ebene des künstlerischen Ausdrucks entspricht der »Naturalismus« (gegründet auf dem Prinzip der Nachahmung) dem Einfühlungsdrang, der »Stil« dem Abstraktionsdrang.[33] Der Stil ist nach Worringer ein »Ergebnis des Urkunsttriebs«; das Verlangen nach Abstraktion erklärt er psychologisch mit der Angst (einer »»Raumscheu««[34]) vor der ungeordneten Vielheit der Erscheinungswelt und ihrer Kontingenz: »der Urkunsttrieb hat mit der Wiedergabe der Natur nichts zu tun. Er sucht nach reiner Abstraktion als der einzigen Ausruh-Möglichkeit innerhalb der Verworrenheit und Unklarheit des Weltbildes und schafft mit instinktiver Notwendigkeit aus sich heraus die geometrische Abstraktion.«[35] In der Abstraktion »läßt [...] die

---

33 Vgl. Wilhelm Worringer: *Abstraktion und Einfühlung. Ein Beitrag zur Stilpsychologie* [1908]. München 1959, S. 86.
34 Worringer: *Abstraktion und Einfühlung*, S. 85.
35 Worringer: *Abstraktion und Einfühlung*, S. 81.

Angst nach, [...] das Vertrauern wächst und nun erst beginnt die Außenwelt zu leben«.[36]

Drei Motiven Worringers begegnet man später, über den Zusammenhang von Stil und Abstraktion hinaus, bei Broch: Die Abstraktion geht nicht auf die Rationalität, sondern auf einen Instinkt zurück. Die für Brochs Stilbegriff wichtige Synthese des Rationalen und Irrationalen wird hier vorgeprägt. Darüber hinaus verweist bereits Worringer auf den »Zusammenhang zwischen dem absoluten Kunstwollen und dem allgemeinen *état d'ame*«[37], ohne sich ihm allerdings weiter zu widmen; einen Zusammenhang, dem Broch später nachgeht, insbesondere in den Exkursen der *Schlafwandler*-Trilogie, wo er den Begriff des Kunstwollens wieder aufgreift. Und schließlich deutet Worringer auf Parallelen zwischen den »religiösen Anschauungen eines Volkes« und dessen »Kunstwollen«[38] hin. Im Anhang *Von Transzendenz und Immanenz in der Kunst* der 3. Auflage seines Buches von 1910 (zuerst erschienen in der von Max Dessoir herausgegebenen *Zeitschrift für Ästhetik und allgemeine Kunstwissenschaft*) formuliert er hierzu in einer typologischen Perspektive:

> Denn für das Jenseits der Klassik [also für den ›Transzendentalismus der Kunst‹, S. 178] bedeutet das künstlerische Schaffen und Erleben die Betätigung einer geradezu entgegengesetzten seelischen Funktion, die fern von aller weltfrommen Bejahung der Erscheinungswelt sich ein Bild von den Dingen zu schaffen sucht, das sie weit über die Endlichkeit und Bedingtheit des Lebendigen hinausrückt in eine Zone des Notwendigen und Abstrakten.[39]

Für Worringer sind allerdings Stil und Religion zwei strukturell analoge Äußerungen des psychischen Lebens eines Volkes in einer Epoche, auch wenn bei ihm gerade die »transzendentalistischen« Epochen mehr zum Stil neigen. Für Broch ist die Religiosität geradezu eine Bedingung der Möglichkeit eines »Stils«; den Verlust an Stilhaltigkeit führt er auf die Säkularisierung zurück:

> Der handfeste Atheismus des Jahres 1848 war das Todesdatum jeden Stiles. – Der Moderne aber war es vorbehalten, ihre Unfähigkeit ehrlich einzugestehen: sie – allerdings ein Architektengehirn – mußte die Platitüde der Zweckkunst entdecken, gepaart sogar mit einer durchaus symptomatischen Anti-Ornamentik. (KW 10/2, 75)

Hier, in den Studien aus den Jahren 1917–1919, erweitert Broch den Stilbegriff auf dem formalen Wege über seine frühere kunstphilosophische Bestimmung hinaus. Der systematischen Bestimmung des Stilbegriffs entspricht Brochs Aufwertung des Ornaments, wie sie in der zitierten Passage in der Anspielung

---

[36] Worringer: *Abstraktion und Einfühlung*, S. 85.
[37] Worringer: *Abstraktion und Einfühlung*, S. 85.
[38] Worringer: *Abstraktion und Einfühlung*, S. 85.
[39] Worringer: *Abstraktion und Einfühlung*, S. 179.

auf den Architekten, Architekturtheoretiker und Publizisten Adolf Loos aufscheint. Für den Kunsthistoriker Worringer und seine Vorgänger liegt es »im Wesen der Ornamentik, dass in ihren Erzeugnissen das Kunstwollen eines Volkes am reinsten und ungetrübtesten zum Ausdruck kommt.«[40] Bereits in den *Notizen zu einer systematischen Ästhetik* von 1912 bestimmt Broch abweichend von der zeitgenössischen Stilpsychologie das Verhältnis von Stil und Ornament formal. Das Ornament zeige »das Wesentliche des Stiles in radizierter Form« (KW 9/2, 26), es könne »als vornehmstes Charakteristikum des Stiles gelten« und sei »eine Abbreviatur des Stiles, sein Sigel, oder [...] sein Differential«:

> Denn auch das Differential ist Annäherung an die begriffsmäßige und operable Form, gibt Formelmäßiges für Veränderliches, Schwankendes – das ja der Stil trotz seiner relativen Starrheit immerhin doch ist. Und wie das Differential Andeutung ist für die Form der Kurve, so das Ornament für die Wesenheit des Stiles: es könnten nach diesem, ein wenig vagen, aber doch sehr durchsichtigen Vergleich, die Kunstformen als Integrale der Differentialformel ›Ornament‹ aufgefasst werden, Integrale, die sich untereinander bloß durch eine Konstante unterscheiden, die hier durch das jeweilige Material der Kunstäußerung gegeben erscheint. (KW 9/2, 26)

In diesen Aufzeichnungen greift Broch auf den »Satz vom Gleichgewicht« zurück, um das Ästhetische in durchaus traditioneller Art als harmonische Einheit zu bestimmen. Ähnlich wie bei seiner polyvalenten Verwendung der Begriffe »Terz« und »Rhythmus« in den Aufzeichnungen *Kultur 1908/1909* (KW 10/1, 11–31) und wie später mit den Begriffen »Zentralwert« und »platonische Idee« findet er damit eine Formel für den Grund der Ganzheit als einer zur Einheit vermittelten Vielheit. Anders aber als die Kunsthistoriker setzt Broch den Ornamentbegriff auch im Rahmen seiner Kulturkritik ein.[41]

Die kulturkritische Funktion von Brochs Ornamentbegriff zeigt sich in seiner Auseinandersetzung mit dem durch Adolf Loos proklamierten Abschied vom Ornament. Es soll allerdings hervorgehoben werden, dass seine Kritik an Loos' Kampf gegen das Ornament nichts mit einem Konservatismus des Geschmacks zu tun hat: Die von Loos geschaffene Architektur lässt Broch durchaus gelten. Auch will er, wie es um 1911 zum Schluss seines (erst 1977 publizierten) Artikels *Ornamente (Der Fall Loos)* heißt, »[d]em angepappten Ornament, dem Zierat, [...] nicht das Wort« reden (KW 10/1, 33). Er steht

---

40 Worringer: *Abstraktion und Einfühlung*, S. 87. Zu Worringers »Kultbuch« im Zusammenhang mit Brochs Ornament-Begriff vgl. auch Paul Michael Lützeler: »Hermann Broch und die Maler: Biographie, Ekphrasis, Kulturtheorie«. In: Stašková und Lützeler (Hg.): *Hermann Broch und die Künste*, S. 11–38, hier 25.
41 Eine andere Perspektive bietet der Vergleich des Ornament-Begriffs mit der Reflexion von Georg Simmel in Ritzer: *Hermann Broch und die Kulturkrise im frühen 20. Jahrhundert*, S. 50f.

vielmehr den moderaten Positionen im Streit um das Ornament nahe, so wie sie etwa Gustav E. Pazaurek mit Blick auf das Kunstgewerbe im Jahre 1912 formuliert: Ornament sei, so Pazaurek, »das am meisten sinnfällige Charaktermerkmal eines jeden Stiles; ein lediglich konstruktiver Stil, der auf Schmuckformen ganz verzichtet, ist, war und wird immer eine Unmöglichkeit sein.«[42]

Brochs Polemik gegen Loos weist drei verschiedene Dimensionen auf: eine praktische, eine systematische und schließlich die kulturkritische. Implizit reagiert Broch wohl auf Loos' Artikel *Ornament und Verbrechen* von 1908. Der Architekt verabschiedet hier das Ornament im Zeichen einer eindeutigen Bejahung des Fortschritts und der historisch-gesellschaftlichen Moderne. Seine zusätzlichen Argumente sind sozial und ökonomisch, zum Teil auch gegen die gesellschaftlich konservative Haltung des Staats gerichtet. Die Formulierung »Evolution der Kultur ist gleichbedeutend mit dem Entfernen des Ornamentes aus dem Gebrauchsgegenstande« hebt Loos besonders hervor.[43] Gegen Behauptungen wie diese setzt Broch mit seiner Kritik implizit an: Der Stil der Epoche ist für ihn an allen ihren Äußerungen ablesbar, somit eben auch am Gebrauchsgegenstand. Einen Stil ohne Ornament kann es im Rahmen von Brochs formaler Bestimmung beider Begriffe gar nicht geben. Daher würde eine Epoche, verzichtete sie in ihren sämtlichen Tätigkeiten auf das Ornament, auch eines eigenen Stils entbehren. Diese praktische Dimension ist also von der systematischen her nachvollziehbar. Die Abschaffung des Ornaments durch die avancierte Kunst- und Kunstgewerbetheorie wird nun für Broch zum Indiz dessen, dass seine Epoche bloß einen »Un-Stil« vorzuweisen hat, was er – allerdings erst später, in der Essay-Folge der *Schlafwandler*-Trilogie, mithin im systematisch-geschichtstheoretischen Rahmen seiner Werttheorie – zum Beleg dafür erklärt, dass die Epoche dem Wertzerfall anheimgegeben ist.

Die kulturkritische Komponente von Brochs Kritik an Adolf Loos schließlich hängt offenbar mit seiner geradezu entgegengesetzten Einstellung gegenüber der gesellschaftlich-historischen Moderne zusammen. Während Loos diese bejaht und sich darin als Anhänger der Avantgarde erweist, zählt Broch zu jenen Autoren der Moderne, die sich von den Erscheinungen der gesellschaftlichen Modernität kritisch absetzen. Mit Blick auf die Kategorien der Literatur- und Kunstgeschichtsschreibung scheint somit an Brochs Polemik gegen Loos eine Differenz zwischen künstlerischer Moderne und künstlerischer Avantgarde auf.

In der Studie *Logik einer zerfallenden Welt* von 1931 hat Broch seine Reflexionen zum Verhältnis von Kultur und Stil sowie seine Erweiterung des Stil-

---

[42] Gustav E. Pazaurek: *Guter und schlechter Geschmack im Kunstgewerbe.* Stuttgart und Berlin 1912, S. 295.
[43] Adolf Loos: »Ornament und Verbrechen« [1908]. In: Adolf Loos: *Gesammelte Schriften.* Hg. v. Adolf Opel. Wien 2010, S. 363–373, hier 364.

begriffs über das Ästhetische hinaus im Kontext seiner Werttheorie zusammenfassend ausformuliert:

> Ist aber nun Kultur die Gesamtheit der Wertsetzungen eines bestimmten Wertkreises, ist sie jenes Realisat der wertsetzenden Funktion, in dem die Welt und damit der sichtbare Raum dieser Welt die Formung erfährt, so muß auch der Stil – und er tut es auch – als Akzessorium des ästhetischen Wertes sichtbar werden, am sichtbarsten wohl im bildenden Kunstwerk und vor allem im architektonischen, in welchem die ›Raumformung‹ am deutlichsten und abstraktesten vorgenommen wird: und je abstrakter die Formung der Welt und ihres Raumes vorgenommen wird, desto sichtbarer wird der Stil, der durchaus folgerichtig im abstrakten Ornament seine eigentümlichste und merkwürdigste Repräsentanz findet.
>
> Stil aber ist eine Gesamthaltung des Menschen, Stil ist auch nicht auf das künstlerische Schaffen beschränkt, darf es nicht sein [...] auch das Denken trägt den Stil seiner Epoche. (KW 10/2, 163f.)

Der Gegenbegriff zum Ornament als Formel für das Wertstreben einer Epoche in ihrem Stil ist die »Dekoration« – ein imitiertes Ornament, das Broch in historischer Perspektive dazu veranlasst, das 19. Jahrhundert mit seinen Neo-Stilen (Neo-Gotik, Neo-Renaissance, Neo-Barock) als Jahrhundert des Kitsches wahrzunehmen.

5. Kitsch

In drei Essays hat sich Broch ausführlich mit dem Begriff des Kitschs auseinandergesetzt: im Vortrag *Das Weltbild des Romans* und in der Studie *Das Böse im Wertsystem der Kunst* von 1933 sowie im Vortrag *Einige Bemerkungen zum Problem des Kitsches* von 1950. Allerdings äußert er sich zum Kitsch auch in den meisten anderen Texten zu Kultur und Kunst, von den frühen Notizen bis hin zu den späten Hofmannsthal-Studien. Auch seine Reflexionen zum Kitsch formuliert Broch im Kontext einer breiten zeitgenössischen Diskussion, die um 1900 ansetzte.[44] Im Rahmen dieser Diskussion erweist sich der Versuch Brochs, den Begriff des Kitsches zu bestimmen, als theoretisch besonders anspruchsvoll.[45] Dies hat damit zu tun, dass er das Phänomen zwar, ähnlich wie die meisten seiner Zeitgenossen, kritisch betrachtet, es aber zugleich in die komplexe Systematik der eigenen Wert- und Geschichtstheorie einbindet. Somit beteiligt

---

[44] Vgl. Hermann Schüling: *Zur Geschichte der ästhetischen Wertung. Bibliographie der Abhandlungen über den Kitsch*. Gießen 1971.
[45] Vgl. Hans-Edwin Friedrich: »Hausgreuel – Massenschund – radikal Böses. Die Karriere des Kitschbegriffs in der ersten Hälfte des 20. Jahrhunderts«. In: *Kitsch: Faszination und Herausforderung des Banalen und Trivialen*. Hg. v. Wolfgang Braungart. Tübingen 2002, S. 35–58, zu Broch insbes. 43–46.

er sich an den Tendenzen zur Verallgemeinerung der Kitsch-Diskussion, auch in Richtung einer anthropologischen Erweiterung des Begriffs.[46] Die Emphase, aber auch die Komplexität der Argumentation, mit der Broch verschiedene Motive der zeitgenössischen Kitsch-Debatte in den Rahmen seiner ethischen Befragung der Kunst versetzte, sicherten seinem Ansatz ein bis in die Gegenwart reichendes Nachleben in der Rezeption und der Forschung zum Kitsch-Phänomen und -Begriff; seine Kitsch-Theorie zeugt von einer besonderen Sensibilität für ein zukunftsträchtiges Phänomen.[47]

Den Kitsch bestimmt Broch sowohl historisch als auch systematisch. Historisch verortet er seine Anfänge in die Romantik (vgl. KW 9/2, 159ff.) und betont auch die Entstehung des Wortes im München der 70er Jahre des 19. Jahrhunderts (vgl. KW 9/1, 146). Ein typologisches Interesse an jenem pejorativ gefärbten Romantik-Begriff, wie er z. B. auch in der *Schlafwandler*-Trilogie präsent ist, schwingt dabei mit. Die systematische Bestimmung, die eine Verurteilung des Kitsches aus ethischer Perspektive begründet, ergibt sich aus Brochs Werttheorie und klingt in der typologischen Verwendung des Romantik-Begriffs an. Die menschliche Handlung, die Broch als Wertsetzung auffasst, bestimmt er somit als ethisch. Das vorhandene Resultat dieser wertsetzenden Handlung nennt er »ästhetisch«. Wie alle Ergebnisse menschlicher Tätigkeit ist also das Kunstwerk nach Broch das Produkt eines primär ethischen – auf die Setzung des Wertes zielenden – Tuns. Im Zuge der Ausdifferenzierung der Wertsysteme vor dem Hintergrund der Säkularisierung orientieren sich, so Broch, die jeweiligen Handlungen nicht länger am »Zentralwert«, sondern zunehmend an »Partialwerten«, die für das jeweilige System in ihrer Zweckmäßigkeit unmittelbar einsichtig sind. Für das System der Kunst sei dieser Partialwert »das Schöne«. In dem Augenblick, in dem sich die künstlerische Produktion ausschließlich auf diesen nur ihrem Teilsystem eigenen Zweck richtet, höre sie auf, eine ethische Wertsetzung zu sein. Schlechtes – also nicht jedes – l'art pour l'art wird nach dieser Argumentation als l'art pour l'effet zum Signum der Zeit um die Jahrhundertwende und zum Symptom der Epoche des Wertezerfalls (vgl. KW 9/1, 257f.). Daher formuliert Broch: »Das Wesen des Kitsches ist die Verwechslung der ethischen mit der ästhetischen Kategorie, er will nicht ›gut‹, sondern ›schön‹ arbeiten, es kommt ihm auf den schönen Effekt an« (KW 9/2, 150). Noch im Hofmannsthal-Essay

---

[46] Vgl. Dieter Kliche: »Kitsch«. In: *Ästhetische Grundbegriffe*. Hg. v. Karlheinz Barck u. a., Bd. 3. Stuttgart 2001, S. 272–288, hier 278f.

[47] Ohne dass Broch diese Zukunft speziell reflektieren würde; vgl. hierzu den Vergleich mit Clement Greenbergs Reflexion zum Verhältnis von Kitsch und Avantgarde in Bernhard Fetz: *Das unmögliche Ganze. Zur literarischen Kritik der Kultur*. München 2009, S. 176. Brochs Position auch mit Blick auf aktuelle Diskussionen zum Kitsch charakterisiert Patrizia McBride (im Vergleich zu Robert Musil): Patrizia McBride: »The Value of Kitsch: Hermann Broch and Robert Musil on Art and Morality«. In: *Studies in Twentieth and Twenty-First Century Literature* 29 (2005) H. 2, S. 88–106.

greift Broch auf diese pointierte Formulierung zurück: »Kitsch ist Verwechslung des Ethischen mit dem Ästhetischen und darin liegt seine Verwandtschaft mit dem radikal Bösen« (KW 9/1, 158f.).

Den Kitsch als das »Böse im Wertsystem der Kunst« zu betrachten, ermöglicht Broch der agonale Charakter seiner Wertsystemtheorie: Einerseits kämpften die jeweiligen Wertsysteme gegeneinander, andererseits definierten sie sich selbst über den Kampf mit dem ihnen inhärenten »Unwert«: »Der Wert konstituiert sich am Unwert, das Wertsystem konstituiert sich am ›Bösen‹, das es überwindet, von dem es sich fortentwickelt und das ihm letzten Endes immer den Tod bedeutet« (KW 9/2, 140). Das Böse behaupte sich innerhalb des jeweiligen Systems als »Imitation« des Wertes.[48] Sein Imitationscharakter erweist nun den Kitsch als eine Erscheinungsform des Bösen, des »Un-Werts« – des Todes, mit dem das menschliche wertsetzende Tun abbricht. Während also das »echte« Kunstwerk, das ein »ästhetisches« Resultat eines »ethischen«, auf den Zentralwert gerichteten Tuns ist, als ein Überzeitliches den Tod überwindet, ist der Kitsch ein böswilliges, im besten Falle ein unbedacht verantwortungsloses, vor allem aber sehr wirksames Phänomen. Das absolute Wertziel ist die Erkenntnis, mithin auch eine »Erhellung des Irrationalen« (KW 9/2, 152). Der Kitsch dagegen fliehe vor dem Irrationalen – und vor dem Tode (vgl. KW 9/2, 152f.)[49]

Im Rahmen von Brochs Werttheorie ist es nun logisch, dass ein Schaffen, das sich nur auf das nächstliegende, partialsystemimmanente und erreichbare Ziel konzentriert – auf Profit, auf Funktionstüchtigkeit, auf das unmittelbare ästhetische Gefallen –, eine Wiedergeburt des Wertes verhindert. Dies gilt für einen Schuh, ein Haus oder einen Roman gleichermaßen. So ausgerichtetes Schaffen beteilige sich am Zerfall der Werte und führe zum Unheil, zur Verzweiflung, zum Tod. Nicht nur also schließe der Kitsch die Transzendenz aus, sondern er verhindere sie im augenblicklichen Befriedigen oder einer Vereinnahmung des Konsumenten. Daher nennt Broch den Kitsch-Produzenten einen »Verbrecher«:

> Wer Kitsch erzeugt, ist nicht einer, der minderwertige Kunst erzeugt, er ist kein Nichts- oder Wenigkönner, er ist durchaus nicht nach den Maßstäben des Ästhetischen zu werten, sondern er ist ein ethisch Verworfener, er ist der Verbrecher, der das radikal Böse will. Und weil es das radikal Böse ist, das sich hier manifestiert, das Böse an sich, das als absolut negativer Pol mit jedem Wertsystem in Verbindung steht, deshalb wird der Kitsch, nicht nur von der Kunst, sondern von jedem Wertsystem aus, das nicht Imitationssystem ist, böse sein; denn wer um des schönen

---

48 Zu den Problemen dieser Theorie vgl. Fetz: *Das unmögliche Ganze*, S. 174f.
49 Vgl. zum Verhältnis des Kitsches und des Bösen bei Broch auch Karsten Harries: »Decoration, Death and Devil«. In: Dowden (Hg.): *Hermann Broch. Literature, Philosophy, Politics*, S. 279–297.

> Effektes willen arbeitet, wer nichts anders sucht als jene Affektbefriedigung, die ihm das augenblickliche Aufatmen ›schön‹ verschafft, der radikale Ästhet also, wird zu solcher Schönheitserzielung jedes Mittel ungehemmt verwenden dürfen und verwenden: es ist der gigantische Kitsch, den Nero mit dem Feuerwerk der brennenden Christenleiber in seinen Gärten arrangierte, er selbst dazu die Laute schlagend, – und nicht umsonst war Neros Ehrgeiz das Schauspielerische. Jede Zeit des Wertzerfalls war zugleich eine Zeit des Kitsches. (KW 9/2, 154)

Brochs Duktus wird von der epochenspezifischen Emphase getragen – man denke an das Ornament als »Verbrechen« bei Loos, aber auch etwa an die Kriminaltopik, zu der Pazaurek angesichts der »Verbreitung der Geschmacklosigkeit« durch zeitgenössische Anleitungen zur »›Imitation [...] von Natur- und Kunstprodukten‹«[50] greift.

Ähnlich wie er Darstellungstechniken exemplarisch an einem ›zeitgerechten‹ Kunstwerk wie etwa an *Ulysses* von Joyce analysiert, versucht Broch auch Produktionsverfahren des Kitsches sowie dessen Wirkungen herauszuarbeiten. Der Imitationscharakter des »Un-Werts« zeigt sich für ihn an Klischees, zu denen der Kitsch greift, sowie am Missverhältnis zwischen Darstellungsmitteln und dem Darzustellenden. Der Kitsch-Produzent bediene sich bewährter Verfahren, um zielsicher unmittelbare Effekte zu erreichen, ohne Rücksicht auf Anforderungen des Gegenstandes. In seinen Skizzen *Zur Erkenntnis dieser Zeit* aus den Jahren 1917–1919 setzt Broch in dieser Hinsicht den Kitsch dem autonomen Kunstwerk entgegen:

> der Begriff der Autonomie zwischen begründender Definition des Wertzieles und der auf sie gegründeten Kunstforderung bedeutet gleichzeitig Adäquatismus von Form und Inhalt. Kitsch ist schließlich die Verwendung angelernter, eklektischer Effekte an neuen Inhalten. (KW 10/2, 62)[51]

Kitsch und Kunst hatte bereits Pazaurek im Jahre 1912 scharf entgegen gesetzt, indem er – mit Blick auf das Kunstgewerbe – formulierte:

> Der äußerste Gegenpol der künstlerisch durchgeistigten Qualitätsarbeit ist *geschmackloser Massenschund oder Kitsch*, der sich um irgendwelche ethischen, logischen oder ästhetischen Forderungen nicht kümmert, dem alle Verbrechen und Vergehen gegen das Material, gegen die Technik, gegen die Zweck- wie Kunstform vollständig gleichgültig sind [...].[52]

---

50 Pazaurek: *Guter und schlechter Geschmack*, S. 12.
51 Formal verfährt in der Charakteristik der Kunst bzw. des Kitsches im Jahre 1934 Franz Linde in der Monographie *Kunst oder Kitsch? Ein Führer zur Kunst* und schließt mit einer begeisterten Analyse des Auferstehungsbildes von Matthias Grünewald am Isenheimer Altar – desjenigen Kunstwerks, das eine zentrale Rolle in Brochs *Schlafwandler*-Trilogie spielt.
52 Pazaurek: *Guter und schlechter Geschmack*, S. 349 (Hervorhebung im Text).

Noch verschärft erscheint diese Kontrastierung bei Fritz Karpfen in seiner Monographie *Der Kitsch. Eine Studie über die Entartung der Kunst* von 1925. Karpfen greift hier zur Sprache des religiösen Eifers, wenn er formuliert, er wolle »mit Wort und Schrift der Kunst dienen [...] und den Kitsch als Antichrist dieser Religion verdammen.«[53] Hermann Broch bedient sich eines ähnlichen Vokabulars:

> Es ist immer ein Imitationssystem, sei es nun das des finanziellen Jobbers, das im kommerziellen System eingebaut ist, sei es das des Snobismus, das sich innerhalb einer feudalistischen Gesellschaft breit macht, sei es das Imitationssystem des Kitsches innerhalb des Wertsystems der Kunst, sie alle sind, wenn auch in Verkleinerung, Abbilder des Systems des Antichrist. (KW 9/2, 147).

Der Unterschied zwischen Broch und Karpfen aber ist wesentlich. Karpfen führt zwar wie Broch das Kitsch-Phänomen auf die Dynamik der Kulturkrise zurück und auch für ihn hat Kunst mit einer Erlösung zu tun: »Erst wenn die Menschen hart, kraftvoll und bewußt ihr Leben gestalten werden, das Ziel bis zum Ende erkämpfend, dann erst wird auch der Kitsch vergehen, und aus dem Schrei der Zeit wird sich unter tausend Schmerzen die absolute Kunst gebären.«[54] Während aber bei Broch die Kunst die Aufgabe hat, an einer Bewältigung der Krise durch Analyse und Darstellung mitzuwirken und auf eine Erlösung hin zu arbeiten, ist für Karpfen die Kunst selbst die Erlösung; sein Begriff von der Zweckmäßigkeit der Kunst ist derjenige der Kunstreligion. Das telos dagegen, das die Kunst nach Broch zu verfolgen hat, ist nicht das einer absoluten Kunst, sondern es transzendiert deren Bereich: es ist das als allgemein und absolut – wohlgemerkt nicht konfessionell zu verstehende – ethisch-religiöse telos jeglichen menschlichen Tuns, eine Erkenntnis von hoher Dignität, die nur annähernd im beständigen Streben anvisiert werden kann.

Im Kontext der Diskussionen um die Reportage und mit Blick auf anspruchslose Romanproduktion verweist Broch jeweils auf die Bedeutung von Auswahl und Organisation des Materials beim Schaffen eines Werkes. Somit moniert er am Kitsch – ob in der Intention der Reportage oder in der Wirkung der Trivialliteratur – dessen Unmittelbarkeit. Diese wurde etwa auch von Clement Greenberg pointiert festgestellt;[55] Brochs Kritik an der Unmittelbarkeit der Kitsch-Wirkung ist aber darin spezifisch, dass sie auf den systematischen Zusammenhang des Kitsch-Phänomens mit seiner Bestimmung der Kulturkrise als Krise der Vermittlung verweist. In diesem Kontext ist auch Brochs Bemerkung zu verstehen, dass ein gewisses Maß an Kitsch für ein Kunstwerk,

---

[53] Fritz Karpfen: *Der Kitsch. Eine Studie über die Entartung der Kunst.* Hamburg 1925, S. 64. Übrigens gilt auch Karpfen der Isenheimer Altar als »das herrlichste Bild der Gotik«, S. 12.
[54] Karpfen: *Der Kitsch*, S. 14.
[55] Vgl. Clement Greenberg: »Avant-Garde and Kitsch«. In: *The Partisan Review* 6.5, 1938/1939, S. 34–49.

soll es überhaupt wirken, unentbehrlich ist (vgl. KW 9/2, 150). Dieser Aspekt wurde später von Anderen aufgegriffen.[56] Auch von Brochs Zeitgenossen wurde allerdings die Verschwisterung von Kitsch und Kunst durchaus reflektiert. So formuliert etwa Carl Christian Bry im Jahre 1925 in der Zeitschrift *Hochland* in einem Beitrag, der sich zum Teil kritisch auf die Monographie von Fritz Karpfen bezieht, dass beide, Kitsch und Kunst, auf eine anthropologische Konstante zurückzuführen seien – auf das menschliche Wünschen und somit auf »Gefühle, Triebe, Bedürfnisse und Sehnsucht aller Menschen.«[57] Fehle den Künstlern der »Mut, sich auch der Gefahr des Kitsches [...] ungescheut auszusetzen [...], so kommt die Kunst in Gefahr, eine Sache an sich mit immer persönlicheren Problemen zu werden«. Die Aufgabe des Künstlers sei, so Bry durchaus im Einklang mit Broch, »etwas zu schaffen, das mindestens Ansatzpunkt einer neuen Verbindung und Verbindlichkeit werden kann.« Dieser und anderer Stimmen seiner Zeit verliehen Brochs Essays jene Form, Emphase und zugleich Systematik, die für eine Resonanz seiner Kitsch-Theorie in der Zukunft sorgten.[58] Man kann feststellen, dass Brochs Kitsch-Theorie in den heutigen Untersuchungen über Kitsch und dessen Begriff zu den in historischer Hinsicht unumgänglichen Positionen zählt.[59]

Ein wichtiger Aspekt von Brochs Kitsch-Theorie ist deren gesellschaftliche Verankerung. Broch nimmt, wie es Friedrich Vollhardt formulierte, den Kitsch »als primär soziales Phänomen in den Definitionsbereich der Kunst [...] auf.«[60] Somit zeugt dieser Begriff nicht etwa von einer konservativen bürgerlichen Kunstauffassung, sondern davon, wie intensiv sich Broch mit der wechselseitigen Bedingtheit von Kunstproduktion und -rezeption in ihren historischen Ausprägungen und Wandlungen auseinander setzte. Seine späte Rede vom »Kitsch-Menschen« (KW 9/2, 158) hat daher weniger mit einer skeptisch-eli-

---

56 Vgl. z. B. Abraham Moles in seinen zehn Thesen zum Kitsch, These 7: »Jede Kunst enthält einen Tropfen Kitsch (Broch), aber in jedem Kitschwerk ist auch ein Tropfen Kunst«. Abraham Moles: »Kitsch als ästhetisches Schicksal der Konsumgesellschaft«, in: *Kitsch. Soziale und politische Aspekte einer Geschmacksfrage.* Hg. v. Harry Pross. München 1985, S. 31–37, hier 37.
57 Carl Christian Bry: »Der Kitsch«. In: *Hochland. Monatsschrift für alle Gebiete des Wissens, der Literatur und Kunst*, Heft 7, 1924/1925, S. 399–411, S. 407 und 409f.
58 Zu denjenigen, die an Broch – in unterschiedlichen Perspektiven – explizit anknüpfen, gehören z. B. Ludwig Giesz (*Phänomenologie des Kitsches. Ein Beitrag zur anthropologischen Ästhetik.* Heidelberg 1960), Gillo Dorfles (*Der Kitsch* [1968]. Übers. aus dem Italienischen v. Birgid Mayr, Tübingen 1969; mit Auszügen aus Brochs Essays), in kunstphilosophischer Perspektive Karsten Harries (*The Meaning of Modern Art. A Philosophical Interpretation.* Evanston 1968, insbes. S. 74ff., vgl. auch *Between Nihilism and Faith. A Commentary on Either/Or.* Berlin, New York 2010, S. 88), ferner Matei Călinescu (*Faces of Modernity: Avant-garde, Decadence, Kitsch.* Bloomington 1977; u. a. zum Zusammenhang von Kitsch und Romantik), oder, mit dem Ziel einer ästhetischen Wertung, Hans-Dieter Gelfert (*Was ist Kitsch?* Göttingen 2000). Zu den Positionen in der Diskussion und zur Forschungsgeschichte vgl. Julia Genz: *Diskurse der Wertung. Banalität, Trivialität und Kitsch.* München 2011.
59 Vgl. stellvertretend Claudia Putz: *Kitsch – Phänomenologie eines dynamischen Kulturprinzips.* Bochum 1994, insbes. S. 15f. oder unlängst Valérie Arrault: *L'Empire du kitsch.* Paris 2010.
60 Vollhardt: »Hermann Brochs Literaturtheorie«. In: Lützeler (Hg.): *Hermann Broch*, S. 279.

tären Anthropologie zu tun, als vielmehr mit der Reflexion über das Verhältnis von Kunst und Gesellschaft.⁶¹ Demgemäß führt Broch für die Bestimmung des Kitsches als Ausdruck des radikal Bösen im Kunstsystem als aktuelles Beispiel den »unbedingte[n] Kitsch-Anhänger« Hitler an (KW 9/2, 171).

Die Konzession an den »einen Tropfen Kitsch«, ohne den es »in keiner Kunst abgeht« (KW 9/2, 150), wirkt sich, insbesondere im Exil, in der ambivalenten Einstellung Brochs zum Film aus und begleitet zum Teil seine Stellungnahmen zu anderen Künsten.

6. Kunst und Künste

Den Künsten widmete sich Hermann Broch in jeweils unterschiedlichem Maße und auch zu je anderen Zwecken. Bemerkenswert ist dabei, dass von ihm die Literatur seltener als andere Kunstarten zur Exemplifizierung bestimmter Thesen herangezogen wird. Dies hängt damit zusammen, dass Broch der Frage nach dem Medium besondere Beachtung schenkt. Die Malerei des Impressionismus etwa habe, so führt er aus, die Bedeutung des Mediums – des Lichtes, mithin der Farbe – als »Realität« offenbart.⁶² Die Literatur bleibt für ihn als Indikator zeitgenössischer Strömungen im Vergleich mit den anderen Künsten immer etwas hinterher, was mit dem Wesen des Mediums Sprache zusammenhängt:

> Denn im Gegensatz zum Maler, der sein Medium nahezu frei erzeugen darf (besonders seitdem die Konvenüs eines allgemeingültigen Wertsystems gefallen sind), ja darin fast noch freier als der Musiker ist, bleibt der Schriftsteller unentrinnbar der Sprache unterworfen, dem konservativsten

---

61 Darin steht Broch der Perspektive von Norbert Elias nahe, der 1935 versucht, die »Entstehungsbedingungen« des Kitsches zu ergründen. Zu diesen Bedingungen zählen diejenigen, die Broch selbst, wenn auch in anderen Worten, mitreflektiert, wie etwa eine grundsätzliche »Formunsicherheit« im Kunstschaffen und Kunsturteil sowie ein Auseinanderdriften der Kultur von Kunstspezialisten und der Bedürfnisse des Massenpublikums (Norbert Elias: »Kitschstil und Kitschzeitalter«. In: *Gesammelte Schriften*. Hg. v. Reinhart Blomert u. a., Bd. 1. *Frühschriften*. Bearb. v. R. Blomert. Frankfurt am Main 2002, S. 148–163 [zuerst in: *Die Sammlung. Literarische Monatsschrift unter dem Patronat von André Gide, Aldous Huxley, Heinrich Mann*. Hg. v. Klaus Mann. 2. Jg. Amsterdam 1935, S. 252–263]). Der Ansatz von Elias unterscheidet sich allerdings darin radikal von demjenigen Brochs (und der Mehrheit seiner Zeitgenossen), dass er sich, indem er vom Kitsch-Stil und vom Kitsch-Zeitalter spricht, einer kulturkritischen Wertung (oder gar einer ethischen Sichtweise) enthält.
62 Vgl. KW 9/1, 120f. Die im Kontext heutiger Auseinandersetzungen mit dem Begriff »Medium« interessante Passage, die auf die Ausführungen über die impressionistische Entdeckung des Mediums »als Realität« folgt, konzentriert sich auf den Begriff in philosophischer Hinsicht und nicht auf die Frage nach der Medialität mit Blick auf die jeweiligen Künste. Zum kunsthistorischen Kontext von Brochs »punktuelle[m] Engagment für die ›Medial-Methode‹ in den Künsten, d. h. für die medium-spezifische formale Innovation« vgl. Hoesterey: »Brochs Theorie der Künste«, S. 68 (u. ö.).

und ehrwürdigsten und, mehr noch, dem rationalsten Medium des Menschengeistes. (KW 9/2, 240)

Konkrete Analysen hat Broch nur zu Thomas Manns *Tod in Venedig* (im Jahre 1913, KW 9/2, 13–29) und zu Joyce vorgelegt, dessen *Ulysses* für ihn zu den wenigen Texten gehört, die jene Forderung nach einer »Zeitgerechtheit« einlösten. Erwähnt wird unter den Zeitgenossen allerdings auch Marcel Proust. Und als der einzige Autor, dessen Werk etwas grundsätzlich Neues bedeute und dabei im höchsten Maße »zeitgerecht« erscheine, wird mehrfach Franz Kafka hervorgehoben.

Besonders oft und intensiv hat sich Broch mit Malerei und Architektur beschäftigt, die jedoch im Rahmen seiner kulturphilosophischen Überlegungen einen je verschiedenen Stellenwert besitzen. Die Geschichte der bildenden Kunst zieht Broch meist zur exemplifizierenden Erweiterung seiner geschichtstheoretischen Überlegungen heran, ob in kunstphilosophischer Perspektive oder mit Blick auf das Verhältnis von Kunst und Gesellschaft. Die Betrachtungen zur Architektur wiederum dienen vielmehr einem phänomenologischen Nachvollzug seiner Theorie des Wertezerfalls. Im Zusammenhang mit den Begriffen des Stils und des Ornaments spielt sie ferner eine wichtige Rolle in Brochs dichterischem Werk und fungiert auch als eine poetologische Metapher seiner künstlerischen Verfahren, insbesondere zur Zeit der Entstehung der *Schlafwandler*-Trilogie.

An der bildenden Kunst überprüft Broch, wie Paul Michael Lützeler detailliert darlegte,[63] seine Geschichts- und Werttheorie: Broch war durch seine Erfahrungen im Wien der Jahrhundertwende geprägt, wo er auch mit Vertretern der künstlerischen Moderne Umgang pflegte. Im Exil dann beeinflussten Kunsttheoretiker und Kunstkritiker seine Urteile. So ist etwa Brochs Abneigung gegenüber dem Surrealismus, namentlich gegenüber Salvador Dalí, und seine Bevorzugung der abstrakten – nicht unbedingt ungegenständlichen – Malerei wahrscheinlich auf den Einfluss von Clement Greenberg zurückzuführen. Zeit seines Lebens hat er sich mit der Entwicklung der Malerei und dabei nicht zuletzt mit den zeitgenössischen Phänomenen auseinandergesetzt. Damit ist das besondere Interesse für dieses Thema markiert. Zwar benutzt Broch die Geschichte der bildenden Kunst immer wieder als paradigmatisches Argument im Rahmen seiner Theorie und Systematik, zugleich versucht er aber, über jeden deduktiven Zwang hinaus konkreten Autoren und Werken gerecht zu werden. Im Übrigen werden seine Urteile und Meinungen zu jeweiligen Künstlern über die ›Alten Meister‹ hinaus durch den heutigen Kanon meistenteils bestätigt.

An der Entwicklung der Malerei seit der späten Gotik (Cimabue und Giotto) und verstärkt seit der Renaissance beobachtet er einen zunehmenden

---

[63] Vgl. Lützeler: »Hermann Broch und die Maler«.

Einfluss der Wissenschaften auf die Darstellungstechniken, somit auch ein Streben nach »Realismus« und »Naturalismus«. Diese beiden Begriffe sucht er dabei nicht epochal, sondern typologisch zu fassen. Daher kann Broch etwa bei Dürer, Rembrandt, Frans Snyders oder Frans Hals von realistischen oder naturalistischen Ausprägungen sprechen, zugleich aber diejenigen unter den Malern hervorheben, die diese Tendenz überhöhten und für eine »Entnaturalisierung des Naturalismus« (KW 9/1, 70), oder, wie Broch mit Blick auf die Dichtung formuliert, »›erweiterten Naturalismus‹« (KW 9/2, 133) stehen. Bei manchen Malern betont er den »Altersstil«, der kraft Abstraktion den epochalen Stil überwinde und im Werk ein Überzeitliches aufhebe. Konkret in Beobachtungen zur Technik wird Broch im Falle des Impressionismus und der »Nachimpressionisten« Vincent van Gogh und Paul Cézanne. Sie beide seien in einer vom rationalistischen Erkenntnisstreben zunächst geleiteten Darstellung des Einzelnen in den Bereich des Irrationalen vorgestoßen. Die Hochschätzung beider Maler teilte zwar Broch mit den Kunsttheoretikern und Künstlern seiner Zeit. Doch stärker als diese betonte er, im Sinne seiner Geschichts- und Werttheorie, die ethische Dimension ihres Werkes. Dies kann an einem Vergleich seiner Ausführungen zu Cézanne mit dessen Charakteristik durch Wassily Kandinsky exemplifiziert werden. Über Kandinskys Buch *Über das Geistige in der Kunst* von 1912 äußert sich Broch in seinen Notizen aus demselben Jahr zustimmend:

> Durchaus erfüllt von der Einheit alles Geistigen und Ästhetischen, sieht es, vielleicht nur in zu priesterlicher Weise, als Aufgabe aller Kunst, diese Einheit zu äußern. Jedes Kunstmittel aber, sei es nun realistisch oder abstrakt, kann zu dieser Äußerung herangezogen werden; das Kunstwerk hat bloß ›dem Gesetz der inneren Notwendigkeit‹ zu folgen und in dem Gesetz liegt die Einheit (KW 9/2, 30, vgl. auch 27)

Selbst wenn er die Schrift später als ein »dilettantisches Buch« (KW 10/2, 60)[64] bezeichnet, dürfte Brochs Kommentar zu Cézanne auf Kandinsky zurückgeführt werden, der hier formulierte:

> Er [Cézanne] hebt die ›nature morte‹ zu einer Höhe, wo die äußerlich ›toten‹ Sachen innerlich lebendig werden. Er behandelt diese Sachen ebenso wie den Menschen, da er das innere Leben überall zu sehen begabt war. Er bringt sie zu farbigem Ausdruck, welcher eine *innere malerische Note* bildet und presst sie in die Form, welche zu abstrakt klingenden, Harmonie ausstrahlenden, oft mathematischen Formeln heraufgezogen werden. Nicht ein Mensch, nicht ein Apfel, nicht ein Baum werden dargestellt, sondern das alles wird von Cézanne gebraucht zur Bildung einer innerlich malerisch klingenden Sache, die Bild heißt.[65]

---

64 Zu Brochs Übernahme von Kandinskys Theorem des »Gesetzes der inneren Notwendigkeit« vgl. Lützeler: »Hermann Broch und die Maler«, S. 24.

Broch schreibt über Cézanne in den Studien *Zur Erkenntnis dieser Zeit* von 1917–1919:

> was vor ihm ein künstlerischer, vielleicht ein moralischer Witz gewesen ist, das verankert sich bei ihm zur Logik des malerischen Ethos. Irgendwo kann man ihn noch zu den Naturalisten rechnen; aber [er] ist souverän und bleibt nur solange Naturalist, als es ihm behagt, solange sich die nature morte ins Bild fügen will. Sein eigentliches Problem beginnt aber erst bei der nature vivante und ihrem Widerstand gegen das Arrangement. Die Naturalisten bis van Gogh, von den Impressionisten ganz zu schweigen, gaben hier Halbheiten, beschwindelten die Natur, gaben ihr ein bildmäßiges Leben, das sich unter Umständen ja in ihr finden läßt, ihr aber wahrlich nicht wesenseigentümlich ist: Cézannes ethische Ehrlichkeit sieht hier ein Entweder-Oder, über das mit Halbheiten nicht hinwegzukommen ist. Und so sieht er sich gezwungen, die nature vivante zu einer nature morte zu verwandeln. Er tötet sie und gibt ihr dennoch neues, malerisches Leben – vielleicht aus seiner eigenen Vitalität heraus. Er liebt das Objekt, indem er es schändet und aboliert: ringend mit dem Objekte um es zu segnen, durfte er es objektiv unkenntlich machen und schließlich vernichten: am Ende seiner ethischen Forderung, daß das Bild als ›Angelegenheit der Fläche und Farbe‹ zu definieren sei, steht das objektlose Bild. (KW 10/2, 57f.)

Das »Geistige« geht hier bei Broch in der ethischen Dimension auf. Dadurch wird er in seiner Reflexion über Cézanne konkreter und zugleich abstrakter als Kandinsky. Beide heben die Auflösung der Hierarchie des Darzustellenden bei Cézanne – ob Dinge oder Menschen – hervor. Kandinsky zeigt mit Blick auf die Bedeutung des Stillebens im Werk des Malers die »geistige« Substanz bei Cézanne an der Ablösung des Interesses für das Darzustellende und das Dargestellte durch die Konzentration auf die Darstellung bzw. das Werk selbst (das »Bild«). Broch dagegen spielt mit dem terminus technicus (nature morte – Stilleben), um die darzustellenden Objekte (›tote‹ oder ›lebende Natur‹) geradezu pathetisch entgegenzusetzen. Er rückt damit die Dialektik von »Darstellungswillen und Darstellungsvernichtung« (zu Joyce, KW 9/2, 68) als Zeugnis für die ethische (Selbst-)Verpflichtung des Künstlers in den Vordergrund. Im Hofmannsthal-Essay wird die künstlerische Unbedingtheit als »Grausamkeit« gerade auch bei Cézanne (sowie bei Baudelaire) als Vorwegnahme der historischen Entwicklung im 20. Jahrhundert gedeutet.

Kandinsky hatte beteuert, Literatur, Musik und Kunst seien die »ersten empfindlichsten Gebiete«, die auf geistige Wendungen der Zeit reagieren, diese »abspiegeln« und zugleich »das Große erraten«[66]; die Kunst bürge implizit, als

---

[65] Wassily Kandinsky: *Über das Geistige in der Kunst* [1912]. 10. Aufl., mit einer Einführung von Max Bill. Bern 1952, S. 50f. (Hervorhebung im Text).
[66] Kandinsky: *Über das Geistige in der Kunst*, S. 43.

Seismographik und Prophetie zugleich, für die Ankunft einer »*Epoche des großen Geistigen*«[67]. Broch bleibt dort, wo er Entwicklungen künstlerischer Verfahren in seine Geschichtsphilosophie einbettet, kulturkritisch. Das weist ähnlich wie seine Auseinandersetzung mit Adolf Loos darauf hin, dass er zwar, als ein Moderner, für die Erneuerung der Form eintritt, im Gegensatz zur Avantgarde aber eine ›irdische‹ Einlösung ihrer im Grunde eschatologischen Versprechen ausschließt. Auch ist die Forderung der künstlerischen Innovation bei Broch an die grundsätzlich moderne Vorstellung eines individuellen originellen Schöpfertums gebunden. Brochs Idealismus ist nicht derjenige der radikalen Avantgarde: Das Ideal bleibt als ein unerreichbares etwas ewig Anzustrebendes. Dessen Verwirklichung im Diesseitigen wäre ein Verhängnis; ein jeder solcher Versuche würde zum mörderischen Kitsch.

Eindeutig positiv äußert sich Broch seit 1932 über Pablo Picasso,[68] den er dann immer wieder an die Seite von James Joyce und Franz Kafka gestellt hat. Picassos *Guernica* löste für ihn offenbar die akut gewordene ethische Aufgabe der Kunst ein: Denn unter Verwendung von ›zeitgerecht‹ radikalen Darstellungsverfahren habe es besonders wirksam auf ein unmittelbares Zeitgeschehen (den spanischen Krieg) reagiert.[69]

Brochs Beschäftigung mit der Malerei wurde auch in seinem dichterischen Schaffen produktiv: In der *Schlafwandler*-Trilogie verweist der Autor in einer poetologisch anspruchsvollen Weise auf den »Isenheimer Altar« von Matthias Grünewald. In einer spezifischen Abwandlung des Ekphrasis-Verfahrens »fungiert« für ihn, wie Paul Michael Lützeler in einer umfassenden Studie gezeigt hat, der Isenheimer Altar als »zentrale künstlerische Referenz«. Und von dieser Referenz ausgehend wird von Broch der »Zerfall der christlich-abendländischen Kultur veranschaulicht«.[70] Die Bezugnahme auf den Bilderzyklus dient somit einer komplexen Auseinandersetzung mit dem Prozess der Säkularisierung, der aus ihm resultierenden Krise und deren Überwindung.

Zur näheren Bestimmung von Brochs Begriff der Architektur gilt es, seine Bezugnahmen auf Architekturdiskurse sowie auf Bauwerke von der poetologischen Funktion seines Rückgriffs auf die Architektur zu unterscheiden. Wie Sarah McGaughey darlegte, ist Brochs Auffassung der Architektur vor dem Zweiten Weltkrieg durchaus konform mit Diskursen seiner Zeit und wurzelt in Diskussionen des 19. Jahrhunderts.[71] Im Exil ist eine Entwicklung von Brochs

---

67 Kandinsky: *Über das Geistige in der Kunst*, S. 143 (Hervorhebung im Text).
68 Vgl. Lützeler: »Hermann Broch und die Maler«, S. 29f.
69 Vgl. Lützeler: »Hermann Broch und die Maler«, S. 32f.
70 Vgl. Paul Michael Lützeler: *Kulturbruch und Glaubenskrise. Hermann Brochs »Die Schlafwandler« und Matthias Grünewalds »Isenheimer Altar«*. Tübingen 2001, S. 18. Bildzitate aus Grünewalds Altar hat zuvor Thomas Eicher behandelt, vgl. Thomas Eicher: *Erzählte Visualität. Studien zum Verhältnis von Text und Bild in Hermann Brochs Romantrilogie »Die Schlafwandler«*. Frankfurt am Main 1993, S. 67–77.
71 Sarah McGaughey: »Ornament: Brochs Stil-Konzept und die Architektur-Diskurse seiner Zeit«. In: *Hermann Broch und die Künste*. Hg. v. Stašková und Lützeler, S. 55–72.

Stellungnahmen zu beobachten, indem er anders als in seiner früheren kritischen Haltung der Architektur durchaus eine Zukunft einräumt. Darüber hinaus bleibt jene strukturelle Parallele bemerkenswert, die zwischen Brochs formaler Forderung nach einer Einheit in der Erscheinung und den Tendenzen der modernen Architektur (Le Corbusier, Frank Lloyd Wright) unter anderem im Gefolge von Adolf Loos besteht – eine Parallele, die allerdings von Brochs Kritik an der proklamierten Abschaffung des Ornament durch Loos überdeckt wird. Die detaillierte Erschließung der Diskurse im Umfeld von Brochs Architektur-Reflexion bleibt, wie McGaughey vermerkt, ein Desiderat der Broch-Forschung.

Ausgiebig erforscht wurde dagegen die Funktion des Architekturbegriffs sowie der baugeschichtlichen Motive im Rahmen von Brochs frühen Werken, insbesondere der *Schlafwandler*-Trilogie. Die für die Architektur konstitutive Kategorie des Raums macht diesen Kunstbereich zu einem privilegierten Betrachtungsgegenstand für einen Autor wie Broch, der dem Epochenstil als Ausdruck des ›Zeitgeistes‹ nachgeht. Dies wird im dritten Exkurs über den »Zerfall der Werte« der *Schlafwandler*-Trilogie expliziert, in einer Passage also, in der die vorangehenden Überlegungen zur Architektur (im zweiten Exkurs, KW 1, 435ff.) nachträglich philosophisch gerechtfertigt werden:

> wenn es Stil gibt, so sind alle Lebensäußerungen von ihm durchdrungen, dann ist der Stil einer Periode ebensowohl in ihrem Denken vorhanden, als in jeder Handlung, die von den Menschen dieser Periode gesetzt wird. Und bloß aus diesem Faktum heraus, das sein muß, weil es anders nicht sein kann, ist die Erklärung für die verwunderliche Tatsache zu suchen, daß gerade jene Handlungen, welche sich im Räumlichen manifestieren, von so außerordentlicher, im wahren Sinn des Wortes sichtbarer Bedeutung geworden sind.
>
> Vielleicht wäre es müßig, darüber nachzudenken, wenn nicht das Problem dahinter stünde, das allein alles Philosophieren legitimiert: die Angst vor dem Nichts, die Angst vor der Zeit, die zum Tode führt. (KW 1, 444f.)

Das im Begriff der Architektur wesentliche Tektonische kann, wie Paul Michael Lützeler und auch Claudia Brodsky[72] gezeigt haben, auf die Produktionsästhetik Brochs und auf den Roman *Die Schlafwandler* bezogen werden. In der Interpretation Lützelers kommt den jeweiligen Architekturen der drei Roman-Teile, an denen der polyvalente Stilbegriff Brochs nachvollzogen werden kann, jeweils ein ›Ornament‹ als jene »Abbreviatur des Stiles« zu; im dritten Teil des Romans vertritt die zehnteilige Essay-Folge »Zerfall der Werte« den Ort eines Ornaments zum Gesamtstil der Trilogie.

---

[72] Vgl. Lützeler: »*Die Schlafwandler*. Architektur und Ornament« und Claudia Brodsky: »Writing and Building: Ornament in *The Sleepwalkers*«. In: Dowden (Hg.): *Hermann Broch. Literature, Philosophy, Politics*, S. 257–272.

Mehr als seine Zuwendung zu anderen Künsten entspricht Brochs Bezugnahme auf die Musik der damals zeitgenössischen Erkundung einer »wechselseitigen Erhellung der Künste«, wie sie Anfangs des 20. Jahrhunderts Oskar Walzel im Rahmen einer theoretischen Ergründung intendierte und z. B. Wassily Kandinsky für die künstlerische Produktion forderte. In der Realschulzeit zählten die Komponisten Egon Wellesz und Alban Berg, die beide später zum Schülerkreis von Arnold Schönberg gehörten, zu Brochs Freunden (HBB 34f.). Beachtenswert ist vor allem der Bezug zu Berg, dies auch über die gemeinsame Schulzeit hinaus: Dieser schätzte besonders die *Schlafwandler*-Trilogie, auch schenkte er Broch eine Szene aus dem Manuskript seiner Oper *Wozzeck*, in der Broch nach eigenem Bekunden die wichtigste Oper seiner Zeit erkannte.[73]

Konkrete Kompositionen spielen in mehreren Werken Brochs eine Rolle. Dies erstreckt sich auf deren Thematik, Motivik und Struktur, aber auch auf bestimmte Anspielungen (z. B. in der *Ophelia*-Novelle oder in den *Schuldlosen*).[74] Kaum ein Essay Brochs kommt ohne einen Hinweis auf das Vermögen der Musik zur Synthese von Rationalität und Irrationalität aus; mit Vorliebe erwähnt Broch dabei Johann Sebastian Bach, dessen *Kunst der Fuge* für ihn ein Beleg für die metaphysische Dimension der Abstraktion (vgl. KW 9/2, 213) ist. Auf musikalische Termini sowie Beschreibungen musikalischer Abläufe und Strukturen (Polyphonie oder Mehrstimmigkeit, Kontrapunktik, Leitmotiv) greift Broch zurück, wenn es darum geht, dichterische Verfahren zu beschreiben – ob beobachtete, wie im Falle von Joyce, oder intendierte und erprobte, insbesondere bei der *Schlafwandler*-Trilogie, beim *Tod des Vergil* und in den *Schuldlosen*. Auch verweist er zuweilen auf Analogien im Aufbau seiner Werke mit demjenigen musikalischer Gattungen (so zum Beispiel auf den »symphonischen Aufbau« von *Tod des Vergil*).[75] In der Forschung ist untersucht worden, inwieweit einige Stilverfahren Brochs in Analogie mit musikalischen Techni-

---

[73] Vgl. Lützeler: *Hermann Broch*, S. 128.
[74] Zur Rolle von Mozarts *Don Giovanni* vgl. insbes., im Rahmen einer umfassenden intermedialen Analyse Gabriella Rácz: »Musik in Hermann Brochs Roman *Die Schuldlosen*«. In: Stašková und Lützeler (Hg.): *Hermann Broch und die Künste*, S. 119–136. Ferner vgl. Clemens Goldberg: »Musikalische Zeit und Zeichen-Raum in Brochs Roman *Die Schuldlosen* und Mozarts *Don Giovanni*«. In: *Hermann Broch: Modernismus, Kulturkrise und Hitlerzeit*. Hg. v. Stevens, S. 103–125 und Martin A. Hainz: »Handlungsmelodik? (An-)Ästhetiken in Brochs *Schuldlosen*«. In: Stašková und Lützeler (Hg.): *Hermann Broch und die Künste*. S. 137–155. Zur Rolle der Musik in Brochs Schaffen vgl. John Hargraves: *Music in the works of Broch, Mann und Kafka*. Rochester 2002.
[75] Vgl. z. B. die Briefe an Trude Geiringer vom 31.10. und 4.11. 1940, in: *Materialien zu Hermann Broch »Der Tod des Vergil«*. Hg. v. Paul Michael Lützeler. Frankfurt am Main 1976, S. 208f. Inwieweit die ›Musikalität‹ dieses Romans, unabhängig vom Selbstverständnis des Autors auf die Nachbarkunst wirken konnte, belegt das Projekt einer ›Vertonung‹ des Romans durch den französischen Komponisten Jean Barraqué; vgl. Jörn Peter Hiekel und Alice Stašková: »*Der Tod des Vergil*: Broch-Vertonungen des Komponisten Jean Barraqué«. In: Stašková und Lützeler (Hg.): *Hermann Broch und die Künste*, S. 157–182.

ken betrachtet werden können, und zwar auch unabhängig von den Idiosynkrasien des Autors, etwa jenen gegenüber Richard Wagner.[76] Brochs Kritik an Wagner kulminiert im Hofmannsthal-Essay. Hier wird der Komponist zum Exponenten der stillosen Epoche erklärt: »Gleichwie der Stil der Zeit – vor allem wo er vom romantischen Naturalismus her sich bestimmte – ein Unstil war, so war Wagner ein unmusikalisches Musikgenie und daneben auch ein undichterisches Dichtergenie. Er war eben das Genie des Vakuums« (KW 9/1, 140).

Dass jene Stelle, die produktionsästhetisch wie thematisch in der *Schlafwandler*-Trilogie die Architektur vertritt, in *Tod des Vergil* dann durch die Musik eingenommen wird, ist natürlich vor allem mit Blick auf die unterschiedliche Poetik beider Werke zu erklären und zu analysieren. Allerdings ist es eben gerade die Musik, die nach Brochs Auffassung für eine Synthese steht: als eine besonders sinnfällige Art, Abstraktion am sinnlich wahrnehmbaren Material darzustellen. Die Verwandtschaft der Musik mit der Mathematik einerseits und die Unerreichbarkeit ihrer ästhetischen Wirkung durch Begriffe andererseits machen die Musik für ihn zum privilegierten Ausdruck der epochalen Krise, der von ihr zugleich befreit – da die Musik besonders sinnfällig auf eine Aufhebung der Zeit in der ästhetischen Erfahrung hin aus ist. In der Studie *Das Böse im Wertsystem der Kunst* bildet »Das Beispiel der Musik« einen kleinen selbständigen Abschnitt, in dem diese emphatische Auffassung besonders verdichtet wird. Konsequent erscheint dabei, dass Broch nicht, wie im Falle der Literatur, von ›Werk‹ oder ›Werken‹ spricht, sondern die Musik schlechthin »Abbild der absoluten Todeserlösung« nennt, dem »alles Schöpferische zustrebt und dem das Wertsystem in seiner Ganzheit dient« (KW 9/2, 136).

In dieser Hinsicht ist es auch bezeichnend, dass Broch in seinem Aufsatz *Gedanken zum Problem der Erkenntnis in der Musik*, den er zum 60. Geburtstag von Arnold Schönberg verfasste (erschienen 1934 in der entsprechenden Festschrift), auf konkrete musikalische Phänomene nicht eingeht und stattdessen die Umrisse seiner Erkenntnistheorie aufscheinen lässt. Die Musik bestimmt er hier als eine privilegierte Kunstgattung, die in einer Synthese von rationalen Kompositionsverfahren und irrationalen Wirkungen die Einheit der Erkenntnis vermittelt und somit in der ästhetischen Erfahrung die Zeit aufhebt: »Denn die Architekturierung des Zeitablaufes, wie sie von der Musik vollzogen wird, diese unmittelbare Aufhebung der zum Tode hineilenden Zeit, ist auch die

---

[76] Vgl. Jean Paul Boyer: »Hermann Broch: auch ein Wagnerianer wider Willen?« In: *Hermann Broch. Das dichterische Werk. Neue Interpretationen*. Hg. v. Michael Kessler und Paul Michael Lützeler. Tübingen 1987, S. 231–238, auch im Vergleich zu Thomas Mann (*Der Zauberberg*). Boyer charakterisiert dabei Brochs Musikverständnis im Kontext der Tradition als Indiz einer intellektuellen Auffassung, bei der Musik vor allem als »Kunst der klanglichen Kombinationen« angesehen werde. Vgl. ferner Marianne Charrière-Jacquin: »Zum Verhältnis Musik – Literatur im Tod des Vergil«. In: Kessler und Lützeler (Hg.): *Hermann Broch. Das dichterische Werk*, S. 7–18.

unmittelbare Abhebung des Todes im Bewußtsein der Menschheit« (KW 10/2, 243). Im Hofmannsthal-Essay scheint an den Äußerungen zur Musik auf eine ambivalente Art die religiöse Dimension von Brochs Kunsttheorie auf:

> Würde die abstrakte Raummusik [...] sich wirklich zu kontrapunktorischem Reichtum entfalten können, so könnte sie zum Symptom einer neuen religiösen Menschheitseinstellung, zum Symbol des abstrakten, radikal unbehausbaren Gottes werden. (KW 9/1, 257)

Über das Theater äußert sich Broch eher okkasionell, meist im Zusammenhang mit seinem eigenen dramatischen Schaffen.[77] Der kurze Artikel *Erneuerung des Theaters?* von 1934 bündelt dabei die meisten Motive von Brochs Kulturtheorie und Kulturkritik: Hier wird dargelegt, auf welche Art auch das gegenwärtige Theater an den Folgen der geschichtlichen Entwicklung leide. Das Analogon des »Zentralwerts« oder der »platonischen Idee« bildet im Drama für ihn offenbar die »sophokleische Schicht« (KW 9/2, 59), in der das große Theater aufzugehen habe; in dieser Dimension, auf dem Weg »zum Göttlichen«, könne sich das Theater seit der zweiten Hälfte des 19. Jahrhunderts nicht mehr entfalten. Im Zuge der Säkularisierung (»der spezifischen Glaubens-, richtiger Unglaubenshaltung«, KW 9/2, 60) sei es nur noch naturalistisch geworden. Broch greift hier auf die Opposition der Begriffe Naturalismus und Stil zurück: Das Theater könne sich durch einen Umschlag des Naturalismus »ins Abstrakt-Stilistische« erneuern, was dann »Angelegenheit der dramatischen Architektur und entnaturalisierten Strenge« (KW 9/2, 60) sei.

In der Hofmannsthal-Studie bekommt das Theater, dem Schaffen des untersuchten Autors gemäß, einen besonderen Stellenwert: Die Art und Weise, wie Broch mit Kunstphänomenen im Rahmen seiner Kulturtheorie umgeht, kann dabei exemplarisch nachvollzogen werden. Zunächst wird der »Burgtheaterstil« (KW 9/1, 202) zu einer Wien-spezifischen Probe aufs Exempel für die Haltung Österreichs in der Krise. Ferner wird das Theater als die auf dem Schein schlechthin gründende Kunstgattung zum Argument für den Nachvollzug einer ethischen Aufgabe der Kunst am Schaffen Hofmannsthals. In der Entfaltung des Tanzes, dem er sich andernorts wenig zuwendet, sieht Broch in dieser Studie die Tendenzen der Zeit gebündelt (vgl. KW 9/1, 226f.).

Zum Film äußert sich Broch in seinen Essays relativ selten. Im amerikanischen Exil gewinnt das neue Medium jedoch zunehmend an Gewicht. Dies wird an zwar spärlichen, dennoch wichtigen Stellen seiner Aufsätze und Briefe klar und relativiert den Eindruck eines Elitismus, den Brochs Forderung nach einer Angemessenheit von Darstellungsmethode und Darstellungsobjekt am Kunstwerk vermittelt. Das Interesse für den Film hängt in systematischer

---

77 Vgl. Ernst Schürer: »Erneuerung des Theaters?«: Broch's Ideas on Drama in Context«. In: *Hermann Broch. Visionary in Exile. The 2001 Yale Symposium.* Hg. v. Paul Michael Lützeler u. a. Rochester 2003, S. 21–36.

Hinsicht mit Brochs Sinn für die Wirksamkeit der Kunst zusammen, werkbiographisch betrachtet hat es auch mit seiner Zuwendung zum Problem der Masse zu tun. Der systematische Aspekt gründet bereits in seiner im Essay *Das Böse im Wertsystem der Kunst* formulierten Überzeugung, dass es »ohne einen Tropfen Effekt, also ohne einen Tropfen Kitsch, in keiner Kunst abgeht« (KW 9/2, 150); in einem Brief an Rudolf Brunngraber anlässlich der eigenen Versuche um Filmskripte beteuert er, dass »eine gewiße Dosis Kitsch« akzeptiert werden müsse, »um dem Publikum das ›Anspringen‹ zu erleichtern« (KW 13/3, 277). Im Essay *Mythische Erbschaft der Dichtung* von 1945 erwägt Broch, dass der »Mythos der neuen Kultur im industrialisierten Film« aufscheinen könnte (KW 9/2, 209). Seine Analyse des Films *Gone with the wind* (KW 9/2, 237–246) zeigt dann allerdings, dass er dabei von seinem ethischen Anspruch an die Kunst keineswegs abrückt.

An Brochs Äußerungen zum Film im Zusammenhang mit seinen – nie zur filmischen Realisierung gelangten – Drehbüchern und Drehbuchentwürfen wird deutlich, wie Jürgen Heizmann feststellte, dass Broch bereits früh zu jenen Intellektuellen gehörte, die »weder von einer Verachtung noch von einer Verklärung der Masse und der Massenkultur ausgehen und für sich erkunden, welche Möglichkeiten sich ihnen mit dem neuen Medium bieten.«[78] Sein Skript *Das unbekannte X*, in dem er eine schwindelerregende Kombination verschiedenster filmischer Genres erprobt, zeugt von umfassender Reflexion auch über die technischen Möglichkeiten des Mediums. Weniger bereit zeigte sich Broch dabei, auch ökonomische Bedingtheiten zu berücksichtigen.[79] Ähnlich wie im Falle seiner Überlegungen zur Architektur wandelt sich im Exil Brochs Einschätzung des filmischen Mediums und wird zunehmend offen: »während aus seinen sonstigen Kunstdiagnosen immer der Eindruck einer Spät- und Endzeit spricht, schien er mit dem Film manche Hoffnung zu verbinden. Der großen Vergangenheit der tradierten Kunstformen setzte er, vorsichtig, die große Zukunft des Films entgegen.«[80]

In Brochs Auseinandersetzung mit den jeweiligen Kunstbereichen ist nun eine gewisse Entwicklung zu beobachten: Während in der Essayistik wie im dichterischen Werk vor dem Zweiten Weltkrieg die Architektur eine bedeutende Rolle spielt, wird später intensiver die Musik als Medium der Erkenntnis angesprochen und zugleich der Film mehr in Betracht gezogen. Broch verfolgte nach Möglichkeit die Entwicklung der jeweiligen Kunstgattungen bis hin zur Gegenwart, um an dieser Entwicklung meist die eigene Theorie zu

---

[78] Jürgen Heizmann: »Massenmedium: Hermann Broch und der Film«. In: Stašková und Lützeler (Hg.): *Hermann Broch und die Künste*, S. 75–92, hier 77.
[79] Vgl. Claudia Liebrand: »Brochs Drehbuch Das Unbekannte X: Eine filmhistorische Verortung«. In: Stašková und Lützeler (Hg.): *Hermann Broch und die Künste*, S. 93–115. Darin auch umfassende Bibliographie der Broch-Forschung mit Blick auf den Film.
[80] Heizmann: »Massenmedium«, S. 91.

überprüfen. Die Bezugnahme auf zeitgenössische Phänomene stand, wie die Forschung insbesondere zur bildenden Kunst darlegte, unter dem Einfluss von konkreten Auffassungen seiner Zeit. Es wäre ein interessantes Unterfangen künftiger Forschungen, dies auch noch im Bereich der anderen Künste genauer nachzuvollziehen, insbesondere für die Musik und die Architektur. Ähnliches gilt auch für die Präzisierung der konkreten Folgen seiner Auseinandersetzung mit den zeitgenössischen Phänomenen für seine Theorie und Dichtung.

7. Ausblick

Brochs kultur- und kunstphilosophische Essayistik stellt aus mehreren Gründen eine besondere Herausforderung für den Leser und für die Forschung dar. Eine Erschließung der mannigfaltigen Kontexte, in denen Brochs Denken verortet ist, bleibt dabei weiterhin eine Aufgabe. Zu deren Erfüllung sind, wie die bisherige Forschung bereits zeigt, ebenso philologische wie auch philosophische, kunsthistorische und historische Kompetenzen wichtig. Broch intendierte mit seinen Essays, ähnlich wie mit seiner Dichtung, über die epistemische Dimension hinaus eine ethische Wirksamkeit, und zwar mit ästhetischen Mitteln. Dementsprechend liegt in seinen Studien und Artikeln ein besonderer Fall der Verbindung von Philosophie und Literatur vor. In ihrer rhetorisch zu nennenden Wirksamkeit streben sie nämlich, indem sie philosophische Begriffe philosophisch und poetisch zugleich bestimmen bzw. umkreisen, nach dem, was sie als Aufgabe erst verhandeln: nach einer sprachlichen Vermittlung von Wahrheit.

Am Stil dieser Texte zeigt sich dabei eine spezifische Spannung zwischen Brochs systematischem Streben nach Erkenntnis und der Sprache selbst, die im Vollzug des Schreibens aus dem Zwang zum System permanent auszubrechen droht. Man kann, wie es Bernhard Fetz mit Blick auf das gesamte Schaffen des Autors formulierte, »die Ambivalenz Brochs auch als eine zwischen Philosophie als Wissenschaft und Dichtung als Überwindung der Wissenschaft fassen.«[81]

Eine strukturelle Analogie zu dieser Ambivalenz liegt in dem für Brochs Denken charakteristischen Dualismus zwischen konservativ anmutender Kulturkritik und der erkenntnistheoretisch begründeten Forderung nach einer Innovation der künstlerischen Form. Dieser Dualismus weist Broch als einen Repräsentanten derjenigen literarischen Moderne aus, die nach neuen Formen nicht deswegen sucht, um bejahend mit der gesellschaftlichen Modernität Schritt zu halten, sondern im Gegenteil, um sich gegen diese aufzulehnen. Dies

---

[81] Fetz: *Das unmögliche Ganze*, S. 187, vgl. auch 160.

zeigen indirekt auch diejenigen Forschungsansätze, die Brochs Theorien und Reflexionen mit zeitgenössischen oder späteren philosophischen und kulturtheoretischen Ansätzen konfrontieren, etwa mit der soziologischen Rationalismusanalyse seiner Zeit, der Systemtheorie oder der Postmoderne.

Für Brochs Kunstbetrachtung gilt, in Analogie zu seiner Werttheorie, dass sie nicht von einer Inhaltsästhetik, sondern von einer konsequent formal orientierten Reflexion getragen wird und somit für künstlerische Innovation überhaupt offen bleibt. Friedrich Vollhardt formulierte diesbezüglich über Brochs Literaturtheorie: »es gehört zu [deren] Grundeinsichten [...], daß sich die verlorene Erkenntnisfunktion der Literatur nur durch die Reflexion über ihre technischen Möglichkeiten wiedergewinnen läßt.«[82] Anders vielleicht als die z. T. kulturkonservativ wirkende Gebärde seiner Wertsystemtheorie, die nach der Erfahrung der Postmoderne obsolet erscheinen oder zu ideologiekritischen Auseinandersetzungen anregen kann, sollten die Bemerkungen zu den Tendenzen in den Künsten seiner Zeit weiterhin auch diesseits der philologischen oder etwa diskursanalytischen Auseinandersetzung diskutiert werden. Seine Beobachtungen zu konkreten künstlerischen Phänomenen erweisen sich als eine anregende, denn grundsätzlich musische Phänomenologie, grundiert durch eine tiefe Erfahrung mit der Kunst sowie eine denkbar ernsthafte Auseinandersetzung mit deren Weltbezug. Brochs unermüdliches Interesse für historische und aktuelle Erscheinungen und die Sensibilität, die dieses Interesse begleitete, erlauben es, die Frage offen zu lassen, inwieweit seine Beharrlichkeit, mit der er die jeweiligen Phänomene in seinem System zu verorten suchte, nicht auch zu einer Plausibilität seines gesamten Denkens über die Kultur beiträgt.

Alice Stašková

8. Literatur

Arendt, Hannah: [Einleitung zu den Essay-Bänden von Hermann Broch, 1955]. In: Hannah Arendt und Hermann Broch: *Briefwechsel 1946 bis 1951*. Hg. v. Paul Michael Lützeler. Frankfurt am Main 1996, S. 185–223 (= AB).

Hannah Arendt – Herrmann Broch. Briefwechsel 1946 bis 1951. Hg. v. Paul Michael Lützeler. Frankfurt am Main 1996 (= AB).

Arrault, Valérie: *L'Empire du kitsch*. Paris 2010.

Benjamin, Walter: *Gesammelte Schriften*, Bd. 3. *Kritiken und Rezensionen*. Hg. v. Rolf Tiedemann und Hermann Schweppenhäuser. Frankfurt am Main 1972.

---

[82] Vollhardt: »Hermann Brochs Literaturtheorie«, S. 284.

Borgard, Thomas: »Hermann Brochs intellektuelle Entwicklung nach 1932. Religiöses Suchbild, Literatur und Gesellschaftslehre kultureller Ambivalenz«. In: *Hermann Broch. Religion, Mythos, Utopie. Zur ethischen Perspektive seines Werks.* Hg. v. Paul Michael Lützeler und Christine Maillard. *Recherches germaniques. Revue annuelle. Hors série* 5 (2008), S. 135–164.

Boyer, Jean Paul: »Hermann Broch: auch ein Wagnerianer wider Willen?« In: *Hermann Broch. Das dichterische Werk. Neue Interpretationen.* Hg. v. Michael Kessler und Paul Michael Lützeler. Tübingen 1987, S. 231–238.

Brinkmann, Richard: »Zu Brochs Symbolbegriff«. In: *Brochs theoretisches Werk.* Hg. v. Paul Michael Lützeler und Michael Kessler. Frankfurt am Main 1988, S. 35–48.

Broch, Hermann und Annemarie Meier-Graefe: *Der Tod im Exil. Briefwechsel 1950/51.* Hg. v. Paul Michael Lützeler. Frankfurt am Main 2001 (= TE).

Brodsky, Claudia: »Writing and Building: Ornament in The Sleepwalkers«. In: *Hermann Broch. Literature, Philosophy, Politics. The Yale Broch Symposium 1986.* Hg. v. Stephen D. Dowden. Columbia, SC, 1988, S. 257–272.

Bry, Carl Christian: »Der Kitsch«. In: *Hochland. Monatsschrift für alle Gebiete des Wissens, der Literatur und Kunst,* H. 7, 1924/1925, S. 399–411.

Călinescu, Matei: *Faces of Modernity: Avant-garde, Decadence, Kitsch.* Bloomington 1977.

Charrière-Jacquin, Marianne: »Zum Verhältnis Musik – Literatur im *Tod des Vergil*«. In: *Hermann Broch. Das dichterische Werk. Neue Interpretationen.* Hg. v. Michael Kessler und Paul Michael Lützeler. Tübingen 1987, S. 7–18.

Dorfles, Gillo: *Der Kitsch* [1968]. Übers. aus dem Italienischen v. Birgid Mayr. Tübingen 1969.

Dowden, Stephen D.: *Sympathy for the Abyss. A Study in the Novel of German Modernism. Kafka, Broch, Musil, and Thomas Mann.* Tübingen 1986.

Eicher, Thomas: *Erzählte Visualität. Studien zum Verhältnis von Text und Bild in Hermann Brochs Romantrilogie »Die Schlafwandler«.* Frankfurt am Main 1993.

Elias, Norbert: »Kitschstil und Kitschzeitalter« (1935). In: *Gesammelte Schriften.* Hg. v. Reinhart Blomert u. a., Bd. 1. *Frühschriften.* Bearb. v. R. Blomert. Frankfurt am Main 2002, S. 148–163 [zuerst in: *Die Sammlung. Literarische Monatsschrift unter dem Patronat von André Gide, Aldous Huxley, Heinrich Mann.* Hg. v. Klaus Mann. 2. Jg. Amsterdam 1935, S. 252–263].

Fetz, Bernhard: *Das unmögliche Ganze. Zur literarischen Kritik der Kultur.* München 2009.

Friedrich, Hans-Edwin: »Hausgreuel – Massenschund – radikal Böses. Die Karriere des Kitschbegriffs in der ersten Hälfte des 20. Jahrhunderts«. In: *Kitsch: Faszination und Herausforderung des Banalen und Trivialen.* Hg. v. Wolfgang Braungart. Tübingen 2002, S. 35–58.

Gelfert, Hans-Dieter: *Was ist Kitsch?* Göttingen 2000.

Genz, Julia: *Diskurse der Wertung. Banalität, Trivialität und Kitsch.* München 2011.

Giesz, Ludwig: *Phänomenologie des Kitsches. Ein Beitrag zur anthropologischen Ästhetik.* Heidelberg 1960.

Goldberg, Clemens: »Musikalische Zeit und Zeichen-Raum in Brochs Roman *Die Schuldlosen* und Mozarts *Don Giovanni*«. In: *Hermann Broch: Modernismus, Kulturkrise und Hitlerzeit. Londoner Symposion 1991.* Hg. v. Adrian Stevens. Innsbruck 1994, S. 103–125.

Goltschnigg, Dietmar: »Epochenanalyse und ›Wiedervergeltung einer Schuld‹: Brochs Studie Hofmannsthal und seine Zeit«. In: *Hermann Broch. Neue Studien. Festschrift für Paul Michael Lützeler.* Hg. v. Michael Kessler. Tübingen 2003, S. 322–338.

Greenberg, Clement: »Avant-Garde and Kitsch«. In: *The Partisan Review* 6.5, 1938/1939, S. 34–49.

Hainz, Martin A.: »Handlungsmelodik? (An-)Ästhetiken in Brochs Schuldlosen«. In: *Hermann Broch und die Künste*. Hg. v. Alice Stašková und Paul Michael Lützeler. Berlin 2009, S. 137–155.

Hargraves, John: *Music in the works of Broch, Mann und Kafka*. Rochester 2002.

Harries, Karsten: »Decoration, Death and Devil«. In: *Hermann Broch. Literature, Philosophy, Politics. The Yale Broch Symposium 1986*. Hg. v. Stephen D. Dowden. Columbia 1986, S. 279–297.

Harries, Karsten: *The Meaning of Modern Art. A Philosophical Interpretation*. Evanston 1968.

Harries, Karsten: *Between Nihilism and Faith. A Commentary on* Either/Or. Berlin, New York 2010.

Heizmann, Jürgen: »Massenmedium: Hermann Broch und der Film«. In: *Hermann Broch und die Künste*. Hg. v. Alice Stašková und Paul Michael Lützeler. Berlin 2009, S. 75–92.

Hiekel, Jörn Peter und Alice Stašková: »Der Tod des Vergil: Broch-Vertonungen des Komponisten Jean Barraqué«. In: *Hermann Broch und die Künste*. Hg. v. Alice Stašková und Paul Michael Lützeler. Berlin 2009, S. 157–182.

Hoesterey, Ingeborg: »Brochs Theorie der Künste und die dialogische Dimension des Exils. Zu *Hofmannsthal und seine Zeit* (1947/48)«. In: *Exil: Literatur und die Künste nach 1933*. Hg. v. Alexander Stephan. Bonn 1990, S. 60–70.

Kandinsky, Wassily: *Über das Geistige in der Kunst* [1912]. 10. Aufl., mit einer Einführung von Max Bill. Bern 1952.

Karpfen, Fritz: *Der Kitsch. Eine Studie über die Entartung der Kunst*. Hamburg 1925

Kliche, Dieter: »Kitsch«. In: *Ästhetische Grundbegriffe*. Hg. v. Karlheinz Barck u. a., Bd. 3. Stuttgart 2001, S. 272–288.

Liebrand, Claudia: »Brochs Drehbuch Das Unbekannte X: Eine filmhistorische Verortung«. In: *Hermann Broch und die Künste*. Hg. v. Alice Stašková und Paul Michael Lützeler. Berlin 2009, S. 93–115.

Linde, Franz: *Kunst oder Kitsch? Ein Führer zur Kunst*, Berlin 1934.

Loos, Adolf: »Ornament und Verbrechen« [1908]. In: *Gesammelte Schriften*. Hg. v. Adolf Opel. Wien 2010, S. 363–373.

Lorenz, Kuno: »Brochs erkenntnistheoretisches Programm«. In: *Hermann Broch*. Hg. v. Paul Michael Lützeler. Frankfurt am Main 1986, S. 246–259.

Lützeler, Paul Michael (Hg.): *Materialien zu Hermann Broch »Der Tod des Vergil«*. Frankfurt am Main 1976.

Lützeler, Paul Michael: *Hermann Broch. Eine Biographie*. Frankfurt am Main 1985 (= HBB).

Lützeler, Paul Michael: »Zur Avantgarde-Diskussion der dreißiger Jahre: Lukács, Broch und Joyce«. In: Paul Michael Lützeler: *Zeitgeschichte in Geschichten der Zeit*. Bonn 1986, S. 109–140.

Lützeler, Paul Michael: »The Avant-Garde in Crisis: Hermann Broch's Negative Aesthetics in Exile«. In: *Hermann Broch. Literature, Philosophy, Politics. The Yale Broch Symposium 1986*. Hg. v. Stephen D. Dowden. Columbia 1986, S. 14–31.

Lützeler, Paul Michael: »Broch als Kulturkritiker: Seine Sicht des Fin de Siècle«. In: *Hermann Broch*. Hg. v. Paul Michael Lützeler. Frankfurt am Main 1986, S. 308–319.

Lützeler, Paul Michael: »Hermann Broch und Spenglers *Untergang des Abendlandes: Die Schlafwandler* zwischen Moderne und Postmoderne«. In: *Hermann Broch: Modernismus, Kulturkrise und Hitlerzeit. Londoner Symposion 1991.* Hg. v. Adrian Stevens. Innsbruck 1994, S. 19–43.

Lützeler, Paul Michael: *Die Entropie des Menschen. Studien zum Werk Hermann Brochs.* Würzburg 2000.

Lützeler, Paul Michael: »Kritik des Fin de Siècle: Hofmannsthal und Kraus«. In: Paul Michael Lützeler: *Die Entropie des Menschen. Studien zum Werk Hermann Brochs.* Würzburg 2000, S. 102–119.

Lützeler, Paul Michael: »*Die Schlafwandler*: Architektur und Ornament«. In: Paul Michael Lützeler: *Die Entropie des Menschen. Studien zum Werk Hermann Brochs.* Würzburg 2000, S. 33–44.

Lützeler, Paul Michael: *Kulturbruch und Glaubenskrise. Hermann Brochs »Die Schlafwandler« und Matthias Grünewalds »Isenheimer Altar«.* Tübingen, Basel 2001.

Lützeler, Paul Michael: »Einleitung: Brochs Theogonie der Ethik«. In: *Hermann Broch. Religion, Mythos, Utopie. Zur ethischen Perspektive seines Werks.* Hg. v. Paul Michael Lützeler und Christine Maillard. *Recherches germaniques. Revue annuelle. Hors série* 5 (2008), S. 9–20.

Lützeler, Paul Michael und Christine Maillard (Hg.): *Hermann Broch: Religion, Mythos, Utopie. Zur ethischen Perspektive seines Werks. Recherches germaniques. Revue annuelle. Hors série* 5 (2008).

Lützeler, Paul Michael: »Hermann Broch und die Maler: Biographie, Ekphrasis, Kulturtheorie«. In: *Hermann Broch und die Künste.* Hg. v. Alice Stašková und Paul Michael Lützeler. Berlin 2009, S. 11–38.

Mahlmann-Bauer, Barbara: »Hermann Brochs Hofmannsthal«. In: *Hermann Broch. Neue Studien. Festschrift für Paul Michael Lützeler.* Hg. v. Michael Kessler. Tübingen 2003, S. 263–321.

Martens, Gunther: »Hermann Brochs enzyklopädisches Gespräch mit den Künsten«. In: *Hermann Broch und die Künste.* Hg. v. Alice Stašková und Paul Michael Lützeler. Berlin 2009, S. 199–218.

McBride, Patrizia C.: »The Value of Kitsch: Hermann Broch and Robert Musil on Art and Morality«. In: *Studies in Twentieth and Twenty-First Century Literature* 29 (2005) H. 2, S. 88–106.

McGaughey, Sarah: »Ornament: Brochs Stil-Konzept und die Architektur-Diskurse seiner Zeit«. In: Stašková und Lützeler (Hg.): *Hermann Broch und die Künste*, S. 55–72.

Moles, Abraham: »Kitsch als ästhetisches Schicksal der Konsumgesellschaft«, in: *Kitsch. Soziale und politische Aspekte einer Geschmacksfrage.* Hg. v. Harry Pross. München 1985, S. 31–37.

Obermeier, Otto Peter: »Das Konstruktionsprinzip in der Wertphilosophie«. In: *Brochs theoretisches Werk.* Hg. v. Paul Michael Lützeler und Michael Kessler. Frankfurt am Main 1988, S. 98–108.

Pazaurek, Gustav E.: *Guter und schlechter Geschmack im Kunstgewerbe.* Stuttgart und Berlin 1912.

Putz, Claudia: *Kitsch – Phänomenologie eines dynamischen Kulturprinzips.* Bochum 1994.

Rácz, Gabriella: »Musik in Hermann Brochs Roman *Die Schuldlosen*«. In: *Hermann Broch und die Künste.* Hg. v. Alice Stašková und Paul Michael Lützeler. Berlin 2009, S. 119–136.

Ritzer, Monika: *Hermann Broch und die Kulturkrise im frühen 20. Jahrhundert.* Stuttgart 1988.
Schüling, Hermann: *Zur Geschichte der ästhetischen Wertung. Bibliographie der Abhandlungen über den Kitsch.* Gießen 1971.
Schürer, Ernst: »Erneuerung des Theaters?: Broch's Ideas on Drama in Context«. In: *Hermann Broch. Visionary in Exile. The 2001 Yale Symposium.* Hg. v. Paul Michael Lützeler u. a. Rochester 2003, S. 21–36.
Stašková, Alice und Paul Michael Lützeler (Hg): *Hermann Broch und die Künste.* Berlin 2009.
Steinecke, Hartmut: »Brochs Hofmannsthal-Essay: Ein kulturwissenschaftliches Epochenbild?« In: *Hermann Broch und die Künste.* Hg. v. Alice Stašková und Paul Michael Lützeler. Berlin 2009, S. 219–232.
Vollhardt, Friedrich: *Hermann Brochs geschichtliche Stellung. Studien zum philosophischen Frühwerk und zur Romantrilogie »Die Schlafwandler« (1914–1932).* Tübingen 1986.
Vollhardt, Friedrich: »Hermann Brochs Literaturtheorie«. In: *Hermann Broch.* Hg. v. Paul Michael Lützeler. Frankfurt am Main 1986, S. 272–288.
Vollhardt, Friedrich: »Philosophische Moderne«. In: *Brochs theoretisches Werk.* Hg. v. Paul Michael Lützeler und Michael Kessler. Frankfurt am Main 1988, S. 85–97.
Wellek, René: »The Literary Criticism of Hermann Broch«. In: *Hermann Broch. Literature, Philosophy, Politics. The Yale Broch Symposium 1986.* Hg. v. Stephen D. Dowden. Columbia 1986, S. 61–70.
Worringer, Wilhelm: *Abstraktion und Einfühlung. Ein Beitrag zur Stilpsychologie* [1908]. München 1959.

II. Philosophische Schriften

1. Wertzerfall: Anlass für philosophische Kommentare und poetische Darstellungen des Irrationalen

Brochs philosophische Kenntnisse führen ins Zentrum der soziokulturellen und wissenschaftlichen Modernisierungsbewegungen in der ersten Hälfte des 20. Jahrhunderts. Die Literaturforschung steht damit vor der Aufgabe, den Einfluss der Schulphilosophie auf Broch zu reflektieren, ohne das realisierte literarische Erzählen als Erfüllungsort der Theorie zu begreifen. Was das philosophische Denken betrifft, so sind sich den Kontexten gegenüber resignativ verhaltende Vorstellungen abzuwehren, nach denen Brochs »Philosophie«[1] aus sich selbst erklärt werden könne. Nicht mit beliebigen Themen setzte sich Broch auseinander, sondern im Rahmen eines systematischen Interesses mit der in verschiedenen Schulen ausdifferenzierten Fachdisziplin. Relevant werden vor allem die Phänomenologie Husserls, der Logische Empirismus bzw. Neopositivismus des Wiener Kreises (u. a. Schlick, Carnap, Neurath, Menger, Hahn) und der Südwestdeutsche Neukantianismus. Broch begegnet dessen Hauptvertreter Heinrich Rickert (1863–1936) bereits in den Jahren des Ersten Weltkriegs, so dass dessen Methodenlehre und Wertphilosophie für ihn »geradezu initiatorische Bedeutung«[2] erlangen können. Philosophie ist für Broch ein herausragendes Kulturzeugnis; anhand ihrer Methoden und Ergebnisse eröffnen sich ihm Einsichten in historische Wandlungsbewegungen sowie in die Würde und auch die Tragik des menschlichen Erkenntnisstrebens. Die erzieherische und disziplinierende Wirkung vernunftbegabter Rationalität bleibt Broch angesichts totalitärer Ideologien, aber auch mit skeptischem Blick auf die von kommerzieller Zerstreuung erfasste Massenkultur zeitlebens ein zentrales Anliegen. Dieses verbindet sich in den philosophischen

---

[1] Vgl. Ernestine Schlant: *Die Philosophie Hermann Brochs.* Bern, München 1971.
[2] Friedrich Vollhardt: *Hermann Brochs geschichtliche Stellung. Studien zum philosophischen Frühwerk und zur Romantrilogie ›Die Schlafwandler‹ (1914–1932).* Tübingen 1986, S. 5. Die bis heute einzige germanistische Arbeit neben Vollhardts Studie, die Rickerts maßgeblichen Einfluss berücksichtigt, ist Monika Ritzer: *Hermann Broch und die Kulturkrise des frühen 20. Jahrhunderts.* Stuttgart 1988. Der Vfs. wird demnächst eine umfassende Studie zur Genese und zu den Kontexten des *Tod des Vergil* veröffentlichen. In produktiver Auseinandersetzung mit Vollhardts und Ritzers Studien können sachhaltige Argumente entwickelt werden, von denen ausgehend sich Kontinuität und Wandel im Exil- und Spätwerk beurteilen lassen. Erste Ergebnisse liefert Thomas Borgard: »Hermann Brochs intellektuelle Entwicklung nach 1932. Religiöses Suchbild, Literatur und Gesellschaftslehre kultureller Ambivalenz.« In: *Hermann Broch. Religion, Mythos, Utopie. Zur ethischen Perspektive seines Werks.* Hg. v. Paul Michael Lützeler und Christine Maillard. *Recherches germaniques. Revue annuelle.* Hors série 5 (2008), S. 135–164.

Schriften³ mit der illusionslosen Einsicht, dass ein Dialog der humanwissenschaftlichen Disziplinen unter dem einigenden Dach der Philosophie nicht mehr selbstverständlich gegeben ist. Broch betrachtet den für ihn gegenwärtigen Zeitabschnitt im Zeichen einer umfassenden Kulturkrise. Entsprechend tragen die in den dritten Teil der Romantrilogie *Die Schlafwandler* (1930–1932) eingeschobenen zehn, den Erzählfluss unterbrechenden philosophischen Exkurse die Überschrift »Zerfall der Werte«. Hier werden zwei Sinnhorizonte eingeführt: Sie umfassen jeweils das *Formale* und *Rationale* der die Exkurse leitenden Kommentare und das *Irrationale* der Figurenerlebnisse. Was die in ihrer Zeit handelnden Figuren zu Schlafwandlern macht, ist das Missverhältnis gelungener und scheiternder Anpassungsleistungen an eine ihnen nur noch teilweise verständliche Welt. Bei den Akteuren kommt es daher vermehrt zu kognitiven Dissonanzen zwischen den intentionalen Dimensionen ihres Handelns und den äußerlichen Formen einer abgelebten Kultur. Als Folge des Modernisierungsprozesses wird die soziale Desintegration hervorgehoben: »Letzte Zerspaltungseinheit im Wertzerfall ist das menschliche Individuum« (KW 1, 692). Klassische Werke der modernen Sozialwissenschaft zeigen ebenfalls, dass die Subjekte Prozessen der Rationalisierung (Weber), der funktionalen Differenzierung und Arbeitsteilung (Durkheim) ausgesetzt sind⁴ und die Folgen als Verdinglichung und Entfremdung erfahren (Lukács, Simmel).⁵ Unter diesen Voraussetzungen mutiert das Irrationale zur Signatur der gesamten Epoche, und zwar auf dreifache Weise. (1.) Als Problem der Literaturproduktion, die ein vom Wissenschaftspositivismus ausgeschaltetes metaphysisches Wissen reaktiviert. (2.) Als Problem des Expressionismus sowie der zeitgenössischen Kultur- und Zivilisationskritik. Und (3.) auf der Ebene der literarischen Darstellung: als Problem der Erlebnisse des Irrationalen, das in den Texten angezeigt wird durch die Bereiche des Sexuellen, des Traums und der Religiosität.⁶ Bekanntlich vertritt Broch eine Genealogie historischer Zerfallsschritte, die er auf das idealisierte Bild einer einstmals existierenden mit-

---

3   In KW 10/1 und KW 10/2 sind enthalten: *Zum Begriff der Geisteswissenschaften* (1917); *Zur Erkenntnis dieser Zeit* (1917–1919); *Zur Philosophie der Werte und der Geistigkeit* (1917); *Theorie der Geschichtsschreibung und der Geschichtsphilosophie* (1920); *Genesis des Wahrheitsproblems innerhalb des Denkens und seine Lokalisierung im Rahmen der idealistischen Kritik* (ca. 1926); *Die sogenannten philosophischen Grundfragen einer empirischen Wissenschaft* (ca. 1928); *Logik einer zerfallenden Welt* (1931); *Das Unmittelbare in Philosophie und Dichtung* (ca. 1932); *Leben ohne platonische Idee* (1932); *Pamphlet gegen die Hochschätzung des Menschen* (ca. 1932); *Zur Geschichte der Philosophie* (ca. 1932); *Die Kunst am Ende einer Kultur* (1933); *Gedanken zum Problem der Erkenntnis in der Musik* (1934); *Theologie, Positivismus und Dichtung* (ca. 1934); *Erwägungen zum Problem des Kulturtodes* (1936); *Werttheoretische Bemerkungen zur Psychoanalyse* (1936); *Philosophische Aufgaben einer Internationalen Akademie* (1946); *Über syntaktische und kognitive Einheiten* (1946).
4   Vgl. die zusammenfassenden Bemerkungen von Hartmut Rosa: *Beschleunigung. Die Veränderung der Zeitstruktur in der Moderne.* Frankfurt am Main 2005, S. 105–111.
5   Dazu im Überblick Axel Honneth: *Verdinglichung. Eine anerkennungstheoretische Studie.* Frankfurt am Main 2005.
6   Vgl. Vollhardt: *Brochs geschichtliche Stellung*, S. 243–246.

telalterlichen Kultursynthese zurückführt. Seit dem Ende des Mittelalters stellt sich die Geschichte als Abfolge prinzipiell gleichrangiger Weltansichten dar, denen jeweils ein Anspruch auf Realität eigentümlich ist.[7] Konventionen erscheinen nicht mehr als relativ stabile Bündel fraglos gegebener Handlungsanweisungen, die sich auf ein Monopol auf Weltauslegung stützen.[8] Im Zuge zunehmender Laienbildung sowie der steigenden horizontalen und vertikalen sozialen Mobilität entstehen heterogene, miteinander konkurrierende Provinzen des Sinns. Nicht nur der Verlust des Gemeinsinns bildet für Broch die Kehrseite der gesellschaftlichen Modernisierung, Rationalisierung und Pluralisierung, sondern es kommt auch zu einem Verständnis der Ausdifferenzierung von Individuallagen und massenhafter Konditionierungen des Menschen. Von hier ausgehend entwickelt Broch eine fruchtbare Arbeitsbeziehung zwischen Philosophie und poetologischen Überlegungen. Ihre Zielsetzung lautet, das Subjekt auch im Zeitalter der Massen in den Fokus zu rücken, die kantische Konzentration auf das denkende Ich um das Gefühlserlebnis zu erweitern und dem Verhalten zu sich selbst einen stoischen Sinn zu geben. Das Subjekt begibt sich auf seiner »Wert-Suche« in eine widerständige Haltung zur »Außenwelt«; Broch kennzeichnet die Momente der Abkapselung oder der möglichen (Selbst-)Vernichtung im »Wissen um den Tod« durch den Begriff der »Askese«; darüber hinaus nennt er die beiden »Ur-Triebe« Freuds, nämlich »Libido« und »Todestrieb« (KW 10/2, 188f.). Das aus übergreifenden Zusammenhängen herausgelöste Subjekt begegnet in seinem Inneren Ambivalenzen, die zur Befreiung drängen:

> Es war eine Art Schwebezustand zwischen Noch-nicht-Wissen und Schon-Wissen, es war Sinnbild, das sich nochmals versinnbildlichte, ein Schlafwandeln, das ins Helle führte. (KW 1, 635)

Dieser Schwebezustand ist mit der Idee eines höherstufigen Wissens verknüpft; und die konventionelle Sprache erscheint dieser wirklich-unwirklichen Welt unangemessen.[9] Hier scheinen bereits Motive des späteren Hauptwerks *Der Tod des Vergil* (1945) auf, dessen Stilexperimente sich vom Erzählduktus der *Schlafwandler* unterscheiden. Im Gegensatz zu den transzendentallogischen Fundierungen formaler Erkenntnis wird die Vielfalt mentaler Modi in den

---

[7] Vgl. Reinhart Koselleck: »Historia Magistra Vitae. Über die Auflösung des Topos im Horizont neuzeitlich bewegter Geschichte«. In: *Natur und Geschichte. Festschrift Karl Löwith zum 70. Geburtstag*. Hg. v. Hermann Braun und Manfred Riedel. Stuttgart, Berlin 1967, S. 196–218, aber auch Karlheinz Stierle: *Text als Handlung. Perspektiven einer systematischen Literaturwissenschaft*. München 1975, S. 29ff.

[8] Zur Wissenssoziologie der Konkurrenz vgl. generell Karl Mannheim: »Die Bedeutung der Konkurrenz im Gebiete des Geistigen [1928].« In: *Der Streit um die Wissenssoziologie*, Bd. 1. *Die Entwicklung der deutschen Wissenssoziologie*. Hg. v. Volker Meja und Nico Stehr. Frankfurt am Main 1982, S. 325–370.

[9] Vgl. Andreas Dittrich: *Glauben, Wissen und Sagen. Studien zu Wissen und Wissenskritik im »Zauberberg«, in den »Schlafwandlern« und im »Mann ohne Eigenschaften«*. Tübingen 2009, S. 240.

literarischen Texten niemals völlig getilgt. Auch das Im-Traum-Wandeln bleibt Teil des Selbstwissens, das sich auch in einem anderen Gebrauch epistemischer Prädikate ausdrückt: Wissen-von statt Wissen-dass, und welches sowohl das faktische Wissen als auch das kontrafaktische Als-ob-Wissen sowie unbewusste Elemente umgreift.[10] In dem sogenannten *Methodologischen Prospekt* zu den *Schlafwandlern* lotet Broch die Grenzbereiche zwischen philosophischer Wissenschaft und Literatur aus, indem er sich im Rahmen des den Wertzerfall darstellenden Romangeschehens ein Verständnis für das »Traumhafte« erarbeitet. Mit der Unterwerfung des Menschen unter die anonymen sozialen Mächte einer multipolar gewordenen Welt, so Brochs These, wird das historische Gesamtgeschehen immer traumhafter und irrationaler; das geschwächte individuelle Lebensgefühl vermag nicht mehr an einen Gemeinsinn anzuknüpfen:

> Dieser Roman [d. i. *Die Schlafwandler*] hat zur Voraussetzung, daß die Literatur mit jenen menschlichen Problemen sich zu befassen hat, die einesteils von der Wissenschaft ausgeschieden werden, weil sie einer rationalen Behandlung überhaupt nicht zugänglich sind und nur mehr in einem absterbenden philosophischen Feuilletonismus ein Scheinleben führen, andererseits mit jenen Problemen, deren Erfassung die Wissenschaft in ihrem langsameren, exakteren Fortschritt noch nicht erreicht hat. Der Besitzstand der Literatur zwischen dem ›Nicht mehr‹ und dem ›Noch nicht‹ der Wissenschaft ist solcherart eingeschränkter, aber auch sicherer geworden und umfaßt den ganzen Bereich des irrationalen Erlebens und zwar in dem Grenzgebiet, in welchem das Irrationale als Tat in Erscheinung tritt und ausdrucksfähig und darstellbar wird. Es ergibt sich daraus die spezifische Aufgabe, aufzuweisen, wie das Traumhafte die Handlung bestimmt und wie auch das Geschehen immer wieder bereit ist, ins Traumhafte umzukippen. [...] *Die Schlafwandler* zeigen nun, daß diese Durchsetzung mit dem Traumhaften durchaus nicht dort zu suchen ist, wo das Leben im vorhinein irreal gedacht ist, sondern daß im Gegenteil mit dem Abbau alter Kulturfiktionen auch das Traumhafte immer freier wird und daß mit je krasserem realen Geschehen es um so deutlicher und ungebundener mit dem Irrationalen verquickt ist. *Die Schlafwandler* zeigen dies in drei zeitlichen und gesellschaftlichen Etappen, 1888, 1903, 1918, also in jenen Perioden, in denen der Übergang von der ausklingenden Romantik des späten 19. Jahrhunderts zur sogenannten Sachlichkeit der Nachkriegsepoche sich vollzieht. Dabei ist es wesentlich, daß das Problem der drei Protagonisten – ihrem Leben einen Lebenssinn zu geben –, das in den drei Teilen abgehandelt wird, mit der zunehmenden Versachlichung immer mehr ins Unbewußte gerät. (KW 1, 719)

---

[10] Vgl. Dittrich: *Glauben, Wissen und Sagen*, S. 208–251.

Der Zustand der Auflösung von Normen und Werten wird wegen des mit ihm einhergehenden Orientierungs- und Gemeinschaftsverlusts von den Figuren angstvoll erlebt. Im dritten Roman verfügt die Figur des Mörders Huguenau nicht nur über keine Einsicht in sein eigenes Bewusstsein, sondern er wird damit auch gewissermaßen zum blinden Werkzeug des wertzerfallenen Geschehens.[11] Der Roman schildert eine extreme Form der Wirkung der Heterogonie der Zwecke, die besagt, dass soziale Tatsachen nicht dem subjektiv gemeinten Handlungssinn entsprechen.[12] Im Fall einer fingierten Handlung muss daher das gesellschaftliche Resultat, das etwas anderes als die Summe der Einzelwillen ist, im Voraus konstruiert werden. Zu dieser Form überindividueller Faktoren verhält sich die in den Text eingefügte philosophisch reflektierende Meta-Instanz gleichsam wie ein wissenschaftlicher Beobachter. Die Zerfall-der-Werte-Traktate mutmaßen nicht über die Motivation der Figuren, sondern nehmen idealtypisch verstehende Konstruktionen und Rekonstruktionen der Handlungssequenzen vor. Diesem, eine theoretische Annäherung an das Irrationalitätsproblem freigebenden Ansatz entsprechen Brochs abfällige Bemerkungen über das »Geschichtel-Erzählen« (KW 13/2, 318). Doch der Begriff des Wertzerfalls bleibt in sich doppeldeutig, da er als Terminus technicus ebenso Ausdruck einer *inhaltlichen* Wertung ist. *Die Schlafwandler* handeln vom Wertzerfall, dessen Ausgangspunkt die historische Konstruktion eines idealen Mittelalters ist, und versuchen gleichzeitig, zu einem neuen Wert vorzustoßen.

2. Methodologische Leitfunktion des Neukantianismus

Es ist erforderlich, die wert- und geschichtstheoretischen Anfänge von Brochs Philosophie genauer zu betrachten, scheint doch die vor dem Einsatz erster literarischer Arbeiten im Rahmen autodidaktischer Lektüre sowie im Rahmen eines regulären Philosophie- und Mathematikstudiums (1925–1930) entworfene Wertlehre und Geschichtsphilosophie das Konstruktionsprinzip der *Schlafwandler*-Romane zu bestimmen. Die Beziehungen zwischen Werttheorie bzw. Geltungslogik und Geschichtstheorie werden von Broch in einem Konzept erfasst, das er 1918 als *Konstruktion der historischen Wirklichkeit* ausweist. Im Zusammenhang seiner Theorie der »Kulturwerte« führte Rickert die subjektiv erlebbare Wirklichkeitsbewältigung einer überzeitlichen Sinngliederung zu, die

---

11 Vgl. Hartmut Reinhardt: *Erweiterter Naturalismus. Untersuchungen zum Konstruktionsverfahren in Hermann Brochs Romantrilogie »Die Schlafwandler«*. Köln, Wien 1972, S. 155; Vollhardt: *Brochs geschichtliche Stellung*, S. 295.
12 Zur Heterogonie der Zwecke vgl. Thomas Borgard: »Alfred Döblins literarische Produktion der 1920er Jahre im Rahmen des soziologischen Theorie- und Wissenswandels.« In: *Jahrbuch für Internationale Germanistik*. Reihe A. Kongreßberichte, Bd. 95 (2008). Hg. v. Sabina Becker und Robert Krause, S. 125–148.

das Individuum in eine Geschehensfolge kulturell produktiv werdender Werte einband.¹³ Die folgende Passage dokumentiert den Stand der Diskussion Rickerts in Brochs Frühschrift:

> Die logische Aufgabe aller historischen Erkenntnis ist im Problem der geschichtlichen Lebenswirklichkeit, welche die Zeit erfüllt und sie zur Epoche konkretisiert, gegeben [...]: wie begreift der (hypothetische) historisch-lebendige Mensch jene Wirklichkeit, die in ihrer (empirischen) quellenmäßigen Dokumentiertheit für ihn zeugen soll? [...] es gilt nachzuweisen, daß die empirische Wirklichkeit in ihrer Mannigfaltigkeit und Fülle tatsächlich als das Resultat der ungebrochenen Totalität des Erlebensstromes zu nehmen ist, und daß sie als solches auch tatsächlich jene Wertwirklichkeit des erlebenden historischen Individuums darstellt [...]. Soll aber diese Wertwirklichkeit mehr sein als ein relativistisches faute de mieux, [...] soll der Weltwert keine vage bejahte Halluzination eines materialistisch-einsamen Ichs bedeuten, soll [...] die Weltsetzung objektiver Wert sein, dann muß jenem wundersamen, sagen wir irrationalen Akt der erlebenden Wirklichkeitssetzung in seiner Erlebnistotalität ein spontan gleichzeitiger zugeordnet gedacht werden können, dessen Aufgabe es eben sei, jenem der vollerlebenden Wertsetzung die Sanktion der kausalen (und damit rationalen) ›objektiven‹ Wertgeltung zu verleihen. Die erlebte Welt muß bewahrheitet werden, um wahrer Wert sein zu können: erst in dieser kritisch-transzendentalen Gültigkeitssphäre [...] vermag dessen logische Bejahung als Wert erfolgen, erst im Begreifen und im Begriff (also in der Definitionsfähigkeit) einer plausibel gewordenen Wirklichkeit wird diese zur Wertwirklichkeit des Ichs, zur Wirklichkeit des historischen Menschen als Idee. (KW 10/2, 23f.)

Broch setzt sich ein für ein Konzept, in dem extensiv über das Verhältnis von Subjektivität und Idealität, über die Verortung »des Geistes oder Sinnes [...] zwischen der rein ideellen Geltung und der psychischen Existenz der Individuen«,¹⁴ nachgedacht wird. Die theoriebildende Aktivität entfaltet sich anhand der Frage nach dem Verhältnis von logischen und psychologischen Kategorien des Urteils- und Erkenntnisprozesses. Diese werden voneinander unterschieden, um das in seinen kognitiven Akten stellungnehmende Subjekt zu betrachten. Mit dem Subjekt ist kein naturalistisches, endliches Subjekt gemeint; vielmehr handelt es sich in transzendentalphilosophischer Perspektive um seine geltungsreflexive Bestimmung. Um das Kriterium der Wahrheit zu bestimmen, orientiert sich Rickert an der Frage nach Gewissheit und Evidenz.¹⁵ Den

---

13 Vgl. Eike Bohlken: *Grundlagen einer interkulturellen Ethik. Perspektiven der transzdendentalen Kulturphilosophie Heinrich Rickerts.* Würzburg 2002, S. 77f.
14 Vollhardt: *Brochs geschichtliche Stellung*, S. 146.
15 Vgl. Christian Krijnen: *Nachmetaphysischer Sinn. Eine problemgeschichtliche und systematische Studie zu den Prinzipien der Wertphilosophie Heinrich Rickerts.* Würzburg 2001, S. 352f. Zu Husserls

Erkenntnisakt als Noesis betreffend, akzentuiert Rickerts Werttheorie die Verbindung »von wirklichem Erkennen (›realem Denkakt‹, ›Wirklichkeit‹) und Wert (›transzendentem Sinn‹).«[16] Laut dieser Geltungsnoetik, die niemals Seins-, sondern immer Sinnanalytik ist, muss etwas gefunden werden, das, wie Krijnen schreibt, am

> realen, psychischen Erkenntnisprozeß [...] das ›Mehr-als-bloß-Psychische‹ verbürgt. Dies leistet die nicht als geltungs*noematische* Größe aufgefaßte Evidenz: Ein ›subjektiv‹ reales Sein [...] verbürgt eine ›transsubjektive‹ irreale Notwendigkeit [...].[17]

Rickert betrachtet das »Erkenntnisproblem als Urteilsproblem«.[18] Das Urteil bildet die Vorstellungen nicht einfach ab, es geht Rickert vielmehr um einen Akt des theoretischen Wertens, seine Lehre versteht sich als *geltungsfunktionale* Sinnanalyse. Mit seiner Betonung der Logizität des Urteils steht Rickert dem Linguistic Turn (z. B. Rorty) fern, der an die Stelle des Urteils die Aussage (Proposition) rückt, wie Krijnen hervorhebt:

> die Probleme der Logik werden so zu Problemen der Analyse der ›idealen‹ (›formalen‹) bzw. ›normalen‹ Sprache, ihrer Syntax und Semantik; das philosophische Geltungsproblem bleibt unbewältigt.[19]

Sinn wird von Rickert gedacht als ein zu den bloßen Vorstellungen hinzutretendes, selbst aber nicht-vorstellungsmäßiges Moment, ohne das Erkenntnis unmöglich wäre. Aus geltungsindifferenten Inhalten, die in den vorstellungsmäßigen Elementen liegen, wird im Akt des Erkennens etwas, das Inhalt und Form miteinander verbindet, um theoretisch etwas zu meinen oder zu verstehen (Bejahung oder Verneinung, alternatives Stellungnehmen); die subjektive Willkür wird durch den Gegenstand des Stellungnehmens verhindert. Dazu erneut Krijnen:

> Und diese Prinzipien, die das erkennende Subjektverhalten nicht in seiner Naturalität, sondern in seiner *Geltungswertigkeit* normieren, faßt Rickert geltungsnoetisch zunächst ganz allgemein als *Werte*, als Größen, die als ›Forderung‹ an das erkennende Subjekt herantreten. Sinnotwendigerweise ist nur gegenüber Werten ein alternatives Verhalten, ein Stellungnehmen möglich [...].[20]

Grundsätzlich hat es die Erkenntnistheorie im Verständnis Rickerts mit *Form*problemen zu tun, denn über den bloßen Inhalt einer Erkenntnis kann ohne

---

Kritik an Rickerts Erkenntnistheorie vgl. Iso Kern: *Husserl und Kant. Eine Untersuchung über Husserls Verhältnis zu Kant und zum Neukantianismus*. The Hague 1964, S. 376–394.
16 Krijnen: *Nachmetaphysischer Sinn*, S. 372 und 321.
17 Krijnen: *Nachmetaphysischer Sinn*, S. 353.
18 Zit. nach Krijnen, *Nachmetaphysischer Sinn*, S. 343.
19 Krijnen: *Nachmetaphysischer Sinn*, S. 346.
20 Krijnen: *Nachmetaphysischer Sinn*, S. 349f.

Form nicht gesprochen werden. Sie, die Formen, sind es, die das Problem der Gültigkeit aufwerfen. Es artikuliert sich auf zweifache Weise: einmal als Gegebenheit von Wirklichem im subjektiven Weltzugang, zum anderen als Frage nach der *Geschichte*. Rickerts Philosophie akzentuiert einen Hiatus irrationalis zwischen prinzipiell achronischen epistemologischen Konstruktionen und historisch-individueller Wirklichkeit.[21] Mit einer simplen Aufzählung von historischen Datenmengen ist es nicht getan; die Geschichtsinterpretation muss vielmehr, und an diesem Punkt verdichtet sich Rickerts Theorie zur Theorie einer Kulturwissenschaft, die jeweils herrschenden Kulturwerte bestimmen und dann das Material nach seiner jeweiligen Beziehung zu diesen wesentlichen Werten ordnen (Auswahlprinzip durch ein wertbeziehendes Verfahren).[22] Broch hat diesen Anspruch in seine Reflexionen zur Geschichtstheorie aufgenommen, die sich Fragen nach der Konstitution des Ego, des Alter Ego und der Dingwelt öffnen. Vor diesem Hintergrund ergibt sich vorrangig die Suche nach Evidenz. Bedeutsam schlussfolgert Dittrich:

> Der Zeitbefund einer epistemischen Irrealisierung, einer ontologischen Desintegration sowie einer existentialen Sinnentleerung wird auf die Bedingungen der Möglichkeit von Erkenntnistheorie selbst rückgespiegelt.[23]

Alle Ausführungen zum konkreten Subjekt werden in den *Schlafwandlern* überwölbt von der Diagnostik des Wertezerfalls. Die darin inbegriffenen Themenkomplexe der Entfremdung, Vermassung, Verdinglichung und das gleichzeitige »Hervorbrechen der Triebstrukturen«[24] dokumentieren Broch die teils neurotischen Existenzlagen moderner Subjekte. Außer dem sich selbst logisch nicht transparenten Selbstwissen figuriert in den *Schlafwandlern* noch ein von psychischen Faktoren unabhängiges bzw. von der *platonischen Idee* (Broch) bestimmtes Subjekt. Dessen kategoriale Bestimmung markiert eine andere Ebene als die der historischen Fallgegebenheiten des Schlafwandelns (KW 1, 622f.).[25] Ein wissenschaftliches Urteil bleibt stets theoretisch zu deuten:

> Bei jedem Schritt in atheoretisches Gebiet hat sie [d. i. die wissenschaftliche Philosophie; T.B.] erst ihr Verhältnis zum theoretischen festzustellen und dann ausdrücklich dafür zu sorgen, dass sie auch bei der Behandlung des Atheoretischen Theorie bleibt.[26]

---

21 Vgl. Guy Oakes: *Die Grenzen kulturwissenschaftlicher Begriffsbildung. Heidelberger Max Weber-Vorlesungen 1982*. Frankfurt am Main 1990, S. 59ff.
22 Vgl. Heinrich Rickert: *Kulturwissenschaft und Naturwissenschaft* [1910]. 4. und 5. Aufl. Tübingen 1921, S. 100.
23 Dittrich: *Glauben, Wissen und Sagen*, S. 237; vgl. auch 260.
24 Karl Mannheim: *Ideologie und Utopie* [1928/1929]. 4. Aufl. Frankfurt am Main 1965, S. 220.
25 Dittrich: *Glauben, Wissen und Sagen*, S. 126f.
26 Heinrich Rickert: »Über logische und ethische Geltung.« In: *Kantstudien* 19 (1914), S. 182–221, hier 182.

Es geht Rickert um den Modus historischer Seinserfahrung, dessen formaler Aufschluss keine bestimmten Wert*inhalte* und ethischen Postulate privilegiert; festgestellt wird lediglich, dass Normsetzungen in *jeder* menschlichen Gesellschaft erfolgen.[27] Dass jede Metaphysik einen werthaften Charakter besitzt, lässt sich für die Neukantianer bereits aus Kant ableiten. Entscheidend ist für Rickert die Differenz zwischen Werthaftem und sinnlich Wirklichem bzw. zwischen begrifflich eindeutig festlegbaren Inhalten (Urteilen) und wandelbaren Inhalten von Vorstellungen (Wahrnehmungen). Sie leitet sein Konzept einer individualisierenden Wirklichkeitswissenschaft, deren methodisches Werkzeug die ein Individuum erst als ein solches begreifende Theorie der »Wertbeziehung« ist. Dabei werden nicht persönliche, sondern allgemeine »Kulturwerte« betrachtet. Der Sinn des Beziehens verweist auf die verstehende Tätigkeit des Forschers, der selbst nicht zu diesen Werten urteilend Stellung nimmt, sondern sie theoretisch bestimmt.[28] Sobald dieser Anspruch gesichert ist, muss sich der Blick den historischen Vermittlungsinstanzen zuwenden, die zu den ebenfalls der Wertbeziehung zugrunde liegenden Werten Stellung nehmen. Rickert bezeichnet diese als »historische Zentren«. Der Mittelpunkt der »Objekte« und zugleich die Bedingung ihrer Gegebenheit als historischer »Stoff« sind die zu den Werten praktisch Stellung nehmenden bzw. handelnden Agentien.[29] Was immer über den Wertzerfall formal ausgesagt wird, ändert nichts daran, dass im Bewusstsein eines jeden Subjekts Wertungen stets notwendig sind und bleiben, denn, wie Broch schreibt: »Die Bindung des autonomen Lebens an die Kategorie des Wertes ist so unlösbar [...] gegeben wie die Bindung des autonomen Bewußtseins an die Kategorie der Wahrheit« (KW 1, 619). Vollhardt hat unter Hinzuziehung Sprangers darauf hingewiesen, dass Brochs Prinzip der *Setzung der Setzung* genau dies meint: »das geistige Subjekt partizipiert an der Welt des zeitlos Ideellen (Setzung), die sich in ihm als historisch wandelbarer Sinn spiegelt (Setzung der Setzung).«[30] Bei Spranger findet sich die entsprechende Begründung einer über das psychische Erleben hinausreichenden kulturellen Daseinsform. Mit ihr geht die Ablehnung des strengen Formalismus, nicht aber der methodologischen Grundansätze Rickerts einher; in dieser modifizierenden Gestalt[31] wird Sprangers Darlegung

---

27 Vgl. Heinrich Rickert: *Der Gegenstand der Erkenntnis. Einführung in die Transzendentalphilosophie* [1892]. 3. völlig umgearb. und erw. Aufl. Tübingen 1915, S. 246.
28 Heinrich Rickert: *Die Grenzen der naturwissenschaftlichen Begriffsbildung. Eine logische Einleitung in die historischen Wissenschaften* [1896–1902]. 5., verb. um einen Anhang und ein Register verm. Aufl. Tübingen 1929, S. 328f.
29 Rickert: *Die Grenzen der naturwissenschaftlichen Begriffsbildung*, S. 505f. und 510ff.; Oakes: *Grenzen*, S. 82ff.
30 Vollhardt: *Brochs geschichtliche Stellung*, S. 147.
31 Vgl. Eduard Spranger: »Zur Theorie des Verstehens und zur geisteswissenschaftlichen Psychologie« [1918]. In: Ders.: *Grundlagen der Geisteswissenschaften. Gesammelte Schriften*, Bd. 6. Hg. v. Hans Walter Bähr. Tübingen 1980, S. 1–42, hier 7: »Wahrheiten, Gesetze, vielleicht auch Werte und Normen scheinen [...] vermöge ihrer ›Geltung‹ noch eine besondere Art der

für Brochs Poetik relevant. Laut Spranger weisen kulturelle Sinngebilde eine ideelle Dimension auf, an der die Subjekte teilhaben, obschon sie ihnen selbst nur in Form konkreter Erlebnisse gegeben ist.[32] Bereits im philosophischen Frühwerk erweitert Broch die Abstraktheit einer rein formalen Wertlehre durch Fragen nach den historischen Konstitutionsweisen kultureller Sinnwirklichkeiten. Diese lassen sich im Rahmen eines Ansatzes beantworten, den der sich mit Rickert ebenfalls kritisch auseinandersetzende Ernst Troeltsch als »materiale« Geschichtsphilosophie bestimmt.[33] Spranger und Troeltsch befriedigt ein formal abstraktes Denkmodell der Geschichtsbetrachtung dann nicht, wenn der Wertbegriff als zentraler kulturwissenschaftlicher Terminus beibehalten und weiterentwickelt werden soll.[34] Mit Rickerts Vorstellung vom historischen Zentrum besitzt Broch nicht nur einen Ansatz für eine methodische Prinzipienlehre historischen Denkens, sondern auch für die nach und nach realisierte Möglichkeit, sich phänomenologische (Husserl) Themen anzueignen.[35] Broch erweitert seinen an Themen der historischen Geisteswissenschaften ausgebildeten Ansatz um Fragen zur Intentionalität, wobei sich das Desiderat einer genuinen Handlungstheorie ergibt, wie Vollhardt betont hat:

Existenz zu führen, die mehr ist, als bloße potentielle Erlebbarkeit.« Indes muss zugleich eingeschränkt werden: »Die ideelle Existenz der Kultur unterscheidet sich [...] doch in einem wesentlichen Punkte von der der geltenden Wahrheiten, Gesetze und Normen. Denn diese sind zeitlos [...]; sie gehören nicht der räumlich-zeitlichen Welt an, sondern lösen sich von diesem Boden ganz los. Sie haben ein ideelles, gedankenhaftes Wesen. Nun strebt die Kultur wohl in diese Höhen hinein: sie sucht sich der zeitlosen Wahrheiten, Gesetze und Normen zu bemächtigen; aber sie besitzt auch von diesem Reiche immer nur einen Ausschnitt. [...] Eine Rechtsordnung gilt z. B. nicht über Zeit und Raum hinaus, sondern sie ist bedingt durch eine konkrete Kultursituation, mag auch darüber die Idee eines ewigen Rechtes schweben. Das, was der Kultur so an ihrem Gipfel fehlt, wiegt sie dadurch auf, daß ihr ideeller Teilgehalt *reale Wirkungen* zu üben vermag« (Spranger: »Zur Theorie des Verstehens«, S. 7f.). Daraus ergibt sich schließlich eine bedeutsame Definition der Eigentümlichkeiten des Kulturwerts: »Kulturgebilde [...] sind *in der Zeit* [...]. Aber sie sind auch wieder *über die Zeit*, insofern sie »in *ihrem Sinne*« garnicht auf das Verständnis dieses oder jenes einzelnen Subjektes angewiesen sind. [...] In dieser *überzeitlichen Zeitlichkeit* liegt nun das größte Rätsel der Kultur. Sie ragt mit einigen ihrer Spitzen in das Zeitlose (Ideelle) hinein; sie berührt aber zugleich an vielen Punkten mit ihren Grundlagen die Realität in der seelischen und körperlichen Welt. Und an den Punkten, an denen das letztere nicht der Fall ist, scheint sie wie ausgeschaltet, wie suspendiert« (Spranger: »Zur Theorie des Verstehens«, S. 8f.).

32 Spranger: »Zur Theorie des Verstehens«, S. 9: »Wir besitzen eben den himmlischen Schatz nur in den irdischen Gefäßen der psychischen Erlebbarkeit und der physischen Wirksamkeit (z. B. in der sehr inadäquaten Form physischer Symbole).«
33 Zu Troeltsch vgl. Reinhard Laube: *Karl Mannheim und die Krise des Historismus. Historismus als wissenssoziologischer Perspektivismus*. Göttingen 2004, S. 221ff. und 230f.
34 Vgl. Hans Michael Baumgartner: *Kontinuität und Geschichte. Zur Kritik und Metakritik der historischen Vernunft*. Frankfurt am Main 1997, S. 143: »Rickerts [...] rekonstruierte Welt bleibt grundsätzlich statisch, da sie durch den Bezug auf fixierte Werte Kontinuierlichkeit und Bewegung der empirischen Wirklichkeit eliminiert und historischen Zusammenhang nur noch im äußerlichen Schema der Kausalität zu denken versucht.«
35 Vgl. KW 10/2, 121 und Vollhardt: *Brochs geschichtliche Stellung*, S. 94.

Broch mußte den phänomenologischen Aktmodus zur realen Handlung erweitern, um sein eigentliches Vorhaben, die Bestimmung der Prinzipien der Geschichtserkenntnis aus dem Wertverhalten der Individuen, durchführen zu können. Zur ›Wertsetzung‹ tritt die Ding- und Objekt-, kurz: die empirisch verstandene ›Wirklichkeitssetzung‹ hinzu. ›Setzen‹ meint hier – im Zusammenhang der Geschichte als einer Realwissenschaft – nicht das Anerkennen, sondern das Erzeugen von etwas in einem Akt der Handlung.[36]

Im Rahmen dieses Interesses ergeben sich Parallelen zu der ebenfalls neukantianisch grundierten verstehenden Soziologie Max Webers.[37]

3. Veränderte Problemlagen nach 1932 und im Exil

In den während des amerikanischen Exils unternommenen massenwahntheoretischen und politischen Studien wirkt sich neben dem antitotalitären Aufklärungsinteresse ein kritischer Impuls gegenüber der jungen amerikanischen Massendemokratie aus. Inzwischen eröffneten sich hier für Soziologen und Psychologen Anwendungsfelder, welche der Manipulierung des Menschen dienten.[38] Mit dem Schlagwort des »Amerikanismus« werden seit den 1920er Jahren die neuen technisch-organisatorischen Leitcodes, der industrielle Fortschrittsoptimismus und die kapitalistisch-planwirtschaftlichen Ordnungsvorstellungen belegt.[39] Neben dem europäischen Totalitarismus dürfen die tief greifenden Wandlungen des ›Westens‹ zwischen 1900 und 1950 in einer Untersuchung der Kontextbedingungen der Werke Brochs nicht ausgeblendet werden. Unter dem Einfluss des Kriegseintritts der Vereinigten Staaten (1941) wurden Massenmedien gezielt zum Zweck kollektiver Mobilmachung eingesetzt.[40] Was die kommerzielle Massenwerbung umfassend anwandte, war ein funktionalistisches Kommunikationskonzept: »*who says what to whom with what effect*« (Harold Lasswell);[41] es verband sich mit der Absicht, das soziale und

---

36 Vollhardt: *Brochs geschichtliche Stellung*, S. 94.
37 Zur philosophiegeschichtlichen Einordnung Webers vgl. Pietro Rossi: *Vom Historismus zur historischen Sozialwissenschaft. Heidelberger Max Weber-Vorlesungen 1985*. Frankfurt am Main 1987.
38 Vgl. Ralf Dahrendorf: *Die angewandte Aufklärung. Gesellschaft und Soziologie in Amerika.* Frankfurt am Main, Hamburg 1968, S. 22–31.
39 Vgl. Günter Könke: *Organisierter Kapitalismus, Sozialdemokratie und Staat. Eine Studie zur Ideologie der sozialdemokratischen Arbeiterbewegung in der Weimarer Republik (1914–1932).* Stuttgart 1987, S. 86–94 und Hans Vorländer: *Hegemonialer Liberalismus. Politisches Denken und politische Kultur in den USA 1776–1920.* Frankfurt am Main, New York 1997, S. 27–44.
40 Vgl. Fred J. MacDonald: *Don't Touch that Dial. Radio Programming in American Life 1920–1960.* Chicago, S. 77: »Since 1939, and more dramatically after American entry into the struggle, commercial radio had been the most vital communications and entertainment medium in the nation«.
41 Zit. nach Christopher Simpson: *Science of Coercion. Communication Research and Psychological*

politische Leben bewusst zu lenken. In den begleitenden sozialwissenschaftlichen Diskussionen wurden verstärkt die Unterschiede zwischen Erziehung und Propaganda thematisiert und ebenso Methoden überprüft, die zwischen den neuen Konditionierungstechniken der öffentlichen Meinung und liberalen Auffassungen der Demokratie vermitteln sollten.[42] Ist der Untergang der liberalen Bürgerkultur *das* Skandalon für den 1886 geborenen Broch und viele seiner Zeitgenossen, dann sind sowohl die zwangskollektiven Schatten- als auch die freigeistigen Sonnenseiten der sich diesem Schriftsteller enthüllenden planetarischen Gesamtgestalt des 20. Jahrhunderts zu reflektieren.[43] Generell ist der gleichzeitige Auftritt zweier einander eigentlich widersprechender Mentalitäten zu registrieren: bestehend aus einem auf technischer und bürokratischer Rationalisierung basierenden Leistungsprinzip und konsumtorisch-hedonistischen Einstellungen. Alfred Vierkandt benennt diesen Zusammenhang mit großer Klarheit, indem er im *Handwörterbuch der Soziologie* (1931) schreibt:

> Der Kapitalismus schafft [...] einerseits die moderne Arbeit, die Arbeit im strengen Sinne als bloßes Mittel mit ihrem Krampf der Spannung (Askese), andererseits den Zustand der Ruhe als bloße Entspannung mit dem bloßen Ziel der Lust [...].[44]

Unter dem Regime des Marktes bleibe der Einzelmensch, so Broch, »Sklave« (KW 12, 542). Der ethische Impuls der Demokratietheorie, Brochs uneingeschränkter Friedenswille und die Ablehnung des politisch organisierten Klassenkampfes: diese Merkmale werden auf den von Weber akzentuierten Gedanken[45] konsequenter subjektiver Lebensführung bezogen. Der von Herbert Marcuse unter dem Eindruck Hitler-Deutschlands 1934 diagnostizierten »Totalisierung des Politischen«[46] soll die humanitäre Geistesfreiheit entgegen-

---

Warfare 1945–1960. New York, Oxford 1994, S. 19. Vgl. Harold D. Lasswell: *Psychopathology and Politics*. Chicago 1930; ders.: *Politics. Who Gets What, When, and How*. New York 1936.

[42] Zur Aufhebung der (alt-)liberalen Trennung von Privatheit und Öffentlichkeit bzw. zum Begriff der Öffentlichkeit im Unterschied zur bürgerlichen Privatheit vgl. Wilhelm Bauer: *Die öffentliche Meinung in der Weltgeschichte*. Berlin 1930, S. 1–27.

[43] Vgl. Thomas Borgard: »Planetarische Poetologie. Die symptomatische Bedeutung der Masse im amerikanischen Exilwerk Hermann Brochs.« In: *Hermann Broch. Politik, Menschenrechte – und Literatur?* Hg. v. Thomas Eicher, Paul Michael Lützeler und Hartmut Steinecke. Oberhausen 2005, S. 205–229. Methodisch von Interesse ist Panajotis Kondylis: *Machtfragen. Ausgewählte Beiträge zu Politik und Gesellschaft*. Darmstadt 2006, S. 157–172 und Dirk Baecker: *Studien zur nächsten Gesellschaft*. Frankfurt am Main 2007, S. 154f. und 168f. Wie der Systemtheoretiker Baecker zeigt, erzwingen die soziotechnischen Kompatibilitätsanforderungen in Bezug auf die »Fluktuationen« des modernen Lebens eine »Abstraktionslage«, aus der sich historisch ein den »Kritiküberschuss« allmählich ablösender »*Kontrollüberschuss*« ergibt.

[44] Alfred Vierkandt: »Kultur des neunzehnten Jahrhunderts und der Gegenwart.« In: *Handwörterbuch der Soziologie* [1931]. Hg. v. Alfred Vierkandt. Unveränderter Neudruck. Stuttgart 1959, S. 141–160, hier 147.

[45] Vgl. Wolfgang J. Mommsen: *Max Weber und die deutsche Politik 1890–1920*. 3. verb. Aufl. Tübingen 2004, S. 457.

[46] Zit. nach Heinz Sünker: »Kritische Theorie und Analyse des Nationalsozialismus. Notate zu Herbert Marcuses ›Der Kampf gegen den Liberalismus in der totalitären Staatsauffassung‹.«

wirken, wie sie Brochs Interpretation des griechisch-lateinischen (platonischen, stoischen) und christlichen Erbes verteidigt. Diese Haltung ist vor dem Hintergrund der polarisierenden Moderne-Diagnosen zu lesen. In einer Welt, in der – wie Carl Schmitt feststellt –, die »subjektive Freiheit der Wertsetzung [...] zu einem ewigen Kampf der Werte und der Weltanschauungen« führt,[47] erhalten sowohl Charismatismus als auch politische Dezisionismen Auftrieb. Unter Machtgesichtspunkten betrachtet, sei ein Wert nicht gesetzt, sondern werde gegen andere Werte *durch*gesetzt: »Der höhere Wert hat das Recht und die Pflicht, den niederen Wert sich zu unterwerfen, und der Wert als solcher vernichtet mit Recht den Unwert als solchen«.[48] Die für den frühen Broch so wichtige wertphilosophische Begrifflichkeit Rickerts – Wert, Setzen, Gelten – erscheint bei Schmitt in völlig anderem Licht:

> wer Werte setzt, hat sich damit gegen Unwerte abgesetzt. Die grenzenlose Toleranz und Neutralität der beliebig auswechselbaren Standpunkte und Gesichtspunkte schlägt sofort in das Gegenteil, in Feindschaft um, sobald es mit der Durchsetzung und Geltendmachung konkret ernst wird [...].[49]

Für Schmitt lässt sich die dem Wertdenken immanente Aggressivität auch dann nicht überwinden, wenn man die Objektivität der Werte voraussetzt und wie Rickert den »Ort ihrer absoluten und permanenten Geltung in das wahre Sein verlegt«.[50] Schmitt gibt einer konkreten Macht Recht, und zwar so, dass es gegenüber der präsumptiven Wirklichkeit kein einklagbares Recht gibt.[51] Seine juridische Hermeneutik fragt nach der *Legitimation* in einer Welt, die für ihn im Ausnahmezustand des Bösen lebt. Einen weiteren Fixpunkt bildet die mit der Schrift *Römischer Katholizismus und politische Form* (1923) gegebene Antwort auf Webers *Protestantische Ethik* und implizit auch auf Max Schelers Bild der Kirche.[52] Anstatt der Lehre von der Homoiosis Gott-Mensch fungiert jetzt der

---

In: *Philosophie und Zeitgeist im Nationalsozialismus*. Hg. v. Marion Heinz und Goran Gretić. Würzburg 2006, S. 67–83, hier 73.

[47] Carl Schmitt: »Die Tyrannei der Werte.« In: *Säkularisation und Utopie. Ebracher Studien. Ernst Forsthoff zum 65. Geburtstag*. Stuttgart [u. a.] 1967, S. 37–62, hier 54.

[48] Schmitt: »Die Tyrannei der Werte«, S. 59.

[49] Schmitt: »Die Tyrannei der Werte«, S. 58. Schmitt bezieht sich hier auf Rickerts Einsicht, »daß es keine negative Existenz, wohl aber negative Werte gibt«. Vgl. Heinrich Rickert: *System der Philosophie. Erster Teil. Allgemeine Grundlegung der Philosophie*. Tübingen 1921, S. 117.

[50] Panajotis Kondylis: *Die neuzeitliche Metaphysikkritik*. Stuttgart 1990, S. 549. Vgl. Folke Werner: *Vom Wert der Werte. Die Tauglichkeit des Wertbegriffs als Orientierung gebende Kategorie menschlicher Lebensführung. Eine Studie aus evangelischer Perspektive*. Münster, Hamburg, London 2002, S. 112.

[51] Vgl. Günter Meuter: *Der Katechon. Zu Carl Schmitts fundamentalistischer Kritik der Zeit*. Berlin 1994, S. 380.

[52] Vgl. Alois Baumgartner: *Sehnsucht nach Gemeinschaft. Ideen und Strömungen im Sozialkatholizismus der Weimarer Republik*. München, Paderborn, Wien 1977, bes. S. 135–144 und 153–171. Zum Verhältnis Schmitt-Scheler vgl. Giancarlo Caronello: »Max Scheler und Carl Schmitt – zwei Positionen des katholischen Renouveau in Deutschland. Eine Fallstudie über die ›Summa‹ (1917/1918).« In: *Vernunft und Gefühl. Schelers Phänomenologie des emotionalen Lebens*. Hg. v. Christian Bermes, Wolfhart Henckmann und Heinz Leonardy. Würzburg 2003, S. 225–254.

Okkasionalismus; Schmitts Auseinandersetzung mit der katholischen Romantik im Rahmen der Säkularisierung widmet sich an dieser Stelle dem Herrschaftsprinzip der Repräsentation.[53] Damit orientiert sich Schmitt idealtypisch am mittelalterlichen Vorbild der »dreifach großen Form«; sie zeigt sich ihm »als ästhetische Form des Künstlerischen«, »als juridische Rechtsform« und als der »ruhmvolle Glanz einer weltgeschichtlichen Machtform«.[54] Schmitts Ausdeutung des römisch-katholischen Traditionsbestandes bildet einen Gegensatz zu metaphysischen Interpretationen der Kirche, welche die Begrifflichkeit des Imperiums auf ein Reich Gottes anwenden, das nicht von dieser Welt ist. Ist Schmitts Schrift *Römischer Katholizismus und Politische Form* unter anderem aus Gesprächen mit Theodor Haecker entstanden, der zu einem Mentor der »Weißen Rose« wird,[55] so stellt der Autor nun eine brisante machtpolitische Parallele her. Artikuliert wird die »Beziehung unserer Gegenwart auf die Zeit der römischen Bürgerkriege und des Cäsarismus«.[56] Während *Der Begriff des Politischen* (1927) vergilisch formuliert – »Ab integro nascitur ordo« –, wird das Ermächtigungsgesetz Hitlers (1934) von Schmitt als Erfüllung dieser Prophetie begrüßt: »Jetzt öffnete sich ein Weg um [...] das revolutionäre Werk einer deutschen Staatsordnung in Angriff zu nehmen.«[57] Sowohl Broch als auch Schmitt greifen in ihren politischen Philosophien auf ältere theologisch-religiöse Begriffsbestände zurück und bestätigen jeweils auf unterschiedliche Weise das Scheitern des Aufklärungsrationalismus. Doch der weltanschaulichem Pathos abgeneigte Broch bleibt Anhänger einer durch den Modernisierungsprozess zur Selbstbehauptung genötigten Vernunft, während Schmitt den Akzent auf etwas anderes legt. Indem er ein auf ältere Lagen Zurückgehendes, in der gegenwärtigen Kultur Zerfallenes oder wertlos Gewordenes in den zeitgenössischen Kontext überführt, bereitet er auf eine radikale Entscheidung vor. Für den Dezisionisten Schmitt bildet »die nichtdiskutierende und nichträsonierende«, also die »repräsentative Rede das Entscheidende«,[58] und diese

---

53 Vgl. Carl Schmitt: *Römischer Katholizismus und politische Form* [1923]. 2. Aufl. Stuttgart 2002, S. 14: »Die formale Eigenart des römischen Katholizismus beruht auf der strengen Durchführung des Prinzips der Repräsentation.«
54 Schmitt: *Römischer Katholizismus*, S. 36.
55 Vgl. Richard Faber: »Carl Schmitt, der Römer.« In: *Die eigentlich katholische Verschärfung ... Konfession, Theologie und Politik im Werk Carl Schmitts*. Hg. v. Bernd Wacker. München 1994, S. 257–278, hier 277. Im Wesen des Politischen erkennt Haecker »eine formalistische Entartung [...], eine Loslösung von seiner Substanz, als welche *die gerechte Ordnung* unter Menschen ist. Es ist die Emanzipation der Gewalt gegenüber der menschlichen Macht, welche in Kommunikation steht mit der göttlichen Macht [...]. Das Ziel einer solchen Politik kann die Unordnung sein, das Chaos selber sein: es gibt eine teuflische Politik. Der Abfall stand und steht im Zeichen der ›Macht‹.« Theodor Haecker: *Der Christ und die Geschichte*. Leipzig 1935, S. 56f.
56 Carl Schmitt: *Donoso Cortés in gesamteuropäischer Interpretation*. Köln 1950, S. 93.
57 Carl Schmitt: *Staatsgefüge und Zusammenbruch des II. Reiches. Der Sieg des Bürgers über den Soldaten*. Hamburg 1934, S. 49.
58 Schmitt: *Römischer Katholizismus und politische Form*, S. 39f.

bedarf lediglich der grundlosen Selbstbestimmung des Willens eines der Gott-Person ähnlichen Souveräns. Um den Menschen vor der Suggestionskraft politischer Religionen zu bewahren, möchte Broch die Selbsterkenntnis stärken; deshalb gilt ihm die *Massenwahntheorie* genaugenommen auch nicht als »Psychologie der Masse«, sondern als »Teil des allgemeinpsychologischen Modells [...], welcher sich auf das Verhalten des Ichs in der Masse bezieht« (KW 12, 45). Bezüglich seiner Rede vom Irrationalen muss allerdings gefragt werden, wie diese sich sowohl zur politischen Tatsache des Nationalsozialismus als auch zu wissenschaftlichen Wahrheitsansprüchen verhält?[59] Die Probleme berühren das Verhältnis von theoretischer und praktischer Philosophie, und zwar vor dem Hintergrund der durch Krieg, Wirtschaftskrise, Diktatur, Vertreibung und Emigration erzeugten kulturellen Schocklagen, die Broch einem enormen ethischen Handlungsdruck aussetzen. Im Kontext des ›Dritten Reichs‹, seiner Demagogie, der Gewaltexzesse und der prekären Stellung eines Gottfried Benn oder Carl Schmitt zur Macht, spitzt sich für Broch das Problem der Geschichtsdeutung zu der Frage zu: Wie kann der »intellektuelle Mensch« verantwortlich »Zeitkritik« üben, nachdem es keine allgemein verbindlichen Ideen mehr gibt (KW 10/1, 46 und 49f.)? Hinzu kommen ab 1938 die Herausforderungen des amerikanischen Exils. Denn die sich in den USA durchsetzende, technizistisch und massenkulturell geprägte Gesellschaftsformation unterliegt bei Broch gewissen Vorbehalten, weil sie Denkmodelle privilegiert, die seinem Wissenschaftsverständnis zuwiderlaufen. Verabschiedet wird die Subjektphilosophie klassischen Zuschnitts; dafür ist nicht zuletzt der für das beginnende Computerzeitalter bedeutsame Erfolg des Wiener Kreises in Gestalt Rudolf Carnaps verantwortlich.[60] Als Emigrant erfährt Broch die Etablierung der das 20. Jahrhundert fortan bestimmenden Gegendisziplinen zum humanistischen Kanon: Linguistik, Informatik und Kybernetik. Mit Deweys *Pragmatism* findet eine Privilegierung sozial und ökonomisch nützlicher Wissenschaft statt,[61] die Rickert gegenüber der universellen Rationalitätsform klassischer Theoriebildung als »›kleine‹ Welt« diffamiert.[62] Nach Rickerts Überzeugung hat sich die Theorie vom »›praktischen‹ Leben« zu distanzieren, um es zu verstehen:

---

[59] Vgl. Helmuth Kiesel: *Wissenschaftliche Diagnose und dichterische Vision der Moderne. Max Weber und Ernst Jünger.* Heidelberg 1994, S. 196f.
[60] Die an Carnaps »syntactical notations« anknüpfende frühe Informationstheorie begreift das Denken als autopoietisches »Rechnen«. Vgl. Warren S. McCulloch, Walter H. Pitts: »A logical calculus of the ideas immanent in nervous activity.« In: *Bulletin of Mathematical Biophysic* 5 (1943), S. 115–133, bes. 118. McCulloch und Pitts beziehen sich auf Rudolf Carnap: *The Logical Syntax of Language.* New York 1937.
[61] Vgl. Friedrich Jaeger: *Amerikanischer Liberalismus und zivile Gesellschaft. Perspektiven sozialer Reform zu Beginn des 20. Jahrhunderts.* Göttingen 2001, S. 229f.
[62] Vgl. Heinrich Rickert: »Wissenschaftliche Philosophie und Weltanschauung [1933].« In: *Philosophische Aufsätze.* Hg. v. Rainer A. Bast. Tübingen 1999, S. 325–346, hier 338.

Die verschiedensten Interessen der einzelnen Individuen und der sozialen Gruppen gehen weit über das hinaus, was wissenschaftlich zu erweisen ist. Darum hat aber niemand das Recht, auch die Forschung nur so weit gelten zu lassen, als sie sich in den Dienst praktischer oder außertheoretischer Interessen stellt. Damit würde sie durch eine Weltanschauung beschränkt werden, die den Namen des ›Pragmatismus‹ im weitesten Sinne des Wortes verdient, und gegen solche Grenzsetzung muß sie sich unter allen Umständen wehren.[63]

Brochs Bewunderung für die von Rickerts Rigorismus verkörperte aufgeklärte Vernunft ist in den 1930er und 1940er Jahren mit gewaltigen physischen und seelischen Zerstörungen konfrontiert – dem Völkermord an den europäischen Juden, Stalins Säuberungen. Ferner begegnet ihm ein bis dahin unbekannter Reichtum an technischen Mitteln, deren Hybris der Krieg und der Abwurf der Atombombe dokumentieren. In den USA lebt er zudem in den Ursprungslagen jener Technikrevolution, die heute unter dem Sammelbegriff des *Digitalen* gefasst wird. Der Bau des ersten Computers durch Konrad Zuse erfolgte bereits 1937/1938.[64] Die für das Verständnis von Brochs Spätwerk grundlegenden transatlantischen wissenschaftsgeschichtlichen Zusammenhänge sind bis heute nicht systematisch untersucht. In Princeton und New Haven trifft der bildungsgeschichtlich in der europäischen Tradition der Subjekt- und Bewusstseinsphilosophie verwurzelte Schriftsteller auf eine sich von ontologischen Fragen abwendende Sozialforschung. Sind für den frühen Broch die Ablösung der Psychologie von der Philosophie bedeutsam, die Reflexion der Geisteswissenschaften (Dilthey) sowie Erörterungen des Verstehens durch Psychologie, Logik, Erkenntnistheorie und Geschichtsphilosophie,[65] so interessiert sich der Behaviorismus ausschließlich für empirische Handlungsanalysen. Horkheimer attestiert dieser Richtung einen »unhistorischen, unkritischen Begriff der Erkenntnis« und Adorno gerät ebenfalls mit ihr in Konflikt.[66] Gleiches gilt für Brochs zwischen 1939 und 1948 entstehende *Massenwahntheorie*, welche die Vermittlungsprobleme zwischen europäisch-philosophischem Erbe und amerikanischer Sozialforschung implizit wie explizit thematisiert.[67]

---

63 Rickert: »Wissenschaftliche Philosophie und Weltanschauung«, S. 341.
64 Vgl. Gianluca Falanga: *Berlin 1937. Die Ruhe vor dem Sturm.* Berlin 2007, S. 170.
65 Vgl. Vollhardt: *Brochs geschichtliche Stellung*, S. 41–43.
66 Vgl. Max Horkheimer: »Der neueste Angriff auf die Metaphysik« [1937]. In: Ders.: *Gesammelte Schriften*, Bd. 4. *Schriften 1936–1941*. Hg. v. Alfred Schmidt. Frankfurt am Main 1988, S. 108–161, hier 123 und 120. Der seit 1938 an Paul Lazarsfelds *Radio Research Project* mitarbeitende Adorno lehnt die quantifizierende Praxis des »administrative research« ab, die im Rahmen des als symmetrisch angenommenen Verhältnisses zwischen Stimulus und Reaktion kommerziell verwertbare Berechenbarkeitsgarantien für das individuelle Verhalten zu geben versucht. Vgl. Stefan Müller-Doohm: *Adorno. Eine Biographie.* Frankfurt am Main 2003, S. 372–388 und 821.
67 Brochs Vorhaben einer »umfassenden Krisentheorie« (vgl. Hermann Broch: *Menschenrecht und Demokratie. Politische Schriften.* Hg. und eingel. v. Paul Michael Lützeler. Frankfurt am Main

4. Motive für die Kritik der Philosophie des Wiener Kreises

Mit dem Verlust traditioneller bedeutungsgebender Instanzen und der damit verbundenen Destabilisierung des Sinnhaushalts tritt die Geschichte ein in einen durch permanente »Phasenwechsel« (KW 10/2, 167) und Konkurrenzkämpfe gekennzeichneten Epochenabschnitt. Dabei handelt es sich nach Darstellung Brochs aus wissenschaftsgeschichtlicher Sicht um eine unvermeidliche, ja notwendige Entwicklung. Er teilt Carnaps Kritik modischer »Weltanschauung«, weil diese den »Unterschied zwischen Lebensgefühl und Theorie« (Carnap) verwische.[68] Diese Einsicht lässt zwei Auslegungsvarianten zu: einmal die von Wittgenstein und den Logischen Positivisten gelieferte, wonach metaphysische Probleme durch Missdeutungen der Sprachformen entstehen. Wittgenstein äußert noch eine zweite Möglichkeit. In dieser Variante wurzeln die Probleme »tief in uns wie die Formen unserer Sprache«; und damit deutet er auf einen linguistisch nicht zu eliminierenden existenziellen Grund des Problems hin und relativiert zugleich seine erste Aussage. Nicht Missdeutungen und ein irriger Sprachgebrauch scheinen für die philosophiegeschichtliche Permanenz der Metaphysik verantwortlich zu sein, sondern eine Tätigkeit oder Lebensform, deren Bestandteil das Sprechen der Sprache ist.[69] Wie die Probleme der Spätphilosophie Wittgensteins zeigen, behaupten die offenbar nur in metaphysischer Sprache auszudrückenden Lebensprobleme sowohl in der idealen Sprache als auch in der Alltagssprache ihren Sinn. Wo also beginnen die Probleme der Sprache? Mit den Deutungen der Metaphysiker? Oder liegen sie in außersprachlichen Ursprüngen der Sprache begründet? Und wo liegt dann, wenn sich eine solche überhaupt angeben lässt, die Grenze zwischen Alltagssprache und Metaphysik hinsichtlich des Irrtums, welche der Wiener Kreis zur Kennzeichnung des Sinnlosen zu bestimmen versucht? Die Sprachanalyse dieser Philosophen verschiebt den Akzent von der Unwahrheit und Fiktivität metaphysischer Sätze zum Sinnlosen; und dieses Verdikt soll für alle Fragen gelten, die metaphysischen Aussagen zugrunde liegen.[70] In Wirklichkeit aber

---

1978, S. 17, Einleitung) belastet von vornherein seinen Versuch, die amerikanische Sozialforschung für seine Absichten zu gewinnen.

[68] Rudolf Carnap: »Überwindung der Metaphysik durch logische Analyse der Sprache [1932].« In: R. C.: *Scheinprobleme in der Philosophie und andere metaphysikkritische Schriften.* Hg. v. Thomas Mormann. Hamburg 2004, S. 81–109, hier 106.

[69] Vgl. Kondylis: *Die neuzeitliche Metaphysikkritik*, S. 506f. und Rüdiger Bubner: *Handlung, Sprache und Vernunft. Grundbegriffe praktischer Philosophie.* Frankfurt am Main 1982, S. 158. Damit trennten sich die Wege Wittgensteins und der Neopositivisten. Die Metaphysik, so behaupten Metaphysiker, »lasse sich [...] weder überwinden noch auf das ›alltägliche Leben‹ und die elementaren Bedürfnisse seines ›rauhen Bodens‹ zurückschrauben. Die Rückkehr zur Alltagssprache oder das Verbleiben bei ihr würde infolgedessen eventuell nur gröbste Mißbräuche beseitigen oder verhindern, am Wesentlichen würde sich aber dadurch wenig ändern, solange sich Menschen im Zustande einer entwickelten Kultur zu verständigen suchen.« Kondylis: *Die neuzeitliche Metaphysikkritik*, S. 507.

beruht das »(faktische) Bekenntnis« des Logischen Empirismus »zum Konventionalismus bei gleichzeitiger (nomineller) Absage an den Agnostizismus« auf einem logischen Sprung; Ursache ist »die dezisionistische Identifizierung des nach neopositivistischen Kriterien Erkennbaren oder Sagbaren mit der Wirklichkeit oder der Welt schlechthin.«[71] Aus diesem Grund wirft Broch dem Logischen Empirismus immer wieder vor, in einer Tautologie zu enden (KW 10/2, 251). Als schwerwiegendes Manko des Logizismus, der das »Ganze noch im Widerspruch verfügbar zu machen« trachtet, erscheint seine »problemferne Position«.[72] In dieser Verfassung, so Horkheimer, verhält sich die Philosophie in politischer Hinsicht zur Existenz totalitärer Staaten genauso unkritisch wie schlechte Metaphysik. Ohne »Schlüssel zur historischen Situation« bleibe der Denkende an seine Gegenwart angepasst: an eine »Einigkeit und Ordnung« spiegelnde Welt, in deren Inneren der Schrecken wohne; ja er nehme sogar »passiv am allgemeinen Unrecht teil.«[73] Broch beklagt den Kontaktverlust metaphysikkritisch eingestellter Philosophen zu ethischen Fragen und macht sich nicht zuletzt deshalb die (historische) Bedeutung der Werte klar. Zwischen der Mathematik, die »das Vokabularium auf Nichts reduziert« (KW 9/2, 213) und der positivistischen »Wendung zur Sprache der Dinge, die [...] eine stumme Sprache ist« (KW 1, 537), erkennt Broch eine Beziehung. Indem der Punkt, an dem Evidenz erreicht wird, ins Unendliche verschoben wird, erzeugt dieses Denken die für es relevante Wirklichkeit selbst: ein Gedankenzusammenhang, mit dem Broch existenzielle Fragen – »stummgewordene Seele«, »Einsamkeit« (KW 1, 706) – verbindet. Der ab 1931 an der Yale University lehrende Sprachphilosoph Wilbur Marshall Urban begründet die Rolle der Metaphysik mit Rickert wie folgt:

> The task of metaphysics, he [d. i. Rickert; T.B] tells us, is the unitary interpretation of the total world in which there are both the real and the valuable. [...] If, then, this is the task of metaphysics [...] it follows inevitably that to interpret the world as a whole [...] metaphysical concepts or symbols, in order to be fundamental – and *adequate* – must be, so to speak, value-charged. In other words axiological symbols must be normative for metaphysics.[74]

---

[70] Vgl. Wilbur Marshall Urban: *Language and Reality. The Philosophy of Language and the Principles of Symbolism* [1939]. 2. Aufl. London, Tonbridge 1951, S. 35f.; Dorrit Cohn: *The Distinction of Fiction.* Baltimore, London 1999, S. 4, und Hans Vaihinger: *Die Philosophie des Als Ob. System der theoretischen, praktischen und religiösen Fiktionen der Menschheit auf Grund eines idealistischen Positivismus* [1911]. 5. und 6. Aufl. Leipzig 1920, S. 54–58.

[71] Kondylis: *Die neuzeitliche Metaphysikkritik,* S. 472. Vgl. Moritz Schlick: »Die Wende der Philosophie [1930].« In: *Wiener Kreis. Texte zur wissenschaftlichen Weltauffassung.* Hg. v. Michael Stöltzner und Thomas Uebel. Hamburg 2006, S. 30–38, hier 33: »Erkennbar ist alles, was sich ausdrücken läßt, und das ist alles, wonach man sinnvoll fragen kann. Es gibt daher keine prinzipiell unbeantwortbaren Fragen, keine prinzipiell unlösbaren Probleme.«

[72] Reinhardt: *Erweiterter Naturalismus,* S. 170.

[73] Horkheimer: *Der neueste Angriff auf die Metaphysik,* S. 116, 119, 134 und 127.

[74] Urban: *Language and Reality,* S. 664.

Unter der Überschrift »Die Tragweite der Evokation in Metaphysik und Wissenschaft« findet sich in Georg Mischs Vorlesungen über Logik und »Theorie des Wissens« ein Satz aus 1. Kor 2,6: »Was kein Auge gesehen hat und kein Ohr gehört hat und in keines Menschen Herz gekommen ist, was Gott bereitet hat denen, die ihn lieben.« Misch ergänzt dieses Zitat durch die folgenden Bemerkungen: Mit Bildern des Sehens, Hörens und Fühlens zwar einsetzend, diese jedoch gleich negierend, drückt »das religiöse Gefühl sein Höchstes« aus; so vernichtet der »evozierende Ausdruck, der Überschwang des Wortes, [...] die Bindung an den sachlichen Bedeutungsgehalt der Sätze«.[75] Auch bei Broch kommt diese Figur vor, wenn in der dritten Fassung des *Tod des Vergil* – *Erzählung vom Tode* – »eine über alles sinnlich Wahrnehmbare hinausstrebende Sprache« gesucht wird.[76] Misch stellt weiterhin fest: Im Unterschied zur diskursiven Feststellung betont die Evokation nicht das »dis«, sondern das »currere«;[77] die dynamische Daseinsstruktur erfasst das anordnende Denken nicht, das »metaphysische Wissen« muss vielmehr »vollzogen werden«. Dabei handelt es sich »nicht um ein sachliches Erfassen [...] des Unendlichen [...], sondern um ein Sicheinstellen in die Bewegung, die von ihm ausgeht und die durch das hervorrufende Wort in Gang gebracht wird.«[78] Misch verdeutlicht seine sprachphilosophischen Lehrsätze am Beispiel von Goethes Ballade *Der Fischer*. Nicht die Zeichenfunktion der Worte werde von Goethe akzentuiert, sondern die »gesteigerte Geltung, die sie im dichterischen Gebrauch von der Stimmung aus gewinnen«. Das Gedicht interessiert sich nicht für die Bedeutung des Wortes »Wasser«, sondern für »die mit dem Worte gemeinte Realität«; Goethe erkläre selbst, das »Gefühl des Wassers« ausdrücken zu wollen.[79] Schließlich dehnt Misch seine Analyse auf zeitgenössische Autoren aus. Die als »schwebend« empfundene Gestaltung der Stimmungen in Hamsuns Roman *Das letzte Kapitel* wird kontrastiert mit der diskursiven Sprachbehandlung in Thomas Manns *Zauberberg*, wo die Ausdrücke »eine fast vokabelhafte Fixiertheit« erlangen.[80] In seinem Rückblick auf die dichterische Spracharbeit im *Tod des Vergil* hebt auch Broch die »›schwebende‹ Ausdruckskraft der deutschen Sprache« (KW 13/3, 474) hervor. Die weiteren Ausführungen betreffen Übersetzungsschwierigkeiten des *Tod des Vergil*, die am Beispiel der Ausdrücke »atem-

---

75 Georg Misch: *Der Aufbau der Logik auf dem Boden der Philosophie des Lebens. Göttinger Vorlesungen über Logik und Einleitung in die Theorie des Wissens* [1927–1934]. Hg. v. Gudrun Kühne-Bertram und Frithjof Rodi. Freiburg i. Br., München 1994, S. 525f.
76 Hermann Broch: »Erzählung vom Tode (Fragment)« [entst. 1937/1938]. In: *Materialien zu Hermann Broch »Der Tod des Vergil«*. Hg. v. Paul Michael Lützeler. Frankfurt am Main 1976, S. 88–169, hier 167.
77 Misch: *Aufbau der Logik*, S. 511.
78 Misch: *Aufbau der Logik*, S. 527. Vgl. die Erörterungen bei Friedrich Kümmel: »Zum Verhältnis von Logik, Metaphysik und geschichtlicher Weltansicht bei Georg Misch.« In: *Dilthey-Jahrbuch* 12 (1999–2000), S. 31–57, hier 52f.
79 Misch: *Aufbau der Logik*, S. 516f.
80 Misch: *Aufbau der Logik*, S. 508f.

umwandete Höhle der Traumgezeiten« und »äonenhafte Unabänderlichkeit« erläutert werden (KW 4, 65). Während die »Substantivkombinationen« sowie »Adjektiv- und Verben-Substantivierungen« zulassende Syntax des Deutschen »Elastizität und Ausdehnungsfähigkeit« besitze, zeichne das französische Sprachideal ein »fixes Koordinatensystem« aus, das ähnlich dem Lateinischen mehr »Realitätsbeweise« liefere als »Realitätserforschung« sei (KW 13/3, 475ff.). Aufgrund ihrer Möglichkeit, eine »schwebende Bedeutung« auszubilden, vermag die deutschsprachige Syntax Übergänge von der Realität zur Transzendenz herzustellen (KW 9/2, 79). Die Kunst hat für den späten Broch »die Aufgabe, nach dem Wesentlichen zu streben und derart ein Gegengewicht für das unsägliche Unheil in der Welt darzustellen« (KW 9/2, 227); sie möchte Erlebnisse und Bedürfnisse in einem sowohl durch Transzendenz als auch durch stilistisch-rhetorische Sprachfertigkeit ausgezeichneten poetischen Feld zusammenbringen, für das in der Realität keine Evidenz mehr besteht.[81] Broch nennt dieses bereits am Schluss der *Schlafwandler* angewandte Verfahren eine »hypothetische Synthese« (KW 13/1, 187). Mit den vorangegangenen Hinweisen auf Urban und Misch soll kein Anlass gegeben werden, die Diskussion um Brochs Eklektizismus zu erneuern, stünde doch eine solche Interpretation nahezu beliebigen Deutungen offen.[82] Wie Vollhardt gezeigt hat, kann sich das im Frühwerk angeeignete neukantianische Wissen mit Fragen der »geisteswissenschaftlichen Psychologie« (Spranger) verbinden. Von besonderer Bedeutung ist die in der Schilderung Sprangers aufscheinende Irrealität des sich zum Traumhaften hin bewegenden inneren Geschehens:

> die Psychologie ist die Wissenschaft vom subjektiven Erlebniszusammenhang oder die Wissenschaft von den Ichfunktionen und Icherlebnissen. [...] An erste Stelle würde das unmittelbare Erleben zu setzen sein. Davon gibt es keine Wissenschaft; sondern das Leben in diesen Zuständen ist ungreifbare, unmittelbare, gestaltlose Mystik, ein Aufblitzen und Verschwinden, ein zerfließendes Träumen, entfernt vergleichbar dem halbwachen Zustand.[83]

Der von Broch in Anlehnung an Rickert für das Traumgeschehen verwendete Ausdruck »Zwischenreich« fällt auch im Rahmen der poetischen Darstellung des Traumerlebnisses (KW 4, 67f.).[84] Zugleich wendet Broch den für seine

---

[81] Vgl. Barbara Lube: *Sprache und Metaphorik in Hermann Brochs Roman »Der Tod des Vergil«*. Frankfurt am Main, Bern, New York 1986, 107; Alice Stašková: »Der Stil auf der Suche nach der Religion im frühen Schaffen Hermann Brochs.« In: *Hermann Broch. Religion, Mythos, Utopie. Zur ethischen Perspektive seines Werks*. Hg. v. Paul Michael Lützeler und Christine Maillard. *Recherches germaniques. Revue annuelle*. Hors série 5 (2008), S. 21–36, hier 35.

[82] Zur Problematik dieses Ansatzes ausführlich Vollhardt: *Brochs geschichtliche Stellung*, bes. S. 161ff.

[83] Spranger: *Zur Theorie des Verstehens*, S. 16.

[84] Bei Rickert wird das Subjekt als Dimension des logischen Vollzugs zu einem Teil der Geltungssphäre, die er auch als »das eigenartige Reich des irrealen Sinnes« bezeichnet. Rickert: *Der Gegenstand der Erkenntnis*, S. 166.

Poetik der Rationalisierung des Irrationalen bedeutsamen Gedanken sowohl auf seine Bestimmung des lyrischen *Stils* an als auch auf eine philosophische Theorie der *Syntax*:

> das Wesen der Syntax und ihre ungeheure symbolschaffende Funktion besteht eben darin, aus der Spannung zwischen Worten und Einzelfakten, die in die syntaktische Verbindung gesetzt werden, alles Unausgesprochene, letzten Endes also das Überindividuelle erahnen zu lassen. Damit wird aber nun auch von der Syntax aus die Vokabel vorgeschrieben, die sie zur Einfügung in ihr symbolisches System benötigt. Und wieder ist es die Arbeitsweise des Traums, die wir solcherart neuerdings antreffen, denn auch der Traum wählt aus den ihm dargebotenen Realitätsfakten aus, um seine symboldurchtränkte subjektive Wirklichkeit herzustellen. Gleichzeitig aber verlassen wir damit die Sphäre des Technisch-Dichterischen, ja wir stoßen damit über die rein psychologische Auffassung des Traumes hinaus, soferne wir uns nicht scheuen, den dahinter sich auftuenden metaphysischen Bereich zu betreten. (KW 9/2, 109)

Im Rahmen des Übergangs von der Traumpsychologie zur poetischen Syntax-Lehre führen Brochs theoretische Überlegungen die Ausfaltung der poetischen Sprache auf eine elementare Stufe zurück. Sie wird mit dem »»meinenden Akt« der Erkenntnis« genauer bezeichnet; dieser dirigiert die Sprache förmlich, was bedeutet:

> ihre Struktur-Gebilde, also vor allem die Syntax-Einheiten wie der Satz, der Absatz usw. werden bloß sinnvoll u. z. sprachlich sinnvoll, wenn zu ihnen ideale, nicht-empirische Kognitiv-Gebilde angenommen werden, mit denen sie in einem Entsprechungs-Verhältnis stehen und deren Ausdruck sie sind. Den Syntax-Einheiten dürfen und müssen daher ideale der ›meinenden‹ Erkenntnis zugeordnet werden; es ist sinngemäß, sie ›Eidos-Einheiten‹ zu nennen. (KW 4, 481)[85]

Im Anschluss an Husserl werden eine »eigenpsychische (oder ›solipsistische‹) Basis« und sogenannte »Elementarerlebnisse« angenommen: Dies sind an und für sich Begriffe Carnaps,[86] deren Echo in der »Elementarsituation« in Brochs Studie *Über syntaktische und kognitive Einheiten* nachklingt (KW 10/2, 250). Denkend gesetzte »Eidos-Einheiten«, deren sprachliche Abbildungen Broch »Syntax-Einheiten« nennt, aktualisieren die je erlebte »Elementar-Situation« (KW 10/2, 248f.). Im Rahmen seiner Auseinandersetzung mit der neopositi-

---

[85] Zu Brochs Übernahme der Begriffe »Eidos« bzw. des »Eidetischen« vgl. Michael Roesler-Graichen: *Poetik und Erkenntnistheorie. Hermann Brochs ›Tod des Vergil‹ zwischen logischem Kalkül und phänomenologischem Experiment*. Würzburg 1994, S. 27–31. Vgl. auch Ernst Wolfgang Orth: *Edmund Husserls ›Krisis der europäischen Wissenschaften und die transzendentale Phänomenologie‹. Vernunft und Kultur*. Darmstadt 1999, S. 145ff.
[86] Vgl. Rudolf Carnap: *Der logische Aufbau der Welt* [1928]. Hamburg 1998, §§ 61–68.

vistischen »Logistik« des Wiener Kreises gebraucht Broch auch den Terminus »Intuition«. Dieser deutet auf eine »Unbekanntheitsqualität« hin, die im »Alltagsdenken des Menschen (auch des Mathematikers)« verwurzelt ist und »sich in bildhaften, inhalts- und eigenschaftsbetonten Beziehungskombinationen vollzieht«; laut Broch wirkt hier das »Vor-Wissen um ein Unbekanntes« (KW 10/2, 261). Der Gedankengang versucht zu den elementaren Mechanismen der Symbolbildung vorzudringen; er distanziert sich von Zeichentheorien, die unter Berufung auf die Linguistik Saussures und den Neopositivismus ein exaktes Zeichensystem unter Eliminierung der symbolisch-metaphorischen Sprache einführen. Brochs Konzept setzt vor dem diskursiven Denken und dessen Sprache ein:

> Es ist das Gefühl, mit dem der wahrhaft dem Leben zugekehrte Mensch die Einzelerscheinung begreift und mit dem er von der Welt ergriffen wird [...]. In diesem Gefühl [...] ist auch der einfältige Mensch des Geistes voll, und keinerlei rationales oder sprachlich ausdrückbares Erkennen kann es ersetzen [...]. (KW 10/2, 238f.)

Die Argumentation erfasst die existenziellen Gründe der Rationalität, an deren Wurzeln eine Differenzierung zum symbolischen Handeln noch nicht erfolgt ist. Konzipiert wird eine Theorie »symbolhafter Architekturierung«, in der ein ursprüngliches Gefühl von Evidenz mitgedacht wird: »als eine vielfach gestufte Interpretation [...] des irrationalen, intuitiven, ›gefühls-erkennenden‹ und primären Erkenntniskernes« (KW 10/2, 239f.). Hier besteht eine gedankliche Nähe zu Moritz Schlick, der unter Intuition »nicht etwa jene ahnende Vorwegnahme eines Erkenntnisresultates« versteht, »die bei allen großen Entdeckungen der gedanklichen Ableitung vorherzugehen pflegt«, sondern:

> das schlichte Vorhandensein eines Bewußtseinsinhaltes, ein bloßes Gegenwärtigsein, das vor aller geistigen Verarbeitung, vor aller Erkenntnis liegt, [...] was wir [...] *Erleben* nannten.[87]

Die wechselnden Eindrücke werden in Bilder verwandelt, deren Sinnbild der *Bewusstseinsstrom* ist. Bei Husserl bezeichnet der Bewusstseinsstrom die Vorstellung einer Dehnung der erlebten Gegenwart. Im Unterschied zu Kant wird Zeit *im* Bewusstsein hier nicht als Schema, sondern als Vollzug gedeutet.[88] Gemäß der Eidetik bedeutet dies: »im immanenten Schauen dem Fluß der Phänomene nachschauend«.[89] Was diese Einsicht mit der Psychologie verband,

---

[87] Moritz Schlick: »Erleben, Erkennen, Metaphysik [1926].« In: *Wiener Kreis. Texte zur wissenschaftlichen Weltauffassung von Rudolf Carnap, Otto Neurath, Moritz Schlick, Philipp Frank, Hans Hahn, Karl Menger, Edgar Zilsel und Gustav Bergmann*. Hg. v. Michael Stöltzner und Thomas Uebel. Hamburg 2006, S. 169–186, hier 182.

[88] Vgl. Ernst Oldemeyer: *Zur Phänomenologie des Bewußtseins. Studien und Skizzen*. Würzburg 2005, S. 147f.

[89] Zit. nach Ferdinand Fellmann: *Phänomenologie als ästhetische Theorie*. Freiburg i. Br., München 1989, S. 108. Den Charakter der Phänomenologie als eidetische Wissenschaft greift Broch

war der Ausweis der »Traumhaftigkeit«, so dass Freuds Psychoanalyse aufgenommen und zugleich überboten werden konnte durch »eine infinit-dimensionale Traumlogik« (KW 10/2, 262). Ihr literarisches Äquivalent liegt im *Tod des Vergil* ausgearbeitet vor. Husserl fragt danach, wie ein literarischer Text das einfühlende Nacherleben einer figürlichen Traumphantasie durch den Leser ermöglicht:

> Die Roman-Erzählung [...] ist nicht eine aktuelle Erzählung, sondern stellt eine solche nur vor. Das ist ein Bildbewusstsein. Ist hier nicht die Phantasie im übrigen Phantasie in der Phantasie, falls Anschaulichkeit vorhanden? (Aber wie, wenn ich nur symbolisch verstehe?) Der Traum wird hier gegenständlich, durch ›Urteil‹ wird der Traum (Urteil auf Phantasiegrundlage) dem phantasierten Helden als träumendem eingelegt; wird dem Urteil aber ›Folge gegeben‹, so resultiert das anschauliche Bewusstsein vom Träumen des Helden. Der Leser ›starker Phantasie‹ wird das wohl leisten können. Wie bringt uns ein Dichter dazu, wirklich Erinnerung in einer Phantasie zu vollziehen? Doch so, dass wir mit dem Helden gewisse Vorgänge anschaulich miterleben und er in späteren Teilen der Dichtung sich dieser Vorgänge erinnert. Wir erinnern uns nun mit ihm.[90]

Die Passage schildert ein spezielles Anwendungsbeispiel für die umfängliche Frage der Eidetik, die ein vom Logizismus ausgeblendetes Problem der Begründung der Logik zum Gegenstand hat. Denn wie kommt es zur Invarianz von Bedeutungen? Dem Bild kommt eine entscheidende Rolle zu;[91] und Brochs später Aufsatz *Über syntaktische und kognitive Einheiten* legt dar, wie sich die erlebten Teile zu einem eidetischen Ganzen verhalten (das eigentlich fiktiv ist). Broch führt an dieser Stelle seines Argumentationsgangs einen weiteren Reflexionsschritt ein. In der »erkenntnistheoretisch (nicht psychologisch)« aufgefassten Intuition sieht er einen Grund dafür, dass der eidetischen Ebene ein diskursiv uneinholbares »Existenz-Plus« zukommt (vgl. KW 10/2, 260ff.). Die in der Intuition inbegriffene Mehrdeutigkeit wird deshalb zugelassen, weil die Argumentation nicht daran interessiert ist, die streng wissenschaftliche und die künstlerische Innovationskraft gegeneinander auszuspielen. Im Fall höherer

---

ausdrücklich auf. So findet sich der Terminus »Eidos« mehrfach in seinem grundlegenden Aufsatz *Über syntaktische und kognitive Einheiten*. Broch betont, dass es »bei allem Zutrauen zur logischen Deduktionskraft des Menschengeistes« nicht verboten werden könne, bestimmte »Realitätsaussagen« zu machen. Die Annäherung an den Eidos-Syntax-Problemkomplex erfolgt daher sowohl durch »logische Erschließung« als auch durch »empirische Bestätigung im Realbereich der konkreten Sinneseindrücke und der mit ihnen verbundenen konkreten Intuitionen« (KW 10/2, 257).

90 Edmund Husserl: *Phantasie, Bildbewusstsein, Erinnerung. Zur Phänomenologie der anschaulichen Vergegenwärtigungen. Texte aus dem Nachlaß (1898–1925).* Husserliana, Bd. 23. Hg. v. Eduard Marbach. The Hague 1980, S. 207.
91 Vgl. Fellmann: *Phänomenologie als ästhetische Theorie*, S. 110–118.

Eidos-Einheiten eilt die Literatur der Wissenschaft voraus.⁹² Broch erlaubt sich in seinen theoretischen Abhandlungen metaphorische Zuschreibungen, sobald der »diskursiv unausdrückbare Rest« als »Inhaltsüberschuß« oder »Qualitätsüberschuß« (KW 10/2, 266)⁹³ ins Blickfeld gerät. Mit dem Inhaltsüberschuss rückt der Aufsatz *Über syntaktische und kognitive Einheiten* eine nicht in der Sprache der theoretischen Logik ausdrückbare, gleichwohl kognitiv existente und bedeutungsverleihende Aktivität in den Vordergrund (KW 10/2, 259). Dass hier ein nicht ausschließlich mittels logischer oder linguistischer Analyse verständlich zu machender Gegenstand angesprochen wird, hat Folgen für Fragen begrifflicher Systematik. Carnaps Verknüpfung von Empirismus und mathematischer Logik liegt Brochs kritischen Überprüfungen des von ihm als Logistik bezeichneten Konstitutionssystems zugrunde. Broch greift dabei ein Problem auf, das Carnap erst im Vorwort zur zweiten Auflage seines Hauptwerks *Der logische Aufbau der Welt* (1928; ²1961) genauer formuliert; es betrifft »die Möglichkeit der rationalen Nachkonstruktion von Begriffen aller Erkenntnisgebiete auf der Grundlage von Begriffen, die sich auf das unmittelbar Gegebene beziehen.«⁹⁴ Broch wendet sich mit seinem Begriff des Überschusses dieser Frage zu, wenn er erklärt, dass es schon zur Bewältigung von Alltagssituationen notwendig sei, von gewissen Vorannahmen über evidente Beschaffenheiten auszugehen. Es folgt ein philosophiegeschichtlicher Exkurs, der in der Vorstellung eines diskursiv nicht zugänglichen Bereichs gipfelt, näher erklärt durch die Verwahrensweise der Intuition:

> Die platonisierende Scholastik hat mit der ihr eigentümlichen Spekulationsschärfe dieses aller Erkenntnis so unumgänglich erforderliche Hintergrundwissen als eine Partizipation am göttlichen Denken und seiner eigenen Ratio agnosziert, eine wissenschaftlich durchaus legitime Theorie, da die Existenz Gottes Erfahrungstatsache war und daher wissenschaftliche Geltung hatte. Aus dem gleichen erkenntnistheoretischen Bedürfnis heraus, aber unter Wegfall der göttlichen Erkenntnisgrundlage, ist als Ersatz, als richtiger Ersatz für die scharf-exakte Partizipationstheorie, das wolkige Gebilde der auf das ›Leben‹ gerichteten ›Intuition‹ geschaffen worden, ein ebenso notwendiger Hilfs- und Verlegenheitsbegriff, wie es der Äther in der Physik gewesen ist, freilich von vermutlich längerer Lebensdauer als dieser, denn die Wiederaufstellung einer schlüssigen Intuitionstheorie ohne Wiedereinführung einer dogmatischen Absolutheitsgrundlage scheint kaum möglich zu sein. Nichtsdestoweniger, man ist

---

92 Vgl. KW 9/2, 116: »Das unendliche, niemals erreichte Ziel der Wissenschaft, ein Totalitätsbild der Erkenntnis zu gewinnen [...] findet in der Kosmogonie und der einheitsstiftenden Syntax des Dichterischen zwar keine reale, wohl aber eine symbolhafte Erfüllung.«
93 Vgl. Roesler-Graichen: *Poetik und Erkenntnistheorie*, S. 40f.
94 Zit. nach Friedrich Kambartel: *Erfahrung und Struktur. Bausteine zu einer Kritik des Empirismus und Formalismus.* 2. Aufl. Frankfurt am Main 1976, S. 151.

dem Problem immerhin um einen Schritt näher, wenn man Intuition – zumindest vorläufig – als Wissen um eidetische Einheiten definiert und beiseite läßt, daß hiezu gleichfalls, allerdings um eine logische Stufe weitergeschoben, Wissensintuition gehört. (KW 10/2, 259f.; vgl. auch 266)

Mit seinem Terminus »eidetische Einheiten« arrangiert Broch seine Argumentation zugunsten von Husserls Bedeutungsauffassung. Der Begriff εἶδος bezeichnet das »Wesen« eines Objektes als idealen Gegenstand, erfasst durch einen intentionalen Akt (KW 10/2, 249 und 260),[95] Hier werden gedankliche Anschlussmöglichkeiten der für den späteren Broch so charakteristischen metaphysischen und religiösen Themen versammelt. Denn die logischen Formalisierungsbestrebungen, wie sie sich bei Carnap dokumentieren, sollen vom Erfahrungswissen ausgehen, dessen empirische Unmittelbarkeit zugleich eine begrifflich unüberschreitbare Grenze anzeigt. Den Aporien der *Rationalisierung* eines in diesem Sinne *Irrationalen* begegnet die von Broch angesprochene christlich-platonische Partizipationstheorie. Ihr liegt nicht wiederum eine formale Operation zugrunde, sondern für sie ist der Fluchtpunkt aller Erfahrung gleichbedeutend mit der Evidenz göttlicher Eigenschaften des Kosmos. Die Sinnfälligkeit dieser Anschauung wird erst durch den neuzeitlichen Aufklärungsprozess untergraben, welcher die vordem als gewisse Erfahrungsgrundlage angesehenen Inhalte in eine (wissenschaftlich) unerreichbare Transzendenz verschiebt. Doch bleibt das strukturelle Gerüst dieser Konjektur erhalten, denn auch axiomatische Modelle bleiben nicht bei der inhaltlichen Unbestimmtheit stehen; auch sie werden auf bestimmte gegenständliche Merkmale bezogen, z. B. indem Annahmen über den letzten Grund des empirisch Daseienden das Denken begleiten. Anhand des Inhaltsüberschusses macht sich Broch überdies klar, worauf bereits Emil Lask – ein Schüler Rickerts – insistierte: dass die *über*geschichtliche Tendenz formaler Ordnungsprinzipien nicht in eine *un*geschichtliche verwandelt werden darf.[96] Hier lässt sich eine thematische Verbindung zur Erörterung des verschobenen Plausibilitätspunkts im fünften der *Schlafwandler*-Exkurse erkennen. Dort wird verdeutlicht, dass sich auch die Fortschritte der mathematischen Logik nicht im luftleeren Raum vollziehen, wie eine Betrachtung des aktuellen Stands ihrer formalen Verfassung vermuten könnte; vielmehr dokumentieren sie zu jedem Zeitpunkt einen individual- wie kollektivgeschichtlich bedeutsamen Zugriff auf »inhaltliche Prinzipien«, die sich in dem jeweils historisch gültigen »Weltbild« manifestieren. Darin erweist sich für Broch der ihnen zukommende »metaphysische«

---

[95] Vgl. Friedrich Vollhardt: »Philosophische Moderne.« In: *Brochs theoretisches Werk.* Hg. v. Paul Michael Lützeler und Michael Kessler. Frankfurt am Main 1988, S. 85–97, hier 92.
[96] Vgl. Emil Lask: »Rechtsphilosophie«. In: *Die Philosophie im Beginn des zwanzigsten Jahrhunderts. Festschrift für Kuno Fischer.* Hg. v. Wilhelm Windelband. 2. verb. und um d. Kapitel Naturphilosophie erw. Aufl. Heidelberg 1907, S. 269–320, hier 275f.

Charakter (KW 1, 471). Dazu Broch in dem Aufsatz *Das Unmittelbare in Philosophie und Dichtung*:

> Es soll nicht für die Logistik, nicht für die Phänomenologie Partei ergriffen werden, doch steht fest: über die Elementardinge, ›Namen‹, ›Elementarsätze‹, kurzum jene Gegebenheiten, die bloß unmittelbar aufgewiesen werden können, über die Individualitäten, vermag und will die Logistik keinen Aufschluß mehr geben; sie gelten ihr als Tabu; über sie zu sprechen, gehört schon zum Mystischen. Was aber die Phänomenologie letzten Endes anstrebt, ist eben Erfassung, rationales Erfassen, abtastendes Umschreiben solcher Tiefst-Unmittelbarkeiten (wobei sie folgerichtig dem Unmittelbaren auf jedem Gebiete nachspürt, ebensowohl das Phänomen der Farbe ›Rot‹, als den unmittelbaren Inhalt des Begriffs ›Farbe‹, sowohl das unmittelbare Phänomen des Gewissens, als das der Zahl zum Objekte ihres Studiums macht). Es sei dahingestellt, ob sie mit ihrem Streben zu gesicherten ›wissenschaftlichen‹ Ergebnissen kommt oder ob die Gefahr des dialektischen Leerlaufes um ein unangreifbar Gegebenes unüberwindbar bleibt, sicher aber ist, daß die Wendung zum Unmittelbaren, durch die die phänomenologische Bewegung ausgezeichnet ist, die gleiche ist, die alle positivistische Wissenschaftlichkeit und auch die Logistik leitet, und daß eben in dieser Wendung zum Unmittelbaren das Zeitdokumentarische der Phänomenologie gesehen werden darf (KW 10/1, 172f.).

Jede Erkenntnis nimmt somit bei etwas ihren Ausgang, das als Verschränkung irrationaler und rationaler Momente begriffen werden muss; dies motiviert Broch, eine strukturelle Beziehung herzustellen zwischen dem Gottesglauben als irrationalem Plausibilitätspunkt, in dem während des Mittelalters jede Fragekette endet (KW 1, 497), und dem apriorischen Wissensbesitz als »Vor-Wissen« um ein zielgerichtetes Kontinuum: ebenfalls ein irrationaler Impuls, von dem jede Fragekette ihren Ausgang nimmt.[97] Für die dichterische Praxis bedeutet dies: Wahrgenommenes wird durch ein Auswahlprinzip strukturiert, das gleichzeitig auf das Problem des Sinnverlusts aufmerksam macht sowie auf das Bedürfnis nach neuer Sinnsuche.

---

[97] Vgl. KW 10/2, 238: »könnte überhaupt das bewußte Erkennen in Funktion treten, könnte das Logische in Funktion bleiben, wenn das apriorische Wissen um den Logos erlösche? Hier rührt das Wissen um das Supra-Humane, das Wissen um die Totalität der Welt und des Geistes, hier rührt das Wissen an den Glauben, und die erkenntnistheoretische Notwendigkeit wird gleichzeitig zur geschichtsphilosophischen Wahrheit: wenn das Wissen um den irrationalen Geist, der der Anfang, der Weg und das Ziel des Logos ist, verlorengeht und die leere Rationalität übrigbleibt, in diesem Augenblick tritt der Umbruch des Fortschritts ein – entblößt seiner Humanität, führt er zum Tode und ins Böse.«

5. Philosophie im Schatten des Nihilismus: Zwischen Wissenschaft, Stoizismus und metaphysischer Erneuerung

Philosophisch und poetologisch ausschlaggebend für Broch ist der Wertzerfall. Ihn erleben die Figuren, die deshalb zu *Schlafwandlern* werden, während er im *Tod des Vergil* erfahrbar wird als »Einbruchstelle einer Transzendenz, die nicht mehr immanentisiert werden kann.«[98] Bezüglich der rhetorischen Sprachfunktion setzt der Verlust der »platonischen Idee« (Broch) Spielräume für Fiktion und Ironie frei.[99] Und in den *Bemerkungen zu den »Tierkreis-Erzählungen«* bezeichnet Broch das »Symbol« als »einzige Realisierung der platonischen Idee in der Welt des Empirischen« (KW 5, 294).[100] Mit der Nennung der »platonischen Idee« assoziiert er nicht nur die europäische Philosophiegeschichte, sondern hier wirkt sich auch eine mit dem Platonismus seit jeher einhergehende kunsttheoretische Ambivalenz aus, die *Der Tod des Vergil* ebenfalls zum Thema hat: die »Rechtfertigung und Entwertung der künstlerischen Tätigkeit zugleich.«[101] Durch die komplexe Gemengelage rücken Erzählung und gedankliche Konstruktion in nicht einfach zu klärende Verhältnisse zueinander. So wie es einerseits verfehlt wäre, sich deutend und interpretierend Brochs literarischen Werken zu nähern, ohne Kenntnisse der umfassenden philosophischen Bildung ihres Autors zu besitzen, so wenig zulässig ist es andererseits, von philosophischer Dichtung zu sprechen. Die poetischen Zusammenhänge beziehen sich zwar auf bestimmte philosophische Inhalte, rücken sie aber gleichzeitig in uneinholbare Ferne von jeder eigentlichen wissenschaftlichen Theorie. Erst unter Anerkennung dieser Voraussetzung lassen sich strukturelle Gemeinsam-

---

[98] Patrick Eiden: »›Grenzenlos wird das Reich sein‹. Imperiale Formgebung in Hermann Brochs ›Der Tod des Vergil‹.« In: *Die Souveränität der Literatur. Zum Totalitären der Klassischen Moderne.* Hg. v. Uwe Hebekus und Ingo Stöckmann. München 2008, S. 259–287, hier 269.

[99] Mit dem Hinweis auf das »Don Quichotteske« der jetzt »dem Irdischen« aufgelasteten religiösen Aufgabe »der Überwindung des Todes« (KW 10/1, 48) übernimmt Broch Aspekte von Lukács' Cervantes-Deutung in der *Theorie des Romans* (1916/1920). Weil die Ritterromane, so Lukács, die »transzendente Beziehung« verloren hätten, mit der noch Dante »von Gott aus die konstitutive Einheit des gesamten Seins aufzufinden und aufzuzeigen« gewusst habe, würden sie im »Don Quixote« zu Gegenständen der »Polemik und Parodie«. Vgl. Georg Lukács: *Die Theorie des Romans. Ein geschichtsphilosophischer Versuch über die Formen der großen Epik* [1916/1920]. Mit dem Vorwort von 1962. München 1994, S. 89f.

[100] Vgl. die gute Analyse von Alice Stašková: *Nächte der Aufklärung. Studien zur Ästhetik, Ethik und Erkenntnistheorie in »Voyage au bout de la nuit« von Louis-Ferdinand Céline und »Die Schlafwandler« von Hermann Broch.* Tübingen 2008, S. 224f.

[101] Hans Blumenberg: »Wirklichkeitsbegriff und Möglichkeit des Romans.« In: *Nachahmung und Illusion. Poetik und Hermeneutik 1.* Hg. v. Hans Robert Jauß. 2., durchges. Aufl. München 1969, S. 9–27, hier 15. Laut Blumenberg ist es »der platonische Restbestand in unserer ästhetischen Tradition [...], der dem *Roman* seine systematisch legitime Stelle in unserer traditionellen Ästhetik bestreitbar bzw. unsicher macht und ihn dadurch zu einer *Gattung des schlechten ästhetischen Gewissens* werden ließ, deren Überwindung oder deren Assimilation an andere legitime Gattungen die kaum je verstummende Forderung wurde« (Blumenberg: »Wirklichkeitsbegriff«, S. 16.).

keiten aufzeigen, ohne das eine auf das andere zu reduzieren. Für die editorische und interpretatorische Arbeit gilt es noch weitere Probleme zu bedenken, die ebenfalls aus der gleichzeitigen Tätigkeit Brochs auf literarischem wie philosophischem Gebiet resultieren. Versieht Broch *Die Schlafwandler* noch mit Einschüben, die den poetisch dargestellten Wertzerfall im Medium philosophischer Begrifflichkeit erläutern, so dringt *Der Tod des Vergil* anhand einer Technik in existenzielle Tiefenschichten vor, die Dorrit Cohn »psycho-narration« genannt hat.[102] Im Horizont der Aneignung Vergils und des im römischen Ursprungsepos von Träumen geleiteten Aeneas[103] entfaltet sich hier eine an die stoische *divinatio* anschließende mantische Weltsicht. Für die Mantik führte Cicero die divinatio artificialis (Auspizien, Eingeweideschau etc.) an und die divinatio naturalis. Damit waren durch Träume und ekstatische Zustände angeregte Prophezeiungen gemeint, in denen die göttliche Eingebung die Zukunft wies.[104] Stoisch mutet bei Broch auch die gleichermaßen zurück ins Ursprüngliche und ins Zukünftige zielende Denkform an, die er als »Theorie der Prophetie« begründet. Angaben dazu finden sich in dem Essay *Die mythische Erbschaft der Dichtung*. Broch bezieht sich darin auf Thomas Manns Einleitung zu den *Geschichten Jaakobs* und auf *Finnegans Wake*. Laut Joyce hat dieses Werk nichts mehr mit dem *Ulysses* gemeinsam und profiliert sich selbst als »nightynovel«.[105] Anlass für diese Differenzierung ist, was Broch als die sich von der aristotelischen »Tageslogik« unterscheidende »Nachtlogik« (KW 9/2, 206)[106] der Traumdichtung bezeichnet. Joyce bezieht sich programmatisch auf eine

> esthetic of the dream, when the forms prolong and multiply themselves, when the visions pass from the trivial to the apocalyptic, when the brain uses the roots of vocables to make others from them which will be capable of naming its phantasms, its allegories, its allusions.[107]

---

102 Vgl. Dorrit Cohn: *Transparent Minds. Narrative Modes for Presenting Consciousness in Fiction*. Princeton 1978 und Gérard Genette: *Die Erzählung*. Aus d. Franz. v. Andreas Knop, mit einem Nachw. hg. v. Jochen Vogt. 2. Aufl. München 1998, S. 231–234.
103 Hierzu Gregor Weber: *Kaiser, Träume und Visionen in Prinzipat und Spätantike*. Stuttgart 2000, S. 371, sowie die ausführliche Darstellung der *Aeneis* bei Christine Walde: *Die Traumdarstellungen in der griechisch-römischen Dichtung*. München, Leipzig 2001, bes. S. 261–311.
104 Vgl. Otto Zwierlein: »Mantik und Prognostik im Weltbild Vergils.« In: *Mantik. Profile prognostischen Wissens in Wissenschaft und Kultur*. Hg. v. Wolfram Hogrebe. Würzburg 2005, S. 133–150, hier 138; zur mantischen Zukunftsschau im 6. Buch der *Aeneis* vgl. S. 143–145, bes. S. 144f.
105 Vgl. Stephen Heath: »Ambiviolences. Notes for reading Joyce.« In: *Post-structuralist Joyce. Essays from the French*. Hg. v. Derek Attridge und Daniel Ferrer. Cambridge 1984, S. 31–68, hier 49 und James Joyce: *Finnegans Wake* [1939]. New York, London, Camberwell, Toronto [u. a.] 1999, S. 54: »And, Cod, says he with mugger's tears: Would you care to know the prise of a liard? Maggis, nick your nightynovell!«
106 Joyces »night logic« war bereits früh Gegenstand von Interpretationsversuchen. Vgl. Joseph Campbell, Henry Morton Robinson: *A Skeleton Key to Finnegans Wake. Unlocking James Joyce's Masterwork*. New York 1944, S. 357f.
107 Zit. nach Heath: *Ambiviolences*, S. 50.

Während die Motivketten des *Tod des Vergil* im Unterschied zu den *Schlafwandlern* nicht mehr an eine sie plausibilisierende philosophische Theorie zurückgebunden werden,[108] erfasst der Text seelische Vorgänge bis zu der im Erlebnis des Sterbens aufscheinenden Transzendenz. In der Transgression überwindet das vergleichbar der stoischen »Heimarmene«[109] in eine kosmische Ursachenreihe einbezogene Traumbewusstsein den für immanente Schließungen durch *politische Religionen* (Augustus) empfänglichen Zustand des Massenmenschen.[110] In der literarischen Ausgestaltung übersteigt die Dichtung schließlich das philosophische *Logikon*:

> Denn [...] besonders [...] die zum ›Neuen‹ hinstoßende Erkenntnis mit ihrer zukunftgerichteten Frage wie mit ihrer produktiven Antwort reicht logisch über das Aristotelische hinaus und ist psychologisch in der Sphäre der ›Eingebungen‹, aus denen alles ›Neue‹ herrührt, also in der Traumsphäre angesiedelt. (KW 9/2, 207)[111]

Brochs Poetik rückt die »Abstraktion vom Inhaltlichen« in die Nähe der Prophetie und deutet sie als das »mystisch-irrationale Erfassen der Welttotalität« (KW 10/2, 242). Vor diesem Hintergrund ist zu beachten, wie Rickert anhand einer formalen Rangordnung der Werte zur »einheitlichen Deutung des Lebenssinnes« zu kommen versucht.[112] An Rickerts Wertontologie knüpft Brochs Gedanke des dichterischen Strebens nach vollendeter Erkenntnistotalität an, das von ihm auch mit dem Begriff »religiöse Ungeduld« (KW 9/1, 86) assoziiert wird. ›Religiös‹ bedeutet in der Philosophie Rickerts, sich auf ein »absolut Vollkommenes, Uebermenschliches, Heiliges« zu beziehen.[113] Das Subjekt richtet sich »auf ein Ende des Strebens« ein; dieses »sinnvolle, auf Wertverwirklichung gerichtete Verhalten« besitzt laut Rickert die »Tendenz zur *Voll-Endung*«.[114] Einen Gegensatz hierzu bildet der szientifische Erkenntnis-

---

[108] Zur enzyklopädischen Funktion der eingeschalteten theoretischen Reflexionen vgl. Vollhardt: *Brochs geschichtliche Stellung*, S. 253.

[109] Vgl. hierzu Max Pohlenz: *Die Stoa. Geschichte einer geistigen Bewegung* [1959]. 7. Aufl. Göttingen 1992, S. 101–106.

[110] Vgl. Eric Voegelin: *Die politischen Religionen* [1938]. Hg. und mit einem Nachw. versehen v. Peter J. Opitz. 3. Aufl. München 2007. Eine gegenseitige Anregung des mit Broch sowohl in Wien als auch in der amerikanischen Emigration persönlich bekannten Politikwissenschaftlers Eric Voegelin, eventuell auch durch eine mögliche Lektüre des *Tod des Vergil* seitens Voegelins, ist nicht auszuschließen. Zu Voegelin vgl. Regina Braach: *Eric Voegelins politische Anthropologie*. Würzburg 2003, bes. S. 240ff., zur Denkform der politischen Theologie vgl. *Politische Theologie. Formen und Funktionen im 20. Jahrhundert*. Hg. v. Jürgen Brokoff und Jürgen Fohrmann. Paderborn, München, Wien, Zürich 2003.

[111] Vgl. Jörg Villwock: *Die Sprache – Ein »Gespräch der Seele mit Gott«*. Frankfurt am Main 1996, S. 190f. Über den Traum als »Eingebung von göttlicher Seite« vgl. Sigmund Freud: *Die Traumdeutung*. Leipzig, Wien 1900, S. 2.

[112] Heinrich Rickert: *Allgemeine Grundlegung der Philosophie*. Tübingen 1921, S. 354f. und 375.

[113] Heinrich Rickert: *System der Philosophie. Erster Teil. Allgemeine Grundlegung der Philosophie*. Tübingen 1921, S. 339.

[114] Heinrich Rickert: »Vom System der Werte.« In: *Logos* 4 (1913), S. 295–327, hier 301.

prozess, den Broch formal anhand seiner Philosophie der Mathematik definiert. Den ins Unendliche verschobenen Evidenzpunkt der Wissenschaft beschreiben die *Schlafwandler*-Traktate konsequent als abstrakte Unendlichkeit: als Bedingungsreihe von Bedingungen, die selbst wiederum bedingt ist. Das System der Wissenschaft bleibt somit unabschließbar und fragmentarisch.[115] Auch für Rickert repräsentiert das wissenschaftliche Erkennen eine »*un-endliche Totalität*«; im Unterschied hierzu bedeutet das Streben nach Vollendung in einem endlichen Teil des Materials »*voll-endliche Partikularität*«; als Beispiel wird das Kunstwerk genannt, während im Gebiet der »*voll-endlichen Totalität*« die Religion bestimmend wird.[116] Alle drei Strebungen: Wissenschaft, Kunst und Religion, sind als Stufen der »Vollendungsbedeutung [...] auf die Zukunft angewiesen, d. h. ihr Wert beruht gerade darauf, daß sie Vorstufen für etwas sind, das später sein wird.«[117] Während die Spezialwissenschaften auf die Zukunft warten können, muss die von Rickert als Weltanschauungslehre verstandene Philosophie »ein *Ende* machen wollen, auf die Gefahr hin, daß es nur ein partikulares Ende ist.« Sie ist die Tätigkeit, die »in dem Strom der rastlos vorwärtsstrebenden Entwicklung einen Ruhepunkt zu finden« strebt.[118] In dem als Kulturgut der Philosophie beigeordneten Kunstwerk findet die Suche ebenfalls ihr partikulares Ende. Erst wenn dieses mit der vollendlichen Totalität oder transzendenten Synthese des Religiösen verknüpft werden könnte, wäre es gelungen, die Gegenwart in der Ewigkeit zu verankern.[119] Es ist an dieser Stelle erneut hervorzuheben, dass sich Rickert scharf gegen die Grenzüberschreitung formaler (hier: werttheoretischer) Analysen ins Inhaltliche wendet. Was im literarischen Bereich legitim ist, nämlich »psychische Faktoren und Kräfte dar[zustellen], die Weltanschauungen als menschliche Ueberzeugungen hervortreiben« (Rickerts Kritik richtet sich gegen Jaspers),[120] verbietet

---

115 Vgl. KW 1, 474f.: »der Urgrund wird aus der ›endlichen‹ Unendlichkeit eines immerhin noch anthropomorphen Gottes in die wahre abstrakte Unendlichkeit hinausgeschoben, die Frageketten münden nicht mehr in dieser Gottesidee, sondern laufen tatsächlich in die Unendlichkeit (sie streben sozusagen nicht mehr nach einem Punkt, sondern haben sich parallelisiert), die Kosmogonie ruht nicht mehr auf Gott, sondern auf der ewigen Fortsetzbarkeit der Frage, auf dem Bewußtsein, daß nirgends ein Ruhepunkt gegeben ist, daß immer weiter gefragt werden kann, gefragt werden muß, daß weder ein Urstoff noch ein Urgrund aufzuweisen ist, daß hinter jeder Logik noch eine Metalogik steht, daß jede Lösung bloß als Zwischenlösung gilt und daß nichts übrigbleibt als der Akt des Fragens als solcher: die Kosmogonie ist radikal wissenschaftlich geworden und ihre Sprache und ihre Syntax haben ihren ›Stil‹ abgestreift, haben sich zum mathematischen Ausdruck gewandelt.«
116 Rickert: »Vom System der Werte«, S. 302 und 307–310.
117 Rickert: »Vom System der Werte«, S. 303.
118 Rickert: »Vom System der Werte«, S. 324f.
119 Vgl. Rickert: *System der Philosophie*, S. 383, sowie Krijnen: *Nachmetaphysischer Sinn*, S. 555.
120 Heinrich Rickert: »Psychologie der Weltanschauungen und Philosophie der Werte.« In: Logos 9/1 (1920/1921), S. 1–42, hier 8; zit. nach Friedrich Vollhardt: »Das Problem der ›Weltanschauung‹ in den Schriften Hermann Brochs vor dem Exil«. In: *Hermann Broch. Neue Studien. Festschrift für Paul Michael Lützeler zum 60. Geburtstag*. Hg. v. Michael Kessler. Tübingen 2003, S. 492–509, hier 497.

sich in der als »rein betrachtende Wissenschaft von den Weltanschauungen« angelegten Weltanschauungs*lehre*, »die sich von jedem Prophetentum frei hält«.[121] Weder für Rickert noch für Broch führt ein Weg zurück zum expressionistischen Pathos, und auch die lebensphilosophischen Synthesen erscheinen Broch »als leere deklamatorische Visionen«.[122] Philosophie bedeutet dem Schriftsteller eine fundierende Tätigkeit; sie geht den Einzelwissenschaften voraus, wo diese (noch) nicht fähig sind, ihren eigenen Standort zu interpretieren. Vor dieser Folie wird verständlich, warum Broch in Distanzierung unter anderem von Rudolf Steiners Anthroposophie die spekulativen »Negationen« von Einzelwissenschaftlichkeit ablehnt, »die von den verschiedensten Weltanschauungen [...] ausgeschrotet worden sind« (KW 9/1, 85). Das Erbe des Expressionismus überführt Broch – vergleichbar mit Musil – in theoretische Reflexion.[123] Ebenso wenig wie sich »Kunst, Politik und Religion [...] in Wissenschaft auflösen lassen«, so Rickert, können die sich auf »atheoretische Lebensmächte« stützenden Weltanschauungen mit dem zur Deckung gebracht werden, »was man theoretisch zu begründen vermag«.[124] Weltanschauungen artikulieren, schreibt Broch, eine »inhaltliche Moral«, für die sie einen Anspruch auf »objektive Geltung« erheben; Philosophie und philosophische Ethik hingegen zielen ab auf »die ›Formen‹ der möglichen Inhalte, die Formen der Moral überhaupt« (KW 10/1, 38). Mit anderen Worten: Die Relativität des geschichtlich konkreten Sinns und die Universalität rationalen wissenschaftlichen Verstehens markieren unterschiedliche Ebenen. Weitere Voraussetzungen für diese Haltung finden sich in einer kurzen Mitteilung Simmels an Rickert und bei Karl Mannheim. Laut Simmel ist »alle Moral relativ«, ohne dass diese Einstellung zwingend zur erkenntnistheoretischen Skepsis führen müsse.[125] Auch für Mannheim zieht die Einsicht in die »Seinsrelativität« keinen theoretischen »Relativismus« nach sich, sondern sie bedeutet den für eine deskriptiv vorgehende Wissenschaft notwendigen »*Relationismus*, wonach bestimmte (qualitative) Wahrheiten gar nicht anders als seinsrelativ erfaßbar und formulierbar sind«.[126] Die Autoren sind bemüht, die Begründung vernünftiger Rationalität nicht in das Gebiet der Relativitäts- oder Wertzerfalls-Diagnose zu ziehen,

---

121 Rickert: *Psychologie der Weltanschauungen*, S. 37, zit. nach Vollhardt: *Das Problem der ›Weltanschauung‹*, S. 498.
122 Vollhardt: *Brochs geschichtliche Stellung*, S. 245. Vgl. Heinrich Rickert: *Die Philosophie des Lebens. Darstellung und Kritik der philosophischen Modeströmungen unserer Zeit*. Tübingen 1920. In seinen Überlegungen zum zeitgenössischen »Kult des Lebens« erinnert der niederländische Kulturhistoriker Johan Huizinga an die »Blutmetapher«, womit man versuche, »ein aktives Lebensprinzip in *einem* Wort treffend zu erfassen.« Johan Huizinga: »Im Schatten von Morgen [1935].« In: Johan Huizinga: *Schriften zur Zeitkritik*. Zürich, Bruxelles 1948, S. 7–149, hier 66–70.
123 Vgl. Vollhardt: *Brochs geschichtliche Stellung*, S. 164.
124 Rickert: *Wissenschaftliche Philosophie und Weltanschauung*, S. 329.
125 Vgl. die Nachweise bei Klaus Christian Köhnke: *Der junge Simmel in Theoriebeziehungen und sozialen Beziehungen*. Frankfurt am Main 1996, S. 478f.
126 Mannheim: *Die Bedeutung der Konkurrenz*, S. 331; Mannheim: *Ideologie und Utopie*, S. 77.

womit sie zweierlei erreichen. Sie können zeigen, dass die Ableitung von Machtansprüchen aus universellen Grundsätzen prinzipiell unmöglich ist, und sie bewahren die kognitiven Errungenschaften formalen und logischen Denkens vor dem unberechtigten Zugriff der Skepsis.

Bei Broch gehen diese für sein philosophisches Denken entscheidenden Differenzierungen mit der zeitgeschichtlich bedingten – und letztlich paradoxen – Absicht einer, eine Deontik ethischer und politischer Normen auf weltanschaulich neutraler Grundlage zu errichten. Broch verstand sehr genau den engen kulturgeschichtlichen Zusammenhang zwischen dem propagierten Tod Gottes, womit Nietzsche auch die platonische philosophische Tradition und ihre Unterscheidung zwischen sinnlicher und übersinnlicher Welt traf, und dem Durchbruch autoritärer Institutionen mit eigener Autonomie, eigenem Willen und eigener Macht.[127] Broch verdeutlichte sich ebenso wie Nietzsche und Weber, dass die Abwesenheit verbindlicher Wertesysteme ein ungewollter Effekt des Rationalisierungsvorgangs war, der selbst die Kirche erfasste.[128] Trotz dieser Einsichten zeigte sich Broch weder für den bohemienhaften Nietzsche-Kult noch die kulturreformerischen Botschaften »Zarathustras« empfänglich. Auf den von Nietzsches Aphorismen *Aus dem Nachlaß der Achtzigerjahre* beschriebenen »immer ökonomischeren Verbrauch von Mensch und Menschheit«[129] reagierte er nicht mit einer Idee vom »Übermenschen«. Vielmehr sollte seine *Massenwahntheorie* die schädlichen Folgen der *Götzendämmerung* untersuchen, wonach das Glück in der Befreiung der Instinkte liege. In diesem Zusammenhang ist zu beachten, dass Spenglers Nietzsche-Rezeption im entscheidenden Jahr 1933 das menschliche »Raubtier« als »vollkommenste Art« bezeichnet, da diese »ohne die Verlogenheit menschlicher Moral aus Schwäche« existiere.[130] Nicht wenige Motive des *Tod des Vergil* beziehen sich auf den geistigen Widerpart dieses Gedankens, den Ludwig Stein mit der »Entsagungslehre der sokratisch-platonischen Ethik und des von dieser erfüllten Christenthums« identifiziert.[131] Einen weiteren geschichtlichen Ort findet Brochs philosophisches Denken im Judentum. In der von Martin Buber her-

---

[127] Vgl. Helmut Thielicke: *Der Evangelische Glaube. Grundzüge der Dogmatik*, Bd. 1. *Prolegomena. Die Beziehung der Theologie zu den Denkformen der Neuzeit.* Tübingen 1968, S. 356f.

[128] Zu Nietzsche und Weber vgl. die sehr guten Beobachtungen von Klaus Lichtblau: *Kulturkrise und Soziologie um die Jahrhundertwende. Zur Genealogie der Kultursoziologie in Deutschland.* Frankfurt am Main 1996, S. 154ff.

[129] Zit. nach Gerhard Stapelfeldt: *Geist und Geld. Von der Idee der Bildung zur Warenform des Wissens.* Münster, Hamburg, London 2003, S. 92.

[130] Oswald Spengler: *Jahre der Entscheidung. Erster Teil. Deutschland und die weltgeschichtliche Entwicklung.* München 1933, S. 14. Das zweite Heft des neunten Bandes der kulturphilosophischen Zeitschrift *Logos*, für die Rickert programmatische Beiträge schrieb, widmete sich komplett der kritischen Auseinandersetzung mit dem *Untergang des Abendlandes* (1918/1922). Dazu Vollhardt: *Brochs geschichtliche Stellung*, S. 152–160.

[131] Ludwig Stein: *Friedrich Nietzsche's Weltanschauung und ihre Gefahren. Ein kritischer Essay.* Berlin 1893, S. 37; zur *Götzendämmerung* vgl. S. 65.

ausgegebenen Monatsschrift *Der Jude* erscheint 1927 ein Aufsatz des Rabbiners und liberalen jüdischen Theologen Max Wiener unter dem Titel *Säkularisierte Religion*. Darin wird die säkularisierende Transformation des Gesetzes mit einer Kritik christlicher Dogmen und dem Bekenntnis zum »Rationalismus« verknüpft. Das Judentum erklärt der Text zur Religion der Vernunft und der Gerechtigkeit.[132] Auch Broch erkennt im jüdischen Verhältnis zur Wissenschaft einen »Prototypus modernen Lebens«; hier wirkt innerhalb eines »geistigen und offenen Systems« ein durchweg emotional disziplinierter Charakter; die den Juden positiv auszeichnende »geistige Unbedingtheit« sei schon im Verhältnis zum Römischen Reich zum Ausdruck gekommen, indem zwar ein politischer »Ausgleich zu treffen [war], nicht aber in Angelegenheit der Aufstellung eines Kaiserbildnisses im Tempel zu Jerusalem« (KW 12, 398f.). In seinem Hauptwerk *Wirtschaft und Gesellschaft* bespricht auch Weber die »intellektualistische Gesetzesschulung« als zentrale »›Lebensmethodik‹ des Juden«. Ein Talmudgrundsatz laute: »Nie ändere der Mensch einen Brauch«; ferner schließe die jüdische »Selbstbeherrschtheit« an die messianische Erwartungshaltung an, die zu einer gewissen »Ueberwachheit« im Leben führe, zugleich mahnend, »stets auf der Hut zu sein und nie seiner Leidenschaft freien Lauf zu lassen gegen ebenso übermächtige wie erbarmungslose Feinde«. Diese Umstände seien es, die den »Rationalismus« des Judentums begründeten; dieser äußere sich im »typischen synagogalen Gottesdienst«, der sich auf den »reinen Lehr- und Gebotscharakter« beziehe und »von allem Künstlerischen« abwende; denn, so Weber weiter: »schon die Prophetie hatte [...] die plastischen Elemente des Kults herabgesetzt, die orgiastischen und orchestrischen im Erfolg so gut wie gänzlich ausgemerzt.«[133] Rickert, Nietzsche, Weber und Broch argumentieren innerhalb einer Entwicklung, die sich seit dem Zerfall der idealistischen Systeme nach 1830 abzuzeichnen beginnt.[134] Nachdem die Metaphysik ihre Stellung an der Spitze der Wissenspyramide abgegeben hat, rückt die Philosophie in ein arbeitsteiliges Verhältnis zu den Wissenschaften oder konstituiert sich als Wissenschaftstheorie. Bereits im Lauf des 19. Jahrhunderts verlieren Natur- und Technikwissenschaften aufgrund ihrer dem Laien immer weniger

---

132 Vgl. Max Wiener: »Säkularisierte Religion.« In: *Der Jude*, Sonderheft 4 (1927), S. 10–16, hier 14: »Der moderne Jude hat [...] nur den innergesetzlichen Rationalismus fortgesetzt, der Propheten und Psalmdichter das Opfer verwerfen hieß und ihr Leben auf die mit Leidenschaft erfaßten Gebote der Gerechtigkeit und Menschenliebe gründete.« Zit. nach Eleonore Lappin: *Der Jude 1916–1928. Jüdische Moderne zwischen Universalismus und Partikularismus*. Tübingen 2000, S. 239.
133 Max Weber: *Wirtschaft und Gesellschaft. Grundriss einer verstehenden Soziologie* [1922]. 5., rev. Aufl. bes. v. Johannes Winckelmann. Tübingen 1980, S. 372.
134 Dazu Thomas Borgard: *Immanentismus und konjunktives Denken. Die Entstehung eines modernen Weltverständnisses aus dem strategischen Einsatz einer ›psychologia prima‹ (1830–1880)*. Tübingen 1999 und ders.: »Der Bürgerliche Realismus und die Lebenswissenschaften zwischen Anthropologie, Sinnerzählung und Wissensspaltung. Lotzes Herderrezeption als Paradigma.« In: *Herder Jahrbuch* 9 (2008), S. 11–36.

verständlichen Ergebnisse zunehmend an Bedeutung für das konkrete Leben.[135] Dem Bedürfnis nach anschaulichem Sinn kommt eine Flut populärer, weltanschaulicher Traktate nach, deren Zahl bis 1930 nochmals zunimmt und die nur schwer zu rekonstruierende Vermittlungswege aufweisen.[136] Die Literatur vermag sich zwar auf dieses moderne Wissen zu beziehen, aber nur in negativer Wechselwirkung mit der in Gang gesetzten Entwicklung;[137] sie formuliert, wie Vollhardt hervorhebt, hauptsächlich »indirekt-metaphorisch« im Anschluss an die popularisierenden Formen oder sie bearbeitet die den »kulturellen ›Sinnhaushalt‹« betreffenden Folgeprobleme, indem sie auf eine »Remythisierung weiter Lebensbereiche« hinarbeitet.[138]

Vor diesem Hintergrund erscheinen Brochs Textzeugnisse ambivalent. Gegen die Verweltanschaulichung des Wissens errichten die Zerfall-der-Werte-Traktate eine Schranke, indem sie den Kontrast betonen zwischen der fiktiven Präsentation der von jeder Einsicht abgeschnittenen Figur (Huguenau im dritten *Schlafwandler*-Roman) und dem geschichtsphilosophischen Theoriegebäude, innerhalb dessen das Erzählte exemplarische Bedeutung erhält.[139] Zugleich zeichnet sich der große Erkenntnisanspruch ab, den Broch an seine philosophische Deutung richtet. Sie soll sich mit sinn- und werthaften Gegenständen unter der Prämisse beschäftigen, dass die Beobachter Teil des Beob-

---

[135] Vgl. Friedrich H. Tenbruck: »Der Fortschritt der Wissenschaft als Trivialisierungsprozeß.« In: Ders.: *Die kulturellen Grundlagen der Gesellschaft. Der Fall der Moderne.* Opladen 1989, S. 143–174.

[136] Brys zeitgenössische Bestandaufnahme gibt einen Eindruck von den ausufernden Gehalten weltanschaulicher Traktatistik: »Was bezeichnet die verkappten Religionen? – Mysterien, Sekten, Aberglauben, Vereinsmeierei, Mangel an Lebensart? Ja, auch das. Aber ein ästhetisches Abgestoßensein wird ihnen nicht gerecht. Ihr Feld ist weiter. Es geht von der Abstinenz bis zur Zahlenmystik. Aber es geht auch von der Astrologie bis zum Zionismus, oder von den Antibünden (mit dem Antisemitismus an der Spitze) bis zur Yoga oder von der Amor Fati bis zur Wünschelrute, oder vom Atlantis bis zum Vegetarianismus. Dieses Hexenalphabet besetzt jeden Buchstaben doppelt und dreifach. Ein paar, längst nicht alle Gebiete: Esperanto, Sexualreform, rhythmische Gymnastik, Übermenschen, Faust-Exegese, Gesundbeten, Kommunismus, Psycho-Analyse, Shakespeare ist Bacon, Weltfriedensbewegung, Brechung der Zinsknechtschaft, Antialkoholismus, Theosophie, Heimatkunst, Bibelforschung, Expressionismus, Jugendbewegung, Genie ist Wahnsinn, Fakirzauber, Haß gegen Freimaurer und Jesuiten, endlich das weite Gebiet des Okkultismus, das wiederum seine eigenen siebenfachen Hexenalphabete hat [...].« Carl Christian Bry: *Verkappte Religionen* [1924]. Gotha 1925, S. 13f.

[137] Vgl. Bry: *Verkappte Religionen*, S. 141: »was haben technische Zukunftsromane mit der Technik zu tun? Sie sind ein Futter für Familienblätter, die der Techniker bestimmt nicht liest. Liest er sie doch, kommt er in Gefahr, sich totzulachen.«

[138] Friedrich Vollhardt: »Von der Sozialgeschichte zur Kulturwissenschaft? Die literarisch-essayistischen Schriften des Mathematikers Felix Hausdorff (1868–1942). Vorläufige Bemerkungen in systematischer Absicht.« In: *Nach der Sozialgeschichte. Konzepte für eine Literaturwissenschaft zwischen Historischer Anthropologie, Kulturgeschichte und Medientheorie.* Hg. v. Martin Huber und Gerhard Lauer. Tübingen 2000, S. 551–573, hier 552ff. Einen systematischen Klassifizierungsversuch der Weltanschauungsliteratur unternimmt Horst Thomé: »Weltanschauungsliteratur. Vorüberlegungen zu Funktion und Texttyp.« In: *Wissen in Literatur im 19. Jahrhundert.* Hg. v. Lutz Danneberg und Friedrich Vollhardt in Zusammenarbeit mit Hartmut Böhme und Jörg Schönert. Tübingen 2002, S. 338–380; vgl. hier 344f.

[139] Vgl. Cohn: *Sleepwalkers*, S. 31.

achteten sind und Ansatzpunkte für Fragen nach dem »Stil« der Zeit liefern.[140] Für Broch besteht die entscheidende Aufgabe der Geschichts- und Epochenerkenntnis in der Erschließung der Menschenwelt anhand des Beziehungsgeflechts von Wert und Subjekt. Aufgrund seiner universalen Tendenz bedarf dieses Vorhaben nicht nur einer formalen methodologischen Grundlage, sondern es muss auch das Stellungnehmen des Subjekts zur (historischen) Wirklichkeit erfassen können. Deshalb bedarf der *Logos* zur zureichenden Deutung des geschichtlichen Sinns eines Bezugs auf die reiche Welt der Mythen, ohne das Denken aus seiner Verantwortung zu entlassen.[141] Broch orientiert sich hier an Rickerts Abgrenzung der Geschichtswissenschaft von der Theorie der Kulturwerte. Das Material wird zwar individualisierend bearbeitet, bezieht sich aber systematisch auf ein absolutes System unbedingt gültiger Werte. Das Ideal ist eine Wissenschaft vom »Weltganzen«, vom »Universum«,[142] wobei im Begriff des Weltganzen sowohl die Welt als auch der Mensch mitgedacht werden. Zur Aufgabe wird in Brochs Überlegungen zur *Mythischen Erbschaft der Dichtung* (KW 9/2, 202–211) ein doppelter Akt der Zerlegung und Gliederung in »historische Einheiten« sowie ihre anschließende »Wiederzusammenfassung«. Die Voraussetzungen des Verfahrens liegen im »erkenntnistheoretischen Exkurs« der *Schlafwandler* sowie in der frühen Abhandlung *Konstruktion der historischen Wirklichkeit*. Hervorgehoben wird die »formale Grundeinheitlichkeit« (Broch), die den Logos innerhalb der von inhaltlicher (Wert-)Relativität gekennzeichneten Epoche indizieren soll. Hier werden die metaphysischen Aspekte des Logos-Begriffs wieder in den Hintergrund verschoben zugunsten seiner methodologischen Relevanz.[143] Gleichwohl bestimmt Brochs früherer Aufsatz die in der Geschichte wirksamen »Wertzentren« anhand einer sich *ethisch* bestimmenden Subjektivität:

> konnte Wertwirklichkeit nur als Wirklichkeit des ethisch wollenden Menschen genommen werden, so ist [...] bei vorgegebener Wirklichkeit diese so aufzufassen, ›als ob‹ sie ethisch gewollte Wirklichkeit wäre.[144]

Von diesem Punkt aus gestaltet sich die theoretische Denkbewegung Brochs als übergreifender Verwandlungszusammenhang von der Theorie zur Dichtung. Seiner Überzeugung nach, die allerdings der *Tod des Vergil* auch problematisiert, findet die Literatur ihren gesellschaftlichen Ort als Instanz, die bestimmten Wahrheitswerten verpflichtet bleibt und damit einem humanwis-

---

140 Vgl. Vollhardt: *Brochs geschichtliche Stellung*, S. 138.
141 Mit dem Terminus *Logos* versucht sich Broch zugleich, über die Verbindungen zwischen Wertphilosophie und Methodologie klar zu werden. Leitend wird dabei die Vorstellung eines »transzendenten dritten Reiches«, womit die Verknüpfung von Geltung, Sinn und Sein verdeutlicht wird. Vgl. Vollhardt: *Brochs geschichtliche Stellung*, S. 138f. und 235.
142 Vgl. Krijnen: *Nachmetaphysischer Sinn*, S. 122.
143 Vgl. Reinhardt: *Erweiterter Naturalismus*, S. 82f.
144 Zit. nach Reinhardt: *Erweiterter Naturalismus*, S. 83.

senschaftlichen Unterfangen gleicht. Die nicht eindimensional repräsentierbare moderne Welt erfordert einen multiperspektivischen Ansatz, um die ihrer Komplexität unterliegende einheitliche Realität aufzudecken. Broch nennt dies das »Streben nach kosmogonischer Totalität« (KW 9/2, 209). Dichtung ist somit weder Philosophie noch empirische Wissenschaft, sie stellt keine Gesetze auf, aber sie verschafft sich in Erkenntnisbereichen Gehör, welche die in ihrer Disparatheit nicht einfach abbildbare Welt einerseits so schildern »wie sie ist« (KW 9/2, 96), andererseits aber auch die Erfahrung transzendieren.

Thomas Borgard

6. Literatur

Baecker, Dirk: *Studien zur nächsten Gesellschaft*. Frankfurt am Main 2007.

Bauer, Wilhelm: *Die öffentliche Meinung in der Weltgeschichte*. Berlin 1930.

Baumgartner, Alois: *Sehnsucht nach Gemeinschaft. Ideen und Strömungen im Sozialkatholizismus der Weimarer Republik*. München, Paderborn, Wien 1977.

Baumgartner, Hans Michael: *Kontinuität und Geschichte. Zur Kritik und Metakritik der historischen Vernunft*. Frankfurt am Main 1997.

Blumenberg, Hans: »Wirklichkeitsbegriff und Möglichkeit des Romans.« In: *Nachahmung und Illusion. Poetik und Hermeneutik 1*. Hg. v. Hans Robert Jauß. 2., durchges. Aufl. München 1969, S. 9–27.

Bohlken, Eike: *Grundlagen einer interkulturellen Ethik. Perspektiven der transzdendentalen Kulturphilosophie Heinrich Rickerts*. Würzburg 2002.

Borgard, Thomas: *Immanentismus und konjunktives Denken. Die Entstehung eines modernen Weltverständnisses aus dem strategischen Einsatz einer ›psychologia prima‹ (1830–1880)*. Tübingen 1999.

Borgard, Thomas: »Planetarische Poetologie. Die symptomatische Bedeutung der Masse im amerikanischen Exilwerk Hermann Brochs.« In: *Hermann Broch. Politik, Menschenrechte – und Literatur?* Hg. v. Thomas Eicher, Paul Michael Lützeler und Hartmut Steinecke. Oberhausen 2005, S. 205–229.

Borgard, Thomas: »Alfred Döblins literarische Produktion der 1920er Jahre im Rahmen des soziologischen Theorie- und Wissenswandels.« In: *Jahrbuch für Internationale Germanistik*. Reihe A. Kongreßberichte, Bd. 95 (2008). Hg. v. Sabina Becker und Robert Krause.

Borgard, Thomas: »Der Bürgerliche Realismus und die Lebenswissenschaften zwischen Anthropologie, Sinnerzählung und Wissensspaltung. Lotzes Herderrezeption als Paradigma.« In: *Herder Jahrbuch* 9 (2008), S. 11–36.

Borgard, Thomas: »Hermann Brochs intellektuelle Entwicklung nach 1932. Religiöses Suchbild, Literatur und Gesellschaftslehre kultureller Ambivalenz.« In: *Hermann*

Broch. Religion, Mythos, Utopie. Zur ethischen Perspektive seines Werks. Hg. v. Paul Michael Lützeler und Christine Maillard. *Recherches germaniques. Revue annuelle. Hors série* 5 (2008), S. 135–164.

Braach, Regina: *Eric Voegelins politische Anthropologie.* Würzburg 2003.

Broch, Hermann: »Erzählung vom Tode (Fragment)« [entst. 1937/1938]. In: *Materialien zu Hermann Broch »Der Tod des Vergil«.* Hg. v. Paul Michael Lützeler. Frankfurt am Main 1976, S. 88–169.

Broch, Hermann: *Menschenrecht und Demokratie. Politische Schriften.* Hg. und eingel. von Paul Michael Lützeler. Frankfurt am Main 1978.

Brokoff, Jürgen und Jürgen Fohrmann (Hg.): *Politische Theologie. Formen und Funktionen im 20. Jahrhundert.* Paderborn, München, Wien, Zürich 2003.

Bry, Carl Christian: *Verkappte Religionen* [1924]. Gotha 1925.

Bubner, Rüdiger: *Handlung, Sprache und Vernunft. Grundbegriffe praktischer Philosophie.* Frankfurt am Main 1982.

Campbell, Joseph und Henry Morton Robinson: *A Skeleton Key to Finnegans Wake. Unlocking James Joyce's Masterwork.* New York 1944.

Carnap, Rudolf: *Der logische Aufbau der Welt* [1928]. Hamburg 1998.

Carnap, Rudolf: »Überwindung der Metaphysik durch logische Analyse der Sprache [1932]«. In: Ders.: *Scheinprobleme in der Philosophie und andere metaphysikkritische Schriften.* Hg. v. Thomas Mormann. Hamburg 2004, S. 81–109.

Carnap, Rudolf: *The Logical Syntax of Language.* New York 1937.

Caronello, Giancarlo: »Max Scheler und Carl Schmitt – zwei Positionen des katholischen Renouveau in Deutschland. Eine Fallstudie über die ›Summa‹ (1917/18).« In: *Vernunft und Gefühl. Schelers Phänomenologie des emotionalen Lebens.* Hg. v. Christian Bermes, Wolfhart Henckmann und Heinz Leonardy. Würzburg 2003, S. 225–254.

Cohn, Dorrit: *Transparent Minds. Narrative Modes for Presenting Consciousness in Fiction.* Princeton 1978.

Cohn, Dorrit: *The Distinction of Fiction.* Baltimore, London 1999.

Dahrendorf, Ralf: *Die angewandte Aufklärung. Gesellschaft und Soziologie in Amerika.* Frankfurt am Main, Hamburg 1968.

Dittrich, Andreas: *Glauben, Wissen und Sagen. Studien zu Wissen und Wissenskritik im »Zauberberg«, in den »Schlafwandlern« und im »Mann ohne Eigenschaften«.* Tübingen 2009.

Eiden, Patrick: »›Grenzenlos wird das Reich sein‹. Imperiale Formgebung in Hermann Brochs ›Der Tod des Vergil‹.« In: *Die Souveränität der Literatur. Zum Totalitären der Klassischen Moderne.* Hg. v. Uwe Hebekus und Ingo Stöckmann. München 2008, S. 259–287.

Faber, Richard: »Carl Schmitt, der Römer.« In: *Die eigentlich katholische Verschärfung... Konfession, Theologie und Politik im Werk Carl Schmitts.* Hg. v. Bernd Wacker. München 1994, S. 257–278.

Falanga, Gianluca: *Berlin 1937. Die Ruhe vor dem Sturm.* Berlin 2007.

Fellmann, Ferdinand: *Phänomenologie als ästhetische Theorie.* Freiburg i. Br., München 1989.

Freud, Sigmund: *Die Traumdeutung.* Leipzig, Wien 1900.

Genette, Gérard: *Die Erzählung.* Aus d. Franz. von Andreas Knop, mit einem Nachw. hg. v. Jochen Vogt. 2. Aufl. München 1998.

Haecker, Theodor: *Der Christ und die Geschichte.* Leipzig 1935.

Heath, Stephen: »Ambiviolences. Notes for reading Joyce.« In: *Post-structuralist Joyce. Essays from the French.* Hg. v. Derek Attridge und Daniel Ferrer. Cambridge 1984, S. 31–68.

Honneth, Axel: *Verdinglichung. Eine anerkennungstheoretische Studie.* Frankfurt am Main 2005.

Horkheimer, Max: »Der neueste Angriff auf die Metaphysik [1937].« In: Ders.: *Gesammelte Schriften,* Bd. 4. *Schriften 1936–1941.* Hg. v. Alfred Schmidt. Frankfurt am Main 1988, S. 108–161.

Huizinga, Johan: »Im Schatten von Morgen [1935]«. In: Ders.: *Schriften zur Zeitkritik.* Zürich, Bruxelles 1948, S. 7–149.

Husserl, Edmund: *Phantasie, Bildbewusstsein, Erinnerung. Zur Phänomenologie der anschaulichen Vergegenwärtigungen. Texte aus dem Nachlaß (1898–1925). Husserliana,* Bd. 23. Hg. v. Eduard Marbach. The Hague 1980.

Jaeger, Friedrich: *Amerikanischer Liberalismus und zivile Gesellschaft. Perspektiven sozialer Reform zu Beginn des 20. Jahrhunderts.* Göttingen 2001.

Joyce, James: *Finnegans Wake* [1939]. New York, London, Camberwell, Toronto [u. a.] 1999.

Kambartel, Friedrich: *Erfahrung und Struktur. Bausteine zu einer Kritik des Empirismus und Formalismus.* 2. Aufl. Frankfurt am Main 1976.

Kern, Iso: *Husserl und Kant. Eine Untersuchung über Husserls Verhältnis zu Kant und zum Neukantianismus.* The Hague 1964.

Kiesel, Helmuth: *Wissenschaftliche Diagnose und dichterische Vision der Moderne. Max Weber und Ernst Jünger.* Heidelberg 1994.

Köhnke, Klaus Christian: *Der junge Simmel in Theoriebeziehungen und sozialen Beziehungen.* Frankfurt am Main 1996.

Kondylis, Panajotis: *Machtfragen. Ausgewählte Beiträge zu Politik und Gesellschaft.* Darmstadt 2006.

Kondylis, Panajotis: *Die neuzeitliche Metaphysikkritik.* Stuttgart 1990.

Könke, Günter: *Organisierter Kapitalismus, Sozialdemokratie und Staat. Eine Studie zur Ideologie der sozialdemokratischen Arbeiterbewegung in der Weimarer Republik (1914–1932).* Stuttgart 1987.

Koselleck, Reinhart: »Historia Magistra Vitae. Über die Auflösung des Topos im Horizont neuzeitlich bewegter Geschichte«. In: *Natur und Geschichte. Festschrift Karl Löwith zum 70. Geburtstag.* Hg. v. Hermann Braun und Manfred Riedel. Stuttgart, Berlin 1967, S. 196–218.

Krijnen, Christian: *Nachmetaphysischer Sinn. Eine problemgeschichtliche und systematische Studie zu den Prinzipien der Wertphilosophie Heinrich Rickerts.* Würzburg 2001.

Kümmel, Friedrich: »Zum Verhältnis von Logik, Metaphysik und geschichtlicher Weltansicht bei Georg Misch«. In: *Dilthey-Jahrbuch* 12 (1999–2000), S. 31–57.

Lappin, Eleonore: *Der Jude 1916–1928. Jüdische Moderne zwischen Universalismus und Partikularismus.* Tübingen 2000.

Lask, Emil: »Rechtsphilosophie«. In: *Die Philosophie im Beginn des zwanzigsten Jahrhunderts. Festschrift für Kuno Fischer.* Hg. v. Wilhelm Windelband. 2. verb. und um d. Kapitel Naturphilosophie erw. Aufl. Heidelberg 1907, S. 269–320.

Lasswell, Harold D.: *Psychopathology and Politics.* Chicago 1930.

Lasswell, Harold D.: *Politics. Who Gets What, When, and How.* New York 1936.

Laube, Reinhard: *Karl Mannheim und die Krise des Historismus. Historismus als wissenssoziologischer Perspektivismus*. Göttingen 2004.
Lichtblau, Klaus: *Kulturkrise und Soziologie um die Jahrhundertwende. Zur Genealogie der Kultursoziologie in Deutschland*. Frankfurt am Main 1996.
Lube, Barbara: *Sprache und Metaphorik in Hermann Brochs Roman »Der Tod des Vergil«*. Frankfurt am Main, Bern, New York 1986.
Lukács, Georg: *Die Theorie des Romans. Ein geschichtsphilosophischer Versuch über die Formen der großen Epik* [1916/1920]. Mit dem Vorwort von 1962. München 1994.
Mannheim, Karl: »Die Bedeutung der Konkurrenz im Gebiete des Geistigen« [1928]. In: *Der Streit um die Wissenssoziologie*, Bd. 1. *Die Entwicklung der deutschen Wissenssoziologie*. Hg. v. Volker Meja und Nico Stehr. Frankfurt am Main 1982.
Mannheim, Karl: *Ideologie und Utopie* [1928/1929]. 4. Aufl. Frankfurt am Main 1965.
MacDonald, Fred J.: *Don't Touch that Dial. Radio Programming in American Life 1920–1960*. Chicago 1979.
McCulloch, Warren S. und Walter H. Pitts: »A logical calculus of the ideas immanent in nervous activity.« In: *Bulletin of Mathematical Biophysic* 5 (1943), S. 115–133.
Meuter, Günter: *Der Katechon. Zu Carl Schmitts fundamentalistischer Kritik der Zeit*. Berlin 1994.
Misch, Georg: *Der Aufbau der Logik auf dem Boden der Philosophie des Lebens. Göttinger Vorlesungen über Logik und Einleitung in die Theorie des Wissens* [1927–1934]. Hg. v. Gudrun Kühne-Bertram und Frithjof Rodi. Freiburg i. Br., München 1994.
Mommsen, Wolfgang J.: *Max Weber und die deutsche Politik 1890–1920*. 3. verb. Aufl. Tübingen 2004.
Müller-Doohm, Stefan: *Adorno. Eine Biographie*. Frankfurt am Main 2003.
Oakes, Guy: *Die Grenzen kulturwissenschaftlicher Begriffsbildung. Heidelberger Max Weber-Vorlesungen 1982*. Frankfurt am Main 1990.
Oldemeyer, Ernst: *Zur Phänomenologie des Bewußtseins. Studien und Skizzen*. Würzburg 2005.
Orth, Ernst Wolfgang: *Edmund Husserls ›Krisis der europäischen Wissenschaften und die transzendentale Phänomenologie‹. Vernunft und Kultur*. Darmstadt 1999.
Pohlenz, Max: *Die Stoa. Geschichte einer geistigen Bewegung* [1959]. 7. Aufl. Göttingen 1992.
Reinhardt, Hartmut: *Erweiterter Naturalismus. Untersuchungen zum Konstruktionsverfahren in Hermann Brochs Romantrilogie »Die Schlafwandler«*. Köln, Wien 1972.
Rickert, Heinrich: *Der Gegenstand der Erkenntnis. Einführung in die Transzendentalphilosophie* [1892]. 3. völlig umgearb. und erw. Aufl. Tübingen 1915.
Rickert, Heinrich: *Die Grenzen der naturwissenschaftlichen Begriffsbildung. Eine logische Einleitung in die historischen Wissenschaften* [1896–1902]. 5., verb. um einen Anhang und ein Register verm. Aufl. Tübingen 1929.
Rickert, Heinrich: *Kulturwissenschaft und Naturwissenschaft* [1910]. 4. und 5. Aufl. Tübingen 1921.
Rickert, Heinrich: »Vom System der Werte.« In: *Logos* 4 (1913), S. 295–327.
Rickert, Heinrich: »Über logische und ethische Geltung.« In: *Kantstudien* 19 (1914), S. 182–221.
Rickert, Heinrich: *Die Philosophie des Lebens. Darstellung und Kritik der philosophischen Modeströmungen unserer Zeit*. Tübingen 1920.

Rickert, Heinrich: »Psychologie der Weltanschauungen und Philosophie der Werte.« In: *Logos* 9/1 (1920/1921), S. 1–42.
Rickert, Heinrich: *System der Philosophie. Erster Teil. Allgemeine Grundlegung der Philosophie.* Tübingen 1921.
Rickert, Heinrich: »Wissenschaftliche Philosophie und Weltanschauung [1933]«. In: *Philosophische Aufsätze.* Hg. v. Rainer A. Bast. Tübingen 1999, S. 325–346.
Ritzer, Monika: *Hermann Broch und die Kulturkrise des frühen 20. Jahrhunderts.* Stuttgart 1988.
Roesler-Graichen, Michael: *Poetik und Erkenntnistheorie. Hermann Brochs ›Tod des Vergil‹ zwischen logischem Kalkül und phänomenologischem Experiment.* Würzburg 1994.
Rosa, Hartmut: *Beschleunigung. Die Veränderung der Zeitstruktur in der Moderne.* Frankfurt am Main 2005.
Rossi, Pietro: *Vom Historismus zur historischen Sozialwissenschaft. Heidelberger Max Weber-Vorlesungen 1985.* Frankfurt am Main 1987.
Schlant, Ernestine: *Die Philosophie Hermann Brochs.* Bern, München 1971.
Schlick, Moritz: »Die Wende der Philosophie [1930]«. In: *Wiener Kreis. Texte zur wissenschaftlichen Weltauffassung von Rudolf Carnap, Otto Neurath, Moritz Schlick, Philipp Frank, Hans Hahn, Karl Menger, Edgar Zilsel und Gustav Bergmann.* Hg. v. Michael Stöltzner und Thomas Uebel. Hamburg 2006, S. 30–38.
Schlick, Moritz: »Erleben, Erkennen, Metaphysik [1926]«. In: *Wiener Kreis. Texte zur wissenschaftlichen Weltauffassung.* Hg. v. Michael Stöltzner und Thomas Uebel. Hamburg 2006, S. 169–186.
Schmitt, Carl: *Römischer Katholizismus und politische Form* [1923]. 2. Aufl. Stuttgart 2002.
Schmitt, Carl: *Staatsgefüge und Zusammenbruch des II. Reiches. Der Sieg des Bürgers über den Soldaten.* Hamburg 1934.
Schmitt, Carl: *Donoso Cortés in gesamteuropäischer Interpretation.* Köln 1950.
Schmitt, Carl: »Die Tyrannei der Werte«. In: *Säkularisation und Utopie. Ebracher Studien. Ernst Forsthoff zum 65. Geburtstag.* Stuttgart 1967, S. 37–62.
Simpson, Christopher: *Science of Coercion. Communication Research and Psychological Warfare 1945–1960.* New York, Oxford 1994.
Spengler, Oswald: *Jahre der Entscheidung. Erster Teil. Deutschland und die weltgeschichtliche Entwicklung.* München 1933.
Spranger, Eduard: »Zur Theorie des Verstehens und zur geisteswissenschaftlichen Psychologie [1918]«. In: Ders.: *Grundlagen der Geisteswissenschaften. Gesammelte Schriften,* Bd. 6. Hg. v. Hans Walter Bähr. Tübingen 1980, S. 1–42.
Stapelfeldt, Gerhard: *Geist und Geld. Von der Idee der Bildung zur Warenform des Wissens.* Münster, Hamburg, London 2003.
Stašková, Alice: »Der Stil auf der Suche nach der Religion im frühen Schaffen Hermann Brochs«. In: *Hermann Broch. Religion, Mythos, Utopie. Zur ethischen Perspektive seines Werks.* Hg. v. Paul Michael Lützeler und Christine Maillard. *Recherches germaniques. Revue annuelle. Hors série* 5 (2008), S. 21–36.
Stašková, Alice: *Nächte der Aufklärung. Studien zur Ästhetik, Ethik und Erkenntnistheorie in »Voyage au bout de la nuit« von Louis-Ferdinand Céline und »Die Schlafwandler« von Hermann Broch.* Tübingen 2008.
Stein, Ludwig: *Friedrich Nietzsche's Weltanschauung und ihre Gefahren. Ein kritischer Essay.* Berlin 1893.

Stierle, Karlheinz: *Text als Handlung. Perspektiven einer systematischen Literaturwissenschaft*. München 1975.
Sünker, Heinz: »Kritische Theorie und Analyse des Nationalsozialismus. Notate zu Herbert Marcuses ›Der Kampf gegen den Liberalismus in der totalitären Staatsauffassung‹«. In: *Philosophie und Zeitgeist im Nationalsozialismus*. Hg. v. Marion Heinz und Goran Gretić. Würzburg 2006, S. 67–83.
Tenbruck, Friedrich H.: »Der Fortschritt der Wissenschaft als Trivialisierungsprozeß«. In: Ders.: *Die kulturellen Grundlagen der Gesellschaft. Der Fall der Moderne*. Opladen 1989.
Thielicke, Helmut: *Der Evangelische Glaube. Grundzüge der Dogmatik*, Bd. 1. *Prolegomena. Die Beziehung der Theologie zu den Denkformen der Neuzeit*. Tübingen 1968.
Thomé, Horst: »Weltanschauungsliteratur. Vorüberlegungen zu Funktion und Texttyp«. In: *Wissen in Literatur im 19. Jahrhundert*. Hg. v. Lutz Danneberg und Friedrich Vollhardt in Zusammenarbeit mit Hartmut Böhme und Jörg Schönert. Tübingen 2002, S. 338–380.
Urban, Wilbur Marshall: *Language and Reality. The Philosophy of Language and the Principles of Symbolism* [1939]. 2. Aufl. London, Tonbridge 1951.
Vaihinger, Hans: *Die Philosophie des Als Ob. System der theoretischen, praktischen und religiösen Fiktionen der Menschheit auf Grund eines idealistischen Positivismus* [1911]. 5. und 6. Aufl. Leipzig 1920.
Vierkandt, Alfred: »Kultur des neunzehnten Jahrhunderts und der Gegenwart«. In: *Handwörterbuch der Soziologie* [1931]. Hg. v. Alfred Vierkandt. Unveränderter Neudruck. Stuttgart 1959, S. 141–160.
Villwock, Jörg: *Die Sprache – Ein »Gespräch der Seele mit Gott«*. Frankfurt am Main 1996.
Voegelin, Eric: *Die politischen Religionen* [1938]. Hg. und mit einem Nachw. versehen von Peter J. Opitz. 3. Aufl. München 2007.
Vollhardt, Friedrich: *Hermann Brochs geschichtliche Stellung. Studien zum philosophischen Frühwerk und zur Romantrilogie ›Die Schlafwandler‹ (1914–1932)*. Tübingen 1986.
Vollhardt, Friedrich: »Philosophische Moderne«. In: *Brochs theoretisches Werk*. Hg. v. Paul Michael Lützeler und Michael Kessler. Frankfurt am Main 1988, S. 85–97.
Vollhardt, Friedrich: »Von der Sozialgeschichte zur Kulturwissenschaft? Die literarisch-essayistischen Schriften des Mathematikers Felix Hausdorff (1868–1942). Vorläufige Bemerkungen in systematischer Absicht«. In: *Nach der Sozialgeschichte. Konzepte für eine Literaturwissenschaft zwischen Historischer Anthropologie, Kulturgeschichte und Medientheorie*. Hg. v. Martin Huber und Gerhard Lauer. Tübingen 2000, S. 551–573.
Vollhardt, Friedrich: »Das Problem der ›Weltanschauung‹ in den Schriften Hermann Brochs vor dem Exil«. In: *Hermann Broch. Neue Studien. Festschrift für Paul Michael Lützeler zum 60. Geburtstag*. Hg. v. Michael Kessler. Tübingen 2003, S. 492–509.
Vorländer, Hans: *Hegemonialer Liberalismus. Politisches Denken und politische Kultur in den USA 1776–1920*. Frankfurt am Main, New York 1997.
Walde, Christine: *Die Traumdarstellungen in der griechisch-römischen Dichtung*. München, Leipzig 2001.
Weber, Gregor: *Kaiser, Träume und Visionen in Prinzipat und Spätantike*. Stuttgart 2000.
Weber, Max: *Wirtschaft und Gesellschaft. Grundriss einer verstehenden Soziologie* [1922]. 5., rev. Aufl. bes. von Johannes Winckelmann. Tübingen 1980.
Werner, Folke: *Vom Wert der Werte. Die Tauglichkeit des Wertbegriffs als Orientierung gebende Kategorie menschlicher Lebensführung. Eine Studie aus evangelischer Perspektive*. Münster, Hamburg, London 2002.

Wiener, Max: »Säkularisierte Religion«. In: *Der Jude*, Sonderheft 4 (1927), S. 10–16.
Zwierlein, Otto: »Mantik und Prognostik im Weltbild Vergils«. In: *Mantik. Profile prognostischen Wissens in Wissenschaft und Kultur.* Hg. v. Wolfram Hogrebe. Würzburg 2005, S. 133–150.

III. Politische Schriften

Eines fällt sogleich auf, wenn man Hermann Brochs politische Schriften zu lesen beginnt: Nur einen einzigen politischen Essay schrieb er, als er seine wissenschaftliche und schriftstellerische Arbeit noch dem Textilfabrikantenalltag abringen musste. Dieser eine, er trägt den Titel *Konstitutionelle Diktatur als demokratisches Rätesystem*, erschien im Frühjahr 1919. Erst achtzehn Jahre später wählte Broch erneut die Form des politischen Essays. Doch dann schrieb er sie in rascher Folge. Zwischen 1937 und 1950 entstanden achtzehn weitere Texte, die in der *Kommentierten Werkausgabe* dieser Gattung zugeordnet sind. Aber ein unpolitischer Autor war Hermann Broch zu keiner Zeit – auch wenn er einmal feststellte, der geistige Arbeiter sei an sich der unpolitischste Mensch, aber dauernd gezwungen, Politik zu wollen und zu betreiben (KW 11, 453f.). Ob man dem zustimmen mag oder nicht, Broch bedurfte nicht der Form des Essays, um sich politisch zu Wort zu melden. Tatsächlich kann kaum einer seiner Texte als unpolitisch bezeichnet werden, auch die dichterischen nicht. Darum ist die Beobachtung des Anfangs von Bedeutung: Warum wählte Broch von 1937 an so häufig die sozusagen direkte Form der politischen Äußerung?

Einen Anlass gab es jedes Mal. Über eine *Konstitutionelle Diktatur als demokratisches Rätesystem* schrieb Broch, als in den Monaten nach dem Ersten Weltkrieg über eine neue Ordnung mit Leidenschaft verhandelt wurde. In der österreichischen Nachkriegsdiskussion waren es also die Möglichkeiten des Politischen, die ihn bewogen, seine Meinung öffentlich zu machen. Seit 1937 ändert sich das. Nun ist es nicht die politische Gestaltungsmöglichkeit, sondern stets die politische Gefahr, die ihn zum politischen Essayisten werden lässt. Der Nationalsozialismus gefährdete jede, auch die amerikanische Demokratie. Dieser Gefahr folgte die mit der deutschen Kapitulation nicht gebannte, sondern im Ost-West-Konflikt neu definierte Bedrohung des Friedens. Diesen bedrohlichen Dynamiken will Broch wehren, und dafür wählt er seit 1937 auch die Form des politischen Essays. Er bemühe sich, so schreibt er 1939 an Albert Einstein,

> einen Beitrag zur Bekämpfung der gegenwärtigen Welt-Übel [...] [zu] liefern [...]. Ich vermag [...] nicht ruhig im Hause zu sitzen und eine im Grunde doch nur ästhetische Arbeit zu leisten, während das Dach bereits brennt; dies hängt mit der Überflüssigkeit des Ästhetischen, besonders des Schriftstellerischen in Grauensepochen zusammen. (KW 13/2, 86)

Broch hatte seine Zeit nie als eine ungefährdete verstanden. Wenn er das Ende der alten europäischen Werthaltungen in der Romantrilogie *Die Schlafwandler* beschreibt, dann ist auch dies keine beruhigende Gegenwartsanalyse (KW 1, 723). Damals sah er gerade im Schriftstellerischen, mithin im Ästhetischen den

Weg, der ein Bewusstsein schaffen sollte für die Gefahr des Wertverlustes. Die Wissenschaft, misstrauisch geworden gegenüber dem Irrationalen, könne den Zusammenbruch der großen rationalen Wertsysteme (noch) nicht schildern. Broch meint damit die neopositivistische Philosophie. Aber die Dichtung vermöge dies. »Dichten war stets eine Ungeduld der Erkenntnis, ein Vorauseilen vor dem Rationalen, ein Wegbereiten« (KW 1, 731).

An diesem Verständnis von Dichtung gemessen, sind die politischen Essays Hermann Brochs aus noch größerer Ungeduld entstanden. Denn da Kunst, so setzte er es in einem Brief von 1947 dem jungen österreichischen Autor Herbert Zand auseinander, da Kunst Realitäten schaffe, bediene sie sich einer neuen Sprache, wie sie durch diese neue Realität gefordert sei. Doch diese Sprache bleibe den Lesern zunächst unverständlich, der eigenen Generation oft verschlossen.

> Wer echte Kunst erzeugt, kann ziemlich sicher sein, daß er bei augenblicklicher Erfolglosigkeit – die er als echter Künstler auf sich nehmen muß – schon bei der nächsten Generation Anerkennung finden wird. Aber: so sehr wir gewillt sind, auf augenblicklichen Erfolg zu verzichten, wir müssen ihn doch haben. Dies ist eine Antinomie, die unserer Epoche vorbehalten ist. Wir können nicht auf die nächste oder übernächste Generation warten, wenn diese überhaupt noch leben soll. Denn unsere Aufgabe ist es, uns sofort – mit allen unseren Kräften, und mögen die noch so schwach sein – an dem Prozeß der Selbsterziehung zu beteiligen, dem die Menschheit sich *heute*, nicht morgen zu unterwerfen hat, wenn dem Grauen ein Ende gesetzt werden soll. M[it] a[nderen] W[orten] wir haben eine politische Aufgabe, jeder von uns hat sie, und wenn wir mit Worten reden, die erst morgen verstanden werden, so können wir ebensogut schweigen. (KW 13/3, 201)

Die politischen Essays, das lässt sich aus dieser Kunstdefinition schließen, sind Hermann Brochs ungeduldigste Texte. Er schreibt sie, weil er rasch gehört und verstanden werden will. Rascher als mit der Dichtung. Was will er zu Gehör bringen? In der *Kommentierten Werkausgabe* sind die Essays in drei thematische Abschnitte gegliedert. Der erste steht unter der Überschrift *Demokratie und Sozialismus*, der zweite trägt den Titel *Friede und Menschenrecht*, und die dritte Essaygruppe widmet sich dem Thema *Praxis und Utopie. Zur Aufgabe des Intellektuellen*. Unter diesen Überschriften sind neunzehn Texte der Jahre 1919 bis 1950 versammelt. Von ihnen wurden zu Lebzeiten Brochs lediglich vier veröffentlicht. Die politischen Texte – so eilig es ihm mit ihnen war – teilen damit das Schicksal seiner *Massenwahntheorie*. Sie waren gemeinsam mit den Studien über den Massenwahn die Arbeit, an der Broch in der Emigration am meisten lag, weil sie ihm am notwendigsten zu sein schien. Er konnte sie aber nicht mehr vollenden. Das Phänomen des Massenwahns zu verstehen und ihm eine selbstverteidigungsfähige Demokratie entgegenzustellen – das waren ›Gift‹ und ›Gegengift‹ in Brochs Analyse der Zeitläufte, das war sein überanstrengendes Arbeitsprogramm im Exil. Er plante ein ›politisches Buch‹,[1] dessen ausgearbeitete Teile erst posthum veröffentlicht wurden und nun als einzelne Essays in den *Politischen Schriften* nachzulesen sind. Außerdem sind dort Abschnitte seiner *Autobiographie als Arbeitsprogramm*,[2] drei als Zeitschriftenbeiträge veröffentlichte Texte[3] und der von Brochs Sohn ins Deutsche übertragene Beitrag Brochs zu dem Sammelband *The City of Man*[4] nachzulesen, von dem unten noch die Rede sein wird. Wie eng Brochs Analyse des Massenwahns mit seiner Politiktheorie verzahnt ist, zeigt sich im dritten Teil der *Massenwahntheorie*, der dem erhalten gebliebenen *Vorläufigen Inhaltsverzeichnis* zufolge mit dem Titel *Der Kampf gegen den Massenwahn. Eine Psychologie der Politik* überschrieben sein sollte.[5] Immer wieder wird im Folgenden auch aus jenem dritten Teil der Massenwahnstudie zitiert, da sich durch die parallele Lektüre Brochs politische Konzeptionen besser aufschlüsseln lassen.

Eine Inhaltsangabe der einzelnen politischen Essays soll hier nicht gegeben werden. Um Brochs politisches Denken nachvollziehen zu können, sind bestimmte Themen von zentraler Bedeutung. Brochs Theorie der Demokratie, der Menschenrechte, des Irdisch-Absoluten und des Rechts an sich, seine Definition von offenen wie geschlossenen Systemen und seine Auffassung von Marxismus wurden hier gewählt, um in seine politische Theorie einzuführen. Dabei soll gezeigt werden, wie diese Themen argumentativ miteinander zusammenhängen, und auch auf die Verbindungen zum Gesamtwerk wird, soweit das im Rahmen dieses Beitrags möglich ist, hingewiesen.

Im Mittelpunkt von Brochs Politiktheorie steht das Thema Demokratie. Dabei fällt auf, dass er stets von der Diktaturerfahrung ausgeht, um über Demokratie zu schreiben. Laut eigener Aussage lernte Broch in den USA viel über Möglichkeiten und Fehlbarkeiten des demokratischen Systems. Er verband diese Erkenntnisse mit einer Epochenanalyse, die er durch die Exilerfahrung nicht korrigiert, vielmehr bestätigt sah. Auch in den amerikanischen Jahren verstand Broch seine Gegenwart als eine äußerst gefährdete, von Massenwahn bedrohte Zeit. Die schon in Wien entwickelte Theorie vom Zerfall der Werte ist damit die Grundlage auch der Arbeiten des Exils. In den USA

---

1 So bezeichnet er es z. B. in KW 13/3, 117, 149, 193, 244, 267, 350; vgl. auch KW 11, 24 und 500.
2 Es sind dies *Theorie der Demokratie 1938–1939*; *Nationalökonomische Beiträge zur ›City of Man‹ 1940* und *Völkerbundtheorie 1936–1937*. Der vollständige Text der *Autobiographie als Arbeitsprogramm* ist veröffentlicht in KW 10/2, 195–203 und in PS 83–143.
3 Es sind dies *Konstitutionelle Diktatur als demokratisches Rätesystem*; *Trotzdem: Humane Politik. Verwirklichung einer Utopie* und *Ethische Pflicht*.
4 Herbert Agar u. a. (Hg.): *The City of Man. A Declaration on World Democracy*. New York 1941; vgl. KW 11, 81–90.
5 Vgl. dazu *Editorische Notiz* in KW 12, 579–582, hier 579.

entschied sich Broch zwar für andere Initiativen, um den politischen Gefahren zu wehren, die durch Wertzerfall und Orientierungsverlust entstanden seien. Doch die große Konstante seines Denkens bleibt die neukantianische Werttheorie. Auch für die politischen Essays gilt damit, was die (geschichts-)philosophischen Texte, was die Romane und die *Massenwahntheorie*, was Hermann Brochs schriftstellerisches wie wissenschaftliches Werk insgesamt bestimmt: Er denkt und argumentiert stets erkenntnistheoretisch.

1. Demokratie und Diktatur

Der erste Satz in Brochs erstem der politischen Essays lautet: »Jeder Staat ist Machtauswirkung seiner Idee« (KW 11, 11). Obwohl schon 1919 formuliert, wird dieser Gedanke auch in seinen Arbeiten über Demokratie und Diktatur, die er von 1939 an verfasst, zum Ausgangspunkt. Jeder Staat also ist Machtauswirkung seiner Idee. Was können solche Ideen sein? In der Sowjetunion gelte die Marx'sche Doktrin. In den Vereinigten Staaten und der Französischen Republik seien es die naturrechtlich-liberalen Menschenrechte. Im Kirchenstaat das katholische Glaubensdogma. In Diktaturen nehme der unbedingte Gehorsam gegenüber dem Willen des Führers diesen Platz ein (vgl. KW 11, 73).

Welches ist die Idee der Demokratie? Diese Frage wird für Broch seit 1939 zentral. Darin, dass sie einer Idee, einem regulativen Prinzip folgen, unterscheiden sich Diktatur und Demokratie nicht voneinander (vgl. KW 11, 72). Die Diktatur ist in manchem sogar geschickter als die Demokratie. Ihr Angebot ist attraktiver. Denn sie macht sich keine Illusionen über die Bedürfnisse der modernen Massenbevölkerung (vgl. KW 11, 76 und KW 12, 513). Was diese Bedürfnisse seien, schildert Broch in den Essays mit beinahe literarischen Mitteln. Er verweist damit zurück auf die *Schlafwandler*-Trilogie, die die Verlorenheit und Fehlorientierung des Einzelnen vor Augen führte, und weist voraus auf die *Massenwahntheorie*, an der er 1943 zu arbeiten beginnt.

In den Arbeiten zur Politik schildert er die Orientierungslosigkeit des modernen Menschen erneut und eindringlich. Er betrachtet sie nach wie vor als das beunruhigendste Kennzeichen der neuzeitlichen Gesellschaften.

> Die heutige Großstadt ist von ihrem Gott verlassen; es rentiert sich nicht mehr, Häuser zu bauen, es rentiert sich nicht mehr, Geld zu sparen, es rentiert sich kaum mehr das einstige Sittengesetz des Fleißes, aber auch nicht mehr das der Börsenspekulation: was im Rahmen der Rentabilität sinnvoll gewesen war, ist zu einer leer fürchterlichen, unbegreiflichen Bedrohung im Sichtbaren wie im Unsichtbaren geworden; äußerlich hat sich nichts gewandelt, das Stadtbild steht unverändert, Bürohäuser und Fabriken schlucken allmorgendlich die ihnen zugeteilten Lebewesen, um

sie abends wieder auszuspeien, die Hetzjagd um ein Stück Zeit geht auf den Straßen, in den Untergrundbahnen, in der Rastlosigkeit des Geldumsatzes ungebrochen weiter, ja, immer noch geht der Pflug,[6] allerdings ein motorisierter, über die Felder, aber hinter allem hat sich eine schier geisterhafte Unwirklichkeit aufgetan, die für den Menschen umso erschreckender ist, je handgreiflicher und gigantischer die Wirklichkeit um ihn herum gebaut ist, eine Kulisse von Wolkenkratzern und Verkehrsmitteln, kurzum einer Lebenstechnik, die ihres Sinnes beraubt worden ist, und wenn auch der Mensch dies immer nur in Streiflichtern erkennt und kaum erkennt, er hat doch begonnen, die Wirrheit seiner Ratlosigkeit zu durchschauen, und es ist ihm ein neues Lebensgefühl, ein neues Wissen geworden, das Wissen um die Unbewältigbarkeit einer ehemals bewältigbaren Welt. (KW 11, 48f. und KW 11, 76)

Die Diktaturen hätten erkannt, dass vor allem diese Unsicherheit beseitigt werden müsse, und sei es mit unerfüllbaren Versprechungen.[7]

Für den Zusammenbruch der europäischen Demokratien war es daher weniger ausschlaggebend, daß sie die ökonomischen Übel bloß mangelhaft zu beseitigen vermochten; weit ausschlaggebender war ihre Unfähigkeit, den psychologischen Aspekt des Sachverhaltes zu erkennen; selber rationale Gebilde, wandten sie sich an eine nicht mehr vorhandene Ratio und Urteilsfähigkeit, wandten sie sich an den nicht mehr vorhandenen Willen der Massen, und mußten daher ohne Respons von diesen bleiben. (KW 11, 76f.)

Der totalitäre Staat dagegen habe die irrationalen Unterströmungen aufgegriffen und den »dunkel-ahnende[n] Wunsch der Massen nach Errichtung oder Wiedererrichtung eines verbindlichen Wertsystems« (KW 11, 61) erfüllt. Damit sei wieder seelische Lebenssicherheit gewährt worden, allerdings um den hohen Preis der Freiheit.

Die Erfahrung, wie es diktatorischen Systemen gelang, moderne Gesellschaften zur Gefolgschaft zu bewegen, prägen Brochs Nachdenken über Vorteile und Schwächen der Demokratie. Auch in einem zweiten, vielleicht noch wichtigeren Punkt sah er die Diktaturen den Demokratien überlegen. Die

---

6 Hier spielt Broch an auf das Gedicht *Nun da ich schweb im Ätherboot*, das er im Flugzeug schrieb, als er von Wien zunächst nach London floh und dessen letzte Strophe lautet:
  Wie pfeilgrad endlos ist der Strich [der weißen Straße],
  Hier ist nur stählernes Gebraus
  Pfeilgerade geht der Flug
  Dort drunten steht ein Bauernhaus
  Ich weiß, dort drunten geht ein Pflug
  Ganz still und langsam, schnell genug
  Fürs stille Brot, jahrein, jahraus.
  Pfeilgrad und stählern geht der Flug (KW 8, 43).
7 Vgl. dazu auch Ernestine Schlant: *Die Philosophie Hermann Brochs*. Bern, München 1971, S. 167.

Diktaturen haben es nicht versäumt, die ihrem Staatswesen zugrunde liegende Idee zu einer Rechts- und Gesetzesquelle zu machen. Ihr Prinzip gilt total. Das Alltagsleben der Bürger, jeder Schritt des einzelnen, jedes Rechtsgeschäft, das ganze Leben ist davon durchtränkt. Nicht so in den Demokratien. Die Rechte, die sie ihren Bürgern zugestehen, schützen diese zwar gegenüber dem Staat. Sie haben es aber versäumt, sich selbst, ihr eigenes Prinzip vor ihren Bürgern zu schützen. Darin sind sie nicht-total (KW 11, 73f.).

Wie kann Broch, was er tut, eine totale Demokratie fordern, wie einen Totalstaat für notwendig halten? Der Unterschied zwischen sozusagen guter oder böser Staatsform liegt in seinen Augen nicht darin, ob der Staat seine Idee auch gegenüber den eigenen Bürgern schützt. Das sei legitim und notwendig. Der Unterschied liegt im Wesen dieser jeweiligen Ideen. Was interessiert den Diktator? Der eigene Machtanspruch. Als ein wirkliches regulatives Prinzip will Broch diesen Machtanspruch daher auch nicht gelten lassen, denn er ist Selbstzweck, er wird verschleiert und kann mit unterschiedlichsten Inhalten gefüllt und wechselnden Zielen verbunden werden (KW 11, 73). Das regulative Prinzip der Demokratie dagegen ist, nach Broch, inhaltlich definiert: Das demokratische Gerechtigkeitsprinzip verlangt ein Maximum politischer, individueller Freiheit (KW 11, 14). Solch ein Freiheitsmaximum widerspricht allerdings zugleich dem Eigenanspruch des Staates. Denn damit ein staatlich organisiertes Gemeinwesen funktionieren kann, sind die Rechte aller Bürger zu wahren, und dafür, so nennt es Broch, hat der Einzelne einen Teil seiner persönlichen Freiheit quasi als Staatssteuer zu zahlen (KW 11, S. 12). Dieser Gedanke ist ebenfalls schon im frühesten politischen Essay formuliert, und auch ihn wird Broch wieder aufnehmen, als er nach dem Ende des Krieges Die Zweiteilung der Welt – in den östlichen kommunistischen und den westlichen demokratischen Machtblock (KW 11, 285) – beschreibt. An seiner Auffassung von Demokratie hält er also über die Jahre fest, und sie ist verblüffend insofern, als er demokratisches Prinzip und Staatsprinzip als im Grunde nicht vereinbar beschreibt.[8] Demokratie geht, wenn sie sich in der Staatsform verwirklicht, einen Kompromiss ein. Denn ihre genuine Idee ist gerade die Verteidigung der individuellen Freiheit gegen Machtansprüche jeglichen Staates. So ist sie entstanden: im Kampf gegen Monarchie und Tyrannei (KW 11, 278 und KW 12, 510).[9] Sie hat also eine antityrannische Funktion, eine anti-totalitäre auch – und doch soll sie selbst total sein oder wenigstens werden?

---

[8] Tatsächlich sind alle bestehenden Demokratien ›Nachfolgeregimes‹, also in zuvor bereits bestehenden nichtdemokratischen Staaten entstanden, auch weil sie selbst keine Entscheidungen über Grenzen, Bevölkerung und Staatsgewalt treffen können. Vgl. Art. »Demokratie« in: *Politische Theorie und Politische Philosophie*. Hg. v. Martin Hartmann und Claus Offe. München 2011, S. 89.

[9] Vgl. dazu auch Patrick Eiden-Offe: *Das Reich der Demokratie. Brochs »Der Tod des Vergil«*, Paderborn 2011, S. 26.

> Soweit [...] Demokratie Ausdruck des menschlichen Freiheitsbedürfnisses ist, muß sie, fast anarchistisch [...], den Staat überhaupt abzutun suchen; auch die sozialistische Phantasie von der klassenlosen, staatsüberwindenden Gesellschaft hat hier ihren (demokratischen) Ursprung. Doch da ein staatenloser Zustand – und selbst ein Weltstaat wäre immer noch und vielleicht erst recht ein Staat – zumindest vorderhand undenkbar ist, also Demokratie, schier groteskerweise, sich immer nur in dem ihr feindlichen Element des Staates konkretisieren kann, muß sie mit ihm ein [sic] Kompromiß eingehen. Der sogenannt [sic] demokratische Staat ist ein Kompromiß; die Errichtung eines volltotalitären Staates ist theoretisch möglich, nicht jedoch die eines volldemokratischen: vom Staatsbegriff aus beurteilt bleibt Demokratie stets ein Zwittergebilde. (KW 11, 279)

Broch fordert trotzdem mit einer durchaus missverständlichen Formulierung, Demokratien sollten Totaldemokratien werden (KW 11, 28). Sie müssen, den totalitären Staaten ähnlich, der ihnen zugrunde liegenden Idee zu einer Geltung auf allen Ebenen, zu totaler Geltung also verhelfen. »Staatliche Totalität tritt ein, wenn die regulativen Prinzipien einer Gesellschaft [...] in das bürgerliche und insbesondere in das Strafgesetzbuch eingehen, so daß ihre Übertretungen zum strafbaren Delikt werden.«[10] (KW 12, 515) Es geht Broch um einen effektiven Schutz der normativen Leitlinien von Demokratie (KW 11, 161). Offensichtlich – das ist die Erfahrung des 20. Jahrhunderts – war dieser Schutz bisher nicht hinreichend gegeben. Diese Beobachtung machte Broch nicht allein. Nicht zuletzt eine Gruppe von Emigranten und amerikanischen Intellektuellen, die sich im Herbst 1939 auf Vermittlung Thomas Manns zusammenfand und der Broch angehörte, war sich einig über die dringlichste politische Notwendigkeit: eine Stärkung des demokratischen Prinzips, die Erarbeitung wirklich tragfähiger demokratischer Strukturen, die zur aktiven Abwehr totalitaristischer Tendenzen befähigen mussten. »Dem globalen terroristischen Konzept Hitlers wollte man ein internationales Demokratieprogramm entgegensetzen.«[11] Im Kreis um den italienischen Historiker und Schwiegersohn Thomas Manns, Giuseppe Antonio Borgese,[12] wurde unter dem Titel *The City of Man. A Declaration on World Democracy* ein Plan für die Zukunft der Demokratie entwickelt. Die Angreifbarkeit der freiheitlich demokratischen Staatsform stand den Emigranten deutlich vor Augen. Viele von

---

10 Im Original kursiv gesetzt.
11 Paul Michael Lützeler: *Hermann Broch. Eine Biographie*, Frankfurt am Main 1988, S. 264.
12 Die anderen Teilnehmer waren Herbert Agar, Frank Aydelotte, Hermann Broch, Van Wyck Brooks, Ada L. Comstock, William Yandell Elliott, Dorothy Canfield Fisher, Christian Gauss, Oscar Jászi, Alvin Johnson, Hans Kohn, Thomas Mann, Lewis Mumford, William Allan Neilson, Reinhold Niebuhr und Gaetano Salvemini (KW 11, 87, Anm. 1). Zum *City of Man*-Projekt insgesamt vgl. auch Lützeler: *Hermann Broch*, S. 260–272 und ders.: »The City of Man (1940). Ein Demokratiebuch amerikanischer und emigrierter europäischer Intellektueller«. In: *Exilforschung. Ein internationales Jahrbuch*, Bd. 2 (1984), S. 299–309.

ihnen setzten sich für das ein, was auch Broch am Herzen lag: Demokratie wehrhaft zu machen. In Abwandlung einer Formel des Philosophen Hans Jonas, der eine »Pflicht der Macht«[13] als Bestandteil seiner Verantwortungsethik definiert, kann man hier von einer ›Pflicht zur Macht‹ sprechen. Als eine ›Pflicht zur Macht‹ will Broch den Demokratien auferlegen, sich gewissermaßen *contre coeur* mit den ihnen dank der Staatsform gegebenen Mitteln durchzusetzen. Sie sollen die ihrem Prinzip eigentlich nicht inhärente Macht nutzen, um dieses Prinzip politisch wirksam und so unangreifbar wie möglich werden zu lassen.

2. Gesetz zum Schutz der Menschenwürde

Der Weg, um den effektiven Schutz des Demokratieprinzips zu erreichen, ist der von Recht und Gesetz. Recht ist nach Brochs Auffassung das Medium der Selbstrepräsentation eines Staates und seiner Prinzipien.[14] Wenn die geschriebene oder ungeschriebene Verfassung die regulativen Grundprinzipien eines Staates enthält und sie für jeden Bürger unter Strafsanktion verbindlich geworden sind, dann ist ein Totalstaat gegeben (KW 11, 26 und KW 12, 514f.). Würde das Prinzip der Demokratie wirklich total gelten, existierte also ein Gesetz, das die Verletzung dieses Prinzips unter Strafe stellt. Mehr noch: Die gesamte Rechtsordnung müsse von der Idee durchtränkt sein, die der Demokratie zugrunde liege. Broch spricht in diesem Zusammenhang von der »Totalwirkung des Grundprinzipes [...] in einer organischen Gesetzesgewalt, welche das gesamte juristisch erfaßbare und faßbare Verhalten der Bürger untereinander in ihrer Eigenschaft als konkrete Personen regelt« (KW 11, 26f.). Erst wenn das Prinzip der Demokratie in diesem Rechtssystem beherrschend wird, also in das bürgerliche und das Strafgesetzbuch eingeht (KW 12, 515), ist die an sich abstrakte Idee des demokratischen Staates politisch konkretisiert und damit verbindlich geworden.

Durch dieses Argument wird verständlicher, warum Broch von totaler Demokratie sprechen, sie einklagen kann. Total ist hier, anders als in den Diktaturen, nicht der Machtanspruch als Selbstzweck, vielmehr soll die Geltung der übergeordneten Idee eine totale sein. Auf Karl Loewenstein und Karl Mannheim geht die weniger missverständliche Formel von der streitbaren oder wehrhaften Demokratie zurück, die das Bundesverfassungsgericht 1956 ein erstes Mal als verfassungsrechtlichen Leitbegriff anwandte.[15] Im englischen Original sprechen Loewenstein und Mannheim von einer *Militant Democracy*,[16]

---

13 Hans Jonas: *Das Prinzip Verantwortung. Versuch einer Ethik für die technologische Zivilisation*, Frankfurt am Main 1984, S. 174.
14 Eiden-Offe: *Das Reich*, S. 31.
15 Vgl. dazu *Wehrhafte Demokratie*. Hg. v. Markus Thiel. Tübingen 2003, S. 7.

was womöglich auch eine größere terminologische Nähe zu demjenigen Prinzip, das es zu bekämpfen gilt, zum Ausdruck bringen sollte, als es die deutsche Übersetzung ›wehrhaft‹ zunächst sichtbar macht. Brochs Formulierung ›totale Demokratie‹ sollte sicher aufrütteln. Doch bei aller Erklärungsbedürftigkeit hatte er sie auch inhaltlich mit Bedacht gewählt: Nur eine Demokratie, die so total ist wie die totalitären Diktaturen in ihrer rechtlichen Struktur, kann diesen widerstehen. Und außerdem strebe tatsächlich jeder Staat nach möglichst vollständiger, eben totaler Erfüllung seiner Idee. Totalität wohnt ihm also strukturell inne (KW 11, 279). Indem Broch ›total‹ und ›demokratisch‹ provokant kombiniert, hat er zugleich dem Irrglauben widersprochen, Totalitarismus sei ein die Demokratien von außen bedrohendes, ihrer Struktur fremdes Gebilde. Sobald die Demokratie den Kompromiss eingeht, Staat zu sein, gibt es eine Schnittmenge mit den Diktaturen, die mit ihrem Machtanspruch die machtausübende Funktion von Staatsgebilden verabsolutieren. Darum kann aus einer Demokratie heraus eine Diktatur entstehen, sobald die Form Staat nicht länger mit der demokratischen Idee, sondern mit der Idee ›Macht als Selbstzweck‹ gekoppelt wird (die allerdings nicht so genannt und raffinierter konstruiert wird). Solchen Austausch der Idee muss eine Demokratie verhindern können. Das ist die wichtigste Forderung in Brochs demokratietheoretischen Schriften.

Er belässt es nicht bei dieser Forderung. Oft leistet Broch die Konkretisierung des von ihm theoretisch Erarbeiteten in den politischen Essays nicht selbst. Diesmal aber, weil es das wohl zentralste seiner politischen Anliegen ist, schlägt er vor, ein Gesetz zu erlassen und formuliert selbst einen Gesetzestext:

> Wer durch Worte oder Taten danach trachtet, die Prinzipien der Freiheit, der Gleichheit, der Gerechtigkeit und der Humanität aufzuheben, wer durch Worte oder Taten danach trachtet, einen Menschen, der sich nicht gegen eine gesetzliche Bestimmung vergangen hat, oder eine Gruppe solcher Menschen aus der ihnen vom Schöpfer verliehenen allgemeinen Menschengleichheit auszuschließen, wer danach trachtet, ihnen ihre unveräußerlichen Rechte auf Leben und Freiheit und Glückstreben abzustreiten oder zu schmälern, ferner, wer durch Worte oder Taten danach trachtet, einzelne Personen oder Gruppen von solchen, welche sich nicht gegen die Gesetze des Staates vergangen haben, aus den allgemeinen staatsbürgerlichen Rechten und Pflichten auszuschließen und insbesondere derart zu diskriminieren, daß ihnen nicht der gerechte Mitgenuß an den bürgerlichen Rechten und Ehren, nicht die gleiche Anwartschaft an den öffentlichen Einrichtungen, nicht die gleiche Freiheit ihres persönlichen Lebens, m. a. W., nicht die gleiche physische und psychische In-

---

16 Vgl. Karl Mannheim: *Diagnosis of our time: Wartime essays of a sociologist*. Reprint der Ausg. Routledge & Kegan, 1943, Westport, Conn. 1986.

tegrität wie den übrigen Bürgern zustehen, schließlich, wer danach trachtet, Völker oder irgendeine andere Menschengruppe oder einzelne Personen derart zu diffamieren, daß sie zum Gegenstand des Hasses werden, wer nach solchem trachtet, verstößt gegen die Grundlage des Staates und soll straffällig gemacht werden. Gegen diese Straffolgen schützt keine vom Staate sonstwie gewährleistete Rechtsimmunität. (KW 11, 27 und 63)

Dieses Gesetz soll den Mittelpunkt einer Gruppe von Gesetzen bilden, die die von Broch eingeklagte Schutzfunktion für das Demokratieprinzip gewährleisten müssen (KW 11, 30). Broch bezeichnet diese Gesetzesgruppe auch als *Bill of Duties*, also als Pflichten, die der *Bill of Rights* zur Seite zu stellen seien, um sie zu ergänzen und auch einzuschränken, wenn die gewährten Rechte missbraucht werden. Denn die Freiheit und Würde des Einzelnen muss nach Broch nicht allein gegenüber den Staaten, sondern auch gegenüber den Mitbürgern (die er als Nebenbürger bezeichnet) verteidigt werden (KW 11, 379 und 163f.).

Die Freiheit, den Einzelnen überhaupt verachtet die Diktatur. Was in ihr keinen Platz hat, ist die Würde des Menschen (KW 11, 57). Die Demokratien dagegen sind nach Brochs Auffassung in einer unauslöschlichen Achtung vor dem Menschen begründet (KW 11, 65). Nicht alle Theoretiker der Menschenrechte sehen diese so eng an Demokratie gekoppelt wie Broch. Ernst-Wolfgang Böckenförde betrachtet Menschenrechte als eine Möglichkeit der Demokratie, aber nicht ausschließlich an sie gebunden.[17] Ein formaler Rechtsstaat sei ausreichend. Robert Alexy und Jürgen Habermas dagegen halten einen verfassungsrechtlich kontrollierten, demokratischen Rechts- und Sozialstaat für die notwendige Voraussetzung, um die Menschenrechte politisch zu verankern.[18] Ohne die Berufung auf ein Absolutes, davon ist Broch überzeugt, hängen die Menschenrechte in der Luft, und die Idee der Demokratie tut es dann erst recht (KW 11, 367). Seiner Meinung nach sind Humanität, Gerechtigkeit und menschliche Freiheit die drei ewigen Prinzipien von Demokratie.

3. Politische Religion?

Ewige Prinzipien – diese Kategorie weist über endlich-geschichtliches Dasein und über politische Systeme hinaus. Geht es um politische Religion? Will Hermann Broch seit 1939 eine Gegenreligion stiften gegen den Nationalsozialismus, der sich als solche, jedenfalls der Definition Eric Voegelins nach, so

---

[17] Vgl. Ernst-Wolfgang Böckenförde: »Ist Demokratie eine notwendige Forderung der Menschenrechte?« In: *Philosophie der Menschenrechte*. Hg. v. Stefan Gosepath und Georg Lohmann. Frankfurt am Main ²1999, S. 233–243.

[18] Vgl. Robert Alexy: »Die Institutionalisierung der Menschenrechte im demokratischen Verfassungsstaat«. In: Gosepath und Lohmann (Hg.): *Philosophie der Menschenrechte*, S. 244–264, sowie Jürgen Habermas: *Faktizität und Geltung*. Frankfurt am Main 1992.

erfolgreich im Wertechaos etabliert hat und als ein Phänomen der Moderne anzusehen ist?[19]

Broch verwendet den Begriff ›politische Religion‹ im 1948 verfassten Teil der Massenwahntheorie (KW 12, 510–564). Er und Voegelin kannten sich aus Wien und setzten ihr an den Schriften des anderen interessiertes und sie diskutierendes Gespräch in der Emigration fort.[20] Es ist davon auszugehen, dass Broch Voegelins Schrift über *Die politischen Religionen*[21] gelesen hat. So weist auch Broch, ähnlich wie Voegelin oder ihm darin sogar folgend,[22] auf die Ähnlichkeit von politischen Ideologien und Glaubensstrukturen hin. Und er versteht, wie dieser, unter politischer Religion eine insofern säkularisierte Religion, als sie gewissermaßen ohne Gott auskommt (KW 12, 519). Denn sie hat die letzte Begründung auf die Erde geholt, verweist nicht mehr auf eine göttliche Instanz, sondern zum Beispiel im Kommunismus auf die Wissenschaftlichkeit der eigenen Weltanschauung oder im Nationalsozialismus auf das schein-wissenschaftliche Rasseargument (KW 12, 519). Voegelin gibt solchen säkularisierten Religionen den Namen innerweltliche Religionen[23] und versteht, wie Broch, die Jahrhunderte seit dem Ausgang des Spätmittelalters als einen fortschreitenden Säkularisierungsprozess.[24] Auch den Verlust von Einheit diagnostizieren beide, so wenn Voegelin den Ersatz göttlicher Ordnung durch eine Vielzahl von untereinander nicht kommunikationsfähigen Unterordnungen beschreibt[25] – Broch hätte sie als Vielzahl der Wertsysteme bezeichnet – die für den Menschen einen Realitätsverlust bedeuten[26] – Broch hätte von Erkenntnisverlust gesprochen. Schon 1939 hatte Broch für das nicht vollendete politische Buch ein Kapitel über *Das unbefriedigte religiöse Bedürfnis der modernen Massen* geplant (KW 11, 24) und schon damals vom totalitären Staat als von einer Ersatzreligion, vom Diktator als einem Ersatzheilsbringer gesprochen (KW 11, 61). Er war darin Voegelin terminologisch voraus, der

---

19 Zum Nationalsozialismus als Phänomen der Moderne und der Frage, ob er als politische Religion zu bezeichnen ist, vgl. auch Uwe Hebekus: *Ästhetische Ermächtigung. Zum politischen Ort der Literatur im Zeitraum der Klassischen Moderne*. München 2009.
20 Vgl. dazu und zum Folgenden: Thomas Hollweck: ›*Der Mensch im Schatten der Katastrophe*‹. *Eine Einführung in den Briefwechsel zwischen Hermann Broch und Eric Voegelin* (= Voegeliniana. Occasional Papers No. 60). München 2007, und *Hermann Broch – Eric Voegelin. Ein Briefwechsel im Exil*. Hg. v. Thomas Hollweck (= Voegeliniana. Occasional Papers No. 61). München 2007.
21 Eric Voegelin: *Die Politischen Religionen*. Hg. und mit einem neuen Nachwort v. Peter J. Opitz (Periagoge), München ³2007.
22 Die erhalten gebliebenen Briefe nehmen auf *Die politischen Religionen* nicht Bezug. Broch hat allerdings selten die Autoren, auf deren Werk er sich bezieht, in seinen Schriften namentlich genannt. Eine Liste der angelsächsischen Autoren, deren Bücher zum Thema Demokratie Broch in den 1940er Jahren gelesen hat, ist in Erich von Kahlers Nachlass in der *Princeton University Library* erhalten. Diese Leseliste ist, inklusive der Broch'schen Kurzkommentare zu den einzelnen Titeln, wiedergegeben in KW 11, 79, Anm. 4.
23 Vgl. Voegelin: *Die Politischen Religionen*, S. 17 und 50.
24 Voegelin: *Die Politischen Religionen*, S. 50.
25 Voegelin, *Die Politischen Religionen*, S. 17.
26 Voegelin, *Die Politischen Religionen*, S. 14.

später den Begriff ›politische Religion‹ als unscharf bezeichnete und für Totalitarismen seinerseits die Bezeichnung ›Ersatzreligion‹ oder auch ›gnostische Bewegung‹ vorzog.[27]

Auf drei irdischen Grundpfeilern ruht nach Broch alles Religiöse in der diesseitigen Welt: auf Plausibilität, Wunschbild und Moralvorschrift (KW 12, 519). Nicht allein, weil das Argument der Rasseüberlegenheit eine instabile Plausibilitätsgrundlage für eine politische Religion sei, will Broch den Nationalsozialismus höchstens als Religionsimitation verstanden wissen (KW 12, 533). Er betont für alle politischen Religionen den niemals einzuebnenden Unterschied zwischen Politik (oder, bei Voegelin, Staat) und Religion:

> Keinesfalls kann jedoch irgendeine Politik religionsstiftend werden; derjenige, welcher meint, daß ›schlechte‹ politische Prinzipien zur schlechten ›Ersatzreligion‹ führen, während aus der ›guten‹ Politik der Demokratie, wird der demokratische Gedanke nur entsprechend ausgeweitet und ›überzeugungsstark‹ gemacht, sich die echte Religiosität unserer Zeit sozusagen selbsttätig entwickeln müsse, wer solches meint, macht sich eines schweren, nämlich dilettantischen und sogar verhängnisvollen Irrtums schuldig, denn die Idee der säkularisierten Religion, die darin steckt, ist ein bloßer Konterpart der totalitären politischen Religionen und leidet an der Schwäche jeder Imitation: es läuft auf einen ›gottlosen Gottesglauben‹ hinaus, und wenn eine so abstrakte, farblose Konstruktion mit dem klaren, einfachen Atheismus der politischen Religionen in Konkurrenz treten soll, so ist der Ausgang nicht zweifelhaft: er kann bloß Niederlage, also eine Niederlage der Demokratie sein. (KW 12, 530)

Als eine politische (Gegen-)Religion versteht Broch die Demokratie also nicht. Doch wenn er Humanität, Gerechtigkeit und menschliche Freiheit als ihre drei ewigen Prinzipien nennt, was rechtfertigt dann diese Prinzipien, und wie begründet er ihre zumal ewige Gültigkeit? Warum hat in seinem Gesetzestext der Schöpfer eine prinzipiengründende Autorität für die Politik?

Der Grundimpuls von Demokratie ist nach Broch der Religion entsprossen. Ihn hat sie von der Religion geerbt, ihn hält sie lebendig, ohne selbst Religion zu sein oder hervorbringen zu können. Darin sieht Broch einen entscheidenden Unterschied zu den politischen Religionen oder Religionsimitationen. Diese beerben nicht, sondern wollen im Gegenteil den Traditionsstrom unterbrechen, um sich selbst zur einzigen Quelle einer neuen Tradition zu machen (KW 12, 532). Demokratie aber erhält aufrecht, was Broch die Ethik der Humanität nennt (KW 12, 531). Ihr Menschenbild sei das der Religion. »Um über Politik sprechen zu können«, so Broch, »muß man eine Vorstellung vom Menschen haben, sonst spricht man über eine leere Mechanik« (KW 12, 458). Die Vorstellung vom Menschen ist, nach jüdisch-christlicher Tradition, vom

---

[27] Vgl. Nachwort in Voegelin, *Die Politischen Religionen*, S. 69–139, hier 135f.

Gedanken der Ebenbildhaftigkeit getragen. All seine Faszination entwickelt dieser Gedanke für Broch durch die damit verbundene Vorstellung von der Autonomie des menschlichen Bewusstseins, der Autonomie des menschlichen Denkens. Weil des Menschen Bewusstsein autonom ist, ist er in der Lage, sein eigenes Sein wahrzunehmen. Und das Sein des ihn Umgebenden. Die Welt, die Schöpfung Gottes, spiegelt sich in ihm wider. Schöpfung selbst beschreibt Broch als einen Erkenntnisvorgang:

> Indem Gott den Menschen in seinem Ebenbild erschaffen hat, läßt er ihn die Weltenschöpfung unaufhörlich wiederholen, hat er der Erkenntnis diese Schöpfungspflicht für ewig aufgetragen, vereinigt er des Menschen Erkenntnis mit seiner eigenen. (KW 12, 461)

Indem der Mensch sich seiner selbst und der Welt um ihn herum bewusst wird, wiederholt er den Schöpfungsakt. Sich und den anderen Menschen diese Erkenntnisfähigkeit im höchsten möglichen Maß zu bewahren und sie zu nutzen ist die Schöpfungspflicht, die dem Menschen aufgegeben ist. Nur dann wird er seiner Ebenbildhaftigkeit gerecht, nur dann ist seine Würde gewahrt. Die Folge dieser Erkenntnisfähigkeit ist – von Broch als eine beinahe unfassliche und auch unerbittliche Konsequenz verstanden – die Freiheit (KW 12, 461).

Wenn Demokratie sich auf Humanität, Gerechtigkeit und Freiheit beruft, verpflichtet sie sich diesem durch die Religion gestifteten Menschenbild, ohne selbst Religion zu sein. Solange sie die Würde des Menschen als Grundlage allen politischen Handelns wählt und sie verteidigt, hält sie das religiöse Menschenbild lebendig auch in einer nicht-religiösen Zeit. Broch ist überzeugt, dass der Mensch immer den Impuls zur Religionsschaffung in sich tragen wird. Demokratie leistet nach Broch eine Art Vorbereitungsarbeit für eine neue (Zeit der) Religion, wann immer diese kommen und wie immer sie aussehen mag. Denn Demokratie stellt sich in die religiöse Tradition und verpflichtet sich einer religiös begründeten Ethik:

> es gibt keine Vielfalt ethischer Richtungen, sondern nur eine einzige Ethik, und die ist die der Humanität, unabänderlich dem Bilde des Menschen zugeordnet. Es ist die Bindung des Menschen an das Unendliche und Absolute, und von hier aus [...] empfängt er den Auftrag zum Menschsein, die Impulse zur Religionsschaffung, denen er nimmer zu entgehen vermag.
>
> Die Demokratie kann zu einer solchen Zukunftsentwicklung immer nur Vorbereitungsarbeit leisten, und sie tut dies wesensgemäß, da sie – infolge ihrer Fundierung in der Gleichheit der Menschen vor Gottes Angesicht – verpflichtet ist, eine Konkretisierung der Ethik als solcher anzustreben, nicht dieser oder jener Spezialmoral, sondern der Ethik schlechthin: es gibt eigentlich kein anderes demokratisches ›Programm‹. (KW 12, 531)

Jürgen Heizmann weist darauf hin, dass Broch damit einen normativ-ontologischen Politikbegriff verteidigt gegen den analytisch-empirischen Ansatz des (Neo-)Positivismus und des Kritischen Rationalismus. Broch ist sich auch darin mit Voegelin einig. Sie schließen sich beide im Exil nicht der angelsächsischen political science an, die normative Betrachtungen in der Politikwissenschaft meidet, sich also ganz auf das ›Sein‹ konzentriert und Aussagen über das ›Sollen‹ meidet.[28] Broch, Voegelin und andere sehen sich durch die Totalitarismen des 20. Jahrhunderts vielmehr in einem Politikverständnis bestätigt, das die Bedeutung der normativen Leitlinien für alle Staatswesen hervorhebt. Sich nur auf das realpolitisch Praktische zu konzentrieren, hätte Broch als eine Verwechslung des Sekundären mit dem Primären empfunden.[29] Daraus erklärt sich auch, dass er bei aller leidenschaftlichen Verteidigung der Demokratie als eines politischen Prinzips ihre Form für durchaus verhandelbar hielt. Er war nicht davon überzeugt, dass der Parlamentarismus die einzige oder beste aller demokratischen Möglichkeiten sei. Eine Form, die den politischen Willen der Bevölkerung besser zu erfassen vermöchte und vor allem auch imstande wäre, diesen beinahe völlig verlorengegangenen Willen neu zu wecken, hätte er dem parlamentarischen System jederzeit vorgezogen (KW 11, 77f.).

Brochs Parlamentarismuskritik wurde, zu Recht, auf seine Weimarer Zeitgenossenschaft bezogen, die nicht nur ihn das parlamentarische System gering schätzen ließ.[30] Den wohl prominentesten ihrer Kritiker, Carl Schmitt, hatte Broch vor Machtantritt der Nationalsozialisten kennengelernt. Broch und Schmitt sind zugleich Beispiele für die sehr unterschiedlichen Konsequenzen, die sich aus solcher Skepsis ziehen ließen.[31] Broch hielt an seiner Kritik des parlamentarischen Systems allerdings auch in den USA und bis in die Nachkriegsjahre hinein fest.[32] Der erste Eindruck, den er von dem Land gewann, wird dafür entscheidend gewesen sein. »[I]ch kann sagen«, schrieb er neun Monate nach seiner Flucht in die Vereinigten Staaten, »daß ich bereits nach 48 Stunden gewußt habe, mich in einem Lande zu befinden, dessen Struktur dem vorhitlerischen Deutschland geradezu photographisch gleicht« (KW 13/2,

---

[28] Vgl. Jürgen Heizmann: *Antike und Moderne in Hermann Brochs »Tod des Vergil«. Über Dichtung und Wissenschaft, Utopie und Ideologie* (= Mannheimer Beiträge zur Sprach- und Literaturwissenschaft, Bd. 33). Tübingen 1997, S. 124f.

[29] Vgl. Wolfgang Rothe: »Einleitung«. In: Hermann Broch: *Massenpsychologie. Schriften aus dem Nachlass.* Hg. und eingel. von Wolfgang Rothe (= *Gesammelte Werke*), Zürich 1959, S. 29.

[30] Vgl. Wolfgang Graf Vitzthum: »Brochs demokratie- und völkerbundtheoretische Schriften«. In: *Hermann Broch.* Hg. v. Paul Michael Lützeler. Frankfurt am Main 1986, S. 289–307, hier 292.

[31] Vgl. Wolfgang Graf Vitzthum: »Hermann Broch und Carl Schmitt«. In: *Wege in die Zeitgeschichte. Festschrift zum 65. Geburtstag von Gerhard Schulz.* Hg. v. Jürgen Heideking. Berlin 1989, S. 69–100.

[32] Er formuliert sie in der 1941 entstandenen *Autobiographie als Arbeitsprogramm* (KW 11, 77f.) und auch 1950 noch in seinem Text *Trotzdem: Humane Politik. Verwirklichung einer Utopie*, KW 11, 364–396, hier 379.

96). Die amerikanische »Massenlabilität« (KW 13/2, 74) schien ihm erschreckende Parallelen mit der deutschen aufzuweisen. Und auch wenn er betont, er habe die Wirksamkeit der Demokratie erst in Amerika gelernt, und darin eine bedeutende Beeinflussung durch das Exilland sieht (die er ihm im Dichterischen nicht zumisst), meint er die unmittelbare Beobachtung der Vorzüge *und* Mängel des demokratischen Systems (KW 13/2, 499). Dass Broch noch bis in die Nachkriegsjahre hinein skeptisch bleibt gegenüber der parlamentarischen Form von Demokratie und so unterschiedliche Länder wie Deutschland vor Hitler und die USA der 1940er und 1950er Jahre als einander ähnlich beschreibt, liegt an seiner Einschätzung der modernen, durch Säkularisation und industrielle Entwicklung geprägten Gesellschaften (KW 11, 367). Er hatte in den USA nicht den Eindruck, dass dort die Bedeutung moderner Massenexistenz für die Wirksamkeit oder Wirkungslosigkeit politischer Programme geringer einzuschätzen sei. Im Gegenteil. Die uns rückblickend wenig realistisch erscheinende Sorge, der nationalsozialistische Funke könne von Europa auf Amerika überspringen, hatte Broch nicht allein. Viele der Emigranten fürchteten eine von Deutschland ausgehende Gefahr für die westlichen Demokratien und nahmen den amerikanischen Antisemitismus und Rassismus deutlich wahr. Nur wenn man sich die Bedrohungssituation der Jahre seit 1933 neu vor Augen führt, wird die Radikalität mancher Vorschläge verständlich, wie zum Beispiel Brochs bereits 1937 und noch in Österreich erhobene Forderung, in den demokratischen Staaten Propagandaministerien zur Führung der Massen einzurichten (KW 11, 68). Die Propaganda der Diktaturen verachte die Massen und versuche, sie an ihren inhumansten Trieben zu packen. Demokratie dagegen gründe in einer unauslöschlichen Achtung vor dem Menschen, und wenn sie sich des Mittels der Propaganda bediene, dann weil sie wisse, dass in des Menschen Seele Gutes und Böses, Dunkles und Helles unvermittelt nebeneinander lägen (KW 11, 65). Demokratische Propaganda, so ließe sich Brochs Argument zusammenfassen, verführt den Menschen zu sich selbst, insofern er zu Humanität, Erkenntnis und darauf gründendem freien Handeln in der Lage ist.

Wenn Broch schon seit 1937 die Erforschung von Massendynamiken mindestens ebenso dringlich einklagt wie wehrhaftere und werbewirksamere Demokratien (KW 11, 68 und KW 12, 11–42), so ist dies der sich dem Irrationalen zuwendende Teil des Forschungsprogramms, mit dem er angesichts der modernen Totalitarismen die Initiative ergreift.[33] Beschrieben hatte er die gesellschaftlichen Folgen von Wertezerfall und die verführerische Macht von Ersatzwertsystemen schon mit schriftstellerischen Mitteln, so zum Beispiel in den *Schlafwandlern* und in dem Roman *Die Verzauberung*. Wissenschaftlich zu

---

33 Zu dieser Entscheidung für politische Theorie und Massenwahnstudien und »gegen« die Dichtung vgl. Barbara Picht: *Erzwungener Ausweg. Hermann Broch, Erwin Panofsky und Ernst Kantorowicz im Princetoner Exil*. Darmstadt 2008, S. 116–133.

verstehen, was mit dem Einzelnen in der Masse geschieht, die eine entmündigende Kraft entwickelt, betrachtet er nun als die Voraussetzung, um dieser Dynamik mit politischen Mitteln wehren zu können. Was von Seiten der Massenwahnbekämpfung also Stück für Stück wieder aufgebaut werden muss an Erkenntnis- und damit Freiheitsfähigkeit des Einzelnen (Broch spricht in diesem Zusammenhang von ›Bekehrung‹, KW 12, 343ff.), muss von Seiten der Politik gewährleistet und effektiv geschützt werden.

4. Menschenrechte

Gewährleistung und Schutz forderte Broch seit 1937 für ein ganz bestimmtes Wertesystem. Verglichen mit den wert- und geschichtstheoretischen Schriften der österreichischen Jahre und verglichen auch mit der *Schlafwandler*-Trilogie dienen Brochs politische Essays, so grundsätzlich-theoretisch sie sein mögen, der Konkretisierung. Denn nun wird nicht mehr die generelle Bedeutung von Wert- und Teilwertsystemen demonstriert, sondern ein ganz bestimmtes Wertsystem genannt, das politisch zu verwirklichen sei.

Die politische Theorie Hermann Brochs ist, alles andere wäre auch erstaunlich, nicht losgelöst von seiner Deutung der europäischen Geschichte seit der Renaissance, wie er sie im *Historischen Exkurs* der *Schlafwandler*-Trilogie darlegt (KW 1, 533–540). Sein Ausgangspunkt ist aber nicht mehr die mittelalterliche Vorstellung von der Einheit der Welt,[34] sondern es sind nun die modernen Totalitarismen:

> der totalitäre Staat ist der notwendige Schlußstein einer langen Entwicklungsreihe, er ist dadurch logischer und eben zeitgerechter als die noch bestehenden staatlichen Vorstufen, die im Gegensatz zu ihm Zwittergebilde sind, und er ist ihnen eben hiedurch als Machtfaktor überlegen; das Logische ist stets stärker als das rudimentär Logische. Worin begründet sich aber dann der plötzliche Umbruch ins Dämonische, da alle Vorstufen undämonisch und sogar antidämonisch gewesen waren? Worin liegt das Irrsinnige des neuen Geschehens, worin liegt seine spezifisch irrsinnige Unproduktivität, da inhaltsgemäß die ganze Entwicklungsreihe hiezu produktiv gewesen ist? Dieser Umschwung ins Gegenteil [...] hat sich konkret von dem Augenblick an entwickelt, als die menschliche Ratio, gemäß der ihr durch das Wertsystem, in [das] sie eingeordnet war, verbürgten sittlichen Freiheit, daranging, ihrem rationalen Eigengesetz folgend eben dieses Wertsystem kritisch zu durchleuchten und die Zweifel

---

[34] Zu Brochs Mittelalterbild vgl. Barbara Picht: »Das Religiöse und das Irdisch Absolute in Brochs Geschichtstheorie«. In: *Hermann Broch. Religion, Mythos, Utopie. Zur ethischen Perspektive seines Werks.* Hg. v. Paul Michael Lützeler und Christine Maillard. *Recherches germaniques. Revue annuelle.* Hors série 5 (2008), S. 203–212.

bis zur supranatural-göttlichen Wertspitze heranzutragen; es wurde solcherart die Wertspitze, trotz sonstigem Fortbestand des Wertsystems, sukzessive abgebaut,[35] d. h. es blieb wohl das christliche Sittlichkeitssystem noch jahrhundertelang bestehen, aber die Welt verlor mehr und mehr den Glauben an die Wertspitze, [...] der gesamte Wertverband [wurde] gelöst und die Einzelwerte [begannen] zu wuchern [bis sie ...] nicht mehr gemeinsam auf die Werttotalität bezogen waren, sondern entfesselt in eine Wertkonkurrenz gerieten [...] die Demokratie ist sicherlich bloß ein sehr verkleinertes Abbild dieser komplexen Wertvorgänge, doch sie zeigt, wie in ihrem Kräftespiel sich totalitäre Strebungen nach und nach entwickeln können, um dann schließlich innerhalb der Systemregeln bis zur Aufgebung des Systems selber vorzustoßen. Ein solcher Augenblick ist nunmehr eingetreten (KW 11, 41f.),

schreibt Broch im Jahr 1939. Der eingangs zitierte Satz: »Jeder Staat ist Machtauswirkung seiner Idee« ließe sich also auch umformulieren: »Jeder Staat ist Machtauswirkung seines obersten Wertes«. Denn Brochs politische Theorie baut ebenfalls auf dem Wert- und damit Erkenntnisbegriff der neukantianischen Schule auf, die sein gesamtes Werk zutiefst prägt.[36] Werte sind dabei – nur in Kürze sei hier daran erinnert – die logische Voraussetzung von Erkenntnis. Erkennen ist nach Heinrich Rickert mit Rücksicht auf den logischen Sinn des Erkenntnisaktes nicht Vorstellen, sondern Bejahen oder Verneinen, abhängig davon, ob man etwas Wahrgenommenem Wirklichkeit zuerkennt. Darum richtet sich das Erkennen nicht nach dem Seienden. Das Seiende ist – erkenntnistheoretisch – schon das als seiend Beurteilte oder Erkannte.[37] »In seiner bewußten ›Bejahung‹ oder ›Bewahrheitung‹ der eigenen ›Erlebniswirklichkeit‹ akzeptiert [das Subjekt] eine *überindividuelle* Norm, und so entsteht eine intersubjektiv verständliche ›Wertwirklichkeit‹«,[38] wie Broch es nennt.

1937, einen neuen europäischen Krieg fürchtend,[39] entschied sich Broch, einem Gremium mit internationalen, staatenübergreifenden Befugnissen einen ganz bestimmten obersten Wert zum Schutz und zur Durchsetzung zu empfehlen: die Menschenwürde, wie sie ihre Beschreibung findet in der Deklaration der Menschenrechte. Eine internationale Instanz, so dachte er damals,

---

[35] Vgl. hierzu wiederum Voegelin: *Die Politischen Religionen*, S. 13: »das göttliche Haupt wird abgeschlagen«.
[36] Vgl. dazu grundlegend Friedrich Vollhardt: *Hermann Brochs geschichtliche Stellung. Studien zum philosophischen Frühwerk und zur Romantrilogie ›Die Schlafwandler‹ (1914–1932)* (= Studien zur deutschen Literatur, Bd. 88). Tübingen 1986 und Monika Ritzer: *Hermann Broch und die Kulturkrise des frühen 20. Jahrhunderts*. Stuttgart 1988.
[37] Vgl. Heinrich Rickert: *Der Gegenstand der Erkenntnis. Einführung in die Transzendentalphilosophie*. Tübingen ³1915, S. 216.
[38] So Ritzer: *Hermann Broch*, S. 87 (Hervorhebung nicht im Original) unter Bezug auf KW 10/2, 24, 44 und 46.
[39] Vgl. Lützeler: *Hermann Broch*, S. 209f.

sollte befugt sein, in die Souveränität der Staaten dann einzugreifen, wenn diese das gemeinsame ethische Prinzip verletzten. Warum ein gemeinsames ethisches Prinzip? Nur dann ist eine Paktfähigkeit untereinander gewährleistet und wenn es diese nicht gibt, kann es Frieden nicht geben. Die intersubjektive Wertwirklichkeit Menschenwürde, die Broch vom *Völkerbund* verteidigt wissen will, kann begründet werden in der Erinnerung an die Ebenbildhaftigkeit des Menschen, in Erinnerung also an einen Gedanken der Religion, den nach Broch nun die Demokratie, als ihre Erbin, aufrechterhält und weiterträgt. Dann steht die menschliche Freiheit dogmatisch am Anfang der Argumentationskette. Sie kann aber auch – wie er in einem Text des Jahres 1948 und also nach der Erfahrung der Shoah argumentiert – gewissermaßen mit dem Minimum beginnen und festlegen, was dem Menschen, sofern er Mensch bleiben soll, nicht angetan werden darf. Aus einer Vielzahl empirischer Einzelfälle baut sich so wiederum ein Gesamtbild des Menschen auf, das einer abstrakten Recht-erzeugenden Person an sich (KW 12, 472). Das in der *Unabhängigkeitserklärung der Vereinigten Staaten* verbriefte Recht des Strebens nach Glück (*Pursuit of Happiness*) versteht Broch analog dazu als ein Versprechen, das sich konkreter fassen lässt, wenn es nicht vom schwer zu definierenden Glücksbegriff aus, sondern gewissermaßen ›von unten‹ hergeleitet wird als die Zusage zur Verminderung oder Vermeidung von Leid (KW 12, 486).

Es ist nicht allein für Brochs politische Theorie relevant, wie die Forderung, den Menschen in seiner Eigenschaft als Mensch rechtlich zu schützen, denn stichhaltig begründet werden kann. Es besteht durchaus und bis heute Uneinigkeit über die Interpretation der Menschenrechte, über ein überzeugendes Verständnis von Moral und Ethik und deren Verhältnis zum Recht.[40] Einen der aktuellsten Beiträge zu dieser Debatte legte jüngst Hans Joas vor mit seinem Buch über *Die Sakralität der Person*[41]. Er entwirft darin eine neue Genealogie der Menschenrechte. Wie Broch versteht er sie als gebunden an das einzelne menschliche Wesen. Doch Joas betrachtet die jüdisch-christliche Tradition und den Gottebenbildlichkeitsgedanken nicht als hinreichende Erklärung für die Bedeutung, die der Menschenrechtsgedanke seit dem späten achtzehnten Jahrhundert gewann. Er erzählt die Geschichte der Menschenrechte als die Geschichte eines Prozesses der Sakralisierung, nicht als bloßen Konsens über ein universalistisches Prinzip. Dass sich die Vorstellung von universaler Menschenwürde immer mehr durchsetzen konnte, interpretiert Joas als den erfolgreichen Prozess einer Wertegeneralisierung, für den zum Beispiel Gewalterfahrungen von Bedeutung waren.[42] Brochs Überlegungen zu Menschenrecht und

---

[40] Vgl. Georg Lohmann und Stefan Gosepath: »Einleitung«. In: *Philosophie der Menschenrechte*. Hg. v. Gosepath und Lohmann, S. 7–28, hier 9.
[41] Hans Joas: *Die Sakralität der Person. Eine neue Genealogie der Menschenrechte*. Frankfurt am Main 2011.
[42] Joas, *Die Sakralität der Person*, S. 21 und 108ff.

Menschenwürde können als ein Beispiel für das von Joas geschilderte, lange und kulturübergreifende Gespräch über Werte gelten, in dem Broch seinerseits die Vorstellung von der Gottebenbildlichkeit mit der historischen Erfahrung von Entrechtung argumentativ verknüpfte.

Die immer deutlicher werdende Machtlosigkeit des Völkerbundes ließ Broch zwar umdenken. Er reichte die noch in Österreich verfasste Resolution, die von dieser Institution einen Schutz der Menschenwürde forderte, schließlich nicht ein. Aber ihre wichtigsten Grundgedanken wurden zum Ausgangspunkt seiner im Exil erarbeiteten Theorie der Menschenrechte und der Demokratie. Das ehrgeizige Ziel seiner politiktheoretischen Arbeiten ist die Ausarbeitung eines tragfähigen Systems für politisches Handeln in künftigen Demokratien, dessen Begründungen schlüssig, wenn nicht zwingend sein sollen. Politisches Handeln verwirklicht die ihm zugrunde liegende Idee durch Gesetzgebung und Rechtsprechung. Soll der Mensch in seiner Freiheit und Würde diese Idee, soll er dieser oberste Wert sein, ist nach Broch der Naturrechtsgedanke keine hinreichende Begründung. Denn mit naturrechtlichen Argumenten könne die Freiheit des Menschen nicht verbürgt werden, die Broch zwar als Gnadenfluch bezeichnet, dennoch unabdingbar dem Menschen zuordnet (KW 12, 462). Das Naturrecht reiche nur ins Biologische und Psychologische, das Menschenrecht aber erlöse den Menschen davon, allein dem Irdischen verhaftet zu sein. Naturrecht reiche nur so weit, wie die Naturerkenntnis reiche. Nur der Bezug auf ein göttliches Recht garantiere dem Menschen ein Erkenntnismaximum und darum Freiheit. Das göttliche Recht bezeichnet Broch an anderer Stelle auch als ein transzendental-verhaftetes Recht (KW 12, 472).

Was es nach Broch für den Menschen zu erreichen gilt, ist die größtmögliche Erkenntnisfähigkeit. In den *Schlafwandlern* beschreibt er die Folgen einer verminderten Erkenntnismöglichkeit durch Wertverlust und -zersplitterung. Immer kleinere, verengte Erkenntnissysteme seien entstanden. Der Roman führt vor Augen, welche Folgen das haben kann, und sein Autor hoffte, durch solches Vor-Augen-Führen etwas zu verändern. In den politischen Schriften des Exils geht Broch einen anderen Weg. Er streitet nun für des Menschen Recht auf Erkenntnis, ein Recht, das mit politischen Mitteln durchzusetzen sei. Darin liegt nach Broch die den Menschenrechten gemeinsame Forderung. Werden Würde und Freiheit des Menschen geschützt, wird nach Broch'schem Verständnis seine Möglichkeit, zu erkennen, gewahrt.

5. Das Irdisch-Absolute und das ›Recht an sich‹

Wenn des Menschen Freiheit als ein rechtlich zu schützender Wert gedacht wird, ist der ihr zugeordnete negative Pol die Freiheitsberaubung. Sukzessive kann dem Menschen seine ihn vor den Tieren auszeichnende Freiheit genommen werden (KW 12, 459ff.). Broch wählt dafür die Formulierung Versklavung. Er beschreibt allerdings auch Demokratien als ein politisches System der Partialversklavung, insofern sie den Einzelnen um des Gemeinwesens willen nicht völlig frei – Broch nennt ›frei‹ hier auch anarchisch – agieren lassen können. Ein Stück Versklavungswillen stecke in jeder sozialen Ordnung, insofern sie nur um den Preis der Einschränkung völliger Freiheit erreichbar sein kann (KW 12, 462–467). Ähnlich verblüffend und auch verstörend wie die Rede von der totalen Demokratie mutet die Charakterisierung des demokratischen Systems als Partialversklavung an. Broch denkt bei diesen Begriffsbildungen nicht in moralischen Kategorien, sondern will Grade systemischer Vergleichbarkeit zum Ausdruck bringen.

Das Maximum des Freiheitsentzuges ist erreicht worden in den Konzentrationslagern, die für Broch ein Symbol für die Voll-Versklavung sind. Selbst der Name wurde den Menschen dort genommen und durch eine Nummer ersetzt. Ihre Lage ist nach Broch eine untermenschliche, sogar eine untertierische, denn nicht einmal mehr das biologische Naturrecht wurde gewahrt. Mehr Freiheitsberaubung ist nicht möglich. Die Ich-Auslöschung wurde auf die Spitze getrieben (KW 12, 466ff. und 485).

Das positive Gegenteil von Ich-Auslöschung ist im Broch'schen Denksystem schon seit den Wiener Jahren der in den erkenntnistheoretischen Schriften entwickelte Gedanke der Ich-Erweiterung, die im Gegensatz zum Wertverlust einen Wertzuwachs und also – wieder – einen Erkenntnisgewinn bezeichnet (KW 10/2, 201f.).[43] Die in den Konzentrationslagern so grauenhaft verwirklichte Voll-Versklavung muss verhindert werden. Dieser Satz soll, wie die Menschenrechte insgesamt, irdisch-absolute Gültigkeit besitzen (KW 12, 468 und 472). Damit hat Broch die für seine Demokratietheorie zentrale Kategorie des Irdisch-Absoluten eingeführt. Das Irdisch-Absolute soll die Gesetzesschaffung der Politik prägen und durchdringen. Denn in der Politik gehe es nicht allein um Vereinbarungen und Kompromisse. Sie müsse auch echtes Recht schaffen. Das geschieht erst, wenn der Mensch von den Gesetzgebern nicht allein als ein biologisches und psychologisches Wesen gedacht, sondern seine Fähigkeit, sich auf ein Transzendentales zu beziehen, einbezogen wird. Nur dann entsteht ein transzendental-verhaftetes Recht, wie Broch es nennt. Nur dann wird in der Rechtsprechung ein Bild des Menschen berücksichtigt, das diesen ganz erfasst. Eine Politik, die solches leistet, bezeichnet Broch als schöpferische Politik (KW 12, 472f.)

Wie kann es gelingen, Rechtsprechung und Menschenbild zu koppeln? Wie also kann der Mensch verbindlich werden für das Recht? Die Spielregeln des Rechts selbst geben solches nicht vor. Die von Broch als Recht an sich be-

---

[43] Vgl. dazu auch Schlant, *Die Philosophie Hermann Brochs*, S. 68–71.

zeichnete Logik des Rechtssystems ist nicht inhaltlich definiert. »Mißbrauch ist möglich, weil Justitia ihre Augen verbunden hält. Ihre Blindheit ist nicht die des Propheten, nicht die des Dichters, nicht die der großen und zornigen Güte, sondern die der willentlichen Abstraktion« (KW 12, 475). Ähnlich der neopositivistischen Philosophie, die sich selbst unzuständig erklärt für normative Aussagen und Ethik und Metaphysik aus ihrem Bereich ausschließt, um sich allein der Überprüfung der Wissenschaftlichkeit von Aussagen zu widmen, wodurch sie eine Art Kontrollinstanz für die Einzelwissenschaften wird (KW 1, 730), ähnlich dient das Recht an sich der Prüfung, ob ein Gesetz der Formal-Struktur der Rechtsprechung Genüge tut. Inhaltlich mischt sich das Recht an sich nicht ein, es ist gegenüber den Inhalten der Gesetze neutral. Allerdings – und dies ist gewissermaßen der Trumpf in Brochs Argumentation – allerdings gehört in den Zuständigkeitsbereich des Rechts an sich die Festlegung, dass je schwerer ein Verbrechen, desto höher die Strafe sein muss. Der rechtsformalen Logik nach müsste die sich daraus ergebende Skala unendlich fortsetzbar sein. Doch es gibt zwei die Reihe begrenzende Endpunkte, die nicht aus dem Recht an sich selbst stammen: Das schwerste Verbrechen ist der Mord, die höchste Strafe die Todesstrafe. »... mit einem Male ist [so] das Irdisch-Absolute auf dem Plan und ›limitiert‹, hier einerseits als Mord, andererseits als Todesstrafe, das an sich grenzenlose deduktive Spiel« (KW 12, 502). Mit einem Mal kommt also der Mensch in dieses Spiel,[44] mit einem Mal gibt es eine inhaltliche Bestimmung in der sonst rein formalen Logik des Rechts. Beide Grenzpunkte sind nicht logisch, sondern in der Sterblichkeit des Menschen begründet. Hier berühren sich also Recht an sich und Menschenexistenz, hier ist die inhaltsfreie Sphäre des der Mathematik sonst ähnlichen Rechts an sich verlassen, und an dieser Stelle greift, gewissermaßen ohne eigenes Zutun, der Mensch in diese Sphäre ein. Broch fühlt sich bemüßigt, hier gesamtwissenschaftlich zu argumentieren, und vergleicht dieses Sich-Hineindrängen des Menschen in die rein rechtslogische Sphäre mit der Entdeckung, dass der Forscher in jedes Experiment eingreift, einfach, indem er anwesend ist. Dieser Aussage der Relativitätstheorie analog, die den Menschen in die exakten Wissenschaften eingeführt habe als zu berücksichtigende Größe, sei er nun auch in das Gebiet des Rechts eingeführt, einer eigentlich normativen Formalwissenschaft, der Broch eine Exaktheits-Verwandschaft mit den mathematisierten Wissenschaften zuspricht (KW 12, 471). Der Mensch ist in diesem Gebiet die abstrakte Recht-erzeugende Person an sich, da seine Sterblichkeit der sonst rein logisch endlosen Kette von Vergehen und Strafe die Grenzen setzt.

Broch diskutierte seinen Begriff des Irdisch-Absoluten mit Hannah Arendt (vgl. AB 94–99). Sie war von der rechtsphilosophischen Bedeutung des Ge-

---

[44] Zu Brochs Spielbegriff vgl. Claus Caesar: »Gleich-Gültigkeit. Tausch, Geld und dichterische Performativität bei Hermann Broch«. In: *Literarische Trans-Rationalität. Für Gunter Martens*. Hg. v. Wolfgang Wirth und Jörn Wegner. Würzburg 2003, S. 477–492, hier 477f.

dankens überzeugt und widmete ihm in ihrer Einleitung zu Brochs Essayband *Dichten und Erkennen* ein eigenes Kapitel.[45] Anders als Hermann Broch sah Arendt allerdings das Menschenrecht untrennbar an seine Zugehörigkeit zu einer wie auch immer verfassten Gemeinschaft gebunden. Nach Arendt gibt es nur ein einziges Menschenrecht, nämlich das Recht eines jeden Menschen, einem politischen Gemeinwesen anzugehören.[46] Brochs Menschenrechtsbegriff geht vom Einzelnen aus, was er durch Wortschöpfungen wie »Einzelmensch« oder »einzelpersönlich« betont. Die Menschenrechte sprechen nach Broch dem Menschen als einzelpersönlichem Menschen seine Rechte zu (KW 11, 199). Verfassungen haben sich auf das einzelmenschliche Wohl zu beziehen und an das einzelseelisch-moralische Heil zu wenden zur Erweckung der einzelpersönlichen Würde. Darauf baut eine kulturtragende humane Gemeinschaft dann auf. Denn Kollektive bestehen aus sterblichen, einander ablösenden Einzelmenschen, die nur auf diese Weise aus ihrer Eigenschaftslosigkeit herausgehoben werden können (KW 11, 220). Ihre Ebenbildhaftigkeit ist ihnen nach Broch als eine innere Qualität gegeben. Da sie aber zugleich auf den Nebenmenschen angewiesen sind, entsteht eine Art Außengetriebe der daraus entstehenden Bezüge zueinander. Politik definiert Broch als die Mechanik dieses Außengetriebes (KW 12, 463f.). Damit ist zugleich die Rangfolge festgelegt zwischen der Würde des Menschen, die nach Broch religiös definiert ist, und einer Politik, die dieses Menschenbild anerkennt und in der Gesetzgebung berücksichtigt. Politik steht im Dienst des Menschen, sie kann seine Würde nicht bedingen, sondern hat sie zu achten.

Auch bei der Frage nach der maximalen Strafe war Hannah Arendt anderer Meinung als Broch. Sie war nicht davon überzeugt, dass die Todesstrafe als maximale Strafe anzusehen sei. Hatte nicht gerade die jüngste Vergangenheit, hatten nicht die Konzentrationslager gezeigt, dass dem Menschen durchaus Schlimmeres angetan werden kann als der Tod? Broch dankt für den Einwand, aber widerspricht seinerseits. Wenn der Körper sich gegen Schmerzen aufbäume, bäume er sich gegen die Verletzung seiner Lebensfähigkeit und damit letztlich gegen den Tod auf. Darum sei die Todesstrafe als maximale Strafe anzunehmen (AB 95 und 98). Der Tod ist nach Broch der Unwert an sich. Er ist das Gegenteil des nach Broch höchsten Zieles der Ich-Erweiterung durch Erkenntnis. Der Tod ist die Ich-Auslöschung (KW 12, 486f.).

---

[45] Vgl. Hermann Broch: *Dichten und Erkennen. Essays.* Hg. und eingel. von Hannah Arendt. Zürich 1955, S. 5–42 (= *Gesammelte Werke*, Bd. 6); ebenfalls abgedruckt in AB 185–223.
[46] Vgl. Hannah Arendt: »Es gibt nur ein einziges Menschenrecht«. In: *Die Wandlung* 4 (1949), S. 754–770, hier 760f.

6. Offene und geschlossene Systeme

Broch entwickelt seine Theorie der Demokratie, die eigentlich die Theorie einer künftig zu verwirklichenden Form von Demokratie ist, also mit vier grundlegenden Argumenten. Sie sollen hier noch einmal zusammenfassend genannt werden. Das erste Argument, das für die Demokratie spricht, ist ihr Bestreben, dem Menschen größtmögliche Freiheit zu schaffen gegenüber Machthabern und staatlicher Bevormundung. Will Demokratie selbst politisch wirksam werden nicht nur in der Form des Protestes oder der Revolution, so muss sie ihrerseits Staat werden und damit einen Kompromiss eingehen. Das zweite Argument, mit dem Broch eine Änderung der bisherigen politischen Praxis einfordert, ist die Notwendigkeit eines Eigenschutzes von Demokratie. Die Rechte ihrer Bürger werden bislang besser verteidigt als das demokratische Prinzip selbst. Demokratien dürfen aber dem Schutz der Freiheitsrechte ihrer Bürger nicht das eigene Freiheitsprinzip opfern. Das dritte Argument, mit welchem Broch einen eigenen Gesetzesvorschlag begründet, ist die Bedeutung der Menschenrechte für die Demokratie. Nach Broch haben in Demokratien die Menschenrechte der Kern des gesamten Rechtssystems zu sein, sie sind irdisch-absolut gültig, nicht verhandelbar, und ihre Verletzung muss unter Strafe stehen. Sogar die eigentlich inhaltsneutrale formale Rechtslogik ist an sie gebunden, da kein Strafmaß von der spezifisch menschlichen Existenz absehen kann, denn Verbrechen wie Strafe sind durch Mord und Todesstrafe und damit durch den Menschen in seiner Eigenschaft als sterbliches Wesen in ihrem Maximum definiert. Das vierte Argument, mit dem Broch ein Engagement internationaler Gremien einklagt, ist die Idee vom Menschen, der sich eine Politik des Friedens und der Freiheit verpflichten muss. Kern dieses Menschenbildes ist die Würde des Menschen, wie sie mit der Deklaration der Menschenrechte beschrieben und konkretisiert ist. Die Verständigung auf diesen gemeinsamen Kodex soll die Kommunikation und Paktfähigkeit unter den Staaten gewährleisten und damit als friedensverbürgendes Prinzip wirksam werden.

Der Ort, den Broch in seiner politischen Theorie den Menschenrechten gibt, soll sozusagen wertlogisch verhindern, dass sie Bestandteil einer historischen oder gesellschaftlichen Dynamik werden, vor der sie schützen sollen. Sie sind darüber hinausgehoben, sie gelten irdisch-absolut. Deshalb spricht er auch dem Leben nicht um des unmittelbaren Lebens willen diese Rechte zu. »Das Leben soll [...] um eines – wie auch immer näher bestimmten – guten Lebens willen gelebt werden, um einer Werthaftigkeit willen, die nicht in seinem Selbstwert aufgeht, sondern als eine aus dem Lebensvollzug hervorgehende ›Schöpfung‹.«[47] Diese Schöpfung, dieses Gute ist nicht genuin durch

---

[47] Thomas Sebastian: »Leib, Name und Menschenrecht in Hermann Brochs politischen Schriften«. In: *Modern Austrian Literature* 40 (2007) H. 3, S. 43–70, hier 56.

die Demokratie definiert. Die Idee davon hat sie, nach Broch, von der Religion übernommen. Wohl kann auch in einem säkularisierten Zeitalter der Mensch als ein freies und in seinen Rechten zu schützendes Wesen gedacht werden. Das geschehe dann gemeinhin, sofern es die Sphäre von Recht und Gesetz betrifft, unter Berufung auf ein sogenanntes gesundes Rechtsempfinden (KW 12, 504 und KW 11, 373).[48] Und sollen die Richtlinien demokratischer Politik benannt werden, beruft man sich laut Broch auf Anständigkeit. Denn »im Begriff der ›Anständigkeit‹ zeigen sich die beiden Hauptkomponenten der demokratischen Geisteshaltung, nämlich erstens die einer unschwärmerischen, nüchternen Rationalität, und zweitens der Glaube an die innerste Gleichheit alles dessen, was Menschenantlitz trägt« (KW 12, 531f.).

Möglicherweise hat Broch den Begriff der Anständigkeit absichtsvoll etwas alltäglich klingend gewählt. Denn wenn dieser Begriff auch seinen Dienst tun mag, leistet er doch nicht, was der Gedanke der Gottesebenbildlichkeit vollbringt, der unverändert hinter dem der Anständigkeit steht. Zwar argumentiert die säkularisierte Moderne nicht mehr mit der Ebenbildlichkeit, doch für Broch bleibt sie das wichtigste Argument für ein Menschenbild, das als politischer Orientierungspunkt taugt. Broch präzisiert sogar, was es sei, das sich im menschlichen Bewusstsein als existent, aber unbegreiflich zeige und wofür der Mensch ein Absolutes setze. Der Mensch ist dabei bemerkenswert aktiv als derjenige geschildert, der selbst den Ort des Unbegreiflichen, nicht zu Erreichenden bestimmt. Keinen passiv Glaubenden hat Broch hier vor Augen:

> Der Mensch mag die Gottes-Existenz leugnen, aber niemals daß seine eigene deren Ebenbild ist. Seitdem es ihm dämmernd aufgegangen ist, daß etwas Absolutes in ihm wirkt, die Logik seines Denkens, die ihm auferlegt ist, das Bewußtsein seines Ichs, das Bewußtsein des in seinem Gedächtnis geordneten zeitlichen Ablaufes, das Bewußtsein des Nichts und des Unendlichen, beides unbegreiflich, dennoch von stärkster dichterischer Existenz, hat er die Existenzquelle hiezu in etwas verlegt, das über ihm lebt, und das er mit dem Namen Gottes, freilich ohne ihn aussprechen zu dürfen, zu bezeichnen wagte. (KW 12, 458)

Dieses Absolute, jetzt in seinem Sich-Bemerkbarmachen benannt als Logik des Denkens, als Ich-Bewusstsein, als Zeit-Bewusstsein und Bewusstsein des Nichts und des Unendlichen, ist der – und das ist entscheidend – niemals erreichbare Bezugspol. Warum ist es wichtig, dass es ein *nicht erreichbares* transzendentales Absolutes gibt?[49] Würde ist nach Broch

---

[48] Dieses Rechtsempfinden fuße auf einer Idee von Gerechtigkeit, von der Broch sogar für möglich hält, dass sie nicht Bestandteil des Gottesrechtes sei, sondern dieses konstituiere (KW 12, 510). Er führt das, weil es das Gebiet der Politik kaum mehr berühre, aber nicht weiter aus.
[49] An anderer Stelle spricht Broch auch von einem idealen Absoluten, KW 12, 505.

Repräsentanz; in ihr repräsentiert der Mensch kraft seiner moralischen Haltungen das ihm übergeordnete und von ihm geschaffene Wertsystem, letztlich also die absolute Idee. Und wenn auch kein konkretes Wertsystem an die Absolutheit heranreicht, so ist es doch beauftragt worden, sich ihr unablässig zu nähern, und je näher es ihr wird, desto mehr wird ihre Repräsentanz zur wahren Würde des Menschen, desto mehr wird sie zu seiner Unterordnung unter eine selbstgeschaffene [auch hier wieder: selbstgeschaffen], dennoch existente höhere Seinssphäre, desto mehr wird sie zur Wesenheit des human Schöpferischen, das sie zugleich darstellt, Freiheit und Selbstverantwortung in sich tragend. (KW 11, 219)

Nur wenn das selbstgeschaffene Absolute als nicht erreichbar gedacht wird, handelt es sich um ein offenes (Wert-)System. Offene Systeme definiert Broch als jene, die eine ständige Fortentwicklung anstreben. Geschlossene Systeme dagegen locken mit einer Wertdogmatik, die sich alles unterordnet. Klarer, aufgeräumter erscheint dieses Angebot. Die Verführungskraft totalitärer Diktaturen liegt nicht zuletzt darin, dass sie Orientierung und einen Heilszustand versprechen, den sie mit ihren Mitteln, folgt man ihnen nur bedingungslos genug, eines Tages und auf Erden zu erreichen versprechen. Das offene und eben darum humanere System geht dagegen gar nicht davon aus, dass ein Vollkommenes oder Absolutes verwirklicht werden kann (KW 12, 50). Hier ist das Absolute so definiert, dass der Einzelne seine Freiheit und Möglichkeiten nicht einem Kollektiv oder künftig zu erreichenden Zustand unterordnen muss, er wird nicht vertröstet auf spätere Erfüllung, um deretwillen er Übergangsstadien und eine Einschränkungen seiner Rechte in Kauf nehmen muss (KW 12, 88f.).

Auf die Parallele zu Karl Poppers Unterscheidung zwischen offenen und geschlossenen Gesellschaften ist hingewiesen worden.[50] Popper stammte wie Broch aus Wien, rezipierte wie er die neopositivistische Philosophie des Wiener Kreises kritisch und unterschied in seinem 1945 veröffentlichten Werk *The Open Society and Its Enemies* (*Die offene Gesellschaft und ihre Feinde*), ähnlich wie Broch vier Jahre zuvor, offene von geschlossenen politischen Systemen. Auch Popper bindet sein Konzept einer offenen Gesellschaft eng an die Staatsform der Demokratie. Es ist darüber hinaus auch hier wieder eine Nähe zu Eric Voegelin zu erkennen, für dessen Philosophie die Kategorie der Offenheit von großer Bedeutung ist.[51] Ähnlich wie Broch denkt Voegelin den erkennenden Akt des Menschen auf etwas bezogen, das als solches zwar nicht erkannt werden kann, dennoch aber des Menschen Transzendenzfähigkeit erfordert. Diese Fähigkeit macht ihn zu einem Wesen offenen Geistes. Voegelin kritisierte an der neukantischen Methodenlehre seines Lehrers Hans Kelsen, dass sie diese Offenheit nicht berücksichtige.

---

50 Vgl. PS 182, Anm. 15 und 188, Anm. 42.
51 Vgl. hierzu und zum Folgenden Voegelin: *Die Politischen Religionen*, S. 98ff.

Broch benutzt die Kategorie des offenen und geschlossenen politischen Systems, um nach Nationalsozialismus und Demokratieschwäche die dritte Gefahr, die konfrontative Logik des Kalten Krieges, zu charakterisieren. Er unterscheidet in den politischen Essays Demokratie von Marxismus und kritisiert letzteren vor allem in seiner sowjetischen Prägung. Zwar, so Broch, hat der Sozialismus

> ein Theoriengebäude höchster Plausibilität und Wissenschaftlichkeit errichtet, dessen schier theologische Lückenlosigkeit, sind einmal die Grundannahmen akzeptiert, kaum Raum für Einwendungen zuläßt. Insbesondere in einer Welt, in der es reiche und arme Staaten und daneben koloniebesitzende und kolonisierte Völker gibt, außerdem aber diese Struktur auch noch durch die Kluft zwischen ausbeutenden und ausgebeuteten Klassen horizontal zerschnitten ist, so daß allenthalben, wird nicht halbwegs Gerechtigkeit hergestellt, neue Kriegsursachen bereits im Aufkeimen begriffen sind, scheint das sozialistische Rezept mehr als jedes andere imstande zu sein, ein generelles Ordnungprinzip in die unentwirrbare Welt-Unordnung zu bringen, um eben hiedurch eine Gewähr für Frieden und Humanität zu werden. Was immer die westliche Demokratie, also der Liberalismus, mit all seinen guten Absichten [...] in solcher Richtung zu leisten vermag, scheint, neben dem sozialistischen Radikalmittel, Flickwerk bleiben zu müssen. (KW 11, 533f.)

Doch den Flickwerk-Vorwurf kann Demokratie nach Broch in Kauf nehmen. Sie verspricht nicht, wie der Marxismus, die hundertprozentige Verwirklichung der Menschenrechte eines schönen, aber noch fernen Tages. Sie verlangt nicht, wie dieser, dass dafür Übergangszustände hinzunehmen seien, und nimmt nicht, wie der sowjetische Sozialismus, in dieser Zeit eine Zunahme menschlichen Leidens in Kauf (KW 11, 377). Denn sie maßt sich nicht, wie dieser, an, den Geschichtsverlauf vorhersehen zu können. Das Ziel der Demokratie ist, verglichen damit, bescheidener. Sie verspricht kein zukünftiges Heil, sondern wünscht eine Verminderung menschlichen Leids in der Gegenwart. Ihre Haltung ist keine revolutionäre, sondern eine pazifistisch-evolutionäre. Sie versucht nicht, ein Vollkommenes zu erreichen, sondern Unvollkommenes zu vermeiden. Was Broch als Fehl-Situationen im sozialen Leben bezeichnet, soll präventiv verhütet, nicht um eines revolutionären Zieles willen zunächst in Kauf genommen werden (KW 11, 377f.). In einem Brief definierte Broch einmal, das Politische sei das Human-Nützliche (KW 13/3, 84). Demokratie, wie Broch sie versteht, ist das ebenfalls.

Im Kalten Krieg war es eine auch wirtschaftlich definierte Systemkonfrontation, die den Frieden gefährdete. Broch argumentiert angesichts dessen realpolitisch. Realpolitisch – allerdings nach Broch'schem Verständnis: »Wahre Realpolitik«, definiert er, »ist angewandte Ethik« (KW 11, 82).[52] In seinem

---

[52] Vgl. dazu auch KW 11, 74: »Reine Politik ist die zum formalen Gebilde gewordene reine sittliche Forderung.«

nationalökonomischen Beitrag zu dem gemeinschaftlich verfassten Manifest über Weltdemokratie *The City of Man* vergleicht Broch Sozialismus und Kapitalismus miteinander. Auch sie befragt er, wie zuvor Diktatur und Demokratie, nach ihrer Idee. Beide erklären ein wirtschaftliches Prinzip zum obersten Wert. Ein »geldlicher Wert« (KW 11, 86), wie Broch es einmal nennt, dürfe aber kein oberster Wert sein. Denn das hieße – im sozialistischen wie kapitalistischen System – die Würde des Menschen nicht als obersten Wert anzuerkennen und damit das ethische Prinzip von Freiheit und Gerechtigkeit zu verletzen. Der Sozialismus betrachte das Problem von Unrecht und Unfreiheit (oder, nach Broch'scher Terminologie, der Versklavung des Menschen) vornehmlich als ein wirtschaftliches. Der Kapitalismus wird zum größten Feind erklärt. Ist er überwunden, werden sich Freiheit und Humanität von alleine einstellen, werden Staatsgebilde überhaupt, einschließlich des russischen, überflüssig (KW 11, 307f.). Broch sieht darin eine falsche Einschätzung der Bedeutung von wirtschaftlichen Verhältnissen. »Wirtschaft ist Wirtschaft, und in ihrer manchmal harten, manchmal weniger harten, immer jedoch autonomen Gesetzlichkeit hat sie mit außerwirtschaftlichen Motiven, wie denen der Freiheit und Humanität, nichts zu schaffen« (KW 11, 313).

1947 und damit am Beginn der McCarthy-Ära beobachtet Broch eine fatale Tendenz der US-amerikanischen Demokratie, sich vom Systemkonflikt in einen Kapitaltotalitarismus drängen zu lassen. Demokratie sei nicht auf das Wirtschaftssystem des Kapitalismus zu reduzieren (KW 11, 288f.).

> [G]leich wie es im Gebiet des reinen Rechts keine »Menschen« als solche, sondern bloß Rechtsträger und deren Rechtshandlungen gibt, so gibt es im Bereich der Wirtschaft bloß ökonomische Funktionen und nicht »den Menschen«. Ob kapitalistisch oder sozialistisch gewirtschaftet wird, ob dabei Kauf und Verkauf mit oder ohne privaten Nutzen getätigt werden, ob der Verkauf menschlicher Arbeitskraft an jedermann stattfinden darf oder ob der Staat (als einziger Arbeitgeber) sich das Kaufmonopol vorbehält, das alles ändert daran nichts: solange man in der rein wirtschaftlichen Kategorie verbleibt, hat der Mensch keine »menschliche«, hat er lediglich sachfunktionale Bedeutung. (KW 11, 313f.)

Demokratie darf sich nach Broch aus eben diesem Grund nicht allein kapitalistisch verstehen. So, wie die *Bill of Rights* (also das Staatsgrundgesetz) durch eine *Bill of Duties* (also ein Grundgesetz ziviler Pflichten) zu ergänzen sei, so müsse das Grundgesetz über politische Rechte ergänzt werden durch eines über wirtschaftliche Rechte. Eine *Bill of Economic Rights* schlägt Broch hier vor. Denn Demokratie habe janusartig zu sein: Freie Wirtschaft und wirtschaftliche Gerechtigkeit habe sie zu kombinieren (KW 11, 83f.). Neun Jahre bevor die CDU in den Düsseldorfer Leitsätzen von 1949 ihre Wirtschaftspolitik als eine Soziale Marktwirtschaft bezeichnete und mit diesem Programm die erste Bundestagswahl nach dem Krieg gewann, plädierte Broch für ein solches Konzept.

7. Nachkriegsordnungen

Seine Arbeit in den Jahren des Exils rang Broch einer oft existentiell bedrohlichen finanziellen Situation und seinem sich immer mehr verschlechternden Gesundheitszustand ab. Angesichts Hunderter unveröffentlichter Manuskriptseiten des geplanten politischen Buches und der *Massenwahntheorie* mutet seine Anstrengung ein wenig wie Don Quijotes Kampf gegen die Windmühlen an. Wie hartnäckig er darauf beharrte, so Grundlegendes wie ein politisch verbindliches Menschenbild und ein daran geknüpften Gesetzeswerk festzulegen, weil ohne dies im Politischen mit all seinen Konkretheiten und Kompromissnotwendigkeiten nicht sinnvoll gehandelt werden könne, nährt den Verdacht eines letztlich doch etwas weltfremden Abstraktismus, dessen sich Broch spaßhaft einmal selbst zieh (KW 13/2, 108). Doch die Nachkriegsordnung gab ihm in vielem Recht. So internationalisierte schon 1945 die Charta der Vereinten Nationen unter ausdrücklichem Bezug auf die in beiden Weltkriegen gemachten Erfahrungen den Schutz der Grundrechte des Menschen. Sie werden in der Charta der Förderung und Achtung durch die jeweiligen Staaten empfohlen. Die von Broch geforderten rechtlichen Konsequenzen im Falle ihrer Verletzung sind dort aber nicht vorgesehen.[53] Am 10. Dezember 1948 wurde die Allgemeine Erklärung der Menschenrechte von der Generalversammlung der Vereinten Nationen genehmigt und verkündet. Seit Anfang 1946 hatte eine UN-Kommission unter dem Vorsitz Eleanor Roosevelts die Formulierung erarbeitet. Hermann Broch verfasste Mitte 1946 *Bemerkungen zur Utopie einer ›International Bill of Rights and of Responsibilities‹*, die er Eleanor Roosevelt schickte. So wie er für einzelne demokratische Staatswesen ein Gesetz zum Schutz ihres Prinzips, der Menschenwürde, gefordert hatte, plädierte er nun für eine der *International Bill of Rights* zur Seite gestellte *International Bill of Responsibilities*, mit der die Nutznießer dieses Grundrechtsschutzes ihrerseits in die Verantwortungspflicht genommen werden sollten (KW 11, 259ff.). Um dieses *Gesetz zum Schutz der Menschenwürde* nicht allein innerstaatlich rechtskräftig werden zu lassen, schlug Broch die Einrichtung eines Internationalen Gerichtshofes vor (KW 11, 263). Dazu aber kam es lange nicht.

Zunächst erklärte der 1949 gegründete Europarat den Schutz und die Fortschreibung der Menschen- und Grundrechte zu einem seiner wichtigsten Ziele. Mit der Europäischen Konvention zum Schutze der Menschenrechte und Grundfreiheiten vom 4. November 1950 wurde diesem Ziel auch eine völker-

---

[53] Vgl. Charta der Vereinten Nationen vom 26. Juni 1945 wie sie als Auszug abgedruckt ist in Theodor Gössweiner-Saiko: *Die großen Deklarationen zum Schutz der Würde jedes einzelnen Menschen. Eine elementare Übersicht mit Hinweisen auf die Gefahren, welchen diese Grund- und Menschenrechte fortwährend ausgesetzt sind* (= Schriftenreihe für die juristische Praxis, Bd. 47). Eisenstadt 1992, S. 82ff. und dort auch Anm. 1.

rechtliche Gestalt gegeben.[54] Damit war »der erste völkerrechtliche Vertrag überhaupt [geschlossen], der einen Katalog von Menschenrechten verbindlich festschrieb und darüber hinaus [mit dem Europäischen Gerichtshof für Menschenrechte und der Europäischen Kommission für Menschenrechte] einen Kontrollmechanismus zur Durchsetzung der menschenrechtlichen Verpflichtungen der Staaten vorsah«.[55] Das Europaparlament fußt damit auf einem transnationalen Menschenrechtskatalog, wie Broch ihn dem Völkerbund schon vor seiner Flucht aus Österreich zur Diskussion vorlegen wollte und den er in der *Massenwahntheorie* zur unverzichtbaren Grundlage internationaler Friedenspolitik und eines demokratischen Staatsprinzips erklärt.

Die Wahrung dieses Staatsprinzips wird in der Bundesrepublik durch die Fünf-Prozent-Klausel, durch das Verbot verfassungswidriger Parteien und durch die Forderung der Verfassungstreue von Beamten zwar nicht im Sinne einer Broch'schen ›totalen Demokratie‹ garantiert. Doch durch diese Gesetze wollen bundesrepublikanische Verfassung und Rechtsprechung jenen Demokratie-Erhalt sichern, den Broch weder in der Weimarer Verfassung noch in der Demokratie der Vereinigten Staaten gewährleistet sah und den er vorausschauend als notwendige Grundlage einer erfolgreichen Nachkriegsordnung begriff.

Brochs Gedanke einer Bill of Duties findet sich wieder in der Allgemeinen Erklärung der Menschenpflichten, die den Vereinten Nationen 1997 vorgelegt wurde und zu deren Erstunterzeichnern neben anderen Helmut Schmidt, Jimmy Carter, Valéry Giscard d'Estaing, Schimon Peres und Felipe González gehören.[56] Die Frage nach einem wirkungsvollen Schutz der Menschenrechte, den es trotz und auch entgegen der Souveränität der einzelnen Nationen zu gewährleisten gilt, ist über die Nachkriegszeit hinaus unverändert aktuell geblieben. 2002 schließlich wurde mit dem Internationalen Strafgerichtshof das erste ständige und internationale Gericht gegründet, das einzelne Personen wegen Völkermords, Vergehen gegen die Menschlichkeit und Kriegsverbrechen zur Rechenschaft ziehen kann. Als ein Meilenstein des Völkerrechts wird diese Gründung gewertet, für die Broch mehr als ein halbes Jahrhundert zuvor bereits warb.[57] Die Menschenrechte sind und werden immer mehr als ein zentraler Bestandteil internationaler Kooperationsfähigkeit verstanden.

---

[54] Vgl. den Text der Konvention unter http://www.staatsvertraege.de/emrk.htm (Stand 07.10. 2011).
[55] Karl-Peter Sommermann: *Der Schutz der Menschenrechte im Rahmen des Europarates* (= Speyerer Forschungsberichte 86), Speyer 1990, S. 3.
[56] Vgl. http://www.interactioncouncil.org/universal-declaration-human-responsibilities und http://www.humanistische-aktion.de/mpflicht.htm (Stand: 07.10.2011).
[57] Vgl. Andreas Bummel: »Meilenstein des Völkerrechts – Der Internationale Strafgerichtshof«. In: *Mainzer Zeitschrift für Jurisprudenz* 1 (2001), S. 495–503, und Paul Michael Lützeler: *Bürgerkrieg global. Menschenrechtsethos und deutschsprachiger Gegenwartsroman*. Paderborn, München 2009, S. 55–57.

Betrachtet man die Rezeption des Broch'schen Gesamtwerkes, sind die politischen Essays nicht seine am häufigsten gelesenen und kommentierten Texte. Ohne sie zu kennen, kann aber nicht nachvollzogen werden, was Hermann Broch seit 1937 am dringlichsten forderte und durch seine Arbeit im Exil zu erreichen suchte. Überdies kann die politische Theorie Brochs hilfreich sein, seine Theorie der Werte, seine Vorstellungen vom Zusammenhang zwischen Rationalem und Irrationalem, zwischen Religion und Politik, zwischen dem Einzelnen und den Gemeinwesen, sein ethisches und das heißt letztlich erkenntnistheoretisches Anliegen besser zu verstehen. Ein abstraktes Denksystem um seiner selbst willen wollte er dabei nie entwerfen: »es hebt die Gerechtigkeit und mit ihr jede Konstitution im Konkreten an und muß sich stets aufs neue in ihm bewähren, denn ein Abstraktum muß stets aufs neue aus dem Konkreten ›wiedergeboren‹ werden, auf daß es ›lebendig‹ bleibe« (KW 11, 433).

Barbara Picht

8. Literatur

Arendt, Hannah und Herrmann Broch: *Briefwechsel 1946 bis 1951*. Hg. v. Paul Michael Lützeler. Frankfurt am Main 1996 (= AB).

Broch, Hermann: *Dichten und Erkennen. Essays.* Hg. und eingel. von Hannah Arendt. Zürich 1955 (= *Gesammelte Werke*, Bd. 6).

Broch, Hermann: *Psychische Selbstbiographie.* Hg. v. Paul Michael Lützeler. Frankfurt am Main 1999 (= PS).

Alexy, Robert: »Die Institutionalisierung der Menschenrechte im demokratischen Verfassungsstaat«. In: *Philosophie der Menschenrechte*. Hg. v. Stefan Gosepath und Georg Lohmann. Frankfurt am Main ²1999, S. 244–264.

Arendt, Hannah: »Es gibt nur ein einziges Menschenrecht«. In: *Die Wandlung* 4 (1949), S. 754–770.

Böckenförde, Ernst-Wolfgang: »Ist Demokratie eine notwendige Forderung der Menschenrechte?«. In: *Philosophie der Menschenrechte*. Hg. v. Stefan Gosepath und Georg Lohmann. Frankfurt am Main ²1999, S. 233–243.

Bummel, Andreas: »Meilenstein des Völkerrechts – Der Internationale Strafgerichtshof«. In: *Mainzer Zeitschrift für Jurisprudenz* 1 (2001), S. 495–503.

Caesar, Claus: »Gleich-Gültigkeit. Tausch, Geld und dichterische Performativität bei Hermann Broch«. In: *Literarische Trans-Rationalität. Für Gunter Martens.* Hg. v. Wolfgang Wirth und Jörn Wegner. Würzburg 2003, S. 477–492.

Eiden-Offe, Patrick: *Das Reich der Demokratie. Brochs »Der Tod des Vergil«.* Paderborn 2011.

Gössweiner-Saiko, Theodor: *Die großen Deklarationen zum Schutz der Würde jedes einzelnen Menschen. Eine elementare Übersicht mit Hinweisen auf die Gefahren, welchen diese Grund- und Menschenrechte fortwährend ausgesetzt sind* (= Schriftenreihe für die juristische Praxis, Bd. 47). Eisenstadt 1992.

Gosepath, Stefan und Georg Lohmann (Hg.): *Philosophie der Menschenrechte*. Frankfurt am Main ²1999.

Habermas, Jürgen: *Faktizität und Geltung*. Frankfurt am Main 1992.

Hartmann, Martin und Claus Offe (Hg.): *Politische Theorie und Politische Philosophie*. München 2011.

Hebekus, Uwe: *Ästhetische Ermächtigung. Zum politischen Ort der Literatur im Zeitraum der Klassischen Moderne*. München 2009.

Heizmann, Jürgen: *Antike und Moderne in Hermann Brochs »Tod des Vergil«. Über Dichtung und Wissenschaft, Utopie und Ideologie* (= Mannheimer Beiträge zur Sprach- und Literaturwissenschaft, Bd. 33). Tübingen 1997.

Hollweck, Thomas: *›Der Mensch im Schatten der Katastrophe‹. Eine Einführung in den Briefwechsel zwischen Hermann Broch und Eric Voegelin* (= Voegeliniana. Occasional Papers No. 60). München 2007.

Hollweck, Thomas (Hg.): *Hermann Broch – Eric Voegelin. Ein Briefwechsel im Exil* (= Voegeliniana. Occasional Papers No. 61). München 2007.

Joas, Hans: *Die Sakralität der Person. Eine neue Genealogie der Menschenrechte*. Frankfurt am Main 2011.

Jonas, Hans: *Das Prinzip Verantwortung. Versuch einer Ethik für die technologische Zivilisation*. Frankfurt am Main 1984.

Lohmann, Georg und Stefan Gosepath: »Einleitung«. In: *Philosophie der Menschenrechte*. Hg. v. Stefan Gosepath und Georg Lohmann. Frankfurt am Main ²1999, S. 7–28.

Lützeler, Paul Michael: *Hermann Broch. Eine Biographie*. Frankfurt am Main 1998 (= HBB).

Lützeler, Paul Michael: »The City Of Man (1940). Ein Demokratiebuch amerikanischer und emigrierter europäischer Intellektueller«. In: *Exilforschung. Ein internationales Jahrbuch*, Bd. 2 (1984), S. 299–309.

Mannheim, Karl: *Diagnosis of our time: Wartime essays of a sociologist*. Reprint der Ausg. Routledge & Kaegan 1943, Westport, Conn. 1986.

Picht, Barbara: *Erzwungener Ausweg. Hermann Broch, Erwin Panofsky und Ernst Kantorowicz im Princetoner Exil*. Darmstadt 2008.

Picht, Barbara: »Das Religiöse und das Irdisch Absolute in Brochs Geschichtstheorie«. In: *Hermann Broch. Religion, Mythos, Utopie. Zur ethischen Perspektive seines Werks*. Hg. v. Paul Michael Lützeler und Christine Maillard. *Recherches germaniques. Revue annuelle. Hors série* 5 (2008), S. 203–212.

Rickert, Heinrich: *Der Gegenstand der Erkenntnis. Einführung in die Transzendentalphilosophie*. Tübingen ³1915.

Ritzer, Monika: *Hermann Broch und die Kulturkrise des frühen 20. Jahrhunderts*. Stuttgart 1988.

Rothe, Wolfgang: »Einleitung«. In: Broch, Hermann: *Massenpsychologie. Schriften aus dem Nachlaß*. Hg. und eingel. von Wolfgang Rothe. Zürich 1959, S. 5–34 (= *Gesammelte Werke*, Bd. 9).

Schlant, Ernestine: *Die Philosophie Hermann Brochs*. Bern, München 1971.

Sebastian, Thomas: »Leib, Name und Menschenrecht in Hermann Brochs politischen Schriften«. In: *Modern Austrian Literature* 40 (2007) H. 3, S. 43–70.

Sommermann, Karl-Peter: *Der Schutz der Menschenrechte im Rahmen des Europarates* (= Speyerer Forschungsberichte 86). Speyer 1990.

Thiel, Markus (Hg.): *Wehrhafte Demokratie*. Tübingen 2003.

Vitzthum, Wolfgang Graf: »Brochs demokratie- und völkerbundstheoretische Schriften«. In: *Hermann Broch*. Hg. v. Paul Michael Lützeler. Frankfurt am Main 1986, S. 289–307.

Vitzthum, Wolfgang Graf: »Hermann Broch und Carl Schmitt«. In: *Wege in die Zeitgeschichte. Festschrift zum 65. Geburtstag von Gerhard Schulz*. Hg. v. Jürgen Heideking. Berlin 1989, S. 69–100.

Voegelin, Eric: *Die Politischen Religionen*. Hg. und mit einem neuen Nachwort von Peter J. Opitz (Periagoge). München ³2007.

Vollhardt, Friedrich: *Hermann Brochs geschichtliche Stellung. Studien zum philosophischen Frühwerk und zur Romantrilogie ›Die Schlafwandler‹* (= Studien zur deutschen Literatur, Bd. 88). Tübingen 1986.

IV. Massenwahntheorie

Brochs Schriften zur Massenpsychologie bilden das ambitionierte Projekt des sich als Dichter wie Wissenschaftler verstehenden Autors, die Krise der Moderne vor dem Hintergrund des europäischen Totalitarismus Hitlers, Mussolinis und Stalins, aber auch im Blick auf die wachsende Ideologisierung von Seiten des Marxismus wie des religiösen Fundamentalismus als Phänomen einer Massenpsychose zu begreifen. Die Fragment gebliebene ›Massenwahntheorie‹ zielt daher sowohl auf die wissenschaftliche Diagnose wie auf die politische Therapie: Eine neu verstandene Demokratie wäre berufen, den Persönlichkeits- und Realitätsverlust der Massen zu revidieren. Brochs massenpsychologische Untersuchungen verstehen sich daher auch als Grundlage für eine funktionierende politische Praxis.

1. Der Weg zur Massenpsychologie

Brochs Interesse am Irrationalen – ein Komplex an seelischen Tendenzen, Emotionen und affektiven Impulsen, der dem Bewusstsein als Beweggrund menschlichen Wahrnehmens, Wollens und Handelns vorausliegt – reicht bis in die kulturkritischen Frühschriften des zweiten Jahrzehnts zurück. Im Kontext eines Jugendstil wie Expressionismus gemeinsamen Vitalismus beobachtet er erstmals die rauschhafte Steigerung eines Lebensgefühls, das zwar die moderne Sehnsucht nach einem umgreifenden Sein kompensiert, doch die Individualität erstickt, die sich zu Beginn des 20. Jahrhunderts neu zu formieren suchte. Über das Studium der Philosophie konzipiert Broch gegen diesen Weg des Seins einen Weg des Gedankens, der das Ziel – die Saturierung des existentiellen Bedürfnisses nach Freiheit und Welthaltigkeit des Ich – durch rationale und kulturell aktive Verhaltensformen erreichbar machte. Die Wertphilosophie entsteht als großangelegtes Projekt, Selbstbewusstsein und Weltverständnis kognitiv zu begründen.[1]

In dem Maß, wie sich Brochs Voraussetzung einer substantiellen Ratio (Logos) in der Moderne als unhaltbar erweist, sieht er sich erneut mit der Virulenz des Irrationalen konfrontiert. Bereits in der Arbeit an den *Schlafwandlern* zeichnet sich daher eine Verlagerung der Problemstellung ab. Illustrieren *Pasenow* und *Esch* den Verfall einer Kultur, die aus der mentalen Teilhabe an den Stilformen seiner Epoche resultiert, so markiert *Huguenau* den Endpunkt

---

[1] Zum kulturhistorischen Kontext der Frühschriften sowie zu Genese und Krise der Wertphilosophie vgl. Monika Ritzer: *Hermann Broch und die Kulturkrise im frühen 20. Jahrhundert.* Stuttgart 1988.

einer abstrakten Zivilisation, die emotional Vereinsamte in ein unverständliches Leben entlässt. Als »letzte Zerspaltungseinheit im Wertzerfall« erscheint ein Individuum, das in »empirischer Autonomie« agiert und sich daher »nur noch vom Irrationalen her bestimmbar« zeigt – gepeinigt und getrieben von den kulturell nicht mehr kompensierbaren Sehnsüchten und Ängsten (KW 1, 692f.).

Denn Kultur wäre Manifestation des Daseins im Raum und damit ›Überwindung der Zeit‹. Wie andere Autoren der Moderne begreift Broch die Todesgewissheit als conditio humana, die folglich, wie es in der *Massenwahntheorie* heißt, als »letzt-metaphysisches Agens« fungiert (KW 12, 303f.). Alles Wissen und Wollen ist von daher Werthandeln: Fehlt die Möglichkeit kultureller Integration, so äußert es sich traumhaft. In den *Schlafwandlern* entwickelt Broch erste Bilder solch uneigentlichen Werthandelns in illusionär verdichteten Wirklichkeiten, die mit wachsender Anspannung wahnhaft werden. Von »Dämmerzustand« spricht Broch im Kontext der *Massenwahntheorie* und sieht einen »prophetischen Roman, der die Prädestination des deutschen Menschen zur Hitlerei zeigt« (KW 13/3, 115).

Der Polyhistorismus wird Brochs letzter Versuch zur rationalen Lösung der Kulturkrise. Die Mission der Dichtung schwindet in dem Maß, wie sich die Zeit jeder philosophischen Überzeugung verschließt. *Leben ohne platonische Idee* lautet ein Essay von 1932, der die Begründung von Humanität skeptisch beurteilt – aber zugleich eine Umwertung markiert: In der »geistigen Zerrüttung« wären jene »irrationalen Kräfte« in Betracht zu ziehen, in denen das Wertverlangen überdauert (KW 10/2, 51). Noch scheint solch stummes Leben für Broch allerdings erkenntnistheoretisch unzugänglich, ja ethisch verwerflich, »Aussagen über das Wesen des Irrationalen« daher gegenstandslos (KW 1, 699).

Brochs Begriff des Irrationalen gewinnt an Substanz, als er 1932 Carl Gustav Jung begegnet.[2] Die Bezüge zur Analytischen Psychologie sind eklatant: Wie Broch sieht Jung den Menschen von einer aus dem Unbewussten aufsteigenden Sehnsucht nach Persönlichkeit bestimmt, die in der Kulturkrise zu Irrläufen degeneriert oder kollektive Wahnvorstellungen evoziert. Jung bietet damit das quasi wissenschaftliche Modell eines objektiv-psychischen Fundamentalbereichs, der die Impulse seelischer Steuerung ebenso birgt wie das Potential an Triebkräften, das sie im Krisenfall vitaliter realisiert. Denn das Objektiv-Psychische agiert eigendynamisch. Jung spricht vom Psychischen als einer »unbewußten Tatsache«, die, massiv wie ein Granitfels, jederzeit »auf uns niederstürzen kann«; denn die Wünsche und Ängste formieren kollektive Be-

---

2   Zu Fakten, Voraussetzungen und Konsequenzen der Begegnung vgl. Monika Ritzer: »Das Experiment mit der Psyche: Hermann Broch und Carl Gustav Jung«. In: *Hermann Broch. Neue Studien. Festschrift für Paul Michael Lützeler zum 60. Geburtstag.* Hg. v. Michael Kessler. Tübingen 2003, S. 524–553.

dürfnisse, die als Elementargewalten wirken. Uns bedrohen Kriege und Revolutionen, warnt Jung 1932 im Blick auf die Selbstvergessenheit der Zeit, die nichts anderes sind als psychische Epidemien. Und wie Broch warnt Jung vor der Strahlkraft eines Helden, Führers oder Heilands, der die ersehnten Persönlichkeitswerte in seiner Person repräsentiert.

Im Blick auf Chance wie Risiko gilt Brochs Interesse nun dem Irrationalen. Literarisch experimentiert er mit dessen Erkenntnispotential, indem er in den *Tierkreis*-Erzählungen »Ausdrucksmöglichkeit für das Unbewußte« mit Hilfe seelisch virulenter Symbole entwickelt (BB 540). Mitte der 1930er Jahre folgt das Konzept eines mythischen Romans, der durch die Spiegelung seelischer Tendenzen in der Natur auf die »Mobilisierung einer Erlebnissphäre« zielt (KW 13/1, 297). Die Literatur reagiert damit zugleich auf die politische Funktionalisierung; auch Thomas Mann diskutiert anlässlich des *Joseph*-Romans über Möglichkeiten, den Mythos »den fascistischen Dunkelmännern aus den Händen« zu nehmen.³ Denn das eigentliche Risiko liegt, wie Broch zunehmend erkennt, in der Funktionalisierbarkeit des Irrationalen.

Da der moderne Mensch sich nach Bildern sehnt, die ihm Daseinswerte vor Augen führen, zeigt Brochs *Verzauberung* die Pervertierbarkeit der Sehnsucht durch ideologische Manipulationen, die das irrationale Potential massenpsychologisch aktivieren. Mit pathetischer Rhetorik, die auf Hitlers Pseudo-Lehre verweist, gewinnt ein Wanderprediger Einfluss auf die zivilisationsgeschädigten Dörfler und verführt sie durch die Verdinglichung seelischer Bildvorstellungen. Die ›Verzauberung‹ gipfelt in einem rauschhaft blutigen Festopfer, das erstmals alle Merkmale einer Massenpsychose vereint: Dämmerung und Besessenheit, Vitalisierung im Geschehen der Leiber, Vertierung im physischen Kollektiv der tanzenden Herde. Inmitten der Zivilisation regredieren die Betroffenen in eine Primitivität, die sie zum willkürlichen Medium macht; auf Zuruf wälzt sich »die ganze Masse« zum Aggressionsziel. Als sich die Masse lockert, zerfällt sie wieder in Individuen: »Einzeln und betreten verschwinden die Leute«, schreibt Broch zum Fortgang und betont die anschließende »Rückkehr zur Alltags-Normalität«, die erst die Wahnphase markiere (KW 3, 380).⁴

Man kann »ein massenpsychologisches Geschehen durch ›objektive Darstellungen‹ lebendig machen«, kommentiert Broch unter Bezug auf das zeitgleiche »Gebrüll« der Volksmengen vor Hitlers Reichskanzlerpalais. Um aber zu verstehen, warum es zur Unbegreiflichkeit eines »massenpsychischen Verhaltens« komme, müsse man das Individuum studieren: »Innerhalb des Massenpsychischen ist der Einzelmensch ohneweiters bereit, die plumpsten Lügen

---

3 Monika Ritzer: »Mythisches Erzählen im Faschismus – die Romanexperimente der 30er Jahre«. In: *In the Embrace of the Swan*. Hg. v. Rüdiger Görner und Angus Nicholls. Berlin, New York 2010, S. 147–168, hier 159.
4 Hermann Broch: *Bergroman. Kritische Ausgabe*. Hg. v. Frank Kress und Hans Albert Maier. 4 Bde., Bd. 1. Frankfurt am Main 1969, S. 300–327.

als Wahrheit zu nehmen«, es »brechen archaische Tendenzen auf«, und »nur die Einzelseele, welche zur Beute solcher Unbegreiflichkeiten wird, vermag hierüber Aufschluß zu geben« (KW 3, 383).

Voraussetzungen für Masseformationen lauern in der Moderne überall. Dass die Zeit den Religionsverfall durch eine »frenetisch werdende Naturanbetung ersetzt«, ist eine der Ursachen, die sie »so aufnahmefähig für massenpsychische Bewegungen« macht. Denn der Naturkult werde zwar »mit hygienischen, sportlichen und anderen Rationalisierungen motiviert«, habe aber im Kern »metaphysische Gründe« (KW 3, 385). Broch möchte in seiner Dichtung daher zwar ein »metaphysisches Verhältnis« kreieren, »an das kein ›Blut-und-Boden‹-Vorhaben der Nazi heranreicht« – lässt den Leser aber vor allem »Massenwahnphänomene« erleben, um innerlich nachvollziehbar zu machen, wie sie aufbruchsbereit und kollektiv manipulierbar in der Seele liegen (KW 13/2, 221). In seiner *Autobiographie als Arbeitsprogramm* (1941) wertet Broch *Die Verzauberung* daher als Reflex nationalsozialistischer Masse-Rekrutierung: Der Roman versuche, das Geschehen »mit seinen massenwahnartigen Trieben [...] in seinen Wurzeln aufzudecken«, um »das eigentlich Menschliche«, das der Verirrung voraus liege, zum Ausdruck zu bringen. »Meine Hoffnung bei alldem war: die erzieherische Wirkung ethischer Dichtung« (KW 3, 387).

Das Projekt wird allerdings nach zwei weiteren Überarbeitungen abgebrochen, und dies nicht nur, weil Broch sich 1938 über Etappen zur Emigration in die USA genötigt sah, sondern auch, weil seine Interessen divergieren. Die Suche nach dem Selbst intensivierend, beginnt er während der Arbeit an der *Verzauberung* 1937 mit den Vorarbeiten zum *Tod des Vergil*. Im gleichen Jahr schreibt er seine antifaschistische *Völkerbund-Resolution*, die den Kampf gegen den Massenwahn der Politik und vor allem der Wissenschaft überantwortet.

2. Massenpsychologische Schriften

Brochs *Massenpsychologie* oder *Massenwahntheorie*, wie er sie in seiner *Autobiographie als Arbeitsprogramm* nennt, ist kein abgeschlossenes Werk, sondern besteht aus einem Konvolut von Schriften, die zudem, bedingt durch vielfältige praktische Interessen, nicht durchgehend systematisch gegen die *Politischen Schriften* abgegrenzt sind.[5] So kommt es zu Überschneidungen, Wiederholungen und immer neuen Systematisierungsversuchen, die das Phänomen auf der Basis einer zwar stets grundlegenden, doch in ihren Akzentuierungen zeitbe-

---

5   Die Herausgeber der ersten, noch im Rhein-Verlag erschienenen Werkausgabe wählten für ihre Kompilation von Einzeltexten den Titel *Massenpsychologie* (1959). Demgegenüber folgte Paul Michael Lützeler in der *Kommentierten Werkausgabe* Brochs Intention mit dem Titel *Massenwahntheorie* und legte seiner Anordnung der Schriften das für die Publikation vorgesehene Inhaltsverzeichnis zugrunde.

dingt changierenden Wertphilosophie erklären. Dazu kommt die Einwirkung äußerer Umstände. Dass Broch seine massenpsychologischen Studien in den USA zu Beginn der 1940er Jahre noch einmal forcieren will, hat auch damit zu tun, dass der in argen Existenznöten lebende Dichter hier die bessere Möglichkeit zur Kontaktaufnahme mit führenden Emigranten und beruflichen Präsentation sieht.[6]

Eine erste Formulierung findet das Problem in der genannten *Völkerbund-Resolution* (1937). Broch, der einen Austritt Deutschlands aus dem Völkerbund befürchtet und angesichts der Machtpolitik die Gefahr eines Krieges erkennt, will damit auf internationaler Ebene an Intellektuelle und humanitäre Organisationen appellieren, um die Wirksamkeit des Völkerbundes als friedenserhaltende Institution zu stärken. Gegenstand der Schrift ist der Gedanke, der Brochs sämtliche politische Schriften durchzieht, nämlich die »Krise der Demokratie« als der säkularen Institution, die den Zusammenhalt der Individuen fundieren sollte. Die Krise verlangt daher entsprechende Maßnahmen, um »die Prinzipien der Humanität«, Gerechtigkeit und Menschenwürde, zu restituieren (KW 11, 196).

Die Programmpunkte der Resolution umfassen praxisferne philosophische Ziele, wie die ethische Erweckung des Individuums zur Paktfähigkeit; sie rekapitulieren aber zugleich die Phänomene des Humanitätsverlustes. Dazu gehört seitens der Herrschenden die »zunehmende massenpsychologische Verhetzung der Welt« durch billigste Schlagworte und die Spekulation auf kollektive Triebe zu machtpolitischen Zwecken (KW 11, 207f.). Seitens der Individuen registriert Broch eine mit dem Humanitätsverlust verbundene Virulenz der irrationalen Strebungen, die vom Heroismus bis zur Mordlust reichen und in der »Massenexistenz« ungehemmt Ausdruck finden können (KW 11, 211). Zur Begründung greift er auf die Theorie des Wertzerfalls zurück: Im modernen Wertrelativismus ist der isolierte Einzelne hilflos den inneren Tendenzen ausgesetzt, in denen seine metaphysischen Bedürfnisse zwanghaften Charakter annehmen. Bereits in dieser Weise entindividualisiert, wird der Einzelne beherrschbar durch Lenkungsmechanismen, die die Triebstruktur aktivieren. Damit wird aus der Massenexistenz die Massenpsychose.

Zur Mission des Völkerbundes rechnet Broch die Neubildung von Kollektiven, die die Individuen auf der Basis einer Wertvereinbarung (wie der Verfassung) freiheitlich versammeln und damit irrationale Bedürfnisse binden, gar die Bildung eines »Weltkollektivs« (KW 11, 228). Unabhängig davon aber empfiehlt sich das genaue Studium der augenblicklich nicht einzubindenden Affekte. Erforderlich wäre, so Broch, »daß derartige Erscheinungen wissenschaftlich beobachtet, geordnet und erforscht würden«, um die Forschungsresultate politisch verwerten zu können (KW 11, 208).

---

6   Zu den Daten und Fakten der Biographie vgl. HBB 243–286.

Ergebnis der Bemühung ist der bereits in der amerikanischen Emigration verfasste *Vorschlag zur Gründung eines Forschungsinstitutes für politische Psychologie und zum Studium von Massenwahnerscheinungen* von 1939 (KW 12, 11–42), den Broch, im Blick auf die mögliche Einrichtung einer Forschungsstelle, unter anderem an den ihm bekannten Albert Einstein sendet, der zu dieser Zeit am Institute for Advanced Study in Princeton tätig ist. Einstein liest, wie es im Antwortbrief heißt, die »originelle Schrift mit viel Interesse«; »Ihre psychologische Arbeitshypothese« als Leitmotiv zur »Aufklärung des wichtigen und aktuellen Gegenstandes [...] erscheint mir aussichtsreich« (HBB 272–278). Doch erkennt Einstein auch, wie manch anderer Adressat des *Vorschlags*, die mit dem philosophischen Anspruch verbundene Idiosynkrasie des Broch'schen Konzepts, die eine konkrete wissenschaftliche Zusammenarbeit schwer vorstellbar macht. Gerade der *Vorschlag* vermittelt diesen speziellen Ansatz, da Broch hier eine erste Systematisierung seiner Massenwahntheorie versucht.

Die Grundkonzeption wird ergänzt und ausgebaut im *Entwurf für eine Theorie massenwahnartiger Erscheinungen* von 1941 (KW 12, 43–66), mit dem sich Broch, auch um empirische Methoden kennenzulernen, erfolgreich um eine von der Rockefeller Foundation finanzierte Position als Gastwissenschaftler an dem vom Hadley Cantril geleiteten Office of Public Opinion Research an der Princeton University bewirbt. Obgleich Broch seine Arbeitskraft in diesen Jahren stärker auf die Fertigstellung des *Vergil* konzentriert – der Roman erscheint Juni 1945 –, wird das zunächst bis April 1943 befristete Stipendium auf Fürsprache bis Ende 1944 verlängert. Stipendien der Bollingen Foundation schließen sich an, wobei sich Broch zur Publikation der *Massenwahntheorie* verpflichtet, von der er sich zugleich eine akademische Berufung verspricht. Doch kommt es nicht zur Fertigstellung. Da Broch stets, ungeachtet seiner vielfachen praktischen, nicht zuletzt karitativen Engagements, an mehreren Buchprojekten arbeitet, bleibt die *Massenwahntheorie* Fragment.

Den größten Teil der Massenpsychologie formuliert Broch im Rahmen seiner 1941 in zwei Fassungen entstandenen und aus dem Nachlass veröffentlichten *Autobiographie als Arbeitsprogramm* (KW 12, 274–456), sei es aus Gründen der Selbstdisziplinierung oder weil die Zeit drängt. »Daß der Massenpsychologie ein solch zentraler Platz in der heutigen Welterkenntnis zugemessen werden müsse«, heißt es zu Beginn, werde offenbar im Blick auf »all die von den Diktaturen propagandistisch entfesselten, wahnhaften Aggressionen«, von denen der Antisemitismus nur ein Beispiel bilde (KW 12, 274). 1943 und 1946 arbeitet Broch neben dem vorläufigen Inhaltsverzeichnis zu einer Studie über Massenhysterie (KW 12, 67–101) einzelne ihm wichtige Programmpunkte aus, wie die historische Gesetzmäßigkeit der Massenwahnphänomene (KW 12, 101–111), die er für den zweiten Teil eines nun dreibändig geplanten Buchprojekts vorsieht. Teil 1 soll die psychologischen Grundlagen der Vermassung, den Dämmerzustand darstellen, Teil 3 die politischen Korrekturen, die zunächst vage um eine Theorie der politischen Willensbildung auf der Basis eines neuen Totalitäts-Begriffs kreisen (vgl. KW 13/2, 43f.).

Die bereits hierin deutlich werdende Ausweitung der ursprünglich massenpsychologischen Themenstellung zeigt sich auch in anderen Arbeitsansätzen, etwa der nach Abschluss des *Vergil* vorgenommenen Differenzierung von Erkenntnis und Wissen (vgl. KW 12, 177–231 und 258–274). Bedingt nicht zuletzt durch die literarische Revision seiner Kernthemen im *Vergil* verschmelzen die speziellen Kategorien der Vermassung mit den generellen Kategorien moderner Seinsvergessenheit; über weite Strecken stellt Broch nun auch seine nirgends systematisch niedergelegte Werttheorie vor.[7]

Primär politisches Interesse prägt die letzte Phase der Arbeit, die Schriften von 1948 (KW 12, 456–567). Mit dem Ende des Faschismus setzt Broch in seiner Diagnose der Epoche neue Akzente, so dass die Argumentation nun zur ›Theorie der Demokratie‹ als dem Kernstück eines mehr oder weniger selbständigen politischen Buchs tendiert. Der Autor erstickt in unfertigen Manuskripten und sieht doch zunehmend »die Notwendigkeit zur Einbringung der Ernte«. Herbst 1948, zweieinhalb Jahre vor seinem Tod, rechnet Broch, neben alten und neuen Romanprojekten, mit mindestens drei Jahren bis zur Fertigstellung der Massenpsychologie, die ihm gleichwohl dringlich erscheint, weil er »bereits unendlich viel Arbeit hineingesteckt habe« – und sie ja letztlich »zur Wiederhumanisierung der Welt beitragen« soll (KW 13/3, 251 und 51).

3. Systemansatz und Theoreme der *Massenwahntheorie*

Brochs massenpsychologische Schriften bilden trotz systematisch angelegter Pläne und Entwürfe kein System, und sie enthalten trotz zahlreicher programmatischer Ansätze auch kein geschlossenes Programm. Gleichwohl sind sie, nicht zuletzt vor dem Hintergrund einer lebenslang gültigen Werttheorie und Anthropologie, intellektuell sehr konzentriert und daher durchaus systematisierbar.[8] Dies soll im Folgenden anhand von vier Themengruppen versucht werden: Eine erste Gruppe behandelt die theoretischen Grundlagen (Modellcharakter, Ich-Modell, Vermassung), die zweite Formierung und Verhaltensformen der Masse (Ideologisierung des Wertsystems, Phasen der Wahnbildung, Triebstrukturen, Feindbild und Führer), die dritte Brochs Vorschläge zur Bekämpfung des Massenwahns (Humanisierung, Bekehrung, Demokratie).

---

7 Vgl. hierzu besonders Brochs Ausführungen zum »Dämmerzustand« (KW 12, 111–176), zum »Erkenntnisvorstoß in der Geschichte« (KW 12, 177–230) und speziell zur Werttheorie (KW 12, 238–257).
8 Brochs massenpsychologische Schriften wurden bislang nur im Zusammenhang mit seinem philosophischen wie literarischen Werk untersucht. Vgl. hierzu die Auswahlbibliographie des Herausgebers, KW 12, 574. Neuerdings: *Hermann Broch: Politik, Menschenrechte – und Literatur?* Hg. v. Thomas Eicher, Paul Michael Lützeler und Hartmut Steinecke. Oberhausen 2005.

Ein letzter Abschnitt resümiert die Schriften der späten 1940er Jahre unter dem Aspekt der Massenpsychologie.

3.1 Theorie und Modell

Massen sind für Broch prinzipiell kein Gegenstand deskriptiver Psychologie; unter »Massenpsychologie« kann also, so seine Prämisse, »keine Psychologie der Masse als solcher verstanden werden« (KW 12, 45). Eine Masse könne man nämlich nicht beobachten, stellt Broch im Gegensatz zu Elias Canetti (*Masse und Macht*), aber auch Le Bon (*Psychologie der Massen*) und Alfred Adler (*Zur Massenpsychologie*) fest,[9] weil sie »keine mystische Einheit« mit eigenen Voraussetzungen, Seele, Geist oder Wille darstelle, sondern aus Individuen bestehe, die unter gegebenen Umständen als Masse agieren (KW 12, 45).

Die Bestimmung dieser Aktionsformen geschieht im Rahmen eines theoriegestützten Modells. Wiederholt betont Broch diesen Modellcharakter seiner Massenwahntheorie, der nicht nur durch den Gegenstand bedingt ist, sondern vor allem auch den wissenschaftlichen Anspruch fundieren soll. Gerade in den Geisteswissenschaften, und frustriert durch massenpsychologische Spekulationen aller Art, sucht der Mathematiker nach ›Plausibilitätssteigerungen‹ (KW 13/3, 442). Broch spricht von »Wirklichkeitsmodell«, um einerseits das induktive Moment zu akzentuieren – die empirische Genese und Relevanz der Daten, mit denen das Modell in seinen Aufbauelementen arbeitet –, andererseits wird das deduktive Moment, die Apriorizität der Operationsregeln, akzentuiert. Über die Gültigkeit des so gebildeten Modells entscheidet die Verifizierbarkeit: »Das Wirklichkeitsmodell bewährt sich als ›richtig‹«, wenn es eine »Vorhersage der Wirklichkeitsabläufe« erlaubt und in der Folge zu einem »Wirklichkeitsgesetz« führt (KW 12, 43f.).

Den praktischen Beweis tritt allerdings weniger der Wissenschaftler als der Dichter Broch an. Bereits in seiner ersten literarischen Arbeit, der *Methodologischen Novelle* (1911), wertete der Autor das Verhalten seiner Figuren als Bestätigung der eingangs aufgestellten Theorie, obgleich der fiktiven Wirklichkeit naturgemäß die dafür nötige Objektivität fehlt. Später unterbleiben solch explizite Beweisführungen; doch versteht Broch die Massendarstellungen in der *Verzauberung* wie im *Tod des Vergil* zweifellos als quasi objektive Realisationen seiner Theorie. So zeigt er sich im Kontext des *Vergil* überrascht von der Ähnlichkeit zwischen den »Impulsen« seiner Figur und den wissenschaft-

---

[9] Canettis Konzept der Masse zeigt in ihrer tendenziell existentialpsychologischen Begründung eine Nähe zu Broch, neigt jedoch zur Mystifizierung des Massekörpers. Le Bon spricht explizit von »Massenseele«, da die Massen für ihn eine »seelische Einheit« bilden. Adlers Begriff der »Massenpsyche« schwankt zwischen produktiver Kraft und psychotischer Akkumulation der individuellen Neurosen. Broch setzt sich in der *Massenwahntheorie* nicht explizit mit anderen Massenpsychologien auseinander. Zu den in seiner Korrespondenz erwähnten Autoren vgl. den Kommentar des Herausgebers, KW 12, 580.

lich diagnostizierten »Masse-Motiven« und versteht die Übereinstimmung als Beleg für die »Einheitlichkeit der Menschenseele«, die eben »überall die gleichen Reaktionen zu produzieren« habe (KW 13/3, 18).

3.1.1 Ich-Modell

»Wissenschaftlich erfaßbar«, da »konkretes Beobachtungs- und Untersuchungsobjekt« ist ausschließlich das Individuum – genauer das »Einzel-Ich«, das den Bedingungen der Subjektivität und der Individualisierung untersteht. Denn Brochs Konzentration auf das Ich ist vor dem Hintergrund seiner lebenslangen Subjektphilosophie und Individualethik zu sehen. Unter »Massenpsychologie« wäre daher der »Teil des allgemeinpsychologischen Modells zu verstehen«, der sich »auf das Verhalten des Ichs in der Masse bezieht« (KW 12, 13, 45). Ein erster Fragenkomplex betrifft also die Bedingungen, unter denen das Ich einer soziologischen Gruppe, wie es die Masse ist, zugehört; ein zweiter gilt den Psychopathien, die der Massenpsychose zugrunde liegen. Beide Fragen will Broch auf der Grundlage seines werttheoretischen Ich-Modells klären, das innerpsychische wie verhaltensbezogene Wirklichkeitsgesetze fundieren soll. Das Modell impliziert eine durchaus tragfähige Anthropologie, die Brochs *Massenwahntheorie* von anderen zeitnahen Projekten unterscheidet, wie etwa Canettis pointierter, in ihren Voraussetzungen aber weitgehend undurchsichtiger Studie *Masse und Macht*.

Basis des bereits unter massenpsychologischem Aspekt entworfenen Modells ist eine vitalistisch-biologistische Bestimmung, die das Verlangen nach Selbstwert in den Daseinsbedingungen verankert. »Grundwert alles Lebens ist das Leben selbst. Der Lebenstrieb eines jeden Organismus will bewußt oder unbewußt das Leben bis zur Erschöpfung aller Möglichkeiten verlängern«, resümiert Broch im Abschnitt ›Wertbegriff in psychologischer Anwendung‹, und begründet damit das im Kontext der Ich-Philosophie zentrale Werthandeln. »Vom Lebenstrieb aus gesehen«, wird die Bewältigung der Todesangst, die von allem ausgeht, was das Lebewesen begrenzt (Zeit) oder bedingt (Außenwelt), zum höchsten Wert. Sie wird aber vor allem zu einem ganz vitalen Bedürfnis, das das Verlangen nach der Bewältigung von Objektivem potentiell triebhaft forciert (KW 12, 46).

Auf der Basis dieser Motivierung ist alles menschliche Handeln auf die Erreichung von Wertzuständen gerichtet: Es zielt auf Ich-Entfaltung bzw. Selbstbehauptung durch die Aneignung von Außenwelt in symbolischer oder konkreter Form, wobei Broch tendenziell drei Motivgruppen unterscheidet. Eine erste umfasst die praktische Weltbewältigung, die von der Nahrungsaufnahme über den Besitz bis zur Ausübung von Macht reichen kann; die zweite betrifft die intellektuelle Weltaneignung durch Erkenntnis, die dritte soziale Relationen wie die emotionale Erweiterung durch Zugehörigkeit (Freundschaft, Liebe) oder ein rauschhaftes Gemeinschaftsgefühl. Broch neigt zwar mitunter dazu, all diese Aneignungsformen im Blick auf Impuls und Effekt als gleichwertig zu betrachten, ja er bezeichnet das Possessivverhältnis gelegentlich als »Grundstruktur allen Wertes« (KW 12, 47). Doch liegt in der generellen Überschneidung von symbolischen und realen Handlungen – anthropologisch bedingt durch die »Doppelnatur des Menschen«, die ihm zwei Wege weltformender »Ich-Erweiterung« eröffnet – zugleich der Ansatz für die massenpsychologisch relevante Verdinglichung der seelischen Tendenzen. Während Broch zunächst den Unterschied zwischen ideeller Aneignung (Ich bin die Welt) und konkreter Besitzergreifung (Ich habe die Welt) im Blick auf das einheitliche Ziel, die »Identifikation mit dem Gesamtsein« nivelliert (KW 12, 304), differenziert er später zwischen kulturinterner Selbstverwirklichung und einem aggressiven Haben-Wollen der Welt (KW 12, 254), wie es sich in krankhafter Form bei Hitler zeige. Kultur fungiert dann klar als »die symbolische Todes-Überwindung«, weil der mitwirkende Mensch »sein Stück Ich-Erweiterung [...] im Zeitlosen der Werte gewinnt« (KW 12, 488f.). – Emotionaler Reflex der Ich-Erweiterung ist in jedem Fall ein positives Gefühl der Lust, das in der Ekstase eines sich entgrenzt fühlenden Ich gipfeln kann.

Den Gegenpol zu solcher Ich-Erweiterung bildet die Ich-Verengung. Wo das Ich erlangte Wertzustände verliert, sei es durch Repression oder Entzug, erleidet es eine emotional destabilisierende Reduktion, die Broch existentiell erklärt. Jeder Verlust an Freiheit, Geltung oder Besitz wird »zum Symbol des näherrückenden Todes« und insofern von Angstzuständen begleitet (KW 12, 47). Die Angst steigert sich unter Stress, also in einem akuten Zustand des Wertentzugs, der durch innere (z. B. Trauer) wie äußere, etwa ökonomische Krisen (z. B. Inflation, Arbeitslosigkeit) ausgelöst werden kann, zur Panik, die ihre seelische Virulenz aus dem Gefühl existentieller Unsicherheit erhält – »Panik ist der Ausbruch jener metaphysischen Ur-Angst, die aus der jeder Seele eingeborenen Todeseinsamkeit entspringt« – und massenpsychologisch relevant wird, wenn das Individuum dieses Wertdefizit im Kollektiv zu kompensieren sucht; denn Panik ist nur zu übertäuben »durch die Ekstase fortwährenden Wertgeschehens« (KW 12, 298).

3.1.2 Individuum und Gemeinschaft

Brochs Ich-Modell bietet eigentlich keine Handhabe zur Bildung eines positiven oder zumindest neutralen Begriffs von Gemeinschaft, wie er als Gegenbegriff zur Masse nötig wäre, wenn man von der Idee einer Menschheitsgemeinschaft absieht. Das Dasein im Kollektiv war daher in den *Schlafwandlern* stets mit Regression, dem Verzicht auf Persönlichkeitsentfaltung verbunden. Denn Zeichen des Menschen bildet die »individuelle Freiheit«; sein Verlangen nach »Ungebundenheit« führt ihn daher aus jedem Verband heraus (KW 12,

460f.). Diese Grundspannung bleibt in der Massenpsychologie erkennbar – Freiheit gibt es im Verband bloß »in Auflehnung gegen den sozialen Verband« (KW 12, 460f.) –, obgleich Broch sich in ihrem Kontext um eine differenzierte Bestimmung der Kollektivformen bemüht.

Prinzip des massenpsychologischen Gemeinschaftsbegriffs bildet die emotionale Komponente: Als Glied sozialer Einheiten erfährt das Individuum eine Irrationalbereicherung, die aus den vielfachen Sicherheiten resultiert (Zweifelbefreiung), die das Kollektiv bietet. Man kann also von einer emotionalen Unterstützung der Person sprechen, die Broch systemgerecht macht, indem er parallel dazu auch der Persönlichkeitsentwicklung einen Irrationalfaktor zuordnet. Der so gebildete Idealtypus der Gemeinschaft bleibt allerdings letztlich wohl ein Konstrukt, da emotionale Faktoren für Broch stets eine Reduzierung an Selbstbewusstheit (Rationalität) implizieren. So birgt jede Form von Gemeinschaft bereits die Gefahr der Irrationalisierung, die mit dem Überwiegen affektiver Befriedigung akut wird. Gefährdet sind besonders seelisch labile Individuen, die ihr Wertbedürfnis generell nicht mehr rational stillen können.

Zeichen für den Umschlag von Gemeinschaft in Masse ist die Rationalverarmung: Das Individuum entbehrt, verliert oder verzichtet auf seine intellektuellen und moralischen Persönlichkeitswerte, d. h. Geist, Wille und Verantwortung. Im Blick auf die prinzipielle Freiheit und Selbstverpflichtung des Menschen ist dieser Zustand für Broch stets schuldhaft, auch wenn die Umstände – abendländischer Absolutheitsverlust und Abstraktheit der modernen Zivilisation – die Persönlichkeitsbildung erschweren. Im Kontext der Massenpsychologie spricht Broch von »Dämmerzustand« und führt ihn in den Schriften von 1943 in einer Breite aus, die erkennen lässt, wie sehr ihm nun die Massenexistenz zum Kennzeichen für die Seinsvergessenheit des modernen Menschen gerät (KW 12, 111–177). Grundsätzlich sieht sich Broch in seiner Kritik am seelischen Vakuum der Moderne durch den Faschismus bestätigt. Furchtbar zeige das 20. Jahrhundert »die Fadenscheinigkeit des angeblichen Individualismus«, der keine Substanz besaß und daher instabile und leicht zu kollektivierende Egos erzeugte (KW 12, 136).

Anthropologisch betrachtet, bezeichnet Dämmern das submentale Agieren zwischen einem minimalen Ich-Bewusstsein, das zugleich die Mechanismen der Wertsuche in Gang setzt, und dem unerreichbaren Ziel der Selbstfindung im Wissen um die menschliche Seele. Insofern der Dämmerzustand in seiner Irrationalität eine Regressionsform darstellt, fällt der Mensch ins Inhumane zurück; Tiermetaphorik durchzieht daher, wie am Beispiel der *Verzauberung* zitiert, Brochs literarische Massendarstellungen. Die Unverantwortlichkeit seiner Lebensäußerungen überantwortet das subhumane Individuum vital instinkthaften Reaktionen, die ihre behavioristische Systematik aus dem uneigentlich geführten Lebenskampf beziehen. Alle Charakteristika der Massenexistenz – Anonymität, Reflexionslosigkeit, Amoral, Passivität, Manipulierbarkeit, Triebhaftigkeit, Aggressivität – sind daher bereits im Dämmerzustand des Individuums angelegt. Die Entwicklung ist im Übrigen reziprok: Wie der Einzelne in der Masse seine Physiognomie einbüßt, so liegt in jedem Mangel an Bewusstsein bereits etwas Herdenhaftes, das den Betroffenen, bei Gelegenheit, zum willfährigen Glied einer fremdgesteuerten Masse macht (KW 12, 133).

3.2 Von der Individual- zur Massenpsychologie

Mit dem Persönlichkeitsverlust, den man als die individualpsychologische Komponente der Massenpsychologie bezeichnen kann, verbindet sich bereits eine Depravation der Wahrnehmung. Sie erhält praktische Bedeutung jedoch erst mit der Kollektivierung, Steuerung und Verdinglichung zum Wahn. Als speziell massenpsychologische Komponente fungiert daher der Realitätsverlust, resultierend aus einer Verdichtung und Konkretisierung des Weltbilds, die Broch im Rahmen seiner Theorie der Wertsysteme erklärt.

3.2.1 Wertsystem und Ideologie

Die Voraussetzungen für die Wahnbildung liegen in der Wertorientierung der Kollektivformen. Eine soziale Gruppe, die mehr ist als ein flüchtiges »Konglomerat von Individuen«, besitzt virulente praktische Interessen – »Gruppen bilden sich, um den Lebenskampf ihrer Mitglieder zu erleichtern« – und erwirbt ihren praxisbezogenen »Zusammenhalt« durch »gewisse stabile ›Haltungen‹«, die, festgelegt durch Tradition oder Konstitution, zur Vorbedingung der Mitgliedschaft werden. Die Vorschriften, mit denen die Gruppen das Verhalten ihrer Mitglieder normieren, sind aus dem kollektiven Zweck der Lebensbewältigung abgeleitet und etablieren intern »ein ›Wertsystem‹, nach welchem die Gruppenmitglieder in dem [...] vorgezeichneten Lebensausschnitt zu handeln verpflichtet sind«. Ohne »Gruppenmoral« gibt es daher »keine soziale Gruppe«. Abtrünnige figurieren systemimmanent als Verbrecher, wenn ihre Handlungsgründe begreiflich sind, oder als Irrsinnige, wenn diese Gründe die Gruppenlogik übersteigen (KW 12, 261f.).

Zu den Zweck-Haltungen einer Gruppe gehören aber nicht nur Verhaltensvorschriften, sondern bereits das zugrunde liegende Wahrnehmungsspektrum: Jede Gruppe besitzt in diesem Sinn »ihre eigene Logik, ihr eigenes Plausibilitätsschema, unter dem sie die Realität apperzipiert und bewältigt«, kurz: ihr »Realitätsbild« (KW 12, 261f.). Brochs markante These von der modernen Partikularisierung der Realitätsbilder, die bereits den Figuren der *Schlafwandler* Substanz verlieh, entfaltet ihre eigentliche Bedeutung nun im Kontext der Massenpsychologie. Denn in der gruppenspezifischen Selektierung und Prägung der Anschauung liegen die Motive für die Wahnbildung, die Massen gefährlich macht.

Ein funktionierendes Wertsystem, sei es die Organisationsform eines Kollektivs oder der Charakter eines Individuums, ist durch zwei Momente gekennzeichnet: Es ist rational, d. h. es bietet zur Lebensbewältigung vernünftige Zielvorstellungen und Normen, und es ist offen, d. h. es bleibt flexibel, realitätsorientiert und entwicklungsfähig. Als Beispiel für ein kollektiv offenes System verweist Broch auf eine Kulturdisziplin wie die Wissenschaft; Tendenzen zur Schließung wären dagegen bei der Psychoanalyse erkennbar, auch wenn deren Gefahrenpotential noch überschaubar scheint. Generell aber liegt im Abschluss eines gruppenspezifischen Realitätsbilds der Ansatz zum Massenwahn.

In einem Partialsystem nämlich, wie es im Wertzerfall in Form von Interessensphären entsteht, werden die Wertvorstellungen lobbyistisch oder privat, und die Werthandlungen erfolgen unmittelbar aus dem Bedürfnis, also irrational. Derartige Partialsysteme sind in der Regel geschlossen; das heißt, die Zielvorstellungen sind sicherungsbedingt fixiert, die Regelungen dogmatisch, die Inhalte ideologisch. »Grundpfeiler« der Ideologie, die hierin die Struktur des Glaubens imitiert – Brochs Ideologiebegriff ist nicht eindeutig negativ besetzt –, sind »Plausibilität, Wunschbild und Moralvorschrift«, die sich zweckbedingt verfestigen (KW 12, 519). Insofern jedes Wertsystem bereits das Apperzeptionsschema oder Weltbild prägt, unter dem die Werthandlungen erfolgen, ist in einem geschlossenen Wertsystem mit weltanschaulichen Fixierungen bis zur Realitätsblindheit, ja mit akuten Wahnzuständen zu rechnen. Wahn bezeichnet den massiv illusionären Charakter der systemimmanenten Leitvorstellungen, die nur extern – durch konkurrierende Systeme (z. B. Wahnbild einzelner Religionsgemeinschaften) oder den historischen Abstand (z. B. Hexenwahn) – in ihrer Irrealität erkennbar werden. Die »objektiven Kriterien für massenwahnhafte Verirrungen« sind daher, wie Broch feststellt, »vornehmlich in der Systematik des geschlossenen Systems zu suchen« (KW 12, 252). Der religiöse Fundamentalismus unserer Zeit, für Broch Nationalismus und Stalinismus als Pseudo-Religionen, wären Beispiele für solch ideologisch geschlossene Wertsysteme, deren Destruktionspotential sich mit der praktischen Dogmatisierung der Massen entfaltet.

Der Schritt führt vom Realitätsverlust zur »eigentlichen Wahnhaftigkeit«, wenn sich Logik und Ethik, die ein Wertsystem organisieren, zu »praktischen Wertnormungen« konkretisieren und die Lebenswelt der systemtragenden Gruppe dinghaft bestimmen. Indem die Einzelnen diese realitätsfremden Normen in ihrem Verhalten blind akzeptieren, ja realisieren – also Hexen oder Konterrevolutionäre jagen –, agieren sie als Träger eines Massenwahns (KW 12, 285).

3.2.2 Phasen des Massenwahns

Im Blick auf die Entwicklung der großen historischen Ideologien, wie den Marxismus, überlegt Broch, ob endliche Wertsysteme nicht generell zur Schließung tendierten, ob ihnen also nicht »ein Stück ›Geschlossenheitsstruktur‹ eingebaut sei« (KW 12, 281) – in Analogie zum Individuum, das nach Absolutheit verlangt, oder in Analogie zum Leben, das in Formen erstarrt. So betrachtet, vermag der Mensch »auf Erden bloß geschlossene Wertsysteme zu schaffen, also solche, deren Realitätsbewältigung nur für eine bestimmte Zeitspanne ausreicht und die sodann verkümmern«, und die nur noch revolutionär aufzubrechen wären (KW 12, 305). Damit weicht die lineare Geschichtsphilosophie der *Schlafwandler*, die den abendländischen Säkularisierungsprozess vom mittelalterlich-religiösen Zentralwertsystem zum modernen Wertzerfall als konsequente Dekadenz begriff, einem zyklischen Modell, das massenpsychologische Phasen bis in die Gegenwart und Zukunft zu bestimmen gestattet.

Die Bestimmung erfolgt im ›Gesetz psychischer Zyklen für das historische Geschehen‹. Broch, der Nomothetischem stets empirische wie theoretische Allgemeingültigkeit zuerkennt, arbeitet das Gesetz 1943 aus und betrachtet es bald als wesentliche Errungenschaft der *Massenwahntheorie*.[10] »Gesetzliche Abläufe« bestimmen nämlich »die Realitätsrichtung des Geschehens«, wenngleich es stets denkmöglich scheint, dass man »durch Kenntnis der Gesetzlichkeiten eine Kontrolle des Geschehens ausüben kann« (KW 12, 58). Weil also »bloß Gesetzlichkeiten wirklich Realitätswert haben«, bilden sie die Grundlage jedes Programms zur politischen Massenwahnbekämpfung (KW 12, 351).

Gegenstand von Geschichtsgesetzen sind notwendig Massen, da sie per definitionem von »freien Willensentscheidungen« absehen und ihnen daher nur der »dahindämmernde Mensch« eingeordnet werden kann (KW 12, 111). Die subjektiven Voraussetzungen aber entwickelt Broch in einer Ätiologie der psychopathischen Erkrankungen. So ist Neurose und Psychose gemeinsam, dass sich das zweckgebundene Weltbild zum Wahn verfestigt und die Realität überlagert. Während der Psychotiker jedoch diese Divergenz nicht mehr wahrnimmt, leidet der Neurotiker an der Unbegreiflichkeit einer Welt, die sich seinen Vorstellungen nicht gemäß zeigt. Wird diese Realitätsunsicherheit schockhaft erfahren (›Realitätsinsuffizienz‹), dann gerät der Neurotiker in Panik und die Neurose kann mit Verfestigung des eigenen Realitätsbildes in die Psychose kippen. Broch knüpft an diese Ätiologie die Unterscheidung von schweren Psychose- und den leichteren Neurose-Phasen, in denen der Massenwahn latent bleibt.

---

[10] Zur Bedeutung des 1943 erweiterten Zyklus-Gesetzes vgl. Brochs Brief-Kommentar (KW 13/2, 353f.)

Psychosen entstehen mit der endogenen Hypertrophierung des kulturell dominierenden Zentralwertsystems, das seinen Geltungsbereich erdumspannend ausdehnen möchte – wie Katholizismus oder Marxismus – und seine Normativität dabei, ohne Konkurrenz und somit Außenkontrolle, bis zum gänzlichen Realitätsverlust steigert. Der Hexenwahn des Spätmittelalters wäre ein entsprechendes Beispiel für die Hypertrophierung der Theologie und zugleich für den psychotischen Zustand der betroffenen Individuen, die den wahnhaften Leitvorstellungen in der Praxis verfallen. Jedes Zentralwertsystem, und sei es noch so kulturschöpferisch, zerfällt und degeneriert zu Massenwahn, sobald »seine Theologie zum geschlossen-autonomen System wird und als solches hypertrophiert« (KW 12, 55f.). Im Blick auf die unentrinnbare Irreversibilität dieser Entwicklung nimmt Broch den hypertrophischen Wahn in sein ›Gesetz psychischer Zyklen‹ auf (KW 12, 293).

Mit der Hypertrophie kippt das dominante System und zerfällt in die Partialsysteme, die seinem Spektrum eingebunden waren. Die Individuen gehören nun verschiedenen konkurrierenden Wertsystemen an und entwickeln in diesem Wertrelativismus einen neurotischen »Zerrissenheitswahn« (KW 12, 55). Ob dieser Begriff ganz schlüssig ist, bleibe dahingestellt; Broch verweist in der Gegenwart aber durchaus überzeugend auf die Gewissenskonflikte eines an mehreren Wertgebieten partizipierenden Individuums. Bezeichnet wird damit jedenfalls eine gravierende Störung im Weltverhältnis, die das Individuum zu einem fortwährenden »Kampf« mit Realität zwingt, der in Panik umschlagen kann (KW 12, 282) und kollektiv vorgegebene Lösungsmodelle, wie im Faschismus, zur Verführung macht.

3.2.3 Triebstrukturen: Feindbild und Siegvorstellung

Während das aktiv an den Werten der Kultur partizipierende Individuum sein Verlangen nach Bewältigung der existentiellen Ängste auf produktiv sublimierende Weise realisiert, folgt der dämmernde Massenmensch mechanisch seinen Trieben im Windschatten der Menge, die diesen submentalen Bedürfnissen Ausdruck und Gestalt verleiht. Essentiell für das Verständnis der so entstehenden Massenpsychosen – Broch nennt Hexenwahn, Pogrom oder Lynchjustiz – ist die Struktur des triebgesteuerten Verhaltens, weil in ihr das Paradigma des Lebenskampfes, die Polarität von Ich und Objekt wiederzuerkennen ist.

Die kollektive und stets leicht zu dirigierende Aggressivität der Masse gegen einzelne Volksgruppen wird so als Ausbruch unbewältigter und daher triebhaft werdender metaphysischer Bedürfnisse erklärlich: Da »jeder Wertverlust, also jede Ich-Verengung, vom unbekannten Non-Ich ausgeht, wird insbesondere der ›Fremde‹ zum Verursacher aller Schäden gestempelt; er wird zum ›Feind‹ gemacht« und, in wahnhafter Überformung, anstelle der bedrohlichen Realität liquidiert. Was speziell den ›Juden‹ zum Feindbild werden lässt, ist – wie Broch in Überlegungen zur ›Phänomenologie des Verfolgten‹ erläutert (KW 12, 393–419) – seine werttheoretische Modernität, die ihn geradezu zum »Spiegel dieser unheimlichem, panikerfüllten, panikbedrohten Welt« macht (KW 12, 399). In der antisemitischen Propaganda wie im Pogrom konzentrieren sich daher die mythischen (heidnischen) Figurationen der Weltaversion und zugleich einer symbolischen Gerechtigkeit: Feindbild (Teufelsglauben) und Feindvernichtung (Menschenopfer).

Im Blick auf solche Konkretisierungen der symbolischen Relation spricht Broch von einem »Rückfall in magische Vorstellungen« (KW 12, 57). Auch der Sadismus, zu dem der Einzelne im Kollektiv bekanntlich leicht zu bewegen ist, wäre vor diesem Hintergrund als triebhafte Forcierung des stets latent aggressiven Lebenskampfes zu sehen. Mit aktuellem Bezug verweist Broch auf die prinzipiell »sadistische Spielstruktur« der Ökonomie – seien es Börse, Konkurrenten, Kauf- oder Arbeitspartner –, die sich in der Praxis stets bis zu einem gewissen Grad realisieren kann, die in der Masse aber, angestaut und ohne Funktionsbindung, zu fatalem Ausbruch kommt (KW 12, 160).

Die Wucht der Triebmanifestation entspricht der Stärke der Angst, der der Einzelne untersteht. Im Zustand der Panik lässt sich der triebhaft reagierende Mensch daher nicht mehr konsolidieren; die Ursachenbeseitigung genügt nicht mehr. Er verlangt vielmehr »nach einer Art emotionaler ›Superbefriedigung‹«, die seine Sehnsucht nach Überwältigung alles Entgegenstehenden stillt. »Man kann geradezu von einer ›Regel der Superbefriedigungen‹ sprechen«, die in der kollektiven Zielvorstellung eines radikalen Siegs kulminiert und entsprechend auszurichten wäre (KW 12, 56f.). Wie der Machttrieb spielen daher Siegesvorstellung und »Siegesekstase« im Massengeschehen ideologisierter Verbände eine wichtige Rolle (KW 12, 322). Zeitgleiches Beispiel ist für Broch Hitlers totaler Angriffskrieg, der das Martialische, das Expansive und das Siegwunschbild jedes Wahnsystems geradezu in Reinform verdeutlicht (KW 12, 336). Aber natürlich folgen auch die uns heute bekannten Religionskriege diesem Schema.

3.2.4 Führer-Prinzip

Massen sind per definitionem träge Kollektive, die jedoch leicht in Bewegung zu setzen sind. Ihre Bewegungsformen resultieren aus der Struktur der Triebkräfte, die die jeweilige Massenpsychologie auf der Basis ihrer Anthropologie voraussetzt. Bei Broch ist dies, wie gezeigt, der Antagonismus des Lebenskampfes. Die hierdurch fundierten »autogenen Massenkräfte« bleiben allerdings in der Passivität des Kollektivs diffus und richtungslos. Es bedarf erst eines Impulses, »einer von außen in die Masse eingebrachten zusätzlichen Kraft«, um die Kräfte »auf ein bestimmtes konkretes Ziel auszurichten« (KW 12, 299). Diese Impulsgebung gestaltet sich insofern als Rationalisierungsvorgang, als die unterschwellig wirkenden Zielvorstellungen verbalisiert werden, sei es im kurzfristigen Akt der Aggression oder in Form einer Ideologie.

Broch spricht im Blick auf diesen Impuls von richtunggebenden Zusatzkräften, die nur »von einem Führer oder einer Führergruppe« ausgeübt werden können. Masse und Führer bilden von daher einen Funktionskreis. Diese Führung kann allerdings von einem ideell orientierten »Religionsstifter« – solcher Messianismus findet sich in der Zivilisationskritik des frühen 20. Jahrhunderts verschiedentlich – ebenso übernommen werden wie von dem nach persönlicher Macht verlangenden »Demagogen und modernen Diktator« (KW 12, 57). Das Verhältnis zur Masse wird entsprechend changieren: Während der »echte religiöse Heilsbringer« das Individuum in der Masse anspricht, indem er ihm seine Ängste zu Bewusstsein bringt und sie damit kulturfördernd lenkt, ist der Demagoge an einer leicht dirigierbaren Masse interessiert und wird den Einzelnen daher eine »archaisch-infantile Triebauslebung« mit fixen Feindbildern bieten (KW 12, 301).

3.3 Bekämpfung des Massenwahns

»Vermag die Menschheit [...] dem Verhängnis ihrer psychotischen Veranlagung zu entrinnen«, und was wäre dieser »Entwicklung der Massenseele« entgegenzusetzen? (KW 12, 295f.) Im Blick auf die beiden Grundprobleme des Massenwahns: Persönlichkeits- und Realitätsverlust, sieht Broch zwei prinzipielle Ansätze.

Der erste und wichtigste Ansatz läge in der Erweckung des Einzelnen zur Selbstbesinnung, die ihm den Absturz in die Massenseele bewusst macht und damit die »Befreiung des ethischen Willens aus seinen massenpsychologischen Verstrickungen« ermöglicht (KW 12, 296). Dieses Bildungsprogramm obliegt allerdings der Dichtung, die ja in der Darstellung der Symptomatik mit der Wissenschaft konform geht. In seiner Massenpsychologie behandele er »die nämliche Problematik wie im *Vergil*«, erklärt Broch 1937 im Umkreis der Erzählung; »auch hier frage ich nach den Prozessen, welche den Menschen zu Verlust und Wiedergewinnung seiner vérités fondamentales [...] führen« (KW 13/2, 454). Im späteren *Vergil*-Roman entwickelt er daher einen paradigmatischen Weg zum Selbst, der immer wieder massenpsychologische Irrwege streift. Schließlich müsse man den Menschen zeigen, dass das Dämonische in der Seele, und damit »in ihnen allen steckt« (KW 12, 419).

Der zweite und für die Praxis bedeutsamere Ansatz liegt in der Politik. Denn sowohl die soziale Komponente wie das Problem genereller Steuerung macht die »Massenbehandlung« zur politischen Aufgabe. Es bedarf daher, speziell im Blick auf die Krise der Gegenwart, der »politischen Gesundheitspflege« (KW 12, 60).

3.3.1 Zur Situation der Gegenwart

Bei der Entwicklung einer situationsgerechten Strategie greift Broch auf das ›Geschichtsgesetz psychischer Zyklen‹ zurück. Im Rahmen dessen zeigt sich die Gegenwart, wie Broch 1941 schreibt, zum einen noch geprägt vom Wertrelativismus der Zerfallsphase und böte insofern eine reelle Chance auf die baldige Bildung einer neuen Wertverbindlichkeit. Sie zeigt andererseits aber bereits Formen von Reaktion in den ›europäischen Fascismen‹ (Deutschland, Italien) wie im russischen Kommunismus, die sich sämtlich das per se gesunde Bedürfnis der Menschen nach Einheit, Sicherheit und Orientierung zu nutze machen, ihm aber eine wahnbehaftete Totalitätslösung bieten (KW 12, 360). Denn der »Totalitarismus befriedigt des Menschen Eindeutigkeitsbedürfnis; er enthebt ihn der Wertzersplitterung und gibt ihm den Halt eines eindeutigen Zentralwerts« in Form »regulativer Grundprinzipien«, die in ihrer Dominanz über das staatliche wie private Leben hypertroph agieren (KW 12, 517f.).

Eine Wertzentrierung, wie Broch sie in den 1920er Jahren als philosophisches Desiderat entwarf, wäre daher kontraproduktiv. Vielmehr geht es nach Zerfall und Hypertrophie um die Rückgewinnung von Normalität: um eine Mittellage kultureller Konsolidierung auf der Basis der Demokratie. Denn »Normalitätsepochen« sind stets Phasen offener Systeme, wie sie die mit Humanitätsprinzipien arbeitende Demokratie repräsentiert. Obgleich auch sie nicht gegen Hypertrophierung gefeit scheint – Broch verweist auf den Republikanismus der Französischen Revolution oder den Liberalismus des 19. Jahrhunderts –, wäre sie doch vornehmlich mit der Massenwahnbekämpfung betraut (KW 12, 295).

3.3.2 Bekehrung

Jede öffentliche Bekämpfung des Massenwahns muss zunächst gegen den Realitätsverlust vorgehen, indem sie die Betroffenen aus ihrem geschlossenen Wertsystem herausholt und in ein offenes System überführt. Broch konzipiert diese Therapie als eine Art Bekehrung, die er durch eine eigene ›Theorie der Bekehrung‹ untermauert (KW 12, 60–63). Ihr Prinzip ist die partielle Adaption der Kriterien: Die Bewusstmachungsfunktion der Bekehrung wäre demnach nicht als direkte Rationalisierung zu verstehen, sondern als eine allmähliche Umorientierung, die mit adäquaten Mitteln und in wohldosierten Aktionen gegensteuert. Zum Bekehrungswerk gehört daher »eine den Massen gemäße Symbolsprache« und eine sanfte Form der Kompensation, die die fehlgeleiteten Bedürfnisse sozial verträglich kanalisiert (KW 12, 60f.).

In Brochs Begriffen wäre das niedere System durch Umwertungen kontinuierlich an das höhere anzugleichen, um es schließlich ganz durch dieses zu ersetzen, wobei sich vier Etappen abzeichnen: In der Periode der Amalgamierung geht es um die Adaption einzelner Wertelemente, etwa durch die Umformulierung von Siegesritualen. Die Periode der Konkurrenz ersetzt konsequent die falschen Zielvorstellungen, auch durch gezielte Gegenpropaganda; Beispiel wäre die Entdämonisierung der Weltanschauung. Es folgt die Phase der Sicherung durch eine organisatorische Systemetablierung und schließlich die Abschlussphase des Tabu, die die Systemreste, mit Unterstützung der Vernunft, neutralisiert.[11] Man kann vermuten, dass Broch diese demokratische Bekehrung unter dem Eindruck der heidnisch faschistischen Propaganda nach dem Modell der Missionierung denkt, und in gewisser Hinsicht würden Atavismen, etwa des uns bekannten religiösen Wahns, sie tatsächlich rechtfertigen. Doch bleiben in der Praxis wohl die Instanzen fraglich, denen eine solche Bekehrung zu übertragen wäre.

3.3.3 Humanität als Zentralwert der Demokratie

Die spezifische Funktion der Demokratie geht daher auch in eine andere Richtung. Wenn die Einzelnen erfolgreich aus ihrem geschlossenen Wertsystem herauszuholen wären, dann müsste eine Irrationalbereicherung das Gemeinschaftsgefühl kompensieren, das sie in der Masse hält. Broch hofft nun, dass diese Kompensation durch einen neuen Persönlichkeitsbegriff zu leisten wäre (KW 12, 354). Das Individuum bezöge also aus seinem Persönlichkeitsbewusstsein jenes stärkende Allgemeinheitsgefühl, dessen Verlust die fatale Verunsicherung ausgelöst hatte. Voraussetzung wäre freilich eine Neufundierung der Persönlichkeit, die Broch mit Transzendenz und Transzendentalität verloren glaubte. Im Jargon der *Massenwahntheorie* läge das ekstatische Stimulans, die Superbefriedigung, die den panikisierten Massen in der Siegesvorstellung gegeben wird, daher auf latent metaphysischer Ebene: im »Zentralwert der Humanität« (KW 12, 367). Idealiter agiert dann der »demokratische Mensch« als »weltliche Abart des religiösen« und bezeugt etwa in der »Anständigkeit« eine »säkularisierte religiöse Haltung«, die als Vorstufe zu einem neuen Zentralwert gelten kann (KW 12, 531–533).

Das ist wohl ein Stück weit zu philosophisch gedacht, geht es dabei im Kern doch um die Begründung von Allgemeinbegriffen auf neuer irdischer Basis. Richtig ist aber natürlich, dass die Humanitätsprinzipien der Demokratie, in ihrer historischen Genese wie in ihrem Geltungsanspruch, auf der Säkularisierung der religiösen Idee der Gottesebenbildlichkeit basieren. Es wäre also keineswegs von der Hand zu weisen, dass das Prinzip der Menschenwürde – das Broch ideell und keineswegs konkret versteht – diese Funktion übernehmen kann. Er schließt daran weiterführende Überlegungen zur Formalisierung von Normen und Werten in der Moderne, die die Verbindlichkeit religiöser

---

11 Vgl. KW 12, 63f., 356f., in ausführlichen Einzelkapiteln 380–455.

Werte auf säkularer Basis realisieren könnten (vgl. KW 12, 369f.). In Rahmen der Massenpsychologie konzentriert sich die Argumentation in erster Linie auf den säkularen und damit funktionsfähigen Allgemeinheitsbegriff, den die Demokratie in ihren Humanitätsprinzipien besitzt und entsprechend einsetzen kann.

Die Bedeutung dieser Prinzipien liegt für Broch nicht zuletzt darin, dass sie mit den Prinzipien der Individualität zusammenfallen. So versteht er die Grundwerte der individuellen Ethik – Gewissen, Treue und eben ›Anständigkeit‹ – zugleich als demokratische Ideale, und zu den demokratischen Urprinzipien zählen bekanntlich die Grundwerte der politischen Ethik, Freiheit, Gleichheit und Brüderlichkeit. Insofern wären, wie Broch meint, die Werte der Demokratie psychisch abgesichert und besäßen aufgrund dieser seelischen Evidenz einen »Realitätswert«, der sie zu verlässlichen Fakten in der Realpolitik erheben würde: »[G]erade weil das Gewissen und seine Kräfte in ebensolcher Seelentiefe wie der Siegeswahn angesiedelt sind, kann der Kampf gegen den Wahn nur von hier aus [...] aufgenommen werden« (KW 12, 356). Im Blick auf dieses ethische Potential werden Demokratie und Massenwahnbekämpfung für Broch jedenfalls »geradezu identische Begriffe« (KW 12, 342): Der »Kampf gegen den Massenwahn, die Zurückführung des Menschen in das offene System der Humanität ist die Aufgabe der Demokratie« (KW 12, 63).

3.4 Die Schriften der endvierziger Jahre

Im Blick auf das Konvolut der Schriften von 1948 – Arbeiten, die der *Massenwahntheorie* unter dem Titel *Menschenrecht und Irdisch-Absolutes* eingegliedert sind –, wird deutlich, dass die antifaschistische Definition der Demokratie, die Broch im Kontext der Massenpsychologie entwickelt, nach dem Zusammenbruch zumindest der mitteleuropäischen Faschismen nicht bruchlos weiterzuführen ist.

Zur Skepsis tragen auch die Nachkriegserfahrungen mit den Demokratien in Europa (England) und Amerika bei, deren internationale Politik unübersehbar Eigen-, wenn nicht Machtinteressen dient, und die in der Praxis den Wertrelativismus geradezu bedingen. Einigermaßen ernüchtert sieht Broch den para-religiösen Charakter der Demokratie so weit verloren, dass die Erwartungen, die er in ihre politische Idee setzte, nicht haltbar scheinen. »Die Aufklärungsperiode«, diese große Periode des abendländischen Experimentierens mit einer »Humanität«, einer Demokratie »ohne Christentum«, in Lincoln sogar mit einer glaubenszugewandten Demokratie, endete doch mit dem Erlöschen der traditionsgebundenen Glaubenshaltungen (KW 12, 483). Ja, in diesem ungeklärten geistigen Erbe, das die Demokratie – einst rebellierend gegen die monarchische Institution – auf der Suche nach absoluten Rechtsgründen in Form des Staatsbegriffs ihrem politischen Modell integrierte, liegt für Broch nun eher die Keimzelle der Depravation. Denn »staatliche Totalität« tritt bereits ein, wenn die »regulativen Prinzipien einer Gesellschaft« via Strafgesetzbuch das bürgerliche Leben dominieren; auch Diktaturen können daher jene Absolutheiten nutzen (KW 12, 510 und 514f.). In einer etwas komplizierten Argumentation erklärt Broch daher die Demokratie, obgleich als offen humanes System dem Totalitarismus entgegengesetzt, in ihrer Säkularisierung der monarchischen Staatsform zum »Wurzelboden des Fascismus« (KW 12, 510ff.). Das hierin liegende generelle Problem, nämlich die fatale Adaption ursprünglich metaphysischer Kategorien, wird zu Brochs zentralem Argument.

3.4.1 Anarchie und Terror

Das Problem der Gegenwart stellt sich für Broch nach dem Ende des Faschismus anders, ja auf den ersten Blick gegensätzlich dar. Thema ist zunächst nicht mehr die Vermassung, sondern der radikale Individualismus, genauer die Anarchie der Individuen, die ihre Bedürfnisse gleich triebhaft, aber egozentrisch realisieren. Damit nähert sich Broch wieder der literarischen Philosophie der *Schlafwandler* an. Nur begreift er das Freiheitsverlangen, das die Protagonisten der Trilogie als (prometheisches) Zeichen der Individualisierung in die Isolation trieb, nun stärker als Symptom eines säkularen Individualismus, der metaphysische Kategorien usurpiert. »Denn im Bewußtsein seiner Ebenbildlichkeit will der Mensch der irdische Gott sein« und entfesselt in seinem Verlangen nach Unbedingtheit »jenen Kampf aller gegen alle, der als latente Anarchie innerhalb der Gemeinschaft tobt« (KW 12, 462f.). Freiheit wäre daher, wie Broch im Blick auf die amerikanische Verfassung und ihre Formel ›pursuit of happiness‹ kritisch anmerkt, nicht dazu geeignet, das »irdische Verhalten« des Menschen zu regeln (KW 12, 494). In der Praxis zeigt sich als Folge des Freiheitsstrebens eine Willkür des Partikularen, die sich nicht auf die Individuen beschränkt, sondern gleichfalls Institutionen, Parteien, Interessengruppen oder Firmen charakterisiert (KW 12, 460–462).

Zum sozialen Kernproblem avanciert in den Spätschriften der *Massenwahntheorie* die damit verbundene Versklavung des Nebenmenschen, die das private wie das öffentliche Leben charakterisiert. Gemeint ist der Komplex rücksichtsloser Selbstbehauptung, einer Geltungssucht oder Steigerung des Selbstwertgefühls, die von der Profilierung des Ich gegenüber dem Andern über Formen der kommerziellen Übervorteilung bis zur Besiegung des politischen Gegners reicht. Der ehemalige Industrielle Broch diagnostiziert diese Wirtschaftsversklavung in seinen ökonomischen Spätschriften in allen Strategien des modernen Wirtschaftslebens (vgl. KW 12, 538–543). »Die industrialisierte Welt scheint *unter allen Umständen eine Versklavungswelt* zu sein«, heißt es 1946 in einem Brief (KW 13/3, 439). Daraus resultiert ein »Kampf aller gegen alle« –

zwischen den Individuen, zwischen ihnen und den Institutionen und diesen untereinander –, der zweckhaft ist im Egoismus der bzw. des Einzelnen und anarchisch-chaotisch im Effekt (KW 12, 464).

3.4.2 Massen im Alltag

In diesem Kampf kehren die Kategorien der *Massenwahntheorie* wieder, da schließlich die gleichen dumpfen irrationalen Triebe zum Ausdruck kommen; Broch betont daher, dass er einige Regeln in seiner Massenpsychologie gefunden habe. Doch sind diese Triebmechanismen nun dem Alltag integriert, sei es in der unterschwelligen Dominanz des Bürgers – denn »der Durchschnittsbürger hält sich für unbeschreiblich gut; daß er, getrieben von seinem Wunsch nach absoluter Ungebundenheit, den Nebenmenschen unausgesetzt versklaven will, dringt nicht in sein Bewußtsein« – oder in den unabdingbar machtzentrierten Organisationsformen aller bürgerlichen Institutionen. Denn: »Unzweifelhaft steckt ein Stück [...] Versklavungswillen in jeder sozialen Ordnung« (KW 12, 466f.).

Die Analogie zwischen dem Dasein des Einzelnen im Alltag und seinem Dasein in der Masse liegt in der Verdichtung der modernen Zivilisation, die das Individuum in gleicher Weise entwertet, passiv macht und damit submental reagieren lässt. Zu seiner Überraschung findet der Immigrant in Amerika eine »Massenlabilität, die erschreckende Parallelen mit der ehemaligen deutschen aufweist«, und der Massenpsychologie, mit nur leicht verändertem Akzent, neue Brisanz verleiht. An der Wende vom dritten zum vierten Jahrzehnt erkennt Broch zunächst Parallelen im Umgang mit Minderheiten (Juden, Neger); »der Weltuntergang findet hier genau so statt wie drüben« (KW 13/2, 74). Ab Mitte der 1940er Jahre ist es zunehmend die Steuerung durch die Medien, die zu massenpsychologisch relevanten Symptomen führt. In einem Brief an Volkmar von Zühlsdorff bezeichnet Broch als den Hauptpunkt, den er in der Massenpsychologie behandele, und zugleich seine »innerste Sorge«, die »Unfähigkeit des heutigen Menschen, sich anders als aus unmittelbarsten Alltagsanstößen zu bewegen«. Dieser Mensch »ist jeder emotionalen Regung und Anregung ausgesetzt, weil er – im Lärm der technischen Welt – in einer *Betäubung* agiert, die ihn in den Zustand der Primitivität rückversetzt«; das erkläre auch seine soziale »Gleichgültigkeit«, die sich jederzeit zur Aggressivität steigern kann (KW 13/3, 80). Gegenstand möglicher Forschung sind für Broch dabei auch die Instrumente und Ausdrucksformen der Betäubung – »der Film ist für die Massen bestimmt«, und wo »die Masse der Konsument ist, da muß die Industrie Produzent sein« (KW 13/3, 277) –, vor allem aber der bereitwillige Verfall des Einzelnen an die Reizflut der Medienindustrie, die Massenphänomene provoziert. Denn im Mittelpunkt seiner Massenpsychologie stand und steht ja der Mensch, »der Massenbindungen sucht, weil er sich verloren fühlt«, da »in der unverläßlichsten aller Welten« lebend (KW 13/3, 234).

3.4.3 Visionen der Gerechtigkeit

Die Faktizität der Versklavung verlangt eine neue Strategie, die nicht mehr auf psychologische Breitentherapie zielt – die Macht der Medien führt jeden Gedanken an eine Gegenpropaganda ad absurdum –, sondern auf den legalen Schutz der Person. Was deren Schutzwürdigkeit anbelangt, so hofft Broch nach den Erfahrungen der Diktatur auf eine quasi selbstverständliche Einsicht. Denn auch die internationalen Diktaturen, »ob nazisch, ob sowjetisch, ob fascistisch«, zeigen sich nun generell durch den Terror des totalitären Staates bestimmt, wie ihn Hitler paradigmatisch exerzierte. Dieser Totalitarismus impliziert eine »äußerste Ver-sachung des Menschen« – Broch erkennt bei Hitler das »Konzept einer neuen Welt-Sklavenwirtschaft« (KW 13/2, 172) –, die ihren Extrempunkt im Konzentrationslager und der damit verbundenen Auslöschung jeglichen Ich-Bewusstseins fand (KW 12, 484f.). Damit wäre eigentlich, wie Broch meint, der Nullpunkt erreicht, von dem aus eine Neubesinnung auf die Grundwerte des Menschen erfolgen müsste. Denn der Negativpol des Lebens ist ja die Auslöschung, der Tod als Unwert an sich, an dem sich die Bedeutung des Wertes bestimmt.[12]

Nüchterner als in der spekulativ logozentrischen Philosophie der 1920er und 1930er Jahre sieht Broch nach erfolgtem Abschluss der Säkularisierung die Voraussetzungen für neue positive Normen, ein ›Irdisch-Absolutes‹ geschaffen. »Der Mensch ist zur Erde zurückverwiesen«, heißt es, ja »auf sich selbst«: Als Träger der neuen irdischen Absolutheiten muss er daher die Grundlagen für die Sicherung seiner Existenz wie des Zusammenlebens finden (KW 12, 470f.). Richtlinien wären Grundwerte, wie die Etablierung empirischer Menschenrechte, die den prinzipiellen Schutz der Person gegen Versklavung bzw. Versachlichung zu gewährleisten hätten. So kann »der Satz von der unbedingten Verwerflichkeit der menschlichen Versklavung als ›irdisch absolut‹ gelten« und ein »empirisches Menschenrecht« begründen, das auch die Politik fundiert (472).[13] Auf dieser Basis wäre dann zu erwarten, wie Broch vorsichtig formuliert, dass die Demokratie, verstanden als politische wie als ökonomische Organisation, zwar noch faktisch, aber vielleicht nicht notwendigerweise Verdinglichung impliziert (KW 12, 563).

Gleichwohl geht es, mehr denn je, »um Freiheit und Gerechtigkeit innerhalb der Gesellschaft« (KW 13/2, 440). Da die Politik wenig Anlass zur Hoffnung bietet, setzt Broch zur Wiedergewinnung dieser ethischen Werte

---

12 Broch rekapituliert daher in gedrängter Form die Theoreme der Werttheorie (KW 12, 487–489).
13 Zu den Details dieses ›formalen Menschenrechts‹ vgl. KW 12, 473ff.

verstärkt auf das Individuum, von dem letztlich, wie es in der *Massenwahntheorie* heißt, »alle moralische Kraft [ausgeht]« (KW 12, 325). Die Wissenschaft kann nur die Phänomenologie des Selbstverlusts entwickeln und von daher Bekehrungsmöglichkeiten aufzeigen. Das Selbstbewusstsein aufzurufen, mit dem sich der Mensch seiner Humanität und damit seiner sozialen Relationen inne wird, bleibt der Weg der Dichtung.

Monika Ritzer

4. Literatur

Adler, Alfred: »Zur Massenpsychologie« (1934). In: Alfred Adler: *Psychotherapie und Erziehung. Ausgewählte Aufsätze.* Hg. v. Heinz L. Ansbacher, Robert F. Antoch. 3 Bde., Bd. 3. Frankfurt am Main 1983, S. 57–70.

Barnouw, Dagmar: »Abwehr und Ambivalenz. Zum Konzept der Masse bei Hermann Broch und Alfred Döblin«. In: *Hermann Broch. Das dichterische Werk. Neue Interpretationen.* Hg. v. Michael Kessler und Paul Michael Lützeler. Tübingen 1987, S. 221–229.

Bazzicalupo, Laura: »Hermann Broch. Psicologia delle masse e mito nella società totalitaria«. In: *Istituto Universitario Orientale. Sezione Germanica. Annali* 30 (1987), S. 191–222.

Borgard, Thomas: »Planetarische Poetologie. Die symptomatische Bedeutung der Masse im amerikanischen Exilwerk Hermann Brochs«. In: *Hermann Broch. Politik, Menschenrechte, und Literatur?* Hg. v. Thomas Eicher, Paul Michael Lützeler und Hartmut Steinecke. Oberhausen 2005, S. 205–229.

Broch, Hermann: *Bergroman. Kritische Ausgabe.* Hg. v. Frank Kress und Hans Albert Maier. 4 Bde. Frankfurt am Main 1969.

Broch, Hermann: *Massenpsychologie. Schriften aus dem Nachlaß.* Hg. v. Wolfgang Rothe. Zürich 1959.

Broch, Hermann: *Massenwahntheorie. Beiträge zu einer Psychologie der Politik.* Hg. v. Paul Michael Lützeler. Kommentierte Werkausgabe, Bd. 12. Frankfurt am Main 1979 (= KW 12).

Broch, Hermann und Daniel Brody: *Briefwechsel 1930–1951.* Hg. v. Bertold Hack und Marietta Kleiß. Frankfurt am Main 1971 (= BB).

Budi Hardiman, Fransisco: *Die Herrschaft der Gleichen. Masse und totalitäre Herrschaft. Eine kritische Überprüfung der Texte von Georg Simmel, Hermann Broch, Elias Canetti und Hannah Arendt.* Frankfurt am Main u. a. 2001.

Canetti, Elias: *Masse und Macht.* München 1960.

Cavalletti, Andrea: »Peut-on soigner la folie des masses? Hermann Broch, *Théorie de la folie des masses*«. In: *Critique. Revue générale des publications françaises et étrangères* 66 (2010) H. 755, S. 331–343.

Eicher Thomas, Paul Michael Lützeler, Hartmut Steinecke (Hg.): *Hermann Broch: Politik, Menschenrechte – und Literatur?* Oberhausen 2005.
Eiden-Offe, Patrick: *Das Reich der Demokratie: Hermann Brochs ›Der Tod des Vergil‹.* Paderborn 2011.
Freud, Sigmund: *Massenpsychologie und Ich-Analyse. Die Zukunft einer Illusion.* Frankfurt am Main 1967.
Jung, Carl Gustav: *Über die Entwicklung der Persönlichkeit.* Hg. v. Lilly Jung-Merker. *Gesammelte Werke*, Bd. 17. Olten 1972.
Jung, Carl Gustav: *Seelenprobleme der Gegenwart.* Olten 1973.
Kiss, Endre: »Krise oder Selbstorganisation? Ein Vergleich der Massenpsychologien von Hermann Broch und Elias Canetti«. In: *Die Massen und die Geschichte: Internationales Symposium Russe Oktober 1995.* Hg. v. Penka Angelova. St. Ingbert 1998, S. 45–53.
Le Bon, Gustave: *Psychologie der Massen.* Stuttgart 1973.
Lützeler, Paul Michael: *Hermann Broch. Eine Biographie.* Frankfurt am Main 1985 (= HBB).
Mann, Thomas und Kerényi, Karl: *Gespräch in Briefen.* Zürich 1960.
Moh, Mari: »Individuum in der Masse. Zur Massentheorie Hermann Brochs«. In: *Neue Beiträge zur Germanistik* 5 (2006) H. 2, S. 140–151.
Mueller-Funk, Wolfgang: »Die Angst (vor) der Masse bei Broch und Canetti«. In: *Elias Canetti und Hermann Broch.* Hg. v. Penka Angelova, Marianne Gruber und Paul Michael Lützeler. St. Ingbert 2009, S. 179–200.
Ritzer, Monika: *Hermann Broch und die Kulturkrise im frühen 20. Jahrhundert.* Stuttgart: Metzler 1988.
Ritzer, Monika: »Das Experiment mit der Psyche: Hermann Broch und Carl Gustav Jung«. In: *Hermann Broch. Neue Studien. Festschrift für Paul Michael Lützeler zum 60. Geburtstag.* Hg. v. Michael Kessler. Tübingen 2003, S. 524–553.
Ritzer, Monika: »Mythisches Erzählen im Faschismus – die Romanexperimente der 30er Jahre«. In: *In the Embrace of the Swan. Anglo-German Mythologies in Literature, the Visual Arts und Cultural Theory.* Hg. v. Rüdiger Görner und Angus Nicholls. Berlin, New York 2010, S. 147–168.
Ritzer, Monika: »›Wirklichkeiten‹. Zum Realismusbegriff bei Hermann Broch und Elias Canetti«. In: *Elias Canetti und Hermann Broch.* Hg. v. Penka Angelova, Marianne Gruber und Paul Michael Lützeler. St. Ingbert 2009, S. 97–115.
Sauerland, Karol: »Hermann Broch und Hannah Arendt. Massenwahn und Menschenrecht«. In: *Hermann Brochs literarische Freundschaften.* Hg. v. Endre Kiss, Paul Michael Lützeler und Gabriella Rácz. Tübingen 2008, S. 319–331.
Schmid-Bortenschlager, Sigrid: »Der Einzelne und seine Masse. Massentheorie und Literaturkonzeption bei Elias Canetti und Hermann Broch«. In: *Experte der Macht: Elias Canetti.* Hg. v. Kurt Bartsch und Gerhard Melzer. Graz 1985, S. 116–132.
Schuhmann, Rolf: *Die Massenwahntheorie im Spiegel der Autorenkrise: Gewalt, Anarchie und Sublimierung im Werk Hermann Brochs.* Frankfurt am Main 2000.
Strelka, Joseph P.: »Hermann Brochs Modell einer umfassenden Massenpsychologie«. In: *Romanstruktur und Menschenrecht bei Hermann Broch.* Hg. v. Hartmut Steinecke und Joseph Strelka. Frankfurt am Main u. a. 1990, S. 57–69.
Weigel, Robert G.: *Zur geistigen Einheit von Hermann Brochs Werk: Massenpsychologie, Politologie, Romane.* Tübingen 1994.

Das Briefwerk

I. Brochs epistolarisches Werk

»An und für sich ist es grotesk, daß ein Menschenschicksal durch Korrespondenz zugrunde gerichtet sein soll, doch ich bin ein Beispiel dafür« (KW 13/3, 152). So schrieb am 27. Juli 1947 in einem Brief an Ruth Norden der damals in Princeton wohnende Hermann Broch, der die geld- wie zeitraubende Last des Paketesendens und des Briefschreibens für das katastrophale Nicht-Fertigwerden seines von der New Yorker Bollingen Foundation finanziell unterstützten Arbeitsprogramms – vor allem der Massenpsychologie – verantwortlich machte. Solche Äußerungen häufen sich in den Briefen aus den letzten Lebensjahren des Schriftstellers (siehe z. B. auch KW 13/3, 79, 99, 154, 179, 298, 335, 356, 442, 531), dessen tief verwurzeltes Verantwortungsgefühl es ihm fast unmöglich machte, die Ohren vor den Hilferufen aus dem Nachkriegseuropa zu verschließen, so dass man sich des Schlusses kaum erwehren kann, dass die überwältigende »Briefschreiberei« (KW 13/3, 356), vor allem die »lähmende ›Zwangskorrespondenz‹ mit Europa« (KW 13/3, 442), an der massiven Herzattacke Mitschuld tragend war, der er am 30. Mai 1951 erlag.
    Trotzdem: Aus den Briefen Brochs aus den Jahren 1945–1951 wird ebenfalls klar, dass die Last des Briefschreibens keineswegs der einzige Grund für die Nichtvollendung seiner Arbeitspläne war. Sowohl seiner Gewohnheit, mehrere wichtige Arbeitsprojekte und zeitraubende politische Interventionen parallel zu betreiben, als auch seinem überdurchschnittlich komplizierten, ihm gelegentlich Panik verursachenden Liebesleben ist sein Gefühl zuzuschreiben, dass er (wie er am 9. November 1950 an den Schriftsteller Herbert Burgmüller schrieb) »durchschnittlich noch immer 17 Stunden am Tage [arbeite] und [...] doch dabei nichts fertig [bringe]« (KW 13/3, 504). Und wenn man von diesen letzten, von tiefer Angst um das unvollendete Lebenswerk getrübten Jahren Hermann Brochs absieht, wird es klar, dass das Briefschreiben in der Totalität seines Lebens und Schaffens eine überwiegend positive und produktive Rolle gespielt hat. Dem Schriftsteller Broch fiel das Schreiben immerhin nicht leicht. Psychoanalytisch ließe sich dieser Tatbestand aus seiner schwer neurotischen Veranlagung ableiten – eine Diagnose, die Broch selber gestellt hat.[1] Dieser subjektive, individualpsychologisch bedingte Faktor fand aber in der ›objektiven‹ zeitgeschichtlichen Wirklichkeit ein ihn bestätigendes Korrelat, dem Broch eine gleichfalls große Bedeutung zumaß: Die von ihm wahrgenommene Krise der Sprache im postmetaphysischen Zeitalter, derzufolge alle Äußerungen, die außerhalb des Rahmens der alltäglichen zwischenmenschlichen Kommunikation bzw. des positivistischen Diskurses der Naturwissenschaften und

---

1 »[B]loß unter dem Schutze und dem Befehl einer [...] übergeordneten Pflichtinstanz [...] und als deren ›objektiver Sachwalter‹ ist mir meine eigene produktive Arbeit erlaubt [...]« (PS 7).

der Mathematik fielen, – alle Aussagen metaphysischer, religiöser, wertstiftender Art also – ihre objektive Gültigkeit verloren hätten. Daher seine nie enden wollende »Suche des wahrhaft *wesentlichen* Arbeitsgebietes« (KW 13/1, 439), sein Hin und Her zwischen der dichterischen Tätigkeit, deren Produkte dank ihrer Symbolsprache dem Subjektiven und dem Metaphysischen immer noch Raum und Legitimität zu bieten schienen, und dem rationalen Boden (oder besser: Gerüst) des wissenschaftlichen Diskurses. In dieser schwierigen Lage, in der »der Schreibakt als solcher eine so fürchterliche Anstrengung [...] [war], daß er nur unter schwerster business-pressure ausgeführt [wurde]« (KW 13/3, 444), wurde durch die Briefform, die den Zwang der symbolischen Formung einerseits, den Zwang der empirisch-logischen Beweisführung andererseits durch den erleichternden Zwang der Kommunikation mit dem Briefpartner ersetzte, eine Art Spielraum geschaffen, in dem er neben alltäglich-pragmatischen, unmittelbar zum brieflichen Dialog gehörenden Mitteilungen und Gefühlsäußerungen ein breites Spektrum von abstrakten Reflexionen, ästhetischen, philosophischen, politischen Betrachtungen, Versuchen der Selbst- und Weltdeutung entfalten konnte.

Broch hat bekanntlich kein Tagebuch geführt,[2] sieht man einmal von dem *Teesdorfer Tagebuch für Ea von Allesch* ab, das eigentlich kein Tagebuch im herkömmlichen Sinne des Wortes ist, sondern eine als Tagebuch verkleidete Kette von Liebesbriefen (= TT). Neben der relativ kurzen »Autobiographie als Arbeitsprogramm« aus dem Jahr 1941, der psychoanalytisch angelegten »Psychischen Selbstbiographie« (1942) und dem dazu gehörigen »Nachtrag« (1943)[3] bildet also seine voluminöse Korrespondenz eine wichtige Quelle für autobiographische Einsichten in Brochs geistige Welt, in die Genese seiner literarischen Werke und in die Motivation seiner politischen Tätigkeit. Diese Briefe erheben im Allgemeinen keinen Anspruch auf literarische Qualität (was für Broch eben symbolische Verdichtung bedeuten würde),[4] obwohl es unter ihnen einige gibt, die – ob geplant oder nicht – die Konturen und das Ausmaß von kurzen Aufsätzen oder Abhandlungen annehmen.[5] Nichtsdestoweniger

---

[2] »[N]iemals habe ich mir [...] auch nur eine einzige Tagebuch-Zeile abringen können« (KW 13/3, 444).

[3] Alle drei in der *Psychischen Selbstbiographie* (= PS).

[4] Die Einstufung der Broch'schen Korrespondenz als nicht-literarisch besagt aber nicht, dass sie in stilistischer Hinsicht uninteressant wäre. Sigurd Paul Scheichl weist darauf hin, dass Broch »in seinen Briefen auch Platz [hatte] für das Umgangssprachliche, das Regionale und sogar den ›Jargon‹, Mittel, die er virtuos einsetzt«, während er sich in seinem theoretischen Werk »eher einer konventionellen wissenschaftlichen Sprache«, in seinen literarischen Schriften »einer fast überbeanspruchten dichterischen Stilebene« bedient habe. Somit steht für Scheichl fest, dass Broch »in seinen privaten schriftlichen Äußerungen viel mehr Register zur Verfügung gestanden sind als in seinen Romanen und in seinem essayistischen Werk« (Sigurd Paul Scheichl: »Hermann Broch als Briefschreiber«. In: *Hermann Broch. Modernismus, Kulturkrise und Hitlerzeit. Londoner Symposion 1991*. Hg. v. Adrian Stevens, Fred Wagner und Sigurd Paul Scheichl. Innsbruck 1994, S. 187–204, Zitate 202, 201).

[5] Siehe z. B. KW 13/1, 30–34, 450–462; KW 13/2, 437–445; KW 13/3, 386–405.

reicht ihr Wert für den Leser weit über den von Fakten liefernden Dokumenten zum Leben und Werk hinaus. Die ihnen eigene Geste des Mitteilens, des Anredens, des Überzeugenwollens, geht mit dem immer wieder erneuten Versuch des Schriftstellers einher, im Dialog mit dem Briefpartner die eigene Position, das eigene Selbstverständnis, zu vertiefen bzw. neu zu definieren.

***

Die dreibändige Edition von Brochs Korrespondenz (KW 13/1–13/3), die 1981 erschienen ist, enthält 759 Briefe an insgesamt 153 verschiedene Adressaten (darunter 6 Institutionen), plus drei Briefe, deren Empfänger nicht festgestellt werden konnten. Die chronologisch geordnete Auswahl, die eine 38-jährige Zeitspanne von Brochs 27. Lebensjahr (1913) bis zum Todesjahr 1951 umfasst, enthält nicht nur alle Briefe, die in den 1957 von Robert Pick als Band 8 der *Gesammelten Werke* herausgegebenen Briefband aufgenommen worden waren,[6] mitsamt den Briefen aus den Jahren 1931–1940 an Willa Muir, die separat im 1961 erschienenen 10. Band der *Gesammelten Werke* veröffentlicht wurden,[7] sondern auch alle Briefe, die mittlerweile bis zum Jahr 1979 an anderen Stellen (in Zeitschriften oder Sammelbänden) publiziert worden waren. Einzige Ausnahme bildeten Brochs Briefe an seinen Verleger Daniel Brody, die zum größten Teil im 1971 veröffentlichten, 547 Briefe umfassenden *Briefwechsel 1930–1951* enthalten waren,[8] und von denen begreiflicherweise nur ein (mit 71 Briefen allerdings substanzieller) Bruchteil in KW 13 aufgenommen werden konnte.[9] Hinzu kamen Hunderte von bisher nicht veröffentlichten Briefen, von denen viele an Korrespondenten gerichtet waren, die in der früheren Ausgabe des Rhein-Verlags überhaupt nicht vertreten waren,[10] und schließlich auch die schon erwähnten essayistischen Briefe, die wohl aus gattungsmäßigen Gründen in den Briefband dieser Ausgabe nicht aufgenommen worden waren.

In ihrer chronologischen Reihenfolge dokumentieren die drei Bände KW 13/1–13/3 zwei miteinander parallel laufende Entwicklungen: einerseits das

---

[6] Hermann Broch: *Briefe. Von 1929 bis 1951*. Hg. v. Robert Pick. Zürich 1957 (= GW 8). Diese erste, von verschiedenen Herausgebern betreute zehnbändige Gesamtausgabe von Brochs Werken erschien beim Rhein-Verlag zwischen 1952 und 1961.

[7] Hermann Broch: »Die Briefe an Willa Muir.« Mit einem Vorwort von Eric W. Herd. In: Hermann Broch: *Die Unbekannte Größe und frühe Schriften. Mit den Briefen an Willa Muir.* Zürich 1961 (= GW 10), 313–380. Einzig fehlt in KW 13/1 ein Brief an Willa Muir vom 1.11.1936 (siehe GW 10, 364–365).

[8] Hermann Broch und Daniel Brody: *Briefwechsel 1930–1951*. Hg. v. Bertold Hack und Marietta Kleiß. Frankfurt am Main 1971 (= BB).

[9] Dagegen enthält Band 13 der *Kommentierten Werkausgabe* einige Briefe bzw. Briefauszüge, die in dem *Briefwechsel 1930–1951* fehlen, weil sie in dem den Herausgebern zur Verfügung stehenden Material nicht vorhanden waren (KW 13, Br. Nr. 77, 280, 508, 568, 603).

[10] Unter ihnen Alban Berg, Ernst Bloch, Stefan Zweig. Siehe Paul Michael Lützeler: »Editorische Notiz«, KW 13/3, 572–574.

Umsteigen (Mitte der 1920er Jahre) des 40-jährigen, intellektuell interessierten Industriellen auf ein neues, existentiell unsicheres Leben als Romanautor, Kulturphilosoph, später als politisch engagierter Sozialwissenschaftler; andererseits die damit einhergehende Entfaltung seiner Beziehungen zu zahlreichen europäischen (vor allem österreichischen und deutschen), später auch amerikanischen Intellektuellen, die Entfaltung eines multidimensionalen Dialogs also, der in den Jahren des Faschismus und des Exils zu Brochs geistigem Ringen um eine wissenschaftlich untermauerte Neufundierung der ethischen Werte, zu seinem praktischen Engagement für die Bekämpfung der nationalsozialistischen Ideologie, nicht zuletzt zu seiner verzweifelnden Infragestellung der Daseinsberechtigung von Kunst und Literatur wesentlich beitrug. Zugleich bietet diese Korrespondenzauswahl eine Art Querschnitt durch die zu diesem oder jenem Zeitpunkt in Brochs Leben nebeneinander laufenden Briefwechsel und vermittelt damit einen synchronischen Eindruck des damaligen Gesamtnetzes seiner brieflichen Verbindungen.

Anders verhält es sich bei den 14 Ausgaben von Brochs Briefen, die seit 1981 – seit dem Erscheinen also des 13. Bandes der KW – veröffentlicht worden sind, und von denen jede (wie es schon beim Briefwechsel mit Daniel Brody der Fall war) der Korrespondenz mit einem einzelnen (in KW 13 als Adressaten einer relativ kleinen Zahl von Briefen vertretenen)[11] Partner gewidmet ist.[12] An jeder von diesen inhaltlich sehr diversen Briefsammlungen wird vor allem die diachronische Kontinuität eines Zwiegesprächs, werden die Entwicklung und Vertiefung einer zwischenmenschlichen Beziehung sichtbar; wobei gleich anzumerken ist, dass in vielen Fällen bei der Arbeit an der Ausgabe die Mitteilungen des Partners/der Partnerin nur zum Teil erhalten bzw. auffindbar waren und deshalb in der jeweiligen Edition bestenfalls lückenhaft vertreten sind. Diese im Laufe der letzten 30 Jahre erschienenen Briefausgaben vertiefen unsere Kenntnis des epistolarischen Werks des Autors und setzen dabei vielfach neue Akzente. Um einen Überblick über die Gesamtheit des dem Lesepublikum heute Zugänglichen zu erleichtern, werden in der folgenden Untersuchung die verschiedenen Editionen nach losen chronologischen und thematischen Kriterien geordnet und behandelt.

---

[11] Mit Ausnahme von Gertrude von Eckardt-Lederer, die als Korrespondentin in KW 13 nicht vertreten ist.

[12] Bei der von Paul Michael Lützeler herausgegebenen Dokumentation *Freundschaft im Exil. Thomas Mann und Hermann Broch* (= FE) handelt es sich nicht um einen Briefwechsel, sondern um eine chronologisch geordnete Sammlung von Texten – Tagebucheinträgen, Auszügen aus Essays, Briefen und Brieffragmenten von mehreren Autoren – die das Verhältnis Broch – Mann (vor allem in den Exiljahren) irgendwie tangieren. Unter den von Broch verfassten Briefen gibt es aber einige – an Daniel Brody, Kurt Wolff, Jean Starr Untermeyer, Herbert Burgmüller, Hans Reisiger, Egon Vietta, Frank Thiess, Volkmar von Zühlsdorff und Ruth Norden –, die bisher nur in diesem Band veröffentlicht wurden.

Chronologisch liegt der Schwerpunkt der publizierten Korrespondenz nach wie vor in den letzten 15 Jahren von Brochs Leben; daran hat die Veröffentlichung der einzelnen Briefwechsel wenig geändert. Es gibt aber zwei Briefbände, die aus den 1920er Jahren stammen, und die Einblicke gewähren in das aufgewühlte Privatleben während des lang andauernden Kampfes, sich von der bisherigen Lebensweise eines Familienvaters und Industriellen zu befreien: das schon erwähnte, von der Geliebten selber in Auftrag gegebene *Teesdorfer Tagebuch für Ea von Allesch*, das Broch in eine als Tagebuch aufgemachte, vom Juli 1920 bis Januar 1921 laufende Serie von Liebesbriefen umfunktionierte;[13] und der Briefwechsel aus den Jahren 1925–1928 mit dem Sohn aus seiner inzwischen zusammengebrochenen Ehe, dem nach Frankreich als Internatsschüler im exklusiven Collège de Normandie weggeschickten Hermann Friedrich, genannt »Armand«.[14] Sonst nehmen diese nun einzeln veröffentlichten Briefwechsel in den 1930er oder in den 1940er Jahren ihren Anfang, meistens als Vehikel der neuen Beziehungen, die Broch nach dem kritischen Erfolg der *Schlafwandler* (1930–1932) in literarischen Kreisen und bei der kulturell interessierten Öffentlichkeit anknüpft.[15] Die hier aus praktischen Gründen vorgenommene Ordnung der Briefwechsel unter die Überschriften »Literatur«, »Politik«, »Erkenntnistrieb und ›Frauengeschichten‹« soll natürlich nicht darüber hinwegtäuschen, dass jeder von ihnen eine für die epistolarische Gattung charakteristische Vielfalt des Stoffes aufweist.

---

13 »Er ist kein Tagebuch sondern ein Kettenbrief« (TT 65). Vgl. auch Lützeler: »Editorische Notiz« (TT 223-224). Auszüge aus diesem von Vornherein als total einseitig konzipierten Briefverkehr, dessen Produkte von der Rezipientin in einer Schachtel aufbewahrt wurden, sind auch in der *Werkausgabe* enthalten (KW 13/1, 43-50), sowie spätere Briefe an Ea, mit der Broch bis zu seinem Lebensende in Kontakt blieb (KW 13/1, Br. Nr. 278, S. 564 und 588).

14 *Verlorener Sohn? Hermann Brochs Briefwechsel mit Armand 1925–1928.* Hg. v. Paul Michael Lützeler (= VS). Der veröffentlichte Briefwechsel, der 43 Briefe von Broch an den Sohn, 23 Briefe von Armand an den Vater umfasst, dokumentiert sowohl das schwierige Verhältnis zwischen den beiden als auch die Sorgen, die Broch sich wegen der seiner Meinung nach mangelhaften Arbeitsfreude und der exzessiven materiellen Erwartungen des Sohnes machte – Sorgen, die ihn bis zu seinem Lebensende begleiten sollten. Sieben dieser Briefe erscheinen auch in KW 13, die weitere 14 Briefe an den Sohn enthält – den letzten aus dem Todesjahr 1951.

15 Wobei nicht vergessen werden darf, dass gewisse für Broch wichtige literarische Freundschaften – vor allem die mit Ludwig von Ficker und Franz Blei – bis in die Zeit seiner publizistischen Anfänge zurückreichen. Siehe KW 13/1, 11-34; ferner Sigurd Paul Scheichl: »Hermann Broch und Ludwig von Ficker im Spiegel von Brochs Briefen«; Helga Mitterbauer: »Hermann Broch und Franz Blei: Untergehende Kultur, zerfallende Werte«. Beides in: *Hermann Brochs literarische Freundschaften.* Hg. v. Endre Kiss, Paul Michael Lützeler und Gabriella Rácz. Tübingen 2008, S. 21-35, 37-50.

1. Literatur

Bevor wir uns mit den einzelnen Korrespondenzen befassen, soll hier kurz auf die in der *Kommentierten Werkausgabe* enthaltenen Briefe aus der Zeit vom September 1929 bis zum April 1932 hingewiesen werden,[16] die bei dem Zustandekommen der *Schlafwandler*-Trilogie – seines Erstlingsromans – eine in Brochs dichterischem Schaffen wohl einmalige Rolle gespielt haben. Den Mentor Frank Thiess benutzte Broch, schon ehe er für den damals noch »Huguenau« betitelten Roman einen Verlag gefunden hatte, als Resonanzboden für seine grundlegende Auffassung der Dichtung als »irrationale[r] Welterkenntnis« (KW 13/1, 78–79, Zitat 78). In einem längeren Brief vom 6.4.1930 an denselben Adressaten geht er Fragen wie Architektonik des Romans, »das Phänomen Joyce«, Berücksichtigung des »Lesers«, schließlich Publikationsstrategie an (KW 13/1, 83–86, Zitat 84). Vor allem aber das Personal des Rhein-Verlags, der die Publikation dann schließlich übernahm – Georg Heinrich Meyer, der bis zu seinem Tode am 22.3.1931 den Verlag mitleitete, Daniel Brody, später auch dessen Frau Daisy – bildete ein von Broch selber um sich gesammeltes Geburtshelferteam, dem sich im Mai 1931 das für die englischsprachige Ausgabe *The Sleepwalkers* verantwortliche schottische Übersetzerpaar Willa und Edwin Muir zugesellen sollte. Bei der voluminösen Korrespondenz mit diesen Briefpartnern handelt es sich nicht primär um wechselseitige Gespräche, sondern eher um eine von Broch wahrgenommene Gelegenheit, sich der Legitimität und des literarhistorischen Ranges seines ersten seriösen dichterischen Unternehmens zu versichern, und die explosionsartige Evolution von Inhalt und Strukturen vor sich selbst und vor dem geduldig-ungeduldig auf das Endprodukt wartenden Verlag zu rechtfertigen. Neben detaillierten Erklärungen zum Gesamtbau,[17] zum Konzept[18] und zur Funktion einzelner Hauptfiguren (an erster Stelle der Bertrand-Figur)[19] benutzt Broch die Briefform, um zunächst (sozusagen als theoretische Untermauerung des Werks) den Begriff des »erkenntnistheoretischen Romans« aufzustellen,[20] dann aber Anfang August 1931 das Novum des »polyhistorischen Romans« zu proklamieren.[21] Mit diesem Begriff, dessen Erfindung mit der relativ späten Aufnahme der Essays zum »Zerfall der Werte« in den dritten Teil der Trilogie zusam-

---

[16] Es handelt sich um fast alle Briefe in der Folge Nr. 33 bis Nr. 102.
[17] Siehe z. B. Broch an Daniel Brody, 31.8.1930, KW 13/1, 99; an Willa Muir, 21.6.1931, KW 13/1, 139f.; an Daisy Brody, 23.7.1931, KW 13/1, 144f. Die von Broch für den Verlag angefertigten Exposés zum Roman sind aber nicht in KW 13 sondern in KW 1 wieder abgedruckt.
[18] Siehe z. B. Broch an Daisy Brody, 5.3.1931, KW 13/1, 129–131.
[19] Siehe z. B. Broch an Daniel Brody, 7.6.1930, KW 13/1, 89f.
[20] Broch an Daisy Brody, 16.7.1930, KW 13/1, 92f.
[21] Siehe Broch an Willa Muir, 3.8.1931, KW 13/1, 147–149; Broch an Daniel Brody, 5.8.1931, KW 13/1, 150–152.

menfällt, sollen aber nicht nur der eigene Roman, sondern auch repräsentative Beispiele der zeitgenössischen Moderne (Thomas Mann, Musil, Gide, Huxley, Joyce) abgedeckt werden: »*Die Zeit des polyhistorischen Romans ist angebrochen*« (KW 13/1, 151). Dadurch reiht Broch einerseits seinen Roman in den modernistischen Kanon ein, während er andererseits bemüht ist, die eigene Variante des Polyhistorismus – die Art und Weise also, wie der kulturphilosophische Diskurs der »Zerfall der Werte« in der Gesamtstruktur des Romans untergebracht ist – von der angeblich unzulänglichen Integrierung des Wissenschaftlichen im *Zauberberg* oder im *Mann ohne Eigenschaften* abzuheben. Einzig ausgenommen von dieser Kritik ist James Joyce, dessen *Ulysses* Broch vom Anfang an vor die Frage stellte, nicht wie er es besser, sondern wie er es *anders* als Joyce zu machen hätte.

Vieldimensionalität der Thematik, progressive Vertiefung der brieflichen Kommunikation prägen den wichtigsten der ›literarischen‹ Briefwechsel – die schon erwähnte Korrespondenz mit dem Verleger *Daniel Brody*, die sich in den Jahren 1930–1932 fast ausschließlich mit Genese, Fertigstellung und Vermarktung der *Schlafwandler*-Trilogie beschäftigt, sich in der Folge aber zum Vehikel einer lebenslangen Freundschaft entwickelt.[22] In einem handschriftlichen Brief vom 9.5.1935 redet Broch seinen Verleger zum ersten Mal mit »Du« an und dankt ihm für einen zusammen verbrachten Tag, »der durch Dein gütiges liebevolles menschliches Dasein eine für mich weit über das heutige Datum hinausreichende Bedeutung erhalten hat« (BB Sp. 632). In demselben Brief schneidet der Autor ein Thema an, das bei dieser Zusammenkunft offenbar eine zentrale Rolle gespielt hat und den weiteren Briefverkehr des Jahres 1935 zutiefst prägen wird: sein damaliges Verhältnis zu der (im 1971 herausgegebenen *Briefwechsel* noch anonym bleibenden) Gustl Horváth. Brochs von Brody offen missbilligter Entschluss, das seit drei Jahren bestehende Verhältnis zu beenden, weil er, wenn er »in diesem Leben noch etwas zu tun und zu sagen habe […], das Glück der Produktivität […] mit dem Verzicht auf das schlichte Glück des Daseins erkaufen und bezahlen« müsse,[23] bringt eine existentielle

---

[22] Der *Briefwechsel 1930–1951* kam als Edition von »rund 1000 Briefen und Postkarten« zustande, die Daniel Brody aus eigenem Besitz den Herausgebern zur Verfügung gestellt hatte; die in die Ausgabe nicht aufgenommenen Mitteilungen waren meistens trivialer Natur (Bertold Hack, »Editorisches Nachwort«, BB Sp. 1065–1080, Zitat Sp. 1066). Dabei konnte auch die in der Yale University Library befindliche Broch-Brody-Korrespondenz, die gerade zur Zeit dieser Editionsarbeit für eine Dissertation der Yale University bearbeitet wurde, mit Zustimmung und Hilfe der dafür zuständigen Doktorandin Gisela Brude-Firnau zum Vergleich herangezogen werden (Hack: »Editorisches Nachwort«, Sp. 1079). Vgl. Gisela Brude-Firnau: *Hermann Broch – Dr. Daniel Brody: Korrespondenz 1930–1933*. Ph.D Diss., New Haven: Yale University 1968. Der *Briefwechsel* enthält nicht nur (im Gegensatz zu der in KW 13 enthaltenen Auswahl) beide Seiten der Broch-Brody-Korrespondenz, sondern auch den Briefverkehr zwischen Broch und Georg Heinrich Meyer, wie auch Auszüge aus dem Briefwechsel, der zwischen Broch und dem Schwager von Dr. Brody, Dr. René Spitz, in den Jahren 1939 und 1940 stattfand, zu einem Zeitpunkt, da die Korrespondenz zwischen Broch und Brody relativ sporadisch geworden war.
[23] Broch an Brody, 19.5.1935 (BB Sp. 634–639, Zitat Sp. 636).

Haltung zutage, die bei Brochs in Zukunft immer vertrackter werdenden Liebesbeziehungen eine Konstante bleiben soll.

Missbilligt wurden zunächst auch Brochs ab Mitte der 1930er Jahre unternommene Versuche der politischen Intervention. Dem gerade im amerikanischen Exil gelandeten, mit seiner antifaschistischen Völkerbund-Resolution an die Öffentlichkeit treten wollenden Schriftsteller erteilte Brody in einem 5.9.[1938] datierten Brief folgende Rüge:

> Laß die Hand von welterlösenden Proklamationen und sag was Du sagen willst in der Dir einzig adäquaten Weise, im ›Literaturbetrieb‹. Pasenow, als rein dichterische Kategorie, hat Erfolg gehabt. Die weiteren Bücher mit ihrer verarbeiteten Philosophie waren zwar höchst interessant, wurden aber vom Publikum nicht aufgenommen. [...] Du hast jetzt wieder Erde unter den Füßen, versuche doch wieder zu gehen und versteige Dich nicht in Regionen der allgemeinen Menschenbeglückung mit posaunenden Resolutionen, die kein Staatsmann lesen wird und die demzufolge auch ohne Wirkung bleiben werden. [...] Sage es im Vergil [...] und Du wirst das Ohr der Welt für Dich haben. (BB Sp. 713–714)

Anfang der 1940er Jahre, als Broch sich an der amerikanischen Ostküste zu etablieren versuchte, während das Ehepaar Brody sich in den ab 10. Mai 1940 von deutschen Truppen besetzten Niederlanden aufhielt, brach die schon spärlicher gewordene briefliche Kommunikation vorübergehend völlig ab, bis den Brodys 1942 die Flucht über die Schweiz nach Mexiko gelang, wo sie bis Anfang 1946 blieben. Von 1943 bis 1950 beträgt die im *Briefwechsel* enthaltene Korrespondenz jährlich zwischen 11 und 19 Briefen, darunter einige von beträchtlicher Länge.

In diesem Briefwechsel der Kriegs- und Nachkriegsjahre berichtet Broch über seine Arbeit auf dem sich ins Uferlose ausweitenden Gebiet der Massenpsychologie.[24] Brody reagiert zunächst mit einer Mischung von Höflichkeit und Ironie: »Machst Du das ganz theoretisch [...] oder werden Dir Massen zur Verfügung gestellt, mit denen Du psychologische Bewegungsexperimente machst?« – wobei er offen gesteht, dass ihm »Massenbewegungen von Herzen verhaßt« sind.[25] Ein Jahr später, nachdem Broch ihm eine Synopsis seiner Massenwahnarbeit geschickt hat, engagiert sich Brody insofern für das Thema, als er Broch einige wieder als Fragen formulierte Denkimpulse gibt, auf die Broch dann in seiner Antwort eingeht.[26] 1942–1943 aber tritt die geschäftliche

---

[24] Siehe Broch an Brody, 4.8.1942 (BB Sp. 741–743).
[25] Brody an Broch, 13.8.1942 (BB Sp. 743–745, Zitate 744).
[26] Siehe Brody an Broch, 30.9.1943 (BB Sp. 775–778); Broch an Brody, 14.10.1943 (BB Sp. 778f.). Daniel Brody verfolgte auch ganz unabhängig von Broch seine eigenen verlegerischen Projekte auf dem Gebiet der Psychologie, vor allem die als Jung-Zeitschrift konzipierten, vom Rhein-Verlag herausgebrachten *Eranos-Jahrbücher*, auf deren neuesten 1942 erschienenen Band er seinen Briefpartner in einem Brief vom 18.5.1944 (BB Sp. 791f.) aufmerksam macht.

Dimension der Autor-Verleger-Beziehung wieder in den Vordergrund, als es darum geht, den *Tod des Vergil* in einer deutschen und einer von Jean Starr Untermeyer ›nachgedichteten‹ englischen Ausgabe[27] herauszubringen, wozu der im mexikanischen Exil lebende Brody momentan nicht in der Lage ist, wohl aber der Verleger Kurt Wolff, dessen in New York ansässiger Pantheon-Verlag sich des Projektes annimmt.[28] Die in einer Reihe von längeren Briefen geführte Diskussion um die Verlagsrechte für den *Vergil* wird dadurch kompliziert, dass Broch schon vor dem Krieg vom Rhein-Verlag einen beträchtlichen Vorschuss auf den immer noch ausstehenden »Bergroman« (d. h. *Die Verzauberung*) erhalten hat.[29]

Brodys Bemerkung, zu den Verhandlungen um den *Vergil* kämen »Momente persönlicher und freundschaftlicher Natur hinzu, die die Sache etwas komplizieren«,[30] gilt eigentlich weit über den unmittelbaren Anlass hinaus. Das Verhältnis zwischen Autor und Verleger glich in mancher Hinsicht einer Ehe: Diese Ehe hatte Brody auch dann nicht auflösen wollen, als Broch 1933 – bald nach der für den Verlag finanziell ungünstigen Veröffentlichung der *Schlafwandler*-Trilogie – den eigenen Vorteil darin sah, *Die Unbekannte Größe* nicht im Rhein-Verlag, sondern bei S. Fischer erscheinen zu lassen.[31] Noch 14 1/2 Jahre später musste Brody seinen Autor darauf aufmerksam machen, dass »die Herausgabe der drei Bände Schlafwandler [sich] für den Verlag nicht rentiert hat«.[32] Als Broch dann unter Hinweis auf die ihn plagende »Verantwortlichkeits-Neurose« gegen diese Behauptung protestierte – »Und da kommt mir auf einmal der Verlag daher, ein Verlag, von dem ich geglaubt hatte, ich sei seine finanzielle Achse und Stütze geworden, und erklärt sich von mir, resp. meinen Büchern geschädigt«[33] – sah sich Brody dazu provoziert, die Dinge beim

---

27 Siehe Broch an Brody, 4.8.1942: »die Übersetzung stellt freilich beinahe unerfüllbare Anforderungen an den Nachdichter, indes, ich habe in der Person der Mrs. Jean Starr Untermeyer eine solche Nachdichterin, für die das Werk sozusagen zur Lebensaufgabe geworden ist, gefunden und erzogen« (BB Sp. 741–743, Zitat 742f.).
28 1945 brachte der Pantheon-Verlag die deutsche und die englische Ausgabe des *Vergil* heraus; erst 1947 erschien die vom Rhein-Verlag besorgte deutsche Ausgabe des Romans.
29 Siehe dazu Briefe Nr. 426 (Brody an Broch, 1.7.1943) bis 433 (Brody an Broch, 30.9.1943, BB Sp. 753–778). Brody lag der »Bergroman« etwas näher am Herzen als der *Vergil*, dessen Lektüre ihm – wie er sich erinnerte – durch die »ständige[n] Gespanntheit des Dialogs« erschwert worden war (Brody an Broch, 1.7.1943, BB Sp. 753–755, Zitat 754).
30 Brody an Broch, 29.7.1943 (BB Sp. 760–763, Zitat 762).
31 Dazu Briefe Nr. 280 (Brody an Broch, 23.8.1933) bis 291 (Broch an Brody, 19.9.1933) (BB Sp. 486–511). Siehe vor allem Brodys Brief vom 9.9.1933: »Ich habe mir die Sache hin- und herüberlegt und bin vorerst zu keinem anderen Ergebnis gekommen als zu dem, was mir am Herzen liegt: die Ehe nicht zu trennen« (BB Sp. 498).
32 Brody an Broch, 15.1.1948 (BB Sp. 915–919, Zitat 915). Vgl. auch Brodys Brief vom 18.2.1948, der die pointierte Bemerkung enthält: »keinesfalls war die Ursache des Weiterwanderns [zu S. Fischer], daß der Rhein-Verlag bereits genug an Dir verdient hätte« (BB Sp. 923–925, Zitat 923).
33 Broch an Brody, 31.1.1948 (BB Sp. 919–922, Zitate 919f.).

Namen zu nennen, und dabei die ethische Haltung zum Ausdruck zu bringen, die seiner bald 20-jährigen Beziehung zu Broch zugrunde lag:

> Soviel kaufmännischen und finanziellen Verstand mußte ich doch bei Dir voraussetzen, daß Du es an Deinen zehn Fingern hast ausrechnen können, daß man mit einem Buch einen Verlag nicht zwei Jahrzehnte lang finanziell stützen kann. [...] Dem Rhein-Verlag, und insbesondere dem damaligen Inhaber, war es eine Herzenssache, die Schlafwandler herauszubringen und den Autor zumindest literarisch groß zu machen, und wenn der Verlag dabei auch nicht ganz auf seine finanziellen Kosten gekommen ist, so hat sich in unserer Einstellung weder zu Dir, noch zum Verlagswesen im allgemeinen auch nur das Mindeste geändert.[34]

Weitere fünf Briefwechsel finden im Literarischen, d. h. in Brochs Ruf als Schriftsteller ihren Anlass bzw. ihren Ausgangspunkt, von denen drei schon vor den Exiljahren, zwei erst in den 1940er Jahren zustande kamen. Im März 1932 schickte der von den *Schlafwandlern* tief beeindruckte Wiener Volkshochschullehrer und Intellektuelle Ernst Schönwiese an Broch eine Einladung, im Leopoldstädter Volksheim »Proben« aus dem dritten Band der Trilogie vorzulesen.[35] Daraufhin entwickelte sich eine Korrespondenz, die 1932 bis 1937, dann nach 8 1/2-jähriger Unterbrechung 1946 – von nun an transatlantisch – bis 1951 dauerte, und die sich hauptsächlich um die von Schönwiese gegründete und herausgegebene Zeitschrift *das silberboot* drehte.[36] Bei der Gründung und Entwicklung der Zeitschrift, später auch bei Schönwieses eigenen dichterischen Versuchen, stand Broch dem jungen Kollegen mit Rat zur Seite (eine Rolle, die er, wie seine Korrespondenz bezeugt, bei mehreren – meistens jüngeren – Schriftstellern auf sich genommen hat);[37] bald ging es auch um den von Schönwiese enthusiastisch betriebenen Abdruck von Broch-Texten in der Zeitschrift, die im November 1946 dem Autor aus Anlass seines 60. Geburtstages ein ganzes Heft widmete.

---

[34] Brody an Broch, 18.2.1948 (BB Sp. 923–925, Zitat 923).
[35] Ernst Schönwiese an Hermann Broch, 13.3.1932. In: Sonja Gindele: *Hermann Broch und Ernst Schönwiese. Eine literarische Korrespondenz*. Saarbrücken 2008, S. 59.
[36] Von den 125 im Österreichischen Literaturarchiv der Österreichischen Nationalbibliothek Wien befindlichen Briefen (103 von Broch an Schönwiese, 22 von Schönwiese an Broch) (Gindele: *Broch, Schönwiese*, S. 56 Anm. 191) enthält Gindeles Arbeit 19 von Broch an Schönwiese, 7 von Schönwiese an Broch. Der Briefband der *Werkausgabe* enthält nur zwei Briefe an Schönwiese, beide aus der Nachkriegszeit (KW 13/3, 121f. und 545–547).
[37] Unter ihnen Herbert Burgmüller (zeitweilig Mitherausgeber des *silberboots*), Friedrich Torberg, Hans Sahl, Rudolf Brunngraber, Herbert Zand, Hermann Kasack. Zu den von Brochs praktischer und stilkritischer Hilfe Profitierenden zählt auch der Romanautor George Saiko, dem Broch, seitdem sie sich als Studenten an der Universität Wien kennengelernt hatten, lebenslang freundschaftlich verbunden blieb. Ihre 46 Broch-Briefe, 16 Saiko-Briefe umfassende Korrespondenz, die hauptsächlich aus den Jahren 1946–1951 stammt, ist enthalten in: George Saiko: *Briefe*. Hg. v. Adolf Haslinger unter Mitarbeit von Regina Slawitschek. Salzburg, Wien 1992, S. 5–107.

Die *Schlafwandler*-Trilogie stand auch am Beginn der Beziehung zwischen Broch und der damals bei S. Fischer tätigen Verlagslektorin *Ruth Norden*, die im Mai 1934 aus eigener Initiative dem ihr persönlich unbekannten Autor schrieb, um ihm ihre Begeisterung für den Erstlingsroman mitzuteilen.[38] Weil die jüdische Norden schon einige Monate später aus politischen Gründen in die USA emigrierte, ohne Broch begegnet zu sein, wurde die sich an diesen ersten Brief anknüpfende Korrespondenz zunächst eine transatlantische, bis die beiden sich 1938 im New Yorker Exil trafen und ein Liebesverhältnis begannen.[39] Inzwischen hatte der Briefwechsel aber einen multidimensionalen Umfang angenommen: Schon Mitte der 1930er Jahre ging es nicht nur um Fragen der Kultur – die Aufgabe der Literatur in einer »Epoche zerfallender Werte«[40] – und um die damit verbundene Politisierung des Schriftstellers »in dem Wust von Ungeschicklichkeit und Bösartigkeit, in dem wir leben«,[41] sondern auch um gegenseitige Hilfeleistung, wobei es eher die praktisch veranlagte Ruth Norden ist, die dem politisch zunehmend engagierten, der grausamen politischen Wirklichkeit indessen zunehmend exponierten Broch zu Diensten steht: Am 15.2.1937 schickt er ihr seine 1936 verfasste Völkerbund-Resolution, für die er Unterstützung in amerikanischen Intellektuellenkreisen zu finden hofft; 1938 verhilft sie ihm mittels ihrer Kontakte u. a. zu Albert Einstein und Thomas Mann zu einem Einreisevisum für die USA.[42] Neben kulturphilosophischer Reflexion und Ansätzen zum politischen Engagement schleicht sich aber in Brochs Briefe der Vorkriegszeit eine dritte Thematik ein, die später in dem Briefverkehr der Nachkriegsjahre eine dominierende Stelle einnehmen wird: die seines wachsenden Einsamkeitsbedürfnisses.[43] Während er sich von der nun (bis 1948) in Berlin lebenden und arbeitenden Ruth Norden[44] über die Zustände im Nachkriegsdeutschland informieren lässt und sie mit der Weiterleitung von unzähligen CARE-Paketen beauftragt, verwendet er seine rhetorischen Energien vor allem darauf, die in ihn verliebte Frau durch Be-

---

38 Siehe »Einleitung des Herausgebers« (TK 9–27, hier 9f).
39 Der Affäre war schon vor 1938 u. a. durch einen Austausch von Photos und durch Brochs gelegentlich flirtende Art (»Ja, und seien Sie auch nicht böse, daß ich Sie für hübsch gehalten habe [...]«) der Boden gewissermaßen bereitet worden (Broch an Norden, 17.9.1935, TK 68–70, Zitat 70).
40 Broch an Norden, 9.11.1934 (TK 41f., Zitat 41). Der Brief ist auch in KW 13/1, 312–314 abgedruckt. Die Edition der *Transatlantischen Korrespondenz*, die sich chronologisch auf die beiden Zeiträume beschränkt, in denen die Briefpartner durch den Ozean voneinander getrennt waren, umfasst insgesamt 95 Briefe von Broch, nur 7 (darunter aber einige von beträchtlicher Länge) von seiner Korrespondentin. In KW 13 sind 33 Briefe an Ruth Norden enthalten, von denen 12 in der *Transatlantischen Korrespondenz* nicht abgedruckt sind, weil sie außerhalb des chronologischen Rahmens in den Zeitraum Mai 1939 bis Dezember 1944 fallen.
41 Broch an Norden, 17.9.1935 (TK 68–70, Zitat 70).
42 Siehe »Einleitung des Herausgebers« (TK 16).
43 Siehe z. B. Broch an Norden, 6.10.1936 (TK 88f.).
44 Norden half, in Berlin den eben gegründeten RIAS (Rundfunk im amerikanischen Sektor) aufzubauen (TK 19f.).

schwörung seiner im Gang befindlichen psychoanalytischen Behandlung und seines »Verantwortungskonflikt[s]«, der ihm jede neue Verantwortung außer der für seine Arbeit verbiete, von eventuellen Heiratsgedanken abzuschrecken.[45]

Im Mai 1934 brachte die *Neue Rundschau* unter dem Titel »Hermann Broch« einen Aufsatz, der nicht nur die *Schlafwandler*-Trilogie, sondern auch die 1933 erschienene *Unbekannte Größe* behandelte. Der Autor, der 1903 geborene deutsche Jurist und Schriftsteller Egon Vietta, hatte sich schon 1933 im Zusammenhang mit der Arbeit an seinem Artikel mit Broch in Verbindung gesetzt, und dadurch eine Freundschaft initiiert, die (mit einer von Exil und Krieg bedingten fast achtjährigen Unterbrechung) bis zu Brochs Tod im Jahre 1951 andauern sollte,[46] und die hauptsächlich durch den brieflichen Verkehr aufrechterhalten wurde.[47] In seinem Aufsatz hebt Vietta weniger die Form der *Schlafwandler* als die »neue Grundhaltung« (BV 272) hervor, die Broch in den Essays zum »Zerfall der Werte« »unerhört kühn und umfassend« formuliert habe (BV 273) und die den Autor »mit der philosophischen Grundhaltung Martin Heideggers« in Einklang bringe. Als Einziges hat er daran auszusetzen, dass Broch »den Umbruch, der sich im abendländischen Lebensraum vollzogen hat, eindeutig negativ [wertet]« und damit »das Geheimnis unserer Zeit« ignoriert, »daß sich [...] im [...] abendländischen Weltbild ein geisteswissenschaftlicher Durchbruch von wahrhaft revolutionärer Wucht vollzieht« (BV 280f.). Dementsprechend sieht Vietta in der künstlerisch allerdings weniger anspruchsvollen *Unbekannten Größe* »den wesentlichen Schritt über die ›Schlafwandler‹ hinaus«; der Roman sei inhaltlich »schon völlig eins mit dem inneren Wissen der kommenden Generation« (BV 282). Damit ist der Vietta'sche Pol einer im Laufe der 1930er Jahre stattfindenden kulturphilosophischen Auseinandersetzung festgelegt, bei der Broch (mit einer für ihn charakteristischen dialogischen Strategie) sich einerseits von Viettas Begeisterung für die Irratio-

---

45 Broch an Norden, 21.3.1946 (TK 157–159, Zitat 157).
46 *»Sich an den Tod heranpürschen ...«. Hermann Broch und Egon Vietta im Briefwechsel 1933–1951.* Hg. v. Silvio Vietta und Roberto Rizzo. Göttingen 2012 (= BV). Diese ausführlich kommentierte Edition enthält aus den 1930er Jahren 20 Broch-, aber keine Vietta-Briefe; letztere waren unauffindbar, wahrscheinlich weil Broch sie aus Rücksicht auf den Briefpartner kurz vor seiner Flucht zerstört hat (siehe BV 319f.). Aus der Nachkriegszeit stammen 25 von Broch an Vietta, 24 von Vietta an Broch gerichtete Briefe, wie auch 3 Briefe von Viettas Frau Dorothea und eine Korrespondenz, die nach Brochs Tod zwischen seiner Witwe und Egon Vietta stattfand; der Dokumentarteil der Ausgabe enthält auch Neudrucke von Viettas 1934 veröffentlichtem Broch-Essay und drei nach Brochs Tod verfassten Beiträgen über den Autor. Der Briefband der *Kommentierten Werkausgabe* enthält 14 an Vietta adressierte Briefe bzw. Briefexzerpte.
47 In den 1930er Jahren trafen sich Broch und Vietta nur ein Mal, und zwar bei der Zürcher Uraufführung der *Entsühnung* (1934); erst zwischen Juni 1950 und Januar 1951 kam es bei Viettas Amerika-Reise zu wiederholten Zusammenkünften. Vgl. Vietta und Rizzo: »Nachwort« (BV 319–372, hier 359).

nalität eines Benn oder eines Berdjajew deutlich abgrenzt,[48] während er dem Gesprächspartner zugleich einzureden versucht, dass in ihren Grundhaltungen »keinerlei Differenz zu sehen« sei: im »Primat des Logos«, das für Broch das »philosophische Erlebnis« schlechthin konstituiert, liege ihre »gemeinsame Basis«.[49] Gegen den von Vietta gepriesenen Heidegger (von dessen Schriften er anfangs eine relativ lückenhafte Kenntnis hat) erhebt Broch schon in seinem ersten Brief (25.8.1933) den Einwand, dass der ehemalige Husserl-Schüler »die ursprüngliche Strenge der Phänomenologie verlassen« habe. Dabei dient Heidegger vor allem als paradigmatisches Beispiel für die in ihrer Bedeutung weit über den Einzelfall hinausreichende Tatsache, dass »das Philosophieren heute offenbar überhaupt nicht mehr als scientia betrieben werden kann« (BV 7). In Brochs Briefen an Vietta aus den 1930er Jahren entfaltet sich eine Zeit- und Selbstdiagnose, die die konkrete politische Entwicklung (Vormarsch des Faschismus) stillschweigend beiseitelässt, um den Blick auf die Ohnmacht des auf Logos und Ratio angewiesenen »erkennende[n] und dichtende[n] Mensch[en]« in einer Epoche des alles durchdringenden Wertzerfalls zu lenken.[50] Besonders lähmend für den Schriftsteller wirkt dabei das sich verleugnende Gebot der Zeitadäquatheit, wie es Broch z. B. in seinem Brief vom 21.9.1935 zum Ausdruck bringt: »Das Ethische und Religiöse in die Welt zu tragen ist Aufgabe und bleibt Aufgabe, es ihr aber in einer ihr fremden Spache aufzwingen wollen, wird nachgerade absurd« (BV 23–25, Zitat 24). Der für diese Epoche bestimmende »Lese-Ekel«, der vielleicht »seine tiefere (metaphysische) Berechtigung« habe, legt den Schluss nahe, dass »die Schlichtheit eines stummen Lebens [...] [vielleicht] richtiger und sogar beispielgebender [sei] als das des papierenen« – was für den in diesen Jahren an der *Verzauberung* Arbeitenden eben eine »furchtbare Arbeitshemmung« bedeutet, von der er sich nun erneut freizukämpfen versucht (BV 24).

Als kurz nach Kriegsende der Kontakt zwischen dem jetzt in Princeton wohnenden Broch und dem aus amerikanischer Gefangenschaft nach Deutschland zurückgekehrten Vietta[51] wieder aufgenommen wird, nimmt die Korre-

---

[48] Zu Brochs Ablehnung der biologisch fundierten Irrationalität Benns siehe z. B. die Briefe vom 2.5.1934 (BV 13f.) und vom 22.5.1935 (BV 19–22, hier 20f.); zu Berdjajew den Brief vom 10.11.1936: »Ich habe früher derartige Haltungen scharf abgelehnt: wahrscheinlich tue ich es auch noch heute, denn ich kann noch immer außerhalb der dichterischen Erschütterung keine neue Fundierung der Ratio sehen« (BV 37–39, Zitat 38).

[49] Broch an Vietta, 20.4.1936 (BV 29–32, Zitate 29 und 30).

[50] Broch an Vietta, 24.20.1934 (BV 15–17, Zitat 17). In demselben Brief wird immerhin implizit auf das Politische angespielt, indem Broch auf das Fehlen einer »objektiven Gerechtigkeit« hinweist: »wir wissen so wenig von Gerechtigkeit, dass es kein Unrecht geben kann, dem wir – gefühlsmässig – nicht doch einen Schein von Recht beimessen könnten« (BV 16).

[51] Als Beamter war Vietta in den 1930er Jahren wegen seiner antinazistischen Einstellung zunehmend unter Druck gesetzt worden; 1942–1943 war er im Umkreis der Hamburger »Weißen Rose« tätig, 1944 flüchtete er hinter die deutschen und italienischen Linien zu den Alliierten. Vgl. Vietta und Rizzo: »Kommentar« (BV 180–271, hier 210 und 220) sowie »Nachwort« (BV 338–358).

spondenz in dem veränderten weltpolitischen Zusammenhang neue, auch zum Teil pragmatischere Dimensionen an, dazu auch eine neue Offenheit in politischen Dingen. In seinem ersten Brief (18.12.1945), der mit den Worten beginnt »Liebster Egon Vietta, ich brauche Ihnen nicht zu sagen, wie glücklich ich über Ihr Lebenszeichen bin«, teilt Broch dem Korrespondenten mit, dass er seinen Namen auf eine Liste anti-nazistischer Schriftsteller gesetzt hat, an die im Rahmen einer amerikanischen Aktion Lebensmittelpakete geschickt werden sollen, und bittet ihn, Namen und Adressen weiterer solcher Schriftsteller zu ermitteln (BV 48–51, Zitat 48). Später (Brief vom 9.4.1946) fordert er Vietta auf, eigene und anderer Bücher zu nennen, die er »für veröffentlichungsfähig hier in Amerika« halte, weil es »Pflicht der oppositionellen Emigration« sei, »den zurückgebliebenen Gesinnungsgenossen den ihnen gebührenden Platz zu verschaffen« (BV 53–55, Zitat 54). Dabei muss er dem enthusiastischen Heidegger-Schüler klarmachen, dass sein Mentor da »nicht einzuschliessen« ist, nicht nur »weil er nahezu unübersetzbar ist«, sondern auch »weil [er] nicht als ehrlicher Antifascist angesehen wird« (BV 54).

In der Tat bleiben Heidegger und sein Verhältnis zu Husserl ein bis zum Ende der Korrespondenz umkämpftes Gebiet. Broch liest sich weiter in Heidegger ein, gibt am 11.1.1948 zu, dass mit den beiden Hölderlin-Aufsätzen und dem »Wesen der Dichtung« »das Bild des nach-nazischen [sic] Heidegger [sich langsam] abzurunden« beginne (BV 101f., Zitat 101), interessiert sich auch für Viettas »Auseinandersetzungen mit den Existentialisten« (vor allem Sartre, der damals in den USA »grosse Mode« war) und deren Heidegger-Rezeption.[52] Er beharrt aber auf seinem Urteil, dass Heideggers »Monumentaldenken [...] zum grossen Teil [...] ein Spiel mit Wolkenmassen« sei.[53] Auf Viettas überschwängliches Lob für *Die Schuldlosen*, in denen er »viele Stellen« entdeckt zu haben meint, die »reines Heideggerdenken sind«, hat Broch brieflich nicht reagiert.[54]

Neben Heidegger und Existentialismus stehen im Zentrum der sich vertiefenden Freundschaft[55] die literarische Diskussion und die damit verbundene gegenseitige Unterstützung der beiden Schriftsteller. Viettas Briefe zeugen von seiner energischen publizistischen Kampagne vor allem für Brochs *Tod des Vergil* (wobei er aufgrund der damaligen Postverhältnisse den Roman erst im Sommer 1947 in die Hände bekommt).[56] Am 14.9.1947 spricht Broch seinen Dank für »die Generosität [der] Anerkennung« aus, die Vietta in einem Essay seinem Werk gezollt hat, behauptet aber zugleich, dass das Buch als Produkt eines künstlerischen Konstruktionsprozesses das ihm ursprünglich zugrunde

---

[52] Broch an Vietta, 15.10.1947 (BV 77–80, Zitat 80); 30.11.1948 (BV 138–143, Zitat 142).
[53] Broch an Vietta, 30.11.1948 (BV 138–143, Zitat 141).
[54] Vietta an Broch, 26.8.1950 (BV 159–162, Zitat 159).
[55] Ab Ende 1949 duzen sich die beiden Briefpartner.
[56] Siehe Broch an Vietta, 9.4.1946 (BV 53–55, hier 53); 9.6.1947 (BV 58f.); Vietta an Broch, 23.7.1947 (BV 60f.); 7.8.1947 (BV 61–63); 23.8.1947 (BV 63–65); 16.11.1947 (BV 86–89); 6.12.1947 (BV 90).

liegende Todeserlebnis »erschlagen« habe (BV 66–68, Zitate 67, 68).[57] Außerdem meint er in seinem Brief vom 30.11.1948, dass die Wirkung seiner einmal abgeschlossenen dichterischen Werke ihm relativ gleichgültig sei (BV 138–143, hier 138). Anders verhalte es sich mit seiner philosophischen Produktion: »Meine erkenntnistheoretische Studie, die ich bis zum Sommer fertig zu haben hoffe, *soll* Wirkung haben, und dafür kann ich mich einsetzen« (BV 138f.). Seinerseits zeigt sich Broch bereit, der von Vietta dargestellten Möglichkeit einer im NS-Staat zur Publikation gelangenden oppositionellen Literatur Glauben zu schenken,[58] lobt Viettas 1941 in Hamburg erschienenen, als Reisebericht getarnten humanistischen Roman *Romantische Cyrenaika* als »vollgültige[s] Kunstwerk«,[59] und arbeitet – allerdings vergeblich – für dessen Veröffentlichung in den USA. Nebenher schickt er an die Familie Vietta sooft wie möglich Lebensmittelpakete, legt seinen Briefen Briefmarken für die drei Söhne bei.

Die übrigen zwei Korrespondenzen, in denen das Literarische als wichtiger Themenbereich figuriert, dokumentieren Brochs Kampf, in seinen letzten Lebensjahren sowohl seine dichterischen als auch seine massenpsychologischen Arbeiten zu vollenden. Sein Briefwechsel mit *Hannah Arendt* fing im Mai 1946 an und kam fünf Jahre später mit seinem Tod zu Ende.[60] Als sie einander im New Yorker Exil kennenlernten, arbeitete Arendt an ihrem Hauptwerk *The Origins of Totalitarianism*.[61] Die intellektuelle Beziehung kam aber zunächst nicht auf dem Gebiet der politischen Philosophie, sondern auf dem der Dichtung zustande: 1946 schrieb Arendt eine Besprechung von Brochs eben erschienenem *Tod des Vergil*, den sie in ihrem ersten Brief an den Autor als »seit Kafkas Tod die größte dichterische Leistung der Zeit« lobte.[62] Um diese Zeit waren sich Broch und Arendt in der New Yorker Wohnung einer gemeinsamen

---

57 Diesem von Broch auch anderen Korrespondenten gegenüber geäußerten Urteil über den *Tod des Vergil* begegnet Vietta in seiner Antwort vom 13.10.1947 mit lebhaften Gegenargumenten (BV 73–77, hier 75f.). In einem späteren Brief (14.11.1947) erwägt Broch indessen die seiner früheren Argumentation entgegengesetzte Hypothese einer mangelnden künstlerischen Radikalität: »wenn ich mich schon in dieses an sich unmoralische Unternehmen [sc. den Roman] eingelassen habe, so hätte ich [...] so weit durchstossen müssen, dass *vielleicht* [...] nach völliger Ausmerzung sämtlicher Romanreste nun auf neuer Ebene das Ur-Erlebnis wieder aufscheint« (BV 81–86, Zitat 81).
58 Siehe dazu Vietta an Broch, 29.1.1946 (BV 51–53); Broch an Vietta, 9.4.1946 (BV 53–56).
59 Broch an Vietta, 11.1.1948 (BV 101f., Zitat 102).
60 Hannah Arendt und Hermann Broch: *Briefwechsel 1946 bis 1951*. Hg. v. Paul Michael Lützeler. Frankfurt am Main 1996 (= AB). Diese Edition enthält 17 von Arendt an Broch, 46 von Broch an Arendt gerichtete Briefe – unter ihnen alle 9 Briefe, die entweder komplett oder auszugsweise in KW 13/3 abgedruckt sind.
61 Siehe »Nachwort des Herausgebers« (AB 227–250, hier 244).
62 Arendt an Broch, 29.5.1946 (AB 9). Der Band enthält eine von Paul Michael Lützeler übersetzte deutsche Fassung der englischsprachigen Rezension (AB 169–174), wie auch weitere von Arendt verfasste Essays über Broch.

Bekannten, Brochs künftiger (zweiter) Frau Annemarie Meier-Graefe, zum ersten Mal begegnet.[63]

Die Freundschaft, die sich in der Folge zwischen dem damals 59-jährigen Schriftsteller und der 39-jährigen Philosophin entwickelte, wurde – trotz der starken Zuneigung, die die beiden zu einander empfanden – von Arendt in den Grenzen des Platonischen gehalten.[64] Dafür wurde die Briefpartnerin im Laufe der Zeit zu einer Vertrauten, der Broch nicht nur seine Angst wegen des Nicht-Fertigwerdens seiner mit einander konkurrierenden Arbeitsprojekte,[65] sondern auch die Gefühle der panischen Wehrlosigkeit verrät, die ihm sein Verhältnis zu der auf Heirat und Zusammenleben drängenden Annemarie Meier-Graefe einflößt.[66] Wichtig an diesem Briefwechsel ist aber vor allem der Dialog zwischen zwei exilierten jüdischen Intellektuellen, deren gegenseitige Achtung und zum Teil gemeinsame Interessengebiete zu einem produktiven Austausch von Gedanken und Auszügen aus dem jeweiligen »work in progress« führte. Bei Broch lag die Hauptstärke (wie Arendt einsah[67]) im Dichterischen und Literarischen, bei der Heidegger- und Jaspers-Schülerin lag sie im Bereich der politischen Philosophie. Dennoch wiesen z. B. die Hofmannsthal-Studie, an der Broch in diesen Jahren mühsam arbeitete, und Arendts schon 1938 abgeschlossene Arbeit über Rahel Varnhagen[68] substantielle Berührungspunkte auf. Als Broch Arendt am 27.9.1948 aus dem Princeton Hospital, wo er seit dem 17. Juni mit gebrochenem Schenkelhals lag (vgl. HBB

---

[63] Lützeler: »Nachwort« (AB 228). Dieses Treffen in der Wohnung von Annemarie Meier-Graefe war nur das erste von vielen, wobei Arendts Ehemann, der sozialistische Publizist und Sozialphilosoph Heinrich Blücher, der im Briefwechsel unter dem Spitznamen »Monsieur« figuriert, häufig mit von der Partie war (AB 10, Anm. 4; 13, Anm. 5). Zwischen Broch und Blücher fanden auch eigene (mündliche wie briefliche) Diskussionen statt (AB 14f., 27f., 74).

[64] Lützeler: »Nachwort« (AB 230–233).

[65] Siehe z. B. Brochs Brief an Arendt vom 10.9.1948, in dem Bergroman, Hofmannsthal-Studie, neues Romanprojekt, Erkenntnistheorie und Ausarbeitung des Konzepts einer Internationalen Akademie nacheinander erwähnt werden (AB 76f.).

[66] Siehe z. B. Brochs Brief an Arendt vom 27.9.1948, der in verzweifeltem Ton die für ihn charakteristische Assoziation von Leistung und Einsamkeitsbedürfnis ausdrückt: »Jetzt habe ich die Selbstunsicherheit eines ganzen Lebens zu bezahlen: durch keinerlei Leistung habe ich mich je zu dem mir so notwendigen Egoismus legitimiert gefühlt, und da hiedurch natürlich sich die Leistungen verringert haben, war es und ist es eine nach unten laufende Spirale« (AB 79f., Zitat 79). Nach Brochs Tod fasste Arendt die selbstzerstörerische Psychodynamik seiner letzten Lebensjahre in einer Tagebucheintragung zusammen, die am Ende des Briefwechsels abgedruckt ist (AB 165f.); in den folgenden Monaten half sie der verwitweten Annemarie beim Ordnen von Brochs literarischem Nachlass.

[67] Lützeler: »Nachwort« (AB 236).

[68] *Rahel Varnhagen. Lebensgeschichte einer deutschen Jüdin aus der Romantik* sollte erst 1958 in einer englischen Übersetzung, 1959 in der deutschen Ausgabe erscheinen. In einem Brief vom 14.12.1947 lobt Broch die Originalität der Biographie, weist aber zugleich kritisch auf die Schwierigkeiten hin, die für den Leser aus ihrer »sonderbar zweidimensionale[n] Technik« entstehen: »Sie erzählen Lebensfakten, und plötzlich springen Sie warnungslos ins Geistesgeschichtliche, ein andermal ins allgemein Historische, u.s.w.« (AB 65–67, Zitate S. 65, 66, 67, Anm. 2).

330), das zweite Kapitel seiner Arbeit schickte, empfahl er ihr in scherzhaftem Ernst die »Assimilations-Abschnitte, einfach weil sie aus Ihrer, mir damals noch unbekannten Rahel vor-plagiiert sind« (AB 79). Darüberhinaus besaß Kafka sowohl für Arendt, die ihn schon in ihrem anfänglichen Lob für den *Tod des Vergil* erwähnte und von seinen Werken eine tiefe Kenntnis hatte,[69] als auch für Broch eine zentrale kulturgeschichtliche Bedeutung.[70] Vor allem aber auf dem Gebiet der politischen Theorie und der Philosophie der Menschenrechte führte der MS-Austausch zu einem Dialog, der zunächst im Gespräch und in der Korrespondenz stattfand, sich aber nachher auch zum Teil in Arendts Einleitung zu den Essay-Bänden der *Gesammelten Werke* niederschlug. In einem Brief vom 9.9.1946 bittet Arendt Broch, »einen Artikel über Human Rights zu lesen, den ich halb um Ihres Artikels wegen schrieb« (AB 14);[71] in seiner Antwort vom 19.9.1946 preist Broch den Artikel als eine »Hochleistung«, in der er darüberhinaus »eine Bestätigung [seiner] An- und Absichten« finde – vor allem seiner Einsicht, dass bei dem Versuch, dem Begriff der Menschenrechte ex negativo ein neues Fundament zu geben, die Kategorie der Sklaverei durch die des im Konzentrationslager exemplifizierten »Unter-Sklaventum[s]« ergänzt werden müsse (AB 18f., Zitate 18). Schon dieser Brief, in dem Broch die Bedeutung des – seiner Meinung nach von Arendt nicht genügend ausgearbeiteten – Bereichs des »Metapolitischen« unterstreicht (AB 18), deutet aber auf die unterschiedlichen Akzente hin, die jeweils bei seiner *Massenpsychologie* und bei Arendts Totalitarismus-Buch gesetzt werden, und die in der Folge zu einigen Meinungsdivergenzen führen sollen. Eine Frage war die, ob (wie Broch bei seiner Bestimmung des »Irdisch-Absoluten« meinte) der Tod bzw. die Todesstrafe das Negativ-Absolute, den »Unwert an sich« darstelle, oder ob (wie Arendt in ihrem Brief vom 20.2.1949 argumentierte) »das Teuflische des modernen Terrors [...] unter anderem darin besteht, daß er dies Äußerste übertrumpft hat, wohl wissend, daß Menschen vor Schmerzen mehr Angst haben können als vor dem Tode« (AB 94f., Zitat 94).[72] Noch wesentlicher und allgemeiner sind aber die Differenzen, wo es um die Konstitution des jeweiligen theoretischen Gebäudes geht. Gegen Arendts in demselben Brief geäußerte Ansicht, dass der Kern von Brochs Entwurf »Menschenrecht und Irdisch-Absolutes« im Rechtsgedanken liege, während die »Ich-Theorie nicht

---

[69] Als Lektorin beim Schocken-Verlag war Arendt für die von Max Brod edierte Ausgabe von Kafkas Tagebüchern verantwortlich; in einem Brief vom 20.12.1946 bat sie Broch um Rat, ob zwei von Max Brod »aus Dezenz-Gründen« ausgelassene Seiten doch gedruckt werden sollten (AB 10, Anm. 3; 26 und Anm. 1).

[70] Siehe dazu Arendts Bemerkungen in ihrer für die Broch-Ausgabe des Rhein-Verlags verfassten, in diesem Briefwechsel wieder abgedruckten Einleitung zu den Essay-Bänden (AB 185–223, hier 191).

[71] Es handelte sich um den drei Jahre später von Arendt veröffentlichten Artikel »›The Rights of Man‹: What are they?« und um Brochs »Bemerkungen zur Utopie einer ›International Bill of Rights and of Responsibilities‹« (1945) (AB 16, Anm. 4 und 5).

[72] Dazu auch AB 198–201.

ganz schlüssig« sei (AB 94), verteidigt Broch in seiner Replik vom 21.2.1949 die komplexe Einheit des Gerüsts, das er um seine Neufundierung der Menschenrechte errichten will: »Ohne Ich-Theorie keine Werttheorie, ohne Werttheorie keine Ethik und keine Ästhetik« (AB 97–101, Zitat 97).[73] Später, in einem Brief vom 3.6.1949, erkennt Arendt das »Irdisch-Absolute« als »eine wesentliche Entdeckung« an, um sich gleich von dem Begriff zu distanzieren: Er sei zwar »unumgänglich richtig und notwendig«, aber nur unter der Voraussetzung, dass »die Menschenrechte ›angeboren‹ und gleichsam ein Bestandteil der Menschen« seien. Daran glaube sie aber nicht mehr (AB 118–120, Zitate 118). Zugleich warnte sie den Briefpartner – der mit seinen Schriften sowohl Fachwissenschaftler als auch die breite Öffentlichkeit erreichen und überzeugen wollte[74] – davor, unmittelbare praktische Ergebnisse von seinen publizistischen Aktivitäten zu erwarten: »mir scheint, daß Sie den Zusammenhang zwischen theoretischer Erkenntnis und politischer Wirkung im Sinne eines Kurzschlusses sehen [...]. Wenn ein Pamphlet als solches unmittelbar wirkt, ist es wie ein Wunder« (AB 119).

Zu den pragmatischen Funktionen der Arendt-Broch-Korrespondenz gehörte die wechselseitige Empfehlung und Beförderung von weniger bekannten Autoren, denen bei der Suche nach Publikationsmöglichkeiten geholfen werden konnte.[75] Unter ihnen befand sich der junge Schriftsteller H. G. Adler, der seine Erlebnisse als Insasse vom KZ Theresienstadt sorgfältig dokumentiert und einer bahnbrechenden Studie zugrunde gelegt hatte, für die er einen Verlag suchte.[76] Über die gemeinsame Bekannte Veza Canetti erhielt Broch im Mai 1948 ein detailliertes Exposé, von Adler (dem er inzwischen geschrieben hatte) im August/September 1948 einige Kapitel, im Februar 1949 das Gesamt-MS.[77] In einem Brief vom 21.12.1948 wandte sich Broch an Arendt, die (so Broch) »so viele israelitisch-mosaische Herren von Rang und Ansehen« kenne, mit der Frage, »ob von da aus nicht doch etwas für das Theresienstadt-Buch [worüber sie schon im Bilde war] gemacht werden könnte« (AB 85f., Zitat 85). Spätere Briefe dokumentieren nicht nur Arendts (und Brochs) Bemühungen, vor allem über Elliot Cohen, Herausgeber von *Commentary*, Unterstützung für eine englischsprachige Buchpublikation zu finden, sondern auch Brochs stark damit kontrastierendes Unverständnis für die dichterischen Werke, die ihm Adler in der Folge schickte und die er in einem Brief an Arendt vom 28.5.1949 für »schlechterdings furchtbar« erklärte (AB 112–115, Zitat 113).

---

73 Zur Ich-Theorie bei Broch siehe auch: AB 204–212.
74 Siehe Brochs Brief an Arendt vom 28.5.1949 (AB 112–115, hier 114).
75 Dabei waren Arendts Kontakte bei der jüdischen Kulturzeitschrift *Commentary* besonders nützlich (AB 87, Anm. 11).
76 Die heute immer noch als Standardwerk geltende Studie wurde erst 1955 unter dem Titel *Theresienstadt 1941–1945. Das Antlitz einer Zwangsgemeinschaft* veröffentlicht (AB 87, Anm. 4).
77 Siehe dazu Broch an Arendt, 14.2.1949 (AB 91–93, hier 92).

Zwischen Broch und Adler entwickelte sich nebenher eine Korrespondenz, die mit einem Brief Brochs vom 23.7.1948 beginnt und zwei Jahre später ins Stocken gerät. Diese Korrespondenz ist in einer ihr gewidmeten Edition veröffentlicht worden, die uns erlaubt, die Entwicklung dieser ausschließlich epistolarischen Beziehung genau zu verfolgen und deren biographische und intellektuelle Hintergründe zu verstehen.[78] An Adlers etwas längerer Antwort (7.8.1948) auf Brochs ersten, kurzen Brief fällt der Hinweis auf die für ihn entscheidende Bedeutung der *Schlafwandler* auf: Schon 1937 habe ihn Canetti auf Broch aufmerksam gemacht, nachher sei er im Laufe des Krieges »mit einer seltsamen, aber sinnvollen Verspätung« mit der Romantrilogie bekannt geworden, deren »geschichtsphilosophische Leistung«, vor allem der »Zerfall der Werte«, ihm einen »Schlüssel zum Verständnis des Nationalsozialismus und allgemein der Kulturkrise des Abendlandes« angeboten und wesentlich zum Konzept seines Theresienstadt-Buchs beigetragen habe.[79] Im Frühjahr 1949 wird ein von Hannah Arendt entworfener »Feldzugsplan« für die Publizierung des Buchs in Gang gesetzt,[80] mittlerweile aber hatte die Beziehung zwischen den beiden Briefpartnern sowohl menschlich als auch intellektuell an Tiefe gewonnen. Zu seinem Lob für Adlers »bewunderungswürdiges Werk« fügte Broch in einem Brief vom 10.9.1948 die Information hinzu, er habe die »erste Lektüre [...] etwas zu aufregend« gefunden, weil seine Mutter in Theresienstadt umgekommen sei,[81] was den Briefpartner zu der Vorstellung inspiriert:

> Wie oft standen Sie mir in Theresienstadt [...] sehr deutlich vor Augen, wie sehr beschäftigte mich Ihre Auffassung der jüngsten Geschichte, während ich unwissend meine Lagerstätte wohl nur wenige Häuser entfernt von Ihrer Frau Mutter hatte, deren Leben sich in diesem gnadenlosen Ort erfüllen mußte.[82]

Im Januar 1949 sendet er Broch nicht nur die restlichen Kapitel des Buchs, sondern auch drei zusätzliche Essays, von denen einer den von Adler zur Analyse des Nationalsozialismus gemünzten Begriff des »mechanischen Materialismus« erläutert,[83] den er in seinem nächsten Brief mit Brochs »Zerfall der

---

78 Hans G. Adler und Hermann Broch: *Zwei Schriftsteller im Exil. Briefwechsel.* Hg. und kommentiert v. Ronald Speirs und John White. Göttingen 2004. Die Ausgabe enthält 9 von Adler an Broch, 11 von Broch an Adler gerichtete Briefe (von denen nur Brochs letzter vom 30.5.1950 in KW 13/3, 459–462 abgedruckt ist), wie auch Brochs auf Englisch verfasstes Gutachten zum Theresienstadt-Buch (Adler und Broch: *Briefwechsel*, S. 24f.).
79 Siehe: (Adler und Broch: *Briefwechsel*, S. 8f., Zitate 8).
80 Broch an Adler, 3.3.1949 (Adler und Broch: *Briefwechsel*, S. 15–17, Zitat 16). Elliot Cohen sollte dabei eine führende Rolle spielen; seinerseits hatte Adler schon die Unterstützung von Leo Baeck gewonnen, der in Theresienstadt Mitglied des Ältestenrats gewesen war und in dieser Rolle Adler kennengelernt und sich mit ihm befreundet hatte. Siehe: (Adler und Broch: *Briefwechsel*, S. 64, Anm. 12).
81 Siehe: (Adler und Broch: *Briefwechsel*, S. 10f., Zitate 10). Adler hatte Broch einige repräsentative Kapitel geschickt.
82 Adler an Broch, 24.9.1948 (Adler und Broch: *Briefwechsel*, S. 11f.).
83 Adler an Broch, 21.1.1949 (Adler und Broch: *Briefwechsel*, S. 14f.).

Werte« in Zusammenhang bringt.[84] Broch, dem die Zitierung des »Wertzerfalls« gar nicht unwillkommen ist, ahnt seinerseits »in unser beider Denken eine ganze Menge von Berührungspunkten«.[85] Im Sommer 1949 aber nehmen die Dinge einen verhängnisvollen Verlauf: während das Theresienstadt-Buch, dessen Inhalt im Briefwechsel kaum diskutiert wird,[86] vorläufig ohne Publikationsaussichten bleibt, überhäuft Adler den Briefpartner mit seinem gleichfalls unveröffentlichten dichterischen Œuvre (Romanen und Gedichten), dem Broch ziemlich ratlos gegenübersteht. Während er sich aber im Briefverkehr mit Arendt das (schon oben zitierte) summarische Urteil erlaubt, verhält er sich Adler gegenüber mit einer für ihn typischen Nachsicht. Nach einem fast fünfmonatigen, nur von zwei unterwegs verloren gegangenen Postkarten unterbrochenen Schweigen konstatiert er angesichts des Romans »Die Ansiedlung«, dass er und Adler »verschiedenen Generationen« angehören: »ich kann Ihr Buch bloß soweit verstehen, als ich es in mein starrgewordenes Apperzeptionsschema einzureihen vermag.« Er unternimmt trotzdem einen Deutungsversuch, der in der Frage nach der Beziehung zu Kafka gipfelt, kommt dann zu dem Schluss: »Sie [sind] bereits in einer ganz andern Sphäre, als ich sie dichterisch je erreichen könnte: deswegen sollen Sie weiter dichten, während ich es aufgebe, resp. es höchstens noch unter Zwang tue.«[87] Nachdem Adler dann nicht locker lässt, sondern am 16.12.1949 dem Briefpartner eine (im *Briefwechsel* 12 Druckseiten umfassende) Auslegung des Textes schickt,[88] wartet der mit Arbeit überlastete Broch bis Ende Mai 1950 mit seiner Antwort, in der er die Topoi Mythos und Kafka-Vergleich wieder aufnimmt.[89] Adlers letzter, auf den 17.7.1950 datierter Brief, in dem er auf dieselben Themen eingeht und die Erläuterung der »Ansiedlung« weiterführt,[90] bleibt von Broch unbeantwortet.

---

[84] Adler an Broch, Briefentwurf ohne Datum (Adler und Broch: *Briefwechsel*, S. 17–19).
[85] Siehe Broch an Adler, 3.3.1949 (Adler und Broch: *Briefwechsel*, S. 15–17, Zitat 17).
[86] Siehe: (Adler und Broch: *Briefwechsel*, S. 77–96, hier 90f.).
[87] Broch an Adler, 9.12.1949 (Adler und Broch: *Briefwechsel*, S. 31–34, Zitate 31, 33). In der »Ansiedlung« wird die »Zwangsgemeinschaft« Theresienstadt einer satirisch-allegorischen Behandlung unterzogen. Zur Frage, warum Broch sich in seinen Bemerkungen auf das Ästhetische konzentriert und den Realitätsbezug des Romans weitgehend vernachlässigt, siehe: (Adler und Broch: *Briefwechsel*, S. 90–93).
[88] Siehe: (Adler und Broch: *Briefwechsel*, S. 34–46).
[89] »Warum nennen Sie das Aussehen unserer Welt ›pseudo-mythologisch‹? Die Welt als solche war noch niemals mythisch oder mythologisch; bloß der Ausdruck, den der Mensch für die Welt und seine Stellung in ihr findet oder gefunden hat, verdient solche Bezeichnung [...]. Perioden des Glaubensumbruches fördern aber den mythischen Ausdruck. In Kafka sehe ich Symptome hiefür. [...] Sie wehren sich gegen den Vergleich mit Kafka. Ich halte das für unberechtigt.« Broch an Adler, 30.5.1950 (Adler und Broch: *Briefwechsel*, S. 46–52, Zitat 48).
[90] Siehe: (Adler und Broch: *Briefwechsel*, S. 52–60).

2. Politik

Ab Mitte 1937 schlagen sich Brochs Wendung zum Politischen, seine Versuche der »Pestbekämpfung«, seine Bemühungen um eine Neufundierung der Ethik und der Menschenrechte in verschiedenen Formen in seiner Korrespondenz nieder: in längeren, manchmal zu kleinen Abhandlungen geratenden Briefen,[91] die eine breit angelegte, um die Rettung des Humanen kreisende Thematik entwickeln – u. a. Völkerbundethos, Marxismus, Absolutheitsethik, Massenpsychologie, Geopolitik der Nachkriegsära (KW 13, Br. Nr. 244, 245, 250, 282, 308, 474, 476, 486, 593, 645, 662, 682, 717, 725, 736); in Erinnerungen des jüdischen Exulanten an den in Wien und anderswo erlebten nazistischen Alltag (Br. Nr. 268, 270, 271, 272, 512) und in warnenden Hinweisen auf den sowohl in Großbritannien als auch in den USA latenten Antisemitismus (Br. Nr. 275, 292, 304, 357); in zahlreichen Berichten über die oft im Schneckentempo fortschreitende Arbeit an seinen massenpsychologischen Schriften und in praktischen Mitteilungen im Zusammenhang mit kollektiven, auf öffentliche Wirkung zielenden Aktionen. Zwei Briefwechsel heben sich aber dadurch hervor, dass jeder von ihnen sich als ein mehr oder weniger andauernder politischer Dialog konstituiert, bei dem Broch einerseits darum bemüht ist, Gemeinsamkeiten bzw. Berührungspunkte mit dem Partner – seien sie bloß allgemeinmenschlicher Art – zu identifizieren, andererseits aber die sich im Laufe der Diskussion herauskristallisierenden Differenzen dazu benutzt, den eigenen Standpunkt genauer zu bestimmen.

In der Korrespondenz mit *Volkmar von Zühlsdorff*, die sich um die psychische und moralische Lage des deutschen Volkes nach (und vor) dem Zweiten Weltkrieg dreht, sind die Differenzen besonders markant.[92] Als Sekretär der 1935 von Hubertus Prinz zu Löwenstein gegründeten American Guild for German Cultural Freedom hatte Zühlsdorff Broch schon kurz nach seiner Ankunft in den USA bei verschiedenen Gelegenheiten Hilfe geleistet (vgl. HBB 245), während sich Broch seinerseits für eine verstärkte politische Wirksamkeit der Guild einsetzen wollte. Die auf diese Weise in den späten 1930er Jahren entstehende freundschaftliche Beziehung, die in einigen in KW 13/2 abgedruckten, aus chronologischen Gründen in *Briefe über Deutschland* nicht aufgenommenen Briefen dokumentiert ist,[93] bildet die menschliche Basis für den späteren Dialog zwischen Broch und dem in Newfoundland, New Jersey wohnenden Briefpartner. Eben dieser Dialog aber sollte die Freundschaft auf

---
91 Zu den Adressaten zählen sowohl Marxisten wie Ralph Manheim als auch katholische Intellektuelle, z. B. Jacques Maritain und Ludwig von Ficker.
92 Hermann Broch: *Briefe über Deutschland 1945–1949. Die Korrespondenz mit Volkmar von Zühlsdorff*. Hg. v. Paul Michael Lützeler. Frankfurt am Main 1986 (= BÜD). Von den insgesamt 48 Briefen stammen 28 von Broch.
93 Siehe KW 13/2, Br. Nr. 287, 326, 338, 401. Weiter sind in KW 13 neun Briefe abgedruckt, die auch in BÜD enthalten sind.

eine harte Probe stellen. So beginnt Zühlsdorff seinen Brief vom 19.8.1945 mit dem Ausruf: »Mein lieber Hermann, ehrlich gestanden – ich bin über Ihren Brief entsetzt« (BÜD 27–30, Zitat 27), was Broch zwei Tage später zu der beschwichtigenden Antwort veranlasst: »Aber, aber, aber Volkmar! Habe ich mich so ungeschickt ausgedrückt, oder gibt es überhaupt keine Verständigung mehr zwischen Mensch und Mensch, und so nicht einmal mehr zwischen uns beiden?«[94]

Ausgelöst wurde das Entsetzen des Briefpartners u. a. durch Brochs Behauptung, der Deutsche habe »durch volle 20 Jahre [...] die toll-idiotischeste Judenhetze mit völliger Gleichgültigkeit betrachtet, und kraft dieser bestialischen Gleichgültigkeit ist er zum Helfershelfer eines bestialisch-systematischen Massenmordes geworden«.[95] Dieses Urteil, das sich in seiner Zeitspanne auf die Weimarer Jahre erstreckt, in denen der junge Zühlsdorff im demokratischen »Reichsbanner« tätig war,[96] wird von ihm entschieden zurückgewiesen (vgl. BÜD 28); später (31.8.1945) meint er, dass »die deutsche Opposition gegen den Nationalsozialismus [...] von Anfang an eine Massenbewegung war« (BÜD 34–39, Zitat 34f.). An diesen polar entgegengesetzten Standpunkten wird die tiefe Kluft sichtbar, die die beiden Briefpartner in ihren Ansichten über das deutsche Volk und dessen politisch-moralische Konstitution voneinander trennt, und die sich im Laufe des Briefwechsels in einer ganzen Reihe von praktischen und weltanschaulichen Differenzen ausdrückt. Den Auftakt bildet Zühlsdorffs wiederholt an Broch gestellte Aufforderung, mit ihm nach Deutschland zurückzukehren, um (wie er es einmal ausdrückt) »das Elend und die Not zu teilen vom ersten möglichen Augenblick an«.[97] Während er in einem Brief vom 24.7.1945 Zühlsdorffs Rückkehrpläne gutheißt – »Ja, Sie müssen es sogar tun« (BÜD 21f., Zitat 21) – weigert sich Broch nicht nur wegen seiner noch zu vollendenden Arbeitsprojekte, sondern auch auf Grund seiner jüdischen Identität, ihn dorthin zu begleiten: Erstens, weil »im Anblick von Opfern [...] kein schlechtes Gewissen wachsen [könne]« (BÜD 21f.), zweitens weil er – wie er im folgenden Brief (9.8.1945) mit nun größerer Offenheit zugibt – »nicht wieder in die Zwangslage geraten [wolle], verachten zu müssen« (BÜD 25–27, Zitat 26). Zühlsdorffs Schilderungen der Misere des deutschen Volkes[98] kontert Broch am 25.3.1946 mit »ein paar [übermittelten] Bemerkungen Ruth Nordens aus Berlin sowie einige[n] dazugehörige[n] Zei-

---

[94] Broch an Zühlsdorff, 21.8.1945 (BÜD 31–34, Zitat 31).
[95] Broch an Zühlsdorff, 9.8.1945 (BÜD 25–27, Zitat 25).
[96] Siehe Zühlsdorff an Broch, 19.8.1945 (BÜD 27–30, hier 28); ferner »Einleitung« (BÜD 9–19, hier 10).
[97] Zühlsdorff an Broch, 2.8.1945 (BÜD 22–24, Zitat 24). Der erste Brief, in dem Zühlsdorff ihm diesen Gedanken nahelegt, ist in dieser Ausgabe nicht enthalten.
[98] »Sie heben hervor, daß es den Leuten viel besser geht, als man hört, daß sie gut gekleidet seien, usw. Ich sehe, daß die Menschen in 80% der großen Städte in Ruinen und Kellern wohnen«, Zühlsdorff an Broch, 15.2.1946 (BÜD 54–58, Zitat 57).

tungsausschnitte[n]« (BÜD 71f.); Zühlsdorffs etwas naiv anmutende Idee einer »jüdischen Hilfsaktion für deutsche Kinder«, die zum Abbau des deutschen Antisemitismus beitragen sollte, lehnt er in einem Brief vom 5.11.1945 als »undurchführbar« ab:

> Der Jude ist kein Übermensch, und der Refugee, an den die Forderung sich vor allem richtet, ist es am allerwenigsten. Wenn seine Moral hoch und so wach ist, daß er [...] Teile seines Einkommens für Wohlfahrtszwecke verwendet, so wird er es unzweifelhaft für jüdische und nicht für deutsche Zwecke tun. (BÜD 46f., Zitate 46)

Nachdem Zühlsdorff und Prinz Löwenstein im Jahre 1946 tatsächlich ihre Deutschland-Reise unternehmen, treten die Divergenzen noch stärker hervor. Während Zühlsdorffs bewundernde Darstellung der Haltung der Deutschen – »Sie sind gar nicht mürrisch, verbittert und zänkisch, ganz im Gegenteil. Sie tragen, was das Schicksal ihnen aufgebürdet hat, mit einer ungemeinen Würde und ruhigen, inneren Kraft«[99] – von Broch (allerdings mit Vorbehalten) akzeptiert wird,[100] trifft seine am 27.5.1947 mitgeteilte Überzeugung, der Nazismus sei in Deutschland »erloschen und ausgebrannt« (BÜD 89–92, Zitat 91), auf offene Skepsis.[101] Am 2.2.1948 warnt Broch den Briefpartner vor den »Gefahren des fixierten Apperzeptionsschemas [...]: mitten im deutschen Elend lebend, überwältigt von solchem Elend, merken Sie das noch vorhandene Nazitum nicht mehr« (BÜD 108f., Zitat 108).

Bis zum Ende dieser Korrespondenz bleiben Broch und Zühlsdorff freundschaftlich verbunden. Seinen letzten, 14.12.1949 datierten Brief an Broch beendet Zühlsdorff mit der von ihm häufig gebrauchten aber im Ernst gemeinten Formel »Immer Ihr getreuer Volkmar« (BÜD 148–150, Zitat 150). Der briefliche Dialog hat aber die Meinungsgegensätze nicht überwunden.[102] Beiden bleibt die Frage, wie (in Brochs Worten vom 9.8.1945) »der Mensch [...] wieder auf die Bahn zunehmender Humanisierung gebracht werden« könne (BÜD 26), das allerwichtigste Anliegen, beide schreiben Deutschland bei diesem Prozess eine zentrale Rolle zu. Während aber Zühlsdorffs Haltung vor allem von seiner vom christlichen Glauben beflügelten »Liebe zu diesem Volke« bestimmt ist, dessen Erniedrigung »ein Blühen christlicher Tugenden, brüderliche Liebe, heitere Geduld und ein Geringschätzen aller irdischen Habe« gezeigt habe,[103] meint Broch, dass die

---
99 Zühlsdorff an Broch, 21.11.1946 (BÜD 72–79, Zitat 74).
100 »Elend veredelt nämlich bis zu einem Grad, nämlich so weit es Katastrophen-Elend ist, während es vertiert, wenn es zum schleichenden Elend wird.« Broch an Zühlsdorff, 24.12.1946 (BÜD 80–82, Zitat 80).
101 »Und ebenso wenig wie der einzelne Deutsche weiß, wie sehr er verhitlert ist, so wenig weiß es sonstwo der Einzelne. Und darum immer wieder meine Frage vor den Hubertus-Berichten: wo sind die Nazi? Wo ist der Nazi-Geist?« Broch an Zühlsdorff, 5.7.1947 (BÜD 94f., Zitat 94).
102 Zu den hier besprochenen kontroversen Themen kommen zahlreiche andere hinzu, u. a. Potsdamer Abkommen, Lage der Vertriebenen, Morgenthau-Plan, Nürnberger Prozesse.
103 Zühlsdorff an Broch, 21.11.1946 (BÜD 72–79, Zitat 75).

eigentliche praktische Lösung [...] von Deutschland ausgehen [werde], *weil dort die Schuld am akzentuiertesten gewesen ist* und weil dort der mystische Zusammenhang von Schuld und Sühne am handgreiflichsten zutagetritt. In der Regeneration der Welt wird Deutschland die führende Rolle spielen, sobald der Deutsche erfaßt haben wird, was Schuld durch Gleichgültigkeit bedeutet«.[104]

Wie bei seiner Beziehung zu Volkmar von Zühlsdorff findet sich Broch auch in seinem Briefwechsel mit Eric Voegelin einem Gesprächspartner gegenübergestellt, dessen Wertesystem und Ansichten dezidiert konservativer sind als die seinen.[105] Als vielseitig interessierter, an der Universität Wien lehrender junger Politikwissenschaftler war Erich (später auch: Eric) Voegelin dem Autor der *Schlafwandler* in den 1930er Jahren begegnet; als antinazistischer Befürworter des autoritären österreichischen Ständestaats ging er nach dem Anschluss ins Exil und nahm eine Reihe von Posten an amerikanischen Universitäten auf.[106] In dem ersten der erhaltenen Briefe, der das Datum 7.12.1939 trägt, begrüßt Broch den erneuten Kontakt, der offensichtlich von Voegelin initiiert worden war, und bringt den Briefpartner sowohl über familiäre Sachen (die in Wien zurückgelassene Mutter, den in einem französischen Konzentrationslager sitzenden Sohn) als auch über seine Arbeitsprojekte auf den neuesten Stand. Dabei hebt er vor allem seine »in engerem Kontakt mit Th. Mann« wieder aufgenommenen »politischen Bemühungen« hervor, für die er Voegelin, dem Brochs vor drei Jahren begonnene Völkerbundarbeit schon bekannt ist, gewinnen möchte, während er seine literarische Tätigkeit als eine Art Handicap abtut: »wer einmal als Dichter abgestempelt ist, muss dichten.«[107] Im Laufe der sich gemächlich entwickelnden, von einem gelegentlichen MS-Austausch begleiteten Korrespondenz treten die Divergenzen hervor: Während Broch über seine weiteren politischen Aktivitäten wie z. B. 1940–1941 seine Teilnahme an dem »City of Man«-Projekt berichtet,[108] und im März 1945 dem Briefpartner seine auf die frühere Völkerbund-Arbeit zurückgreifenden Ideen zu einem Gesetz zum Schutz der Menschenwürde schickt,[109] hält sich Voegelin von

---

[104] Broch an Zühlsdorff, 9.8.1945 (BÜD 25–27, Zitat 26). Hervorhebung von Broch.
[105] Hermann Broch und Eric Voegelin: »Briefwechsel 1939–1949«. In: *Sinn und Form* 60 (2008) H. 2, S. 149–174. Die anscheinend ziemlich sporadische, dazu etwas lückenhaft erhaltene Korrespondenz umfasst insgesamt 21 Briefe, von denen 16 von Broch an Voegelin adressiert sind. Voegelins Briefe aus der Zeit zwischen Dezember 1939 und Mai 1944 fehlen vollständig, für die Jahre 1942 und 1943 ist überhaupt keine Korrespondenz vorhanden.
[106] Siehe Thomas Hollweck: »Im Schatten der Apokalypse. Zum Briefwechsel zwischen Hermann Broch und Eric Voegelin«. In: *Sinn und Form* 60 (2008) H. 2, S. 175–189.
[107] Broch an Voegelin, 7.12.1939 (Broch und Voegelin: »Briefwechsel«, S. 149f., Zitat 149). Die Buchstabierung »ss« folgt der bei der Veröffentlichung in *Sinn und Form* verwendeten.
[108] Dazu die Briefe vom 21.9.1940 und 3.2.1941 (Broch und Voegelin: »Briefwechsel«, S. 152f.).
[109] Broch an Voegelin, 24.3.1945 (Broch und Voegelin: »Briefwechsel«, S. 159f. Dazu auch Thomas Hollweck: »Gedanken zu einem Briefwechsel zwischen Hermann Broch und Eric Voegelin zur Menschenrechtsfrage«. In: *Hermann Broch. Politik, Menschenrechte – und Literatur?* Hg. v.

solchen Interventionen fern. In seinem Brief vom 30.3.1945 gesteht er, dass er »zutiefst pessimistisch [sei] in bezug auf die Möglichkeiten, etwas zu tun, das nicht umsonst ist«. Brochs Wunsch, die Würde des Menschen durch Gesetze zu schützen, halte er zwar für »eine ausgezeichnete Idee. Aber ich bezweifle, dass sie, selbst in abgeschwächtester Form, auch nur die geringste Aussicht auf Zustimmung hat«.[110] In einem Brief vom 10.9.1945 nimmt Voegelin zu einer mittlerweile von Broch übersandten revidierten Fassung des Projekts Stellung: Obwohl er an der neuen Version nun »nichts [...] auszusetzen« habe, bleibe er, was die Realisierbarkeit betrifft, bei seiner Skepsis.[111] Nach diesem relativ sanften Auftakt geht er aber zu einer provokatorisch-radikalen Infragestellung von Brochs Demokratieverständnis über:

> Sie nehmen z. B. an, dass die amerikanische Verfassung demokratisch sei. Das scheint mir geschichtlich zweifelhaft. [...] Im oligarchischen Charakter der amerikanischen Gesellschaft würde ich gerade ihre Widerstandskraft gegen den sogenannten ›Fascismus‹ sehen. Während ich den Fascismus deutscher Prägung als eine echt demokratische Bewegung klassifizieren würde, welche nicht mehr durch die Standards des ancien régime gehemmt ist.[112]

Diese Herausforderung kontert Broch in seinem nächsten Brief mit einer für ihn typischen, auf Verständigung ausgerichteten Strategie: Einerseits sei es »bloss eine Frage der Terminologie, ob man fascistische Slogan-Politik oder Oligarchie nach amerikanischem Muster als Demokratie bezeichnen will«; andererseits glaube er in seiner »Massenpsychologie« zeigen zu können, »dass die eigentliche Dichotomie nicht in der Alternative Demokratie – Nichtdemokratie, sondern durchaus in der von Human – Nichthuman liegt [...]«.[113]

Neben dieser zu keiner richtigen Einigung führenden politischen Auseinandersetzung läuft eine kulturphilosophische her, bei der die Positionen eine analoge Polarisierung aufzeigen: an Brochs Verwerfen des radikal-modernistischen Elfenbeinturms der »völlige[n] Unverständlichkeit«,[114] wie auch an seiner Vermutung, das Dichtergewerbe werde eines Tages »in anderer Form – wahrscheinlich als Kollektivkunstwerk des Films – wiederauferstehen«,[115] nimmt Voegelin gleichermaßen Anstoß:

Thomas Eicher, Paul Michael Lützeler und Hartmut Steinecke. Oberhausen 2005, S. 65–81, hier 73f.).

110 Broch und Voegelin: »Briefwechsel«, S. 161–163, Zitate 161. Voegelin basiert seinen Pessimismus auf eine Scheler'sche Diagnose der das Zeitalter prägenden »frei flottierende[n] Hasswellen«.
111 Siehe: Broch und Voegelin: »Briefwechsel«, S. 164–166, Zitat 165.
112 Siehe: Broch und Voegelin: »Briefwechsel«, S. 164ff.
113 Broch an Voegelin, 22.9.1945 (Broch und Voegelin: »Briefwechsel«, S. 166f., Zitat 167).
114 Broch an Voegelin, 31.5.1944 (Broch und Voegelin: »Briefwechsel«, S. 155f., Zitat 155). Diesen Ausdruck wendet Broch hier (wie auch anderen Briefpartnern gegenüber) auf Joyces *Finnegans Wake* an, dessen 17-jährigen ins Esoterische führenden Entstehungsprozess er mit dem relativ kürzeren seines *Vergil* kontrastiert.
115 Siehe: Broch und Voegelin: »Briefwechsel«, S. 155f.

> Dass wir einem Zeitalter des Films als Kollektivkunstwerk und anderen Scheusslichkeiten entgegengehen, mag wohl sein; aber: so what? Wenn Sie mir die Alternative zwischen einem ivory-tower und einem tower of filth stellen, da bin ich doch noch eher für den ivory-tower. Im übrigen halte ich nicht viel von dem slogan [sic] ›ivory tower‹ – nichts ist so realitätsfern wie die verdreckte Phantasiewelt, in der das Kollektivum lebt.[116]

Die Auseinandersetzung über die Literatur der Moderne findet aber im Zusammenhang von Brochs Arbeit am *Tod des Vergil* statt, über die er Voegelin auf dem Laufenden hält. Als Broch ihm im September 1945 eine ihm und seiner Frau gewidmete Kopie des Romans schickt, spricht er nicht nur seinen Dank, sondern auch seine ehrliche Bewunderung für ein Werk aus, dessen Stil seine eigene Vorstellung von den mystischen Quellen der Dichtung zu bestätigen scheint:

> Erwarten Sie im Augenblick keine Bemerkungen, sie wären vorschnell, ich habe mich ganz dem Lyrismus des Monologs hingegeben und nur hin und wieder zurückgeblättert, um einige Stellen isoliert zu sehen. Ich weiss vorläufig nur, dass es nicht nur ein grosses Sprachwerk ist, sondern auch eins der Mystik.[117]

Wie in den Briefwechseln mit Daniel Brody und mit Hannah Arendt findet sich Broch auch hier einem Gesprächspartner gegenüber, der ihn nicht so sehr als systembildenden Theoretiker, sondern vor allem als Dichter schätzt. Brochs dem erfolgreichen Universitätsprofessor gegenüber geäußertes Gefühl des eigenen wissenschaftlichen Dilettantismus[118] versucht Voegelin in seinen Briefen nicht zu entkräften; dafür bezeichnet er sich in seinem Lob des eben gelesenen *Tod des Vergil* als einen »Dilettanten in Dingen der Literatur«.[119] Die Vermutung liegt nahe, dass er mit dieser Formel die geistige Ebenbürtigkeit der beiden Briefpartner – des Akademikers und des Dichters – ausdrücklich anerkennen und betonen wollte.

3. Erkenntnistrieb und ›Frauengeschichten‹

Neben den zahlreichen Briefen, in denen es sich einerseits um Berichte aus dem Alltag bzw. pragmatische Mitteilungen, andererseits um literaturkritische bzw. theoretische Diskussionen handelt, gibt es in Brochs Korrespondenz einige wenige Stellen, wo bestimmte seiner Weltanschauung zugrunde liegende Me-

---

[116] Voegelin an Broch, 5.6.1944 (Broch und Voegelin: »Briefwechsel«, S. 156f.).
[117] Voegelin an Broch, 10.9.1945 (Broch und Voegelin: »Briefwechsel«, S. 164–166, Zitat 164f.).
[118] Siehe z. B. Brochs Brief an Voegelin vom 19.2.1949, in dem er Voegelins »souveräne Stoffbeherrschung« als ein für ihn »unerreichbares Ideal« preist: »Ich bin ja ein Dilettant« (Broch und Voegelin: »Briefwechsel«, S. 173f., Zitat 174).
[119] Voegelin an Broch, 10.9.1945, (Broch und Voegelin: »Briefwechsel«, S. 164–166, Zitat 165).

taphern bzw. symbolische Strukturen unmittelbar, d. h. mit minimalem erkenntnistheoretischem Gerüst, dargestellt werden. Es handelt sich primär um Strategien der Selbstbehauptung angesichts einer Welt, die dem Ich als Herausforderung gegenübersteht. 1925 kommt diese elementare Polarität in zwei inhaltlich sehr ähnlichen, von didaktischem Ernst durchtränkten Briefen zum Ausdruck, die in rascher Folge an den 73-jährigen Vater Joseph und den 14-jährigen Sohn Hermann Friedrich geschrieben wurden.[120] In beiden geht es um den Gegensatz zwischen dem »›von außen‹« betrachteten, »allen Zufällen der Welt und des Sterbens ausgesetzt[en]« Menschen (KW 13/1, 62) und dem »höchst wundervollen Ich-Bewußtsein«, das den »Rückhalt eines jeden Unsterblichkeitsglaubens« bildet (KW 13/1, 63), woraus Broch die Aufgabe eines »nach der absoluten Wahrheit« strebenden Ichs ableitet, »sich seine Wirklichkeit stets neu zu erschaffen und immer mehr zu erweitern« (KW 13/1, 66). Die Metapher der Wirklichkeits-Erweiterung, die zugleich Ich-Erweiterung bedeutet, wird für Broch bis an sein Lebensende ihre Signifikanz behalten. Während aber in den aus dem Jahr 1925 stammenden Briefen die Aufgabe optimistisch als potentiell lebenslanger, konstruktiv fortschreitender Prozess der Realitätserfassung und der Todesüberwindung aufgefasst wird, kommt in den 1930er und 1940er Jahren eine andere, durch den Gegensatz Konstruktion/Reduktion strukturierte Metapher ins Spiel, die dieses progressive Szenario radikal in Frage stellt. Angesichts einer Welt, in der die tradierten Werte und symbolischen Formen ihre Gültigkeit verloren haben, kommt dem Dichter wie dem Wissenschaftler das Instrumentarium der Realitätserfassung abhanden; auch eigene Konstruktionen, sobald sie ›in der Welt‹ existieren und an deren Symbol- und Wertsystemen teilnehmen, sind nicht gegen diese Degradierung gefeit. Die für Broch daraus resultierenden Gefühle der geistigen Impotenz lösen einen Umschlag des nach der »absoluten Wahrheit« strebenden Erkenntnistriebs vom Konstruktiven ins Destruktive bzw. Reduktive aus, der an zwei Briefen aus dem Jahr 1934 beispielhaft demonstriert wird. Am 20.10.1934 berichtet Broch der *Schlafwandler*-Übersetzerin Willa Muir über die »sterile[n] Lähmung«, in der er seit Monaten befangen sei, und deren Ursache in dem völligen Verschwinden der »alten Werthaltungen« liege (KW 13/1, 303–305, Zitate 303). In diesem von Verzweiflung geprägten Diskurs stellt sich Broch nicht als Subjekt, sondern vor allem als passives Opfer der geschichtlichen Entwicklung dar:

> Wir [...] spüren bereits, daß es für lange Zeit weder Hingabe, noch Unendlichkeit mehr geben wird – mag auch jeder Fascismus sich krampfhaft bemühen, die alten Werte am Leben zu erhalten und Ersatz-Hingabeobjekte zu schaffen –, daß der große Umbruch, den ich seit zwanzig

---

[120] Broch an Joseph Broch, 5.2.1925 (KW 13/1, 62f.); Broch an H. F. Broch de Rothermann, 6.2.1925 (KW 13/1, 64–67).

Jahren in allen Gliedern spüre, nun tatsächlich in vollem Gange ist, und daß der Durchmarsch durch das Nichts beginnt. (KW 13/1, 304)[121]

Ein an demselben Tag verfasster Brief an Frank Thiess entwickelt eine ähnlich pessimistische Zeitdiagnose, in der das für Broch bedeutungsträchtige Wort »Fiktion« eine Schlüsselrolle spielt:

> Ich sehe nur mehr, daß man unausgesetzt gezwungen ist, von einer Wertsphäre in die andere zu wechseln, um überhaupt leben zu können, von einem Fiktionsbereich in den andern, und daß das, was überhaupt Leben genannt werden kann, nämlich *Hingabe*, uns unmöglich geworden ist. (KW 13/1, 305–308, Zitat 306)

Während aber in dem Brief an Willa Muir die dominierende Macht der Geschichte dem Subjekt jede Handlungsmöglichkeit (außer der eines Rückzugs in die »Einsamkeit«, KW 13/1, 304) zu nehmen schien, und der Begriff »Nichts« ausschließlich zur Charakterisierung dieser von außen aufoktroyierten geschichtlichen Lage benutzt wurde, gewinnt dasselbe Wort hier, gegen Ende des Briefs, eine andere Dimension, als *Ziel* eines aktiv auf Reduktion und »Zernichtung« gerichteten subjektiven Triebs, ja sogar als Kern einer neuen mystischen Individualität:

> Aber wahrscheinlich ist es das schlichteste, einfältigste, kleinste Leben, dem wir zustreben müssen: eine ›Zernichtung‹ im Ekkehartschen Herzensgrund, eine Reduktion auf das Nichts – und eine von der Zeit erzwungene Zernichtung und Reduktion! –, auf ein Nichts, das nur mehr dem Individuellen angehört und doch den Keim zu neuer Soziabilität in sich trägt, weil jene Einfalt und Einfachheit auch die Liebe ist. (KW 13/1, 307f.)

In der Korrespondenz der 1930er und der 1940er Jahre nimmt der Diskurs der Reduktion bzw. Destruktion eine nicht zu übersehende Stelle ein. Am 9.11.1934 (zu einer Zeit, zu der er an der *Verzauberung* arbeitet) redet Broch in einem Brief an Ruth Norden von der destruktiven Aufgabe der Literatur:

> Unsere Zeit als eine Epoche zerfallender Werte sieht sich gezwungen, diese Werte selber zur Auflösung zu bringen, d. h. die ethische Forderung nach Ehrlichkeit, die immer gegolten hat, auf die Zerreißung des Fadenscheinigen zu richten. (KW 13/1, 312–314, Zitat 312)

In den brieflichen Kommentaren zu den eigenen Werken wird aber vor allem *Der Tod des Vergil* mit dem Begriff der Zerknirschung in Verbindung gebracht. An Waldo Frank schreibt Broch am 20.6.1949 rückblickend von seinem Versuch, im *Vergil* einen Prozess zu symbolisieren, »in welchem die Auflösung der

---

[121] Die parenthetische Bemerkung weist u. a. darauf hin, dass Broch im Faschismus nicht die Wurzel des Übels, sondern eher das Symptom eines allgemeineren Weltzustands zu erkennen glaubte.

alten Realität bis zur völligen Selbstvernichtung, zur ›Nichtung‹, zur Zerknirschung an sich geführt hat« (KW 13/3, 144–146, Zitat 145). Dabei entsteht aber für den Autor neben der oben schon erwähnten Gefahr des radikal Esoterischen eine zweite, die mit dieser einhergeht und trotzdem von ihr zu unterscheiden ist: der Makel des ›Blasphemischen‹, der jeder literarischen Formung eines unmittelbar Erlebten anhaftet. In einem von Sentimentalität gefärbten Brief an Ernst Polak vom 6.1.1946 stellt Broch dem »schlichten Leben«, das sein Freund – damit den tieferen Sinn des Vergil in seiner Person verkörpernd – durch seine Heirat erreicht habe, die eigene intensive Arbeit am Roman selbstkritisch gegenüber: »Ich habe mir von dieser Intensität eine Bereicherung, ein wirkliches Wissen erhofft – die literarische Form hat diese Hoffnung zerstört. Man kann nicht an Tieferkenntnissen monatelang formfeilen, sie werden hiedurch blasphemisch« (KW 13/3, 49–53, Zitat 50). Mehr als ein Jahr nach dem oben schon zitierten Brief vom 14.9.1947 an Egon Vietta schreibt er demselben Adressaten immer noch von dem »fast blasphemische[n] Rationalprozeß«, der »zwischen dem ersten ›Dichtungsakt‹ und seiner Umwandlung zu einem Buch [...] eingeschaltet ist«.[122]

In dem letzten Jahrzehnt seines Lebens ringt sich Broch trotzdem zu einer Art Modus Vivendi durch, indem er sich mit den Aporien des Erkenntnistriebs abfindet. Die von dem unmittelbaren Erlebnis des ›Absoluten‹ ausgehende Konstruktion von Fiktionen, die nach dem Absoluten suchende Vernichtung von Fiktionen halten sich die Waage. Man vergleiche z. B. den Brief vom Januar 1940 an einen nicht festzustellenden Adressaten, in dem Broch in einer ausführlichen Exposition den Akt der Realitätserfassung als Konstruktion von »fiktiven Einheiten« beschreibt und auf sein bisheriges Leben rückblickend die positive Bilanz zieht, es sei ihm immerhin gelungen, sich »einiger Fiktionsebenen zu bemächtigen« (KW 13/2, 161–164, Zitat 164), mit der impliziten Verwerfung von »Fiktionen« in einem an Daisy Brody gerichteten Brief vom 6.12.1945:

> Im übrigen ist die Klage über Dezentralisation natürlich unberechtigt; gewiß, unser Leben verläuft nicht mehr in den alten Bahnen, aber dafür ist es weitaus fiktionsfreier geworden, weil weniger von Konventionen und Phrasen abhängig: der Mensch, der ins Unsichere geschleudert ist und trotzdem dabei ›bewußtseinsbewußt‹ bleibt, der ist zugleich in sein eigentliches Zentrum geschleudert worden; er ›besitzt‹ es weit mehr, als er es je früher besessen hat. (KW 13/3, 41–44, Zitat 43)

In Briefen aus den letzten Jahren redet er resigniert vom Leben und Schaffen in der »fiktiven Realität« einer »Als-ob-Situation«,[123] und schreibt selbstanalysie-

---

[122] Broch an Egon Vietta, 30.11.1948 (KW 13/3, 274–276, Zitat 274).
[123] Broch an Günther Anders, 27.3.1950 (KW 13/3, 449f., Zitat 450). Vgl. auch Broch an Rudolf Brunngraber, 7.1.1951 (KW 13/3, 520).

rend die erkenntnistheoretische Multidimensionalität seiner wissenschaftlichen Arbeiten der nie enden wollenden Suche nach »objektive[n] Bestätigungen« für seine »bloß subjektiven Meinungen« zu:[124]

> besonders im Geisteswissenschaftlichen und daher auch im Philosophischen, lassen sich bloß ›Plausibilitätssteigerungen‹ gewinnen, u. z. durch stetige weitere Unterbauung des ›Gesehenen‹, durch erkenntniskritisch-logistische Verifikationen. z. B. ist mein politischer Aufsatz bloß die outline des ofterwähnten politischen Buches (für dessen Verleger sie angefertigt worden ist), und hinter diesem steht wieder meine Massenpsychologie, die ihrerseits auf einer nicht beendeten, wahrscheinlich nicht beendbaren erkenntnistheoretischen Werttheorie gegründet ist. Nur infolge dieser Herstellungsart wage ich meine ›Meinungen‹ auszusprechen. (KW 13/3, 442f.)[125]

In dem letzten Jahrzehnt seines Lebens gesellt sich der seit Langem bestehenden, durch die geschichtliche Situation des Wertzerfalls motivierten Angst um die Möglichkeit von Erkenntnis überhaupt ein zusätzlicher Themen- und Sorgenkomplex zu, der Brochs libidinöse Energien zunehmend in Anspruch nimmt, der aber in den in KW 13 aufgenommenen Briefen kaum berührt wird. Die nach dem Erscheinen der *Kommentierten Werkausgabe* veröffentlichten Briefe an Paul Federn,[126] an Erich von Kahler,[127] an Gertrude von Eckardt-Lederer,[128] und der Briefwechsel mit seiner zweiten Frau Annemarie Meier-Graefe[129] vermitteln das Bild eines von einem chaotischen Liebesleben gehetzten Neu-

---

[124] Broch an Werner Kraft, 15.3.1950 (KW 13/3, 442–444, Zitat 442).

[125] Als einzige von diesem Bedürfnis nach wechselseitiger Unterstützung ausgenommene Erkenntnisformen nennt Broch hier die Mathematik (die ja aus eben diesem Grunde auf ihn eine lebenslange Faszination ausgeübt hat) und das Kunstwerk, das »seinen Eigenbeweis« habe (KW 13/3, 442).

[126] Broch, Hermann: *»Frauengeschichten«. Die Briefe an Paul Federn 1939–1949.* Hg. v. Paul Michael Lützeler. Frankfurt am Main 2007 (= FG). Zusätzlich zu den 66 von Broch an Federn gerichteten Briefen, von denen zwei Drittel aus den Jahren 1945–1948 stammen, enthält diese Edition in ihrem Apparat Auszüge aus den wenigen noch vorhandenen Briefen von Paul Federn. Nur ein Brief an Federn ist in KW 13 aufgenommen worden.

[127] Broch, Hermann: *Briefe an Erich von Kahler (1940–1951).* Hg. v. Paul Michael Lützeler. Berlin, New York 2010 (= BK). Die Ausgabe enthält insgesamt 66 Briefe, von denen 19 aus dem Jahr 1950 stammen; Auszüge aus den wenigen noch erhaltenen Kahler-Briefen sind in den Anmerkungen untergebracht. In KW 13 sind 6 Briefe an Kahler aufgenommen worden.

[128] *Zettelwirtschaft. Briefe an Gertrude von Eckardt-Lederer von Friedrich und Elisabeth Gundolf, Hermann Broch, Joachim Ringelnatz und Berthold Vallentin.* Hg. v. Sander L. Gilman. Berlin 1992 (= ZB). Die Broch'sche Korrespondenz (ZB 193–251) umfasst 78 Briefe (von denen 39 undatiert sind) aus dem letzten Jahrzehnt seines Lebens. In KW 13 ist kein Brief an Eckardt-Lederer enthalten.

[129] Broch, Hermann und Annemarie Meier-Graefe: *Der Tod im Exil. Briefwechsel 1950/51.* Hg. v. Paul Michael Lützeler. Frankfurt am Main 2001 (= TE). Diese Korrespondenz besteht aus 31 von Meier-Graefe an Broch, 45 von Broch an Meier-Graefe adressierten Briefen, von denen nur einer vom 5.2.1951 in der *Kommentierten Werkausgabe* abgedruckt ist. Weitere 13 außerhalb des chronologischen Rahmens des Briefwechsels fallende Broch-Briefe aus den Jahren 1937, 1938, 1939, 1947 und 1948 sind in KW 13 enthalten.

rotikers, der sich einem kafkaesk anmutenden, nie enden wollenden Kampf gegen seine Dämonen hingibt, um sich über die Tatsache hinwegzutäuschen, dass er sie (wie er selber gelegentlich eingestehen muss) eigentlich nicht loslassen will. In der als selbstanalytischer Apologie konzipierten »Psychischen Selbstbiographie« und dem dazu hinzugefügten »Nachtrag« (PS 7–63, 65–81), Dokumenten, die er an verschiedene Freundinnen verteilte und die aus diesem Grund als zur Korrespondenz gehöriges Begleitmaterial betrachtet werden können, beruft er sich auf ein in der Frühkindheit durch fehlende Mutterliebe verursachtes »Inferioritätsgefühl«, um sein Bedürfnis nach »stets neue[n] Liebesbeziehungen« als eine Männlichkeit beweisende Überkompensation zu erklären (PS 8), und führt (im späteren »Nachtrag«) seine zwanghafte Tendenz, Frauen entweder als neurotischen »Damen«-Typus oder als unneurotischen »Dienstmädchen«-Typus zu kategorisieren, ebenfalls auf Kindheitserlebnisse zurück (PS 65–75). Von dem psychopathologisierenden Diskurs der ersten Seiten geht aber die »Psychische Selbstbiographie« in eine emphatische Verteidigung der Neurose als Motor jener Triebsublimierung über, die sowohl Brochs »Wahrheitssuche« als auch dem im neunten Lebensjahr ereigneten »'platonische[n] Erlebnis'« zugrunde liegt (PS 37–46, Zitate 41, 43).

Von dieser tief ambivalenten Einstellung zur Psychoanalyse sind auch die Briefe an den im New Yorker Exil lebenden Psychoanalytiker Paul Federn geprägt, den Broch vor dem Krieg in Wien flüchtig kennengelernt hatte, und bei dem er sich ab 1941 und vor allem in den Jahren 1943–1946 in die Analyse begab, mit dem Zweck, die neurotischen Hemmungen abzubauen, die der Vollendung seiner »Massenpsychologie« anscheinend im Wege standen.[130] Federn war nicht nur Psychoanalytiker, sondern auch ein anerkannter Sozialwissenschaftler, mit dem Broch, für den er noch dazu eine Art ›Ersatzvater‹ war,[131] Gedanken und Schriften u. a. zu Massenwahn, Wertlehre und Marxismus austauschte. In punkto Psychoanalyse aber stellen Brochs Briefe eine implizite Sabotage der Behandlung dar: Während seine Besuche bei Federn auch in den Jahren 1943–1946 relativ selten bleiben[132] – in einem Brief vom 30.4.1943 versucht er, die ihm von Federn vorgeworfene »Treulosigkeit« u. a. mit Arbeitsüberlastung zu entschuldigen (FG 62–67) – benutzt er die Korrespondenz, um die ausweglose Situation eines von seiner Neurose Heimgesuchten zu dramatisieren. Nach einer vier Monate dauernden Manuskriptrevision des *Vergil* räumt Broch in einem Brief vom 5.5.1944 zwar ein, dass er »die Fähigkeit zur Bewältigung [seiner] Berufsarbeit« der Analyse verdanke (FG 84–87, Zitat 85), weist aber zugleich darauf hin, dass »die Neurose keineswegs beseitigt« sei:

---

[130] Vgl. »Einleitung des Herausgebers: Hermann Broch – Arbeit und Amouren« (FG 7–33, hier 7–18).
[131] Lützeler: »Einleitung« (FG 11). In seiner Korrespondenz redet Broch Federn u. a. mit »Lieber verehrter Freund« und »Verehrter, sehr lieber Freund« an.
[132] Lützeler: »Einleitung« (FG 13).

> Im Gegenteil, es sieht fast so aus, als ob sie sich für ihre Zurückdrängung im Beruflichen auf anderer Seite schadlos halten müßte: je mehr Energie ich auf die Arbeit verwende, desto unfähiger werde ich, meine erotische Unordnung zu zügeln, desto hilfloser werde ich dem Leben gegenüber, desto mehr gleite ich in Situationen, die mich unbeschreiblich unglücklich machen. (FG 85)

Neben solchen wenig schmeichelhaften Selbstdarstellungen ergeht sich Broch seinem männlichen Briefpartner gegenüber in manchmal gnadenlos-summarischen Porträtierungen der Frauen seines »Harem[s]«,[133] und zwar vor allem derjenigen, deren Kombinierung von (laut Broch) mangelhafter Geistigkeit und schwelender Sexualität auf ihn einen manchmal als »Perversion« erkannten Reiz ausüben.[134] In einem undatierten, Ende 1945 verfassten Brief erzählt er die Geschichte seiner schwierigen Beziehung mit der damals gerade nach Berlin abgereisten Ruth Norden, mit der er trotz ihrer Tüchtigkeit, Hilfsbereitschaft und Pflichttreue »überhaupt keine intellektuellen Berührungspunkte« habe (FG 111–113, Zitat 111); hinter ihrer biederen Rationalität verberge sich »eine schwer neurotische sado-masochistische Struktur [...]; wortkarg und verschlossen, vielfach dumpf, explodiert diese Dumpfheit geradezu, wenn es ins Sexuelle geht. Und dies war meine sexuelle Bindung an sie, während ich sie außerhalb dieser Zone kaum habe ertragen können« (FG 112). Anders verhält es sich bei Annemarie Meier-Graefe, deren »unablässige Insistenz« bei der Verfolgung ihres Ziels eines abgeschiedenen Lebens zu zweit Broch derart aufregt, dass er in seiner Beziehung zu ihr einer »kompletten Impotenz« verfällt.[135] Dabei muss er Perspektiven wechselnd zugeben, dass seine wachsende Abneigung gegen diese Frau ihm selbst ein Rätsel ist: »Denn es ist ein Mensch, den man innerlich wie äußerlich gern haben kann, und der alle Qualitäten für eine Ehe (auch mit mir) hat« (FG 142).

Völlig vernichtend dagegen fällt sein Urteil über die in ihn leidenschaftlich verliebte *Vergil*-Übersetzerin Jean Starr Untermeyer aus, die Broch in demselben Brief als eine »bourgeoise Hysterika« charakterisiert, »der jedes Feingefühl mangelt, und die alles ins Banalste zieht«:

> Daß das mit echter Formbegabung sich vereinen läßt, ist weiter nicht verwunderlich; unter Virtuosen findet sich derlei immer wieder: selbst bei Mangel jeglichen Verständnisses kann nachempfunden werden. (FG 143f.)

Darauf folgt die kaum überraschende Nachricht: »Und just hier hat sich, wenn es dunkel ist, meine Vollpotenz erhalten« (FG 144). In dieser »echte[n] Perversion« hofft Broch aber den »Angelpunkt zur Aufrollung des ganzen neu-

---

[133] Das Wort kommt zwei Mal in einem Brief vom 9.4.1946 vor (FG 121 und 122).
[134] Broch an Federn, 31.7.1946 (FG 140–147, Zitat 144).
[135] Broch an Federn, 31.7.1946 (FG 141).

rotischen Gewebes« zu finden, in dem »Bruch mit der Untermeyerin« den »erste[n] wirkliche[n] Schritt zur Gesundung« (FG 144), was aber leichter gesagt als getan ist. Bisher sind seine Versuche, Schluss zu machen, durch die an Grand Guignol grenzenden Reaktionen der Partnerin unterminiert worden: »denn da gab es stets die lächerlichsten tragischen Auftritte mit Kopf-in-den-Kissen-vergraben, am-Teppich-herumrollen etc. etc., Auftritte, die dann zumeist im Bett geendet haben.«[136] Hinzu kommt Brochs Angst vor den »Mordtendenzen«, die er bei der Eifersüchtigen diagnostiziert hat,[137] und vor denen er sich noch zwei Jahre später nicht sicher fühlt, als er mit Hüftenbruch im Princeton Hospital liegt: »Ich würde mich nicht wundern, wenn sie über kurz oder lang mit einem Revolver im Handtascherl hier erschiene, und da ich mit meinen Gipsbeinen nicht davonlaufen kann, bin ich ein wenig besorgt.«[138]

In dieser Korrespondenz wird der eigentliche Inhalt der sporadisch stattfindenden analytischen Behandlung nur selten erwähnt;[139] auf die ihr zugrunde liegenden Prinzipien wird nur in einem einzigartigen, 11 1/2 Druckseiten umfassenden Brief Bezug genommen, in dem Broch »auftragsgemäß« eine gründliche, fünfstufige Analyse eines »Schachtraum[s]« zu liefern versucht.[140] Als er in der Einleitung von der Schwierigkeit redet, Assoziationsfolgen schriftlich abzufangen, stößt er unversehens auf den grundsätzlichen Unterschied zwischen dem Analyseverfahren und dem Prozess der narrativen Gestaltung, wie er gerade in den in diesem Briefwechsel enthaltenen Berichten und Schilderungen immer wieder vorgeführt wird:

> Die Anstrengung war sehr ähnlich der des Dichtens: der Konzentrationsprozeß ist beinahe der gleiche, und daran ersah ich, daß ich es falsch angepackt habe; denn ich wollte zu geschlossenen Interpretationsgruppen gelangen, und das entspricht genau dem Dichtungsprozeß, während ich für den vorliegenden Zweck mich wahrscheinlich auf zusammenhanglose, epigrammatische Bemerkungen hätte beschränken sollen. (FG 126)

Den letzten in dieser Ausgabe enthaltenen Brief schrieb Broch am 18.8.1949, um seinem verehrten Mentor zu seiner Entlassung aus dem Mount Sinai Hospital zu gratulieren, wo er vor einigen Wochen wegen Krebs operiert worden war (FG 203–204). Brochs »ganz große[n] Freude« (FG 203) war aber verfrüht: Paul Federn blieb unheilbar krank; am 4.5.1950 nahm er sich das Leben (vgl. FG 204).

---

[136] Broch an Federn, 14.4.1946 (FG 123f., Zitat 123).
[137] Broch an Federn, 9.4.1946 (FG 121f., Zitat 122).
[138] Broch an Federn, 4.8.1948 (FG 190–193, Zitat 191).
[139] Ein Ausnahmefall: In seinem Brief vom 31.7.1946 vermutet Broch, dass er sich der »Perversion« seiner erotischen Beziehung zu Frau Untermeyer so zutiefst geschämt habe, »daß es in der Analyse nicht richtig aufgekommen ist« (FG 144).
[140] Broch an Federn, 10.6.1946 (FG 125–137, Zitat 125).

In den Briefen an Erich von Kahler, den jüdischen Intellektuellen und Kulturwissenschaftler, den Broch erst 1938 im amerikanischen Exil kennenlernte und in dessen Princetoner Haus er von 1942 bis 1948 als Untermieter wohnte,[141] nehmen die ›Frauengeschichten‹ einen weniger bedeutenden Platz ein. Die einander spielerisch ablösenden abgekürzten Anredeformen »Ordbru«, »Libru«, »Gubru«, »Ganzlibru«, usw.,[142] die Broch ab August 1945 in seinen Briefen an Kahler anwendet, und deren Manier sich den durch den Briefpartner vermittelten Usancen des George-Kreises verdankt,[143] spiegeln zugleich die Entwicklung einer intim-brüderlichen, auf gemeinsamen humanistischen Werten beruhenden Freundschaft wider, an der auch Kahlers Mutter Antoinette und seine Geliebte Alice Loewy teilhatten, und die für Broch eine wichtige moralische Unterstützung sowohl bei seinen literarischen als auch bei seinen politischen Aktivitäten mit sich brachte.[144] Die Verbindung zu Kahler führte auch zu einem näheren Kontakt zu dem Kreis um Thomas Mann und dessen Schwiegersohn Giuseppe Antonio Borgese, Leiter der im Mai 1940 stattfindenden »City of Man«-Konferenz, an der Broch mitwirkte. In einem Brief vom 18.9.1940 berichtet Broch über die Tagung und deren Teilnehmer wie auch über die Arbeit an der daraus resultierenden *City of Man*-Publikation, für deren ökonomischen Teil er selber – »nebbich ich allein« – verantwortlich war (BK 7–10, Zitat 8). Später hegen Broch und Kahler den (nie realisierten) Plan, zusammen ein »Demokratie-Buch« zu verfassen,[145] ab 1945 sind beide wegen der durch die Atombombe dargestellten Bedrohung der Menschheit tief besorgt.[146]

In den letzten, von vergeblichen Nobelpreishoffnungen gefärbten Jahren seines Lebens treten Brochs höchst ambivalente Gefühle gegenüber dem um seinen Ruf und um seine erstaunliche Produktivität beneideten Thomas Mann deutlich hervor; in einem Brief vom 12.19.1949 reagiert er auf Manns Bericht *Die Entstehung des Doktor Faustus* mit »argen Minderwertigkeitsgefühlen«, während er zugleich Manns Haltung »›Schaut, was für ein einfacher menschlicher Mensch ich bin, obwohl ...‹ [...] überaus zuwider« findet (BK 106f., Zitat 107). Nebenher macht er rückblickend einem allgemeinen Ressentiment gegen die ihn von seinen »Hochleistungen« zurückhaltenden Freundinnen Luft: »keine von all den Frauen hat begriffen, was Störung heißt, und daraus ergab und

---

141 Siehe »Einleitung des Herausgebers: ›Libru, guter Alter‹«, BK VII-XX.
142 Kurzformen von »Ordensbruder«, »Lieber Bruder«, »Guter Bruder«, »Ganz lieber Bruder«.
143 Kahler war schon 1912 Angehöriger des George-Kreises geworden (BK VII).
144 Aufschlussreiches Zeichen des gegenseitigen Verständnisses ist Brochs Brief vom 11.8.1945, dem er Kopien »eine[r] Voll-Korrespondenz mit [Volkmar von] Zühlsdorff« beilegt, »dem ich es – glaube und hoffe ich – richtig hineingesagt habe« (BK 29f., Zitat 30).
145 Broch an Kahler, 20.8.1946 (BK 42–44, Zitat 43).
146 Siehe z. B. Brochs Briefe vom 8.8.1945 (BK 24–26); 5.4.1950 (BK 134–136, hier 134); 25.1.1951 (BK 172–174, hier 172).

ergibt sich jene Erbarmungslosigkeit, welche Störungslosigkeit unter Bedingungen verspricht, andernfalls aber Störung als ›Strafe‹ anwendet.«[147]

Nicht alle Frauen, mit denen Broch in den 1940er Jahren intim verbunden war, werden in seiner Korrespondenz mit Paul Federn erwähnt; seine zwanghaft wiederkehrenden Gedanken und Ängste scheinen unaufhörlich um einige wenige zu kreisen. Zu den in diesem Briefwechsel »Übersehenen« bzw. Verschwiegenen gehört die 1935 nach den USA emigrierte deutsch-jüdische Gertrude von Eckardt-Lederer, die in den 1920er Jahren zusammen mit ihrem damaligen Mann, dem Alfred Weber-Schüler Hans Felix von Eckardt, Mitglied des George-Kreises gewesen war, und dadurch Erich von Kahler und seine damalige Frau Josefine in Heidelberg kennengelernt hatte.[148] Durch Kahler, mit dem sie im amerikanischen Exil wieder Kontakt aufgenommen hatte, wurde Gertrude, deren in den USA in zweiter Ehe geheirateter Mann, der Sozial- und Wirtschaftswissenschaftler Emil Lederer, 1939 verstorben war, mit Broch bekannt gemacht;[149] daraus entwickelte sich eine offenbar auf gegenseitiger Achtung und Zuneigung beruhende Beziehung, die in der von Broch selber als »Zettelchenwirtschaft« bezeichneten Korrespondenz[150] einseitig dokumentiert ist. Aus Brochs Briefen wird das für ihn Einzigartige dieser Beziehung klar: In Gertrude von Eckardt-Lederer hat er nun endlich eine Frau gefunden, die ihm – wie er ihr in einem Brief vom 1.12.1944 beteuert – anscheinend die Möglichkeit bietet, die in seiner »Psychischen Selbstbiographie« und deren »Nachtrag« dargestellte psychische »Zweigleisigkeit« zu überwinden:

> So sehr ich mich danach sehnte, so sehr ich mich darum bemühte, es ist mir niemals gelungen, meine gesamte erotische Energie auf eine einzige Person zu konzentrieren; entweder gab es das sinnliche unpersönliche Gleis [...], oder es gab eine individuelle persönliche Beziehung [...]. Es war ein Wunder, das ich an Dir erlebt habe, als ich merkte, daß die beiden Gleise doch zusammenlaufen können. (ZB 219–221, Zitat 220)

Der Gebrauch der Vergangenheit nimmt die darauf folgende Konstatierung der Unmöglichkeit solchen Glücks vorweg: »Die Dinge sitzen zu tief, und bei allem Erlösungswunsch, sträubt sich etwas unüberwindlich gegen die Erlö-

---

147 Broch an Kahler, 4.10.1949 (BK 103–105, Zitat 103).
148 Dazu Gilman: »Einleitung« (ZB 9–20, hier 9).
149 In einem Brief an Kahler vom 1.7.1940 erwähnt Broch einen nicht erfolgten Anruf an »Frau Lederer« (BK 3f., Zitat 3). Erst Anfang November 1948 wird sie in dieser Korrespondenz zum zweiten Mal erwähnt: Dem Brief legt Broch eine Kopie eines Gedichts bei, mit dem er sich bei »Trude« für einen zu seinem 62. Geburtstag geschenkten Gehstock revanchieren wollte (BK 86f., Zitat 86).
150 In seinem ersten, 5.10.1941 datierten Brief gesteht Broch »einen kleinen horror vacui« ein: »die Zettelchenwirtschaft bildet demnach einen Teil der ach so notwendigen Selbstdisziplin.« Gegen Ende des Briefs führt er einen weiteren Grund für die Kürze seiner Mitteilungen an: »habe ich mehr Raum, so gerate ich unweigerlich ins Jammern« (ZB 193).

sung« (ZB 220). Das in diesem Brief rückblickend gezogene Fazit hätte sich aber gleich am Anfang der Korrespondenz voraussahnen lassen: Schon am 31.3.1942 spielt Broch auf literarisch stilisierte Art mit seinen ambivalenten Gefühlen:

> Es wäre kitschig, zu sagen, daß Du mir ›gefährlich‹ bist, unwahr jedoch, daß Du ungefährlich wärest, und ich fürchte mich auch nicht vor vorwurfsvollen Augen; gefährlich im Grunde ist mir das Wissen um Dich, sicherlich nicht alles um Dich wissend, dennoch genug, um zu fühlen, daß an Dir oder in Dir – wiederum etwas kitschig ausgedrückt – eine Wunde zu heilen und vielleicht sogar wirklich heilbar ist. (ZB 194f., Zitat 195)

Damit wird der Ton für eine epistolarische Liebe angegeben, in der Broch sich bald mit Goethes Egmont, bald mit dem Fliegenden Holländer vergleicht,[151] in der er der Geliebten wiederholt versichert, dass ihm »bang« nach ihr ist,[152] in der er ihr Gedichte widmet,[153] in der er schließlich die offenbar etwas skeptische Partnerin von der Wirklichkeit eines sich »im Phantasieren« abspielenden Verhältnisses zu überzeugen versucht.[154]

In den Briefen wird auch Alltägliches berichtet: Broch beklagt sich über die »Hetzerei« seiner mit zahlreichen Verabredungen besetzten New York-Reisen,[155] die ihm oft keine Zeit lassen, die dort wohnende Gertrude zu besuchen,[156] wie auch über den katastrophalen Zeitverlust, den seine gegenüber Josefine (»Fine«), der seit 1940 getrennt lebenden Ehefrau Erich von Kahlers (vgl. BK XII) eingegangenen Verpflichtungen mit sich bringen.[157] Bei Brochs Arbeit spielt Eckardt-Lederer mehr als die passive Rolle einer auf dem Laufenden zu haltenden Nachrichtenempfängerin: In Sachen *Vergil*-Übersetzung meint Broch in einem aus dem Jahr 1941 stammenden Brief, dass es »u. a. auch ganz praktisch wäre, wenn wir gemeinsam die Durchsicht mit der Untermeyerin machen würden« (ZB 194). 1942 schickt er ihr Auszüge aus seiner Massenwahnarbeit, von der er fürchtet, dass sie »teilweise wirklich zu schwer verständlich ist. [...] Bitte sage mir *Deine Meinung zur Schwerverständlichkeit!!!!!*«[158] Prominentestes Thema der Korrespondenz bleiben aber Brochs wiederholte Versuche der Selbstanalyse, deren Offenheit vermutlich zum Teil dazu dienen soll, der Partnerin die Unmöglichkeit einer nicht-phantasierten Beziehung klar

---

151 Vgl. Broch an Eckardt-Lederer, 6.8.1943 und 23.7.1944 (ZB 207–209, hier 208f.; 211f.).
152 Siehe z. B. die Briefe vom 31.3.1942, vom September 1942 und vom 15.7.1943 (ZB 195, 198, 207).
153 Siehe z. B. Briefe Nr. 8, 9 (ZB 199), 20 (ZB 210), 31 (ZB 224), 32 (ZB 225), 35 (ZB 227), 39 (ZB 230).
154 Broch an Eckardt-Lederer, 10.11.1944 (ZB 216–218, Zitat 217).
155 Broch an Eckardt-Lederer, 5.10.1941 (ZB 193).
156 Vgl. den Brief vom Juli 1942: »gestern bin ich in N.Y. herumgerast, wußte um Dich, wußte, daß dies so ein unmöglicher Zustand ist« (ZB 196).
157 Vgl. Briefe vom 5.10.1941 (ZB 193), vom September 1942 (ZB 198), vom 3.8.1944 (ZB 212).
158 Brief Nr. 11 (ohne Datum) (ZB 200f., Zitat 201).

zu machen. Neben den in ihrer Häufigkeit etwas irritierenden Hinweisen etwa auf »meine 32 Seiten«[159] bzw. »meine psychologischen Auto-Berichte«[160] bieten diese Briefe ein prägnantes Bild von Brochs widersprüchlicher Einstellung zu seiner psychischen »Wunde« und deren psychoanalytischer Behandlung. Einerseits gesteht er die verheerende Wirkung seiner Neurose ein – »Ich sehe mehr und mehr, wie meine Neurose nicht nur mein Leben, sondern auch meine Arbeit versaut. [...]«[161] –; andererseits betont er die schon in der »Psychischen Selbstbiographie« festgehaltene ontologische Verankerung seines Widerstands gegen das psychoanalytische Verfahren:

> Die Analyse will die Angst verringern, sie will Natürlichkeit wiederherstellen, stößt dabei aber auf etwas, das sie mit Recht als ›Widerstand‹ bezeichnet, jedoch mit Unrecht als bloßen Analysen-Widerstand auffaßt: es gibt einen unauflösbaren Widerstandskern, der sich sogar den [sic] ›Kern-Angst‹ nicht wegnehmen lassen will, nicht wegnehmen lassen darf, weil darin das Menschliche an sich begründet ist. Das fürchterliche Vorrecht des Menschen ist die unbegründbare Angst, die aus seinem Wissen um die Unergründlichkeit des Unendlichen entspringt.[162]

1948 nehmen Brochs letzte Briefe einen elegischen Ton an; die endgültige Resignation wird auf eine für diesen Briefwechsel charakteristische Art mit humoristisch eingestreuten Anglizismen verziert:

> Sehr Liebe, im Grunde ist das sehr einfach: ich bin tief liebesunfähig, und wenn wir der Ps. A. trauen dürfen, so könnte ich auch die Gründe hiefür angeben [...]; dahingegen habe ich bei Dir nicht nur die Möglichkeit eines Schimmers von Liebe*können* in mir entdeckt, wovor ich mich freilich fürchte like hell – denn ich kann diesen kurzen Lebensrest nicht noch weiter belasten –, sondern auch fast zum ersten Mal, keine moralischen troubles, und all das hat zu der Illusion der gemeinsamen Sprache geführt, von der ich Dir schon einmal geschrieben habe. Und das Ganze kannst Du als understatement nehmen.[163]

4. Epilog: Anfang und Ende

Um den letzten der hier zur Diskussion stehenden Briefwechsel – Brochs aus den Jahren 1950–1951 stammende Korrespondenz mit seiner Frau Annemarie Meier-Graefe – sozusagen als epistolarischen Endpunkt zu verstehen, lohnt es

---

[159] Broch an Eckardt-Lederer, 14.1.1943 (ZB 202–204, Zitat 203).
[160] Broch an Eckardt-Lederer, 6.8.1943 (ZB 207–209, Zitat 208).
[161] Broch an Eckardt-Lederer, 1.12.1944 (ZB 219–221, Zitat 219).
[162] Broch an Eckardt-Lederer, 23.7.1944 (ZB 211f., Zitat 211).
[163] Broch an Eckardt-Lederer, 31.8.1948 (ZB 228f., Zitat 228).

sich, einen vergleichenden Blick auf die Brieffolge zu werfen, die gewissermaßen den Beginn von Brochs brieflich dokumentierten »Frauengeschichten« markierte: das Anfang der 1920er Jahre entstandene *Teesdorfer Tagebuch für Ea von Allesch*. Zwischen diesen beiden, voneinander durch eine 30-jährige Zeitspanne getrennten Korrespondenzen hätte der Kontrast kaum stärker sein können. In seinen mit liebkosenden Diminutiven (»Kindi« »Dein Briefi« »Dein Herzi« »Dein Handi«) gespickten Botschaften an Ea[164] beteuert ihr Broch unaufhörlich seine ewige Liebe, vermischt (mit einem Unterton von Eifersucht und Neurose) erotisch beflügelte Philosophie und philosophisch gestützte Erotik: so versucht er, mittels seiner Werttheorie die Beziehung »vom früheren Subjektiven ins Objektive u. damit ins Absolute« zu heben (TT 50), sieht in der »*rationalen* Auseinanderlegung des Wertgebäudes, das ich um Dich u. um Das [sic] Dich-lieb-haben aufgeführt habe, doch einen *Beweis* [...], daß ich von Dir niemals loskann [...]« (TT 123; Hervorhebung Brochs); gleichzeitig werden die »zufällige sexuelle Funktion« und die »schäbige Zweibeinigkeit« angeprangert (TT 128), die Eas zahlreiche frühere Liebesbeziehungen mitsamt ihren Ehen charakterisieren sollen – Redewendungen, die zum Teil an die erinnern, die Broch einige Jahre später im *Pasenow*-Roman Eduard von Bertrand in seinem Gespräch mit Elisabeth in den Mund legen wird.[165] Sogar Brochs Eifersucht wird anhand seiner Erkenntnistheorie als »Ankämpfung« gegen die »Dunkelheiten« des Empirischen gerechtfertigt (TT 34). Die für den Biographen interessanten, hier oft im Telegrammstil registrierten Einzelheiten des Alltagslebens eines Industriellen werden von Broch selber als »was schrecklich Langweiliges« abgetan (TT 14); »wertvoll« für ihn, den »Geschichtsschreiber« des eigenen Lebens (TT 14), seien allein seine Liebe zu Ea und seine meistens nachts unternommene philosophische Lektüre und Schreiberei, wobei er oft von einer panischen Angst ergriffen wird, dass er als Autodidakt, der »*noch so entsetzlich viel zu lernen*« habe (TT 80; Hervorhebung Brochs), mit seinen eventuellen Publikationen »zu spät [...] kommen« werde (TT 93).

In dieser Angst vor dem »Zu-spät-kommen« und dem »Nicht-fertig-werden« liegt eins der wenigen Motive, die diese Korrespondenz mit dem späteren Briefwechsel mit Annemarie Meier-Graefe verbinden. Hatte der junge Broch von einem (allerdings außerehelichen) Leben zu zweit als der einzigen Möglichkeit geträumt, seinen philosophischen und geschichtstheoretischen Arbeiten in Ruhe nachzugehen,[166] kämpft der sich dem Tode nahe fühlende, »das Sterben erlernen« wollende (TE 42) Vierundsechzigjährige verzweifelt darum,

---

[164] Dem Ausdruck »Dein Körperle« fügt Broch gleich den verlegenen Kommentar hinzu: »(etwas dumm ist ein niedergeschriebener Diminutiv)« (TT 39).
[165] »»Um eine Frau werben, heißt sich ihr antragen als der atmende Zweibein, der man ist, und das ist schamlos«« (KW 1, 108)–
[166] »ich *muß* Ruhe für die Arbeit haben [...]. Wir *müssen* weg, Kindchen, irgendwohin, wo uns niemand kennt« (TT 39).

das Zusammenleben mit seiner Frau im französischen St. Cyr solange hinauszuschieben, bis er seine erkenntnistheoretischen und massenpsychologischen Arbeiten hat richtig »zur Geltung bringen« können (TE 43). Gegen eine Rückkehr aus dem Exil sträubt sich aber Broch nicht nur wegen seiner in den USA noch zu Ende zu bringenden Projekte, sondern auch (und noch wesentlicher) deshalb, weil ihm das eheliche Zusammenleben jene hart erkämpfte »›Loslösung‹« vom »›Irdischen‹« und die »dazugehörige seelische Einsamkeit« zu gefährden scheint, die für seine »Wirkungsmöglichkeit« als Schriftsteller und Intellektueller unabdingbar notwendig seien.[167] Offen gesteht er seiner Frau: »An und für sich widerspricht die Ehe, jede Ehe, dem Imago-Bild, das ich mir von meinem Alter gemacht habe.«[168]

An diesem elfmonatigen, zirka 300 Druckseiten umfassenden Briefwechsel, in dem die Stimme der Partnerin voll zur Geltung kommt, fällt jene Mischung der Sprachebenen auf, die für Brochs Korrespondenz allerdings gar nicht so untypisch ist. In den oft sechs bis acht Seiten langen, manchmal nach Broch'scher Art mit thematischen Überschriften gegliederten Briefen wird von beiden Seiten Tagebuchartiges berichtet (wobei Annemarie das Leben in St. Cyr mit Hund und Katze auf eine malerische Weise beschreibt, die für Broch einen verführerischen Reiz hat), wird zugleich Praktisches besprochen und erledigt, werden Ratschläge erteilt: so z. B. gibt Annemarie dem herzkranken Hermann diätetische Tipps, empfiehlt ihm, auf gekochtes Fett jeder Art möglichst zu verzichten: »halte Dich an den Cream Cheese«;[169] während Broch seinerseits sich nicht scheut, seine Frau als eine Art europäische Vertreterin, z. B. als Vermittlerin in Sache französicher *Vergil*-Übersetzung einzusetzen, und schließt in einem Brief vom 8.7.1950 eine Liste von Wünschen mit den etwas sachlich anmutenden Worten: »Das also sind meine Aufträge an Dich, und ich möchte natürlich gerne wissen, ob Du sie erledigen kannst« (TE 19). Mitten in diesem Fluss von pragmatischen, Alltägliches berichtenden bzw. fordernden Mitteilungen tauchen dann die gegenseitigen, oft bitteren Vorwürfe auf, die sich auf Brochs Seite aus einer lebenslang aufgestauten Wut wegen einer vermeintlich verpfuschten Existenz zu speisen scheinen. Dabei fehlt es nicht an Selbstmitleid. So schreibt er am 4.10.1950, er habe, mit gelegentlicher Ausnahme seines Sohnes, bisher »fast noch niemanden gefunden, der sich bemüht hat, sich in mich hineinzudenken. [...] Alles übrige war Zeit meines Lebens Rücksichtslosigkeit, Erbarmungslosigkeit, Respektlosigkeit. Willst Du Dich also doch in diese Reihe stellen?« (TE 134) Annemarie Meier-Graefe, die schon in ihrem ersten, auf dem Cunard-Schiff *Queen Mary* verfassten Brief an Broch geschrieben hat, sie könne »nicht so weiterleben« wie

---

[167] Broch an Meier-Graefe, 23.7.1950 (TE 42).
[168] Broch an Meier-Graefe [Mitte Juli 1950] (TE 34).
[169] Meier-Graefe an Broch, 28.9.1950 (TE 131).

bisher,[170] nimmt Brochs Argumente aber nicht einfach hin. So entsteht im Laufe der Korrespondenz eine lebhafte Debatte um stark emotional gefärbte, von Broch ins Feld geführte Begriffe wie »Spießerleben« oder »Neurose«, die Annemarie (sehr zu Brochs Ärger) im ersten Fall als billiges, negativ beladenes Literaturklischee,[171] im zweiten Fall als allzu leichtfertig hervorgeholtes Alibi zu entlarven versucht. Besonders scheint den um seinen Nachruhm besorgten Broch jener nachteilige Vergleich mit Thomas Mann zu reizen, der von der Partnerin bei der heiklen Frage der immer wieder verschobenen Europa-Reise gezogen wird: »das, was Th[omas] M[ann] ohne weiteres kann, ist eben bei Dir eine völlige Unmöglichkeit«.[172] Auf diese sicherlich gezielte Provokation reagiert Broch mit einer Selbstverteidigung, die den spezifischen Anlass des Ortswechsels weit hinter sich lässt:

> Der Vergleich mit Th[omas] M[ann] stimmt also nicht. Er hat eine Karriere von über 50, ich eine von knapp 20 Jahren hinter mir, und in diese 20 Jahre habe ich Romanschreiberei und eine wissenschaftliche Arbeit von einer Breite und Präzision hineingestopft, die ihm zeitlebens fremd gewesen ist. Zu alldem hat er natürlich den Vorteil einer Diszipliniertheit, die ich trotz allen Bemühens nicht zu erreichen vermocht habe; der Kampf gegen meine Neurosen, die ich durchwegs als Sünde empfinde, hat mir viel zu viel Energie weggenommen und tut es noch immer.[173]

Gegenüber seiner Ehefrau drückt sich Broch manchmal mit einer emotionellen Direktheit aus, die in dem Gesamtkorpus seines epistolarischen Werks nur selten anzutreffen ist. Die in der *Kommentierten Werkausgabe* und den sonstigen Briefausgaben gesammelte Korrespondenz zieht den Leser in die Erlebnisse und Denkprozesse des Zeitzeugen, des Dichters und des politisch engagierten Wissenschaftlers ein; in dem Briefwechsel mit Annemarie Meier-Graefe werden – dank der von Broch geforderten räumlichen Entfernung zwischen den beiden Partnern – die großen und kleinen Irritationen einer Ehe schriftlich festgehalten, die er nicht wahrhaben wollte.

Graham Bartram

---

[170] Meier-Graefe an Broch, 25.6.1950 (TE 9).
[171] »Und dieses Dein banales Herumreiten auf der ›bürgerlichen Existenz‹: so muß man, glaube ich, allerdings eine Formel für den Alltag finden, ein Kleid, da man nicht ständig mit tönenden Worten leben kann«. Meier-Graefe an Broch, 4.8.1950 (TE 52).
[172] Meier-Graefe an Broch, 12.9.1950 (TE 101–105, Zitat 102).
[173] Broch an Meier-Graefe, 21.9.[1950] (TE 117–120, Zitat 117).

5. Literatur

5.1 Broch: Werk- und Briefausgaben und autobiographische Schriften

Adler, Hans G. und Hermann Broch: *Zwei Schriftsteller im Exil: Briefwechsel.* Hg. v. Ronald Speirs und John White. Göttingen 2004.
Arendt, Hannah und Hermann Broch: *Briefwechsel 1946 bis 1951.* Hg. v. Paul Michael Lützeler. Frankfurt am Main 1996 (= AB).
Broch, Hermann: *Gesammelte Werke in 10 Bänden.* Zürich 1952ff. (= GW).
Broch, Hermann: *Briefe. Von 1929 bis 1951.* Hg. v. Robert Pick. Zürich 1957 (= GW 8).
Broch, Hermann: »Die Briefe an Willa Muir«. Mit einem Vorwort von Eric W. Herd. In: Hermann Broch: *Die Unbekannte Größe und frühe Schriften. Mit den Briefen an Willa Muir.* Zürich 1961 (= GW 10), S. 313–380.
Broch, Hermann: *Kommentierte Werkausgabe in 13 Bänden.* Hg. v. Paul Michael Lützeler. Frankfurt am Main 1981ff. (= KW).
Broch, Hermann: *Briefe über Deutschland 1945–1949. Die Korrespondenz mit Volkmar von Zühlsdorff.* Hg. v. Paul Michael Lützeler. Frankfurt am Main 1986 (= BÜD).
Broch, Hermann: *Das Teesdorfer Tagebuch für Ea von Allesch.* Hg. v. Paul Michael Lützeler unter Mitarbeit von H. F. Broch de Rothermann. Frankfurt am Main 1995 (= TT).
Broch, Hermann: *Psychische Selbstbiographie.* Hg. v. Paul Michael Lützeler. Frankfurt am Main 1999 (= PS).
Broch, Hermann: »*Frauengeschichten«. Die Briefe an Paul Federn 1939–1949.* Hg. v. Paul Michael Lützeler. Frankfurt am Main 2007 (= FG).
Broch, Hermann: *Briefe an Erich von Kahler (1940–1951).* Hg. v. Paul Michael Lützeler. Berlin, New York 2010 (= BK).
Broch, Hermann und Daniel Brody: *Briefwechsel 1930–1951.* Hg. v. Bertold Hack und Marietta Kleiß. Frankfurt am Main 1971 (= BB).
Broch, Hermann und Annemarie Meier-Graefe: *Der Tod im Exil. Briefwechsel 1950/51.* Hg. v. Paul Michael Lützeler. Frankfurt am Main 2001 (= TE).
Broch, Hermann und Ruth Norden: *Transatlantische Korrespondenz. 1934–1938 und 1945–1948.* Hg. v. Paul Michael Lützeler. Frankfurt am Main 2005 (= TK).
Broch, Hermann und Ernst Schönwiese: »Der Briefwechsel zwischen 1932 und 1951«. In: Sonja Gindele: *Hermann Broch und Ernst Schönwiese. Eine literarische Korrespondenz.* Saarbrücken 2008, S. 59–112.
Broch, Hermann und Eric Voegelin: »Briefwechsel 1939–1949«. In: *Sinn und Form* 60 (2008) H. 2, S. 149–174.
Broch, Hermann und Egon Vietta: »*Sich an den Tod heranpürschen ...«. Briefwechsel 1933–1951.* Hg. v. Silvio Vietta und Roberto Rizzo. Göttingen 2012 (= BV).
»Hermann Broch«. In: *Zettelwirtschaft. Briefe an Gertrude von Eckardt-Lederer von Friedrich und Elisabeth Gundolf, Hermann Broch, Joachim Ringelnatz und Berthold Vallentin.* Hg. v. Sander L. Gilman. Berlin 1992, S. 193–251 (= ZB).
»Hermann Broch«. In: George Saiko: *Briefe.* Hg. v. Adolf Haslinger unter Mitarbeit von Regina Slawitschek. Salzburg 1992 (= *Sämtliche Werke in 5 Bänden*, Bd. 5), S. 5–107 [enthält Briefe von und an Broch].
Lützeler, Paul Michael (Hg.): *Freundschaft im Exil. Thomas Mann und Hermann Broch* (= Thomas-Mann-Studien, Bd. 31). Frankfurt am Main 2004 (= FE) [enthält sonst

unveröffentlichte Broch-Briefe an Daniel Brody, Herbert Burgmüller, Ruth Norden, Hans Reisiger, Frank Thiess, Jean Starr Untermeyer, Kurt Wolff und Volkmar von Zühlsdorff].

Lützeler, Paul Michael (Hg.): *Verlorener Sohn? Hermann Brochs Briefwechsel mit Armand 1925–1928*. Frankfurt am Main 2010 (= VS).

5.2 Sonstige Literatur

Berlin, Jeffrey B.: »Hermann Broch and Antoinette von Kahler: Friendship, Correspondence, Poetry«. In: *Hermann Broch: Literature, Philosophy, Politics. The Yale Broch Symposium 1986*. Hg. v. Stephen D. Dowden. Columbia, SC 1988, S. 176–192.

Berlin, Jeffrey B.: »Der unveröffentlichte Briefwechsel zwischen Antoinette von Kahler und Hermann Broch unter Berücksichtigung einiger unveröffentlichter Briefe von Richard Beer-Hofmann, Albert Einstein und Thomas Mann«. In: *Modern Austrian Literature* 27 (1994) H. 2, S. 39–76.

Brokoph-Mauch, Gudrun: »Robert Musils und Hermann Brochs persönliches Verhältnis in ihrem Briefwechsel«. In: *Genauigkeit und Seele. Zur österreichischen Literatur seit dem Fin de siècle*. Hg. v. Joseph Strutz und Endre Kiss. München 1990, S. 67–82.

Brude-Firnau, Gisela: *Hermann Broch – Dr. Daniel Brody: Korrespondenz 1930–1933*. Ph.D Diss., New Haven: Yale University 1968.

Czapla, Ralf Georg: »›nach Maß gearbeitet‹: Hermann Brochs Gedichte für die Tänzerin Claire Bauroff: Mit einer Edition des Briefwechsels Bauroff-Broch und von Auszügen aus der Korrespondenz Bauroff-Burgmüller«. In: *Jahrbuch zur Kultur und Literatur der Weimarer Republik* 12 (2008), S. 69–113.

Doppler, Bernhard: »Hermann Broch und Rudolf Brunngraber: Romanästhetik und Literaturbetrieb«. In: *Hermann Brochs literarische Freundschaften*. Hg. v. Endre Kiss, Paul Michael Lützeler und Gabriella Rácz. Tübingen 2008, S. 185–197.

Durand-Barthez, Manuel: »Hermann Broch und Ruth Norden: Im Zeichen der Danaiden«. In: *Hermann Brochs literarische Freundschaften*. Hg. v. Endre Kiss, Paul Michael Lützeler und Gabriella Rácz. Tübingen 2008, S. 171–183.

Durand-Barthez, Manuel: »Le dilemme du retour d'exil face à l'après-coup du nazisme dans les réalités allemandes d'après-guerre. Réflexions autour de la correspondance échangée par Hermann Broch avec Volkmar von Zühlsdorff et Ruth Norden (1945–1949)«. In: *Cahiers d'études Germaniques* 57 (2009), S. 107–121.

Durzak, Manfred: »Hermann Broch und Frank Thiess. Aus unveröffentlichten Briefen«. In: *Literatur und Kritik* 6 (1971), S. 253–260.

Gilman, Sander L.: »›Zettelwirtschaft‹: Hermann Brochs *Massenwahntheorie* and the nature of writing in the letters to Gertrude Lederer«. In: *Exile and Enlightenment: Studies in German and Comparative Literature in Honor of Guy Stern*. Hg. v. Uwe Faulhaber u. a. Detroit 1987, S. 181–190.

Gilman, Sander L.: »Einleitung«. In: *Zettelwirtschaft. Briefe an Gertrude von Eckardt-Lederer von Friedrich und Elisabeth Gundolf, Hermann Broch, Joachim Ringelnatz und Berthold Vallentin*. Hg. v. Sander L. Gilman. Berlin 1992, S. 9–20.

Gindele, Sonja: *Hermann Broch und Ernst Schönwiese: eine literarische Korrespondenz*. Saarbrücken 2008.

Göpfert, Herbert G.: »Vorbemerkung«. In: Broch, Hermann und Daniel Brody: *Briefwechsel 1930–1951*. Hg. v. Bertold Hack und Marietta Kleiß. Frankfurt am Main 1971, Sp. 1–10.

Grieser, Dietmar: »Briefi von Kindi. Hermann Broch und Ea von Allesch«. In: Grieser, Dietmar: *Eine Liebe in Wien*. St. Pölten 1990, S. 111 und 114ff.

Hack, Bertold: »Editorisches Nachwort«. In: Broch, Hermann und Daniel Brody: *Briefwechsel 1930–1951*. Hg. v. Bertold Hack und Marietta Kleiß. Frankfurt am Main 1971, Sp. 1065–1080.

Hargraves, John: »›Beyond Words‹: The translation of Broch's *Der Tod des Vergil* by Jean Starr Untermeyer«. In: *Hermann Broch. Visionary in Exile. The 2001 Yale Symposium*. Hg. v. Paul Michael Lützeler u. a. Rochester 2003, S. 217–229 [enthält Auszüge aus unveröffentlichten Briefen].

Haslinger, Adolf: »›Die ganze Romanschreiberei – eine inadäquate Beschäftigung‹. Zum Briefwechsel Hermann Brochs und George Saikos«. In: *George Saikos magischer Realismus. Zum Werk eines unbekannten großen Autors*. Hg. v. Joseph P. Strelka. Bern 1990, S. 121–133.

Hollweck, Thomas: »Gedanken zu einem Briefwechsel zwischen Hermann Broch und Eric Voegelin zur Menschenrechtsfrage«. In: *Hermann Broch. Politik, Menschenrechte – und Literatur?* Hg. v. Thomas Eicher, Paul Michael Lützeler und Hartmut Steinecke. Oberhausen 2005, S. 65–81.

Hollweck, Thomas: »Im Schatten der Apokalypse. Zum Briefwechsel zwischen Hermann Broch und Eric Voegelin«. In: *Sinn und Form* 60 (2008) H. 2, S. 175–189.

Huberman, Elizabeth: »The Broch/Muir correspondence: teaching each other«. In: *Modern Austrian Literature* 22 (1989) H. 2, S. 45–57.

Kajtár, Mária: »Hermann Broch und Friedrich Torberg: Demokratie und Totalitarismus«. In: *Hermann Brochs literarische Freundschaften*. Hg. v. Endre Kiss, Paul Michael Lützeler und Gabriella Rácz. Tübingen 2008, S. 293–303.

Kessler, Michael: »Hermann Broch und Volkmar Zühlsdorff: Hoffnung und Humanismus«. In: *Hermann Brochs literarische Freundschaften*. Hg. v. Endre Kiss, Paul Michael Lützeler und Gabriella Rácz. Tübingen 2008, S. 199–215.

Lützeler, Paul Michael: *Hermann Broch und Stefan Zweig: Zum Briefwechsel zweier Kosmopoliten*. Radio-Rundfunk ORF November 1981.

Lützeler, Paul Michael: *Hermann Broch. Eine Biographie*. Frankfurt am Main 1985 (= HBB).

Lützeler, Paul Michael: »Einleitung«. In: BÜD 9–19.

Lützeler, Paul Michael: »Nachwort. Hermann Broch: Tagebuch eines Eifersüchtigen«. In: TT 171–189.

Lützeler, Paul Michael: »Nachwort des Herausgebers: Der Briefwechsel zwischen Hannah Arendt und Hermann Broch«. In: AB 227–250.

Lützeler, Paul Michael: »Zu den Briefen«. In: Lützeler, Paul Michael: *Die Entropie des Menschen. Studien zum Werk Hermann Brochs*. Würzburg 2000, S. 131–195 [überarbeitete Fassungen von Lützeler 1986, 1995 und 1996].

Lützeler, Paul Michael: »Nachwort des Herausgebers: Disharmonische Liebesbriefe«. In: TE 361–375.

Lützeler, Paul Michael: »Einleitung. ›Optimistische Verzweiflung‹: Thomas Mann und Hermann Broch im Exil«. In: FE 9–30.

Lützeler, Paul Michael: »Einleitung des Herausgebers«. In: TK 9–27.

Lützeler, Paul Michael: »Einleitung des Herausgebers: Hermann Broch – Arbeit und Amouren«. In: FG 7–33.

Lützeler, Paul Michael: »Einleitung des Herausgebers: ›Libru, guter Alter‹«. In: BK VII–XX.
Lützeler, Paul Michael: »Einleitung des Herausgebers: 1925 – Broch oder die Pädagogik«. In: VS 7–20.
Lützeler, Paul Michael: »Zu den Briefen«. In: Ders.: *Hermann Broch und die Moderne. Roman, Menschenrecht, Biografie*. München 2011, S. 169–225 [überarbeitete Fassungen von Lützeler 2001, 2005, 2007, 2010, 2010].
Mitterbauer, Helga: »Hermann Broch und Franz Blei: Untergehende Kultur, zerfallende Werte«. In: *Hermann Brochs literarische Freundschaften*. Hg. v. Endre Kiss, Paul Michael Lützeler und Gabriella Rácz. Tübingen 2008, S. 37–50.
Mondon, Christine: »Hermann Broch und Stefan Zweig: Literatur und Exil«. In: *Hermann Brochs literarische Freundschaften*. Hg. v. Endre Kiss, Paul Michael Lützeler und Gabriella Rácz. Tübingen 2008, S. 151–160.
Nicolosi, Maria Garzia: »Hermann Broch und Ernst Schönwiese: Dichtung, Zeitschrift, Radio«. In: *Hermann Brochs literarische Freundschaften*. Hg. v. Endre Kiss, Paul Michael Lützeler und Gabriella Rácz. Tübingen 2008, S. 161–170.
Olay, Csaba: »Hannah Arendt und Hermann Broch: Roman und Moderne«. In: *Hermann Brochs literarische Freundschaften*. Hg. v. Endre Kiss, Paul Michael Lützeler und Gabriella Rácz. Tübingen 2008, S. 305–318.
Picht, Barbara: »Volkmar Zühlsdorff und Hermann Broch: Briefwechsel und Begegnung«. In: *Hermann Brochs literarische Freundschaften*. Hg. v. Endre Kiss, Paul Michael Lützeler und Gabriella Rácz. Tübingen 2008, S. 217–227.
Reiter, Andrea: »Hans Sahl und Hermann Broch: Ein Briefwechsel im Exil 1941–1950«. In: *Denkbilder: Festschrift für Evin Bourke*. Hg. v. Hermann Rasche und Christiane Schönfeld. Würzburg 2004, S. 199–209.
Rizzo, Roberto: »Un capitolo dell'intelligenza ebraica in esilio: il Carteggio Broch/Arendt (1946–1951)«. In: *Le muse inquiete: Sinergie artistiche nel Novecento tedesco: Atti del Convegno Internazionale Catania, 4–6 dicembre 2001*. Hg. v. Grazia Pulvirenti, Renata Gambino und Vincenza Scuderi. Firenze 2003, S. 189–236.
Roethke, Gisela: »Hermann Broch und Aldous Huxley – eine Korrespondenz und ihre Folgen«. In: *Modern Austrian Literature* 26 (1993) H. 1, S. 75–86.
Saletta, Ester: »Hermann Broch und Ea von Allesch. Eine Beziehung zwischen Imagination und Realität«. In: *Hermann Broch – ein Engagierter zwischen Literatur und Politik*. Hg. v. der Österreichischen Liga für Menschenrechte. Innsbruck 2004, S. 121–128.
Sauerland, Karol: »Hermann Broch und Hannah Arendt: Massenwahn und Menschenrecht«. In: *Hermann Brochs literarische Freundschaften*. Hg. v. Endre Kiss, Paul Michael Lützeler und Gabriella Rácz. Tübingen 2008, S. 319–331.
Scheichl, Sigurd Paul: »Hermann Broch als Briefschreiber«. In: *Hermann Broch. Modernismus, Kulturkrise und Hitlerzeit. Londoner Symposion 1991*. Hg. v. Adrian Stevens, Fred Wagner und Sigurd Paul Scheichl. Innsbruck 1994, S. 187–204.
Scheichl, Sigurd Paul: »Hermann Broch und Ludwig von Ficker im Spiegel von Brochs Briefen«. In: *Hermann Brochs literarische Freundschaften*. Hg. v. Endre Kiss, Paul Michael Lützeler und Gabriella Rácz. Tübingen 2008, S. 21–35.
Schmidt-Dengler, Wendelin: »»Kurzum die Hölle«: Broch's early political text ›Die Straße‹«. In: *Hermann Broch. Visionary in Exile. The 2001 Yale Symposium*. Hg. v. Paul Michael Lützeler u. a. Rochester 2003, S. 55–66.

Schneider-Handschin, Esther V.: »Politisch-Juristisches in Hermann Brochs Die Schuldlosen«. In: *Hermann Broch. Politik, Menschenrechte – und Literatur?* Hg. v. Thomas Eicher, Paul Michael Lützeler und Hartmut Steinecke. Oberhausen 2005, S. 271–291 [bezieht sich z. T. auf die Briefwechsel Broch-Arendt und Broch-Zühlsdorff].

Selvani, Gianni: »Le lettere di Hermann Broch. Dalla ricerca delle poetiche all'etia della responsabilità«. In: *Problemi di civiltà* 2 (1979) H. 4, S. 3–20.

Smith, Evans Lansing: »The Golem and the Garland of Letters in Borges and Broch«. In: *Journal of the Fantastic in the Arts* 7 (1996), S. 177–190.

Speirs, Ronald und John White: »Hermann Broch und H. G. Adler. Die Korrespondenz zweier Schriftsteller im Exil«. In: Adler, H. G. und Hermann Broch: *Zwei Schriftsteller im Exil. Briefwechsel.* Hg. v. Ronald Speirs und John White. Göttingen 2004, S. 77–96.

Szabó, László V.: »Hermann Broch und Robert Musil. K. u. K. oder Konkurrenz und Kollegialität«. In: *Hermann Brochs literarische Freundschaften.* Hg. v. Endre Kiss, Paul Michael Lützeler und Gabriella Rácz. Tübingen 2008, S. 105–119.

II. Kontakte und Konstellationen

Hermann Broch charakterisierte sich in einem Brief an eine Wiener Studentin als jemand, der, Kafka und Musil ähnlich, »keine eigentliche Biographie« habe: »wir haben gelebt und geschrieben, und das ist alles« (KW 13/3, 287). Der Autor war jedoch zeitlebens in ein dichtes und manchmal verwirrendes Netz von Kontakten verwickelt, und so förderten oder hinderten seine freundschaftlichen, erotischen oder literarischen Beziehungen ihn beim Schaffen seines Lebenswerks.

Broch »besaß eine ausgesprochene Begabung für Freundschaften« – schreibt Lützeler in der Einführung des Bandes *Hermann Brochs literarische Freundschaften*,[1] der zahlreiche, biographisch und literarisch gleich wichtige Verbindungen dokumentiert und dabei auch das kulturelle und politische Milieu der Zwischenkriegszeit in Europa sowie der Exiljahre in Amerika verdeutlicht.

Broch hielt seine Kontakte vor allem durch briefliche Kommunikation in Gang. Es ist bekannt, dass er leidenschaftlich gern korrespondierte. Das war sein »Lebenselixier, weil er ohne Freundschaftsbeweise [...] nicht leben konnte«, obwohl er »die Riesenkorrespondenz immer mehr als eine Belastung empfand, sie zuweilen gar als selbstmörderisch verfluchte«.[2] Die Zahl der zugänglichen Briefe wird auf ca. 3000 geschätzt.[3] Der Forschungsstand zum Thema ›Kontakte und Konstellationen‹ in Brochs Leben und Werk hängt darum am engsten mit dem Stand der Edition seiner Korrespondenz zusammen. Auf diesem Gebiet sind in den letzten zwei Jahrzehnten sehr große Fortschritte erreicht worden, vor allem infolge der Editionstätigkeit Paul Michael Lützelers. Als erstes sollten hierbei die drei Bände der ausgewählten Briefe in der *Kommentierten Werkausgabe* (KW 13/1–13/3) erwähnt werden. Nicht weniger aufschlussreich sind die zahlreichen Dokumentationen von Briefwechseln zwischen Broch und solch prominenten Bekannten wie Daniel Brody,[4] Volkmar von Zühlsdorff,[5] Hannah Arendt,[6] Annemarie Meier-Graefe,[7] Ruth Norden,[8]

---

[1] Paul Michael Lützeler: »Einführung«. In: *Hermann Brochs literarische Freundschaften*. Hg. v. Endre Kiss, Paul Michael Lützeler und Gabriella Rácz. Tübingen 2008, S. 7–19, Zitat 14.
[2] Lützeler: »Einführung«, S. 17.
[3] Vgl. Sigurd Paul Scheichl: »Hermann Broch als Briefschreiber«. In: *Hermann Broch: Modernismus, Kulturkrise und Hitlerzeit. Londoner Symposion 1991*. Hg. v. Adrian Stevens, Fred Wagner und Sigurd Paul Scheichl. Innsbruck 1994, S. 187–204, Zitat 187.
[4] Hermann Broch und Daniel Brody: *Briefwechsel 1930–1951*. Hg. v. Bertold Hack und Marietta Kleiß. Frankfurt am Main 1971 (= BB).
[5] Hermann Broch: *Briefe über Deutschland 1945–1949. Die Korrespondenz mit Volkmar von Zühlsdorff*. Hg. v. Paul Michael Lützeler. Frankfurt am Main 1986 (= BÜD).
[6] Arendt, Hannah und Hermann Broch: *Briefwechsel 1946 bis 1951*. Hg. v. Paul Michael Lützeler. Frankfurt am Main 1996 (= AB).

sowie von Brochs Briefen an Paul Federn[9] und an Erich von Kahler[10]. An dieser Stelle sind auch die Edition der Tagebuchbriefe Brochs an Ea von Allesch[11] und der ebenfalls von Lützeler zusammengestellte Band *Freundschaft im Exil. Thomas Mann und Hermann Broch*[12] zu erwähnen, der nicht nur die Korrespondenz zwischen Mann und Broch enthält, sondern Briefe an andere Personen, Aufsätze und Essays – ein längst erwartetes Desiderat der Forschung.

Dieser Beitrag schildert ›Freundschaften‹ im weitesten Sinne, die »unterschiedliche Intensitätsgrade der Sympathie, des Vertrauens, des Wohlwollens, der Wertschätzung und der Zuneigung« aufweisen, und im Falle von Frauenfreundschaften sich »oft und (rasch) in Liebesbeziehungen wandelten«.[13] Die intensivsten intellektuellen Verbindungen, die Brochs Leben und literarisches Werk mitbestimmt haben, werden im biographischen und kulturhistorischen Zusammenhang dargestellt. Zum Schluss wird auf Kontakte im familiären Bereich, insbesondere auf die mit seinem Sohn und seiner zweiten Ehefrau, Annemarie Meier-Graefe,[14] verwiesen.

1. Freundschaften aus Österreich(-Ungarn)

Die ältesten literarischen Kontakte mit Ludwig von Ficker und Franz Blei gehen auf die 1910er Jahre zurück. Ficker ermöglicht Broch zum ersten Mal, seine Schriften zu publizieren. Wahrscheinlich wegen des Einflusses von Karl Kraus schickt Broch das Manuskript des Aufsatzes »Philistrosität, Realismus, Idealismus der Kunst« an die 1910 von Ficker gegründete Innsbrucker Zeitschrift *Brenner*, der es trotz seines stark philosophischen Charakters annimmt, und 1913/1914 sogar zwei weitere Aufsätze von ihm veröffentlicht.[15] Auf dieser

---

7 *Der Tod im Exil. Hermann Broch – Annemarie Meier-Graefe. Briefwechsel 1950–51.* Hg. v. Paul Michael Lützeler. Frankfurt am Main 2001 (= TE).
8 *Hermann Broch – Ruth Norden. Transatlantische Korrespondenz.* Hg. v. Paul Michael Lützeler. Frankfurt am Main 2005 (= TK).
9 Hermann Broch: *»Frauengeschichten«. Die Briefe an Paul Federn 1939–1949.* Hg. v. Paul Michael Lützeler. Frankfurt am Main 2007 (= FG).
10 Hermann Broch: *Briefe an Erich von Kahler (1940–1951).* Hg. v. Paul Michael Lützeler. Berlin 2010 (= BK).
11 Hermann Broch: *Das Teesdorfer Tagebuch für Ea von Allesch.* Hg. v. Paul Michael Lützeler. Frankfurt am Main 1995 (= TT).
12 Paul Michael Lützeler (Hg.): *Freundschaft im Exil. Thomas Mann und Hermann Broch* (= Thomas-Mann-Studien, Bd. 31). Frankfurt am Main 2004 (= FE).
13 Lützeler: »Einführung«, S. 14.
14 Vgl. dazu *Verlorener Sohn? Hermann Brochs Briefwechsel mit Armand. 1925–1928.* Hg. v. Paul Michael Lützeler. Frankfurt am Main 2010 (= VS) und TE.
15 Vgl. Sigurd Paul Scheichl: »Hermann Broch und Ludwig von Ficker im Spiegel von Brochs Briefen«. In: *Hermann Brochs literarische Freundschaften*, S. 21–35, hier 25f. Zu Brochs Mitarbeit am *Brenner* vgl. Paul Michael Lützeler: »Hermann Broch und der Brenner«. In: *Untersuchungen*

Grundlage entsteht eine Brieffreundschaft, die die zwei in grundsätzlich unterschiedlichen Milieus lebenden Menschen vor allem aus zwei Gründen verbindet: wegen der schon erwähnten Publikationen im *Brenner* und viel später im Zusammenhang mit der Völkerbund-Resolution. Der Kontakt zwischen Ficker und Broch wird Mitte der 1930er Jahre wieder lebendig: Sie treffen sich mehrmals persönlich, und Broch bietet seine »Völkerbund-Resolution« dem *Brenner* zur Veröffentlichung an.[16] Der letzte Brief Brochs an Ficker vom 28. November 1937 (KW 13/1, 478ff.) hat immer noch die »Resolutions«-Schrift zum Thema, allerdings nicht mehr mit einem eindeutigen Veröffentlichungswunsch verbunden. Mit der beigelegten Durchschrift seines Briefes an den katholischen Philosophen Jacques Maritain reflektiert er die »erwarteten christlichen Einwände Fickers gegen seine Resolution: dass nämlich die beste Verteidigung gegen den faschistischen Ungeist eine Rückbesinnung auf das Christentum sei«.[17]

Auch Franz Blei, den Broch vermutlich 1916 kennengelernt hatte, und mit dem er bis zu dessen Tod 1942 befreundet blieb, gilt als ein Förderer von Brochs anfänglicher literarischer Tätigkeit. Nach Mitterbauer wird Blei in demselben Jahr Brochs Rezension über das Dostojewski-Buch von Otto Kaus in die expressionistische Zeitschrift *Die Aktion*, zu deren engsten Mitarbeitern er gehörte, vermittelt haben. 1917 und 1918 publiziert Broch seine frühen Essays in den Zeitschriften *Summa. Eine Vierteljahrschrift* und *Die Rettung. Blätter zur Erkenntnis der Zeit*. Auch Blei war es, den Broch gebeten hat, *Die Schlafwandler* bei einem Verlag unterzubringen, und der den Roman 1931 im *Querschnitt* rezensierte.[18] Die Freundschaft zwischen Blei und Broch basiert auf Gegenseitigkeit: Broch rezensiert z. B. die von Blei übersetzte und herausgegebene romantische Novelle *Venus und Tannhäuser* von Aubrey Beardsley, und lobt darin Bleis Essay über den berühmten Zeichner. Des fünfzigsten Geburtstags seines Freundes gedenkt er mit einer Hommage, in der er Blei als »Kommunisten mit fundierten konservativen Neigungen, als einen Freigeist mit religiösen Tendenzen«,[19] also als eine Ausnahmeerscheinung im literarischen Leben bezeichnet.

---

zum »Brenner«. Festschrift für Ignaz Zangerle. Hg. v. Walter Methlagl u. a. Salzburg 1981, S. 218–228.
16 Scheichl: »Hermann Broch und Ludwig von Ficker«, S. 30f.
17 Scheichl: »Hermann Broch und Ludwig von Ficker«, S. 32. Im erwähnten Brief Brochs heißt es: »niemand ist durch eine ihm fremde Sprache zu überzeugen, und sinnlos wäre es, an jemanden, der wie der Völkerbund bloß rationale Argumente [...] gelten lässt, mit einem Appell an Glaubenspositionen heranzutreten. Der Zweifel wird nicht durch den Glauben besiegt, sondern nur durch seine eigenen Argumente: [...] gerade dies ist die [...] ewige Aufgabe der Ratio. Alles andere muß zu einer Predigt (im guten Sinne) werden, die bloß vom Gläubigen gehört wird, ansonsten aber tauben Ohren begegnet« (KW 13/1, 479).
18 Vgl. Helga Mitterbauer: »Hermann Broch und Franz Blei. Untergehende Kultur, zerfallende Werte.« In: Kiss, Lützeler, Rácz (Hg.): *Hermann Brochs literarische Freundschaften*, S. 37–50, hier 38ff.
19 Mitterbauer: »Hermann Broch und Franz Blei«, S. 42. Vgl. Brochs Rezensionen *Aubrey Beardsley: Venus und Tannhäuser* (KW 9/1, 366f.) und *Franz Blei: »Formen der Liebe«* (KW 9/1, 379f.), sowie die Schrift *Der Schriftsteller Franz Blei (Zum fünfzigsten Geburtstag)* (KW 9/1, 53–57).

So resümiert Mitterbauer die Verbindung der beiden:

> Die Freundschaft bewegte sich auf mehreren Ebenen: Während in der Frühphase Blei dem noch unbekannten Broch Publikationsmöglichkeiten eröffnete, ihn zum Schreiben motivierte und ihn bei der Verlegung der *Schlafwandler*-Trilogie beriet, erleichterte Brochs Hilfe dem alten und kranken Blei die letzten und sehr schwierigen Jahre des Exils. [...] Auf intertextueller Ebene lässt sich eine frappante Übereinstimmung gewisser Positionen bezüglich des Begriffs der Masse, der Diagnose des Wertzerfalls oder des Niedergangs der Kultur sowie hinsichtlich einer bestimmten Präferenz für den Essayismus ausmachen, auch wenn dabei durchaus Qualitätsunterschiede augenscheinlich werden, die schließlich den unterschiedlichen Stellenwert der beiden in der Literaturgeschichte begründen.[20]

Blei gilt als ein wichtiges Glied in den Personenkonstellationen um Broch. Man denke nur an Robert Musil oder an Ea von Allesch. Er musste im gespannten Verhältnis von Musil und Broch eine ausgleichende Rolle spielen. Broch selbst nennt den Rivalen und Freund in einem Brief einen »schlechten, miserablen Charakter« (KW 13/2, 89), mit dem er »in gespannter Freundschaft gelebt« (KW 13/3, 427) habe. Wahrscheinlich ergibt sich aus der Besonderheit ihrer Beziehung die Fülle der einschlägigen Forschungsarbeiten.[21] Obwohl Broch – treu seiner Natur – bemüht war, Musil bei der Veröffentlichung seines Romans *Der Mann ohne Eigenschaften* und bei seiner Emigration in die USA zu Hilfe zu kommen, war gerade Musils Opus Magnum der Auslöser seiner Gereiztheit Broch gegenüber, der zur gleichen Zeit mit der *Schlafwandler*-Trilogie auf der literarischen Bühne erschien. Blei, mit Musil schon seit 1907 bekannt, wusste Musils Eifersucht auf Broch nur schwer abzuwehren. Musil fühlte sich beleidigt, weil Blei in der *Prager Presse* einige Zeilen mehr über die *Schlafwandler* als über seinen Roman schrieb. Mit lobenden Worten bedachte Blei beide Romane und versuchte, ihrer herausragenden Bedeutung – »eine neue Epoche des deutschen Romans« – gerecht zu werden.[22] Für Broch bedeutete der *Mann ohne Eigenschaften* allerdings eines der wertvollsten deutschen Bücher, dessen Autor in einer Sphäre beheimatet ist, »die weit über jegliches Österreichertum, ja sogar weit über jegliches Europäertum hinausreicht« (KW 9/1, 96). So schrieb er 1939 in seinem Gutachten für Musil, der in den Londoner PEN-Club eintreten wollte. Zwischen Musils Plagiatsverdacht aus dem Jahre 1933[23] und ihrer Beziehung in den Exiljahren liegen Welten. V. Sza-

---

20 Mitterbauer: »Hermann Broch und Franz Blei«, S. 47.
21 Einen Überblick gibt z. B. László V. Szabó: »Hermann Broch und Robert Musil. K. u. K. oder Konkurrenz und Kollegialität«. In: Kiss, Lützeler, Rácz (Hg.): *Hermann Brochs literarische Freundschaften*, S. 105–119, hier 105.
22 Vgl. Mitterbauer: »Hermann Broch und Franz Blei«, S. 43f.
23 Vgl. Paul Michael Lützeler: HBB 131f. und Szabó: »Hermann Broch und Robert Musil«, S. 109.

bó schreibt darüber: »Spätestens [...] in der Zeit des Exils [...] überwindet Musil sein Ressentiment und freut sich aufrichtig über Brochs Freundschaft und Großzügigkeit.«[24] Hermann Broch drückt seine Anerkennung, allerdings mit Betonung seines eigenen literarischen Selbstverständnisses, wie folgt aus: »[Musil] war ein ungeheuer komplexer Geist, messerscharf und klar, [...] und der ›Mann ohne Eigenschaften‹ war ein ganz großer Wurf. Gewiß überwiegt darin das Schriftstellerische über dem Dichterischen, d. h. es ist das ganze Werk ins präzis Rationale gehoben« (KW 13/3, 286).

Sowohl Blei wie auch Musil kannten und verehrten schon relativ lange Ea von Allesch (Emma Elisabeth Täubele, später Emma Rudolph), die »Königin des Café Central«, als Broch sie 1917 durch Alfred Polgar kennenlernte. Ea von Allesch bedeutete nicht nur die vielleicht eindrucksvollste Liebesbeziehung für ihn, sondern hatte – ähnlich wie Ficker und Blei – »den jungen Broch bei seinen kulturkritischen und dichterischen Versuchen unterstützt und ihn zur weiteren Produktion ermuntert« (TT 191). In den ca. zehn Jahren ihrer Liebesbeziehung entwickeln sich eigentlich beide zu Schreibenden. Broch fängt kurz nach ihrer Trennung, 1927 an, an seinem ersten großen Roman, den *Schlafwandlern* zu schreiben, und Ea von Allesch wird zu einer angesehenen Modejournalistin. McGaughey bewertet Brochs Werben um die elf Jahre ältere Wiener Fin de siècle-Schönheit als einen Entschluss, der »ungeahnte weitreichende literarische Folgen hatte, denn der Gedankenaustausch der frühen Beziehung, der in Brochs und von Alleschs damaligen Werken erschien, entwickelte sich in seiner Trilogie literarisch weiter«.[25] In Anlehnung an Lützelers und Severits Untersuchungen zu Alleschs journalistischer Tätigkeit in der *Modernen Welt* und der *Prager Presse*,[26] folgert McGaughey, dass Alleschs Kritik an der bürgerlichen Moral auf eine allgemeinere Kulturkritik verweist, deren ›weibliche Eigenart‹ – die Bedeutung der Erotik und des Stils in Mode und Möbeln als »Errettung der Kultur« – im Vergleich zu Brochs Kulturphilosophie konturiert wird. In Brochs kulturtheoretischen Schriften jener Zeit reflektiert und kritisiert Broch Adolf Loos' Konzept der Ornamentlosigkeit, so wie sich auch Ea von Allesch oft polemisch auf Loos bezieht. Auch die Kitsch-Auffassung Brochs widerspiegelt sich in Alleschs Schriften über die Mode. Allerdings ist schwer zu entscheiden, ob Broch sein Konzept auf Grund von Diskussionen mit seiner Freundin weiterdachte oder Allesch Brochs Ideen auf ihre Überlegungen über die Mode übertrug.[27]

---

24 Szabó: »Hermann Broch und Robert Musil«, S. 114.
25 Sarah McGaughey: »Hermann Broch und Ea von Allesch: Möbel und Mode«. In: Kiss, Lützeler, Rácz (Hg.): *Hermann Brochs literarische Freundschaften*, S. 51–63, Zitat 51.
26 Vgl. TT 200–210; Frauke Severit: *Ea von Allesch. Wenn aus Frauen Menschen werden*. Wiesbaden 1999.
27 Vgl. Paul Michael Lützeler: *Die Entropie des Menschen. Studien zum Werk Hermann Brochs*. Würzburg 2000, S. 156.

Durch Ea von Alleschs Vermittlung erhält Broch literarische Aufträge für die erwähnten Zeitschriften. Er schreibt Buchbesprechungen für die *Moderne Welt* und wahrscheinlich auf Veranlassung seiner Freundin positive Aufsätze über Polgar, Blei und Arthur Liebert für die *Prager Presse*.[28]

Ea von Allesch wird in mehreren Frauengestalten Brochs ein literarisches Denkmal gesetzt. In der 1920 geschriebenen Novelle *Ophelia* wird die Wandlung der Titelheldin von der femme fragile der Jahrhundertwende zum neuen Frauentyp des 20. Jahrhunderts geschildert, und somit der Weg der sich für die Frauenemanzipation engagierenden Allesch nachgezeichnet. Alleschs ›vampirhafte Züge‹, wie sie Canetti genannt hat – ein Luchs-Kopf mit Krallen –, was wiederum die femme fatale heraufbeschwört, die Ea von Allesch zweifelsohne auch gewesen ist, wird man wohl in der Figur Hildegard in *Die Schuldlosen* wieder finden.

Am eindrucksvollsten erkennt man Eas Züge in der Gestalt Hanna Wendlings im dritten Teil der *Schlafwandler*:

> Wie Ea ist Hanna eine Schönheit, die von den Männern ihrer Umgebung bewundert wird; wie Ea ist Hanna alleine, [...] wie Ea fürchtet sich Hanna vor den Heimaturlauben des ihr fremd gewordenen Gatten; wie Ea leidet Hanna unter Migräne-, Schwindel-, Müdigkeits- oder Nervositäts-Anfällen; wie Ea ist Hanna für die Innenarchitektur begabt [...] und für die Mode; wie Ea wird Hanna als ein verkrampfter Mensch beschrieben [...] und wie Ea ist Hanna von der Furcht vor dem Bolschewismus besessen. (TT 216f.)

Das Verhältnis zwischen Broch und Ea von Allesch ist nach ihrer Trennung alles andere als friedlich zu nennen. Die alternde und eifersüchtige Frau schlägt einen immer schärferen und kritischeren Ton an und scheut auch vor gemeinen Schimpfworten nicht zurück, wenn sie sich über Broch äußert. Trotzdem oder gerade deshalb wird wohl für Broch ihre Beziehung, die durch persönlichen Kontakt und Korrespondenz bis zum Ende seines Lebens dauerte, die vielleicht wichtigste und auch schmerzlichste gewesen sein, die »durch nahezu 20 Jahre hindurch [...] zu einer Zusammenkoppelung von zwei Neurosen [wurde] und eine sadistisch-masochistische Hölle« (PS 74) war.

Die *Schlafwandler*-Trilogie veranlasst die Bekanntschaft mit Daniel und Daisy Brody, die Lützeler in seiner Broch-Biographie »schicksalsentscheidend« nennt, »denn durch sie begann eine in der Geschichte des Verlagswesens nicht allzu häufig vorkommende enge und herzliche Freundschaft zwischen einem Autor und seinem Verleger« (HBB 115). Daniel Brody, urspr. Bródy Dániel (1883–1969), stammte aus einer angesehenen Budapester großbürgerlichen

---

[28] Es handelt sich um den weiter oben erwähnten Aufsatz *Der Schriftsteller Franz Blei (Zum fünfzigsten Geburtstag)*, den Broch Ea von Allesch zuliebe trotz seiner Vorbehalte Blei gegenüber in lobendem Ton formuliert hat. Vgl. TT 204ff.

Familie. Sein Onkel, Sigmund Bródy (Bródy Zsigmond), einer der größten Steuerzahler in Budapest, erwarb 1872 das Blatt *Neues Pester Journal*, das er Daniel Brody vererbte.

Nach 1918 ging Brody mit seiner Familie nach Deutschland, wo er beim Kurt Wolff Verlag in Leipzig die Stelle des kaufmännischen Direktors bekleidete. Der Kurt Wolff Verlag gehörte zum Teil Árpád Spitz, dessen Tochter, Daisy Spitz, Brody 1909 in Budapest heiratete.

1929 hat er den Rhein-Verlag in Basel gekauft, dem die deutschsprachigen Rechte an James Joyce gehörten. Brody führte den Verlag von Zürich und München aus. 1930 wurde Broch Autor des Rhein-Verlags. Dort erschien zwischen 1930 und 1932 seine Romantrilogie, und der Verlag gab zwischen 1953 und 1961 auch seine *Gesammelten Werke* in zehn Bänden heraus.[29] So erinnert sich Daniel Brody an die erste Begegnung in Wien:

> Hermann Broch war um diese Zeit ein elegant gekleideter Vierziger von sympathischen Manieren, hochgewachsen, aber im Gang etwas gebückt, wobei er den Kopf leicht zwischen die Schultern zog. Seine tiefliegenden dunklen Augen begleiteten jedes Wort und jede Geste mit wechselnden Nuancen, wie ihm überhaupt eine besonders lebhafte Ausdrucksweise eignete, eine Vorliebe für überraschende, witzige Wendungen, eine wienerische Art, sich zu geben. Schon nach kurzem Gespräch stand man ganz im Banne seiner Persönlichkeit. [...] Er war von rührender Bescheidenheit, niemals überheblich oder eingebildet und trug keinerlei ›dichterische Allüren‹ zur Schau. (HBB 117f.)

Allerdings war die Publikation der Trilogie für den Verlag keine Erfolgsgeschichte, weil Broch mit seinen »endlosen Überarbeitungen« jeden Terminplan durchkreuzte, und das Unternehmen auch finanziell nicht rentabel wurde. Trotzdem bleibt Brody seinem Autor und späteren Freund geduldig und liebevoll gesinnt. Das gilt auch für Brodys Frau Daisy, die »verständnisvoll und inspirierend die intellektuelle Seite der *Schlafwandler* mit Broch diskutiert« (HBB 122).

Mit Daisy führte Broch bis zu seinem Tode eine regelmäßige Korrespondenz über literarische, kulturhistorische, religiöse Themen und über die Genese seiner eigenen Werke, d. h. über sog. »feine« Themen neben den alltäglichen (vgl. KW 13/1, 308), zu denen auch die Angelegenheiten der Familie und des Privatlebens gehörten. Broch besuchte die Brodys öfters in München, war auch mit den Söhnen Brodys (János, Peter, Thomas) befreundet.

1934 feierten die Brodys ihre Silberne Hochzeit, zu der Broch das Gedicht »Mitte des Lebens« (KW 8, 36–38) geschrieben hatte.

---

[29] Vgl. KW 13/1, 91; ferner Daniel Brody: »Mein Freund und Autor Hermann Broch«. In: *Forum* (Wien) 8/89 (Mai 1961), S. 179–181.

Brodys Hochachtung Broch gegenüber kommt im folgenden Brief vom 23. Dezember 1933 zum Ausdruck:

> [Ich] will meine ganze jugendliche Kraft in den Dienst der kommenden Dinge von Hermann Broch stellen. Das tue ich wirklich mit Freude und Liebe, denn auch ich bin davon überzeugt, dass unser Zusammentreffen eine schicksalsgewollte Notwendigkeit war, ist und bleibt. (KW 13/1, 271)

Die »schicksalsgewollte Notwendigkeit« ihrer Begegnung bedeutete jedoch keinesfalls, dass er in allem Brochs Wünschen nachgegeben hätte. Er wies mehrere Publikationspläne Brochs zurück, z. B. seine Rede »James Joyce und die Gegenwart«, einen 1934 konzipierten Essayband, von dem Brody sogar meinte, er würde den »Ruin des Verlags« heraufbeschwören (HBB 150). Dem *Filsman*-Roman gegenüber, in den Broch das Drama *Die Entsühnung* einbauen wollte, hatte Brody sowohl gattungstheoretische als auch politische Bedenken. Eine echte Krise ihrer Beziehung wurde dadurch ausgelöst, dass Broch seinen Roman *Die Unbekannte Größe* (KW 2) beim S. Fischer Verlag publizierte. Broch wollte gleichzeitig im Bermann-Fischer-Verlag und im Rhein-Verlag *Die Verzauberung* (KW 3) veröffentlichen.[30]

Broch war allerdings von Brodys zeitweiligen Vorwürfen wegen der »Unfertigkeit« der Arbeiten und der vermeintlichen Ansicht, seine Lebensgestaltung sehe Brody als »seelisch erkrankt« an, empfindlich getroffen:

> denn im Grunde Deiner liebenswerten und ehrlich geliebten Seele glaubst Du mir nichts, sondern meinst, dass ich bloß von Frauenangelegenheiten mich zurückhalten lasse, glaubst nicht, dass ich stundenlang in den Ämtern herumstehe [...], glaubst nicht, dass ich nicht weiß, wie meine Steuerrückstände bezahlen, glaubst nicht, welche Diskussionen ich mit meinem Bruder wegen ein paar Schillingen habe, glaubst nichts von meinen Sorgen und Gewissensfragen. (KW 13/1, 359)

Nach dem Krieg ziehen die Brodys nach Lugano, und sie versuchen auch Broch, der mit dem Gedanken spielt, eine Professur in München anzunehmen, zu überzeugen, zu ihnen in die Schweiz zu kommen. Broch möchte mit seinen Werken in Deutschland erscheinen, darum verhandelt er mit dem Verleger Willy Weismann darüber, seine Werke parallel in Deutschland und in der Schweiz, beim Rhein-Verlag, erscheinen zu lassen. Unter anderem sollten

---

[30] Die geplante Kooperation der beiden Exilverlage Bermann-Fischer und Rhein-Verlag in Wien kam jedoch nicht zustande. Die vermutliche Ursache war die unsichere Situation Brodys und seines Verlags. Brody schloss 1936 sein Verlagsbüro in München und operierte, wie zuvor, von Zürich aus. 1937 befanden sich sowohl der Bermann-Fischer Verlag wie der Rhein-Verlag in Wien, doch nach dem Anschluss emigrierte Bermann-Fischer nach Schweden und Brody ging wieder zurück in die Schweiz. 1939 emigrierten die Brodys in die Niederlande, und nach drei Jahren Aufenthalt gingen sie weiter nach Mexiko, später nach New York. 1947 kehrten sie zurück in die Schweiz (vgl. KW 13/1, 381f., Fußnote).

Brochs Novellen als Sammlung beim Willy Weismann-Verlag publiziert werden. Brody gerät diesmal wirklich aus der Fassung und bittet Broch ausdrücklich, seine Briefe an Weismann über den Rhein-Verlag zu schicken, damit er von allem informiert wird. Aber auch in diesem Falle gilt das, was das Verhältnis Brochs mit seinem Verleger ein Leben lang bestimmt: Dass »das Freundschaftsverhältnis das geschäftliche aber überlagert. Fast könne man paradox sagen, es sei erstaunlich, dass trotz der freundschaftlichen Verbundenheit die verlegerische Beziehung auf die Dauer gehalten habe« (BB 7).

2. Freundschaften im Exil

Lützeler summiert Brodys Stellenwert im Leben »seines Autors« als »Verleger, Lektor, Pressereferent, Werbeagent und psychologischer Betreuer«. Da der »liebenswürdige, aber zögerliche Verleger« damit überfordert war, wollte Broch mit Thomas Manns Hilfe für seine Werke Werbung machen (FE 10f.). So begann eine, besonders am Anfang, ungleiche Beziehung zwischen Thomas Mann und Hermann Broch, aus der eine »Freundschaft im Exil« wurde, welche ausführlich dokumentiert ist. So wird über die erste Begegnung berichtet:

> Auf verschlungenen Wegen, die mit Namen von Ea von Allesch, Anette Kolb, Lothar Mohrenwitz und Alexander Frey gepflastert waren, erreichte Broch Anfang März eine einstündige Audienz beim in München residierenden Nobelpreisträger. Der Besuch ließ sich hoffnungsvoll an, denn Thomas Mann selbst erwähnte die Möglichkeit einer Plazierung von Brochs Trilogie beim Book of the Month Club. (FE 11)

Das Unternehmen brachte jedoch nicht den gewünschten Erfolg, denn Thomas Mann, der Jurymitglied des amerikanischen Clubs war, fand *Die Schlafwandler* für das amerikanische Publikum zu anspruchsvoll. Auch ein zweites persönliches Treffen in Wien anlässlich der Lesung aus dem *Josephs*-Roman blieb erfolglos. Broch behauptet sogar in einem Brief an Daniel Brody: »Im übrigen verlief die ganze Angelegenheit in großer beidseitiger Steifheit, womit allerdings er angefangen hat. Er hat was gegen mich, aber da kann man nichts machen« (KW 13/1, 219). Broch schwärmt schon als junger Mann von Thomas Mann, und publiziert einen frühen Aufsatz über den *Tod in Venedig* in der Zeitschrift *Der Brenner*. Später wollte er auch Manns *Der junge Joseph* rezensieren, aber statt einer Rezension erwähnte er in seinen Essays die *Josephs*-Romane »als Beispiele für die Neuentdeckung des Mythischen in der Gegenwartsliteratur« (FE 12). Broch sieht in Mann wegen seines ›sozialen‹ Totalitätsanspruchs, trotz seiner Kritik an Manns »Dogmatik« und traditioneller Erzählweise, eine Art Vorbild und erklärt sein eigenes Konzept des Romans im Vergleich zu dem Manns: »Worauf es ankommt, ist das *gefühlte Wissen anklingen zu lassen*, d. h. ein *»Geschehen«* zu konstituieren, das als solches zwar nicht rational, wohl aber rational ausdrückbar und damit Ausdruck jenes Gefühlswissens ist« (KW 13/1, 300f.). Thomas Mann schreibt über *Die Schlafwandler*, er stehe »unter dem Eindruck eines bedeutenden, geistig reichen und hochgespannten Werkes, das gewiß mit der Zeit noch die ihm gebührende Beachtung [...] finden wird« (HBB 130). Ihre Beziehung erweitert sich über die literarische Dimension hinaus und vertieft sich zugleich angesichts der politischen Situation, von der sie beide betroffen sind. Einen ersten Anlass gibt dazu Brochs »Völkerbund-Resolution«, mit der er eine antifaschistische Plattform für Intellektuelle schaffen wollte, die sich für den Frieden und für Menschenrechte einsetzt. Er diskutiert die Schrift mehrmals mit Thomas Mann, der zwar die Arbeit als »klug und reich, nach allen Seiten ausgebaut« lobt, sie zugleich in seinem Tagebuch als ein »ernstes Dokument« bezeichnet, mit dem aber »nichts rechtes [...] anzufangen« sei (HBB 211). Broch erhält 1938 mit Thomas Manns Hilfe das amerikanische Visum, und eine Zeit lang wohnen die beiden Autoren in Princeton. Lützeler berichtet über die gemeinsame Princetoner Zeit:

> Schon drei Tage nach seiner Ankunft in New York, am 13. Oktober 1938, ist Broch in Princeton eingeladen. [...] Thomas Mann lebt zweieinhalb Jahre, von Herbst 1938 bis Frühjahr 1941, in Princeton. In dieser Zeit trifft er Broch etwa zwanzigmal, also im Schnitt ungefähr alle sechs Wochen. Broch gehört während der Princetoner Jahre zum engeren Bekanntenkreis der Familie. Wie man den Tagebucheintragungen Manns entnimmt, ist er ein gern gesehener Gast. Freund des Hauses, der er nunmehr ist, fungiert er als Trauzeuge bei der Heirat von Elisabeth Mann, der jüngsten Tochter des Autors, mit Giuseppe Antonio Borgese. Im Mitford House wird mit Broch zu Mittag, beim Tee, beim Dinner oder nach dem Abendessen über Politik und über Emigranten-Aktionen diskutiert; man liest aus politischen Aufsätzen vor (Mann) oder aus einem literarischen Werk (Broch aus dem *Vergil*-Roman), man hört gemeinsam Musik, geht spazieren oder ins Kino. (FE 13)

Thomas Mann beurteilt auch den *Vergil*-Roman ambivalent. Die Stichworte in seinem Tagebuch lauten: »innere Bildhaftigkeit«, »merkwürdige Musik«, aber auch »atemloser Strom«, in dem man »nach einem römisch II.« lechzt. Manche aus der Mann-Familie halten den Roman sogar für »*bestürzend* langweilig« (HBB 259). Aber in ihren politischen Ansichten standen sie sich nach wie vor nahe. Im Haus der Manns wurde über die Utopie der Weltdemokratie diskutiert, Broch und Borgese betrieben mit der Unterstützung Thomas Manns das Projekt eines Sammelbandes zum Thema Demokratie und Antifaschismus. Broch hatte sich der Borgese-Gruppe angeschlossen, die ein aus prominenten europäischen Emigranten und amerikanischen Gelehrten bestehendes Europa-Komitee gründete. Das Europa-Komitee setzte sich eine »Neudefinition der

Demokratie für die ganze Welt« zum Ziel, verfasste Memoranden und organisierte 1940 die Atlantic-City-Konferenz, deren prominentester Teilnehmer Thomas Mann war (HBB 263f.). Das aus diesen Bemühungen hervorgegangene Buch *The City of Man. A Declaration on World Democracy* erschien 1941 bei der Viking Press in New York. Mann und Broch blieben auch nach dem Kriegsende in Kontakt. Broch schätzte den *Doktor Faustus* als eine enorme Leistung ein, und hatte »Minderwertigkeitsgefühle [...] angesichts der stupenden Arbeitskraft des alten Mannes«. Zugleich fand er aber den Bericht *Die Entstehung des Doktor Faustus* wegen der dort aufscheinenden »Immoralität des rein Schriftstellerischen« als »höchst unangenehm« (KW 13/3, 365). Die Konstellation Hermann Broch – Thomas Mann beruht trotz gegenseitiger Hochachtung und »bei allem generellen Respekt« im literarischen wie im politischen Bereich auf dem »Bewusstsein einer Differenz« (FE 29).

Zu Thomas Manns Freundeskreis in Princeton gehörte der Historiker und Kulturphilosoph Erich von Kahler (1985–1970), mit dem er bis zu seinem Tode im Briefwechsel stand (BK), und den er auch öfter in seinen Tagebüchern erwähnte. Broch lernte Kahler, der aus Prag stammte und in Wien maturiert und promoviert hatte, erst im amerikanischen Exil kennen. Sie begegneten sich zum ersten Mal unmittelbar nach der Ankunft Brochs bei Richard A. Bermann in New York. Aus dem »blitzartig eingeschlagen[en]« Kontakt wurde eine Lebensfreundschaft (HBB 243). Zwischen 1942 und 1948 mietete Broch ein Zimmer im Haus Erich von Kahlers in Princeton. Er lebte dort wie ein Mitglied der Familie: Kahlers Mutter, Antoinette, behandelte ihn als ihren Sohn. Lützeler zitiert in seiner Biographie aus einem Brief Victor von Kahlers, der ein idyllisches Leben im Princetoner Haus schildert:

> In einem kleinen Häuschen in Princeton, New Jersey, leben zusammen meine Tante Antoinette Kahler, ihr Sohn Erich und Hermann Broch. Mein Cousin und Hermann Broch verbringen ihre Tage damit, schwere, unnötige Bücher zu schreiben und Konfusionen zu machen. Sie lieben einander sehr. Deshalb wollen sie ihre wiederholten Reisen so einrichten, dass zwar immer Einer von ihnen zuhause ist um auf die Briefe und Telefon-Anrufe des anderen aufzupassen, dass sie aber möglichst viel gleichzeitig zuhause sind, um einander zu genießen. Dieses Problem hat eine gewisse Ähnlichkeit mit der Quadratur des Zirkels, wäre aber trotzdem lösbar, würde nicht Beiden, Broch und Erich, der Begriff von Zeit und Raum fehlen. So kommt es eben dazu, dass einesteils Briefe und Telefonanrufe verschlampt werden und dass sich die beiden Freunde ständig verfehlen. (HBB 290)

Broch setzte zu dieser Zeit seine massenpsychologischen Studien fort und arbeitete wieder am Roman *Der Tod des Vergil*, dessen englische Übersetzung Jean Starr Untermeyer vorbereitete. Erich von Kahler schrieb an seinem Buch

Man the Measure. A New Approach to History, das 1945 erschien. Broch berichtet in einem Brief an Thomas Mann von ihrem Plan, »das Demokratie-Problem« in einem gemeinsamen Buch zu behandeln, in dem Kahler das Thema aus historischer, Broch aus philosophischer Perspektive angehen würde (KW 13/3, 22). Obwohl der Plan des gemeinsamen Buches letztendlich unausgeführt blieb, unterstützten sich die beiden gegenseitig bei ihren anderen Arbeiten: Kahler fertigte für Brochs Roman *Der Tod des Vergil* metrische Übersetzungen aus der *Äneis* an, und Broch würdigte Kahlers Buch in der Rezension »Geschichte als moralische Anthropologie« (KW 10/1, 298–311).

Ein ›väterlicher‹ Freund im Exil, mit dem sich Broch – ähnlich wie mit Kahler – in literarischen und vor allem in sozialpsychologischen und politischen Fragen austauschen wollte, war der Psychoanalytiker Paul Federn. Federn stammte aus einer liberalen jüdischen bürgerlichen Familie in Wien, war Schüler und Freund von Sigmund Freud. Er gehörte zu den bedeutendsten Psychoanalytikern der Wiener Psychologischen Vereinigung und wurde auch Mitglied der Sozialdemokratischen Partei Österreichs. 1919 publizierte er sein berühmtes Buch über »Die vaterlose Gesellschaft«, und arbeitete für die Verbreitung psychoanalytischer Erkenntnisse. Federn veröffentlichte Arbeiten zur Ich-Psychologie, zum Narzissmus und Sadomasochismus. In die USA emigrierte er 1931 und ließ sich in New York nieder, wo er Broch näher kennenlernte.[31] Beide waren an der Erforschung totalitaristischer Systeme interessiert, so dass sie ihre Buchprojekte – Brochs »Massenwahntheorie« und Federns »Weltbürgertum« – gegenseitig besprochen haben. In ihrem Briefwechsel gingen sie oft auf Fragen der Massenpsychologie, der Demokratie ein und diskutierten das Verhältnis von Kapitalismus und Sozialismus (FG). Über den intellektuellen Austausch hinaus handelte es sich um gegenseitige existenzielle Hilfe und seelische Unterstützung, so dass sich die Freundschaft zu einer »Vater-Sohn-Beziehung« entwickelte, in der der ›Sohn‹ von der selbstlosen Fürsorge des ›Vaters‹ tief gerührt war:

> es kommt [...] so selten vor, dass sich jemand um mich kümmert ohne etwas von mir zu wollen: und ich weiß nicht, ob es einfach Ihr Sein als solches oder Ihre analytische Arbeit an mir ist, doch ob so oder so, es scheint mir zum ersten Mal in meinem Leben zu sein, dass ich die Rolle des ausschließlich empfangenden Teiles ohne Widerspruch, ohne Gegenmaßnahmen, ohne Beschämung auf mich zu nehmen vermag. (FE 153)

Bevor Broch Federns Patient geworden ist, hatte er – trotz seiner Abneigung gegen die Freud'sche Methode – schon eine gewisse ›Vorgeschichte‹ in der Psychoanalyse. In Wien ging er zu Hedwig Schaxel-Hoffer zur psychoanalytischen Behandlung, und 1939/1940 war Gustav Bychowsky sein Analytiker.

---

[31] Elke Mühlleitner: Federn, Paul. In: *Personenlexikon der Psychotherapie*. Hg. v. Gerhard Stumm u. a. Wien 2005, S. 135f., Zitat 135.

Da er aber ein »skeptische[r] Analysand« (FG 12) war, der sogar eigens seine *Psychische Selbstbiographie* (PS) schrieb, wollte er die kostbare Zeit nicht für die Behandlungen opfern. Allein in Federn sah er den geeigneten Menschen, der seine »verzweifelte Situation« – den chronischen Zeitmangel und die chaotischen Frauenbeziehungen – hätte verstehen und behandeln können. Er habe »niemanden anderen, in dem das Analytische und das Menschliche und das Freundschaftliche [...] zur wirklichen Einheit verschmolzen wären« (FG 66). Wahrscheinlich war es gerade die menschliche und freundschaftliche Komponente, die Federn für Broch (trotz aller Kritik an der orthodoxen Freud'schen Psychoanalyse) unentbehrlich machte. So schreibt er darüber anlässlich des 75. Geburtstages seines Freundes: »Sie wissen genau, dass der Reichtum Ihres Seins weit früher als die analytische Arbeit auf mich gewirkt hat [...] ich kann halt nicht vergessen, dass es neben Ihnen *niemanden* gibt, der mir mit so viel hilfreicher Freundschaft wie Sie je in meinem Leben zur Seite gestanden ist« (FG 155). Broch vertraute Federn intime Einzelheiten und die schonungslosen Reflexionen über seine Empfindungen den Frauen gegenüber an, mit denen er im Exil gleichzeitig ein Verhältnis hatte. Sie waren entweder »jüdische Schicksalsgefährtinnen« wie Jadwiga Judd, Irma Rothstein, Ruth Norden sowie seine zweite Frau Annemarie Meier-Graefe oder amerikanische Schriftstellerinnen wie Frances Colby Rogers und Jean Starr Untermeyer (FG 21). Von ihnen wird hier bloß auf die Bekanntschaft von Ruth Norden und Broch eingegangen, weil diese Beziehung am ehesten über das Private hinausging und weitere wichtige Kontakte wie z. B. den zu Albert Einstein ermöglichte.

Die Bekanntschaft mit Ruth Norden begann mit einem Brief (eine Art fan mail), den die junge Lektorin des S. Fischer Verlags und Assistentin Peter Suhrkamps an den zu jener Zeit berühmt gewordenen Broch richtete. Broch publizierte mehrere Beiträge in Suhrkamps *Neuer Rundschau*, und seinen Roman *Die Unbekannte Größe* beim S. Fischer-Verlag. Der wahre Anlass war jedoch die Romantrilogie *Die Schlafwandler*, bei deren Herausgabe auch der Fischer-Verlag eine Option hätte sein können. Die aus einer jüdischen großbürgerlichen Familie stammende Ruth Norden wuchs zweisprachig auf. Sie wurde 1906 in London geboren, die Familie zog aber 1914 nach Berlin, wo ihr Vater, Julius Norden, herkam. Norden emigrierte schon recht früh, im Jahre 1934, in die USA, so dass die Korrespondenz bald als eine »transatlantische« fortgesetzt wurde. In New York versuchte Ruth Norden weiterhin als Lektorin zu arbeiten, fest angestellt bei der Monatsschrift *The Living Age* bzw. nach deren Bankrott bei der Wochenschrift *The Nation*. Ihr großes Verdienst ist, dass sie nach Konsultationen mit Broch Werke von Robert Musil und Elias Canetti auf dem amerikanischen Buchmarkt unterzubringen versuchte. Sie diskutieren auch z. B. über Anna Seghers, Ernst Bloch und Theodor Haecker und nicht zuletzt über eigene Werke Brochs (vgl. TK 9–13). Er besprach mit ihr seine

»Völkerbund-Resolution«, und bat Norden, die damals Einsteins Reden und Schriften übersetzte, Albert Einstein für eine Unterstützung seines Projekts zu gewinnen. In einem Brief vom 18. November 1937 schreibt Broch an Einstein, dass er die »Eingabe an den Völkerbund [...] mit Dr. Thomas Mann besprochen« habe und erbittet seine Erlaubnis, »mich bei den Signatureinladungen auf Ihre Zustimmung berufen zu dürfen« (KW 13/1, 467f.). Broch berichtet drei Tage später auch Ruth Norden über seine Absicht, »die Resolution durch die großen Humanitätsorganisationen unterschreiben zu lassen und sie so dem Bunde einzureichen«, aber gleichzeitig über seine »Skepsis« bezüglich des Ausgangs seiner Bemühungen im Allgemeinen und über Einsteins Reaktion im Besonderen: »Ich glaube nicht, dass seiner Geistesart meine Art, solche Fragen zu behandeln, sonderlich entsprechen dürfte« (KW 13/1, 470). Broch wollte mit Hilfe seiner Resolution den Völkerbund zum Protest gegen die Menschenrechtsverletzungen der totalitären Staaten aufrufen. Tatsächlich lehnte Einstein ab, und über seine Gründe – man könne sich nicht an den Völkerbund wenden, »ohne sich ein wenig der Lächerlichkeit auszusetzen« (TK 99) – berichtete Norden im Januar 1938. Erfolgreicher vermittelte Einsteins Mitarbeiterin in der Sache des amerikanischen Visums für Broch: Sie gewann prominente Persönlichkeiten als Bürgen: Albert Einstein, Thomas Mann (über seine Tochter, Erika Mann, die sie noch aus Berlin kannte) und den Filmproduzenten Edward A. Blatt. Erst nach Brochs Ankunft in New York haben sich die beiden persönlich kennengelernt, und »ein intimes Verhältnis« angefangen (TK 16). Ende 1945 kehrte Ruth Norden wieder nach Europa zurück, wo sie in Berlin als Control Officer beim United States Information Control Service arbeitete, und 1946 die erste Leiterin des RIAS (Rundfunk im Amerikanischen Sektor) wurde. Die wieder aufgenommene »transatlantische« Korrespondenz diente dieses Mal in erster Linie dem »Informationsaustausch«: »Diesmal schrieb Norden aus Europa und Broch aus Amerika, und die ehemaligen Flüchtlinge, die beide inzwischen amerikanische Staatsbürger geworden waren, tauschten Meinungen aus über das besiegte Deutschland und die Politik der amerikanischen Besatzungsmacht« (TK 20). Brochs »Bemerkungen zu einem ›Appeal‹ zugunsten des deutschen Volkes« (KW 10, 428–448), die er mit Ruth Norden eingehend diskutierte, legte von der politischen Situation der Nachkriegszeit in Deutschland und in Amerika ein Zeugnis ab. Es handelt sich um einen kritischen, gleichzeitig aber unterstützenden Kommentar Brochs zu James Francks Appell über die Hilfe für das Not leidende Nachkriegsdeutschland. In einem Brief vom 14.3.1946 schreibt er an Ruth Norden:

> Ich habe die Absicht, die Sache zu veröffentlichen. [...] Aber ebenhiezu wollte ich Stimmen aus Deutschland hören [...]. Könntest Du dies alles Burgmüllern auseinandersetzen? Dadurch, dass ich die Angelegenheit durch Dich geleitet habe, sieht er, dass Du in meinen Intentionen handelst [...]. Im übrigen hast Du von mir völlig freie Hand. Du kannst ihm

vorschreiben, was Du willst, [...] nur irgendeine Nachricht solltest Du ihm zukommen lassen. (KW 13/3, 85f.)[32]

Ruth Norden verweigerte aber Brochs Bitte, weil sie meinte, dass bekannte Amerikaner den Appeal unterschreiben sollten, und fand, dass die Nahrungsverpflegung in anderen europäischen Ländern noch schlechter sei. Durand-Barthez charakterisiert Ruth Norden in dieser Hinsicht als »politisch wache und intelligente Beobachterin der Zeitverhältnisse« und als »eine gleichrangige Gesprächspartnerin«.[33] Broch und Norden unterhielten ihr Verhältnis bis zu seinem Tod. Brochs Selbstporträt, das den Charakter dieses Verhältnisses bestimmte, rekonstruiert Durand-Barthez aus deren Korrespondenz als »Sublimation in der Arbeit, Geständnis von Impotenz, von Erschöpfung und Panik, Leidenschaft voller Widersprüche«. Ein Porträt »unter dem Zeichen der Danaiden«.[34]

Ein besonderes Kapitel unter den Frauenfreundschaften bildet die Bekanntschaft mit Hannah Arendt, die Broch 1946 bei Annemarie Meier-Graefe kennenlernte. Die Korrespondenz begann aus dem Anlass, dass Arendt den *Tod des Vergil* mit dem Titel »No Longer and Not Yet« in *The Nation* rezensierte. In ihrem Brief vom 29. Mai 1946 heißt es:

> Sehen Sie, dies ist seit Kafkas Tod die größte dichterische Leistung der Zeit, weil es unbeirrbar an dem wenigen Fundamental-Einfachen festhält. Verzeihen Sie die Ungeschminktheit des »Lobes«, Ich habe die Wahrheit nicht gesellschaftsfähiger machen wollen, weil es gerade zu der großen und sehr neuen und sehr atemberaubenden Qualität des Buches gehört, daß es jenseits alles Romanhaften im üblichen Sinne und damit jenseits des Geniewahnes geschrieben ist. (AB 9)

Ihr Briefwechsel mit Broch datiert aus dem Zeitraum zwischen 1946 und 1951 und ist ein Gedanken- und Gefühlsaustausch von zwei Menschen, die in ihren Biographien wie in ihrem intellektuellen Werdegang »erstaunliche Ähnlichkeiten« aufwiesen:

> Beide stammten aus bürgerlich-assimilierten jüdischen Familien in Deutschland bzw. Österreich, beide waren Opfer des nationalsozialistischen Rassenwahns, beide waren auf der Flucht vor den Deutschen 1938 bzw. 1940 vorübergehend für einige Wochen [...] inhaftiert gewesen, beide heirateten im Exil zum zweiten mal, beide waren über ein europäisches Land [...] in die USA geflohen, für beide war New York die erste Station in der neuen amerikanischen Heimat, und beide genossen schon nach wenigen Jahren des Exils ein hohes Ansehen unter der Intelligenz der

---

32 Herbert Burgmüller war damals Herausgeber der *Literarischen Revue*.
33 Manuel Durand-Barthez: »Hermann Broch und Ruth Norden: Im Zeichen der Danaiden.« In: Kiss, Lützeler, Rácz (Hg.): *Hermann Brochs literarische Freundschaften*, S. 171–183, Zitat 177.
34 Durand-Barthez: »Hermann Broch und Ruth Norden«, S. 182.

Ostküste. [...] Beide neigten nach Begabung und Interesse zur Beschäftigung mit Philosophie und Literatur, beide vollzogen in der Emigration [...] den entschiedenen Schritt hin zur politischen Theorie und Publizistik, beide hatten sich in kulturhistorischen Studien (über Rahel Varnhagen bzw. Hugo von Hofmannsthal) mit dem Problem der jüdischen Assimilation im 19. Jahrhundert beschäftigt, [...] beide sahen Nationalsozialismus und Bolschewismus als Bewegungen, die das politische und weltanschauliche Vakuum zu füllen versprachen, [...] und beide entwickelten Totalitarismustheorien, in denen sie die partiellen Gemeinsamkeiten des nationalsozialistischen und kommunistischen Totalitärstaates betonten.[35]

Das persönliche Verhältnis zwischen den beiden bezeichnet Lützeler als im »ambivalenten Zustand der fließenden Übergänge« (AB 231) befindlich. Arendt war – aus eigenem Willen – vielleicht die einzige Freundin Brochs, mit der ihn bloß eine platonische, aber (oder eben deswegen) tiefe Sympathie und Freundschaft verband. Arendts Essays über Brochs literarische Arbeit zeugen von ihrer Hochschätzung: Sie stellt Broch mit Proust und Kafka auf die gleiche Stufe. Neben dem *Vergil*-Roman widmet sie auch einen Essay der *Schlafwandler*-Trilogie, die die Krise des Romans repräsentiert.[36] Begeistert äußert sie sich auch über die *Erzählung der Magd Zerline*, »eine der größten Liebesgeschichten, die ich kenne und mir vielleicht persönlich die liebste« (AB 137).[37] Auch Broch las und schätzte Arendts »abstrakte Biographie« über Rahel Varnhagen, allerdings versah er die Freundin mit Ratschlägen, um der Gattung Biographie und den Lesererwartungen besser gerecht zu werden.[38] Arendt nennt Broch einen »Dichter wider Willen«, dessen Werkhorizont Dichtung, Wissenschaft, Erkenntnistheorie und praktisches Tun (Politik) gleichsam in sich einschließt. Das Politische spielt daher in ihren Gesprächen neben lite-

---

[35] Paul Michael Lützeler: »Der Briefwechsel zwischen Hannah Arendt und Hermann Broch« (AB 228f.).

[36] Vgl. Hannah Arendt: »Nicht mehr und noch nicht: Hermann Brochs *Der Tod des Vergil*«, »Hermann Broch und der moderne Roman« und »Einleitung zu den Essay-Bänden von Hermann Broch« (AB 169–223). Vgl. auch Csaba Olay: »Hannah Arendt und Hermann Broch: Roman und Moderne«. In: Kiss, Lützeler, Rácz (Hg.): *Hermann Brochs literarische Freundschaften*, S. 305–318.

[37] Zur Problematik von Liebe und Schuld, Erotik und Freiheit in *Die Schuldlosen* im Lichte der Schriften Arendts vgl. Helgard Mahrdt: »Hannah Arendt und Hermann Broch«. In: *Hermann Broch. Neue Studien*. Hg. v. Michael Kessler. Tübingen 2010, S. 203–220 (unveränderter Nachdruck der 1. Aufl. 2003).

[38] »Sie erzählen Lebensfakten, und plötzlich springen Sie warnungslos ins Geistesgeschichtliche [...]: das Kapitel läuft ungebrochen weiter, und diese Art der ewigen Melodie lässt sich kein Biographie-Leser gefallen. Da gehören Unterabschnitte hinein, u. z. womöglich betitelte. Haben Sie aber das, dann ist es Ihnen vergönnt, weit tiefer ins Geistesgeschichtliche [...] zu steigen, [...] kurzum, kraft dieses kleinen technischen Tricks dürfen Sie n-dimensional werden. Andererseits freilich verlangt das Gleichgewicht, dass Sie dann auch im Zwei-Dimensionalen präzisere Zeichnungen liefern. Ihre Gestalten kommen aus dem Abstrakten, gehen über eine abstrakte Bühne, und verschwinden wieder im Abstrakten. Das ist Ihr gutes Recht, widerspricht aber den Bedürfnissen eines jeden Lesers, also auch den meinen« (AB 66).

rarischen Themen eine wesentliche Rolle, zumal beide bemüht sind, den Totalitarismus (Nationalsozialismus und Stalinismus) zu analysieren. Arendts bedeutendstes Buch, *The Origins of Totalitarianism*, erschien 1951 und behandelte die Problematik aus der Sicht der Sozialhistorikerin. Brochs *Massenwahntheorie*, die ein Fragment geblieben und erst 1979 vollständig erschienen ist, befasst sich in drei Schritten unter anthropologischen, psychologischen und phänomenologischen Aspekten mit dem Fragenkomplex Masse, Massenwahn, Massengesellschaft, um letztere mit Hilfe des Menschenrechts in die Demokratie zurückzuführen. Obwohl sich Arendt und Broch dabei besonders über die Menschenrechte lebhaft auseinandersetzten, lernten sie nur einige Kapitel aus dem Buch des anderen kennen.[39] Für Arendt war jedoch Brochs wahre Bestimmung, mit der der Autor die größte Wirkung erreichen kann, Dichter und Schriftsteller zu sein, und kein Philosoph oder Gesellschaftstheoretiker.

Brochs subtile und komplizierte Natur sowie seine multiplen Verwicklungen erleichterten seine Bindung an die nächsten Familienmitglieder nicht. Sein einziger Sohn, Hermann Friedrich Broch de Rothermann, wurde aus seiner ersten Ehe mit Franziska von Rothermann, der deutschstämmigen, im damaligen Ungarn lebenden Fabrikanten- und Landbesitzer-Tochter, geboren. Die Ehe, die wegen der unterschiedlichen Natur, Gesinnung, Erziehung und des familiären Hintergrundes der beiden Ehepartner von Anfang an von Spannungen beladen war, ging bald in die Brüche. Ihre ambivalente Einstellung zum gemeinsamen Leben zeigte sich schon zur Zeit der Verlobung. 1908 schreibt Broch an Franziska darüber:

> Es ist wie die Transplantation meiner ›zu großen Weichheit‹. Ich suche dann in Dir Halt zu finden, den Du mir als Freundin, als lieber wohltuender Mensch geben kannst. – Ich weiß nicht, ob Du eigentlich der Mensch dazu bist. Hab ja diesen Zweifel auch schon geäußert, aber ich brauche Dich so sehr ... daß ich dich eben dazu erziehen muß.[40]

›Erzieherisch‹ wollte Broch auch mit seinem Sohn, für den er insgesamt viel Aufmerksamkeit und Opfer aufbringt, umgehen, jedoch mit wenig Erfolg. Zu seinem pädagogischen Instrumentarium gehörten Methoden, die für den Umgang mit Kindern befremdend wirken. Trotz seiner psychischen und psychologischen Sensibilität und seiner eigenen Leiderfahrungen mit dem eigenen Vater zeigte er oft ein Unvermögen, sich in die Seele und Denkweise eines Kindes hineinzuversetzen. Er tadelte ihn sehr oft und warf ihm seine ›Sentimentalität‹ vor, Heimweh zu haben. Armands leichtsinnige Natur, seine Faulheit erleichtern selbstverständlich den Umgang nicht. Broch will das Beste für

---

[39] Vgl. AB 227–250, hier 244f.; und Karol Sauerland: »Hermann Broch und Hannah Arendt: Massenwahn und Menschenrecht.« In: Kiss, Lützeler, Rácz (Hg.): *Hermann Brochs literarische Freundschaften*, S. 319–331.

[40] Zit. nach Manfred Durzak: *Hermann Broch in Selbstzeugnissen und Dokumenten*. Reinbek bei Hamburg 1966, S. 37.

den Sohn, darum lässt er ihn in eine teure Schule in Frankreich einschreiben, in der er »für den Lebenskampf so gut wie möglich ausgerüstet« werden kann. Er traut indessen dem Sohn nicht viel zu: »Aber immerhin möchte ich wissen, was, abgesehen von Autolack, Deine Hauptinteressen sind und was Dir soweit Freude macht (abgesehen von Nichtstun), daß Du Dich immer damit beschäftigen könntest« (VS 79). Und da Armand offensichtlich nicht zu den »ganz erstklassige[n] Menschen« zählt, ordnet ihn der Vater unterschwellig denen zu, die »proletarisiert und in Kulturlosigkeit gestoßen« (VS 79) werden. Der Stein des Anstoßes ist für Broch die Vergnügungssucht seines Sohnes, die Armand bis zum Tod seines Vater daran hindert, eine bürgerliche Karriere aufzubauen. Im Briefwechsel mit Annemarie Meier-Graefe 1950/1951 beklagt er sich immer noch über Hermann Friedrich, der »sein Leben infolge Vaterhaß ruiniert« (TE 220) habe und wegen existentieller Schwierigkeiten von seinem Vater Geld verlangt. Nach Brochs Tod gründete Hermann Friedrich ein Übersetzungsbüro in New York, und er selbst wurde zum literarischen Übersetzer. Er war schon 1934 durch seinen Vater in die Literatur involviert. In Zusammenarbeit mit ihm entstand der Schwank *Es bleibt alles beim Alten* (KW 7, 311–400). Den Höhepunkt seiner literarischen Tätigkeit erreichte Broch de Rothermann mit der Übertragung von Brochs Roman *Die Verzauberung* ins Englische. Zusammen mit Annemarie Meier-Graefe, der Witwe seines Vaters, verwaltete er Brochs Nachlass.

Brochs zweite Frau, der der Autor nach langjähriger Liebesbeziehung 1949 »als Ehemann wider Willen [...] während einer geheimgehaltenen Heirat in New York das Jawort« (TE 361) gab, war Malerin und Graphikerin. Sie selbst war literarisch nicht tätig, noch wirkte sie intellektuell besonders inspirierend auf Broch, was er ab und zu schon fast beleidigend zum Ausdruck bringt: »Es gibt Leute, die durch Berührung mit großer Kunst angestachelt werden, und dazu gehöre ich; andere werden dadurch kleinmütig gemacht, und das bist Du« (TE 223). Annemarie Meier-Graefes selbstbestimmte Berufung im Leben Brochs sollte jedoch darin bestehen, dem alten und kranken Autor ein ruhiges Zuhause im Badeort St. Cyr-sur-Mer in der Provence einzurichten. Broch nimmt dieses Angebot trotz mehrmaligen Drängens der Frau aus verschiedenen (vor allem psychologischen und gesundheitlichen, aber auch finanziellen und politischen) Gründen nicht an, so dass für seine zweite Frau statt des Zusammenlebens die »Witwenschaft« (TE 286) und die Verwaltung des Nachlasses bestimmend wurde.

Der Beitrag konnte selbstverständlich kein vollständiges Bild über Hermann Brochs freundschaftliche Kontakte zeichnen. Ebenso gut erforscht wie die oben besprochenen ist der Kontakt zu Volkmar von Zühlsdorff,[41] mit dem Broch zwischen 1945 und 1949 »Briefe über Deutschland« wechselte. Es sei

---

[41] Vgl. Volkmar von Zühlsdorff: »Hermann Broch.« In: *Hermann Broch. Neue Studien*. Hg. v. Michael Kessler. Tübingen 2010, S. 36–44, und Michael Kessler: »Hermann Broch und Volkmar Zühlsdorff: Hoffnung und Humanismus.« In: Kiss, Lützeler, Rácz (Hg.): *Hermann Brochs literarische Freundschaften*, S. 199–215.

der wohl schmerzlichste Aspekt des Briefwechsels, dass in dem Moment, als [...] eine freie, demokratische Zukunft für Deutschland möglich schien, der Unterschied zwischen dem nicht-jüdischen Deutschen, der fliehen musste, und dem deutschsprachigen Juden, der das Exil mit ihm geteilt hatte, offensichtlich wurde. [...] Der Unterschied zwischen ihnen lag in der bei Zühlsdorff nicht gegebenen Bereitschaft, das Geschehene nicht als eine unglückselige Zeit der nationalsozialistischen Herrschaft über das deutsche Volk zu betrachten, sondern dessen Anteil daran wahr- und ernst zu nehmen. Zühlsdorff aber stellte seine Liebe zu Deutschland nicht zur Diskussion.[42]

Dokumentiert sind außer den behandelten Konstellationen die Freundschaft zu Elias Canetti, der »außerordentlich begabt, besessen von seiner dichterischen Mission, geistiger Draufgänger und Weltumstürzer« (KW 13/1, 354) sei,[43] Stefan Zweig, mit dem ihn eine »wertvolle Freundschaft« (KW 13/1, 221) verband,[44] und dem eleganten und ironischen Schriftsteller-Kollegen, Alfred Polgar.[45] Die freudomarxistische ungarische Psychoanalytikerin Edit Gyömröi[46] und ihr Landsmann, der Altphilologe und Mythosforscher Karl Kerényi[47] erweitern genauso den Horizont der Broch-Forschung wie der italienische Schriftsteller und politische Mitstreiter Antonio Giuseppe Borgese.[48]

Gabriella Rácz

3. Literatur

Arendt, Hannah und Hermann Broch: *Briefwechsel 1946 bis 1951*. Hg. v. Paul Michael Lützeler. Frankfurt am Main 1996 (= AB).

Broch, Hermann: *Kommentierte Werkausgabe in 13 Bänden*. Hg. v. Paul Michael Lützeler. Frankfurt am Main 1974–1981 (= KW).

---

42 Barbara Picht: »Volkmar Zühlsdorff und Hermann Broch: Briefwechsel und Begegnung.« In: Kiss, Lützeler, Rácz (Hg.): *Hermann Brochs literarische Freundschaften*, S. 217–227, Zitat 225.

43 Vgl. Anne D. Peiter: »Hermann Broch und Elias Canetti. Wer war Lehrer, wer war Schüler?«. In: Kiss, Lützeler, Rácz (Hg.): *Hermann Brochs literarische Freundschaften*, S. 139–149.

44 Vgl. Christine Mondon: »Hermann Broch und Stefan Zweig. Literatur und Exil.« In: Kiss, Lützeler, Rácz (Hg.): *Hermann Brochs literarische Freundschaften*, S. 151–160.

45 Vgl. Frode H. Pedersen: »Hermann Broch und Alfred Polgar. Kaffeehaus, Humanismus, Exil.« In: Kiss, Lützeler, Rácz (Hg.): *Hermann Brochs literarische Freundschaften*, S. 65–73.

46 Vgl. Endre Kiss: »Hermann Broch und Edit Gyömrői. Zwischen Freud und Marx.« In: Kiss, Lützeler, Rácz (Hg.): *Hermann Brochs literarische Freundschaften*, S. 75–87.

47 Vgl. Sándor Komáromi: »Hermann Broch und Karl Kerényi. Roman und Mythos.« In: Kiss, Lützeler, Rácz (Hg.): *Hermann Brochs literarische Freundschaften*, S. 277–291.

48 Vgl. Ester Saletta: »Hermann Broch und Antonio Giuseppe Borgese. Dichtung und Engagement.« In: Kiss, Lützeler, Rácz (Hg.): *Hermann Brochs literarische Freundschaften*, S. 229–244.

Broch, Hermann: *Psychische Selbstbiographie*. Hg. v. Paul Michael Lützeler. Frankfurt am Main 1999 (= PS).

Broch, Hermann und Daniel Brody: *Briefwechsel 1930–1951*. Hg. v. Bertold Hack und Marietta Kleiß. Frankfurt am Main 1971 (= BB).

Broch, Hermann: *Briefe über Deutschland 1945–1949. Die Korrespondenz mit Volkmar von Zühlsdorff*. Hg. v. Paul Michael Lützeler. Frankfurt am Main 1986 (= BÜD).

Broch, Hermann – Annemarie Meier-Graefe: *Der Tod im Exil. Briefwechsel 1950–51*. Hg. v. Paul Michael Lützeler. Frankfurt am Main 2001 (= TE).

Broch, Hermann – Ruth Norden: *Transatlantische Korrespondenz*. Hg. v. Paul Michael Lützeler. Frankfurt am Main 2005 (= TK).

Broch, Hermann: *»Frauengeschichten«. Die Briefe an Paul Federn 1939–1949*. Hg. v. Paul Michael Lützeler. Frankfurt am Main 2007 (= FG).

Broch, Hermann: *Briefe an Erich von Kahler (1940–1951)*. Hg. v. Paul Michael Lützeler. Berlin 2010 (= BK).

Broch, Hermann: *Das Teesdorfer Tagebuch für Ea von Allesch*. Hg. v. Paul Michael Lützeler. Frankfurt am Main 1995 (= TT).

Durzak, Manfred: *Hermann Broch in Selbstzeugnissen und Dokumenten*. Reinbek bei Hamburg 1966.

Kessler, Michael (Hg.): *Hermann Broch. Neue Studien. Festschrift für Paul Michael Lützeler zum 60. Geburtstag*. Tübingen 2010 (unveränderter Nachdruck der 1. Aufl. 2003).

Kiss, Endre, Paul Michael Lützeler und Gabriella Rácz (Hg.): *Hermann Brochs literarische Freundschaften*. Tübingen 2008.

Lützeler, Paul Michael (Hg.): *Freundschaft im Exil. Thomas Mann und Hermann Broch* (= Thomas-Mann-Studien, Bd. 31). Frankfurt am Main 2004 (= FE).

Lützeler, Paul Michael: *Hermann Broch. Eine Biographie*. Frankfurt am Main 1985 (= HBB).

Lützeler, Paul Michael: *Die Entropie des Menschen. Studien zum Werk Hermann Brochs*. Würzburg 2000.

Lützeler, Paul Michael: *Verlorener Sohn? Hermann Brochs Briefwechsel mit Armand 1925–1928*. Frankfurt am Main 2010 (= VS).

Mühlleitner, Elke: »Federn, Paul«. In: *Personenlexikon der Psychotherapie*. Hg. v. Gerhard Stumm, Alfred Pritz, Paul Gumhalter, Nora Nemeskeri, Martin Voracek. Wien 2005, S. 135f.

Scheichl, Sigurd Paul: »Hermann Broch als Briefschreiber«. In: *Hermann Broch: Modernismus, Kulturkrise und Hitlerzeit. Londoner Symposion 1991*. Hg. v. Adrian Stevens, Fred Wagner und Sigurd Paul Scheichl. Innsbruck 1994, S. 187–204.

Zur Broch-Forschung

I. Grundzüge, Schwerpunkte, Desiderate

1. Einführung

Der vorliegende Forschungsbericht kann dem Stand der Forschung ingesamt angesichts der Fülle der einzelnen Beiträge nicht auf hinlänglich nuancierte Weise gerecht werden. Höchstens kann hier referiert werden, welche Einschnitte und Konjunkturänderungen die Broch-Forschung aufweist und in welchem Sinne diese vom Werk Brochs und von den in ihm angelegten Diskurswechseln und interdisziplinären Verbindungen ausgelöst wurden. Dem Titel des letzten eigenständigen Forschungsberichts von Roesler-Graichen[1] ist noch zu entnehmen, dass Broch bis in die 1990er Jahre hinein vor allem als Schriftsteller und Romancier wahrgenommen wurde. Dennoch hat Broch, wie Paul Michael Lützeler in eigenen neueren Beiträgen zur Forschung betont hat, sich nur fünf Jahre (1928–1933) vorrangig auf den Ausbau einer spezifisch literarischen Karriere konzentriert.[2] Der vorliegende Forschungsbericht versucht deswegen nachzuzeichnen, wie Broch, der lange in der Diskussion über die Poetik und die Theorie des modernen Romans eine wichtige Rolle gespielt hat, zunehmend zum Gegenstand einer interdisziplinär ausgerichteten Forschung geworden ist. Dabei wird nicht immer streng chronologisch vorgegangen, sondern eher nach Sachzusammenhängen, Paradigmen und deren Weiterentwicklung geschaut.

2. Anfänge der Forschung: Broch und die literarische Moderne

Am Anfang der Broch-Forschung der Nachkriegszeit stehen jene Vermittler und Forscher, die sich bemüht haben, Brochs Werk nach seinem Tod in die unmittelbare Nachkriegszeit hinüberzuretten. Dass Broch, trotz des Erfolgs von *Tod des Vergil* in den Vereinigten Staaten, als emigrierter Autor wenig Aussicht auf unmittelbaren Erfolg hatte, belegt nicht nur die bekannte Anekdote anlässlich der Nobelpreis-Nominierung, sondern indirekt auch der Fall eines anderen Autors, der im Gegensatz zu Broch die Jahre 1946 und 1947 in Wien verbracht hat: Paul Celan protokollierte die schmerzliche Erfahrung, die Erinnerung an so etwas wie eine Literatur oder Kultur jüdischer Autoren sei über Nacht völlig ausgemerzt und verdrängt worden.[3] Für das Broch-Revival

---

[1] Michael Roesler-Graichen: »Hermann Brochs Romanwerk: ein Forschungsbericht«. In: *DVjs* 65 (1991) H. 3, S. 502–587.
[2] Paul Michael Lützeler: »Negative Ästhetik im Exil: Hermann Broch«, in: Paul Michael Lützeler: *Klio oder Kalliope?*, Berlin 1997, S. 99–108, hier 99. Vgl. dazu auch: Paul Michael Lützeler: *Hermann Broch und die Moderne. Roman, Menschenrecht, Biografie.* München 2011.

engagierten sich Hannah Arendt, Wolfgang Rothe und Ernst Schönwiese, die für die erste Gesamtausgabe verantwortlich zeichneten, und Freunde wie Erich von Kahler, die sich für die Verbreitung und Systematisierung von Brochs philosophischen Überlegungen einsetzen. Maurice Blanchots Aufsatz in der 1955 erschienenen französischen Übersetzung des *Vergil*-Romans steht am Anfang einer regen, existentialistisch gefärbten Rezeption, in der Brochs Verzweiflung an der Dichtung weniger vor seinem jüdisch-religiösen Hintergrund als vor der Folie eines existentiellen Zweifels diskutiert werden. Auf einflussreiche Weise wurden so die mehrfachen Diskursformen und Diskurswechsel in Brochs Werk vorrangig als Ausdruck der existentiellen Befindlichkeit eines »Dichters wider Willen« (Arendt) verstanden. Die ersten Dissertationen zu Broch wurden bereits in den 1950er Jahren geschrieben und nehmen sich dieser Thematik der metaphysischen Obdachlosigkeit an.

Dass die Gleichgültigkeit in Brochs Werk sehr stark vertreten ist, ist in der Forschung schon sehr häufig zum Thema gemacht (Lützeler 1973) und in unterschiedliche Theorie- und Begriffstraditionen hineingestellt und als Opferbereitschaft oder als psychoanalytisch zu deutende Konstellation usw. gedeutet worden.

Besonders hervorzuheben sind hier die frühesten Forschungen von Dorrit Cohn, die, lange bevor sie (zusammen mit Käte Friedemann, Käte Hamburger und Mieke Bal) zu einer der Gründermütter der Narratologie ernannt wurde, in ihrer Broch-Dissertation schon auf bestimmte narrative Eigenheiten der Broch'schen Prosa aufmerksam gemacht hatte. Mit Recht konnte Cohn gegen Brinkmanns geistesgeschichtliche Situierung des Romananfangs einwenden, dass *Die Schlafwandler* gerade auch ein Roman ist, in dem weiterhin die Stimme eines Erzählers zu vernehmen ist, obwohl auf diese kein Verlass ist.[4] Diese These hat den Sonderweg, den der deutschsprachige moderne Roman im internationalen Kontext generell auszeichnet, sichtbar gemacht: Als psychonarration betrachtet Cohn nicht prinzipiell die dem stream-of-consciousness ähnliche Entgrenzung des Erzählens, sondern umgekehrt den expliziten Hinweis des Erzählers darauf, was die fiktionale Figur nicht wahrnehmen kann oder nicht erfassen will – eine Erzähltechnik, für die sie ausgerechnet in Brochs *Die Schlafwandler* zahlreiche Belege finden konnte.[5] »Modern novelists who know their Freud, therefore, would be the last to resort to direct quotation in order to express their characters' unconscious processes.«[6] Am Beispiel von Gedankenberichten bei Broch und anderen Autoren hat Dorrit Cohn einen

---

3 Peter Gossens und Marcus G. Patka: *»Displaced«. Paul Celan in Wien 1947–1948*. Im Auftrag des Jüdischen Museums Wien, Frankfurt am Main 2001, S. 45.
4 Dorrit C. Cohn: *The Sleepwalkers: Elucidations of Hermann Broch's Trilogy*, The Hague, Mouton, 1966 (= Stanford Studies in Germanics and Slavics: 2), S. 50.
5 Dorrit Cohn: *Transparent Minds: Narrative Modes for Presenting Consciousness in Fiction*, Princeton 1978, S. 52–56.
6 Cohn: *Transparent Minds*, S. 88.

eigenen narratologischen Ansatz entwickelt, der bis auf den heutigen Tag in Handbüchern Verwendung findet. Diese ersten Ergebnisse der Forschung galten aus der Sicht der philologischen und biographischen Forschung rasch als zu textimmanent. Allerdings klang in Cohns These schon an, dass Broch nicht nur aus politisch-existenziellen Gründen die Distanz zu zentralen Merkmalen der modernistischen Literatur hielt, noch bevor diese wirklich Fuß gefasst hatte. Den konkreten Grund für dieses Abrücken vom Eintauchen in den Bewusstseinsstrom (wie bei Joyce und Woolf) hat Koebner später in der veränderten politischen Realität und in der Hinwendung zu den Phänomenen der Massenhysterie gesehen.[7]

Im Anschluss an die soziologischen Modelle von Lukács, Goldmann und Adorno bis hin zu Zima, die den Stellenwert des Romans innerhalb der literarischen Moderne zu bestimmen versuchen, und an die Debatten um den Historismus[8] war Brochs Romankonzeption eine zentrale Referenz in der Diskussion über die Poetik und Theorie des modernen Romans.[9] Im Rahmen dieser Debatten stand die literaturgeschichtliche Suche nach Intertexten im Fokus der Forschung. Die Assoziationen, die Broch selber in Kurs gebracht hat (Gide, Dos Passos, Joyce) können als gut erforscht gelten.[10] Darüber hinaus wurden Anklänge an die Romane von Fontane und Heinrich Mann, aber auch an die Theorien von Georg Lukács und Spengler (Lützeler) erörtert.

---

7   Thomas Koebner: »Mythos und Zeitgeist in Hermann Brochs Roman Die Verzauberung«. In: *Brochs Verzauberung*. Hg. v. Paul Michael Lützeler. Frankfurt am Main 1983, S. 169–185, hier 173.

8   Richard Brinkmann: »Romanform und Werttheorie bei Hermann Broch: Strukturprobleme moderner Dichtung«. In: *DVjs* 31 (1957) H. 2, S. 169–197. Vgl. auch noch: Lothar Köhn: »Montage höherer Ordnung. Zur Struktur des Epochenbildes bei Bloch, Tucholsky, und Broch«. In: *Literaturwissenschaft und Geistesgeschichte. Festschrift für Richard Brinkmann*. Hg. v. Jürgen Brummak. Tübingen 1981, S. 585–615.

9   Stellvertretend seien hier erwähnt: Hartmut Steinecke: *Hermann Broch und der polyhistorische Roman: Studien zur Theorie und Technik eines Romantyps der Moderne*, Bonn 1968 (= Bonner Arbeiten zur Deutschen Literatur: 17); Victor Žmegač: »Realitätsvokabeln: Ästhetik und Romantheorie bei Hermann Broch«. In: Ders.: *Kunst und Wirklichkeit. Zur Literaturtheorie bei Brecht, Lukács und Broch*, Bd. 11. Bad Homburg, Zürich 1969, S. 43–85; Gerhart von Graevenitz: *Die Setzung des Subjekts. Untersuchungen zur Romantheorie*, Tübingen 1973; Jürgen Schramke: *Zur Theorie des modernen Romans*, München 1974; Peter V. Zima: *Roman und Ideologie. Zur Sozialgeschichte des modernen Romans*, München 1986, S. 13ff., 55–69; Helmut Koopmann: *Der klassisch-moderne Roman in Deutschland: Thomas Mann, Alfred Döblin, Hermann Broch*, Stuttgart 2004, S. 113f.; Ulf Eisele: *Die Struktur des modernen deutschen Romans*, Tübingen 1984, S. 60–151, 257–295; Graham Bartram: »Moderne und Modernismus in der *Schlafwandler*-Trilogie«. In: *Hermann Broch. Das dichterische Werk. Neue Interpretationen*. Hg. v. Michael Kessler und Paul Michael Lützeler. Tübingen 1987, S. 185–192; Dagmar Barnouw: *Weimar intellectuals and the threat of modernity*, Bloomington, Indiana 1988; Jacques Le Rider: *Modernité viennoise et crises de l'identité*, Paris 1990; Silvio Vietta: *Die literarische Moderne. Eine problemgeschichtliche Darstellung der deutschsprachigen Literatur von Hölderlin bis Thomas Bernhard*, Stuttgart 1992; Galin Tihanov: »Interrogating Modernity: *Romantik* in Hermann Broch and in Eric Voegelin«, Botstiber Lecture, Rutgers University, 24. September 2009. Unveröffentlicht.

10 Vgl. zuletzt dazu: Vincent Ferré: »L'autorité de l'auteur invisible (Broch, Dos Passos)«. In: *L'autorité en littérature*. Hg. v. Emmanuel Bouju. Rennes 2010, S. 121–131.

Als Vorreiter von Brochs innovativer, heterogenste Diskursformen integrierender Roman-Konzeption wurden Goethes Archivroman, das synthetische Denken der Romantik (Theodore Ziolkowski), aber (im Zuge der Theorie der These vom »erweiterten Naturalismus«) auch der Zeitroman im 19. Jahrhundert bis hin zu den Autoren des Vormärz (Karl Gutzkow) namhaft gemacht. Ab den 1990er Jahren wird vermehrt auch die explizite oder implizite Intermedialität des Werkes in den Vordergrund gerückt.[11] Erschienen sind im Anschluss an diese Phase Studien, die von der existenzialistisch gefärbten Thematik abrücken und etwa die Thematisierung von Macht und das Verhältnis zur Antike erörtern.[12] Mahlmann-Bauer[13] sondert Brochs Anleihen bei Strukturen der Tragödie, wobei sie die einschlägige philologische Kontroverse bis zu Nietzsche zurückverfolgt.

Im Vergleich zu den anderen österreichischen Romanciers (wie Musil, Roth, Zweig, Doderer ...) kann im nachhinein Broch als derjenige gelten, der am wenigsten auf die Formel des Habsburgischen Mythos gebracht werden kann und der zugleich (anhand von schlagwortartigen Stichwörtern) zur Diagnose dieser Mythologie beigetragen hat. Broch hat sich immer wieder als Stichwortgeber für kulturgeschichtliche Hypothesen herausgestellt. Seine Diagnose von der »fröhlichen Apokalypse« hat zahlreiche Spuren in den Studien von Schorske, Janik u. a. zum Thema ›Wien um die Jahrhundertwende‹ hinterlassen und jene nach landläufiger Meinung, trotz evidenter Unterschiede, in entscheidenden Punkten sogar um dreißig Jahre vorweggenommen. Dass Lyotard Hermann Broch prominent in seiner Hypothese vom postmodernen Ende der großen Erzählungen erwähnt hatte,[14] war einerseits für das Interesse an Broch (zumal in Frankreich) sehr förderlich, hat aber zu einer Reihe von Präzisierungen Anlass gegeben, die Broch entweder trotzdem vorsichtig für die Postmoderne reklamierten oder Brochs Sonderposition im Rahmen der literarischen Moderne zu profilieren suchten. Der Komparatist Douwe Fokkema hat, als prominenter Vertreter der postmodernen Literaturtheorie, den groß angelegten Versuch unternommen, das Interesse an der literarischen Moderne als zeitbedingt und als Ausfluss der Akademisierung der literarischen Kritik zu erklären.[15] Obwohl an dieser Stelle seine These, die Faszination für die Au-

---

11 Paul Michael Lützeler: »Endzeit und religiöses Chaos. Brochs *Esch oder die Anarchie* und Grünewalds *Kreuzigung*«. In: *Fin de siècle, fin du millénaire*. Hg. v. Hans-Jörg Knobloch und Helmut Koopmann. Tübingen 2001, S. 101–112; Thomas Eicher: *Erzählte Visualität: Studien zum Verhältnis von Text und Bild in Hermann Brochs Romantrilogie »Die Schlafwandler«*, Frankfurt am Main 2004.
12 Jürgen Heizmann: *Antike und Moderne in Hermann Brochs »Tod des Vergil«: Über Dichtung und Wissenschaft, Utopie und Ideologie*, Tübingen 2004.
13 Barbara Mahlmann-Bauer: »Euripides' ›Bakchen‹, ein Prätext für Brochs Bergroman *Die Verzauberung*«. In: *Hermann Broch. Religion, Mythos, Utopie. Zur ethischen Perspektive seines Werks*. Hg. v. Paul Michael Lützeler und Christine Maillard. *Recherches germaniques. Revue annuelle. Hors série* 5 (2008), S. 75–118.
14 Jean-François Lyotard: *La condition postmoderne: rapport sur le savoir*, Paris 1979, S. 68.

toren der Moderne sei zum Teil auch institutionell bedingt, nicht an sich widerlegt werden kann, hat sich inzwischen herausgestellt, dass auch nach dem Abklingen der Postmoderne die Forschung zu den Autoren, die sich unter dem Namen »modernism« bzw. Moderne subsumieren lassen, nur noch an Zugkraft gewonnen hat.

3. Politik und Menschenrechte

Waren die ersten Anregungen zu einer wissenschaftlichen Beschäftigung mehrheitlich von Autoren ausgegangen, die Broch persönlich gekannt hatten, so bemühte sich um 1968 eine jüngere Generation, diese Nähe als affirmative Vereinnahmung auszulegen. Der von Heinz D. Osterle und Karl Menges unternommene Versuch, Broch als einen Vertreter antiaufklärerischer, gar faschistoider Dichtung und Philosophie darstellen, ist allerdings auf scharfe Ablehnung gestoßen.[16] Für die Politisierung der Literatur bietet Brochs vielseitiges, in seinen existenziellen Grundlagen mehrfach erschüttertes Œuvre zahlreiche Anschlussfähigkeiten für politische Fragestellungen, allerdings eben nicht im kurzatmigen Format, das im bereits verhandelten Rahmen der einseitigen Ideologiekritik verlangt wurde.

So sind seitdem vermehrt seine politischen und ethischen Positionen ins Zentrum der Aufmerksamkeit gerückt. Die Grundlage für dieses neue Verständnis bildeten einerseits die Forschungen von Lützeler, die auf eine breite Kontextualisierung des Autors angelegt waren und so seine gedankliche Entwicklung nachzeichnen konnten. Die neue, erste komplette Broch-Edition wurde ebenfalls von Paul Michael Lützeler herausgegeben und erschien – im erschwinglichen Taschenbuch-Format – zwischen 1974 und 1981 in siebzehn Bänden. Die erste umfassende Biographie Hermann Brochs stammt ebenfalls aus Lützelers Feder und wurde 1985 vorgelegt. Die Werkausgabe befreite insbesondere die anderen Texte Brochs (*Die Verzauberung*, *Die Schuldlosen*, *Die Unbekannte Größe*) von den manchmal abschätzigen Einschätzungen, die Broch selber in Kurs gebracht hatte: So konnten nachher auch die Novellen und die Theaterstücke immer wieder neu entdeckt werden.

In den 1980er Jahren sind Brochs Beiträge zur Massenpsychologie und zu den Menschenrechten auch aus politikwissenschaftlicher Sicht erforscht worden. Erstmals wurde anhand von Sammelbänden das interdisziplinäre Potenzial von Brochs theoretischen Schriften eingehend aktiviert[17], wobei deren

---

15 Douwe Fokkema: »The semiotics of literary postmodernism«. In: Ders.: *International postmodernism: Theory and literary practice*. Amsterdam 1997, S. 15–42.
16 Als letzte Wortmeldung zu dieser Polemik vgl. Joseph P. Strelka: *Poeta Doctus Hermann Broch*. Tübingen 2001, S. 127–149.
17 Vgl. z. B. Wolfgang Graf Vitzthum: »Brochs demokratie- und völkerbundtheoretische Schrif-

utopische bzw. ganzheitliche Tendenzen allmählich auch selbst Thema des Gesprächs werden konnten (vgl. die Ausführungen zur Wissenschaftsgeschichte, infra).[18]

Den Anlass zu einer Neubewertung haben nicht zuletzt die in regelmäßigen Abständen erscheinenden Briefkorrespondenzen gegeben, die einen sehr guten Einblick in das Zustandekommen von Brochs Ansichten bieten. Teils werden auf dieser Basis die Verzerrungen ins rechte Lot gerückt, die dadurch entstanden sind, dass man lange Zeit Elias Canettis literarische Schriftstellerporträts als autobiographische Zeugnisse und nicht als Stilübungen oder verdeckte Selbstporträts gelesen hat.[19] Vor allem die transatlantischen Verbindungen und die jüdische Identität, die in diesen Briefen erneut profiliert und kultiviert werden, gelangen seither stärker ins Visier der Forschung.[20] Der Einblick in den Briefwechsel hat u. a. eine differenzierte Sicht auf Brochs intellektuellen Austausch mit Hannah Arendt, der Herausgeberin der ersten Gesamtausgabe, ermöglicht, da auch der Einfluss von Brochs Überlegungen zur Massenwahntheorie auf die Theoretikerin des Totalitarismus nachgewiesen werden konnte.[21]

4. Wissenschaftsgeschichte

Stand in den 1960er Jahren vor allem die Frage nach der Systematisierbarkeit und der politischen Orientierung von Brochs Werttheorie zur Diskussion, so überwiegen im Anschluss an Lützeler in neueren Ansätzen ihre praktische Relevanz für ethisch-politische Grundsatzfragen[22] einerseits und die historischen Bedingungen ihres Zustandekommens andererseits. Im Bereich der ethi-

---

ten«. In: *Hermann Broch. Visionary in Exile. The 2001 Yale Symposium*. Hg. v. Paul Michael Lützeler u. a. Rochester, NY, 2003; *Hermann Broch: Literature, Philosophy, Politics. The Yale Broch Symposium 1986*. Hg. v. Stephen D. Dowden. Columbia, SC, 2004; *Hermann Broch: Perspektiven interdisziplinärer Forschung; Akten des Internationalen Symposions Hermann Broch, 15. – 17. September 1996, József-Attila-Universität, Szeged*. Hg. v. Árpád Bernáth, Michael Kessler und Endre Kiss. Tübingen 2004.

18 Vitzthum: »Brochs demokratie- und völkerbundtheoretische Schriften«; Monika Klinger: *Hermann Broch und die Demokratie*. Berlin 1994 (= Tübinger Schriften zum Staats- und Verwaltungsrecht).

19 Vgl. dazu Lützeler, *Hermann Broch und die Moderne*, S. 26. Vgl. auch den Sammelband: *Hermann Brochs literarische Freundschaften*. Hg. v. Endre Kiss, Paul Michael Lützeler und Gabriella Rácz. Tübingen 2008.

20 Sigurd Paul Scheichl: »›Nebbich noch immer Princeton Hospital‹: Jüdische Selbststilisierung in Brochs Briefen an Daniel Brody«. In: *Hermann Broch. Neue Studien. Festschrift für Paul Michael Lützeler zum 60. Geburtstag*. Hg. v. Michael Kessler. Tübingen 2003, S. 362–378.

21 Wolfgang Müller-Funk: »Angst in der Kultur: Hermann Brochs ›Massenwahntheorie‹ im historischen Kontext«. In: Ders.: *Komplex Österreich. Fragmente zu einer Geschichte der modernen österreichischen Literatur*. Wien 2009, S. 230–244.

22 Michael Kessler: »Contradictio in Adiecto? Zum Thema Menschenrechte, Demokratie und Toleranz bei Hermann Broch«. In: *Austriaca* 55 (2003), S. 89–116.

schen Fragestellung wurde Brochs Bedeutung für den Diskurs der Menschenrechte und dessen Relevanz für Fragen der Theologie, der Rechtsgeschichte und der Philosophie ausführlich erörtert. Was die historische Signatur von Brochs theoretischen Schriften betrifft, waren vor allem die Beiträge aus der Wissenschaftsgeschichte wegweisend. Anhand seines wissenschaftsgeschichtlichen Ansatzes gelingt es Vollhardt, die zum Teil überspannten Erwartungen, die an Brochs Theorie herangetragen wurden, zu relativieren und stärker in den historischen Kontext einzubetten:

> Keinem der genannten Autoren geht es um objektive Wissenschaft; es werden geistesgeschichtliche Zusammenhänge aufgezeigt, die gar keiner wissenschaftlichen Bearbeitung bedürfen, da sie sich dem rückschauenden und vergleichenden Betrachter als notwendig aufdrängen und von ihm auch so dargestellt werden – selbstverständlich unter Einschluß kritischer Kommentare, die sich auf die eigene Situation beziehen.[23]

Um die inhaltliche Seite der Exkurse zu kontextualisieren, weist Vollhardt auf die »großzügige Rekonstruktion geschichtlicher Zusammenhänge«[24] hin, die epochenbedingt sei: die »schon zeitlich irrige Identifizierung von Renaissance und Reformation«[25] und die Hochschätzung des Mittelalters gehörten zum »tradierte[n] Geschichtsbild einer kulturellen Elite«[26]. Mag dieses Urteil streng klingen, so befreit der Ansatz andererseits den Autor Broch von der Auflage, mit seinem Werk für eine eigenständige, wissenschaftlich motivierte These einstehen zu müssen, allerdings ohne ihr die Stringenz und die Wirkung zu nehmen. Außerdem erteilt Vollhardt der vagen Rede vom vermeintlichen Irrationalismus oder Mystizismus Brochs eine Abfuhr, indem er eine wünschenswerte Präzisierung vornimmt und sich dafür auf Brochs eigene, selbstbewusste Positionierung in diesem Feld bzw. auf Überlegungen im Briefwechsel mit Daniel Brody beruft. Im Rekurs auf das Programm einer rein formalen Weltanschauungslehre einerseits und auf die Zeitschriften *Hochland* und *Eranos* andererseits gelingt es Vollhardt, Brochs Schreiben vor dem Hintergrund einer komplexen Interaktion von neukantianischen Wertheorien, religiösen Diskursen und esoterischen Weltanschauungen[27] anzusiedeln. Aus diesem Ansatz sind zahlreiche Anregungen für weitere Forschungen hervorgegangen, so unter anderen der Sammelband Lützeler/Maillard 2008 und die Konferenz *Broch und die Romantik* (2012). Vollhardt hat Brochs Nähe zu dieser gnostisch-mystisch

---

[23] Friedrich Vollhardt: *Hermann Brochs geschichtliche Stellung: Studien zum philosophischen Frühwerk und zur Romantrilogie »Die Schlafwandler« (1914–1932)*, Tübingen 2004, S. 202.
[24] Vollhardt: *Hermann Brochs geschichtliche Stellung*, 202.
[25] Vollhardt: *Hermann Brochs geschichtliche Stellung*, S. 172.
[26] Vollhardt: *Hermann Brochs geschichtliche Stellung*, S. 205.
[27] Friedrich Vollhardt: »Hermann Broch und der religiöse Diskurs in den Kulturzeitschriften seiner Zeit (›Summa‹, ›Hochland‹, ›Eranos‹)«. In: Lützeler und Maillard (Hg.): *Hermann Broch. Religion, Mythos, Utopie*, S. 37–52, hier 49.

orientierten Denktradition vor dem Hintergrund der Tatsache, dass Brochs Verleger ebenfalls die Zeitschriften *Eranos* und *Hochland* herausgab, plausibel gemacht. Dieser Befund war wegweisend für eine Reihe von Schriften, die es unternehmen, Brochs prononcierte Positivismuskritik[28] bzw. seine Bemühungen um einen neuen Mythos bzw. einen religiösen Roman weiter zu kontextualisieren.

Die wissenschaftsgeschichtliche Verortung Brochs ist, abgesehen von Vollhardt, auch von Maillard und vielen anderen Forschern vorangetrieben worden. Die Folge ist allerdings, dass die Romanfiguren erneut als idealtypische, allegorische Vertreter verstanden werden – diesmal nicht einer romanimmanenten Poetik oder einer dem Roman vorgelagerten Wertetheorie, sondern einer Diskursformation, auf die der Autor allerdings keinen direkten Einfluss mehr hatte. Angesichts der Konjunktur der Wissenschaftsgeschichte nimmt es nicht Wunder, dass Broch in diesem Zusammenhang und als wichtiger und besonders ergiebiger Autor neu entdeckt werden konnte. Revidiert wird dabei Brochs Positivismuskritik, die namentlich Bendels zufolge so gelesen werden könne, dass z. B. »die *Methodologische Novelle* bei einer Bezugnahme der Literatur auf Wissenschaft ansetzt, wie sie der Naturalismus versucht hat«[29]. Trotz der bei Broch in der Novelle und in Essays anklingenden Kritik an Zola und am Programm des Naturalismus bescheinigen neuere Studien dem Autor eine positivere Sicht auf die Wissenschaft als bislang angenommen wurde. Wird Broch solchermaßen vermehrt für die Überwindung der »two cultures« in Anspruch genommen, so wird zugleich immer deutlicher, dass alle verwendeten Arbeits- und Diskursformen (die fiktionalen und die nicht-fiktionalen) irreduzibel sind und die Diskurswechsel in Brochs Œuvre nicht eingeebnet, sondern berücksichtigt werden sollten.

Ein Glücksfall für die Forschung ist, dass sich die gesamte Literatur in Brochs Wiener Bibliothek nachweisen lässt und somit auch das räumliche und zeitliche Nebeneinander von Literatur, Wissenschaft und anderen Diskursformen im Denken dieses wahrhaften auteur érudit bestätigt werden kann.

Studien, die dem realen Gespräch mit wissenschaftlichen Brief- und Gesprächspartnern nachgehen (so Hollweck[30] und Picht[31]) halten sich dabei die

---

[28] Aurélie Choné: »Gnostische Vorstellungen bei Hermann Broch im Vergleich zu Hermann Hesse und Gustav Meyrink«. In: Lützeler und Maillard (Hg.): *Hermann Broch. Religion, Mythos, Utopie*, S. 53–74.

[29] Ruth Bendels: *Erzählen zwischen Hilbert und Einstein: Naturwissenschaft und Literatur in Hermann Brochs »Eine methodologische Novelle« und Robert Musils »Drei Frauen«*. Würzburg 2004, S. 89. Zur Methodologischen Novelle vgl. auch: Thomas Sebastian: »›Das Absolute aber ist immer Konstruktion‹: Zur Figur des hypothetischen Erzählers in Hermann Brochs Eine methodologische Novelle«. In: *Modern Austrian Literature* 28 (1995) H. 2, S. 71–89; Gunther Martens: »Spielräume des auktorialen Diskurses bei Hermann Broch: ›Eine methodologische Novelle‹«. In: *Orbis litterarum* 59 (2004) H. 4, S. 239–269.

[30] Thomas Hollweck: »Im Schatten der Apokalypse. Zum Briefwechsel zwischen Hermann Broch und Eric Voegelin«. In: *Sinn und Form* 60 (2008) H. 2, S. 175–189.

Waage mit solchen, die Brochs eigenen Beitrag im Rahmen wissenschaftlicher und/oder politischer Diskussionen verorten. Vor allem in Bezug auf das Politische mehren sich die Stimmen, die Brochs Texten das Vermögen einräumen, über ihre eigene Logik Diskursfiguren bereitzustellen, die spätere Entwicklungen von Theorieformationen vorwegnehmen, namentlich die Überlegungen zu den Menschenrechten (als Vorwegnahme des späteren Gerichtshofes in Den Haag), aber auch solche Interpretationen, die Broch auf posthumanistische Denker beziehen. So verhandelt Eiden am Beispiel Brochs die translatio des Politischen in eine Epoche, die ohne Souveränität auskommen muss. Thomas Sebastian seinerseits bezieht Brochs politische Schriften auf Giorgio Agambens Konzeption des homo sacer, um sie so als Beiträge zum Diskurs über die radikalste Enteignung des Menschen auszuweisen.[32]

In letzter Zeit gehen Interpreten verstärkt den Bezugnahmen auf jene Intellektuellen nach, mit denen Broch im Exil im Gespräch war, so Volkmar Zühlsdorf, Voegelin[33], Erich von Kahler und Hannah Arendt. In diesem Sinne werden Bezüge, die bereits in den 1970er Jahren aufgedeckt worden sind (Theodor Haecker),[34] in neue Kontexte hineingestellt.

Auch vom Poststrukturalismus inspirierte Studien tragen zur Vertiefung von Brochs Verständnis von Religion und Demokratie bei. Wurden die Schriften aus der Zeit des Exils zunächst vor allem als direkte Kritik am Hitler-Regime und am Totalitarismus verstanden, so eröffnen diese Studien jetzt weit dimensionierte Aussichten auf Brochs Relevanz für kultur- und politikwissenschaftliche Grundsatzfragen (u. a. Demokratie-Theorie, den Imperialismus und den Zusammenhang von Repräsentation und Macht).[35] Innovativ ist dabei sicherlich, dass die Texte verstärkt als implizite oder explizite Verhandlung einer interkulturellen Erfahrung in den Blick genommen werden, wobei Denker wie Hardt/Negri oder Nancy zum Einsatz kommen. Den umfassendsten Versuch, Broch vor dem wissenssoziologischen Hintergrund des Interbellums zu deuten, hat Borgard vorgelegt.[36]

---

[31] Barbara Picht: *Erzwungener Ausweg: Hermann Broch, Erwin Panofsky und Ernst Kantorowicz im Princetoner Exil.* Darmstadt 2004.
[32] Thomas Sebastian: »Leib, Name und Menschenrecht in Hermann Brochs politischen Schriften«. In: *Modern Austrian Literature* 40 (2007) H. 3, S. 43–70.
[33] Hermann Broch und Eric Voegelin: »Briefwechsel 1939–1949«. In: *Sinn und Form* 60 (2008) H. 2, S. 149–174.
[34] Manfred Durzak: »Zeitgeschichte im historischen Modell. Hermann Brochs Exilroman *Der Tod des Vergil*«. In: *Die deutsche Exilliteratur 1933–1945.* Hg. v. Manfred Durzak. Stuttgart 1973, S. 430–442.
[35] Patrick Eiden-Offe: *Das Reich der Demokratie: Hermann Brochs Der Tod des Vergil.* München 2011.
[36] Thomas Borgard: *Hermann Brochs Roman »Der Tod des Vergil« als Gegenstand einer analytischen und funktionalen Geschichtsschreibung.* Habil. Bern (unveröffentlicht) 2003, S. 117–167.

5. Die Enzyklopädie des Polyhistors[37]

Die Forschung hat die Eklektizismusvorwürfe, die in den Raum gestellt wurden, hinter sich gelassen und sich mehr auf die Rahmenbedingungen und Zielsetzungen von Brochs enzyklopädischem Umgang mit Wissen eingelassen. Ähnliche Leistungen, die inzwischen auch für andere Autoren erbracht worden sind, sind im Falle Brochs noch nicht abgeschlossen. Man braucht sich nur die Liste der editorischen Nachweise anzusehen, die der Herausgeber Paul Michael Lützeler jeweils benötigt, um den von Broch zumeist nur elliptisch herangezitierten, polyhistorischen Referenzrahmen zu verorten, einen Rahmen, der übrigens gerade im Falle des Hofmannsthal-Essays eine Klimax erreicht. Besonders die Aufsätze, die sich auf den empirischen Positivismus als Menetekel der Modernität beziehen und die eine zyklische Bewegung unter Beweis stellen möchten, weisen diesen reihenden Duktus auf. Nicht von ungefähr wird z. B. den Romantikern zum Vorwurf gemacht, ihnen fehle gerade »das Polyhistorische und die ethische Tendenz der ›Bildung‹ aus der Gesamtheit« (KW 10/1, 226). Die schriftstellerischen Leistungen, die Broch als seine Vorläufer identifiziert (Goethe und Joyce), werden heute als Metaromane, Archivromane oder enzyklopädische Romane gedeutet; seine Beschreibungen ihrer Texte sind eher Selbstbeschreibungen und bringen den Begriff der Enzyklopädie für das eigene Werk in Stellung und tun so einen entscheidenden Schritt über das Label der »Weltanschauungsliteratur« hinaus. Insbesondere Brochs Hang zu umfassenden, ganzheitlichen Darstellungen hat ihm aufgrund eines haltlosen Ideologieverdachts die Kritik derjenigen eingetragen, die sich eine schnellere Instrumentalisierbarkeit seiner Texte gewünscht haben. Es kommt jedoch darauf an, die Ganzheit so zu definieren, wie sie Andreas Kilcher in seiner Studie zur enzyklopädischen Literatur mit Blick auf die französische Begriffstradition definiert hat.[38] In der französischsprachigen Forschung ist die Kategorie der Totalität weniger als übersummative und organische denn als kumulative und additive Kategorie definiert.

6. Neuere Ansätze zwischen Text und Kontext

Standen die beiden Romane (*Die Schlafwandler* und *Tod des Vergil*) einerseits, die theoretischen Schriften andererseits lange im Zentrum der Forschung, so

---

[37] In diesem Paragraphen greife ich Überlegungen auf, die ich an anderer Stelle am Beispiel des Frühwerks näher ausgeführt habe. Vgl. dazu: Gunther Martens: »Hermann Brochs enzyklopädisches Gespräch mit den Künsten«. In: *Hermann Broch und die Künste*. Hg. v. Alice Stašková und Paul Michael Lützeler. Berlin 2009, S. 199–218.

[38] Andreas B. Kilcher: *Mathesis und poiesis: Die Enzyklopädik der Literatur 1600 bis 2000*. München 2003, S. 36f., 434ff. Vgl. dazu auch die Überlegungen von Sigrid Schmid-Bortenschlager: *Hermann Broch, éthique et esthétique*. Paris 2001.

punkten neuere Untersuchungen mit einschlägigen Beobachtungen zu den kleinen Texten. Die Wiederentdeckung der Dramen gehört in diesen Zusammenhang, die Brochs Nähe zum Wirtschaftsdiskurs sichtbar machen und so Anschlussfähigkeit in weitere Richtungen garantieren.[39] Ist dabei auch dem Frühwerk größere Aufmerksamkeit zuteil geworden, so konnte aufgrund dieses Fokus Brochs späte abschätzige Äußerung über das »Geschichtel-Erzählen« (GW 8, 174, 193) relativiert werden. Die Frage, in welche Tradition Brochs *Bergroman*-Projekt einzuordnen ist und wie man den Plot interpretiert, ist nicht zuletzt von der Frage abhängig, wie man die Erzählperspektive des unzuverlässigen Erzählers in diesem Text bewertet.[40] So bezeichnete Cohn den *Tod des Vergil* auch später noch als »the most sustained exercise in free indirect discourse in world literature«.[41]

Hatte Lützeler die frühe Prosa noch als »zu Unrecht vergessen« einstufen müssen, so ist sie mittlerweile zum Gegenstand zahlreicher Abhandlungen gemacht worden, die diese Texte einerseits im literaturhistorischen Kontext situieren, andererseits für Brochs zentrale Fragestellungen zugänglich machen. Neue Heuristiken gelangen zum Einsatz, die es ermöglichen, den Kontextbezug mit der gründlichen Analyse der Schreibweise der Texte zu verbinden. Sowohl Stašková als auch Martens heben darauf ab, den Erzählstil und die Modalität des Dargestellten auf Brochs ethische Positionen hin zu durchleuchten. Staškovás Studie geht anhand von poststrukturalistischen und anthropologischen Modellen der Frage nach der Darstellbarkeit von Gewalt, Opferbereitschaft und Tod in einen komparatistischen Kontext nach.[42] Martens geht es darum, die Analyse des Stils und der auffälligen Modalitäten, die Brochs Texte aufweisen, auf die theoretische Frage der Moderne-Konzeption in Brochs Werk zu beziehen.[43] Wenn mit den Mitteln der Stilistik und der Erzähltheorie festgestellt werden kann, dass die Erzählvermittlung prominenter ist, als ausgehend von Thesen zur epistemologischen Verunsicherung der literarischen Moderne (McHale) vielleicht vermutet werden könnte, und mithin ein (wenngleich unzuverlässiges) Wertezentrum im Text beibehalten wird,

---

39 Bernd Blaschke: »Markt zwischen Tragödie und Komödie. Hermann Brochs Marketing seiner ›Schlafwandler‹ und Dramen«. In: *Markt: literarisch.* Hg. v. Thomas Wegmann. Frankfurt am Main 2005, S. 115–132, hier 116.
40 Gisela Brude-Firnau: »Hermann Brochs *Demeter-Fragment*. Provinzroman oder zeitkritisches Dokument?« In: *Hermann Broch. Das dichterische Werk. Neue Interpretationen.* Hg. v. Michael Kessler und Paul Michael Lützeler. Tübingen 1987, S. 35–43.
41 Dorrit Cohn: *The Distinction of Fiction.* Baltimore 2000, S. 22.
42 Vgl. Alice Stašková: *Nächte der Aufklärung: Studien zur Ästhetik, Ethik und Erkenntnistheorie in »Voyage au bout de la nuit« von Louis-Ferdinand Céline und »Die Schlafwandler« von Hermann Broch.* Tübingen 2004, S. 269.
43 Gunther Martens: *Beobachtungen der Moderne in Hermann Brochs »Die Schlafwandler« und Robert Musils »Der Mann ohne Eigenschaften«. Rhetorische und narratologische Aspekte von Interdiskursivität.* München 2006, S. 89f. Vgl. dazu auch: Alice Stašková: *»Der Stil auf der Suche nach der Religion im frühen Schaffen Hermann Brochs«.* In: Lützeler und Maillard (Hg.): *Hermann Broch. Religion, Mythos, Utopie,* S. 21–36.

kann dies als eine Form der Selbstermächtigung betrachtet werden, die in letzter Zeit als alternative Form der Bewältigung von Kontingenz und Entropie profiliert und (in der Anlehnung an Luhmanns Terminologie) als Form ihrer operativen Schließung interpretiert worden ist.[44]

Die Analyse der Modalitäten, die vom Erzählen ins Spiel gebracht werden, ist auch in der Lage, ein neues Licht auf die eigentümliche Darstellung der Frauen in Brochs Werk zu werfen. Kaum einem Broch-Leser ist die eigentümliche Verdinglichung der Frauenfiguren, insbesondere der Mutterfiguren entgangen, wie man sie in der Darstellung von Elisabeth oder Mutter Hentjen illustriert sehen kann. Diese eigenwillige Charakteristik ist als psychoanalytisch relevant, aber auch als zutiefst komisch-grotesk bezeichnet worden. Zusätzlich zu Brochs *Amphitryon*-Komplex (so Lützelers Diagnose), gilt, wie auch schon für andere männliche Autoren der Moderne gesagt worden ist, dass diese Wahrnehmungen vor allem ein Licht auf die männlichen Beobachter zurückwerfen, die ihre Ängste auf diese Frauen projizieren. In diesem Sinne sind die männlichen Figuren bei Broch mittlerweile auch für die Männlichkeitsforschung entdeckt worden.[45]

Dass Broch – trotz des ihm vorauseilenden Rufs, der Autor von zentnerschweren philosophischen Romanen mit einer ihnen vorgelagerten These zu sein – experimentelle narrative Techniken verwendet, berechtigt zu der Feststellung, dass seine Prosa auch humoristische und selbstreflexive Züge aufweist. Broch greift mit dem Modell des zugesetzten, beschränkten Erzählers nicht nur auf André Gides *Falschmünzer* zurück, sondern auch auf Formen der Kurzprosa, deren Einfluss auf Broch man auf die Vermittlung von Torberg und Blei zurückführen kann.[46] Wenn die Metalepse als narratives bzw. als rhetorisches Phänomen ins Spiel gebracht wird,[47] so ist bei Broch jedoch nicht nur von einer ästhetischen Strategie, sondern auch von Fragen der Positionierung, der Verantwortung und von der Ethik des Lesens die Rede.

Broch als multikultureller »global player«? Angesichts der Kulturvielfalt in Brochs Texten und Biographie, der Tatsache, dass die Kontakte und Korrespondenzen Brochs vor allem während des Exils in alle Welt reichten, und angesichts der Feststellung, dass die Broch-Forschung selbst eine außerordentlich große Internationalität besitzt, erübrigt es sich fast, diesen Umstand her-

---

44 Martens: *Beobachtungen der Moderne*; Bernhard Fetz: »Zum Gutsein verurteilt: der Kulturkritiker Hermann Broch oder die Moral der Literatur«. In: *Literatur und Kritik* H. 357/358 (2001), S. 54–62.
45 Toni Tholen: *Verlust der Nähe: Reflexion von Männlichkeit in der Literatur*. Heidelberg 2005, S. 127–214 (»Schlafwandelnde Männlichkeit. Zu Hermann Broch«).
46 Vgl. Paul Michael Lützeler: *Hermann Broch – Ethik und Politik. Studien zum Frühwerk und zur Romantrilogie »Die Schlafwandler«*. München 1973, S. 74; Helga Mitterbauer: »›Totalitätserfassende Erkenntnis‹: Hermann Broch im Spannungsfeld der Künste«. In: Stašková und Lützeler (Hg.): *Hermann Broch und die Künste*. S. 233–250, hier 242.
47 Vgl. Stašková: »*Der Stil auf der Suche nach der Religion*«. In: Lützeler und Maillard (Hg.): *Hermann Broch. Religion, Mythos, Utopie*, S. 25.

vorzuheben. Dennoch kann man sagen, dass Broch einen transatlantischen und globalen Bezug zu bieten hat, den die meisten anderen Schriftstellerkollegen dieser Generation nie in diesem Ausmaß aufweisen. Die neueren Übersetzungen ins Russische, Griechische usw. verleihen den Titeln ein neues, eher ungewohntes Gepräge und legen nahe, dass sich in neuen Kontexten bald eine ganz eigene Rezeption anbahnen wird.

Broch und die anderen Medien? Liebrand bescheinigt Broch sehr konkrete Hollywood-Pläne (einschließlich einer Aufgeschlossenheit gegenüber Exotismus und Popkultur, die man dem Intellektuellen Broch noch nicht so oft nachgesagt hat). Umberto Eco würdigt Brochs Kitsch-Theorie, indem er sie in seine Geschichte der Hässlichkeit integriert. Es kann zum Schluss an dieser Stelle auf weitere innovative Studien lediglich verwiesen werden, die Brochs Verhältnis zur Architektur,[48] zur Mode,[49] zur Musik,[50] zur Mathematik,[51] zur Wirtschaft,[52] zur Religion und zur Philosophie eingehender untersuchen.

7. Schlussfolgerung und Ausblick

Angesichts der Fülle der Forschungsergebnisse konnten hier nur beschränkt Tendenzen angedeutet und Akzentsetzungen in ihren Umrissen beschrieben werden. Die Deutsche Nationalbibliothek erfasst in ihrem Bestand zur Zeit der Niederschrift dieses Forschungsberichts 86 Dissertationen zu Hermann Broch. Broch erzielt damit höhere Werte als die zeitgenössischen österreichischen Romanciers, die vermutlich eine breitere Leserschaft kennen (Joseph Roth: 67, Elias Canetti: 79). Robert Musil und (erwartungsgemäß) Franz Kafka (324) entscheiden in dieser Zielgruppe das Rennen für sich, wenn man rein quantitativ vorgeht. Da die Deutsche Nationalbibliothek sicherlich nicht alle im Ausland entstandenen Dissertationen und Habilitationen erfasst, dürfte die Zahl spezifisch für Broch allerdings viel höher ausfallen. Dass der Autor nicht dieselbe Vertrautheit bei allen Lesern und Forschern beanspruchen kann, führt in der Forschung mitunter dazu, dass sehr viel Wissen über den Autor nicht vorausgesetzt, sondern immer wieder neu aufgerollt werden muss.

[48] Claudia Brodsky Lacour: *Writing and building: ornament in »The Sleepwalkers«*. In: *Hermann Broch: Literature, Philosophy, Politics. The Yale Broch Symposium 1986*. Hg. v. Stephen D. Dowden. Columbia, SC, 1988.
[49] Sarah McGaughey: »Hermann Broch und Ea von Allesch: Möbel und Mode«. In: *Hermann Brochs literarische Freundschaften*. Hg. v. Endre Kiss, Paul Michael Lützeler und Gabriella Rácz. Tübingen 2008, S. 51–64.
[50] John Hargraves: *Music in the works of Broch, Mann, and Kafka*. Rochester, NY, 2004; Gabriella Rácz: »Musik in Hermann Brochs Roman ›Die Schuldlosen‹«. In: Stašková und Lützeler (Hg.): *Hermann Broch und die Künste*, S. 119–136.
[51] Gwyneth E. Cliver: *Musil, Broch, and the Mathematics of Modernism*. St. Louis, Missouri, Diss., 2008.
[52] Claus Caesar: *Poetik der Wiederholung: ethische Dichtung und ökonomisches »Spiel« in Hermann Brochs Romanen »Der Tod des Vergil« und »Die Schuldlosen«*. Würzburg 2004.

Weitere Desiderate der Forschung können hier nur kurz genannt werden: Im Einklang mit dem aktuellen Interesse an Buchgeschichte (history of the book) und Textgenetik wäre es interessant, einmal stärker auf die materielle Dimension von den zu Lebzeiten veröffentlichten und den unveröffentlichten Texten einzugehen. Als Brochs *Die Schlafwandler* in Brodys Verlag erschien, war der Verlag durchaus bemüht, auch im typographischen Sinne neue Akzente zu setzen; der Satzspiegel dieser Erstausgabe sieht der deutschen Erstübersetzung von Joyces *Ulysses* überraschend ähnlich.[53] Überlegungen zu der Covergestaltung finden sich bei Lützeler.[54] Außerdem bieten sich für textgenetische Forschung noch zahlreiche Möglichkeiten. Fetz hat am Beispiel der *Methodologischen Novelle* vorgeführt, wie sich das Schriftbild in die Interpretation einbeziehen lässt.[55] Gerade wegen der »Zettelwirtschaft« des Autors können solche materiellen Bedingungen des Schreibens einen Einblick in die Arbeitsverfahren des Autors bieten. Auch Studien zum Altersstil bei Broch können, ausgehend von Brochs eigenen Überlegungen, an fruchtbare Hypothesen aus dem Umfeld der Theorie der Säkularisierung anknüpfen.[56] Der Zugang zu neuen Teilen der Briefkorrespondenz (vgl. VS) macht es umso annehmlicher, dass Brochs Frühwerk auf den französischen Kulturraum geöffnet ist; eventuell könnten – über die Vermittlung von Franz Blei – strukturelle Konfluenzen zu Jules Laforgue (Moralités légendaires) und Marcel Schwob (Vies imaginaires) erforscht werden.[57]

Merkwürdigerweise ist trotz des internationalen Renommees des Autors (bislang) kein Forschungszentrum in Österreich oder anderweitig nach ihm benannt worden. Ein österreichischer Lehrstuhlinhaber für Germanistik begründete dies unlängst (im privaten Gespräch) damit, dass Broch, trotz des großen wissenschaftlichen Interesses, nie wirklich »Schule« gemacht habe und keine literarische Nachfolge bekommen habe. Trotzdem gibt es zahlreiche Autoren, die sich zu einem wie auch immer gearteten Broch-Einfluss bekannt haben (Canetti, Thomas Bernhard, Frischmuth, Milan Kundera, William Gaddis, William Gass, Ernst-Wilhelm Händler, Handke u. a.). Man könnte sich darüber hinaus fragen, ob nicht Broch indirekt doch Schule gemacht hat und ob nicht die Konzeption jener enzyklopädische Romane von Autoren wie Michel Houellebecq, Thomas Pynchon, William Gaddis und Jonathan Littell

---

[53] Vgl. dazu die Ausführungen bei: Bernhard Metz: *Die Lesbarkeit der Bücher: Typographische Studien zur Literatur*. München 2012.

[54] Paul Michael Lützeler: »Hermann Broch und die Maler: Biographie, Ekphrasis, Kulturtheorie«. In: Stašková und Lützeler (Hg.): *Hermann Broch und die Künste*, S. 11–38.

[55] Bernhard Fetz: »›Nichts als das Unvollendete‹: der Fall Hermann Broch«. In: *Die Teile und das Ganze. Bausteine der literarischen Moderne in Österreich*. Hg. v. Bernhard Fetz. Wien 2003, S. 90–112.

[56] Vgl. dazu: Daniel Weidner: »›Fröhliche Apokalypse‹, Massenwahn und parabolisches Erzählen. Hermann Brochs Rückblick auf Europa«. In: *Abschied von Europa. Jüdisches Schreiben zwischen 1930 und 1950*. Hg. v. Alfred Bodenheimer und Barbara Breysach. München 2011, S. 172–193.

[57] Vgl. dazu die indirekte Anregung von Gérard Genette: *Bardadrac*. Paris 2006, S. 137.

unfreiwillig der einflussreichen, eben von Modernisten wie Broch angeregten Kombination von Literatur und Wissen, von Erkenntnis und Zeitgeschichte Tribut zollen. Sehr direkt hat Lützeler die Frage »Broch lesen – wozu« beantwortet.[58]

Der Internationale Arbeitskreis Hermann Broch stellt, darin Brochs eigenem Arbeitsprogramm folgend, die Arbeit in den Mittelpunkt und setzt sich, mehr als das bei anderen Autorengesellschaften der Fall ist, aus internationalen Forschern zusammen. Die Sammelbände zu Broch erscheinen in namhaften deutschsprachigen Verlagen und sind dementsprechend sehr gut zugänglich. Auch das Werk selbst ist sofort als Taschenbuch erschienen und deswegen sehr erschwinglich. Das Gesamtwerk ist auch besonders schnell als E-Book erschienen.

Wenn man die Forschung insgesamt zu überschauen versucht, ist man eher auf semi-institutionelle Zäsuren verwiesen, die gleichwohl auch eine Besonderheit von Brochs »Arbeitsprogramm« sichtbar machen. Die im Kern der Kitsch-Theorie formulierte Ansicht von der ethischen Verantwortung des Dichters kann Broch als Künstler nie zur Gänze einlösen, da sie ein Engagement verlangt, das über die Literatur hinausgeht und das in den vielen Theorieansätzen, Briefen, Gründungsvorschlägen einen Niederschlag gefunden hat, der erst seit den beiden letzten Jahrzehnten von der Forschung in den Blick genommen wird. Es ist dieser ethische Anspruch, der nicht recht eigentlich zu dem Label des Modernismus und Avantgardismus passen will und in seiner Radikalität trotzdem einen tabula rasa Gestus beinhaltet, deren Nähe zu Kafkas Paradox Broch durchaus auch selbst erblickt hat. Vor diesem Hintergrund sind die umfangreiche Briefkorrespondenz und Brochs Verausgabung in ihr in ihrem vollen Umfang noch zu würdigen.

Die meisten Monographien enthalten eigene Forschungsberichte, die allerdings auf spezifische thematische und methodologische Interessen eingeschränkt sind. Die Einführung zu Gaboldes Arbeit[59] kann als mehr oder weniger umfassender tour d'horizon der neueren Arbeiten zu Broch gelesen werden. Um trotzdem den Gesamtüberblick zu ermöglichen, weicht dieser Forschungsbericht zum Schluss auf das digitale Format aus: Beim Verfassen dieses Forschungsberichts ist die (kostenlose) Bibliographie-Software *Zotero* zum Einsatz gekommen, um die gesamte Forschung auszuwerten. Interessierte können auf die Datenbank zugreifen, um die dort gesammelten Literaturangaben zu sichten. Die Datenbank beansprucht, anders als die in diesem Handbuch enthaltene *Bibliographie* (S. 549–625), keine Vollständigkeit, was die vergangene Forschung betrifft, bietet aber den Vorteil, dass sie in Zukunft von

---

58 Lützeler: »Broch lesen – wozu?« In: Ders.: *Hermann Broch und die Moderne*, S. 11–33.
59 Isabelle Gabolde: *La lecture comme pratique cognitive et devoir d'éveil: »Die Schlafwandler« de Hermann Broch – métamorphose d'un genre et questionnements contemporains*. Frankfurt am Main 2004.

allen Interessierten ergänzt werden kann und außerdem auf sehr einfache Weise auf Volltexte verweisen sowie in andere Formate und andere Anwendungen überführt werden kann.[60]

Gunther Martens

8. Literatur

Barnouw, Dagmar: *Weimar intellectuals and the threat of modernity*. Bloomington 1988.

Bartram, Graham: »Moderne und Modernismus in der *Schlafwandler*-Trilogie«. In: *Hermann Broch. Das dichterische Werk. Neue Interpretationen*. Hg. v. Michael Kessler und Paul Michael Lützeler. Tübingen 1987, S. 185–192.

Bendels, Ruth: *Erzählen zwischen Hilbert und Einstein: Naturwissenschaft und Literatur in Hermann Brochs »Eine methodologische Novelle« und Robert Musils »Drei Frauen«*. Würzburg 2004.

Bernáth, Árpád, Michael Kessler und Endre Kiss (Hg.): *Hermann Broch: Perspektiven interdisziplinärer Forschung; Akten des Internationalen Symposions Hermann Broch, 15.–17. September 1996, József-Attila-Universität, Szeged*. Tübingen 2004.

Blaschke, Bernd: »Markt zwischen Tragödie und Komödie. Hermann Brochs Marketing seiner ›Schlafwandler‹ und Dramen«. In: *Markt: literarisch*. Hg. v. Thomas Wegmann. Frankfurt am Main 2005, S. 115–132.

Borgard, Thomas: *Hermann Brochs Roman »Der Tod des Vergil« als Gegenstand einer analytischen und funktionalen Geschichtsschreibung*. Habil. Bern 2003 (unveröffentlicht).

Brinkmann, Richard: »Romanform und Werttheorie bei Hermann Broch: Strukturprobleme moderner Dichtung«. In: *DVjs* 31 (1957) H. 2, S. 169–197.

Broch, Hermann und Eric Voegelin: »Briefwechsel 1939–1949«. In: *Sinn und Form* 60 (2008) H. 2, S. 149–174.

Brodsky Lacour, Claudia: »Writing and building: ornament in ›The Sleepwalkers‹«. In: *Hermann Broch. Literature, Philosophy, Politics. The Yale Broch Symposium 1986*. Hg. v. Stephen D. Dowden. Columbia, SC, 1988.

Brude-Firnau, Gisela: »Hermann Brochs *Demeter-Fragment*. Provinzroman oder zeitkritisches Dokument?« In: *Hermann Broch. Das dichterische Werk. Neue Interpretationen*. Hg. v. Michael Kessler und Paul Michael Lützeler. Tübingen 1987, S. 35–43.

Caesar, Claus: *Poetik der Wiederholung: ethische Dichtung und ökonomisches »Spiel« in Hermann Brochs Romanen »Der Tod des Vergil« und »Die Schuldlosen«*. Würzburg 2004.

Choné, Aurélie: »Gnostische Vorstellungen bei Hermann Broch im Vergleich zu Hermann Hesse und Gustav Meyrink«. In: *Hermann Broch. Religion, Mythos, Utopie. Zur ethischen Perspektive seines Werks*. Hg. v. Paul Michael Lützeler und Christine Maillard. *Recherches germaniques. Revue annuelle*. Hors série 5 (2008), S. 53–74.

---

[60] Gunther Martens u. a.: »Forschungsbibliographie Hermann Broch«, https://www.zotero.org/groups/forschungsbibliographie_hermann_broch_iab/items (Stand: 31.08.2015).

Cliver, Gwyneth E.: *Musil, Broch, and the Mathematics of Modernism.* St. Louis, Missouri, Diss., 2008.
Cohn, Dorrit C.: *The Sleepwalkers: Elucidations of Hermann Broch's Trilogy.* The Hague, Mouton, 1966 (= Stanford Studies in Germanics and Slavics: 2).
Cohn, Dorrit: *The Distinction of Fiction.* Baltimore 2000.
Cohn, Dorrit: *Transparent Minds: Narrative Modes for Presenting Consciousness in Fiction.* Princeton 1978.
Dowden, Stephen D. (Hg.): *Hermann Broch: Literature, Philosophy, Politics. The Yale Broch Symposium 1986.* Columbia, SC, 2004.
Durzak, Manfred: »Zeitgeschichte im historischen Modell. Hermann Brochs Exilroman *Der Tod des Vergil*«. In: *Die deutsche Exilliteratur 1933–1945.* Hg. v. Manfred Durzak. Stuttgart 1973, S. 430–442.
Eicher, Thomas: *Erzählte Visualität: Studien zum Verhältnis von Text und Bild in Hermann Brochs Romantrilogie »Die Schlafwandler«.* Frankfurt am Main 2004.
Eiden-Offe, Patrick: *Das Reich der Demokratie: Hermann Brochs Der Tod des Vergil.* München 2011.
Eisele, Ulf: *Die Struktur des modernen deutschen Romans.* Tübingen 1984.
Ferré, Vincent: »L'autorité de l'auteur invisible (Broch, Dos Passos)«. In: *L'autorité en littérature.* Hg. v. Emmanuel Bouju. Rennes 2010, S. 121–131.
Fetz, Bernhard: »›Nichts als das Unvollendete‹: der Fall Hermann Broch«. In: *Die Teile und das Ganze. Bausteine der literarischen Moderne in Österreich.* Hg. v. Bernhard Fetz. Wien 2003, S. 90–112.
Fetz, Bernhard: »Zum Gutsein verurteilt: der Kulturkritiker Hermann Broch oder die Moral der Literatur«. In: *Literatur und Kritik* (2001) H. 357/358, S. 54–62.
Fokkema, Douwe: »The semiotics of literary postmodernism«. In: Ders.: *International postmodernism: Theory and literary practice.* Amsterdam 1997, S. 15–42.
Gabolde, Isabelle: *La lecture comme pratique cognitive et devoir d'éveil: »Die Schlafwandler« de Hermann Broch – métamorphose d'un genre et questionnements contemporains.* Frankfurt am Main 2004.
Genette, Gérard: *Bardadrac.* Paris 2006.
Gossens, Peter und Marcus G. Patka: *»Displaced«. Paul Celan in Wien 1947–1948.* Im Auftrag des Jüdischen Museums Wien. Frankfurt am Main 2001.
Graevenitz, Gerhart von: *Die Setzung des Subjekts. Untersuchungen zur Romantheorie.* Tübingen 1973.
Hargraves, John: *Music in the works of Broch, Mann, and Kafka.* Rochester, NY, 2004.
Heizmann, Jürgen: *Antike und Moderne in Hermann Brochs »Tod des Vergil«: Über Dichtung und Wissenschaft, Utopie und Ideologie.* Tübingen 2004.
Hollweck, Thomas: »Im Schatten der Apokalypse. Zum Briefwechsel zwischen Hermann Broch und Eric Voegelin«. In: *Sinn und Form* 60 (2008) H. 2, S. 175–189.
Kessler, Michael: »Contradictio in Adiecto? Zum Thema Menschenrechte, Demokratie und Toleranz bei Hermann Broch«. In: *Austriaca* 55, S. 89–116.
Kilcher, Andreas B.: *Mathesis und poiesis: Die Enzyklopädik der Literatur 1600 bis 2000.* München 2003.
Kiss, Endre, Paul Michael Lützeler und Gabriella Rácz (Hg.): *Hermann Brochs literarische Freundschaften.* Tübingen 2008.
Klinger, Monika: *Hermann Broch und die Demokratie.* Berlin 1994 (= Tübinger Schriften zum Staats- und Verwaltungsrecht).

Koebner, Thomas: »Mythos und Zeitgeist in Hermann Brochs Roman Die Verzauberung«. In: *Brochs Verzauberung*. Hg. v. Paul Michael Lützeler. Frankfurt am Main 1983, S. 169–185.

Köhn, Lothar: »Montage höherer Ordnung. Zur Struktur des Epochenbildes bei Bloch, Tucholsky, und Broch«. In: *Literaturwissenschaft und Geistesgeschichte. Festschrift für Richard Brinkmann*. Hg. v. Jürgen Brummak. Tübingen 1981, S. 585–615.

Koopmann, Helmut: *Der klassisch-moderne Roman in Deutschland: Thomas Mann, Alfred Döblin, Hermann Broch*. Stuttgart 2004.

Lützeler, Paul Michael u. a. (Hg.): *Hermann Broch. Visionary in Exile. The 2001 Yale Symposium*. Rochester, NY, 2003.

Lützeler, Paul Michael: »Endzeit und religiöses Chaos. Brochs *Esch oder die Anarchie* und Grünewalds *Kreuzigung*«. In: *Fin de sie`cle, fin du mille´naire. Endzeitstimmungen in der deutschsprachigen Literatur*. Hg. v. Hans-Jörg Knobloch und Helmut Koopmann. Tübingen 2001, S. 101–112.

Lützeler, Paul Michael: »Hermann Broch und die Maler: Biographie, Ekphrasis, Kulturtheorie«. In: *Hermann Broch und die Künste*. Hg. v. Alice Stas˘kova´ und Paul Michael Lützeler. Berlin 2009, S. 11–38.

Lützeler, Paul Michael: *Hermann Broch und die Moderne. Roman, Menschenrecht, Biografie*. München 2011.

Lützeler, Paul Michael: *Hermann Broch – Ethik und Politik. Studien zum Frühwerk und zur Romantrilogie »Die Schlafwandler«*. München 1973.

Lützeler, Paul Michael: »Negative Ästhetik im Exil: Hermann Broch«. In: Lützeler, Paul Michael: *Klio oder Kalliope?* Berlin 1997, S. 99–108.

Lützeler, Paul Michael (Hg.): *Verlorener Sohn? Hermann Brochs Briefwechsel mit Armand 1925–1928*. Berlin 2004 (= VS).

Lützeler Paul Michael und Christine Maillard (Hg.): *Hermann Broch. Religion, Mythos, Utopie. Zur ethischen Perspektive seines Werks. Recherches germaniques. Revue annuelle. Hors série* 5 (2008).

Lyotard, Jean-François: *La condition postmoderne: rapport sur le savoir*. Paris 1979.

Mahlmann-Bauer, Barbara: »Euripides' ›Bakchen‹, ein Prätext für Brochs Bergroman *Die Verzauberung*«. In: *Hermann Broch. Religion, Mythos, Utopie. Zur ethischen Perspektive seines Werks*. Hg. v. Paul Michael Lützeler und Christine Maillard. *Recherches germaniques. Revue annuelle. Hors se´rie* 5 (2008), S. 75–118.

Martens, Gunther: *Beobachtungen der Moderne in Hermann Brochs »Die Schlafwandler« und Robert Musils »Der Mann ohne Eigenschaften«. Rhetorische und narratologische Aspekte von Interdiskursivität*. München 2006.

Martens, Gunther: »Hermann Brochs enzyklopädisches Gespräch mit den Künsten«. In: *Hermann Broch und die Künste*. Hg. v. Alice Stašková und Paul Michael Lützeler. Berlin 2009, S. 199–218.

Martens, Gunther: »Spielräume des auktorialen Diskurses bei Hermann Broch: ›Eine methodologische Novelle‹«. In: *Orbis litterarum* 59 (2004) H. 4, S. 239–269.

McGaughey, Sarah: »Hermann Broch und Ea von Allesch: Möbel und Mode«. In: *Hermann Brochs literarische Freundschaften*. Hg. v. Endre Kiss, Paul Michael Lützeler und Gabriella Rácz. Tübingen 2008, S. 51–64.

Metz, Bernhard: *Die Lesbarkeit der Bücher: Typographische Studien zur Literatur*. München 2012.

Mitterbauer, Helga: »›Totalitätserfassende Erkenntnis‹: Hermann Broch im Spannungsfeld der Künste«. In: *Hermann Broch und die Künste.* Hg. v. Alice Stašková und Paul Michael Lützeler. Berlin 2009, S. 233–250.

Müller-Funk, Wolfgang: »›Angst in der Kultur: Hermann Brochs ›Massenwahntheorie‹ im historischen Kontext«. In: Ders.: *Komplex Österreich. Fragmente zu einer Geschichte der modernen österreichischen Literatur.* Wien 2009, S. 230–244.

Picht, Barbara: *Erzwungener Ausweg: Hermann Broch, Erwin Panofsky und Ernst Kantorowicz im Princetoner Exil.* Darmstadt 2004.

Rácz, Gabriella: »Musik in Hermann Brochs Roman ›Die Schuldlosen‹«. In: *Hermann Broch und die Künste.* Hg. v. Alice Stašková und Paul Michael Lützeler. Berlin 2009, S. 119–136.

Rider, Jacques Le: *Modernité viennoise et crises de l'identité.* Paris 1990.

Roesler-Graichen, Michael: »Hermann Brochs Romanwerk: ein Forschungsbericht«. In: *DVjs* 65 (1991) H. 3, S. 502–587.

Scheichl, Sigurd Paul: »›Nebbich noch immer Princeton Hospital‹: Jüdische Selbststilisierung in Brochs Briefen an Daniel Brody«. In: *Hermann Broch. Neue Studien. Festschrift für Paul Michael Lützeler zum 60. Geburtstag.* Hg. v. Michael Kessler. Tübingen 2003, S. 362–378.

Schmid-Bortenschlager, Sigrid: *Hermann Broch, éthique et esthétique.* Paris 2001.

Schramke, Jürgen: *Zur Theorie des modernen Romans.* München 1974.

Sebastian, Thomas: »›Das Absolute aber ist immer Konstruktion‹: Zur Figur des hypothetischen Erzählers in Hermann Brochs *Eine methodologische Novelle*«. In: *Modern Austrian Literature* 28 (1995) H. 2, S. 71–89.

Sebastian, Thomas: »Leib, Name und Menschenrecht in Hermann Brochs politischen Schriften«. In: *Modern Austrian Literature* 40 (2007) H. 3, S. 43–70.

Stašková, Alice: »Der Stil auf der Suche nach der Religion im frühen Schaffen Hermann Brochs«. In: *Hermann Broch. Religion, Mythos, Utopie. Zur ethischen Perspektive seines Werks.* Hg. v. Paul Michael Lützeler und Christine Maillard. *Recherches germaniques. Revue annuelle. Hors série* 5 (2008), S. 21–36.

Stašková, Alice: *Nächte der Aufklärung: Studien zur Ästhetik, Ethik und Erkenntnistheorie in »Voyage au bout de la nuit« von Louis-Ferdinand Céline und »Die Schlafwandler« von Hermann Broch.* Tübingen 2004.

Steinecke, Hartmut: *Hermann Broch und der polyhistorische Roman: Studien zur Theorie und Technik eines Romantyps der Moderne.* Bonn 1968 (= Bonner Arbeiten zur Deutschen Literatur 17).

Strelka, Joseph P.: *Poeta Doctus Hermann Broch.* Tübingen 2001.

Tholen, Toni: *Verlust der Nähe: Reflexion von Männlichkeit in der Literatur.* Heidelberg 2005.

Vietta, Silvio: *Die literarische Moderne. Eine problemgeschichtliche Darstellung der deutschsprachigen Literatur von Hölderlin bis Thomas Bernhard.* Stuttgart 1992.

Vitzthum, Wolfgang Graf: »Brochs demokratie- und völkerbundtheoretische Schriften«. In: *Hermann Broch.* Hg. v. Paul Michael Lützeler. Frankfurt am Main 1986, S. 289–307.

Vollhardt, Friedrich: »Hermann Broch und der religiöse Diskurs in den Kulturzeitschriften seiner Zeit (›Summa‹, ›Hochland‹, ›Eranos‹)«. In: *Hermann Broch. Religion, Mythos, Utopie. Zur ethischen Perspektive seines Werks.* Hg. v. Paul Michael Lützeler und Christine Maillard. *Recherches germaniques. Revue annuelle. Hors série* 5 (2008), S. 37–52.

Vollhardt, Friedrich: *Hermann Brochs geschichtliche Stellung: Studien zum philosophischen Frühwerk und zur Romantrilogie »Die Schlafwandler« (1914–1932)*. Tübingen 2004.

Weidner, Daniel: »›Fröhliche Apokalypse‹, Massenwahn und parabolisches Erzählen. Hermann Brochs Rückblick auf Europa«. In: *Abschied von Europa. Jüdisches Schreiben zwischen 1930 und 1950*. Hg. v. Alfred Bodenheimer und Barbara Breysach. München 2011, S. 172–193.

Zima, Peter V.: *Roman und Ideologie. Zur Sozialgeschichte des modernen Romans*. München 1986.

Žmegač, Victor: »Realitätsvokabeln: Ästhetik und Romantheorie bei Hermann Broch«. In: Ders.: *Kunst und Wirklichkeit. Zur Literaturtheorie bei Brecht, Lukács und Broch*. Bd. 11. Bad Homburg, Zürich 1969, S. 43–85.

II. Hermann-Broch-Bibliographie (1985–2014)

Seit der 1986 veröffentlichten Broch-Bibliographie von Klaus W. Jonas in dem von Paul Michael Lützeler herausgegebenen Suhrkamp-Band *Hermann Broch* gab es in der Forschung zwar weitere Einblicke in die Literatur zu Broch und seinem Werk (siehe unten 4. Bibliographien), aber keine vergleichbar ausführliche Bibliographie mehr. Aus diesem Grund erfasst die hier vorgelegte Broch-Bibliographie so weit möglich sämtliche Veröffentlichungen zu Autor und Werk seit 1985. Ihr Hauptziel ist es, die kritische Rezeption seines Werkes zu registrieren und dessen Wirkungen auf Kunst und Kultur unserer Zeit sichtbar zu machen, um auf diese Weise für Anfänger ebenso wie für Experten durch einen möglichst vollständigen Überblick über die akademischen und intellektuellen Beiträge die Wege der Broch-Forschung in den letzten 25 Jahren vorzustellen. Die Einträge werden nach Jahr und Gebiet gegliedert. Drei Hauptgebiete der Broch-Veröffentlichungen werden aufgezeigt: die seiner *Werke* einschließlich ihrer Übersetzungen und künstlerischen *Adaptionen*, die der *Bibliographien* und die der *Sekundärliteratur*. Die bereits vor 1985 von Paul Michael Lützeler im Suhrkamp-Verlag edierte *Kommentierte Werkausgabe* (= KW) firmiert dabei als Quellen-Bezugsgröße; diese findet in der neuerdings in elektronischen Formaten bereitgestellten Werkausgabe und ihren Suchfunktionen eine wertvolle Ergänzung. Als weitere Quellen aufgeführt werden die zahlreichen Übersetzungen von Werken Brochs sowie die neuen Editionen seiner Briefwechsel mit Zeitgenossen. Desgleichen werden die wichtigsten Archive genannt.

 Um bei der Fülle der Sekundärliteratur die Aufnahme wichtiger Titel zu gewährleisten, finden folgende Auswahlprinzipien Anwendung: Verzeichnet werden nur im Druck erschienene Werke der Sekundärliteratur und Dissertationen. Letztere, zumal deutschsprachige, erscheinen oft als Monographien und werden deshalb nur in dieser Form eingetragen. Nicht im Druck erschienene Doktorarbeiten werden ebenfalls berücksichtigt, um einen Einblick in die Interessenlagen einer ständig wachsenden Forschergemeinschaft zu gewinnen. Nicht berücksichtigt werden Magister- und Bachelorarbeiten; ebenfalls nicht verzeichnet werden Übersetzungen wissenschaftlicher Arbeiten sowie in der Presse publizierte Rezensionen zu Übersetzungen oder Neuauflagen von Werken Brochs. Bei Broch-Studien, die als Sammelband veröffentlicht worden sind, werden die enthaltenen Beiträge auch einzeln notiert; einmal, weil die oft allgemein gehaltenen Buchtitel meist nur geringen inhaltlichen Aufschluss gewähren, zum anderen aber, weil auf diese Weise auch Forschungsnetzwerke und deren Mitglieder sichtbar gemacht werden können. Während frühere Bibliographien vor allem die deutsch- und englischsprachige Sekundärliteratur registrierten, kann nun, dank entsprechender Datenbanken, ein weitaus größeres Spektrum berücksichtigt werden, so dass die hier vorgelegte Bibliographie auch die gewandelten geographischen Dimensionen heutiger Broch-Forschung widerzuspiegeln vermag. Für aktuelle Beiträge in der Presse, Ausstellungen, internationale Symposien, eine laufende Bibliographie und weitere allgemeine Informationen zu Broch wird auf die Internetseite http://artsci.wustl.edu/~iab (Stand: 03.09.2015) des Internationalen Arbeitskreises Hermann Broch (IAB) hingewiesen.

1. Kommentierte Werkausgabe (KW)

Kommentierte Werkausgabe Hermann Broch. 13 Bände. Hg. v. Paul Michael Lützeler. Frankfurt am Main 1974–1981.

    KW 1:   *Die Schlafwandler. Eine Romantrilogie*
    KW 2:   *Die Unbekannte Größe. Roman*
    KW 3:   *Die Verzauberung. Roman*
    KW 4:   *Der Tod des Vergil. Roman*
    KW 5:   *Die Schuldlosen. Roman in elf Erzählungen*
    KW 6:   *Novellen. Prosa. Fragmente*
    KW 7:   *Dramen*
    KW 8:   *Gedichte*
    KW 9/1: *Schriften zur Literatur 1: Kritik*
    KW 9/2: *Schriften zur Literatur 2: Theorie*
    KW 10/1: *Philosophische Schriften 1: Kritik*
    KW 10/2: *Philosophische Schriften 2: Theorie*
    KW 11:   *Politische Schriften*
    KW 12:   *Massenwahntheorie*
    KW 13/1: *Briefe 1 (1913–1938)*
    KW 13/2: *Briefe 2 (1938–1945)*
    KW 13/3: *Briefe 3 (1945–1951)*

Das dichterische Werk. Hg. v. Paul Michael Lützeler. Berlin 2011 (E-Book).
Das essayistische Werk und Briefe. Hg. v. Paul Michael Lützeler. Berlin 2011 (E-Book).

2. Briefeditionen und ergänzende Textausgaben (nach Erscheinungsdatum)

Broch, Hermann: *Ein Geburtstagsrätsel für Daniel Brody zum 25.XII.1935.* Marbach am Neckar 1986.

Broch, Hermann und Volkmar von Zühlsdorff: *Briefe über Deutschland, 1945–1949. Die Korrespondenz mit Volkmar von Zühlsdorff.* Hg. v. Paul Michael Lützeler. Frankfurt am Main 1986.

Broch, Hermann: *Zettelwirtschaft. Briefe an Gertrude von Eckardt-Lederer von Friedrich und Elisabeth Gundolf, Hermann Broch, Joachim Ringelnatz und Berthold Vallentin.* Hg. v. Sander L. Gilman. Berlin 1992, S. 193–251.

Berlin, Jeffrey B.: »Der unveröffentlichte Briefwechsel zwischen Antoinette von Kahler und Hermann Broch unter Berücksichtigung einiger unveröffentlichter Briefe von Richard Beer-Hofmann, Albert Einstein und Thomas Mann«. In: *Modern Austrian Literature* 27 (1994) H. 2, S. 39–76.

Broch, Hermann: *Das Teesdorfer Tagebuch für Ea von Allesch.* Hg. v. Paul Michael Lützeler. Frankfurt am Main 1995.

Broch, Hermann: *Psychische Selbstbiographie.* Hg. v. Paul Michael Lützeler. Frankfurt am Main 1999.

Speirs, Ronald und John White: »Hermann Broch and H. G. Adler. The Correspondence of Two Writers in Exile«. In: *Comparative Criticism. An Annual Journal* 21 (1999), S. 131–200.

Broch, Hermann und Annemarie Meier-Graefe: *Der Tod im Exil. Hermann Broch/Annemarie Meier-Graefe, Briefwechsel 1950/51.* Hg. v. Paul Michael Lützeler. Frankfurt am Main 2001.

Adler, Hans G. und Hermann Broch: *H. G. Adler und Hermann Broch. Zwei Schriftsteller im Exil. Briefwechsel.* Hg. v. Ronald Speirs und John J. White. Göttingen 2004.

Broch, Hermann und Thomas Mann: *Freundschaft im Exil. Thomas Mann und Hermann Broch* (= Thomas-Mann-Studien, Bd. 31). Hg. v. Paul Michael Lützeler. Frankfurt am Main 2004 (= FE).

Broch, Hermann und Ruth Norden: *Transatlantische Korrespondenz. 1934–1938 und 1945–1948.* Hg. v. Paul Michael Lützeler. Frankfurt am Main 2005.

Broch, Hermann und Paul Federn: *»Frauengeschichten«. Die Briefe an Paul Federn, 1939–1949.* Hg. v. Paul Michael Lützeler. Frankfurt am Main 2007.

Broch, Hermann und Eric Voegelin: *Ein Briefwechsel im Exil. 1939–1949.* Hg. v. Thomas Hollweck. München 2007.

Broch, Hermann und Ernst Schönwiese: *Hermann Broch und Ernst Schönwiese. Eine literarische Korrespondenz.* Hg. v. Sonja Gindele. Saarbrücken 2007.

Broch, Hermann: »Briefwechsel 1939–1949«. In: *Sinn und Form. Beiträge zur Literatur* 60 (2008) H. 2, S. 149–174.

Czapla, Ralf Georg: »›nach Maß gearbeitet‹. Hermann Brochs Gedichte für die Tänzerin Claire Bauroff. Mit einer Edition des Briefwechsels Bauroff-Broch und von Auszügen aus der Korrespondenz Bauroff-Burgmüller«. In: *Jahrbuch zur Kultur und Literatur der Weimarer Republik* 12 (2008), S. 69–113.

Broch, Hermann und Erich Kahler: *Hermann Broch. Briefe an Erich von Kahler (1940–1951).* Hg. v. Paul Michael Lützeler. Berlin 2010.

Broch, Hermann: *Verlorener Sohn? Hermann Brochs Briefwechsel mit Armand 1925–1928.* Hg. v. Paul Michael Lützeler. Frankfurt am Main 2010.

Broch, Hermann und Egon Vietta: *»Sich an den Tod heranpürschen ...«. Hermann Broch und Egon Vietta im Briefwechsel 1933–1951.* Hg. v. Silvio Vietta und Roberto Rizzo. Göttingen 2012.

3. Nachlass-Bestände

Deutsches Literaturarchiv Marbach (DLA)

Broch, Hermann
Hermann-Broch-Sammlung Daniel und Daisy Brody
Hermann-Broch-Sammlung Ruth Norden Lowe

Beinecke Rare Book & Manuscript Library, Yale University, New Haven, CT USA
Hermann Broch Archive (YUL)

4. Bibliographien

Jonas, Klaus W.: »Hermann Broch: Eine bibliographische Studie«. Zusammengestellt unter Mitarbeit von Lothar E. Zeidler. In: *Philobiblon* 6 (1962), S. 291–323.

Jonas, Klaus W. und Herta Schwarz: »Bibliographie Hermann Broch«. In: *Hermann Broch und Daniel Brody. Briefwechsel 1930–1951*. Hg. v. Bertold Hack und Marietta Kleiß. Frankfurt am Main 1971. Spalten 1081–1174.

Jonas, Klaus W.: »Bibliographie der Sekundärliteratur zu Hermann Broch 1971–1984«. In: *Hermann Broch*. Hg. v. Paul Michael Lützeler. Frankfurt am Main 1986, S. 333–357.

Kiss, Endre: »Bibliographie der Primär- und Sekundärliteratur (Auswahl)«. In: *Hermann Broch: Werk und Wirkung*. Hg. v. Endre Kiss. Bonn 1985, S. 88–109.

Stock, Karl F., Rudolf Heilinger und Marylène Stock: *Bibliographie der Personalbibliographien über Bachmann, Broch, Brod und Csokor*. Graz 1997.

5. Bibliographie 1985–2014

1985

Übersetzungen und weitere Textausgaben

Broch, Hermann: *Novelly* [Novellen]. Hg. und übers. v. Ada Berezina. Leningrad 1985.

Sekundärliteratur

Bier, Jean Paul: »Zur Rezeption von ›Methodisch konstruiert‹«. In: *Hermann Broch. Werk und Wirkung*. Hg. v. Endre Kiss. Bonn 1985, S. 52–64.

Chrustaleva, Natalija A.: »Formy realizacii avtorskoj pozicii v trilogii Germana Brocha *Lunatiki*«. In: *Vestnik Leningradskogo Universiteta. Serija 2. Istorija, Iazykoznanie, Literaturovedenie* 23 (1985) H. 4, S. 94–96.

Durzak, Manfred: »Der ›Geschichtelerzähler‹ Hermann Broch«. In: *Hermann Broch. Werk und Wirkung*. Hg. v. Endre Kiss. Bonn 1985, S. 9–30.

Hofmannsthal-Zimmer, Christiane: »Erinnerung an Hermann Broch«. In: *Weimar am Pazifik. Literarische Wege zwischen den Kontinenten. Festschrift für Werner Vordtriede zum 70. Geburtstag*. Hg. v. Werner Vordtriede, Dieter Borchmeyer und Till Heimeran. Tübingen 1985, S. 316–317.

Kiss, Endre (Hg.): *Hermann Broch. Werk und Wirkung*. Bonn 1985.

Kiss, Endre: »Über Hermann Brochs Ehrgeiz, ganzheitliche Strukturen ganzheitlich darzustellen. Reflexionen über die Möglichkeit einer nicht-affirmativen Broch-Forschung«. In: *Hermann Broch. Werk und Wirkung*. Hg. v. Endre Kiss. Bonn 1985, S. 65–86.

Komar, Kathleen L.: »The Politics of Subject Matter: History as Subject in Hermann Broch's *Der Tod des Vergil*«. In: *Modern Austrian Literature* 18 (1985) H. 1, S. 51–61.

Lützeler, Paul Michael: *Hermann Broch: Eine Biographie.* Frankfurt am Main 1985.
Lützeler, Paul Michael: »Hermann Broch als Kritiker der Wiener Jahrhundertwende«. In: *Ornament und Askese. Im Zeitgeist des Wien der Jahrhundertwende.* Hg. v. Alfred Pfabigan. Wien 1985, S. 178–190.
Meyer, Jochen: *Broch, Canetti, Jahnn: Willi Weismann und sein Verlag, 1946–1954.* Marbach am Neckar 1985.
Meyer, Jochen: »Hermann Broch. ›... das ganze Buch ist Seiltänzerkunststück‹. Aus der Entstehungs- und Verlagsgeschichte der *Schuldlosen*«. In: *Marbacher Magazin* 33 (1985), S. 3–25.
Mitchell, Janis Diane: *Exile and Historical Existence in the Writings of Franz Werfel, Alfred Döblin and Hermann Broch.* Unv. Diss. Pennsylvania State University, 1985.
Pelinka, Anton: »Hermann Brochs Bild von Amerika«. In: *Hermann Broch. Werk und Wirkung.* Hg. v. Endre Kiss. Bonn 1985, S. 31–38.
Schmid-Bortenschlager, Sigrid: »Der Einzelne und seine Masse. Massentheorie und Literaturkonzeption bei Elias Canetti und Hermann Broch«. In: *Experte der Macht: Elias Canetti.* Hg. v. Kurt Bartsch und Gerhard Melzer. Graz 1985, S. 116–132.
Schmidt, Inge Waltraud: *Hermann Broch's Novellas.* Unv. Diss. Case Western Reserve University, 1985.
Thieberger, Richard: »Brochs vergeblicher Kampf gegen das ›Geschichte‹-Schreiben«. In: *Hermann Broch. Werk und Wirkung.* Hg. v. Endre Kiss. Bonn 1985, S. 39–51.

1986

Übersetzungen und weitere Textausgaben

Broch, Hermann: *Ein Geburtstagsrätsel für Daniel Brody zum 25.XII.1935.* Marbach am Neckar 1986.
Broch, Hermann: *Esch of de anarchie* [*Esch oder die Anarchie*]. Übers. v. Jaap Walvis. Baarn 1986.
Broch, Hermann: *Le récit de la servante Zerline* [*Die Erzählung der Magd Zerline*]. Übers. v. Andrée R. Picard. Paris 1986.

Sekundärliteratur

Hermann Broch. Duitse kroniek 36 (1986) H. 3/4 [Auch als: *Hermann Broch, 1886–1986.* Hg. v. Jan Aler und Jattie Enklaar. Amsterdam 1987].
»Hermann Broch (1886–1951)«. *Twentieth-Century Literary Criticism.* Hg. v. Dennis Poupard. Bd. 20. Detroit 1986, S. 44–80.
Bier, Jean Paul: »Wiener Chaophobie im Frühwerk Hermann Brochs«. In: *Duitse kroniek* 36 (1986) H. 3/4, S. 27–40.
Blatter, Silvio: »›Goldmachen, Goldfinden, das ist eins‹: Assoziationen beim Wiederlesen von Brochs *Verzauberung*«. In: *Hermann Broch.* Hg. v. Paul Michael Lützeler. Frankfurt am Main 1986, S. 40–56.
Brassinga, Anneke: »*Der Tod des Vergil*«. In: *De Gids* 149 (1986), S. 436–446.
Broerman, Bruce M.: »Hermann Broch. *Der Tod des Vergil*«. In: Ders.: *The German Historical Novel in Exile after 1933. Calliope contra Clio.* University Park 1986, S. 88–95.

Chivite, Fernando Luis: »La época convulsa«. In: *Pasajes* 6 (1986), S. 15–24.

Dahl, Sverre: »Hermann Broch (1886–1951) mit den Augen der Forschung gesehen. Ein Überblick«. In: *Text & Kontext* 14 (1986) H. 1, S. 120–132.

Dowden, Stephen D.: *Sympathy for the Abyss. A Study in the Novel of German Modernism. Kafka, Broch, Musil, and Thomas Mann*. Tübingen 1986.

Dubost, Jean-Pierre: »Hermann Brochs Romandichtung *Der Tod des Vergil* (1945)«. In: *Hermann Broch*. Hg. v. Paul Michael Lützeler. Frankfurt am Main 1986, S. 166–182.

Enklaar, Jattie: »*Der Tod des Vergil*. Ein Gedicht über den Tod?«. In: *Duitse kroniek* 36 (1986) H. 3/4, S. 63–89.

Fetz, Bernhard: »Hermann Broch. Die Verzauberung – Masse und Massenwahntheorie«. In: *Österreichische Moderne*. Hg. v. Bernhard Fetz, Martin Huber und Andreas Pfersmann. Wien 1986, S. 9–30.

Frischmuth, Barbara: »Lese-Erinnerungen an Hermann Broch«. In: *Hermann Broch*. Hg. v. Paul Michael Lützeler. Frankfurt am Main 1986, S. 25–32.

Herd, Eric W.: »Hermann Brochs Romantrilogie *Die Schlafwandler* (1930–32)«. In: *Hermann Broch*. Hg. v. Paul Michael Lützeler. Frankfurt am Main 1986, S. 59–77.

Kahler, Erich von: »Epochale Neuerungen in Hermann Brochs Romanen«. In: *Literatur und Kritik* 209–210 (1986), S. 428–432.

Kaufholz-Messmer, Eliane: »*Les somnambules* d'Hermann Broch«. In: *Vienne, 1880–1938: L'apocalypse joyeuse*. Hg. v. Jean Clair. Paris 1986, S. 662–669.

Kiel, Anna: »Hermann Broch und Erich Kahler. Ihre Wert- und Geschichtstheorie«. In: *Duitse kroniek* 36 (1986) H. 3/4, S. 41–62.

Kircher, Hartmut: »Hermann Brochs Sonett-Gedichte«. In: *Hermann Broch*. Hg. v. Paul Michael Lützeler. Frankfurt am Main 1986, S. 199–224.

Kirsten, Wulf und Konrad Paul: *Liebesgeschichten. Von Arthur Schnitzler bis Hermann Broch*. Stuttgart 1986.

Knipe, Heidi: »Hermann Brochs *Die Schuldlosen* and Ödön von Horváth's *Der ewige Spießer*. Toward a Clinical Analysis of the Fascist Personality«. In: *Kulturelle Wechselbeziehungen im Exil*. Hg. v. Helmut F. Pfanner. Bonn 1986, S. 223–230.

Koebner, Thomas: »Brochs Trauerspiel *Die Entsühnung* (1932)«. In: *Hermann Broch*. Hg. v. Paul Michael Lützeler. Frankfurt am Main 1986, S. 78–93.

Kundera, Milan: »Das Vermächtnis von Brochs *Schlafwandlern*«. In: *Hermann Broch*. Hg. v. Paul Michael Lützeler. Frankfurt am Main 1986, S. 33–39.

Londen, Stig-Olof: »Hermann Broch und die Mathematik. Einige Bemerkungen«. In: *Weder-noch. Tangenten zu den finnisch-österreichischen Kulturbeziehungen*. Hg. v. Georg Gimpl. Helsinki 1986, S. 479–485.

Lorenz, Kuno: »Brochs erkenntnistheoretisches Programm«. In: *Hermann Broch*. Hg. v. Paul Michael Lützeler. Frankfurt am Main 1986, S. 246–259.

Lube, Barbara: *Sprache und Metaphorik in Hermann Brochs Roman »Der Tod des Vergil«*. Frankfurt am Main 1986.

Lützeler, Paul Michael: »Aktualität und Inaktualität Hermann Brochs«. In: *Literatur und Kritik* 209–210 (1986), S. 406–411.

Lützeler, Paul Michael: »Broch als Kulturkritiker. Seine Sicht des Fin de Siècle«. In: *Hermann Broch*. Hg. v. Paul Michael Lützeler. Frankfurt am Main 1986, S. 308–319.

Lützeler, Paul Michael (Hg.): *Hermann Broch*. Frankfurt am Main 1986.

Lützeler, Paul Michael: *Hermann Broch: Eine Biographie*. Frankfurt am Main ²1986.

Lützeler, Paul Michael: »Kaiserreich-Romane der Zwischenkriegszeit. Heinrich Mann und Hermann Broch«. In: Ders.: *Zeitgeschichte in Geschichten der Zeit: Deutschsprachige Romane im 20. Jahrhundert.* Bonn 1986, S. 78–108.
Lützeler, Paul Michael: »Zur Avantgarde-Diskussion der dreißiger Jahre. Lukács, Broch und Joyce«. In: Ders.: *Zeitgeschichte in Geschichten der Zeit: Deutschsprachige Romane im 20. Jahrhundert.* Bonn 1986, S. 109–140.
Obermeier, Otto-Peter: »Hermann Brochs Werttheorie«. In: *Hermann Broch.* Hg. v. Paul Michael Lützeler. Frankfurt am Main 1986, S. 227–245.
Oksala, Teivas: »Hermann Brochs Roman *Der Tod des Vergil* im Verhältnis zum historischen Vergilbild«. In: *Weder-noch. Tangenten zu den finnisch-österreichischen Kulturbeziehungen.* Hg. v. Georg Gimpl. Helsinki 1986, S. 465–478.
Petersen, Jürgen H.: »Daseinsanalyse im Sprachexperiment. Zum 100. Geburtstag von Hermann Broch, Gottfried Benn und Hugo Ball«. In: *Pannonia. Magazin für internationale Zusammenarbeit* 14 (1986) H. 3, S. 17–18.
Petersen, Jürgen H.: »Hermann Brochs Komödie *Aus der Luft gegriffen oder Die Geschäfte des Baron Laborde* (1934)«. In: *Hermann Broch.* Hg. v. Paul Michael Lützeler. Frankfurt am Main 1986, S. 135–147.
Piwitt, Hermann Peter: »Katechismus der Innenlebenspflege. Erinnerungen an ein ›literarisches Denkmal‹ der 50er Jahre« [zu: Der Tod des Vergil]. In: Ders.: *Das Bein des Bergmanns Wu. Praktische Literatur & literarische Praxis.* Frankfurt am Main 1986, S. 68–75.
Polt-Heinzl, Evelyne: »*Die Schlafwandler* und *Die Verzauberung* – Eine vergleichende Analyse«. In: *Österreichische Moderne.* Hg. v. Bernhard Fetz, Martin Huber und Andreas Pfersmann. Wien 1986, S. 31–54.
Rabaté, Jean-Michel: »Hofmannsthal, Broch et leur temps«. In: *Vienne 1900. Naissance du siècle, mythe et réalités.* Hg. v. Cornelia Caseau. Dijon 1986, S. 3–12.
Rabaté, Jean-Michel: *La beauté amère. Fragments d'esthétiques. Barthes, Broch, Mishima, Rousseau.* Paris 1986.
Riemer, Willy: »Mathematik und Physik bei Hermann Broch«. In: *Hermann Broch.* Hg. v. Paul Michael Lützeler. Frankfurt am Main 1986, S. 260–271.
Schlant, Ernestine: »Brochs Roman *Die Unbekannte Größe* (1933). Mit Hinweisen zum Filmskript *Das unbekannte X* (1935)«. In: *Hermann Broch.* Hg. v. Paul Michael Lützeler. Frankfurt am Main 1986, S. 110–134.
Schlant, Ernestine: *Hermann Broch.* Chicago 1986.
Schmidt-Dengler, Wendelin: »Hermann Brochs Roman *Die Verzauberung* (1935)«. In: *Hermann Broch.* Hg. v. Paul Michael Lützeler. Frankfurt am Main 1986, S. 148–165.
Schönwiese, Ernst: »Erinnerungen an Hermann Broch«. In: *Literatur und Kritik* 209–210 (1986), S. 412–427.
Sokel, Walter H.: »Hermann Brochs *Tierkreis-Erzählungen* (1933)«. In: *Hermann Broch.* Hg. v. Paul Michael Lützeler. Frankfurt am Main 1986, S. 94–109.
Steiner, George: »Brochs *Hofmannsthal und seine Zeit* im Kontext des Gesamtwerks«. In: *Hermann Broch.* Hg. v. Paul Michael Lützeler. Frankfurt am Main 1986, S. 320–329.
Suchy, Viktor und Rainer Hilbrand: *Dichter wider Willen? Hermann Broch, 1886–1951. Ein Lesebuch zur Ausstellung anläßlich des 100. Geburtstages.* Altaussee 1986.
Vitzthum, Wolfgang Graf: »Brochs demokratie- und völkerbundtheoretische Schriften«. In: *Hermann Broch.* Hg. v. Paul Michael Lützeler. Frankfurt am Main 1986, S. 289–307.

Vollhardt, Friedrich: *Hermann Brochs geschichtliche Stellung. Studien zum philosophischen Frühwerk und zur Romantrilogie Die Schlafwandler (1914–1931)*. Tübingen 1986.
Vollhardt, Friedrich: »Hermann Brochs Literaturtheorie«. In: *Hermann Broch*. Hg. v. Paul Michael Lützeler. Frankfurt am Main 1986, S. 272–288.
Winkler, Michael: »Brochs Roman in elf Erzählungen *Die Schuldlosen* (1950)«. In: *Hermann Broch*. Hg. v. Paul Michael Lützeler. Frankfurt am Main 1986, S. 183–198.

Sonstige Veröffentlichungen (Film, Theater, Kunst u. Ä., besonders Adaptionen)

Broch, Hermann: »Les Irresponsables«. Christian Colin (Regie). Salle Henri Colin et Lille, Théâtre Saint-Paul Gennevilliers (France) 27. Februar 1986.

1987

Übersetzungen und weitere Textausgaben

Broch, Hermann: *Ein Lesebuch*. Hg. v. Paul Michael Lützeler. Frankfurt am Main 1987.
Broch, Hermann: *Hofmannsthal og hans tid. En kulturkritisk studie*. [*Hofmannsthal und seine Zeit*]. Übers. v. Sverre Dahl. Oslo 1987.
Broch, Hermann: *Perugilliusui chugum*. [*Der Tod des Vergil*]. Übers. v. Kim Chu-yŏn. Seoul 1987.
Broch, Hermann: *The Spell*. [*Die Verzauberung*]. Übers. v. H. F. Broch de Rothermann. New York 1987.
Broch, Hermann: *Ypnobátes*. [*Die Schlafwandler*]. Übers. v. Kostas Kountoures. 3 Bde. Athen 1987.

Sekundärliteratur

Amann, Klaus: »Hermann Brochs Auseinandersetzung mit dem Faschismus«. In: *Hermann Broch. Das dichterische Werk. Neue Interpretationen*. Hg. v. Michael Kessler und Paul Michael Lützeler. Tübingen 1987, S. 159–172.
Angerer, Manfred: »Musik und Transzendenz in der Philosophie Hermann Brochs«. In: *Entgrenzungen in der Musik*. Hg. v. Otto Kolleritsch. Wien 1987, S. 165–176.
Barnouw, Dagmar: »Abwehr und Ambivalenz. Zum Konzept der Masse bei Hermann Broch und Alfred Döblin«. In: *Hermann Broch. Das dichterische Werk. Neue Interpretationen*. Hg. v. Michael Kessler und Paul Michael Lützeler. Tübingen 1987, S. 221–229.
Bartram, Graham: »Moderne und Modernismus in der *Schlafwandler*-Trilogie«. In: *Hermann Broch. Das dichterische Werk. Neue Interpretationen*. Hg. v. Michael Kessler und Paul Michael Lützeler. Tübingen 1987, S. 185–192.
Bazzicalupo, Laura: »Hermann Broch. Psicologia delle masse e mito nella società totalitaria«. In: *Istituto Universitario Orientale. Sezione Germanica. Annali* 30 (1987), S. 191–222.
Bazzicalupo, Laura: *Tempo e storia in Hermann Broch*. Napoli 1987.

Bohrer, Karl Heinz: »Die permanente Theodizee. Über das verfehlte Böse im deutschen Bewußtsein«. In: *Merkur. Deutsche Zeitschrift für europäisches Denken* 41 (1987) H. 4 [458], S. 267–286.

Boidenot, Nicole u. a.: »Hermann Broch. *Les Somnambules*«. In: *Littérature viennoise*. Hg. v. Lire autrement (Essonne). Longpont-sur-Orge 1987, S. 81–104.

Boyer, Jean-Paul: »Hermann Broch, auch ein Wagnerianer wider Willen?«. In: *Hermann Broch. Das dichterische Werk. Neue Interpretationen*. Hg. v. Michael Kessler und Paul Michael Lützeler. Tübingen 1987, S. 231–239.

Brinkmann, Richard: »Zu Brochs Symbolbegriff«. In: *German Life and Letters* 40 (1987) H. 3, S. 224–234.

Brude-Firnau, Gisela: »Hermann Brochs *Demeter-Fragment*. Provinzroman oder zeitkritisches Dokument?«. In: *Hermann Broch. Das dichterische Werk. Neue Interpretationen*. Hg. v. Michael Kessler und Paul Michael Lützeler. Tübingen 1987, S. 35–43.

Charrière-Jacquin, Marianne: »Zum Verhältnis Musik – Literatur in Hermann Brochs *Der Tod des Vergil*«. In: *Hermann Broch. Das dichterische Werk. Neue Interpretationen*. Hg. v. Michael Kessler und Paul Michael Lützeler. Tübingen 1987, S. 7–18.

Chołuj, Bożena: »Hermann Brochs Aufsatz ›Konstitutionelle Diktatur als demokratisches Rätesystem‹ von 1919«. In: *German Life and Letters* 40 (1987) H. 3, S. 254–260.

Dahl, Sverre: »Hermann Brochs *Hofmannsthal und seine Zeit* und die Frage einer Kulturerneuerung«. In: *Hermann Broch. Das dichterische Werk. Neue Interpretationen*. Hg. v. Michael Kessler und Paul Michael Lützeler. Tübingen 1987, S. 193–200.

Doppler, Alfred: »Die lyrischen Stimmen in Hermann Brochs Roman *Die Schuldlosen*«. In: *Hermann Broch. Das dichterische Werk. Neue Interpretationen*. Hg. v. Michael Kessler und Paul Michael Lützeler. Tübingen 1987, S. 45–53.

Doppler, Alfred: »Die lyrischen Stimmen in Hermann Brochs Roman *Die Schuldlosen*«. In: *Dialog der Epochen. Studien zur Literatur des 19. und 20. Jahrhunderts. Walter Weiss zum 60. Geburtstag*. Hg. v. Eduard Beutner. Wien 1987, S. 207–215.

Durusoy, Gertrude: »Der Freitod als Weg zur Erkenntnis in Hermann Brochs Roman *Die Unbekannte Größe*«. In: *Hermann Broch. Das dichterische Werk. Neue Interpretationen*. Hg. v. Michael Kessler und Paul Michael Lützeler. Tübingen 1987, S. 29–34.

Durzak, Manfred: »Hermann Broch und Alfred Döblin. Begegnung und Kontroverse oder Der Deutsche Roman am Scheideweg«. In: *Neue Deutsche Hefte* 34 (1987) H. 1 [193], S. 92–105.

Fetz, Bernhard: »Hermann Broch. *Die Verzauberung*. Zum Verhältnis von dichterischer Praxis und Massenwahntheorie«. In: *German Life and Letters* 40 (1987) H. 3, S. 200–211.

Frisé, Adolf: »Roman und Essay. Gedanken u. a. zu Hermann Broch, Thomas Mann und Robert Musil«. In: Ders.: *Plädoyer für Robert Musil*. Reinbek bei Hamburg 1987, S. 77–96.

Gilman, Sander L.: »›Zettelwirtschaft‹. Hermann Broch's *Massenwahntheorie* and the Nature of Writing in the Letters to Gertrude Lederer«. In: *Exile and Enlightenment. Studies in German and Comparative Literature in Honor of Guy Stern*. Hg. v. Uwe Faulhaber u. a. Detroit 1987, S. 181–190.

Hasubek, Peter: »›Konzessionen an den Leser‹ oder die wiedergewonnene Einheit? Zu den Schlüssen von Hermann Brochs *Schlafwandler*-Trilogie«. In: *Hermann Broch. Das dichterische Werk. Neue Interpretationen*. Hg. v. Michael Kessler und Paul Michael Lützeler. Tübingen 1987, S. 93–111.

Herd, Eric W.: »›Ungeduld der Erkenntnis‹ in Hermann Brochs Romanwerk«. In: *Hermann Broch. Das dichterische Werk. Neue Interpretationen.* Hg. v. Michael Kessler und Paul Michael Lützeler. Tübingen 1987, S. 131–137.

Kessler, Michael und Paul Michael Lützeler (Hg.): *Hermann Broch. Das dichterische Werk. Neue Interpretationen. Akten des internationalen, interdisziplinären Hermann Broch-Symposions, 30. Okt. – 2. Nov. 1986, Akademie der Diözese Rottenburg-Stuttgart* (Stauffenburg Colloquium). Tübingen 1987.

Koester, Rudolf: *Hermann Broch.* Berlin 1987.

Köhn, Lothar: »›Leises Murmeln‹ Zum Begriff der Schuld in Hermann Brochs *Die Schuldlosen*«. In: *Hermann Broch. Das dichterische Werk. Neue Interpretationen.* Hg. v. Michael Kessler und Paul Michael Lützeler. Tübingen 1987, S. 55–65.

Koopmann, Helmut: »Der Einzelne und das Ganze. Brochs Romanhelden und Brochs Wertphilosophie«. In: *Hermann Broch. Das dichterische Werk. Neue Interpretationen.* Hg. v. Michael Kessler und Paul Michael Lützeler. Tübingen 1987, S. 71–91.

Kreissler, Félix: »Hermann Broch und Österreich«. In: *Hermann Broch. Das dichterische Werk. Neue Interpretationen.* Hg. v. Michael Kessler und Paul Michael Lützeler. Tübingen 1987, S. 173–183.

Kreutzer, Leo: »*Die Schlafwandler* oder Vom Verfallen einer Garantie«. In: *Hermann Broch. Das dichterische Werk. Neue Interpretationen.* Hg. v. Michael Kessler und Paul Michael Lützeler. Tübingen 1987, S. 1–6.

Lützeler, Paul Michael: »Avantgarde in der Krise. Hermann Brochs negative Ästhetik im Exil«. In: *Realismuskonzeptionen der Exilliteratur zwischen 1935 und 1940/41. Tagung der Hamburger Arbeitsstelle für deutsche Exilliteratur 1986.* Hg. v. Edita Koch und Frithjof Trapp. Maintal 1987, S. 41–49.

Lützeler, Paul Michael: »Avantgarde in der Krise. Hermann Brochs negative Ästhetik im Exil«. In: *Exil* 7 (1987), S. 41–49.

Lützeler, Paul Michael: *Hermann Broch: Eine Biographie.* Frankfurt am Main ³1987.

Osses, José Emilio: »El tema de la degradación de los valores en Hermann Broch«. In: *Revista Chilena de Literatura* 29 (1987), S. 23–38.

Pazi, Margarita: »Ethnische Bewußtseinsverschiebungen im Werk Hermann Brochs. Am Beispiel der Episoden der Geschichte des Heilsarmeemädchens in Berlin aus *Die Schlafwandler*«. In: *Hermann Broch. Das dichterische Werk. Neue Interpretationen.* Hg. v. Michael Kessler und Paul Michael Lützeler. Tübingen 1987, S. 121–130.

Reinhardt, Hartmut: »›Vom guten Willen‹ zur Konstruktion des ›Ethos‹. Hermann Brochs *Schlafwandler*-Trilogie, eine Antwort auf Thomas Manns *Zauberberg*?«. In: *Hermann Broch. Das dichterische Werk. Neue Interpretationen.* Hg. v. Michael Kessler und Paul Michael Lützeler. Tübingen 1987, S. 239–252.

Sauerland, Karol (Hg.): *German Life and Letters,* Bd. 40 [Hermann Broch]. Oxford 1987.

Sauerland, Karol: »Hermann Broch oder vom Nutzen und Nachteil mystischen Denkens«. In: *German Life and Letters* 40 (1987) H. 3, S. 245–253.

Schlant, Ernestine: »Hermann Brochs Platon- und Kantrezeption am Beispiel des Filmskripts *Das Unbekannte X*«. In: *Hermann Broch. Das dichterische Werk. Neue Interpretationen.* Hg. v. Michael Kessler und Paul Michael Lützeler. Tübingen 1987, S. 19–28.

Schmid-Bortenschlager, Sigrid: »Noch einmal. Die Figur Bertrand in *Den Schlafwandlern*«. In: *German Life and Letters* 40 (1987) H. 3, S. 177–185.

Schürer, Ernst: »Die Liebe und die Börse. Zu Hermann Brochs Hochstaplerkomödie *Aus der Luft gegriffen*«. In: *Hermann Broch. Das dichterische Werk. Neue Interpretationen*. Hg. v. Michael Kessler und Paul Michael Lützeler. Tübingen 1987, S. 67–78.

Steinecke, Hartmut: »Brochs Wirkung, Geschichte einer Nicht-Wirkung?«. In: *Hermann Broch. Das dichterische Werk. Neue Interpretationen*. Hg. v. Michael Kessler und Paul Michael Lützeler. Tübingen 1987, S. 139–147.

Stojanović, Lidija: »Vergilij i *Smrtta na Vergilij* od Broh«. In: *Razgledi. Spisanie za Literatura, Umetnost i Kultura* 5–6 (1987), S. 559–571.

Thieberger, Richard: »Hermann Brochs Zweifel am Roman«. In: *Hermann Broch. Das dichterische Werk. Neue Interpretationen*. Hg. v. Michael Kessler und Paul Michael Lützeler. Tübingen 1987, S. 113–120.

Walser, Manfred: »Ethischer Impuls und systematische Bewältigung. Beobachtungen zur Denkstruktur im theoretischen Werk Hermann Brochs«. In: *German Life and Letters* 40 (1987) H. 3, S. 235–244.

Watt, Roderick H.: »Broch Reviewed. The Reception in the United Kingdom of the English Translations of Hermann Broch's Novels«. In: *The Modern Language Review* 82 (1987), S. 897–909.

Wienold, Götz: »Hermann Brochs *Der Tod des Vergil* und Thomas Manns *Doktor Faustus*. Ein Dialog?« In: *Hermann Broch. Das dichterische Werk. Neue Interpretationen*. Hg. v. Michael Kessler und Paul Michael Lützeler. Tübingen 1987, S. 253–261.

White, John J.: »Zur Struktur von Hermann Brochs *Huguenau oder die Sachlichkeit*«. In: *German Life and Letters* 40 (1987) H. 3, S. 186–199.

Winkler, Michael: »Bilder des Bösen. Vergleichbares in der Darstellung des faschistischen Menschentyps bei Hermann Broch, Ernst Weiß und George Saiko«. In: *Hermann Broch. Das dichterische Werk. Neue Interpretationen*. Hg. v. Michael Kessler und Paul Michael Lützeler. Tübingen 1987, S. 149–157.

Winkler, Michael: »Die civitas hominum als Wolkenkuckucksheim? Ideen zu einer besseren Nachkriegswelt im New Yorker Freundeskreis Erich Kahler, Hermann Broch und Hannah Arendt«. In: *Deutschland nach Hitler. Zukunftspläne im Exil und aus der Besatzungszeit 1939–1949*. Hg. v. Thomas Koebner. Opladen 1987, S. 88–103.

Yamaguchi, Koichi: »Das Seelenproblem und der Mythos in Hermann Brochs *Der Tod des Vergil*«. In: *Hermann Broch. Das dichterische Werk. Neue Interpretationen*. Hg. v. Michael Kessler und Paul Michael Lützeler. Tübingen 1987, S. 201–208.

Zagari, Luciano: »›Dichtung ist Warten‹. Vergil und Hermann Broch«. In: *German Life and Letters* 40 (1987) H. 3, S. 212–223.

Ziolkowski, Theodore: »Hermann Brochs *Tod des Vergil* und Thomas Manns *Lotte in Weimar*. Zwei Exilromane«. In: *Hermann Broch. Das dichterische Werk. Neue Interpretationen*. Hg. v. Michael Kessler und Paul Michael Lützeler. Tübingen 1987, S. 263–272.

Sonstige Veröffentlichungen (Film, Theater, Kunst u. Ä., besonders Adaptionen)

Fowler, Jennifer: *Between Silence and the Word. For Wind Quintet*. Musical Score. Broadway, N.S.W. 1987.

Picard, Andrée R.: *Le récit de la servante Zerline de Hermann Broch* [mit Photographien von Berthe Judet]. Paris 1987.

1987–1988

Übersetzungen und weitere Textausgaben

Broch, Hermann: *A morte de Virgílio*. [*Der Tod des Vergil*]. Übers. v. Maria Adélia Silva Melo. 2 Bde. Lissabon 1987–1988.

1988

Übersetzungen und weitere Textausgaben

Broch, Hermann: *Bilinmeyen deger*. [*Die Unbekannte Größe*]. Übers. v. Gertrude Durusoy. Istanbul 1988.

Broch, Hermann: *A criada Zerlina*. [*Die Erzählung der Magd Zerline*]. Hg. v. António S. Ribeiro und José Ribeiro Fronte. Übers. v. Suzana Muñoz. Lissabon 1988.

Broch, Hermann: *Ha-Saharurim. Trilogiyah*. [*Die Schlafwandler*]. Übers. v. Gavriel Tsoren. Tel-Aviv 1988.

Broch, Hermann: *Hofmannsthal és kora. Szecesszió vagy értékvesztés?* [*Hofmannsthal und seine Zeit*]. Übers. v. Miklós Györffy. Budapest 1988.

Broch, Hermann: *Huguenau of de zakelijkheid*. [*Huguenau oder die Sachlichkeit*]. Übers. v. Piet Meeuse. Baarn 1988.

Broch, Hermann: *Les Affaires du baron Laborde ou Comment vendre du vent. Comédie en 3 actes*. [*Aus der Luft gegriffen oder Die Geschäfte des Baron Laborde*]. Übers. v. Ruth Henry und Catherine Brousse. Paris 1988.

Broch, Hermann: *Luutnantti Pasenow eli Romantiikka. 1888. Unissakulkijat I*. [*Pasenow oder die Romantik*]. Übers. v. Oili Suominen. Helsinki 1988.

Broch, Hermann: *Os sonâmbulos. Pasenow ou o romantismo*. [*Pasenow oder die Romantik*]. Übers. v. António Ferreira Marques. 3 Bde., Bd. 1. Lissabon 1988.

Broch, Hermann: *Pasenow of de romantiek*. [*Pasenow oder die Romantik*]. Übers. v. Paul Beers. Baarn 1988.

Broch, Hermann: *Tserlíne*. [*Die Ezählung der Magd Zerline*]. Übers. v. Giorgos Kokkinos. Athen 1988.

Sekundärliteratur

Barnouw, Dagmar: »Redemptive Narration: Hermann Broch, Alfred Doblin, and the Metaphysics of Community«. In: Dies.: *Weimar Intellectuals and the Threat of Modernity*. Bloomington 1988, S. 231–266.

Berlin, Jeffrey B.: »Hermann Broch and Antoinette von Kahler. Friendship, Correspondence, Poetry«. In: *Hermann Broch. Literature, Philosophy, Politics*. Hg. v. Stephen D. Dowden. Columbia, SC 1988, S. 176–192.

Bernáth, Árpád: »Hermann Broch«. In: *Österreichische Literatur des 20. Jahrhunderts*. Hg. v. Horst Haase und Antal Mádl. Berlin 1988, S. 268–292.

Bier, Jean Paul: »Moderne und Avantgarde aus postmodernistischer Sicht«. In: *Brochs theoretisches Werk*. Hg. v. Paul Michael Lützeler und Michael Kessler. Frankfurt am Main 1988, S. 69–81.
Bohrer, Karl Heinz: »Die permanente Theodizee«. In: Ders.: *Nach der Natur. Über Politik und Ästhetik*. München 1988, S. 133–161.
Brinkmann, Richard: »On Broch's Concept of Symbol«. In: *Hermann Broch. Literature, Philosophy, Politics*. Hg. v. Stephen D. Dowden. Columbia, SC 1988, S. 193–206.
Brinkmann, Richard: »Zu Brochs Symbolbegriff«. In: *Brochs theoretisches Werk*. Hg. v. Paul Michael Lützeler und Michael Kessler. Frankfurt am Main 1988, S. 35–48.
Brodsky, Claudia: »The Will to Truth. Art as Reason and Representation. A Response to Karsten Harries«. In: *Hermann Broch. Literature, Philosophy, Politics*. Hg. v. Stephen D. Dowden. Columbia, SC, 1988, S. 298–302.
Brodsky, Claudia: »Writing and Building. Ornament in *The Sleepwalkers*«. In: *Hermann Broch. Literature, Philosophy, Politics*. Hg. v. Stephen D. Dowden. Columbia, SC 1988, S. 257–272.
Brude-Firnau, Gisela: »Broch's Spell and the Present: A Response to Thomas Quinn«. In: *Hermann Broch. Literature, Philosophy, Politics*. Hg. v. Stephen D. Dowden. Columbia, SC 1988, S. 125–133.
Dowden, Stephen D.: *Hermann Broch. Literature, Philosophy, Politics*. Columbia, SC 1988.
Dowden, Stephen D.: »Ornament, Totality, Kitsch and *The Sleepwalkers*. A Response to Claudia Brodsky«. In: *Hermann Broch. Literature, Philosophy, Politics*. Hg. v. Stephen D. Dowden. Columbia, SC, 1988, S. 273–278.
Drewes, Hans-Anton: »Metaphor and Theology. A Response to Walter Weiss«. In: *Hermann Broch. Literature, Philosophy, Politics*. Hg. v. Stephen D. Dowden. Columbia, SC 1988, S. 222–230.
Dubost, Jean-Pierre: »Im Exil der Schrift«. In: *Brochs theoretisches Werk*. Hg. v. Paul Michael Lützeler und Michael Kessler. Frankfurt am Main 1988, S. 122–133.
Fosse, Jon: »Om å brenne Æneiden. Om *Søvngjengerne* av Hermann Broch (1886–1951)«. In: *Vinduet* 42 (1988) H. 1, S. 30–33.
Harries, Karsten: »Decoration, Death, and Devil«. In: *Hermann Broch. Literature, Philosophy, Politics*. Hg. v. Stephen D. Dowden. Columbia, SC 1988, S. 279–297.
Hinderer, Walter: »Reflexionen über den Mythos«. In: *Brochs theoretisches Werk*. Hg. v. Paul Michael Lützeler und Michael Kessler. Frankfurt am Main 1988, S. 49–68.
Irinoda, Masaaki: »Hermann Broch und der Mythos«. In: *Doitsu bungaku* (1988) H. 80, S. 12–21.
Jäckel, Hartmut: »Hermann Broch and Politics«. In: *Hermann Broch. Literature, Philosophy, Politics*. Hg. v. Stephen D. Dowden. Columbia, SC 1988, S. 93–106.
Jaffé, Aniela: »Hermann Brochs *Der Tod des Vergil* – ein Beitrag zum Problem der Individuation«. In: Dies.: *Mystik und Grenzen der Erkenntnis*. Zürich 1988, S. 51–115.
Kessler, Michael: »Religiöser Paradigmenwechsel«. In: *Brochs theoretisches Werk*. Hg. v. Paul Michael Lützeler und Michael Kessler. Frankfurt am Main 1988, S. 150–158.
Kiss, Endre: »Die Auseinandersetzung mit Max Scheler«. In: *Brochs theoretisches Werk*. Hg. v. Paul Michael Lützeler und Michael Kessler. Frankfurt am Main 1988, S. 109–121.
Koebner, Thomas: »Der unerreichbare Gott«. In: *Brochs theoretisches Werk*. Hg. v. Paul Michael Lützeler und Michael Kessler. Frankfurt am Main 1988, S. 159–191.

Kundera, Milan: »Esch is Luther«. In: *The Review of Contemporary Fiction* 8 (1988) H. 2, S. 266–272.

LaCapra, Dominick: »Broch as Cultural Historian«. In: *Hermann Broch. Literature, Philosophy, Politics*. Hg. v. Stephen D. Dowden. Columbia, SC 1988, S. 42–53.

Lawrence, Joseph P.: »Broch's Translinguistic Poetics. A Reponse to Kuno Lorenz«. In: *Hermann Broch. Literature, Philosophy, Politics*. Hg. v. Stephen D. Dowden. Columbia, SC 1988, S. 315–322.

Lorenz, Kuno: »Broch's Concepts of ›Philosophische Dichtung‹«. In: *Hermann Broch. Literature, Philosophy, Politics*. Hg. v. Stephen D. Dowden. Columbia, SC 1988, S. 303–314.

Lorenz, Kuno: »Philosophische Dichtung«. In: *Brochs theoretisches Werk*. Hg. v. Paul Michael Lützeler und Michael Kessler. Frankfurt am Main 1988, S. 24–34.

Lützeler, Paul Michael: »Aufklärerische Ethik und romantischer Mythos. Hermann Broch als Gegner des Nationalsozialismus«. In: *Geschichte und Verantwortung*. Hg. v. Aurelius Freytag, Boris Marte und Thomas Stern. Wien 1988, S. 355–368.

Lützeler, Paul Michael: »The Avant-Garde in Crisis. Hermann Broch's Negative Aesthetics in Exile«. In: *Hermann Broch. Literature, Philosophy, Politics*. Hg. v. Stephen D. Dowden. Columbia, SC 1988, S. 14–31.

Lützeler, Paul Michael: *Hermann Broch: Eine Biographie*. Frankfurt am Main 1988 (Taschenbuch).

Lützeler, Paul Michael: »Literatur und Politik«. In: *Brochs theoretisches Werk*. Hg. v. Paul Michael Lützeler und Michael Kessler. Frankfurt am Main 1988, S. 195–209.

Lützeler, Paul Michael: »Psychoanalyzing Broch's Fiction. A Response to Ernestine Schlant«. In: *Hermann Broch. Literature, Philosophy, Politics*. Hg. v. Stephen D. Dowden. Columbia, SC 1988, S. 173–175.

Lützeler, Paul Michael: »Theorie der Demokratie. Hermann Brochs wissenschaftliche Arbeiten im amerikanischen Exil (1938–1946)«. In: *Vertriebene Vernunft II. Emigration und Exil österreichischer Wissenschaft*. Hg. v. Friedrich Stadler. Wien 1988, S. 557–563.

Lützeler, Paul Michael und Michael Kessler (Hg.): *Brochs theoretisches Werk*. Frankfurt am Main 1988.

Lützeler, Paul Michael (Hg.): *Brochs Tod des Vergil*. Frankfurt am Main 1988.

Mieth, Dietmar: »Ethik und Religion«. In: *Brochs theoretisches Werk*. Hg. v. Paul Michael Lützeler und Michael Kessler. Frankfurt am Main 1988, S. 137–149.

Obermeier, Otto-Peter: »Das Konstruktionsprinzip in der Wertphilosophie«. In: *Brochs theoretisches Werk*. Hg. v. Paul Michael Lützeler und Michael Kessler. Frankfurt am Main 1988, S. 98–108.

Pross, Harry: »Demokratie und ›Dritter Weg‹«. In: *Brochs theoretisches Werk*. Hg. v. Paul Michael Lützeler und Michael Kessler. Frankfurt am Main 1988, S. 221–234.

Quinn, Thomas: »›Dialektik der Verzauberung‹. Mystification, Enlightenment, *The Spell*«. In: *Hermann Broch. Literature, Philosophy, Politics*. Hg. v. Stephen D. Dowden. Columbia, SC 1988, S. 110–124.

Ritzer, Monika: *Hermann Broch und die Kulturkrise des frühen 20. Jahrhunderts*. Stuttgart 1988.

Roche, Mark W.: »Formalism and the Figure of Self-Cancellation in *The Sleepwalkers*. A Response to David Suchoff«. In: *Hermann Broch. Literature, Philosophy, Politics*. Hg. v. Stephen D. Dowden. Columbia, SC 1988, S. 246–256.

Roethke-Makemson, Gisela Marie: *Platons Höhlengleichnis als Subtext zur symbolischen Topographie in Hermann Brochs Erzählungen und Romanen*. Unv. Diss. Harvard University, 1988.
Rudich, Vasily: »Mythical and Mystical in *The Death of Virgil*. A Response to Luciano Zagari«. In: *Hermann Broch. Literature, Philosophy, Politics*. Hg. v. Stephen D. Dowden. Columbia, SC 1988, S. 338–345.
Ryan, Judith: »The Self-Destructing Message. A Response to Paul Michael Lützeler«. In: *Hermann Broch. Literature, Philosophy, Politics*. Hg. v. Stephen D. Dowden. Columbia, SC 1988, S. 32–41.
Schlant, Ernestine: »Obsessive Patterns in the Novels of Hermann Broch«. In: *Hermann Broch. Literature, Philosophy, Politics*. Hg. v. Stephen D. Dowden. Columbia, SC 1988, S. 153–172.
Schlant, Ernestine: »Political Turmoil and Broch's Redeemer Figure. A Response to Wendelin Schmidt-Dengler«. In: *Hermann Broch. Literature, Philosophy, Politics*. Hg. v. Stephen D. Dowden. Columbia, SC 1988, S. 149–152.
Schmidt-Dengler, Wendelin: »Children Born and Unborn. Images of Redemption in the Work of Hermann Broch«. In: *Hermann Broch. Literature, Philosophy, Politics*. Hg. v. Stephen D. Dowden. Columbia, SC 1988, S. 134–148.
Skwara, Erich Wolfgang: »Mind and World and No Way Out. A Response to Joseph Strelka«. In: *Hermann Broch. Literature, Philosophy, Politics*. Hg. v. Stephen D. Dowden. Columbia, SC 1988, S. 87–92.
Steinberg, Michael P.: »Broch's Cognitive Style. A Response to Richard Brinkmann«. In: *Hermann Broch. Literature, Philosophy, Politics*. Hg. v. Stephen D. Dowden. Columbia, SC 1988, S. 207–214.
Steinberg, Michael P.: »Totalität und Rationalität«. In: *Brochs theoretisches Werk*. Hg. v. Paul Michael Lützeler und Michael Kessler. Frankfurt am Main 1988, S. 210–220.
Strelka, Joseph P.: »Broch's Critical Outlook. A Response to René Wellek«. In: *Hermann Broch. Literature, Philosophy, Politics*. Hg. v. Stephen D. Dowden. Columbia, SC 1988, S. 71–75.
Strelka, Joseph P.: »Politics and the Human Condition. Broch's Model of a Mass Psychology«. In: *Hermann Broch. Literature, Philosophy, Politics*. Hg. v. Stephen D. Dowden. Columbia, SC 1988, S. 76–86.
Suchoff, David: »Figures in Crisis. Symbols and Social Control in *The Sleepwalkers*«. In: *Hermann Broch. Literature, Philosophy, Politics*. Hg. v. Stephen D. Dowden. Columbia, SC 1988, S. 231–245.
Vollhardt, Friedrich: »Philosophische Moderne«. In: *Brochs theoretisches Werk*. Hg. v. Paul Michael Lützeler und Michael Kessler. Frankfurt am Main 1988, S. 85–97.
Watt, Roderick H.: »The Reception of Hermann Broch in the *Times Literary Supplement* 1932–1986«. In: *Modern Austrian Literature* 21 (1988) H. 1, S. 17–26.
Weiss, Walter: »›Mathematisches Mysterium‹. Mysticism and Metaphor in the Writing of Hermann Broch«. In: *Hermann Broch. Literature, Philosophy, Politics*. Hg. v. Stephen D. Dowden. Columbia, SC 1988, S. 215–221.
Wellek, René: »The Literary Criticism of Hermann Broch«. In: *Hermann Broch. Literature, Philosophy, Politics*. Hg. v. Stephen D. Dowden. Columbia, SC 1988, S. 61–70.
Wolff, Kurt H.: »Broch and the Rescue of Reason. A Response to Hartmut Jäckel«. In: *Hermann Broch. Literature, Philosophy, Politics*. Hg. v. Stephen D. Dowden. Columbia, SC 1988, S. 107–109.

Wolff, Kurt H.: »The Supremacy of Method. A Response to Dominick LaCapra«. In: *Hermann Broch. Literature, Philosophy, Politics.* Hg. v. Stephen D. Dowden. Columbia, SC 1988, S. 54–60.
Yamaguchi, Koichi: »Alban Berg und Hermann Broch. Die Oper Wozzeck und der ›Gegen-Mythos‹«. In: *Modern Austrian Literature* 21 (1988) H. 2, S. 13–22.
Zagari, Luciano: »›Poetry is Anticipation‹. Broch and Virgil«. In: *Hermann Broch. Literature, Philosophy, Politics.* Hg. v. Stephen D. Dowden. Columbia, SC 1988, S. 323–337.
Žmegač, Viktor: »Brochs Auffassung der Kunst in historischer Sicht«. In: *Daß eine Nation die andere verstehen möge. Festschrift für Marian Szyrocki zu seinem 60. Geburtstag.* Hg. v. Norbert Honsza und Hans-Gert Roloff. Amsterdam 1988, S. 855–871.
Žmegač, Viktor: »Kunst und Ethik«. In: *Brochs theoretisches Werk.* Hg. v. Paul Michael Lützeler und Michael Kessler. Frankfurt am Main 1988, S. 15–23.

1989

Übersetzungen und weitere Textausgaben

Broch, Hermann: *De dood van Vergilius.* [*Der Tod des Vergil*]. Übers. v. Anneke Brassinga. Baarn 1989.
Broch, Hermann: *Hoi athoōi.* [*Die Schuldlosen*]. Übers. v. Nikolaos Livos. Athen 1989.
Broch, Hermann: *La mort de Virgili.* [*Der Tod des Vergil*]. Übers. v. Joan Fontcuberta. 2 Bde. Barcelona 1989.
Broch, Hermann: *Os sonâmbulos. Esch ou a anarquia.* [*Esch oder die Anarchie*]. Übers. v. Jorge Camacho. 3 Bde., Bd. 3. Lissabon 1989.
Broch, Hermann: *Os sonâmbulos. Huguenau ou o realismo.* [*Huguenau oder die Sachlichkeit*]. Übers. v. Jorge Camacho. 3 Bde., Bd. 3. Lissabon 1989.

Sekundärliteratur

Bier, Jean Paul: »Lectures des *Somnambules*«. In: *Broch. Actes des colloques de Paris (Centre Pompidou – mai 1986) et de Lyon (Univ. Lumière – Lyon II – mars 1988).* Hg. v. Jean-Charles Margotton. Aix-en-Provence 1989, S. 71–80.
Blanchot, Maurice: »Broch«. In: *Scripsi* 5 (1989) H. 4, S. 63–80.
Bonesio, Luisa: »Il sublime iniziatico«. In: *Cenobio. Rivista Trimestrale di Cultura* 38 (1989) H. 4, S. 295–308.
Brude-Firnau, Gisela: »Hermann Broch«. In: *Deutschsprachige Exilliteratur seit 1933, II: New York.* Hg. v. John M. Spalek und Joseph P. Strelka. Bern 1989, S. 132–160.
Chrustaleva, Natalija A.: »Tema Ameriki v avstrijskoj i nemeckoj literature pervoj treti XX veka i ee modifikacija v trilogii Germana Brocha *Lunatiki*«. In: *Mežnacional'nyj faktor v literaturnom processe. Mezvuzovskij sbornik.* Hg. v. Jurij Vital'evič Kovalev. Leningrad 1989, S. 182–191.
De Kesel, Marc: »Kitsch, gemaniëreerd. Over Hermann Broch's kitsch-begrip«. In: *De troeven van kitsch. Subversie en conventie van Renaissance tot Postmodernisme.* Hg. v. Benoit Suykerbuyk und Hermann Bluhme. Antwerpen 1989, S. 63–73.
Derré, Françoise: »Quelques réflexions sur Die Entsühnung«. In: *Broch. Actes des colloques de Paris (Centre Pompidou – mai 1986) et de Lyon (Univ. Lumière – Lyon II – mars 1988).* Hg. v. Jean-Charles Margotton. Aix-en-Provence 1989, S. 115–128.

Doo, Haeng-Sook: *Das Motiv des Untergangs in der deutschen Literatur des 20. Jahrhunderts.* Unv. Diss. Heinrich-Heine-Universität Düsseldorf, 1989.

Faber, Richard: *Erbschaft jener Zeit. Zu Ernst Bloch und Hermann Broch.* Würzburg 1989.

Goltschnigg, Dietmar: »Zur Poetik des Essays und des Essayismus bei Robert Musil und Hermann Broch«. In: *Poetik und Geschichte. Viktor Žmegač zum 60. Geburtstag.* Hg. v. Dieter Borchmeyer. Tübingen 1989, S. 412–424.

Hédrich, Dorothee: »Techniques de représentation dans ›Nuage passager‹ de Hermann Broch«. In: *Broch. Actes des colloques de Paris (Centre Pompidou – mai 1986) et de Lyon (Univ. Lumière – Lyon II – mars 1988).* Hg. v. Jean-Charles Margotton. Aix-en-Provence 1989, S. 179–193.

Huberman, Elizabeth: »The Broch/Muir Correspondence. Teaching Each Other«. In: *Modern Austrian Literature* 22 (1989) H. 2, S. 45–57.

Kern, Alfred: »Hermann Broch et son temps«. In: *Broch. Actes des colloques de Paris (Centre Pompidou – mai 1986) et de Lyon (Univ. Lumière – Lyon II – mars 1988).* Hg. v. Jean-Charles Margotton. Aix-en-Provence 1989, S. 9–17.

Kiel, Anna: *Erich Kahler: Ein »uomo universale« des zwanzigsten Jahrhunderts, seine Begegnungen mit bedeutenden Zeitgenossen. Vom Georgekreis, Max Weber bis Hermann Broch und Thomas Mann.* Frankfurt am Main u. a. 1989.

Kiss, Endre: »Hermann Broch im Lichte der poststrukturalistischen Philosophie«. In: *Broch. Actes des colloques de Paris (Centre Pompidou – mai 1986) et de Lyon (Univ. Lumière – Lyon II – mars 1988).* Hg. v. Jean-Charles Margotton. Aix-en-Provence 1989, S. 87–91.

Kleiber, Carine: »La liberté d'action dans *Les somnambules*«. In: *Broch. Actes des colloques de Paris (Centre Pompidou – mai 1986) et de Lyon (Univ. Lumière – Lyon II – mars 1988).* Hg. v. Jean-Charles Margotton. Aix-en-Provence 1989, S. 81–85.

Kniffke, Frédéric: »Remarques sur ›Une légère déconvenue‹ (1933) de Hermann Broch«. In: *Broch. Actes des colloques de Paris (Centre Pompidou – mai 1986) et de Lyon (Univ. Lumière – Lyon II – mars 1988).* Hg. v. Jean-Charles Margotton. Aix-en-Provence 1989, S. 37–52.

Lefebvre, Joël: »Renaissance, Réforme et Moyen âge dans la philosophie de l'histoire chez Broch«. In: *Broch. Actes des colloques de Paris (Centre Pompidou – mai 1986) et de Lyon (Univ. Lumière – Lyon II – mars 1988).* Hg. v. Jean-Charles Margotton. Aix-en-Provence 1989, S. 129–152.

Leppmann, Wolfgang: »Zum Goethebild bei Robert Musil, Hermann Broch und Ernst Jünger«. In: Ders.: *In zwei Welten zu Hause. Aus der Lebensarbeit eines amerikanischen Germanisten.* München 1989, S. 69–84.

Lützeler, Paul Michael: »Hermann Broch«. In: *Deutsche Dichter. Band 7: Vom Beginn bis zur Mitte des 20. Jahrhunderts.* Hg. v. Gunter E. Grimm und Frank Rainer Max. Stuttgart 1989, S. 308–324.

Lützeler, Paul Michael und John Carson Pettey: »Hermann Broch«. *Austrian Fiction Writers after 1914.* Hg. v. James Hardin und Donald G. Daviau. Detroit, MI 1989, S. 82–102. Bd. 85 der *Dictionary of Literary Biography* (DLB).

Margotton, Jean-Charles (Hg.): *Broch. Actes des colloques de Paris (Centre Pompidou – mai 1986) et de Lyon (Univ. Lumière – Lyon II – mars 1988).* Aix-en-Provence 1989.

Margotton, Jean-Charles: »Le rationnel et le mythique dans le roman *Die Verzauberung* de Hermann Broch«. In: *Broch. Actes des colloques de Paris (Centre Pompidou – mai*

1986) et de Lyon (Univ. Lumière – Lyon II – mars 1988). Hg. v. Jean-Charles Margotton. Aix-en-Provence 1989, S. 165–177.

Mersch, Andreas: *Ästhetik, Ethik und Religion bei Hermann Broch. Mit einer theologisch-ethischen Interpretation seines Bergromans*. Frankfurt am Main u. a. 1989.

Naschitz, Frigyes: »Gedenkportrait des Dichter-Philosophen Hermann Broch«. In: Ders.: *Literarische Essays. Bekenntnisse und Rezensionen*. Gerlingen 1989, S. 331–333.

Nicolai, Ralf R.: »Motive und Symbole in Hermann Brochs ›Eine leichte Enttäuschung‹ Kommentare zum Text«. In: *Studia Neophilologica. A Journal of Germanic and Romance Languages and Literature* 61 (1989) H. 2, S. 203–219.

Ozzard-Low, P.: »Barraqué, Broch, Heidegger. A Philosophical Introduction to the Music of Jean Barraqué«. In: *Broch. Actes des colloques de Paris (Centre Pompidou – mai 1986) et de Lyon (Univ. Lumière – Lyon II – mars 1988)*. Hg. v. Jean-Charles Margotton. Aix-en-Provence 1989, S. 93–106.

Pérennec, Marie-Hélène: »*Der Tod des Vergil*. Délire verbal ou création langagiere? Le point de vue d'un grammairien«. In: *Broch. Actes des colloques de Paris (Centre Pompidou – mai 1986) et de Lyon (Univ. Lumière – Lyon II – mars 1988)*. Hg. v. Jean-Charles Margotton. Aix-en-Provence 1989, S. 153–164.

Petermann, Cornelia: »Epochale Unordnung-Epische Ordnung. Zur ›Komposition‹ von Brochs *Die Schuldlosen*«. In: *Modern Austrian Literature* 22 (1989) H. 2, S. 33–43.

Saalmann, Dieter: »Malcolm Lowry and Hermann Broch. The Metaphysics of Somnambulism in *Under the Volcano* and *The Sleepwalkers*«. In: *The Malcolm Lowry Review* 25 (1989), S. 29–41.

Sarrabezolles, Marc: »Virgile et Hermann Broch«. In: *Broch. Actes des colloques de Paris (Centre Pompidou – mai 1986) et de Lyon (Univ. Lumière – Lyon II – mars 1988)*. Hg. v. Jean-Charles Margotton. Aix-en-Provence 1989, S. 53–57.

Schlocker, Georges: »Le poète artificiel«. In: *Broch. Actes des colloques de Paris (Centre Pompidou – mai 1986) et de Lyon (Univ. Lumière – Lyon II – mars 1988)*. Hg. v. Jean-Charles Margotton. Aix-en-Provence 1989, S. 19–28.

Vitzthum, Wolfgang Graf: »Hermann Broch und Carl Schmitt«. In: *Wege in die Zeitgeschichte. Festschrift zum 65. Geburtstag von Gerhard Schulz*. Hg. v. Jürgen Heideking, Gerhard Hufnagel und Franz Knipping. Berlin 1989, S. 69–100.

1990

Übersetzungen und weitere Textausgaben

Broch, Hermann: *Il kitsch* [Aufsätze]. Übers. v. Roberta Malagoli und Saverio Vertone. Torino 1990.

Broch, Hermann: Kirjanpitäjä Esch eli Anarkia. 1903. Unissakulkijat II [*Esch oder die Anarchie*]. Übers. v. Oili Suominen. Helsinki 1990.

Broch, Hermann: Nevinovnye. Roman v odinnadcati novellach [*Die Schuldlosen*]. Smert' Vergilija. Roman [*Der Tod des Vergil*]. Vorw. v. D. Zatonskij. Übers. v. A. Karel'skij u.a. Moskva 1990.

Broch, Hermann: O encantamento [*Die Verzauberung*]. Übers. v. Lya Luft. Rio de Janeiro 1990.

Broch, Hermann: Rozhřešení [*Die Entsühnung*]. Übers. v. Jiří Husák. Prag 1990.

Broch, Hermann: Sipurah shel ha-mesharetet Tserlin [*Die Erzählung der Magd Zerline*]. Übers. v. Miri Shomron. Tel Aviv 1990.

Sekundärliteratur

Ackerley, Chris: »Malcolm Lowry and Hermann Broch. The Aesthetics of Somnambulism in *Under the Volcano* and *The Sleepwalkers*«. In: *The Malcolm Lowry Review* 26 (1990), S. 10–15.
Amann, Klaus und Helmut Grote: *Die »Wiener Bibliothek« Hermann Brochs: Kommentiertes Verzeichnis des rekonstruierten Bestandes.* Wien 1990.
Baktay, Miklós: »Das – früher – sogenannte Böse. Drei Unbestimmtheitsrelationen bei Hermann Broch«. In: *Romanstruktur und Menschenrecht bei Hermann Broch.* Hg. v. Hartmut Steinecke und Joseph P. Strelka. Frankfurt am Main u. a. 1990, S. 99–108.
Benedikt, Michael: »Hermann Broch will schweigen«. In: *Forum* (1990) H. 442/443, S. 52–54.
Bernáth, Árpád: »Ein Dichter wider Willen? Das Verhältnis von Philosophie und Literatur bei Hermann Broch. Eine Einführung in die Problematik«. In: *Romanstruktur und Menschenrecht bei Hermann Broch.* Hg. v. Hartmut Steinecke und Joseph P. Strelka. Frankfurt am Main u. a. 1990, S. 85–98.
Boyer, Jean Paul: »Virgile et les autres héros de Hermann Broch«. In: *Images de l'Allemagne. Mélanges offerts à Pierre Jalabert.* Hg. v. Dominique Iehl. Toulouse 1990, S. 163–172.
Brokoph-Mauch, Gudrun: »Robert Musils und Hermann Brochs persönliches Verhältnis in ihrem Briefwechsel«. In: *Genauigkeit und Seele. Zur österreichischen Literatur seit dem Fin de siècle.* Hg. v. Josef Strutz und Endre Kiss. München 1990, S. 67–82.
Brude-Firnau, Gisela: »Hermann Broch«. In: *Romanstruktur und Menschenrecht bei Hermann Broch.* Hg. v. Hartmut Steinecke und Joseph P. Strelka. Frankfurt am Main u. a. 1990, S. 11–46.
De Angelis, Valentina: »Hermann Broch«. In: Dies.: *La forma dell'improbabile. Teoria del romanzo saggio.* Roma 1990, S. 77–85.
Doppler, Alfred: »1913, 1923, 1933. Die lyrischen Stimmen aus Brochs Novellenroman *Die Schuldlosen*«. In: Ders.: *Geschichte im Spiegel der Literatur. Aufsätze zur Österreichischen Literatur des 19. und 20. Jahrhunderts.* Innsbruck 1990, S. 161–170.
Doppler, Alfred: »Die Funktion des Lyrischen in H. Brochs Roman *Der Tod des Vergil*«. In: Ders.: *Geschichte im Spiegel der Literatur. Aufsätze zur Österreichischen Literatur des 19. und 20. Jahrhunderts.* Innsbruck 1990, S. 153–160.
Duroisin, Pierre: »La Plotia d'Hermann Broch, reflet de Didon«. In: *Enée et Didon. Naissance, fonctionnement et survie d'un mythe.* Hg. v. René Martin. Paris 1990, S. 221–230.
Durusoy, Gertrude: »Les Villages de montagne et leurs coutumes chez Jean Giono, Hermann Broch et Yachar Kemal«. In: *Proceedings of the XIIth Congress of the International Comparative Literature Association/Actes du XIIe congrès de l'Association Internationale de Littérature Comparée: München 1988 Munich, III: Space and Boundaries in Literature (Continuation)/Espace et frontières dans la littérature (suite).* Hg. v. Roger Bauer u. a. Munich 1990, S. 158–163.
Erochin, Aleksandr: »Kompozicija romana Germana Brocha ›Smert' Vergilija‹«. In: *Vestnik Moskovskogo Universiteta. Serija 9. Filologija* 4 (1990), S. 50–58.
Esterhammer, Angela: »Eposaufhebende Dichtung. Transition and Repetition in *Der Tod des Vergil*«. In: *Proceedings of the XIIth Congress of the International Comparative*

Literature Association/Actes du XII*e* congrès de l'Association Internationale de Littérature Comparée: München 1988 Munich, III: Space and Boundaries in Literature (Continuation)/Espace et frontières dans la littérature (suite). Hg. v. Roger Bauer u. a. Munich 1990, S. 598–601.

Goltschnigg, Dietmar: »Robert Musil und Hermann Broch – (k)ein Vergleich unter besonderer Berücksichtigung von Elias Canettis Autobiographie«. In: *Romanstruktur und Menschenrecht bei Hermann Broch*. Hg. v. Hartmut Steinecke und Joseph P. Strelka. Frankfurt am Main u. a. 1990, S. 135–151.

Haslinger, Adolf: »Die ganze Romanschreiberei – eine inadäquate Beschäftigung«. Zum Briefwechsel Hermann Brochs und George Saikos«. In: *George Saikos magischer Realismus. Zum Werk eines unbekannten grossen Autors*. Hg. v. Joseph P. Strelka. Frankfurt am Main u. a. 1990, S. 121–133.

Hinderer, Walter: »Die mythische Erbschaft der Dichtung. Über Hermann Broch, *Der Tod des Vergil* (1945)«. In: *Romane von gestern – heute gelesen, 1933–1945*. Hg. v. Marcel Reich-Ranicki. Bd. 3. Frankfurt am Main 1990, S. 335–343.

Hoesterey, Ingeborg: »Brochs Theorie der Künste und die dialogische Dimension des Exils. Zu *Hofmannsthal und seine Zeit* (1947/48)«. In: *Exil: Literatur und die Künste nach 1933*. Hg. v. Alexander Stephan. Bonn 1990, S. 60–70.

Huberman, Elizabeth: »Translating Broch's *The Sleepwalkers*: Ordeal and Reward«. In: *Edwin Muir. Centenary Assessments*. Hg. v. C. J. M. MacLachlan und D. S. Robb. Aberdeen 1990, S. 47–57.

Jones, Calvin N.: »The Teacher as Failure – The Text as Teacher. Hermann Broch's ›Die Vier Reden des Studienrats Zacharias‹«. In: *West Virginia University Philological Papers* 36 (1990), S. 68–76.

Karoff, Rebecca: *Tropic Containment and Displacement. Reading Style and Consciousness in Broch's »Die Schlafwandler« and Proust's »À la Recherche du temps perdu«*. Unv. Diss. University of Wisconsin-Madison, 1990.

Kiss, Endre: »Dialog der Meisterwerke oder Die ungleichen Zwillinge des polyhistorischen Romans. Robert Musils *Der Mann ohne Eigenschaften* versus Hermann Brochs *Die Schlafwandler*«. In: *Genauigkeit und Seele: Zur österreichischen Literatur seit dem Fin de siècle*. Hg. v. Josef Strutz und Endre Kiss. München 1990, S. 83–96.

Kiss, Endre: »Hermann Broch und Mittel-Europa«. In: *Romanstruktur und Menschenrecht bei Hermann Broch*. Hg. v. Hartmut Steinecke und Joseph P. Strelka. Frankfurt am Main 1990, S. 47–56.

Köhn, Lothar: »Tod und Auferstehung. Hermann Brochs Roman *Die Verzauberung* in Rücksicht auf *Huguenau*«. In: *Momentum Dramaticum. Festschrift for Eckehard Catholy*. Hg. v. Linda Dietrick und David G. John. Waterloo 1990, S. 305–318.

Lichtmann, Tamás: »Die mythische Erkenntnis bei Hermann Broch. Einige Bemerkungen zu seinem Roman *Der Tod des Vergil*«. In: *Romanstruktur und Menschenrecht bei Hermann Broch*. Hg. v. Hartmut Steinecke und Joseph P. Strelka. Frankfurt am Main 1990, S. 109–120.

Lützeler, Paul Michael: »Die Sprache der Opfer«. *Frankfurter Anthologie. Gedichte und Interpretationen*. Hg. v. Marcel Reich-Ranicki. Bd. 13. Frankfurt am Main 1990, S. 203–205.

Lützeler, Paul Michael: »Vom ›Zerfall der Werte‹ zur ›Theorie der Demokratie‹. Hermann Broch als Philosoph und Politologe«. In: *Wegbereiter der Moderne. Studien zu*

Schnitzler, Hauptmann, Th. Mann, Hesse, Kaiser, Traven, Kafka, Broch, von Unruh und Brecht. Festschrift für Klaus Jonas. Hg. v. Helmut Koopmann und Clark S. Muenzer. Tübingen 1990, S. 163–170.

Meister, Jan Christoph: »Massenwahn als Sexualneurose. Die unbewusste Erkenntnisleistung in Hermann Brochs Faschismusmodell *Die Verzauberung*«. In: *Acta Germanica. Jahrbuch des Germanistenverbandes im Südlichen Afrika* Supp. 1 (1990), S. 123–144.

Meneses, Elsa: »Entre o instante e a eternidade. A criada Zerlina de Hermann Broch e o mito de Don Juan«. In: *Runa* (1990) H. 2, S. 89–97.

Schönwiese, Ernst: »Erinnerungen an Hermann Broch«. In: *Romanstruktur und Menschenrecht bei Hermann Broch.* Hg. v. Hartmut Steinecke und Joseph P. Strelka. Frankfurt am Main u. a. 1990, S. 153–175.

Sonino, Claudia: »Fedeltà di Broch«. In: Dies.: *Austria altra.* Firenze 1990, S. 65–74.

Steinecke, Hartmut: »Kunstwerk der Erkenntnis: Hermann Brochs Verständnis des Romans im historischen Kontext«. In: *Romanstruktur und Menschenrecht bei Hermann Broch.* Hg. v. Hartmut Steinecke und Joseph P. Strelka. Frankfurt am Main u. a. 1990, S. 121–131.

Steinecke, Hartmut und Joseph P. Strelka (Hg.): *Romanstruktur und Menschenrecht bei Hermann Broch.* Frankfurt am Main u. a. 1990.

Strelka, Joseph P.: »Hermann Brochs Modell einer umfassenden Massenpsychologie«. In: *Romanstruktur und Menschenrecht bei Hermann Broch.* Hg. v. Hartmut Steinecke und Joseph P. Strelka. Frankfurt am Main u. a. 1990, S. 57–69.

Széll, Zsuzsa: »Stadt und Land. Ein Motiv und seine Bedeutung«. In: *Romanstruktur und Menschenrecht bei Hermann Broch.* Hg. v. Hartmut Steinecke und Joseph P. Strelka. Frankfurt am Main u. a. 1990, S. 71–82.

Turner, David: »Stefan Zweig und Hermann Brochs *Der Tod des Vergil.* Unveröffentlichtes zur Publikationsgeschichte eines Romans«. In: *Zeitschrift für Deutsche Philologie* 109 (1990) H. 4, S. 529–538.

Watt, Roderick H.: »A Comparative Study of the Original Reception of the English Translations of Hermann Broch's Novels in the United States and the United Kingdom«. In: *Romanstruktur und Menschenrecht bei Hermann Broch.* Hg. v. Hartmut Steinecke und Joseph P. Strelka. Frankfurt am Main u. a. 1990, S. 177–209.

Zeidler, Lothar E.: »Hermann Broch. Verlust des Zentralwerts. Historische Krise und ihre Bewältigung«. In: *Paradigmen der Moderne.* Hg. v. Helmut Bachmaier. Amsterdam 1990, S. 77–104.

Zima, Peter V.: »Ideologiekritik bei Hermann Broch und Robert Musil«. In: *Genauigkeit und Seele. Zur österreichischen Literatur seit dem Fin de siècle.* Hg. v. Josef Strutz und Endre Kiss. München 1990, S. 43–51.

Ziolkowski, Theodore: »Hermann Broch«. *European Writers*, Bd. 10. New York 1990, S. 1385–1408.

1991

Übersetzungen und weitere Textausgaben

Broch, Hermann: »Lettres à Stephen Hudson, Aldous Huxley et Thomas Mann«. [Briefe an Stephen Hudson, Aldous Huxley und Thomas Mann]. Übers. von Nelly Stéphane. In: *Europe: Revue Litteraire Mensuelle* 69 (1991) H. 741–742, S. 117–124.

Sekundärliteratur

Arendt, Hannah: »Hermann Broch et le roman moderne«. In: *Europe: Revue Litteraire Mensuelle* 69 (1991) H. 741–742, S. 95–103.

Bolterauer, Alice: *Die literarischen Essays Robert Musils und Hermann Brochs. Eine gattungstheoretische Analyse.* Unv. Diss. Karl-Franzens-Universität Graz, 1991.

Broch de Rothermann, H. F.: »Hermann Broch, mon père«. In: *Europe: Revue Litteraire Mensuelle* 69 (1991) H. 741–742, S. 87–94.

Chrustaleva, Natalija A.: *Trilogija »Lunatiki« v tvorčestve Germana Brocha.* Leningrad 1991.

Gilman, Sander L.: »The Other in Exile: Hermann Broch's Theory of Mass Action as Autobiography«. In: Ders.: *Inscribing the other.* Lincoln 1991, S. 237–247.

Horrocks, David: »The Novel as Parable of National Socialism. On the Political Significance and Status of Hermann Broch's *Bergroman*«. In: *The Modern Language Review* 86 (1991) H. 2, S. 361–371.

Koester, Rudolf: »Hermann Broch in Amerika. Rezeption eines Exilanten und seiner Werke«. In: *Die in dem alten Haus der Sprache wohnen. Beiträge zum Sprachdenken in der Literaturgeschichte. Helmut Arntzen zum 60. Geburtstag.* Hg. v. Thomas Althaus, Burkhard Spinnen und Eckehard Czucka. Münster 1991, S. 439–452.

Laurencon-Simko, Angelica: *Hermann Broch. Ethique et esthétique, ou fondement d'un idéal absolu.* Unv. Diss. o. A. Paris, 1991.

Lichtmann, Tamás: »Die mythische Erkenntnis bei Hermann Broch. Einige Bemerkungen zu seinem Roman *Der Tod des Vergil*«. In: *Német Filológiai Tanulmányok* 20 (1991), S. 115–122.

Meister, Jan Christoph: »Die Psychologie der Sehnsucht nach dem Anschluss. Zum massenpsychologischen Faschismusmodell in Hermann Brochs Roman *Die Verzauberung*«. In: *Austrian Writers and the Anschluss. Understanding the Past-Overcoming the Past.* Hg. v. Donald G. Daviau. Riverside, CA 1991, S. 234–252.

Morgan, Peter: »The Artist Within and Beyond Language. Art and History in Hermann Broch's *The Death of Virgil*«. In: *The Modern German Historical Novel. Paradigms, Problems and Perspectives.* Hg. v. David Roberts und Philip Thomson. Frankfurt am Main u. a. 1991, S. 127–144.

Musil, Robert – Hermann Broch. Europe: Revue Littéraire Mensuelle. 69 (1991) H. 741–742.

Pérez Gay, José María: »Hermann Broch. Una pasión desdichada«. In: Ders.: *El imperio perdido.* México, D.F. 1991, S. 17–84.

Roditi, Edouard: »Le Roman alpin de Broch«. In: *Europe: Revue Litteraire Mensuelle* 69 (1991) H. 741–742, S. 112–116.

Roesler-Graichen, Michael: »Hermann Brochs Romanwerk. Ein Forschungsbericht«. In: *Deutsche Vierteljahrsschrift für Literaturwissenschaft und Geistesgeschichte* 65 (1991) H. 3, S. 502–587.

Ryan, Judith: »Hermann Broch«. In: Dies.: *The Vanishing Subject: Early Psychology and Literary Modernism*. Chicago 1991, S. 160–170.
Sebald, W. G.: »Una montagna bruna. Zum *Bergroman* Hermann Brochs«. In: Ders.: *Unheimliche Heimat. Essays zur österreichischen Literatur*. Salzburg 1991, S. 118–130.
Stéphane, Nelly: »Le Basset et le crocodile«. In: *Europe: Revue Litteraire Mensuelle* 69 (1991) H. 741–742, S. 106–111.
Thieberger, Richard: »Die unmögliche Heimkehr. Oskar Jellinek, Hermann Broch, Johannes Urzidil, Fritz Hochwälder«. In: *Eine schwierige Heimkehr. Österreichische Literatur im Exil 1938–1945*. Hg. v. Johann Holzner, Sigurd Paul Scheichl und Wolfgang Wiesmüller. Innsbruck 1991, S. 75–83.

1992

Übersetzungen und weitere Textausgaben

Broch, Hermann: *Hē diēgēsē tēs hypēretrias Tserlinē* [*Die Erzählung der Magd Zerline*]. Übers. v. Elene Baropulu. Kallithea 1992.
Broch, Hermann: *Kitsch og kunst. Tre essays*. [Das Weltbild des Romans, Das Böse im Wertsystem der Kunst und Einige Bemerkungen zum Problem des Kitsches]. Übers. v. Sverre Dahl. Oslo 1992.
Broch, Hermann: *Vyprávění služky Zerlíny*. [*Die Erzählung der Magd Zerline*]. Übers. v. Josef Balvín. Praha 1992.

Sekundärliteratur

Amann, Klaus: »Hermann Brochs Auseinandersetzung mit dem Faschismus«. In: Ders.: *Die Dichter und die Politik. Essays zur österreichischen Literatur nach 1918*. Wien 1992, S. 188–199, 296–302.
Bartsch, Kurt: »Die Amoralität des Wegschauens. Zur Problematisierung von Kleinbürgerlichkeit in Hermann Brochs Romanen *Die Schlafwandler* und *Die Schuldlosen*«. In: *Le texte et l'ideé* 24 (1992), S. 105–121.
»Hermann Broch«. *Historisches Lexikon Wien*. Hg. v. Felix Czeike. Bd. 1. Wien 1992, S. 469–470.
Brokoph-Mauch, Gudrun: »Robert Musils und Hermann Brochs persönliches Verhältnis in ihrem Briefwechsel«. In: Dies.: *Robert Musil. Essayismus und Ironie*. Tübingen 1992, S. 173–185.
Bylow, Christina: »Hermann Broch und der Verleger Willi Weismann. Ein Beitrag zur Entstehungsgeschichte des Romans *Die Schuldlosen* (1946–1951)«. In: *Archiv für Geschichte des Buchwesens* (1992), S. 191–255.
Dugast, Jacques: »La critique de l'ornement chez Hermann Broch«. In: *Critique de l'ornement de Vienne à la postmodernité*. Hg. v. Michel Collomb und Gérard Raulet. Paris 1992, S. 61–69.
Erokhin, Aleksandr: »Zur Komposition von Hermann Brochs *Der Tod des Vergil*«. In: *Das Wort. Germanistisches Jahrbuch Russland* 7 (1992), S. 120–124.
Goltschnigg, Dietmar: »Robert Musil und Hermann Broch als Essayisten. Literat und Literatur. *Randbemerkungen dazu* (1931) und *Das Böse im Wertsystem der Kunst* (1933)«.

In: *Robert Musil. Essayismus und Ironie*. Hg. v. Gudrun Brokoph-Mauch. Tübingen 1992, S. 161–172.

Hardin, James: »Hermann Broch«. In: *Twentieth-Century German Dramatists, 1919–1992*. Hg. v. Wolfgang D. Elfe und James Hardin. Detroit, MI 1992, S. 75–82. Bd. 124 der *Dictionary of Literary Biography* (DLB).

Koebner, Thomas: »Vergil als Leitfigur? Hermann Brochs *Der Tod des Vergil*«. In: Ders.: *Unbehauste. Zur deutschen Literatur in der Weimarer Republik, im Exil und in der Nachkriegszeit*. München 1992, S. 272–281.

Lützeler, Paul Michael: »Hermann Brochs siegreiche Niederlagen«. In: *Siegreiche Niederlagen. Scheitern, die Signatur der Moderne*. Hg. v. Werner Martin Lüdke und Delf Schmidt. Reinbek bei Hamburg 1992, S. 72–84.

Marlock, Ingeborg Elizabeth: *Otto Weininger's »Geschlecht und Charakter« and Hermann Broch's »Die Schlafwandler«*. Unv. Diss. Washington University in St. Louis, 1992.

Roche, Mark W.: »National Socialism and the Disintegration of Values. Reflections on Nietzsche, Rosenberg, and Broch«. In: *Journal of Value Inquiry* 26 (1992), S. 367–380.

Roethke, Gisela: *Zur Symbolik in Hermann Brochs Werken. Platons Höhlengleichnis als Subtext*. Tübingen 1992.

Strelka, Joseph P.: »Analyse der Therapie des modernen Totalitarismus durch einen Dichter. Hermann Brochs Massenwahntheorie«. In: Ders.: *Literatur und Politik. Beispiele literaturwissenschaftlicher Perspektiven*. Frankfurt am Main u. a. 1992, S. 159–174.

Suchy, Viktor: »Hermann Broch und der Roman«. In: *Studien zur österreichischen Literatur. Viktor Suchy zum 80. Geburtstag*. Hg. v. Heinz Lunzer. Wien 1992, S. 75–86.

Tiberghien, Anne: *L'image de l'armée dans les romans de H. Broch, A. Lernet-Holenia, J. Roth*. Saint-Martin-d'Hères 1992.

Tigges, Hubertus: *›Endzeit‹ und Krisen-Bewußtsein: Eine vergleichende Untersuchung zur Problemlage des Künstlers und der Kunst in Thomas Manns »Dr. Faustus«, Hermann Brochs »Der Tod des Vergil« und Hermann Hesses »Das Glasperlenspiel«*. Unv. Diss. Freie Universität Berlin, 1992.

Ziolkowski, Theodore: »The Case of Hermann Broch«. In: Ders.: *Virgil and the Moderns*. Princeton 1993, S. 203–222.

1993

Sekundärliteratur

Bartsch, Kurt: »Politische Gleichgültigkeit nämlich ist ethischer Perversion recht nah verwandt. Zur Problematisierung von Kleinbürgerlichkeit in Hermann Brochs Romanen *Die Schlafwandler* und *Die Schuldlosen*«. In: *Hermann Broch oder die Angst vor der Anarchie*. Hg. v. Wilhelm Petrasch und John Pattillo-Hess. Wien 1993, S. 22–32.

Benedikt, Michael: »Ein politischer Philosoph schweigt und wird zum Dichter«. In: *Hermann Broch oder die Angst vor der Anarchie*. Hg. v. Wilhelm Petrasch und John Pattillo-Hess. Wien 1993, S. 89–100.

Eicher, Thomas: *Erzählte Visualität. Studien zum Verhältnis von Text und Bild in Hermann Brochs Romantrilogie »Die Schlafwandler«*. Frankfurt am Main u. a. 1993.

Fambrini, Alessandro: »Hermann Brochs *Schlafwandler*-Trilogie. Ein Hypothese«. In: *Germanic Notes and Reviews* 24 (1993) H. 1, S. 13–16.

Gnettner, Ines: »»Beweisen, daß die Geschichte ideelle Triebkräfte hat« (Musil). Der Erkenntnisanspruch der Dichtung. Historische Gesellschaftsanalyse im Roman der Weimarer Republik: Thomas Manns *Der Zauberberg*, Heinrich Manns *Der Kopf*, Hermann Brochs *Die Schlafwandler* und Robert Musils *Der Mann ohne Eigenschaften*«. In: *Vorkriegszeit im Roman einer Nachkriegszeit. Studien zu einem »anderen« historischen Roman zwischen Vergangenheitsbewältigung und Zeitkritik in der Weimarer Republik*. Würzburg 1993, S. 9–23.

Gnettner, Ines: »Hermann Brochs *Die Schlafwandler*. Der erkenntnistheoretische oder polyhistorische Roman«. In: *Vorkriegszeit im Roman einer Nachkriegszeit. Studien zu einem »anderen« historischen Roman zwischen Vergangenheitsbewältigung und Zeitkritik in der Weimarer Republik*. Würzburg 1993, S. 65–73.

Halsall, Robert: »Guilt and Law in Broch's *Die Schuldlosen*«. In: *German Life and Letters* 46 (1993) H. 3, S. 266–276.

Hargraves, John: *Music in the Writings of Hermann Broch*. Unv. Diss. Yale University, 1993.

Hersant, Yves: »»Résister au kitsch«. Hommage à H. Broch«. In: *L'Atelier du roman* (Paris: arléa/Flammarion) 1 (1993) H. 1, S. 9–17.

Hornig, Dieter: »Hermann Broch et *Les Somnambules*. Berlin, scène imaginaire«. In: *Cahiers d'Etudes Germaniques* 24 (1993), S. 101–112.

Kiss, Endre: »Wahrheit und Tragik der Anarchie. Über die Anarchie des August Esch in der *Schlafwandler*-Trilogie«. In: *Hermann Broch oder die Angst vor der Anarchie*. Hg. v. Wilhelm Petrasch und John Pattillo-Hess. Wien 1993, S. 47–53.

Lichtmann, Tamás: »Zerfall der Werte oder Die Anarchie der Sachlichkeit«. In: *Hermann Broch oder die Angst vor der Anarchie*. Hg. v. Wilhelm Petrasch und John Pattillo-Hess. Wien 1993, S. 67–76.

Lützeler, Paul Michael: »Hermann Broch. *Die Schlafwandler*«. In: *Romane des 20. Jahrhunderts*, Bd. 1. Stuttgart 1993, S. 259–297.

Meyer, Theo: »Hermann Broch«. In: *Nietzsche und die Kunst*. Tübingen 1993, S. 431–433.

Orlowski, Hubert: »Hermann Broch in der Kritik der Konservativen Revolution«. In: *Hermann Broch oder die Angst vor der Anarchie*. Hg. v. Wilhelm Petrasch und John Pattillo-Hess. Wien 1993, S. 77–88.

Petrasch, Wilhelm: »Die Weltganzheit als Zeichen gegen die Anarchie. Hermann Broch und *Der Tod des Vergil*«. In: *Hermann Broch oder die Angst vor der Anarchie*. Hg. v. Wilhelm Petrasch und John Pattillo-Hess. Wien 1993, S. 9–21.

Petrasch, Wilhelm und John Pattillo-Hess (Hg.): *Hermann Broch oder die Angst vor der Anarchie*. Wien 1993.

Proguidis, Lakis: »Petit traité de Brochologie«. In: *L'Atelier du roman* (Paris: arléa/Flammarion) 1 (1993) H. 1, S. 60–68.

Rabaté, Jean-Michel: »La responsabilité polyphonique des ›Irresponsables‹«. In: *L'Atelier du roman* (Paris: arléa/Flammarion) 1 (1993) H. 1, S. 18–37.

Rizzante, Massimo: »Variations sur une barbe. Sur la composition de ›Pasenow ou le Romantisme‹«. In: *L'Atelier du roman* (Paris: arléa/Flammarion) 1 (1993) H. 1, S. 49–59.

Roethke, Gisela: »Hermann Broch und Aldous Huxley. Eine Korrespondenz und ihre Folgen«. In: *Modern Austrian Literature* 26 (1993) H. 1, S. 75–86.

Salmon, Christian: »Hermann Broch, peintre. Notes à propos des ›Somnambules‹«. In: *L'Atelier du roman* (Paris: arléa/Flammarion) 1 (1993) H. 1, S. 38–48.

Schmidt, Burghart: »Aufklärung durch Mythos und Mystik bei Hermann Broch. Vortrag einiger Ideen zur Broch-Lektüre in postmoderner Atmosphäre anläßlich der *Schlafwandler*«. In: *Hermann Broch oder die Angst vor der Anarchie*. Hg. v. Wilhelm Petrasch und John Pattillo-Hess. Wien 1993, S. 33–46.

Shin, Hye-Yang: »Hermann Brochs *Die Verzauberung* als ein antimodern-moderner Roman«. In: *Togil-munhak* 34 (1993) H. 50, S. 117–140.

Trojan, Andreas: »Hermann Broch – verzaubertes Vokabular. Wie die Philosophie in die Literatur kam, um gegen Anarchie anzutreten«. In: *Hermann Broch oder die Angst vor der Anarchie*. Hg. v. Wilhelm Petrasch und John Pattillo-Hess. Wien 1993, S. 54–66.

Vitzthum, Wolfgang Graf: »Die Gesetze des Geistigen und des Politischen. Stefan George, Hermann Broch, Günter Grass. Dichter und Staat in Deutschland«. In: *Dichter, Denker und der Staat. Essays zu einer Beziehung ganz eigener Art*. Hg. v. Michael Kilian. Tübingen 1993, S. 23–52.

Weigel, Robert G.: »Elias Canettis *Masse und Macht* und Hermann Brochs *Massenwahntheorie*. Berührungspunkte und Unterschiede«. In: *Ist Wahrheit ein Meer von Grashalmen? Zum Werk Elias Canettis*. Hg. v. Joseph P. Strelka und Zsuzsa Széll. Frankfurt am Main u. a. 1993, S. 121–145.

Wiśniewski, Włodzimierz: »Hermann Brochs *Schlafwandler*-Trilogie. Arten der Erotik aus der Sicht der Moderne«. In: *Das Erotische in der Literatur*. Hg. v. Thomas Schneider. Frankfurt am Main 1993, S. 87–98.

Ziolkowski, Theodore: »Broch's Image of Vergil and Its Context«. In: *The Classical Heritage 2. Vergil*. Hg. v. Craig Kallendorf. New York 1993, S. 87–111.

1994

Übersetzungen und weitere Textausgaben

Broch, Hermann: *Bazgasht. Majmuàh-i dastan*. [*Die Heimkehr* und vier weitere Novellen]. Übers. v. Nasir Manuchihri. Uppsala 1994.

Broch, Hermann: *Liikemies Huguenau eli Asiallisuus. 1918. Unissakulkijat III*. [*Huguenau oder die Sachlichkeit*]. Übers. v. Oili Suominen. Helsinki 1994.

Broch, Hermann: *Pisma o Nemackoj. 1945–1949*. [*Briefe über Deutschland 1945–1949*]. Hg. u. übers. v. Tomislav Bekic. Novi Sad 1994.

Sekundärliteratur

Achberger, Friedrich: »Hermann Brochs Novelle ›Eine leichte Enttäuschung‹«. In: *Fluchtpunkt 1938. Essays zur österreichischen Literatur zwischen 1918 und 1938*. Hg. v. Friedrich Achberger und Gerhard Scheit. Wien 1994, S. 143–150.

Altenhein, Hans: »Ein Roman wird produziert. Hermann Broch, *Die Schlafwandler* (1931/32)«. In: *Technik in Sprache und Literatur*. Hg. v. Rudolf Hoberg. Darmstadt 1994, S. 179–187.

Bartram, Graham: »›Subjektive Antipoden‹? Broch's *Die Schlafwandler* and Musil's *Der Mann ohne Eigenschaften*«. In: *Hermann Broch. Modernismus, Kulturkrise und Hitlerzeit*.

Hg. v. Adrian Stevens, Fred Wagner und Sigurd Paul Scheichl. Innsbruck 1994, S. 63–75.
Benedikt, Michael: »Hermann Brochs Schweigen in den 1920er Jahren und das mystifizierte Vakuum des Kulturzerfalls«. In: Ders.: *Kunst und Würde*. Wien 1994, S. 83–90.
Berezina, Ada: »Hermann Broch und Vladimir Nabokov im Spiegel des Zitats«. In: *Dostojewskij und die russische Literatur in Österreich seit der Jahrhundertwende (Literatur, Theater)*. Hg. v. Aleksandr V. Belobratov und Aleksei I. Zherebin. St. Petersburg 1994, S. 31–40.
Berezina, Ada: »Vergils Geist in Hermann Brochs Novelle ›Eine leichte Enttäuschung‹«. In: *Jura Soyfer. Internationale Zeitschrift für Kulturwissenschaften* 3 (1994) H. 3, S. 10–11, 27.
Breidecker, Volker: »Einige Fragmente einer intellektuellen Kollektivbiographie der kulturwissenschaftlichen Emigration«. In: *Erwin Panofsky. Beiträge des Symposions Hamburg 1992*. Hg. v. Bruno Reudenbach. Berlin 1994, S. 83–108.
Dörwald, Uwe: *Über das Ethische bei Hermann Broch. Kritische Historiographie zur ethischen Intention und ihrer Funktion bei Hermann Broch*. Frankfurt am Main u. a. 1994.
Dörwald, Uwe: »Wie der Begriff des Ethischen Bestandteil der Romantheorie Hermann Brochs werden konnte«. In: *Német Filológiai Tanulmányok* 22 (1994), S. 60–82.
Eicher, Thomas: »Zeitdiagnose und Utopie in zitierten Bildern. Grünewalds *Isenheimer Altar* und Hermann Brochs *Schlafwandler*-Trilogie«. In: *Intermedialität. Vom Bild zum Text*. Hg. v. Thomas Eicher und Ulf Bleckmann. Bielefeld 1994, S. 123–141.
Goldberg, Clemens: »Musikalische Zeit und Zeichen-Raum in Brochs Roman *Die Schuldlosen* und Mozarts *Don Giovanni*«. In: *Hermann Broch. Modernismus, Kulturkrise und Hitlerzeit*. Hg. v. Adrian Stevens, Fred Wagner und Sigurd Paul Scheichl. Innsbruck 1994, S. 103–125.
Halsall, Robert: »Vergil's Change of Mind. On Broch's *Der Tod des Vergil*«. In: *New German Studies* 18 (1994) H. 3, S. 145–169.
Horrocks, David: »Hermann Broch's ›James Joyce und die Gegenwart‹ in its Political and Literary Context«. In: *Hermann Broch. Modernismus, Kulturkrise und Hitlerzeit*. Hg. v. Adrian Stevens, Fred Wagner und Sigurd Paul Scheichl. Innsbruck 1994, S. 163–171.
Jerochin, Alexander: »Gogol und Broch. Persönlichkeit und Utopie«. In: *Dostojewskij und die russische Literatur in Österreich seit der Jahrhundertwende (Literatur, Theater)*. Hg. v. Aleksandr V. Belobratov und Aleksei I. Zherebin. St. Petersburg 1994, S. 86–91.
Karelskij, Albert V.: »Pflicht des Humanen. Künstlerromane von Thomas Mann und Hermann Broch«. In: *Jura Soyfer. Internationale Zeitschrift für Kulturwissenschaften* 3 (1994) H. 3, S. 4–10.
Kaszynski, Stefan H.: »Zur Poetik der Novelle bei Hermann Broch«. In: *Hermann Broch. Modernismus, Kulturkrise und Hitlerzeit*. Hg. v. Adrian Stevens, Fred Wagner und Sigurd Paul Scheichl. Innsbruck 1994, S. 141–148.
Klinger, Monika: *Hermann Broch und die Demokratie*. Berlin 1994.
Koopmann, Helmut: »Brochs *Die Schuldlosen* und Brochs Wertphilosophie«. In: *Hermann Broch. Modernismus, Kulturkrise und Hitlerzeit*. Hg. v. Adrian Stevens, Fred Wagner und Sigurd Paul Scheichl. Innsbruck 1994, S. 127–140.
Kuhnle, Till R.: »Wider den kitschigen Sozialismus. Hermann Brochs Kritik an der Tendenzkunst und seine ›polyhistorische‹ Antwort«. In: *Germanica* 14 (1994), S. 61.

Lichanski, Jakub Zdzislaw: *Hermann Broch.* Warszawa 1994.
Lützeler, Paul Michael: »Hermann Broch und Spenglers *Untergang des Abendlandes. Die Schlafwandler* zwischen Moderne und Postmoderne«. In: *Hermann Broch. Modernismus, Kulturkrise und Hitlerzeit.* Hg. v. Adrian Stevens, Fred Wagner und Sigurd Paul Scheichl. Innsbruck 1994, S. 19–43.
Orlowski, Hubert: »Hermann Brochs Metropolen. Berlin, Wien. Die Großstadt im Modernisierungsprozeß«. In: *Metropole und Provinz in der österreichischen Literatur des 19. und 20. Jahrhunderts. Beiträge des 10. Österreichisch-Polnischen Germanistentreffens, Wien 1992.* Hg. v. Arno Dusini und Karl Wagner. Wien 1994, S. 151–164.
Raepke, Frank Werner: *Auf Liebe und Tod. Symbolische Mythologie bei Robert Müller, Hermann Broch, Robert Musil.* Münster 1994.
Roesler-Graichen, Michael: *Poetik und Erkenntnistheorie. Hermann Brochs Tod des Vergil zwischen logischem Kalkül und phänomenologischem Experiment.* Würzburg 1994.
Scheichl, Sigurd Paul: »Hermann Broch als Briefschreiber«. In: *Hermann Broch. Modernismus, Kulturkrise und Hitlerzeit.* Hg. v. Adrian Stevens, Fred Wagner und Sigurd Paul Scheichl. Innsbruck 1994, S. 187–204.
Steinecke, Hartmut: »Hermann Broch«. In: *Deutsche Dichter des 20. Jahrhunderts.* Hg. v. Hartmut Steinecke. Berlin 1994, S. 295–310.
Stevens, Adrian: »Hermann Broch as a Reader of James Joyce. Plot in the Modernist Novel«. In: *Hermann Broch. Modernismus, Kulturkrise und Hitlerzeit.* Hg. v. Adrian Stevens, Fred Wagner und Sigurd Paul Scheichl. Innsbruck 1994, S. 77–101.
Stevens, Adrian, Fred Wagner und Sigurd Paul Scheichl (Hg.): *Hermann Broch. Modernismus, Kulturkrise und Hitlerzeit.* Innsbruck 1994.
Stieg, Gerald und Françoise Kenk: »Broch und Canetti oder: Ist Canettis Rede auf Hermann Broch eine Kontrafaktur von Thomas Manns ›Freud und die Zukunft‹?«. In: *Hermann Broch. Modernismus, Kulturkrise und Hitlerzeit.* Hg. v. Adrian Stevens, Fred Wagner und Sigurd Paul Scheichl. Innsbruck 1994, S. 149–162.
Strelka, Joseph P.: »Der Mutter gnostische Botschaft bei Hermann Broch«. In: Ders.: *Zwischen Wirklichkeit und Traum. Das Wesen des Österreichischen in der Literatur.* Tübingen 1994, S. 303–316.
Swales, Martin: »Story, History, Discursiveness. On Hermann Broch's *Die Schlafwandler*«. In: *Hermann Broch. Modernismus, Kulturkrise und Hitlerzeit.* Hg. v. Adrian Stevens, Fred Wagner und Sigurd Paul Scheichl. Innsbruck 1994, S. 45–62.
Watt, Roderick H.: »Hermann Broch's ›Adolf Hitler's farewell address‹ and George Steiner's ›The portage to San Christobal of A.H.‹«. In: *Hermann Broch. Modernismus, Kulturkrise und Hitlerzeit.* Hg. v. Adrian Stevens, Fred Wagner und Sigurd Paul Scheichl. Innsbruck 1994, S. 173–186.
Weigel, Robert G.: *Zur geistigen Einheit von Hermann Brochs Werk. Massenpsychologie, Politologie, Romane.* Tübingen 1994.

1995

Übersetzungen und weitere Textausgaben

Broch, Hermann: *H. Burohho no bungaku kukan* [Aus: *Dichten und Erkennen*]. Übers. v. Masaaki Irinoda. Tokyo 1995.

Broch, Hermann: *Očarování* [*Die Verzauberung*]. Übers. v. Bozena Koseková. Prag 1995.

Sekundärliteratur

Bartsch, Kurt: »Zur Thematisierung von Kleinbürgerlichkeit bei Horváth, Broch und Soyfer«. In: *Jura Soyfer and His Time*. Hg. v. Donald G. Daviau und Herbert Arlt. Riverside, CA 1995, S. 164–179.

Bourgeois, Denis: *Fictions éclatées (littérature et éthique)*. Unv. Diss. Université de Paris 8, 1995.

Chamberland, Paul: »La longue Phrase de Voyage au Pays de Mémoire«. In: *Voix et Images. Litterature Quebecoise* 21 (1995) H. 1 [61], S. 26–52.

Grabowsky-Hotamanidis, Anja: *Zur Bedeutung mystischer Denktraditionen im Werk von Hermann Broch*. Tübingen 1995.

Hinck, Walter: *Geschichtsdichtung*. Göttingen 1995.

Kaszynski, Stefan H.: *Österreich und Mitteleuropa. Kritische Seitenblicke auf die neue österreichische Literatur*. Poznan 1995.

Kum, Kijeong: *Das Schuldproblem des Menschen in der deutschen Literatur des 20. Jahrhunderts. Eine vergleichende Untersuchung am Beispiel von Romanen Franz Kafkas, Hermann Brochs und Thomas Manns*. Würzburg 1995.

Lützeler, Paul Michael: »Brochs Schlafwandler im Kontext der Europa-Schriften der Zwischenkriegszeit«. In: *Weltbürger-Textwelten*. Hg. v. Leslie Bodi u. a. Frankfurt am Main u. a. 1995, S. 177–194.

Paul, Jean-Marie: »Comprendre la guerre pour fonder la paix. L'échec de Hermann Broch«. In: *Le texte et l'idée* 10 (1995), S. 251–274.

Sebastian, Thomas: »›Das Absolute aber ist immer Konstruktion‹. Zur Figur des hypothetischen Erzählers in Hermann Brochs ›Eine methodologische Novelle‹«. In: *Modern Austrian Literature* 28 (1995) H. 2, S. 71–89.

Sebastian, Thomas: *Der Gang der Geschichte. Rhetorik der Zeitlichkeit in Hermann Brochs Romantrilogie ›Die Schlafwandler‹*. Würzburg 1995.

Stoltenberg, Nicola: *Der geöffnete Ring. Die Ich-Konzeption der Moderne am Beispiel Hermann Brochs*. Unv. Diss. Universität Heidelberg, 1995.

Villwock, Jörg: »Hermann Brochs Erneuerung der Typologie«. In: *Die Dichter lügen nicht. Über Erkenntnis, Literatur und Leser*. Hg. v. Carola Hilmes und Dietrich Mathy. Würzburg 1995, S. 250–266.

Sonstige Veröffentlichungen (Film, Theater, Kunst u. Ä., besonders Adaptionen)

Holmström, Ralph: *Livlinor & de fyra elementen* [Text von Hermann Brochs *Vergilii död*]. Sävedalen 1995.

Lupa, Krystian: »*Die Schlafwandler. Esch oder die Anarchie (Lunatycy. Esch czyli anarchia)*«. *Krystian Lupa (Regie). Stary Teatr Krakau 11.2. 1995.*

1996

Übersetzungen und weitere Textausgaben

Broch, Hermann: *Barbara. Novelle* [*Barbara*]. Übers. v. Sverre Dahl. Oslo 1996.
Broch, Hermann: *Dopisy o Nemecku (1945–1949)* [*Briefe über Deutschland, 1945–1949*]. Übers. v. Ivana Vízdalová. Praha 1996.
Broch, Hermann: *Kader agitlari – Vergilius'un dönüsü*. [Der Tod des Vergil]. Übers. v. Ahmet Cemal. Istanbul 1996.

Sekundärliteratur

Agazzi, Elena: »Romanticismo, anarchia e realismo come registro epocale della crisi dei valori. Sulla filosofia di H. Broch«. In: *Studia austriaca* (1996) H. 4, o. S.
Aschheim, Steven E.: *Culture and Catastrophe. German and Jewish Confrontations with National Socialism and other Crises*. New York 1996.
Bornscheuer, Lothar: »Die apokalyptische ›Endschaft der Kunstperiode‹ in Hermann Brochs *Der Tod des Vergil* und Thomas Manns *Doktor Faustus*«. In: *Literatur für Leser* 1 (1996), S. 17–31.
»Hermann Broch«. *Lexikon deutsch-jüdischer Autoren*, Bd. 4. Hg. v. Renate Heuer und Andrea Boelke-Fabian. München u. a. 1996, S. 73f.
Brude-Firnau, Gisela: »Psychogramm einer Epoche: Hermann Broch ›1888 Pasenow oder die Romantik‹«. In: Dies.: *Die literarische Deutung Kaiser Wilhelms II. zwischen 1889 und 1989*. Heidelberg 1997, S. 142–155.
Chapple, Gerald: »Demeter in Altaussee. Frischmuth's response to Broch's *Die Verzauberung*«. In: *Geschichte der österreichischen Literatur*. Hg. v. Donald G. Daviau und Herbert Arlt. Bd. 1. St. Ingbert 1996, S. 544–558.
Derejczyk, Renata: »Straszni mieszczanie Krystiana Lupy«. In: *Dialog. Miesiecznik Poswiecony Dramaturgii Wspolczesnej: Teatralnej, Filmowej, Radiowej, Telewizyj* 41 (1996) H. 5–6 [474–475], S. 223–229.
Dethurens, Pascal: »La ›Joyeuse Apocalypse‹ selon Hermann Broch: *Les Somnambules, La Mort de Virgile* et *Les Irresponsables*«. In: *Litteratures* 34 (1996), S. 145–170.
Duhamel, Roland: »Von Vergil bis Ovid. Kunst und Künstler bei Hermann Broch und Christoph Ransmayr«. In: *50 Jahre 2. Republik – 1000 Jahre »Ostarrichi«. Beiträge zur Sprache, Literatur und Kultur in Österreich*. Hg. v. Roland Duhamel. Bd. 43/44. Bonn 1996, S. 191–200.
Fingas, Monika: *Die Struktur von Hermann Brochs Roman ›Der Tod des Vergil‹. Erörtert im Hinblick auf seine philosophischen, linguistischen und literarischen Komponenten*. Münster 1996.
Halsall, Robert: »Broch, Negative Theology and the Search for Presence«. In: *Imprimatur (University of Luton)* 1 (1996) H. 2–3, S. 173–179.
Lützeler, Paul Michael: »Hermann Brochs Architektur-Theorie und ihre Auswirkung auf *Die Schlafwandler*«. In: *Von Franzos zu Canetti. Jüdische Autoren aus Österreich. Neue*

Studien. Hg. v. Mark H. Gelber, Hans Otto Horch und Sigurd Paul Scheichl. Tübingen 1996, S. 289–303.

Reich-Ranicki, Marcel: *Romane von gestern – heute gelesen*, Bd. 3. *1933–1945.* Frankfurt am Main 1996.

Smith, Evans Lansing: »The Golem and the Garland of Letters in Borges and Broch«. In: *Journal of the Fantastic in the Arts* 7 (1996) H. 2–3 [26–27], S. 177–190.

Tost, Otto: *Die Antike als Motiv und Thema in Hermann Brochs Roman ›Der Tod des Vergil‹.* Innsbruck 1996.

Wiśniewski, Włodzimierz: »Fremdes in der *Schlafwandler*-Trilogie von Hermann Broch«. In: *Fremde und Fremdes in der Literatur.* Hg. v. Joanna Jablkowska und Erwin Leibfried. Frankfurt am Main u. a. 1996, S. 181–192.

1997

Übersetzungen und weitere Textausgaben

Broch, Hermann: *Geist und Zeitgeist. Essays zur Kultur der Moderne.* Hg. v. Paul Michael Lützeler. Frankfurt am Main 1997.

Broch, Hermann: *Lunatycy* [*Die Schlafwandler*]. Hg. v. Jakub Zdzislaw Lichanski. Übers. v. Slawomir Blaut. Breslau 1997.

Broch, Hermann: *Lunatiki* [*Die Schlafwandler*]. Übers. v. Nikolaj Kušnir. Kiev, St. Petersburg 1997.

Sekundärliteratur

Barolsky, Paul: »The Fable of Failure in Modern Art«. In: *The Virginia Quarterly Review* 73 (1997), S. 395–404.

Bourgon, Julie: *Création, éthique et vérité. Broch et Blanchot. Suivi de, En trompe-l'oeil.* Unv. Diss. McGill University, 1997.

Carty, Anthony und Beata Polanowska: »Identité et nation dans l'Europe de l'entre-deux guerres«. In: *Le roman et l'Europe.* Hg. v. Jacqueline Lévi-Valensi und Alain Fenet. Paris 1997, S. 281–289.

Demmelbauer, Josef: »Fontane, Hofmannsthal und Broch als politische Dichter«. In: *Neue juristische Wochenschrift* 50 (1997) H. 17, S. 1119–1124.

Durand-Barthez, Manuel: »Hermann Broch«. In: Ders.: *Etre autrichien: La Problématique de la faute chez les écrivains autrichiens du début du siècle.* Bern 1997, S. 291–379.

Edelmann, Thomas: *Literaturtherapie wider Willen. Hermann Brochs Traum-Dichtung zwischen Metaphysik und Psychoanalyse.* Würzburg 1997.

Eicher, Thomas: »*Die Schlafwandler* oder der Blick hinter die Religion. Epiphanien in Hermann Brochs Romantrilogie«. In: *Erfahrung und System. Mystik und Esoterik in der Literatur der Moderne.* Hg. v. Bettina Gruber. Opladen 1997, S. 49–66.

Guilhamon, Elizabeth: »Du diagnostic à la représentation. *Die Schlafwandler* d'Hermann Broch«. In: *Le texte et l'idée* 12 (1997), S. 115–142.

Harries, Karsten: *The Ethical Function of Architecture.* Cambridge, M.A. 1997.

Heizmann, Jürgen: *Antike und Moderne in Hermann Brochs Tod des Vergil. Über Dichtung und Wissenschaft, Utopie und Ideologie.* Tübingen 1997.

Lützeler, Paul Michael: »1937 Hermann Broch Writes a Narrative Entitled ›The Return of Virgil‹. Thus Beginning an Eight-Year Project that Culminates in the Novel ›The Death of Virgil‹«. In: *Yale Companion to Jewish Writing and Thought in German Culture, 1096–1996*. Hg. v. Sander L. Gilman und Jack Zipes. New Haven, C.T. 1997, S. 537–543.

Lützeler, Paul Michael: »Europäischer Kulturzerfall. Brochs *Schlafwandler* und Spenglers *Untergang des Abendlandes*«. In: Ders.: *Europäische Identität und Multikultur. Fallstudien zur deutschsprachigen Literatur seit der Romantik*. Tübingen 1997, S. 87–105.

Lützeler, Paul Michael: »Hermann Broch's View of the Fin de Siècle«. In: *Vienna. The World of Yesterday, 1889–1914*. Hg. v. Stephen Eric Bronner und F. Peter Wagner. Atlantic Highlands, NJ 1997, S. 187–201.

Lützeler, Paul Michael: »Menschenrecht und Demokratie. Hermann Brochs politische Essays«. In: Ders.: *Klio oder Kalliope? Literatur und Geschichte. Sondierung, Analyse, Interpretation*. Berlin 1997, S. 109–132.

Lützeler, Paul Michael: »Negative Ästhetik im Exil. Hermann Broch«. In: Ders.: *Klio oder Kalliope? Literatur und Geschichte. Sondierung, Analyse, Interpretation*. Berlin 1997, S. 99–108.

Mikame, Norihiko: *Shi no henso. Heruman burohho tomasu man no tame ni*. Kyoto 1997.

Moh, Mari: »Hāman Burokku. Muyū no hitobito ni okeru shimbun no mochīfu«. In: *Kōbe Jogakuin Daigaku Kenkyūjo Yakuin/Kobe College Studies* (KCS) 44 (1997) H. 2 [129], S. 43–57.

Pelletier, Jacques: *Situation de l'intellectuel critique. La leçon de Broch*. Montréal 1997.

Sandberg, Glenn Robert: *The Genealogy of the Massenführer. Hermann Broch's Die Verzauberung as a Religious Novel*. Heidelberg 1997.

Schmid-Bortenschlager, Sigrid: »Dichtung und Religion bei Hermann Broch. Das Opfer als Voraussetzung des Umschlags«. In: *Religion(s) et littérature en Autriche au XXe siècle*. Hg. v. Arlette Camion und Jacques Lajarrige. Frankfurt am Main u. a. 1997, S. 35–46.

Schneider-Handschin, Esther: »›Schöpfer‹ vs. ›Macher‹ – Zur Produktionsästhetik und Romanpoetik Jakob Wassermanns und Hermann Brochs«. In: *Modern Austrian Literature* 30 (1997) H. 2, S. 84–100.

Weigel, Robert G.: »Dichtung und Freiheit bei Hermann Broch«. In: *Ein Leben für Dichtung und Freiheit*. Hg. v. Karlheinz F. Auckenthaler, Hans H. Rudnick und Klaus Weissenberger. Tübingen 1997, S. 145–155.

Wiśniewski, Włodzimierz: »Uneigentliche Erkenntnis im Werk Hermann Brochs«. In: *Studia z literatury i języka niemieckiego*. Hg. v. Krzysztof A. Kuczyński und Roman Sadziński. Łódź 1997, S. 69–76.

Sonstige Veröffentlichungen (Film, Theater, Kunst u. Ä., besonders Adaptionen)

Lupa, Krystian: »*Hanne Wendling* (Dama z jednorozcem)«. Krystian Lupa (Regie). Teatr Polski Breslau 17.5.1997.

Schenker, Friedrich: *Michelangelo-Sinfonie*. Sound Recording. Berlin Classics 1997.

1998

Übersetzungen und weitere Textausgaben

Broch, Hermann: *Az alvajárók. 1. Pasenow avagy a romantika. 1888.* [*Pasenow oder die Romantik*]. Übers. v. Miklós Györffy. Pécs 1998.

Broch, Hermann: *Az alvajárók. 2. Esch avagy az anarchia. 1903.* [*Esch oder die Anarchie*]. Übers. v. Miklós Györffy. Pécs 1998.

Broch, Hermann: *Kilka uwag o kiczu i inne eseje.* [Aufsätze] Übers. v. Danuta Borkowska. Warszawa 1998.

Broch, Hermann: *Pripovijest služavke Zerline.* [*Die Erzählung der Magd Zerline*]. Übers. v. Truda Stamać. Zagreb 1998.

Sekundärliteratur

Angelova, Penka: »Die Ungeduld der Erkenntnis. Zu einigen Berührungspunkten in Canettis und Brochs Kunstkonzeption«. In: *Hermann Broch. Perspektiven interdisziplinärer Forschung. Akten des internationalen Symposions Hermann Broch, 15.–17. September 1996, József-Attila-Universität, Szeged.* Hg. v. Árpád Bernáth, Michael Kessler und Endre Kiss. Tübingen 1998, S. 117–136.

Babić, Josip: »Fragen und Perspektiven einer serbischen Broch-Rezeption«. In: *Hermann Broch. Perspektiven interdisziplinärer Forschung. Akten des internationalen Symposions Hermann Broch, 15.–17. September 1996, József-Attila-Universität, Szeged.* Hg. v. Árpád Bernáth, Michael Kessler und Endre Kiss. Tübingen 1998, S. 271–283.

Benedikt, Michael: »Brochs Wertvoraussetzung zwischen Positivismus und dem Unvordenklichen«. In: *Hermann Broch. Perspektiven interdisziplinärer Forschung. Akten des internationalen Symposions Hermann Broch, 15.–17. September 1996, József-Attila-Universität, Szeged.* Hg. v. Árpád Bernáth, Michael Kessler und Endre Kiss. Tübingen 1998, S. 17–27.

Bent, M.: »German Broch o literature«. In: *Voprosy Literatury* 4 (1998), S. 204–258.

Bernáth, Árpád: »Die Funktion der Dichtung im Zeitalter des Zerfalls der Werte«. In: *Hermann Broch. Perspektiven interdisziplinärer Forschung. Akten des internationalen Symposions Hermann Broch, 15.–17. September 1996, József-Attila-Universität, Szeged.* Hg. v. Árpád Bernáth, Michael Kessler und Endre Kiss. Tübingen 1998, S. 107–115.

Bernáth, Árpád, Michael Kessler und Endre Kiss (Hg.): *Hermann Broch. Perspektiven interdisziplinärer Forschung. Akten des internationalen Symposions Hermann Broch, 15.–17. September 1996, József-Attila-Universität, Szeged.* Tübingen 1998.

Chardin, Philippe: *Le roman de la conscience malheureuse. Svevo, Gorki, Proust, Mann, Musil, Martin du Gard, Broch, Roth, Aragon.* Genève 1998.

Doppler, Bernhard: »*Die Entsühnung* als Zeitoper. Zur Aktualität von Brochs Trauerspiel«. In: *Hermann Broch. Perspektiven interdisziplinärer Forschung. Akten des internationalen Symposions Hermann Broch, 15.–17. September 1996, József-Attila-Universität, Szeged.* Hg. v. Árpád Bernáth, Michael Kessler und Endre Kiss. Tübingen 1998, S. 243–256.

Fiskowa, Switlana: »Zeitlich-räumlicher Ausdruck der Synthese von der Literatur und Musik im Schaffen von Hermann Broch«. *Trans. Internet-Zeitschrift für Kulturwissenschaften* 6 (1998). http://www.inst.at/trans/6Nr/fiskowa.htm (Stand: 30.10.2011).

Gabolde, Isabelle: »Echos und scheinbare Diskontinuität in den *Schlafwandlern.* Aufbau einer Architektonik – Syntax einer Architektur«. In: *Hermann Broch. Perspektiven interdisziplinärer Forschung. Akten des internationalen Symposions Hermann Broch, 15.–17. September 1996, József-Attila-Universität, Szeged.* Hg. v. Árpád Bernáth, Michael Kessler und Endre Kiss. Tübingen 1998, S. 201–218.

Gabriel-Blouvac, Françoise: »L'identité du moi dans la théorie de la connaissance de Hermann Broch«. In: *Crises allemandes de l'identité = Deutsche Identitätskrisen.* Hg. v. Michel Vanoosthuyse. Montpellier 1998, S. 147–164.

Györffy, Miklós: »Verrat und Verantwortung der Intellektuellen. Hesse, Broch und Babits über die Krise der europäischen Kultur als ein moralisches Problem«. In: *Hermann Broch. Perspektiven interdisziplinärer Forschung. Akten des internationalen Symposions Hermann Broch, 15.–17. September 1996, József-Attila-Universität, Szeged.* Hg. v. Árpád Bernáth, Michael Kessler und Endre Kiss. Tübingen 1998, S. 47–56.

Hackermüller, Rotraut: »Die Heilsarmee in Hermann Brochs Roman *Die Schlafwandler*«. In: *Hermann Broch. Perspektiven interdisziplinärer Forschung. Akten des internationalen Symposions Hermann Broch, 15.–17. September 1996, József-Attila-Universität, Szeged.* Hg. v. Árpád Bernáth, Michael Kessler und Endre Kiss. Tübingen 1998, S. 161–179.

Heidenreich, Gerald: *Ethics and Subjectivity in the Novels of Hermann Broch.* Unv. Diss. University of Oregon, 1998.

Heizmann, Jürgen: »Neuer Mythos oder Spiel der Zeichen. Hermann Brochs literarästhetische Auseinandersetzung mit James Joyce«. In: *Deutsche Vierteljahrsschrift für Literaturwissenschaft und Geistesgeschichte* 72 (1998) H. 3, S. 512–530.

Kerekes, Gábor: »Hermann Broch und Ungarn«. In: *Hermann Broch. Perspektiven interdisziplinärer Forschung. Akten des internationalen Symposions Hermann Broch, 15.–17. September 1996, József-Attila-Universität, Szeged.* Hg. v. Árpád Bernáth, Michael Kessler und Endre Kiss. Tübingen 1998, S. 295–312.

Kessler, Michael: »Oszillationen. Über die Motorik von Konstruktion und Dekonstruktion am Beispiel von Hermann Brochs Roman *Die Verzauberung*«. In: *Hermann Broch. Perspektiven interdisziplinärer Forschung. Akten des internationalen Symposions Hermann Broch, 15.–17. September 1996, József-Attila-Universität, Szeged.* Hg. v. Árpád Bernáth, Michael Kessler und Endre Kiss. Tübingen 1998, S. 225–241.

Kiss, Endre: »Krise oder Selbstorganisation? Ein Vergleich der Massenpsychologien von Hermann Broch und Elias Canetti«. In: *Die Massen und die Geschichte: Internationales Symposium Russe Oktober 1995.* Hg. v. Penka Angelova. St. Ingbert 1998, S. 45–53.

Kiss, Endre: »Negativer Universalismus als die Eigenart von Hermann Brochs Philosophie«. In: *Hermann Broch. Perspektiven interdisziplinärer Forschung. Akten des internationalen Symposions Hermann Broch, 15.–17. September 1996, József-Attila-Universität, Szeged.* Hg. v. Árpád Bernáth, Michael Kessler und Endre Kiss. Tübingen 1998, S. 3–15.

Koelb, Clayton: »The Legendary Self. Hermann Broch's *Death of Virgil*«. In: Ders.: *Legendary Figures. Ancient History in Modern Novels.* Lincoln 1998, S. 67–88.

Kohlenberger, Helmut: »Das ›Mitsingen des Todes‹ hören«. In: *Hermann Broch. Perspektiven interdisziplinärer Forschung. Akten des internationalen Symposions Hermann Broch, 15.–17. September 1996, József-Attila-Universität, Szeged.* Hg. v. Árpád Bernáth, Michael Kessler und Endre Kiss. Tübingen 1998, S. 71–77.

Komáromi, Sándor: »Anarchie und Roman. Zum Problem des Zerfalls bei Hermann Broch und Thomas Bernhard«. In: *Hermann Broch. Perspektiven interdisziplinärer Forschung. Akten des internationalen Symposions Hermann Broch, 15.–17. September 1996, József-Attila-Universität, Szeged.* Hg. v. Árpád Bernáth, Michael Kessler und Endre Kiss. Tübingen 1998, S. 57–69.

Konstantinovic, Zoran: »Hermann Broch und der Mitteleuropa-Gedanke«. In: *Hermann Broch. Perspektiven interdisziplinärer Forschung. Akten des internationalen Symposions Hermann Broch, 15.–17. September 1996, József-Attila-Universität, Szeged.* Hg. v. Árpád Bernáth, Michael Kessler und Endre Kiss. Tübingen 1998, S. 79–93.

Kwiecińska, Grażyna: »Hermann Broch und die Moderne«. In: *»Moderne«, »Spätmoderne« und »Postmoderne« in der österreichischen Literatur. Beiträge des 12. Österreichisch-Polnischen Germanistiksymposions, Graz 1996.* Hg. v. Dietmar Goltschnigg, Günther A. Höfler und Bettina Rabelhofer. Wien 1998, S. 49–58.

Lützeler, Paul Michael: »Dank nach Wien. Ein Kurzkommentar zu Hermann Brochs Basil-Brief«. In: *Otto Basil und die Literatur um 1945. Tradition, Kontinuität, Neubeginn.* Hg. v. Volker Kaukoreit und Wendelin Schmidt-Dengler. Wien 1998, S. 64–65.

Lützeler, Paul Michael: »Hermann Broch. Zur Kultur der Moderne«. In: *Hermann Broch. Perspektiven interdisziplinärer Forschung. Akten des internationalen Symposions Hermann Broch, 15.–17. September 1996, József-Attila-Universität, Szeged.* Hg. v. Árpád Bernáth, Michael Kessler und Endre Kiss. Tübingen 1998, S. 31–45.

Mahrdt, Helgard: »›... bloß das Irrationale, das Dichterische wirkt von Mensch zu Mensch, bloß dieses ist imstande, eine Seele zu öffnen‹: Zu Hermann Brochs Roman *Die Schlafwandler*«. In: *Hermann Broch. Perspektiven interdisziplinärer Forschung. Akten des internationalen Symposions Hermann Broch, 15.–17. September 1996, József-Attila-Universität, Szeged.* Hg. v. Árpád Bernáth, Michael Kessler und Endre Kiss. Tübingen 1998, S. 137–150.

Martens, Gunther: »›Das Ganze ist das (Un)Wahre‹. Broch und Musil im Spannungsfeld von Totalität und Fragment«. In: *Recherches germaniques* 28 (1998), S. 113–137.

Miladinović Zalaznik, Mira: »Die Rezeption Hermann Brochs in Slowenien«. In: *Hermann Broch. Perspektiven interdisziplinärer Forschung. Akten des internationalen Symposions Hermann Broch, 15.–17. September 1996, József-Attila-Universität, Szeged.* Hg. v. Árpád Bernáth, Michael Kessler und Endre Kiss. Tübingen 1998, S. 285–294.

Paalanen, Rauni: *Kahvilanaisia.* Helsinki 1998.

Reichmann, Eva: »Weiblichkeitsdarstellung in Brochs Werk. Ein Vergleich mit der literarischen Tradition«. In: *Hermann Broch. Perspektiven interdisziplinärer Forschung. Akten des internationalen Symposions Hermann Broch, 15.–17. September 1996, József-Attila-Universität, Szeged.* Hg. v. Árpád Bernáth, Michael Kessler und Endre Kiss. Tübingen 1998, S. 181–192.

Rinner, Fridrun: »Zur Broch-Rezeption in Frankreich«. In: *Hermann Broch. Perspektiven interdisziplinärer Forschung. Akten des internationalen Symposions Hermann Broch, 15.–17. September 1996, József-Attila-Universität, Szeged.* Hg. v. Árpád Bernáth, Michael Kessler und Endre Kiss. Tübingen 1998, S. 259–269.

Saariluoma, Liisa: »Kundera, Broch und die Tradition des modernen Romans«. In: *Poetica* 30 (1998) H. 1–2, S. 179–199.

Sagnol, Marc: »Schönheit und Trauer im *Tod des Vergil*«. In: *Hermann Broch. Perspektiven interdisziplinärer Forschung. Akten des internationalen Symposions Hermann Broch,*

15.–17. September 1996, József-Attila-Universität, Szeged. Hg. v. Árpád Bernáth, Michael Kessler und Endre Kiss. Tübingen 1998, S. 193–197.

Sandberg, Glenn: »Hermann Broch and Hermann Cohen. Jewish Messianism and the Golden Age«. In: *Modern Austrian Literature* 31 (1998) H. 2, S. 71–80.

Schiavoni, Giulio: »Ein Epos für den Staat? Spuren der Hegel'schen Staatslehre im *Tod des Vergil* von Hermann Broch«. In: *Grenzfrevel. Rechtskultur und literarische Kultur.* Hg. v. Hans-Albrecht Koch, Gabriella Rovagnati und Bernd H. Oppermann. Bonn 1998, S. 139–152.

Schlocker, Georges: »»Mich langweilen Romane entsetzlich««. In: *Hermann Broch. Perspektiven interdisziplinärer Forschung. Akten des internationalen Symposions Hermann Broch, 15.–17. September 1996, József-Attila-Universität, Szeged.* Hg. v. Árpád Bernáth, Michael Kessler und Endre Kiss. Tübingen 1998, S. 97–105.

Steinecke, Hartmut: »Broch und Goethe, oder: Goethe im österreichischen Exil«. In: *Jahrbuch des Wiener Goethe-Vereins* 102–103 (1998), S. 145–155.

Vajda, György Mihály: »Donjuanismus bei Hermann Broch«. In: *Hermann Broch. Perspektiven interdisziplinärer Forschung. Akten des internationalen Symposions Hermann Broch, 15.–17. September 1996, József-Attila-Universität, Szeged.* Hg. v. Árpád Bernáth, Michael Kessler und Endre Kiss. Tübingen 1998, S. 153–160.

Yamaguchi, Koichi: »Zu Hermann Brochs *Die Verzauberung*. Massenwahn und Mythos«. In: *Doitsu bungaku* (1998) H. 100, S. 150–157.

Zalán, Péter: »Zwischen radikalem Konstrukt und konstruktiver Radikalität. Dreizehn Thesen zu Hermann Brochs *Die Schlafwandler*«. In: *Hermann Broch. Perspektiven interdisziplinärer Forschung. Akten des internationalen Symposions Hermann Broch, 15.–17. September 1996, József-Attila-Universität, Szeged.* Hg. v. Árpád Bernáth, Michael Kessler und Endre Kiss. Tübingen 1998, S. 219–224.

Zeller, Jörg: *Die Zeitdarstellung bei Hermann Broch.* München 1998.

Sonstige Veröffentlichungen (Film, Theater, Kunst u. Ä., besonders Adaptionen)

Lupa, Krystian: »*Die Schlafwandler. Huguenau oder die Sachlichkeit (Lunatycy. Huguenau czyli Rzeczowosc)*«. Krystian Lupa (Regie). Stary Teatr Krakau 23.–24.10.1998.

1999

Übersetzungen und weitere Textausgaben

Broch, Hermann: *Az alvajárók. 3. Huguenau avagy a tárgyilagosság. 1918.* [*Huguenau oder die Sachlichkeit*]. Übers. v. Miklós Györffy. Pécs 1999.

Broch, Hermann: *Meseeniki.* [*Die Schlafwandler*]. Übers. v. Stefan Vevar. 2 Bde. Ljubljani 1999.

Sekundärliteratur

Asís Garrote, Ma Dolores de: »Mitos históricos latinos en la novela contemporánea«. In: *Espéculo. Revista de Estudios Literarios* 13 (1999). o. S.
Belobratow, Alexandr W.: »Die literarische Charaktergestaltung im Österreichischen Roman der 1930er Jahre (Musil, Broch, Canetti)«. *Trans. Internet-Zeitschrift für Kulturwissenschaften* 7 (1999). http://www.inst.at/trans/7Nr/belobratow7.htm (Stand: 30.10.2011).
Benthien, Claudia: »Poetik der Auflösung. Ozeanische Entgrenzung und regressive Kosmogonie in Hermann Brochs *Der Tod des Vergil*«. In: *Über Grenzen. Limitation und Transgression in Literatur und Ästhetik*. Hg. v. Claudia Benthien und Irmela Marei Krüger-Fürhoff. Stuttgart 1999, S. 135–160.
Capetillo, Manuel: *Límites de la muerte de Virgilio. Hermann Broch, más allá del lenguaje*. Mexiko-Stadt 1999.
Chołuj, Bożena: »Alltag als angestrebte Enge der Tagträumer in Hermann Brochs *Die Schlafwandler*«. In: Ders.: *Alltag als Enge in deutschen Prosawerken vom Ende des 19. Jahrhunderts bis zur Gegenwart*. Warszawa 1999, S. 127–164.
Dolinar, Darko: »Spoznavanje in umetnisko oblikovanje v Brochovi pripovedi«. In: *Literatura. Mesecnik za Knjizevnost* (1999), S. 403–449.
Durusoy, Gertrude: »Der Wertbegriff. Eine von Hermann Brochs lebenslangen Auseinandersetzungen«. In: *Jura Soyfer. Internationale Zeitschrift für Kulturwissenschaften* 8 (1999) H. 3, S. 20–26.
Edelmann, Thomas: »Vernunft des Irrationalen oder irrationale Vernunft? Arthur Lieberts Philosophie als Subtext der Wertzerfallessays Hermann Brochs«. In: *Zeitschrift für Deutsche Philologie* 118 (1999) H. Supplement, S. 186–204.
Enklaar, Jattie: »Hermann Broch and Virgil«. In: *The Author as Character. Representing Historical Writers in Western Literature*. Hg. v. Paul Franssen und Ton Hoenselaars. Madison, N.J. 1999, S. 213–227.
Gambarota, Paola: »Notizen zu Kunderas Broch-Lektüre«. In: *Germanoslavica. Zeitschrift für germano-slawische Studien* 6 (1999) H. 11 [1], S. 47–59.
Hansen-Löve, Friedrich: »Vergil und der Advent heut. Hermann Broch«. In: Ders.: *Buchwelten. Essays zur Literatur und Zeit um die Jahrhundertmitte*. Hg. v. Aage H. Hansen-Löve, Leopold Springinsfeld und Bernhard Stillfried. Wien 1999, S. 20–22.
Kiss, Endre: *A negatív univerzalizmus filozófiája és irodalma. Intellektuális monográfia Hermann Brochról*. Veszprém 1999.
Könneker, Carsten: »Hermann Brochs Rezeption der modernen Physik. Quantenmechanik und *Unbekannte Größe*«. In: *Zeitschrift für Deutsche Philologie* 118 (1999) Sonderheft, S. 205–239.
Könneker, Carsten: »Hermann Brochs *Unbekannte Größe*«. In: *Orbis Litterarum: International Review of Literary Studies* 54 (1999) H. 6, S. 439–463.
Könneker, Carsten: »Moderne Wissenschaft und moderne Dichtung. Hermann Brochs Beitrag zur Beilegung der ›Grundlagenkrise‹ der Mathematik«. In: *Deutsche Vierteljahrsschrift für Literaturwissenschaft und Geistesgeschichte* 73 (1999) H. 2, S. 319–351.
Kuhnle, Till R.: »Pas de panique? Apocalypse et messianisme chez Hermann Broch«. In: *Germanica* 24 (1999), S. 157.
Kwiecińska, Grażyna: »Das politische Engagement der Schriftsteller in Hermann Brochs Verständnis«. In: *Der Schriftsteller und der Staat. Apologie und Kritik in der*

österreichischen Literatur: Beiträge des 13. Polnisch-Österreichischen Germanistentreffens, kazimierz Dolny, 1998. Hg. v. Janusz Golec. Lublin 1999, S. 107–124.

Moh, Mari: »Heruman Burohho's Jubaku ni tsuite. ›Hahanaru Daich‹ no kansei o megutte«. In: *Kōbe Jogakuin Daigaku Kenkyūjo Yakuin/Kobe College Studies* (KCS) 46 (1999) H. 1 [134], S. 41–61.

Mondon, Christine: »La crise des valeurs et la recherche d'un salut esthétique et métaphysique dans l'œuvre de Hermann Broch (1886–1951)«. In: *Littérature et ordre social. Actes du colloque international »Cultures et société – ordre et désordres«.* Hg. v. Jean-Paul Barbiche. Paris 1999, S. 257–271.

Paik, Peter Yoonsuk: *The Burning Book. The Epiphany of Renunciation in Modern Literature and Film.* Unv. Diss. Cornell University, 1999.

Sautter, Sabine: *Irrationality and the Development of Subjectivity in Major Novels by William Faulkner, Hermann Broch, and Virginia Woolf.* Unv. Diss. McGill University, 1999.

Schärf, Christian: »Robert Musil und Hermann Broch: Essay und Roman«. In: Ders.: *Geschichte des Essays. Von Montaigne bis Adorno.* Hg. v. Christian Schärf. Göttingen 1999, S. 229–248.

Schneider-Handschin, Esther: »›Seine wirkliche Heimat ist der Geist‹ Kulturelle Identität und ›Heimat‹ bei Hermann Broch«. In: *Modern Austrian Literature* 32 (1999) H. 3, S. 20–35.

Severit, Frauke: »Ea von Allesch und Hermann Broch – Liebe im Bewusstsein einer Dialektik von Fiktion und Wahrheit oder Beginn der Geschichte eines Scheiterns«. In: Dies.: *Ea von Allesch. Wenn aus Frauen Menschen werden. Eine Biographie.* Wiesbaden 1999, S. 117–133.

2000

Übersetzungen und weitere Textausgaben

Broch, Hermann: *Birgilíou thánatos.* [*Der Tod des Vergil*]. Übers. v. Giorgos D. Kentrotes. Athen 2000.

Broch, Hermann: *Iz »Nevinovnite«.* [Aus: *Die Schuldlosen*]. Übers. v. Antonija Koleva. post 2000f. http://liternet.bg/library/pr/b/herman_broh.htm (Stand: 29.12.2011).

Broch, Hermann: *Misli o politici.* [*Politische Schriften*]. Hg. v. Ivanovic Zivota. Übers. v. Jasmina Burojevic. Belgrad 2000.

Broch, Hermann: *Somnambulii. Trilogie romanesca.* [*Die Schlafwandler*]. Übers. v. Mircea Ivanescu. Bukarest 2000.

Sekundärliteratur

Andriopoulos, Stefan: »Körper und Körperschaften bei Broch und Kafka«. In: Ders.: *Besessene Körper. Hypnose, Körperschaften und die Erfindung des Kinos.* München 2000, S. 129–153.

Benrekassa, Georges: »Ecrire, penser. Ecrire, connaître. En marge d'Hermann Broch«. In: *Littérature & philosophie.* Paris 2000, S. 249–265.

Czap, Ildikó: »›Jetzt kommt die neue Zeit‹. Versuch einer kurzen Analyse des Romans *Der Versucher* von Hermann Broch«. In: *Jahrhundert-Wende-Zeit. 3. Symposium junger ungarischer GermanistInnen.* Hg. v. Dorothee-Margarete Rabe. Peöcs 2000, S. 21–28.

Drev, Miriam: »Roman za obogatitev duha«. In: *Delo* 39 (2000) H. 17.
Duhamel, Roland: »Die philosophischen Grundlagen der österreichischen Literatur um die Jahrhundertwende. Anhand von drei Beispielen«. In: *Triangulum. Germanistisches Jahrbuch für Estland, Lettland und Litauen* 7 (2000), S. 125–136.
Fieguth, Gerhard: »Hermann Brochs *Die Schuldlosen* als Novellenroman«. In: *Interkulturelle Erforschung der österreichischen Literatur*. Hg. v. Herbert Arlt und Alexandr W. Belobratow. St. Ingbert 2000, S. 191–207.
Halsall, Robert: *The Problem of Autonomy in the Works of Hermann Broch*. Frankfurt am Main u. a. 2000.
Hoffmann, Daniel: »Broch, Hermann«. *Lexikon der deutsch-jüdischen Literatur*. Hg. v. Andreas B. Kilcher. Stuttgart 2000, S. 88–90.
Hornig, Dieter: »Hermann Broch. Judaïsme et antijudaïsme. Une tension insoutenable«. In: *Les écrivains juifs autrichiens du Vormärz à nos jours = Judentum und Österreichische Literatur vom Vormärz bis zur Gegenwart*. Hg. v. Jürgen Doll. Poitiers 2000, S. 217–228.
Köhn, Lothar: »›Leises Murmeln‹. Zum Begriff der Schuld in Hermann Brochs *Die Schuldlosen*«. In: Ders.: *Literatur – Geschichte. Beiträge zur deutschen Literatur des 19. und 20. Jahrhunderts*. Münster 2000, S. 202–212.
Köhn, Lothar: »Montage höherer Ordnung. Zur Struktur des Epochenbildes bei Bloch, Tucholsky und Broch«. In: Ders.: *Literatur – Geschichte. Beiträge zur deutschen Literatur des 19. und 20. Jahrhunderts*. Münster 2000, S. 165–189.
Köhn, Lothar: »Tod und Auferstehung. Hermann Brochs Roman *Die Verzauberung* in Rücksicht auf *Huguenau*«. In: Ders.: *Literatur – Geschichte. Beiträge zur deutschen Literatur des 19. und 20. Jahrhunderts*. Münster 2000, S. 190–201.
Konstantinovic, Zoran: »Hermann Broch und der Mitteleuropa-Gedanke«. In: *Grundlagentexte der Vergleichenden Literaturwissenschaft aus drei Jahrzehnten. Arbeiten von Zoran Konstantinović*. Hg. v. Beate Burtscher-Bechter. Innsbruck 2000, S. 285–299.
Lefebvre, Joël: »Renaissance, réforme, humanisme dans la philosophie de l'histoire chez Broch«. In: Ders.: *Etudes allemandes: Littérature. Idéologies*. Romainmôtier 2000, S. 347–376.
Litzenburger, Charlotte: *Im Spiegel – Zu Hermann Broch. Ein Abend Angst*. Aquatinta. 2000.
Lützeler, Paul Michael: *Die Entropie des Menschen. Studien zum Werk Hermann Brochs*. Würzburg 2000.
Lützeler, Paul Michael: »Hermann Brochs *Pasenow oder die Romantik* und Matthias Grünewalds *Die Menschwerdung Christi*. Zur Messiashoffnung in den *Schlafwandlern*«. In: *›Hinauf und zurück in die herzhelle Zukunft‹. Deutsch-jüdische Literatur im 20. Jahrhundert. Festschrift für Birgit Lermen*. Hg. v. Michael Braun. Bonn 2000, S. 281–300.
Mack, Michael: »The Politics of Sacrifice. Hermann Broch's Critique of Fascism in *Die Verzauberung*«. In: *Orbis Litterarum. International Review of Literary Studies* 55 (2000) H. 1, S. 15–36.
Miller, Thomas Lee: *Shaping the Subject in »La Chanson de Roland« and in Hermann Broch's »Der Tod des Virgil«*. Unv. Diss. Louisiana State University, 2000.
Miltenberger, Anja: »Hermann Brochs Romantrilogie *Die Schlafwandler*«. In: *Verborgene Strukturen in erzählenden Texten von 1900–1950*. München 2000, S. 127–137.
Moh, Mari: »Schuld und Läuterung in Hermann Brochs Roman *Die Schuldlosen*«. In: *Doitsu bungaku* 42 (2000), S. 19–39.

Müller-Funk, Wolfgang: »Die fürchterliche Pflicht zur Freiheit. Überlegungen zu Hermann Brochs Meta-Poetik«. In: *The Writers' Morality/Die Moral der Schriftsteller.* Hg. v. Ronald Speirs. Frankfurt am Main 2000, S. 77–95.

Müller-Funk, Wolfgang: »Kakanien Revisited (I). Über das Verhältnis von Herrschaft und Kultur«. In: *Jahrbuch der Ungarischen Germanistik* (2000), S. 53–59.

Orlowski, Hubert: »Hermann Broch in der Kritik der konservativen Revolution«. In: *Literatur und Herrschaft – Herrschaft und Literatur. Zur österreichischen und deutschen Literatur des 20. Jahrhunderts.* Hg. v. Hubert Orlowski, Edward Bialek und Marek Zybura. Frankfurt am Main u. a. 2000, S. 343–356.

Schuhmann, Rolf: *Die Massenwahntheorie im Spiegel der Autorenkrise. Gewalt, Anarchie und die Kunst der Sublimierung im Werk Hermann Brochs.* Frankfurt am Main u. a. 2000.

Treiber, Gerhard: *Philosophie der Existenz. Das Entscheidungsproblem bei Kierkegaard, Jaspers, Heidegger, Sartre, Camus. Literarische Erkundungen bei Kundera, Céline, Broch, Musil.* Frankfurt am Main 2000.

Tullberg, Steen: »Hermann Broch og den tolvte fe«. In: *Fønix* 24 (2000) H. 4, S. 221–232.

Vultur, Ioana: »Les Constellations temporelles de l'instant. Proust: *A la recherche du temps perdu* et Hermann Broch: *La Mort de Virgile*«. In: *Studi di Letteratura Francese. Rivista Europea* 25 (2000), S. 25–47.

Weigel, Robert G.: »Zur Theorie des Zerfalls der Werte bei György Sebestyén und Hermann Broch«. In: *György Sebestyén. Aufsätze zu seinem Werk und Leben.* Hg. v. Peter Kampits und Heide Breuer. Wien 2000, S. 53–68.

Zard, Philippe: »Don Juan dégénéré? Enjeux du mythe de Don Juan dans *Les Irresponsables* (1950) d'Hermann Broch«. In: *Roman 20–50. Revue d'Etude du Roman du XXe Siècle* 29 (2000), S. 107–116.

Sonstige Veröffentlichungen (Film, Theater, Kunst u. Ä., besonders Adaptionen)

Bak-Stalter, Christel: *Unbekannte Größe.* Mappe. 6 Blätter und Text. 2000.
Bak-Stalter, Christel: *Tod des Vergil.* Drei Unikatbücher. 2000.
Bak-Stalter, Christel: *Tod des Vergil.* Kassette. 7 Blätter und Text. 2000.
Grabarse, Claudia: *Licht.* 9 Radierungen mit Text von Hermann Broch. 2 Bde., Bd. 1. Berlin 2000.
Grabarse, Claudia: *Nacht.* 9 Radierungen mit Text von Hermann Broch. 2 Bde., Bd. 2. Berlin 2000.

2001

Übersetzungen und weitere Textausgaben

Broch, Hermann: *A morte de Virgílio.* [*Der Tod des Vergil*]. Übers. v. Herbert Caro. São Paulo 2001.

Broch, Hermann: *Autobiographie psychique.* [*Psychische Selbstbiographie*]. Übers. v. Laurent Cassagnau. Paris 2001.

Broch, Hermann: *Esperance*. [*Novellen*]. Hg. u. übers. v. Krista Läänemets. Tallinn 2001.
Broch, Hermann: *Hofmannsthal und seine Zeit. Eine Studie*. Hg. v. Paul Michael Lützeler. Frankfurt am Main 2001.
Broch, Hermann: *Teatro*. [*Die Entsühnung* und *Aus der Luft gegriffen oder Die Geschäfte des Baron Laborde*]. Übers. v. Roberto Rizzo. Mailand 2001.
Broch, Hermann: *Vergiljeva smrt*. [*Der Tod des Vergil*]. Übers. v. Truda Stamać. Zagreb 2001.

Sekundärliteratur

Abouzid, Sayed Ahmad Fathalla: *Hermann Brochs Romane als Epochenanalyse und Zeitkritik. Zum Verhältnis von Erzählstrukturen und Argumentationsformen in der modernen deutschsprachigen Prosa*. Frankfurt am Main 2001.
Angelova, Penka und Judith Veichtlbauer (Hg.): *Pulverfass Balkan – Mythos oder Realität. Internationales Symposium, Rousse, Oktober 1998*. St. Ingbert 2001.
Balzer, Berit: *Hermann Broch (1886–1951)*. Madrid 2001.
Broch de Rothermann, H. F.: *Dear Mrs. Strigl/Liebe Frau Strigl. A memoir of Hermann Broch*. New Haven, C.T. 2001.
Budi Hardiman, Fransisco: *Die Herrschaft der Gleichen. Masse und totalitäre Herrschaft. Eine kritische Überprüfung der Texte von Georg Simmel, Hermann Broch, Elias Canetti und Hannah Arendt*. Frankfurt am Main 2001.
Caesar, Claus: *Poetik der Wiederholung. Ethische Dichtung und ökonomisches »Spiel« in Hermann Brochs Romanen »Der Tod des Vergil« und »Die Schuldlosen«*. Würzburg 2001.
Durzak, Manfred: *Hermann Broch*. Reinbek bei Hamburg 2001.
Fetz, Bernhard: »Zum Gutsein verurteilt. Der Kulturkritiker Hermann Broch oder die Moral der Literatur«. In: *Literatur und Kritik* 357–358 (2001), S. 54–62.
Fornaro, Pierpaolo: »Virgilio icona storica di Broch e Vassalli«. In: *Acme. Annali della Facoltà di Lettere e Filosofia dell' Università degli Studi di Milano* 54 (2001) H. 3, S. 293–301.
Frischmuth, Barbara: »Brochs Spuren im Ausseerland«. In: *Literatur und Kritik* 357–358 (2001), S. 46–54.
Hackermüller, Rotraut: »›Schule des Widerstands‹ bei Broch und Canetti«. In: *Pulverfass Balkan. Mythos oder Realität: Internationales Symposium Rousse, Oktober 1998*. Hg. v. Penka Angelova und Judith Veichtlbauer. Sankt Ingbert 2001, S. 79–91.
Halsall, Robert: »The Individual and the Epoch. Hermann Broch's *Die Schlafwandler* as a Historical Novel«. In: *Travellers in Time and Space. The German Historical Novel/Reisende durch Zeit und Raum. Der deutschsprachige historische Roman*. Hg. v. Osman Durrani und Julian Preece. Amsterdam 2001, S. 227–241.
Halsall, Robert: »Zur Kierkegaardrezeption Hermann Brochs«. In: *Literaturvermittlung um 1900*. Hg. v. Florian Krobb und Sabine Strümper Krobb. Amsterdam 2001, S. 131–146.
Herbst, Helmut: »Marbach runderneuert. Marbacher Kostbarkeiten und Hermann Broch«. In: *Aus dem Antiquariat. Zeitschrift für Antiquare und Büchersammler* (2001) H. 7, S. A423–A425.
Kiss, Endre: *Philosophie und Literatur des negativen Universalismus. Intellektuelle Monographie über Hermann Broch*. Cuxhaven 2001.

Kohlenberger, Helmut: »Partner im Widerstand. Broch und Canetti gegengelesen«. In: *Pulverfass Balkan. Mythos oder Realität: Internationales Symposium Rousse, Oktober 1998*. Hg. v. Penka Angelova und Judith Veichtlbauer. Sankt Ingbert 2001, S. 93–102.

Könneker, Carsten: »Brochs Unbekannte Größe und die Vollendung der Quantenmechanik«. In: Ders.: *»Auflösung der Natur, Auflösung der Geschichte«. Moderner Roman und NS-»Weltanschauung« im Zeichen der theoretischen Physik*. Stuttgart 2001, S. 34–44.

Könneker, Carsten: »Zur Schuld in Brochs *Schuldlosen*«. In: Ders.: *»Auflösung der Natur, Auflösung der Geschichte«. Moderner Roman und NS-»Weltanschauung« im Zeichen der theoretischen Physik*. Stuttgart 2001, S. 184–192.

Könneker, Carsten: »Philistertum und Sensationsgier. Brochs Filmskript *Das Unbekannte X*«. In: Ders.: *»Auflösung der Natur, Auflösung der Geschichte«. Moderner Roman und NS-»Weltanschauung« im Zeichen der theoretischen Physik*. Stuttgart 2001, S. 272–279.

Lützeler, Paul Michael: »Endzeit und religiöses Chaos. Brochs *Esch oder die Anarchie* und Grünewalds *Kreuzigung*«. In: *Fin de siècle, fin du millénaire. Endzeitstimmungen in der deutschsprachigen Literatur*. Hg. v. Hans-Jörg Knobloch und Helmut Koopmann. Tübingen 2001, S. 101–112.

Lützeler, Paul Michael: *Hermann Broch, 1886–1951. Eine Chronik*. Marbach am Neckar 2001.

Lützeler, Paul Michael: »Hermann Brochs autobiographische Schriften«. In: *Autobiographien als Zeitzeugen*. Hg. v. Manfred Misch. Tübingen 2001, S. 103–115.

Lützeler, Paul Michael: *Kulturbruch und Glaubenskrise. Hermann Brochs »Die Schlafwandler« und Matthias Grünewalds »Isenheimer Altar«*. Tübingen 2001.

Lützeler, Paul Michael: »Schlafwandler am Zauberberg. Die Europa-Diskussion in Hermann Brochs und Thomas Manns Zeitromanen«. In: *Thomas Mann Jahrbuch* 14 (2001), S. 49–62.

Pazi, Margarita: »Ethnische Bewußtseinsverschiebungen im Werk Hermann Brochs. Am Beispiel der Episoden der Geschichte des Heilsarmeemädchens in Berlin aus *Die Schlafwandler*«. In: *Staub und Sterne. Aufsätze zur deutsch-jüdischen Literatur*. Hg. v. Margarita Pazi, Sigrid Bauschinger und Paul Michael Lützeler. Göttingen 2001, S. 141–151.

Priester, Karin: »Der peinliche Tod des Vergil«. In: Dies.: *Mythos Tod. Tod und Todeserleben in der modernen Literatur*. Berlin 2001, S. 47–51.

Shin, Hye-Yang: »Hermann Brochs mythische Dichtung aus der Sicht der Postmoderne«. In: *Togil-munhak* 42 (2001) H. 2, S. 182–194.

Strelka, Joseph P.: *Poeta Doctus Hermann Broch*. Tübingen 2001.

Wefelmeyer, Fritz: »Geschichte als Verinnerlichung. Hermann Brochs *Der Tod des Vergil*«. In: *Travellers in Time and Space. The German Historical Novel/Reisende durch Zeit und Raum. Der deutschsprachige historische Roman*. Hg. v. Osman Durrani und Julian Preece. Amsterdam 2001, S. 243–261.

Sonstige Veröffentlichungen (Film, Theater, Kunst u. Ä., besonders Adaptionen)

Bak-Stalter, Christel: *Der Tod*. Unikatbuch. 2001.

Bak-Stalter, Christel: *Tod des Vergil*. Kassette. 11 Blätter und Text. 2001.

2002

Übersetzungen und weitere Textausgaben

Broch, Hermann: *Autobiografia psichica*. [*Psychische Selbstbiographie*]. Übers. v. Roberto Rizzo. Bologna 2002.

Broch, Hermann: *El maleficio*. [*Die Verzauberung*]. Übers. v. Claudia Baricco. Buenos Aires 2002.

Sekundärliteratur

Bekes, Peter: »Erzählkonstruktionen. ›The Work in Progress‹ bei Broch und Musil«. In: *www.germanistik2001.de. Vorträge des Erlanger Germanistentags*. Hg. v. Hartmut Kugler. Bielefeld 2002, S. 1121–1130.

Brucke, Martin: »›Macht das Fenster zu, Mutter ... jetzt kommt die neue Zeit‹ – Der Magnetiseur als moderner Messias in Hermann Brochs Nachlaßroman *Die Verzauberung*«. In: Ders.: *Magnetiseure. Die windige Karriere einer literarischen Figur*. Freiburg im Breisgau 2002, S. 177–210.

Durzak, Manfred: »Dostojewski, Lukács und Broch. Zu einem Paradigma des modernen Romans«. In: *Lukács. Jahrbuch der Internationalen Georg-Lukács-Gesellschaft* 6 (2002), S. 49–60.

Hargraves, John: *Music in the Works of Broch, Mann, and Kafka*. Rochester, NY 2002.

Henzy, Karl: »Musical interpretations of modernist literature«. In: *Literature and musical adaptation*. Hg. v. Michael J. Meyer. Amsterdam 2002, S. 153–165.

Kathan, Iris: »Hermann Broch«. *Literatur-Land-Karte Tirol*. Hg. v. Christiane Oberthanner und Iris Kathan. Innsbruck 2002. http://orawww.uibk.ac.at/apex/uprod/f?p=LLW:4:0::::P4_ID:1426 (Stand: 30.10.2011).

Kessler, Michael: »Contradictio in adiecto? Hermann Brochs Votum für eine ›totalitäre‹ Demokratie«. In: *Konfliktherd Toleranz?: Analysen, Sondierungen, Klarstellungen*. Hg. v. Michael Kessler, Wolfgang Graf Vitzthum und Jürgen Wertheimer. Tübingen 2002, S. 13–56.

Kindermann, Manfred: »Hermann Broch, *Die Schlafwandler* – Die ›Krankengeschichte‹ der bürgerlichen Epoche«. In: Ders.: *Vom nützlichen Einzelnen. Machtstrukturen und Intimität in ausgewählten Erzähltexten von 1900 bis 1950. Eine sozialpsychologische Literaturanalyse zur Individualitätsdarstellung in der Moderne*. Berlin 2002, S. 159–206.

Kucher, Heinz-Primus und Karl Müller (Projektleitung): »Broch, Hermann [Lehr- und Lernpaket]«. *Österreichische Literatur im Exil seit 1933* (2002). http://www.literaturepochen.at/exil/ (Stand: 30.10.2011).

Küçukbatır, Tuncer: »19. Yüzyıl Türk ve Alman Yazınında Eski-Yeni Çatışması«. [Zu: *Die Schlafwandler*]. In: *Atatürk Üniversitesi Türkiyat Arastırmaları Enstitüsü Dergisi* (AUTAED) 9 (2002) H. 20, S. 157–161.

Kwiecińska, Grażyna: »Eine schwierige Freundschaft – in gemeinsamer Sache. Zu Thomas Manns Vortrag ›Über den kommenden Sieg der Demokratie‹ und zu Hermann Brochs Entwurf ›Zur Diktatur der Humanität innerhalb der totalen Demokratie‹«. In: *Engagement, Debatten, Skandale. Deutschsprachige Autoren als Zeitgenossen*. Hg. v. Joanna Jablkowska. Lódz 2002.

Lützeler, Paul Michael: *Hermann Brochs Kosmopolitismus. Europa, Menschenrechte, Universität* [Vortrag im Wiener Rathaus am 3. Oktober 2001]. Mit Einleitungen von Hubert Christian Ehalt und Manfried Welan. Wien 2002.

Lützeler, Paul Michael: »Raum, Ort, Gebäude. Hermann Brochs 1888. *Pasenow oder die Romantik* als Berlin-Roman«. In: *Grenzgänge. Studien zur Literatur der Moderne. Festschrift für Hans-Jörg Knobloch.* Hg. v. Helmut Koopmann. Paderborn 2002, S. 179–201.

Magris, Claudio: »Jenseits der Sprache. Das Werk von Hermann Broch«. In: Ders.: *Utopie und Entzauberung. Geschichten, Hoffnungen und Illusionen der Moderne.* Übers. v. Ragni Maria Gschwend. München 2002, S. 266–274.

Medina, Pedro: »Massa e respiro in Elias Canetti e Hermann Broch«. In: *Nuova Corrente. Rivista di Letteratura* 49 (2002) H. 129, S. 159–172.

Posse, Abel: »Hermann Broch. El esteta absoluto«. In: *Suplemento Cultura La Nación* (Buenos Aires) (2002), S. 1f.

Schmidt-Dengler, Wendelin: »Hermann Brochs Roman *Die Verzauberung* (1935)«. In: Ders.: *Ohne Nostalgie. Zur österreichischen Literatur der Zwischenkriegszeit.* Wien 2002, S. 141–157.

Sørensen, Anne Leth: *Erotik og forløsning: Erotikken som forløsningsstrategi i Hermann Brochs romantrilogi Die Schlafwandler.* Unv. Diss. Syddansk Universitet, 2002.

Steinecke, Hartmut: *Von Lenau bis Broch. Studien zur österreichischen Literatur – von außen betrachtet.* Tübingen 2002.

Steinecke, Hartmut: »Mehr als das Götz-Zitat? Brochs Verhältnis zu Goethe«. In: *Goethe im Exil. Deutsch-amerikanische Perspektiven.* Hg. v. Gert Sautermeister und Frank Baron. Bielefeld 2002, S. 85–100.

Wertheimer, Jürgen: »Hermann Broch, *Die Schlafwandler.* Epochenumbruch im Zeitraffer«. In: Ders.: *Du wachst auf, und der Albtraum beginnt...: Europäische Romane des 20. Jahrhunderts.* Tübingen 2002, S. 13–32.

Wolf, Norbert Christian: »›Die Wesenheit des Objekts bedingt den Stil‹. Zur Modernität des Erzählkonzepts im *Wilhelm Meisters Wanderjahren*«. In: *Goethe-Jahrbuch* 119 (2002), S. 52–65.

Sonstige Veröffentlichungen (Film, Theater, Kunst u. Ä., besonders Adaptionen)

Bak-Stalter, Christel: *Nachtbilder 1.* Kassette. 10 Blätter. 2002.
Bak-Stalter, Christel: *Nachtbilder 2.* Mappe. 8 Blätter. 2002.

2003

Übersetzungen und weitere Textausgaben

Broch, Hermann: *Autobiografía psíquica.* [*Psychische Selbstbiographie*]. Hg. v. Paul Michael Lützeler. Übers. v. Miguel Sáenz. Madrid 2003.

Broch, Hermann: *Geist and Zeitgeist. The Spirit in an Unspiritual Age. Six Essays.* [*Geist und Zeitgeist.* Essays zur Kultur der Moderne]. Übers. v. John Hargraves. New York 2003.

Broch, Hermann: *Ho Chophmanstal kai hē epochē tu. Mia meletē*. [*Hofmannsthal und seine Zeit*]. Übers. v. Dimitris Polychronakis. Athen 2003.
Broch, Hermann: *Moartea lui Virgiliu*. [*Der Tod des Vergil*]. Übers. v. Ion Roman. Bukarest 2003.

Sekundärliteratur

Agard, Olivier: »De Caligari à Ratti. Philosophie de la culture et lecture du fascisme chez Hermann Broch et Siegfried Kracauer«. *Austriaca*. 27 (2003) H. 55, S. 129–154.
Bekes, Peter: »Erzählen als Konstruktionsverfahren. Hermann Brochs ›Eine methodologische Novelle‹«. In: *Klassik-Rezeption. Auseinandersetzung mit einer Tradition*. Hg. v. Peter Ensberg und Jürgen Kost. Würzburg 2003, S. 119–133.
Borgard, Thomas: »Hermann Brochs Roman *Der Tod des Vergil* als Gegenstand einer analytischen und funktionalen Geschichtsschreibung«. In: *Hermann Broch. Neue Studien. Festschrift für Paul Michael Lützeler zum 60. Geburtstag*. Hg. v. Michael Kessler. Tübingen 2003, S. 117–167.
Hermann Broch. Austriaca. 27 (2003) H. 55.
»Hermann Broch (1886–1951)«. *Contemporary Authors Online*. Detroit 2003. http://info trac.galegroup.com (Stand: 30.10.2011).
Broch de Rothermann, Hermann Friedrich (Armand): »Brief an Paul Michael Lützeler vom 6. Oktober 1981«. In: *Hermann Broch. Neue Studien. Festschrift für Paul Michael Lützeler zum 60. Geburtstag*. Hg. v. Michael Kessler. Tübingen 2003, S. 21–23.
Brude-Firnau, Gisela: »Klio kämpft um Einsicht. Zur Rezeption von Hermann Brochs *Schlafwandler*-Trilogie in Monika Marons *Stille Zeile sechs*«. In: *Cultural Link. Kanada-Deutschland*. Hg. v. Beate Henn-Memmesheimer und David G. John. St. Ingbert 2003, S. 227–237.
Brude-Firnau, Gisela: »Neither Sane nor Insane. Ernst Kretschmer's Influence on Broch's Early Novels«. In: *Hermann Broch. Visionary in Exile. The 2001 Yale Symposium*. Hg. v. Paul Michael Lützeler u. a. Rochester 2003, S. 137–146.
Brude-Firnau, Gisela: »Zur Psychopathologie der Pasenows in Hermann Brochs *Schlafwandler*-Trilogie«. In: *Austriaca*. 27 (2003) H. 55, S. 47–66.
Caesar, Claus: »Gleich-Gültigkeit. Tausch, Geld und dichterische Performativität bei Hermann Broch«. In: *Literarische Trans-Rationalität. Für Gunter Martens*. Hg. v. Wolfgang Wirth und Jörn Wegner. Würzburg 2003, S. 477–491.
Cristin, Renato: »Schauende Erkenntnis. Broch und Husserl aus phänomenologischer Sicht«. In: *Hermann Broch. Neue Studien. Festschrift für Paul Michael Lützeler zum 60. Geburtstag*. Hg. v. Michael Kessler. Tübingen 2003, S. 427–440.
Delbrück, Hansgerd: »Existentielle Erfahrung und zeitgeschichtlicher Bezug in Hermann Brochs *Tod des Vergil* und Marie Luise Kaschnitz' Erzählung ›Das dicke Kind‹«. In: *Hermann Broch. Neue Studien. Festschrift für Paul Michael Lützeler zum 60. Geburtstag*. Hg. v. Michael Kessler. Tübingen 2003, S. 168–192.
Demmelbauer, Josef: »Fontane, Hofmannsthal und Broch als politische Dichter«. In: *Recht, Staat und Politik im Bild der Dichtung*. Hg. v. Hermann Weber. Berlin 2003, S. 69–84.
Dücker, Burckhard: »Auflösung, Wandlung, Neuanfang. Aspekte des Kulturwandels in Hermann Brochs *Die Schlafwandler*«. In: *Hermann Broch. Neue Studien. Festschrift für*

Paul Michael Lützeler zum 60. Geburtstag. Hg. v. Michael Kessler. Tübingen 2003, S. 45–66.

Ferré, Vincent: *L'essai fictionnel chez M. Proust, H. Broch et J. Dos Passos – »À la recherche du temps perdu«, »Les Somnambules« et »U.S.A.«*. Unv. Diss. Université de Haute-Bretagne, 2003.

Fetz, Bernhard: »›Der Rhythmus der Ideen‹. On the Workings of Broch's Cultural Criticism«. In: *Hermann Broch. Visionary in Exile. The 2001 Yale Symposium*. Hg. v. Paul Michael Lützeler u. a. Rochester 2003, S. 37–54.

Fetz, Bernhard: »Zum Gutsein verurteilt. Hermann Broch oder die Moral der Literatur«. In: *Hermann Broch. Neue Studien. Festschrift für Paul Michael Lützeler zum 60. Geburtstag*. Hg. v. Michael Kessler. Tübingen 2003, S. 395–413.

Fetz, Bernhard: »›Nichts als das Unvollendete‹. Der Fall Hermann Broch«. In: *Die Teile und das Ganze. Bausteine der literarischen Moderne in Österreich*. Hg. v. Bernhard Fetz und Klaus Kastberger. Wien 2003, S. 90–112.

Frischmuth, Barbara: »Brochs Spuren im Ausseerland«. In: *Hermann Broch. Neue Studien. Festschrift für Paul Michael Lützeler zum 60. Geburtstag*. Hg. v. Michael Kessler. Tübingen 2003, S. 27–35.

Gabriel-Blouvac, Françoise: »Hermann Broch. Philosophie, métapolitique, création littéraire. Expression de l'homme en quête de sens«. *Austriaca*. 27 (2003) H. 55, S. 67–88.

Geisenhanslüke, Achim: »Jenseits der Sprache. Das Motiv der Heimkehr in Hermann Brochs *Der Tod des Vergil* und Marcel Prousts *Le temps retrouvé*«. In: *Hermann Broch. Neue Studien. Festschrift für Paul Michael Lützeler zum 60. Geburtstag*. Hg. v. Michael Kessler. Tübingen 2003, S. 193–202.

Giavotto, Anna Lucia: »Herrmann Broch, Virgilio e l'idea di destino«. In: *Studia austriaca* »Sprach-Wunder«. Il contributo ebraico alla letteratura austriaca (2003) H. 11, o. S.

Goltschnigg, Dietmar: »Epochenanalyse und ›Wiedervergeltung einer Schuld‹. Brochs Studie *Hofmannsthal und seine Zeit*«. In: *Hermann Broch. Neue Studien. Festschrift für Paul Michael Lützeler zum 60. Geburtstag*. Hg. v. Michael Kessler. Tübingen 2003, S. 322–338.

Goltschnigg, Dietmar: »Verratene und vollendete Assimilation. Hofmannsthal und Karl Kraus als Projektionsfiguren Hermann Brochs«. In: *Transcarpathica. Germanistisches Jahrbuch Rumänien* 2 (2003), S. 321–331.

Grzeskowiak, Mark: »A Symposium as Ornament? Hermann Broch's *Schlafwandler* Trilogie and the Discourse of Art and Philosophy in the Modern Novel«. In: *Writing the Austrian Traditions. Relations between Philosophy and Literature*. Hg. v. Wolfgang Huemer und Marc-Oliver Schuster. Edmonton, AB, 2003, S. 181–188.

Guilhamon, Elizabeth: »›Wissendes Vergessen‹. Oder was am Anfang von Brochs verkannten Gedichten war«. In: *Hermann Broch. Neue Studien. Festschrift für Paul Michael Lützeler zum 60. Geburtstag*. Hg. v. Michael Kessler. Tübingen 2003, S. 251–262.

Hargraves, John: »›Beyond Words‹. The Translation of Broch's *Der Tod des Vergil* by Jean Starr Untermeyer«. In: *Hermann Broch. Visionary in Exile. The 2001 Yale Symposium*. Hg. v. Paul Michael Lützeler u. a. Rochester 2003, S. 217–229.

Heizmann, Jürgen: »A Farewell to Art. Poetic Reflection in Broch's *Der Tod des Vergil*«. In: *Hermann Broch. Visionary in Exile. The 2001 Yale Symposium*. Hg. v. Paul Michael Lützeler u. a. Rochester 2003, S. 187–200.

Irinoda, Masaaki: *Kachi hokai to bungaku: Heruman burohho ronshu.* Tokyo 2003.

Kenk, Françoise: *Elias Canetti. Un auteur énigmatique dans l'histoire intellectuelle.* Paris 2003.

Kessler, Michael: »Absence and Repetition – Poetology as Present Eschatology. Broch's *Esch* and Handke's *Langsame Heimkehr*«. In: *Hermann Broch. Neue Studien. Festschrift für Paul Michael Lützeler zum 60. Geburtstag.* Hg. v. Michael Kessler. Tübingen 2003, S. 67–94.

Kessler, Michael: »Contradictio in adiecto? – Zum Thema Menschenrechte, Demokratie und Toleranz bei Hermann Broch«. *Austriaca.* 27 (2003) H. 55, S. 89–116.

Kessler, Michael (Hg.): *Hermann Broch. Neue Studien. Festschrift für Paul Michael Lützeler zum 60. Geburtstag.* Tübingen 2003.

Kiss, Endre: »Der Dämmerzustand in philosophischer, psychologischer und romanästhetischer Beleuchtung«. *Austriaca.* 27 (2003) H. 55, S. 155–172.

Kiss, Endre: »Hermann Brochs Philosophie im Kontext der Symmetrie zwischen Neoliberalismus/Neopositivismus und Postmoderne«. In: *Hermann Broch. Neue Studien. Festschrift für Paul Michael Lützeler zum 60. Geburtstag.* Hg. v. Michael Kessler. Tübingen 2003, S. 441–452.

Kluger, Ruth: »Kitsch and Art. Broch's Essay ›Das Böse im Wertsystem der Kunst‹«. In: *Hermann Broch. Visionary in Exile. The 2001 Yale Symposium.* Hg. v. Paul Michael Lützeler u. a. Rochester 2003, S. 13–20.

Kohlenberger, Helmut: »Im ›Reich der Stummheit‹«. In: *Hermann Broch. Neue Studien. Festschrift für Paul Michael Lützeler zum 60. Geburtstag.* Hg. v. Michael Kessler. Tübingen 2003, S. 465–469.

Komar, Kathleen L.: »Inscriptions of Power. Broch's Narratives of History in *Die Schlafwandler*«. In: *Hermann Broch. Visionary in Exile. The 2001 Yale Symposium.* Hg. v. Paul Michael Lützeler u. a. Rochester 2003, S. 107–124.

Könneker, Carsten: »Wissenschaft im medialen Zeitalter. Relativitätstheorie und Öffentlichkeit in Brochs Filmskript *Das Unbekannte X*«. In: *Hermann Broch. Neue Studien. Festschrift für Paul Michael Lützeler zum 60. Geburtstag.* Hg. v. Michael Kessler. Tübingen 2003, S. 453–464.

Large, Duncan: »›Zerfall der Werte‹. Broch, Nietzsche, Nihilism«. In: *Ecce Opus. Nietzsche-Revisionen im 20. Jahrhundert.* Hg. v. Rüdiger Görner und Duncan Large. Göttingen 2003, S. 65–82.

Lützeler, Paul Michael: »Hermann Broch. Exil und Interdisziplinarität«. *Austriaca* 27 (2003) H. 55, S. 9–26.

Lützeler, Paul Michael: »Hermes redivivus: *Aus der Luft gegriffen.* Hermann Brochs zynische Komödie der Globalisierung«. In: *Theater ohne Grenzen. Festschrift für Hans-Peter Bayerdörfer zum 65. Geburtstag.* Hg. v. Katharina Keim, Peter M. Boenisch und Robert Braunmüller. München 2003, S. 337–349.

Lützeler, Paul Michael: »Introduction. Broch, Our Contemporary«. In: *Hermann Broch. Visionary in Exile. The 2001 Yale Symposium.* Hg. v. Paul Michael Lützeler u. a. Rochester 2003, S. 1–19.

Lützeler, Paul Michael: »Visionaries in Exile. Broch's Cooperation with G. A. Borgese and Hannah Arendt«. In: *Hermann Broch. Visionary in Exile. The 2001 Yale Symposium.* Hg. v. Paul Michael Lützeler u. a. Rochester 2003, S. 67–88.

Lützeler, Paul Michael u. a. (Hg.): *Hermann Broch. Visionary in Exile. The 2001 Yale Symposium.* Rochester, NY 2003.

Mahlmann-Bauer, Barbara: »Hermann Brochs Hofmannsthal«. In: *Hermann Broch. Neue Studien. Festschrift für Paul Michael Lützeler zum 60. Geburtstag.* Hg. v. Michael Kessler. Tübingen 2003, S. 263–321.

Mahrdt, Helgard: »Hannah Arendt und Hermann Broch«. In: *Hermann Broch. Neue Studien. Festschrift für Paul Michael Lützeler zum 60. Geburtstag.* Hg. v. Michael Kessler. Tübingen 2003, S. 203–220.

Margotton, Jean-Charles: »La figure de Prométhée chez Hermann Broch«. *Austriaca* 27 (2003) H. 55, S. 27–45.

Mondon, Christine: »Hermann Broch en France ou le paradoxe brochien«. *Austriaca* 27 (2003) H. 55, S. 173–186.

Mondon, Christine: »Hermann Broch und die Psychoanalyse«. In: *Hermann Broch. Neue Studien. Festschrift für Paul Michael Lützeler zum 60. Geburtstag.* Hg. v. Michael Kessler. Tübingen 2003, S. 510–523.

Müller-Funk, Wolfgang: »Fear in Culture. Broch's *Massenwahntheorie*«. In: *Hermann Broch. Visionary in Exile. The 2001 Yale Symposium.* Hg. v. Paul Michael Lützeler u. a. Rochester 2003, S. 89–104.

Olsen, Morten Aronsson: »Zur Idee der Unendlichkeit bei Hermann Broch mit besonderer Berücksichtigung des Ethischen«. In: *Hermann Broch. Neue Studien. Festschrift für Paul Michael Lützeler zum 60. Geburtstag.* Hg. v. Michael Kessler. Tübingen 2003, S. 470–491.

Ott, Herta Luise: »Essai, essayisme et roman chez Hermann Broch et Robert Musil«. In: *Cahiers de l'ILCEA* 4 (2003), S. 75–82.

Paik, Peter Yoonsuk: »Poetry as Perjury. The End of Art in Broch's *Der Tod des Vergil* and Celan's *Atemwende*«. In: *Hermann Broch. Visionary in Exile. The 2001 Yale Symposium.* Hg. v. Paul Michael Lützeler u. a. Rochester 2003, S. 201–216.

Reiter, Andrea: »Die Identität des »exterritorialen Menschen«. Hans Sahl zwischen Exil und Diaspora«. *Trans. Internet-Zeitschrift für Kulturwissenschaften* 15.5.2 (2003). http://www.inst.at/trans/15Nr/05_02/reiter15.htm (Stand: 30.10.2011).

Reiter, Andrea: »Hans Sahl und Hermann Broch. Briefwechsel im Exil 1941–1950«. In: *Exil* 23 (2003) H. 1, S. 36–49.

Rinner, Fridrun: »Broch als Mystiker des Todes. Bemerkungen zu seiner Studie *Hofmannsthal und seine Zeit*«. In: *Hermann Broch. Neue Studien. Festschrift für Paul Michael Lützeler zum 60. Geburtstag.* Hg. v. Michael Kessler. Tübingen 2003, S. 339–346.

Ritzer, Monika: »Experimente mit der Psyche. Hermann Broch und C. G. Jung«. In: *Hermann Broch. Neue Studien. Festschrift für Paul Michael Lützeler zum 60. Geburtstag.* Hg. v. Michael Kessler. Tübingen 2003, S. 524–552.

Rizzo, Roberto: »›Great Theater‹ and ›Soap Bubbles‹. Broch the Dramatist«. In: *Hermann Broch. Visionary in Exile. The 2001 Yale Symposium.* Hg. v. Paul Michael Lützeler u. a. Rochester 2003, S. 159–186.

Rizzo, Roberto: »Psychoanalyse eines pädagogischen Eros. Zu Hermann Brochs *Psychische Selbstbiographie*«. In: *Hermann Broch. Neue Studien. Festschrift für Paul Michael Lützeler zum 60. Geburtstag.* Hg. v. Michael Kessler. Tübingen 2003, S. 553–584.

Rizzo, Roberto: »Un capitolo dell'intelligenza ebraica in esilio. Il carteggio Broch – Arendt (1946–1951)«. In: *Le muse inquiete. Sinergie artistiche nel Novecento tedesco. Atti del Convegno internazionale, Catania, 4–6 dicembre 2001.* Hg. v. Grazia Pulvirenti, Renata Gambino und Vincenza Scuderi. Firenze 2003, S. 189–236.

Roethke, Gisela: »Non-Contemporaneity of the Contemporaneous. Broch's Novel *Die Verzauberung*«. In: *Hermann Broch. Visionary in Exile. The 2001 Yale Symposium.* Hg. v. Paul Michael Lützeler u. a. Rochester 2003, S. 147–158.

Ryan, Judith: »The German Colonial Aftermath. Broch's *1903. Esch oder die Anarchie*«. In: *Hermann Broch. Visionary in Exile. The 2001 Yale Symposium.* Hg. v. Paul Michael Lützeler u. a. Rochester 2003, S. 125–136.

Sammons, Christa: »Some Aspects of H. F. Broch de Rothermann's Life and Letters«. In: *Hermann Broch. Neue Studien. Festschrift für Paul Michael Lützeler zum 60. Geburtstag.* Hg. v. Michael Kessler. Tübingen 2003, S. 24–26.

Scheichl, Sigurd Paul: »›Nebbich noch immer Princeton Hospital‹. Jüdische Selbststilisierung in Brochs Briefen an Daniel Brody«. In: *Hermann Broch. Neue Studien. Festschrift für Paul Michael Lützeler zum 60. Geburtstag.* Hg. v. Michael Kessler. Tübingen 2003, S. 363–378.

Schmid-Bortenschlager, Sigrid: »Das Konzept der Totalität im Werk Hermann Brochs«. *Austriaca.* 27 (2003) H. 55, S. 117–128.

Schmid-Bortenschlager, Sigrid: »›Sinnbildliche Stellvertretung‹ – Ein ›Gleiten des Sinns‹? Elemente zu einer dekonstruktivistischen Lektüre von Brochs Romanen«. In: *Hermann Broch. Neue Studien. Festschrift für Paul Michael Lützeler zum 60. Geburtstag.* Hg. v. Michael Kessler. Tübingen 2003, S. 95–105.

Schmidt-Dengler, Wendelin: »Katholisches und Protestantisches vor der Katastrophe. Zu Brochs *1918. Huguenau oder die Sachlichkeit*«. In: *Hermann Broch. Neue Studien. Festschrift für Paul Michael Lützeler zum 60. Geburtstag.* Hg. v. Michael Kessler. Tübingen 2003, S. 106–116.

Schmidt-Dengler, Wendelin: »›Kurzum die Hölle‹. Broch's Early Political Text ›Die Straße‹«. In: *Hermann Broch. Visionary in Exile. The 2001 Yale Symposium.* Hg. v. Paul Michael Lützeler u. a. Rochester 2003, S. 55–66.

Schneider-Handschin, Esther: »›Weil Erinnern und Festhalten niemals etwas anderes als selbsterinnertes Eigen-Ich ist‹. Erinnerung und Identität in Hermann Brochs Romanen *Die Schlafwandler* und *Die Schuldlosen*«. In: *Hermann Broch. Neue Studien. Festschrift für Paul Michael Lützeler zum 60. Geburtstag.* Hg. v. Michael Kessler. Tübingen 2003, S. 221–235.

Schürer, Ernst: »Erneuerung des Theaters? Broch's Ideas on Drama in Context«. In: *Hermann Broch. Visionary in Exile. The 2001 Yale Symposium.* Hg. v. Paul Michael Lützeler u. a. Rochester 2003, S. 21–36.

Sidler, Judith: *Literarisierter Tagtraum. Einheitskonstruktionen in Hermann Brochs ›Tierkreis-Erzählungen‹.* Würzburg 2003.

Steinecke, Hartmut: »›Unpersönlich bin ich ein Opfer‹. Jüdische Spuren im Spätwerk Hermann Brochs«. In: *Hermann Broch. Neue Studien. Festschrift für Paul Michael Lützeler zum 60. Geburtstag.* Hg. v. Michael Kessler. Tübingen 2003, S. 379–394.

Stieg, Gerald: »Hermann Brochs Satire-Theorie oder: Ist Karl Kraus ein ›ethischer Künstler kat'exochen‹?«. In: *Hermann Broch. Neue Studien. Festschrift für Paul Michael Lützeler zum 60. Geburtstag.* Hg. v. Michael Kessler. Tübingen 2003, S. 414–426.

Träbing, Gerhard: »Augenblicke der Vielschichtigkeit. Zeitgeistverdichtungen in Hermann Brochs Roman *Die Schuldlosen*«. In: *Hermann Broch. Neue Studien. Festschrift für Paul Michael Lützeler zum 60. Geburtstag.* Hg. v. Michael Kessler. Tübingen 2003, S. 236–251.

Vietta, Silvio: »Der Briefwechsel zwischen Hermann Broch und Egon Vietta«. In: *Hermann Broch. Neue Studien. Festschrift für Paul Michael Lützeler zum 60. Geburtstag.* Hg. v. Michael Kessler. Tübingen 2003, S. 347–362.

Vollhardt, Friedrich: »Das Problem der ›Weltanschauung‹ in den Schriften Hermann Brochs«. In: *Hermann Broch. Neue Studien. Festschrift für Paul Michael Lützeler zum 60. Geburtstag.* Hg. v. Michael Kessler. Tübingen 2003, S. 492–509.

Vultur, Ioana: *Proust et Broch. Les frontières du temps, les frontières de la mémoire.* Paris 2003.

Yamaguchi, Koichi: »Broch Reception in Japan. Shin'ichirō Nakamura and *Die Schuldlosen*«. In: *Hermann Broch. Visionary in Exile. The 2001 Yale Symposium.* Hg. v. Paul Michael Lützeler u. a. Rochester 2003, S. 245–251.

Ziolkowski, Theodore: »Between Guilt and Fall. Broch's *Die Schuldlosen*«. In: *Hermann Broch. Visionary in Exile. The 2001 Yale Symposium.* Hg. v. Paul Michael Lützeler u. a. Rochester 2003, S. 231–244.

Zühlsdorff, Volkmar von: »Hermann Broch«. In: *Hermann Broch. Neue Studien. Festschrift für Paul Michael Lützeler zum 60. Geburtstag.* Hg. v. Michael Kessler. Tübingen 2003, S. 36–44.

Sonstige Veröffentlichungen (Film, Theater, Kunst u. Ä., besonders Adaptionen)

Bak-Stalter, Christel: »Bilder – Texte«. In: *Hermann Broch. Neue Studien. Festschrift für Paul Michael Lützeler zum 60. Geburtstag.* Hg. v. Michael Kessler. Tübingen 2003, S. 13–20.

Bak-Stalter, Christel: Magd Zerline. Mappe. 10 Blätter. 2003.

Bak-Stalter, Christel: Magd Zerline. Mappe. 8 Blätter und Text. 2003.

2004

Übersetzungen und weitere Textausgaben

Broch, Hermann: »The Style of the Mythical Age. On Rachel Bespaloff«. In: *War and the Iliad.* New York, NY 2004, S. 103–121.

Broch, Hermann: *Pakerėjimas.* [*Die Verzauberung*]. Übers. v. Jurgis Kunčinas und Teodoras Četrauskas. Vilnius 2004.

Sekundärliteratur

Amann, Klaus und Helmut Grote: »Die Broch-Bibliothek an der Universität Klagenfurt«. In: *Hermann Broch. Ein Engagierter zwischen Literatur und Politik.* Hg. v. Österreichische Liga für Menschenrechte. Innsbruck 2004, S. 105–118.

Bartram, Graham und Philip Payne: »Apocalypse and Utopia in the Austrian Novel of the 1930s. Hermann Broch and Robert Musil«. In: *The Cambridge Companion to the Modern German Novel.* Hg. v. Graham Bartram. Cambridge 2004, S. 93–109.

Boulanger, Alison: *Un processus de dévoilement. La lecture comme paradigme dans les romans de Joyce (»Ulysses«), Döblin (»Berlin Alexanderplatz«), Jahnn (»Perrudja«) et Broch (»Die Schlafwandler«).* Unv. Diss. Université de la Sorbonne nouvelle (Paris III), 2004.

Hanisch, Ernst: »Der Liebhaber. Liebe und Sexualität im Fin de Siècle«. In: *Analecta homini universali dicata. Arbeiten zur Indogermanistik, Linguistik, Philologie, Politik, Musik und Dichtung. Festschrift für Oswald Panagl zum 65. Geburtstag*. Hg. v. Thomas Krisch, Thomas Lindner und Ulrich Müller. Bd. 2. Stuttgart 2004, S. 685–701.

Irinoda, Masaaki: *Heruman burohho no yurishizu ron. Danwakai*. Hachioji 2004.

Jander, Simon: »Die Ästhetik des essayistischen Romans. Zum Verhältnis von Reflexion und Narration in Musils *Der Mann ohne Eigenschaften* und Brochs *Huguenau oder die Sachlichkeit*«. In: *Zeitschrift für Deutsche Philologie* 123 (2004) H. 4, S. 527–548.

Kiss, Endre: »Nietzsche in einer ›Soziologie der fröhlichen Apokalypse‹. (Hermann Brochs Hofmannsthal-Essay)«. In: *Nietzsche and the Austrian Culture*. Hg. v. Jacob Golomb. Wien 2004, S. 127–143.

Kreuz, Bernhard: »Brochs Atem«. In: *Hermann Broch. Ein Engagierter zwischen Literatur und Politik*. Hg. v. Österreichische Liga für Menschenrechte. Innsbruck 2004, S. 77–82.

Lavagetto, Mario: »Hermann Broch di fronte ai demoni dell'infedeltà«. In: *Studi Germanici* 40 (2004) H. 3, S. 555–560.

Lützeler, Paul Michael: »Broch lesen, wozu?«. In: *Hermann Broch. Ein Engagierter zwischen Literatur und Politik*. Hg. v. Österreichische Liga für Menschenrechte. Innsbruck 2004, S. 155–165.

Lützeler, Paul Michael: »Helmuths Tod. Die Polenfrage in Brochs *1888. Pasenow oder die Romantik*«. In: *Palimpseste. Zur Erinnerung an Nobert Altenhofer*. Hg. v. Joachim Jacob und Pascal Nicklas. Heidelberg 2004, S. 189–203.

Lützeler, Paul Michael: »Hermann Broch, ein Autor aus Wien«. In: *Herkünfte. historisch-ästhetisch-kulturell*. Hg. v. Barbara Thums u. a. Heidelberg 2004, S. 151–169.

Martens, Gunther: »Spielräume des auktorialen Diskurses bei Hermann Broch. ›Eine methodologische Novelle‹«. In: *Orbis Litterarum. International Review of Literary Studies* 59 (2004) H. 4, S. 239–269.

Maurer, Herbert: »Die Macht der Lederhose – in der Sommerfrische auf der Flucht. Hermann Broch wird vom Urlauber zum Flüchtling«. In: *Hermann Broch. Ein Engagierter zwischen Literatur und Politik*. Hg. v. Österreichische Liga für Menschenrechte. Innsbruck 2004, S. 119–120.

Miladinović Zalaznik, Mira: »Die Rezeption eines Dichters vor dem Hintergrund des slowenischen Alltags. Dargelegt am Beispiel Hermann Brochs«. In: *Hermann Broch. Ein Engagierter zwischen Literatur und Politik*. Hg. v. Österreichische Liga für Menschenrechte. Innsbruck 2004, S. 129–140.

Mitterbauer, Helga: »Zwischen Utopie und Skepsis. Die Menschenrechtsdebatte bei Hannah Arendt und Hermann Broch«. In: *Hermann Broch. Ein Engagierter zwischen Literatur und Politik*. Hg. v. Österreichische Liga für Menschenrechte. Innsbruck 2004, S. 17–31.

Österreichische Liga für Menschenrechte (Hg.): *Hermann Broch. Ein Engagierter zwischen Literatur und Politik*. Innsbruck 2004.

Pérez Gay, José María: *Hermann Broch: Una pasión desdichada*. Mexiko-Stadt 2004.

Polunic, Marina: *Partialität oder Totalität? Zur Frage der Modernität von Brochs Romantheorie*. Unv. Diss. Eberhard-Karls-Universität Tübingen, 2004.

Prameshuber, Ursula: »Hermann Brochs ›Psychische Autobiographie‹. Einige psychologische Überlegungen«. In: *Studi Germanici* 40 (2004) H. 3, S. 560–571.

Reiter, Andrea: »Hans Sahl und Hermann Broch. Ein Briefwechsel im Exil 1941–1950«. In: *Denkbilder. Festschrift für Evin Bourke.* Hg. v. Hermann Rasche und Christiane Schönfeld. Würzburg 2004, S. 199–210.

Saletta, Ester: »Hermann Broch und Ea von Allesch. Eine Beziehung zwischen Imagination und Realität«. In: *Hermann Broch. Ein Engagierter zwischen Literatur und Politik.* Hg. v. Österreichische Liga für Menschenrechte. Innsbruck 2004, S. 121–128.

Saletta, Ester: »Die Rezeption Hermann Brochs in Italien«. In: *Hermann Broch. Ein Engagierter zwischen Literatur und Politik.* Hg. v. Österreichische Liga für Menschenrechte. Innsbruck 2004, S. 141–153.

Schmid-Bortenschlager, Sigrid: »Hermann Broch und der erkenntnistheoretische Roman«. In: *Littérature et théorie de la connaissance,1890–1935. Literatur und Erkenntnistheorie,1890–1935.* Hg. v. Christine Maillard. Strasbourg 2004, S. 221–229.

Sidler, Judith: »Gefährliche Einheitsphantasien. Hermann Brochs ›Tierkreis-Erzählungen‹«. In: *Seminar. A Journal of Germanic Studies* 40 (2004) H. 1, S. 1–18.

Stifter, Christian H.: »›Sehnsucht nach Erkenntnis und nach Geistigkeit‹. Hermann Broch und die wissenschaftszentrierte Volksbildung in Wien«. In: *Hermann Broch. Ein Engagierter zwischen Literatur und Politik.* Hg. v. Österreichische Liga für Menschenrechte. Innsbruck 2004, S. 83–104.

Strelka, Joseph P.: »Hermann Brochs Stellung heute und die Bedeutung seines *Tod des Vergil*«. In: *Hermann Broch. Ein Engagierter zwischen Literatur und Politik.* Hg. v. Österreichische Liga für Menschenrechte. Innsbruck 2004, S. 33–45.

Szabó, László V.: »Hermann Broch und Friedrich Nietzsche. *Der Tod des Vergil* zwischen Zerfall und Umwertung der Werte«. In: *Hermann Broch. Ein Engagierter zwischen Literatur und Politik.* Hg. v. Österreichische Liga für Menschenrechte. Innsbruck 2004, S. 59–75.

Vitolo, Antonio: »Broch, Jung, Federn. Biographie, Selbstbiographie, Psychische Gestaltungen«. In: *Studi Germanici* 40 (2004) H. 3, S. 571–584.

Welan, Manfried: *Das Menschenrecht Hermann Brochs. Gewidmet Peter Pernthaler zum 70. Geburtstag.* Wien 2004.

Welan, Manfried: »Hermann Broch und die Menschenrechte«. In: *Hermann Broch. Ein Engagierter zwischen Literatur und Politik.* Hg. v. Österreichische Liga für Menschenrechte. Innsbruck 2004, S. 9–15.

Žigon, Tanja: »Zerfall der Wertsysteme. Hermann Broch – Mahner für die Zukunft«. In: *Hermann Broch. Ein Engagierter zwischen Literatur und Politik.* Hg. v. Österreichische Liga für Menschenrechte. Innsbruck 2004, S. 47–57.

2005

Übersetzungen und weitere Textausgaben

Broch, Hermann: *Autobiografia duchowa.* [*Psychische Selbstbiographie*]. Hg. v. Paul Michael Lützeler. Übers. v. Slawomir Blaut. Warschau 2005.

Broch, Hermann: *Logique d'un monde en ruine. Six essais philosophiques.* [*Philosophische Aufsätze*]. Übers. v. Christian Bouchindhomme und Pierre Rusch. Paris 2005.

Sekundärliteratur

Blaschke, Bernd: »Markt zwischen Tragödie und Komödie. Hermann Brochs Marketing seiner *Schlafwandler* und Dramen«. In: *Markt: literarisch*. Hg. v. Thomas Wegmann. Frankfurt am Main u. a. 2005, S. 115–131.

Borgard, Thomas: »Planetarische Poetologie. Die symptomatische Bedeutung der Masse im amerikanischen Exilwerk Hermann Brochs«. In: *Hermann Broch. Politik, Menschenrechte – und Literatur?* Hg. v. Thomas Eicher, Paul Michael Lützeler und Hartmut Steinecke. Oberhausen 2005, S. 205–229.

Eicher, Thomas, Paul Michael Lützeler und Hartmut Steinecke (Hg.): *Hermann Broch. Politik, Menschenrechte – und Literatur?* Oberhausen 2005.

Essen, Gesa von: »Hermann Brochs Ideen zur Reform der Universitäten«. In: *Hermann Broch. Politik, Menschenrechte – und Literatur?* Hg. v. Thomas Eicher, Paul Michael Lützeler und Hartmut Steinecke. Oberhausen 2005, S. 231–254.

Guilhamon, Elizabeth: »De l'ordre et du desordre dans l'univers – ou les tribulations du philistin Zacharias dans *Die Schuldlosen* de Hermann Broch«. In: *Recherches germaniques* 35 (2005), S. 37–73.

Günzel, Stephan: »Der Begriff der ›Masse‹ in Philosophie und Kulturtheorie (II)«. *Dialektik. Zeitschrift für Kulturphilosophie* 1 (2005). http://sammelpunkt.philo.at:8080/1314/1/Guenzel_Masse3.pdf (Stand: 31.10.2011).

Hans, Anjeana Kaur: *Defining Desires. Homosexual Identity and German Discourse, 1900–1933*. Unv. Diss. Harvard University, 2005.

Heizmann, Jürgen: »Dichtung versus Imperium in Brochs *Tod des Vergil*«. In: *Hermann Broch. Politik, Menschenrechte – und Literatur?* Hg. v. Thomas Eicher, Paul Michael Lützeler und Hartmut Steinecke. Oberhausen 2005, S. 255–270.

Hetyei, Judit: »Im Banne des Bösen. Wahn und Ekstase. Hermann Brochs Roman *Der Versucher*«. In: Dies.: *Der Teufelsbündner Faust als Verführter im 20. Jahrhundert*. Hamburg 2005, S. 157–190.

Hollweck, Thomas: »Gedanken zu einem Briefwechsel zwischen Hermann Broch und Eric Voegelin zur Menschenrechtsfrage«. In: *Hermann Broch. Politik, Menschenrechte – und Literatur?* Hg. v. Thomas Eicher, Paul Michael Lützeler und Hartmut Steinecke. Oberhausen 2005, S. 65–81.

Kessler, Michael: »Hermann Broch. Menschenrecht, Demokratie und Toleranz«. In: *Hermann Broch. Politik, Menschenrechte – und Literatur?* Hg. v. Thomas Eicher, Paul Michael Lützeler und Hartmut Steinecke. Oberhausen 2005, S. 11–49.

Kwiecińska, Grażyna: »Religiöse Implikationen des Schuldbegriffes in Hermann Brochs Roman *Die Schuldlosen*«. In: *Literatur und Theologie. Schreibprozesse zwischen biblischer Überlieferung und geschichtlicher Erfahrung*. Hg. v. Ulrich Wergin und Karol Sauerland. Würzburg 2005, S. 245–251.

Loose, Ingo: »›Blind wie die Schlafwandler war das deutsche Volk‹. Die Debatte um die Schuld der Deutschen am Beispiel Hermann Brochs in seiner Korrespondenz mit Volkmar von Zühlsdorff 1945–1949«. In: *Zeitschrift für Germanistik* 15 (2005) H. 3, S. 592–609.

Łukosz, Jerzy: *Pasje i kantyleny: Szkice o literaturze niemieckoję'zycznej*. Poznan 2005.

Lützeler, Paul Michael: »Hermann Broch, Max Weber und Bismarck. Die Polenfrage in *Pasenow*«. In: *Hermann Broch. Politik, Menschenrechte – und Literatur?* Hg. v. Thomas Eicher, Paul Michael Lützeler und Hartmut Steinecke. Oberhausen 2005, S. 105–123.

Martens, Gunther: »»Alhier onbekend«. Modernistische schrijvers tussen zelfthematisering en auto-kritiek«. In: *Revue Belge de Philologie et d'Histoire/Belgisch Tijdschrift voor Filologie en Geschiedenis* 83 (2005) H. 4, S. 1287–1300.

Martens, Gunther: »Hermann Broch. Ethik der Erzählform«. In: *Hermann Broch. Politik, Menschenrechte – und Literatur?* Hg. v. Thomas Eicher, Paul Michael Lützeler und Hartmut Steinecke. Oberhausen 2005, S. 83–103.

McBride, Patrizia C.: »The Value of Kitsch. Hermann Broch and Robert Musil on Art and Morality«. In: *Studies in Twentieth and Twenty-First Century Literature* 29 (2005) H. 2, S. 282–301.

McGaughey, Sarah Adele: *Functionalism with Ornament. Modernist Architectual Discourse in Herman Broch's »Die Schlafwandler«.* Unv. Diss. Washington University in St. Louis, 2005.

Molder, Maria Filomena: *O absoluto que pertence à terra.* [Portugal] 2005.

Münch, Anders V.: *Der stillose Stil. Adolf Loos.* München 2005.

Nicolosi, Maria Grazia: *Il sonnambulismo scenico. Teatro e drammaturgia in Hermann Broch.* Unv. Diss. Università degli studi di Pavia, 2005.

Pelletier, Jacques: *Que faire de la littérature? L'exemple de Hermann Broch.* Québec 2005.

Picht, Barbara: »Des Menschen Recht auf Erkenntnis. Zu Hermann Brochs Wissenschaftsverständnis«. In: *Hermann Broch. Politik, Menschenrechte – und Literatur?* Hg. v. Thomas Eicher, Paul Michael Lützeler und Hartmut Steinecke. Oberhausen 2005, S. 185–204.

Pissarek, Markus: »Hermann Brochs *Verzauberung*. Decouvrierung nationalsozialistischer Ideologie«. In: *Hermann Broch. Politik, Menschenrechte – und Literatur?* Hg. v. Thomas Eicher, Paul Michael Lützeler und Hartmut Steinecke. Oberhausen 2005, S. 153–183.

Rider, Jacques Le: »Philosophie – Hermann Broch – Logique d'un Monde en Ruine«. In: *La Quinzaine littéraire* (2005) H. 902, S. 11f.

Schneider-Handschin, Esther: »Politisch-Juristisches in Hermann Brochs *Die Schuldlosen*«. In: *Hermann Broch. Politik, Menschenrechte – und Literatur?* Hg. v. Thomas Eicher, Paul Michael Lützeler und Hartmut Steinecke. Oberhausen 2005, S. 271–291.

Šečerović, Naser: »Führertypen in Hermann Brochs Roman *Der Versucher*«. In: *Pismo. Journal for Linguistics and Literary Studies* 3 (2005) H. 1, S. 232–258.

Sejbel', Natalija Ė.: *Avstriiskaia parallel': A. Shtifter, G. Brokh, R. Muzil'.* Tscheljabinsk 2005.

Spies, Bernhard: »Von der Geschichtsschreibung zum Mythos. Hermann Brochs Roman *Der Tod des Vergil* (1945)«. In: *Literatur für Leser* 28 (2005) H. 4, S. 281–294.

Stašková, Alice: »Das Werk als Opfer. Zur Ethik der Ästhetik in der Romantrilogie *Die Schlafwandler*«. In: *Hermann Broch. Politik, Menschenrechte – und Literatur?* Hg. v. Thomas Eicher, Paul Michael Lützeler und Hartmut Steinecke. Oberhausen 2005, S. 125–151.

Steinecke, Hartmut: »Menschenrecht und Judentum bei Hermann Broch vor und nach der Shoah«. In: *Hermann Broch. Politik, Menschenrechte – und Literatur?* Hg. v. Thomas Eicher, Paul Michael Lützeler und Hartmut Steinecke. Oberhausen 2005, S. 51–63.

Tholen, Toni: *Verlust der Nähe. Reflexion von Männlichkeit in der Literatur.* Heidelberg 2005.

Wiegmann, Hermann: »Hermann Broch, *Der Tod des Vergil* (1945) u. a.«. In: Ders.: *Die deutsche Literatur des 20. Jahrhunderts.* Würzburg 2005, S. 231–236.

Wiegmann, Hermann: »Hermann Broch, *Die Schlafwandler* (1932)«. In: Ders.: *Die deutsche Literatur des 20. Jahrhunderts*. Würzburg 2005, S. 190–192.
Wünsch, Marianne: »Hermann Broch. *Psychische Selbstbiographie* (1942). Selbstreflexion einer Epoche«. In: *Abweichende Lebensläufe, poetische Ordnungen. Für Volker Hoffmann*. Hg. v. Thomas Betz und Franziska Mayer. Bd. 2. München 2005, S. 549–572.

2006

Übersetzungen und weitere Textausgaben

Arendt, Hannah und Hermann Broch: *Carteggio 1946–1951*. [*Hannah Arendt – Hermann Broch. Briefwechsel 1946–1951*]. Übers. v. Vito Punzi. Genova 2006.
Broch, Hermann: *Edebiyat ve felsefe*. [Literatur und Philosophie]. Übers. v. Ahmet Sari. Ankara 2006.
Broch, Hermann: *Vergils død*. [*Der Tod des Vergil*]. Übers. v. Sverre Dahl. Oslo 2006.
Broch, Hermann: »The Anarchist«. Übers. v. Ralph Manheim. In: *Selected Short Writings*. [Aus: *Die Schlafwandler*]. Hg. v. Dirck Linck. New York 2006, S. 35–94.
Broch, Hermann: »Zerline's Tale«. Übers. v. Ralph Manheim. In: *Selected Short Writings*. [*Die Erzählung der Magd Zerline*]. Hg. v. Dirck Linck. New York 2006, S. 95–119.
Broch, Hermann: »Studienrat Zacharias's Four Speeches«. Übers. v. Ralph Manheim. In: *Selected Short Writings*. [*Die vier Reden des Studienrats Zacharias*]. Hg. v. Dirck Linck. New York 2006, S. 120–146.

Sekundärliteratur

Albrecht, Andrea und Christian Blohmann: »Dichter, Mathematiker und Sterndeuter. Hermann Brochs *Unbekannte Größe*«. In: *Gestirn und Literatur im 20. Jahrhundert*. Hg. v. Maximilian Bergengruen, Davide Giuriato und Sandro Zanetti. Frankfurt am Main 2006, S. 209–224.
Borch, Christian: »Crowds and Total Democracy. Hermann Broch's Political Theory«. In: *Distinktion: Scandinavian Journal of Social Theory* 7 (2006) H. 2, S. 99–120.
Czyżewski, Marek: »Langfristige prozessanalytische Betrachtungen und kurzfristige statische Diagnosen bei der Kriegsdeutung. Ein Vergleich«. In: *Krieg und Literatur/War and Literature. Internationales Jahrbuch zur Kriegs- und Antikriegsliteraturforschung/International Yearbook on War and Anti-War Literature* 12 (2006), S. 54–67.
Dahl, Sverre: »Mellom det etiske og det estetiske. Om *Vergils Død* av Hermann Broch«. In: *Bokvennen* 3 (2006). Keine Seitenangabe.
Duhamel, Roland: »Die Synthese. Hermann Broch«. In: Ders.: *Die Decke auf den Kopf. Versuch einer Deutung des Nihilismus*. Würzburg 2006, S. 31–43.
Durand-Barthez, Manuel: »Phénoménologie et valeurs. Un essai d'analyse à partir des *Somnambules* (*Die Schlafwandler*) de Hermann Broch«. *Trans. Internet-Zeitschrift für Kulturwissenschaften* 16.5.4 (2006). http://www.inst.at/trans/16Nr/05_4/durand-barthez_bericht16.htm (Stand: 30.10.2011).
Durand-Barthez, Manuel: »Rupture de soi, chaos du monde. Une lecture de la *Psychische Selbstbiographie* de Hermann Broch«. In: *Le déchirement: Formes et figures de la »Zer-*

rissenheit« dans les lettres et la pensée allemandes. Hg. v. Françoise Knopper und Alain Cozic. Paris 2006, S. 175–190.

Eiden, Patrick: »*Der Tod des Vergil*. Beerbung und Beerdigung einer Tradition«. In: *Totenkulte. Kulturelle und literarische Grenzgänge zwischen Leben und Tod*. Hg. v. Patrick Eiden u. a. Frankfurt am Main 2006, S. 349–373.

Eiden, Patrick: »Translatio Imperii ad Americam. Working through the Poetics and Politics of Empire in Hermann Broch's *The Death of Vergil*«. In: *Literary Imagination. The Review of the Association of Literary Scholars and Critics* 8 (2006) H. 3, S. 441–466.

Ferré, Vincent: »Is the Zerfall der Werte an Essay?«. *Trans. Internet-Zeitschrift für Kulturwissenschaften* 16.5.4 (2006). http://www.inst.at/trans/16Nr/05_4/ferre16.htm (Stand: 30.10.2011).

Fetz, Bernhard: »Colpi di tosse in contrappunto. La musica come metafora centrale nell'opera di Thomas Bernhard e Hermann Broch«. In: *Thomas Bernhard e la musica*. Hg. v. Luigi Reitani. Rom 2006, S. 117–126.

Frank, Gustav: »Komplexer Realismus in der Synthetischen Moderne. Hermann Broch-Rudolf Borchardt«. In: *Realistisches Schreiben in der Weimarer Republik*. Hg. v. Stefan Scherer, Sabine Kyora und Stefan Neuhaus. Würzburg, Germany 2006, S. 111–122.

Gallob, Bernd: »Hermann Broch. Ein Epiker auf Abwegen. Theater und Film«. In: *Maske und Kothurn. Internationale Beiträge zur Theaterwissenschaft* 52 (2006) H. 2, S. 55–91.

Harrington, Austin »Hermann Broch as a Reader of Max Weber. Protestantism, Rationalization and the ›Disintegration of Values‹«. In: *Recherches germaniques* 19 (2006) H. 4, S. 1–18.

Hattori, Seiji: »Die visionäre Fremde. Zur Konfiguration des Amerika-Motivs in Hermann Brochs *Die Schlafwandler* und Franz Kafkas *Der Verschollene*«. In: *Neue Beiträge zur Germanistik* 5 (2006) H. 1, S. 172–189.

Hilscher, Eberhard: »Abenteuer der Erkenntnis. Albert Einstein, Thomas Mann und Weggefährten im Exil«. In: *Studia Niemcoznawcze* 32 (2006), S. 325–331.

Hinck, Walter: »Lebenshaltungen des Wilhelminischen Zeitalters. Häutungen der Romanform. Hermann Broch, *Die Schlafwandler* (1932)«. In: Ders.: *Romanchronik des 20. Jahrhunderts. Eine bewegte Zeit im Spiegel der Literatur*. Köln 2006, S. 74–79.

Kiss, Endre: »›Dichter werben für Dichter‹ (Hermann Broch und Elias Canetti)«. *Trans. Internet-Zeitschrift für Kulturwissenschaften* 7 (2006). http://www.inst.at/trans/7Nr/kiss_canetti7.htm (Stand: 30.10.2011).

Kiss, Endre: »›Dichter werben für Dichter‹. Hermann Broch und Elias Canetti«. In: *Europäische Begegnungen. Festschrift für Joseph Kohnen*. Hg. v. Susanne Craemer. Walferdange 2006, S. 109–118.

Kiss, Endre: »Hermann Broch und das geschichtsphilosophische Gegenwartsmodell«. *Trans. Internet-Zeitschrift für Kulturwissenschaften* 16.5.4 (2006). http://www.inst.at/trans/16Nr/05_4/kiss16.htm (Stand: 30.10.2011).

Klein, Uta: »›Fiktive Wirklichkeit‹. Strategien uneigentlicher Rede am Beispiel von Kafkas *Verwandlung* und Hermann Brochs ›Methodisch konstruiert‹«. In: *Heuristiken der Literaturwissenschaft. Disziplinexterne Perspektiven auf Literatur*. Hg. v. Uta Klein, Katja Mellmann und Steffanie Metzger. Paderborn 2006, S. 489–504.

Kwiecińska, Grażyna: »Tradition mit Leerstellen: Einige Bemerkungen zur Österreichkritik in der Essayistik von Hermann Broch bis Robert Menasse«. In: *Labyrinthe der*

Erinnerung. Beiträge zur österreichischen Literatur. Festschrift für Prof. Stefan H. Kaszynski. Hg. v. Joanna Drynda und Katarzyna Dzikowska. Poznan 2006, S. 223–238.

Liard, Véronique: »Zerfall der rationalen Werte, Aufgaben des Irrationalen. Brochs Dichtung als Versuch einer Sinngebung«. *Trans. Internet-Zeitschrift für Kulturwissenschaften* 16.5.4 (2006). http://www.inst.at/trans/16Nr/05_4/liard16.htm (Stand: 30.10.2011).

Martens, Gunther: *Beobachtungen der Moderne in Hermann Brochs »Die Schlafwandler« und Robert Musils »Der Mann ohne Eigenschaften«. Rhetorische und narratologische Aspekte von Interdiskursivität.* München 2006.

Martens, Gunther: »Framing Literary Speech Acts of Political Modernity. Notes on Hermann Broch, Karl Kraus and Expressionism«. In: *The Invention of Politics in the European Avant-Garde (1906–1940).* Hg. v. Sascha Bru und Gunther Martens. Amsterdam 2006, S. 49–64.

Medina, Pedro: ›*La muerte de Virgilio*‹. *El final de una ilusión estética.* Valencia 2006.

Moh, Mari: »Individuum in der Masse. Zur Massentheorie Hermann Brochs«. In: *Neue Beiträge zur Germanistik* 5 (2006) H. 2, S. 140–151.

Müller-Funk, Wolfgang: »Die Angst in der Kultur. Hermann Brochs Massenwahntheorie im historischen Kontext«. In: *Trans. Internet-Zeitschrift für Kulturwissenschaften* 16.5.4 (2006). *Ebsco* http://www.inst.at/trans/16Nr/05_4/mueller-funk16.htm (Stand: 30.10.2011).

Pedersen, Frode Helmich: »›Und wie du mich hassest!‹ Das Gespräch zwischen Vergil und Augustus in Hermann Brochs Roman *Der Tod des Vergil* im Lichte des platonischen Dialogs«. In: *Text & Kontext* 28 (2006) H. 2, S. 35–55.

Pelletier, Jacques: »La pensée sociale d'Hermann Broch. Entre les ›sciences de l'esprit‹ et le marxisme«. *Trans. Internet-Zeitschrift für Kulturwissenschaften* 16.5.4 (2006). http://www.inst.at/trans/16Nr/05_4/pelletier16.htm (Stand: 30.10.2011).

Ritzer, Monika: »Mythos versus Person. Kafka im Blick Brochs und Canettis«. In: *Franz Kafka und die Weltliteratur.* Hg. v. Manfred Engel und Dieter Lamping. Göttingen 2006, S. 193–209.

Rizzo, Roberto: »Due nuovi carteggi Brochiani«. In: *Studi Germanici* 44 (2006) H. 3, S. 441–449.

Rizzo, Roberto: »Mythengestaltung bei Broch und Mann«. In: *Moderne und Mythos.* Hg. v. Silvio Vietta und Herbert Uerlings. München 2006, S. 169–191.

Saletta, Ester: »Brochs und Jelineks ›Babel‹. Ein geschlossenes Wertsystem«. *Trans. Internet-Zeitschrift für Kulturwissenschaften* 16.5.4 (2006). http://www.inst.at/trans/16Nr/05_4/saletta16.htm (Stand: 31.10.2011).

Schmid-Bortenschlager, Sigrid: »Hermann Broch im Exil in den USA«. In: *Diaspora – Exil als Krisenerfahrung. Jüdische Bilanzen und Perspektiven.* Hg. v. Armin Eidherr, Gerhard Langer und Karl Müller. Klagenfurt 2006, S. 330–340.

Sejbel', Natalija E.: »Russkaja germanistika o problemach kul'tury v avstrijskom romane (A. Štifter, G. Broch, R. Muzil)«. In: *Russkaja germanistika. Ežegodnik Rossijskogo Sojuza Germanistov* 2 (2006), S. 374–381.

Sinn, Christian: »Hermann Brochs Werttheorie und *Der Tod des Vergil*«. *Trans. Internet-Zeitschrift für Kulturwissenschaften* 16.5.4 (2006). http://www.inst.at/trans/16Nr/05_4/sinn16.htm (Stand: 30.10.2011).

Soeiro, Ricardo Gil: »The Song of Orpheus. Art, Memory, and Forgetfulness in Herman Broch's *The Death of Virgil*«. In: *Compar(a)ison. An International Journal of Comparative Literature* 23 (2006) S. 177–186.

Stašková, Alice: »Die Wende im Epilog der *Schlafwandler*-Trilogie von Hermann Broch«. In: *Wende, Bruch, Kontinuum. Die moderne österreichische Literatur und ihre Paradigmen des Wandels*. Hg. v. Renata Cornejo und Ekkehard W. Haring. Wien 2006, S. 55–69.

Wallace, Donald L.: *The Death of Civilization Ethics and Politics in the Work of Hermann Broch, 1886–1951*. Unv. Diss. University of California San Diego, 2006.

Walravens, Hartmut: »Sibylle Blei in Briefen an Hermann Broch. Ein Mosaikstein aus der Geschichte der Exilliteratur«. In: *Aus dem Antiquariat. Zeitschrift für Antiquare und Büchersammler* (2006) H. 1, S. 3–14.

Wohlleben, Doren: »Der Äneas-Mythos. Ethisch-poetische Korrespondenzen und Divergenzen bei Hannah Arendt und Hermann Broch«. *Trans. Internet-Zeitschrift für Kulturwissenschaften* 16.5.4 (2006). http://www.inst.at/trans/16Nr/05_4/wohlleben16.htm (Stand: 30.10.2011).

Zdenek, Annie: »Gnose et Science dans *Die Verzauberung* (1935) de Hermann Broch«. In: *Recherches germaniques* (2006) H. 36, S. 79–110.

2007

Übersetzungen und weitere Textausgaben

Broch, Hermann: *Vrăjirea*. [*Die Verzauberung*]. Übers. v. Corneliu Papadopol. Bucuresti 2007.

Sekundärliteratur

Adams, Dale: »The Unity of Thought and Being. Mathematics and Hermann Broch« (2007). http://eprints.infodiv.unimelb.edu.au/00003544/01/Adams_Broch.pdf (Stand: 31.10.2011).

Bayón, Fernando: »Freud y la crisis del lenguaje moderno en la Viena *fin de siglo*. Broch, Hofmannsthal, Kraus«. In: *Arbor Ciencia* 723 (2007), S. 135–154.

Boulanger, Alison: »La forme du temps dans les œuvres de Hermann Broch et de Hans Henny Jahnn«. In: *Temps et roman*. Hg. v. Peter Schnyder. Paris 2007, S. 91–101.

Cailler, Bernadette: *Carthage ou la flamme du brasier. Mémoire et échos chez Virgile, Senghor, Mellah, Ghachem, Augustin, Ammi, Broch et Glissant*. Amsterdam 2007.

Corngold, Stanley: »Bookkeeping in the Modernist Novel«. In: *Modernism*. Hg. v. Astradur Eysteinsson und Vivian Liska. Amsterdam 2007, S. 367–381.

Czap, Ildikó: *Probleme und Gestalten in Hermann Brochs »Bergroman«. Eine Analyse der drei Romanfassungen*. Unv. Diss. Debrecni Egyetem, 2007.

Dittrich, Andreas: »Vom In-Dividuum. Personalität und Selbstwissen in Hermann Brochs *Die Schlafwandler* und Hermann Cohens *Logik der reinen Erkenntnis*«. In: *Scientia poetica* 11 (2007), S. 122–136.

Durzak, Manfred: »Elias Canetti und Hermann Broch. Zu einer komplizierten Freundschaft«. In: *Der Zukunftsfette. Neue Beiträge zum Werk Elias Canettis*. Hg. v. Sven Hanuschek. Breslau 2007, S. 29–46.

Gani, Djéhanne: »Des enjeux éthiques et politiques dans l'œuvre d'Hermann Broch (1886–1951)«. *Trajectoires.* 1 (2007), S. 135–150. http://hal.archives-ouvertes.fr/docs/00/25/03/35/PDF/trajectoires_gani.pdf (Stand: 31.10.2011).

Giardinazzo, Francesco: *Il gesto di Hermes. L'ermeneutica, i classici, la letteratura moderna (Hölderlin, Flaubert, Broch, Pound).* Bologna 2007.

Guilhamon, Elizabeth: »*La mort de Virgile* de Hermann Broch (1945), roman de la mémoire«. In: *Le temps de la mémoire. II Soi et les autres.* Hg. v. Danielle Bohler und Gérard Peylet. Pessac 2007, S. 177–188.

Hainz, Martin A.: »Zerline, matrix reloaded. Zu Mozart und Broch«. In: *Mozart – eine Herausforderung für Literatur und Denken/Mozart – A Challenge for Literature and Thought.* Hg. v. Rüdiger Görner und Carly McLaughlin. Frankfurt am Main u. a. 2007, S. 265–283.

Hollweck, Thomas: »*Der Mensch im Schatten der Katastrophe«. Eine Einführung in den Briefwechsel zwischen Hermann Broch und Eric Voegelin.* München 2007.

Kiss, Endre: »Carl Dallagos gelebtes Denken. Die Möglichkeit einer antimetaphysischen Religiosität (der Fall Hermann Broch)«. In: *Carl Dallago. Der große Unwissende.* Hg. v. Karin Dalla Torre. Innsbruck 2007, S. 157–166.

Lörke, Tim: »Politische Religion und aufgeklärter Mythos. Der Nationalsozialismus und das Gegenprogramm Hermann Brochs und Thomas Manns«. In: *Totalitarismus und Literatur. Deutsche Literatur im 20. Jahrhundert. Literarische Öffentlichkeit im Spannungsfeld totalitärer Meinungsbildung.* Hg. v. Hans Jörg Schmidt und Petra Tallafuss. Göttingen 2007, S. 119–34.

Lützeler, Paul Michael: »Hermann Broch. Zweifel als Grundimpuls der Moderne«. In: *Literarische Moderne. Begriff und Phänomen.* Hg. v. Sabina Becker, Helmuth Kiesel und Robert Krause. Berlin 2007, S. 227–243.

Lützeler, Paul Michael: »Hermann Brochs Krieg gegen Ernst Jüngers *Der Friede*«. In: *Figurationen der literarischen Moderne.* Hg. v. Carsten Dutt und Roman Luckscheiter. Heidelberg 2007, S. 243–260.

Lützeler, Paul Michael: »Im Taumel von Jamben, Trochäen, Daktylen und Anapästen. Hermann Brochs Widmung ›für Gabrielle und Paul Oppenheim-Errera‹ (1945) als Weiterdichtung des epischen Werks«. In: *»Aus meiner Hand dies Buch ...«. Zum Phänomen der Widmung.* Hg. v. Michael Atze, Michael Hansel und Volker Kaukoreit. Wien 2007, S. 218–224.

Lützeler, Paul Michael: »Kontroverse Stimmen nach dem Krieg: Hermann Brochs Kritik an Ernst Jüngers Europaschrift ›Der Friede‹«. In: Ders.: *Kontinentalisierung. Das Europa der Schriftsteller.* Bielefeld 2007, S. 201–223.

Martens, Gunther: »Literary Modernism, Critical Theory and the Politics of Irony«. In: *Modernism.* Hg. v. Astradur Eysteinsson und Vivian Liska. Amsterdam 2007, S. 89–105.

Minkov, Boris: »Weltbilder im Begriffsystem von Hermann Broch und Elias Canetti«. In: *Interkulturalität und Intertextualität. Elias Canetti und Zeitgenossen.* Hg. v. Maja Razbojnikova-Frateva. Dresden 2007, S. 219–226.

Niefanger, Dirk: »Die historische Kulturwissenschaft und der neue Roman der 1920er und 1930er«. In: *Krise des Historismus, Krise der Wirklichkeit: Wissenschaft, Kunst und Literatur 1880–1932.* Hg. v. Otto Gerhard Oexle. Göttingen 2007, S. 273–293.

Panagl, Oswald: »Zerlines Genugtuung. Rezeptionssplitter von Mozarts *Don Giovanni* in Hermann Brochs *Die Schuldlosen*«. In: *Sprachkunst. Beiträge zur Literaturwissenschaft* 38 (2007) H. 2, S. 243–253.

Pérez Gay, José María: *The Unfortunate Passion of Hermann Broch.* Hermann Broch. Una pasión desdichada. Übers. v. Eduardo Jiménez Mayo. Mountain View, CA 2007.

Rumold, Rainer: »›Negative Ästhetik‹ und Exil. Zu Carl Einstein, Hermann Broch und Walter Benjamin«. In: *Carl Einstein im Exil. Kunst und Politik in den 1930er Jahren/Carl Einstein en exil. Art et politique dans les années 1930.* Hg. v. Marianne Kröger und Hubert Roland. Paderborn 2007, S. 173–186.

Saletta, Ester: *Friedrich Hebbels und Hermann Brochs Frauengestalten in einer Gender-Studies Richtung.* Berlin 2007.

Sauerland, Karol: »Der Machtbegriff Canettis in Anwendung auf Hermann Broch«. In: *Interkulturalität und Intertextualität. Elias Canetti und Zeitgenossen.* Hg. v. Maja Razbojnikova-Frateva. Dresden 2007, S. 257–263.

Sebastian, Thomas: »Leib, Name und Menschenrecht in Hermann Brochs politischen Schriften«. In: *Modern Austrian Literature* 40 (2007) H. 3, S. 43–70.

Sørensen, Anne Leth: »Værdiernes forfald. Hermann Brochs *Søvngængerne*«. In: *Den moderne tyske roman. 1909–35.* Hg. v. Morten Dyssen Mortensen und Adam Paulsen. Odense 2007, S. 147–170.

Stockhammer, Robert: »Das ›Jägerkasino‹ in Hermann Brochs Roman *Die Schlafwandler*«. In: *Von der Jägerstrasse zum Gendarmenmarkt. Eine Kulturgeschichte aus der Berliner Friedrichstadt.* Hg. v. Wolfgang Kreher und Ulrike Vedder. Berlin 2007, S. 169f.

Wergin, Ulrich: »›Verzauberung‹. Hermann Brochs literarische Konzeption des Massenwahns im Spannungsfeld zwischen Canetti und Heidegger«. In: *Interkulturalität und Intertextualität. Elias Canetti und Zeitgenossen.* Hg. v. Maja Razbojnikova-Frateva. Dresden 2007, S. 265–275.

Winkler, Michael: »Hermann Brochs Exilromane. Übersetzungen und Rezeption in Amerika«. In: *Übersetzung als transkultureller Prozess.* Hg. v. Claus-Dieter Krohn. München 2007, S. 189–207.

Wohlleben, Doren: »Der Äneas-Mythos. Ethisch-poetische Korrespondenzen und Divergenzen bei Hannah Arendt und Hermann Broch«. In: *Dichterisch denken. Hannah Arendt und die Künste.* Hg. v. Wolfgang Heuer. Göttingen 2007, S. 70–83.

Yamaguchi, Koichi: »Zwischen Zeitanalyse und Mythossuche. *Die Schlafwandler* und *Die Schuldlosen*«. In: *Doitsu bungaku* 49 (2007), S. 7–15.

Sonstige Veröffentlichungen (Film, Theater, Kunst u. Ä., besonders Adaptionen)

Plotek, Leopold: *The Death of the Poet. Homecoming.* Diptych. 2007.

Ronconi, Luca (Regie): *Inventato di sana pianta ovvero gli affari del barone Laborde* [*Aus der Luft gegriffen oder Die Geschäfte des Baron Laborde* Perf. Massimo De Francovich u. a. Übers. v. Roberto Rizzo. Piccolo Teatro di Milano, Milano, 3. März – 5. April 2007.

2007–2008

Sekundärliteratur

Martin, Dieter: *Hermann Broch, Die Schlafwandler (1931/32)*. 2007–2008. Podcast. Albert-Ludwigs-Universität Freiburg, Freiburg. http://podcasts.uni-freiburg.de/podcast_content?id_content=30 (Stand: 31.10.2011).

2008

Übersetzungen und weitere Textausgaben

Broch, Hermann: *Théorie de la folie des masses*. [*Massenwahntheorie*]. Hg. v. Paul Michael Lützeler. Übers. v. Pierre Rusch und Didier Renault. Paris and Tel-Aviv 2008.

Sekundärliteratur

Angelova, Penka: »Musil, Canetti, Broch. Präliminarien der Kulturwissenschaften«. In: *Germanistik im Konflikt der Kulturen. Kulturwissenschaft vs. Philologie? Wissenschaftskulturen. Kontraste, Konflikte, Synergien; Editionsphilologie. Projekte, Tendenzen und Konflikte*, Bd. 5. Frankfurt am Main u. a. 2008, S. 199–206.

Angelova, Penka: »Vorläufer der Kulturwissenschaften. Musil, Canetti, Broch«. In: *Österreichische Literatur zwischen den Kulturen. Internationale Konferenz Veliko Târnovo. Oktober 2006*. Hg. v. Iris Hipfl und Raliza Ivanova. St. Ingbert 2008, S. 155–171.

Bartram, Graham: »Memory, Amnesia and Identity in Hermann Broch's Schlafwandler Trilogy«. In: *German Life and Letters* 61 (2008) H. 2, S. 215–230.

Beckert, Cristina: »Das Gute jenseits der ›Idolatrie des Schönen‹. Ein Dialog zwischen Lévinas and Hermann Broch«. In: *Kunst, Metaphysik und Mythologie*. Hg. v. Jens Halfwassen und Markus Gabriel. Heidelberg 2008, S. 159–172.

Bendels, Ruth: *Erzählen zwischen Hilbert und Einstein. Naturwissenschaft und Literatur in Hermann Brochs »Eine methodologische Novelle« und Robert Musils »Drei Frauen«*. Würzburg 2008.

Borch, Christian: »Modern Mass Aberration. Hermann Broch and the Problem of Irrationality«. In: *History of the Human Sciences* 21 (2008) H. 2, S. 63–83.

Borgard, Thomas: »Hermann Brochs intellektuelle Entwicklung nach 1932. Religiöses Suchbild, Literatur und Gesellschaftslehre kultureller Ambivalenz«. In: *Hermann Broch. Religion, Mythos, Utopie. Zur ethischen Perspektive seines Werks*. Hg. v. Paul Michael Lützeler und Christine Maillard. *Recherches germaniques. Revue annuelle. Hors série* 5 (2008), S. 135–164.

Choné, Aurélie: »Gnostische Vorstellungen bei Hermann Broch im Vergleich zu Hermann Hesse und Gustav Meyrink«. In: *Hermann Broch. Religion, Mythos, Utopie. Zur ethischen Perspektive seines Werks*. Hg. v. Paul Michael Lützeler und Christine Maillard. *Recherches germaniques. Revue annuelle. Hors série* 5 (2008), S. 53–74.

Cliver, Gwyneth E.: *Musil, Broch, and the Mathematics of Modernism*. Unv. Diss. Washington University in St. Louis, 2008.

Doppler, Bernhard: »Hermann Broch und Rudolf Brunngraber. Romanästhetik und Literaturbetrieb«. In: *Hermann Brochs literarische Freundschaften*. Hg. v. Endre Kiss, Paul Michael Lützeler und Gabriella Rácz. Tübingen 2008, S. 185–197.

Durand-Barthez, Manuel: »Hermann Broch und Ruth Norden. Im Zeichen der Danaiden«. In: *Hermann Brochs literarische Freundschaften*. Hg. v. Endre Kiss, Paul Michael Lützeler und Gabriella Rácz. Tübingen 2008, S. 171–183.

Durzak, Manfred: »Naturwissenschaft im Roman? Zu Hermann Brochs *Die Unbekannte Größe*«. In: *›Germanistik im Konflikt der Kulturen‹, Band 7: Bild, Rede, Schrift; Kleriker, Adel, Stadt und außerchristliche Kulturen in der Vormoderne; Wissenschaften und Literatur seit der Renaissance*. Hg. v. Jean-Marie Valentin u. a. Frankfurt am Main u. a. 2008, S. 369–377.

Eiden, Patrick: »Anstand und Abstand. Hermann Broch und die Frage der Demokratie«. In: *An den Rändern der Moral. Studien zur literarischen Ethik*. Hg. v. Ulrich Kinzel. Würzburg, Germany 2008, S. 133–149.

Eiden, Patrick: »›Grenzenlos wird das Reich sein‹. Imperiale Formgebung in Hermann Brochs *Der Tod des Vergil*«. In: *Die Souveränität der Literatur. Zum Totalitären der Klassischen Moderne 1900–1933*. Hg. v. Uwe Hebekus und Ingo Stockmann. Paderborn 2008, S. 259–287.

Ferré, Vincent: »De Vienne á Berlin, de l'essai sur Hofmannsthal á La Dégradation des valeurs (H. Broch) en passant par Paris (M. Proust, J. Dos Passos)«. In: *Germanica* 43 (2008), S. 29–39.

Fetz, Bernhard: »Die Aporien einer universalistischen Moral. Hermann Brochs Konzeptionen eines neuen Mythos in den Schriften aus den 1940er Jahren«. In: *Hermann Broch. Religion, Mythos, Utopie. Zur ethischen Perspektive seines Werks*. Hg. v. Paul Michael Lützeler und Christine Maillard. *Recherches germaniques. Revue annuelle. Hors série* 5 (2008), S. 189–202.

Fontaine, Philippe: »Ästhetik und Wertkrise bei Hermann Broch«. In: *Traditionen und Modernen. Historische und ästhetische Analysen der österreichischen Kultur*. Hg. v. Anne-Marie Corbin und Friedbert Aspetsberger. Innsbruck 2008, S. 68–76.

Guilhamon, Elizabeth: *Déclin d'Empire. Lecture sémiotique des Somnambules d'Hermann Broch*. Paris 2008.

Hackermüller, Rotraut: »Hermann Broch und Ludwig Hofmann. Der Mathematiker als *Unbekannte Größe*«. In: *Hermann Brochs literarische Freundschaften*. Hg. v. Endre Kiss, Paul Michael Lützeler und Gabriella Rácz. Tübingen 2008, S. 89–103.

Hans, Anjeana K.: »Broch's *1903. Esch oder die Anarchie*. Desiring the Abject Outside«. In: *German Quarterly* 81 (2008) H. 1, S. 86–109.

Hollweck, Thomas: »Im Schatten der Apokalypse. Zum Briefwechsel zwischen Hermann Broch und Eric Voegelin«. In: *Sinn und Form. Beiträge zur Literatur* 60 (2008) H. 2, S. 175–189.

Jenkins, Jennifer Lynne: *The Legitimacy of Literature. Metaliterary Reflection in Hermann Broch's »The Death of Virgil« and Peter Weiss's »The Aesthetics of Resistance«*. Unv. Diss. University of Wisconsin-Madison, 2008.

Kajtár, Mária: »Hermann Broch und Friedrich Torberg. Demokratie und Totalitarismus«. In: *Hermann Brochs literarische Freundschaften*. Hg. v. Endre Kiss, Paul Michael Lützeler und Gabriella Rácz. Tübingen 2008, S. 293–303.

Kaupunginkirjasto, Kuusankosken: *Hermann Broch (1886–1951)*. 2008. Internet Resource; Computer File Date of Entry: 20010912. http://www.kirjasto.sci.fi/ broch.htm (Stand: 31.10.2011).

Kessler, Michael: »Hermann Broch und Volkmar Zühlsdorff. Hoffnung und Humanismus«. In: *Hermann Brochs literarische Freundschaften*. Hg. v. Endre Kiss, Paul Michael Lützeler und Gabriella Rácz. Tübingen 2008, S. 199–215.

Kessler, Michael: »Konturen einer negativen Theologie. Hermann Brochs Sicht der Religion jenseits von Ressentiment und Restauration«. In: *Hermann Broch. Religion, Mythos, Utopie. Zur ethischen Perspektive seines Werks.* Hg. v. Paul Michael Lützeler und Christine Maillard. *Recherches germaniques. Revue annuelle. Hors série* 5 (2008), S. 165–188.

Kiss, Endre, Paul Michael Lützeler und Gabriella Rácz (Hg.): *Hermann Brochs literarische Freundschaften.* Tübingen 2008.

Kiss, Endre: »Hermann Broch und Edit Gyömrői. Zwischen Freud und Marx«. In: *Hermann Brochs literarische Freundschaften.* Hg. v. Endre Kiss, Paul Michael Lützeler und Gabriella Rácz. Tübingen 2008, S. 75–87.

Kohlenberger, Helmut: »Hermann Broch und Erich von Kahler. Vordenker der Aporie«. In: *Hermann Brochs literarische Freundschaften.* Hg. v. Endre Kiss, Paul Michael Lützeler und Gabriella Rácz. Tübingen 2008, S. 245–260.

Komáromi, Sándor: »Hermann Broch und Karl Kerényi. Roman und Mythos«. In: *Hermann Brochs literarische Freundschaften.* Hg. v. Endre Kiss, Paul Michael Lützeler und Gabriella Rácz. Tübingen 2008, S. 277–291.

Kraus, Justice Herschel: *Science Functions. Musil, Kafka, and Broch.* Unv. Diss. Harvard University, 2008.

Kubik, Silke: *Die europäische Ordnung stirbt –. Religion und Geschichtskonstruktion im Angesicht der Katastrophe. Eine vergleichende Untersuchung der Romane »Die Schlafwandler« von Hermann Broch und »Das unauslöschliche Siegel« von Elisabeth Langgässer.* Frankfurt am Main u. a. 2008.

Kwiecińska, Grażyna: »Hermann Broch als Literaturtheoretiker und -kritiker«. In: *Feuilleton-Essay-Aphorismus. Nicht-fiktionale Prosa in Österreich.* Hg. v. Sigurd Paul Scheichl. Innsbruck 2008, S. 185–193.

Liukkonen, Petri: »Hermann Broch (1886–1951)«. *Pegasos* (2008). http://kirjasto.sci.fi/broch.htm (Stand: 30.10.2011).

Lützeler, Paul Michael: »Einleitung: Brochs Theogonie der Ethik«. In: *Hermann Broch. Religion, Mythos, Utopie. Zur ethischen Perspektive seines Werks.* Hg. v. Paul Michael Lützeler und Christine Maillard. *Recherches germaniques. Revue annuelle. Hors série* 5 (2008), S. 9–20.

Lützeler, Paul Michael: »Hermann Broch und Paul Federn. Sympathie und Psychoanalyse«. In: *Hermann Brochs literarische Freundschaften.* Hg. v. Endre Kiss, Paul Michael Lützeler und Gabriella Rácz. Tübingen 2008, S. 261–275.

Lützeler, Paul Michael: »Hermann Broch's Novel *The Sleepwalkers.* Disintegrating Values in the Modern Era«. In: *Literatur im Jahrhundert des Totalitarismus.* Hg. v. Elke Gilson, Barbara Hahn und Holly Liu. Hildesheim 2008, S. 129–147.

Lützeler, Paul Michael und Christine Maillard (Hg.): *Hermann Broch. Religion, Mythos, Utopie. Zur ethischen Perspektive seines Werks. Recherches germaniques. Revue annuelle. Hors série* 5 (2008).

Mahlmann-Bauer, Barbara: »Euripides' *Bakchen.* Ein Prätext für Brochs Bergroman *Die Verzauberung*«. In: *Hermann Broch. Religion, Mythos, Utopie. Zur ethischen Perspektive seines Werks.* Hg. v. Paul Michael Lützeler und Christine Maillard. *Recherches germaniques. Revue annuelle. Hors série* 5 (2008), S. 75–118.

Mansour, Julia: »»Auf dem goldenen Grund aller Finsternis« – Erkenntnis-, Handlungs-, und Seinsgründe in Hermann Brochs *Die Verzauberung*«. In: *Monatshefte für Deutschsprachige Literatur und Kultur* 100 (2008) H. 1, S. 88–106.

Martens, Gunther: »Brochs Optative. Betrachtungen zum Verhältnis von Wirkung und Utopie in *Der Tod des Vergil*«. In: *Hermann Broch. Religion, Mythos, Utopie. Zur ethischen Perspektive seines Werks.* Hg. v. Paul Michael Lützeler und Christine Maillard. *Recherches germaniques. Revue annuelle.* Hors série 5 (2008), S. 119–133.

McGaughey, Sarah: »Hermann Broch und Ea von Allesch. Möbel und Mode«. In: *Hermann Brochs literarische Freundschaften.* Hg. v. Endre Kiss, Paul Michael Lützeler und Gabriella Rácz. Tübingen 2008, S. 51–63.

Mitterbauer, Helga: »Hermann Broch und Franz Blei. Untergehende Kultur, zerfallende Werte«. In: *Hermann Brochs literarische Freundschaften.* Hg. v. Endre Kiss, Paul Michael Lützeler und Gabriella Rácz. Tübingen 2008, S. 37–50.

Mondon, Christine: »Hermann Broch und Stefan Zweig. Literatur und Exil«. In: *Hermann Brochs literarische Freundschaften.* Hg. v. Endre Kiss, Paul Michael Lützeler und Gabriella Rácz. Tübingen 2008, S. 151–160.

Nicolosi, Maria Grazia: »Hermann Broch und Ernst Schönwiese. Dichtung, Zeitschrift, Radio«. In: *Hermann Brochs literarische Freundschaften.* Hg. v. Endre Kiss, Paul Michael Lützeler und Gabriella Rácz. Tübingen 2008, S. 161–170.

Niefanger, Dirk: »Denkmöglichkeiten. Zum Verhältnis von Essay und Portrait in Hermann Brochs Romantrilogie *Die Schlafwandler*«. In: *Euphorion. Zeitschrift für Literaturgeschichte* 102 (2008) H. 2, S. 241–270.

Olay, Csaba: »Hannah Arendt und Hermann Broch. Roman und Moderne«. In: *Hermann Brochs literarische Freundschaften.* Hg. v. Endre Kiss, Paul Michael Lützeler und Gabriella Rácz. Tübingen 2008, S. 305–318.

Pedersen, Frode Helmich: »Hermann Broch und Alfred Polgar. Kaffeehaus, Humanismus, Exil«. In: *Hermann Brochs literarische Freundschaften.* Hg. v. Endre Kiss, Paul Michael Lützeler und Gabriella Rácz. Tübingen 2008, S. 65–73.

Peiter, Anne D.: »Hermann Broch und Elias Canetti. Wer war Lehrer, wer war Schüler?«. In: *Hermann Brochs literarische Freundschaften.* Hg. v. Endre Kiss, Paul Michael Lützeler und Gabriella Rácz. Tübingen 2008, S. 139–149.

Petersen, Christer: »Vereinigung der Gegensätze. Das Ideal einer männlichen Individuation in Hermann Brochs *Die Unbekannte Größe*«. In: *Seminar. A Journal of Germanic Studies* 44 (2008) H. 1, S. 103–117.

Picht, Barbara: »Das Religiöse und das irdisch Absolute in Brochs Geschichtstheorie«. In: *Hermann Broch. Religion, Mythos, Utopie. Zur ethischen Perspektive seines Werks.* Hg. v. Paul Michael Lützeler und Christine Maillard. *Recherches germaniques. Revue annuelle.* Hors série 5 (2008), S. 203–212.

Picht, Barbara: *Erzwungener Ausweg. Hermann Broch, Erwin Panofsky und Ernst Kantorowicz im Princetoner Exil.* Darmstadt 2008.

Picht, Barbara: »Volkmar Zühlsdorff und Hermann Broch. Briefwechsel und Begegnung«. In: *Hermann Brochs literarische Freundschaften.* Hg. v. Endre Kiss, Paul Michael Lützeler und Gabriella Rácz. Tübingen 2008, S. 217–227.

Ratschko, Katharina: »Robert Musil und Hermann Broch. Kunstverständnis und Zeitdiagnose«. In: *Hermann Brochs literarische Freundschaften.* Hg. v. Endre Kiss, Paul Michael Lützeler und Gabriella Rácz. Tübingen 2008, S. 121–138.

Saletta, Ester: »Hermann Broch und Antonio Giuseppe Borgese. Dichtung und Engagement«. In: *Hermann Brochs literarische Freundschaften.* Hg. v. Endre Kiss, Paul Michael Lützeler und Gabriella Rácz. Tübingen 2008, S. 229–244.

Sauerland, Karol: »Hermann Broch und Hannah Arendt. Massenwahn und Menschenrecht«. In: *Hermann Brochs literarische Freundschaften.* Hg. v. Endre Kiss, Paul Michael Lützeler und Gabriella Rácz. Tübingen 2008, S. 319–331.

Scheichl, Sigurd Paul: »Hermann Broch und Ludwig von Ficker im Spiegel von Brochs Briefen«. In: *Hermann Brochs literarische Freundschaften.* Hg. v. Endre Kiss, Paul Michael Lützeler und Gabriella Rácz. Tübingen 2008, S. 21–35.

Schneider-Handschin, Esther: »Widerstand und ›Selbstamerikanisierung‹(s)-Versuche Hermann Brochs«. In: *Études Germaniques* 63 (2008) H. 4, S. 749–759.

Schneider-Mizony, Odile: »Übersetzung, Evaluation und Diskurs am Beispiel vom *Tod des Vergil*«. In: *Wort und Text. Lexikologische und textsyntaktische Studien im Deutschen und Französischen. Festschrift für René Métrich zum 60. Geburtstag.* Hg. v. Daniel Baudot, René Métrich und Maurice Kauffer. Tübingen 2008, S. 205–215.

Stašková, Alice: *Nächte der Aufklärung Studien zur Ästhetik, Ethik und Erkenntnistheorie in »Voyage au bout de la nuit« von Louis-Ferdinand Céline und »Die Schlafwandler« von Hermann Broch.* Tübingen 2008.

Stašková, Alice: »Der Stil auf der Suche nach der Religion im frühen Schaffen Hermann Brochs«. In: *Hermann Broch. Religion, Mythos, Utopie. Zur ethischen Perspektive seines Werks.* Hg. v. Paul Michael Lützeler und Christine Maillard. *Recherches germaniques. Revue annuelle. Hors série* 5 (2008), S. 21–36.

Szabó, László V.: »Das Fortleben der gnostischen Tradition in der Literatur des 20. Jahrhunderts am Beispiel Hermann Brochs«. In: *Wissenschaften im Dialog. Studien aus dem Bereich der Germanistik.* Hg. v. Noémi Kordics. Bd. 2. Großwardein 2008, S. 187–197.

Szabó, László V.: »Hermann Broch und Robert Musil. K. u. K. oder Konkurrenz und Kollegialität«. In: *Hermann Brochs literarische Freundschaften.* Hg. v. Endre Kiss, Paul Michael Lützeler und Gabriella Rácz. Tübingen 2008, S. 105–119.

Vollhardt, Friedrich: »Hermann Broch und der religiöse Diskurs in den Kulturzeitschriften seiner Zeit (*Summa, Hochland, Eranos*)«. In: *Hermann Broch. Religion, Mythos, Utopie. Zur ethischen Perspektive seines Werks.* Hg. v. Paul Michael Lützeler und Christine Maillard. *Recherches germaniques. Revue annuelle. Hors série* 5 (2008), S. 37–52.

Wills, David: »No One Home. Homer, Joyce, Broch«. In: Ders.: *Dorsality. Thinking Back through Technology and Politics.* Minneapolis 2008, S. 66–101, 250–251.

Wilson, Michael u. a.: *Zerline's tale.* Visual Material. Hartford, Conn. 2008.

Zangrando, Stefano: »Hermann Broch e il romanzo polistorico«. In: *Finzione e documento nel romanzo.* Hg. v. Massimo Rizzante, Walter Nardon und Stefano Zangrando. Trento 2008, S. 207–219.

Sonstige Veröffentlichungen (Film, Theater, Kunst u. Ä., besonders Adaptionen)

Furrer, Beat: *Begehren.* Perf. Petra Hoffmann u. a. [Mit Text aus Brochs *Tod des Vergil*]. Kairos 2008. DVD.

Hänssler, Erica (Regie und Perf.): *Die unendliche Fahrt.* Ein Theaterprojekt nach dem Roman *Der Tod des Vergil* von Hermann Broch. Theater Stok, Zürich November 2008.

Wilson, Michael (Regie): *Zerline's tale*. Perf. Michael Stotts u. a. Hartford, C.T. 2008. 2 DVDs.

2009

Übersetzungen und weitere Textausgaben

Broch, Hermann: *Poesie*. [*Gedichte*]. Hg. v. Paul Michael Lützeler. Übers. v. Vito Punzi. Rom 2009.

Broch, Hermann: *Román – mýtus – kýc eseje*. [Aufsätze zur Literatur]. Hg. v. Milan Kundera. Übers. v. Nadezda Macurová. Prag 2009.

Sekundärliteratur

Adams, Dale Allan: *Die Rolle und Bedeutung der Mathematik im Werk Robert Musils, Hermann Brochs und Friedrich Dürrenmatts*. Unv. Diss. University of Melbourne, 2009.

Angelova, Penka: »Elias Canetti und Hermann Broch – Anstatt eines Vorwortes«. In: *Elias Canetti und Hermann Broch*. Hg. v. Penka Angelova, Marianne Gruber und Paul Michael Lützeler. St. Ingbert 2009, S. 9–11.

Angelova, Penka, Marianne Gruber und Paul Michael Lützeler (Hg.): *Elias Canetti und Hermann Broch*. St. Ingbert 2009.

Bontemps, Véronique: »La transposition scénique. Un acte singulier de création?«. In: *Traduire, adapter, transposer. Actes du colloque international, Montpellier, 15, 16 et 17 mai 2008*. Aix-en-Provence 2009, S. 293–303.

Boulanger, Alison: »La ›pure magie‹ du mythe. L'irrationnel dans le *Bergroman* de Hermann Broch et *Doktor Faustus* de Thomas Mann«. In: *Lectures politiques des mythes littéraires au XXe siècle*. Hg. v. Sylvie Parizet. Nanterre 2009, S. 261–273.

Boulanger, Alison: *Román – mýtus – kýc eseje*. Hg. v. Milan Kundera. Übers. v. Nadezda Macurová. Prag 2009.

Caesar, Claus: »Geldspiele, Liebesspiele. Elias Canettis Die Hochzeit und Hermann Brochs *Aus der Luft gegriffen*«. In: *Elias Canetti und Hermann Broch*. Hg. v. Penka Angelova, Marianne Gruber und Paul Michael Lützeler. St. Ingbert 2009, S. 29–41.

Czap, Ildikó und Gerardo Alvarez: »Musils und Brochs Wanderungen in den deutschsprachigen Literaturgeschichten am Beispiel von Paul Fechter und Adalbert Schmidt«. In: *Österreichische Literatur ohne Grenzen. Gedenkschrift für Wendelin Schmidt-Dengler*. Hg. v. Attila Bombitz u. a. Wien 2009, S. 73–86.

Dittrich, Andreas: *Glauben, Wissen und Sagen. Studien zu Wissen und Wissenskritik im »Zauberberg«, in den »Schlafwandlern« und im »Mann ohne Eigenschaften«*. Tübingen 2009.

Durand-Barthez, Manuel: »Le dilemme du retour d'exil face à l'après-coup du nazisme dans les réalités allemandes d'après-guerre. Réflexions autour de la correspondance échangée par Hermann Broch avec Volkmar von Zühlsdorff et Ruth Norden (1945–1949)«. In: *Le thème de l'après-coup (Nachträglichkeit) dans l'interprétation de phénomènes philosophiques, historiques, littéraires et artistiques*. Hg. v. André Combes und Françoise Knopper. Aix-en-Provence 2009, S. 107–121.

Durzak, Manfred: »Gedanken über den Tod bei Elias Canetti und Hermann Broch«. In: *Elias Canetti und Hermann Broch*. Hg. v. Penka Angelova, Marianne Gruber und Paul Michael Lützeler. St. Ingbert 2009, S. 69–80.

Fetz, Bernhard: »Der Rhythmus der Ideen: Kulturkritik zwischen Erkenntnistheorie, Dichtung und ethischem Anspruch bei Hermann Broch«. In: Ders.: *Das unmögliche Ganze. Zur literarischen Kritik der Kultur*. Paderborn 2009, S. 157–243.

Fetz, Bernhard: »Die Logik des Wahns. Brochs Buchhalter Esch und Canettis Büchernarr Kien«. In: *Elias Canetti und Hermann Broch*. Hg. v. Penka Angelova, Marianne Gruber und Paul Michael Lützeler. St. Ingbert 2009, S. 13–28.

Fetz, Bernhard: »Fluchtpunkt und Kontrapunkt. Über Sprache und Musik bei Broch und Bernhard«. In: *Hermann Broch und die Künste*. Hg. v. Alice Stašková und Paul Michael Lützeler. Berlin 2009, S. 183–195.

Foi, Maria Carolina: »Un ›servizio reso all'amicizia‹. Hannah Arendt incontra Hermann Broch«. In: *Fidus achates. L'amicizia nella cultura europea. Studi in onore di Lia Secci*. Hg. v. Anna Fattori, Leonardo Tofi und Maurizio Basili. Perugia 2009, S. 315–335.

Gottwald, Herwig: »Der Mythosbegriff bei Hermann Broch«. In: *Elias Canetti und Hermann Broch*. Hg. v. Penka Angelova, Marianne Gruber und Paul Michael Lützeler. St. Ingbert 2009, S. 141–163.

Grünbein, Durs: »Hermann Broch. *Der Tod des Vergil*. Wiederbesichtigung eines Romans«. In: *Doppelleben. Literarische Szenen aus Nachkriegsdeutschland. Materialien zur Ausstellung*. Hg. v. Bernd Busch und Thomas Combrink. Bd. 2. Göttingen 2009, S. 59–64.

Hainz, Martin A.: »Handlungsmelodik? (An-)Ästhetiken in Brochs *Schuldlosen*«. In: *Hermann Broch und die Künste*. Hg. v. Alice Stašková und Paul Michael Lützeler. Berlin 2009, S. 137–155.

Heizmann, Jürgen: »Massenmedium. Hermann Broch und der Film«. In: *Hermann Broch und die Künste*. Hg. v. Alice Stašková und Paul Michael Lützeler. Berlin 2009, S. 75–92.

Hickel, Jörn Peter und Alice Stašková: »*Der Tod des Vergil*. Broch-Vertonungen des Komponisten Jean Barraqué«. In: *Hermann Broch und die Künste*. Hg. v. Alice Stašková und Paul Michael Lützeler. Berlin 2009, S. 157–182.

Kim, Sun-Young: *Beyond disintegration. Apocalyptic discourse in Hermann Broch's »Die Schlafwandler«*. Unv. Diss. The University of Michigan, 2009.

Kiss, Endre: »Dichter werben Dichter. Hermann Broch und Elias Canetti«. In: *Elias Canetti und Hermann Broch*. Hg. v. Penka Angelova, Marianne Gruber und Paul Michael Lützeler. St. Ingbert 2009, S. 81–95.

Kratochwill, Kerstin: »Kinder der Lüge. Kitsch und Verwandlung als anthropologische Konstanten bei Hermann Broch und Elias Canetti«. In: *Elias Canetti und Hermann Broch*. Hg. v. Penka Angelova, Marianne Gruber und Paul Michael Lützeler. St. Ingbert 2009, S. 115–139.

Liebrand, Claudia: »Brochs Drehbuch *Das Unbekannte X*. Eine filmhistorische Verortung«. In: *Hermann Broch und die Künste*. Hg. v. Alice Stašková und Paul Michael Lützeler. Berlin 2009, S. 93–115.

Lützeler, Paul Michael: »Hermann Broch und die Maler. Biographie, Ekphrasis, Kulturtheorie«. In: *Hermann Broch und die Künste*. Hg. v. Alice Stašková und Paul Michael Lützeler, Berlin 2009, S. 11–38.

Lützeler, Paul Michael: »Hermann Brochs Kulturkritik. Nietzsche als Anstoß«. In: *Friedrich Nietzsche und die klassischen Moderne*. Hg. v. Thorsten Valk. Berlin 2009, S. 183–197.

Martens, Gunther: »Hermann Brochs enzyklopädisches Gespräch mit den Künsten«. In: *Hermann Broch und die Künste*. Hg. v. Alice Stašková und Paul Michael Lützeler. Berlin 2009, S. 199–218.

McGaughey, Sarah: »Ornament. Brochs Stil-Konzept und die Architektur-Diskurse seiner Zeit«. In: *Hermann Broch und die Künste*. Hg. v. Alice Stašková und Paul Michael Lützeler. Berlin 2009, S. 55–72.

Mitterbauer, Helga: »›Totalitätserfassende Erkenntnis‹. Hermann Broch im Spannungsfeld der Künste«. In: *Hermann Broch und die Künste*. Hg. v. Alice Stašková und Paul Michael Lützeler. Berlin 2009, S. 233–250.

Mondon, Christine: »Canettis Bild von Broch«. In: *Elias Canetti und Hermann Broch*. Hg. v. Penka Angelova, Marianne Gruber und Paul Michael Lützeler. St. Ingbert 2009, S. 43–52.

Mondon, Christine: »Hermann Broch oder die Idee des Menschen«. *schwarz-auf-weiss.org* (2009). http://www.schwarz-auf-weiss.org/Hermann%20Broch%20oder%20die%20Idee%20des%20Menschen.pdf (Stand: 26.10.2011).

Mondon, Christine: »Hermann Broch. Regards d'un exilé. L'Autriche et le non-retour«. In: *Austriaca* 33–34 (2009) H. 67–68, S. 181–190.

Mondon, Christine: »L'essai *Hofmannsthal et son temps* (1947–48) de Hermann Broch ou la démythification de la Vienne 1900«. In: *Austriaca* 25 (2009) H. 50, S. 63–78.

Müller-Funk, Wolfgang: »Angst in der Kultur. Hermann Brochs *Massenwahntheorie* im historischen Kontext«. In: Ders.: *Komplex Österreich. Fragmente zu einer Geschichte der modernen österreichischen Literatur*. Wien 2009, S. 230–244.

Müller-Funk, Wolfgang: »Die Angst (vor) der Masse bei Broch und Canetti«. In: *Elias Canetti und Hermann Broch*. Hg. v. Penka Angelova, Marianne Gruber und Paul Michael Lützeler. St. Ingbert 2009, S. 179–200.

Müller-Funk, Wolfgang: »Die fürchterliche Pflicht zur Freiheit. Überlegungen zu Hermann Brochs Meta-Politik. Komplex Österreich«. In: Ders.: *Komplex Österreich. Fragmente zu einer Geschichte der modernen österreichischen Literatur*. Wien 2009, S. 217–229.

Olsen, Morten Aronsson: *Hermann Broch. Die platonische Idee des Denkens und Handelns. Zur Bestimmung der Grundlagen der Werttheorie in den theoretischen Schriften des jungen Hermann Broch*. Hamburg 2009.

Peiter, Anne D.: »L'amitié entre Hermann Broch, Elias Canetti et Veza Calderon-Canetti«. In: *»Au nom de Goethe!« Hommage à Gerald Stieg*. Hg. v. Marc Lacheny und Jean-François Laplénie. Paris 2009, S. 35–44.

Pissarek, Markus: *›Atomisierung der einstigen Ganzheit‹ – das literarische Frühwerk Hermann Brochs. Neuorientierung des literarischen Denkens im Kontext der modernen Physik und Psychoanalyse*. München 2009.

Rabinovici, Doron: »Lufthunger und Atemnot. Broch und Canetti. Eine Inspiration«. In: *Elias Canetti und Hermann Broch*. Hg. v. Penka Angelova, Marianne Gruber und Paul Michael Lützeler. St. Ingbert 2009, S. 53–68.

Rácz, Gabriella: »Musik in Hermann Brochs Roman *Die Schuldlosen*«. In: *Hermann Broch und die Künste*. Hg. v. Alice Stašková und Paul Michael Lützeler. Berlin 2009, S. 119–136.

Ritzer, Monika: »›Wirklichkeiten‹. Zum Realismusbegriff bei Hermann Broch und Elias Canetti«. In: *Elias Canetti und Hermann Broch*. Hg. v. Penka Angelova, Marianne Gruber und Paul Michael Lützeler. St. Ingbert 2009, S. 97–114.

Sauerland, Karol: »Broch, Canetti und das Böse«. In: *Elias Canetti und Hermann Broch.* Hg. v. Penka Angelova, Marianne Gruber und Paul Michael Lützeler. St. Ingbert 2009, S. 165–177.
Schneider, Katrin: »Dornröschen wollte nicht geküsst sein. Romantik und verkehrte Märchenwelt in Hermann Brochs *Die Schlafwandler*«. In: *Orbis linguarum* 34 (2009), S. 125–138.
Stašková, Alice und Paul Michael Lützeler (Hg.): *Hermann Broch und die Künste.* Berlin 2009.
Steinecke, Hartmut: »Brochs Hofmannsthal-Essay. Ein kulturwissenschaftliches Epochenbild?« In: *Hermann Broch und die Künste.* Hg. v. Alice Stašková und Paul Michael Lützeler. Berlin 2009, S. 219–232.
Weigel, Robert G.: »›Um diese Zeit ist vieles hoffnungslos und krasser‹. Das Schicksalsjahr 1918 als Kulmination und Fortsetzung des Brochschen Wertevakuums«. In: *Österreich 1918 und die Folgen: Geschichte, Literatur und Film.* Hg. v. Karl Müller und Hans Wagener. Wien 2009, S. 59–70.
Wohlleben, Doren: »›Verlöschen der Gesichter in der Landschaft‹. Porträts in Hermann Brochs *Die Schlafwandler*«. In: *Hermann Broch und die Künste.* Hg. v. Alice Stašková und Paul Michael Lützeler. Berlin 2009, S. 39–54.

Sonstige Veröffentlichungen (Film, Theater, Kunst u. Ä., besonders Adaptionen)

Roehr, Anselm: *Der Tod des Vergil* [32 Zeichnungen mit ausgewählten Texten]. Keicher, Warmbronn 2009.

2010

Übersetzungen und weitere Textausgaben

Broch, Hermann: *Hofmannsthal e il suo tempo.* [*Hofmannsthal und seine Zeit*]. Hg. v. Paul Michael Lützeler. Übers. v. Ada Vigliani. Mailand 2010.
Broch, Hermann: *Rozgrzeszenie. Z powietrza wzięte.* [*Die Entsühnung* und *Aus der Luft gegriffen oder Die Geschäfte des Baron Laborde*]. Übers. v. Maciej Ganczar. Warschau 2010.

Sekundärliteratur

Carstensen, Thorsten: »Zwischen Rekonstruktion und Dekonstruktion. Hermann Brochs Roman *Die Schlafwandler* am Ausgang der Moderne«. In: *Seminar. A Journal of Germanic Studies* 46 (2010) H. 1, S. 1–25.
Cavalletti, Andrea: »Peut-on soigner la folie des masses? Hermann Broch, *Théorie de la folie des masses*«. In: *Critique. Revue générale des publications françaises et étrangères* 66 (2010) H. 755, S. 331–343.
Choné, Aurélie: »Psychologie des foules et racines occultes du nazisme. *Le tentateur* de Hermann Broch«. In: *Le texte et l'idée* 24 (2010), S. 4–13.

Eiden-Offe, Patrick: »Übertragener Anfang im Hier und Jetzt. Zu Hermann Brochs *Reich der Demokratie*«. In: *Übertragene Anfänge. Imperiale Figurationen um 1800*. Hg. v. Tobias Doering, Barbara Vinken und Günter Zöller. München 2010, S. 255–276.

Ferré, Vincent: »L'autorité de l'auteur invisible (Broch, Dos Passos)«. In: *L'autorité en littérature*. Hg. v. Emmanuel Bouju. Rennes 2010, S. 121–131.

Ferré, Vincent: »Quelle forme donner au roman? Du ›Rapport de fait‹ au ›Zeitgeist‹. Proust, Broch et Dos Passos«. In: *De Kafka à Toussaint: écritures du XXe siècle*. Hg. v. Francine Dugast-Portes und Jacques Dugast. Rennes 2010, S. 17–25.

Gabolde, Isabelle: *La lecture comme pratique cognitive et devoir d'éveil. »Die Schlafwandler« de Hermann Broch – métamorphose d'un genre et questionnements contemporains*. Frankfurt am Main 2010.

Gani, Djéhanne: »Hermann Broch (1886–1951) et Hannah Arendt (1906–1975). Un exil en correspondances«. In: *Les penseurs allemands et autrichiens à l'épreuve de l'exil. Interprétations, lectures et transferts dans les pays d'accueil par les exilés de langue allemande sous le national-socialisme*. Hg. v. Daniel Azuélos. Paris 2010, S. 69–88.

Guilhamon, Elizabeth: »Der Konkurs der Diskurse in Hermann Brochs *Entsühnung* und Bertolt Brechts *Heilige Johanna der Schlachthöfe*«. In: *Die streitbare Klio. Zur Repräsentation von Macht und Geschichte in der Literatur*. Hg. v. Elizabeth Guilhamon und Daniel Meyer. Bd. 13. Frankfurt am Main u. a. 2010, S. 221–235.

Lücke, Bärbel: »Hermann Brochs *1918. Huguenau oder die Sachlichkeit* (*Die Schlafwandler*) und Elfriede Jelineks *Abraumhalde*. Zwischen Zerfall und Restituierung religiöser und ökonomischer Paradigmen – eine Engführung«. In: *Weimarer Beiträge. Zeitschrift für Literaturwissenschaft, Ästhetik und Kulturwissenschaften* 56 (2010) H. 4, S. 485–500.

Lützeler, Paul Michael: »Hermann Broch. Religionskrise und neue Ethik«. In: *Liber Amicorum. Katharina Mommsen zum 85. Geburtstag*. Hg. v. Andreas Remmel und Paul Remmel. Bonn 2010, S. 397–407.

Mayer, Mathias: »Hermann Broch. Literatur als Richtunggebung«. In: Ders.: *Der Erste Weltkrieg und die literarische Ethik. Historische und systematische Perspektiven*. Paderborn 2010, S. 219–236.

Meyer, Eva: »Und – Gemeinschaft – Hermann Broch«. In: Dies.: *Frei und indirekt*. Frankfurt am Main 2010, S. 24–35.

Nicolosi, Maria Grazia: »Experimentieren versus Erfinden. Die epistemologischen Grundlagen von Hermann Brochs Erkenntnissuche«. In: *›Ein in der Phantasie durchgeführtes Experiment‹. Literatur und Wissenschaft nach Neunzehnhundert*. Hg. v. Raul Calzoni und Massimo Salgaro. Göttingen 2010, S. 177–189.

Nicolosi, Maria Grazia: »Zwischen ›angewandter Philosophie‹ und ›rationaler Lyrik‹. Bemerkungen zur frühen Essayistik Hermann Brochs«. In: *Wege des essayistischen Schreibens im deutschsprachigen Raum (1900–1920)*. Hg. v. Marina Marzia Brambilla und Maurizio Pirro. Amsterdam 2010, S. 389–411.

Ratschko, Katharina: *Kunst als Sinnsuche und Sinnbildung. Thomas Manns Joseph und seine Brüder und Hermann Brochs Der Tod des Vergil vor dem Hintergrund der Auseinandersetzung um die Moderne seit der Frühromantik*. Hamburg 2010.

Ritzer, Monika: »Mythisches Erzählen im Faschismus. Die Romanexperimente der 30er Jahre«. [Broch, C. G. Jung, Th. Mann] In: *In the Embrace of the Swan. Anglo-German Mythologies in Literature, the Visual Arts and Cultural Theory*. Hg. v. Rüdiger Görner und Angus Nicholls. Berlin 2010, S. 147–167.

Ritzer, Monika: »Spiegelungen. Zur Relativierung von ›Realität‹ in der Kurzprosa Kafkas, Musils und Brochs«. In: *Kafka und die kleine Prosa der Moderne/Kafka and Short Modernist Prose*. Hg. v. Manfred Engel und Ritchie Robertson. Würzburg 2010, S. 267–292.

Sidler, Judith: »Die ›fließende Gleichzeitigkeit, in der das Ewige ruht‹. Das Element des (Ver-)Fließens bei Hermann Broch«. In: *Die Welle. Das Symposium*. Hg. v. Hans-Günther Schwarz, Geraldine Gutierrez de Wienken und Frieder Hepp. München 2010, S. 96–109.

Sparenberg, Tim: »Der Einbruch der Thermodynamik. Lektüren zu Thomas Manns *Tod in Venedig*, Hermann Brochs *Schlafwandlern* und Fritz Mauthners *Kritik der Sprache*«. In: *Non Fiktion. Arsenal der anderen Gattungen. Entropie*. Hg. v. Tim Sparenberg und David Oels. Berlin 2010, S. 71–112.

Steinby, Liisa: »Ein mitteleuropäischer Zusammenhang. Die Bedeutung von Kafka, Musil und Broch für Milan Kunderas Kunst des Romans«. In: *Deutsch im interkulturellen Begegnungsraum Ostmitteleuropa*. Hg. v. Ernest W. B. Hess-Lüttich. Frankfurt am Main 2010, S. 103–119.

Strelka, Joseph P.: »Hermann Broch und seine Massenwahntheorie«. In: Ders.: *Dichter als Boten der Menschlichkeit. Literarische Leuchttürme im Chaos des Nebels unserer Zeit*. Tübingen 2010, S. 49–66.

Weidner, Daniel: »›Fröhliche Apokalypse‹. Massenwahn und parabolisches Erzählen. Hermann Brochs Rückblick auf Europa«. In: *Abschied von Europa. Jüdisches Schreiben zwischen 1930 und 1950*. Hg. v. Alfred Bodenheimer und Barbara Breysach. München 2010, S. 172–193.

White, John J. und Ann White: »Other Ivory Towers and Literary Counterfactuals«. In: *Publications of the English Goethe Society* (PEGS) 79 (2010) H. 1, S. 18–27.

Sonstige Veröffentlichungen (Film, Theater, Kunst u. Ä., besonders Adaptionen)

Hermann Broch. Die Schlafwandler. 2010. 10 CDs. Produktion des Bayrischen Rundfunks und Medienkunst in Koproduktion mit dem Hessischen Rundfunk, DHV Der Hörverlag.

Ouazan, Paul: *La Nuit/Die Nacht #95*. 2010. Video. Mathieu Blanc (Schnitt), ARTE, 23. Februar 2010. http://www.arte.tv/de/Videos-auf-ARTE-TV/2151166,CmC=3069486.html (Stand: 30.10.2011).

2011

Übersetzungen und weitere Textausgaben

Broch, Hermann: *Os sonâmbulos. Pasenow ou o romantismo. 1888* [*Pasenow oder die Romantik*]. Übers. v. Marcelo Backes. São Paulo 2011.

Broch, Hermann: *Os sonâmbulos. Esch ou a anarquia. 1903* [*Esch oder die Anarchie*]. Übers. v. Marcelo Backes. São Paulo 2011.

Broch, Hermann: *Os sonâmbulos. Huguenau ou a objetividade. 1918* [*Huguenau oder die Sachlichkeit*]. Übers. v. Marcelo Backes. São Paulo 2011.

Sekundärliteratur

Adams, Dale: *Die Konfrontation von Denken und Wirklichkeit. Die Rolle und Bedeutung der Mathematik bei Robert Musil, Hermann Broch und Friedrich Dürrenmatt.* St. Ingbert 2011.

Banzhaf, Pia: *Das Streben nach Erkenntnis als Weg zur Selbsterlösung in Hermann Brochs »Tierkreis-Erzählungen«.* Frankfurt am Main u. a. 2011.

Eiden-Offe, Patrick: *Das Reich der Demokratie. Hermann Brochs »Der Tod des Vergil«.* Paderborn 2011.

Fabris, Angela: »Das Subjekt bei Broch und Burdin. Paradigmen der Zerrissenheit, Zerfallenheit und Austauschbarkeit«. In: *Das Subjekt in Literatur und Kunst. Festschrift für Peter V. Zima.* Hg. v. Simona Bartoli Kucher. Tübingen 2011, S. 131–135.

Ferré, Vincent: »›Nos plus belles idées sont comme des airs de musique‹. Musique, mortalité et pensée (Proust, Broch)«. In: *Interlitteraria* 16 (2011) H. 1, S. 211–225.

Fetz, Bernhard: »Sexualität und intellektuelle Arbeit: Hermann Brochs *Psychische Selbstbiographie* im Kontext des Gesamtwerks«. In: *Contested Passions: Sexuality, Eroticism, and Gender in Modern Austrian Literature and Culture.* Hg. v. Clemens Ruthner und Raleigh Whitinger. New York, NY 2011, S. 259–268.

Hainz, Martin A.: »Buchstäblichkeit als Utopie – Hermann Broch«. In: *praesent. Das österreichische Literaturjahrbuch. 2012* (2011), S. 27–33.

Hollweck, Thomas: »Between Poetry and Philosophy. The Challenge of Hermann Broch«. In: *Voegelinian readings of modern literature.* Hg. v. Charles R. Embry. Columbia, MO 2011, S. 238–265.

Huber, Simon u. a.: »Das riskante Projekt. Die Moderne und ihre Bewältigung. Ein Beispiel als Einleitung: Hermann Brochs *Die Schlafwandler*«. In: Dies.: *Das riskante Projekt. Die Moderne und ihre Bewältigung.* Bielefeld 2011, S. 7–14.

Lützeler, Paul Michael: *Hermann Broch und die Moderne. Roman, Menschenrecht, Biografie.* München 2011.

Mondon, Christine: *Écritures romanesques et philosophie. Hermann Broch, Hermann Hesse, Thomas Mann, Robert Musil.* Pessac 2011.

Nicolosi, Maria Grazia: »Il mito dell'eterna fanciullezza nella commedia *Aus der Luft gegriffen* von Hermann Broch«. In: *Jugend. Rappresentazioni della giovinezza nella letteratura tedesca.* Hg. v. Maurizio Pirro. Milano 2011, S. 203–217.

Prisching, Manfred: »Der spätmoderne Hermann Broch«. *LiThes. Zeitschrift für Literatur- und Theatersoziologie* 6 (2011). http://lithes.uni-graz.at/lithes/beitraege11_06/manfred_prisching_hermann_broch.pdf (Stand: 31.10.2011).

Rosenfield, Kathrin H.: »Charles Ephrussi, Isaak Babel e Hermann Broch: três destinos emblemáticos do fracasso da ›educação estética-e-ética do homem‹«. In: *WebMosaica* 3 (2011) H. 2, S. 97–106. http://www.seer.ufrgs.br/index.php/webmosaica/article/view/26283 (Stand: 29.11.2013).

Speicher, Kerstin: *Selbstreflexivität in Hermann Brochs Romantrilogie »Die Schlafwandler«. Intertextuelle Bezüge zu Schriften der Psychoanalyse und intratextuelle Poetikdarstellungen.* Münster 2011.

Vierthaler, Elisabeth und Sibylle Urstöger: »Hermann Broch (1886–1951)«. *LiteraTour. Ein literarischer Dorfspaziergang* (2011). http://literaturmuseum.at/img/ Broch.pdf (Stand: 30.10.2011).

Weber, Herwig: »Sergio Pitol und ›die Österreicher‹, besonders Schnitzler und Broch – oder: ein Beitrag zum Thema ›Rezeption österreichischer Literatur des 20. Jhdts. in Mexiko‹«. In: *Fremde Kulturen, vertraute Welten – ein Leben für die Komparatistik. Festschrift für Alberto Martino, überreicht von seinen Schülerinnen und Schülern.* Hg. v. Ernst Grabovszki, Stefan Kutzenberger und Philipp Wascher. Berlin 2011.

Sonstige Veröffentlichungen (Film, Theater, Kunst u. Ä., besonders Adaptionen)

Lewandowska, Katarzyna: *Während wir uns umarmten* [ein Gedicht von Hermann Broch]. Originale Tuschezeichnung. Ingolstadt 2011.

Meyer, Eva: *Der Kriegstourist* [zu *Huguenau oder die Sachlichkeit*]. 2011. Podcast, Bayrischer Rundfunk, 7.7.2011. http://www.br.de/radio/bayern2/sendungen/hoerspiel-und-medienkunst/hoerspielpool226.html (Stand: 30.10.2011).

Rajcic, Dragica: *Warten auf Broch. Text über Text.* Innsbruck 2011.

2012

Übersetzungen und weitere Textausgaben

Bespaloff, Rachel und Hermann Broch: *De la Ilíada* [The Style of the Mythical Age]. Hg. v. Rosa Rius Gatell. Übers. v. Rosa Rius Gatell. Palma, Mallorca 2012.

Broch, Hermann: *De la peine de mort, du judaïsme, de la démocratie et du principe d'humanité* [Auszug aus der Massenwahntheorie]. Übers. v. Didier Renault und Pierre Rusch. Paris 2012.

Broch, Hermann: Lost Son: Hermann Broch's Letters to his Son, 1925–1928. [*Verlorener Sohn?*]. Übers. v. John Hargraves. Berkley, CA 2012.

Broch, Hermann: Vergilius'un ölümü. [*Tod des Vergil*]. Übers. v. Ahmet Cemal. Istanbul 2012.

Sekundärliteratur

Barbey, Rainer: »Amoklauf eines preußischen Anarchisten: Anmerkungen zum zweiten Teil von Hermann Brochs Romantrilogie *Die Schlafwandler*«. In: *Literatur und Anarchie: Das Streben nach Herrschaftsfreiheit in der europäischen Literatur vom 19. bis ins 21. Jahrhundert.* Hg. v. Rainer Barbey und Heribert Tommek. Heidelberg 2012. S. 79–90.

Bartram, Graham und Paul Michael Lützeler: *Hermann Brochs Schlafwandler-Trilogie: Neue Interpretationen: Das Lancaster-Symposium von 2009.* Tübingen 2012.

Boulanger, Alison: »Instabilité, incohérence, indifférence: La métamorphose comme symptôme de crise dans *Les Somnambules* de Hermann Broch et *La Route des Flandres* de Claude Simon«. In: *Poétiques de la métamorphose dans l'espace germanique et européen.* Hg. v. Florence Bancaud. Mont-Saint-Aignan 2012. S. 277–289.

Czap, Ildikó: »Zu den Lesarten vom Bergroman-Komplex in der Brochforschung«. In: *Identitäten im Wandel. Grenzüberschreitungen in der Literatur. Festschrift für Tamás Lichtmann.* Hg. v. Kálmán Kovács. Debrecen 2012. S. 35–61.

Di Napoli, Thomas: »Hermann Broch«. In: *Psychological Novelists*. Hg. v. Carl E. Rollyson. Ipswich, MA 2012, S. 23–34.

Dubbels, Elke: »(De-)Figurationen des Messianischen in Hermann Brochs *Schlafwandler*-Trilogie und Hermann Cohens Religionsphilosophie«. In: *Das Buch in den Büchern. Wechselwirkungen von Bibel und Literatur*. Hg. v. Andrea Polaschegg. München 2012. S. 215–229.

Engelhardt, Nina Malaika: *Mathematics in Literature. Modernist Interrelations in Novels by Thomas Pynchon, Hermann Broch, and Robert Musil*. Unv. Diss. University of Edinburgh, 2012.

Galvagni, Bettina: »Przebudzenie i dalszy sen. Komedia Brocha *Aus der Luft gegriffen oder Geschäfte des Barons Laborde*«. In: *Felix Austria – dekonstrukcja mitu? Dramat i teatr austriacki od początku XX wieku*. Hg. v. Malgorzata Leyko. Kraków 2012. S. 137–147.

Gauthier, Cécile: »Le ›Slave‹, figure de l'altérité intérieure. Retour du refoulé et désir de transgression«. In: *Le tien e(s)t le mien. Échanges culturels et linguistiques entre les mondes slave et germanique*. Hg. v. Catherine Teissier und Charles Zaremba. Aix-en-Provence 2012. S. 121–129.

Gordon, Adi und Udi Greenberg: »The City of Man, European Émigrés, and the Genesis of Postwar Conservative Thought«. In: *Religions* 3 (2012) H. 3, S. 681–698.

Kaszynski, Stefan H.: »Hermann Broch (1886–1951)«. In: Ders.: *Krótka historia literatury austriackiej*. Poznan 2012, S. 192–200.

Knopf, Alexander: »Romantik und Verbrechen: Zu Hermann Broch und dem Ursprung des Bösen in der Kunst«. In: *Euphorion: Zeitschrift für Literaturgeschichte* 106 (2012) H. 2, S. 245–258.

Kubíček, Tomáš: »Fictional World Polyphony and the Image of Modern Consciousness in Novels by Hermann Broch and Milan Kundera«. In: *The Fantastic*. Hg. v. Claire Whitehead. Ipswich, Mass. 2012, S. 191–211.

Reidy, Julian: »Der unzuverlässige Erzähler im Bergwerk: Zu zwei Aspekten der Faschismusanalyse in Hermann Brochs *Verzauberung*«. In: *Journal of Austrian Studies* 45 (2012) H. 1–2, S. 1–29.

Rodríguez Ferrándiz, Raúl: »Morirse de risa: Apuntes sobre el dolor y la diversión en la cultura«. In: *Revista de Occidente* 371 (2012), S. 43–62.

Saletta, Ester: *The City of Man: Il contributo politico-ideologico di Giuseppe Antonio Borgese e di Gaetano Salvemini all'utopia democratica di Hermann Broch*. Rom 2012.

Schwarz, Hans-Günther: »›wenn die Camera obscura Ritzen hat‹: Das Problem des Sehens von J. M. R. Lenz bis zu Hermann Broch«. In: *Wechselwirkungen. Deutschsprachige Literatur und Kultur im regionalen und internationalen Kontext. Beiträge der internationalen Konferenz des Germanistischen Instituts der Universität Pécs vom 9. bis 11. September 2010*. Hg. v. Zoltán Szendi. Bd. 1. Wien 2012, S. 133–144.

Šečerović, Naser: »Ernst Schönwiese und Hermann Broch«. In: *Ernst Schönwiese: Aspekte seines Werks: Vorträge des internationalen Ernst Schönwiese Symposiums der Universität Auburn*. Hg. v. Robert G. Weigel. Tübingen 2012, S. 191–202.

Vanheste, Jeroen: »Slaapwandelaars in het Avondlond: Hermann Broch en het verval der warden«. In: Ders.: *De Wijsheid van de Roman: Literaire Antwoorden op Filosofische Vragen*. Budel 2012, S. 189–215.

Weidemann, Victoria: »›Getrieben von jener Sehnsucht nach dem Mythos‹: Zum Mythosbegriff in den Essays von Paul Valéry und Hermann Broch«. In: *Spannungsfelder:*

Literatur und Mythos. Beiträge zum 2. Studierendenkongress der Komparatistik, 6. bis 8. Mai 2011, Universität Bonn. Hg. v. Andreas J. Haller, Sonja Lenz und Bettina Huppertz. Frankfurt am Main 2012, S. 25–32.

Weidner, Daniel: »Without knowing America, you cannot say anything valid about democratic politics«. Hermann Broch and the Ethics of Exile«. In: »*Escape to life«: German Intellectuals in New York: A Compendium on Exile after 1933*. Hg. v. Eckart Goebel und Sigrid Weigel. Berlin 2012, S. 162–181.

Weidner, Daniel: »Hermann Broch«. In: *Metzler Lexikon der deutsch-jüdischen Literatur. Jüdische Autorinnen und Autoren deutscher Sprache von der Aufklärung bis zur Gegenwart*. Hg. v. Andreas B. Kilcher. 2., aktualisierte und erweiterte Ausgabe. Stuttgart 2012, S. 85–87.

Sonstige Veröffentlichungen (Film, Theater, Kunst u. Ä., besonders Adaptionen)

Broch, Hermann: »Vorwort des Erzählers aus *Der Versucher* (1951)«. 2012. CD 3. *Erzählerstimmen die Bibliothek der Autoren. 183 Autorinnen & Autoren, 100 Jahre Erzählung im Originalton*. Hg. v. Christiane Collorio. Der Hörverlag.

Petzold, Christian: *Barbara*. 2012. 35 mm. Florian Koerner von Gustorf, Piffl Medien, 8. März 2012.

2013
Übersetzungen und weitere Textausgaben

Broch, Hermann: *Bilinmeyen Deger* [*Unbekannte Größe*]. Übers. v. Saliha Nazli Kaya. Istanbul 2013.

Broch, Hermann: *Büyülenme* [*Die Verzauberung*]. Übers. v. Süheyla Kaya. Istanbul 2013.

Broch, Hermann: *Teorie masového šílenství příspěvky k psychologii politiky* [*Massenwahntheorie*]. Übers. v. Milan Vána. Praha 2013.

Sekundärliteratur

Bailes, Christopher Wade: *Ludwig Wittgenstein and Hermann Broch: The Need for Fiction and Logic in Moral Philosophy*. Unv. Diss. Washington University in St. Louis, 2013.

Boldrini, Lucia: »Comparative Literature, Ancient Rome, and the Crisis of Modern European History«. In: *CLCWeb: Comparative Literature & Culture: A WWWeb Journal* 15 (2013) H. 7, S. 1–9.

Bonomo, Daniel Reizinger: »*Impaciência do conhecimento«. Aproximações aos Sonâmbulos de Hermann Broch*. Unv. Diss. Universidade de São Paulo, 2013.

Cliver, Gwyneth: »Landscapes of the Mind: The Spatial Configuration of Mathematics in Hermann Broch's *Die Unbekannte Größe*«. In: *Seminar – A Journal of Germanic Studies* 49 (2013) H. 1, S. 52–67.

Gorn, Boris Berenzon »Hermann Broch a examen historiográfico«. *Metate. Periódico de la Facultad de Filosofía y Letras. Ciudad Universitaria*. IV. 24 (2013). http://ru.ffyl.unam.mx:8080/jspui/handle/10391/3571 (Stand: 05.08.2013).

Heizmann, Jürgen: »Hermann Broch: *Der Tod des Vergil* (1945)«. In: *Handbuch der deutschsprachigen Exilliteratur: Von Heinrich Heine bis Herta Müller*. Hg. v. Bettina Bannasch und Gerhild Rochus. Berlin 2013, S. 256–263.

Heslault, Nicolas: *Le personnage du scientifique et la crise de l'identité masculine dans la littérature narrative de langue allemande (1910–1940)* (= Historisch-kritische Arbeiten zur deutschen Literatur, Bd. 50). Frankfurt am Main 2013.

Heslault, Nicolas: »Les formes du rationnel et de l'irrationnel dans *La Grandeur Inconnue* (1933) et *Le Tentateur* (1936) de Hermann Broch. Une approche totalisante de la connaissance«. In: *Rationalität und Formen des Irrationalen im Deutschen Sprachraum vom Mittelalter bis zur Gegenwart*. Hg. v. Gabriela Antunes, Sonia Goldblum und Noémi Pineau. Bern 2013, S. 193–206.

Hudzik, Agnieszka: *Broch und Witkacy: Eine literarische Begegnung*. Frankfurt am Main 2013.

Jonsson, Stefan: »Authority versus Anarchy: Allegories of the Mass in Sociology and Literature«. In: Ders.: *Crowds and Democracy: The Idea and Image of the Masses from Revolution to Fascism*. New York 2013, S. 52–117.

Kohler, Thomas: *Die Zerrissenheit des Selbst im »Tod des Vergil« von Hermann Broch: Von der Erkenntnis des Seins und den Folgen der »Seinsvergessenheit«*. Saarbrücken 2013.

Kwiecińska, Grażyna: »Hermann Brochs poetologisches Programm und dichterische Praxis: Zur Verantwortung des Intellektuellen in dem Roman *Die Verzauberung*«. In: *Repräsentationen des Ethischen. Festschrift für Joanna Jablkowska*. Hg. v. Artur Pelka, Kalina Kupczynska und Joanna Jablkowska. Frankfurt am Main 2013. S. 163–170.

Lützeler, Paul Michael: »›Mir verging die Sprache vor den Dingen, die ich kommen sah‹: Hermann Broch und Abraham Sonne in ihren Briefen«. In: *Naharaim: Zeitschrift für Deutsch-Jüdische Literatur und Kulturgeschichte/Journal of German-Jewish Literature and Cultural History* 7 (2013) H. 1–2, S. 131–170.

Nebrig, Alexander: »Hermann Brochs *Tod des Vergil* und die lyrische Prosa«. In: Ders.: *Disziplinäre Dichtung. Philologische Bildung und deutsche Literatur in der ersten Hälfte des 20. Jahrhunderts*. Berlin 2013, S. 287–324.

Pearson, Janet: »Time, space and no future? Time and spirituality in Hermann Broch's *Der Tod des Vergil* and Marianne Gronemeyer's *Das Leben als letzte Gelegenheit: Sicherheitsbedürfnisse und Zeitknappheit*«. In: *About Time. Conceptualizing*. Hg. v. Gillian Pye. Konstanz 2013. S. 27–42.

Platen, Edgar: »Epochenverlust und Konservativismus (Kappacher, Hofmannsthal, Broch und die Gegenwart)«. In: *Gegenwart des Konservativismus in Literatur, Literaturwissenschaft und Literaturkritik*. Hg. v. Maike Schmidt. Kiel 2013. S. 121–136.

Pollmann, Arnd: »Heimkehr aus der Sklaverei: Der Schriftsteller Hermann Broch als vergessener Vordenker des völkerrechtlichen Zusammenhangs von Menschenrechten und Menschenwürde«. In: *Der Staat im Recht. Festschrift für Eckart Klein zum 70. Geburtstag*. Hg. v. Marten Breuer u. a. Berlin 2013, S. 1235–1252.

Richter, Bettina: »*Die Schlafwandler« von Hermann Broch. Zeitproblematik und Darstellungsweise*. Unv. Diss. Ruprecht-Karls-Universität Heidelberg, 2013.

Rutigliano, Stefania: »Stile e libertà. La critica del tempo in *Die Schlafwandler* di Hermann Broch«. In: *Il futuro come intrecci: Tempo e profezia nella tradizione letteraria moderna e contemporanea*. Hg. v. Cristina Consiglio. Messina 2013. S. 159–174.

Sterling, Brett E.: »*Das Gestaltlose zur Gestalt bringen«: Representations of the Mass in the Works of Hermann Broch*. Unv. Diss. Vanderbilt University, 2013.

Stieg, Gerald: »Hermann Brochs *Die Schuldlosen*. Roman in elf Erzählungen (1950)«. In: *Grundbücher der österreichischen Literatur seit 1945: Zweite Lieferung*. Hg. v. Klaus Kastberger, Kurt Neumann und Annalena Stabauer. Wien 2013. S. 26–34.

Tajani, Ornella: »Il desiderio Kitsch. I troppi paradisi di Walter Siti«. In: *Between* 3. 5 (2013). http://ojs.unica.it/index.php/between/article/view/927 (Stand: 26.01.2015).

Thomson, Stephen: »Sleepwalking Certainties: Agency, Aesthetics, and Incapacity in W. G. Sebald's Austerlitz and Hermann Broch's *The Sleepwalkers*«. In: *Comparative Literature* 65 (2013) H. 2, S. 162–181.

Tullberg, Steen: »Hermann Broch: ›Nennen's mir an Bessern‹«. In: *Kierkegaard's Influence on Literature, Criticism and Art. Tome I. The Germanophone World*. Hg. v. Jon Stewart. Aldershot 2013, S. 31–42.

Valles, Alissa: »*The Sleepwalkers* by Hermann Broch«. In: *Brick* 91 (2013), S. 131f.

Zeller, Christoph: »›Annäherung an die Unsterblichkeit‹: Ökonomie und Religion in Hermann Brochs *Die Schlafwandler*«. In: *Internationales Archiv für Sozialgeschichte der deutschen Literatur* 38 (2013) H. 1, S. 31–63.

2014

Sekundärliteratur

De Cauwer, Stijn: »Before the Absolute. Literature, Time and the Autoimmunity of Sovereignty in the Work of Hermann Broch«. In: *Neophilologus* 98 (2014) H. 3, S. 449–464.

Ferré, Vincent: »L'›échec‹ du *Tentateur*, ou Broch en nouveau Virgile?«. In: *Modernités antiques: La littérature occidentale et l'Antiquité gréco-romaine dans la première moitié du XXe siècle*. Hg. v. Véronique Gély, Sylvie Parizet und Anne Tomiche. Nanterre 2014, S. 359–379.

Finch, Helen: »Generational Conflicts, Generational Affinities: Broch, Adorno, Adler, Sebald«. In: *Witnessing, Memory, Poetics. H. G. Adler and W. G. Sebald*. Hg. v. Helen Finch, Lynn L. Wolff und Michael Krüger. Rochester, NY 2014, S. 232–253.

Herold, Thomas: »The Paradox of Time in Hermann Broch's *Die Schlafwandler*«. In: *Oxford German Studies* 43 (2014) H. 2, S. 156–171.

Klebes, Martin: »Lectora activa oder Vom tätigen Leben«. In: *Hannah Arendt zwischen den Disziplinen*. Hg. v. Ulrich Baer und Amir Eshel. Göttingen 2014, S. 44–62.

Kreutzer, Leo: »Eiskalter Krieg. Hermann Broch zum ›Zerfall‹ des ökonomischen Wertgebietes nach dem Ende des Kalten Krieges«. In: *Ware Mensch: Die Ökonomisierung der Welt*. Hg. v. Heinz-Dieter Assmann, Frank Baasner und Jürgen Wertheimer. Baden-Baden 2014, S. 57–66.

Landgren, Gustav: »›Dieser Platz war eine einzige Flut zusammengeballter Geschöpflichkeit‹: Hermann Brochs Darstellung der Stadt in *Der Tod des Vergil*«. In: *Germanisch-Romanische Monatsschrift* 64 (2014) H. 1, S. 71–91.

Mondon, Christine: »La réception de Hermann Broch en France«. In: *Éclats d'Autriche: Vingt études sur l'image de la culture autrichienne aux XXe et XXIe siècles*. Hg. v. Valérie de Daran und Marion George. Frankfurt am Main 2014. S. 267–279.

Sinn, Christian: »Konversion als Darstellungsdenken. Zur bildtheoretischen Reflexionsleistung literarischer Texte am Beispiel von Brentano, Kingsley und Broch«. In:

Figuren der Konversion: Friedrich Schlegels Übertritt zum Katholizismus im Kontext. Hg. v. Winfried Eckel und Nikolaus Wegmann. Paderborn 2014, S. 56–81.

Stašková, Alice: »Zum Weltbezug als Textbezug des modernen Romans (Hermann Broch – Georges Perec – Michal Ajvaz)«. In: *Figuren des Globalen: Weltbezug und Welterzeugung in Literatur, Kunst und Medien.* Hg. v. Christian Moser und Linda Simonis. Göttingen 2014, S. 369–380.

Sarah McGaughey

Zeittafel zu Leben und Werk

Genannt werden die wichtigsten biographischen Daten und die Titel von Brochs Schriften, wie sie in der *Kommentierten Werkausgabe* (KW), herausgegeben von Paul Michael Lützeler, vorliegen. Folgende Abkürzungen werden benutzt: A: Ansprache; B: Betrachtung; Br: Brief; D: Drama; E: Erzählung; F: Fragment; Fi: Filmskript; G: Gedicht; Gu: Gutachten; I: Interview; K: Kurzgeschichte; M: Miszelle; N: Novelle; Na: Nachruf; P: Pamphlet; R: Roman; Re: Rezension; St: Studie; V: Vortrag. Es folgt die Quellenangabe der Erstpublikation und die entsprechende Seitenangabe der KW. Hat Broch die Arbeit selbst nicht veröffentlicht, folgt nur die Seitenangabe aus der KW.

1886 Am 1. November wird Hermann Broch in Wien geboren. Der Vater, Josef Broch, ist Textilgroßhändler; er stammt aus einer armen jüdischen Familie in Proßnitz/Mähren. Die Mutter, Johanna Broch, geb. Schnabel, ist Tochter eines jüdischen Ledergroßhändlers aus Wien. Die Brochs wohnen im 1. Bezirk Wiens, im sog. Textilviertel.

1889 Am 17. Dezember wird Brochs Bruder Friedrich geboren.

1892–1897 Im Herbst 1892 wird Broch in der Volksschule des 1. Bezirks in Wien angemeldet. Er erhält Privatunterricht während der ersten vier Jahre.

1897–1904 Besuch der K. K. Staats-Realschule im 1. Bezirk Wiens. Realschul-Matura im September 1904. Brochs Hauslehrer sind David Bach (bis 1900) und August Lechner.

1904–1906 Besuch der Höheren Lehr- und Versuchsanstalt für Textilindustrie in Wien. Gasthörer der Philosophie, Mathematik und Physik an der Universität Wien im Wintersemester 1904/1905, u. a. bei Ludwig Boltzmann.

1906–1907 Fortsetzung und Abschluss des Studiums zum Textilingenieur an der Oberen Spinn- und Webeschule zu Mülhausen im Elsass. Erfindung und Patentierung einer Baumwoll-Mischmaschine (mit Heinrich Brüggemann). Geschäftsreise in die USA (New York und Atlanta/Georgia) zur Information über die Baumwollproduktion (Anfang Oktober bis Mitte November 1907). Ende 1907 tritt Broch als Assistenzdirektor in die Spinnfabrik ›Teesdorf‹ (in Teesdorf bei Wien) ein, die sein Vater ein Jahr zuvor erworben hatte. Gleichzeitig kauft Josef Broch eine Etage des

Hauses Gonzagagasse 7 (1. Bezirk Wiens) als Wohnung und Verwaltungsgebäude.

1909 Militärische Ausbildung als Einjährig-Freiwilliger von Mai bis Oktober bei den Ulanen in Wien und bei den Kanonieren in Agram (Zagreb); Abschied aus gesundheitlichen Gründen. Übertritt zum katholischen Glauben im Juli. Im Herbst wird Broch Verwaltungsrat in der Spinnfabrik ›Teesdorf‹. Heirat mit Franziska von Rothermann, der Tochter eines Zuckerfabrikanten aus Hirm/Burgenland am 11. Dezember in Baden bei Wien.
– Kultur 1908/1909 (St), KW 10/1, 11–30.
– Sonja (Teil eines R), KW 6, 267–276.

1910 Geburt des Sohnes Hermann Friedrich Maria am 4. Oktober.

1911 – Ornamente: Der Fall Loos (M), KW 10/1, 32f.

1912 – Notizen zu einer systematischen Aesthetik (St), KW 9/2, 11–31.

1913 Publikation erster Arbeiten in der von Ludwig von Ficker herausgegebenen Innsbrucker kulturellen Zeitschrift *Der Brenner*:
– Philistrosität, Realismus, Idealismus der Kunst (St). In: Der Brenner 3/9 (1.2.1913), S. 399–415. KW 9/1, 13.
– Antwort auf eine Rundfrage über Karl Kraus (M). In: Der Brenner 3/18 (15.6.1913), S. 849–850. KW 9/1, 32.
– Mathematisches Mysterium (G). In: Der Brenner 4/3 (1.11.1913), S. 136. KW 8, 13.

1914 Seit September Leitung eines Rot-Kreuz-Lazaretts für Leichtverwundete, das sich auf dem Gelände der Spinnfabrik ›Teesdorf‹ befindet.
– Ethik. Unter Hinweis auf H. St. Chamberlains Buch ›Immanuel Kant‹ (St). In: Der Brenner 4/14 (1.5.1914), S. 684–690. KW 10/1, 243–248.
– Beginnende Liebe (G). KW 8, 14.

1915 Leitender Verwaltungsrat der Spinnfabrik ›Teesdorf‹.
– Vier Sonette über das metaphysische Problem der Wirklichkeitserkenntnis (G). KW 8, 15–17.

1916 Autodidaktisches Studium der Werttheorie. Stammgast im Café Central und im Café Herrenhof in Wien.
– Otto Kaus, Dostojewski. Zur Kritik der Persönlichkeit. Ein Versuch. In: Die Aktion 6 (1916), S. 578f., KW 10/1, 250f.

1917 Bekanntschaft mit Franz Blei, Gina Kaus, Robert Musil, Paul Schrecker, Alfred Polgar und Ea von Allesch. Beiträge für Franz Bleis Kulturzeitschrift *Summa*:

- Zolas Vorurteil (St). In: Summa 1/1 (1917), S. 155–158. KW 9/1, 34.
- Morgenstern (St). In: Summa 1/2 (1917), S. 150–154. KW 9/1, 4.
- Zum Begriff der Geisteswissenschaften (St). In: Summa 1/3 (1917), S. 199–209. KW 10/1, 115–129.

1918 Freundschaft mit Edit Rényi und Milena Jesenská.
- Eine methodologische Novelle (N). In: Summa 2/3 (1918), S. 151–159, KW 6, 11.
- Bitteres, spätes Gebet; nach Edit Rényi »Keserü, késö imádság« (G). In: Die Aktion 8/31–32 (10.8.1918), S. 410f. KW 8, 75.
- Schmerzloses Opfern; nach Edit Rényi »Vermarö télböl havazik a lelkem...« (G). In: Die Aktion 8/37–38 (1.9.1918), S. 479. KW 8, 78.
- Heinrich von Stein: Gesammelte Dichtungen (Re). In: Summa 2/3 (1918), S. 166–169. KW 9/1, 337–341.
- Konstruktion der historischen Wirklichkeit (St). In: Summa 2/4 (1918), S. I-XVI. KW 10/2, 23–40.
- Die Straße (Offener Brief an Franz Blei). In: Die Rettung 1/3 (20.12.1918), S. 25f. KW 13/1, 30–34.

1919–1921 Bekanntschaft mit Georg Lukács, Karl Mannheim und Béla Balázs. Broch verkehrt im Salon von Hugo und Broncia Koller in Oberwaltersdorf. Zahlreiche Rezensionen über literarische Neuerscheinungen für die *Moderne Welt*, eine Wiener illustrierte Zeitschrift für Kunst, Literatur und Mode (vgl. KW 9/1, 344–378). Vorstandsmitglied des Fachverbandes der Textilindustrie Österreichs. Studium der Mathematik und Ökonomie an der Technischen Hochschule Wien im Wintersemester 1919/1920. Ehrenamtliche Tätigkeit am Gewerbegericht in Wiener Neustadt in einer Kommission zur Beilegung von Konflikten zwischen Arbeitern und Unternehmern (bis 1922); für diese Arbeit erhält Broch den Titel eines Kommerzialrates. Seit 1920 mathematische Studien mit Ludwig Hofmann (bis 1925). Verhältnis mit Ea von Allesch.
- Kommentar zu Hamlet (D, F). KW 6, 278.
- Antlitz des Alltags (G). KW 8, 18.
- Zur Erkenntnis dieser Zeit (St). KW 10/2, 11–77.
- Konstitutionelle Diktatur als demokratisches Rätesystem (P). In: Der Friede 3/64 (11.4.1919), S. 269–273. KW 11, 11–23.
- Wasserkräfte und Abfallenergien im Wiener Überlandnetz (St). In: Der Neue Tag (Wien). Nr. 159 (31.8.1919), S. 11.
- Ophelia (N). KW 6, 24–36.
- Und immer später wird die Nacht (G). KW 8, 20.
- Der Theaterkritiker Polgar (St). In: Neue Rundschau 31/1 (Mai 1920), S. 655f. KW 9/1, 49–51.

- Der Kunstkritiker (Dem Theaterkritiker A. P.) (St). In: Die Rettung 2/6 (1920), S. 78–80. KW 9/2, 36–41.
- Theorie der Geschichtsschreibung und der Geschichtsphilosophie (St). KW 10/2, 94–154.
- Das Teesdorfer Tagebuch für Ea von Allesch; hier TT.
- Der Schriftsteller Franz Blei (Zum fünfzigsten Geburtstag). In: Prager Presse (20.4.1921). KW 9/1, 53–57.
- Lorenz von Stein: Geschichte der sozialen Bewegung in Frankreich (Re). KW 10/1, 255f.

1922 – Die Tänzerin (G). KW 8, 21.
- Die erkenntnistheoretische Bedeutung des Begriffes ›Revolution‹ und die Wiederbelebung der Hegelschen Dialektik. Zu den Büchern Arthur Lieberts (Re). In: *Prager Presse* (Beilage ›Dichtung und Welt‹) 2/206 (30.7.1922), S. IIIf. KW 10/1, 255–262.
- Typus des Kritikers. Alfred Polgar (St). In: Prager Presse (10.9.1922), S. IIf.
- Max Adler: Marx als Denker, Engels als Denker (Re). In: Kantstudien 27/1–2 (1922), S. 184–186. KW 10/1, 264–267.

1923–1924 Die Ehe mit Franziska von Rothermann wird am 13. April 1923 in Wien geschieden. Broch widmet sich wieder verstärkt seiner Arbeit als Industrieller.

1925–1926 Studium der Philosophie (Positivismus des Wiener Kreises), der Mathematik und Physik an der Universität Wien (bis 1930) bei Moritz Schlick, Rudolf Carnap, Wilhelm Wirtinger, Hans Hahn; u. a. Bekanntschaft mit Karl Bühler. Broch verkehrt in Wiener Salons von Genia Schwarzwald, Bertha Zuckerkandl und Alma Mahler-Werfel.
- Genesis des Wahrheitsproblems innerhalb des Denkens und seine Lokalisierung im Rahmen der idealistischen Kritik (St). KW 10/2, 207–232.

1927 Verkauf der Spinnfabrik ›Teesdorf‹ an den Jugendfreund Felix Wolf. Beginn der psychoanalytischen Behandlung bei Hedwig Schaxel. Broch lernt Anna Herzog kennen.

1928–1929 Entstehung der Romantrilogie *Die Schlafwandler*. Freundschaft mit Frank Thiess.
- Huguenau (N). KW 6, 37–126.
- Albert Spaier: La pensée et la quantité (Re). In: Annalen der Philosophie (Literaturbericht), Bd. 7 (1928), S. 112. KW 10/1, 268.
- Die sogenannten philosophischen Grundfragen einer empirischen Wissenschaft (St). KW 10/1, 131–145.

1930–1931 Vertrag mit Daniel Brody, Leiter des Rhein-Verlags in München und Zürich, über die Publikation der *Schlafwandler*.
– Die Schlafwandler. Der erste Roman. Pasenow oder die Romantik. 1888 (R). (München, Zürich: Rhein-Verlag, 1931 [statt richtig 1930]). KW 1, 11–179.
– Franz Blei: Formen der Liebe (Re). KW 9/1, 379f.
– Die Schlafwandler. Der zweite Roman. Esch oder die Anarchie. 1903 (R) (München, Zürich: Rhein-Verlag, 1931). KW 1, 181–381.
– Nachruf auf Georg Heinrich Meyer (Na). KW 9/1, 380.
– Logik einer zerfallenden Welt (St). In: Wiedergeburt der Liebe. Die unsichtbare Revolution. Hg. v. Frank Thiess (Berlin: Zsolnay, 1931), S. 361–380. KW 10/2, 156–171.

1932 Die *Schlafwandler* werden von der Kritik stark beachtet, sind aber kein Verkaufserfolg. Vortrag ›James Joyce und die Gegenwart‹ am 22. April an der Volkshochschule Ottakring in Wien. Mitte Juli zieht Broch um von Wien nach Gößl am Grundlsee (Salzkammergut), wo er bis Ende September wohnt. Hier entsteht das Drama *Die Entsühnung* (KW 7, 11–234). Im Herbst lernt er in München Auguste von Horváth kennen. Arbeit am Fragment gebliebenen ›Filsmann‹-Roman (KW 6, 287–325).
– Die Schlafwandler. Der dritte Roman. Huguenau oder die Sachlichkeit. 1918 (R) (München, Zürich: Rhein-Verlag, 1932). KW 1, 383–716.
– Landschaft (G). KW 8, 22.
– Schattenhaftes Liebeslied (G). KW 8, 23.
– Verwandlung, nach Edwin Muir: *The Threefold Place* (G). In: Die Literarische Welt 8/36–37 (2.9.1932), S. 5. KW 8, 80.
– Leben ohne platonische Idee (St). In: Die Literarische Welt 8/32 (5.8.1932), S. 1, 4. KW 10/1, 46–52.
– Pamphlet gegen die Hochschätzung des Menschen (P). KW 10/1, 34–44.
– Zur Geschichte der Philosophie (St). KW 10/1, 147–166.
– Das Unmittelbare in Philosophie und Dichtung (St). KW 10/1, 167–189.

1933 Vortrag ›Das Weltbild des Romans‹ (KW 9/2, 89–117) am 17. März in der Volkshochschule Ottakring. Zwischen Juli und November entsteht der Roman *Die Unbekannte Größe*, der am Jahresende bei S. Fischer in Berlin erscheint (KW 2, 11–142). Broch schreibt sechs ›Tierkreis‹-Erzählungen:
– Eine leichte Enttäuschung. In: Neue Rundschau 44/1 (April 1933), S. 502–517. KW 6, 127–144.
– Vorüberziehende Wolke. In: Frankfurter Zeitung 77/294–296 (21.4.1933), S. 9. KW 6, 144–154.

– Ein Abend Angst. In: Berliner Börsen-Courier Nr. 363, 2. Beilage (6. August 1933), S. 9f. KW 6, 155–162.
– Die Heimkehr. In: Neue Rundschau 44/2 (Dezember 1933, S. 765–795. KW 6, 162–196.
– Der Meeresspiegel. In: Die Welt im Wort 1/13 (28. Dezember 1933), S. 3f. KW 6, 196–205.
– Esperance. KW 6, 205–221.
– Da ich dich nicht mehr erkenne (G). KW 8, 26.
– Im brennenden Antlitz der Erde (G). KW 8, 27.
– Nachtwiese im September (G). KW 8, 30.
– Denkerische und dichterische Erkenntnis (St). In: Kölnische Zeitung, Nr. 381, 2. Sonntagsausgabe (16.7.1933). KW 9/2, 43–49.
– Neue religiöse Dichtung? (St). In: Berliner Börsen-Courier, Nr. 462 (3.10.1933), S. 7. KW 9/2, 53–57.
– Das Böse im Wertsystem der Kunst (St). In: Neue Rundschau 44/2 (August 1933), S. 157–191. KW 9/2, 119–156.
– Einleitung zu einer Canetti-Lesung (M). KW 9/1, 59–61.
– Zwei Bücher von Franz Kafka (M). In: Die Welt im Wort (Beiblatt) (21. Dezember 1933), S. 2. KW 9/1, 381.
– Die Kunst am Ende einer Kultur (V). KW 10/1, 53–58.

1934 Uraufführung des Dramas *Die Entsühnung* am 15. März im Schauspielhaus Zürich. Regie: Gustav Hartung. Freundschaft mit Elias Canetti, Anna Mahler, Karola und Ernst Bloch, Ernst Krenek und Fritz Wotruba. Auf Einladung des Wiener Kulturbundes hält Broch am 18. April im Österreichischen Museum den Vortrag ›Geist und Zeitgeist‹ (KW 9/2, 177–200). Im Frühjahr und Sommer entstehen die beiden – damals nicht aufgeführten – Komödien *Aus der Luft gegriffen oder Die Geschäfte des Baron Laborde* (KW 7, 235–309) und *Es bleibt alles beim Alten* (KW 7, 311–400). Im Herbst Umzug nach Baden bei Wien, wo er bis Anfang 1935 wohnt.
– Im goldnen Licht die Hügel (G). KW 8, 31.
– Such ich dich (G). KW 8, 34.
– Mitte des Lebens (G). KW 8, 36–38.
– Erneuerung des Theaters? (M). In: Wiener Zeitung, Nr. 314 (11.11.1934), S. 3. KW 9/2, 58–60.
– Theologie, Positivismus und Dichtung (St). KW 10/1, 191–238.
– Gedanken zum Problem der Erkenntnis in der Musik (St). In: *Almanach*. ›Das 48. Jahr‹ (Berlin: S. Fischer, 1934), S. 53–66. KW 10/2, 234–245.

1935 Anfang des Jahres Umzug von Baden bei Wien nach Laxenburg bei Wien, wo Broch von dem befreundeten Ehepaar Ferand in der Schule

Hellerau (im Laxenburger Schloß) ein Zimmer angeboten bekommt. Er lebt dort bis Anfang Juli. Nach einem kurzen Zwischenaufenthalt in Wien und einem siebenwöchigen Besuch bei den Brodys in München zieht er Anfang September nach Mösern/Tirol, um sich ganz der Arbeit an seinem neuen Roman *Die Verzauberung* (KW 3) widmen zu können. Er wohnt dort bis Juli 1936. Gedichte in: *Patmos. Zwölf Lyriker*. Hg. v. Ernst Schönwiese (Wien: Johannes-Presse, 1935):
– Eh ich erwacht, S. 57. KW 8, 33.
– Über die Felswand, S. 58. KW 8, 24.
– Helle Sommernacht, S. 59. KW 8, 25.
– Sommerwiese, S. 60. KW 8, 29.
– Schon lichtet der Herbst den Wald, S. 61. KW 7, 93.
– Die Waldlichtung, S. 62. KW 8, 35.
– Später Herbst, S. 63. KW 8, 39.
– Nachtgewitter, S. 64. KW 8, 28.
– Lago Maggiore, S. 65f. KW 8, 40.
– Das Nimmergewesene, S. 67. KW 8, 32.
– Das Unbekannte X (Fi). KW 2, 145–240.
– Mythos und Dichtung bei Thomas Mann (M). KW 9/1, 30f.
– Stiller Frühlingsmorgen (G). KW 8, 41.
– Allein, nach James Joyce' *Alone* (G). In: *das silberboot* 1/1 (Oktober 1935), S. 31. KW 8, 82.

1936 Broch stellt die erste uns bekannte Fassung des Romans *Die Verzauberung* im Januar in Mösern/Tirol fertig. Danach beginnt er mit der Überarbeitung des Buches. Für diese zweite Fassung, die Fragment bleibt, erwägt er den Titel ›Demeter oder die Verzauberung‹. Nach einem Zwischenaufenthalt in Wien zieht Broch Anfang Oktober um nach Altaussee (Steiermark), wo ihm das befreundete Ehepaar Geiringer sein Landhaus zur Verfügung stellt. Broch wohnt dort – mit Ausnahme der Sommermonate – bis zum März 1938.
– Morgen (B). KW 6, 326–332.
– Widerschein vom müden Tage (G). KW 8, 42.
– Morgen am Fenster, nach T. S. Eliot *Morning at the Window* (G). In: *das silberboot* 2/3 (Juni 1936), S. 105. KW 8, 84.
– Präludien I, II, nach T. S. Eliot *Preludes I, II* (G). KW 8, 86.
– Wenn Krieg um Krieg das Leben tief beschatten ..., nach Stephen Spender *Who live under the shadow of a war ...* (G). KW 8, 88.
– James Joyce und die Gegenwart (St) (überarbeitete Fassung der Rede von 1932): Wien, Reichner, 1936. KW 9/1, 63–91.
– Robert Musil – ein österreichischer Dichter? (M). In: Weihnachtskatalog der Buchhandlung Flinker, Wien (Dezember 1936). KW 9/1, 95.

– Die besten Bücher des Jahres (Re). In: Die Auslese. Almanach der Buchhandlung Flinker, Wien (1935/36), S. 9–11. KW 9/1, 382–383.
– Erwägungen zum Problem des Kulturtodes (St). In: das silberboot 1/5 (Dezember 1936), S. 251–256. KW 10/1, 59–66.
– Werttheoretische Bemerkungen zur Psychoanalyse (St). KW 10/2, 173–194.

1937 Seit Ende 1936 zeitraubende familiäre Erbschaftsstreitigkeiten in Wien. Die Urfassung des *Vergil*-Romans, die Erzählung ›Die Heimkehr des Vergil‹ (KW 6, 248–259) entsteht Anfang des Jahres. Broch schreibt die antifaschistische Völkerbund-Resolution (KW 11, 195–231). In Zusammenarbeit mit Hans Vlasics verfasst er Haussprüche (KW 8, 97–112).

1938 Broch arbeitet an der ›Erzählung vom Tode‹, der dritten Fassung des *Vergil*-Romans, als er am 13. März von Nationalsozialisten in Altaussee verhaftet wird. Während seiner Haftzeit in Bad Aussee, die bis zum 31. März dauert, entsteht ein weiterer Teil dieser Erzählung (MTV 160–169). Im Juli erhält Broch – nicht zuletzt durch die Hilfe von James Joyce und Stephen Hudson – ein Visum nach England. Am 24. Juli erreicht er London. Nach einem kurzen Aufenthalt in London wohnt Broch bis Ende September bei seinen Übersetzern, dem Ehepaar Muir in St. Andrews/Schottland. Auf Betreiben Thomas Manns und Albert Einsteins erhält Broch ein Visum in die USA. Am 9. Oktober kommt er in New York an.
– Alfred Polgar: Handbuch des Kritikers (Re). In: Maß und Wert 5 (Mai/Juni 1938), S. 817f. KW 10/1, 269f.
– Nun da ich schweb im Ätherboot (G). KW 8, 43.

1939 Broch wohnt im April im Landhaus seines Freundes Henry Seidel Canby in Killingworth/Connecticut. Dort und während des Aufenthalts in der Künstlerkolonie Yaddo in Saratoga Springs/New York (Ende Juni bis Anfang August) arbeitet er weiter an der vierten Fassung des *Vergil*-Romans (›Die Heimfahrt des Vergil‹). In Yaddo lernt Broch Jean Starr Untermeyer kennen, die den Roman ins Englische übersetzt. Broch unterstützt die von Hubertus Prinz zu Löwenstein geleitete American Guild for German Cultural Freedom bei ihrer Hilfe für Flüchtlinge aus Deutschland. Freundschaft mit der amerikanischen Schriftstellerin Frances Colby Rogers. Wohnung abwechselnd in Princeton und New York City.
– Wohin gehen wir (G). KW 8, 44.
– Jeder wandert (G). KW 8, 45.
– Robert Musil und das Exil (Gu). KW 9/1, 96f.
– Nachruf auf Richard A. Bermann (Na). KW 9/1, 100–103.

– Maurice Bergmann: Die Lage der arbeitenden Klasse in Deutschland (Gu). KW 10/1, 271.
– Politische Tätigkeit der ›American Guild for German Cultural Freedom‹ (P). KW 11, 399–410.
– Zur Diktatur der Humanität innerhalb einer totalen Demokratie (St). KW 11, 24–68.
– Vorschlag zur Gründung eines Forschungsinstitutes für politische Psychologie und zum Studium von Massenwahnerscheinungen (St). KW 12, 11–42.

1940 Im März stellt Broch die vierte Fassung des *Vergil*-Romans fertig. Von Mitte 1940 bis Mitte 1941 erhält er ein Stipendium der Guggenheim Foundation in New York zur Arbeit an seinen beiden Romanen *Die Verzauberung* und *Der Tod des Vergil*. Mitarbeit an einem von Giuseppe Antonio Borgese geleiteten Projekt: The City of Man. A Declaration on World Democracy (New York: The Viking Press, 1941). In der zweiten Jahreshälfte widmet er sich gemeinsam mit Viktor Polzer der Beschaffung von Visen und Affidavits für Flüchtlinge aus dem besetzten Frankreich. Von Juni bis Mitte September wohnt er in New York City, danach in Cleveland Heights/Ohio bis Januar 1941.
– Auf der Flucht zu denken (G). KW 8, 46.
– Während wir uns umarmten (G). KW 8, 47f.
– Diejenigen, die im kalten Schweiß (G). KW 8, 49.
– In die Kindheit zurückerinnernd (G). KW 8, 50f.
– Das Überlieferte (G). KW 8, 52.
– Wo suchst du hin (G). KW 8, 53.
– Der nächtliche Urwald (G). KW 8, 54.
– Isaak Eckstein: Shakespeare (Gu). KW 9/1, 385.
– ›Gone with the Wind‹ und die Wiedereinführung der Sklaverei in Amerika (Re). KW 9/2, 237–246.
– Ethische Pflicht (M). In: The Saturday Review of Literature 22/26 (19.10.1940), S. 8. KW 11, 411–413.

1941 Broch wohnt in New York City. Erneute Freundschaft mit Annemarie Meier-Graefe.
– Autobiographie als Arbeitsprogramm (St). KW 10/2, 195ff.
– Entwurf für eine Theorie massenwahnartiger Erscheinungen. KW 12, 43–66.

1942 Im April wird Broch ein mit tausend Dollar dotierter Preis der American Academy of Arts and Letters in New York verliehen für die vierte Fassung des *Vergil*-Romans. Zur Förderung seiner Arbeit an der *Massenwahntheorie* (KW 12) erhält er von Mai 1942 bis April 1943 über das

Office of Public Opinion Research in Princeton ein Stipendium, das aus Mitteln der Rockefeller Foundation finanziert wird. Das Stipendium wird bis Ende 1944 verlängert. Im Juli zieht Broch in das Haus seines Freundes Erich von Kahler in Princeton, wo er sechs Jahre lang bis zum Juni 1948 wohnen wird. Tod der Mutter Brochs am 28. Oktober im Konzentrationslager Theresienstadt.
- Das Vertraute (G). KW 8, 55.
- Nachruf auf Robert Musil (Na). KW 9/1, 98f.
- Berthold Viertel. Fürchte dich nicht (Re). In: Aufbau (New York) 7/5 und 6 (30.1.1942 und 6.2.1942), S. 11 und 25. KW 9/1, 385–391.

1943 Paul Federn wird Brochs Psychoanalytiker. Massenwahntheorie.
- Vom Worte aus (G). KW 8, 56.
- Zum Beispiel Walt Whitman (G). KW 8, 57.
- Helle Mitternacht, nach Walt Whitman *A Clear Midnight* (G). KW 8, 90.
- Eine Studie über Massenhysterie. Beiträge zu einer Psychologie der Politik. Vorläufiges Inhaltsverzeichnis (St). KW 12, 67–97.

1944 Am 27. Januar wird Broch amerikanischer Staatsbürger. Für die Publikation von *Der Tod des Vergil* erhält Brochs Verleger Kurt Wolff ein Darlehen der Independent Aid Stiftung in New York.
- Altersheimkunft (G). KW 8, 59.
- Sonett vom Altern (G). KW 8, 60.
- Das Unauffindbare (G). KW 8, 58.
- Robert Pick: The Terhoven File (Re). In: Aufbau (N. Y.) 10/43 (27.10.1944), S. 9. KW 9/1, 391–393.
- Letzter Ausbruch eines Größenwahnes. Hitlers Abschiedsrede (E). In: The Saturday Review of Literature 27/43 (21.10.1944), S. 5–8. KW 6, 333–343.
- Bemerkungen zum Projekt einer ›International University‹, ihrer Notwendigkeit und ihren Möglichkeiten (St). KW 11, 414–425.

1945 Von Anfang 1945 bis Mitte 1947 erhält Broch Honorarvorschüsse bzw. Stipendien der Bollingen Foundation zur Fertigstellung der *Massenwahntheorie*. *Der Tod des Vergil* (KW 4) erscheint auf deutsch und auf englisch bei Pantheon Books in New York. In den USA wird der Roman stark beachtet, in Europa zunächst kaum. Im August Urlaub mit Annemarie Meier-Graefe in Provincetown/Massachusetts.
- Bemerkungen zur Utopie einer ›International Bill of Rights and of Responsibilities‹ (St). KW 11, 243–276.
- An die Phantasie. Für Thomas Mann (G). KW 8, 61.
- Vom Schöpferischen (G). KW 8, 62.
- Vergilsche Landschaft (G). KW 8, 63.

- Rundfunkansprache an das deutsche Volk (A). KW 11, 239–241.
- Hanns Sachs: Freud, Master and Friend (Re). In: Aufbau (N. Y.) 11/1 (5.1.1945), S. 7. KW 10/1, 273f.
- Die mythische Erbschaft der Dichtung (St). In: Neue Rundschau. Sonderband zu Thomas Manns 70. Geburtstag am 6.6.1945, S. 68–75. KW 9/2, 202–211.

1946 Hilfeleistungen für Freunde und Bekannte in Österreich und Deutschland. Arbeit an der Massenwahntheorie (KW 12).
- Echosinn (G). KW 8, 64f.
- Der Urgefährte (G). KW 8, 66.
- Jean-Paul Sartre: L'être et le néant (Gu). KW 10/1, 275–278.
- Einige Bemerkungen zur Philosophie und Technik des Übersetzens (V). KW 9/2, 61–86.
- Philosophische Aufgaben einer Internationalen Akademie (St). KW 10/1, 67–112.
- Bemerkungen zu einem ›Appeal‹ zugunsten des deutschen Volkes (P). KW 11, 428–448.

1947 Im April vierwöchiger Aufenthalt im Princeton Hospital wegen eines gebrochenen Armes.
- Dantes Schatten (G). KW 8, 67.
- Nacht-Terzinen (G). KW 8, 68.
- Milder Herbstmorgen (G). KW 8, 69.
- Weil das Gestern wir im Heute (G). KW 8, 70.
- Mozart-Vierhändigspielen, nach Jean Starr Untermeyers *Duets at the MacDowell Colony* (G). KW 8, 92.
- Rede über Viertel (V). In: Plan 2/5 (1947), S. 297–301. KW 9/1, 104–110.
- Mythos und Altersstil (St). In: Rachel Bespaloff: On the Iliad (New York: Pantheon Books, 1947), S. 9–33. KW 9/2, 212–232.
- George Saiko: Auf dem Floß (Gu). KW 9/1, 393.
- Ernst Kaiser. Die Geschichte eines Mordes (Gu). KW 9/1, 394–398.
- Ernst Bloch: Das Prinzip Hoffnung (Gu). KW 10/1, 279f.
- Bemerkungen zu Karl Kerényis Schrift *Der göttliche Arzt* (Gu). KW 10/1, 281–284.
- Die Zweiteilung der Welt (St). KW 11, 278–337.
- Strategischer Imperialismus (St). KW 11, 339–362.
- Paul Reiwald: Vom Geist der Massen (Re). In: American Journal of International Law 41/1 (Jan. 1947), S. 358f. KW 13/3, 102f.

1948 Hüftbruch am 17. Juni. Aufenthalt im Princeton Hospital bis zum 6. April 1949. Arbeit an der Studie *Hofmannsthal und seine Zeit* (KW 9/1, 111–275). Erkenntnistheorie.

- Über syntaktische und kognitive Einheiten (St). KW 10/2, 246–299.
- Die Generationen (G). KW 8, 71.
- Kurt H. Wolff: Vorgang (Gu). KW 9/1, 398–401.
- Friedrich Torberg: Hier bin ich, mein Vater (Re). In: Aufbau (N.Y.) 14/27 (2.7.1948), S. 11f. KW 9/1, 401f.
- Erklärung zu Frank Thiess (M). In: Aufbau (N.Y.) 14/42 (15.10.1948), S. 9. KW 9/1, 403.
- Julie Braun-Vogelstein: Geist und Gestalt der abendländischen Kunst (Gu). KW 10/1, 285–291.

1949 Nach der Entlassung aus dem Princeton Hospital zieht Broch – nach kurzem Zwischenaufenthalt in New York – um nach New Haven/Connecticut, wo er die Monate Mai bis September als Fellow am Saybrook College der Yale University verbringt. Anschließend mietet er ein Zimmer im Hotel Duncan in New Haven. Seit Juni arbeitet er an dem neuen Roman *Die Schuldlosen* (KW 5). Von Mitte Dezember 1949 bis zu seinem Tod wohnt er im Haus 78 Lake Place in New Haven. Am 5. Dezember heiratet er in zweiter Ehe Annemarie Meier-Graefe.
- Werner Richter: Frankreich. Von Gambetta zu Clemenceau (Re). In: Schweizer Rundschau 48 (März 1949), S. 1031 – 1033. KW 10/1, 292–297.
- H. G. Adler: Theresienstadt (Gu). KW 9/1, 404–405.
- Elisabeth Langgässer: Das unauslöschliche Siegel (Re). In: Literarische Revue 4 (1949), S. 56–59. KW 9/1, 405–411.
- Geschichte als moralische Anthropologie. Erich Kahlers *Scienza Nuova* (St). In: Hamburger Akademische Rundschau 3/6 (1949), S. 406–416. KW 10/1, 298–311.
- Die Demokratie im Zeitalter der Versklavung (St). KW 11, 110–290.

1950 Seit dem ersten Juli ist Broch Lektor an der Deutschen Abteilung der Yale University. Der österreichische P.E.N.-Club nominiert Broch für den Nobel-Preis. Die Deutsche Akademie für Sprache und Dichtung in Darmstadt bietet ihm die Mitgliedschaft an. Melvin J. Lasky lädt Broch ein zum Kongress für kulturelle Freiheit in Berlin. Im Dezember erscheinen *Die Schuldlosen*.
- Hugo von Hofmannsthals Prosaschriften (St). KW 9/1, 300–332.
- Vom Altern (G). In: Frank Thiess. Werk und Dichter. 32 Beiträge zur Problematik unserer Zeit. Hg. v. Rolf Italiaander (Hamburg: Wolfgang Krüger 1950), S. 9. KW 8, 72.
- Einige Bemerkungen zum Problem des Kitsches (V). KW 9/2, 158–173.
- Charles E. Butler: Follow Me Ever (Gu). KW 9/1, 412–418.
- Abschiedsworte für Jacques Schiffrin (Na). KW 9/1, 419f.

– Der Schriftsteller in der gegenwärtigen Situation (I), KW 9/2, 249–262.
– Trotzdem: Humane Politik. Verwirklichung einer Utopie (St). In: Neue Rundschau 61/1 (1950), S. 1–31. KW 11, 364–396.
– Die Intellektuellen und der Kampf um die Menschenrechte (P). KW 11, 453–458.
– Der Intellektuelle im Ost-West-Konflikt (I). KW 11, 460–492.

1951 In die ersten Monate des Jahres fällt die intensive Arbeit an der dritten Fassung des Romans *Die Verzauberung*, für die er den Titel ›Demeter‹ erwägt. Diese Fassung bleibt Fragment. Kurz vor der geplanten Reise nach Europa stirbt Broch am 30. Mai durch einen Herzschlag. Die Urne mit seiner Asche wird beigesetzt auf dem Union District Cemetery in Killingworth/Connecticut.

Paul Michael Lützeler

Namenregister

Die Namen der Autorinnen und Autoren des Handbuchs und die Seitenzahlen ihrer Beiträge werden kursiv (*X–Y*) notiert.

Abouzid, Sayed Ahmad Fathalla *589*
Achberger, Friedrich 273, *574*
Ackerley, Chris *567*
Ackrill, John Lloyd 121, 124
Adams, Dale Allan *606, 614, 620*
Adler, Alfred 55, 70, 440, 456
Adler, Hans G. *VII, 479f., 501, 505, 551, 625, 638*
Adler, Max 55, 630
Adorno, Theodor Wiesengrund 58, 284, 374, 397, 531, 586, 625
Aeneas 183, 386, 606, 608
Agamben, Giorgio 537
Agar, Herbert Sebastian 55, 403, 407
Agard, Olivier *593*
Agaue 147
Agazzi, Elena *578*
Aichhorn, August 11
Aischylos 223
Ajvaz, Michal 626
Albertsen, Elisabeth 295, 315
Albrecht, Andrea *603*
Aler, Jan *553*
Alexy, Robert 410, 430
Allesch, Ea von (= Emma Elisabeth Allesch von Allfest, geb. Täubele, später Emma Rudolph) VII, XV, 7–10, 12, 25, 52, 55, 78, 248, 254, 291, 294–302, 314–316, 462, 465, 498, 501, 503f., 508, 510–512, 515, 526, 541, 546, 551, 586, 600, 612, 628–630
Allesch, Johannes von 9
Altenberg, Peter 55, 295
Altenhein, Hans *574*
Altenhofer, Norbert *599*
Althaus, Thomas *570*
Alvarez, Gerardo *614*
Amann, Klaus *XIV, 52, 162, 556, 567, 571, 598*
Amann, Paul 55, 78

Ammi, Kébir *606*
Anders, Günther (eigtl. Günther Stern) 34, 45, 55f., 294, 315, 489
Andersen, Hans Christian 96
Andres, Stefan 23
Andriopoulos, Stefan *586*
Angell Jr., Joseph W. 56
Angelova, Penka *232, 248, 457, 581f., 589f., 609, 614–617*
Angerer, Manfred *556*
Ansbacher, Heinz L. 456
Antigone 223
Antoch, Robert F. 456
Antonioni, Michelangelo 47
Antunes, Gabriela *624*
Appelbaum, Kurt 56
Aragon, Louis 581
Arendt, Hannah *VII, XIV, 32, 34, 44, 52, 55f., 58f., 66f., 73–75, 84, 98f., 108–112, 162, 191f., 195, 212f., 215, 319, 323, 354, 421f., 430, 456f., 475–480, 486, 501, 503–505, 507, 521–523, 525, 530, 534, 537, 559, 570, 589, 595f., 599, 603, 606, 608, 612f., 615, 618, 625*
Ariadne 156–161
Aristophanes 247
Aristoteles 121, 124, 222f., 386f.
Arlt, Herbert *577f., 587*
Arnim, Hans von 149
Arntzen, Helmut *570*
Arrault, Valérie *342, 354*
Aschheim, Steven E. *152–154, 157, 162, 578*
Asís Garrote, Ma Dolores de *585*
Aspetsberger, Friedbert *610*
Assmann, Heinz-Dieter *625*
Atholl, Katherine Marjory Stewart-Murray Duchess of 64
Attis 148
Attridge, Derek *94, 114, 386, 396*

Atze, Michael 607
Auckenthaler, Karlheinz F. 580
Auden, Wyston H. 74
Auerbach, Erich 39, 56
Auernheimer, Raoul Othmar 56
Augustin, Elisabeth 57, 291
Augustin, Ernst 606
Augustinus, Aurelius (Kirchenvater) 173
Augustus (Kaiser) 33, 92, 168, 171, 173–175, 178, 191, 193f., 222, 270, 387, 605
Austen, Jane 107
Auster, Paul 112
Aydelotte, Frank 28, 57, 407
Azuélos, Daniel 618

Baasner, Frank 625
Babel, Isaak 620
Babić, Josip 581
Babits, Mikály 582
Bach, David 3, 57, 627
Bach, Johann Sebastian 349
Bachhofer, Ludwig 65
Bachmaier, Helmut 569
Bachmann, Ingeborg 552
Bachofen, Johann Jakob 23, 143f., 146, 162
Backes, Marcelo 619
Bacon, Francis 392
Baeck, Leo 80, 479
Baecker, Dirk 370, 394
Baer, Ulrich 625
Bähr, Hans Walter 367, 398
Bailes, Christopher Wade 623
Bakchos 144
Bak-Stalter, Christel 588, 590, 592, 598
Baktay, Miklós 567
Bal, Mieke 530
Balázs, Béla (= Herbert Bauer) 9, 57, 71, 79, 629
Ball, Hugo 555
Balvín, Josef 571
Balzer, Berit 589
Bancaud, Florence 621
Bance, Alan 113
Bannasch, Bettina 624
Banzhaf, Pia 620
Barbey, Rainer 621
Barbiche, Jean-Paul 586

Barck, Karlheinz 338, 356
Baricco, Claudia 591
Barnouw, Dagmar 456, 531, 544, 556, 560
Barolsky, Paul 579
Baron, Frank 592
Baropulu, Elene 571
Barraqué, Jean 48, 349, 356, 566, 615
Barthes, Roland 555
Bartók, Béla 57
Bartram, Graham 291, *461–505*, 531, 544, 556, 574, 598, 609, 621, 669
Bartsch, Kurt 457, 553, 571f., 577
Basil, Otto 583
Basili, Maurizio 615
Bast, Rainer A. 373, 398
Baudelaire, Charles 38, 329, 346
Baudot, Daniel 613
Baudrillard, Jean 50
Bauer, Roger 567
Bauer, Wilhelm 370, 394
Baumann, Walter 283, 288
Baumgartner, Alois 371, 394
Baumgartner, Hans Michael 368, 394
Bäumler, Alfred 152, 154, 162
Bauroff, Claire 36, 502, 551
Bauschinger, Sigrid 590
Bayer, Wolfram 307, 315
Bayerdörfer, Hans-Peter 595
Bayón, Fernando 606
Bazzicalupo, Laura 456, 556
Beardsley, Aubrey 509
Beaufils, Marcel 55
Becker, Sabina 363, 394, 607
Beckert, Cristina 609
Beckett, Samuel 94, 101f., 112
Beckmann, Max 42
Beer-Hofmann, Richard 502, 551
Beers, Paul 560
Bekes, Peter 273, 591, 593
Bekic, Tomislav 574
Belobratow, Alexandr W. 575, 585, 587
Benda, Julien 83
Bendels, Ruth 253, 273, 536, 544, 609
Benedikt, Ernst Maria 57, 82
Benedikt, Michael 124, 567, 572, 575, 581
Benedikt, Moritz 57
Beneš, Eduard 64

Benjamin, Walter 58, 325, 354, 608
Benn, Gottfried 373, 473, 555
Benrekassa, Georges 586
Bent, Mark Iosifovič 581
Benthien, Claudia 188, 195, 585
Benton, William 57
Berdjajew, Nikolas Alexandrowitsch 473
Berenbaum, Michael 231, 248
Berezina, Ada 552, 575
Berg, Alban 4, 14, 17, 57, 82, 349, 463, 564
Bergengruen, Maximilian 603
Bergengruen, Werner 23
Bergmann, Gustav 26f., 57, 380, 398
Bergmann, Maurice 635
Berlin, Jeffrey B. 502, 551, 560
Bermann(-Fischer), Gottfried 57, 514
Bermann, Richard (Pseud. Arnold Höllriegel) 26, 28, 57, 70, 517, 634
Bermes, Christian 371, 395
Bernanos, Georges 83
Bernáth, Árpád 124, 219, 248, 534, 544, 560, 567, 581–584
Berndt, Frauke 113
Bernhard, Thomas 47, 246, 531, 542, 547, 583, 604, 615
Bernstein, Leonard 57
Berryman, John 32, 58
Bespaloff, Rachel (geb. Pasmanik) 35, 58, 598, 621, 637
Betz, Thomas 291, 316, 603
Beutner, Eduard 557
Bialek, Edward 588
Bier, Jean Paul 552f., 561, 564
Bill, Max 346, 356
Birchman, Willis 58
Bismarck, Otto von 601
Blair, John G. 233
Blanc, Mathieu 619
Blanchot, Maurice 48, 530, 564, 579
Blaschke, Bernd 234, 248, 539, 544, 601
Blatt, Edward A. 58, 520
Blatter, Silvio 553
Blaut, Slawomir 579, 600
Bleckmann, Ulf 575
Blei, Franz 7–9, 14, 30, 55, 58, 70f., 76, 78, 133, 252, 255, 301, 465, 504, 508–512, 540, 542, 612, 628–631
Blei-Lieben, Sibylla (Billy) 7–9, 55, 58, 606

Bloch, Ernst 21, 58f., 73f., 207, 463, 519, 531, 546, 565, 587, 632, 637
Bloch, Karola (geb. Piotrkowska) 21, 59, 74, 632
Blohmann, Christian 603
Blomert, Reinhart 343, 355
Blücher, Heinrich (Monsieur) 56, 59, 73, 75, 476
Bluhme, Hermann 564
Blumenberg, Hans 385, 394
Böckenförde, Ernst-Wolfgang 410, 430
Bodenheimer, Alfred 542, 548, 619
Bodi, Leslie 577
Boelke-Fabian, Andrea 578
Boenisch, Peter M. 595
Bohlken, Eike 364, 394
Bohler, Danielle 607
Böhme, Hartmut 392, 399
Bohr, Niels 78
Bohrer, Karl Heinz 150, 157, 162, 557, 561
Boidenot, Nicole 557
Boldrini, Lucia 623
Bolterauer, Alice 570
Boltzmann, Ludwig Eduard 4, 59, 627
Bombitz, Attila 614
Bonesio, Luisa 564
Bonomo, Daniel Reizinger 623
Bontemps, Véronique 614
Borch, Christian 603, 609
Borchardt, Rudolf 604
Borchmeyer, Dieter 552, 565
Borgard, Thomas 128, 133, 320, 355, *359–400*, 456, 537, 544, 593, 601, 609, 669
Borges, Jorge Luis 505, 579
Borgese, Giuseppe Antonio 28, 59, 74, 83, 407, 494, 516, 525, 595, 612, 622, 635
Borkowska, Danuta 581
Bornscheuer, Lothar 578
Bosch, Robert 13
Bouchindhomme, Christian 600
Bouju, Emmanuel 531, 545, 618
Boulanger, Alison 598, 606, 614, 621
Boulton, James T. 119, 124
Bourdieu, Pierre 50
Bourgeois, Denis 577
Bourgon, Julie 579
Bourke, Evin 504, 600

Boyer, Jean Paul 350, 355, 557, 567
Braach, Regina 387, 395
Brahms, Johannes 105
Brambilla, Marina Marzia 618
Brassinga, Anneke 553, 564
Braun, Hermann 361, 396
Braun, Michael 587
Braungart, Wolfgang 337, 355
Braunmüller, Robert 595
Braun-Vogelstein, Julie 59, 638
Brecht, Bertold 55–58, 73, 204, 217–222, 227, 246, 248f., 531, 548, 569, 618
Breidecker, Volker 575
Brentano, Clemens 625
Breuer, Heide 588
Breuer, Marten 624
Breysach, Barbara 542, 548, 619
Bringazi, Friedrich 131, 162
Brinkmann, Richard 100, 112, 330, 355, 530f., 544, 546, 557, 561, 563
Broch, Franziska (geb. von Rothermann) 5f., 59f., 523, 628, 630
Broch, Friedrich Josef (Fritz) 3, 5, 24, 60, 298, 311, 514, 627
Broch, Johanna (geb. Schnabel) 3, 25, 31, 40, 55, 60, 311, 479, 484, 627, 636
Broch, Joseph (Josef) 3f., 60, 71, 311, 487, 627
Broch de Rothermann, Hermann Friedrich Maria (Armand, Pitz) VIIf., XV, 6, 10, 31, 43, 52, 59f., 78, 85, 218, 231f., 235, 247f., 313, 315, 403, 465, 484, 487, 499, 501f., 508, 523f., 526, 546, 551, 556, 570, 589, 593, 597, 628
Broch de Rothermann, Sachiko 59
Brockstieger, Sylvia 115
Brod, Max 65, 86, 177, 195, 218, 249, 477, 552
Brodsky (Lacour), Claudia 101, 112, 348, 355, 541, 544, 561
Brody, Daisy (geb. Spitz) 13, 60, 129, 325, 466, 468, 489, 512–514, 551, 633
Brody, Daniel XIV, 13, 18f., 23, 33, 44, 53, 60, 64, 69, 78, 83, 93, 117, 129, 169, 180, 189, 200f., 203, 215, 248, 273, 293, 456, 463f., 466–469, 486, 501–503, 507, 512–515, 526, 534f., 542, 547, 550, 552f., 597, 631, 633
Brody, János 513

Brody, Peter 60, 513
Bródy, Sigmund 513
Brody, Thomas 513
Broerman, Bruce M. 553
Brokoff, Jürgen 387, 395
Brokoph-Mauch, Gudrun 502, 567, 571
Bronner, Stephen Eric 580
Brooks, Van Wyk 28, 60, 407
Brousse, Catherine 560
Bru, Sascha 605
Brucke, Martin 591
Bruckner, Ferdinand 219
Brude-Firnau, Gisela 138, 162, 279f., 284f., 288, 467, 502, 539, 544, 557, 561, 564, 567, 578, 593
Brüggemann, Heinrich 60, 627
Brummak, Jürgen 531, 546
Brüning, Heinrich 46
Brunngraber, Rudolf 40, 61, 352, 470, 489, 502, 609
Bry, Carl Christian 342, 355, 392, 395
Buber, Martin 296, 390
Bubner, Rüdiger 375, 395
Büchner, Georg 83, 230
Budi Hardiman, Francisco 456, 589
Bühler, Charlotte 13, 61
Bühler, Karl 13, 61, 630
Bummel, Andreas 429f.
Bunzel, Joseph H. 61
Buonaiuti, Ernesto 60
Burdin, Francesco 620
Burgmüller, Herbert 61, 461, 464, 470, 502, 520f., 551
Burke, Edmund 119f., 124
Burojevic, Jasmina 586
Burtscher-Bechter, Beate 587
Busch, Bernd 615
Butler, Charles E. 61, 638
Bychowsky, Gustav 61, 306, 518
Bylow, Christina 200, 204, 215, 571

Caesar, Claus 232, 234, 248, 281, 421, 430, 541, 544, 589, 593, 614
Cailler, Bernadette 606
Calderon-Canetti, Veza 61, 616
Călinescu, Matei 342, 355
Calvin, Johannes 141
Calzoni, Raul 618

Camacho, Jorge 564
Camion, Arlette 580
Campbell, Joseph 386, 395
Camus, Albert 92, 113, 213, 588
Canby, Henry Seidel 27, 32, 43, 61, 634
Canby, Marion 27, 43, 61
Canetti, Elias VI, 15f., 21, 51, 53, 59, 61, 74, 81, 107, 200, 232, 246, 248, 440f., 456f., 479, 512, 519, 525, 534, 541f., 553, 568, 574, 576, 578, 581f., 585, 589, 590, 592, 595, 604–609, 612, 614–617, 632
Canetti, Veza 61, 74, 478
Cantor, Georg 121
Cantril, Hadly 29f., 62, 438
Capetillo, Manuel 585
Carnap, Rudolf 10f., 62, 359, 373, 375, 379f., 382f., 395, 398, 630
Caro, Herbert 588
Caronello, Giancarlo 371, 395
Carstensen, Thorsten 617
Carter, Jimmy 429
Carty, Anthony 579
Casale, Rita 152, 162
Casals, Pablo 62, 82
Caseau, Cornelia 555
Cassagnau, Laurent 588
Cassirer, Ernst 55f., 73, 85
Cassirer, Sidonie (geb. Lederer) 39, 62
Cassirer, Thomas 39, 62
Catholy, Eckehard 568
Cavalletti, Andrea 456, 617
Celan, Paul 529f., 545, 596
Céline, Louis-Ferdinand 91, 114, 168, 197, 385, 398, 539, 547, 588, 613
Cemal, Ahmet 578, 621
Cendrars, Blaise 13
Cervantes, Miguel de 385
Četrauskas, Teodoras 598
Cézanne, Paul 38, 329, 345f.
Chagall, Bella (geb. Rosenfeld) 62
Chagall, Ida 62
Chagall, Marc 62f.
Chamberlain, Houston Stewart 628
Chamberland, Paul 577
Chapple, Gerald 578
Chardin, Philippe 581
Charrière-Jacquin, Marianne 350, 355, 557
Chiang Kai-shek 239, 240

Chirico, Giorgio de 35, 48
Chivite, Fernando Luis 554
Chołuj, Bożena 557, 585
Choné, Aurélie 536, 544, 609, 617
Chrustaleva, Natalija A. 552, 564, 570
Churchill, Winston Spencer 45
Chu-yŏn, Kim 556
Cicero (M. Tullius) 386
Cimabue, eigentl. Cenni di Pepo 344
Claassen, Eugen 62
Clair, Jean 554
Clemenceau, Georges 638
Cliver, Gwyneth E. 115–126, 541, 545, 609, 623, 669
Cohen, Elliot 478f.
Cohen, Hermann 301, 584, 606, 622
Cohn, Dorrit C. 110, 113, 279, 288, 376, 386, 392, 395, 530f., 539, 545
Cohn, Robert G. 62
Colin, Christian 556
Colli, Giorgio 142, 164
Collomb, Michel 571
Collorio, Christiane 623
Combes, André 614
Combrink, Thomas 615
Comstock, Ada L. 62, 407
Consiglio, Cristina 624
Corbin, Anne-Marie 610
Corino, Karl 132, 162
Cornejo, Renata 606
Corngold, Stanley 606
Cortés, Donoso 372, 398
Cozic, Alain 604
Craemer, Susanne 604
Craig, Gordon A. 51
Crangle, Sara 95, 113
Cristin, Renato 593
Csokor, Franz Theodor 63, 87, 552
Czap, Ildikó 586, 606, 614, 621
Czapla, Ralf Georg 502, 551
Czeike, Felix 571
Czucka, Eckehard 570
Czyżewski, Marek 603

Dahl, Sverre 44, 554, 556f., 571, 578, 603
Dahrendorf, Ralf 369, 395
Dalí, Salvador 344
Dallago, Carl 607

Danneberg, Lutz 392, 399
Dante Alighieri 35, 385, 637
Daran, Valérie de 625
Däubler, Theodor 81
Daviau, Donald G. 115, 125, 565, 570, 577, 578
De Angelis, Valentina 567
De Cauwer, Stijn 625
De Francovich, Massimo 608
De Kesel, Marc 564
Delbrück, Hansgerd 593
DeLillo, Don 111–113
Demeter 137, 143–148, 152, 158, 578
Demetz, Peter 309, 315
Demmelbauer, Josef 579, 593
Denker, Alfred 152, 162, 165
Derejczyk, Renata 578
Derré, Françoise 224, 248, 564
Derrida, Jacques 50
Deschner, Karlheinz 186, 195
Dessoir, Max 334
Dethurens, Pascal 578
Dewey, John 373
Dido 567
Di Napoli, Thomas 622
Dieterich, Albrecht 24, 144, 162
Dietrick, Linda 568
Dilthey, Wilhelm 321, 374, 377, 396
Dingeler, Catrin 152, 162
Dionysos 133, 137, 142–153, 155–164, 223
Dittrich, Andreas 361, 366, 395, 606, 614
Döblin, Alfred 14, 23, 34, 44, 69, 73, 83, 91, 113, 219, 363, 394, 456, 531, 546, 553, 556f., 560, 598
Doderer, Heimito von 81, 532
Doering, Tobias 618
Dolinar, Darko 585
Doll, Jürgen 587
Dollfuß, Engelbert 17
Doo, Haeng-Sook 565
Doppler, Alfred 207, 215, 276, 280f., 288f., 557, 567
Doppler, Bernhard 219, 248, 502, 581, 609
Dorfles, Gillo 342, 355
Dörwald, Uwe 575
Dos Passos, John 12, 91, 531, 545, 594, 610, 618

Dostojewskij, Fjodor Michailowitsch 509, 575, 591, 628
Dowden, *Stephen D.* 91–114, 126, 280, 282, 289, 322, 328, 332, 339, 348, 355f., 358, 502, 534, 541, 544f., 554, 560–564, 669
Dressler-Brumme, Charlotte 133, 162
Drev, Miriam 587
Drewes, Hans-Anton 561
Drynda, Joanna 605
Du Gard, Martin 581
Dubbels, Elke 622
Dubost, Jean-Pierre 554, 561
Duebbert, Carole 138
Dücker, Burckhard 593
Dugast, Jacques 571, 618
Dugast-Portes, Francine 618
Duhamel, Roland 578, 587, 603
Durand-Barthez, Manuel 502, 521, 579, 603, 610, 614
Dürer, Albrecht 345
Durkheim, Émile 360
Duroisin, Pierre 567
Durrani, Osman 113, 173, 197, 589f.
Dürrenmatt, Friedrich 215, 222, 614, 620
Durusoy, Gertrude 124, 557, 560, 567, 585
Durzak, Manfred 53, 115, 125, 136, 162, 178, 195, 208, 211, 216, 244, 248, 275–280, 283, 288, 304, 315, 502, 523, 526, 537, 545, 552, 557, 589, 591, 606, 610, 614
Duschnitz, R. 81
Dusini, Arno 576
Dutt, Carsten 607
Dzikowska, Katarzyna 605

Eatherly, Claude Robert 56
Eckardt-Lederer, Gertrude von VII, XV, 52, 63, 464, 490, 495–497, 501f., 550, 557
Eckardt, Hans Felix von 63, 495
Eckel, Winfried 626
Eckhart, Meister (Mystiker) 488
Eckstein, Friedrich 7, 55
Eckstein, Isaak 635
Eckstein, Percy 63
Eco, Umberto 188, 195, 541
Edelmann, Thomas 125, 579, 585

Edschmid, Kasimir 253
Egger, Mitzi 63
Ehalt, Hubert Christian 592
Ehrenburg, Ilja 13
Ehrenstein, Albert 81
Eibl, Hans 63
Eichendorff, Josef von 228, 230
Eicher, Thomas 171, 196, 347, 355, 370, 394, 439, 456f., 485, 503, 505, 532, 545, 572, 575, 579, 601f.
Eichmann, Adolf 108–111
Eiden, Patrick (= Eiden-Offe) 194f., 385, 395, 406, 408, 430, 457, 537, 545, 604, 610, 618, 620
Eidherr, Armin 605
Einstein, Albert 20, 26f., 32, 37, 48, 63–65, 70, 73f., 78, 82, 102, 212, 253, 273, 401, 438, 471, 502, 519f., 536, 544, 551, 604, 609, 634
Einstein, Carl 608
Eisele, Ulf 531, 545
Elfe, Wolfgang D. 572
Elias, Norbert 343, 355
Eliot, Thomas Stearns 82, 91, 102, 113, 286, 633
Elliott, William Yandell 63, 407
Embry, Charles R. 620
Engel, Manfred 273, 605, 619
Engelhardt, Nina Malaika 622
Engels, Friedrich 630
Enklaar, Jatti 553f., 585
Ensberg, Peter 273, 593
Ephrussi, Charles 620
Epstein, Elsbeth (Else) Luise 24
Epstein, Walter Leo 24
Erikson, Erik Homburger 63
Ernst, Max 173
Erokhin, Aleksandr V. 567, 571
Eros 151, 244
Eshel, Amir 625
Essen, Gesa von 291–316, 601, 669
Esterhammer, Angela 567
Estienne, Charles 63
Euripides 143–147, 149, 163, 532, 546, 611
Ewald, Oskar 63
Eysteinsson, Astradur 606f.

Faber du Faur, Baron Curt von 39, 53, 63, 87
Faber, Richard 372, 395, 565
Fabris, Angela 620
Faistauer, Anton 55
Falanga, Gianluca 374, 395
Fambrini, Alessandro 572
Fanta, Walter 132, 164
Fattori, Anna 615
Faulhaber, Uwe 502, 557
Faulkner, William 586
Faye, Emanuel 152, 162
Fechter, Paul 614
Federn, Paul VIII, XIV, 11, 32, 35f., 52, 64, 306–310, 314f., 490–493, 495, 501, 508, 518f., 526, 551, 600, 611, 636
Feigl, Herbert 62
Feldmann, Theo 64
Fellmann, Ferdinand 380f., 395
Fenet, Alain 579
Ferand, Emmy (geb. Szlics) 24, 64, 78, 632
Ferand, Ernst Thomas 24, 64, 632
Fermi, Enrico 78
Ferré, Vincent 531, 545, 594, 604, 610, 618, 620, 625
Ferrer, Daniel 386, 396
Fetz, Bernhard 191f., 195, 338f., 353, 355, 540, 542, 545, 554f., 557, 589, 594, 604, 610, 615, 620
Feuchtwanger, Lion 25, 64, 73
Ficker, Ludwig von 6, 64, 465, 481, 504, 508f., 511, 613, 628
Fieguth, Gerhard 587
Figal, Günter 150f., 157, 162
Finch, Helen 625
Fingas, Monika 578
Fischer, Ernst 14
Fischer, Hildegard (Hilde, Hilla) 64
Fischer, Kuno 383, 396
Fischer, Samuel 13, 19, 57, 64, 77, 469, 471, 514, 519, 631f.
Fisher, Dorothy Canfield 28, 64, 407
Fiskowa, Switlana 581
Fitzgerald, F. Scott 217
Flachat, Pierre 66
Flaubert, Gustave 79, 95, 607
Fleck, Ludwik 331
Fleißer, Marieluise 227

Flinker, Martin 633
Flores, Angel 22
Fohrmann, Jürgen 387, 395
Foi, Maria Carolina 615
Fokkema, Douwe 532f., 545
Fontaine, Philippe 610
Fontana, Oskar Maurus 64
Fontane, Theodor 222, 531, 579, 593
Fontcuberta, Joan 564
Förster-Nietzsche, Elisabeth 141, 148, 152, 156, 164
Fornaro, Pierpaolo 589
Forsthoff, Ernst 371, 398
Fosse, Jon 561
Foucault, Michel 48
Fowler, Jennifer 559
Franck, James 37, 65, 520
Frank, Bruno 25, 32
Frank, Gustav 604
Frank, Philipp 380, 398
Frank, Waldo 65, 94, 103, 488
Franssen, Paul 585
Franz Joseph I. (Kaiser v. Österreich) 38
Franzos, Karl Emil 578
Freese, Wolfgang 132, 162
Freud, Sigmund 11, 30, 32, 36, 55, 61, 64, 73, 80–82, 91, 188, 196, 306f., 310f., 314, 361, 381, 387, 395, 457, 518f., 525, 530, 576, 606, 611, 637
Frey, Alexander 65, 515
Freytag, Aurelius 562
Freytag, Gustav 217
Fried, Edrita 65
Fried, Hans Ernst 65
Friedell, Egon 55
Friedemann, Käte 530
Friedländer, Adolf Albrecht 65
Friedrich, Hans-Edwin 337, 355
Frisch, Max 236, 249
Frischmuth, Barbara 51, 542, 554, 578, 589, 594
Frisé, Adolf 114, 131, 164, 557
Fronius, Hans 65
Fronte, José Ribeiro 560
Fuchs, Rudolf 65
Fuentes, Carlos 51, 107
Fülöpp-Miller, René 66
Furrer, Beat 613
Furtwängler, Philipp 66

Gable, Clarke 28
Gabolde, Isabelle 543, 545, 582, 618
Gabriel, Markus 609
Gabriel-Blouvac, Françoise 582, 594
Gadamer, Hans-Georg 101, 107f., 113
Gaddis, William 47, 542
Gaffron, Hans 65
Gallimard, Gaston 66, 71, 86
Gallob, Bernd 604
Galvagni, Bettina 622
Gambarota, Pada 585
Gambetta, Léon 638
Gambino, Renata 504, 596
Ganczar, Maciej 617
Gandhi, Mahatma 99
Gani, Djéhanne 607, 618
Gärner, Rüdiger 607
Gaskill, P. Howard 286, 288
Gass, William 542
Gast, Peter 141, 148, 152, 156, 164
Gatell, Rosa Rius 621
Gaupp, Fritz 66
Gauthier, Cécile 622
Gauss, Christian 27f., 30f., 66, 407
Geiringer, Ernst 25, 66, 633
Geiringer, Trude 25, 66, 81, 349, 633
Geisenhanslüke, Achim 177, 196, 594
Gelber, Mark H. 579
Gelfert, Hans-Dieter 342, 355
Gély, Véronique 625
Genette, Gérard 386, 395, 542, 545
Genz, Julia 342, 355
George, Marion 625
George, Stefan 32, 154, 494f., 565, 574
Gerlach, Hans-Martin 133, 148, 153, 162, 164
Gerlof, Manuela VIII
Ghachem, Moncef 606
Giardinazzo, Francesco 607
Giavotto, Anna Lucia 594
Gide, André 12, 44, 81, 91, 93, 161f., 343, 355, 467, 531, 540
Giesz, Ludwig 342, 355
Gilman, Sander L. VII, XV, 52, 171, 196, 490, 495, 501f., 550, 557, 570, 580
Gilson, Elke 611
Gimpl, Georg 554f.
Gindele, Sonja VIII, 82, 470, 501f., 551
Giono, Jean 24, 567

Giotto, di Bondone 344
Giscard d'Estaing, Valéry 429
Giuriato, Davide 603
Glissant, Édouard 606
Gnettner, Ines 573
Gödel, Kurt 62, 66
Goebel, Eckart 623
Goethe, Johann Wolfgang von 15, 182, 207, 227, 239, 323, 326f., 333, 377, 496, 532, 538, 565, 584, 592, 616, 619
Gogh, Vincent van 108, 345f.
Gogol, Nicolai 575
Goldberg, Clemens 349, 355, 575
Goldblum, Sonia 624
Goldmann, Lucien 531
Golec, Janusz 586
Goll, Claire 13
Goll, Yvan 13, 66, 94, 98
Golomb, Jacob 599
Goltschnigg, Dietmar 329, 355, 565, 568, 571, 583, 594
Gomperz, Heinrich 66
González, Felipe 429
Göpfert, Herbert G. 502
Gordon, Adi 622
Göring, Hermann 220
Gorki, Maxim 581
Gorn, Boris Berenzon 623
Görner, Rüdiger 100, 113, 131, 164, 273, 435, 457, 595, 618
Gosepath, Stefan 410, 418, 430f.
Gossens, Peter 530, 545
Gössweiner-Saiko, Theodor 431, 428
Gottwald, Herwig 615
Grabarse, Claudia 588
Grabovszki, Ernst 621
Grabowsky-Hotamanidis, Anja 141, 163, 276, 283, 577
Granowski, Alexis 66
Graevenitz, Gerhard von 531, 545
Graf, Oskar Maria 17
Grass, Günter 47, 574
Grassi, Ernesto 184, 197
Greenberg, Clement 66, 321, 338, 341, 344, 356
Greenberg, Udi 622
Gretić, Goran 371, 399
Grieser, Dietmar 296, 315, 503
Grimm, Gunther E. 565

Groddeck, Wolfram 157, 160, 163
Gronemeyer, Marianne 624
Gropius, Walter 74
Grosz, George 42, 218
Grote, Helmut XIV, 52, 162, 567, 598
Gruber, Bettina 579
Gruber, Marianne 232, 248, 457, 614–617
Grünbein, Durs 615
Gründgens, Gustav 74
Grünewald, Matthias 4, 340, 347, 357, 532, 546, 575, 587, 590
Grzeskowiak, Mark 594
Gschwend, Ragni Maria 592
Guggenheim, Felix 32
Guggenheim, John Simon 76
Guilhamon, Elizabeth 220, 248, 579, 594, 601, 607, 610, 618
Gumhalter, Paul 526
Gumpert, Martin 67
Gundolf, Elisabeth 490, 501f., 550
Gundolf, Friedrich 490, 501f., 550
Günzel, Stephan 601
Gurian, Waldemar 67
Gustorf, Florian Koerner von 623
Gütersloh, Albert Paris 7, 55, 66, 71
Gutiérrez de Wienken, Geraldine 188, 197, 619
Gutzkow, Karl 532
Gyömrői, Edit (= Rényi-Gyömrői) 8f., 79, 286, 525, 611, 629
Györffy, Miklós 560, 581f., 584

Haas, Arthur Erich 11, 67
Haas, Willy 7, 12, 55, 67
Haase, Horst 560
Habermas, Jürgen 410, 431
Habsburg, Rudolf von (Kronprinz) 10
Hack, Bertold XIV, 53, 215, 248, 273, 456, 463, 467, 501–503, 507, 526, 552
Hackermüller, Rotraut 582, 589, 610
Hades 145–148
Haecker, Theodor 167f., 196, 372, 395, 519, 537
Häfner, Ralph 133, 163
Hahn, Barbara 611
Hahn, Hans 10, 62, 67, 359, 380, 398, 630

Hainz, Martin A.   213, 216, 349, 356, 607, 615, 620
Halévi, Daniel   58
Halfwassen, Jens   609
Haller, Andreas J.   623
Halmay, Tibor von   229
Hals, Frans   345
Halsall, Robert   101, 113, 125, 573, 575, 578, 587, 589
Hamburger, Käte   530
Hammer, Victor   67
Hammerschlag, Ernst   67
Hamsun, Knut   377
Handke, Peter   47, 215, 542, 595
Händler, Ernst-Wilhelm   51, 542
Hänssler, Erica   613
Hanisch, Ernst   599
Hans, Anjeana K.   601, 610
Hansel, Michael   607
Hansen-Löve, Aage H.   585
Hansen-Löve, Friedrich   585
Hanuschek, Sven   606
Hardin, James N., Jr.   115, 125, 565, 572
Harding, Esther   60
Hardt, Michael   537
Hargraves, John   VII, 60, 313, 315, 349, 356, 503, 541, 545, 573, 591f., 594, 621
Haring, Ekkehard W.   606
Harries, Karsten   101, 113, 339, 342, 356, 561, 579
Harrington, Austin   604
Hartmann, Martin   406, 431
Hartung, Gustav   18, 67, 226, 632
Hartung, Rudolf   208–210
Hašek, Jaroslav   218, 249
Haslinger, Adolf   470, 501, 503, 568
Hasubek, Peter   557
Hattori, Seiji   604
Hatvani, Paul   67
Hauptmann, Gerhard   82, 569
Hausdorff, Felix   392, 399
Havel, Václav   99
Heath, Stephen   386, 396
Hebbel, Friedrich   608
Hebekus, Uwe   385, 395, 411, 431, 610
Hédrich, Dorothee   565
Hegel, Georg Wilhelm Friedrich   33, 108, 630
Heidegger, Martin   55f., 58, 91f., 99, 113, 152, 155, 162f., 165, 472–474, 476, 566, 588, 608
Heideking, Jürgen   414, 432, 566
Heidenreich, Gerald   582
Heiler, Friedrich   24
Heilinger, Rudolf   552
Heimeran, Till   552
Heine, Heinrich   624
Heinz, Marion   371, 399
Heizmann, Jürgen   105, 113, *167–197*, 352, 356, 414, 431, 532, 545, 579, 582, 594, 601, 615, 624, 669
Heltau, Michael   21
Hempel, Carl Gustav   67, 78
Henckmann, Wolfhart   371, 395
Henn-Memmesheimer, Beate   593
Henry, Ruth   560
Henzy, Karl   591
Hepp, Frieder   188, 197, 619
Heraklit   145
Herbst, Helmut   589
Herburger, Günter   51
Herd, Eric W.   106, 113, 124, 463, 501, 554, 558
Herder, Johann Gottfried von   391, 394
Hermand, Jost   219f., 248
Hermes   21, 233–236, 241f., 245, 249, 595, 607
Herodot   145
Herold, Thomas   625
Herr, Moshe David   231, 248
Hersant, Yves   573
Herzfelde, Wieland   67
Herzog, Anna (Anja)   12, 21, 26, 67, 630
Heslault, Nicolas   624
Hesse, Hermann   5, 14, 536, 544, 569, 572, 582, 609, 620
Hess-Lüttich, Ernest W. B.   619
Hetyei, Judit   601
Heuer, Renate   578
Heuer, Wolfgang   608
Heym, Georg   83
Heymann, Werner Richard   229
Hiekel, Jörn Peter   349, 356, 615
Hilbert, David   253, 273, 536, 544, 609
Hilbrand, Rainer   555
Hillebrand, Bruno   153, 163
Hilmes, Carola   577
Hilscher, Eberhard   604

Hinck, Walter 577, 604
Hindemith, Paul 68
Hinderer, Walter 173, 196, 276, 561, 568
Hinterhäuser, Hans 161f.
Hipfl, Iris 609
Hitler, Adolf 14, 17–19, 24, 28, 31, 33, 37, 45, 80, 98f., 114, 128, 146, 148, 150, 154f., 157, 169, 199, 220, 227, 249, 271–273, 308, 343, 349, 355, 357, 370, 372, 407, 415, 433–435, 442, 448, 455, 462, 483, 504, 526, 537, 559, 574–576, 636
Hoberg, Rudolf 574
Hochwälder, Fritz 571
Hödl, Hans Gerd 157f., 163
Hoenselaars, Ton 585
Hofer, Wolfgang 67, 71
Hoffer, Willie 11
Hoffmann, Daniel 587
Hoffmann, Petra 613
Hoffmann, Volker 603
Hoffmann, Wilhelm 72
Höfler, Günther A. 583
Hofmann, Ludwig Willibald 10, 68, 610, 629
Hofmannsthal, Hugo von 32, 35, 37–39, 84, 155, 208, 319–321, 328–331, 337, 337f., 346, 350f., 355–358, 476, 522, 538, 555–557, 560, 568, 579, 589, 593f., 596, 599, 606, 610, 616f., 624, 637f.
Hofmannsthal-Zimmer, Christiane 32, 552
Hogrebe, Wolfram 386, 400
Holborn, Annemarie 68
Holborn, Hajo 39, 68
Holdenried, Michaela 292, 294, 302, 311, 314f.
Hölderlin, Friedrich 92, 106, 113, 474, 531, 547, 607
Holgersen, Alma 40
Hollweck, Thomas VIII, 85, 411, 431, 484, 503, 536, 545, 551, 601, 607, 610, 620
Holmström, Ralph 577
Holzner, Johann 281, 289, 571
Homer 32, 35, 58, 102, 144f., 163, 183, 613
Honneth, Axel 360, 396
Honold, Alexander 131, 163
Honsza, Norbert 564

Hörbiger, Maresa 21
Horch, Franz 68
Horch, Hans Otto 579
Horkheimer, Max 374, 376, 396
Hornig, Dieter 307, 315, 573, 587
Horrocks, David 101, 570, 575
Horváth, Auguste (Gustl) von 68, 467, 631
Horváth, Ödön von 68, 207, 554, 577
Hoss, Nina 49
Hoesterey, Ingeborg 329, 343, 356, 568
Houellebecq, Michel 542
Howland, Jonathan 68
Huber, Martin 392, 399, 554f.
Huber, Simon 620
Huberman, Elizabeth 503, 565, 568
Hudson, Stephen (Pseud., Sydney Schiff) 25f., 68, 180, 570, 634
Hudzik, Agnieszka 624
Huebsch, Benno W. 27, 68, 169, 188
Huemer, Wolfgang 594
Hufnagel, Gerhard 566
Huizinga, Jan 389, 396
Huppertz, Bettina 623
Husák, Jiří 566
Husserl, Edmund 55, 359, 364f., 368, 379–381, 383, 396f., 473f., 593
Huxley, Aldous 14, 43f., 64, 68, 93, 170, 181, 188, 343, 355, 467, 504, 570, 573

Iakchos 144
Ichheiser, Gustav 78
Iehl, Dominique 567
Innes, Christopher 219, 248
Irinoda, Masaaki 561, 577, 595, 599
Isaacs, Jacob 69
Isepp, Sebastian 87
Italiaander, Rolf 638
Ivanescu, Mircea 586
Ivanova, Raliza 609

Jablkowska, Joanna 579, 591, 624
Jäckel, Hartmut 561, 563
Jacob, Joachim 599
Jacobi, Jolande 13, 17, 69
Jacobsohn, Siegfried 64
Jaeger, Friedrich 373, 396

Jaffé, Aniela 561
Jahnn, Hans Henny 200, 553, 598, 606
Jalabert, Pierre 567
James, Henry 181
Jander, Simon 599
Janik, Allan 532
Jansen, Ruth 200
Jaspers, Karl 56, 83, 91, 213f., 216, 388, 476, 588
Jászi, Oscar 407
Jauß, Hans Robert 385, 394
Jelinek, Elfriede 246, 605, 618
Jellinek, Oskar 571
Jenkins, Jennifer Lynne 610
Jens, Inge 58
Jerochin, Alexander 575
Jesaja (Prophet) 231
Jesenská, Milena 8, 69, 629
Jesus Christus 4, 33
Joachim, Hans A. 14
Joas, Hans 418f., 431
John, David G. 568, 593
Johnson, Alvin 28, 63, 69, 72, 83, 407
Jolas, Eugène 69
Jolas, Maria (geb. McDonald) 69
Jolles, Matthijs 65
Jonas, Hans 408, 431
Jonas, Klaus W. 549, 552, 569
Jones, Calvin N. 568
Jonsson, Stefan 624
Joyce, James 12f., 15, 22, 25, 44, 68f., 79, 82, 91, 93f., 101f., 114, 130f., 133–135, 169, 187–190, 196, 259f., 286, 320f., 324–326, 328, 330, 333, 340, 344, 346f., 349, 386, 395f., 466f., 485, 513f., 531, 538, 542, 555, 575f., 582, 598, 613, 631, 633f.
Judd, Jadwiga 26f., 36, 69, 306, 519
Judet, Berthe 560
Jung, Carl Gustav 20, 23, 48, 60, 69, 131, 259–263, 307, 316, 434f., 457, 468, 596, 600, 618
Jünger, Ernst 373, 396, 565, 607
Jung-Merker, Lilly 457

Kaesler, Dirk 128, 165
Kafka, Franz 8, 14, 34f., 65, 69, 76, 86, 91–94, 102, 106f., 113, 177, 195, 208, 252, 262, 273, 293f., 332, 344, 347, 349, 355f., 475, 477, 480, 507, 521f., 541, 543, 545, 554, 569, 577, 586, 591, 604f., 611, 618f., 632
Kahler, Antoinette von 32, 40, 70, 73, 494, 502, 517, 551, 560
Kahler, Erich von VIII, XIV, 26f., 32, 40, 44, 52f., 58, 63, 65, 70, 72f., 78, 80, 87, 117, 125, 275, 286, 288, 411, 490, 494–496, 501, 508, 517f., 526, 530, 537, 551, 554, 559, 565, 611, 636, 638
Kahler, Josefine von (geb. Sobotka) 32, 495f.
Kahler, Victor von 36, 70, 517
Kaiser, Ernst 637
Kaiser, Georg 569
Kajtár, Mária 503, 610
Kallendorf, Craig 574
Kambartel, Friedrich 382, 396
Kammer, Stephan 113
Kampits, Peter 588
Kandinsky, Wassily 321, 345–347, 349, 356
Kann, Maria (Mariedl) 70
Kann, Robert A. 70
Kant, Immanuel 7f., 120f., 125, 301, 327, 359–369, 378, 380, 396f., 404, 417, 435, 535, 558, 628, 630
Kantorowicz, Ernst 415, 431, 537, 547, 612
Kappacher, Walter 624
Karel'skij, Al'bert V. 566, 575
Karlweis, Oskar 232
Karoff, Rebecca 568
Karpfen, Fritz 341f., 356
Kasack, Hermann 470
Kaschnitz, Marie Luise 593
Kastberger, Klaus 191, 195, 594, 625
Kaszynski, Stefan H. 273, 575, 577, 605, 622
Kathan, Iris 591
Kauffer, Maurice 613
Kaufholz-Messmer, Eliane 554
Kaukoreit, Volker 287f., 583, 607
Kaupunginkirjasto, Kuusankosken 610
Kaus, Gina 7, 55, 70, 76, 628
Kaus, Otto 7, 55, 70, 509, 628
Kaya, Saliha Nazli 623
Kaya, Süheyla 623

Kayser, Rudolf 70
Keim, Katharina 595
Kelsen, Hans 85, 425
Kemal, Yachar 567
Kenk, Françoise 595
Kennedy, John F. 111
Kentrotes, Giorgos D. 586
Kerekes, Gábor 582
Kerényi, Karl 60, 70, 457, 525, 611, 637
Kermode, Frank 113
Kern, Alfred 565
Kern, Iso 365, 396
Kern, Otto 143f., 163
Kessler, Friedrich 65
Kessler, Hannah VIII
Kessler, Michael V–VIII, 55–88, 106, 113, 118, 124–126, 138, 162, 177, 179, 192, 195–197, 207, 213, 215f., 219, 242, 248f., 259, 273, 276, 281, 288, 306f., 316, 320, 329f., 350, 355, 357f., 383, 388, 399, 434, 456f., 503, 522, 524, 526, 531, 534, 539, 544f., 547, 556–559, 561–564, 581–584, 591, 593–598, 601, 610f., 669
Kesten, Hermann 23, 25, 70
Khälss, Josef 85
Kiel, Anna 554, 565
Kiepenheuer, Gustav 13
Kierkegaard, Søren 33, 588f., 625
Kiesel, Helmuth 373, 396, 607
Kilcher, Andreas B. 538, 545, 587, 623
Kilian, Michael 574
Kim, Sun-Young 615
Kindermann, Manfred 591
Kingsley, Charles 625
Kinzel, Ulrich 610
Kircher, Hartmut 278f., 282, 288, 554
Kirsta, Georg 70
Kirsten, Wulf 554
Kiss, Endre 124, 126, 164, 219, 248, 291, 316, 457, 465, 502–505, 507, 509–511, 521–526, 534, 541, 544, 545f., 552f., 561, 565, 567–569, 573, 581–585, 589, 595, 599, 604, 607, 609–613, 615
Klaffenbach, Günther 145, 165
Klages, Ludwig 23, 153, 163
Klatzkin, Jacob 64
Klebes, Martin 625
Kleiber, Carine 565
Klein, Eckart 624

Klein, Michael 281, 289
Klein, Uta 139, 165, 273, 604
Kleiß, Marietta XIV, 53, 215, 248, 273, 456, 501–503, 507, 526, 552
Kleist, Heinrich von 18, 106
Kliche, Dieter 338, 356
Klimt, Gustav 71, 87
Klinger, Monika 534, 545, 575
Kluger, Ruth (Klüger) 109, 113, 595
Kniffke, Frédérick 565
Knipe, Heidi 206, 216, 554
Knipping, Franz 566
Knobloch, Hans-Jörg 532, 546, 590, 592
Knop, Andreas 386, 395
Knopf, Alexander 622
Knopf, Alfred A. 43, 71, 77f.
Knopper, Françoise 604, 614
Koch, Edita 558
Koch, Hans-Albrecht 584
Koch, Thilo 117, 125
Koebner, Thomas 115, 117, 125, 168, 196, 220, 248, 531, 546, 554, 559, 561, 572
Koelb, Clayton 582
Koeppen, Wolfgang 47
Koester, Rudolf 125, 558, 570
Kogon, Eugen 213
Kohlenberger, Helmut 582, 590, 595, 611
Kohler, Thomas 624
Kohn, Albert 66, 71
Kohn, Hans 28, 71, 407
Köhn, Lother 213, 215f., 531, 546, 558, 568, 587
Kohnen, Joseph 604
Köhnke, Klaus Christian 389, 396
Kokkinos, Giorgos 560
Kokoschka, Oskar 74, 253
Kolb, Annette 17, 71, 515
Koleva, Antonija 586
Kolig, Anton 87
Koller, Broncia 71, 629
Koller, Hugo 71, 629
Kolleritsch, Otto 556
Komar, Kathleen L. 178, 196, 552, 595
Komáromi, Sándor 525, 583, 611
Kondylis, Panajotis 370f., 375f., 396
Könke, Günter 369, 396
Könneker, Carsten 116–118, 123, 125, 585, 590, 595

Konstantin d. Große (Kaiser) 168
Konstantinović, Zoran 583, 587
Koopmann, Helmut 91, 113, 531f., 546, 558, 569, 575, 590, 592
Kordics, Noémi 613
Kore 145, 158
Koseková, Bozena 577
Koselleck, Reinhart 361, 396
Kost, Jürgen 273, 593
Kountoures, Kostas 556
Kovács, Kálmán 621
Kovalev, Jurij Vital'evič 564
Kracauer, Siegfried 232f., 248, 593
Krafft-Ebing, Richard von 160, 163
Krafft-Kennedy, Ludwig 71
Kraft, Viktor 62, 71
Kraft, Werner 71, 490
Kranz, Josef 7
Kratochwill, Kerstin 615
Kraus, Esther 292, 315
Kraus, Justice Herschel 611
Kraus, Karl 5f., 35, 38f., 55, 72, 94, 155, 207, 320f., 328, 330, 357, 508, 594, 597, 605f., 628
Krause, Robert 363, 394, 607
Kreher, Wolfgang 608
Kreisberg, Bertha 12
Kreisberg, Isidor 12
Kreissler, Félix 558
Krell, Max 72
Krenek, Ernst 21, 72, 74, 632
Kress, Frank 140, 162, 435, 456
Kretschmer, Ernst 593
Kreutzer, Leo 558, 625
Kreuz, Bernhard 599
Krijnen, Christian 364f., 388, 393, 396
Krisch, Thomas 599
Krobb, Florian 589
Krochmalnik, Daniel 160, 164
Kröger, Marianne 608
Krohn, Claus-Dieter 608
Krüger, Michael 625
Krüger-Fürhoff, Irmela Marei 188, 195, 585
Kubíček, Tomáš 622
Kubik, Silke 611
Kucher, Heinz-Primus 591
Kucher, Simona Bartoli 620
Küçukbatir, Tuncer 591

Kuczyński, Krzysztof A. 580
Kugler, Hartmut 591
Kühne-Bertram, Gudrun 377, 397
Kuhnle, Till R. 575, 585
Kum, Kijeong 577
Kümmel, Friedrich 377, 396
Kuna, Kathrin 200, 215f.
Kunčinas, Jurgis 598
Kundera, Milan 51, 107, 112, 542, 554, 562, 583, 585, 588, 614, 619, 622
Kupczynska, Kalina 624
Kurzke, Hermann 152, 155, 163
Kušnir, Nikolaj 579
Kuttner, Erich 72
Kutzenberger, Stefan 621
Kwiecińska, Grażyna 583, 585, 591, 601, 604, 611, 624
Kybele 148
Kyora, Sabine 97, 113, 604

Läänemets, Krista 589
Lacan, Jacques 72
LaCapra, Dominick 562, 564
Lach, Robert 11, 72
Lacheny, Marc 616
Laforgue, Jules 542
Lajarrige, Jacques 580
Lampel, Peter Martin 219
Lamping, Dieter 292, 315, 605
Landgren, Gustav 625
Lange, Victor 72
Langer, Gerhard 605
Langgässer, Elisabeth 23, 72, 94, 611, 638
Lania, Leo 218f.
Laplénie, Jean-François 616
Lappin, Eleonore 391, 396
Large, Duncan 100, 113, 595
Lask, Emil 383, 396
Lasker-Schüler, Else 91
Lasky, Melvin J. 41, 638
Lasswell, Harold 369, 396
Laube, Reinhard 368, 397
Lauer, Gerhard 392, 399
Laurencon Simko, Angelica 570
Lavagetto, Mario 599
Lawrence, Joseph P. 562
Lawrence, Karen 113
Lazarsfeld, Paul 374

Lazar-Strindberg, Maria 72
Le Bon, Gustave 30, 440, 457
Le Corbusier (Charles-Édouard Jeanneret-Gris) 348
Le Fort, Gertrud von 23
Le Rider, Jacques 531, 547, 602
Lechner, August 627
Lederer, Emil 30, 63, 86, 495
Lederer, Gertrude 63, 464, 490, 495–497, 501f., 550, 557
Lee, John Allan 246, 248
Leege, Oliver 143, 163
Lefebvre, Joël 565, 587
Lehmann, Jürgen 308, 315
Lehner, Fritz 72
Leibfried, Erwin 579
Leibniz, Gottfried Wilhelm von 82
Leigh, Vivien 28
Lejeune, Philippe 307, 315
Lenau, Nikolaus 115, 126, 592
Lenin, Wladimir Iljitsch Uljanow 111
Lenz, Jakob Michael Reinhold 622
Lenz, Sonja 623
Leonardy, Heinz 371, 395
Leppin, Paul 9
Leppmann, Wolfgang 565
Lermen, Birgit H. 587
Lernet-Holenia, A. 572
Lessing, Gotthold Ephraim 241
Lévinas, Emanuel 609
Levine, Jennifer 94, 114
Lévi-Valensi, Jacqueline 579
Levy, Edith Jonas 72
Lewandowska, Katarzyna 621
Lewis, Sinclair 60
Leyko, Malgorzata 622
Liard, Véronique 605
Lichanski, Jakub Zdzislaw 576, 579
Lichtblau, Klaus 390, 397
Lichtmann, Tamás 568, 570, 573, 621
Liebert, Arthur 125, 512, 585, 630
Liebrand, Claudia 352, 356, 541, 615
Linck, Dirck 603
Lincoln, Abraham 99, 452
Linde, Franz 340, 356
Lindner, Thomas 599
Lipman-Wulf, Peter 72
Liska, Vivian 606f.
Littell, Jonathan 542
Litzenburger, Charlotte 587
Liu, Holly 611
Liukkonen, Petri 611
Livos, Nikolaos 564
Lodge, David 173, 196
Loewenstein, Karl 408
Loewy, Alice (geb. Pick) 32, 73, 494
Loewy, Hanna M. 73
Lohmann, Georg 410, 418, 430
Londen, Stig-Olof 554
Loos, Adolf 321, 335f., 340, 347f., 356, 511, 602, 628
Loos, Beate 145, 163
Loose, Ingo 601
Lorenz, Kuno 322, 356, 554, 562
Lörke, Tim 607
Lotze, Rudolph Hermann 391, 394
Lowe, Adolph 59, 73, 83
Lowe, Bea 59
Löwenstein, Artur 59
Löwenstein, Felix 59
Löwenstein, Rudolph Maurice 72
Löwenstein-Wertheim-Freudenberg, Helga Maria Prinzessin zu (geb. Schuylenburg) 73, 87
Löwenstein-Wertheim-Freudenberg, Hubertus Friedrich Prinz zu 27, 73, 87, 481, 483, 634
Löwith, Karl 361, 396
Lowry, Malcolm 566
Lube, Barbara 378, 397, 554
Luckscheiter, Roman 607
Lücke, Bärbel 618
Ludwig, Emil 73
Lüdke, Martin 291, 315, 572
Ludz, Ursula 192, 195
Luft, Lya 566
Luhmann, Niklas 50, 540
Lukács, Georg 9, 50f., 58, 71, 73, 79, 83, 154, 177, 183, 196, 320, 356, 360, 385, 397, 531, 548, 555, 591, 629
Lukas (Gefährte des Apostels Paulus) 98
Łukosz, Jerzy 601
Lunzer, Heinz 572
Lupa, Krystian 578, 580, 584
Luther, Martin (Reformator) 111, 229, 562
Lützeler, Paul Michael V, VIIf., XIVf., *3–53*, 93, 98–100, 105f., 109, 112–116,

124–126, 128f., 131–133, 135, 138, 142f., 146, 148, 162–165, 167–171, 173, 179–181, 191f., 196f., 199f., 207, 213, 215f., *217–249*, 256, 268, 273, 276, 278, 280f., 287f., 291, 295f., 300f., 304, 306, 315f., 319–323, 325, 328, 330–332, 335, 342, 344f., 347–352, 354–359, 370, 374, 377f., 383, 388, 394f., 398f., 407, 414, 416f., 429–432, 434, 436, 439, 456f., 463–465, 475f., 481, 485, 490f., 501–505, 507–512, 515–517, 521–526, 529–536, 538–547, 549–559, 561–565, 568, 572f., 576–580, 583, 587, 589f., 592–602, 607, 609–618, 620f., 624, *627–639*, 669
Lyotard, Jean-François 50, 532, 546

MacDonald, Dwight 73
MacDonald, J. Fred 369, 397
Mach, Ernst 62, 73, 81
Mack, Karin 67, 71
Mack, Michael 138, 163, 587
MacLachlan, Christopher J. M. 568
Macurová, Nadezda 614
Mádl, Antal 560
Maggiari, Massimo A. 236, 249
Magris, Claudio 179, 185, 197, 592
Mahler, Anna 21, 25f., 73, 632
Mahler, Gustav 21, 73f., 86f.
Mahler, L. 235
Mahler-Werfel, Alma (geb. Schindler) 21, 25, 73f., 87, 630
Mahlmann-Bauer, Barbara 127–165, 329f., 357, 532, 546, 596, 611, 669
Mahrdt, Helgard 522, 583, 596
Maier, Anna (Nani) 74
Maier, Hans Albert 140, 162, 435, 456
Mailer, Norman 112, 114
Maillard, Christine 131, 143, 163, 165, 320, 328, 355, 357, 359, 378, 395, 398, 416, 431, 532, 535f., 539f., 544, 546f., 600, 609–613
Malagoli, Roberta 566
Mandela, Nelson 99
Mandelkow, Karl Robert 91, 114
Manheim, Ralph 74, 481, 603
Mann, Erika 25, 74, 82, 520
Mann, Golo 32, 74

Mann, Heinrich 8, 17, 25, 67, 73, 207, 253, 343, 355, 531, 555, 573
Mann, Katja (geb. Pringsheim) 74
Mann, Klaus 25, 343, 355
Mann, Thomas VII, XIV, 5, 7f., 14, 17, 19, 22–29, 31f., 34, 40, 53, 56, 59, 64f., 67, 70f., 73–75, 82–84, 91, 93f., 96, 102f., 113, 131, 134, 137, 140, 152, 154f., 163–165, 167, 187, 189, 192, 217, 236, 249, 323, 332, 344, 350, 355f., 377, 386, 407, 435, 464, 467, 471, 484, 494, 500–503, 508, 515–518, 520, 526, 531, 541, 545f., 551, 554, 558f., 565, 569f., 572f., 576–578, 581, 590f., 604f., 607, 614, 618–620, 633f., 636f.
Mann Borgese, Elisabeth 28, 59, 74, 83, 516
Mannheim, Karl 9, 71, 75, 79, 366, 368, 389, 397, 408f., 431, 629
Mansour, Julia 611
Manuchihri, Nasir 574
Maran, René 13
Marbach, Eduard 381, 396
Marcel, Gabriel 58
Marck, Siegfried 75
Marcuse, Herbert 370, 399
Margotton, Jean-Charles 224, 246, 564–566, 596
Maril, Konrad 75
Maril, Lee 75
Maritain, Jacques 64, 75, 481, 509
Marlock, Ingeborg Elizabeth 572
Maron, Monika 593
Marques, António Ferreira 560
Márquez, Gabriel García 112
Marte, Boris 562
Martens, Gunter 421, 430, 593
Martens, Gunther 180, 197, 254, 273, 325, 357, *529–548*, 583, 599, 602, 605, 607, 612, 616, 669
Martin, Dieter 609
Martin, René 567
Martino, Alberto 621
Marx, Karl 41, 111, 219, 403f., 426, 433, 446f., 481, 491, 525, 605, 611, 630
Mastroianni, Marcello 47
Mathy, Dietrich 577
Maude, Almyer 112
Maurer, Herbert 599

Mauthner, Fritz 619
Max, Frank Rainer 565
Mayenburg, Ruth von 14
Mayer, Franziska 290, 316, 603
Mayer, Mathias 208, 216, 618
Mayo, Eduardo Jiménez 608
Mayr, Birgid 342, 355
McBride, Patrizia C. 338, 357, 602
McCarthy, Joseph Raymond 427
McCarthy, Mary 58, 74
McCulloch, Warren S. 373, 397
McGaughey, Sarah Adele 291, 295, 316, 347f., 357, 511, 541, 546, *549–626*, 669
McHale, Brian 539
McLaughlin, Carly 607
Mecklenburg, Norbert 138
Medina, Pedro 592, 605
Meese, Harald M. 75
Meeuse, Piet 560
Mehring, Walter 23, 219
Meidner, Ludwig 59
Meier-Graefe, Annemarie (Busch, Bouchi) VII, XV, 24f., 32, 37, 39, 43, 52, 56, 59, 61–63, 66, 68, 74f., 291, 306, 323, 355, 476, 490, 492, 497–501, 507f., 519, 521, 524, 526, 551, 635f., 638
Meier-Graefe, Julius 24, 75, 321
Meinl, Julius 75
Meinl, Mitsuko 75
Meisel, Hans 75
Meister, Jan Christoph 569, 570
Meja, Volker 361, 397
Mellah 606
Mellmann, Katja 273, 604
Mellon, Mary 30
Melo, Maria Adélia Silva 560
Melzer, Gerhard 457, 553
Memmert, Günter 188, 195
Menasse, Robert 604
Meneses, Elsa 569
Menger, Karl 10, 76, 359, 380, 398
Menges, Karl 533
Merkel, Georg 76
Merkur 235
Merleau-Ponty, Maurice 83
Mersch, Andreas 566
Methlagl, Walter 509
Métrich, René 613
Metz, Bernhard 542, 546

Metzger, Steffanie 273, 604
Meuter, Günter 371, 397
Meyer, Daniel 220, 248, 618
Meyer, Eva 618, 621
Meyer, Gerhard 65
Meyer, Georg Heinrich 76, 466f., 631
Meyer, Jochen 200, 202, 209f., 216, 553
Meyer, Katrin 148, 164
Meyer, Michael J. 591
Meyer, Theo 573
Meyrink, Gustav 536, 544, 609
Michaelis, Karin 76
Michalski, Anja-Simone VIII
Michelangelo Buonarroti 580
Middeldorf, Ulrich 65
Mieth, Dietmar 562
Mikame, Norihiko 580
Miladinović Zalaznik, Mira 583, 599
Miljanovic, Ana 52
Miller, James 48
Miller, Thomas Lee 587
Miltenberger, Anja 587
Minkov, Boris 607
Misch, Georg 377f., 396
Misch, Manfred 291, 316, 590
Mishima, Yukio 555
Mitchell, Janis Diane 553
Mitchell, Margaret 28, 352, 635
Mitterbauer, Helga 465, 504, 509f., 540, 547, 599, 612, 616
Möbius, Paul Julius 160f., 164
Moe, Henry Allan 76
Moh, Mari 457, 580, 586, 587, 605
Mohrenwitz, Lothar 76, 515
Molder, Maria Filomena 602
Moles, Abraham 342, 357
Molière (Jean-Baptiste Pouquelin) 241
Moltke, Helmuth James Graf von 11, 76
Mommsen, Katharina 618
Mommsen, Wolfgang J. 370, 397
Mondon, Christine 307, 316, 504, 525, 586, 596, 612, 616, 620, 625
Montaigne, Michel de 586
Montinari, Mazzino 142, 164
Moore, Adrian William 125
Moreau, Jeanne 47
Morgan, Peter 570
Morgenstern, Christian 8
Morgenstern, Soma 21, 74

Morgenthau, Henry 483
Mormann, Thomas 375, 395
Mortensen, Morten Dyssen 608
Moser, Christian 626
Mouchard, Claude 288
Mozart, Wolfgang Amadeus 349, 355, 575, 607, 637
Muenzer, Clark S. 569
Mühlleitner, Elke 518, 526
Mühsam, Erich 219
Muir, Edwin 14, 18, 26, 44, 68, 76, 79, 83, 189, 218, 286, 288, 466, 503, 565, 568, 631, 634
Muir, Willa 14, 18–20, 23, 26, 44, 68, 76, 79, 83, 124, 188f., 218, 463, 466, 487f., 501, 503, 565, 634
Müller, Herta 624
Müller, Karl 591, 605, 617
Müller, Robert 576
Müller, Ulrich 599
Müller-Doohm, Stefan 374, 397
Müller-Funk, Wolfgang 534, 547, 588, 596, 605, 616
Mumford, Lewis 28, 76, 407
Münch, Anders V. 602
Muñoz, Suzana 560
Musil, Robert 7, 17, 31, 44, 51, 55, 76–78, 82f., 91, 93, 99, 104, 113f., 124, 130–134, 136–140, 162–165, 252f., 273, 293–295, 315, 319, 330, 332, 338, 355, 357, 361, 389, 395, 467, 502, 505, 507, 510f., 519, 532, 536, 539, 541, 544–546, 554, 557, 565, 567–574, 576, 581, 583, 585f., 588, 591, 596, 598f., 602, 605, 609, 611–614, 619f., 622, 628, 633f., 636
Mussolini, Benito 28, 134, 433

Nabokov, Vladimir 575
Naipaul, Vidiadhar Surajprasad 48, 112
Nakamura, Shin'ichirō 215f., 598
Nancy, Jean-Luc 537
Nardon, Walter 613
Naschitz, Frigyes 566
Natorp, Paul 301
Nebrig, Alexander 624
Negri, Antonio 537
Neilson, William Allan 77, 407
Nemeskeri, Nora 526

Nero (röm. Kaiser) 340
Nestroy, Johann 241, 247
Nettel, Margarete 77
Nettel, Rudolf 77
Nettl, Paul 214
Neuhaus, Stefan 604
Neumann, Erich 60
Neumann, John von 78
Neumann, Kurt 625
Neumann, Robert 14, 18, 26, 77
Neumayr, Barbara 139, 164
Neurath, Otto 62, 359, 380, 398
Nicholls, Angus 131, 164, 273, 435, 457, 618
Nicklas, Pascal 599
Nicolai, Ralf R. 566
Nicolosi, Maria Grazia 504, 602, 612, 618, 620
Niebuhr, Reinhold 28, 77, 407
Niefanger, Dirk 607, 612
Nietzsche, Friedrich 7, 92, 100, 133, 141–143, 145, 148–158, 160–165, 385, 390f., 398, 532, 572, 573, 595, 599, 600, 615
Nikolaus II. (Zar) 243
Nilsson, Martin P. 143–145, 164
Nizon, Paul 47, 51
Nordau, Max 160, 164
Norden, Julius 519
Norden, Ruth VII, XV, 53, 58, 63, 71, 75, 77, 124, 129f., 188, 306, 461, 464, 471f., 482, 488f., 492, 501f., 507f., 519–521, 526, 551, 610, 614
Novalis (Friedrich von Hardenberg) 182
Nübel, Birgit 139, 164

Oakes, Guy 366f., 397
Obermeier, Otto Peter 357, 555, 562
Oberthanner, Christiane 591
Obst, Hartwig 215
Odysseus 187, 257, 259
Ödipus 209
Oels, David 619
Oerley, Willi 63
Oexle, Otto Gerhard 607
Offe, Claus 406
Oksala, Teivas 555
Olay, Csaba 504, 522, 612

Oldemeyer, Ernst 380, 397
Olden, Rudolf 77
Olsen, Morten Aronsson 125, 596, 616
Opel, Adolf 336, 356
Opitz, Peter J. 387, 399, 411, 432
Oppenheim-Errera, Gabrielle 77, 287f., 607
Oppenheim-Errera, Paul 77f., 287f., 607
Oppermann, Bernd H. 584
Orlowski, Hubert 573, 576, 588
Orpheus 184, 197, 606
Ortega y Gasset, José 30
Orth, Ernst Wolfgang 379, 397
Osses, José Emilio 558
Ossietzky, Carl von 77
Osterle, Heinz D. 533
Oswald, Lee Harvey 111
Ott, Herta Luise 596
Otten, Karl 9
Ottmann, Henning 133, 148, 153, 162, 164
Otto, Walter Friedrich 145, 158, 164, 184, 197
Ouazan, Paul 619
Ovid 578
Ozzard-Low, Patrick 566

Paalanen, Rauni 583
Paik, Peter Yoonsuk 586, 596
Pallarès, V. de 161, 164
Pallenberg, Max 218
Panagl, Oswald 599, 607
Panofsky, Erwin 73, 78, 84, 415, 431, 537, 547, 575, 612
Papadopol, Corneliu 606
Parizet, Sylvie 614, 625
Pattillo-Hess, John 572–574
Patka, Marcus G. 530, 545
Pauck, Wilhelm 65
Paul, Jean-Marie 577
Paul, Konrad 554
Paulsen, Adam 608
Paulus (Apostel) 98f.
Payne, Philip 598
Pazaurek, Gustav E. 336, 340, 357
Pazi, Margarita 218, 249, 558, 590
Pearson, Janet 624
Pedersen, Frode Helmich 525, 605, 612

Pegot, J. R. 120, 125
Peiter, Anne D. 525, 612, 616
Pelinka, Anton 44, 553
Pelka, Artur 624
Pelletier, Jacques 208, 216, 580, 602, 605
Pentheus 142, 147, 149
Pérennec, Marie-Hélène 566
Perec, Georges 626
Peres, Schimon 429
Pernthaler, Peter 600
Pérez Gay, José María 125, 570, 599, 608
Persephone 145–148
Perutz, Leo 9
Petermann, Cornelia 566
Petersen, Christer 116–118, 126, 612
Petersen, Jürgen H. 241f., 248, 555
Petersen, Julius 78
Petrasch, Wilhelm 572–574
Pettey, John Carson 115, 125, 565
Petznek, Leopold 10
Petzold, Christian 49f., 623
Peylet, Gérard 607
Pfabigan, Alfred 553
Pfanner, Helmut F. 554
Pfersmann, Andreas 554f.
Picard, Andrée R. 553, 560
Picasso, Pablo 35, 347
Picht, Barbara 401–432, 504, 525, 536f., 547, 602, 612, 669
Pick, Robert 43f., 78, 124, 463, 501, 636
Pineau, Noémi 624
Piotrowski, Helena 59
Pirro, Maurizio 618, 620
Piscator, Erwin 217–220, 248f.
Pissarek, Markus 602, 616
Pitol, Sergio 621
Pitts, Walter H. 373, 397
Piwitt, Hermann Peter 186
Plamböck, Gert 184, 197
Platen, Edgar 624
Platon 22, 122, 126, 170, 184, 197, 209, 252, 259, 260, 275f., 282, 312, 321, 324, 328, 331, 335, 351, 366, 369, 371, 382f., 385, 390, 434, 491, 558, 563, 572, 605, 616
Plotek, Leopold 608
Plungian, Gina 78
Pohlenz, Max 387, 397
Polak, Ernst 13, 35, 69, 78, 188, 489

Polanowska, Beata 579
Polaschegg, Andrea 622
Polgar, Alfred 7, 9, 55, 78, 295, 511f., 525, 612, 628–630, 634
Pollmann, Arnd 624
Polt-Heinzl, Evelyne 555
Polunic, Marina 599
Polychronakis, Dimitris 593
Polzer, Victor 78, 288, 635
Popper, Karl Raimund 305, 425
Portmann, Adolf 60
Posse, Abel 592
Pound, Ezra 607
Poupard, Dennis 553
Praag-Sanders, Hilda van 78
Praag, Siegfried van 78
Prameshuber, Ursula 306, 316, 599
Preece, Julian 113, 173, 197, 589f.
Preetorius, Emil 79
Preminger, Otto 21, 246
Priester, Karin 186, 197, 590
Prisching, Manfred 620
Pritz, Alfred 526
Proguidis, Lakis 573
Prometheus 287, 453, 596
Pross, Harry 44, 342, 357, 562
Proust, Marcel 34, 68, 177, 344, 522, 568, 581, 588, 594, 598, 610, 618, 620
Pulver, Max 79
Pulver-Feldmann, Berta 79
Pulvirenti, Grazia 504, 596
Punzi, Vito 603, 614
Putz, Claudia 342, 357
Pye, Gillian 624
Pynchon, Thomas 542, 622

Quenau, Raymond 71
Quinn, Thomas 561f.

Rabaté, Jean-Michel 555, 573
Rabe, Dorothee-Margarete 586
Rabelhofer, Bettina 583
Rabinovici, Doron 215, 616
Rácz, Gabriella 164, 213, 216, 291, 316, 349, 357, 457, 465, 502–505, *510–526*, 541, 547, 609–613, 616, 669
Radbruch, Gustav 213

Radin, Paul 60
Raepke, Frank Werner 576
Raffael Santos 97
Rahner, Hugo 60
Rajcic, Dragica 621
Ramuz, Charles Ferdinand 13, 24, 79
Ransmayr, Christoph 48, 578
Rasch, Wolfdietrich 151, 164
Rasche, Hermann 504, 600
Ratschko, Katharina 132, 164, *275–289*, 612, 618, 670
Raulet, Gérard 571
Razbojnikova-Frateva, Maja 607
Read, Herbert 79
Reger, Erik 217
Rehm, Walter 184, 197
Reich, Wilhelm 30
Reichardt, Konstantin 79
Reichmann, Eva 126, 583
Reichner, Herbert 15
Reich-Ranicki, Marcel 568, 579
Reidy, Julian 622
Reinhardt, Hartmut 221, 249, 363, 376, 393, 397, 558
Reinhardt, Max 66, 87
Reisiger, Hans 24, 79, 464, 502
Reiter, Andrea 504, 596, 600
Reitani, Luigi 604
Reiwald, Paul 79, 637
Rembrandt, Harmesz van Rijn 345
Remmel, Andreas 618
Remmel, Paul 618
Renault, Didier 609, 621
Rényi-Gyömrői, Edit (= Gyömrői) 8f., 79, 286 (Renyis), 525, 611, 629
Reudenbach, Bruno 575
Reuter, Gabriele 79
Rezzori, Gregor von 59
Ribeiro, António S. 560
Richter, Bettina 624
Richter, Werner 78f., 638
Rickert, Heinrich 7, 321, 359, 363–368, 371, 373f., 376, 378, 383, 387–391, 393f., 396–398, 417, 431
Ricoeur, Paul 173, 197
Rider, Jacques Le (vgl. Le Rider, Jacques)
Riedel, Manfred 361, 396
Riegl, Alois 81, 333
Riemer, Willy 555

Riemerschmid, Werner 168
Riese, Ferdinand 18
Ringelnatz, Joachim 490, 501f.
Rinner, Fridrun 583, 596
Ripper, Rudolf Carl von 28, 80
Ritzer, Monika 126, 131, 164, 171, *251–273*, 307, 316, 320, 335, 358f., 398, 417, 431, *433–457*, 562, 596, 605, 616, 618f., 670
Rizzante, Massimo 573, 613
Rizzo, Roberto VIII, 187, 197, 220, 232, 249, 306, 310, 316, 472f., 501, 504, 551, 589, 591, 596, 605, 608
Robb, David S. 568
Roberts, David 570
Robertson, Ritchie 273, 619
Robinson, Henry Morton 386, 395
Roche, Mark W. 562, 572
Rochus, Gerhild 624
Rodi, Frithjof 377, 397
Roditi, Edouard 41, 570
Rodríguez Ferrándiz, Raúl 622
Roehr, Anselm 617
Roesler-Graichen, Michael 280, 379, 382, 398, 529, 547, 570, 576
Roethke, Gisela 116f., 126, 504, 572f., 597
Roethke-Makemson, Gisela Marie 563
Rogers, Fanny 291
Rogers, Frances Colby 80, 519, 634
Rohde, Erwin 142–145, 164
Roland, Hubert 608
Rolland, Romain 188
Rollyson, Carl E. 622
Roloff, Hans-Gert 564
Roman, Ion 593
Roncalli, Angelo (Papst Johannes XXIII.) 56
Ronconi, Luca 608
Roosevelt, Anna Eleanor 80, 428
Roosevelt, Franklin Delano 32, 63, 80, 305
Rorty, Richard 365
Rosa, Hartmut 360, 398
Rosenberg, Alfred 572
Rosenfield, Kathrin H. 620
Roßbach, Gerhard 227, 249
Rossi, Pietro 369, 398
Roth, Joseph 17, 65, 532, 541, 572, 581
Roth, Oscar 80
Roth, Wilhelm (William) 80

Rothe, Wolfgang 414, 431, 456
Rothermann, Franziska von (= Broch, Franziska)
Rothermann, Marie von 5
Rothermann, Rudolf von 5
Rothstein, Irma 80, 519
Rougemont, Denis de 83
Rousseau, Henri 173
Rousseau, Jean Jaques 555
Rovagnati, Gabriella 584
Rowohlt, Ernst 67
Rudich, Vasily 563
Rudnick, Hans H. 580
Rumold, Rainer 608
Runge, Philipp Otto 239
Rusch, Pierre 600, 609, 621
Russell, Bertrand 11, 78
Ruthner, Clemens 620
Rutigliano, Stefania 624
Ruttmann, Walter 219
Ryan, Judith 280, 563, 571, 597
Rychner, Max 80

Saalmann, Dieter 566
Saariluoma, Liisa 583
Sachs, Hanns 80, 637
Sacks, David 235, 249
Sadziński, Roman 580
Sáenz, Miguel 592
Safranski, Rüdiger 152, 164
Sagnol, Marc 583
Sahl, Hans (eigtl. Hans Salomon) 78, 80, 277, 470, 504, 596, 600
Saiko, George 80, 470, 501, 503, 559, 568, 637
Saletta, Ester 295, 316, 504, 525, 600, 605, 608, 612, 622
Salgaro, Massimo 618
Salmon, Christian 573
Salus, Hugo 9
Salvemini, Gaetano 28, 81, 407, 622
Sammons, Christa 597
Sandberg, Glenn Robert 142f., 147, 150, 157, 164, 580, 584
Sándor, Árpád 81
Sapper, Theodor 81
Sari, Ahmet 603
Sarrabezolles, Marc 566

Sartre, Jean-Paul 91, 95f., 107, 474, 588, 637
Sauer, Bernhard 227, 249
Sauerland, Karol 126, 457, 504, 523, 558, 601, 608, 613, 617
Saussure, Ferdinand de 380
Sautermeister, Gerhard 134, 164, 592
Sautter, Sabine 586
Saviane, Renato 179
Scarpetta, Guy 193, 197
Schabert, Kyrill 87
Schächter, Josef 81
Schärf, Christian 586
Schaper, Edzard 23
Schaxel-Hoffer, Hedwig 11, 81, 518, 630
Scheichl, Sigurd Paul 114, 273, 281, 286–288, 462, 465, 504, 507–509, 526, 534, 547, 571, 575f., 579, 597, 611, 613
Scheit, Gerhard 273, 574
Scheler, Max 91, 371, 395, 485, 561
Schenker, Friedrich 580
Scherer, Stefan 604
Schiavoni, Giulio 584
Schickele, René 13, 25
Schiele, Egon 55, 71
Schiffer, Helene 81
Schiffer, Marcellus 229
Schiffer, Walter 81
Schiffrin, Jacques 58, 81, 87, 638
Schiller, Friedrich 92, 111, 222
Schlant, Ernestine 123, 126, 359, 398, 405, 420, 431, 555, 558, 562f.
Schlegel, Friedrich 626
Schleiermacher, Friedrich Daniel Ernst 184
Schlesier, Renate 143, 151, 163f.
Schlick, Moritz 10f., 62, 78, 81, 359, 376, 380, 398, 630
Schlink, Bernhard 215
Schlocker, Georges 566, 584
Schlosser, Julius von 11, 81, 84, 321
Schmid, Sigrid 204, 216
Schmid-Bortenschlager, Sigrid 457, 538, 547, 553, 558, 580, 597, 600, 605
Schmidl, Fritz 81
Schmidl, Trude 81
Schmidt, Adalbert 614
Schmidt, Alfred 374, 396
Schmidt, Burghart 574

Schmidt, Delf 291, 315, 572
Schmidt, Hans Jörg 607
Schmidt, Helmut 429
Schmidt, Inge Waltraud 553
Schmidt, Maike 624
Schmidt-Dengler, Wendelin 236, 249, 504, 555, 563, 583, 592, 597, 614
Schmitt, Carl 371–373, 395, 397f., 414, 432, 566
Schmutzer, Alice (geb. Schnabel) 3, 11, 61, 82, 132f., 180
Schmutzer, Ferdinand 3, 82
Schnabel, August (Gustl) 82
Schnabel, Fanny (Franziska, geb. Strasser) 82
Schnabel, Harry (eigtl. Erwin) 82
Schnabel, Marianne (Mitzi, Mitzerl) 82
Schneider, Katrin 617
Schneider, Reinhold 23
Schneider, Thomas 574
Schneider-Handschin, Esther 505, 580, 586, 597, 602, 613
Schneider-Mizony, Odil 613
Schnitzler, Arthur 82, 87, 554, 569, 621
Schnitzler, Heinrich 82
Schnyder, Peter 161f., 606
Scholem, Gershom 60
Schönberg, Arnold 17f., 57, 82, 86, 349, 350
Schönert, Jörg 392, 399
Schönfeld, Christiane 600
Schönwiese, Ernst VIII, 15, 61, 65, 75, 82, 226, 470, 501f., 504, 530, 551, 555, 569, 612, 622, 633
Schopenhauer, Arthur 7
Schorske, Karl Emil 532
Schramke, Jürgen 531, 547
Schrecker, Paul 7, 36, 55, 76, 78, 82, 628
Schreiber, Carl Frederick 82
Schuhmann, Rolf 457, 588
Schüling, Hermann 337, 358
Schulte, Christoph 160, 164
Schulz, Gerhard 414, 432, 566
Schürer, Ernst 220, 242, 249, 351, 358, 559, 597
Schuschnigg, Kurt von 17
Schuster, Marc-Oliver 594
Schwarz, Hans-Günther 188, 197, 619, 622

Schwarz, Herta 552
Schwarzmaier, Agnes 143, 163f.
Schwarzschild, Leopold 83
Schwarzwald, Eugenia (Genia) 11, 72, 76, 83, 630
Schweppenhäuser, Hermann 325, 354
Schwob, Marcel 542
Scribe, Eugène 241
Scuderi, Vincenza 504, 596
Sebald, Winfried Georg 103f., 114, 571, 625
Sebastian, Thomas 423, 432, 536f., 547, 577, 608
Sebestyén, György 588
Šečerović, Naser 602, 622
Secci, Lia 615
Seelig, Carl 17, 83
Seghers, Anna 73, 91, 519
Sejbel', Natalija 602, 605
Selvani, Gianni 505
Semper, Gottfried 81
Semprun, Jorge 107
Sender, Ramón José 68
Senghor, Léopold Sédar 606
Seret, Robert 180–182, 197
Sessions, Roger 83
Severit, Frauke 295, 297, 316, 511, 586
Shakespeare, William 247, 255, 392, 635
Shin, Hye-Yang 574, 590
Shomron, Miri 566
Sidler, Judith 188, 197, 202, 216, 251, 273, 597, 600, 619
Silas (Gefährte des Paulus) 98
Silone, Ignazio 83
Simmel, Georg 255, 258, 320, 335, 360, 389, 396, 456, 589
Simon, Claude 621
Simonis, Linda 626
Simpson, Christopher 369, 398
Simpson, Eileen 32
Simpson, Malcolm R. 126
Simson, Otto von 65
Singh, Khushwant 51
Sinn, Christian 605, 625
Siti, Walter 625
Skolnik, Fred 231, 248
Skowron, Michael 157f., 164
Skwara, Erich Wolfgang 563
Slawitschek, Regina 470, 501

Smith, Adam 234
Smith, Evans Lansing 505, 579
Snyders, Frans 345
Soeiro, Ricardo Gril 606
Sokel, Walter H. 273, 555
Sokrates 153, 210, 390
Somm, Walter 126
Sommermann, Karl-Peter 429, 432
Sonino, Claudia 569
Sonne, Abraham (Ben Yitzhak) 25, 83, 624
Sontag, Susan 51, 91, 107
Sophokles 221–223, 351
Sørensen, Anne Leth 592, 608
Sörensen, Villy 44
Soyfer, Jura 577
Spaier, Albert 630
Spalek, John M. 564
Sparenberg, Tim 619
Speicher, Kerstin 620
Speirs, Ronald VII, 479, 501, 505, 551, 588
Spender, Stephen 83, 633
Spengler, Oswald 98, 114, 168, 301, 321, 357, 390, 398, 531, 576, 580
Sperling, S. David 231, 248
Spiel, Hilde 14
Spics, Bernhard 602
Spinnen, Burkhard 570
Spitz, Árpád 60, 513
Spitz, Daisy (= Brody, Daisy) 513
Spitz, René Árpád 9, 60, 79, 83, 467
Spitzer, Else 83
Spitzer, Fritz 83
Spitzer, Leo 56
Spörl, Uwe 133, 151, 165
Spranger, Eduard 367f., 378, 398
Springinsfeld, Leopold 585
Stabauer, Annalena 625
Stadler, Friedrich 562
Stalin, Josef 374, 433, 445
Stamać, Truda 581, 589
Stapelfeldt, Gerhard 390, 398
Stašková, Alice 101, 114, 131, 165, 168f., 180, 196f., 213, 216, *319–358*, 378, 385, 398, 538–542, 546f., 602, 606, 613, 615–617, 626, 670
Staudinger, Else 83
Staudinger, Hans 83

Stegmaier, Werner 160, 164
Stehr, Nico 361, 397
Stein, Heinrich von 8, 629
Stein, Lorenz von 630
Stein, Ludwig 390, 398
Steinberg, Michael P. 563
Steinby, Liisa 619
Steinecke, Hartmut 115, 126, 171, 196, 331, 358, 370, 394, 439, 456f., 485, 503, 531, 547, 559, 567–569, 576, 584, 592, 597, 601f., 617
Steiner, George 555, 576
Steiner, Herbert 84
Steiner, Rudolf 389
Steinweg, Reiner 221, 249
Stephan, Alexander 329, 356, 568
Stéphane, Nelly 571f.
Sterling, Brett E. 624
Stern, Guy 502, 557
Stern, James (Jimmy) 84
Stern, Tania 84
Stern, Thomas 562
Sternberg, Robert 246, 249
Sternberger, Dolf 84
Sternheim, Carl 8, 253
Stevens, Adrian 114, 273, 321, 349, 355, 357, 462, 504, 526, 575f.
Stewart, Jon 625
Stieg, Gerald 576, 597, 616, 625
Stierle, Karlheinz 361, 399
Stifter, Adalbert 602, 605
Stifter, Christian H. 600
Stillfried, Bernhard 585
Stock, Karl F. 552
Stock, Marylène 552
Stockhammer, Robert 608
Stöckmann, Ingo 385, 395, 610
Stojanović, Lidija 559
Stoltenberg, Nicola 577
Stöltzner, Michael 376, 380, 398
Stotts, Michael 614
Strässle, Thomas 150, 157, 162
Strauss, Harold 115, 126
Strauss, Johann d. J. 87
Strauss, Richard 82
Streeruwitz, Marlene 246
Strelka, Joseph P. 206, 208, 216, 457, 503, 533, 547, 563f., 567–569, 572, 574, 576, 590, 600, 619

Strigl, Frau 60, 313, 315, 589
Strümper Krobb, Sabine 589
Strutz, Josef 502, 567–569
Stuart, Gilbert 94
Stumm, Gerhard 518, 526
Suchoff, David 562
Suchy, Viktor 555, 572
Suhrkamp, Peter 34, 77, 260, 519
Sünker, Heinz 370, 399
Suominen, Oili 560, 566, 574
Suykerbuyk, Benoit 564
Svevo, Italo 13, 581
Swales, Martin 576
Szabó, László V. 505, 510f., 600, 613
Széll, Zsusza 569, 574
Szendi, Zoltán 622
Szeps, Moritz 87
Szyrocki, Marian 564

Tajani, Ornella 625
Tallafuss, Petra 607
Teissier, Catherine 622
Tenbruck, Friedrich H. 392, 399
Theis, Raimund 161f.
Theseus 158f.
Thieberger, Richard 206, 216, 553, 559, 571
Thiel, Markus 408, 432
Thielicke, Helmut 390, 399
Thiess, Frank 12, 14, 19, 40, 53, 84, 202, 464, 466, 488, 502, 630f., 638
Tholen, Toni 540, 547, 602
Thomé, Horst 392, 399
Thomson, Philip 570
Thomson, Stephen 625
Thums, Barbara 599
Tiberghien, Anne 572
Tieck, Ludwig 247
Tiedemann, Rolf 325, 354
Tigges, Hubertus 572
Tihanov, Galin 531
Tillich, Paul 55, 73, 78, 84
Timotheus (Gefährte des Paulus) 98
Tofi, Leonardo 615
Tolan, John H. 31f.
Toller, Ernst 219
Tolnay, Charles de 84
Tolstoi, Leo 106, 112, 114

Tomiche, Anne 625
Tommek, Heribert 621
Torberg, Friedrich 14, 18, 84, 188, 470, 503, 540, 610, 638
Torre, Karin Dalla 607
Toscanini, Arturo 32
Tost, Otto 579
Toussaint, Jean-Philippe 618
Träbing, Gerhard 597
Trapp, Frithjof 558
Traven, B. 569
Treiber, Gerhard 588
Troeltsch, Ernst 368
Trojan, Andreas 574
Trommler, Frank 219f., 248
Trzaskalik, Tim 162
Tschechow, Anton 94
Tsoren, Gavriel 560
Tucholsky, Kurt 531, 587
Tullberg, Steen 588, 625
Turner, David 569
Turrini, Peter 246

Uebel, Thomas 376, 380, 398
Uerlings, Herbert 197, 605
Uhlig, Helmut 215
Unruh, Fritz von 23, 569
Untermeyer, Jean Starr 27, 33, 37, 84, 286, 306, 464, 469, 492f., 502f., 517, 519, 594, 634, 637
Urban, Wilbur Marshall 84, 376, 378, 399
Urstöger, Sibylle 620
Urzidil, Johannes 571
Utermöhlen, Gerda 205f., 216

Vaihinger, Hans 376, 399
Vajda, György Mihály 584
Valentin, Jean-Marie 610
Valéry, Paul 622
Valk, Thorsten 100, 114, 615
Vallentin, Berthold 52, 490, 501f., 550
Valles, Alissa 625
Vána, Milan 623
Vancza, Otto Max 63
Vanheste, Jeroen 622
Vanoosthuyse, Michel 582
Varnhagen von Ense, Karl August 298

Varnhagen von Ense, Rahel (geb. Levin) 298, 476, 522
Vedder, Ulrike 608
Veichtlbauer, Judith 589f.
Vergil 29, 33, 35, 48, 167f., 170–186, 188–195, 206, 210f., 222, 270f., 372, 386, 468, 489, 552–557, 559–562, 564, 566–579, 583–586, 588–590, 593f., 596, 600–605, 610, 612f., 615, 617., 620f., 624f.
Vertone, Saverio 566
Vevar, Stefan 584
Vico, Giambattista 190
Vierkandt, Alfred 370, 399
Viertel, Berthold 14, 85, 149, 636
Vierthaler, Elisabeth 620
Vietta, Dorothea 472
Vietta, Egon (Egon Fritz) VIII, 85, 464, 472–475, 489, 501, 551, 598
Vietta, Silvio VIII, 85, 187, 197, 472f., 501, 531, 547, 551, 598, 605
Vigliani, Ada 617
Villwock, Jörg 387, 399, 577
Vinken, Barbara 618
Vitolo, Antonio 600
Vitzthum, Wolfgang Graf 414, 432, 533f., 547, 555, 566, 574, 591
Vízdalová, Ivana 578
Vlasics, Hans 85, 281, 286, 634
Voegelin, Eric H. (Erich) VIII, 24, 51, 64, 85, 387, 395, 399, 411f., 414, 417, 425, 431f., 484–486, 501, 503, 531, 536f., 544f., 551, 601, 607, 610, 620
Vogt, Jochen 386, 395
Völker, Klaus 218, 249
Vollhardt, Friedrich 94, 100, 114, 135, 139, 165, 320f., 342, 354, 358–360, 363f., 367–369, 374, 378, 383, 387–390, 392f., 399, 417, 432, 535f., 547f., 556, 563, 598, 613
Voracek, Martin 526
Vordtriede, Werner 34, 552
Vorländer, Hans 369, 399
Vultur, Ioana 588, 598

Wacker, Bernd 372, 395
Waehner, Trude (Schmidl-Waehner) 81
Wagener, Hans 617
Wagner, F. Peter 580

Wagner, Fred 98, 114, 273, 462, 504, 507, 526, 575f.
Wagner, Karl 576
Wagner, Richard 34, 37f., 154, 350, 355, 557
Wagner-Egelhaaf, Martina 292, 294, 299, 307, 309f., 314, 316
Wahl, Jean 58
Walde, Christine 386, 399
Waldinger, Ernst 85
Wallace, Donald L. 606
Walravens, Hartmut 606
Walser, Manfred 559
Walser, Martin 47
Walser, Robert 17, 83
Walter, Bruno 32
Walter-Echols, Elizabeth 126
Walvis, Jaap 553
Walzel, Oskar 349
Wascher, Philipp 621
Wassermann, Eva 31, 78, 85
Wassermann, Friedrich 65
Wassermann, Jakob 17f., 83, 85, 580
Wassermann, Julie Else 85
Watt, Roderick H. 115, 117, 126, 559, 563, 569, 576
Weber, Gregor 386, 399
Weber, Hermann 593
Weber, Herwig 621
Weber, Max 50, 92, 128, 165, 320, 322, 360, 366, 369–371, 373, 390f., 396–399, 565, 601, 604
Wedekind, Frank 8, 253
Wefelmeyer, Fritz 173, 178, 197, 590
Wegmann, Nikolaus 626
Wegmann, Thomas 234, 248, 539, 544, 601
Wegner, Jörn 421, 430, 593
Weidemann, Victoria 622
Weidlé, Wladimir 86
Weidner, Daniel 542, 548, 619, 623
Weigand, Hermann J. 35, 39, 44, 62, 86, 176, 197, 208, 210, 216
Weigel, Robert G. 457, 574, 576, 580, 588, 617, 622
Weigel, Sigrid 623
Weill, Kurt 58
Weininger, Otto 7, 311, 572

Weismann, Willi 34, 42, 61, 86, 200–205, 208, 211, 214–216, 514f., 553, 571
Weiss, Ernst 9, 559
Weiss, Peter 610
Weiss, Walter 126, 282, 289, 557, 561, 563
Weissenberger, Klaus 580
Welan, Manfried 592, 600
Wellek, René 322, 358, 563
Welles, Orson 29
Wellesz, Egon 86, 349
Wells, Herbert Georg 29
Wellwarth, George E. 231f., 248
Wenger, Paul 34
Werfel, Franz 23, 73f., 78, 82, 86, 553
Wergin, Ulrich 601, 608
Werner, Folke 371, 399
Werner, Winfried VIII
Wertheimer, Jürgen 591f., 625
West, Martin L. 145, 163
Weyl, Hermann Klaus Hugo 86
White, Anne 619
White, John J. VII, 114, 477, 501, 505, 551, 559, 619
Whitehead, Claire 622
Whitinger, Raleigh 620
Whitman, Walt 285f., 636
Wiegmann, Hermann 602f.
Wieland, Max 13
Wiener, Max 391, 400
Wienold, Götz 559
Wiesmüller, Wolfgang 281, 289, 571
Wilamowitz-Moellendorf, Ulrich 144f., 165
Wilder, Isabel 86
Wilder, Thornton 14, 27, 43, 86, 188, 190
Wilhelm II. (Kaiser) 578, 604
Wilhelm, Helmut 60
Willeford, William 236, 249
Wills, David 613
Wilson, Michael 613
Winckelmann, Johannes 391, 399
Windelband, Wilhelm 7, 383, 396
Windisch-Graetz, Elisabeth Fürstin 10
Winkler, Michael 556, 559, 608
Wirth, Wolfgang 421, 430, 593
Wirtinger, Wilhelm 10, 86, 630
Wiśniewski, Włodzimierz 574, 579, 580

Witkiewicz, Stanislaw Ignacy (= Witkacy) 91, 624
Wittels, Fritz 86
Wittgenstein, Ludwig 11, 62, 93, 124, 126, 327, 375, 623
Wohlleben, Doren 199–216, 606, 608, 617, 670
Wolf, Felix 4, 11, 86, 630
Wolf, Hugo 71
Wolf, Ida 4
Wolf, Ignaz 4
Wolf, Norbert Christian 132, 165, 592
Wolff, Helene (geb. Mosel) 87
Wolff, Kurt 33, 60, 76, 87, 464, 469, 502, 513, 636
Wolff, Kurt Heinrich 87, 563f., 638
Wolff, Lynn L. 625
Wolter, Bernd 212, 216
Woolf, Virginia 91, 95, 531, 586
Worringer, Wilhelm 321, 333–335., 358
Wotruba, Fritz 21, 73f., 87, 632
Wright, Frank Lloyd 348
Wünsch, Marianne 291, 303f., 308, 310, 313, 316, 603
Wyatt, Gerti 87
Wysling, Hans 236, 249

Yamaguchi, Koichi 215f., 559, 564, 584, 598, 608
Young, Marguerite 34

Zaborowski, Holger 152, 162
Zagari, Luciano 559, 563f.
Zalán, Peter 584
Zand, Herbert 34, 87, 402, 470
Zanetti, Sandro 603
Zangerle, Ignaz 509
Zangrando, Stefano 613
Zarathustra 133, 151, 155f., 160, 390
Zard, Philippe 588
Zaremba, Charles 622

Zatonskij, Dmitrij 566
Zdenek, Annie 606
Zeidler, Lothar E. 552, 569
Zeller, Christoph 625
Zeller, Jörg 584
Zeller, Regine 134, 165
Zherebin, Aleksei I. 575
Žigon, Tanja 600
Zilsel, Edgar 380
Zima, Peter V. 182, 197, 531, 548, 569, 620
Zimmer, Christiane (geb. von Hofmannsthal) 32, 552
Zimmer, Heinrich 60
Zimmermann, Bernhard 222, 249
Zimmermann, Christian von 161, 165
Zimmermann, Hans Dieter 218, 249
Zimmermann, Michael E. 152, 165
Ziolkowski, Theodore 91, 94, 99, 114f., 126, 211, 213, 216, 532, 559, 569, 572, 574, 580
Zipes, Jack 171, 196, 580
Zivota, Ivanovic 586
Žmegač, Viktor 151, 164, 531, 548, 564.
Zola, Émile 8, 217, 536
Zöller, Günter 618
Zsolnay, Paul 21, 24f., 78
Zuckerkandl, Viktor 87
Zuckerkandl-Szeps, Berta (Hofrätin, Tante Berta) 11, 87, 630
Zuckmayer, Carl 87
Zühlsdorff, Volkmar von VII, XIV, 27, 52, 87, 454, 464, 481–484, 494, 501–505, 507, 524–526, 537, 550, 598, 601, 610, 612, 614
Zumsteg, Simon 150, 157, 162
Zuse, Konrad 374
Zweig, Arnold 17, 73
Zweig, Stefan 26, 64, 73, 82, 88, 463, 503f., 525, 532, 569, 612
Zwierlein, Otto 386, 400
Zybura, Marek 588

Autorinnen und Autoren

BARTRAM, Graham, M.A., PhD., Lecturer in German Studies and former Associate Dean in the Faculty of Arts and Humanities, Lancaster University, Great Britain

BORGARD, Thomas Hardy, M.A. Dr. phil. habil., PD, Hochschuldozent Institut für Germanistik, Universität Bern, Schweiz und Ludwig-Maximilians-Universität München, Deutschland

CLIVER, Gwyneth, PhD., Assistant Professor of German, Department of Foreign Languages, University of Nebraska at Omaha, USA

DOWDEN, Stephen D., M.A., PhD., Professor of German, Brandeis University, Waltham, MA, USA

ESSEN, Gesa von, Dr. phil., Akad. Oberrätin, Deutsches Seminar II, Universität Freiburg i. Br., Deutschland

HEIZMANN, Jürgen, M.A., Dr. phil., Professor of German and Comparative Literature, University of Montréal, Canada

KESSLER, Michael, M.A., Dr. theol., Direktor i. R., Tübingen, Deutschland

LÜTZELER, Paul Michael, Dr. phil., Rosa May Distinguished University Professor in the Humanities, Founder of the European Studies Program, Founder and Director of the Max Kade Center for Contemporary German Literature, Washington University St. Louis, USA

MAHLMANN-BAUER, Barbara, Dr. phil., Professorin für Germanistik, Direktorin Institut für Germanistik, Universität Bern, Schweiz

MARTENS, Gunther, M.A., Dr. phil., Professor für Germanistik, Universiteit Gent, Belgien

MCGAUGHEY, Sarah, M.A., PhD., Professor of German, Department of German, Dickinson College, Carlisle, USA

PICHT, Barbara, M.A., Dr. phil., Leitung der Literaturhandlung Berlin, Akad. Mitarbeiterin am Axel-Springer-Stiftungslehrstuhl für deutsch-jüdische Literatur- und Kulturgeschichte, Europa-Universität Viadrina, Frankfurt (Oder), Deutschland

RÁCZ, Gabriella, Dr. phil., Germanistisches Institut, Pannonische Universität Veszprém, Ungarn

RATSCHKO, Katharina, Dr. phil., Wiss. Mitarbeiterin im Projekt »Corporate Publishing« im Kirchenamt der EKD, Hannover, Deutschland

RITZER, Monika, Dr. phil., Professorin für Germanistik, Direktorin Institut für Germanistik, Universität Leipzig, Deutschland

STAŠKOVÁ, Alice, M.A., PhD., Wiss. Mitarbeiterin, Institut für Deutsche und Niederländische Philologie, Freie Universität Berlin, Deutschland

WOHLLEBEN, Doren, Dr. phil. habil., PD, Wiss. Mitarbeiterin Neuere Deutsche Literaturwissenschaft, Ethik der Textkulturen (Elitenetzwerk Bayern) Universitäten Erlangen/Augsburg, Deutschland

www.ingramcontent.com/pod-product-compliance
Lightning Source LLC
Chambersburg PA
CBHW051155300426
44116CB00006B/319